"이 책에 인용된 '환시'와 '받아쓰기'는 저자가 나름대로 예수의 생애를 이야기하기 위하여 사용한 문학적표현 양식일 뿐, 그것을 초작연적인 기원에서 오는 것으로 여겨서는 안 된다."

신앙교리성성 장관 라씽거 추기경
교황청 공식 문서 제 144/58 i호
1994년 6월 21일

마리아 발또르따 (1948년)

마리아 발또르따의 영신 지도자 (좌측)

학생제복을 입은 15세 때의 모습

마리아 발또르따 저

하느님이시요 사람이신 그리스도의 시 : 〈전 10 권〉

* 제 1 권 – 준　　비
* 제 2 권 – 공생활 첫해
* 제 3 권 – 공생활 둘째 해(상)
* 제 4 권 – 공생활 둘째 해(하)
* 제 5 권　공생활 셋째 해(상)
* 제 6 권 – 공생활 셋째 해(중)
* 제 7 권 – 공생활 셋째 해(하)
* 제 8 권 – 수난 준비
* 제 9 권 – 수　　난
* 제10권 – 영광스럽게 되심

이탈리아어 원제목 :

(Il Poema dell' Uomo-Dio) – 《하느님이시요 사람이신 그리스도의 시》

Centro Editoriale Valtortiano
　　　Via Po, 95
03036　Isola del Liri (FR.) Italia에서 출판.

───　──　────

이 책의 번역권과 출판권은 이탈리아의
"Centro Editoriale Valtortiano"(발또르따 출판사)가
파 레몬드(현우) 신부와 크리스챤 출판사에 독점적으로
주었음.

주 의

이 책에 대한 몇 마디 설명:

1947년에 비오 12세 교황이 예수의 생애에 관한 마리아 발또르따의 글을 **직접** 읽으셨다. 1948년 2월의 어느 특별 알현 중에 교황은 거기에 대하여 호의적인 의견을 말씀하셨다. 그러므로 이 저서에서 **아무것도 삭제하지 말고**, "환시"(幻視)와 "받아쓰기"에 대하여 설명하는 명백한 언명까지도 삭제하지 말고 출판하라고 권고하셨다.

그러나 동시에 초자연적 현상에 대하여 말하는 어떤 머리말의 글은 인정하지 않으셨다. 교황의 조언에 따르면, 해석은 일체 독자가 해야 할 것이다. "읽는 사람은 이해할 것이다"라고 교황은 덧붙이셨다.

파 레몬드 신부

- 일본에서는 마리아 발또르따의 저서를 페데리꼬 바르바로(Federico Barbaro) 신부가 다섯 권으로 요약 번역해서 출판하였다. 이 책 다섯 권은 베스트셀러가 되었다.

마리아 발또르따 저

하느님이시요 사람이신 그리스도의 시

제 5 권
공생활 셋째 해(상)

번역 안 응 렬
추천 파 레몬드(현우) 신부

도서 〈파티마의 성모〉
출판 크리스챤

공생활 셋째 해 (상)

(La Troisieme Annee De La Vie Publique)

나자렛에서 화해. 출발 준비
예수의 고통, 기도, 보속
폭풍우와 배에서의 기적
페니키아의 국경지대에서의 전도
예수께서 사도들과 함께 나자렛에 가심
필립보의 가이사리아에서
베드로와 마륵지암에 관한 예언
거룩한 변모 후에 제자들에게 주신 지시
하늘 나라에서 가장 위대한 사람
말씀을 많게 하는 영적인 기적
물이 불은 요르단강의 기적
안티오키아에서 온 편지들
누룩없는 빵의 토요일
예수께서 베다니아에서 말씀하심
가릿산에서 피정을 하고 나서
솔로몬의 마을 네거리에서 전도하심

〈이 책은 원문의 완역본이다〉

공생활 셋째 해 (상)

차 례

머 릿 말 / 15

1. 나자렛에서 화해. 출발 준비 ················· 21
2. 나자렛을 떠나시다 ························· 32
3. 지프타엘을 향하여 ························ 42
4. 두 제자에게 하신 예수의 작별인사 ············ 49
5. 예수의 고통, 기도, 보속 ···················· 54
6. 프톨레마이스를 떠나 띠로를 향하여 ··········· 61
7. 크레타 배를 타고 띠로를 떠나다 ·············· 70
8. 폭풍우와 배에서의 기적 ···················· 77
9. 셀레우치아 도착과 상륙 ···················· 85
10. 셀레우치아에서 안티오키아로 ··············· 91
11. 그들이 안티고니아로 간다 ················· 100
12. 안티오키아를 떠나다 ····················· 111
13. 여덟 사도의 돌아옴. 악집에서 ·············· 127
14. 여섯 사도와 더불어 악집에 머무르시다 ······ 138
15. 페니키아의 국경지대에서의 전도 ············ 142
16. 예수께서 알렉산드로셴에 ················· 148
17. 이튿날, 알렉산드로셴에서 ················· 154
18. 목자 안나가 예수를 악집 쪽으로 인도하다 ···· 173
19. 카나니아 지방의 어머니 ·················· 182
20. 바르톨로메오가 이유를 찾아내다 ············ 197
21. 갈릴래아로 돌아오는 길에서 ··············· 204

22. 가리옷의 유다와 토마와 만나시다 ················· 208
23. 이스마엘 벤 파비 ································· 220
24. 예수께서 사촌들과 베드로와 토마와 함께 나자렛에 가시다 ····· 239
25. 코라진의 몸이 굽은 여인 ·························· 245
26. 열매를 맺지 않은 무화과나무. 세펫으로 가는 길을 가시면서 ··· 252
27. 메예론을 향하여 가는 중에 ························ 262
28. 지스칼라에 있는 힐렐의 무덤에서 ················· 268
29. 페니키아 경계 근처에서 귀먹은 벙어리를 고쳐 주시다 ········· 278
30. 예수께서 케데스에 가시다 ························ 284
31. 필립보의 가이사리아로 가는 도중에 ··············· 297
32. 필립보의 가이사리아에서 ························· 305
33. 가이사리아의 파네아드의 성(城)에서 ················ 315
34. 예수께서 처음으로 당신의 수난을 예고하신다.
    베드로를 나무라신다 ····························· 321
35. 베드로와 마륵지암에 관한 예언. 베싸이다의 소경 ············· 334
36. 마나헨과 여자제자들과 같이 가파르나움에서 나자렛으로 ······· 339
37. 예수의 거룩한 변모와 간질병자를 고치시다 ················· 355
38. 거룩한 변모 후에 제자들에게 주신 지시 ··············· 369
39. 성전에 바치는 조세와 물고기 입 속에 들어 있는 스타테르 ······ 373
40. 하늘 나라에서 가장 위대한 사람. 가파르나움의 어린 베냐민 ··· 379
41. 베냐민은 끝까지 충실하였다 ······················ 397
42. 두 번째로 빵을 많아지게 하시다 ·················· 399
43. 말씀을 많게 하는 영적인 기적 ···················· 403
44. 하늘에서 내려온 빵. ····························· 405
45. 새 제자, 안티오키야의 니콜라이 ·················· 423
46. 예수께서 가다라를 향하여 가시다 ················· 433
47. 가다라의 밤과 출발. 이혼 ························· 442
48. 예수께서 펠라에 ································· 456

49. 야베스 갈라앗너머 마티아의 집에서 ……………… 468
50. 여자 문둥병자가 고쳐지다 ……………………… 479
51. 물이 불은 요르단강의 기적 ……………………… 496
52. 건너편 강가에서. 어머니를 만나시다 ……………… 510
53. 라마에서. 뽑힌 사람의 수 ……………………… 519
54. 예수께서 성전에. 주의 기도와 아들들에 대한 비유 ………… 530
55. 예수께서 게쎄마니와 베다니아에 가시다 …………… 543
56. 안티오키아에서 온 편지들 ……………………… 561
57. 과월절전 목요일. 제 1 부 ……………………… 577
58. 과월절전 목요일. 제 2 부, 성전에서 ……………… 581
59. 과월절전 목요일. 제 3 부, 여러 가지 지도 ………… 596
60. 과월절전 목요일. 제 4 부, 요안나의 집에서 ………… 604
61. 과월절전 목요일. 제 5 부 ……………………… 627
62. 과월절전 금요일. 제 1 부, 아침 ……………… 641
63. 과월절전 금요일. 제 2 부, 성전에서 ……………… 648
64. 과월절전 금요일. 제 3 부, 예루살렘의 거리에서 ………… 656
65. 과월절전 금요일. 제 4 부, 라자로와 함께 과월절 만찬을 드시다 … 666
66. 누룩없는 빵의 토요일 ……………………………… 678
67. "마르타야, 마르타야, 너는 많은 일에 골몰하는구나" ………… 691
68. 예수께서 베다니아에서 말씀하시다 ………………… 699
69. 아도민산을 향하여 ……………………………… 712
70. 가릿산에서 피정을 하고 나서 ……………………… 716
71. 에세네파 사람들과 바리사이파 사람들. 불성실한 관리인의 비유 …… 721
72. 니까의 집에서 ……………………………… 737
73. 예리고와 베타바라 사이에 있는 걸어서 건너는 곳에서 ………… 746
74. 솔로몬의 집에서 ……………………………… 756
75. 솔로몬의 마을 네 거리에서 전도 …………………… 764

● 일러두기

작은 요한 :
　예수님은 마리아 발또르따에게 가끔 '작은 요한'이라는 이름으로 부르십니다.
　어떤 요한에 대해서 일까요? 가장 젊고, 순결하고, 겸손하고, 너그럽고, 용감하고, 십자가 밑에까지 충실했던 사도 요한에 대해서입니다.
　예수님은 마리아 발또르따를 사도 요한의 영혼과 마음과 정신과 똑같은 수준에까지 만들려고 생각하셨습니다. 이런 뜻에서 발또르따에게 말씀하시기 위해서 작은 요한이라는 이름을 사용하셨습니다.

머 릿 말

마리아 발또르따는 1897년 3월 14일 까세르따(이탈리아)에서 태어났다. 마리아는 1862년 만뚜아에서 출생한 기병 하사관 요셉 발또르따와 1861년 크레모나에서 난 프랑스어 교사인 이시스 피오라반찌의 외딸이었다. 마리아가 겨우 18개월 되었을 때에 부모가 아이와 함께 북부 이탈리아로 가서 살게 되어, 처음에는 파엔짜에 자리 잡았다가 몇 해 후에는 밀라노에 정착하였고, 그곳에서 마리아를 우르술라회 수녀들이 경영하는 유치원에 다니게 하였다. 거기서 마리아가 그의 소명의 첫번째 표를 받았다. 그는 사랑으로 자진해서 받아들인 고통 속에서 그리스도와 동일화되기를 원하였다.

역시 밀라노에서 일곱 살 때에 마르첼로회 수녀들이 경영하는 소학교에 다녔고, 그곳에서 1905년에 거룩한 안드레아 페라리 추기경에게서 견진성사를 받았다. 마리아는 그 후 1907년 가족이 이사해 가서 산 보게라의 공립학교에서 공부를 계속하였다. 1908년에 까스뗏지오에서 첫영성체를 하였다.

매우 독선적인 여자인 어머니의 강요로 마리아는 1909년 몬자의 비앙꼬니 중학교에 들어가야 하였는데, 그 학교에서 매우 날카로운 지능과 대단히 강인한 성격으로 두각을 나타냈다. 마리아는 문예과목에는 매우 재능이 있었으나 수학에는 도무지 소질이 없었다. 꾸준히 노력한 결과로 그가 기술공부의 졸업증서를 받았는데, 이 공부도 어머니가 강요한 것이었다. 그런데도 그는 중학교에서 만족하고 있었는데, 그의 어머니가 4년 후에는 학교를 그만두게 하였다. 그 때에 마리아는 하느님께 열렬한 기도를 드렸는데, 이번에도 하느님께서는 잊지 않으시고 마리아에게 그의 장래를 알려 주셨다. 그동안 아버지는 건강상의 이유로 은퇴하였고 작은 가족이 피렌체로 가서 살았는데, 그곳에서 마리아가 어느 선량한 청년과 약혼하였다.

그러나 어머니의 좋지 못한 성격 때문에 그 젊은이와 헤어져야 하였다. 큰 위기의 시기가 있은 후, 1916년에 마리아는 주께로부터 또 다른 계시의 표를 받았고 1917년에는 "사마리아인" 간호원단에 들어가서 열 여덟 달 동안 피렌체의 육군 병원의 병사들에게 모든 간호를 아끼지 않고 베풀었다.

1920년 3월 17일, 어머니와 같이 거리를 지나가는데 어떤 과격주의자가 쇠막대기로 그의 허리를 때려 그로 인하여 그의 장래의 신체 기능 불완전의 첫째 증상이 몸에 남게 되었다. 석 달 동안을 병상에서 지낸 다음 같은 해 10월에 부모와 같이 깔라브리아의 렛지오로 가서 호텔 주인인 어머니쪽 친척 벨판띠네 집에서 2년 가량을 살았다.

남부 이탈리아의 이 아름다운 해안 도시에서 지낸 긴 세월은 그의 정신을 튼튼하게 하는 많은 경험을 쌓게 하였다. 그러나 새로운 청혼들을 반대하는 어머니의 혐오의 흔적이 남기도 하였다. 그러자 마리아는 피렌체로 돌아가(그것은 1922년의 일이었다) 고통스러운 추억 속에서 또 2년을 보냈다.

1924년에는 비아렛지오로 마지막 이사를 하였는데, 이것이 끊임없이 하느님께로 올라가는 것을 온전히 지향하는 새로운 생활의 시초를 알리는 것이었다. 마리아는 몰래(어머니의 편협 때문에) 모든 교우본분을 지켰고 이렇게 해서 가톨릭 액숀에 가입하는 데 성공하였다. 항상 자기를 바치고자 하는 소원으로 불타는 그는 1925년에 자비로우신 사랑에 자기를 바쳤고, 1931년에는 서원을 한 다음 더 결연한 의식(意識)을 가지고 하느님의 정의께로 자기를 바치고자 하였다.

점점 더 심해지는 고통에 짓눌려 마리아는 1934년 4월 1일부터는 병상을 떠나지 못하였다. 이 때부터 그는 하느님의 손 안에 든 말 잘 듣는 연장이 되었다. 다음 해에 마르따 디치오띠가 마리아의 집에 왔는데 마르따는 일생 동안 충실한 동반자로 있으면서 마리아를 떠나지 않았다. 이 무렵에 마리아는 그가 사랑하고 사람들 중에서 가장 훌륭한 분으로 생각하던 아버지의 죽음에서 오는 크나큰 고통을 맛보았다.

1942년에 마리아는 전에 선교사였던 독실한 신부로 마리아의 종복회(從僕會) 회원인 로무알도 M. 밀리오리니 신부의 방문을 받았는데, 이 신부는 4년 동안 그의 영신 지도자로 있었다. 1943년, 어머니가 세상을 떠난 그 해에 마리아 발또르따는 작가로서의 활동을 시작하였다. 마리아는 밀리오리니 신부의 권유로 자기의 능력껏 쓴 자서전에서 "받아쓰기"와 "환상 이야기"로 옮아갔는데, 이것들을 계시로 받는다고 언명하였다. 병석에 있으면서 심한 고통을 당하는데도 마리아는 직접, 단숨에, 어떤 시간에나 글을 썼고 밤에도 썼는데, 뜻밖에 중단을 하게 되어도 조금도 방해를 당한다는 느낌이 없이 항상 자연스러운 모습을 잃지 않고 있었다. 그가 참고할 수 있는 유일한 책은 성서와 비오 10세의 교리문답 뿐이었다.

1943년부터 1947년까지, 그러나 1953년까지는 좀 덜 빠른 속도로, 마리아는 공책 약 1만 5천 쪽을 썼다. 성서에 대한 주석, 초대 그리스도인들과 순교자들의 이야기, 신심에 관한 글들이었고 이밖에 여러 장의 영성 일기도 있다. 그러나 마리아 발또르따가 쓴 글의 약 3분의 2를 예수의 생애에 대한 엄청난 양의 작품이 차지한다.

자신의 지능에 이르기까지 모든 것을 하느님께 바친 다음 마리아는 여러 해 동안 정신에 관계되는 일종의 고독에 점진적으로 빠져들어가 마침내 임종하는 그의 머리맡에 불려와서 "Profissere, anima christiana, de hoc mundo"(그리스도인의 영혼아, 이 세상에서 떠나거라!) 하는 말로 기도하는 신부의 권고에 복종하는 듯이 꺼져가는 날에 이르렀다. 그것은 1961년 10월 12일이었다. 마리아는 회상의 글처럼 다음과 같은 글을 남겼었다.

"나의 고통은 끝났다. 그러나 나는 사랑하기를 계속하겠다."

그의 장례식은 10월 14일 아침 일찍 성 바울리노 본당에서 행하여

졌는데, 그의 유지(遺志)에 따라 매우 간소하게 치르졌고, 시체는 비아렛지오 공동묘지에 안장되었다. 그러나 1973년 7월 2일 마리아 발또르따의 유해는 피렌체의 "쌍띠시마 안눈찌아따" 대수도원 참사회 경당에 특전받은 묘소에 묻힐 수가 있었다.

마리아 발또르따의 가장 중요한 저서인 예수의 생애에 관한 책은 그 후 여러 해에 쓴 몇 장만 빼고는 1944년부터 1947년까지 쓴 것이다. 이 저서는 벌써 1956년에 「Il poema dell'Uomo-Dio(사람이요 하느님이신 분의 시)」라는 제목으로 이탈리아에서 출판되었다. 초판은 부피가 큰 네 권으로 나왔는데, 마리아의 종복회 회원인 곤라도 M. 베르띠 신부의 신학적·교리적 주석이 달린 열 권짜리 비평판(批評版)이 뒤따랐다. 끊임없이 중판되고 아무 광고없이 보급된 이 저서는 이제 이탈리아와 온 세계에 널리 알려졌다.

1971년에 프랑스인 교수 펠릭스 소바쥬씨가 「Il poema dell'Uomo-Dio」를 읽고 자기 나라 말로 번역할 욕망을 느꼈다. 그가 사는 뽕또드매르에서 그는 우리에게 자기 일의 진척 상황을 끊임없이 알려 주고, 자기가 나이가 많기 때문에 출판에 대한 우리의 결정을 재촉하였다. 그는 철학과 신학을 공부하였고 일생을 교직에서 보냈다고 언명하면서, 자기 자신의 능력을 우리에게 보증하기를 원한 때를 빼고는 자기 자신에 대한 말을 결코 하지 않았다.

1976년에야 우리는 소바쥬씨가 직접 쓴 여섯 권의 프랑스어 번역을 가지러 노르망디에 갔었다. 그러나 얼마 지나서야 그것을 검토하기 시작하였다. 우리는 원고를 고쳐야 하리라는 것을 알아차렸다. 많이 고치기는 했지만 이 번역은 일할 때에 그를 젊게 하는 믿음의 후원을 받은 연세 높은 분이 이룩하였다는 점에서 공로가 있다.

불행히도 펠릭스 소바쥬씨는 번역한 작품의 출판을 보지 못하였다. 그분은 1978년 9월 16일 87세의 고령으로 세상을 떠났다. 우리는 마리아 발또르따의 글에 주해나 설명을 달지 않고 그 제목 자체에서 작품의 성격이 솟아 오르게 하려는 그분의 변하지 않은 소원을 존중하였다.

 그러나 독자들에게 알리고자 하는 것은 일체의 설명이나 깊은 연구를 위하여는 이탈리아어판의 주석들이 여전히 가치가 있다는 것이다. 저서의 성질에 대하여는 이것이 가장 큰 사적인 계시 중의 하나라는 확신을 우리는 가지고 있다. 뿐만 아니라, 사적인 계시들은 공적인 계시에 종속하고 인간적으로 믿을 만한 가능한 표시를 가톨릭 신학이 인정하며, 하느님께서 모든 사람의 영적 이익을 위하여 어떤 사람들에게 주시는 것으로 되어 있다.

 독자들은 이 프랑스어 초판의 몇 가지 결함을 양해하여 주기 바란다.

이솔라 델리리(이탈리아)
1979년 10월 12일

에밀리오 뻬사니, 출판인

1. 나자렛에서 화해. 출발 준비

셋째 해의 시작.

요한과 야고보와 마태오와 안드레아는 벌써 나자렛에 도착하였다. 그리고 베드로를 기다리면서 나자렛의 집 정원을 거닐면서 마륵지암과 농담을 하거나 자기들끼리 이야기를 한다. 예수께서는 나가셨는지, 또 성모님은 집안일을 돌보시는지 다른 사람은 아무도 보이지 않는다. 화덕에서 연기가 나는 것으로 보아 성모님은 빵을 만들고 계시는 것 같다.

네 사도는 선생님이 집에 온 것을 기뻐하며 그것을 겉으로 나타낸다. 마륵지암은 적어도 벌써 세 번째나 그들에게 "그렇게 웃지 마세요!" 하고 말한다. 그리고 세 번째에 가서는 마태오가 충고를 알아차리고 묻는다. "왜 그러냐, 애야? 여기 있는 걸 좋아하는 것이 옳지 않단 말이냐? 너는 이 곳에서 즐거웠지, 응? 이제는 우리 차례란 말이다." 그러면서 손가락으로 한 번 다정스럽게 튀긴다. 마륵지암은 매우 진지한 태도로 그를 쳐다본다. 그러나 입을 다물 줄 안다.

예수께서 사촌 유다와 야고보와 함께 돌아오신다. 유다와 야고보는 여러 날 동안 떨어져 있었던 동료들에게 많은 우정의 표시를 하며 인사한다.

알패오의 마리아가 새빨갛게 밀가루를 뒤집어쓴 얼굴을 빵굽는 곳에서 내밀고 아들들에게 미소를 보낸다.

마지막으로 열성당원이 돌아오면서 말한다. "선생님, 다 했습니다. 얼마 안 있어 시몬이 올 겁니다."

"어떤 시몬 말이야? 내 형 말이야, 요나의 시몬 말이야?"

"야고보, 자네 형 말일세. 온 가족과 함께 자네한테 인사하러 오네." 과연 몇분 후에 문두드리는 소리와 떠들썩한 소리가 알패오의 시몬이 온다는 것을 알린다. 그는 여덟살쯤 된 어린아이의 손을 잡고 들어오고 그의 뒤에는 살로메가 그의 아이들에게 둘러싸여 들어온다.

알패오의 마리아는 빵굽는 곳에서 나와 여기서 손자들을 보는 것을 기뻐하며 그들에게 입맞춤을 한다.

"그러니까 또 떠나는건가?" 시몬이 묻는데 아이들은 마륵지암과 친구가 된다. 마륵지암은 병이 고쳐진 알패오밖에는 잘 알지 못하는 것 같다.

"응, 때가 되었어."

"또 비오는 날들이 있을 텐데."

"상관없어. 날마다 봄이 가까워지니까."

"가파르나움으로 가나?"

"물론 그리로 가겠지만, 곧 가지는 않아. 지금은 갈릴래아를 두루 다니고, 더 멀리까지 갈 거야."

"자네가 가파르나움에 있는 것을 알게 되면 자넬 찾아가겠네. 아주머니와 내 어머니를 모시고 가겠네."

"형이 그래 주면 고맙겠어. 이젠 내 어머니를 소홀히 하지 말아. 어머니는 혼자 계시니까. 형의 아이들을 어머께 데려와. 여기서는 그애들이 타락하지 않을 거야. 틀림없어…."

시몬은 예수께서 그의 이런 사고방식에 대하여 하시는 암시와 "들었어요? 그건 당신을 위해서 하시는 말씀이예요" 하고 말하는 것 같은 아내의 의미심장한 눈짓 때문에 얼굴을 홱 붉힌다.

그러나 시몬은 화제를 돌려 말한다. "아주머니는 어디 계신가?"

"빵을 만들고 계셔. 그러나 곧 오실 거야…."

그러나 시몬의 아이들은 더 기다리지 않고 할머니를 따라서 빵굽는 곳으로 간다. 그런데 병이 고쳐진 알패오보다 조금 더 클까 말까 한 계집아이가 즉시 거기서 나오면서 말한다. "할머니가 울어, 응! 예수 아저씨! 할머니가 왜 울어?"

"아주머니가 우셔? 아이고! 우리 아주머니! 가봐야지" 하고 살로메가 열의를 가지고 말한다.

그러니까 예수께서 설명하신다. "어머니는 내가 떠나기 때문에 우시는 거요. …그렇지만 형수님이 와서 어머니 상대를 해주시겠지요? 어머니가 수놓는 법을 가르쳐 주실 겁니다. 그리고 아주머니도 어머니를 기쁘게 해드릴 거고, 약속하시지요?"

"나두 올거야. 이젠 아빠가 여기 오는 걸 가만두니까" 하고 알패오는 빵굽는 데서 받은 뜨거운 작은 비스킷을 먹으면서 말한다.

그러나 손가락으로 겨우 들고 있을 정도로 비스킷이 몹시 뜨겁다 하더라도 어린 아들의 말을 들을 때의 알패오의 시몬의 부끄러움 때문에 생기는 뜨거운 기운에 비하면 차라리고 생각한다. 비록 꽤 추운 겨울 아침나절이고, 하늘의 구름을 쫓아버리고 살갗을 찌르는 북풍이 부는 아침이지만, 시몬은 한여름 모양으로 땀이 비오듯 흐른다.

그러나 예수께서는 그것을 알아차리지 못하는 체하시고, 사도들도 시몬의 아이들이 말하는 것에 큰 흥미를 느끼는 것 같아 보인다. 이렇게 해서 사건은 일단락되고, 시몬은 다시 침착해져서 예수께 왜 모든 사도가 여기 있지 않느냐고 물을 수 있게 된다.

"요나의 시몬이 곧 올 거야. 다른 사람들은 형편이 좋을 때에 내게로 올 거야. 우린 벌써 그렇게 약속이 됐어."

"모두?"

"모두."

"가리옷의 유다노?"

"그 사람도…."

"예수, 잠깐 나도 같이 가세" 하고 사촌형 시몬이 간곡하게 부탁한다. 그리고 두 사람이 정원 안쪽으로 떨어져 가 있게 되자 시몬이 묻는다. "하지만 자넨 시몬의 유다가 어떤 사람인지 잘 아나?"

"이스라엘 사람이지. 그이상도 그이하도 아니야."

"오! 자넨 그 사람이…라고 말하려는 건 아니겠지…" 시몬은 흥분하여 목소리를 높이려고 한다.

그러나 예수께서 그의 말을 막고 어깨에 손을 얹으시며 진정시키고 말씀하신다. "그 사람은 중심적 사상과 그를 가까이 하는 사람들이 만들어 놓는 그대로의 사람이야. 그렇기 때문에 예를 들어 만일 여기서 (이 말마디를 매우 강조하신다) 모든 의로운 영혼과 진리를 받아들이는 사람들을 만났더라면, 그 사람은 죄지을 욕망을 가지지 않았을 거야. 그러나 그는 그런 사람들을 만나지 못했어. 오히려 그는 전적으로 인간적인 환경을 발견하고 거기에 매우 인간적인 그의 자아를 마음놓고 또 절대적으로 적응시켰어. 그의 매우 인간적인 자아는 인간적인 의미로서의 이스라엘의 왕이라고 생각하는 나를 위해 또 나 안에서 꿈꾸고 보고 일하고 있어. 형도 그렇게 꿈꾸고 내가 그렇게 되는 것을 보기를 원하는 것과 같이, 또 형과 함께 요셉 형님도 그렇고, 또 형 두 사람과 함께, 나자렛의 회당장 레위도, 마타티아와 시메온과 마티아와 베냐민과 야곱과, 또 서너 사람만 빼놓고는 나자렛 사람들이 모두 그런 것처럼 말이야. 그리고 나자렛뿐이 아니야. …그래서 그 사람은 형들 모두가 그 사람을 타락시키는 데 이바지하기 때문에 자신을 형성하기가 힘든 거야. 점점 더 그래. 그 사람은 내 사도들 중에서 제일 약한 사람이야. 그러나 지금 당장은 약한 사람일 뿐이야. 그 사람은 좋은 충동을 가지고 있고 올바른 뜻도 가지고 있고, 내게 대한 사랑을 가지고 있어. 그 형태가 비뚤어진 사랑이지만 역시 사랑은 사랑이야. 형들은 이 좋은 경향들을 그렇지 않은 경향, 그의 자아를 형성하는 경향들과 분리시키도록 그를 도와주지 않고, 오히려 형들의 불신과 한계를 그사람 안에 스며들게 한단 말이야. 하지만, 다른 사람들이 우리보다 앞서 집으로 갔으니 우리도 집으로 갑시다….”

시몬은 자존심이 좀 상해서 예수를 따라온다. 그들이 거의 문지방에 이르렀을 때 시몬이 예수를 붙잡으며 말한다. “아우, 나한테 화가 나 있나?”

“아니. 그렇지만 나는 다른 모든 제자를 교육하는 것처럼 형도 교육하려고 애쓰고 있어, 형도 제자가 되고 싶다고 내게 말하지 않았어?”

“그랬지, 예수. 그렇지만 다른 때에도 자네가 비난을 할 때에는 이렇게 말하지는 않았어, 더 부드러웠지….”

“그런데 그게 무슨 소용이 있었어? 전에는 부드러웠어. 내가 부드럽게 대하는 것이 2년째나 돼. …그런데 형들은 내 참을성과 친절을 기대하거나 나를 해칠 무기를 준비했단 말이야. 형들에게는 사랑도 나를 해치는 데 도움이 됐어. 그게 사실이 아니야?…”

“나는 정의를 지킬 거야. 그리고 정의로운데도, 나를 약속된 메시아로 인정하기를 원치않는 이스라엘 사람들인 형들, 나는 역시 형들이 받아들일 자격이 없는 그런 사람일 거야.”

두 사람은 작은 방으로 들어간다. 그 방에는 어떻게나 사람이 꽉 찼는지 여러 사람이 부엌이나 요셉의 작업장으로 건너갔는데, 그들은 어머니와 형수 곁에 남아 있는 알패오의 두 아들이 빠진, 다른 사도들이다. 이제는 성모님이 어린 알패오의 손을 붙잡고 그들 있는 데로 들어오신다. 성모님의 얼굴에는 흘리신 눈물 자국이 분명히 보인다.

날마다 성모님 집에 오겠다고 다짐하는 시몬에게 성모님이 대답하시려는 참이었다. 그때 조용한 골목길에 작은 마차가 오고 있는데, 어떻게나 방울소리가 요란스러운지 그 요란스러운 소리에 알패오의 아들들의 주의가 끌려서, 밖에서 문을 두드리는 동안 안에서 문을 연다. 그러니까 아직 마차 위에 앉아서 채찍손잡이로 두드리고 있는 시몬 베드로의 명랑한 얼굴이 나타난다. …그의 곁에는 폴피레아가 수줍어하며 그러나 미소를 지으며 상자 더미 위에 올라 앉아 있는데, 그 상자들이 꼭 옥좌 같다.

마륵지암이 양어머니에게 인사를 하려고 밖으로 뛰어 나온다. 다른 사람들도 나오고, 그들과 같이 예수께서도 나오신다.

"선생님, 다녀왔습니다. 제 아내를 데려왔습니다. 그리고 먼 길을 올 수 없는 여자이기 때문에 이 모양으로 데려왔습니다. 어머니, 주님이 함께 계시기를. 그리고 알패오의 마리아 아주머니와도 함께." 그는 모두를 바라보면서 마차에서 내리고 아내가 내려오는 것을 도와준다. 그리고 모두에게 인사를 한다.

사람들이 짐 내리는 일을 도와주려고 하니까 베드로는 한사코 반대한다. "나중에, 나중에" 하고 말하면서 격식차리지 않고 요셉의 작업장의 문 쪽으로 가서 문을 활짝 열고는 짐을 실은 채로 마차를 안으로 들여보내려고 해본다. 그러나 물론 마차가 통과할 수는 없다. 그렇기는 하지만 그 조작이 손님들의 기분을 전환시키는 데 소용되었고, 자기들이 방해가 된다는 것을 깨닫게 하는 데 도움이 되었다. …과연 알패오의 시몬이 온 가족과 함께 물러간다….

"오! 이젠 우리끼리만 있게 됐으니, 우리 생각을 하세…" 하고 요나의 시몬이 나귀를 뒷걸음치게 하면서 말한다. 나귀는 굉장히 많은 방울을 달았기 때문에 열 마리 몫이나 되는 요란스러운 소리를 내는 바람에 제베대오의 야고보가 웃으면서 이렇게 묻지 않을 수가 없다. "그런데 이렇게 요란스런 장비를 갖춘 이 놈을 어디서 구했나?"
 그러나 베드로는 마차 위에 있던 상자들을 들어 요한과 안드레아에게 건네주는 데 골몰해 있다. 이들은 상자들의 무게를 느낄 것을 예상하고 있다가 상자들이 가벼운 데 깜짝 놀라서 그들의 놀람을 큰소리로 말한다….
 "빨리 정원으로 들어가게. 그리고 참새들에게 겁을 주지 말게" 하고 베드로가 명하면서, 이번에는 그도 정말 무거운 작은 상자를 들고 내려와서 작은 방 한구석에 내려놓는다.
 "자 이제는 나귀와 마차의 차례다. 나귀와 마차? 나귀와 마차!… 이거 어려운데!… 그렇지만 모두가 집안으로 들어가 있어야 해…"
 "정원으로 들여오게, 시몬" 하고 성모님이 작은 소리로 말씀하신다.
 "울타리 안쪽에 바람을 막은 공간이 있네, 나뭇가지에 덮여서 보이지는 않지만…있기는 있어. 집을 따라 있는 오솔길을 따라가게, 오솔길과 이웃집 정원 사이에 있네. 입구가 어디 있는지 가서 가리켜 주겠네. …누가 와서 그걸 덮고 있는 가시덤불을 치워 주겠나?"
 "저요, 저요." 모두가 정원 안쪽으로 달려 오고, 그동안 베드로는 그 요란한 나귀와 마차를 끌고 오고 알패오의 마리아는 대문을 닫는다. …그리고 낫질을 하여 투박한 격자문을 드러나게 하고 헛간을 열고 나귀와 마차를 들여놓는다.
 "됐다! 이젠 내 귀를 멍멍하게 하는 이걸 모두 떼내자!" 그러면서 베드로는 마구에 방울들을 잡아맨 끈들을 모두 자르기 시작한다.
 "그러면 왜 그걸 모두 그냥 놔뒀었어?" 하고 안드레아가 묻는다.
 "나자렛 전체가 내게 오는 소리를 들으라고 그랬다. 그리고 그 일에 성공했어. …이제는 전체가 우리가 떠나는 소리를 듣지 못하게, 이놈들을 떼어내는 거다. 그래서 내가 빈 상자들을 실었어. …우리는 가득 찬 상자들을 싣고 떠날 거다. 그래서 혹 누가 우리를 보면 어떤 여자가 상자들 위에 내곁에 앉아 있는 걸 보더라도 아무도 이상하게 생각하지 않을 거다. 여기서 멀리 떨어져 있는 사람이 양식과 생활감각이 있다고 자랑한다. 그렇지만 나도 그러고 싶을 땐 나도 그걸 가지고 있단 말이다…."
 "그렇지만 형, 이 모두가 왜 필요한 거야?" 하고 나귀에게 물을 먹이고 나서 화덕 옆에 있는 투박한 장작광 근처로 데리고 가며 안드레아가 묻는다.
 "왜냐구? 아니 너 모르니? …선생님, 아니 이 사람들은 아직 아무것도 알지 못하고 있습니까?"
 "모르고 있다, 시몬아. 네가 오는 것을 기다려서 말하려고 했다. 모두 작업장으로 가자. 여자들은 있는 데 그대로 있는 것이 좋다. 그리고 요나의 시몬아, 그렇게 한 것이 잘한 노릇이다."
 그들은 작업장으로 간다. 그동안 폴피레아는 어린아이와 두 마리아와 함께 집안에 남아 있다.
 "내가 너희를 이리 오게 한 것은 요한과 신디카를 아주 멀리 떠나보내는 일에 나를 도와야 하기 때문이다. 나는 장막절서부터 이 결정을 내렸다. 너희는 그들을 우리가 데리고 있을 수 없다는 것과 여기에도 둘 수 없다는 것, 그랬다가는 그들의 안녕이 위험하게 되라라는 것을 잘 알게 되었다. 언제나와 마찬가지로 베다니아의 라자로가 이 일에 나를 도와준다. 요한과 신디카에게는 벌써 알렸다. 시몬 베드로는 며칠 전부터 알고 있다. 이제는 너희도 이 일을 안다. 초생달 대신에 비가 오고 바람이 불어도 우리는 오늘밤 나자렛을 떠난다. 우리는 벌써 떠났어야 했을 것이다. 그러나 시몬이 운송수단을 구하는 데 어려움이 있었을 것으로 짐작한다…."
 "물론입니다! 구하지 못하게 되나보다하고 실망할 참이었는데 티베라아의 몹시 불쾌한 어떤 그리이스인 덕택에 결국은 구하게 됐습니다. …그리고 이건 편할 겁니다…."
 "그렇다. 편할 거다. 특히 엔도르의 요한에게."
 "그 사람 어디 있습니까? 보이지 않는데요" 하고 베드로가 묻는다.
 "신디카와 함께 그의 방에 있다."
 "그런데 …이 일을 어떻게 받아들였습니까?" 하고 베드로가 또 묻는다.
 "매우 고통스럽게 받아들였다. 여자도 그렇고…"
 "그리고 선생님두요. 선생님의 이마에는 전에 없던 주름이 하나 생겼습니다. 그리고 엄하고 슬픈 눈을 하고 계십니다" 하고 요한이 지적한다.

"그것은 사실이다. 나는 매우 괴롭다. …그러나 우리가 해야 할 일에 대해서 말하자. 곧 이어서 우리가 헤어져야 하니까 내 말을 잘 들어라. 우리는 오늘 저녁 초경(初更) 중간에 떠난다. 우리는 도망하는 사람들처럼 떠난다. …저들이 죄인이니까. 반대로 우리는 악을 행하러 가지 않고, 악을 행했기 때문에 도망치는 것이 아니다. 그게 아니라 그것을 참아 견딜 힘이 없는 사람에게 다른 사람들이 해를 끼치지 못하게 하려고 떠나는 것이다. 그러니까 우리는 떠난다. …우리는 세포리스 가는 길로 해서 간다. …그리고 중간에서 어떤 집에서 잠깐 쉬었다가 새벽에 다시 떠난다. 그 집은 짐승들을 위한 주랑(柱廊)이 많이 있는 집이다. 거기에는 이사악의 친구 목자들이 있다. 나는 그 사람들을 안다. 그 사람들은 아무것도 요구하지 않고 그 집에 들일 것이다. 그런 다음 우리는 절대적으로 저녁이 되기 전에 지프타엘까지 가서 거기서 쉬어야 한다. 짐승이 그 일을 해내리라고 생각하느냐?"

"물론입니다! 그 더러운 그리이스 사람이 돈은 많이 받았지만, 훌륭하고 튼튼한 짐승입니다."

"좋다. 이튿날 아침에는 프톨레마이스로 가서 거기서 우리는 헤어진다. 너희들은 너희 우두머리이고 맹목적으로 복종해야 하는 베드로의 인도로 바다로 해서 띠로까지 가거라. 거기서 안티오키아로 가는 배를 만날 것이다. 그 배에 올라가서 선주에게 이 편지를 읽으라고 주어라. 이것은 데오필로의 라자로의 편지다. 너희들은 안티오키아의 그의 소유지로, 아니 차라리 안티고니아의 그의 동산으로 보내지는 하인으로 통하여라. 모든 사람에게 너희들은 그렇게 통해야 한다. 주의깊고 꼼꼼하고 신중하고 침묵을 지킬 줄 알아라. 안티오키아에 도착하면 즉시 라자로의 관리인 필립보에게로 가서 이 편지를 주어라…."

"선생님, 그 사람이 저를 압니다" 하고 열성당원이 말한다.

"썩잘 되었다."

"그렇지만 그 사람이 어떻게 저를 하인으로 생각하겠습니까?"

"필립보에게는 그것이 필요없다. 그 사람은 라자로의 친구 두 사람을 받아서 묵게 하고 모든 일에 도와주어야 한다는 것을 알고 있다. 편지에 그렇게 씌어 있다. 너희들은 그들을 데리고 간 사람들이다. 그이상 아무것도 아니다. 라자로는 너희들을 '팔레스타나의 그의 친한 친구들'이라고 부른다. 또 너희 모두가 믿음과 너희들이 행하는 행동으로 함께 일치해 있기 때문에 사실 그렇기도 하다. 너희들은 배가 짐을 내리고 다른 짐을 싣는 작업을 끝내고 따로 돌아오려고 다시 출발할 때까지 쉬어라. 따로에서는 배로 프톨레마이스까지 오고, 거기 내가 있을 악지브로 오너라."

"주님은 왜 저희와 같이 가지 않으십니까?" 하고 요한이 한숨을 쉬며 말한다.

"나는 남아서 너희들을 위하여 기도하고, 특히 저 불행한 두 사람을 위하여 기도할 것이기 때문이다. 나는 남아서 기도한다. 이렇게 해서 내 공생활의 셋째해가 시작되는 것이다.

이 셋째해도 첫째해와 둘째해와 마찬가지로 매우 슬픈 출발로 시작된다. 이 해는 첫째해와 마찬가지로 큰 기도와 큰 속죄로 시작된다. …그것은 이 셋째해에도 첫째해와 같은 고통스러운 어려움이 있을 것이고, 오히려 더 있기 때문이다. 그때에는 내가 세상을 회개시키려는 준비를 하고 있었지마는, 지금은 훨씬 더 광범위하고 훨씬 더 효력있는 사업을 준비한다. 그러나 잘 들어라. 첫째해에는 내가 완전한 인간성과 완전한 지능으로 사람들을 지혜에로 부르는 사람인 선생이고 현자였고, 둘째해에는 받아들이고, 용서하고, 동정하고, 참아받으면서 지나다니는 구세주요 친구요 자비로운 사람이었지만, 셋째해에는 구속하는 하느님이요 왕이요 의인일 것임을 알아라. 그러므로 너희가 내게서 새로운 모습을 보고, 어린 양 안에서 강자가 반짝이는 것을 보더라도 놀라지 말아라. 내가 사랑으로 초대하는 데 대해서, 내가 팔을 벌리며 '오너라, 나는 사랑하고 용서한다'고 말하는 데 대해서 이스라엘은 뭣이라고 대답하였느냐? 점점 더 마음의 문을 닫고 냉혹하게, 그리고 거짓말과 계략으로 대답하였다. 그렇다면 좋다.

나는 이마를 먼지에 닿도록 숙이면서 이스라엘의 모든 계급을 불렀다. 그런데 자기를 낮추는 거룩함에 그는 침을 뱉았다.

나는 이스라엘에게 거룩하게 되라고 권했는데, 이스라엘은 자기를 마귀에게 마음을 내맡기는 것으로 대답하였다.

나는 모든 일에 내 의무를 다하였다. 내 의무를 이스라엘은 '죄'라고 불렀다.

내가 입을 다물었더니, 내 침묵을 이스라엘은 죄가 있는 증거라고 불렀다.

내가 말을 하니까, 내 말을 그는 하느님을 모독하는 말이라고 불렀다.

이제는 지긋지긋하다!

이스라엘은 나에게 한 순간의 휴식도 주지 않았다. 기쁨을 하나도 주지 않았다. 그런데 내게 있어서는 내가 방금 은총에 낳아 준 사람들의 영의 생명이 자라는 것을 보는 것이 기쁨이었다. 그런데 그들은 이들에게 함정을 파놓고, 악한 이스라엘에게서 이들을 보호하기 위해서라면서 이들을 내 마음에서 억지로 떼어내서 나와 동시에 이들에게도 서로 억지로 헤어지게 된 아버지와 아이들의 고통과 같은 고통을 주었다.

자기들을 '거룩하게 하는 사람들'이라고 부르고, 그런 사람들이라고 자랑하는 이스라엘의 권력자들은 내가 구원하고 또 내가 구원한 사람으로 인하여 즐기는 것을 막고 또 막고 싶어한다.

나는 이제 여러 달 전부터 세리 레위를 친구로 가지고 있는데, 세상 사람들은 마태오가 죄를 짓게 하는 기회가 되는지, 그렇지 않고 선의의 경쟁심을 일으키는지를 안다. 그러나 비난은 줄어들지 않는다. 그리고 라자로의 마리아와 내가 구원할 수많은 사람들에 대한 비난도 약해지지 않을 것이다.

이제는 지긋지긋하다!

나는 점점 더 힘들고 눈물에 젖은 내 길을 계속 간다. …나는 간다. …그러나 내 눈물은 한 방울도 무익하게 떨어지지는 않을 것이다. 내 눈물은 내 아버지께 부르짖는다. …그런 다음에 훨씬 더 강력한 체액(體液)이 부르짖을 것이다. 나는 간다. 가혹한 시간이 다가오고 있으니까 나를 사랑하는 사람은 나를 따르고 씩씩하게 되어라. 나는 멎지 않는다. 나를 멈추는 것은 아무것도 없다.

그들도 멎지 않을 것이다. …그러나 그들은 화를 입을 것이다! 그들은 화를 입을 것이다! 그들에게는 사랑이 정의로 변하면 그들은 불행할 것이다! …새 시대의 표는 주님의 말씀과 주님의 '말씀'의 행동에 대항하는 그들의 죄를 고집하는 모든 사람에게는 엄한 정의의 표가 될 것이다!…"

예수께서는 벌하는 대천사와 같으시다. 예수의 눈이 어떻게나 반짝이는지 연기로 검게 된 벽 앞에서 타오르시는 것 같다. …청동과 은을 세차게 칠 때에 나는 소리를 내는 예수의 목소리까지도 반짝이는 것 같다.

여덟 사도는 창백하고 겁으로 몸이 오그라든 것 같다. 예수께서 그들을 연민과 사랑으로 바라다보시며 말씀하신다. "이 말은 내 친구들인 너희들에게 대해서 하는 것이 아니다. 이 위협은 너희에게 대한 것이 아니다. 너희는 내 사도들이고, 내가 너희를 골랐다." 예수의 목소리는 부드럽고 그윽하게 되었다. 예수께서 말씀을 끝내신다. "다른 방으로 가자. 박해받은 두 사람에게 우리가 그들을 우리 자신보다도 더 사랑한다는 것을 느끼게 하자 — 그리고 너희에게 다시 상기시키지만, 그들은 안티오키아로 가는 내 길을 준비하러 떠나는 줄로 생각하고 있다 — 가자…."

2. 나자렛을 떠나시다

저녁이다. 나자렛의 작은 집과 그 집에 사는 사람들에게 또 하나의 작별을 하는 저녁이다. 슬픔으로 인하여 음식이 입에 즐겁지 않고 사람들이 말이 적게 되는 또 하나의 저녁식사이다. 식탁에는 예수께서 요한과 신디카와 베드로, 요한, 시몬, 마태오와 함께 앉아 있다. 다른 사람들은 식탁에 앉을 수가 없었다. 나자렛의 식탁은 아주 작다! 겨우 의인의 작은 가족을 위하여 만든 식탁이어서, 기껏해야 나그네와 애통하는 사람이나 앉히고 음식으로보다는 사랑으로 기운을 내게 해줄 수 있는 식탁이다! 그날 저녁에는 기껏해야 마륵지암은 앉을 수 있었을 것이다. 어린아이이고, 아주 홀쭉해서 자리를 별로 차지하지 않으니까···.

그러나 마륵지암은 매우 심각하게 말이 없이 한구석에서 폴피레아의 발 앞에 작은 걸상에 앉아서 먹고 있다. 폴피레아는 성모님이 베틀 걸상에 앉히셨는데, 온순하고 말없이 받은 음식을 먹으면서, 곧 떠나게 되어서 눈물이 줄줄 흐르는 얼굴을 가리려고 고개를 숙이고 앉아서 음식을 몇 입 삼키려고 애쓰는 두 사람에게 동정의 눈길을 보낸다.

다른 사람들, 즉 알패오의 두 아들과 안드레아와 제베대오의 야고보는 부엌에 반죽통 같은 것 곁에 자리잡았다. 그러나 열린 문으로 그들을 볼 수 있다.

성모 마리아와 알패오의 마리아는 자애롭게 가슴아파하고 슬퍼하면서 왔다갔다하며 이 사람 저 사람에게 음식을 갖다 준다. 그리고 성모님은 그날 저녁에 유난히 비통한 미소로 당신이 가까이 하시는 사람들을 어루만져 주시는데, 조심성이 덜하고 더 친숙한 알패오의 마리아는 미소에 행위와 말을 곁들이고, 상대에 따라서 입맞춤이나 어루만짐을 덧붙이며, 이러저러한 사람에게 음식을 먹으라고 권하고, 각자의 필요와 여행을 위하여 가장 적합한 음식을 갖다 주곤 한다. 기진맥진한데다 요며칠 동안의 기다림으로 한층 더 야윈 요한에 대한 다정스러운 동정으로 알패오의 마리아는 자기 자신을 음식으로 줄 정도라고 생각된다. 그만큼 이 음식 저 음식의 맛과 건강에 이로운 특성을 찬양하며 먹도록 설득하려고 애쓴다. 그러나 그의 모든…유혹에도 불구하고 요한의 접시에 있는 음식은 거의 수저도 대지 않은 채로 남아 있다. 그래서 알패오의 마리아는 아기가 그의 젖을 마다하는 것을 보는 어머니처럼 몹시 슬퍼한다.

"그렇지만 자넨 그렇게 떠날 수는 없네, 아들 같은 이 사람아!" 하고 알패오의 마리아가 부르짖는다. 그리고 그의 어머니다운 마음에서 요한이 자기와 거의 나이가 비슷해서 아들이라는 이름이 별로 어울리지 않는다는 것은 생각하지 못한다. 그러나 마리아는 그를 괴로워하는 인간으로밖에는 보지 않고, 그래서 그를 위로하는 데에 이 이름밖에 찾아내지 못한다. "밤이 습기차고 추운데 빈 속으로 저 덜컹거리는 마차를 타고 길을 가면 자네 몸에 해로울 걸세. 그리고 또! 이 소름끼치는 먼 여행을 하는 동안 자네들이 어떻게 먹게 되려는지 누가 아나! …불쌍도 하지! 그렇게 먼 거리를 바다에 떠서 가다니! 나 같으면 무서워서 죽을 거야. 그리고 페니키아 해안을 끼고, 또 그리고!… 이건 더 고약한 일일 거야! 게다가 분명히 선주는 펠리시데 사람이나 페니키아 사람이나 어떤 지옥나라 사람일 거고… 동정심도 없을 거야. …자, 자네를 많이 사랑하는 어머니 곁에 아직 남아 있는 동안! …먹게. 이 훌륭한 생선 한 조각만이라도. 요나의 시몬이 이 생선을 베싸이다에서 많은 사랑을 가지고 다루었고, 오늘 자네와 예수를 위해서, 자네들의 기운을 잘 회복시키기 위해서 이걸 어떻게 요리하는지를 내게 일러주었는데, 그 사람을 기쁘게 하기 위해서만이라도. 이게 자네에겐 적당치 않다구? …그럼… 오! 이건 자네가 먹을 거야!" 그러면서 부엌으로 달려 갔다가 김이 무럭무럭 나는 죽을 한 접시 가지고 온다. 나는 그것이 무엇인지 모르겠다. … 분명히 밀가루나 낟알을 우유에 넣고 끓여서 죽같이 되게 한 것이다. "이거봐, 이건 자네가 언젠가 아주 어렸을 적의 다정스러운 추억처럼 말해 준 것이 기억나서 만든 걸세. …이건 맛이 있고 또 몸에도 좋아. 자, 조금만."

요한은 그 죽을 몇 숟갈 자기 접시에 달라고 해서 삼키려고 해본다. 그러나 그가 고개를 한층 더 숙이는 동안 눈물이 흘러내려 그 음식에

짠맛을 섞는다.
 다른 사람들은 그것을 많이 먹는다. 그들에게는 그것이 진미인 모양이다. 그 음식을 보고 그들의 얼굴이 환해졌고, 마륵지암은 일어났다. …그러나 곧 이어 성모 마리아에게 여쭈어볼 필요를 느낀다. "저도 이걸 먹어도 되나요? 서원(誓願)이 끝나려면 닷새가 남았는데요…."
 "그래, 애야, 먹어도 된다" 하고 성모님이 말씀하시며 그를 쓰다듬으신다.
 그러나 어린아이는 아직 망설인다. 그러니까 성모님은 어린 제자의 소심증을 가라앉히시려고 당신 아들을 부르신다. "예수야, 마륵지암이 보리죽을 먹어도 되느냐고 묻는다. …꿀을 넣어서 단 음식이 되기 때문에 그런다, 알겠지…."
 "그래, 그래, 마륵지암아. 오늘 저녁은 요한도 꿀을 탄 보리죽을 먹는다는 조건으로 네 희생을 면제해 준다. 어린아이가 이걸 얼마나 먹고 싶어하는지 보아라. 그러니까 아이가 이걸 얻도록 도와주어라." 그러시면서 곁에 앉아 있는 요한의 손을 잡으시고, 요한이 순종의 정신으로 그의 보리죽을 마저 다 먹으려고 애쓰는 동안 그 손을 잡은 채로 계신다.
 알패오의 마리아가 이제는 더 기뻐한다. 그리고 김이 무럭무럭 나는 화덕에 구운 먹음직스런 배를 담은 접시를 가지고 공격을 다시 시작한다. 마리아는 정원에서 접시를 가지고 돌아오면서 말한다. "비가 와요! 시작이로구먼, 유감스러운 일이로군!"
 "천만에요! 오히려 이게 더 낫습니다! 이렇게 되면 길에 아무도 없을 것입니다. 떠날 때는 언제나 인사가 고통을 줍니다. …돛에 바람을 안고 정지하거나 천천히 가지 않을 수 없게 하는 얕은 곳이나 암초를 만나지 않고 쏜살같이 달리는 것이 더 낫습니다. 그런데 구경꾼들이 바로 얕은 곳이고 암초입니다…" 하고 어떤 사건이든지 돛과 항해에 견주어 보는 베드로가 말한다.
 "마리아 아주머니, 고맙습니다. 그러나 저는 다른 건 아무것도 먹지 않겠습니다" 하고 요한이 과일을 물리치려고 하면서 말한다.
 "아! 이건 안돼! 이건 마리아 어머니가 구운 거야. 자넨 어머니가 마련한 음식을 업신여기려고 하나? 어머니가 얼마나 잘 요리했는지 보게! 작은 구멍에는 양념을 넣고…밑에는 버터를 깔고…이건 최고의 후식일 거야, 시럽이구, 어머니도 이것들을 알맞은 금빛이 되게 하느라고 화덕의 불에 얼굴이 빨갛게 익었었네, 그리고 이건 목과 기침에 좋은 거야. …몸을 덥게 하고 낫게 하는 거야. 이것들이 우리 알패오가 앓을 때 얼마나 효과를 냈는지 동서가 말해요. 그렇지만 알패오는 동서가 만들어 주기를 원했지. 그렇고 말고! 동서의 손은 거룩하고 건강을 주니까! …동서가 마련하는 음식은 축복 받은 거야! …알패오는 그 배들을 먹은 다음에는 더 편안했었지. …호흡이 더 쉬어지고… 가엾은 남편!…" 그러면서 마리아는 이 추억을 기회 삼아서 마침내 울 수 있고, 울려고 밖으로 나갈 수가 있다. 내가 혹 인정머리 없는 추측을 하는지도 모르겠다. 그러나 마리아가 떠나려는 두 사람에 대하여 가지는 연민의 정이 없었더라면 "가엾은 알패오"는 그날 저녁 아내의 눈물을 한 방울도 얻지 못하였으리라고 생각한다. …알패오의 마리아는 요한과 신디카, 그리고 떠나는 예수와 야고보와 유다 때문에 몹시 눈물에 젖어 있었다. 너무나 눈물에 젖은 나머지 질식하지 않기 위하여 눈물의 배출구를 열어놓고야 만 것이다.

그러자 성모님이 알패오의 마리아의 뒤를 이어 예수의 맞은 편에 시몬과 마태오 사이에 앉아 있는 신디카의 어깨에 손을 얹으시면서 말씀하신다. "자, 먹어라. 대관절 자네들은 자네들이 빈 속으로 떠났다는 슬픔을 내게도 남겨주고 떠날 참인가?"

"어머니, 저는 먹었어요" 하고 신디카가 며칠 전부터 흘린 눈물 자국이 있는 피곤한 얼굴을 들면서 말한다. 그리고는 성모님의 손이 있는 어깨로 얼굴을 기울이고 어루만져지려고 작은 손에 뺨을 비빈다. 성모님은 다른 손으로 그의 머리카락을 쓰다듬으시며 신디카의 머리를 끌어당기시니, 신디카가 이제는 얼굴을 성모님의 가슴에 기댄다.

"요한, 먹게. 이것은 정말 자네에게 이로울 걸세. 자넨 몸을 차게 하지 않을 필요가 있네. 요나의 시몬 자네가 이 사람에게 매일 저녁 뜨거운 양젖이나 적어도 아주 뜨거운 꿀물을 주도록 주의하게."

"어머니, 저도 마련해 주겠어요. 안심하세요."

"과연 나는 그것을 확신한다. 그러나 너는 안티오키아에 자리잡은 다음에 그렇게 하여라. 지금 당장은 요나의 시몬이 그걸 생각하여라.

그리고 시몬아, 이 사람에게 올리브기름을 많이 주는 것을 잊지 말아라. 그 때문에 이 병을 네게 주었다. 깨뜨리지 않도록 조심하여라. 그리고 이 사람의 호흡이 더 어려워지는 것을 보게 되거든 다른 향유 그릇을 가지고 내가 일러준 대로 하여라. 가슴과 어깨와 허리에 바를 만큼 꺼내서 바르고, 만져도 손이 뜨겁지 않을 정도까지 몸을 덥게 해주고, 주물러주고, 내가 준 모직 띠를 즉시 감아 주어라. 내가 이것을 일부러 준비하였다. 그리고 신디카 너는 이 향유의 성분을 기억해서 다시 만들도록 하여라. 너는 언제나 백합, 장뇌(樟腦), 백선(白鮮), 수지(樹脂), 카네이션, 월계수, 쑥, 그리고 나머지 것을 얻을 수 있을 것이다. 나는 라자로가 안티고니아에 약초밭을 가지고 있다는 말을 들었다."

"그것도 훌륭한 걸 가지고 있습니다" 하고 그것을 본 일이 있는 열성당원이 말한다. 그리고 이렇게 덧붙인다. "저는 아무 조언도 하지 않겠습니다. 그러나 요한에게 안티오키아보다 그곳이 정신과 육체에 유익할 것이라고 말하겠습니다. 그곳은 바람이 막혀 있고, 작은 야산 비탈에 있는 진이 나는 나무에서 오는 공기가 가볍습니다. 그 야산은 바다바람은 막아주지만 그래도 이로운 바다의 소금끼가 그곳까지 퍼지게는 해줍니다. 조용하고 적적한 곳이지만, 거기에서 평화롭게 사는 수없이 많은 꽃과 새로 인해서 즐거운 곳입니다. …요컨대 자네들이 어떤 것이 제일 적당한지 판단하게나. 신디카가 판단이 아주 정확하니까! 이런 일에는 여자들에게 맡기는 것이 더 나으니까요, 그렇지요?"

"사실, 나는 요한을 바로 신디카의 양식과 착한 마음씨에 맡긴다" 하고 예수께서 말씀하신다.

"또 저도" 하고 엔도르의 요한이 말한다. "저는…저는…저는 이제 아무 기력도 없습니다. …그래서…아무짝에도 소용이 없을 것입니다…."

"요한, 그런 말 하지 마세요! 가을이 와서 나뭇잎이 떨어진다고 해서 그 나무들이 기력이 없다는 뜻은 아니예요. 오히려 숨은 활력을 가지고 다음번 결실의 승리를 준비하는 일을 합니다. 당신의 경우도 마찬가지예요. 지금은 당신이 이 고통의 찬 바람으로 잎이 다 떨어졌어요. 그렇지만 실제로 당신 자신의 저 깊은 속에서는 새로운 임무들을 위해서 일하고 있어요. 당신의 고통 자체가 당신을 행동으로 밀고 갈 겁니다.

2. 나자렛을 떠나시다 **37**

저는 그걸 확신해요. 그러면 당신은 항상 가엾은 여자인 저를 도와주는 사람이 될 겁니다. 저는 예수님의 어떤 물건이 되기 위해서는 아직 배워야 할 것이 너무나 많아요."

"오! 도대체 당신은 나더러 이제부터 어떻게 되라는 거요?! 나는 이제 할 일이 아무것도 없어요. …나는 끝장이오!"

"아니예요, 그렇게 말하는 건 좋지 않아요! 죽는 사람만이 '나는 사람으로서는 끝장이 났다'고 말할 수 있어요. 다른 사람들은 그렇게 말할 수 없어요. 당신은 이제 아무것도 할 일이 없다고 생각하세요? 당신에게는 당신이 어느날 내게 말한 것, 즉 희생을 완전히 끝내는 일이 남았어요. 그런데 고통으로 그렇게 하지 않으면 어떻게 하겠어요? 선동자인 당신에게 현인들의 말을 인용하는 것은 잘난 체하는 일이예요. 그렇지만 고르지아 드 레옹틴을 당신에게 상기시키겠어요. 그 사람은 이 세상에서나 저 세상에서나 고통과 괴로움으로만 속죄를 한다고 가르쳤어요. 그 우리의 위대한 소크라테스도 상기시키겠어요. '우리보다 높은 분에게, 그가 신이든지 사람이든지, 불복종하는 것은 나쁜 일이요 부끄러운 일이라고 말했어요. 그런데 옳지 못한 사람들이 준 옳지 못한 결정에 복종하기 위해서 그렇게 하는 것이 옳은 일이라면, 지극히 거룩하신 사람과 우리 하느님께서 수신 명령이라면 어떠하겠어요? 복송한다는 것은 다만 복종하는 것이기 때문에 위대한 것이예요. 그러니까 거룩한 명령에 복종하는 것은 대단히 훌륭한 일이예요. 저는 그것을 큰 자비라고 생각하는데, 당신도 저와 같이 그렇게 생각해야 해요. 당신은 당신의 생명이 종말에 이르렀는데, 정의에 대한 빚을 다 갚은 것으로는 아직 느끼지 못한다고 끊임없이 말하고 있지요. 그런데 왜 그 큰 고통을 그 빚을 갚게 되는 방법으로 또 그것을 당신에게 남아 있는 짧은 기간에 하는 방법으로 생각하지 않으세요? 큰 평화를 얻기 위한 큰 고통! 정말이지 그 고통은 견디어나갈 만한 값어치가 있어요. 인생에 있어서 오직 한가지 중요한 것은 덕행을 얻은 다음에 죽음에 이르는 것이예요."

"신디카, 당신은 내게 용기를 다시 주는군요. …항상 그렇게 해줘요."

"그렇게 할게요. 여기서 당신에게 약속해요. 그렇지만 당신도 남자와 그리스도인으로서 저를 도와주세요."

식사가 끝났다. 성모님은 남아 있는 배들을 주워서 그릇에 담아 안드레아에게 주시니, 안드레아는 나갔다가 들어오면서 말한다. "비가 점점 더 많이 옵니다. 제 생각에는…"

"그래. 기다리는 것이 더 낫겠단 말이지. 그건 항상 고뇌를 연장하는 거야. 난 즉시 짐승을 준비하겠다. 그리고 자네들도 상자들과 나머지 것을 가지고 오게. 폴피레아, 당신도 빨리! 당신이 하도 참을성이 있기 때문에 나귀가 너무 기뻐서 고집부리지 않고 옷을 입히게 (베드로가 이 말을 썼다.) 가만둔단 말이야. 그 다음에는 당신과 비슷한 안드레아가 그일을 맡을 거야. 자, 떠나세!" 그러면서 베드로는 성모님과 예수와 엔도르의 요한과 신디카를 빼놓고 모두를 방과 부엌에서 내몬다.

"선생님! 오! 선생님, 저를 도와주십시오! 제 가슴이 찢어지는 것을 … 느끼는 시간입니다! 그렇습니다. 그 시간이 왔습니다! 아이고! 인자하신 예수님, 왜 제 단죄로 인한 격심한 고통을 겪고, 그것을 받아들이기 위한 노력을 한 다음 여기서 죽게 하지 않으셨습니까?!" 그러면서 요한은 몹시 괴로워하며 울면서 예수의 가슴에 쓰러진다.

성모님과 신디카가 진정시키려고 애쓰고, 성모님은 비록 항상 대단히 조심성 있으시지만 그를 예수에게서 떼어안고, 그를 "사랑하는 아들, 마음에 드는 내 아들" 하고 부르신다….

그때 신디카는 예수 앞에 무릎을 꿇고 말한다. "제가 굳세어지게 강복을 제게 주시고 저를 봉헌해 주십시오. 구세주이시고 임금이신 주님, 여기 선생님의 어머님이 계신 앞에서 저는 마지막 숨이 끊어질 때까지 주님의 가르치심을 따르고 주님을 섬기기로 맹세하고 약속합니다. 저는 선생님이시고 구세주이신 주님께 대한 사랑으로 주님의 가르치심과 주님을 따르는 사람들에게 헌신할 것을 맹세하고 약속합니다. 제 인생에는 다른 목적이 없을 것이고, 세상과 육체인 것은 제게 있어서는 결정적으로 모두 죽었으며, 하느님의 도우심과 주님의 어머님의 기도로 마귀를 이겨 그가 저를 오류에 끌어들이지 못하게 하고, 주님의 심판때에 제가 유죄선고를 받지 않게 되기를 바란다는 것을 맹세하고 약속합니다. 유혹과 위험이 굴복시키지 못할 것이고, 하느님께서 달리 처리하지 않으시는 한 이것을 기억하겠다고 맹세하고 약속합니다. 그러나 저는 하느님께 바라고 하느님의 인자하심을 믿습니다. 그래서 저는 하느님께서 제 힘보다 더 강한 암혹의 힘에 좌우되게 내버려두지 않으시리라는 확신을 가지게 됩니다. 주님, 주님의 종이 어떤 원수의 계략에서도 보호되도록 축성해 주십시오."

예수께서는 양손을 신디카의 머리에 얹으시고, 사제가 하는 것처럼 손바닥을 펴시고 그의 위에 기도를 하신다.

성모님은 요한을 신디카 곁으로 데리고 오셔서 무릎을 꿇게 하시면서 말씀하신다. "아들아, 이 사람도 성덕과 평화 속에서 너를 섬기도록 축성하여라."

그러니까 예수께서는 가엾은 요한의 숙인 머리에도 같은 몸짓을 되풀이 하신다. 그리고 그를 일으키시고, 신디카도 일어나게 하시고, 그들의 손을 성모님의 손에 놓으시면서 말씀하신다. "그리고 어머니께서 너희를 쓰다듬는 마지막 사람이 되셔야 한다" 그리고는 어디론지 빨리 나가신다.

"어머님, 안녕히 계십시오! 저는 이 날들을 절대로 잊지 않겠습니다" 하고 요한이 괴로워하며 말한다.

"사랑하는 아들, 나도 자네를 잊지 않겠네."

"저두요, 어머님… 안녕히 계십시오. 다시 어머님을 껴안게 허락하십시오 …오! 저는 정말 오랜 세월이 흐른 다음에 어머님의 입맞춤을 실컷 받았습니다! …그런데 이제는 다시는…." 신디카는 그를 안아 주시는 성모님의 품에서 운다.

요한은 자제하지 못하고 흐느낀다. 성모님은 그도 안아 주신다. 이제는 성모님이 그리스도인들의 참 어머니로 두 사람을 다 안고, 그 지극히 깨끗한 입술로 요한의 꺼칠꺼칠한 뺨을 살짝 스치신다. 정숙하지만 지극히 애정 넘치는 입맞춤이다. 그리고 입맞춤과 더불어 동정녀의 눈물이 야윈 뺨에 남아 있다….

베드로가 들어온다. "준비가 다 됐네. 자 가세…" 그러면서 감정 때문에 다른 말은 아무말도 하지 못한다.

그림자가 몸을 따라다니듯 아버지를 따라다니는 마륵지암은 신디카의 목에 매달리며 껴안고, 요한도 껴안고 입맞춤을 하고 또 한다. …그러나 그도 역시 울고 있다.

그들은 나간다, 성모님은 신디카의 손을 잡으시고, 마륵지암은 요한에게 손이 잡힌 채.

"우리 겉옷…" 하고 신디카가 울면서 말하며 집안으로 다시 들어가려고 한다.

"여기 있어요. 여기 있어. 빨리 받아요…" 하고 베드로가 마음이 흔들리지 않으려고 거칠게 말한다. 그러나 겉옷을 입고 있는 두 사람 뒤에서 손등으로 눈물을 닦는다….

저기 울타리 너머에는 마차의 움직이는 불빛이 어두운 공중에 노란 반점을 만들어 놓는다. …비는 올리브나무 잎에 맞아 희미한 소리를 내고, 물이 가득한 수반에 떨어져 울리는 소리를 낸다. …사도들이 사방에 물구덩이가 있는 길을 비추기 위하여 겉옷으로 비를 막으며 아주 낮게 들고 있는 등불 빛에 잠이 깬 비둘기 한 마리가 구슬프게 구우구우 하고 운다….

예수께서는 벌써 마차 곁에 와 계신다. 마차에는 포장 노릇을 하라고 담요 한 장을 쳤다.

"자, 자! 비가 많이 오네!" 하고 베드로가 사람들을 재촉하려고 말한다. 그리고 제베대오의 야고보가 폴피레아 대신 고삐를 잡고 있는 동안, 베드로는 격식부리지 않고 신디카를 땅에서 번쩍 들어 마차에 올려놓고, 한층 더 재빨리 엔도르의 요한을 붙잡아 마차에 올려놓고 그도 올라와서 즉시 가엾은 나귀를 어떻게 힘차게 채찍으로 후려갈기는지 나귀는 앞으로 달려가면서 하마터면 야고보를 쓰러뜨릴 뻔하였다. 그리고 베드로는 집들 있는 데서 꽤 멀리 떨어진 진짜 도로에 갈 때까지 계속 채찍질을 한다. …마지막 작별인사를 외치는 소리가 떠나는 사람들을 뒤쫓아오는데, 이 사람들은 자제하지 못하고 울고 있다….

베드로는 곧 이어서 나자렛 밖에 나귀를 멈추고 예수와 다른 사람들을 기다리는데, 이들은 채찍 같은 비를 맞으며 빨리 걸어서 이내 쫓아왔다.

그들은 정원들 사이로 난 길로 해서 시내를 건너지르지 않고 시의 북쪽으로 다시 왔다. 그러나 나자렛은 밤에 파묻혀 겨울밤의 찬 비를 맞으며 자고 있다. …그리고 내 생각에는 다져진 흙으로 된 물에 잠긴 땅에서는 잘 들리지 않는 나귀의 발굽소리는 혹 자지 않고 있는 사람들에게도 들리지 않았을 것 같다.
　일행은 아주 조용하게 앞으로 간다. 두 제자의 흐느끼는 소리만이 올리브나무 잎에 떨어지는 빗방울 소리에 섞여 들린다.

3. 지프타엘을 향하여

밤새껏 비가 온 모양이다. 그러나 새벽이 되면서 건조한 바람이 일어 구름을 나자렛 너머 남쪽으로 쫓아버렸다. 그래서 겨울해가 무기력하게 감히 나타나서 그 빛살로 올리브나무 잎 하나하나에 금강석을 반짝이게 한다. 그러나 그것은 올리브나무들이 이내 잃게 될 명절빔이다. 바람에 나뭇잎들이 흔들려서 금강석 파편들이 비오듯 우수수 떨어져서 이슬이 맺힌 풀 속이나 진흙탕길에 자취를 감추기 때문이다.

베드로는 야고보와 안드레아의 도움을 받으며 마차와 나귀를 준비하고 있다. 다른 사람들은 아직 나타나지 않는다. 그러나 곧이어 한 사람씩 나오는데 "이제는 가서 식사 하게" 하고 그들이 밖에 있는 세 사람에게 말하는 것으로 보아 아마 부엌에서 나오는 모양이다. 그러니까 이 세 사람이 갔다가 조금 후에 다시 나오는데, 이번에는 예수와 같이 나온다.

"바람 때문에 담요를 다시 쳤습니다" 하고 베드로가 설명한다. "선생님이 정말 지프타엘로 가시기를 원하시면, 우리는 바람을 안고 갈 것입니다. …그런데 바람은 매울 것입니다. 우리가 왜 시카미논으로 직접 가는 길로 가다가 호숫가 길로 해서 가지 않는지 모르겠군요. …그 길이 더 멀긴 하지만 덜 힘듭니다. 제가 교묘하게 말을 시킨 저 목자가 말하는 것을 들으셨습니까? 그 사람은 이렇게 말했습니다. '요타파트는 겨울 몇 달 동안은 외따로 떨어집니다. 그리로 가는 길은 하나뿐인데, 어린 양들을 데리고는 가지 못합니다. …어깨에는 아무것도 메지 말아야 합니다. 발로 가기보다는 오히려 손으로 가야 하는 부분이 있으니까요. 그리고 어린 양들은 헤엄을 치지 못하니까요. …물이 붇는 때가 많은 개울이 둘이 있습니다. 그리고 길 자체도 바닥에 바위가 깔린 급류입니다. 나는 장막절이 지난 다음 봄이 한창일 때에 거길 갑니다. 그리고 거기 사람들이 여러 달 먹을 걸 장만하기 때문에 많이 팝니다.' 이렇게 말했습니다. …그런데 우리는…이 장비하고…(그러면서 마차 바위를 찬다)…그리고 이 나귀하고…흠!…"

"세포리스에서 시카미논으로 직접 가는 길이 더 좋았다. 그러나 그 길은 사람이 많이 다닌다. …요한의 흔적을 남기지 않는 것이 좋다는 것을 기억해라…."

"선생님 말씀이 옳아. 우리는 제자들과 함께 이사악도 만날지 몰라…그리고 시카미논에는!…" 하고 열성당원이 말한다.

"그러면…가세…."

"내가 저 두 사람을 불러 올께…" 하고 안드레아가 말한다.

그러는 동안 예수께서는 양젖 양동이들을 가지고 양의 우리에서 나오는 노파와 어린아이와 작별의 인사를 나누신다. 수염이 있는 목자들도 오는데, 예수께서는 비오는 밤에 재워준 데 대하여 고맙다는 인사를 하신다. 요한과 신디카는 벌써 마차에 올라가 있고, 베드로가 모는 마차는 길로 나간다. 예수께서는 열성당원과 마태오를 데리시고, 안드레아와 야고보와 요한과 알패오의 두 아들이 따라오는 가운데 마차를 따라 가시려고 걸음을 빨리 하신다.

바람이 얼굴을 에이고 겉옷들을 부풀린다. 마차의 테에 친 담요는 밤에 온 비 때문에 무거워졌는데도 돛처럼 펄럭거린다. "자, 빨리 말라라!" 하고 그것을 쳐다보면서 베드로가 중얼거린다. "저 불쌍한 사람의 폐만 말리지 않았으면 좋겠는데… 가만있자, 요나의 시몬인…이렇게 하자." 그리고 나귀를 멈추고 자기의 겉옷을 벗고 마차에 올라가 요한을 그것으로 정성스럽게 감싸준다.

"아니, 왜요? 그것 아니라도 제 겉옷도 있는데요…."

"나는 나귀를 끌자니까 그렇잖아도 화덕에 들어앉은 것처럼 더워서 그래. 게다가 나는 배에서 옷을 벗고 있어 버릇했어. 그리고 폭풍우가 있을 때는 여느 때보다도 더 벗는단 말이야. 추위는 나를 자극해서 내가 더 민첩하게 돼. 잘 껴입고 있게. 나자렛의 마리아 어머니가 얼마나 부탁을 많이 하셨는지 자네가 병이 들면 나는 다시는 어머니 앞에 나타나지 못할 걸세…."

베드로는 마차에서 내려와 다시 고삐를 잡고 나귀의 걸음을 재촉한다. 그러나 이내 바퀴가 박힌 진흙구덩이에서 나귀를 나오게 하는 것을 도와달라고 아우와 야고보를 불러야 한다. 그리고 그들은 나귀를 돕기 위하여 번갈아가며 마차를 밀면서 전진한다. 나귀는 진흙탕 속에서 그 튼튼한 다리를 뻣뻣하게 하고, 불쌍하게도 흙탕물을 튀기고 피로와 욕망으로 숨을 헐떡이면서 마차를 끈다. 욕망으로 숨을 헐떡이는 것은 베드로가 빵조각들과 사과 속을 보이면서 걸음을 빨리 하도록 자극하기 때문이다. 그러나 쉬는 동안에만 그것을 준다.
"요나의 시몬, 자넨 사기꾼이야" 하고 그 술책을 지켜보던 마태오가 농담을 한다.
"아니야, 나는 짐승을 제 의무에 전념하게 하는건데, 부드럽게 다루는 거야. 내가 이렇게 하지 않으면 채찍을 써야 할 거거든. 그런데 나는 그렇게 하는 게 마음에 들지 않는단 말이야. 난 배가 변덕스런 짓을 할 때에 찌르지 않아. 그런데 배는 나무란 말이야. 그러니 이 놈은 살인데, 왜 이놈을 찔러야 하겠어? 이제는 이놈이 내 배란 말이야… 물속에 들어가 있거든…물론이지! 그래서 난 이놈을 내 배를 다루듯 다루고 있어. 난 도라가 아니야! 알겠나? 난 이놈을 사기 전에 도라라는 이름을 붙여 주려고 했었지. 그렇지만 이놈의 이름을 들었는데 그게 마음에 들더군. 그래서 그 이름을 그대로 두었지…."
"이름이 뭔데?" 하고 그들은 호기심을 가지고 묻는다.
"알아맞춰 봐!" 그러면서 베드로는 속으로 웃는다.
아주 이상한 이름들과 아주 사나운 바리사이파 사람이나 사두가이파 사람 등등의 이름을 말한다. 그러나 베드로는 항상 머리를 젓는다. 그들은 졌다고 인정한다.
"안토니오라는 이름이야. 이거 훌륭한 이름이지? 저 고약한 로마인! 나귀를 판 그리이스 사람이 안토니오와도 사이가 나빠졌다는 걸 알 수 있어."
모두가 웃는데, 그러는 동안 엔도르의 요한이 설명한다. "그 사람은 시자가 죽은 다음에 있었던 세금징수원일 것입니다. 늙은 사람입니까?"
"아마 70세쯤 됐을 거야. …그리고 별에별 직업을 다 가졌었나 봐. …지금은 티베리아에서 여관을 가지고 있네…."
그들은 나자렛-프톨레마이스, 나자렛-시카미논, 나자렛-요타파트,

이렇게 세 갈래 길이 교차하는 세포리스의 3교차점에 와 있다. 총독 도로표지에는 프톨레마이스, 시카미논, 요타파트라는 세 가지 표시가 적혀 있다.

"선생님, 세포리스로 들어갑니까?"

"쓸 데 없는 일이다. 정지하지 말고 지프타엘로 가자. 길을 가면서 먹자. 지프타엘에 저녁 전에 도착해야 한다."

그들은 가고 또 간다. 물이 불은 급류들을 건너, 이제는 남북으로 뻗은 일련의 야산의 첫번째 비탈을 공격하는데, 그 야산들은 산봉우리로 된 교차점을 이루었다가 동쪽으로 계속된다.

"저기에 지프타엘이 있다"고 예수께서 말씀하신다.

"저는 아무것도 안 보이는데요" 하고 베드로가 말한다.

"북쪽에 있다. 우리 편에서는 동쪽에도 서쪽에도 깎아지른 비탈들이 있다."

"그래서 온 산을 돌아가야 된다는 말씀입니까?"

"아니다, 더 높은 산 근처에 그 아래 계곡에 길이 하나 있다. 그것은 상당한 지름길이지만, 대단히 가파르다."

"선생님이 거기 가보셨습니까?"

"아니다, 그러나 안다."

정말이지 굉장히 가파른 길이다! 어떻게나 무섭고 가파른지 꼭 단테 신곡의 말레볼제(Malebolge)를 연상케 하는 이 계곡 아래는 하도 빛이 줄었는지 마치 밤을 향하여 뛰어드는 것 같다. 말하자면 정말 바위를 계단처럼 깎아 만든 길 같아서 올라갔다 내려왔다 하는 것이 수없이 계속되는 좁고 황량하며, 요란스러운 소리를 내며 흘러가는 급류와 한층 더 가파르게 북쪽으로 올라가는 산비탈 사이에 나 있는 길이다. 그들이 그곳에 도착하였을 때에는 두려워할 정도이다….

올라가는 데 따라서 빛은 더 많아지지만, 그대신 피로도 더해진다. 사도들은 개인 짐들을 마차에서 내리고, 마차가 할 수 있는 대로 가벼워지라고 신디카도 내려온다. 몇 마디 말을 한 뒤에는 그저 기침을 하느라고 입을 벌렸던 엔도르의 요한도 내려오려고 한다. 그러나 사람들이 그것을 허락하지 않아서 있는 자리에 그대로 남아 있는데, 그동안 모두가 나귀와 마차를 밀고, 길이 올라갔다 내려갔다 할 때마다 땀을 흘린다. 그러나 아무도 항의를 하지 않고, 오히려 모두가 그 사람들을 위하여 이렇게 하는 두 사람에게 창피를 주지 않기 위하여 이 운동을 하는 것을 기쁘게 생각한다는 것을 보이려고 애쓴다. 그 두 사람은 이렇게 피로한 데 대하여 유감의 뜻을 나타내는 말을 여러 번 하였다.

길이 직각으로 구부러지더니 한층 더 짧은 우회를 하고는 어떤 도시로 들어가면서 끝나는데, 그 도시는 너무도 가파른 비탈 위에 올라앉아 있어서, 제베대오의 요한이 말하는 것과 같이 집들과 함께 계곡으로 미끄러져 들어갈 것 같은 느낌을 준다.

"그러나 이 도시는 매우 단단하다. 바위와 한덩어리를 이루고 있다."

"그럼 라모 같구먼요…" 하고 그것을 기억하는 신디카가 말한다.

"그보다도 더하다. 여기는 바위가 집의 기초일 뿐이 아니고 집들의 일부분이다. 이것은 가말라를 더 연상케 한다. 생각나느냐?"

"예, 그리고 가말라와 더불어 돼지들 생각도 납니다…" 하고 안드레아가 말한다.

"바로 거기서 우리가 다리케아로 떠나서 다볼과 엔도르에 갔었지…" 하고 열성당원 시몬이 회상한다.

"저는 여러분에게 괴로운 추억과 큰 피로만을 드리게 되어 있군요…" 하고 엔도르의 요한이 한숨짓는다.

"그렇지 않아! 이 사람아, 자네는 우리에게 충실한 우정을 주었어, 그 이상은 아무것도 없어" 하고 알패오의 유다가 격렬하게 말한다. 그러니까 모두가 그와 일치하여 그 말을 더 분명하게 확인한다.

"그렇지만…저는 사랑을 받지 못했습니다. …아무도 그 말을 제게 해주지는 않습니다. …그러나 저는 곰곰히 생각할 줄 알고, 흩어진 사실들을 모아서 하나의 표를 만들 줄 압니다. 이 출발은 예정된 것이 아니고, 결정도 자발적인 것이 아니었습니다…."

"요한아, 왜 그렇게 말하느냐?" 하고 예수께서 몹시 슬퍼하시며 물으신다.

"그것이 사실이기 때문입니다. 사람들은 저를 받아들이지 않았습니다. 멀리 가라고 뽑힌 사람은 저이지 다른 사람이 아닙니다. 훌륭한 제자들도 아닙니다."

"그러면 신디카는?" 엔도르의 사람에게 생각이 분명하게 떠오르는 것을 보고 슬퍼하며 알패오의 야고보가 묻는다.
 "신디카는 제가 혼자서 쫓겨 가지 않게 하느라고 오는 것입니다. 동정으로 진실을 제게 감추기 위해서요…."
 "요한아, 그렇지 않다!…"
 "그렇습니다, 선생님. 그리고 아시겠습니까? 저는 저를 괴롭히는 사람의 이름을 선생님께 말씀드릴 수 있습니다. 어디에서 제가 그것을 알아내는지 아십니까? 이 착한 여덟 사람을 보는 것만으로 그것을 알아냅니다! 이것을 알아채는 데는 다른 사람들이 없다는 것을 곰곰이 생각하기만 하면 됩니다. 그를 통해서 선생님께서 저를 만나게 되신 그 사람은 베엘제불에게 저를 만나게 했으면 하고 원하는 사람이기도 합니다. 제게 이 시간을 겪게 하고 선생님께 이 시간을 겪으시게 한 것은 그 사람입니다. 그것은 선생님께서도 저와 같이, 어쩌면 저보다도 더 괴로워하시기 때문이고, 그 사람이 제게 이 시간을 겪게 하는 것은 저로 하여금 다시 실망하고 미워하게 하려고 그런 것입니다. 왜냐하면 그 사람은 악하고, 잔인하고, 샘이 많고, 또 다른 것도 있기 때문입니다. 그 사람은 가리옷의 유다입니다. 온통 빛으로 된 선생님의 봉사자들 가운데에 있는 어두운 영혼입니다…."
 "그렇게 말하지 말아라, 요한아. 여기 없는 것은 그 사람만이 아니다. 등불 명절 때문에 가족이 없는 열성당원만 빼놓고는 모두 떠났었다. 가리옷에서는 이 계절에는 며칠만 걸려서 오지 못한다. 한 200마일쯤이나 되는데, 토마처럼 어머니한테 가는 것은 당연한 일이다. 나타나엘은 나이가 들었기 때문에 그 사람도 너그럽게 봐주었고, 그와 함께 필립보는 그의 상대가 되어 주라고 봐주었다…."
 "예, 다른 세 사람도 여기 없습니다. …그러나 착하신 예수님, 선생님께서는 거룩하신 분이시니까 사람들의 마음을 알고 계십니다! 그렇지만 선생님만이 아시는 것은 아닙니다! 사악한 사람들까지도 사악한 사람들을 압니다. 이들에게서 자기 자신들을 알아 보기 때문입니다. 저도 타락했었습니다. 그래서 저는 유다에게서 제 가장 나쁜 본능들을 다시 발견했습니다. 그러나 저는 그 사람을 용서합니다. 저를 이렇게 멀리 가서 죽게 보내는 것을 다만 한가지 이유만으로 그에게 용서해 줍니다. 그것은 바로 그 사람에 의해서 제가 선생님께로 왔기 때문입니다. 그리고 하느님께서 그에게 나머지도…나머지도 모두 용서해 주시기를 바랍니다."

예수께서는 그의 말을 부인할 용기가 없어서…잠자코 계신다. 사도들은 서로 쳐다보면서 미끄러운 길에서 온 힘을 다하여 마차를 민다.

그들이 그 도시에 도착하였을 때는 저녁때가 가까웠다. 그곳에서는 알려지지 않은 사람들 중에서도 알려지지 않은 사람들로, 작은 도시의 남쪽 높은 곳에 있는 여관에 숙소를 정한다. 너무도 깎아지른 듯하고 깊어서 담을 따라 밑을 내려다보면 현기증이 날 만한 높은 곳이다. 밑에서는 급류가 요란스러운 소리를 내는 계곡을 내리덮는 어두움 속에 잡음만 들려올 뿐, 그 이상 아무것도 없다.

4. 두 제자에게 하신 예수의 작별인사

같은 길로 해서, 하기는 외따로 떨어진 산꼭대기에 있는 독수리 둥지 같아 보이는 이 작은 도시의 유일한 도로이지만, 그리로 해서 이튿날 일행이 다시 떠나는데, 걸음을 거북하게 하는 비를 몰아오는 추운 날씨에 쫓긴다. 엔도르의 요한까지도 마차에서 내려와야 한다. 내리받이로 된 길은 치받이 길보다도 더 위험하고, 또 나귀가 저 혼자서는 위험하지 않지만, 비탈진 길에서 앞으로 쏠리는 마차의 무게 때문에 가엾은 짐승이 매우 힘들기 때문이다. 또 마차를 모는 사람들도 힘이 든다. 그들은 오늘은 마차를 미느라고 땀을 흘리는 것이 아니라, 오히려 흥분을 할지도 모르는데 그렇게 되면 불행을 초래하거나 적어도 짐을 잃게 할지도 모르는 마차를 붙잡느라고 땀을 흘리는 것이다.

길은 계곡쪽의 마지막 3분의 1정도까지 이렇게 몹시 나쁘다, 그리고는 두 갈래로 갈라지면서 한 갈래는 서쪽으로 가면서 더 다니기 쉽고 평탄해진다. 일행은 쉬고 땀을 씻기 위하여 걸음을 멈춘다. 그리고 베드로는 몸을 떨면서 헐떡거리고 콧바람을 내면서 귀를 쭝긋거리는 나귀에게 상을 준다. 나귀는 고통스러운 나귀들의 처지와 어떤 길을 택하는 사람들의 변덕에 대한 깊은 묵상에 잠겨 있을 것이 틀림없다. 적어도 요나의 시몬은 짐승의 생각에 잠긴 듯한 표정을 보고 이런 고찰을 한다. 그리고 그놈의 기분을 호전시키기 위하여 잠두(蠶豆)가 잔뜩 들어 있는 자루를 그놈의 목에 걸어준다. 그리고 당나귀가 탐욕스러운 즐거움으로 그 단단한 식사를 부수는 동안 사람들도 빵과 치즈를 먹고 물병에 가득 채운 양젖을 마신다.

식사는 끝났다. 그러나 베드로는 "카이자보다도 더 많은 존경을 받을 자격이 있는 그의 안토니오"에게 물을 먹이기를 원한다고 말하면서 마차 위에 실었던 양동이를 가지고 바다를 향하여 흘러 내려가는 개울로 물을 뜨러 간다.

"이제는 우리가 걸을 수 있다. …그리고 이 언덕 너머에는 평야 밖에 없다고 생각하니까 빨리 걸을 수도 있을 것이다. …그러나 우리가 종종 걸음으로 걸을 수는 없다. 그래도 빨리 가기는 하자. 자, 요한과 너 여자는 마차에 올라라, 그리고 떠나자."

"나도 올라간다. 시몬아, 그리고 내가 마차를 몬다. 너희는 모두 우리를 따라 오너라…" 두 사람이 마차에 올라탄 다음에 예수께서 이렇게 말씀하신다.

"왜요? 선생님 몸이 불편하십니까? 몹시 창백하시군요!…"

"아니다, 시몬아. 이 사람들과 개별적으로 말하고 싶어서 그런다…" 그러시면서 두 사람을 가리키신다. 두 사람도 작별의 순간이 왔다는 것을 짐작하고 얼굴이 아주 창백해진다.

"아! 알겠습니다. 그럼 올라가십시오, 저희들은 따라가겠습니다."

예수께서는 마차꾼의 걸상 노릇을 하는 탁자에 앉으셔서 말씀하신다. "요한아, 이리 내 곁으로 오너라, 그리고 신디카 너도 아주 가까이 오너라…."

요한은 주님의 왼편에 앉고, 신디카는 예수님의 발 아래 거의 마차의 가장자리에 앉아 길쪽으로 등을 돌리고 얼굴을 들어 예수를 쳐다본다. 기진맥진하게 하는 무거운 짐을 지고 있었던 것처럼 긴장을 풀고 쭈그리고 앉은 이 자세로 손은 아무렇게나 무릎에 올려놓고 떨려서 흔들리기 때문에 깍지를 끼고, 피로한 얼굴에 매우 아름다운 검은 보라색 눈은 너무나 많이 흘린 눈물 때문에 김이 서린 것 같다. 거기에다 이 모든 것이 아주 깊숙히 내려온 겉옷과 베일로 그늘이 져서 신디카는 비탄에 잠긴 피에타(Pieta)상 같다.

그리고 요한은! … 길이 끝나는 곳에 그의 교수대가 있다 해도 그가 이보다는 덜 엉망이 되어 있으리라고 생각한다.

나귀는 매우 잘 복종하고 사려깊게 보통걸음으로 걷기 시작하여 예수께서 엄밀히 살펴보시지 않아도 되게 한다. 예수님께서는 그것을 이용하셔서 고삐를 놓으시고, 한 손으로는 요한의 손을 잡으시고 또 한 손은 신디카의 머리에 얹으신다.

"들어라, 나는 너희가 내게 준 모든 기쁨에 대해서 고맙다는 말을 하겠다. 올해는 내게 있어서 기쁨의 꽃으로 점철된 해였다. 그것은 너희 영혼을 얻어 내 곁에 두어서 세상의 난폭함을 내게 가리고, 세상의 죄로 썩은 공기를 향기롭게 하고, 내 안에 즐거움을 붓고, 내 임무가 무익하지 않다는 희망을 내게 확인해 줄 수 있게 되었다. 마륵지암과 요한 너, 헤르마스테아, 신디카 너, 라자로의 마라아와 알렉산드르 미사스, 그리고 또 다른 사람들은…이들은 곧은 마음을 가진 사람들만이 제대로 평가할 줄 아는 구세주의 화려한 꽃들이다. …왜 머리를 젓느냐, 요한아?"

"선생님께서 인자하셔서 저를 마음이 곧은 사람들 축에 끼게 하시지만, 제 죄는 항상 제 생각에 생생하게 남아 있기 때문입니다…."

"네 죄는 악의가 있는 두 사람으로 인해서 흥분한 육체의 결과이다. 네 마음의 곧음은 정직한 일들을 바라는 정직한 네 자아의 바탕이다. 죽음이나 악의로 인해서 네가 그것들을 빼앗겼기 때문에 불행하지마는, 그렇다고 해도 그렇게도 큰 고통이 두껍게 덮어씌운 아래에서도 여전히 살아 있는 네 자아이다. 네 자아가 활기를 잃고 있던 저 깊숙한 곳으로 구세주의 목소리가 뚫고 들어가는 것만으로 너는 일체의 중압을 떨쳐버리고 벌떡 일어나서 내게로 왔다. 그렇지 않느냐? 그러므로 너는 마음이 곧은 사람이다. 네 죄와 같은 죄를 가지지는 않았지만, 심사숙고하고서도 고집스럽게 그대로 두기 때문에 훨씬 더 중한 쇠를 가시고 있는 다른 사람들보다 훨씬 더 곧은 마음을 가진 사람이다….

그러므로 구세주인 나의 승리의 꽃들인 너희는 축복을 받아라. 구세주에게 쓴맛과 불쾌감을 톡톡히 맛보게 하는 무관심하고 적의를 가진 이 세상에서 너희는 사랑을 상징하였다. 고맙다! 올해 내가 겪은 가장 괴로운 시간에 나는 위로와 지원을 거기서 얻으려고 너희를 머리 속에 늘 간직했었다. 내가 겪게 될 한층 더 괴로운 시간에 너희를 한층 더 내 머리 속에 생생하게 간직하겠다. 죽을 때까지. 그리고 너희는 영원히 나와 함께 있을 것이다. 약속한다.

나는 내게 가장 소중한 이해관계, 즉 소아시아에 내 교회를 준비하는 일을 너희에게 맡긴다. 내 사명의 터전이 여기 팔레스티나에 있고, 또 만일 내가 다른 곳으로 가면 이스라엘의 실력자들의 퇴보적인 정신상태가 나를 해치기 위하여 모든 방법을 쓸 것이기 때문에 내가 그곳에 갈 수는 없다. 만일 내가 다른 요한들과 다른 신디카를 가졌으면 다른 나라들에 대해서도 이렇게 할 것이다. 이렇게 하면 내 사도들이 때가 되었을 때 씨앗을 뿌리기 위하여 갈아놓은 땅을 만나게 될 것이다.

　온유하고 참을성을 가져라, 그리고 동시에 파고들고 견디어내기 위하여 강하게 되어라. 우둔하고 비웃는 사람들을 만날 것이다. 그것 때문에 비탄에 잠기지 말고, 이렇게 생각하여라. '우리는 우리 예수님과 같은 빵을 먹고 같은 잔을 마신다'고. 너희는 너희 선생보다 낫지 못하고, 더 나은 운명을 가지기를 희망할 수도 없다. 가장 훌륭한 운명은 이런 것이다. 선생님이 가진 것을 나누어 가지는 것.

　나는 너희에게 오직 한 가지 명령만을 준다. 너희 품위를 떨어뜨리지 말라는 것, 또 요한이 생각하려는 것처럼 유배가 아니라, 다른 어떤 봉사자보다 더 단련이 된 봉사자로서 다른 모든 봉사자보다 먼저 천국 본향의 문턱에 가까이 가는 것이 이 멀리 떨어짐에 대하여 마음 속으로 반박을 하지 말라는 것이다. 하늘이 어머니의 베일처럼 너희 위에 내려 앉고, 하늘나라의 임금님은 벌써 너희를 당신 품에 안으시고, 하느님의, 하느님의 말씀의 한 없는 자녀 중의 맏아들처럼 당신의 빛과 사랑의 날개로 보호하신다. 하느님의 말씀은 아버지와 영원하신 성령의 이름으로 이 시간을 위하여, 그리고 영원히 너희에게 강복한다.

　그리고 구속주로서의 모든 고통을 향하여 마주 가는 사람의 아들인 나를 위하여 기도하여라. 오! 정말로 내 인성은 가장 쓰라린 경험으로 으스러질 것이다! …나를 위하여 기도하여라. 내게는 너희 기도가 필요할 것이다. …너희 기도는 애무가 될 것이다. …그것은 사랑의 고백일 것이다. …그것은 '인류는 다만 사탄과 같은 사람으로만 이루어졌구나'… 하고 말하지 않게 되도록 하는 도움이 될 것이다.

　요한아, 잘 가거라! 작별의 입맞춤을 하자… 그렇게 울지 말아라… 만일 이 이별에서 너와 내게 오는 모든 이익을 보지 않았더라면 나는 내 살점이 갈기갈기 떨어져 나가기를 원하는 대가로라도 너를 내 곁에 두었을 것이다. 그것은 영원한 이익이다….

　신디카야, 잘 가거라. 오냐, 내 손에 입맞춤하여라, 그러나 이성이기 때문에 너를 누이동생처럼 껴안지는 못한다마는 네 영혼에는 우애의 입맞춤을 준다는 것을 생각하여라….

　그리고 너희 정신으로 나를 기다려라. 내가 갈 것이다. 너희가 피로할 때 너희 영혼에 내가 가까이 있을 것이다. 그렇다, 사람에 대한 사랑이 내 천주성을 죽을 육체 안에 가두었지만, 그래도 내 자유에 한계를 만들어놓지는 못하였다. 그래서 나는 그들과 함께 하느님을 모실 자격이 있는 사람들에게는 하느님으로서 자유롭게 갈 수가 있다. 잘 가거라, 내 자녀들아. 주님께서 너희와 함께 계시기를⋯."

예수께서는 어깨에 매달리는 요한과 무릎에 달라붙는 신디카의 경련적인 포옹에서 몸을 빼치시고 마차에서 홱 뛰어내리신다. 예수께서는 당신 사도들에게 작별의 표시를 하시고, 사람에게 쫓기는 사슴과 같이 이미 지나온 길로 뛰어서 멀어지신다. ⋯나귀는 전에는 예수의 무릎에 있던 고삐가 완전히 떨어지는 것을 느끼고 걸음을 멈춘다. 그러니까 여덟 사도들도 점점 더 멀어지시는 선생님을 바라다보면서 놀라서 걸음을 멈춘다.

"선생님은 울고 계셨어⋯" 하고 요한이 속삭인다.

"그리고 죽은 사람같이 창백하셨어⋯" 하고 알패오의 야고보가 속삭인다.

"당신 배낭도 가져가지 않으셨어. ⋯마차 위에 있단 말이야⋯" 하고 다른 야고보가 지적한다.

"그럼 이제는 어떻게 하실 건가?" 하고 마태오가 자문한다.

알패오의 유다는 그의 큰 목소리를 한껏 크게 내서 "예수님! 예수님! 예수님!⋯" 하고 부른다. 야산들의 메아리가 멀리서 "예수님! 예수님! 예수님!" 하고 대답한다. 그러나 길모퉁이로 인하여 선생님의 모습이 그 푸르른 나무들의 녹음 속으로 삼켜져 버리는데, 선생님은 누가 부르는지 보려고 뒤돌아보지도 않으신다⋯.

"가셨어. ⋯우리도 떠나는 일밖에 할일이 없어⋯" 하고 베드로가 슬프게 말하면서 마차로 올라가 나귀를 나아가게 하려고 고삐를 잡는다.

그러니까 마차는 편자를 박은 굽과 두 사람의 가슴 아파하는 울음의 요란한 리듬 속에 삐걱거리며 떠난다. 두 사람은 마차 안쪽에 맥을 놓고 앉아서 울부짖는다. "우리는 다시는 선생님을 뵙지 못하게 됐어, 다시는 절대로, 다시는 절대로⋯"

5. 예수의 고통, 기도, 보속

　예수께서는 지프타엘이 건설되어 있는 산 밑에 다시 와 계신다. 그러나 앞서 마차가 지나간 주요한 도로(이렇게 부르기로 하자) 또 노새가 다니기에 알맞은 길에 계시지 않으신다. 그렇지 않고 매우 가파르고 구멍과 깊이 갈라진 틈투성이인 사람이 걷기 어려운 험한 산길에 계신다. 그 산길은 산에 바짝 붙어 있는데, 괴물의 발톱으로 할퀸 듯이 깎아지른 암벽을 쪼아서 낸 것 같다. 암벽 반대편은 또 다른 심연으로 내려가는 구렁텅이로 경계가 지어졌는데, 그 구렁텅이 저 밑에는 요란스러운 급류가 흰 거품을 일구고 있다. 거기서는 한 발만이라도 헛디디는 것은 희망없는 추락을 뜻한다. 이 가시덤불이나 다른 야생식물 덤불에서 튀어올라 다른 가시덤불이나 다른 야생식물로 떨어질 것이다. 그 나무들은 어떻게 났는지 바위틈에서 돋아나서 초목들이 보통 그러는 것처럼 수직으로 서 있지 않고, 그 놈들의 위치가 강요하는 데 따라서 비스듬히 서 있거나 아예 수평으로 서 있기도 한다. 한번 발을 헛디디는 것은 저 초목들의 빗살 같은 모든 가시에 몸이 찢어지거나 심연 위로 기울어져 있는 뻣뻣한 나무줄기의 충격으로 허리가 부러진다는 말이 된다. 한발 헛디디는 것은 낭떠러지의 암벽에 삐죽삐죽 나와 있는 날카로운 돌에 부딪혀 찢긴다는 뜻이 된다. 한발 헛디디는 것은 피를 흘리고 부러진 몸으로 요란스러운 급류의 거품이 이는 물에 가서 빠져서 세차게 흐르는 물이 후려갈기는 뾰족한 바위투성이인 밑바닥에 가라앉아 있게 된다는 뜻이 된다.

　그런데도 예수께서는 이 산길을, 급류에서 뽀얗게 올라오고, 윗쪽 암벽에서 스며나오고, 약간 오목하다고 할 깎아지른 이 암벽에서 돋아난 나무들에서 떨어지는 습기로 인하여 한층 더 위험한 바위를 깎아서 만든 이 산길을 걸어 가신다.

　예수께서 천천히 조심성있게, 어떤 것은 흔들리는 뾰족한 돌을 딛고

5. 예수의 고통, 기도, 보속 **55**

가는 발걸음을 세시면서 가신다. 때로는 길이 하도 좁아지는 바람에 암벽에 착 붙어서 가셔야 하고, 또 극도로 위험한 통로를 건너가시기 위하여 암벽에 늘어져 있는 나뭇가지를 붙잡으셔야 한다. 예수께서는 서쪽면을 이렇게 돌으셔서 남쪽면에 이르셨는데, 그 곳에서는 꼭대기에서 깎아지른 듯이 내려오던 산이 다른 데보다 더 오목하게 되어서 산길이 더 넓어진다. 그러나 그대신 윗쪽의 높이가 낮아져서 어떤 곳에서는 예수께서 바위에 머리를 부딪히지 않기 위하여 몸을 숙이고 걸어 나아가셔야 한다.

예수께서는 무너져내린 돌더미 때문에 산길이 갑자기 끝나는 것 같은 곳에서 걸음을 멈출 생각이신 것 같다. 그러나 자세히 살펴보시다가 무너져내린 돌더미 아래 동굴이, 아니 동굴이라기보다는 산이 갈라진 틈이 하나 있는 것을 발견하신다, 그리고 무너진 돌더미 사이로 해서 그리로 내려가신다. 그리고 그리로 들어가신다. 처음에는 갈라진 틈이지만, 안으로는 무슨 목적으로 그랬는지는 모르나 아주 오래 전에 곡괭이로 산을 판 것같이 넓은 동굴이다. 바위가 자연적으로 구부러진 곳에 사람이 만들어 놓은 구부러진 곳이 합쳐졌는데, 사람이 들어오는 쪽의 갈라진 틈과 반대되는 쪽에 일종의 좁은 복도를 파놓아서, 저 안쪽에는 띠 모양의 빛이 있고 거기에는 나무들이 보여, 그 복도가 어떻게 산의 돌출부를 남쪽에서 동쪽으로 자르고 들어오는지를 보여준다.

예수께서는 어둡고 좁은 그 복도로 들어가셔서 뚫린 구멍에 이르시도록 지나가신다. 그 뚫린 구멍은 예수께서 지프타엘에 올라가시기 위하여 제자들과 마차와 같이 걸어가신 길 윗쪽에 있다. 예수의 정면으로는 계곡 너머로 갈릴래아호수를 둘러싸고 있는 산들이 있고, 동북쪽으로는 눈덮인 대헤르몬산이 반짝인다. 원시적인 층계가 산허리에 파져 있는데, 산이 여기에는 깎아지른 것 같지도 않고 치받이도 내림받이도 없다. 그리고 이 층계는 계곡에 있는 노새가 다니기에 알맞은 길로 연결되고, 지프타엘의 소도시가 있는 꼭대기에도 연결된다.

예수께서는 당신의 답사에 만족하신다. 다시 넓은 동굴 속으로 돌아오셔서 잘 가려진 곳을 찾아서, 바람에 불려 동굴 안으로 들어온 마른 잎들을 쌓아 놓으신다. 예수의 몸과 아무것도 없는 찬 땅바닥 사이에 마른 잎을 한겹 쌓은 매우 보잘 것 없는 침대이다. …예수께서는 그

위에 쓰러지셔서 손을 머리 밑에 넣으시고 둥근 바위천장을 똑바로 쳐다 보시며 생각에 잠긴 채 꼼짝하지 않고 누워 계신다. 힘에 부치는 노력이나 고통을 견디어낸 사람처럼 정신이 멍하신 것 같다. 그러더니 흐느낌 없이 눈물이 천천히 눈에서 흐르기 시작하여 얼굴 양쪽으로 흘러내려 귀쪽에 있는 머리카락 속으로 들어가 보이지 않게 되는데, 마침내는 틀림없이 마른 잎까지 내려갈 것이다….

예수께서는 이렇게 오랫동안 말씀도 없고 몸도 움직이지 않으시며 우신다. …그리고 일어나 앉으셔서 무릎을 세우시고, 무릎 사이에 얼굴을 묻으시고 깍지낀 손으로 무릎을 감싸시고는 멀리 떨어져 계신 어머니를 마음을 다하여 부르신다. "어머니! 어머니! 어머니! 제 영원한 즐거움! 오! 어머니! 오! 어머니! 오! 어머니께서 아주 가까이에 계셨으면 얼마나 좋겠습니까! 왜 하느님의 유일한 위안이신 어머니를 항상 모시지를 못합니까?."

동굴의 공동(空洞)만이 불완전한 메아리의 중얼거림으로 예수의 말씀과 흐느낌에 대답하는 것 같고, 동굴도 가장 구석진 곳과 바위와 아마 지하수의 작용에 제일 많이 노출된 구석에 매달려 있는 종유석(鍾乳石)으로 흐느끼는 것 같다.

예수의 울음은 비록 어머니를 부르는 것만으로도 위안을 받으신 듯 더 조용하기는 하지만 계속된다. 그리고 천천히 혼잣말로 변한다.

"그들은 떠났다. …그런데 왜? 또 누구를 위하여? 왜 나는 그 고통을 주어야 했나? 그렇지 않아도 벌써 세상이 내 하루를 고통으로 가득 채우는데. 왜 나 자신에게 그 고통을 주어야 했나? … 유다!…"

무릎에서 머리를 드시고, 미래의 정신적인 광경이나 큰 명상에 몰두한 사람과 같이 동공이 확장된 눈으로 얼굴을 내밀고 앞을 쳐다보시는 예수의 생각이 어디로 향해 가는지 알 수 없다. 이제는 울지 않으신다. 그러나 눈에 보이게 괴로워하신다. 그리고는 보이지 않는 대화자에게 대답하시는 것 같은데, 그렇게 하시기 위하여 일어서신다.

"아버지 저는 인간입니다. 저는 사람입니다. 제 안에서 상처 입고 찢어진 우정의 덕행이 몸을 비틀고 고통스럽게 신음합니다….

제가 모든 것을 참아견디어야 한다는 것을 압니다. 그것은 저도 압니다. 하느님으로서 제가 그것을 알고, 또 세상의 이익을 위해 하느님으로서 그것을 원합니다. 사람으로서도 그것을 압니다. 그것은 제 하느님으로서의 영이 제 인성에 그것을 알려주기 때문입니다. 그리고 사람으로서도 세상의 이익을 위하여 그것을 원합니다. 그러나 아버지 정말 매우 괴롭습니다!

이 시간은 제가 광야에서 아버지의 영과 제 영으로 산 그 시간보다도 훨씬 더 괴롭습니다. …그리고 제게 톡톡히 맛보게 하고 가득 채우는 큰 고통, 제가 평화를 준 영혼들을 괴롭히는 큰 고통의 원인인 유다라는 이름을 가진 메스꺼울 지경이고 삐뚤어진 인간을 사랑하지 말고 제 곁에 용납하지 말라는 지금의 유혹은 훨씬 더 강합니다.

아버지, 저는 그것을 느낍니다. 아버지께서는 제가 인류를 위하여 제 것으로 삼는 이 속죄의 기한이 다가옴에 따라서 아들에 대하여 더 엄하게 되십니다. 아버지의 다정스러우심은 점점 더 제게서 멀어지고, 아버지의 얼굴은 제 영에 엄하게 나타나십니다. 제 영은 저 깊은 곳으로, 아버지의 벌을 받은 인류가 수천년째 신음하고 있는 그곳으로 점점 더 밀려나고 있습니다.

괴로움이 제게는 즐거웠고, 제 인생의 시초에는 길도 즐거웠고, 떨어진 사람에게 아버지를 주기 위하여 어머니를 억지로 떠나서 목수의 아들에서 세상의 선생이 되었을 때에도 제 생활은 즐거웠습니다. 광야에서 유혹을 당할 때에 원수와의 싸움도 지금과 비교하면 기분좋은 것이었습니다. 저는 있는 그대로 힘을 가진 용사로서 과감하게 그 싸움을 감행했습니다. …오! 아버지! …그런데 지금은 사랑이 없고, 너무나 많은 사람과 너무나 많은 일을 아는 것으로 인해서 제 힘이 둔해졌습니다….

사탄이 떠나리라는 것을 저는 알고 있었습니다, 그리고 유혹이 끝난 다음에는 떠나갔습니다. 그리고 마귀의 유혹을 당할 수 있는 사람이 된 것에 대해서 아버지의 아들을 위로하려고 천사들이 왔습니다.

그러나 친구가 멀리 보내진 친구들 때문에 고통을 당하고, 자기를 가까이에서나 멀리서 해치는 믿지 못할 친구 때문에 고통을 당하는 시간이 지나가면 유혹이 멎지 않을 것입니다. 유혹이 멎지 않을 것입니다. 그 시간에, 또 그 시간이 지난 후에 저를 위로하기 위하여 아버지의 천사들이 오지 않을 것입니다. 천사들은 오지 않고, 세상이 그의 온갖 증오와 조소와 몰이해를 가지고 올 것입니다. 그리고 믿지 못할 사람, 배신자, 사탄에게 매수된 사람이 올 것입니다. 점점 더 가까이 점점 더 삐뚤어지고 점점 더 메스꺼울 지경이 되어 올 것입니다. 아버지!"

이 부르짖음은 참으로 비통하고, 공포의 부르짖음이고 호소이며, 예수의 마음의 동요는 게쎄마니의 시간을 연상시킨다.

"아버지! 저는 그것을 압니다. 그것을 보고 있습니다. …제가 여기서 괴로워하고 장차도 괴로워하겠고, 또 제 고통을 그의 회개를 위하며, 그리고 제 품에서 억지로 떼어내져서 꿰뚫린 심장을 안고 그들의 운명을 향하여 가고 있는 사람들을 위하여 드리는 동안, 그 사람은 사람의 아들인 저보다 더 큰 사람이 되기 위하여 자기를 팔고 있습니다!

제가 사람의 아들이지요? 그렇습니다. 그러나 저 혼자만이 사람의 아들이 아닙니다. 인류는, 생식력이 강한 하와는 아들들을 낳았습니다. 그리고 제가 죄없는 아벨입니다마는 인류의 후예 중에는 카인이 없지 않습니다. 그리고 제가 아버지의 눈으로 볼 때 흠 없는 사람의 아이들이 그랬어야 할 그런 사람이기 때문에 맏아들이지마는, 죄중에 태어난 그 사람은 그 사람은 독이 든 열매를 깨문 다음에 된 것과 같은 사람들 중의 첫째입니다. 그리고 이제는 자기 안에 혐오감을 주는 요소와 거짓말로 하느님을 모독하는 말과 반애덕(反愛德), 피에 굶주림, 돈에 대한 탐욕, 교만과 음란을 가지는 데 그치지 않고, 천사가 될 수 있는 사람인데도 마귀 같은 사람이 되려고 사탄이 되어갑니다… '그리하여 루치펠(Lucifer)*은 하느님과 같게 되기를 원하였고, 그 때문에 낙원에서 쫓겨나 마귀가 되어 지옥에서 살았습니다.'

그러나 아버지! 오! 아버지! 저는 그 사람을 사랑합니다. …저는 그 사람을 아직 사랑하고 있습니다. 그는 사람입니다. …그는 제가 그들을 위하여 아버지를 떠난 사람들 중의 하나입니다. …제가 모욕을 당하는 대신에 그를 구해 주십시오. …지극히 높으신 주님, 제게 그를 구속하게 허락해 주십시오! 이 보속은 다른 사람들보다도 그 사람을 위하여 하는 것입니다! 오! 그가 어떤 사람인지를 모두 알고 있는 저는 제가 청하는 것이 모순임을 압니다! …그러나 아버지, 잠깐 동안만 저를

───────────
* 역주 : 마귀의 두목.

아버지의 '말씀'으로 보지 마십시오. 의인으로서의 제 인성(人性)만을 보십시오. …그리고 아버지의 덕택으로 다만 '사람'이 되게, 미래를 알지 못하고 착각할 수 있는 사람… 피할 수 없는 운명을 알지 못하고 아버지에게서 기적을 억지로 얻어내려고 절대적인 바람을 가지고 기도할 수 있는 사람이 될 수 있도록 허락해 주십시오.

기적을! 나자렛의 예수를 위하여, 우리의 영원한 사랑을 받는 나자렛의 마리아의 예수를 위하여 기적을! 표시가 된 것을 무시하고 무효하게 만드는 기적을! 유다의 구원을! 그는 제 곁에서 살았고, 제 말을 받아들였고, 저와 같이 음식을 먹었고, 제 가슴에 안겨 잠을 잤습니다. …그 사람이 아니게, 그 사람이 제 사탄이 아니게 해 주십시오!…

저는 배신을 당하지 않게 해주십사고 아버지께 청하지 않습니다. …배반을 당한 사람으로서의 제 고통으로 모든 거짓말이 취소되기 위하여, 팔린 사람으로서의 제 고통으로 모든 인색이 속죄되기 위하여, 모독하는 말을 들은 이로서의 제 극심한 고통으로 하느님을 모독하는 모든 말이 갚아지기 위하여, 믿음을 받지 못한 사람으로서의 극심한 고통으로 믿음이 없는 사람과 장차 믿음이 없을 사람들에게 믿음이 주어지기 위하여 제 고통으로 육신의 모든 죄가 깨끗해지기 위하여…제가 배반을 당해야 하고 또 당할 것입니다… 그러나 제발 제 친구요, 제 사도인 유다 그 사람이 아니게 해 주십시오!

저는 아무도 배반하지 않기를 바랍니다…아무도…북극의 빙원(氷原)과 적도지방의 불볕 속에 가장 멀리 떨어져 있는 사람까지도…저는 제물을 바치는 분이 아버지 한 분뿐이시기를 바랍니다… 전에 아버지의 불로 번제물(燔祭物)을 불사르심으로 제관이 되신 것처럼… 그러나 제가 사람의 손으로 죽게 되어 있는 만큼, 또 친구인 배반자, 그의 안에 사탄의 악취를 간직하고 있고, 저와 능력이 같아지기 위하여 벌써 사탄을 빨아들이고 있는 ── 그 교만과 갈망으로 그렇게 생각하고 있습니다 ── 부패한 사람이 진짜 사형집행인보다 더 냉혈한 (冷血漢)일 것인 만큼…제가 사람의 손으로 죽게 되어 있는 만큼, 아버지, 제가 친구라고 불렀고 또 그런 사람으로 사랑한 그 사람이 배반자가 되지 않게 하는 은혜를 제게 내려주십시오.

아버지, 제 고통을 더 늘리십시오. 그러나 유다의 영혼을 제게 주십시오. …저는 이 기도를 제물이 된 제 제대 위에 바칩니다. …아버지, 이 기도를 들어주십시오!…

하늘은 닫혀 있고 말이 없습니다! …그러면 이것이 제가 죽을 때까지 제가 가지게 될 공포입니까?

하늘은 말이 없고 닫혀 있습니다! …그러면 이것이 제 희망이 그 안에서 사라질 침묵이고 감옥입니까?

하늘은 닫히고 말이 없습니다! …그러면 이것이 순교자의 최후의 고통이겠습니까? …아버지, 제 뜻 말고 아버지의 뜻이 이루어지기를 바랍니다. …그러나 제가 받는 고통 때문에, 오! 최소한 이것만이라도, 제가 받은 고통 때문에 유다의 또 다른 박해받는 사람인 엔도르의 요한에게 평화와 꿈을 주십시오, 아버지… 요한은 실제로 많은 사람보다 낫습니다. 그는 아는 사람이 별로 없고 또 장차도 별로 없을 길을 걸어 왔습니다. 그의 경우에는 구속에 관한 모든 것이 이미 이루어졌습니다. 그러므로 그에게 충만하고 완전한 평화를 주시어, 제게 있어서도 모든 것이 이루어졌을 때 제 영광 중에 그를 데리고 있어 아버지를 공경하고 아버지께 순종하도록 해주십시오. …아버지!…"

예수께서는 천천히 미끄러져내려 무릎을 꿇으시고 이제는 얼굴을 땅에 대고 기도하신다. 예수께서 기도하시는 동안 짧은 겨울해의 빛이 어두운 동굴 안에서 시간이 되기 전에 죽어버리고, 급류의 요란한 소리는 어두움이 계곡을 감싸는 데 따라서 더 세어지는 것 같다.

6. 프톨레마이스를 떠나 띠로를 향하여

　프톨레마이스시는 파란 하늘의 터진 구멍 하나 없이, 검은 빛깔의 뉘앙스도 하나 없이 납같이 무겁게 내려앉은 하늘 아래 찍어눌린 채로 있어야 하는 것 같다. 가벼운 변화도 없다. 천공(天空)의 꽉 닫힌 덮개에는 권운(卷雲)이건 난운(亂雲)이건 구름 하나 움직이지 않고, 상자 위에 떨어뜨리려는 덮개처럼 볼록하고 무거운 둥근 천장만이 있을 뿐이다. 찍어누르는 더럽고 음침하고 불투명한 어마어마하게 큰 뚜껑이다. 도시의 흰 집들은 이 빛 아래서는 석고로, 까칠까칠하고 거칠고 황량한 석고로 지은 것 같다. …그리고 상록수의 푸른 빛깔도 김이 서리고 을씨년스러워 보이고, 사람들의 얼굴도 창백하거나 유령같아 보이며, 옷빛깔들도 창백해 보인다. 도시는 찍어누르는 동남풍 속에 빠져 있다.
　바다도 똑같은 죽음의 모습으로 하늘과 어울린다. 꼼짝하지 않고 아무것도 없는 끝 없는 바다이다. 바다는 납빛 모습조차도 보이지 않는다. 그렇게 말하는 것은 정확하지 않을 것이다. 끝이 없고, 말하자면 주름하나 없는 기름기 있는 물질로 되어 있고, 유전(油田)이 그런 것과 같이 회색이며, 또는 오히려 그럴 수만 있다면 그을음이나 재가 섞인 은의 호수 같아서 석영(石英)의 광택을 연상케 하는 독특한 광택을 가진 반죽처럼 되게 하는데, 그래도 너무도 죽은 것 같고 불투명하여 빛을 발하지 않는 것 같다. 이 광택이 눈에 띄는 것은 다만 즐거움은 주지 않고 피로하게만 하는 거무스름한 자개 같은 반짝이는 빛으로 부시게 된 눈에 가져다 주는 불쾌감 때문이다. 눈닿는 데까지 파도 하나 없다. 눈길은 죽은 바다가 죽은 하늘을 만나는 곳에서 수평선을 만나게 되는데, 물의 움직임이라고는 하나도 볼 수가 없다. 그러나 고체화되지 않은 물이라는 것을 깨닫게 되는 것은 물의 희미한 번쩍거림으로 수면에서 겨우 느낄 수 있는 깊은 파동(波動)이 있기 때문이다. 해변에 있는 물이 파도나 해안파의 조그마한 표도 없이 마치 수반의 물과 같이 꼼짝

하지 않고 있을 정도로 바다가 죽어 있다. 그리고 그 곳에 있는 모래는 1미터쯤 또는 조금 더 멀리까지 젖어 있어서 해안에 여러 시간 전부터 물이 움직이지 않았다는 것을 나타낸다. 그저 단조로운 잔잔함 뿐이다.

항구 안에 많지 않은 배들이 있는데, 배들도 조금도 움직이지 않는다. 어떻게나 꼼짝 않고 있는지 고체(固體)에 박혀 있는 것 같다. 그리고 갑판에 널어 놓은 옷인지 깃발인지 모를 천 몇 조각도 축 늘어져 있다.

항구의 서민 동네 골목길에서 사도들이 안티오키아로 가는 두 여행자와 같이 해안으로 온다. 나귀와 마차는 어떻게 되었는지 모르겠다. 보이지 않는다. 베드로와 안드레아는 궤를 하나 들고 오고, 야고보와 요한은 다른 궤를 가지고 오고, 알패오의 유다는 분해한 베틀을 메고 오고, 마태오와 알패오의 야고보와 열성당원 시몬은 예수의 배낭까지 포함한 모든 배낭을 지고 온다. 신디카는 음식이 든 바구니를 들고 온다. 엔도르의 요한은 아무것도 들지 않았다.

그들은 대부분이 식량을 사 가지고 시장에서 돌아오거나, 또는 선원들이면 필요에 따라서 배에 짐을 싣거나 내리거나 또는 배를 수리하려고 항구 쪽으로 걸음을 재촉하는 사람들 틈에서 빨리 온다.

요나의 시몬은 자신있게 걸어온다. 그가 사방을 두리번거리지 않는 것을 보면 어디로 가야 하는지를 벌써 알고 있는 모양이다. 얼굴이 시뻘개 가지고 안드레아의 도움을 받으며 손잡이 노릇을 하는 동아줄로 궤를 운반하고 있다. 그리고 베드로와 안드레아의 경우에나 그들의 동료 야고보와 요한의 경우에나 그들이 들고 오는 무게 때문에 그들이 해야 하는 노력은 장딴지와 팔의 근육의 수축으로 알 수 있다. 그것은 그들이 더 자유로워지기 위하여, 작업을 하느라고 창고에서 배를 또는 배에서 창고로 걸음을 재촉하는 짐꾼들과 같이 소매가 없는 짧은 속옷만을 입고 있기 때문이다. 그래서 그들은 절대로 사람들의 눈에 띄지 않고 지나온다.

베드로는 큰 선창으로 가지 않고, 삐걱거리는 선교(船橋)로 해서 더 작은 선창으로, 활처럼 구부러진 작은 부두로 간다. 거기에는 어선들을 위한 훨씬 더 작은 둘째 정박구(淀泊區)가 있다. 베드로는 둘러보다가 사람을 부른다.
 한 사람이 꽤 큰 튼튼한 배에서 일어나면서 대답한다.
 "꼭 떠나겠단 말이오? 돛이 오늘은 아무 소용도 없다는 걸 아시오. 노를 저어야 된단 말이오."
 "그렇게 하는 것이 내 몸을 덥게 하고 내게 식욕을 주는 데 소용될 거요."
 "그렇지만 당신 정말 항해를 할 줄 아시오?"
 "아! 여보시오! 내가 아직 '엄마'소리도 할 줄 모를 때에 아버지가 내 손에 돛 올리는 줄과 밧줄들을 쥐어 주셨단 말이오. 그 밧줄에다 젖니를 닦았단 말이오…."
 "왜그런고 하니, 이 배가 내 전재산이기 때문이오. 알겠소?…"
 "그 말은 벌써 어제도 했소.…다른 노랫가락은 모르시오?"
 "만일 당신이 파선을 하면 나는 망할거라는 것을 알고 있어요. 그리고…"
 "목숨을 잃는 내가 망하지 당신은 망하지 않소!"
 "그렇지만 이건 내 재산, 내 빵, 내 기쁨, 내 아내의 기쁨, 그리고 내 딸의 지참금이란 말이오. 그리고…"
 "에이그! 이거보시오. 그렇잖아도 경련을 하고 있는 신경을 건드리지 마시오. …경련을 하는 신경을! 헤엄치는 사람들의 경련보다도 더 무서운 경련을 말이오. 나는 당신에게 돈을 하도 많이 주었기 때문에 '배를 내가 샀다'고도 말할 수 있을 거요. 도둑 같은 당신한테 난 한푼도 깎지 않았소. 그리고 내가 노와 돛을 당신보다 더 잘 알고 있다는 것을 당신에게 보여주고 나서 모든 것에 합의를 보았소. 지금 와서 엊저녁에 당신이 먹은 파나물과 그로 인해서 배 밑바닥 같은 더러운 냄새가 나는 당신 입 때문에 악몽을 꾸고 뉘우침을 가졌다 해도 내게는 상관이 없소. 홍정은 당신쪽 한 사람, 내 쪽 한 사람, 이렇게 두 증인 앞에서 이루어졌으니, 그것으로 충분하오. 털게 같은 사람, 여기서 나와서 나를 들어가게 하시오."
 "그렇지만…적어도 보증 한가지만…당신이 만일 죽으면, 이 배값을 누가 치를 거요?" "배요? 이 속을 파낸 호박을 그렇게 부르는 거요? 아이고! 불쌍하고 교만한 양반! 그러나 당신이 결심만 한다면 당신을 안심시키겠소. 100드라크마를 또 주겠소. 이것하고 당신이 배를 빌려주는 값으로 달라고 한 것하고 합치면 이런 두더지 같은 배 세 척은 장만할 수 있을거요. …아니 차라리 돈 말고 당신이 나를 미치광이 취급을 할 거고, 또 돌아왔을 때 돈을 더 달라고 할 테니까. 돌아오는 걸로 말하면 틀림없이 돌아올 테니까 말이오. 만일 당신이 밑바닥에 결함이 있는 배를 주었으면 당신 수염을 뽑아놓으려고 분명히 돌아올 거요. 나귀와 마차를 담보로 주겠소. 아니야! 그것도 안 돼! 내 안토니오는 당신에게 맡기지 않겠소. 당신이 뱃사공에서 직업을 바꿔 마차몰이가 돼서 내가 떠나고 없는 동안 달아날지도 모르니까. 그런데 내 안토니오는 당신의 배의 열곱절은 값이 나간단 말이오. 당신에게 돈을 주는 게 낫겠소. 그렇지만 이건 보증금으로 주는 것이니까 내가 돌아오면 돌려줘야 한다는 걸 아시오. 알아들었소, 못 알아들었소? 여보시오. 그 배에 있는 분들! 프톨레마이스 사람은 누가 있소?"

이웃배에서 세 얼굴이 내다보며 말한다. "우리요."

"이리 오시오…."

"아니, 아니, 그럴 필요 없소. 우리끼리 흥정을 마무리지읍시다" 하고 뱃사공이 말한다.

베드로는 그를 탐색하는 듯한 눈으로 바라보고 곰곰히 생각하다가 배주인이 배에서 나와 유다가 땅에 놓았던 베틀을 서둘러 배에 들여놓는 것을 보고 "알았어!" 하고 중얼거린다. 그리고 다른 배에 있는 사람들에게 외친다. "이젠 필요 없소! 그대로 있으시오" 하고. 그리고는 작은 돈주머니에서 돈을 꺼내 세어보고 "잘 있거라, 귀여운 것들아!" 하고 말하면서 입맞춤을 하고 뱃사공에게 준다.

"왜 돈에다 입맞춤을 했소?" 하고 뱃사공이 이상히 여기며 묻는다.

"하나의 …의식이오. 안녕, 도둑 양반! 자네들 가세! 당신은 배라도 붙들어 주시오. 돈은 나중에 세어보고, 당신이 거기서 이득을 볼 거요. 나는 당신과 같이 지옥에 가고 싶지 않으니까 말이오, 알겠소? 나는 도둑질하지 않아요. 어영차! 어영차!" 그러면서 베드로는 첫번째 궤를 배에 싣고, 다른 사람들이 그들의 궤와 배낭들과 모든 것을 차곡차곡 싣도록 도와주며, 짐을 균형잡히게 하고, 배를 자유롭게 조종할 수 있도록 물건들을 정리하고, 물건들 다음에는 사람들을 올라가게 한다.

6. 프톨레마이스를 떠나 띠로를 향하여

"내가 어떻게 빈틈없이 행동하는지 봤지요, 착취자 양반? 이젠 널빤지나 치우고 볼 일 보러 가시오."

그리고 안드레아와 함께 작은 부두에 노를 갖다 대고 부두에서 떨어진다. 해류를 타기 시작한 다음에 키 손잡이를 마태오에게 건네주면서 말한다. "어떻든 자네는 우리가 고기를 잡을 때에 우리를 등쳐먹으려고 오곤 했었지. 그래서 키 잡이를 곧잘 잡을 줄 알고 있어." 그리고는 이물에 가서 마태오에게 등을 돌리고 안드레아를 옆에 앉히고 첫번째 걸상에 앉는다. 그의 앞에는 제베대오의 야고보와 요한이 앉아서 규칙적이고 힘찬 리듬으로 노를 젓고 있다. 배는 무거운 짐을 실었는데도 흔들리지 않고 빨리 나아가며 큰 배들의 옆구리를 스치고 지나간다. 그 배들 위에서는 완전한 노질에 대한 찬사가 들려 내려온다.

그리고 이제는 방파제를 지나 먼 바다로 나왔다. …프톨레마이스는 해변을 끼고 펼쳐져 있고, 항구는 시의 남쪽에 있기 때문에 온 시가가 여행자들의 눈 앞으로 차례차례 지나간다.

배안에는 무거운 침묵이 흐른다. 노받침에서 노가 삐걱거리는 소리만이 들린다.

한참 뒤에 프톨레마이스가 이미 지나갔을 때 베드로가 말한다. "그렇지만 바람이 좀 있었더라면…그런데 아무것도 없어! 바람 한 점 없단 말이야!…"

"비나 오지 말았으면!…" 하고 제베대오의 야고보가 말한다.

"흠! 비를 몹시 기다리는구먼…."

오랜 동안 침묵이 흐르고 노를 젓는 피로가 계속된다.

그러다가 안드레아가 묻는다. "형은 왜 돈에 입을 맞췄어?"

"그건 떠날 때에는 서로 인사를 해야 하니까 그랬다. 나는 그 돈을 다시는 보지 못하게 되어서 애석하게 여긴다. 어떤 불행한 사람에게 주었으면 더 좋았을 텐데…그러나 참자! 배는 정말 훌륭하고 튼튼하고 잘 만들어졌다. 프톨레마이스에서 제일 좋은 배다. 그렇기 때문에 배주인의 요구를 들어주었고, 또 사람들이 우리 목적지에 대해서 질문을 못하게 하느라고 그러기도 했다. 그래서 '백색정원에서 물건을 사려고?' 라고 말했다.' …아이고! 아이고! 비가 오기 시작한다. 할 수 있는 사람들은 몸을 가리게, 그리고 신디카는 요한에게 달걀을 줘요. 이제

시간이 됐어요. …더구나 이렇게 고요한 바다에서는 배가 더 고파오니까… 그런데 예수님은 어떻게 하실까? 뭘 하고 계실까? 옷도 없고 돈도 없이! 아니 지금 어디에 계실까?"

"분명히 우리를 위해 기도하고 계실 거야" 하고 제베대오의 요한이 대답한다.

"좋아 그러나 어디서?…"

아무도 어디라고 말하지 못한다. 그리고 배는 납처럼 무겁게 내려앉은 하늘 아래 잿빛같이 시커먼 바다 위를, 그치지 않는 가려움 모양으로 귀찮은 안개같이 가는 비를 맞으며 무겁게 힘들게 갈짓자로 저어 나아간다. 평야지대 후에 다시 바다 쪽으로 오는 산들이 안개낀 공중에서 납빛깔을 띠고 다가온다. 가까이서는 바다가 이상한 인광(燐光)으로 계속 눈을 피로하게 하고, 더 먼 곳에는 안개 속에서 보이지 않게 된다.

"저 마을에서 멈춰서 쉬기로 하고 식사도 하세" 하고 지치지 않고 노질을 하는 베드로가 말하니, 모두가 동의한다.

마을에 이르렀다. 바다 쪽으로 쑥 삐져 나온 산의 돌출부의 보호를 받는 어부들의 집 몇 채이다.

"여기서는 내릴 수가 없네. 닻이 물밑에 닿질 않아…좋아, 있는 자리에서 먹기로 하세" 하고 베드로가 투덜거린다.

그리고 과연 노젓는 사람들은 맛있게 먹는데 귀양살이 가는 사람들은 그렇지 않다. 비는 번갈아가며 다시 시작되었다가 그쳤다가 한다. 마을은 주민이 없는 것같이 사람이 보이지 않는다. 그러나 비둘기들이 이 집에서 저 집으로 날아다니는 것과 높은 곳에 옷들이 널려 있는 것이 사람들이 산다는 것을 말해 준다. 마침내 해변으로 끌어올린 작은 배 있는 데로 가는, 옷을 거의 입지 않는 사람이 길에 보인다.

"여보시오! 저 양반! 당신 어부요?" 하고 손으로 메가폰을 만들며 외친다.

"그렇소" 그렇소하는 소리는 거리 때문에 약해져서 온다.

"날씨가 어떻겠소?"

"바다가 얼마 안 있어 너울질 거요. 당신이 이 고장 사람이 아니면 즉시 갑(岬) 저쪽으로 가시오. 그곳은 더 고요하오. 더구나 당신이 바람을 안고 갈짓자로 저어 가면, 바다가 깊으니까 그렇게 할 수 있소. 그러나 즉시 가시오…."

"예, 평화가 당신에게 있기를!"

"당신들에게도 평화와 행운이 있기를!"

"그러면 가세" 하고 베드로가 동료들에게 말한다. "그리고 하느님께서 우리와 함께 계시기를."

"하느님께서 분명히 우리와 함께 계셔. 예수님이 틀림없이 우리를 위해 기도하고 계실 거야" 하고 안드레아가 노를 다시 잡으면서 말한다.

그러나 실제로 파도가 벌써 넘실거리기 시작하여 왔다갔다할 때마다 배를 밀었다 끌어당겼다 하고, 비는 더 세차게 쏟아지고…갑자기 일어난 바람까지 겹쳐져서 가엾은 항해자들을 괴롭힌다. 요나의 시몬은 그 바람에 가장 특이한 이름들을 붙여준다. 그것은 돛에는 소용이 되지 못하고, 이제는 아주 가까워진 갑(岬)의 암초들에 배를 몰아붙이려고나 하기 때문이다. 배는 먹물같이 새까만 이 작은 만의 굽은 부분에서 항해하기가 힘들다. 그들은 기진맥진하여 얼굴이 벌개 가지고 땀을 뻘뻘 흘리고 이를 악물고, 말로 조그마한 힘이라도 허비하지 않으면서 노를 젓고 또 젓는다. 이들과 마주 앉은 다른 사람들은, ─ 그들은 내게 등을 보이고 있다 ─ 귀찮은 비를 맞으며 입을 다물고 있는데 한가운데 돛대 옆에는 요한과 신디카가 있고, 그들 뒤에는 알패오의 아들들, 그리고 맨 뒤에 마태오와 시몬이 파도가 올 때마다 키 손잡이를 유지하느라고 싸우고 있다.

갑을 돌아가는 일은 힘드는 일이다. 마침내 돌아갔다. …그리고 기진맥진해 있을 노젓는 사람들에게 약간의 휴식이 주어진다. 그들은 갑 너머에 있는 작은 마을에 피해 들어가야 할지 어떨지 서로 물어본다. 그러나 지배적인 의견은 이렇다. '상식에 벗어나더라도 선생님께 순종해야 해. 그런데 선생님은 오늘 중으로 띠로에 도착해야 한다고 말씀하셨거든' 하는 것이었다. 그래서 그들은 간다….

바다가 뜻밖에 고요해진다. 그들은 이 현상을 알아차리고, 알패오의 야고보는 말한다. "순종에 대한 갚음이야."

"그래. 사탄은 우리를 불복종하게 만드는 데 성공하지 못했기 때문에 가버렸어" 하고 베드로가 확인한다.

"그래도 우리는 밤에야 띠로에 도착할 거야. 이 때문에 우리가 많이 늦어졌어…" 하고 마태오가 말한다.

"상관없어. 우리는 자러 갔다가 배는 내일 찾지 뭐" 하고 열성당원 시몬이 대답한다.

"그렇지만 배를 찾아내게 될까?"

"예수님이 그렇게 말씀하셨어. 그러니까 찾아내게 될 거야" 하고 타대오가 자신있게 말한다.

"형, 이젠 돛을 올릴 수 있겠어" 하고 안드레아가 지적한다. "이제는 순풍이 불어, 그러니까 더 빨리 갈 거야."

과연 돛이 부푼다. 많이는 아니지만 노젓는 사람들의 일이 덜 필요하게 될 만큼은 부푼다. 그래서 배는 가벼워진 것처럼 띠로를 향하여 미끄러져 가는데, 띠로의 갑, 아니 오히려 지협(地峽)이 저기 북쪽의 날의 마지막 희미한 빛을 받으며 희게 나타난다.

그리고 매우 빨리 밤이 된다. 그런데 낮의 회색 색조(色調)가 지난 다음에 별들이 뜻밖에 밝게 빛나고 큰 곰자리 별들이 반짝이고, 바다 위에는 너무도 하얀 달빛이 와서 밤이 없는 고생스러운 하루가 지난 뒤에 새벽빛이 떠오르는 것 같은 것이 이상하게 보인다….

제베대오의 요한은 하늘을 향하여 머리를 쳐들고 쳐다보고 웃으며 느닷없이 노래를 부르기 시작하여 그 노래를 노의 움직임을 자극하고 이 노래로 그것에 박자를 붙여 준다.

"안녕하세요, 바다의 별,
　밤의 쟈스민,
　내 하늘 나라의 금빛 달,
　예수의 거룩하신 어머니.

　항해자들의 소망,
　고통받고 죽는 사람이 당신을 동경합니다.

　거룩하고 경건한 별이여,
　당신을 사랑하는 자에게 빛을 주소서. 오 마리아여."

요한은 지극히 행복하게 그의 테너 목소리를 뽑아 노래한다.

"아니, 너 뭘하는 거냐? 우린 예수님에 대해서 말하는데, 너는 마리아 어머니에 대해서 말하고 있으니 말이야?" 하고 그의 형이 묻는다.

"예수님이 마리아 안에 계시고 마리아 어머님이 예수님 안에 계셔. 그러나 어머님이 계셨으니까 예수님이 계신 거야. …내가 노래를 부르게 가만 놔둬…" 그러면서 노래를 하는 데 전념하여 다른 사람들도 끌어들인다….

그들은 이렇게 해서 띠로에 도착하는데, 가장 작은 항구에는 내리기가 쉽다. 그 작은 항구는 지협의 남쪽에 있는데, 수많은 배의 등불이 경비를 하고, 또 거기 있는 사람들은 방금 도착한 사람들에게 도움을 거절하지 않는다.

베드로는 야고보와 함께 궤들을 지키기 위하여 배에 남아 있는데, 다른 사람들은 다른 배의 어떤 사람과 같이 쉬기 위하여 여관을 향하여 간다.

7. 크레타 배를 타고 띠로를 떠나다

띠로는 북풍이 부는 가운데 잠을 깬다. 바다는 온통 작은 물결들이 떨고 있는데, 파란 하늘 아래, 이 아래에서 움직이는 거품과 같이 저 위에서 움직이는 하얀 권운(卷雲) 밑에서 흔들리는 파랗고 하얀 찬란한 빛이다. 해는 궂은 날씨의 그 숱한 회색 색조 뒤에 청명한 날을 즐기고 있다.

"난 알았어" 하고 베드로가 잠을 잔 배에서 일어나면서 말한다. "이제 움직일 때가 됐어. 그리고 '이것은' (그러면서 항구에까지 흔들리면서 들어오는 바다를 가리킨다) 우리에게 깨끗이 하는 물을 주었어. …흠! 제사의 둘째 부분을 행하러 가세. …이봐, 야고보…우리가 제사에 제물들을 가져가는 것같이 생각되지 않나? … 내게는 그렇게 생각되는데."

"내게는 그렇게 생각돼, 시몬. 그리고… 선생님이 우리를 존중하시는 걸 고맙게 생각해. 그렇지만… 나는 이렇게 많은 고통은 원치 않겠어. 나는 이런 걸 볼 줄은 꿈에도 생각 못했어…."

"나도 그래. …나는…알겠나? 만일 최고회의가 이 일에 참견을 하지 않았으면 선생님이 이렇게 하지 않으셨을 거야…."

"과연 선생님이 그 말씀을 하셨어. …그렇지만 누가 최고회의에 알렸을까? 난 그게 알고 싶어…."

"누가?'영원하신 하느님, 저로 하여금 입을 다물게 하시고, 생각하지 말게 해 주십시오!' 나는 나를 괴롭히는 이 의심을 멀리 쫓아버리기 위해서 이 서원을 했단 말이네. 야고보, 내가 생각을 하지 않도록 도와주게. 다른 이야길 하게."

"그렇지만 무슨 말을 해? 날씨에 대해서?"

"그래 아마 그것도 좋겠지."

"바다에 대해서는 나는 아무것도 모르는 걸…."

"내 생각에는 흔들릴 것 같은데" 하고 베드로가 바다를 바라다보며 말한다.

"아니야. 파도가 좀 있지만, 이건 아무것도 아니야. 어젠 더 고약했어. 큰 배에서 내려다보면 이렇게 파도치는 바다가 매우 아름다울 거야. 그런 바다가 요한의 마음에 들 거야. …그래서 그애가 노래를 부르게 될 거야. 어느 배일까?"

야고보도 일어서서 저쪽에 있는 배들을 쳐다본다. 그 배들은 높은 상부 구조물 때문에, 더구나 파도가 시이소와 같은 움직임으로 작은 배을 들어올릴 때는 볼 수가 있다. 그들은 여러 가지 배들을 바라다보면서 예측을 한다. …항구가 활기를 띤다.

베드로는 부두에서 거래를 하고 있는 뱃사공인지 또는 같은 종류의 사람인지에게 말을 묻는다. "항구에, 저 항구에 말이오. 아무개의 배… 기다리시오. 이름을 읽어줄테니…(그러면서 허리춤에서 끈으로 맨 양피지를 꺼낸다) 여기 있소. 팔레오카스트르의 크레타 사람 필립보의 니고메데스 필라델피오의 배가 있는지 아시오?…"

"오! 훌륭한 항해자! 그래 누가 그 사람을 모른단 말이오? 그 사람은 진주만에서 헬라클레스의 기둥*에 이르기까지 뿐만 아니라, 몇 달 동안씩 밤이 계속된다고 하는 추운 바다에까지도 알려졌다고 생각하오! 뱃사람인 당신이 어떻게 그 사람을 모를 수 있단 말이오?"

"몰라요. 알지 못하지만 이내 알게 될 거요. 전에 시리아의 총독이었던 데오필로의 아들인 우리 친구 라자로를 대신해서 그 사람을 찾고 있으니까요."

"아! 내가 배를 타고 다닐 때 — 이제는 내가 나이를 먹었소 — 그 사람이 안티오키아에 있었지요. …좋은 시절이었지. …당신 친구라구요? 그리고 크레타 사람 니고메데스를 찾는다구요? 그럼 안심하고 가시오. 저 배가 보이지요? 그게 그 사람배요. 그 사람은 오정에 닻을 올리오. 그 사람은 바다를 무서워하지 않아요!…"

"사실 바다를 무서워할 건 아니지요. 그건 별게 아니예요" 하고 야고보가 말한다. 그러나 갑작스런 파도가 두 사람에게 머리에서 발끝까지

---

* 역주 : 지브롤터 해협 양쪽에 있는 굉장히 큰 바위.

물을 뒤집어 씌워 그의 말을 반박한다.

"바다가 어제는 너무 고요하더니 오늘은 너무 파도가 이는군. 좀 지나치게 흥분을 잘한단 말이야! 나는 호수가 더 나아…" 하고 베드로가 얼굴을 닦으며 투덜거린다.

"선거(船渠) 안으로 들어가라고 권하고 싶소. 다들 그리 들어가요, 보이지요?"

"그렇지만 우리는 떠나야 하오. 우리는…뭐라고 했더라?…니고메데스 어쩌구 저쩌구하는 사람의 배를 타야 한단말이오!" 하고 크레타 사람의 이상한 이름들을 기억해 낼 수 없는 베드로가 말한다.

"당신들은 작은 배까지 그 배에 실은 건 아니지요?"

"그야 물론 아니지요!"

"그러면 선거 안에 보관소가 있고, 돌아올 때까지 지켜 주는 사람들이 있소. 돌아올 때까지 하루에 한 푼이오. 당신들이 돌아오게 될 걸로 생각해서 하는 말이오…."

"물론이지요. 라자로의 정원들이 어떤 상태인지 보고 나서는 돌아와요. 그뿐이오."

"아! 당신들은 그의 관리인들이군요?"

"그보다 한층 더한 사람들이오…."

"좋소. 나를 따라오시오. 내가 장소를 가리켜 주겠소. 선거는 바로 당신들처럼 배를 둬두는 사람들을 위해서 만든 거요…."

"기다리시오. …저기 다른 사람들이 와요. 조금 후에 당신을 다시 찾아가겠소." 그러면서 베드로는 부두로 뛰어 내려서 다가오는 동료들을 맞이하려고 뛰어 간다.

"형, 잘 잤어?" 하고 안드레아가 다정스럽게 묻는다.

"요람에 누운 아이처럼 나를 흔들어 주고 자장가를 불러 주고 했다…."

"누가 세수까지 시켜 준 모양인데" 하고 타대오가 빙그레 웃으면서 말한다.

"그래! 바다가…너무도 착해서 나를 깨우려고 얼굴까지 씻어 주었어."

"바다가 좀 파도가 높은 것 같은데" 하고 마태오가 이의를 제기한다.
 "아이고! 누구하고 같이 갈 건지 자네들이 몰라서 그렇지! 얼음바다 속에 사는 물고기들에게까지 알려진 사람이야."
 "그 사람을 벌써 봤나?"
 "아니야, 그렇지만 배들을 두는 자리, 창고가 있다고 말해 준 어떤 사람이 그 사람 말을 해 줬어. …가서 짐을 내리고 그 자리로 가세. 크레타 사람 니고데모, 아니 니고메데스가 떠날 참이니까."
 "키프로스 해협에서는 우리가 춤을 출 겁니다" 하고 엔도르의 요한이 말한다.
 "응 그래?" 하고 마태오가 걱정이 되어서 묻는다.
 "예. 그러나 하느님께서 우릴 도와주실 것입니다."
 그들은 다시 배 곁으로 왔다.
 "자, 여보시오. 당신이 그렇게까지 친절하니, 우리 짐을 모두 내리고 그리 갑시다."
 "서로 돕는 거지요" 하고 띠로 사람이 말한다.
 "음! 그렇지요! 서로 돕는 거지요. 서로 도와야 하겠지요. 그렇게 하는 것이 하느님의 율법이니까 서로 사랑해야 하겠지요…."
 "이스라엘에 나타난 새로운 예언자가 그렇게 가르진다는 말을 들었소. 사실이오?"
 "사실이구 말구요! 이것하고 또 다른 것도 있어요! 또 기적들도 행하구요! 자, 안드레아야. 올려라, 올려. 더 오른쪽으로 자, 파도가 배를 쳐드는 순간에…영차! 됐다!…여보시오. 내가 당신에게 말을 하고 있었는데, 기적이면 또 이만저만한 기적이오! 죽은 사람들이 다시 살아나고, 병자들이 낫고, 소경들이 눈을 뜨고, 도둑들이 회개하고, 심지어는…아시겠소? 그 분이 여기 계셨더라면 바다보고 '고요해져라' 하고 말씀하실 거고, 그러면 바다가 고요해질 거요. …요한 할 수 있겠나? 기다리게 내가 갈게. 자네들은 아주 가까이서 꼭 붙잡아…자, 자…조금만 더… 시몬, 자네는 손잡이를 잡게…유다, 손 조심해! 자, 자… 고맙소. …알패오의 아들들 물에 빠지지 않도록 조심하게. …자…됐네! 하느님께 찬미! 그걸 싣는 것보다는 내리는 게 힘이 덜 들었어. …그렇지만 나는 어제 일로 팔이 몹시 지쳤어. …그러니까 내가 바다 얘길

하고 있었지요….”
 "그렇지만 그게 사실이오?”
 "사실이냐구요? 나는 그분을 보러 갔었어요!”
 "그래요? 아이고!… 그렇지만 어디에요?”
 "젠네사렛 호수에요. 우리가 창공에 가는 동안 이야기를 해 주게, 배로 갑시다….” 그러면서 그 사람과 야고보와 같이 가서 선거(船渠)로 가는 수로 안을 저어 간다.
 "그러면서 베드로는 빈틈없이 행동할 줄 모른다고 말하거든…” 하고 열성당원이 지적한다. "그와 반대로 그 사람은 사정을 간단하게 알리는 재간을 가지고 있고, 모든 사람보다 더 많은 일을 해.”
 "그분에게서 제 마음에 제일 드는 것은 그분의 정직입니다” 하고 엔도르 사람이 말한다.
 "그리고 그의 꾸준함” 하고 마태오가 덧붙인다.
 "그리구 그의 겸손. 그 사람은 자기가 '우두머리'인 줄 아는데도 뽐내는지 보라고! 그 사람은 모든 사람보다 더 애를 많이 쓰고, 자기보다도 우리 걱정을 더 많이 한단 말이야…” 하고 알패오의 야고보가 말한다.
 "그리고 그 감정이 정말 너무 덕성스러워요. 좋은 오빠예요. 그이상 아무것도 아니예요…” 하고 신디카가 말을 마친다.
 "그러니까 그건 틀림없이 하는 말이지? 자네들이 그렇게 생각하는 거지?” 하고 얼마 후에 열성당원이 두 제자에게 묻는다.
 "예” 하고 신디카가 대답한다. "그보다 더 나아요. 이것은 거짓말이 아니라, 정신적인 진실이예요. 그분은 제게는 큰 오빠예요. 배 다른 오빠지만 아버지는 같은 오빠요. 아버지는 하느님이시고, 다른 두 배는 이스라엘과 그리이스예요. 그리고 요한은 제 선배예요. 이것은 나이로 알 수 있어요 — 보이지는 않지만, 이것은 사실이예요 — 저보다 더 오래 전부터 제자이니까요. 저기 시몬이 돌아오시네요….”
 "다 됐네. 가세들….”
 그들은 궤들을 메고 좁은 지협으로 해서 다른 항구로 건너간다. 때로 사람은 이곳 사정에 정통하기 때문에 넓은 창고 아래 쌓여 있는 상품들로 인하여 생긴 좁은 골목길을 지나 크레타 사람의 강력한 배에까지 그들과 동행한다. 그 배는 매우 가까워진 출범을 위해 조작을 하는 중인데, 그 사람이 배에 있는 사람들을 불러 그들이 올린 선교를 다시 내리라고 한다.

"할 수 없소! 짐싣는 일은 끝났소" 하고 노젓는 사람들의 우두머리가 외친다.

"전해야 할 편지가 하나 있소" 하고 그 사람이 요나의 시몬을 가리키며 말한다.

"편지요? 누구 편지요?"

"이전 안티오키아 총독 데오필로의 아들 라자로의 편지요."

"아! 주인을 찾아가겠소."

시몬이 다른 시몬과 마태오에게 말한다. "이제는 자네들이 행동할 차례세. 나는 그런 사람과 교섭하기에는 너무 세련되지 못했어…."

"아니야. 자네가 우두머리고, 또 잘 할줄 안단 말이야. 무슨 일이 있으면 우리가 도와주지. 그러나 그럴 필요가 없을 거야."

"편지 가져온 사람이 어디 있소? 올라오시오" 하고 에집트 사람처럼 갈색이고 마르고 미남자이고 날씬하고 준엄한 40세쯤, 또는 조금 넘었을 사람이 뱃전 위에서 몸을 내밀면서 말한다. 그러면서 선교를 다시 내리게 한다. 대답을 기다리는 동안에 옷과 겉옷을 다시 입은 요나의 시몬이 점잖게 올라간다. 그의 뒤에는 열성당원과 마태오가 따라 간다.

"평화가 당신께 있기를" 하고 베드로가 점잖게 말한다.

"안녕하십니까? 편지는 어디 있습니까?" 하고 크레타 사람이 묻는다.

"여기 있습니다."

크레타 사람은 봉인을 뜯고 편지를 펴서 읽는다.

"데오필로의 가족의 사자들, 어서 오십시오. 크레타 사람들은 착하고 친절했던 분을 잊지 않습니다. 그러나 빨리 하십시오. 짐이 많습니까?"

"부두에 보이는 것입니다."

"그리고 당신들은?"

"열 명입니다."

"좋습니다. 부인에게는 자리를 마련해 드리겠습니다. 당신들은 가장 좋게 조처하시구요. 자, 빨리! 바람이 너무 세차지기 전에 떠나 먼 바다에 나가야 합니다. 그런데 정오가 지나면 그렇게 될 겁니다."

그리고 귀를 멍멍하게 하는 호각소리로 궤를 실어서 적당한 자리에 놓는 것을 지휘한다. 그런 다음 사도들이 두 제자와 같이 올라간다. 선교를 올리고, 현창(舷窓)들을 닫고, 밧줄들을 풀고, 돛을 올린다. 그리고 배는 항구에서 나갈 때 좌우로 몹시 흔들리면서 전진한다. 그런 다음 돛이 펴지는데 바람이 어떻게나 부풀게 하는지 펄럭이는 소리가 난다. 그리고 배는 앞뒤로 세게 흔들리면서 먼 바다로 나가 안티오키아를 향하여 빨리 달아난다.

바람이 세게 부는데도 요한과 신디카는 고물의 도르레 옆에 나란히 서서 멀어지는 해안을 팔레스티나의 땅을 바라다보며 운다….

8. 폭풍우와 배에서의 기적

 지중해는 모두 꼭대기에 하얀 거품을 뒤집어쓴 높은 파도의 형태로 미친 듯이 서로 부딪히는 청록색의 물이 무한히 펼쳐진 공간이다. 오늘은 안개가 없다. 바닷물은 파도가 끊임없이 서로 부딪히는 바람에 부서져서 짜고 몹시 뜨거운 먼지로 변하여 옷 속에까지 스며들고, 눈을 충혈시키고, 목을 타게 하며, 가는 안개가 끼어서 그런 것처럼 불투명하게 된 공기도 그렇고, 반짝거리는 밀가루같은 소금끼 있는 가는 결정체를 끼얹은 것 같은 물건들도 그렇고, 모든 것에 소금끼 있는 가루로 된 베일을 사방에 처놓는 것 같다. 그러나 이것은 후려치는 파도가 닿지 않는 곳이나, 외피판(外被板)을 넘어 갑판 안쪽으로 쏟아져 들어왔다가 폭포 같은 요란한 소리를 내면서 반대편 외피판 뚫린 구멍으로 해서 바다로 다시 떨어지는, 갑판을 이 끝에서 저 끝이 힘차게 헹구고 다니는 파도가 이르지 못하는 곳만 그렇다.
 그리고 배는 지푸라기처럼 넓은 바다의 처분대로 올라왔다 가라앉았다 하는데, 바다 앞에서는 배가 아무것도 아니다. …배는 밑바닥에서부터 돛대에 이르기까지 삐걱거리고 신음한다. …바다는 정말 지배자이고 배는 바다의 장난감이다….
 배를 조종하는 사람들을 빼놓고는 아무도 갑판에 없고, 상품도 없어졌다. 다만 구멍정들만이 있을 뿐이다. 그리고 니고메데스를 위시하여 승무원들은 발가벗은 채로 배가 좌우로 흔들리는 데 끌려, 여전히 물에 잠겨 미끄러운 갑판 위에서 피신할 곳을 찾고 조종을 하느라고 이리 뛰고 저리 뛰고 한다.
 덮개를 씌운 갑판의 승강구로 인하여 갑판 아래에서는 어떤 일이 일어나는지 볼 수가 없다. 그러나 그들이 안에서 안심하고 있으리라고는 생각되지 않는다!…
 나는 지금 어디에 와 있는지 알 수가 없다. 사방을 둘러보아도 바다뿐이고, 멀리 산이 많은, 야산 말고 진짜 산이 많은 해안이 하나 나타난다. 항해를 하는 지가 벌써 하루 이상이 지난 것 같다. 매우 짙은 구름 밑으로 나타났다 사라졌다 하는 해가 아직 동쪽에서 오는 것으로 보아 아침나절이라는 것을 분명히 알 수 있기 때문이다.

배는 그것을 흔드는 움직임에도 불구하고 별로 전진하지 못하는 것 같고, 바다는 점점 더 미친 듯이 날뛰는 것 같다.

무서운 소리를 내면서 돛대의 한 조각이 떨어져 나가는데, 나는 돛대의 이부분 이름을 모르겠다. 그리고 떨어지면서 이번에는 진짜 회오리바람과 동시에 갑판으로 달려드는 집채 같은 파도에 휩쓸려 가면서 외피판 한 조각을 떼어낸다.

안에 있는 사람들은 난파한다는 느낌을 가지고 있을 것이 틀림없다. …그리고 그렇다는 것을 보이기 위하여 한참 후에 갑판승강구의 문이 반쯤 열리면서 베드로가 반백의 머리를 내미는 것이 보인다. 그는 둘러보고 알아차린다. 그리고 마침 다시 문을 닫아 반쯤 열린 갑판승강구로 물이 급류처럼 내려가는 것을 막는다. 그러나 곧이어 파도가 잠깐 쉬는 틈을 타서 다시 문을 열고 밖으로 뛰어 나온다. 그는 받침대를 꼭 잡고 바다라는 그 지옥을 살펴보면서 그저 휘파람을 불고 신음하는 것으로 논평을 대신한다.

니고메데스가 그를 보고 "가시오!" 하고 소리지른다. "그 문을 닫으시오. 배가 둔해지면 우리는 밑바닥으로 가라앉아요. 내가 짐을 바다에 던져야 하지 않는 것만도 다행이오. …이런 폭풍우는 처음 보았습니다! 가라니까요! 나는 육지 사람들이 거치적거리는 것을 원치 않아요. 여긴 정원사들이 있을 자리가 아닙니다. 그리고…" 또 다른 물결이 갑판을 휩쓸면서 거기 있는 모든 것을 덮쳤기 때문에 그 사람은 말을 계속할 수가 없다.

"알겠지요?" 하고 물을 뒤집어쓴 베드로에게 그 사람이 말한다.

"알겠습니다. 그러나 나는 태연합니다. 나는 정원만 지킬 수 있는 사람이 아닙니다. 나는 물 위에서 태어났습니다. 호수이기는 하지만요. …그러나 호수도! …농부가…되기 전에 나는 어부였어요, 그래서 입니다…."

베드로는 매우 침착하고, 튼튼한 다리를 벌리고 배의 흔들림에 완전히 적응할 줄을 안다. 크레타 사람은 그에게 가까이 오기 위하여 움직이면서 그를 자세히 살펴본다.
"당신은 무섭지 않습니까?" 하고 묻는다.
"조금두요!"
"그럼 다른 사람들은요?"
"세 사람은 나처럼 어부입니다. 아니 어부였지요. …병든 사람만 빼놓고 다른 사람들은 힘이 셉니다."
"여자두요? … 조심하세요, 조심해요! 꼭 붙잡으시오!"
또 한 차례 집채같은 물이 갑판을 차지한다. 베드로는 그것이 지나가기를 기다렸다가 말한다. "이 물벼락은 이번 여름에는 환영을 받았을 텐데…참자! 여자가 무엇을 하느냐고 물으셨지요? 기도하고 있습니다. …당신도 기도를 하는 것이 좋을 겁니다. 그런데 지금 정확히 어디쯤 와 있습니까? 키프로스 해협입니까?"
"그랬으면 오죽 좋겠어요! 섬에 접안(接岸)해서 자연의 힘이 가라앉기를 기다릴 겁니다. 우리는 겨우 율리아 식민지, 또는 당신이 좋다면 베리투스와 같은 위도에 와 있습니다. 그리고 지금 제일 고약한 곳에 온 것입니다. …저 산들은 레바논의 산들입니다."
"그런데 당신은 저기 저 마을에 들어가시 못합니까?"
"항구가 좋지 못합니다. 위험한 암초들이 있어요. 불가능합니다! 조심하시오!…"
또 다른 회오리바람이 불고 돛대 한 조각이 또 떨어져서 사람 하나를 다치고 나서 달아나버린다. 그 사람은 순전히 파도가 어떤 장애물 쪽으로 밀어붙였기 때문에 휩쓸려 가지 않았다.
"아래로 가시오! 아래로 가요! 보셨지요?"
"봤습니다. 봤어요…그러나 저 사람은?…"
"죽지 않았으면 깨어나겠지요. 나는 저 사람을 돌볼 수가 없습니다. 아시겠지요!…" 과연 크레타 사람은 모든 사람의 생명을 위하여 모든 것을 살펴야 한다.
"저 사람을 내게 주시오. 여자가 돌볼 것입니다…."
"뭣이든지 맘대로 하시오. 그렇지만 가시오!…"
베드로는 꼼짝 않고 있는 그 사람에게까지 미끄러져 가서, 그의 발을 잡아 자기에게로 끌어당긴다. 그는 그 사람을 들여다보고 휘파람을 분다. …그리고 중얼거린다. "이 사람 머리가 익은 석류처럼 깨졌구먼, 여기 주님이 계셔야 할 텐데…아이고! 주님이 여기 계셨더라면! 주 예수님! 선생님, 왜 저희들을 떠나셨습니까?" 그의 목소리는 고통으로 떨린다.

그는 죽어가는 사람을 메어 피투성이가 되며 갑판의 승강구로 돌아온다. 크레타 사람이 그에게 외친다. "쓸 데 없이 애쓰는 겁니다. 별수가 없어요. 보시다시피!…"

그러나 베드로는 무거운 짐을 졌기 때문에 "두고 봅시다" 하고 말하려는 듯한 눈짓을 하고, 또 다시 밀려오는 파도에 저항하기 위하여 돛대에 꼭 달라붙었다가 승강구를 열고 외친다. "야고보, 요한, 이리 오게!" 그리고 그들의 도움을 받으며 부상자를 내려보내고, 자기도 갑판 승강구를 막고 내려온다.

매달려 있는 등불들의 몽롱한 빛에 베드로가 피투성이인 것을 보고 "다쳤나?"하고 묻는다.

"나는 아니야. 이 사람의 피야. 그러니 기도를 하게. …신디카, 이리 와서 좀 봐요. 당신이 언젠가 부상자들을 돌볼 줄 안다고 말했지. 그럼 이 머리를 보라구…."

신디카는 매우 괴로워하는 엔도르의 요한을 부축하던 것을 그만 두고 불쌍한 사람이 누워 있는 탁자로 와서 들여다 본다….

"좋지 못한 상처군요! 저는 두 노예에게서 이런 걸 두 번 보았어요. 한 사람은 주인에게 맞아 상처를 입었었고, 또 한 사람은 카프라롤라의 바위로 다쳤었어요. 피를 깨끗이 씻고 멎게 하려면 물이 있어야 해요. 많이요…."

"물만 필요하다면! … 넘치도록 많이 있어! 야고보, 나무통을 가지고 오게. 둘이서 하면 더 나을 거야."

그들은 갔다가 흠뻑 젖어서 돌아온다. 그리고 신디카는 수건을 적셔서 씻고 목덜미에 헝겊을 갖다 대고 누른다. …그러나 좋지 못한 상처이다. 관자놀이에서 목덜미까지 뼈가 드러났다. 그러나 그 사람은 눈을, 멍한 눈을 다시 뜨고 헐떡거리며 더듬 더듬 말한다. 그는 죽음에 대한 본능적인 공포에 사로잡혀 있다.

"침착하세요! 이제는 나으실 거예요" 하고 그리이스 여자가 그 사람의 용기를 북돋아주기 위하여 어머니답게 말하는데, 그 사람이 그리이스말을 하기 때문에 그녀 역시 그리이스어로 말한다.
그 사람은 신디카를 쳐다본다. 그리고 비록 어리둥절하지만 자기의 모국어를 하는 것을 듣고는 놀라서 희미한 미소를 지으면서 신디카를 쳐다본다. 그리고 신디카의 손을 찾는다. 사람은 고통을 당할 때에는 어린아이가 되고, 이런 경우에는 언제나 어머니가 되는 여자를 찾는다.
"마리아 어머님의 연고를 써 보겠습니다" 하고 상처에서 피가 덜 흐르게 되었을 때 신디카가 말한다.
"그렇지만 그건 아픈 데 바르는 거야" 하고 마태오가 반대한다. 마태오는 바다 멀미 때문인지 피를 보아서 그런지 또 두가지 모두 때문에 그런지 모르지만 죽은 사람처럼 얼굴이 창백하다.
"오! 이건 어머님 손으로 직접 만드신 거예요! 그리고 기도를 드리면서 발라요. …여러분도 기도를 드리세요. 이것이 해를 끼칠 수는 없어요. 기름은 언제나 약이예요…."
신디카는 베드로의 배낭으로 가서 청동으로 만든 것 같은 그릇을 꺼내서 뚜껑을 열고 연고를 조금 덜어서 바로 그 그릇 뚜껑에 담아서 등불에 데운다. 그리고 헝겊을 접은 다음 거기에 연고를 펴고 머리의 상처에 붙인다. 그리고는 띠 모양으로 자른 린네르로 꽉 졸라맨다. 신디카는 겉옷 하나를 둘둘 말아서 부상자의 머리 밑에 넣으니 부상자는 잠이 드는 것 같다. 신디카는 그 사람 곁에 앉아서 기도를 드린다. 다른 사람들도 기도를 드린다.
갑판 위에서는 여전히 배가 좌우로 흔들린다. 배는 끊임없이 급히 올라갔다 가라앉았다 한다. 얼마 후에 갑판 승강구가 열리고 뱃사람 하나가 안으로 곤두박질해 내려온다.
"무슨 일이오?" 하고 베드로가 묻는다.
"가라앉을려고 합니다. 나는 제사를 지낼 향과 제물들을 가지러 왔습니다…."
"그런 시시한 것은 집어치우시오!"
"그렇지만 니고메데스는 비너스에게 제사를 지내겠다고 합니다. 우리는 지금 비너스의 바다에 있어요…."

"그래서 비너스처럼 미쳐 날뛰는구먼" 하고 베드로는 가만히 중얼거린다. 그리고는 더 크게 말한다. "자네들, 오게. 갑판으로 가세. 아마 무슨 할 일이 있을 거야. …신디카는 이 부상자와 이들 두사람과 같이 있는 게 무서운가?" 두 사람이란 멀미로 인하여 축 늘어진 마태오와 엔도르의 요한 두 사람을 두고 하는 말이다.

"아니예요, 아니예요. 가보세요" 하고 신디카가 대답한다.

그들이 갑판으로 나오다가 향에 불을 붙이려고 애쓰는 크레타 사람을 만났다. 그는 화가 잔뜩나서 그들을 안으로 돌려보내려고 다가온다. "아니, 당신들은 기적이 없이는 난파하게 됐다는 걸 못보시오? 처음으로! 내가 배를 타기 시작한 후 처음으로!"

"조심해. 저 사람이 이제는 저주가 우리에게서 온다고 말할 걸세" 하고 알패오의 유다가 속삭인다.

과연 그 사람은 더 크게 외친다. "저주받은 이스라엘 사람들, 당신들 몸에 뭘 가지고 있소? 더러운 히브리인들, 당신들이 내게 이 저주를 가져왔소! 나가시오! 이제는 내가 탄생하는 비너스에게 제사를 드리게…."

"천만에요. 우리가 제사를 드리겠습니다…."

"썩 꺼지시오! 당신들은 이교도요, 당신들은 마귀요, 당신들은…"

"이거 보시오! 만일 당신이 우리하는 대로 가만 내버려두면 놀라운 일을 보게 되리라는 것을 단언합니다."

"아니오! 여기서 나가시오!" 그러면서 우선 신에게 바치고 맛을 본 액체들과 내가 알 수 없는 어떤 가루를 가지고 재주껏 향에 불을 붙여서 바다에 던진다. 그러나 파도가 향의 불을 끄고, 바다가 가라앉기는 고사하고 더 미친 듯이 날뛰고, 의식에 쓰는 도구 일체를 쓸어버리고, 하마터면 니고메데스 자신까지 휩쓸어 갈 뻔하였다….

"이것이 당신의 여신이 주는 훌륭한 대답입니다! 이제는 우리 차례요. 우리도 여인을 한 분 모시고 있습니다. 그분은 물거품으로 된 이 여신보다 더 깨끗하신 분이고, 또…요한, 어제처럼 노래를 부르게, 우리가 도와줄 테니까. 그리고 좀 두고 보세!"

"그럽시다. 좀 두고 봅시다! 그러나 만일 더 나빠지면 당신들을 속죄의 제물로 바다에 던져 버리겠소."
"좋습니다. 요한, 시작하게!"
그러니까 다른 모든 사람들의 도움을 받으며 요한이 그의 노래를 시작한다. 음정을 틀리기 때문에 여느 때는 절대로 노래를 부르지 않는 베드로까지도 돕는다. 크레타 사람은 팔짱을 끼고 얼굴에는 반은 화나고 반은 빈정거리는 미소를 띠고 그들을 바라다본다. 그리고 노래가 끝난 다음에 그들은 팔을 벌리고 기도한다. 그것은 아마 주의 기도일 것이다. 그러나 히브리말로 하기 때문에 나는 아무것도 알아들을 수가 없다. 그런 다음 그들은 더 큰 소리로 노래를 부른다. 그리고 파도가 그들을 후려치는데도 불구하고 무서워하지도 않고 중단하지도 않고 노래와 기도를 번갈아 한다. 그들은 기둥조차도 붙잡고 있지 않다. 그런데도 마치 갑판의 바닥과 한 덩어리가 된 것같이 자신만만하다. 그러니까 실제로 파도가 아주 천천히 맹렬한 기운을 잃는다. 바람이 완전히 자지는 않기 때문에 파도가 완전히 멎지는 않는다. 그러나 이제는 전과 같이 성난 파도가 아니고, 이제는 갑판에게까지 올라오지 않는다.

크레타 사람의 얼굴은 깜짝 놀라서 정말 볼 만하다. …베드로는 곁눈질로 그를 보며 기도를 그치지 않는다. 요한은 미소를 지으며 더 큰 소리로 노래한다. …다른 사도들도 그를 도와서 점점 더 분명히 파도의 격렬한 소리를 제압한다. 그동안 바다는 가라앉아 정상적인 움직임을 하게 되었고 바람도 알맞은 숨결이 되었다.

"그래 이제는 어떻게 생각하십니까?"
"아니 그런데 당신들은 뭐라고 말했습니까? 그게 무슨 경문(經文)입니까?"
"참 하느님과 그분의 거룩한 여종의 경문입니다. 그러니 돛을 펴서 여기에 맞추시오. …그런데 저건 섬이 아닙니까?"
"그렇습니다. 키프로스섬입니다. …그런데 바다가 이 해협에서 더 고요하다니…이상하군요! 그러나 당신들이 숭배하는 그분은 누구입니까? 역시 비너스가 아닙니까?"
"당신들이 공경하는, 이렇게 말하는 것입니다. 우리는 하느님만을 숭배합니다. 비너스가 아니라, 마리아이십니다. 나자렛의 마리아, 이스라엘 사람 마리아, 이스라엘의 메시아 예수의 어머니."

"또 다른 건 그건 무엇이었습니까? 그건 히브리말이 아니던데요…."

"아닙니다. 그건 우리 호수, 우리 고향의 방언이었습니다. 그것은 야훼께 드리는 인사말인데 믿는 사람들만이 그것을 알 수 있습니다. 니고메데스, 안녕히 계십시오. 바닷속에 가라앉은 것은 애석하게 생각하지 마시오. 당신에게 불행을 가져다 주는 마력이…하나 없어진 셈이니까, 안녕히 계세요. 여보세요, 당신 소금상이 됐습니까?"

"아니오…하지만…용서해 주시오.‥‧내가 당신들에게 처음에 욕을 했어요!"

"오! 그건 아무 상관없습니다! 그것은 비너스를 경배한…결과입니다. …자 여보게들, 다른 사람들을 보러 가세…." 그리고 명랑하게 웃으면서 베드로는 갑판 승강구 쪽으로 간다.

크레타 사람이 그들을 따라오면서 말한다. "이거 보시오! 그런데 그 사람은? 죽었습니까?"

"천만에요! 어쩌면 우리가 그 사람을 건강한 상태로 당신에게 돌려줄지도 모르겠습니다. …이건 우리들의 주문(呪文)의 또 다른 아주 쉬운 일입니다…."

"오! 용서하십시오, 용서하세요! 그러나 그 주문의 도움을 받게 어디서 그걸 배울 수 있는지 말해 주시오. 거기 대한 대가는 단단히 치르겠습니다…."

"니고메데스, 안녕히 계십시오! 그것은 오래 걸리는 일입니다. 그리고…그것은 허락되지도 않은 것입니다. 신성한 것을 이교도들에게 주어서는 안 됩니다! 안녕! 건강히 지내세요! 건강히!"

그리고 베드로는 모두의 앞장을 서서 웃으면서 갑판 아래로 내려간다. 그러는 동안 잔잔해진 바다가 항해에 유리한 알맞은 북풍을 받으며 웃고 있고, 해는 기울고, 동쪽 하늘에는 만월이 되어가는 반달이 모습을 나타낸다….

9. 셀레우치아 도착과 상륙

셀레우치아시는 희한한 황혼빛 아래 파란 바닷물 가장자리에 흰 덩어리 모양으로 나타난다. 바다는 구름 없는 코발트색을 황혼의 진홍색과 섞어 놓은 하늘 아래 일어나는 잔 물결이 만들어 내는 환상을 펼치며 고요하고 아름답다. 배는 돛을 전부 내걸고 멀리 보이는 도시를 향하여 빨리 가는데, 어떻게나 지는 해의 찬란한 빛에 감싸였는지 가까워진 도착을 축하하기 위하여 환희의 불이 붙은 것같이 보인다.

갑판 위에는 이제는 분주히 움직이지도 않고 불안해하지도 않는 선원들 사이에 승객들이 섞여서 목적지가 가까워오는 것을 보고 있다. 그리고 떠날 때보다는 한층 더 야윈 엔도르의 요한 곁에는 상처를 입은 선원이 앉아 있다. 그는 아직도 머리에 엷은 붕대를 감고 있는데, 피를 많이 흘렸기 때문에 상아빛깔처럼 창백하다. 그러나 미소를 짓고, 그를 구해 준 사람들과 지나가면서 그를 갑판위에서 다시 보게 된 것을 기뻐하는 동료들과 말을 주고 받는다.

크레타 사람도 그를 알아보고, 잠시 자기 부서(部署)를 노젓는 사람들의 우두머리에게 맡기고, 상처를 입은 뒤로 처음 갑판에 다시 돌아온 "그의 훌륭한 데메테"에게 인사를 하러 온다. "그리고 여러분 모두에게 감사합니다" 하고 사도들에게 말한다. "나는 이 사람이 그렇지 않아도 무거운데다가 쇠까지 달려서 더 무거워진 들보에 맞아 상처를 입었기 때문에 더 살 수 있으리라고는 생각하지 않았습니다. 정말이지 데메테, 이 분들이 자네에게 목숨을 되돌려 주셨네. 자넨 벌써 한번 죽고 또 두 번째 죽었었으니까. 첫번째는 자네가 갑판에 있는 그 상품 위에 넘어져서 피를 많이 흘리고 파도에 휩쓸려 바다에 빠졌을거고, 넵투누스*의 왕국의 네레이데스* 와 트리톤* 사이에 내려가서 죽었을 테니까 말이야. 그리고 두 번째는 그 희한한 연고로 자네를 고쳤기 때문에 다시 살려준 걸세. 어디 상처를 보여 주게."

그 사람은 붕대를 끌러서 상처자국을 보이는데, 상처는 잘 아물어서 매끈매끈한 것이 관자놀이에서 목덜미에 머리카락이 난 경계에까지 가는 붉은 낙인같이 보인다. 머리털은 잘린 것으로 보이는데, 아마 머리카락이 상처에 들어가지 못하게 하느라고 신디카가 자른 것 같다. 니고메데스는 그 상처자리를 가볍게 스치며 말한다. "뼈도 유착했군! 자네는 바다의 비너스의 사랑을 받네! 그래서 비너스는 자네를 그저 바다의 수면과 그리이스의 해변에만 두기를 원한 걸세. 이제 우리가 뭍에 내리니까 에로스*가 자네에게 호의적이길 바라네. 그리고 벌써 자네를 껴안고 있던 타나토스(Thanatos-죽음의 본능)의 불행과 공포의 기억을 잃도록 자네를 도와주기를 바라네."

이 모든 신화적인 인유(引喩)를 들을 때의 베드로의 얼굴은 오만가지 인상을 나타낸다. 뒷짐을 지고 돛대에 기대서서 그는 말은 하지 않는다. 그러나 그에게서는 모든 것이 이교도 니고메데스와 그의 이교도적 태도에 대하여 가혹한 형용사를 붙여주고, 이방인다운 모든 것에 대한 그의 경멸을 표시하기 위하여 말을 하고 있다.

다른 사람들도 그에 못하지 않게 경멸하는 태도를 보인다. …알패오의 유다는 가장 형편이 좋지 않을 때에 보이는 무감각한 얼굴을 하고 있고, 그의 아우는 빙 돌아서서 바다에 많은 관심을 기울인다. 제베대오의 야고보와 안드레아는 모든 사람을 밀어붙이고 배낭들과 베틀을 가지러 내려갈 기분이다. 마태오는 그의 허리띠를 만지작거리고 있고, 열성당원도 그가 하는 것을 본받아 그것이 새로운 일이기나 한 것처럼 너무 큰 그의 샌들을 매만진다. 그리고 제베대오의 요한은 바다를 바라보는데 정신을 빼앗겼다.

여덟 사도의 경멸과 권태가 하도 분명하여서 —— 부상자 곁에 앉아 있는 두 제자의 침묵도 그만 못하지 않다 —— 크레타 사람은 그것을 알아차리고 변명을 한다. "이것은 우리의 종교입니다. 아시겠어요? 당신들이 당신들의 종교를 믿는 것과 같이 우리 모두와 나도 우리 종교

---

* 역주 : 바다의 신(로마 신화).
* 역주 : 바다의 요정(그리이스 신화).
* 역주 : 반신반어(半神半魚)의 바다의 신(그리이스 신화).
* 역주 : 사랑의 신(그리이스 신화).

9. 셀레우치아 도착과 상륙

를 믿는 것입니다…."
 아무도 대답하지 않는다. 그러니까 크레타 사람은 그의 신들을 조용히 내버려두고 올림포스산에서 땅으로, 아니 바다로, 그의 배로 내려오는 것이 적절하다고 생각하고, 사도들에게 이물로 와서 다가오는 도시를 잘 보라고 권한다. "자, 보세요. 여기 한번도 안 와 보셨습니까?"
 "나는 한번 왔었습니다. 그러나 육로로해서 왔었지요" 하고 열성당원이 정색을 하고 단호한 어조로 말한다.
 "아! 그래요! 그렇다면 적어도 진짜 안티오키아항은 오론테강 하구에 있는 셀레우치아 해항(海港)으로서 배들을 쾌히 받아들이기에 적합하고, 물이 깊을 때에는 작은 배로 안티오키아까지 올라갈 수 있다는 것을 아시겠군요. 당신들이 보는 저 큰 도시가 셀레우치아입니다. 남쪽에 있는 한 도시는 도시가 아니라 황폐하게 된 곳의 폐허입니다. 그 폐허가 눈을 속이지만 죽은 도시입니다. 저 산맥은 피에리오스 산맥이지요. 이로 인해서 셀레우치아를 피에리아라고 부르기도 합니다. 평야 너머로 더 안쪽에 있는 봉우리는 키시오산인데, 거인처럼 안티오키아 평야를 내려다보고 있지요. 북쪽에 있는 다른 산맥은 아만 산맥입니다. 오! 당신들은 셀레우치아와 안티오키아에서 로마인들이 어떤 토목공사를 했는지 볼 것입니다! 그보다 더 훌륭한 것은 아무것도 할 수 없었습니다. 정박구(碇泊區) 셋에 운하들과 방파제, 제방들이 있는 가장 훌륭한 항구 중의 하나입니다. 이만한 것이 팔레스티나에는 없습니다. 그러나 시리아는 제국의 다른 지방들보다 더 훌륭한 지방이지요…."
 그의 말은 차디찬 침묵 속으로 떨어진다. 그리이스인이기 때문에 다른 사람들보다 반발심이 덜한 신디카까지도 입술을 꽉 다물고, 그의 얼굴은 그 어느 때보다도 메달이나 얕은 돋을새김의 얼굴처럼 입체감을 나타낸다. 땅에 있는 것과의 접촉을 무시하는 여인과 같은 얼굴이다.
 크레타 사람이 그것을 알아차리고 변명한다. "어쩔 수 없지요! 요컨대 나는 로마인들을 상대해서 돈벌이를 하거든요!"
 신디카의 대답은 칼로 베는 것같이 단호하다. "그리고 황금은 나라의 명예와 자유의 칼날을 무디게 하지요." 신디카가 이 말을 너무도 단호한 어조로, 그리고 아주 순수한 라틴어로 말하는 바람에 상대는 화석이 된 것같이 있다….

그러다가 용기를 내서 묻는다. "하지만 당신은 그리이스 여자가 아닙니까?"

"나는 그리이스 여자입니다. 그러나 당신은 로마인들을 좋아하지요. 그래서 학대받는 조국의 말인 우리 말로 말하지 않고, 당신의 주인들의 말로 말하는 겁니다."

크레타 사람은 매우 부끄러워하고, 사도들은 로마에 찬사를 보내는 사람에게 신디카가 주는 교훈에 대하여 말없는 흥분을 맛본다. 크레타 사람은 사도들이 어떤 수단으로 셀레우치아에서 안티오키아에 가겠는지 묻는 것으로 화제를 돌리려고 생각한다.

"걸어 가지요" 하고 베드로가 대답한다.

"그렇지만 저녁인데요. 당신들이 상륙할 때는 밤이 될 겁니다…."

"잘 데야 있겠지요."

"그야 물론이지요. 하지만 내일까지 여기서 주무셔도 될 텐데요."

아마 항구에 도착할 때에 하게 될 신들에게 드리는 제사에 필요한 모든 것을 가져오는 것을 벌써 본 유다 타대오가 말한다. "필요없습니다. 당신의 친절은 고맙지만, 우리는 내리는 편을 택했습니다. 그렇지, 시몬?"

"그래, 그래. 우리도 우리의 기도를 해야 합니다. 그리고…당신과 당신의 신들, 또는 우리와 우리 하느님이지요."

"생각대로 하십시오. 나는 데오필로의 아들의 뜻에 맞는 일을 하는 것이 기뻤는데요."

"우리도 당신에게 오직 하느님 한 분밖에 안 계시다는 것을 설득해서 하느님의 아들의 뜻에 맞는 일을 하는 것이 기뻤을 것입니다. 그러나 당신은 바위처럼 움직이질 않습니다. 당신이 보다시피 우리는 꼭 같습니다. 그러나 언젠가 우리가 다시 만나서 당신이 덜 고집스러운 것을 만나게 될지 누가 압니까? …" 하고 열성당원이 말한다.

니고메데스는 "언제인지 누가 압니까?" 하고 말하는 것 같은 몸짓을 한다. 참 하느님을 인정하고 거짓 신을 버리라는 권고를 받고 빈정거리는 무관심을 나타내는 몸짓이다. 그리고 이제는 항구가 아주 가까워졌기 때문에 그의 조종자 자리로 다시 간다.

9. 셀레우치아 도착과 상륙   89

"내려가서 궤들을 가져오세. 우리끼리 해치우세. 나는 저 불결한 이교도를 빨리 떠나고 싶네" 하고 베드로가 말한다. 그리고 신디카와 요한만 빼놓고는 모두 내려간다.

귀양살이 가는 그들 두 사람은 나란히 서서 점점 더 가까워지는 방파제를 바라다본다.

"신디카, 미지의 것을 향해서 또 한걸음, 즐거운 과거에서 또 한번 억지로 떨어져나오고, 또 하나의 고뇌를 겪는구먼, 신디카… 난 기진맥진했어…."

신디카가 그의 손을 잡는다. 신디카는 매우 창백하고 몹시 슬퍼한다. 그러나 항상 힘을 줄 줄 아는 강한 여자이다. "그래요, 요한. 또 한번 억지로 떨어져 나오고, 또 하나의 고뇌를 겪는 거예요. 그렇지만 미지의 것을 향한 또 한 걸음이라는 말은 하지 마세요. …그건 정확하지 않아요. 우리는 여기서의 우리의 사명을 알고 있어요. 예수님이 말씀해 주셨어요. 그러니까 우리는 미지의 것을 향해 가는 것이 아니라, 오히려 우리가 알고 있는 것, 즉 하느님의 뜻과 점점 더 혼합되는 것입니다. 또 '또 한번 억지로 떨어져나오는 것'이라고 말하는 것도 정확하지 않아요. 우리는 하느님의 뜻에 결합합니다. 떨어져 나오는 것은 분리하는 것입니다. 그런데 우리는 결합해요. 그러니까 억지로 떨어져 나오는 것이 없어요. 우리는 다만 우리 선생님이신 그분에 대한 우리 사랑의 깨달을 수 있는 모든 즐거움만 떠나는 것뿐이예요. 초감각적인 더없는 즐거움은 간직하고, 사랑과 의무를 지상(地上)의 것을 넘어선 수준으로 끌어 올리면서 말이예요. 그렇다는 걸 확신하세요? 그래요? 그러면 당신은 '또 하나의 임종의 고통'이란 말도 해서는 안 돼요. 임종의 고통은 죽음이 가까워진 것을 예고해요. 그러나 우리는 영적인 면에 이르러서 그것으로 우리의 거처와 우리의 환경과 우리의 음식을 만들기 때문에 우리는 죽지 않을 거고 오히려 '살아요', 영적인 것은 영원하니까요. 따라서 우리는 하늘나라의 큰 생명을 미리 맛보게 하는 더 발랄한 생활을 향해서 올라가는 거예요. 그러니 갑시다! 인간 요한이라는 것을 잊고, 당신이 하늘에 가기로 예정된 사람이라는 것을 기억하세요. 다만 이 불멸의 고향의 시민으로서만 추론하고, 생각하고, 행동하고 바라세요…."

다른 사람들은 마침 배가 셀레우치아 항구에 위풍당당하게 들어갈 때에 짐들을 가지고 돌아온다.

"그럼 이제는 우리가 만나게 될 첫번째 여관으로 할 수 있는 대로 일찍 달아나세. 틀림없이 바로 가까이 여관들이 있을 거야. 그리고 내일은 작은 배로나 마차로 우리의 목적지로 가는 거야."

명령하는 날카로운 호각 소리가 나는 가운데 배는 부두에 접안(接岸)하여 선교를 내린다.

니고메데스가 떠나는 사람들에게 가까이 온다.

"안녕히 계십시오. 그리고 감사합니다" 하고 모두를 대신하여 베드로가 말한다.

"히브리 양반들, 안녕히 가세요. 그리고 나도 감사합니다. 이 길로 가면 이내 숙소를 발견할 것입니다. 안녕히들 가세요."

사도들은 배에서 내려오고, 그 사람은 그의 제단 쪽으로 떠나간다. 그리고 베드로와 다른 사도들이 짐꾼들처럼 짐을 지고 쉬러 가는 동안, 이교도는 그의 쓸 데 없는 의식을 시작한다.

10. 셀레우치아에서 안티오키아로

"장마당에 가시면 틀림없이 마차를 발견하실 겁니다. 하지만 내 마차를 원하신다면 데오필로를 기억해서 드리겠습니다. 나는 안심하고 살아가는 사람입니다. 그런데 이것이 그분의 덕택입니다. 그분은 의인이었기 때문에 나를 보호했습니다. 어떤 일은 잊혀지지 않는 법이지요" 하고 늙은 여관주인이 아침의 처음 햇살을 받으며 사도들 앞에 서서 말한다.

"그렇지만 영감님의 마차를 우리는 여러날 동안 먼 곳에 가지고 가 있을 텐데요. …그리고 그걸 누가 몹니까? 저는 나귀가 끄는 건 볼 수 있지만…말들은…."

"그러나 그건 마찬가집니다! 나는 당신에게 길들지 않은 망아지를 주지 않고 조심성 있는 짐마차 끄는 말, 어린 양처럼 온순한 말을 줄 겁니다. 하지만 당신들은 일을 어렵지 않게 이내 끝낼 겁니다. 오후 세시엔 안티오키아에 도착할 겁니다. 더구나 말이 길을 잘 알아서 혼자서도 갈 수 있으니까요. 당신은 그걸 아무때나 돌려 주면 됩니다. 나는 데오필로의 아들의 뜻에 맞는 일을 한다는 것 외에 다른 이득은 바라지 않습니다. 내가 아직 그에게 신세를 많이 갚아야 한다고, 그를 지금도 생각하고 나를 그의 하인으로 생각하고 있다고 당신들이 말해 주시오."

"어떻게 할까?" 하고 베드로가 동료들에게 묻는다.

"자네가 가장 좋다고 생각하는 대로 자네가 그것을 판단하는 사람이고, 우리는 순종하네…."

"말을 시험해볼까? 이건 요한 때문에 하는 말이야. …그리고 빨리 하려고…내 생각에는 어떤 사람을 죽음으로 데려가는 것만 같아, 그래서 모든 것을 빨리 끝내고 싶어…."

"자네 말이 옳아" 하고 모두들 말한다.

"그럼 그렇게 하기로 하겠습니다."

"그럼 나는 기쁘게 그걸 여러분에게 드립니다. 수레를 준비하겠습니다."

여관주인은 간다. 베드로는 그의 생각을 전부 털어 놓는다. "나는 내 일생의 반을 요며칠 동안에 써버렸어. 정말 괴로웠어! 정말 괴로웠어! 나는 엘리야의 수레를, 엘리세오에게서 빌어온 겉옷을 빨리 하기 위해서 무엇이든지 빠른 것을 가졌으면 했어. …그중에서도 저 불쌍한 사람들을 위로하고, 그들에게 그들의…를 잊어버리게 하기 위해, 죽음을 당할 위험을 무릅쓰고라도 무엇을 주었으면 했어. …그게 뭔지는 모르겠어. 그들을 이토록 괴롭히지 않을 어떤 것을 말이야. …그렇지만 만일 내가 이 고통의 주요한 원인이 누구인지를 알게 된다면, 그 자를 빨래 짜듯이 비틀어 놓지 않으면 내가 요나의 시몬이 아닐 걸세. 내가 그 자를 죽인다고는 말하지 않아, 안하고 말고! 그렇지만 그가 저 불쌍한 두 사람의 기쁨과 생명을 압착했듯이 그 자를 주어짤 거란 말이야…."

"자네 말이 옳아. 대단히 괴로운 일이야. 그렇지만 예수님은 모욕을 용서해야 한다고 말씀하셨어…" 하고 알패오의 야고보가 말한다.

"만일 그 모욕이 내게 가해진 것이라면 용서해야 할 것이고, 또 내가 그렇게 할 수도 있을 거야. 나는 건강하고 튼튼해서, 누가 내게 모욕을 주더라도 나는 고통에 저항할 힘이 있어. 그러나 저 가엾은 요한은! 아니야, 나는 주님이 구속하신 어떤 사람에게 가한 모욕, 그 고뇌로 인하여 죽는 어떤 사람에게 가한 모욕은 용서할 수가 없어…."

"나는 우리가 그들을 아주 떠날 순간을 생각해…" 하고 안드레아가 한숨짓는다.

"나도 그래. 그건 하나의 고정관념이고 그 순간이 가까워지는 데 따라서 점점 더해가는 생각이야…" 하고 마태오가 중얼거린다.

"불쌍히 여겨서 빨리 하세" 하고 베드로가 말한다.

"아니야, 시몬. 자네가 그렇게 하기를 원하는 것이 잘못이라고 지적하는 걸 용서하게. 이웃에 대한 사랑이 지금은 빗나간 사랑이 돼 가는 중일세. 그런데 언제나 곧은 자네에게는 이런 일이 생겨서는 안 되네" 하고 열성당원이 베드로의 어깨에 한 손을 얹으면서 조용히 말한다.

"시몬, 왜 그렇다는 거야? 자네는 교양이 있고 착해. 내 잘못이 어디 있는지 말해 주게. 그래서 내가 그것을 확인하면, 자네 말이 옳다고 말하겠네."

"자네의 사랑은 지금 이기주의로 변하는 중이기 때문에 불건전한 것이 돼가고 있는 중이네."

"뭐라구? 내가 그들 때문에 슬퍼하고 있는데, 내가 이기주의자라구!"

"여보게, 그렇네. 왜냐하면 자네는 지나친 사랑으로 — 지나친 것은 무엇이든지 무질서하고, 또 그 때문에 죄로 이끌어가는 걸세 — 자네는 용기 없는 사람이 돼 가네. 자네는 다른 사람이 고통당하는 것을 견디어 내기를 원치 않는데, 그것이 이기주의란 말일세, 주님의 이름에 의한 내 형제 이 사람아."

"그건 사실이야 자네 말이 맞아. 그리고 내게 경고를 해줘서 고맙네. 좋은 동료들 사이에서는 이렇게 해야 해, 좋아. 그럼 이젠 서두르지 않겠네. …그렇기는 하지만 진실을 말해 주게, 이게 괴로운 일이 아닌가?"

"맞아! 맞아!…" 하고 모두가 말한다.

"그런데 저 사람들을 떠나는 걸 어떻게 해야 하지?"

"내 생각에는 필립보가 저 사람들을 받아들인 다음에 얼마 동안 안티오키아에 숨어 있으면서 저 사람들이 어떻게 익숙해지는지를 필립보에게 물어보고 떠나는 것이 좋을 것 같아…" 하고 안드레아가 암시한다.

"안 돼. 그건 갑작스럽게 이별하는 것으로 저 사람들을 괴롭히는 게 될 거야" 하고 알패오의 야고보가 말한다.

"그럼 이렇게 하지. 안드레아의 의견을 반만 따르잔 말이야. 안티오키아에 남아 있기는 하지만 필립보의 집에는 있지 말잔 말이야. 그리고 며칠 동안 저 사람들을 만나러 가는데, 점점 점점 덜 자주 가서…마침내 아주 가지 않게 한단 말이야" 하고 다른 야고보가 말한다.

"역시 새로워지는 고통이고 견디기 어려운 실망일 거야. 안 돼, 안 돼, 그렇게 해서는 안 돼" 하고 타대오가 말한다.

"어떻게 할까, 시몬?"

"아! 나는! 나는 '잘 있어' 하고 말해야 하는 것보다는 차라리 내가 저 사람들 처지에 있고 싶어" 하고 베드로가 낙심이 되어 말한다.

"나는 한 가지 제안을 하겠네" 하고 열성당원 시몬이 말한다. "저 사람들하고 같이 필립보에게 가서 거기 머무세. 그리고는 역시 모두 함께 안티고니아로 가세. 그곳은 매력적인 곳이야. …그리고 우리도 거기 머무르고. 저 사람들이 익숙해지고 나면, 우리는 고통스럽지만 씩씩하게 물러가세. 시몬 베드로가 선생님의 다른 명령을 받아 가지고 있으면 몰라도 나는 이렇게 말하겠네."

"나? 없어. 선생님은 이렇게 말씀하셨어, '모든 것을 사랑을 가지고, 게으르지 않게 급히 서두르지 말고 제대로, 그리고 제가 가장 훌륭하다고 판단하는 방식으로 하여라' 하고. 지금까지는 그대로 한 것같이 생각돼. 내가 어부라고 한 것밖에는 없어. …그렇지만 만일 내가 그렇게 말하지 않았더라면 나를 갑판에 그대로 두지 않았을 거야."

"시몬, 근거없는 가책은 가지지 말게. 그건 자네를 불안하게 하려는 마귀의 계략이야" 하고 타대오가 그의 용기를 돋우어 주려고 말한다.

"오! 그래! 그건 꼭 맞는 말이야. 나는 마귀가 그 어느 때보다도 우리 주위에 있으면서 우리를 비겁하게 만들려고 훼방을 놓고 겁을 주는 것 같아" 하고 사도 요한이 말한다. 그리고 아주 작은 목소리로 이렇게 말을 마친다. "나는 마귀가 저 두 사람을 팔레스티니아에 붙잡아두고서 실망으로 끌어가려고 했었는데…이제 그의 계략을 피해 달아나니까, 우리에게 원수를 갚는 것으로 생각해. …나는 마귀가 마치 풀 속에 숨어 있는 뱀같이 내 둘레에 있는 것을 느껴. …그리고 마귀를 이렇게 내 둘레에서 느끼는 것이 여러 달째 돼. …그런데 이편에는 여관주인이 오고 저편에서는 요한이 신디카와 같이 오는구먼. 내 말이 흥미가 있으면, 우리끼리만 있을 때 나머지를 말해 주겠네."

과연 마당 한 쪽에서는 여관주인이 끄는 튼튼한 말에 메인 튼튼한 마차가 오고, 다른 쪽에서는 두 제자가 그들에게로 온다.

"떠날 시간이예요?" 하고 신디카가 묻는다.

"응, 떠날 시간이야. 요한, 단단히 입었나? 아픈 건 좀 나은가?"

"예, 저는 모직물로 감쌌구요. 연고가 제게 아주 이로웠습니다."

"그럼, 타게. 우리도 타겠네."

…짐을 싣고 모두가 자리잡자, 그들은 여관주인이 말이 온순하다는 데 대하여 또 다시 단언을 한 다음 넓은 대문으로 해서 나간다. 그들은

여관주인이 일러준 광장을 지나 성벽 근처에 있는 길로 가다가, 마침내 어떤 성문으로 해서 나와, 처음에는 깊은 운하를 끼고 가다가 그다음에는 바로 강을 끼고 간다.

그것은 동북쪽으로 가는 손질이 잘 된 길이지만 강의 굴곡을 따라간다. 건너편에는 비탈과 단층과 움푹 팬 땅이 모두 매우 푸르른 산들이 있는데, 큰나무들 밑에 있는 작은 나뭇숲의 해가 제일 잘 드는 곳에는 벌써 수많은 관목들의 싹이 부풀어 오르는 것이 보인다.

"미르타가 많기도 하네요!" 하고 신디카가 외친다.

"월계수는 또 얼마나 많구!" 하고 마태오가 덧붙인다.

"안티오키아 근처에는 아폴로에게 바쳐진 곳이 있습니다" 하고 엔도르의 요한이 말한다.

"아마 씨앗들이 바람에 불려 여기까지 온 모양이지…."

"어쩌면 그럴지도 모르지. 그렇지만 여기는 아름다운 초목이 가득 찬 곳이야" 하고 열성당원이 말한다.

"자네는 벌써 가 보았으니까 말인데, 우리가 다프네* 근처로 지나간다고 생각하나?"

"어쩔 수 없이 지나가게 되지. 자네들은 세상에서 가장 아름다운 계곡 중의 하나를 보게 될 설세. 외설스럽고 섬섬 너 불실한 고래술과 춤타령이 되어버린 예배행위만 아니면 그곳은 지낙상원의 골짜기야. 그리고 그곳에 믿음이 들어가면 진짜 낙원이 될 거야. 오! 자네들은 여기서 얼마나 많은 좋은 일을 할 수 있을지 모르네! 나는 자네들에게 여기 흙이 기름진 것처럼 마음이 기름지게 되기를 바라네…" 하고 열성당원이 두 사람에게 위로가 되는 생각이 생기게 하려고 말한다. 그러나 요한은 고개를 수그리고 신디카는 한숨을 쉰다.

말은 박자를 맞추며 속보로 달리고, 베드로는 비록 말이 유도를 받거나 자극을 받을 필요도 없이 자신있게 가기는 하지만, 그래도 말을 모는데 골몰하느라고 말을 하지 않는다. 그래서 그들이 식사를 하고 말을 쉬게 하느라고 어떤 다리 곁에 멈출 때까지 길을 꽤 빨리 갔다 해도 하늘 한가운데 와 있고 찬란한 자연의 아름다움이 눈에 나타난다.

* 역주 : Daphné(월계수). 아폴로의 사랑에 응하지 않고 월계수로 변했다고 하는 물의 요정(그리이스 신화).

"그래서…난 바다보다 여기가 더 좋으네…" 하고 베드로가 주위를 둘러보며 말한다.

"아니, 대단한 폭풍우였어!"

"주님이 우리를 위해 기도하셨어. 나는 우리가 갑판에서 기도를 드릴 때 주님이 아주 가까이 계신 것을 느꼈어. 마치 우리 가운데 계신 것처럼 가까이…" 하고 요한이 미소를 지으며 말한다.

"대관절 어디 계실까? 나는 선생님이 옷을 안 가지고 가신 것을 생각하면 안심이 안 돼. …옷이 젖었으면? 그리고 뭘 잡수실 건가? 아무것도 안 잡숫고 계실 수도 있을 거야…."

"우리를 돕기 위해 그렇게 하신다고 확신해도 되네" 하고 알패오의 야고보가 자신있게 말한다.

"그리고 또 다른 일도. 우리 사촌이 얼마 전부터 매우 고민하고 있어. 나는 사촌이 세상을 이기기 위해서 계속 고행을 하고 있는 줄로 생각해" 하고 타대오가 말한다.

"세상에 있는 마귀를 이기기 위해서 한 말이지?" 하고 제베대오의 야고보가 말한다.

"그건 같은 거야."

"그렇지만 그 일에 성공을 못하실 거야. 나는 수많은 공포로 가슴이 찢어지는 것 같아…" 하고 안드레아가 한숨을 쉰다.

"오! 지금은 우리가 멀리 있으니까 모든 것이 나아지겠지요" 하고 엔도르의 요한이 좀 신랄하게 말한다.

"그렇게 생각하지 말게. 이스라엘의 유력자들이 생각하는 메시아의 '큰 잘못들'에 비하면 자네와 신디카는 아무것도 아닐세" 하고 타대오가 단호한 어조로 말한다.

"그렇게 확신하세요? 저는 제 고통 가운데 제가 옴으로 인해서 예수님께 해를 끼치는 원인이 되었다는 이 고민도 마음 속에 가지고 있습니다. 그렇지 않다는 확신을 가지게 되면 저는 덜 괴롭겠습니다" 하고 엔도르의 요한이 말한다.

"요한, 내가 진실을 말하는 사람이라고 생각하나?" 하고 타대오가 묻는다.

"예, 그렇게 생각합니다!"

"그러면 하느님의 이름과 내 이름으로 자네에게 확실히 말하겠는데, 자네는 예수님께 다만 한 가지 고통만을 드렸네. 그것은 자네를 이곳으로 임무를 주어 보내신 고통일세. 예수님의 과거나 현재와 미래의 다른 모든 고통은 자네와 아무런 상관도 없네."

몹시 우울하였던 가슴아픈 날들이 지난 후 처음으로 미소가 엔도르의 요한의 야윈 얼굴을 환하게 한다. 그는 말한다. "제게 얼마나 큰 위안을 주시는지 모르겠습니다! 날이 더 밝은 것 같고, 제 고통이 더 가벼워진 것 같고, 제 마음이 더 위로를 받은 것 같습니다. 알패오의 유다, 고맙습니다! 고마워요!"

일행은 다시 마차를 타고 다리를 건너 강의 다른쪽 기슭을 따라 나 있는 다른 길로 해서 간다. 그 길은 매우 기름진 지방을 지나 안티오키아로 직접 가는 길이다.

"여기야! 이 시적인 계곡 안에 다프네(월계수)가 그 신전과 작은 숲들과 같이 있는 거야. 그리고 저기 저 평야에는 성곽 위에 탑들이 있는 안티오키아가 있네. 우리는 강 옆에 있는 성문으로 해서 들어가네. 라자로의 집은 성곽에서 그리 멀지 않아. 가장 아름다운 집들은 팔렸어. 저 집이 남아 있는데, 그집이 전에는 데오필로의 하인들과 보호를 받던 평민들이 거처하는 곳이었고, 마굿간과 곡식광이 많이 있지. 지금은 필립보가 거기 살고 있어. 마음좋은 노인이고, 라자로에게 충실한 사람이지. 자네는 거기서 편하게 있을 걸세. 그리고 우리 함께 안티고니아에 가세. 거기에는 에우게리아와 그때에는 아주 어린아이들이었던 자녀들이 살던 집이 있었지…."

"이 도시는 방비시설을 굉장히 했구먼, 응?"하고 베드로가 묻는다. 베드로는 마차몰이로서의 그의 첫번 시험이 성공한 지금은 안도의 숨을 내쉰다.

"대단히 요새화됐어. 성곽이 굉장히 높고 넓은데다가, 자네들이 보는 것처럼 성곽 위에는 100개나 되는 탑이 거인들같이 우뚝 서 있고, 성 밑에는 건너갈수 없는 외호(外濠)들이 있어. 그리고 실피오산까지도 그 봉우리들을 방어에 쓰이게 했고, 가장 허약한 곳에는 지맥들을 성곽 모양으로 뻗었지. …저기 성문이 보이네. 마차를 멈추고, 자네가 말고삐를 잡고 들어가는게 나을 거야. 내가 길을 아니까 안내를 하지…."

그들은 로마인들이 지키고 있는 성문을 지나간다.

사도 요한이 말한다. "물고기 성문에 있던 병사가 여기 있는지도 몰라. …그걸 아시면 예수님이 매우 기뻐하실 건데…."

"그를 찾도록 하세. 그러나 지금은 빨리 오게" 하고 알지 못하는 집에 간다는 생각에 불안해진 베드로가 말한다.

요한은 말없이 순종한다. 다만 그가 보는 병사 하나 하나를 뚫어지게 바라다본다.

잠시 가고 나니까 튼튼하고 꾸밈없는 집이, 즉 창문이 없고 벽이 높은 집이 나타난다. 담 가운데에 마차 드나드는 대문 하나만이 있다.

"다 왔네. 멈추게!" 하고 열성당원이 말한다.

"아이고! 시몬! 친절을 베풀게! 이제는 자네가 말하게."

"그러고 말고. 그렇게 하는 게 자네 마음에 든다면 내가 말하지" 그러면서 열성당원이 무거운 대문을 두드린다. 그는 자기를 라자로의 사자라고 알리고, 혼자 들어간다. 그는 키가 크고 점잖은 노인과 같이 나온다. 노인은 절을 꾸벅 꾸벅 하고 하인에게 대문을 열어 마차를 들어가게 하라고 명하고, 집의 문을 열어 드리지 않고 모두 그리로 들어오게 하는 것을 사과한다.

마차는 회랑들이 있는 잘 정돈된 넓은 마당에서 멎었다. 마당 네 귀퉁이에는 큰 플라타너스 네 그루가 있고, 한가운데에는 우물과 말들에게 물을 먹이는데 소용되는 수반을 보호하기 위한 플라타너스 두 그루가 또 있다.

"말을 보살피게" 하고 관리인이 하인에게 명한다. "자, 어서 들어오십시오. 그리고 당신의 봉사자들과 제 주인의 친구들을 제게 보내시는 주님을 찬미합니다. 명령하십시오, 여러분의 종이 듣고 있습니다."

이 말과 이 인사는 특별히 자기에게 하는 것이기 때문에 베드로는 얼굴을 붉히고 무슨 말을 해야 할지를 모른다. …열성당원이 나서서 그를 구원한다.

"데오필로의 라자로가 당신에게 말하는 이스라엘의 메시아의 제자들이 이제부터 당신 집에 살면서 주님께 봉사를 할 터인데, 그저 쉴 필요가 있을 뿐입니다. 그 사람들이 어디에 살 수 있는지 그들에게 일러주시겠어요?"

"오! 제 여주인님이 계실 때 늘 그랬던 것처럼 여행자들을 위해 준비된 방들이 항상 있습니다. 오십시오, 오세요…" 그러면서 모든 사람의 앞장을 서서 복도 하나에 들어갔다가 작은 마당으로 들어선다. 그 안쪽에 진짜 거처가 있다. 그는 문을 열더니 현관을 지나 오른쪽으로 돌아간다. 층계가 하나 있다, 그리로 올라간다. 양쪽에 방들이 있는 복도가 또 있다.

"여깁니다. 그리고 거처가 당신들 뜻에 맞기를 바랍니다. 이제는 물과 수건을 가져오라고 하겠습니다. 하느님께서 여러분과 함께 계시기를." 노인은 이렇게 말하고 물러간다.

그들은 그들이 택한 방의 덧문들을 연다. 한쪽에는 정면으로 안티오키아의 성곽들과 요새들이 보이고, 다른 쪽에는 덩굴장미로 장식된 조용한 마당이 있다. 그 덩굴장미들이 지금은 계절 탓으로 매력이 없다.

이렇게 해서 긴 여행 끝에 마침내 집과 방과 침대가 있다. …어떤 사람들에게는 잠시 머무를 곳이고, 어떤 사람들에게는 목적지이다.

11. 그들이 안티고니아로 간다

"제 손자 프톨마이가 장을 보러 왔는데, 오늘 오정에 안티고니아로 돌아 갑니다. 날씨가 포근하니, 손님들이 원하시던 것처럼 거길 가고 싶으십니까?" 하고 늙은 필립보가 그들에게 김이 나는 양젖을 대접하며 묻는다.

"틀림없이 갑니다. 언제라고 하셨지요?"

"오정에요. 원하시면 내일 돌아오셔도 되고, 또 그렇게 하는 게 좋으시면 안식일 전날 저녁에 돌아오셔도 됩니다. 그때에는 모든 히브리인 하인들이나 믿음에 돌아온 하인들이 안식일 전례를 위해서 옵니다."

"그렇게 할 작정입니다. 그리고 이 사람들이 그곳을 그들의 거처로 택하지 말라는 법도 없습니다."

"비록 내가 그 분들을 잃는다 하더라도 제게는 여전히 기쁨이 될 것입니다. 그곳은 건강에 좋은 곳이고, 당신들이 하인들 사이에서 좋은 일을 많이 할 수 있을 테니까요. 하인들 중 어떤 사람들은 아직 주인님이 남겨 놓으신 그 사람들입니다. 그리고 어떤 사람들은 그들을 무자비한 주인들에게서 몸값을 치르고 석방시키신 축복받으신 여주인님의 덕택으로 거기 있습니다. 그래서 모두가 이스라엘 사람들은 아닙니다. 그러나 이제는 이교도들도 아닙니다. 저는 여자들에 대해서 하는 말입니다. 남자들은 모두 할례를 받았습니다. 그러니 그들을 싫어하지 마십시오. …그러나 그들은 아직 이스라엘의 올바름에서는 대단히 멀리 떨어져 있습니다. 성전의 거룩한 분들, 완전한 그 분들은 그들 때문에 눈살을 찌푸릴 것입니다."

"허! 그렇지요! 예! 그래요! …좋습니다! 이제는 그들이 주님의 사자들의 지혜와 친절을 빨아들이면서 향상할 수 있을 것입니다. …자네들이 얼마나 할 일이 많은지 알겠지?" 하고 베드로가 두 사람에게 말한다.

"우리는 그렇게 하겠습니다. 선생님께 실망을 드리지 않겠습니다" 하고 신디카가 약속한다. 그리고 적절하다고 생각하는 것을 준비하려고 나간다.

엔도르의 요한이 필립보에게 묻는다. "제가 교사로 가르치는 것으로 다른 사람들에게도 이익을 좀 줄 수 있다고 생각하십니까?"

"아주 잘 됐습니다. 늙은 플라우투스가 석달전에 죽어서 귀여운 아이들이 배우지를 못하고 있어요. 히브리 사람들로 말하면 선생이 없습니다. 그것은 우리네 사람 모두가 다프네에 가까운 그곳을 피하기 때문입니다. 데오필로와 같은 사람, …거기 대해서…완고하지 않은…사람이 필요합니다…."

"예, 결국 형식주의를 가지지 않은 사람이란 말이로군요" 하고 베드로가 능률적으로 말을 끝맺는다.

"예…그것입니다. …나는 비판을 하고 싶지 않습니다. …그러나 내 생각에는…저주하는 것은 아무 짝에도 소용이 없습니다. 도와주는 것이 낫지요. …여주인님이 하시던 것같이 말입니다. 그분은 많은 사람을 율법을 지키도록 이끌었는데, 미소를 가지고 어떤 선생님보다도 더 많이, 더 잘 인도하셨습니다."

"이 때문에 선생님께서 저를 이리로 보내셨습니다! 제가 마침 필요한 사람입니다. …오! 저는 제 마지막 숨이 넘어갈 때까지 선생님의 뜻을 행하겠습니다. 이제는 제 임무가 제가 특히 좋아하는 임무 외에 아무것도 아니라는 것을 믿습니다. 정말 믿어요. 신디카에게 가서 그 말을 하겠습니다. 여러분은 저희가 그곳에 남아있는 것을 보시게 될 것입니다. 신디카에게 그 말을 하러 가겠습니다." 그러면서 전에 그랬던 것처럼 재빨리 나간다.

"지극히 높으신 주님, 주님께 감사하고 주님을 찬미합니다! 저 사람이 아직도 괴로워하기를 할 것입니다. 그러나 이전처럼은 괴로워하지 않을 것입니다. …아! 얼마나 큰 위안인가!" 하고 베드로가 외친다. 그리고 베드로는 필립보에게 좀 설명해 주어야 할 의무를 느끼고 말한다. 그리고 그가 할 수 있는 대로 자기 기쁨의 이유를 설명한다. "요한이 이스라엘의…'냉혹한 사람들'의 주목의 대상이 되었다는 것을 영감님은 아셔야 합니다. 영감님은 그 사람들을 '강경파' 하고 부르셨지요

…."

"아! 알겠습니다! …누구…처럼…정치적인 박해를 받는 사람이란 말이지요…" 그러면서 열성당원을 바라다본다.

"그렇지요. 나처럼 그리고 또 다른 일로 인해서 더합니다. 계급이 다른 것외에 저 사람은 메시아에게 딸려 있음으로 해서 저들을 자극하기 때문입니다. 따라서, 이건 이번을 마지막으로 분명히 말해 두는 것이지만, 저 사람들은 영감님의 성실성에 맡겨진 것입니다. 저 남자와 저 여자 …아시겠어요?"

"알아들었습니다. 그리고 그것을 고려할 줄 알겠습니다."

"다른 사람들에게 저 사람들을 뭐라고 부르겠습니까?"

"데오필로의 라자로가 추천한 두 선생이라고 하지요, 남자는 사내아이들의 교사이고, 여자는 계집아이들의 교사라고. 여자가 자수제품과 베틀을 가지고 있는 것을 보았습니다. …여자들이 만드는 물건들을 외국인들이 많이 만들어서 안티오키아에 갖다 팝니다. 그러나 그 제품들은 투박하고 서투릅니다. 어제 그 여자가 제품을 만드는 것을 보았는데, 우리 착하신 여주인님을 연상시켰습니다. …그것들이 대단히 인기가 있을 것입니다…."

"그러나 다시 한번 주님을 찬미하세" 하고 베드로가 말한다.

"그래. 이것으로 인해서 다가오는 우리 출발의 고통이 우리에게는 덜어질 거야."

"벌써 떠나시려구요?"

"그래야 합니다. 우리는 폭풍우 때문에 늦어졌거든요. 스밧달 초순에 선생님을 모시고 있어야 합니다. 우리가 벌써 늦어졌기 때문에 선생님께서는 우리를 기다리고 계십니다" 하고 타대오가 설명한다.

그들은 제각기 일을 보러 가느라고 헤어진다. 필립보는 어떤 여자가 부르는 곳으로 가고, 사도들은 햇볕을 쬐려고 언덕으로 올라간다.

"우린 안식일 다음날 떠나면 될 거야. 어떻게 생각하나?" 하고 알패오의 야고보가 말한다.

"내 생각! …말하게! 나는 날마다 일어날 때에 예수님 혼자서 옷도 없고 돌봐드리는 사람도 없이 쓸쓸하게 계실 거라는 생각으로 고통을 당하고, 매일밤 고통을 안고 잠자리에 드네. 그렇지. 오늘은 우리가 결정을 해야 하네."

"이거봐. 아니, 선생님이 이 모든 것을 알고 계셨던 건가? 나는 며칠 전부터 어떻게 선생님이 우리가 크레타 사람을 만나리라는 것, 어떻게 요한과 신디카의 일거리를 미리 아셨을까 하고 의아하게 생각해. 어떻게, 어떻게…요컨대 많은 일을 말이야" 하고 안드레아가 말한다.

"실제로 나는 크레타 사람이 일정한 시기에 셀레우치아에 머무는 것으로 생각해. 아마 라자로가 예수께 그 말씀을 드렸을 것이고, 따라서 예수님은 과월절을 기다리시지 않고 떠나기로 결정하셨을거야…" 하고 열성당원이 설명한다.

"그래! 맞아! 그런데 과월절을 요한은 어떻게 할 건가!" 하고 알패오의 야고보가 묻는다.

"그야 모든 이스라엘 사람들이 하는 것처럼 하지 뭐…" 하고 마태오가 말한다.

"아니야, 그건 늑대의 아가리 속으로 뛰어들어가는 꼴일 거야."

"천만에. 그 군중 속에서 누가 그를 찾아낼 거야?"

"가리…오! 내가 무슨 말을 했지! 그 생각들 하지 말게! 이건 내 생각이 하는 농담이야…" 베드로는 말한 것이 괴로워서 얼굴이 벌개졌다.

알패오의 유다가 그의 어깨에 한 손을 얹고, 그의 소박한 미소를 지으면서 말한다. "자! 우리는 모두가 같은생각을 하고 있네. …그러나 아무에게도 그 말을 하지 마세. 그리고 요한의 정신을 이 생각에서 돌려 주신 영원하신 분을 찬미하세."

모두가 생각에 잠겨 침묵을 지킨다. 그러나 참된 이스라엘 사람들인 그들에게는 귀양살이를 하는 제자가 어떻게 예루살렘에 와서 과월절을 지낼 수 있을까 하는 것이 하나의 문제이다. …그래서 그들은 그 말을 다시 하기 시작한다.

"나는 예수님이 거기에 대한 대비책을 마련하시리라고 생각해. 어쩌면 요한이 그걸 알고 있는지도 몰라. 그 사람에게 물어보면 될 거야" 하고 마태오가 말한다.

"그렇게 하지 말아. 평화가 막 다시 생겨나려고 하는 곳에 욕망과 곤란을 집어넣지 말아!" 하고 사도 요한이 애원조로 말한다.

"그래. 선생님께 직접 여쭤보는 게 더 나아" 하고 알패오의 야고보가 찬성한다. "선생님을 언제 뵙게 될까? 어떻게들 생각해?" 하고 안드레아가 묻는다.

"오! 안식일 다음날에 떠나면 이달 말에는 틀림없이 프톨레마이스에 가게 될 거야…" 하고 제베대오의 야고보가 말한다.

"배를 한 척 만나면…" 하고 유다 타대오가 지적한다.

그리고 그의 아우가 덧붙인다. "그리고 폭풍우가 없으면."

"배로 말하면 팔레스티나로 떠나는 배들이 언제나 있어. 그리고 그 배가 요빠로 가는 배라도 돈을 주면서 프톨레마이스에 기항하게 하면 돼. 자네 돈이 아직 있나, 시몬?" 하고 열성당원이 베드로에게 묻는다.

"응, 그 크레타 사람 도둑이 라자로에 대한 친절을 맹세하면서도 내게 정말 바가지를 씌웠지만 말이야. 그러나 배와 안토니오를 지켜준 값을 치러야 해. …그리고 요한과 신디카 몫의 돈은 건드리지 않아, 그건 신성한 돈이야. 굶는 한이 있더라도 그 돈은 손대지 않고 남겨둘 거야."

"잘하는 일일세. 저 사람은 병이 대단해. 그 사람은 교사 노릇을 할 수 있으리라고 생각하고 있지만, 나는 그가 이내 병약자로만 있게 될 거라고 생각해…" 하고 열성당원이 말한다.

"그래, 나도 그렇게 생각해. 신디카는 자기가 하는 일 외에 연고도 만들어야 할 거야" 하고 제베대오의 야고보도 사실을 인정한다.

"그렇지만 그 연고 말이야, 응? 정말 희한해! 신디카는 이곳 가정들에 뚫고 들어가기 위해서 그걸 또 만들어서 쓰려고 한다고 말했어" 하고 요한이 말한다.

"그거 좋은 생각이군! 병자를 한 사람 고쳐 주면, 언제나 제자 한 사람을 얻는 거야. 그리고 그와 함께 그의 가족도" 하고 마태오가 언명한다.

"아! 그건 아니야!" 하고 베드로가 외친다.

"어째서? 형은 기적이 사람들을 주님께로 끌어오지 않는단 말이야?" 하고 안드레아가 묻고, 그와 함께 다른 사람 두세 명도 묻는다.

"아이고! 이 사람들아! 자네들은 멍청한 것 같구면! 아니, 자네들은 그 사람들이 예수님을 어떻게 대하는지 보지 못하나? 가파르나움의 엘리가 회개했나? 또 도라는? 또 코라진의 오세아는? 또 베싸이다의 멜키아는? 또 — 나자렛 사람들인 자네들은 용서해 주게 — 또 자네들의 조카의 기적인 마지막 기적에 이르기까지 다섯, 여섯, 열번의 기적으로 나자렛 전체가 회개했나?" 하고 베드로가 묻는다.

그것이 쓰라린 진실이기 때문에 아무도 대꾸를 못한다.

"우린 아직 로마 병사를 찾아내지 못했어. 예수님이 그렇게 하라는 암시를 주셨는데…" 하고 한참 있다가 요한이 말한다.

"여기 남아있는 사람들에게 그 말을 해 두세. 그리고 그것이 그 사람들의 생활의 또 하나의 목적이기도 할 거야" 하고 열성당원이 대답한다.

필립보가 다시 온다. "제 손자가 준비가 됐습니다. 빨리 했어요. 제 어미하고 같이 왔는데, 그애 어머니는 손자들의 선물을 준비하고 있지요."

"영감님의 며느리가 착하겠지요?"

"대단히 착합니다. 며느리는 제 아들 요셉을 잃은 것을 위로해 주었습니다. 그애는 제게는 딸과 같습니다. 에우게리아 여주인님의 하녀였는데, 그분이 가르치셨습니다. 떠나시기 전에 와서 식사를 하십시오. 다른 사람들은 벌써 식사를 하고 있습니다…."

이렇게 하여 필립보의 손자 프톨마이의 마차의 선도를 받으며 그들은 안티고니아를 향하여 속보로 간다. …그들은 이내 작은 도시에 이르렀다. 기름진 정원들 속에 파묻히고, 이 도시를 둘러싸고 있는 산맥들로 인하여 바람이 막히고, 산들은 도시에 그늘을 드리우지 않을 만큼은 넉넉히 떨어져 있으면서도, 이 도시를 보호하고 진이 나고 향료를 내포하고 있는 나무들로 된 수풀의 발산물(發散物)을 여기에 쏟아부을 수 있을 만큼은 가까우며, 햇볕이 드는 이 도시로 지나가기만 해도 눈과 마음을 즐겁게 한다.

라자로의 정원들은 시의 남쪽에 있고, 그곳에 가기 전에 지금은 잎이 다 떨어진 가로수들이 있는 큰 길이 있는데, 그 길 옆으로 정원들을 맡아보는 사람들의 집들이 있다. 낮고 작은 집들이지만 잘 정돈되어 있는데, 그 문지방에 호기심을 가지고 바라보며 미소를 띠고 인사하는 어린 아이들과 여자들의 얼굴이 나타난다. 얼굴이 가지각색이어서 여러

인종이 섞여 있다는 것을 알 수 있다.
　소유지 입구의 큰 대문을 넘어가자마자 프톨마이는 집 하나하나 앞을 지나가면서 채찍으로 독특한 소리를 낸다. 그것이 아마 신호인 모양이다. 그러니까 각집에 사는 사람들이 바라보고는 집으로 들어갔다가 이내 문을 닫고 나와서 보통걸음으로 가는 두 마차 뒤로 큰 길을 따라온다. 마차들은 곧 이어 사방으로 갈라지는 오솔길들의 분기점 한가운데에 가서 멎는다. 오솔길들은 바퀴의 살들처럼 갈라져서 화단으로 갈라진 수없이 많은 밭들 사이로 지나가는데, 그 화단의 나무들이 어떤 것들은 잎이 떨어져있고, 어떤 것들은 월계수나 아카시아* 나무 같은 종류의 다른 나무들같이 잎이 무성한 상록수이다. 이 나무들의 잘라낸 홈에서는 향기로운 젖 모양의 액체와 수지가 흘러 나온다. 공중에는 방향성, 향기로운 진이 섞인 냄새가 감돈다. 사방에 벌통이 있고, 관개용 수반이 있어서 하얀 비둘기들이 거기에서 물을 먹는다. 어떤 곳에는 괭이질을 한 지가 얼마 안 되는 아무것도 없는 땅이 있는데, 거기에서는 역시 하얀 닭들이 계집아이들이 살펴보는 가운데 땅을 파고 있다.
　프톨마이는 이 작은 왕국의 신민(臣民)들이 도착하는 사람들 둘레에 모일 때까지 그의 채찍으로 여러 번 딱딱 소리를 낸다. 그리고는 그의 조그마한 연설을 시작한다. "자, 내 아버지의 아버지이시고 우리의 지도자 필립보 할아버지께서 우리 주인님의 뜻으로 여기 오신 이스라엘의 이 성민들을 보내시고 부탁하신다. 하느님께서 항상 할아버지와 할아버지의 집과 함께 계시기를, 우리는 거룩하신 선생님들의 목소리를 듣지 못하기 때문에 많이 한탄했었다. 그런데 인자하신 주님과 멀리 계시지마는 우리를 몹시 사랑하시는 친절하신 우리 주인님께서 — 우리 주인님께서 당신 종들에게 하시는 선행을 하느님께서 갚아 주시기를 — 우리 마음이 열망하던 것을 우리에게 마련해 주신다. 이스라엘에는 여러 나라에 약속되셨던 분이 나타나셨다. 성전에서 지낸 명절 때에 그리고 라자로님의 집에서 우리가 이 말을 들었었다. 그러나 이제는 실제로 은총의 때가 우리에게 왔다. 그것은 이스라엘의 왕께서 보잘것

---

* 역주 : 우리가 흔히 아카시아라고 부르는 것과는 다른 나무로, 꽃이 노랑색이며 상록수임. 우리가 아카시아라고 부르는 나무는 원래 가짜 아카시아임.

없는 당신 종들을 생각하시고, 당신 말씀을 우리에게 전하시라고 당신의 신하들을 보내셨기 때문이다. 이분들은 이스라엘의 왕의 제자들이신데, 그중 두분은 여기나 안티오키아에 남으셔서 우리에게 영원한 진리를 가르치시고, 하늘과 땅의 지식을 가르쳐 주실 것이다. 교사이시고 그리스도의 제자이신 요한님은 어린이들에게 하늘의 지혜와 땅의 지혜를 가르쳐 주실 것이고, 제자이시고 바느질 선생님이신 신디카님은 계집아이들에게 하느님의 사랑의 지식과 여자들의 일하는 기술을 가르치실 것입니다. 이분들을 하늘의 축복으로 받아들이고, 데오필로와 에우게리아의 ─ 이분들의 영혼에 영광과 평화가 있기를 ─ 라자로님이 이분들을 사랑하시는 것처럼 사랑하여라. 그리고 데오필로의 따님들이시고, 이스라엘의 선생님이시고, 언약되신 분이시고, 임금님이신 나자렛의 예수님의 제자이시고 우리의 사랑하는 여주인들이신 마르타와 마리아가 이분들을 사랑하는 것같이 사랑하여라."

짧은 속옷을 입고 흙이 묻은 손에 정원 가꾸는 연장을 든 남자들과 여자들과 나이가 각각인 어린이들로 이루어진 하층민은 놀라서 듣고 수군거린다. 그리고는 깊이 몸을 구부린다.

프톨마이가 소개를 시작한다. "주님의 사자들의 우두머리이신 요나의 시몬님, 우리 주인님의 친구분이신 가나네아 사람 시몬님, 주님의 형제 야고보와 유다님, 야고보와 요한, 안드레아와 마태오님이시다." 그리고 사도들과 제자들에게는 이렇게 소개한다. "제 어머니도 그런 것처럼 유다지파의 제 아내 안나입니다. 저희들은 에우게리아와 함께 유다에서 온 순수 유다인들이니까요. 주님께 봉헌된 아들 요셉, 그 이름에 의로운 주인님들의 추억을 담은 테오케리아, 참다운 이스라엘 사람으로 하느님과 친한 얌전한 딸입니다. 니콜라이는 수도자로 봉헌되었고, 셋째 아들 도시테아는(소개를 하면서 한숨을 푹 쉰다) 벌써 여러 해 전에 헤르미온과 결혼했습니다. 아가, 이리 오너라…."

아기를 안은 매우 어린 밤색 머리의 여자가 앞으로 나아온다.

"얩니다. 얘는 어떤 개종자와 그리이스 여인의 딸입니다. 제 아들이 장사일로 페니키아의 알렉산드로센에 가 있을 때 얘를 알게 됐는데, 마음에 들었습니다. …그리고 라자로님도 반대하지 않으시고, 오히려 '그것이 방탕보다 낫다'고 말씀하셨습니다. 그리고 이것이 나쁜 일은 아닙니다. 그러나 저는 이스라엘의 피를 가진 며느리를 원했습니다…."
 가엾은 헤르미온은 형사피고인인 것처럼 고개를 떨어뜨린다. 도시테아는 몸을 떨고 괴로워한다. 어머니요 시어머니인 안나는 슬픈 눈을 하고 있다….
 비록 모든 사도들 중에서 제일 나이 어리지만 요한이 모욕당한 사람들의 정신을 북돋아줄 필요를 느낀다. 그래서 이렇게 말한다. "주님의 나라에는 이제 그리이스인이나 이스라엘 사람, 로마인이나 페니키아 사람이 없고, 다만 하느님의 자녀가 있을 뿐입니다. 여기 온 사람들을 통해서 당신이 하느님의 말씀을 알게 되면, 당신의 며느리가 이미 '외국 여자'가 아니라, 당신과 모든 사람과 같이 우리 주 예수의 제자일 것입니다."
 헤르미온은 창피당한 머리를 쳐들고 고마워하며 요한에게 미소를 보낸다. 도시테아와 안나의 얼굴에도 같은 감사의 표정이 감돈다.
 프톨마이는 엄숙하게 대답한다. "제발 그렇기를 바랍니다. 왜냐하면 출신을 빼고는 며느리가 나무랄 데가 없기 때문입니다. 안겨 있는 아이는 막내동이 알패오인데, 개종자인 며느리의 아버지의 이름을 딴 것입니다. 굽슬굽슬한 까만 머리에 파란 눈을 가진 계집아이는 미르티카입니다. 헤르미온의 어머니의 이름을 딴 것입니다. 그리고 맏아들인 이 아이는 주인님의 뜻에 따라 라자로라고 하고, 또 한 아이는 헤르마입니다."
 "당신의 마음이 새로운 이해심을 가지게 되었다는 것을 주님과 세상에 말하기 위해서 다섯째 아이는 프톨마이라는 이름을, 여섯째 아이는 안나라는 이름을 붙여주어야 합니다."
 프톨마이는 말없이 머리를 숙인다. 그리고 소개를 계속한다. "이 두 아이는 이스라엘의 두 형제 미리암과 실비안인데 네프탈리 지파(支派) 사람입니다. 그리고 이 사람들은 엘보니드 다니타와 유다인 시메온이구요. 그 다음에는 옛날에는 로마인이거나 로마인의 아들이었던 개종자들인데 에우게리아의 실질적인 자비의 결과로 노예상태와 이교도 상태에서 벗어난 사람들인 루치우스, 마르첼, 그리고 엘라테아의 아들 솔론입니다."
 "그리이스 이름이군요" 하고 신디카가 지적한다.

"데살로니카 사람입니다. 로마 관리의 노예였습니다." —— 그런데 〈로마 관리〉라는 말을 할 때에 경멸하는 태도가 분명히 나타난다 —— "에우게리아가 어떤 혼란통에 아버지와 함께 이 사람을 거두었습니다. 아버지는 이교도로 죽었지만, 솔론은 개종자입니다. …프리쉴라, 아이들을 데리고 나오너라…."

키가 크고 날씬하고 매부리코인 여자가 계집아이와 사내아이를 밀면서 나아오는데, 다른 어린 두 계집아이가 엄마의 치마를 붙잡고 따라온다.

"이 여자가 솔론의 아내인데, 지금은 죽고 없는 로마 여자의 노예이다가 해방된 여자입니다. 그리고 이 아이들은 마리우스, 고르넬리오, 그리고 쌍동이 마리아와 마르틸라입니다. 프리쉴라는 향유 전문가입니다. 아미클레아, 아이들과 같이 이리 오너라. 아미클레아는 개종자 부모의 딸이고, 두 아들 캇시우스와 데오도르도 개종자입니다. 테클라, 숨지 말아. 테클라는 마르첼의 아내인데, 아기를 낳지 못해서 괴로워하고 있습니다. 이 여자 개종자 부모의 딸입니다. 이 사람들은 자유 소작인들입니다. 이제는 정원으로 가십시오, 오십시오."

프톨마이는 그들을 넓은 소유지를 통하여 인도하는데, 정원 가꾸는 사람들이 따라오면서 농작물들과 일들을 설명한다. 그동안 계집아이들은 다시 닭들을 보살피러 갔는데, 닭들은 지키는 사람들이 없는 틈을 타서 다른 곳으로 갔었다.

프톨마이가 설명한다. "해마다 하는 파종 전에 땅에서 애벌레들을 없애기 위해서 저놈들을 이리 데려옵니다."

엔도르의 요한은 꼬꼬댁거리는 암탉들을 보고 웃으면서 말한다. "옛날의 제 닭들인 것 같은 생각이 드는군요…." 그러면서 그의 배낭에서 꺼낸 빵의 부스러기들을 던져준다. 마침내 병아리들에 둘러싸였고, 병아리 한 마리가 뻔뻔스럽게 와서 그의 손에 있는 빵까지 쪼아먹기 때문에 그는 소리내어 웃는다.

베드로는 병아리들과 놀고 있는 요한과 솔론과 헤르미온과 그리이스 말로 말하고 있는 신디카를 가리키느라고 마태오를 팔꿈치로 툭 치면서 "다행이야!" 하고 외친다.

그리고 일행이 프톨마이의 집으로 돌아오니, 그는 이렇게 설명한다.

"자, 이곳은 이렇습니다. 그러나 당신들이 여기서 가르치기를 원하시면, 자리를 마련하겠습니다. 여기 머무르시든가, 그렇잖으면…."

"그래요, 신디카! 여기 있어요! 여기가 더 아름다워요! 안티오키아는 기억 때문에 내가 괴로울 거요…" 하고 요한이 동료에게 조용히 말한다.

"그러믄요. …당신만 괜찮다면 당신 좋으실 대로 해요. 저는 아무래도 상관없어요. 저는 이젠 뒤돌아보지 않고…그저 앞만, 앞만 내다보겠어요. …자, 요한! 우린 여기 있는 것이 좋을 거예요. 가엾은 우리 인간들을 위해서 어린이들과 꽃들과 비둘기들과 병아리들이 있어요. 그리고 우리 영혼을 위해서는 주님께 봉사하는 기쁨이 있구요. 어떻게 생각하세요?" 하고 신디카는 사도들에게 묻는다.

"우리도 당신처럼 생각해."

"그럼 좋습니다."

"썩잘 됐어. 우리는 만족해서 떠날 거고…."

"아이고! 가지 마세요! 나는 여러분을 다시는 보지 못할 거예요! 왜 그렇게 일찍 떠나세요? 왜요?…" 요한이 다시 그의 슬픔에 잠긴다.

"그렇지만, 우린 지금 떠나는게 아니야! 우리는…당신이…당신이…까지 여기 머무를 거야…" 베드로는 요한이 어떻게 되리라는 말을 할 줄 모르고, 또 눈에 괴는 눈물을 보이지 않기 위하여 눈물을 흘리는 요한을 껴안고 그를 위로하려고 애쓴다.

12. 안티오키아를 떠나다

　사도들은 다시 안티오키아의 집에 있고, 이들과 함께 두 제자와 안티고니아의 모든 남자들이 있는데, 이들은 일할 때 입는 짧은 옷을 입고 있지 않고, 긴 명절빔을 입고 있다. 이로써 나는 오늘이 안식일이라는 결론을 내린다.
　필립보는 이제 임박한 그들의 출발 전에 적어도 한번은 모든 사람에게 말하라고 사도들에게 청한다.
　"뭣에 대해서요?"
　"무엇이든지 맘대로군요. 선생님들은 요새 저희가 말하는 것을 들으셨지요. 그것을 참고해서 말씀하시지요."
　사도들은 서로 쳐다본다. 이것은 누구의 소관인가? 물론 베드로가 할 일이다. 우두머리이니까 그러나 베드로는 말하고 싶지 않다. 그래서 말하는 영광을 제베대오의 야고보나 요한에게 순다. 그리고 이들이 막무가내로 말을 안 듣는 것을 보고서야 말을 하기로 결정한다.
　"오늘 우리는 회당에서 이사야서 52장을 설명하는 것을 들었습니다. 해설이 세상의 기준으로는 유식하게, 영원한 지혜의 기준으로는 불완전했습니다.
　그러나 해설자를 비난할 이유는 없습니다. 해설자는 손상된 그의 지혜를 가지고 줄 수 있는 가장 좋은 것, 즉 메시아에 대한 지식과 메시아가 가져온 새로운 시대에 대한 지식을 주었습니다. 그러나 우리는 비판을 하지 않고, 오히려 그가 이 두 가지 은총을 알게 되고, 그것을 반대하지 않고 믿을 수 있도록 기도를 합니다.
　여러분은 과월절 동안에 선생님에 대해서 믿음을 가지고 말하는 것도 들었지만 업신여기면서 말하는 것도 들었다고 말했습니다. 그리고 라자로의 집의 사람들의 마음, 모든 사람의 마음에 가득 차 있는 믿음 때문에만 다른 사람들이 여러분의 마음에 넣어주는 암시를 물리칠 수 있었다고 말했습니다. 더구나 그 다른 사람들이 바로 이스라엘의 교사들이 었기 때문에 더 어려웠다고 말했습니다.

그러나 유식하다는 것은 거룩하다는 뜻도 아니고, 진리를 가지고 있다는 뜻도 아닙니다.

진리는 이렇습니다. 나자렛의 예수는 예언자들이 말하는 언약된 메시아이시고 구세주이십니다. 예언자들 중의 마지막 예언자는 정의를 위해 당한 영광스러운 순교 후에 얼마 전부터 아브라함의 품에서 쉬고 있습니다. 세례자 요한은 '세상의 죄를 없애는 하느님의 어린 양이 저기 있다'고 말했고, 이 말을 들은 사람들이 여기 있습니다.

이 말을 여기 있는 사람들 중의 가장 보잘것 없는 사람들이 믿었습니다. 그것은 겸손은 믿음에 이르는 것을 도와주는데, 교만한 사람들에게 — 그들이 꼼짝 못하게 되어 있기 때문에 — 믿음이 순결하고 빛나게 살고 있는 산꼭대기에 올라가는 길이 어렵기 때문입니다. 이 보잘것 없는 사람들은 그들이 겸손했고, 또 그들이 믿었기 때문에 주 예수의 군대에서 첫째가 되는 자격을 얻었습니다.

그러므로 신속한 믿음을 가지기 위하여는 겸손이 얼마나 필요한지, 그리고 반대되는 겉보기를 무시하면서까지 믿을 줄을 알면 얼마나 상을 받게 되는지 보시오.

나는 여러분에게 이 두 가지 자질을 갖추어 가지라고 권합니다. 그러면 여러분은 주님의 군대의 일원이 될 것이고, 하늘나라를 얻게 될 것입니다….

열성당원 시몬, 이젠 자네가 말할 차롈세. 나는 끝냈네. 자네가 계속하게."

이렇게 허를 찔리고, 둘째 연사로 이렇게 분명히 지명된 열성당원은 지체하지 않고 불평도 없이 앞으로 나와야 하는데, 사실 그렇게 하면서 말한다.

"나는 주님의 뜻으로 우리 모두의 우두머리인 시몬 베드로의 말을 계속하겠습니다. 그리고 사람이 되신 영원한 진리를 아는 어떤 사람, 사람이 되신 진리의 영원한 종인 어떤 사람이 본 이사야서 52장에 의지해서 말하겠습니다. '너 시몬아, 힘을 내어라. 찬란하게 몸을 단장하여라. 거룩한 도성 예루살렘아' 하는 말이 있습니다.

정말 이렇게 되어야 할 것입니다. 어떤 약속이 이루어질 때에는 평화가 이루어지고, 유죄판결이 중지되고, 기쁨의 때가 오며, 사람들의 마음과 도시들은 그들이 이제는 미움을 받지 않고, 패배하고 매를 맞지 않고, 사랑을 받고 해방되었다는 것을 자각하고는 화려한 옷을 입고 숙였던 고개를 번쩍 쳐들어야 할 것이기 때문입니다.

우리는 예루살렘을 비난하기 위해서 여기 모인 것은 아닙니다. 모든 덕행 중에서 첫째가는 덕행인 애덕이 그것을 금합니다. 그러므로 다른 사람들의 마음을 살피는 것을 그만두고, 우리의 마음을 들여다 봅시다. 시몬이 말한 믿음으로 우리의 마음에 힘을 내게 하고, 메시아에 대한 수천년째 내려오는 우리의 믿음이 이제는 그 일이 실현됨으로 인해서 이룩되었기 때문에 화려한 옷을 입읍시다. 메시아, 거룩하신 분, 하느님의 말씀이 실제로 우리 가운데 계십니다. 그리고 영혼들만이 그들을 강하게 하고 그들 안에 거룩함과 평화를 부어주는 지혜의 말씀을 듣는 것이 아니라, 육체들도 아버지께서 모든 것을 허락해 주신 거룩하신 분의 행위로 가장 끔찍한 병에서 풀려나고 죽음에서까지도 풀려납니다. 이것은 다윗의 후손에 대해서와 성조들과 예언자들에게 약속하셨던 당신의 말씀을 보내주신 지극히 높으신 분에 대한 환희의 노래가 우리 조국의 산과 들에 울려퍼지라고 그러시는 것입니다.

여러분에게 말하고 있는 나도 문둥병자로, 문둥병자들만이 쓰기로 된 야수들이 있는 고독 속에서 여러 해 동안 견디기 어려운 고민 끝에 죽게 되어 있었습니다. 그런데 어떤 사람이 나보고 '나자렛의 선생님께로 가보게, 그러면 자네 병이 고쳐질 걸세' 하고 말했습니다. 나는 믿고, 갔습니다. 그리고 병이 고쳐졌습니다. 내 몸과 마음의 병이 고쳐졌습니다. 몸에는 나를 사람들과 갈라놓는 병이 사라지고, 마음에서는 나를 하느님과 갈라놓는 원한이 사라졌습니다. 그리고 추방당하고 병들고 불안하던 내가 새로운 마음을 가지고 그분의 봉사자가 되어, 사람들 가운데에 가서 그분의 이름으로 그들을 사랑하고, 오직 하나뿐인 필요한 지식을 그들에게 가르치라는 행복한 사명에 부름을 받았습니다. 오직 하나뿐인 필요한 지식이란 나자렛의 예수가 구세주이시라는 것과 그분을 믿는 사람들은 지극히 행복하다는 것을 아는 것입니다.

이제는 알패오의 야고보, 자네가 말하게."

"나는 나자렛의 선생님의 형제입니다. 내 아버지와 선생님의 아버지는 같은 어머니에게서 태어난 형제였습니다. 그러나 나는 나를 선생님의 형제라고 말할 수 없고, 그분의 하인이라고 말해야 합니다. 내 아버지의 형제인 요셉의 아버지 자격은 정신적인 것이고, 사실에 있어서 우리 선생님이신 예수의 진짜 아버지는 우리가 흠숭하는 지극히 높으신 분이십니다. 지극히 높으신 분께서는 하나이시고 3위이신 당신의 천주성이 제2위를 하늘에 남아 계신 다른 위들과 결합해 계시면서 세상에 오시도록 허락하셨습니다.

여러분, 나자렛의 예수는 한 여인에게서 나셨고, 그의 인성으로 우리와 같으시기 때문에 우리의 형제이십니다. 그분은 지혜 자체이신 분이고, 우리에게 하느님에 대해 말씀하시고, 우리가 하느님께 속해 있게 하기 위해서 오신 하느님의 말씀 자체이시기 때문에 우리의 선생님이십니다. 그리고 그분은 아버지와 성령과 함께 계시고, 그분들과 사랑과 능력과 본성으로 항상 결합해 계시기 때문에 우리의 하느님이십니다.

뚜렷한 증거로 은총에 의해서 내 친척이었던 의인이 아셨던 이 진리를 여러분이 차지하시기를 바랍니다. 그리고 여러분을 그리스도에게서 억지로 떼어 놓으려고, 애쓰며 '그 사람은 그저 보통 사람이오' 하고 말하는 세상 사람들에게는 이렇게 대답하시오. '아니오, 그분은 하느님의 아들이시고, 야곱에게서 난 별이시며, 여기 이스라엘의 권위의 지팡이시고, 지배자이시오' 하고. 어떤 것에 의해서도 방향을 바꾸지 말도록 하시오. 이것이 믿음입니다."

"안드레아, 자네 차롐세."

"이것이 믿음입니다. 나는 갈릴래아 호수의 보잘것 없는 어부입니다. 그래서 별빛 아래에서 고기잡이를 하는 조용한 밤에는 나 자신과 말없는 대화를 하곤 했습니다. 나는 이렇게 말하곤 했습니다. '그분은 언제 오실까? 내가 아직 살아 있을까? 예언에 따르면 아직 여러 해가 모자란다.' 생명이 한계가 있는 인간에게는 몇 십년도 몇 세기나 같습니다. …나는 이렇게 생각하곤 했습니다. '그분은 어떻게 오실까? 어디에서, 누구에게서 나실까?' 하고, 그리고 내 우둔한 인성은 찬란한 왕의 화려함, 왕궁, 행렬, 잘 울리는 말방울 소리, 권력, 견딜 수 없는 권위 같은 것…을 꿈꾸게 했습니다. 그리고 '저 위대한 왕을 누가 쳐다볼 수

12. 안티오키아를 떠나다

있을까요?' 하고 말했습니다. 나는 그분의 권력의 나타남은 시나이산에서 야훼께서 친히 일으키신 두려움보다도 더 많은 두려움을 일으키리라고 생각했습니다. 나는 이렇게 생각했어요. '히브리인들은 산이 반짝이는 것을 보았다. 그러나 영원하신 분이 구름 저쪽에 계셨기 때문에 그들은 재가 되지 않았다. 그러나 여기서는 그분이 우리를 죽음을 가져오는 눈으로 보실 것이니, 우리는 죽을 것이다…' 하고.

나는 세례자의 제자였습니다. 그래서 고기잡이를 하지 않고 쉬는 때에는 다른 동료들과 같이 세례자를 찾아가곤 했습니다. 이 달의 어느 날이었습니다. …요르단강 기슭에는 군중이 꽉 차 있었는데, 세례자의 말을 듣고 벌벌 떨고 있었습니다. 나는 오솔길을 따라 우리에게로 향해 오는 아름답고 조용한 한 청년을 눈여겨 보았습니다. 그의 옷은 보잘것 없는데, 그의 외모는 지극히 부드러웠습니다. 그는 사랑을 구하고 주는 것 같았습니다. 그의 파란 눈이 잠시 내게 와서 멎었는데, 나는 그후에는 다시 느끼지 못한 어떤 것을 느꼈습니다. 그는 내 영혼을 쓰다듬어 주고, 천상의 날개로 나를 스치는 것 같았습니다. 나는 얼마 동안 세상에서 너무도 멀리 떨어져 있고, 너무도 달라진 것같이 느껴져서 '이제 나는 죽는구나! 이것은 하느님께서 내 영을 부르시는 거다' 하고 말했습니다.

그러나 나는 죽지 않았습니다. 나는 황홀해서, 알지 못하는 젊은이를 쳐다보고 있었는데, 젊은이는 이번에는 세례자를 그 파란 눈으로 뚫어지게 들여다 보았습니다. 그러니까 세례자는 돌아서서 그에게로 달려가 몸을 굽혀 인사 했습니다. 두 사람은 서로 말을 했습니다. 그런데 세례자의 목소리는 줄곧 천둥소리 같았기 때문에 수수께끼 같은 말이, 알지 못하는 젊은이가 누구인지 알고 싶어하는 욕망으로 긴장해서 듣고 있는 내게까지 들려 왔습니다. 내 마음은 그 젊은이가 모든 사람과 다르다는 것을 느끼고 있었습니다. 그 말들은 이러했습니다. '제가 선생님께 세례를 받아야 할 것입니다'… '지금은 그대로 두시오. 모든 정의가 이루어져야 하오….'

요한은 이미 이런 말을 했었습니다. '내가 그분의 신발끈을 끌러 드릴 자격도 없는 그런 분이 오실 것입니다.' 또 이런 말도 벌써 했었습니다. '이스라엘에 여러분들 가운데 여러분이 알지 못하는 어떤 분이 계십니다. 그분은 벌써 키를 들고 계셔서, 짚을 꺼지지 않는 당신 불로 태움으로써 당신의 타작마당을 깨끗하게 하실 것입니다.'

내 앞에는 외모가 부드럽고 겸손한 서민층의 젊은이 하나가 있었습니다. 그런데도 나는 그가 이스라엘의 성인이요 마지막 예언자요 예고자인 분이 신발끈을 끌러 드릴 자격도 없다고 한 그분이라는 것을 느꼈습니다. 그러나 나는 그분이 무섭지 않았습니다. 오히려 하느님의 더없이 황홀케 하는 우뢰 같은 목소리가 들리고, 평화의 비둘기 모양의 상상도 할 수 없을 만한 빛이 있은 다음 요한이 '여기 하느님의 어린 양이 계십니다' 하고 말했을 때 외모가 부드럽고 겸손한 그 젊은이를 메시아 왕으로 예감한 환희 속에서 내 영혼의 목소리로, 내 정신의 목소리로 '나는 믿습니다!' 하고 외쳤습니다. 나는 이 믿음으로 그분의 봉사자가 되었습니다. 여러분도 그분의 봉사자가 되시오. 그러면 평화를 얻을 것입니다."

"마태오, 자네가 주님의 다른 영광들을 이야기할 차롐세."

"나는 안드레아와 같은 차분한 말을 쓸 수는 없습니다. 안드레아는 의인이었는데, 나는 죄인이었습니다. 그래서 내 말에는 축제의 노래와 같은 기쁜 억양은 없습니다. 그러나 시편의 노래와 같은 신뢰하는 평화는 있습니다.

나는 죄인이었습니다. 큰 죄인이었습니다. 나는 완전한 오류 속에서 살고 있었습니다. 나는 무감각하게 되었었고, 그것이 불쾌하게 느껴지지 않았습니다. 어떤 때 바리사이파 사람들이나 회당장이 하느님께서는 준엄하신 심판자이시라는 것을 내게 상기시키면서 욕설이나 비난으로 나를 자극할 때에는, 잠시 두려운 생각을 가졌습니다. …그러다가는 '어떻든 간에 나는 지옥에 가게 된 놈이야. 그러니 내 관능아, 그렇게 할 수 있는 동안 즐기자' 하는 어리석은 생각에 만족하곤 했습니다. 그래서 나는 어느 때보다도 더 죄에 빠져 들어갔습니다.

2년 전에 어떤 알지 못하는 사람이 가파르나움에 왔습니다. 내게도 그 사람은 알지 못하는 사람이었습니다. 그때는 그분의 전도가 시작되는 때였기 때문에 모든 사람에게 알지 못하는 사람이었습니다. 다만 몇몇 사람만이 그가 어떤 사람인지를 알고 있었습니다. 여러분이 보시는 이 사람들과 또 다른 몇몇 사람이었습니다. 나는 동정녀보다도 더 순결한 그의 훌륭한 씩씩함에 놀랐습니다. 이것이 내게 충격을 준 첫째 사항이었습니다. 나는 그가 엄격한 것을 보았습니다. 그러면서도 꽃을 찾아 가는 벌들처럼 그에게로 오는 어린이들의 말에 귀를 기울일 기분을 다분히 가지고 있는 것을 보았습니다. 그의 유일한 기분전환은 어린이들의 순진한 놀이와 악의 없는 말들이었습니다. 그리고 나를 놀라게 한 것은 그의 능력이었습니다. 그는 기적을 행했습니다. 나는 '저 사람은 마귀를 쫓아내는 사람이고, 성인이로구나' 하고 생각했습니다. 그러나 나는 그사람 앞에서 너무도 소름끼치는 사람이라고 느껴져서 그를 피했습니다.

그이는 나를 찾는 것이었습니다. 혹은 내가 그런 느낌을 가졌었는지도 모릅니다. 그분은 내 계산대 앞을 지나가면서 언제나 다정스럽고 약간 서글픈 눈으로 나를 바라보셨습니다. 그리고 그때마다 둔해진 내 양심은 소스라치는 것 같았고, 다시는 그전과 같은 무감각 상태의 정도로는 돌아가지 않았습니다.

어느날 — 사람들은 항상 그분의 말을 찬양하고 있었습니다 — 나는 그분의 말을 듣겠다는 욕망이 생겼습니다. 그래서 짐뒤에 숨어서 그분이 작은 사람들의 집단에 말하는 것을 들었습니다. 그분은 우리 죄에 대한 대사(大赦)와 같은 자선에 대해서 친숙한 말투로 말하고 있었습니다. …탐욕스럽고 마음이 냉혹한 내가 그날 저녁부터 내 많은 죄에 대한 하느님의 용서를 받기를 원했습니다. 나는 일을 비밀히 했습니다. …그러나 그분은 무엇이든지 다 알고 계시기 때문에 그것이 나라는 것을 알고 계셨습니다. 또 한번은 그분이 마침 이사야서 52장을 설명하는 것을 들었습니다. 그분은 당신의 나라인 천상 예루살렘에는 깨끗하지 못한 사람들과 마음에 할례를 받지 않은 사람들은 없을 것이라고 말했습니다. 그분은 이 하늘나라의 아름다움을 말하면서 그분에게로 오는 사람들에게 그 나라를 약속했습니다. 그런데 그분의 말이 하도 설득력이 있어서 그 말을 그리워하게 되었습니다.

또 그리고…또 그리고…오! 그날은 서글픈 눈길이 아니라, 명령적인 눈길이었습니다. 그분은 내 마음을 찢어, 내 영혼을 벌거숭이를 만들고, 불로 지지고, 그 가엾은 영혼을 맡아 많은 것을 요구하는 당신의 사랑으로 그 영혼을 괴롭혔습니다. …이렇게 해서 나는 새 영혼을 가지게 되었습니다. 나는 뉘우침과 갈망을 가지고 그분께로 갔습니다. 그분은 내가 그분께 '주님, 불쌍히 여겨 주십시오!' 하고 말하기를 기다리지 않으시고, '나를 따라라' 하고 말씀하셨습니다.

부드러우신 분이 죄인의 마음 속에서 사탄을 이기셨던 것입니다. 이것으로써 만일 여러분 중에서 어떤 사람이 자기의 잘못으로 인해 불안해 하면, 그 사람은 선생님은 착하신 구세주이시니까, 그분을 피할 것이 아니라, 죄인이면 죄인일수록 용서를 받기 원하며 겸손과 뉘우침을 가지고 그분께로 더 가야 한다는 것을 알기 바랍니다."

"제베대오의 야고보, 이제는 자네가 말할 차례네."

"정말이지 나는 무슨 말을 할지 모르겠구먼. 자네들이 말을 했고, 또 내가 했을 말을 다 했거든. 그것이 사실이고 그것을 조금도 바꿀 수가 없으니까 말이야.

나도 안드레아와 함께 요르단강에 있었습니다. 그러나 세례자가 가리키기 전에는 그분을 알아보지 못했습니다. 나도 곧 믿었습니다. 그분이 빛나게 나타나셨다가 떠나가신 다음 나는 햇빛이 환하게 비추는 산꼭대기에서 어두운 감옥 속으로 들어온 사람 같이 그냥 있었습니다. 나는 태양을 다시 만나기를 갈망했습니다. 하느님의 빛이 내게 나타나셨다가 사라지신 뒤로는 세상에 빛이라곤 아무것도 없었습니다. 사람들 가운데에서 나는 혼자였습니다. 배불리 먹는 동안에도 나는 시장기를 느꼈습니다. 자는 동안에도 나 자신의 가장 좋은 부분은 깨어 있었고, 돈이며 직업이며 애정들은 모두가 내가 그분께 가졌던 이 간절한 갈망 뒤로는 아주 멀리 떨어져 나가, 내게 아무런 매력도 느끼게 하지 못했습니다. 어머니를 잃은 어린아이처럼 나는 이렇게 탄식했습니다. '주님의 어린 양, 돌아오십시오! 지극히 높으신 하느님, 라파엘을 보내셔서 토비아를 인도하게 하신 것처럼, 당신의 천사를 보내셔서 하신 것처럼, 당신의 천사를 보내셔서 저를 주님의 길로 인도하게 하시고, 주님의 어린 양인 그분을 찾아내게 해 주십시오!' 하고.

그러나 쓸 데 없이 기다리고 고민하며 찾기를 수십일 동안 하고, 그것이 무익한 것으로 인해 첫번째 붙잡힌 우리 요한을 잃은 것이 더 고통스럽게 느껴지던 끝에, 광야에서 돌아오시는 그분이 나타나셨을 때 나는 이내 알아보지는 못했습니다.

그래서 나는 여기서 주님을 통한 형제들인 여러분에게 그분께로 가고 그분을 알아보는 또 다른 길을 가르쳐 주고자 합니다.

요나의 시몬은 그분을 알아보려면 믿음과 겸손을 가져야 한다고 말했습니다. 열성당원 시몬은 나자렛의 예수를 성경에 있는 말과 같이 존재하시는 분으로 알아보기 위하여는 믿음이 절대로 필요하다고 다시 단언했습니다. 그런데 열성당원은 그의 고칠 수 없는 육체를 위해 바람을 가지려면 매우 큰 믿음이 필요했습니다. 그렇기 때문에 열성당원 시몬은 믿음과 바람이 하느님의 아들을 얻기 위한 방법이라고 말합니다. 주님의 형제 야고보는 우리가 찾아낸 것을 보존하기 위한 힘의 능력에 대해서 말했습니다. 우리의 믿음을 흔들려는 세상과 사탄의 계략을 막는 힘 말입니다. 안드레아는 어떤 거룩한 입이 진리를 전하거나, 유식하다는 인간적인 교만으로서가 아니라 하느님을 알고자하는 갈망으로 진리를 알고 지키려고 노력하면서, 정의에 대한 갈망을 믿음에 결합시키는 것이 매우 필요하다는 것을 증명했습니다. 진리를 배우는 사람은 하느님을 찾아냅니다.

전에 죄인이었던 마태오는 하느님께 이르는 또 다른 길을 여러분에게 일러 주었습니다. 본받는 정신으로 말하자면 무한한 순결이신 하느님을 반영함으로써 관능을 버리는 것입니다. 죄인이었던 마태오는 우선 가파르나움에 온 알지 못하는 사람의 '순결한 씩씩함'에 충격을 받았습니다. 그리고 이 순결한 씩씩함은 그의 죽은 절제를 다시 살아나게 하는 힘이 있었으므로 육체적인 본능을 스스로 금하기 시작했고, 이렇게 해서 하느님께서 오시고, 죽었던 다른 덕행들이 다시 살아나기 위한 길에서 장애물을 지웠습니다. 절제에서 마태오는 자비로 건너갔고, 자비에서 뉘우침으로, 그리고 뉘우친 다음에는 자기 자신을 완전히 이기고 하느님과의 일치에 이르렀습니다. '나를 따라라', '갑니다' 그러나 그의 영혼은 벌써 '갑니다' 하는 말을 했었고, 또 구세주께서는 선생님의 덕행이 죄인의 주의를 처음으로 끌었던 그 순간부터 벌써 '나를 따라라' 하는 말씀을 하셨던 것입니다.

본받으시오. 남의 경험은 괴로운 것까지도 모두 우리를 인도해서 악을 피하게 하고, 착한 뜻을 가진 사람들에게서 선을 발견하게 하기 때문입니다.

나로서는 사람이 정신으로 살기를 힘쓰면 그럴수록 주님을 더 잘 알아볼 수 있게 되고, 천사와 같은 생활은 이것을 최고로 돕는다고 말하겠습니다. 요한의 제자였던 우리 가운데에서 그분이 없어졌다가 나타나셨을 때 알아본 사람은 동정의 영혼을 가진 사람이었습니다. 비록 고행으로 인해서 하느님의 어린 양의 얼굴이 변했었지만, 그는 안드레아보다는 그분을 훨씬 더 잘 알아보았습니다. 그러므로 나는 여러분에게 '그분을 알아볼 수 있도록 순결하시오' 하고 말합니다."

"유다, 이제는 자네가 말하겠나?"

"그러지. 그분을 알아보기 위해서 순결하시오. 그러나 그분을 그분의 지혜와 그분의 사랑과 그분 자신 전부와 더불어 여러분 안에 간직하기 위해서도 순결하시오. 이사야가 52장에서 또 이런 말도 합니다. '부정한 것은 건드리지도 말아라. …주님의 그릇들을 받들고 가는 자들아, 너희 몸을 깨끗하게 하여라.' 사실 그분의 제자가 되는 영혼은 모두 하느님이 가득 찬 그릇과 같고, 영혼을 담고 있는 육체는 거룩한 그릇을 하느님께 가져가는 사람과 같습니다. 하느님께서는 부정이 있는 곳에 계실 수가 없습니다.

마태오는 천상 예루살렘에는 더러운 것과 하느님과 갈라진 것이 아무것도 없으리라는 것을 주님이 어떻게 설명하셨는지를 말했습니다. 그렇습니다. 그러나 천상 예루살렘에 들어갈 수 있기 위하여는 이 세상에서도 부정해서는 안 되고 하느님과 갈라져서도 안 됩니다. 최후 순간을 기다려 뉘우치겠다고 하는 사람들은 불행합니다. 그들은 그래도 그렇게 할 시간이 없을 것입니다. 지금 주님을 중상하는 사람들이 그분이 승리하실 때에 마음을 고쳐먹고 그 승리의 결과를 누릴 시간이 없을 것과 같이 말입니다. 거룩하고 겸손한 왕을 이 세상의 왕으로 보기를 바라는 사람들도 그렇고, 그분을 이 세상의 왕으로 보기를 두려워하는 사람들은 한층 더 그 시간을 위해 준비가 되지 않을 것이고, 오류에 끌려들어가고, 또 하느님의 생각이 아니라 보잘것 없는 인간의 생각인 그들의 생각에 실망한 그들은 한층 더 죄가 많을 것입니다.

그분은 사람이 되셨다는 모욕을 가지고 계십니다. 이것을 우리는 기억해야 합니다. 우리의 모든 죄가 하느님의 '위'이신 분을 흔해빠진 외양 속에 집어넣어서 괴롭히고 있다고 이사야가 말합니다. 하느님의 말씀이 마치 더럽혀진 딱딱한 껍질처럼 인류가 있기 시작한 때부터의 그 인류의 비참으로 둘러싸여 계시다는 생각을 하면, 나는 그분의 티없는 영혼이 그로 인하여 당하시게 될 고통을 깊은 동정과 깊은 이해를 가지고 생각하게 됩니다. 건강한 사람이 자기가 어떤 문둥병자의 누더기옷을 걸치고 더러움으로 뒤덮여 있는 것을 보는 것과 같은 불쾌감을 말입니다. 그분은 정말 우리 죄로 꿰뚫리셨고, 사람의 모든 사욕(邪慾)으로 상처투성이가 되셨습니다. 우리 가운데 사시는 그분의 영혼은 이 접촉에 마치 열병의 불쾌감을 느끼듯이 몸서리칠 것이 틀림없습니다.

그런데도 그분은 말씀을 하지 않으십니다. 그분은 '너희를 보면 소름이 끼친다'고 말하려고 말씀을 하지 않으시고, 다만 '너희 죄를 없애주게 내게로 오너라' 하고 말하려고만 말씀하십니다. 그분은 구세주이십니다. 당신의 무한한 인자로 그분은 당신의 견딜 수 없는 아름다움을 가지고자 하셨습니다. 만일 하늘에서와 같은 그 아름다움이 그때도 우리에게 나타났더라면 안드레아가 말한 것과 같이 우리는 재가 되었을 것입니다. 이제, 그분의 아름다움은 우리에게 가까이 오고 우리를 구원하기 위해서 온순한 어린 양의 아름다움과 같이 사람의 마음을 끄는 아름다움이 되었습니다. 그분의 의기소침과 그분에 대한 비난은 이분이 불완전한 사람들 가운데에서 완전한 사람으로 계시고자 하는 노력으로 소모되셔서 당신의 거룩한 왕권의 승리 가운데 구원을 받은 많은 무리 위에 우뚝 일어서실 때까지 계속 될 것입니다. 우리에게 생명을 주시기 위하여 죽음을 체험하신 하느님으로 말입니다!

이 여러 가지 생각으로 여러분이 주님을 모든 것 위에 사랑하게 되기를 바랍니다. 주님은 거룩하신 분이십니다. 야고보와 함께 그분과 같이 자란 나는 이 말을 할 수 있습니다. 나는 사람들이 그분을 믿고 영원한 생명을 얻도록 그것을 인정하기 위하여 목숨을 바칠 단단한 마음가짐으로 이 말을 합니다. 그리고 계속 하겠습니다.

제베대오의 요한, 자네 차렐세."

"산 위에 있는 사자(使者)의 말은 얼마나 아름다운가! 평화의 사자, 지복을 예고하고 구원을 전하는 사자, 시온에게 '네 하느님께서 다스리시리라!' 하고 말하는 사자의 말이 말입니다. 그런데 이 말이

2년 전부터 이스라엘의 산들을 지칠줄 모르고 누비고 다니며 하느님의 양떼의 양들을 모으기 위하여 부르고, 기운을 회복시키고, 병을 고쳐주고, 용서하고, 평화를 주고 합니다. 그분의 평화를.

그분의 말이 어루만지는데, 조국의 야산들이 기쁨으로 떨지 않고, 강물들이 기뻐서 솟구치지 않는 것을 보고 나는 정말 놀랐습니다. 그러나 내가 더 놀라는 것은 사람들의 마음이 떨지 않고, 기뻐서 어쩔줄을 모르며 '주님께 영광! 기다리던 분이 오셨다! 주님의 이름으로 오시는 분은 찬미받으소서!' 하고 말하지 않는 것을 보는 일입니다. 은총과 강복, 평화와 구원을 널리 베푸시는 분, 우리에게 나라의 길을 닦아주시며 그 나라로 부르시는 분이시고, 특히 당신 모든 행위와 말씀으로, 당신의 모든 눈길로, 당신이 숨을 쉬실 때마다 사랑을 널리 베푸시는 분이신데 말입니다.

도대체 세상이 무엇이기에 우리 가운데 있는 빛 앞에서 눈이 멀어 있습니까? 대관절 무덤을 막는 돌보다도 더 두꺼운 어떤 판이 영혼의 눈을 둘러쌌기에 이 빛을 보지 못한단 말입니까? 얼마나 큰 죄의 산이 세상 위에 있기에 이렇게 찍어 눌리고, 분리되고, 눈이 멀고, 귀가 먹고, 사슬에 묶이고, 마비되어서 주님 앞에서 꼼짝하지 않고 있단 말입니까?

구세주는 어떤 분이십니까? 그분은 사랑과 하나가 된 빛이십니다. 내 형제들의 입은 주님을 찬양하고, 그분의 업적을 떠올리고, 그분의 길에 이르기 위하여 닦아야 할 덕행들을 일러주었습니다. 나는 여러분에게 사랑하시오 하고 말합니다. 이보다 더 크고 그분의 본성과 더 비슷한 다른 덕행은 없습니다. 만일 여러분이 사랑하면 순결을 비롯해서 모든 덕행을 힘들이지 않고 닦을 것입니다. 그리고 예수님을 사랑하면 여러분이 아무 다른 사람도 무질서하게 사랑하지 않을 터이니까 순결을 지키는 것이 여러분에게 짐이 되지 않을 것입니다. 여러분은 사랑하는 사람의 눈으로 그분에게 무한한 완전이 있는 것을 보겠기 때문에 겸손해질 것입니다. 그래서 여러분의 그 보잘 것 없는 완전을 뽐내지 않을 것입니다. 여러분은 믿는 사람이 될 것입니다. 사실 사랑하는 이를 믿지 않는 사람이 어디 있습니까? 여러분은 구원하는 고통으로 마음이 부수어질 것입니다. 그것은 여러분의 고통이 올바른 고통, 즉 여러분이 겪어 마땅한 벌 때문에 겪는 고통이 아니고, 그분께 드린 마음 괴로움에 대한 고통이겠기 때문입니다. 여러분은 강할 것입니다. 오! 그렇구 말구요! 예수님과 일치해 있으면, 우리는 강합니다! 모든 것에 대해서 강합니다. 여러분은 진심으로 여러분을 사랑하는 마음 중의 마음을 의심하지 않을 것이니까 바라는 마음 가득 가지고 있을 것입니다. 여러분은 지혜로울 것입니다. 여러분은 좋은 것 모두일 것입니다. 참된 지극한 행복을 전하시는 분을, 구원을 전파하시는 분을, 당신의 양떼를 모으시려고 양들을 부르면서 산과 들을 지칠 줄 모르고 돌아다니시는 분을 사랑하시오. 그분의 길에 평화가 있고, 평화는 이 세상 것이 아니고, 하느님께서 참되신 것과 같이 참된 그분의 나라에 있습니다.

그분의 길이 아닌 길은 어떤 것이든지 버리시오. 일체의 안개에서 빠져나와 빛으로 가시오. 빛을 보기를 원치 않고, 빛을 알기를 원치 않는 세상과 같이 되지 마시오. 그러지 말고, 세상의 빛이신 아들을 통하여, 빛의 아버지이시며 한없는 빛이신 우리 아버지께로 가서, 세위를 하나이신 분으로 결합시키는 오직 하나인 사랑의 지복(至福) 속에 빛의 섬광(閃光)이신 바라끌리토 성령의 포옹 속에 하느님을 누리시오. 폭풍우가 없고, 어두움이 없는 사랑의 무한한 바다여, 우리를 받아들이소서! 우리 모두를! 죄없는 사람도, 회개한 사람도 모두! 당신 평화 안에! 모두를! 영원히. 이 세상에 있는 모두를 받아들이시어, 우리로 하여금 하느님을 당신을 사랑하고, 당신이 원하시는 것처럼 이웃을 사랑하게 하소서. 모두를 하늘에 받아들이시어 우리로 하여금 또 항상 당신과 하늘에 사는 분들뿐 아니라, 평화를 기다리면서 세상에서 싸우고 있는 형제들도 사랑하고, 사랑의 천사들과 같이 그들이 싸우고 유혹을 당할 때에 지켜주고 부축해 주어, 그들이 나중에 구세주이신 우리 주 예수, 당신을 끝없이 숭고하게 소멸시키기까지 사람을 사랑하신 우리 주 예수의 영원한 영광을 위하여 당신의 평화 속에 당신을 모시고 있을 수 있게 해 주소서."

언제나 그런 것과 같이 요한은 사랑의 날개짓으로 올라가면서 사랑이 잠기는 그곳으로, 신비스런 고요 속으로 영혼들을 데리고 간다.

한참만에야 듣는 사람들의 입술에 다시 말이 떠오른다. 그리고 제일 먼저 말하는 사람은 필립보이다. 그는 베드로에게 "그런데 교사 요한은 말하지 않습니까?" 하고 말한다.

"이 사람은 우리 대신 계속 말할 것입니다. 지금은 이 사람을 조용히 놔두시고, 우리도 이 사람과 같이 놔두십시오. 사바 당신은 전에 말한 대로 하고, 또 착한 베레니스도…."

무거운 침묵이 흐른다. 모두가 얼굴이 창백하다, 사도들은 무슨 일이 일어날지를 알기 때문에 그렇고, 두 제자는 그것을 예감하기 때문에 그렇다.

베드로가 말을 시작한다. 그러나 그저 "기도하세" 하고만 말하고는 "주의 기도"를 시작한다. 그런 다음, 어쩌면 그가 죽는 날도 그렇게까지는 되지 않을 정도로 정말 창백해져서 두 사람 사이로 가서 어깨에 손을 얹고 말한다. "여보게들, 이제 작별의 시간일세. 자네들을 대신해서 주님께 무슨 말씀을 드려야 하나? 분명히 자네들의 성덕에 대한 소식을 초조하게 기다리고 계실 주님께?" 신디카는 두 손으로 얼굴을 감싸면서 무릎을 꿇고, 요한도 그렇게 한다. 베드로의 발 앞에 그들이 있다. 베드로는 기계적으로 그들을 손으로 쓰다듬으며 감정에 끌려가지 않으려고 입술을 깨문다.

엔도르의 요한은 마음의 동요로 몹시 괴로운 표정을 하고 있는 얼굴을 쳐들고 말한다. "저희는 선생님의 뜻을 행한다고 말씀드려 주십시오…."

그리고 신디카는 "선생님께서 저희들이 당신의 뜻을 끝까지 행하도록 도와 주시기를 바란다구요…."

그러나 눈물 때문에 그들은 더 긴 말을 하지 못한다.

"알았네. 작별의 입맞춤을 하세. 이 시간이 와야만 했어…." 베드로도 흐느낌으로 목이 메어 말을 중단한다.

"우선 저희에게 강복을 주십시오" 하고 신디카가 베드로에게 청한다.

"아니야, 나는 안 돼. 예수님의 형제가 하는 게 더 좋아…."

"아니야, 자네가 우두머리야. 우리는 입맞춤으로 축복을 하겠네. 남아 있는 사람이나 떠나는 사람이나 우리 모두에게 강복을 주게" 하고 타대오가 제일 먼저 무릎을 꿇으면서 말한다.

그러니까 베드로는, 목소리를 침착하게 하려는 노력과 그의 앞에 있는 작은 집단에게 두 손을 내밀고 축복을 할 때 느끼는 감정으로 얼굴이 빨개진 가엾은 모습으로 힘이 들어 더 거칠어지고, 거의 노인의 목소리처럼 된 목소리로 모세의 축복을 한다….

그런 다음 마치 누이동생에게 하듯이 여자의 이마에 입맞춤하고, 요한을 일으켜 꼭 껴안고 입맞춤한다. 그리고는…용기를 내어 방에서 빠져나간다. 그동안 다른 사람들도 남아 있는 두 사람에 대하여 베드로 가 남아 있는 두 사람에 대하여 베드로가 한 것과 같이 한다….

밖에는 마차가 벌써 준비되어 있다. 필립보와 베레니스와 말을 붙들고 있는 하인밖에 없다. 베드로는 벌써 마차 위에 올라가 있다….

"제 주인님께 당신이 제게 부탁하신 친구분들에 대해서는 안심하시라고 말씀해 주십시오" 하고 필립보가 베드로에게 말한다.

"마리아에게 그애가 제자가 된 다음부터 내가 에우게리아의 평화를 느낀다고 말씀해 주세요" 하고 베레니스가 열성당원에게 조용히 말한다.

"주인님과 마리아와 모두에게 저희가 그분들을 사랑한다고 말씀하세요. 그리고…안녕히 가세요! 안녕히! 오! 우리는 저분들을 다시는 보지 못할 거야! 형제님들, 안녕히 가세요! 안녕히…."

두 제자가 길로 뛰어 나온다. …그러나 속보로 떠난 마차는 벌써 길모퉁이를 돌아갔다. …사라졌다….

"신디카!"

"요한!"

"우리만 남았구나!"

"하느님께서 우리와 함께 계셔요! …가엾은 요한, 이리 오세요. 해가 지는데, 당신이 여기 그대로 있는 건 몸에 해로울 거예요…."

"내게는 해가 영원히 졌어. …이제는 하늘에서나 해가 뜰 거야."

그들은 앞서 다른 사람들과 같이 있던 방으로 들어가서 탁자에 털썩 엎드리며 걷잡을 수 없이 운다….

예수께서 말씀하신다.

"이렇게 해서 한 사람에 의해서 생긴 고통, 악의를 가진 그 사람 말고 다른 사람은 아무도 원하지 않았던 고통이, 마치 제 길을 다 흘러 내려오고 나서 호수에 들어가 정지하는 것처럼 정지하면서 완전히 이루어졌다.

　나는 알패오의 유다가 비록 다른 사람들보다 지혜를 더 많이 얻으며 자랐으면서도 구세주로서의 내 고통에 대해서 어떻게 인간적인 해석을 했는지를 네게 지적하겠다. 예언의 현실성을 받아들이기를 거부하고, 내 고통에 관계되는 예언들을 비유와 상징으로 관찰하던 이스라엘 전체도 그와 같았다. 그 때문에 구속의 시간에 사형선고를 받은 사람을 아직도 메시아로 보는 사람이 이스라엘에 별로 없었던 큰 오류가 되었다. 믿음은 화관일 뿐 아니라, 가시도 있는 관이다. 그래서 영광의 시간뿐 아니라 극적 시간에도 믿을 줄 알고, 하느님께서 그를 꽃으로 덮어 주실 때만 아니라, 가시밭에 누이시는 때에도 사랑할 줄 아는 사람이 거룩한 사람이다."

13. 여덟 사도의 돌아옴. 악집*에서

　예수께서는 — 매우 야위고 창백하고 매우 침울하신 예수님, 어디가 아프신 것 같은 예수님이시다 — 산꼭대기에, 작은 산 아주 꼭대기에 계신다. 그 산 위에는 마을도 하나 있다. 그러나 예수께서는 마을에 계시는 것은 아니다. 마을이 산꼭대기에 있기는 하다. 그러나 동남쪽 비탈 쪽으로 향해 있다. 예수께서는 반대로 서북쪽으로 향한, 사실 북쪽보다는 더 서쪽으로 향한 제일 높은 작은 돌출부에 계신다.
　예수께서는 여러 방향을 바라다보고 계시기 때문에, 기복이 있는 한 산맥도 보신다. 그 산맥의 서북쪽 끝과 서남쪽 끝의 지맥은 바다에 잠기는데, 서남쪽에는 청명한 날씨에 멀리 어렴풋이 보이는 가르멜산을 끼고 있고, 서북쪽으로는 햇빛을 받아 희게 보이는 암맥(岩脈)이 있는 이탈리아의 마푸아노산과 매우 비슷한 배의 돌출부 같이 날카로운 갑(岬)이 있다. 기복이 많은 이 산맥에서 급류와 개울들이 흘러 내려오는데, 모두가 이 계절에 불은 물을 해안을 끼고 있는 평야를 지나 바다로 흘려 들여보낸다. 넓은 시카미논만(灣) 근처에는 그중에 제일 물이 많은 키손강이 하구 근처에서 다른 작은 개울이 합류하는 지점에서 일종의 물거울이 되었다가 바다로 흘러 들어간다. 청명한 날씨의 한낮의 해가 그 개울물을 황옥이나 청옥빛으로 반짝이게 하는데, 바다는 가벼운 진주 목걸이의 맥이 있는 무한히 넓은 청옥과 같다. 남쪽나라의 봄은 벌써 터진 싹에서 나온 새잎으로 나타난다. 연하고, 반짝이고, 말하자면 순결한 잎들이다. 그만큼 그 잎들은 먼지와 폭풍우와 곤충이 무는 것과 사람의 접촉을 모르는 새로운 것들이다. 편도의 가지들은 벌써 너무도 부드럽고 가벼워서 금방이라도 그것들이 태어난 가지에서 떨어져 나와 작은 구름들처럼 청명한 공중으로 떠다닐 것 같은 느낌을

---

* 역주 : 도시 이름.

주는 흰 거품송이와도 같다. 또 서북쪽의 갑에서 서남쪽의 갑에 이르기까지 펼쳐진 좁기는 하지만 기름진 평야의 밭들도 가볍게 푸르러 가는 밀의 모습을 보여, 얼마 전까지는 헐벗었던 밭에서 쓸쓸한 기운을 모두 없애버린다.

예수께서는 바라다보신다. 예수께서 계신 곳에서는 길이 세 가닥이 보인다. 마을에서 와서 이곳에서 끝나는 길, 이것은 사람만이 다닐 수 있는 오솔이다. 다른 두 길은 마을에서 내려가 반대되는 두 방향, 즉 서북쪽과 서남쪽으로 갈라진다.

예수께서 얼마나 고통을 당하셨을까! 광야에서 하신 단식 때보다도 훨씬 더 고행의 표가 드러난다. 그때에도 창백해진 사람이셨으나 아직 젊고 건강한 몸이었으나, 지금은 육체적인 힘과 정신적인 힘을 동시에 쇠약하게 하는 온갖 고통으로 기진맥진한 사람이시다. 예수의 눈은 매우 슬픈 눈이다. 다정스러우면서도 동시에 준엄한 슬픔을 풍기는 눈이다. 야윈 뺨은 옆얼굴과 넓은 이마와 길고 곧은 코와 관능성이 전혀 없는 입술의 영성(靈性)을 더 드러나게 한다. 어떻게나 물질성을 배제하는지 꼭 천사와 같은 얼굴이다. 수염은 보통때보다 더 길다. 수염은 뺨에까지 나서, 귀까지 내려오는 머리카락과 섞일 정도이다. 그래서 얼굴에서 보이는 것은 다만 이마, 눈, 코, 그리고 분홍빛은 자취도 없는 상아빛깔의 날씬한 광대뼈 뿐이다. 머리는 대충 빗어서 먼지투성이이고, 당신이 계셨던 동굴의 기념으로 그 긴 머리에 달라붙은 마른 잎 부스러기와 잔가지 조각들을 그대로 지니고 있다. 구겨지고 먼지투성이인 옷과 겉옷도 황량한 곳에서 끊임없이 입어서 쓰였었음을 말해 주고 있다.

예수께서는 바라다보신다. …한낮의 해가 예수를 따뜻하게 해 드리고, 그분은 이것이 기쁜 모양이어서 몇 그루의 떡갈나무의 그늘을 피해서 바로 햇볕으로 나오신다. 그러나 해가 쨍쨍 빛나는데도 먼지투성이의 머리와 피로한 눈을 빛나게 하지 못하고, 야윈 뺨에 화색이 돌게 하지는 못한다.

예수님의 원기를 회복시키고 화색이 돌게 하는 것은 해가 아니라, 당신의 사랑하는 사도들을 보시는 일이다. 그들은 제일 평평한 서북쪽에서 오는 길에서 손짓들을 하고 마을을 바라보면서 올라온다. 그때에는 변화가 일어난다. 예수의 눈은 다시 초롱초롱해지고, 얼굴은 뺨에 퍼지는 볼그레한 빛깔의 흔적과 얼굴을 환하게 하는 미소의 결과로 덜 야위어 보인다. 팔짱을 끼고 있던 팔을 풀으시고 "이 사람들아!" 하고 소리치신다. 예수께서는 얼굴을 쳐들고 눈길을 물건들 쪽으로 돌리시면서 이렇게 외치신다. 마치 풀과 나무와 청명한 하늘과 벌써 봄기운이 감도는 공기에 당신의 기쁨을 전해주시려는 것 같다.

예수께서는 나무덤불에 걸리지 않도록 겉옷을 몸에 착 달라붙게 졸라 매시고, 올라오면서 아직 당신을 보지 못한 제자들을 맞이하러 지름길로 빨리 내려가신다. 목소리가 들릴 만한 곳에 이르셨을 때 마을을 향하여 가는 그들의 걸음을 멈추게 하시려고 부르신다.

사도들은 멀리서 부르는 소리를 들었다. 아마 그들이 있는 곳에서는 비탈에 빽빽히 나 있는 나무의 잎들과 혼동되는 짙은 빛깔 옷을 입고 계신 예수를 보지 못하는 것 같다. 그들은 휘 둘러보고 손짓들을 한다. …예수께서는 그들을 다시 부르신다. …마침내 숲속의 어떤 빈 공간에 예수께서 햇빛을 받으시며, 마치 벌써 그들을 껴안으시려는 듯이 팔을 약간 내미시고 그들의 눈앞에 나타나신다.

그러자 "선생님!" 하는 커다란 외침이 언덕에 울려퍼진다. 그리고 길에서 벗어나 비탈로 빨리 달려오기 시작한다. 그들은 긁히고 길러서 비틀거리고 숨이 차면서도…선생님을 다시 뵙게 된 기쁨으로 흥분하여 배낭의 무게도 걸음의 피로도 느끼지 못하게 되었다.

당연히 제일 먼저 도착하는 사람들은 가장 젊고 가장 날쌘 사람들, 즉 야산이 많은 곳에서 태어난 사람들이 가지는 확실한 걸음을 가진 알패오의 두 아들, 그리고 요한과 안드레아이다. 그들은 몹시 기뻐서 웃으며 두 마리의 사슴새끼처럼 뛰어온다. 그리고 다정스럽고 경건하고 행복하고, 행복하고 또 행복하게 예수의 발 앞에 쓰러진다. …그리고 제베대오의 야고보가 오고, 다음에는 달리기와 산에 단련이 가장 덜 된 세 사람, 즉 마태오, 열성당원, 그리고 맨 마지막에 베드로가 온다.

그러나 베드로는, 제자들이 먼저 도착하여 무릎을 꿇고 에워싸며 예수의 옷이나 예수께서 그들에게 내맡기신 손에 입맞춤하는 데 싫증을 내지 않는 그 선생님에게로 오기 위하여 길을 헤친다. 오! 길을 헤쳐도 이만저만 헤치는 것이 아니다! 그는 굳이 바위에 달라붙어 있듯이 예수의 옷에 달라붙어 있는 요한과 안드레아를 힘차게 붙잡고 숨을 헐떡이며 밀어내고 예수의 발 앞에 쓰러지며 말한다. "오! 선생님! 저는 마침내 다시 살아났습니다! 저는 기진맥진했었습니다. 저는 늙었습니다. 그리고 중병을 앓은 것처럼 야위었습니다. 선생님, 참말인지 아닌지 보십시오…." 그러면서 예수께서 보시라고 고개를 쳐든다. 그러나 그렇게 하다가 예수께서 얼마나 변하셨는지를 보고 벌떡 일어나며 부르짖는다. "선생님!? 아니, 선생님은 어떻게 된 일입니까? 바보들같이! 아니 선생님을 쳐다보라고! 자네들은 아무것도 안 보이나? 예수님이 병드셨어! …선생님, 우리 선생님, 무슨 일을 당하셨습니까? 선생님의 시몬에게 말씀해 주십시오!"

"아무것도 아니다. 이 사람아."

"아무것도 아니라구요? 그 얼굴루요? 그럼 사람들이 선생님을 해쳤습니까?"

"아니다, 시몬아."

"그럴 수가 없습니다! 선생님은 아프셨거나 박해를 당하셨습니다! 저는 보는 눈이 있습니다…."

"나도 그렇다. 그리고 과연 네가 야위고 늙은 것을 알겠다. 그러면 너는 왜 그러냐?" 하고 주님은 빙그레 웃으시며 베드로에게 말씀하신다. 베드로는 예수의 머리카락과 살갗과 수염에서 진실을 읽고자 하는 것처럼 예수를 자세히 살펴본다.

"그야, 저는 괴로웠습니다. 그것을 부인하지 않습니다. 그렇게도 많은 고통을 보는 것이 제게 기분좋은 일이었으리라고 생각하십니까?"

"네가 제대로 말했다! 나도 같은 동기로 괴로웠다…."

"그것 때문에만 그렇습니까, 예수님?" 하고 유다 타대오가 불쌍한 생각이 들어서 다정스럽게 묻는다.

"고통에 있어서는 그렇다. 사촌, 내보내야 하는 필요로 생긴 고통에 있어서 그렇다…."

"그리고 어떤…때문에 어쩔 수 없이 그렇게 하게 된 고통에 있어서 말이지요…."

"제발! … 입 다물어라! 내 상처에는 '저는 선생님이 왜 괴로워하셨는지 압니다' 하고 말하면서 나를 위로하려고 하는 어떤 말보다도 침묵이 더 소중하다. 그뿐 아니라, 너희 모두가 알아야 할 것은 그 일 때문에 뿐만아니라 많은 일 때문에 괴로웠다는 사실이다. 그리고 만일 유다가 내 말을 중단시키지 않았더라면, 그 말을 너희에게 했을 것이다." 예수께서 이 말씀을 하실 때에 엄숙하시다. 모두가 그 때문에 어리둥절해 있다.

그러나 베드로가 제일 먼저 침착해져서 묻는다. "그런데, 선생님, 어디 계셨습니까? 뭘 하셨습니까?"

"동굴에 있으면서…기도하고…묵상하고…내 정신을 튼튼하게 하였다. 너희들에게 힘을 얻어주기 위해서, 너희에게 너희의 사명 중에, 요한과 신디카에게는 그들의 고통 중에 힘을 얻어 주기 위해서."

"그렇지만 어디에서요! 어디에서? 옷도 없고 돈도 없이! 어떻게 하셨습니까!" 베드로는 불안스럽다.

"동굴에서는 아무것도 필요없다."

"그러나 음식은요? 불은요? 침대는요? 아니…요컨대 모두요! 저는 지프타엘이나 다른 곳에서, 요컨대 어떤 집에서 적어도 길잃은 나그네에게 하듯이 선생님을 환대했으리라고 생각했었는데요. 그래서 마음이 조금 놓였었는데요. 그런데, 응? 자네들 말 좀 해보게. 선생님이 옷도 없고, 음식도 없고, 그런 것을 쉽게 장만할 수 있는 새간도 없이, 무엇보다도 그런 걸 장만할 의욕이 없이 계신 것을 생각하는 것이 내게 고통스러운 일이 아니었는지 말이야. 아! 예수님! 다시는 이렇게 하셔서는 안됩니다! 또 절대로 이렇게 못하실 것입니다! 저는 선생님을 한 시간도 떠나지 않겠습니다. 선생님이 그렇게 하는 것을 원하시건 말건 선생님을 그림자처럼 따라 다니기 위해 저를 선생님의 옷에 꿰매 놓겠습니다. 다만 제가 죽으면 선생님과 헤어질 것입니다."

"혹은 내가 죽으면."

"아이고! 선생님, 안 됩니다. 선생님이 저보다 먼저 돌아가셔서는 안 됩니다. 그런 말씀하지 마십시오. 저를 완전히 슬프게 하려고 하십니까?"

"아니다. 오히려 내가 제일 좋아하는 소중한 내 친구들을 도로 내게 데려다준 이 시간에 너와 함께 모두와 함께 즐기고 싶다. 보아라! 너희의 진실한 사랑이 나를 먹여주고 따뜻하게 해주고 모든 것을 위로해 주니까 내가 벌써 나아졌다."그러면서 그들을 하나씩 쓰다듬어 주신다. 그러니까 이 말을 들으면서 그들의 얼굴이 지극히 행복한 미소로 빛나고, 눈이 반짝이며, 입술이 감격으로 떨린다. 그리고 이렇게 묻는다. "주님, 참말입니까?" "선생님, 정말 그렇습니까?" "저희가 선생님께 그렇게 소중합니까?"

"그렇다. 대단히 소중하다. 음식을 가지고 있느냐?"

"예. 저는 선생님이 기진맥진해 계실 거라는 느낌이 들어서 오는 도중에 장만했습니다. 빵과 구운 고기가 있고, 양젖과 치즈와 사과가 있습니다. 게다가 좋은 포도주 한 수통과 선생님을 위한 달걀들이 있습니다. 깨지지 않았으면 좋겠는데… ."

"자, 그럼 여기 따뜻한 양지에 앉아서 먹자. 그리고 먹으면서 이야기하여라…."

그들은 해가 잘 드는 비탈에 앉는다. 베드로는 그의 배낭을 열고 그의 보물을 들여다본다. 그리고 "모두가 완전하구나!" 하고 외친다. "안티고니아의 꿀까지도 무사해. 그럴 리가 없지! 내가 뭐랬어! 돌아올 때에 우리를 통에다 넣어서 미치광이가 굴린다든지, 폭풍우가 몰아칠 때에 노가 없고 게다가 구멍이 뚫린 작은 배에 우리를 태운다 하더라도 우리가 무사히 도착할 거라고 했지. …그러나 갈 적에는! 나는 우선 우리를 방해하는 것이 마귀라는 것을 점점 확신하게 돼. 우리가 저 불행한 사람들과 같이 가지 못하게 하려고 말이야…."

"물론이지! 지금은 그놈이 목적이 없어졌거든… " 하고 열성당원이 동의한다.

"선생님, 저희를 위해 고행을 하셨지요?" 하고 예수를 쳐다보느라고 먹는 것을 잊고 있던 요한이 묻는다.

"그렇다, 요한아. 나는 생각으로 너희를 따라갔다. 나는 너희의 위험과 고생을 의식하고 있었다. 내가 할 수 있는 대로 너희를 도왔다…."

"오! 나는 그걸 느꼈어! 그 말을 자네들에게 하기까지 했어. 생각나나?"

"그래, 맞아" 하고 모두 동의한다.

"자, 이제는 내가 너희에게 준 것을 너희가 돌려주는구나."

"주님, 단식을 하셨습니까?" 하고 안드레아가 묻는다.

13. 여덟 사도의 돌아옴. 악집에서   **133**

"그럴 수밖에! 음식을 드시고자 하셨더라도 돈도 없이 동굴에서 어떻게 잡수셨겠니?" 하고 베드로가 그에게 대답한다.

"저희 때문에 그렇게 하셨군요! 저는 정말 마음이 괴롭습니다!" 하고 알패오의 야고보가 말한다.

"오! 아니다! 그 때문에 괴로워하지들 말아라! 너희들만을 위해서 한 것이 아니고, 온 세상을 위해서 했다. 내가 전도를 시작할 때에그렇게 한 것처럼 지금도 그렇게 했다. 그때에는 끝에 가서 천사들이 나를 도와주었는데, 지금은 너희들의 도움을 받았다. 그리고 이것은 정말이지 이중으로 기쁜 일이다. 그것은 천사들에게는 사랑이 필연적인 것이지만, 사람들에게서는 사랑을 발견하기가 덜 쉽기 때문이다. 너희는 사랑을 베푼다. 그래서 사람이던 너희들이 내게 대한 사랑으로 모든 것을 무릅쓰고 성덕을 택했기 때문에 천사가 되었다. 이 때문에 너희는 나를 하느님으로서 또 하느님인 사람으로서 행복하게 한다. 그것은 너희가 하느님에게서 오는 것, 즉 사랑을 내게 주고, 또 구세주에게서 오는 것, 즉 완전으로의 너희들의 향상을 내게 주기 때문이다. 이것이 너희들에게서 온다. 그리고 이것은 어떤 양식보다도 더 영양분이 많은 것이다. 그때 광야에서도 단식을 한 후에 사랑에 의해서 영양을 취했고, 그것으로 기운을 차렸는데, 지금도 마찬가지이다. 지금도 그때와 같다! 너희도 나도 모두 고통을 겪었다. 그러나 고통이 무익하지 않았다. 나는 이 고통이 1년 내내 너희를 가르친 것보다도 너희에게 더 도움이 되었다고 생각하고, 또 그렇다는 것을 알고 있다. 고통, 사람이 자기와 같은 사람에게 끼칠 수 있는 악에 대한 묵상, 동정, 믿음, 바람, 너희들이 직접 베풀은 사랑이 너희를 어른이 되는 어린이들처럼 성숙하게 했다…."

"아이고! 그렇습니다! 저는 늙었습니다. 저는 이제 결코 떠날 때의 요나의 시몬이 아닐 것입니다. 저는 우리의 사명이 아름다운 가운데 얼마나 고통스러운 것인지를 깨달았습니다…" 하고 베드로가 한숨짓는다.

"자, 이제 여기 함께 모였으니, 이야기를 해라…."

"시몬, 자네가 말하게. 자넨 나보다 더 잘 말할 줄 알 거야" 하고 베드로가 열성당원에게 말한다.

"아니야. 자네가 충실한 우두머리로서 우리 모두를 대신해 보고를 드리게" 하고 열성당원이 대답한다.

그러니까 베드로가 시작하는데, 시작하면서 "그렇지만 자네들이 나를 도와주게" 하고 말한다.

그는 안티오키아에서 떠날 때까지의 사실들을 질서있게 이야기한다. 그리고 돌아온 데 대한 이야기를 한다. "저희는 모두가 괴로웠습니다. 아시겠지요? 저는 그 두 사람의 마지막 말을 절대로 잊지못하겠습니다…." 베드로는 갑작스레 흘러 내리는 굵은 눈물 두 줄기를 손 등으로 닦는다. "제게는 그것이 물에 빠진 사람의 마지막 부르짖음같이 들렸습니다. …그러나! 요컨대, 자네들이 얘기 하게… 난 못하겠네"…그러면서 그의 감정을 억제하려고 약간 비켜나면서 일어선다.

열성당원 시몬이 말을 한다. "저희는 길을 상당히 많이 오는 동안 아무도 말을 하지 않았습니다. …말을 할 수가 없었습니다. …눈물로 인해서 목이 붓고 아팠습니다. …그런데 저희는 울지 않으려고 했습니다. …만일 한 사람이라도 울기 시작했더라면 저희는 영 그치지 못했을 것이기 때문이었습니다. 요나의 시몬이 괴로워한다는 것을 보이지 않으려고 마차 뒷쪽으로 가서 배낭들을 뒤적거리고 있었기 때문에 제가 고삐를 잡았습니다. 저희는 안티오키아와 셀레우치아 중간에 있는 작은 마을에서 마차를 멈추었습니다. 밤이 깊어 가는데 따라서 달빛이 더 환해졌지만, 그래도 그곳을 썩잘 알지 못하기 때문에 그곳에서 마차를 멈추었습니다. 그리고 저희 소지품 가운데에서 선잠을 잤습니다. 저희는 아무도 음식을 먹지 않았습니다. …먹을 수가 없었으니까요. 저희는 그 두 사람을 생각하고 있었습니다. …날이 밝아오자 이내 다리를 건너서 아침 아홉시 전에 셀레우치아에 도착했습니다. 저희는 마차와 말을 여관주인에게 돌려주고 또 —— 그 사람은 친절한 사람이었습니다 —— 배를 타는 데 그 사람의 조언을 이용했습니다. 그 사람은 이렇게 말했습니다. '내가 항구에 가겠습니다. 내가 사람들을 알고, 사람들도 나를 알거든요.' 그리고 그렇게 했습니다. 그 사람은 이 항구들로 떠나는 배 세 척을 찾아냈습니다. 그러나 한 배에는 저희가 이웃하고 싶지 않은 어떤…작자들이 있었습니다. 배주인에게서 그 말을 들어서 알았던 여관주인이 저희에게 그 말을 해주었습니다. 다른 배는 아스칼론 배였지만 저희가 낼 수 없을 많은 금액을 내지 않는 한 저희를 위해 띠로에 기항하기를 원치 않았습니다. 셋째 배는 원목(原木)을 실은 작은 배였습니다. 선원도 몇 명 안 되고 또 빈약하다고 생각되는 초라한 배였습니다. 그렇기 때문에 비록 가이사이로 가는 배였지만 선원 전체의 하루치 식비조 급료를 물어 준다면 띠로에 정선하겠다고 동의했습니다. 그 조건은 저희에게 적당한 것이었습니다. 정말 저는, 그리고 저와 함께 마태오도 좀 겁이 났습니다. 지금은 폭풍우의 계절인데…저희가 갈 때에 어떠했는지 아시지요. 그러나 시몬 베드로가 '아무 일도 없을 거야' 하고 말해서 저희는 배에 올랐습니다. 어떻게나 배가 규칙적으로 그리고 빨리 가는지 배의 돛들이 천사들인 것 같았습니다. 띠로에 도착하는 데 갈 때보다 시간 반밖에 걸리지 않았습니다. 그리고 선원 두목이 몹시 친절해서 프톨레마이스 근방까지 그 배에 끌려 가도록 작은 배를 뒤에 다는 것을 허락했습니다. 베드로와 안드레아가 요한과 함께 작은 배로 내려가서 배를 조종했습니다만, 매우 간단했습니다. …갈 때 같지 않구요. …프톨레마이스에서 저희들은 헤어졌습니다. 저희가 너무도 만족해서, 저희 짐이 벌써 모두 옮겨져 있던 작은 배로 모두 내려가기 전에 그에게 합의했던 것보다 더 많은 돈을 주었습니다. 프톨레마이스에서 하루를 머무르고 나서 여기 왔습니다. …그러나 저희는 저희가 당한 고통을 결코 잊지 못할 것입니다. 요나의 시몬의 말이 맞습니다."

"마귀가 갈 때에만 저희를 귀찮게 했다고 하는 저희 말도 옳지 않습니까?" 하고 여럿이 묻는다.

"너희 말이 옳다. 이제는 내 말을 들어라. 너희 임무는 끝났다. 이제 우리는 지프타엘로 돌아가서 필립보와 나타나엘을 기다리기로 한다. 빨리 해야 한다. 그리고는 다른 사람들도 올 것이다. …그동안 우리는 이곳 페니키아의 경계와 페니키아에서도 복음을 전하자. 그러나 이제까지 일어난 일에 대하여는 영원히 우리 마음속에 묻어 두어야 한다. 아무 질문에도 대답해서는 안 된다."

"필립보와 나타나엘에게두요? 그 사람들은 저희가 선생님과 함께 온 것을 알고 있는데요…."

"내가 말하겠다. 이 사람들아, 나는 많은 고통을 당했다. 내 고통으로 요한과 신디카의 평화의 값을 치렀다. 내 고통이 무익한 것이 되지 않게 하여라. 내 어깨에 무거운 짐을 하나 더 올려 놓지 말아라. 나는 벌써 짐을 너무 많이 지고 있다. …그리고 그 무게가 날마다 시시각각으로 더해진다. …나타나엘에게는 내가 많이 아팠다고 말해라. 필립보에게도 그렇게 말해라. 그리고 그들이 친절하기를 바란다. 다른 두 사람에게도 그렇게 말하여라. 그러나 그 이상은 아무말도 하지 말아라. 내가 아팠다는 것을 너희가 깨달았다고, 또 내가 그 일을 확인했다고 말하는 것은 진실이다. 거기에 대해서 그이상 말해서는 안 된다."

예수께서는 매우 고통스럽게 말씀하신다. …여덟 사도는 서글프게 예수를 쳐다보고, 베드로는 예수 뒤에 있으면서 감히 예수의 머리를 쓰다듬는다. 예수께서는 고개를 들어 다정스럽고 서글픈 미소를 지으시며 당신의 성실한 시몬을 바라보신다.

"아이고! 저는 선생님이 그러시는 걸 볼 수가 없습니다! 제게는 우리가 모인 것으로 생긴 기쁨이 사라지고, 그것의 거룩함만이, 그것만이 남아있는 것같이 생각됩니다. 그런 느낌이 듭니다! 지금 당장은…악집으로 가십시다. 선생님은 옷을 갈아 입으시고, 뺨에 면도를 하시고, 머리를 빗으세요. 그렇게 말구요, 그렇게는 안 됩니다! 저는 선생님이 그러신 걸 보지 못하겠습니다. …선생님은…꼭 사람들에게 쫓기다가 잔인한 손에서 벗어나 기진맥진한 사람 같아 보이십니다. …선생님은 원수들의 손에서 건져내진 갈릴래아의 베들레헴의 아벨을 연상시키십니다…."

"그러자. 베드로야, 그러나 네 선생의 마음을 사람들이 해친 것이다. …그리고 이 마음은 영영 낫지 않을 것이다. …낫기는 고사하고 오히려 점점 더 상처를 입을 것이다. 가자…."

요한이 한숨을 쉰다. "저는 이것이 마음에 언짢습니다. …저는 선생님의 어머니를 몹시 사랑하는 토마에게 노래와 연고의 기적 이야기를 해주고 싶었는데요…."

"언젠가 말하려므나…지금은 말고. 언젠가 모두 다 말해라. 그때는 너희가 말할 수 있을 것이다. 나 자신 너희에게 '가서 너희가 아는 것을 무엇이든지 다 말하여라' 하고 말하겠다. 그러나 우선은 기적에서 진리를 볼 줄 알아라. 그 진리란 믿음의 힘, 이것이다. 요한도 신디카도 말로나 연고로 바다를 가라앉히고 그 사람을 낫게 한 것이 아니라, 그들이 믿음을 가지고 마리아의 이름과 어머님이 만드신 연고를 썼기 때문에 그렇게 한 것이다. 또 이것도 있다. 그렇게 된 것은 그들의 믿음 주위에 너희 모두의 믿음과 너희의 사랑이 있었기 때문이었다. 상처입은 사람에 대한 사랑, 크레타인에 대한 사랑. 너희가 한 사람에게는 생명을 보존하기를 원했고, 또 한사람에게는 믿음을 주기를 원했다. 그러나 육체를 낫게 하는 것은 그래도 쉽지만, 영혼을 낫게 하는 것은 어려운 일이다. …정신의 병보다 이기기가 더 어려운 병은 없다…." 그리고 예수께서는 한숨을 푹 쉬신다.

 그들은 악집이 보이는 데에 와 있다. 베드로는 숙소를 구하기 위하여 마태오와 함께 먼저 간다. 다른 사람들은 예수 둘레에 바싹 붙어서 그들을 따라간다. 그들이 마을에 들어갈 때는 해가 빨리 떨어진다.

14. 여섯 사도와 더불어 악집에 머무르시다

"주님, 저는 지난밤에 곰곰히 생각했습니다. …나중에 페니키아의 경계 지방에 다시 오실 것인데, 왜 그렇게 멀리로 가려고 하십니까? 제가 다른 사람 하나 하고 갔다 오게 해 주십시오. 안토니오를 팔겠습니다. …그렇게 하기는 아깝습니다. …그러나 이제는 소용이 없게 됐고, 또 사람들의 주의를 끌 것입니다. 그리고 필립보와 바르톨로메오의 마중을 나가겠습니다. 그 사람들은 이 길로밖에 올 수가 없으니까, 분명히 만나게 될 것입니다. 그리고 제가 말을 하지 않을 것이라는 걸 확실히 믿으셔도 됩니다. 저는 선생님께 고통을 끼쳐드리고 싶지 않습니다. …선생님은 다른 사람들과 여기서 쉬십시오. 그러면 저희가 모두에게 지프타엘 여행을 안해도 되게 할 것입니다. …그리고 저희는 더 빨리 할 것입니다." 그들이 잠을 잔 집에서 나오면서 베드로가 이렇게 말한다. 그들이 새 옷으로 갈아입었고 수염과 머리가 숙련된 손으로 정돈되었기 때문에 덜 야위어 보인다.

"네 생각이 좋다. 그렇게 하는 것을 막지 않겠다. 그러면 네가 원하는 동료와 같이 가거라."

"그러면 시몬과 함께 가겠습니다. 주님, 강복해 주십시오."

예수께서는 그들을 껴안으시며 말씀하신다. "입맞춤과 더불어, 가거라."

그들은 평야 쪽으로 빨리 내려가면서 떠나는 사람들을 바라다본다.

"요나의 시몬은 정말 착한 사람이야! 요사이에 나는 전에 그런 적이 없었을 만큼 그 사람을 높이 평가했어" 하고 유다 타대오가 말한다.

"나도 그래" 하고 마태오가 말한다. "절대로 이기적이 아니고, 교만하지 않고 까다롭지 않아."

"우두머리라는 것을 절대로 자랑하지 않아. 그 반대야! 그의 위치를 지키면서도 우리 중의 제일 낮은 사람 같았어" 하고 알패오의 야고보가 덧붙인다.

"우리는 그 사람이 이상하게 생각되지 않아. 우리는 그 사람을 오래 전부터 알고 있거든. 불 같은 성질이지만 인정이 무척 많은 사람이야. 또 그리고 성실하고!" 제베대오의 야고보가 이렇게 말한다.

"내 형은 좀 거칠긴 하지만 착해. 그러나 예수님과 같이 있은 뒤로는 곱절 더 착해졌어. 나는 성격이 아주 딴 판이야. 그래서 형이 가끔 화를 냈어. 그렇지만 그건 내가 이 성격으로 인해서 괴로워하는 것을 알기 때문이었어. 화를 내는 건 내 이익을 위해서였어. 형을 이해하면, 형과 뜻이 잘 맞게 돼" 하고 안드레아가 말한다.

"요사이는 우리가 항상 서로 이해했고, 오직 한 마음이었어" 하고 요한이 잘라 말한다.

"사실이야! 나도 그걸 알아차렸어. 한달 내내, 그리고 흥분하는 때에도 우리는 절대로 기분이 나쁜 적이 없었어. …그런데 어쩌다가…웬지 모르겠어…" 하고 제베대오의 야고보가 혼잣말을 한다.

"왜냐구? 아니 그건 이해하기 쉬운 일이야! 그것은 우리의 지향이 곧기 때문이야. 우리는 완전하지는 못해, 그렇지만 우리는 곧아. 그렇기 때문에 우리는 우리 중의 한 사람이 제안하는 선을 받아들이고, 우리중의 한 사람이 악이라고 지적하는 악은 피한단 말이야. 그런데 전에는 우리가 그것을 깨닫지 못하고 있었어. 왜 그랬느냐구? 그렇지만 그걸 말하는건 쉬운 일이야! 그건 우리 여덟사람 모두가 예수님께 기쁨을 드릴 수 있도록 일을 한다는 한 가지 생각만을 가지고 있기 때문이야. 그뿐이야!" 하고 타대오가 외친다.

"나는 다른 사람들도 다른 생각을 가지고 있으리라고는 생각하지 않아" 하고 안드레아가 타협적으로 말한다.

"아니야. 필립보도 그렇지 않고, 비록 나이는 많고 매우 이스라엘적이긴 하지만 바르톨로메오도 그렇지 않아. …또 토마도 비록 그가 영이기보다는 훨씬 더 인간이긴 하지만, 그렇지 않아. 내가 그들을 어떻다고 비난하면…그들에게 해를 끼치는 것이 될 거야. …예수님의 말씀이 옳습니다. 용서하세요. 그러나 선생님이 괴로워하시는 것을 보는 것이 제게 있어서 어떤 것인지를 아신다면…그것도 그 사람 때문에 말입니다! 저는 다른 모든 사람들처럼 선생님의 제자입니다. 그러나 그위에 선생님께는 제가 형제이고 친구입니다. 그리고 저는 제 안에 알패오의 과격한 피를 가지고 있습니다. 예수님, 저를 엄하게 또 서글프게 보지 마세요. 예수님은 어린 양이시고, 저는…사자입니다. 그래서 선생님을 에워싸고 있는 중상의 그물을 발로 쳐서 찢어버리고 진짜 원수가 숨어 있는 피난처를 헐어버리지 않도록 참는 것이 괴롭다는 것을 믿어 주십시오. 저는 그의 영적인 얼굴의 실제를 보고 싶습니다. 그 얼굴을 저는 이렇게…부르겠습니다. 혹 이것이 중상일지도 모르지요. 그리고 잘못 생각할 염려가 없이 그를 알아보게 된다면, 그에게 지워지지 않는 표를 해놓겠다는 것을 믿어 주세요. 그렇게 하면 그 사람에게서 선생님을 해치려는 욕망이 영원히 없어질 것입니다." 타대오는 처음에 예수께서 눈짓으로 말리셨는데도 이 모든 말을 격렬하게 해버린다.

제베대오의 야고보가 그에게 대답한다. "자넨 이스라엘 사람 반에 표를 해야 할 걸세! …그래도 예수님을 멈추게 하지는 못할 걸세. 예수께 반대할 수 있는 것이 있는지 어떤지를 자네는 요새 보았지. 선생님, 이제는 우리가 뭘 합니까? 여기서 말씀하셨습니까?"

"아니다. 나는 이 비탈에 온 지가 한나절도 되지 않았었다. 나는 숲속에서 잤다."

"그 사람들이 왜 선생님을 받아들이지 않았습니까?"

"그들의 마음이 나그네를 냉대했다…나는 돈이 없었거든…."

"그렇다면 냉혹한 마음이로군요! 그 사람들이 뭘 염려했을까요?"

"내가 도둑일까봐. …그러나 상관없다. 하늘에 계신 아버지께서 길을 잃었던가 도망을 쳤던가 한, 염소 한 마리를 발견하게 하셨다. 이리와서 그 염소를 보아라. 그 염소가 잣나무 숲속에 새끼 염소와 함께 있다. 그 염소는 내가 오는 것을 보고 달아나지 않았다. 오히려 나도 제 새끼인 것처럼…내가 입으로 젖을 빨아먹게 내버려두었다. 그리고 그 염소 옆에서 새끼 염소를 거의 안다시피 하고 잤다. 하느님께서는 당신 말씀에 대하여 인자하시다."

그들은 빽빽하고 가시가 많은 덤불속에 어제 있던 곳을 향하여 간다. 한가운데에 수백년 묵은 참나무 한 그루가 있다. 땅이 갈라지면서 그 강력한 줄기를 갈라놓은 것처럼 밑동이 갈라지고, 담쟁이와 가시덤불이 뒤덮이고 지금은 잎이 하나도 없는 저 나무가 어떻게 살 수 있었는지 모르겠다. 바로 곁에서 염소가 새끼 염소와 같이 풀을 뜯어먹고 있다. 많은 사람을 보고는 방어하려고 뿔을 내민다. 그러나 곧 예수를 알아보고 진정한다. 사도들은 그놈에게 빵껍질들을 던져 주고 물러난다.

"내가 잔 곳이 여기다" 하고 예수께서 설명하신다. "너희가 오지 않았더라면 거기 그대로 남아 있었을 것이다. 그러나 이제는 시장했었다. 단식의 목적이 끝났었다. …이제는 변경할 수 없게 된 다른 일들을 고집해서는 안 되는 것이다."…

예수께서는 다시 슬퍼하신다. …여섯 사람은 서로 쳐다본다. 그러나 아무 말도 하지 않는다.

"그런데 이제는? 어디로 갑니까?"

"오늘은 여기에 머무른다. 내일은 프톨레마이스로 가는 길에 내려가서 전도하고, 그리고는 페니키아의 경계 쪽으로 갔다가 안식일 전에 이리로 돌아온다."

그리고 일행은 천천히 마을로 간다.

15. 페니키아의 국경지대에서의 전도

페니키아에서 프톨레마이스로 가는 길은 바다와 산들 사이에 있는 평야를 아주 일직선으로 가로지르는 아름다운 길이다. 잘 정비되어 있고 사람이 매우 많이 다닌다. 이 길은 내륙에 있는 마을들에서 해안의 마을로 가는 더 작은 길들과 자주 교차한다. 네거리가 대단히 많은데, 네거리 근처에는 일반적으로 집이 하나, 우물이 하나 있고, 편자가 필요할 수도 있는 네발 짐승들을 위하여 편자만드는 허술한 대장간이 하나 있다.

예수께서는 당신과 같이 남아 있는 여섯 사도와 같이 항상 같은 광경을 보시면서 얼마 동안, 2킬로미터 남짓 길을 가신다. 마침내 개울 근처에 있는 어떤 네거리에서, 우물과 편자만드는 대장간이 있는 이런 집들 중의 하나 곁에서 걸음을 멈추신다. 그 개울에는 다리가 하나 놓여 있는데 든든하기는 하지만 마차 한 대가 겨우 지나갈 만하다. 그래서 서로 엇갈리는 두 방향의 흐름이 동시에 지나갈 수가 없기 때문에 오는 것과 가는 것이 멈출 수밖에 없게 된다. 또 이 때문에 내가 이해할 수 있는 것으로 미루어 서로 다른 인종에 속하는 행인들, 즉 서로 미워하는 페니키아 사람들과 엄밀한 의미의 이스라엘 사람들이 오직 한 가지 점, 즉 로마인들을 저주하는 점에서는 의견이 일치할 수 있게 된다. ····그렇기는 하지만, 로마가 아니었더라면 이 다리가 없었을 것이고, 물이 불은 저 개울을 어떻게 건너갈 수 있게 되겠는지 알지 못하겠다. 그러나 사실 이렇다! 압제자는 유익한 일을 하더라도 항상 미움을 받는다.

예수께서는 다리 근처, 집이 있는 해가 잘 드는 모퉁이에서 걸음을 멈추신다. 그 집에는 개울 쪽으로 고약한 냄새가 나는 편자만드는 대장간이 있는데, 거기서는 지금 편자를 잃은 말 한 마리와 나귀 두 마리의 편자를 만드는 중이다. 말에는 로마 마차를 메웠고, 마차 위에는 그들에게 저주를 퍼붓고 있는 히브리인들에게 갖가지 얼굴 표정을 지어보는 것으로 즐기고 있다. 그리고 로마 사람들을 독살하기 위해서 얼마든지 물 것같은 진짜 독사의 주둥이 같은, 다른 사람들보다도 더 적의를 보이는 코가 긴 늙은이에게는 말똥 한 줌을 던진다. …어떤 일이 일어났을지 상상해 보기 바란다. 늙은 히브리 사람은 로마인들이 그에게 문둥병이라도 주는 것같이 소리를 지르면서 피하고, 다른 히브리 사람들도 일제히 소리를 지른다. 페니키아 사람들은 빈정거리며 외친다. "너희들은 새 만나를 좋아하니? 먹어라, 먹어. 그러면 너희들에게 너무나 친절하게 해주는 사람들에게 소리를 지를 만한 숨을 얻을 수 있을 거다. 음험한 위선자들아." 병자들은 히죽히죽 웃는다. …예수께서는 말씀을 하지 않으신다.

로마 마차는 마침내 대장장이에게 "티토, 안녕. 잘 지내시오!" 하는 외침으로 인사를 하고 떠난다. 황소 같은 목에 얼굴은 면도를 하고, 약간 벗어진 넓고 툭 튀어나온 이마 아래 꽤 큰 코를 가운데 끼우고 있는 새까만 눈에, 남아있는 머리털은 짧고 약간 곱슬곱슬한 나이먹은 든든한 사나이는 인사의 표시로 무거운 망치를 들어보이고는 견습공이 갖다 놓은 벌겋게 달은 모루 위로 몸을 숙인다. 그동안 다른 사환은 편자붙이는 순비를 하느라고 한 나귀의 발굽을 지지고 있다.

"도로변에 있는 저 대장장이들은 거의 모두 로마인들이야. 군복무를 마치고 여기 남아 있는 병사들이지. 그리고 돈을 잘 벌어. …그들이 짐승 보살피는 것을 막는 것이 아무것도 없거든…그리고 나귀는 안식일 황혼이나 등불 명절 동안에도 편자를 잃을 수 있단 말이야…" 하고 마태오가 지적한다.

"안토니오의 편자를 달아 준 사람은 히브리 여자와 결혼한 사람이었어" 하고 요한이 말한다.

"지혜로운 여자들보다 분별없는 여자가 더 많거든" 하고 제베대오의 야고보가 점잔을 빼며 말한다.

"그럼 아이들은 누구거가 되는 거야? 하느님거야, 그렇지 않으면 이교의 거야?" 하고 안드레아가 묻는다.

"아이들은 부부 중의 더 강한 쪽의 것이 되는 거야" 하고 마태오가 대답한다. "그리고 여자가 배교만 하지 않으면 아이들이 히브리인이 되는 거야. 남자는, 그 남자들은 방임하거든. 그 사람들은 그들의 올림퍼스산의 신들에 대해서도 대단히…광신적은 아니야. 이제 그들은 돈밖에 믿는 것이 없다고 나는 생각하네. 그들은 아이들이 많아."

"그렇지만 경멸할 만한 결함이지. 믿음도 없고, 진짜 조국도 없고…모든 사람에게 불쾌감을 주는…" 하고 마태오가 말한다.

"아니야, 자네가 잘못 생각하는 거야. 로마는 그들을 업신여기지 않고, 오히려 그들을 계속 도와주고 있어. 그들이 이렇게 하는 것이 무기를 들고 있는 것보다 로마에 더 유익하단 말이야. 저들은 폭력보다도 피를 타락시키는것으로 우리 사이에 더 침투한단 말이야. 고통을 겪는 건 오히려 첫째 세대들이지. 그러다가는 흩어지고, 그러면…세상사람들이 잊고 말지…" 하고 사정을 매우 잘 아는 것 같은 마태오가 말한다.

"그렇다. 고통을 겪는 것은 아이들이다. 그러나 이런 상황에서 결혼한 유다 여자들도 고통을 당한다. …자기 자신들과 아이들 때문에 그 여자들이 불쌍하다. 아무도 그들에게 하느님에 대해서 말해주는 사람이 없다. 그러나 미래에는 이런 일이 없을 것이다. 그때에는 오직 하나의 조국, 즉 내 조국에서 영혼들이 결합해 있을 것이기 때문에 인간과 민족들의 분리가 없을 것이다." 그 때까지 잠자코 계시던 예수께서 말씀하신다.

"그렇지만 그들이 그 때에는 죽었을 것입니다!…" 하고 요한이 부르짖는다.

"아니다. 그들은 내 이름으로 모일 것이다. 로마인이나 리비아인도 없을 것이고, 그리이스인이나 폰토 주민도 없을 것이고, 이베리아인이나 갈리아인, 에집트인이나 히브리인도 없을 것이고, 다만 그리스도의 영혼들이 있을 것이다. 그리고 내가 모두 똑같이 사랑하고, 그들을 위해서 똑같이 고통을 받은 그 영혼들을 그들의 이 세상 조국에 따라서 갈라놓기를 원할 사람들은 화를 입을 것이다. 이렇게 하는 사람은 보편적인 것인 사랑을 이해하지 못했다는 것을 보여줄 것이다."

사도들은 은근한 비난을 알아차리고 말없이 고개를 숙인다.

모루에 놓고 두드리는 쇠소리도 잠잠해졌고, 나귀 발굽에 마지막 편자를 박는 망치 소리도 벌써 느려졌다. 예수께서는 이것을 틈타서 목소리를 높여 군중에게 들리게 하신다. 당신 사도들에게 하시던 말씀을 계속하시는 것 같다. 그러나 실제로는 행인들과 또 아마 집안에 있는 사람들에게 말씀하시는 것이다. 따뜻한 공기 속으로 여자들의 목소리로 부르는 소리가 들리는 것으로 보아, 집안에는 분명히 여자들이 있다.
 "사람들 사이에 혈족관계가 없는 것같이 보이더라도 여전히 그것이 있다. 오직 한분뿐이신 창조주에게서 온다는 혈족관계이다. 혹 그후 오직 한분뿐이신 아버지의 자녀들이 갈라졌다 하더라도 그로 인해서 혈통의 관계는 변하지 않았다. 마치 어떤 자식이 아버지의 집을 배척하더라도 그의 피는 변하지 않는 것과 같다. 카인의 핏줄에는 그의 죄로 인해서 넓은 세상으로 도망쳐 다니게 되었어도 언제나 아담의 피가 흐르고 있었다. 또 아들의 시체를 내려다보며 울던 하와의 고통 후에 태어난 자녀들의 핏줄에도 멀리 떠나간 카인의 핏줄에서 핏줄에서 끊던 것과 같은 피가 흐르고 있었다.
 창조주의 자녀들의 평등에 대하여도 마찬가지인데, 더 순수한 이유로 그러하다. 길을 잃었느냐? 그렇다. 조국에서 추방되었느냐? 그렇다. 우리와 다른 말을 하고 우리가 몹시 싫어하는 다른 신앙들을 가지고 있느냐? 그렇다. 이교도들과의 결합으로 타락하였느냐? 그렇다. 그러나 영혼은 오직 한분에게서 그들에게 왔고, 찢어지고 길을 잃고, 추방되고, 타락하고 했더라도 여전히 오직 한 분에게서 온 것이다. …그 영혼이 하느님 아버지께 고통거리가 된다 하더라도 여전히 하느님 아버지께 창조된 영혼이다.
 지극히 인자하신 아버지의 착한 아들들은 착한 감정을 가져야 한다. 아버지에 대해서 착해야 하고, 형제들이 어떻게 되었든지 같은 아버지의 아들들이니까 형제들에 대해서 착해야 한다. 혹은 죄인이기 때문에 혹은 배교자이기 때문에, 혹은 이교도이기 때문에 아버지의 고통거리가 되는 아들들을 아버지께 도로 데려와서 아버지의 고통을 위로해 드리려고 애씀으로써 아버지께 대하여 착하게 굴어야 한다. 아들들에 대하여도 착해야 한다. 그것은 그들이 아버지에게서 온 영혼을 가지고 있기 때문인데 그 영혼이 죄있고, 더럽혀지고, 그릇된 종교에 의해서 얼이 빠지기는 했지만, 여전히 주님의 영혼이고 우리 영혼과 같은 영혼이기 때문이다.
 이스라엘 사람인 당신들은 우상숭배 하는 종교로 인하여 하느님에게서 가장 멀리 떨어져 나간 우상숭배자이거나 이교도들 중에서 가장 심한 이교도이거나 사람들 중에서 가장 철저한 무신론자이거나 그의 기원의 흔적을 절대로 아무것도 가지고 있지 않은 사람은 아무도 없다는 것을 기억하시오. 올바른 종교에서 떨어져 나가고, 우리 종교가 단죄(斷罪)하는 성의 혼합으로 자기의 품위를 떨어뜨림으로 실수를 한 당신들도 당신들 안에 있던 이스라엘적이었던 모든 것이 믿음과 인종이 다른 사람에 대한 사랑으로 질식해 죽은 것같이 생각되더라도, 당신들 안에 있는 모든 것이 죽지는 않았다는 것을 기억하시오. 아직 살아있는 것이 한가지 있는데, 그것은 이스라엘입니다. 그리고 당신들은 죽어가는 이 불을 일으키어 하느님의 뜻으로 살아남아 있는 불똥을 살려서 육체적인 사랑보다 더 자라게 해야 합니다. 육체적인 사랑은 죽음과 더불어 끝나지만 당신들의 영혼은 죽음과 더불어 끝나지 않습니다. 이것을 기억하시오. 그리고 이스라엘의 처녀와, 신앙과 인종이 다른 어떤 사람과의 잡혼을 항상 혐오감을 가지고 보는 당신들이 어떤 사람이든간에, 길잃은 자매가 아버지의 길을 다시 찾도록 자비롭게 도와야 할 책임과 의무가 있다는 것을 기억하시오.

거룩하고 주님의 뜻에 맞는 새 율법은 이런 것입니다. 구세주를 따르는 사람들은 구제할 것이 있는 곳에서는 어디서나 구제해서 하느님으로 하여금 아버지의 집으로 돌아온 영혼들로 인하여 기뻐하시게 해 드리고 구세주의 희생이 헛수고가 되거나 보잘것 없는 것이 되지 않게 해야 한다는 것입니다.

많은 양의 밀가루를 발효시키기 위해서 주부는 지난 주의 반죽에서 작은 조각을 하나 떼어냅니다. 오! 큰 덩어리에서 떼어낸 작은 분량이지요! 그리고 그 주부는 떼어낸 작은 반죽 덩어리를 많은 밀가루 무더기에 섞고, 전체를 해로운 바람이 불지 않는, 집안의 유리한 따뜻한 곳에 갖다 둡니다.

진짜 선의 편인 당신들도 아버지와 그분의 나라에서 멀어진 아들들인 당신들도 이렇게 하시오. 진짜 선의 편인 당신들은 당신들의 효모(酵母)를 후자들에게 보충물(補充物)로 조금 주어서 그들을 보강시키시오. 그러면 그들은 그 효모를 그들에게 아직 남아 있는 정의의 분자(分子)에 합칠 것입니다. 또 전자들이나 후자들이나 모두 —— 당신들의 상황에 따라서, 즉 자신들에 대한 자제력을 가지고 있거나, 지금은 침체해 있다 하더라도 당신들 안에 저항하는 어떤 것이 남아 있거나 — 새로운 효모를 악의 적대적인 세력을 막는 사랑의 따뜻한 기운 속에 보존하시오. 길을 잃은 동교인(同敎人)의 마음 속에 발효하고 있는 것 둘레에다가 집의, 즉 같은 종교의 담을 더 단단하게 해서 그 사람으로 하여금 자기가 아직 이스라엘의 사랑을 받고, 아직 시몬의 아들이며 당신들의 형제라는 것을 느끼게 하고, 모든 착한 뜻이 익도록 하고, 모든 영혼 안에, 모든 영혼을 위하여 하늘나라가 오게 하시오."

"아니 그런데 저 사람은 누구야? 저 사람은 누구냐 말이야?" 하고 사람들이 서로 묻는다. 그들은 다리에 장애물이 없어졌는데도 서둘러 건너갈 생각을 하지 않고, 다리를 건너온 사람들도 길을 계속 가기를 서두르지 않는다.

"선생님이야."

"이스라엘의 선생님."

"이스라엘 선생님이 여기에? 페니키아의 경계지방에? 이런 일은 처음 있는 일인 걸!"

"그렇지만 그게 사실이야. 아세르가 그러는데 저분은 사람들이 성인이라고 부르는 분이래."

"그러면 아마 저곳 사람들이 저분을 박해하기 때문에 우리들에게로 피신한 걸 거야."

"저 비열한 자들 말이야!"

"저분이 우리한테 오면 잘된 일이야! 기적을 행할 거거든…."

그러는 동안 예수께서 그곳을 떠나 밭들 사이에 있는 오솔길로 해서 가신다.

16. 예수께서 알렉산드로셴에

 밭들 사이로 오랫동안 돌고, 사람들만이 건너 다닐 수 있는 흔들거리는 널빤지로 된 작은 다리로 급류를 하나 지나 다시 큰 길로 나왔다. 그 다리는 다리라기보다는 오히려 뱃전에 대놓은 널빤지 같은 것이었다.
 야산들이 연안지방에 가까이 있기 때문에 점점 더 줄어드는 들판을 건너질러 길을 계속가는데, 의례 있는 로마인들이 놓은 다리가 있는 다른 급류를 하나 지나고 난 다음에는 평야의 길이 산길이 되고, 다리에서는 계곡을 통하여 동북 쪽으로 가는 덜 가파른 길과 갈라지는데, "알렉산드로셴 — m,V°" 이라는 로마 이정표의 지시를 따라 예수께서 택하신 길은, 지중해에 부리를 잠그고 있는 바위투성이의 가파른 산 가운데에 나 있는 진짜 계단 같은 길이다. 지중해는 올라가는 데 따라서 점점 더 넓게 드러난다. 걸어 다니는 행인들과 나귀들만이 계단이라고도 할 수 있을 이 길로 다닌다. 그러나 아마 이 길이 유리한 지름길인 까닭에 사람의 왕래가 대단히 많으며, 그 사람들은 이 길을 가는 평소에는 매우 보기 힘든 갈릴래아 사람들의 집안을 호기심을 가지고 살펴본다.
 "저게 아마 폭풍우갑(岬)일 거야" 하고 마태오가 바다로 쭉 내밀고 있는 갑을 가리키면서 말한다.
 "그래, 저 아래 어부가 우리에게 말해 준 마을이 있어" 하고 제베대오의 야고보가 동의한다.
 "그렇지만 누가 이 길을 만들었을까?"
 "이 길이 생긴 지가 얼마나 됐는지 누가 알아? 어쩌면 페니키아인들이…."
 "산꼭대기에서는 알렉산드로셴이 보일 것이다. 그 너머로는 백색갑이 있고. 요한아, 너 넓은 바다를 보게 되겠구나!" 하고 예수께서 말씀하시며 팔로 사도의 어깨를 감싸신다.

"그 때문에 저는 기쁘겠습니다. 그렇지만 멀지 않아 밤이 될 텐데, 어디서 쉽니까?"

"알렉산드로셴에서. 알겠니? 길이 내려가기 시작한다. 저아래에는 저기 보이는 도시까지 들판이다."

"저기가 안티고니아 여인의 도시입니다. …우리가 어떻게 해야 그 여자를 기쁘게 할 수 있을까요?" 하고 안드레아가 묻는다.

"선생님, 아시겠어요? 그 여자가 저희에게 이렇게 말했습니다. '알렉산드로셴에 가세요. 제 오빠들이 가게를 가지고 있는데 개종자들입니다. 오빠들에게 선생님 말씀을 하세요. 우리도 하느님의 자녀입니다….' 그러면서 며느리로서 잘못 보였기 때문에 울고 있었습니다. …또 그래서 오빠들이 한번도 그 여자를 보러 가지 않고, 오빠들의 소식도 없다고 합니다…" 하고 요한이 설명한다.

"그 여자의 오빠들을 찾자. 만일 그들이 우리를 나그네로 받아들이면, 그 여자에게 이 기쁨을 줄 수 있을 것이다…."

"그렇지만 어떻게 해야 저희가 그 여자를 보았다는 말을 할 수 있을까요?"

"그 여자는 라자로에게 봉사하고 있다. 그런데 우리는 라자로의 친구들이다" 하고 예수께서 말씀하신다.

"맞습니다. 선생님이 말씀하십시오, 선생님이…"

"그러마. 그러나 집을 찾아내게 걸음을 재촉하자. 그 집이 어디 있는지 아느냐?"

"예, 갑 근처에 있습니다. 그 사람들은 로마인들에게 물건을 많이 팔아서 그들과 관계가 많습니다."

"됐다."

그들은 평평하고 아름다운 길을, 진짜 집정관(執政官)의 길을 빨리 걸어간다. 그길은 틀림없이 내륙에 있는 길들과 통할 것이다. 그보다도 해안을 따라가다가 갑위에 걸쳐 있는 계단처럼 된 바위투성이 길이 되고, 그랬다가 내륙쪽으로 계속될 것이다.

알렉산드로셴은 민간인 도시보다는 군사도시이다. 이 도시는 내가 알지 못하는 전략적인 중요성이 있는 모양이다. 두 갑 사이에 웅크리고 있는 이 도시는 바다의 이 부분을 지키라고 세워놓은 보초와 같다. 갑 두 개를 전부 볼 수 있는 지금, 갑에는 많은 요새화된 탑들이 서 있고, 그것들이 평야와 도시에 세워진 탑들과 하나의 열(列)을 이루고 있음을 보게 된다. 그리고 도시에는 해안 쪽으로 위압하는 기지가 버티고 있다.

그들은 성문 바로 근처에 있는 작은 개울을 하나 또 건넌 다음 적대적인 요새 덩어리를 향하여 호기심많은 눈길을 던지며 가는데, 그들 자신도 호기심의 대상이 된다.

병사가 대단히 많은데, 주민들과 사이가 좋은 것 같다. 그래서 사도들은 "페니키아 작자들! 자존심도 없는!" 하고 투덜댄다.

그들이 헤르미온의 오빠들의 상점에 이르렀을 때는 마지막 손님들이 홑이불에서 식탁보까지, 안감 재료에서 곡식에 이르기까지, 또는 기름에서 양식에 이르기까지 말할 수 없이 다양한 상품들을 잔뜩 안고 나오는 길이었다. 가죽과 향신료와 짚과 가공하지 않은 양털 냄새가 넓은 방에 가득 차 있다. 그 넓은 방을 통해서 광장 같이 넓은 마당에 이르게 되는데, 마당 주위에 있는 회랑들 아래에는 많은 창고가 있다.

수염이 난 갈색머리를 한 남자가 달려 온다. "뭘 드릴까요? 식량입니까?"

"예…그리고 당신이 나그네를 재우는 것을 거절하지 않는다면 숙소도 원합니다. 우리는 멀리서 왔고, 여기는 한번도 와 본 일이 없습니다. 주님의 이름으로 우리를 받아들여 주시오."

그 남자는 모두를 대신해서 말씀하시는 예수를 쳐다본다. 예수를 유심히 살펴보고…나서 말한다. "사실은 숙소는 제공하지 않지만, 당신은 내 마음에 듭니다. 갈릴래아 사람이지요? 갈릴래아 사람들은 유다인들보다 낫습니다. 유다인들은 너무 고리타분합니다. 그 사람들은 우리가 순수한 피를 가지지 못한 것을 용서하지 않습니다. 그 사람들이 깨끗한 영혼을 가지는 것이 더 나을 텐데. 이리 들어오세요. 곧 오겠습니다. 밤이 돼 가니까 가게문을 닫습니다." 과연 벌써 황혼이다. 그리고 커다란 기지가 위에 있는 마당은 한층 더 어둡다.

그들은 어떤 방으로 들어가서 여기저기 놓여 있는 의자에 앉는다. 그들은 피로하였다.

남자는 한 사람은 더 나이 많고, 한 사람은 더 젊은 다른 두 사람과 같이 돌아와, 인사를 하면서 일어나는 손님들을 가리키면서 말한다. "이분들이야요. 형님들에겐 어떻게 생각되나요? 제게는 성실한 사람들로 보이는데…"

"그래, 아우 잘했네" 하고 나이가 더 많은 사람이 동생에게 말하고 손님들에게, 아니 그보다도 분명히 그들의 지도자로 보이는 예수께 묻는다. "성함이 어떻게 되시오?"

"나자렛의 예수, 역시 나자렛의 야고보와 유다, 베싸이다의 야고보와 요한, 그리고 안드레아, 그외에 가파르나움의 마태오입니다."

"어떻게 여길 오셨습니까? 박해를 받았습니까?"

"아닙니다. 우리는 복음을 전합니다. 우리는 팔레스티나를 여러번, 갈릴래아에서 유다까지, 이 바다에서 저 바다까지 두루 다녔고, 요르단강 건너편 아우라니티드에까지 갔습니다. 이제는 여기에…가르치러 왔습니다."

"유다교 선생님이 여길 오시다니? 이건 놀라운 일 아닌가, 필립보와 엘리야?" 하고 가장 나이많은 사람이 묻는다.

"매우 놀라운 일입니다. 어떤 계급에 속하십니까?"

"아무 계급에도 속하지 않습니다. 나는 하느님의 사람입니다. 세상에서 착한 사람들은 나를 믿습니다. 나는 가난합니다. 그리고 가난한 사람들을 사랑합니다. 그러나 부자들도 업신여기지 않고, 그들에게는 사랑과 자비와 재물에서의 초탈을 가르칩니다. 마찬가지로 가난한 사람들에게는 아무도 죽게 내버려두지 않으시는 하느님께 신뢰를 가지고 그들의 가난을 사랑하라고 가르칩니다. 내 부자 친구들과 제자들 중에는 베다니아의 라자로도 있습니다…."

"라자로요? 우리 누이동생 하나가 라자로의 하인 한 사람과 결혼했습니다."

"나도 압니다. 내가 온 것은 그 누이동생이 당신들에게 인사하고 당신들을 사랑한다는 것을 말하기 위해서이기도 합니다."

"그애를 보셨습니까?"

"내가 보진 않았지만, 라자로가 안티고니아에 보낸, 나와 같이 있는 사람들이 보았습니다."

"아이고! 말해 주시오! 헤르미온이 뭘 합니까? 그애가 정말 행복합니까?"

"남편과 시어머니가 그를 매우 사랑합니다. 시아버지도 며느리를 존중합니다…" 하고 유다 타대오가 말한다.

"그러나 시아버지는 그애에게 어머니의 피를 용서하지 않지요. 그걸 말해 주시오."

"용서하려고 하고 있습니다. 그분은 우리에게 며느리 칭찬을 많이 했습니다. 그리고 누이동생은 아주 예쁘고 귀여운 아이 넷을 두었습니다. 그러나 당신들은 항상 누이동생의 마음 속에 간직되어 있습니다. 그리고 당신들에게 하느님이신 선생님을 모시고 가라는 부탁을 했습니다."

"아니…어떻게…선생님이…선생님이 메시아라고 불리는 분이십니까?"

"그렇습니다."

"선생님이 정말…예루살렘에서 사람들은 선생님이 하느님의 말씀이라고, 사람들이 그렇게 부른다고 말했습니다. 그것이 사실입니까?"

"그렇습니다."

"그렇지만 선생님은 그곳 사람들에게만 하느님의 말씀이십니까, 모든 사람에게도 그러십니까?"

"모든 사람에게 그렇습니다. 당신들은 내가 하느님의 말씀이라는 것을 믿을 수 있습니까?"

"믿는 것은 조금도 힘들지 않습니다. 더구나 우리가 믿는 것이 우리를 괴롭히는 것을 없앨 수 있을 것으로 생각할 때에는 더 그렇습니다."

"엘리야, 그것은 사실입니다. 그러나 그렇게 말하지 마시오. 그것은 섞인 피보다도 훨씬 더 불순한 생각입니다. 남이 없신여김으로 인해서 사람으로서의 당신을 괴롭게 하는 것이 없어지리라는 희망으로 기뻐하지 말고, 하늘나라를 얻을 희망으로 기뻐하시오."

"선생님 말씀이 옳습니다. 저는 반은 이교도입니다. 주님…"

"스스로 그렇게 낮추지 마시오. 나는 당신도 사랑하고, 당신을 위해서도 왔습니다."

"엘리야야, 이분들이 피곤하시겠다. 네 이야기로 이분들을 붙잡아놓는구나. 가서 저녁식사를 하자. 그리고 이분들을 잠자리로 모시자. 여기에는 여자가 없습니다. …이스라엘 여자는 아무도 우릴 받아들이지 않았는데, 우린 또 이스라엘 여인을 얻고 싶어했습니다. …그러니까 집이 냉랭해 보이고 장식이 없는 것을 용서하십시오."

"당신들의 착한 마음씨로 인해서 집이 꾸며지고 따뜻하게 느껴질 것입니다."

"얼마 동안 머무르시겠습니까?"

"하루 이상은 머무르지 않습니다. 나는 띠로와 시돈을 향해 가려고 합니다. 그리고 안식일 전에 악집에 도착하고 싶습니다."

"그렇게는 못합니다, 주님. 시돈은 멉니다!"

"내일은 여기서 말하고 싶습니다."

"저희 집은 항구와 같습니다. 집에서 나가지 않으셔도 선생님 형편에 맞는 청중이 있을 것입니다. 더구나 내일은 큰 장이 서니까요."

"그러면 갑시다. 그리고 주님이 당신들의 자선을 갚아 주시기를 바랍니다."

17. 이튿날, 알렉산드로셴에서

　삼형제의 집 마당에 반은 그늘이 졌고, 반은 해가 들었다. 마당에는 물건을 사러 오고 사가지고 가는 사람들이 가득 차 있고, 대문 밖 작은 광장에서는 사는 사람들과 파는 사람들이 오가는 어렴풋한 소리와 나귀와 양과 어린 양과 닭들의 소리가 섞인 알렉산드로셴의 장터의 웅성거림이 들려온다. 여기서는 일이 덜 복잡하고, 아무런 부정하는 것도 염려할 필요없이 닭을 장에 가져온다는 것을 알 수 있다. 나귀 울음소리, 양 우는 소리, 암닭들의 꼬꼬댁 소리, 수탉들이 의기양양하게 꼬끼오 하는 소리들이 사람들이 명랑하게 일제히 말하는 목소리에 섞여 들려오는데, 사람들의 목소리는 이따금씩 어떤 말다툼 끝에 날카롭고 극적인 음까지 올라간다.
　형제들의 집 마당에도 희미한 소음이 퍼지고, 물건값 때문에나 어떤 사람이 다른 사람이 사려고 하던 물건을 샀기 때문에 말다툼이 좀 일어나기도 한다. 또 거지들의 구슬픈 하소연도 없지 않다. 그들은 대문 근처 광장에서 죽어가는 사람의 신음 소리같이 고통스러운 가락으로 그들의 불행을 늘어놓는다.
　로마 병사들이 창고와 마당을 거만하게 왔다갔다 한다. 그들이 무장하고 있고, 또 모두들 무장을 한 페니키아인들 가운데 절대로 혼자 다니지 않는 것으로 보아 나는 그것이 질서 유지 근무인 것으로 추측한다.
　예수께서도 말씀하시기에 유리한 시간을 기다리시면서 여섯 사도와 함께 마당을 왔다갔다하며 거닐으신다. 그러다가 거지들 곁을 지나시면서 동냥을 주시고 잠깐 광장으로 나가신다. 사람들은 하던 일을 잠시 놓고 갈릴래아 사람들의 집단을 바라보고 외국 사람들이 어떤 사람들이냐고 묻는다. 그리고, 알려주는 사람들도 있는데, 그것은 그들이 삼형제에게 그들의 손님이 누구인지를 물어보았기 때문이었다.
　가는 길에 옆에 있는 어린이들을 조용히 쓰다듬어 주시며 가시는 예수의 발걸음을 속삭이는 소리가 뒤따른다. 속삭임 가운데에는 히브리인들에 대한 비웃음과 그들을 별로 기쁘게 하지 않는 형용어구(形容語句)가 있는가 하면, 이 "예언자", 이 "선생님", 이 "성인", 이 "메시아"의 말을 듣고 싶어하는 진정한 욕망도 있다. 그들은 예수에 대하여 말할 때에 그들의 믿음과 그들의 영혼의 올바름의 정도에 따라 이 여러 가지 명칭을 붙인다.

두 어머니가 "아니 그게 정말이예요?" 하는 소리가 들린다.

"다니엘이 바로 말한 거예요. 다니엘은 예루살렘에서 성인의 기적을 본 사람들과 말을 했대요."

"그럼 그렇다고 합시다! 그렇지만 저분이 그 사람이 틀림없어요?"

"아니고! 다니엘이 그러는데 저분이 말하는 걸루 봐서 그 사람일 수밖에 없다는 거예요."

"그럼…어떻게 생각하세요? 나는 그저 개종자일 뿐인데도 내게 은총을 베풀어 주실까요?"

"그럴 거라고 생각해요. …해 보세요. 어쩌면 저분이 우리 고장에는 다시 오지 않을지도 몰라요. 해보세요, 해보라구요! 당신에게 해는 분명히 끼치지 않을 거예요!"

"가볼래요" 하고 그 작은 여자는 접시 흥정을 하던 장사꾼을 내팽개치고 말한다. 두 여자의 이야기를 들은 장사꾼은 그 거래로 재미를 보려던 것이 연기처럼 사라진 것 때문에 실망하여 거기 남아 있는 여자를 비난하며 "저주받은 개종자, 히브리인의 핏줄, 몸을 판 여자" 등등의 욕설을 퍼붓는다.

수염이 난 점잖은 두 사람이 말하는 것이 들린다. "난 저분의 말을 들었으면 좋겠습니다. 위대한 선생님이라고들 말하던데요."

"예언자라고 말해야지요. 세례자보다도 더 위대한 예언잡니다. 엘리야가 내게 어떤 말을 해주었어요! 어떤 말을! 엘리야는 누이동생이 이스라엘의 큰 부자의 어떤 하인과 결혼했고, 누이동생의 소식을 알기 위해서 하인들에게 알아보기 때문에 사정을 알고 있어요! 그 부자가 선생님의 친한 친구랍니다…."

아주 가까이 있었기 때문에 이 말을 들은 아마도 페니키아인처럼 보이는 셋째 사람이 두 사람 사이로 빈정거리는 교활한 얼굴을 내밀고 비웃는다. "대단한 성덕이로군요! 재물에 절인 성덕! 내 생각에는 성인은 가난하게 살아야 할 겁니다!"

"도로, 그 저주받은 혀를 놀리지 말고 입닥쳐요. 이교도인 당신은 이런 일에 대해서 판단할 자격이 없어요."

"아! 당신들은 그럴 자격이 있군요. 특히 사무엘 당신! 당신은 내게 빚진 거나 갚는 게 더 나을 겁니다."

"저런! 이젠 내 곁에 얼씬도 마시오. 짐승 같은 얼굴을 한 흡혈귀!…"

계집아이와 같이 다니는 반소경이 된 늙은이의 "어디 있어요? 메시아가 어디 있어요?" 하는 소리와 계집아이의 "마르코 할아버지를 지나가게 하세요! 메시아가 어디 있는지 마르코 할아버지에게 말해 주세요" 하고 외치는 소리가 들린다.

약하고 떨리는 늙은이의 목소리와 계집아이의 맑고 확실한 목소리, 이렇게 두 목소리가 광장에 울려 퍼지지만 소용이 없다. 그러다가 마침내 어떤 다른 사람이 말한다. "선생님을 만나고 싶으세요? 다니엘 집 쪽으로 돌아 가셨습니다. 저기 서서 거지들과 말하고 계시군요."

로마 병사 두 사람이 말하는 소리가 들린다. "저 사람이 유다인들의 박해를 받는 사람일 거야. 못난 것들! 저 사람을 보기만 해도 그들보다는 나은 사람이라는 걸 알 수 있어."

"그렇기 때문에 저 사람이 그들을 불안하게 하는 거야."

"기수(旗手)에게 가서 말하자. 명령이니까."

"가이우스, 상식 밖의 명령이야! 로마는 어린 양은 무서워하고, 호랑이들은 가만 놔두고 쓰다듬어준다고 말해야 할 거다" (쉬피오).

"내 생각엔 그렇지도 않아, 쉬피오! 본시오*는 쉽게 학살을 하거든!" (가이우스).

"그래…그렇지만 아첨하는 잔인하고 잔인한 인간들이 그의 집에 드나들게 한단 말이야" (쉬피오).

"정치야, 쉬피오. 정치!" (가이우스).

"비열한 짓이야, 가이우스. 그리고 어리석은 짓이고, 이 아시아의

---

* 역주 : 본시오 빌라도.

천민들을 복종시키려면 이 사람의 친구가 돼서 이 사람의 도움을 받아야 할 거야. 본시오가 착한 이 사람을 소홀히 하고 악한 사람들에게 아부하는 건 로마에 제대로 봉사하지 못하는 거야"(쉬피오).

"총독을 비난하지 말아. 우린 군인이고, 상관은 신처럼 신성해. 우린 신성한 황제께 복종을 서약했는데, 총독은 황제의 대리자란 말이야"(가이우스).

"그건 신성하고 불멸하는 조국에 대한 의무에 관해서는 맞는 말이야. 그렇지만 마음 속의 판단에 대해서는 가치가 없는 거야"(쉬피오).

"그렇지만 복종은 판단에서 오는 거야. 만일 네 판단이 어떤 명령에 반항하고 그것을 비난하면, 너는 전적으로 복종하는 것이 아닐 거다. 로마는 그가 정복한 것을 보호하기 위해 우리의 맹목적인 복종에 기댄단 말이야"(가이우스).

"너는 호민관(護民官)처럼 말을 잘한다. 그렇지만 내가 지적하고자 하는 것은 로마는 여왕이고, 우리는 노예가 아니라 신민이란 말이다. 로마는 노예시민을 가지지도 않았고, 가져서도 안 돼. 시민들의 이성에 침묵을 강요하는 건 노예제도야. 내 말은 본시오가 저 이스라엘 사람들을 소홀히 하는 것은 잘못 하는 거라고 내 이성이 판단한다는 거야. 저 사람을 메시아라고 하건, 성인이라고 하건, 예언자라고 하건, 선생님이라고 하건 네 취미대로 불러. 그리고 나는 그렇게 말할 수 있다는 느낌을 가지고 있어. 왜냐하면 로마에 대한 내 충성과 내 사랑이 이 때문에 줄어들지 않는단 말이다. 그보다도 나는 오히려 그렇게 말하고 싶어. 왜냐하면 저 사람은 그가 하는 것처럼 법률과 집정관들에 대한 존경을 가르치는 것으로 로마의 번영에 협력하고 있기 때문이다"(쉬피오).

"너는 교양이 많아. 쉬피오…넌 출세할 거야. 넌 벌써 상당히 진전했어! 나는 보잘 것 없는 병사야. 그렇지만 우선은 저게 보여? 그 사람 곁에 사람들이 모여 있어. 가서 상관들에게 말하자"(가이우스)….

과연 삼형제의 집 대문 근처에는 예수를 둘러싸고 사람들이 한 떼 모여 있는데, 예수께서는 키가 크기 때문에 잘 보이신다. 그러다가 갑자기 외치는 소리가 들리고 사람들이 웅성거린다. 어떤 사람들은 장마당에서 달려 오고 어떤 사람들은 광장 쪽으로 또 그 너머로 달아난다.

묻는 말과 대답이 엇갈린다.

"무슨 일이 일어났어?"
"무슨 일이야?"
"이스라엘 사람이 늙은 마르코를 고쳐 주었어."

그동안 예수께서는 마당으로 들어가셨고 사람들이 따라 들어갔다. 뒤에는 거지 중의 한 사람이 고생스럽게 간신히 걸어오고 있는데, 다리로 걷는다기보다는 오히려 손으로 기어 오는 앙가발이이다. 그러나 다리는 꼬이고 힘이 없어서 목발없이는 앞으로 나아올 수 없겠지만, 목소리는 매우 튼튼하다! 해가 쨍쨍 나는 아침의 대기를 찢어놓는 사이렌 소리 같다. "성인님! 성인님! 메시아님! 선생님! 불쌍히 여겨 주십시오!"

두세 사람이 뒤돌아보며 말한다. "소리 좀 그만 지르게! 마르코는 히브리 사람이지만, 자넨 그렇지 않아."

"저분은 진짜 이스라엘 사람들에게 은혜를 베푸시지. 개자식들에게는 안 베푸셔!"

" 내 어머니는 유다인이었어요…."

"그래서 하느님은 네 어머니에게 그 죄 때문에 너 같은 괴물을 주어서 벌하신 거야. 늑대 아들 같은 이, 저리가! 네 자리로 돌아가. 이 더러운 녀석…."

그 사람은 창피하고, 주먹을 내두르며 위협하는 바람에 무서워서 벽에 기대선다….

예수께서 걸음을 멈추시고 돌아서시어 바라보신다. 그리고 명령하신다. "여보시오, 이리 오시오!"

그 사람은 예수를 바라다보고, 그를 위협하는 사람들을 바라다본다.…그리고 감히 앞으로 나아오지 못한다.

예수께서 군중을 헤치시고 그에게로 가신다. 그리고 그 사람을 손으로 붙잡으시고, 한 손을 그의 어깨에 얹으시고 말씀하신다. "겁내지 말고 나와 같이 갑시다." 그리고 무자비한 사람들을 바라보시며 엄한 어조로 말씀하신다. "하느님께서는 당신을 찾는 모든 사람의 것이고 자비로우십니다."

그 사람들은 암시를 알아듣고 이제는 그들이 뒤처져 있다. 아니 그보다도 있는 곳에 그대로 머물러 있다.

예수께서는 돌아다보신다. 그리고 그들이 부끄러워서 가려고 하는 것을 보시고 그들에게 말씀하신다. "아니, 당신들도 오시오. 이것이 당신들에게도 이익이 될 것입니다. 그렇게 하면 이 사람이 믿음을 가질 줄 알았기 때문에 내가 이 사람을 꼿꼿이 일으키고 튼튼하게 할 것처럼 당신들의 영혼도 곧바로 되고 튼튼하게 될 것입니다. 여보시오, 내가 당신에게 말하오만, 당신의 불구를 면하시오." 그리고 앉은뱅이가 일종의 진동을 느낀 다음 그의 어깨에서 손을 떼신다.

그 사람은 자신있게 다리를 디디고 일어서서 오래 된 목발을 집어던지고 외친다. "선생님이 나를 고쳐 주셨습니다! 내 어머니의 하느님께 찬미!" 그리고는 무릎을 꿇고 예수의 옷자락에 입맞춤한다.

보려고 하는 사람들과 보고 나서 이러쿵 저러쿵 말하는 사람들의 동요는 극도에 달하였다. 광장에서 마당으로 들어가는 입구 안쪽에는 군중에게서 오는 외침 소리가 요란스럽게 울려 퍼져서 기지의 담에 부딪혀 반향한다.

군대는 무슨 싸움이 벌어졌는지 염려하는 모양이어서 —— 인종과 종교의 대립이 그렇게도 많은 이곳에서는 그런 일이 쉽게 일어날 것이 틀림없다 —— 기수가 길을 난폭하게 헤치며 달려 와서 무슨 일이 일어났느냐고 묻는다.

"기적이, 기적이 일어났어요! 앉은뱅이 요나가 고쳐졌어요. 저기 갈릴래아 사람 옆에 있어요."

병사들은 서로 얼굴을 쳐다본다. 그들은 군중이 모두 빠져나갈 때까지 말을 하지 않는다. 그러나 뒷쪽에 다른 군중이 또 하나 생겼다. 그것은 물건을 파는 사람들인데, 그날 하루 장사를 완전히 망쳐 놓은 듯하지 않은 기분전환 때문에 몹시 원통해 하는 상점이나 광장에 있던 사람들이다. 그리고 삼형제 중의 한 사람이 지나가는 것을 보고 묻는다. "필립보, 선생님이 이제는 뭘 하려는지 아오?"

"선생님은 말씀하시고 가르치시오. 우리집 마당에서!" 하고 필립보는 매우 기뻐하며 말한다.

병사들은 서로 의논을 한다. 남아 있을 것인가? 갈 것인가?

"부대장이 우리더러 감시하라고 그랬어…."

"누구를? 저 사람을? 그렇지만 저 사람 때문이라면 우리가 사이프러스의 포도주 한 항아리를 걸고 주사위노름이라도 할 수 있을거야!"
하고 아까 동료 앞에서 예수를 옹호하던 병사 쉬피오가 말한다.
 "내 생각에는 로마의 법률을 옹호할 필요가 있지 않고 저 사람을 옹호할 필요가 있을 것 같아! 자네들 저 사람이 보이나? 우리 신들 가운데에는 저렇게도 부드러우면서도 저렇게 씩씩한 신이 아무도 없어. 이 천민들은 저 사람을 가질 자격이 없어. 그리고 자격없는 사람들은 언제나 죄인이란 말이야. 우리 남아서 저 사람을 보호하세. 여차하면 저 사람을 곤경에서 구해 주고, 이 죄악 같은 자들의 어깨를 으스러뜨리세" 하고 다른 병사가 말한다. 그의 개입은 빈정거림과 찬탄이 반씩 섞여 있다.
 "푸렌스, 자네 말 잘하네. 그리고 아지오, 너는 가서 부대장 프로코르를 불러 오너라. 부대장은 로마에 대한 음모를 늘 꿈꾸고 있고, 그래서 …신성한 황제와 세계의 어머니요 주인인 여신 로마의 안녕을 위해 항상 경계하고 있는 그의 활동을 보상하기 위한 승진을 꿈꾸고 있다. 부대장은 여기서는 완장도 월계관도 얻지 못하리라는 것을 믿게 될 거다."
 한 젊은 병사가 뛰어 갔다가 뛰어 돌아와서 말한다. "프로크르는 오지 않습니다. 그대신 제3열 예비 보병 아퀼라를 보냅니다…."
 "좋아! 좋아! 그 사람이 체칠리우스 막시무스 자신보다 낫다. 아퀼라는 아프리카와 갈리아에서 복무했고, 우리에게서 바루스와 그의 군단들을 빼앗아 간 무자비한 삼림지대에도 가 있었다. 그 사람은 그리이스인들과 브르타뉴인들도 알고 있고, 형편을 알아보는 육감도 빠르다. …오! 안녕! 여기 영광스러운 아퀼라가 온다. 이리 와서 우리같이 불쌍한 사람들에게 인간들의 가치를 아는 방법을 가르쳐 주게!"
 "부대장 아퀼라, 만세!" 하고 병사들이 늙은 병사에 어깨를 다정스럽게 치면서 외친다. 그 나이 많은 병사의 얼굴과 팔과 장딴지에는 상처자국이 셀 수 없을 만큼 많다.
 그 노병사는 착하고 어질게 빙그레 웃으며 외친다. "세계의 지배자 로마 만세! 보잘것 없는 병사인 나는 아니야. 대관절 무슨 일인가?"
 "저 키크고 머리가 엷은 구리빛 같은 금발인 사람을 감시해야 해요."
 "좋아! 그런데 저 사람은 누구야?"

"사람들은 저 사람을 메시아라고 부르고, 자기 자신은 예수라고 하는, 나자렛 사람이지요. 저 사람 때문에 우리에게 명령이 내려진 거예요. 아시겠어요? …"

"흠! 그럴지도 모르지. …하지만 나는 우리가 구름을 잡으려고 뛰어 다니는 것 같은 생각이 드는데."

"사람들은 저 사람이 왕이 돼서 로마의 자리를 빼앗으려고 한다고 그래요. 저 사람은 최고회의와 바리사이파 사람들과 사두가이파 사람들과 헤로데당원들에 의해 본시오에게 고발됐어요. 히브리인들은 머리통 속에 저 애벌레를 가지고 있어서, 거기서 이따금씩 왕이 나온답니다…."

"그래, 그래. …하지만 그 일 때문이라면! … 어떻든 저 사람이 말하는 거나 들어보세. 말을 하려고 하는 것 같은데."

"백부장과 같이 있는 병사한테서 들어서 아는 일인데, 쁘블리우스 퀸틸리아누스가 저 사람을 훌륭한 철학가라고 백부장에게 말했다는군요. …황실의 여자들이 저 사람에게 열중해 있다는군요…" 하고 다른 젊은 병사가 말한다.

"그렇구 말구! 내가 여자라면 나도 저 사람에게 열중하겠다. 그리고 나는 침대에도 같이 있었으면 좋겠다…" 하고 또 다른 젊은 병사가 까놓고 말한다.

"추잡한 녀석, 입닥쳐라! 너는 색정에 붙들려 있다!" 하고 다른 병사가 농담을 한다.

"그래 파비우스, 너는 그렇지 않구! 안나, 시라, 알바, 마리아…."

"입닥쳐라, 시바노. 저 사람이 말을 하는데, 나는 듣고 싶다" 하고 제3열 보병이 말한다. 그러니까 모두 입을 다문다.

예수께서는 벽에 기대 놓은 한 상자에 올라가셨다. 그러므로 모든 사람에게 잘 보이신다. 예수의 다정스러운 인사가 벌써 공중에 퍼졌고, 그 뒤를 이어 말씀이 나온다. "오직 한분뿐이신 창조주의 자녀들, 들으시오." 그리고 사람들이 주의를 기울이고 침묵을 지키는 가운데 말씀을 계속하신다.

"은총의 때가 모든 사람에게 왔습니다. 이스라엘만을 위해서 온 것이 아니라, 온 세계를 위해서 왔습니다.

여러 가지 이유로 여기 있는 히브리인, 개종자, 페니키아인, 이방인, 모두 하느님의 말씀을 듣고, 정의를 이해하고, 사랑을 아시오. 지혜와 정의와 사랑을 차지하면, 여러분은 하느님의 나라에 가는 수단을 가지게 될 것입니다. 이스라엘의 자손들에게만 예약되지 않고, 이제부터 오직 한분뿐이신 참 하느님을 사랑하고 하느님의 '말씀'의 말을 믿을 모든 사람에게 마련해 놓은 그 나라에 말입니다.

잘 들으시오. 나는 찬탈자(簒奪者)로서의 목표나 정복자의 폭력을 가지고 저 멀리서 온 것이 아닙니다. 나는 다만 영혼들의 구원자가 되기 위해서 왔습니다. 권력, 재산, 공직 따위는 내 마음을 끌지 못합니다. 그것들은 내가 볼 때에 아무것도 아니며, 나는 그것들을 거들떠보지도 않습니다. 아니 그보다도 그것들이 불쌍하게 생각되기 때문에 불쌍히 여기기 위해서 그것들을 바라봅니다. 그것들이 여러분의 정신을 사로잡아서, 영원하시고, 한분뿐이시고, 보편적이시고, 거룩하시고, 찬미받으시는 주님께로 오지 못하게 막는 사슬들이기 때문입니다. 나는 그것들을 가장 큰 불행으로 보고 가까이 갑니다. 그리고 사람의 아들들을 유혹하는 그것들의 매혹하는 잔인한 속임수에서 사람들을 구해서 그것들을 사람에게 상처를 입히고 죽이는 무자비한 무기처럼 쓰지 않고, 정의와 사랑을 가지고 쓸 수 있게 하려고 애씁니다. 그리고 언제나 그것을 거룩하게 쓸 줄을 알지 못하는 사람들의 정신부터 시작합니다.

그러나 내가 진정으로 여러분에게 말합니다마는, 나로서는 보기 흉한 영혼을 고치는 것보다 보기 흉한 육체를 고치는 것이 더 쉽고, 정신에 빛을 주고 병든 영혼들에게 건강을 주는 것보다 꺼진 눈동자에 빛을 주고 죽어가는 육체에 건강을 주는 것이 더 쉽습니다. 왜 그렇습니까? 그것은 사람이 그의 생의 참다운 목적을 잊어버리고, 덧없는 것에 골몰하게 되기 때문입니다. 사람은 주님의 이 거룩한 명령을 알지 못하거나 기억하지 못하고, 혹 기억하고 있다 하더라도 그 명령에 복종하고자 하지 않습니다. 그런데 나는 내 말을 듣고 있는 이방인들에게도 선을 행하라고 말합니다. 선은 로마나 아테네에도 있고, 갈리아와 아프리카에도 있기 때문이며, 윤리법은 세상 어디에나 어떤 종교에나 어떤 곧은 마음에나 다 있기 때문입니다. 그리고 종교들은, 하느님의 종교에서 외따로 떨어진 윤리의 종교에 이르기까지 우리 안에 가장 훌륭한 것이 살아남아 있으며, 저 세상에 있어서의 사람의 운명은 세상에서 어떻게 살았는지에 따라서 결정될 것입니다.

그러므로 사람의 목적은 내세에서 평화를 얻는 것이지, 이 세상에서 한정된 시간 동안 즐겼다가 영원 동안 매우 혹독한 고통으로 갚아야 하는 진수성찬이나 폭리나 지배나 쾌락이 아닙니다. 그런데 사람들은 이 진리를 알지 못하거나 기억하지 못하거나 기억하고자 하지 않거나 합니다. 이 진리를 알지 못하면, 그들은 죄가 덜합니다. 만일 이 진리를 기억하지 못한다면, 어느 정도의 유죄성은 있습니다. 그것은 진리를 거룩한 횃불처럼 정신과 마음 속에 켜서 보존해야 하는 것이기 때문입니다. 그러나 만일 이 진리를 기억하기를 원치 않고, 그것이 타오를 때에 마치 유익한 체하는 연설가의 목소리인 것처럼 그것을 미워해서 보지 않으려고 눈을 감으면, 그때에는 그들의 죄가 중하고 또 매우 중합니다.

그렇지만 하느님께서는 만일 영혼이 이전 행동방식을 버리고, 나머지 생애 동안에는 하느님 나라에서 영원한 평화를 얻는 것인 사람의 진짜 목적을 추구하는 것을 목표로 정하면 하느님께서는 사람을 용서하십니다. 여러분은 지금까지 나쁜 길을 걸었습니까? 타락했기 때문에 좋은 길로 들어서기는 너무 늦었다고 생각하십니까? 비탄에 잠겨서 '나는 이런 걸 조금도 알지 못했었다! 그리고 지금도 아무것도 몰라서 어떻게 행동해야 할지 알지 못한다'고 말합니까? 아닙니다, 사정이 물질적인 일들과 같아서 이미 한 것을 거룩하게 다시 하기 위해서는 많은 시간과 노력이 필요하다고 생각하지 마시오. 참다운 주 하느님이신 영원이신 분은 너무 인자하셔서, 여러분이 잘못해서 좋은 길을 버리고 나쁜 길로 접어든 네거리로 여러분을 도로 데려가시려고 여러분이 이미 걸어온 길을 반대로 다시 걸어가게는 결코 하지 않으실 것입니다. 하느님은 너무도 인자하셔서, 여러분이 '나는 진리에 속해 있기를 원한다'고, 즉 하느님은 진리이시니까 하느님께 속해 있기를 원한다고 말하는 순간부터 하느님께서는 순전히 영적인 기적으로 여러분에게 지혜를 부어 주십니다. 그 지혜로 무식하던 여러분은 여러해 전부터 초자연적인 지식을 가지고 있는 사람들과 같이 초자연적인 지식을 가진 사람이 될 것입니다.

지혜는 하느님을 원하고, 하느님을 사랑하고, 정신을 기르며, 육신과 세속과 사탄적인 모든 것을 버리고 하느님 나라를 향하는 것입니다. 지혜는 사랑과 순종과 절제와 성실의 법인 하느님의 율법을 지키는 것입니다. 지혜는 자기의 온 힘을 기울여 하느님을 사랑하고, 이웃을 우리 자신 같이 사랑하는 것입니다. 하느님의 지혜로 지혜롭게 되는 데에는 이것이 두 가지 필수적인 요소입니다. 그리고 우리 이웃에는 우리의 혈족, 우리의 민족, 우리와 같은 종교를 가진 사람들만이 있는 것이 아니라, 부자거나 가난한 사람이거나, 지혜롭거나 무식하거나, 히브리인이거나 개종자이거나 페니키아인이거나 그리이스인이거나 로마인이거나, 모든 사람이 들어 있는 것입니다…."

예수의 말씀은 어떤 미치광이 같은 사람들의 위협적인 외침으로 중단되었다.

예수께서는 그들을 바라다보시고 나서 말씀하신다. "그렇습니다. 이것이야말로 사랑입니다. 나는 진리를 말합니다. 그것은 이렇게 해서 영원한 생명에 필요한 것을 여러분 안에 심어야 하기 때문입니다. 이것이 여러분의 마음에 들건 들지 않건, 나는 구속자로서의 내 의무를 다하기 위하여 이 말을 해야 합니다. 여러분은 구속을 필요로 하는 사람들로서의 여러분의 의무를 다해야 합니다. 그러므로 이웃을, 모든 이웃을 거룩한 사랑으로 사랑하시오. 이해관계의 수상한 야합(野合)으로 사랑하지 마시오. 그런 야합이 있으면, 로마인이건 페니키아인이건 개종자이건 저주를 받습니다. 그러나 반대로 관능성에 대한 갈망이나 돈에 대한 이해관계가 있는데도 관능성이나 돈이 섞여들지 않는 한 저주는 사라집니다…."

군중의 웅성거리는 소리가 또 한번 일어난다. 그런데 로마인들이 안마당에 있는 그들의 자리에서 외친다. "젠장! 저 사람 정말 말 잘하는데!"

예수께서는 웅성거림이 가라앉기를 기다리시다가 말씀을 다시 시작하신다. "우리가 사랑받기를 원하는 것처럼 이웃을 사랑해야 합니다. 학대를 받고, 자존심이 상하고, 도둑을 맞고, 압제를 받고, 중상을 당하고, 모욕을 당하는 것이 우리는 기쁘지 않기 때문입니다. 다른 사람들도 민족적으로나 개인적으로 똑같은 민감성을 가지고 있습니다. 그러므로 거꾸로 우리 이웃이 우리에게 주기를 원치 않을 고통을 우리도 이웃에게 주지 맙시다.

지혜는 하느님의 열 가지 계명을 지키는 것입니다. '나는 네 주 하느님이다. 나 이외에 신을 가지지 말아라. 우상을 가지지 말고, 우상을 숭배하지 말아라.

하느님의 이름을 함부로 쓰지 말아라. 그 이름은 주 네 하느님의 이름이니, 하느님께서는 그 이름을 이유 없이, 또는 저주를 위하여, 또는 죄를 유효하게 하기 위하여 쓰는 자를 벌하실 것이다.

명절들을 거룩하게 지낼 것을 기억하여라. 창조하시고 나서 쉬시고, 축복하시고 거룩하게 하신 안식일은 주님께 거룩한 날이다.

세상에서 오랫동안 평화롭게 살고 하늘에서 영원히 살 수 있도록 아버지와 어머니를 공경하여라.

사람을 죽이지 말아라.

간음을 범하지 말아라.

도둑질을 하지 말아라.

네 이웃에 대하여 거짓으로 말하지 말아라.

네 이웃의 집이나 아내나 남녀 하인이나 소나 나귀를 탐내지 말고, 그의 소유인 다른 것도 탐내지 말아라.'

이것이 지혜입니다. 이렇게 하는 사람은 지혜롭고, 끝없는 생명과 나라를 얻게 됩니다. 그러므로 오늘부터 지혜를 따라서 살고, 이 지혜를 이 세상의 보잘 것 없는 것들보다 앞세우기로 작정하시오.

뭐라고 말했습니까? 말하시오. 시간이 늦었다고 말했습니까? 아닙니다. 비유를 하나 들어보시오.

한 주인이 자기 포도밭에서 일할 일꾼들을 쓰려고 새벽에 나가서, 그 사람들과 하루에 1데나리온*을 주기로 합의했습니다.

주인은 아홉시에 다시 나갔습니다. 그리고 자기가 쓴 일꾼이 별로 많지 않다는 것을 생각하고, 한편 광장에는 누가 써 주기를 기다리는 일거리 없는 일꾼들이 있는 것을 보고, 그 사람들을 붙잡고 말했습니다. '내 포도밭에 가시오. 그러면 다른 사람들에게 약속한 만큼 주겠

---

* 역주 : 고대 로마의 은화.

소.' 그래서 그 사람들도 그의 포도밭으로 갔습니다.
 주인은 정오와 오후 세시에 나가서 또 다른 사람들을 보고 그 사람들에게 말했습니다. '내 소유지에 가서 일하겠소? 나는 일꾼들에게 하루에 1데나리온을 주오.' 그 사람들도 수락하고 포도밭으로 갔습니다.
 그 주인은 끝으로 저녁 여섯시쯤에 나갔더니 해가 져가는데 빈둥빈둥 놀고 있는 사람들이 있었습니다. '당신들은 그렇게 한가롭게 뭘 하시오? 하루 종일 아무것도 하지 않고 있는 것이 부끄럽지도 않소!' 하고 주인이 물었습니다. '아무도 하루일을 하라고 우리를 써 주지 않았습니다. 우리는 일을 해서 생활비를 벌고 싶었지만, 아무도 우리를 포도밭에 불러 주지 않았습니다' '그러면 내가 당신들을 내 포도밭에 쓰겠소. 가시오, 그러면 다른 사람들과 같은 품삯을 주겠소.' 그 사람은 마음씨가 좋은 주인이었고, 자기의 이웃의 타락을 불쌍히 생각했기 때문에 이렇게 말했던 것입니다.
 저녁이 되어 일이 다 끝나자, 그 사람은 관리인을 불러서 말했습니다. '일꾼들을 불러서 내가 정한 품삯을 주게. 그런데 맨 나중에 온 사람들부터 시작해서 주게. 그 사람들은 다른 사람들이 한번이나 여러 번 먹은 음식을 하루 종일 먹지 못했기 때문에 가장 옹색한 사람들인데, 내가 동정한 것이 고마워서 다른 사람들보다 일을 더 했네. 내가 그 사람들을 살펴보았네. 그 사람들이 충분히 자격을 얻은 휴식을 취하고, 그들이 일한 결과를 가족들과 같이 즐기게 돌려보내게'. 그래서 관리인은 주인이 명하는 대로 해서 각사람에게 1데나리온씩 주었습니다.
 맨 마지막에 아침 이른 시간부터 일한 사람들이 왔습니다. 그들은 자기들도 1데나리온밖에 못 받는 것을 놀랍게 생각해서 자기들끼리 불평을 하고 관리인에게도 불평을 했습니다. 그러니까 관리인은 '나는 이렇게 하라는 명령을 받았고. 내게 불평하지 말고 주인한테 가서 불평하시오' 하고 말했습니다. 그들은 주인에게 가서 말했습니다. '보십시오. 주인님은 공평하지 못하십니다! 우리는 열두 시간을 일했습니다. 아침 이슬을 맞으면서, 그 다음에는 뙤약볕 아래서, 그리고는 다시 저녁 습기를 맞으면서요. 그런데 주인님은 한 시간밖에 일하지 않은 저 게으름쟁이들과 같은 품삯을 주셨습니다! …왜 그렇게 하십니까?' 그리고 특히 그중의 한 사람은 배반을 당하고 부당하게 착취를 당했다고 목청을 돋우며 말했습니다.

'여보시오, 내가 당신에게 무슨 피해를 입혔소? 새벽에 당신과 어떻게 하기로 합의했소? 품삯 1데나리온을 받고 하루 계속 일하기로 했소. 그렇지요?'

'맞습니다. 그렇지만 주인님은 별로 일을 하지 않은 사람들에게도 같은 품삯을 주셨습니다….'

'당신은 그 품삯이 적당하다고 생각해서 수락하지 않았소?'

'맞습니다, 다른 주인들은 그보다도 덜 주기 때문에 수락했습니다.'

'당신은 여기서 내게 학대를 받았소?'

'아닙니다. 양심적으로 말해서 그렇지 않습니다.'

'나는 낮 동안에 긴 휴식시간을 주고 음식도 주었지요? 세 끼 식사를 주었소. 그런데 음식과 휴식에 대한 합의는 없었소. 그렇지요?'

'그렇습니다. 그것은 합의된 사항이 아니었습니다.'

'그러면 왜 그것들을 받아들였소?'

'그야…주인님은 〈당신들이 너무 지쳐 가지고 집에 돌아가지 않게 하려고 이렇게 하는 편을 택했소〉 하고 말씀하셨지요. 그리고 그것이 우리에게 정말 훌륭한 일로 생각되었습니다. …주인님이 주신 음식은 맛있었습니다. 돈도 절약이 됐고, 또….''

'그것은 내가 당신들에게 공으로 준 우대였고, 아무도 그것을 요구할 수는 없었지요? 안 그렇소?'

'맞습니다.'

'그러니까 내가 당신들에게 유리하게 배려한 거요. 그런데 왜 탄식을 하오. 오히려 내가 당신들에게 불평을 해야 할 거요. 당신들은 마음씨 좋은 주인을 상대한다는 것을 알고, 열의 없이 일했소. 그런데 당신들보다 나중에 온 사람들은 한끼 식사밖에 혜택을 입지 못하고, 또 맨 마지막으로 온 사람들은 식사를 하지 않고서도 더 열심히 일해서 당신들이 열두 시간 걸려서 한 만큼의 일을 더 적은 시간에 했소. 만일 내가 이 사람들의 품삯을 주려고 당신들의 품삯에서 반을 떼어냈으면 당신들을 배신한 것이 됐을 거요. 그러나 그렇게 하지 않았소. 그러니 당신 몫이나 받아 가지고 가시오. 내 집에 와서 당신의 뜻을 강요하려고 하오?

나는 내가 원하는 대로, 그리고 공평하게 하오. 심술궂게 굴지 말고, 불공평한 일을 하도록 나를 유도하지 마시오. 나는 마음씨가 좋은 사람이오.'

내 말을 듣는 여러분은 모두 잘 들어 두시오. 하느님 아버지께서는 모든 사람들에게 같은 조건을 제안하시고 같은 보수를 약속하십니다. 주께 봉사하는 일에 열의를 가지고 몸바치면, 비록 죽음이 가까웠기 때문에 일을 많이 하지 못했더라도 주님께 공평한 대우를 받을 것입니다. 내가 진정으로 여러분에게 말하지만, 언제나 첫째가 하늘나라에서도 첫째가 아니고, 거기에서는 마지막 자리에 있던 사람들이 첫째가 되는 사람들이 있을 것이고, 첫째가 꼴찌가 되기도 하는 것을 보게 될 것입니다. 하늘나라에서는 이스라엘 사람이 아닌 사람들을 많이 보게 될 것이고, 이스라엘의 많은 사람보다 더 거룩한 사람들을 많이 보게 될 것입니다. 나는 하느님의 이름으로 모든 사람을 부르러 왔습니다. 그러나 부름을 받은 사람은 많지만 선택되는 사람은 그리 많지 않습니다. 그것은 지혜를 원하는 사람이 별로 많지 않기 때문입니다.

하느님에 따라서 살지 않고, 세상과 육체에 따라서 사는 사람은 지혜롭지 못합니다. 이 세상을 위해서 하늘나라를 위해서 지혜롭지 못합니다. 세상에서는 원수를 만들고, 벌과 가책을 마련하기 때문이고, 하늘나라를 위해서는 모든 것을 영원히 잃기 때문입니다.

되풀이해서 말하겠습니다. 이웃이 어떤 사람이든지 착하게 대하시오. 옳지 않은 명령을 내리는 사람을 벌하는 일은 하느님께 맡겨 드리고, 여러분은 복종하시오. 관능에 저항할 줄을 알아 금욕하고, 황금에 저항할 줄을 알아 정직하시오. 조리있게 처신해서 저주할 만한 것은 저주하고, 그 일이 여러분에게 옳다고 생각되면 저주하기를 거부하시오. 그리고 여러분이 처음에는 어떤 사람들의 생각을 저주했다가도 나중에는 그 사람들과 관계를 맺는 일도 있을 것입니다. 여러분이 당하기를 원치 않을 일을 다른 사람들에게 하지 마시오. 그러면….”

"그렇지만 성가신 예언자! 당신은 우리 장사를 망쳐 놓았소! …당신이 우리 손님들을 빼앗아 갔소!…" 하고 장사꾼들이 마당으로 몰려 들어오면서 외친다. …그러니까 마당에서 예수의 처음 가르치심에 불평을 하였던 사람들이 —— 그것은 페니키아인들뿐이 아니라, 무슨 동기로 그런지는 몰라도 이 도시에 있던 히브리인들까지 또 그러하였다——장사꾼들과 한패가 되어 욕설을 퍼붓고 위협을 하며, 특히 내쫓으려고 한다. …예수께서 악으로 가라고 충동하지 않기 때문에 그들의 마음에 들지 않는 것이다. …예수께서는 팔짱을 끼시고 슬퍼하시며 엄숙하게 바라다보신다.

사람들은 두 패로 갈라져 나자렛 선생님을 옹호하거나 공격하려고 주먹다짐을 벌인다. 욕설, 칭찬, 저주, 축복, 심한 말들이 오간다. "바리사이파 사람들의 생각이 옳소. 당신은 로마에 매수되었고, 세리와 창녀들의 친구요" 하거나 반대로 "입닥쳐라. 이 하느님을 모독하는 자들아! 지옥의 페니키아인들, 너희가 로마에 매수당한 자들이다!" "여기서 나가! 여기서 나가!" "여기 와서 장사를 하고 폭리를 취하는 도둑들인 너희가 여기서 나가라" 등등.

병사들이 개입하여 말한다. "소동을 일으키는 것은 이분이 아니오! 이분은 불안을 당하고 있소!" 그러면서 창을 휘둘러 마당에서 사람들을 나가게 하고 대문을 닫는다.

예수와 함께 남아 있는 것은 개종자 삼형제와 여섯 제자이다.

"그런데 어떻게 이분에게 말을 하게 할 생각이 들었소?" 하고 제3열 보빙이 삼형세에게 묻는다.

"말을 하는 사람이 얼마나 많은데요!" 하고 엘리야가 대답한다.

"옳소. 그런데 그 사람들은 사람의 마음에 드는 것을 가르치니까 아무일도 일어나지 않소. 그러나 이분이 가르치는 것은 그런 것이 아니니, 저 사람들이 그걸 소화하지 못하는 거요…." 늙은 병사는 예수를 주의깊게 쳐다본다. 예수께서는 당신 자리에서 내려오셔서 방심하신 것처럼 서 계신다.

밖에서는 군중이 여전히 흥분해 있다. 그래서 병영에서 다른 부대들을 나오게 하고, 그들과 함께 백부장 자신도 나온다. 그들은 후려쳐서 길을 비키게 하는데, 다른 병사들은 남아서 "이스라엘의 왕 만세!" 하고 외치는 사람들과 예수를 악담하는 사람들을 밀어낸다.

백부장이 불안해 하며 와서 화를 내며 늙은 병사를 비난한다. "자넨 이렇게 해서 로마를 존경하게 하는 건가? 굴복한 땅에서 외국인을 왕이라고 환호하게 내버려두면서 말이야?"

늙은 병사는 쌀쌀하게 인사하며 대답한다. "저분은 존경과 복종을 가르치고, 이 세상것이 아닌 나라에 대해서 말했습니다. 그래서 저들이 저분을 미워하는 것입니다. 저분은 마음씨가 착하고, 공손하니까요. 저는 우리의 법을 공격하지 않는 사람에게 침묵을 강요할 이유를 찾아내지 못했습니다."

백부장이 진정되어서 투덜된다. "그럼 저 괘씸한 천민들의 또다른 소요로구먼…좋네. 저 사람에게 즉시 떠나라고 명령하게. 난 여기서 말썽이 일어나는 것을 원치 않아. 복종하게, 그리고 길이 트이는 대로 저 사람을 시외에까지 호송하게. 저 사람이 저 하고 싶은 데 가서, 원하면 지옥에라도 가라고 해. 그러나 내 관할지역에서는 나가라고 하게, 알았나?"

"예, 그렇게 하겠습니다."

백부장은 갑옷을 번쩍이게 하고 주홍빛 겉옷을 펄럭이면서 등을 돌리고, 예수는 바라다보지도 않고 간다.

삼형제가 선생님께 말한다. "죄송합니다…."

"당신들의 탓이 아니오. 염려 마시오. 당신들은 이로 인해서 해를 입지 않을 거요. 내가 장담하오…."

세 사람은 안색이 변하고…필립보가 말한다. "저희가 무서워하는 것을 어떻게 아십니까?"

예수께서는 서글픈 얼굴에 햇살을 받으시면서 조용히 미소지으시며 말씀하신다. "나는 마음 속에 있는 것도 알고, 미래도 아오."

그동안 병사들은 해가 있는 곳으로 가서 곁눈질을 해서 보며 이러쿵저러쿵 말들을 한다….

"저 자들이 그들을 압제하지 않는 저분을 미워하는데, 어떻게 우리를 사랑할 수 있겠어?"

"그리구 기적을 행하는 저분이라고 자넨 말해야 할 거야…."

"젠장! 우리 중의 누가 수상한 사람이 있다구 가서 알렸어?"

"가이우스야!"

"지나치게 열성을 부리는 친구 말이지! 우선은 저녁식사도 놓쳤고, 또 어떤 계집애의 키스도 놓칠 것 같은 생각이 드는 걸!…아!"

"난봉꾼! 네 애인은 어디 있니?"

"이봐, 너한테는 분명히 말 안할 거야!"

"기초공사 하는 곳 근처 옹기장수네 집 뒤에 있어. 난 알아. 며칠 전 저녁에 네가 거기 있는 걸 보았단 말이야…" 하고 다른 병사가 말한다.

제3열 보병은 지나가는 것처럼 예수께로 가서, 그 주위를 돌며 쳐다보고 또 쳐다본다. 그러나 무슨 말을 할지 모른다. …예수께서는 그를 격려하기 위하여 미소를 지어 보이신다. 그 사람은 어떻게 할지 모른다. …그러나 점점 더 가까이 온다. 예수께서는 상처자국을 가리키신다. "모두 상처자국이지요? 그러면 당신은 용사이고 충성을 다하는 병사입니다…."

늙은 병사는 이 찬사를 듣고 얼굴을 붉힌다.

"당신은 조국과 황제께 대한 사랑 때문에 고통을 많이 겪었습니다. …더 위대한 조국인 하늘나라를 위해서, 영원한 황제이신 하느님을 위해 조금 고통을 당하고 싶지 않습니까?"

병사는 머리를 흔들며 말한다. "나는 보잘것 없는 이교도입니다. 그러나 나도 저녁 여섯시에 오지 말라는 법은 없지요, 하지만 누가 나를 가르치겠습니까? 아시지요? …저 사람들이 선생님을 내쫓습니다. 그런데 그것이 아프게 하는 상처이지 내 상처는 그렇지 않습니다! …나는 적어도 이 만큼은 적에게 갚았습니다. 그렇지만 선생님은 선생님께 상처를 입히는 사람들에게 무엇을 주십니까?"

"여보시오, 병사! 용서와 사랑을 주오."

"내 생각이 옳습니다. 선생님에게 걸려 있는 의심은 어리석은 것입니다. 갈릴래아 선생님, 안녕히 가십시오."

"로마 군인, 안녕히."

예수께서는 세 형제와 제자들이 음식을 가지고 올 때까지 혼자 남아 계시다. 제자들이 예수께 음식을 드리는 동안 형제들은 병사들에게 음식을 준다. 병사들이 기쁘게 먹고 마시는 동안 예수와 제자들은 햇살을 받으며 억지로 음식을 든다.

그러다가 한 병사가 조용한 광장을 살펴보려고 나간다. "갈 수 있다" 하고 병사가 외친다. "다들 갔다. 순찰대밖에 남지 않았다."

예수께서는 순순히 일어나셔서 세 형제에게 강복하시고 그들을 격려하시며 과월절에 게쎄마니에서 만나자고 약속하신다. 그리고 병사들의 호위를 받으시며 뒤에 따라오는 기가 죽은 제자들과 같이 나오신다. 그리고 일행은 사람이 없는 큰 길을 따라 들판에까지 나온다.

"갈릴래아 선생님, 안녕히 가십시오" 하고 제3열 보병이 말한다.

"아퀼라, 안녕히. 제발 다니엘과 엘리야와 필립보에게 해를 입히지 마시오. 잘못은 내게만 있소. 백부장에게 그렇게 말하시오."

"나는 아무 말도 하지 않겠습니다. 이 시간에는 백부장이 기억조차도 못하고 있습니다. 그리고 삼형제는 우리에게 보급을 잘 해주고, 특히 저 키프로스의 포도주를 대주는 데, 백부장은 그걸 목숨보다도 더 좋아합니다. 안심하세요. 안녕히 가십시오."

그들은 헤어진다. 병사들은 성문으로 다시 들어간다. 예수와 제자들은 조용히 들판을 지나 동쪽을 향하여 가신다.

18. 목자 안나가 예수를 악집 쪽으로 인도하다

　예수께서는 산이 대단히 많은 지방을 지나가신다. 높은 산들이 아니라, 계속해서 올라갔다 내려왔다 하는 야산들이며, 개울이 많은 고장이다. 그 개울들이 신선하고 새로운 이 계절에는 명랑하고, 하늘처럼 맑고, 가지에 점점 더 많이 돋아나는 새 잎들처럼 활기있다.
　그러나 계절은 아름답고 명랑하고 마음을 가볍게 할 수 있는데도, 예수께서는 그렇게 가벼운 정신을 가지신 것 같지 않고, 사도들은 예수보다도 한층 덜 가벼운 정신을 가진 것 같다. 그들은 어떤 골짜기를 아무 말 없이 지나가고 있다. 목자들과 양떼들만이 그들의 눈 앞에 나타난다. 그러나 예수께서는 그들을 보시는 것 같지도 않다.
　제베대오의 야고보는 낙담한 탄식과 걱정하면서 곰곰 생각한 결과로 나온 그의 뜻하지 않은 말이 예수의 주의를 끈다. …야고보는 이렇게 말한다. "실패에다가 또 실패. …우리는 저주받은 사람들 같은 생각이 듭니다…."
　예수께서는 한 손을 그의 어깨에 얹으신다. "이것이 가장 착한 사람들의 운명이라는 것을 알지 못하느냐?"
　"허! 그야 선생님을 모시고 있는 때부터 알고 있습니다. 그렇지만 이따금씩 다른 일이 있어야 할 것입니다. 그리고 전에는 그런 것이 있어서 저희들의 마음과 저희들의 믿음을 다시 북돋아 주었는데…."
　"야고보야, 너는 나를 의심하느냐?" 얼마나 큰 고통으로 선생님의 목소리가 떨리는가!
　"아닙니다!…" "아니" 라는 말이 사실은 그리 자신이 있지 않다.
　"그러나 의심하기는 의심하지. 그러면 무엇을 의심하느냐? 네가 이제는 전처럼 나를 사랑하지 않느냐? 내가 쫓겨나고 조롱을 당하고, 또는 저 페니키아 지방의 경계에서 그저 따돌림을 당하는 것을 보는 것으로 인해서 네 사랑이 약해졌단 말이냐?" 비록 흐느낌과 눈물은 없지마는 예수의 말씀에 떨리는 눈물이 깃들어 있다. 정말 예수의 마음이 울고 있는 것이다.

 "그건 아닙니다, 주님. 오히려 반대로 주님이 이해를 받지 못하시고, 인정을 받지 못하시고, 모욕을 당하시고, 슬퍼하시는 것을 볼때에는 주님께 대한 제 사랑이 더 커집니다. 그리고 주님이 그렇게 되시는 것을 보지 않고, 사람들의 마음을 바꾸어 놓기 위해서는 제 목숨을 희생으로 바칠 준비도 되어 있을 것입니다. 주님은 저를 믿으셔야 합니다. 그렇지 않아도 슬퍼하고 있는 제 마음이, 주님이 제 사랑을 의심하신다는 생각으로 찢어지게 하지 마십시오. 그렇지 않으면…그렇지 않으면 저는 폭력행위를 저지를 것입니다. 저는 옛날로 돌아가서, 제가 주님을 사랑한다는 것을 증명하고 주님에게서 그 의심을 없애기 위해서 주님을 괴롭히는 사람에게 복수를 할 것입니다. 그리고 붙잡혀 죽음을 당하더라도 제게는 아무 상관이 없을 것입니다. 주님께 사랑의 증거를 보여 드린 것만으로 충분할 것입니다."

 "오! 벼락대신의 아들! 그 격렬한 감정이 어디서 오느냐? 그러면 너는 몰살하는 벼락이 되고 싶다는 거냐?" 예수께서는 야고보의 격정과 계획을 들으시고 미소를 지으신다.

 "아이고! 선생님이 미소지으시는 거라도 보게 되는군요! 이것이 벌써 제 계획의 결과입니다. 네 생각은 어떠냐, 요한아? 그렇게도 많은 거부로 모욕을 당하시는 선생님의 마음을 가볍게 해 드리기 위해 내가 생각하는 것을 우리가 실천에 옮겨야 하겠니?"

 "암, 그렇구 말구! 자, 우리 말을 하자구. 그리고 그자들이 선생님을 또 말만의 왕, 가짜 왕, 돈없는 왕, 미치광이 왕이라고 모욕하면, 되게 후려쳐서 임금님이 충실한 사람들의 군대를 가지고 계시고, 이 충실한 사람들이 임금님이 업신여김을 당하시는 것을 그대로 내버려둘 생각이 없다는 것을 그자들이 알아차리게 해야 돼. 폭력이 어떤 일에는 유익한 거야. 자, 그렇게 하자구, 형!"

 "아니, 이 사람들 말 좀 들어보아라! 그럼, 나는 그렇게 오랫동안 무엇을 가르쳤느냐? 오! 놀랍고도 놀라운 일이다! 내 비둘기 요한까지도 새매가 되었구나! 너희들, 요한이 미움으로 인해서 얼마나 추하게 되고, 불안해지고, 깜짝 놀라고, 일그러졌는지 보아라! 오! 부끄러운 일이다! 우선 너희가 2년 전부터 나와 같이 있는 동안 아직 아무것도 이해하지 못했으면서, 너희 마음 속에 품고 있는 미움으로 너희가 원한이 되어 있으면서, 너희 마음 속에서 사랑과 용서의 내 가르침을 물리치고, 폭력을 훌륭한 친구처럼 맞아들이면서, 페니키아인들이 무관심한 채로 있고, 히브리인들이 증오를 품고, 로마인들이 나를 추방하는 것을 이상하게 생각하다니! 오! 거룩하신 아버지! 이것이야말로 진짜 실패다! 너희들이 부리와 발톱을 날카롭게 하는 새매들같이 되는 대신에, 아버지께 당신 아들을 위안해 주십사고 기도하는 천사들이 되는 것이 더 낫지 않겠느냐? 대관절 이 폭풍우가 벼락과 우박으로 이익을 주는 것을 언제 보았느냐? 자 그러면, 너희가 사랑에 대해 지은 죄를 기억해서, 내가 너희들 안에서 항상 보기를 원하는 천사 같은 사람 대신에 짐승 같은 사람의 모습이 너희들 얼굴에 스치는 것을 본 순간을 기억해서 너희들에게 '벼락 대신의 아들'이라는 별명을 붙여 주겠다."

예수께서는 몹시 정열적인 제베대오의 아들들에게 말씀하실 때는 반쯤 정색을 하셨다. 그러나 예수의 나무람은 그들의 뉘우침 앞에서는 계속되지 않는다. 그래서 사랑으로 환해진 얼굴로 그들을 가슴에 껴안으시며 말씀하신다. "그리고 다시는 그처럼 나쁘게 되지 말아라. 그리고, 너희들의 사랑 고맙다. 또 너희들의 사랑에 내해서 마찬가지로 고맙다" 하고 안드레아와 마태오와 두 사촌을 보고 말씀하신다. "너희들도 껴안게 이리들 오너라. 그러나 만일 내가 내 아버지의 뜻을 행하는 기쁨과 너희들의 사랑 말고 다른 기쁨을 가지지 않는다면, 온 세상이 내 뺨을 친다 하더라도 내가 항상 행복하리라는 것을 알지 못하느냐? 내가 슬퍼하는 것은 너희들이 말하는 것처럼 나 때문에도 아니고 내 실패 때문에도 아니고, 생명을 물리치는 영혼들에 대한 연민 때문이다. 자, 이제는 우리가 모두 기쁘지? 큰 어린아이들 같은 너희들! 그러면 가자. 양떼의 젖을 짜고 있는 목자들에게 가서 하느님의 이름으로 양젖을 좀 달라고 청하여라. 겁내지 말아라" 하고 예수께서 사도들의 슬픔에 잠긴 태도를 보시고 말씀하신다. "믿음을 가지고 순종하여라. 저 사람이 페니키아 사람이라 하더라도 양젖을 주지 몽둥이로 치지는 않을 것이다."

그래서 여섯 사도가 가고, 예수께서는 길에서 그들을 기다리고 계신다. 아무도 받아들이고자 하지 않아서 몹시 슬퍼하시는 예수께서는 그동안 기도하신다. …사도들은 양젖을 작은 동이로 하나 가지고 돌아와서 말한다. "그 사람이 선생님께 그리로 오시라고 말했습니다. 선생님께 드릴 말씀이 있지만, 변덕스러운 염소들을 어린 목동들에게 맡길 수는 없다고 합니다."

예수께서 말씀하신다. "그러면 가서 그들의 빵을 얻어 먹자."

그리고 모두 변덕스러운 염소들이 달라붙어 있는 비탈로 간다.

"내게 주신 양젖 고맙습니다. 내게 무슨 볼 일이 있소?"

"선생님은 나자렛 분이시지요? 기적을 행하시는 분?"

"나는 영원한 구원을 전하는 사람이오. 나는 참 하느님께로 가는 길이요, 자기를 주는 진리요, 당신들에게 생명을 주는 생명이오. 나는 이적(異蹟)을 행하는 마술사가 아니오. 기적들은 내 친절의 표시이고, 믿기 위해서는 증거가 필요한 당신들 약함의 표요. 그러나 당신은 내게 무슨 볼 일이 있소?"

"보십시오. …선생님은 이틀 전에 알렉산드로센에 계셨지요?"

"그렇소, 그런데 왜 그러시오?"

"저도 제 염소들을 데리고 거기 갔었습니다. 그렇지만 싸움판이 벌어진다는 것을 알아차리고는 뺑소니쳤습니다. 그것은 으레 시장에 있는 것을 훔치기 위해서 싸움판을 벌이기 때문입니다. 그들은 페니키아인이나…다른 사람들이나 모두 도둑놈들입니다. 제 아버지도 개종자이셨고, 제 어머니는 시리아여자였고, 저도 개종자이니까 이렇게 말하지 말아야 할 것입니다. 그러나 이건 사실입니다. 그건 그렇고 우리 얘기를 다시 시작하십시다. 저는 염소들을 데리고 어떤 외양간에 들어가서 아들의 마차를 기다리고 있었습니다. 그러다가 저녁때 시내에서 나오다가 계집아이를 안고 울고 있는 여인을 만났습니다. 그 여인은 시외 농촌에서 살고 있기 때문에 선생님께 오느라고 8마일을 걸어 왔다고 했습니다. 어떤 사람이냐고 물었더니 개종자라고 했습니다. 그 여인은 물건을 팔고 사려고 왔었는데, 선생님에 대한 말을 들었답니다. 그래서 그 여인의 마음에는 희망이 생겼습니다. 그래서 집으로 달려 가 어린 딸을 데리고 나왔습니다. 그렇지만 무거운 짐을 지고서야 천천히 걸을 수밖에요! 그 여인이 삼형제의 집에 갔을 때에는 선생님이 벌써 떠나신 뒤였습니다. 그 삼형제는 여인에게 말했습니다. '저 사람들이 선생님을 내쫓았소. 그러나 선생님은 다시 떼로에 들르시겠다고 어제 저녁에 말씀하셨소' 하고, 저는 — 저도 자식이 있습니다 — 그 여인에게 '그럼 그리로 가 보시오' 하고 말했습니다. 그러나 그 여인은 이렇게 대답했습니다. '그런데 그런 일이 일어났으니 선생님이 딴 길로 해서 갈릴래아로 돌아가시면 어쩌지요?' 하고. 저는 이렇게 말해 주었습니다. '이거 보시오. 국경지대에 있는 두 길 중의 하나일 거요. 나는 내 염소떼를 로홉과 레셍단 사이, 바리 이곳과 네프탈리 사이의 국경에 있는 길 옆에서 풀을 뜯게 하오. 내가 선생님을 보면 그 말씀을 드리겠소. 개종자의 약속이오' 하고. 그래서 지금 말씀드렸습니다."

"그러니 하느님께서 이에 대해 당신께 갚아 주시기를 바라오. 나는 그 여인을 만나러 가겠소. 그런데 나는 악집으로 돌아가야 하오."

"선생님은 악집으로 가십니까? 그러면 목자를 업신여기지 않으신다면 우리가 길을 같이 갈 수가 있겠습니다."

"나는 아무도 업신여기지 않소. 악집에는 왜 가시오?"

"거기에 제 어린 양들이 있기 때문입니다. 없어지지…않았더라면 말입니다."

"왜요?"

"병이 있어서요. …요술에 걸린 건지 다른 건지는 모르겠습니다. 제가 아는 건 제 훌륭한 양떼가 병이 들었다는 것입니다. 그래서 아직 건강한 염소들을 양들과 떼어놓으려고 이리 데리고 왔습니다. 여기에는 제 두 아들이 남아 있을 것입니다. 그애들이 지금은 시내로 심부름을 갔습니다. 그러나 저는 털이 많은 제 아름다운 양들이 죽는 것을 보려고 …그리로 돌아갑니다…." 그 사람은 한숨을 쉰다.… 그리고 예수를 쳐다보며 변명을 한다. "존재하는 분이신 선생님, 제 이런 일에 대해 말씀을 드려서, 그렇지 않아도 저들이 선생님을 그렇게 대우했기 때문에 분명히 몹시 슬퍼하시는 선생님을 슬프게 해 드리는 것은 어리석은 짓입니다. 그러나 우리는 양들을 사랑합니다, 그리고 그것이 우리의 재산이기도 합니다. 아시겠지요?"

"압니다. 그러나 그 양들의 병이 나을 것이오. 그 양들을 그 문제에 정통한 사람들에게 보이지 않았소?"

"오! 그 사람들은 모두 똑같은 말을 했습니다. '양들을 잡아서 가죽을 파시오. 다른 일은 할 게 아무것도 없소' 하고요. 그리고 양들을 양의 우리에서 나오게 하지 못하도록 위협까지 했습니다. …그들은 그들의 양들 때문에 병을 염려하는 겁니다. 저는 그놈들을 이렇게 가두어 두어야 합니다. …그래서 더 많이 죽어갑니다. 그 사람들, 심술궂습니다. 아시겠어요? 악집 사람들 말입니다…."

예수는 다만 "아오" 하고만 말씀하신다.

"저는 그 사람들이 제 양들에게 요술을 걸었다고 생각합니다…."

"아니오. 그런 이야기는 믿지 마시오…아들들이 오면, 곧 떠나겠소?"

"곧 떠납니다. 그애들이 조금 있으면 올 겁니다. 저 사람들이 선생님의 제자들입니까? 저 사람들밖에 없습니까?"

"아니오, 다른 제자들도 있소."

"그런데 왜 여기엘 오지 않습니까? 한번은 메론 근처에서 저런 사람 한 떼를 만났습니다. 목자가 그들의 우두머리였습니다. 그들의 말로는 그랬습니다. 키가 크고 튼튼한 사람인데, 이름이 엘리야라고 했습니다. 장막절 전인지 후인지, 10월이었던 것 같습니다. 이제는 그 사람이 선생님을 떠났습니까?"

"아무 제자도 나를 떠나지 않았소."

"제가 듣기로는…"

"무슨 말을 들었소?"

"선생님이…바리사이파 사람들이…요컨대 제자들이 무서워서 선생님을 떠났다고, 그리고 선생님이… 이기 때문에…"

"마귀이기 때문에란 말이지요. 솔직히 말하시오. 나도 알고 있소. 당신은 그런데도 믿었으니, 이중으로 공로가 있소." "그러면 그 공로 때문에, 혹 제가 하느님께 모독이 되는 것을 청하는지 모르겠습니다만…그렇게 해 주실 수는 없을까요? …"

"말해 보시오. 그것이 나쁜 일이면 내가 말해 주겠소."

"지나시는 길에 제 양떼에게 강복을 주실 수 없겠습니까?" 그 사람은 몹시 괴로워하고 있다….

"당신 가축떼에 강복하겠소. 이 염소떼와…" 그러시면서 한 손을 들어 여기저기 흩어져 있는 염소들에게 강복하신다. "…그리고 양떼에게, 내 강복이 그놈들을 구할 수 있다고 믿으시오?"

"선생님이 사람들을 병에서 구하시는 것과 같이 짐승들도 구하실 수가 있을 것입니다. 사람들은 선생님을 하느님의 아들이라고 말합니다. 양들은 하느님께서 창조하셨습니다. 그러니까 양들은 아버지의 것입니다. 저는 …그것을 선생님께 청하는 것이 공손한 일인지 어떤지 알지 못했습니다. 그러나 될 수 있는 일이면 그렇게 해 주십시오. 주님! 그러면 크나큰 찬미의 제물을 성전에 가져가겠습니다. 아니 그보다도! 가난한 사람들에게 주시라고 선생님께 바치겠습니다. 그것이 더 나을 것입니다."

예수께서는 미소를 지으시며 말씀을 하지 않으신다. 목자의 아들들이 왔다. 그리고 조금 뒤에 예수께서는 젊은이들에게 염소들을 지키라고 남겨 두시고, 제자들과 늙은 목자와 함께 떠나신다.

그들은 빨리 세레스에 도착하였다가 거기서 즉시 나와서 바다에서 내륙 쪽으로 가는 큰 길에 들어서도록 해보려고 빨리 걷는다. 그 길은 그들이 알렉산드로센에 갈 때에 지나갔던 갑 아래에서 갈라지는 그와 같은 길일 것이다. 적어도 목자와 제자들이 주고받는 이야기를 듣고 내가 이해하는 것으로는 그렇다. 예수께서는 혼자서 앞서 가신다.

"그렇지만 우리가 다른 성가신 일을 당하지 않을까요?" 하고 알패오의 야고보가 묻는다.

"세레스는 그 백부장의 소속이 아닙니다. 세레스는 페니키아 국경 밖에 있어요. 백부장들은 자극하지만 않으면 됩니다. 그들은 종교에는 관심이 없어요."

"게다가 우리는 거기에 멎지를 않을 터이니까…."

"하루에 30마일 이상을 갈 수 있겠소?" 하고 목자가 묻는다.

"오!우리는 줄곧 돌아다니는 나그네인걸요!"

그들은 끊임없이 걷는다. …그리고 세레스에 이르고, 사건 없이 그곳을 지나간다. 그들은 곧은 길로 들어선다. 이정표(里程表)에는 악집이라고 적혀 있다.

목자가 그것을 가리키며 말한다. "우리는 내일 그곳에 닿게 됩니다. 오늘밤에는 나하고 같이 오세요. 나는 계곡에 있는 농부들을 압니다.

그러나 많이는 페니키아 국경 안쪽에 있습니다. …좋습니다! 우리는 국경을 나올 것이고, 분명히 이내 발견되지는 않을 것입니다…오! 경계! 경계는 도둑놈들에게나 하는 것이 나을텐데!…"

해가 떨어진다. 그리고 계곡에는 나무가 꽉 들어찼기 때문에 물론 빛을 보존하는데 도움이 되지 않는다. 그러나 목자는 이곳 형편을 잘 알고 있어서 자신있게 간다.

그들은 어떤 작은 마을에 이르렀다. 정말 집이 몇채 안 되는 마을이다.

"저 사람들이 우리를 인심좋게 받아주면, 그 사람들은 이스라엘 사람들입니다. 그들이 받아주지 않으면, 페니키아인들의 마을로 곧 다른 마을로 가십시다."

"여보시오. 나는 편견을 가지고 있지 않소."

그들은 어떤 집의 문을 두드린다.

"안나, 당신이? 친구들하고? 오시오, 와요. 그리고 하느님께서 당신과 함께 계시기를" 하고 나이가 매우 많은 여자가 말한다.

그들은 불이 활활타고 있어서 즐겁게 해주는 넓은 부엌으로 들어간다. 각 연령층의 많은 식구가 식탁에 모여 앉아 있다. 그러나 방금 도착한 사람들에게 정중하게 자리를 내준다.

"여기가 요나이고, 저기 요나의 아내와 아이들과 손자들, 그리고 며느리들입니다. 주님께 충실한 족장(族長)의 가족입니다" 하고 안나가 예수께 말한다. 그리고 늙은 요나에게로 몸을 돌리고 말한다. "그리고 나와 같이 계신 분이 이스라엘의 선생님, 당신이 알고 싶어하던 분이오."

"선생님을 환대하게 해 주시고, 그럴만한 자리가 있게 해 주신 데 대해 하느님을 찬미합니다. 그리고 선생님이 제 집에 오신 것에 대해서 선생님을 찬미하고, 강복을 주시기를 청합니다."

안나는 요나의 집이 바다에서 내륙 쪽으로 가는 나그네들에게 여관 같은 곳이라고 설명한다.

모두가 따뜻한 부엌에 앉았고, 여자들은 새로 도착한 사람들에게 음식을 대접한다. 어떻게나 공손한지 몸이 다 마비될 지경이다. 그러나 예수께서는 식사가 끝난 후 즉시 많은 어린이를 둘레로 오게 하시고 그들에게 관심을 보이심으로 긴장한 분위기를 부드럽게 하신다. 어린이들은 곧 친밀하게 된다. 그리고 어린이들 뒤에는 저녁식사와 쉬러 가는 시간 사이에 있는 짧은 시간 동안에 집안의 남자들이 대담해져서, 그들이 메시아에 대하여 들은 것을 이야기하고, 새로운 상세한 점들을 묻고 한다. 그러니까 예수께서는 친절하게 바로잡아 주시기도 하고 확인해 주시기도 하고 설명해 주시기도 하며, 예수께서 모든 사람들에게 강복하신 후 나그네들과 집안 식구들이 쉬러 갈 때까지 조용한 회화가 계속된다.

19. 카나니아 지방의 어머니

"선생님이 당신과 함께 계십니까?" 하고 늙은 농부 요나가 부엌으로 들어오는 유다 타대오에게 묻는다. 아마 1월말인가 2월초인 것 같은 어느 날 아침 이른 시간이라 좀 춥기 때문에 양젖도 데울겸 방을 따뜻하게 하기 위하여 벌써 불을 피워 놓았다. 날씨가 매우 좋은 아침이다. 그러나 추위는 살을 에는 듯하다.

"기도하러 나가셨을 겁니다. 혼자 계실 수 있다는 것을 아실 때에는 새벽에 나가시는 일이 자주 있습니다. 곧 오실 겁니다. 그런데 선생님은 왜 찾으십니까?"

"다른 제자분들에게도 물어보았지요. 그분들은 선생님을 찾으려고 여러 군데로 흩어졌습니다. 선생님을 찾는 것은 어떤 여자가 이 옆에 내 아내와 같이 있기 때문입니다. 그 여자는 경계선 너머에 있는 마을 여잔데, 선생님이 여기 계신 줄을 어떻게 알았는지 모르겠습니다. 그러나 알기는 압니다. 그리고 선생님께 말씀을 드리겠다고 합니다."

"좋습니다. 그 여자가 선생님께 말씀을 드리게 될 겁니다. 어쩌면 그 여자가 병든 어린 딸을 데리고 있는, 선생님이 기다리시는 여자인지 모르겠군요. 선생님의 영이 그 여자를 이리로 데려오셨을 것입니다."

"아닙니다. 그 여잔 혼잡니다. 아이를 데리고 있지 않아요. 마을들이 이웃해 있고…또 계곡은 모든 사람의 것이기 때문에 나도 그 여자를 잘 압니다. 그리고 주님을 섬기기 위해서는 비록 페니키아인이라 하더라도 이웃들에게 잔인하지 말아야 한다고 생각합니다. 내 생각이 틀릴지도 모르지만…."

"선생님이 늘 말씀하시는 것도 그 말입니다. 즉 모든 사람을 동정해야 한다는 겁니다."

"선생님이 그렇게 하시지요?"

"그렇습니다."

"안나도 그 말을 했습니다. 지금도 사람들이 선생님을 좋지 않게 대우한다구요. 좋지 않게, 항상 좋지 않게 대우한다구요! …유다에서도 그렇고 갈릴래아에서도 그렇고, 어디에서나 그렇다구요. 대관절 이스라엘이 왜 그의 메시아와 이렇게까지 사이가 나쁩니까? 내가 말하는 건 우리 이스라엘 사람들 가운데 가장 유력한 사람들을 말하는 겁니다. 서민들은 선생님을 사랑하니까요."

"이런 것들을 어떻게 아십니까?"

"오! 나는 여기서 이렇게 멀리 떨어져 살지만 충실한 이스라엘 사람입니다. 의무적인 명절을 지내려고 성전에 가기만 하면 좋은 일 나쁜 일을 다 알게 됩니다! 그런데 좋은 일을 나쁜 일보다 덜 알게 됩니다. 좋은 일은 겸손하고, 선전광고를 하지 않으니까요. 혜택을 입은 사람들은 그것을 공언해야 할 터이지만, 은혜를 받고 나서 감사하는 사람은 별로 많지 않습니다. 사람은 은혜를 받고는 잊어버려요. …나쁜 일은 반대로 나팔을 불고 그 말을 울려 퍼지게 합니다. 들으려고 하지 않는 사람들의 귀에까지 들리게 말입니다. 선생님의 제자들인 당신들은 성전에서 선생님을 얼마나 헐뜯고 비난하는지 알지 못합니까? 율법교사들이 가르치는 것은 이제는 선생님에 관한 것뿐입니다. 그 사람들이 선생님을 비난하는 방식에 대한 훈령집과 비난의 성낭한 통기라고 세시하는 사실들의 모음을 만들어 가진 것으로 생각합니다. 거기에 저항하고 지혜롭게 판단하려면 매우 곧고 굳세고 자유로운 양심을 가져야 합니다. 선생님은 그 책동들을 알고 계십니까?"

"선생님은 다 알고 계십니다. 우리도 다소간은 알고 있습니다. 그러나 선생님은 그 때문에 속을 썩이지 않으십니다. 당신 일을 계속하시고 제자나 믿는 사람의 수는 날마다 늘어납니다."

"제발 그 사람들이 끝까지 버티어 나갔으면 좋겠습니다. 그러나 사람은 생각이 자꾸만 변합니다. 사람은 약하거든요.…저기 선생님이 제자 세 분과 같이 집을 향해 오십니다."

그러면서 노인은 예수께 경의를 표하여 나가고, 유다 타대오도 따라 나간다. 예수께서는 매우 위엄있게 집을 향하여 오신다.

"평화가 오늘과 또 항상 당신과 함께 있기를 바랍니다. 요나!"

"영광과 평화가 항상 선생님과 함께 있기를."

"유다야, 네게 평화. 안드레아와 요한은 아직 돌아오지 않았느냐?"

"아닙니다. 저는 그들이 나가는 소리를 듣지 못했습니다. 아무도 나가는 소리를 못들었습니다. 저는 피곤해서 세상 모르고 푹 잤습니다."

"선생님, 들어오십시오. 들어들 오시오. 오늘 아침은 날씨가 찹니다. 수풀 속은 아마 매우 추웠겠습니다. 여기 모든 이가 드실 만큼 따뜻한 양젖이 있습니다."

예수만 빼놓고는 모두 양젖을 마시고 맛있는 빵조각들을 양젖에 담가서 먹고 있는데, 안드레아와 요한이 목자와 함께 들이닥친다.

"아! 선생님 여기 계시군요? 저희는 선생님을 찾아내지 못했다고 말하려고 돌아오던 길입니다" 하고 안드레아가 외친다.

예수께서는 세 사람에게 평화의 인사를 하시고 덧붙이신다. "빨리 너희 몫을 먹어라. 그리고 떠나자. 저녁 전에 적어도 악집의 산 밑에까지는 가기를 원하기 때문에 그런다. 오늘 저녁에 안식일이 시작된다."

"그러나 제 양들은요?"

예수께서는 빙그레 웃으시며 대답하신다. "그 양들은 내가 강복하고 나면 나을 겁니다."

"그렇지만 저는 산 동쪽에 있는 걸요. 선생님은 그 여자 때문에 서쪽으로 가시구요…."

"하느님께서 하시게 맡겨 드리시오. 그러면 하느님께서 모든 것을 마련해 주실 거요."

식사가 끝났고, 사도들은 출발하려고 배낭들을 가지러 올라간다.

"선생님 …저기 있는 저 여자요.… 그 여자의 말을 듣지 않으십니까?"

"나는 시간이 없어요, 요나. 길이 멀고, 게다가 나는 이스라엘의 양들을 위해서 왔소. 요나, 안녕히 계시오. 하느님께서 당신의 자선을 갚아 주시기 바라오. 당신과 당신 모든 일가에게 강복하오. 가자."

그러나 노인은 목청이 터져라고 외치기 시작한다. "아이들아! 여자들아! 선생님이 떠나신다! 달려들 오너라!"

그러니까 짚을 쌓아 두는 마당에 흩어져 있던 한 배의 병아리들이 어미닭이 부르는 소리에 달려 오듯이 집의 이곳 저곳에서 일을 하고

19. 카나니아 지방의 어머니

있거나 아주 잠이 덜 깬 여자 남자들이 달려 오고, 반쯤 벗은 몸으로 겨우 잠이 깬 얼굴에 미소를 띤 어린이들이 달려 온다. …어린이들은 마당 한가운데에 계신 예수 둘레로 바싹 다가오고, 어머니들은 어린아이들을 찬 공기에서 보호하려고 치마로 둘러 주거나 하녀가 작은 옷을 가지고 와서 빨리 입힐 때까지 품에 꼭 껴안는다.

그러나 집안 여자가 아닌 어떤 여자가, 눈물을 흘리며 부끄러워하는 가엾은 여자가 뛰어 온다. …그 여자는 몸을 굽히고 거의 기다시피하며 걷는다. 그리고 예수를 둘러싸고 있는 한 떼의 사람들 가까이 와서는 부르짖기 시작한다. "다윗의 후손이신 주님, 저를 불쌍히 여겨 주십시오! 저 딸년이 그에게 부끄러운 일을 하게 하는 마귀 때문에 몹시 괴로움을 당하고 있습니다. 저 고통이 심하고, 또 이 때문에 모든 사람의 업신여김을 받고 있으니 불쌍히 여겨 주십시오. 제 딸년이 하는 일에 그애가 책임이 있기라도 한듯이 말입니다. …무엇이든지 하실 수 있는 주님, 불쌍히 여겨 주십시오. 목소리를 높이시고 손을 드셔서 더러운 마귀에게 빨마에게서 나가라고 명령하십시오. 저는 그애 하나밖에 없는 과부입니다. …오! 가지 마십시오! 제발!"

과연 집안 식구들에게 강복하시는 일을 끝마치고, 당신이 오신 것을 말했나고 어른들을 나무라신 ─ 그런데 그 이른들은 "주님, 저희는 정말이지 말하지 않았습니다!" 하고 말하면서 변명한다 ─ 예수께서는 가엾은 여자에 대하여 설명할 수 없는 냉혹을 보이시며 떠나신다. 그 여자는 애원하는 팔을 앞으로 내밀고 무릎으로 간신히 기어 오며 숨을 헐떡이며 말한다. "선생님이 어제 개울을 건너 오시는 동안 제가 보았습니다. 그리고 사람들이 '선생님' 하고 말하는 것을 들었습니다. 수풀 사이로 여러분을 따라오면서 그분들이 이야기하는 것을 들었습니다. 저는 선생님이 누구시라는 것을 알아차렸습니다. …그래서 오늘 새벽 아직 어두울 때에 와서 강아지처럼 문지방에 남아 있다가 마침내 사라가 일어나서 저를 들어오게 했습니다. 아이고! 주님, 불쌍히 여겨 주십시오! 불쌍히! 한 어미와 한 계집아이를!"

그러나 예수께서 어떤 호소에도 귀를 기울이지 않으시고 빨리 걸으신다. "단념하세요! 선생님은 아주머니의 말을 들으려고 하지 않으십니다. 선생님이 그 말씀을 하셨습니다. 이스라엘 사람들을 위해 오셨다고

…."

그러나 그 여자는 일어나서 실망하면서도 동시에 굳게 믿으며 대답한다. "아니예요. 나는 선생님이 내 말을 들어 주실 때까지 청하겠어요." 그러면서 선생님을 따라오기 시작하고, 끊임없이 애원하는 소리를 지르는 바람에 잠이 깬 모든 사람이 마을의 집 문지방에 몰려오게 되었다. 그 사람들은 요나의 집의 사람들과 같이 일이 어떻게 끝나려는지 보려고 그 여자를 따라오기 시작한다.

사도들은 그동안 놀라서 서로 쳐다보며 속삭인다. "왜 이렇게 하실까? 이렇게 하신 일이 절대로 없었는데!…" 그리고 요한은 말한다. "알렉산드로센에서는 그래도 그 두 사람을 고쳐 주셨는데."

"그래도 그 사람들은 개종자였어" 하고 타대오가 대답한다.

"그리고 지금 고쳐 주러 가시는 여자는?"

"그 여자도 개종자요" 하고 목자 안나가 대답한다.

"오! 그렇지만 선생님이 몇 번이나 이방인이나 이교도들을 고쳐 주셨어? 저 로마인 소녀는 어때, 그럼?…" 하고 안드레아가 슬퍼하며 말한다. 안드레아는 카나니아 여자에 대한 예수의 냉혹을 보고 마음이 평온할 수가 없다.

"내가 무슨 일인지 말하겠네" 하고 제베대오의 야고보가 외친다.

"선생님이 분개하신 거야. 그렇게도 많은 인간의 악의의 공격을 받으시고, 선생님의 참을성이 한계에 이르렀단 말이야. 선생님이 얼마나 변하셨는지 보지 못하나? 선생님의 생각이 옳아! 이제부터는 당신이 아시는 사람들에게만 전념하실 거야. 그리고 그게 잘 하시는 일이야!"

"그래, 그렇지만 우선은 저 여자가 소리를 지르면서 우릴 따라오고, 사람들의 무리가 그 뒤에 따라온단 말이야. 선생님이 사람의 이목을 끌지 않고, 지나가기를 원하신다면, 나무들의 주의까지도 끄시게 됐단 말이야…" 하고 마태오가 투덜댄다.

"가서 저 여자를 돌려보내시라고 말씀드리세. …여기 우리를 따라오는 굉장한 행렬을 보란 말이야! 우리가 이렇게 집정관 도로에 이르면 꼴 좋겠네! 그런데 저 여자는 쫓지 않으면 우리를 놓지 않을 거란 말이야…" 하고 타대오가 화를 내며 말한다. 타대오는 거기 그치지 않고 뒤를 돌아보며 여자에게 말한다. "입 다물고 가시오!" 또 제베대오의 야고보도 그렇게 한다. 그러나 여자는 위협과 명령에도 끄떡도 하지 않고 계속 간청한다.

"선생님께 가서 저 여자의 말을 듣고자 하지 않으시니, 쫓아버리시라고 말씀드리세. 이건 이대로 계속 돼선 안 돼!" 하고 마태오가 말하고, 안드레아는 "가엾은 여인!" 하고 중얼거리고, 요한은 "난 이해 못하겠어…난 이해 못하겠어…" 하고 되풀이 한다. 요한은 예수의 행동방식에 깜짝 놀랐다.

그러나 이제는 걸음을 빨리 하여 쫓기시는 것처럼 빨리 가시는 선생님에게 따라 미쳤다. "선생님! 제발 저 여자를 돌려보내십시오! 소란스럽습니다! 저 여자는 우리를 따라오면서 소리소리 지릅니다! 저 여자 때문에 우리가 모든 사람의 주목을 받습니다! 길에는 행인이 점점 더 많아지는데 …많은 사람이 저 여자를 따라옵니다. 저 여자에게 가라고 말씀하십시오."

"너희가 말해라. 나는 벌써 대답했다."

"저 여자가 저희 말을 듣지 않습니다. 자! 선생님이 말씀하세요.그리고 엄하게."

예수께서는 걸음을 멈추시고 몸을 돌리신다. 여자는 이것을 은혜의 표리고 생각히고 걸음을 빨리 하고, 그렇지 않아도 닐가로운 목소리를 한층 더 높이고, 희망이 커지기 때문에 얼굴이 창백해진다.

"여보시오. 입 다물고 집으로 돌아가시오! 내가 벌써 말했소. '나는 이스라엘의 양들을 위해서 왔다'고. 병든 양들을 고치고, 그중에서 길잃은 양들은 찾으려고 왔소. 그런데 당신은 이스라엘 사람이 아니오."

그러나 여인은 벌써 예수의 발 앞에 와서 예수께 경배하며 발에 입맞춤을 하고, 마치 물에 빠진 사람이 의지할 바위를 만난 것처럼 발목을 꽉 잡고 탄식한다. "주님, 저를 와서 도와주십시오! 주님은 그렇게 하실 수 있습니다. 마귀에게 명령하십시오. 거룩하신 주님…주님, 주님, 주님은 모든 것의, 은혜와 세상의 주인이십니다. 모든 것이 주님께 복종합니다. 저는 그것을 알고, 그것을 믿습니다. 그러니 주님 능력에 있는 것을 잡으시고 그것을 제 딸년을 위해 써 주십시오."

"집안 아이들의 빵을 빼앗아서 길거리의 개들에게 던져 주는 것은 좋은 일이 아니오."
"저는 주님을 믿습니다. 믿기 때문에 저는 길거리의 개에서 집안 개가 되었습니다. 제가 말씀드렸지요. 저는 새벽이 되기 전에 주님이 계신 집 문지방에 누워 있었습니다. 그래서 그쪽으로 나오셨으면 제게 부딪히셨을 것입니다. 그러나 주님은 다른 쪽으로 나가셔서 저를 보지 못하셨습니다. 주님은 주님이 계신 곳에 기어 들어가서 이렇게 발에 입맞춤하면서 내쫓지 마십사고 청하려고 기다리는, 주님의 은혜를 갈망하며 고민하는 불쌍한 이 개를 못 보셨습니다…."

"집안 아이들의 빵을 개들에게 던져 주는 것은 좋지 않소" 하고 예수께서 되풀이 해서 말씀하신다.

"그렇지만 개들도 주인이 아이들과 식사를 하는 방으로 들어가서, 식탁에서 떨어지는 것이나 쓸 데 없게 되어서 집 사람들이 주는 찌꺼기를 먹습니다. 저는 저를 딸처럼 다루셔서 식탁에 앉혀 주십사고 청하지는 않습니다. 다만 빵 부스러기만이라도 주십시오…."

예수께서는 미소지으신다. 오! 예수의 얼굴은 이 기쁨의 미소로 얼마나 빛나게 되는가!…

사람들과 사도들과 여인은 감탄하며 예수를 쳐다본다. …무슨 일이 일어나리라는 것을 느끼면서.

그러자 예수께서 말씀하신다. "오! 아주머니! 당신의 믿음은 크기도 하오. 당신은 그 믿음으로 나를 위로하오. 그러니 가시오. 그리고 당신이 원하는 대로 이루어지기 바라오. 이 시간부터 마귀가 당신 딸에게서 나갔소. 평안히 가시오. 그리고 길잃은 개에서 집개가 되기를 원할 줄 안 것과 같이, 장차는 딸이 될 줄 알아서 아버지의 식탁에 앉도록 하시오. 안녕히 가시오."

"오! 주님! 주님! 주님! …저는 뛰어 가서 사랑하는 딸마를 보고 싶습니다. …주님과 함께 있으면서 주님을 따라가고 싶습니다! 찬미받으소서! 거룩하신 분!"

" 가보세요, 가보세요. 아주머니, 평안히 가세요."

그리고 예수께서는 길을 다시 가시고, 카나니아 여인은 어린아이보다도 더 재빠르게 뛰어서 멀어져 가고, 기적을 보고 싶은 군중이 그를 따라간다….

" 그러나 선생님, 왜 그렇게 간청하게 하시고, 그다음에 청을 들어 주셨습니까?" 하고 제베대오의 야고보가 묻는다.

"너와 너희 모두 때문이다. 야고보야, 이것은 실패가 아니다. 여기서는 내가 내쫓기지 않았고, 조롱도 당하지 않았고, 저주도 받지 않았다. …기가 죽은 너희 정신이 이것으로 활기를 되찾기를 바란다. 나는 오늘 벌써 매우 맛있는 음식을 먹었다. 거기 대해서 하느님을 찬미한다. 이제는 믿을 줄 알고, 또 자신 있는 믿음을 가지고 기다릴 줄을 아는 저 다른 여자를 찾아가자."

" 그럼 주님, 제 양들은요? 멀지 않아 저는 선생님과 다른 길로 해서 제 목장엘 가야 할 텐데요…."

예수께서는 빙그레 웃으시며 대답을 하지 않으신다.

해가 공기를 데우고, 수풀의 새로 난 잎들과 풀밭의 풀들을 에머랄드처럼 반짝이게 하고, 들판의 작은 꽃들의 꽃잎 안에서 반짝이는 이슬방울 때문에 꽃받침 하나하나를 거미발로 바꾸어 놓는 지금은 길을 걷는 것이 기분좋다. 예수께서는 미소지으면서 가신다. 그리고 갑자기 용기를 되찾은 사도들도 미소지으면서 예수를 따라간다….

일행은 네거리에 이르렀다. 목자 안나는 괴로워하며 말한다. "저는 여기서 선생님을 떠나야 할 것입니다. …선생님은 그럼 제 양들을 고치러 가지 않으십니까? 저도 믿음을 가지고 있습니다. 그리고 개종자입니다. …안식일 후에 오시겠다는 것만이라도 약속하시겠습니까?"

"오! 안나! 아니, 당신은 내가 레셈단 쪽으로 손을 든 순간부터 당신의 양들의 병이 나았다는 것을 아직 깨닫지 못했소? 그러니 당신도 가서 기적을 보고 주님을 찬미하시오."

나는 롯의 아내가 소금으로 변했을 때 이 목자와 다르지 않았을 것이라고 생각한다. 목자는 있던 자세 그대로, 몸은 약간 숙이고, 그러나 머리는 예수를 쳐다보기 위하여 예수 쪽으로 쳐들고, 한 팔은 반쯤 공중으로 쳐든 채로 있었다. …그는 조상(彫像)과 같다. 그리고 그에게 "애원하는 사람"이라는 제목을 붙일 수 있을 것이다. 그러나 그는 곧 몸을 일으켰다가 엎드려서 말한다. "찬미받으소서! 인자하신 분! 거룩하신 분! …그러나 선생님께 많은 돈을 약속드렸는데, 여기에는

몇 드라크마*밖에 없습니다. …오십시오, 안식일 후에 제 집에 오십시오
….”
 “가겠소, 논 때문에가 아니라, 당신의 순진한 믿음 때문에 당신에게 다시 강복하러 가겠소. 잘 가시오, 안나. 내 평화가 당신과 함께 있기를.”
 그리고 서로 헤어진다….
 “이 사람들아, 이것도 실패가 아니다! 그리고 여기서도 나는 조롱을 당하지 않고 쫓겨나지 않고 저주를 받지 않았다! …가자! 여러 날 전부터 우리를 기다리는 한 어머니가 있다….”
 이리하여 걸음이, 계속되고, 다만 빵과 치즈를 먹고 샘에 물을 마시려고 잠깐 쉬기만 한다….
 해가 오정이 되었을 때 네거리가 나타나는 것이 보인다. “저 멀리에 띠로의 선착장들의 시작이 보이는군” 하고 마태오가 말한다. 그리고 그는 가는 길의 대부분을 지나왔다는 생각을 하고 기뻐한다.
 마침 로마 이정표에 기대 있는 한 여자가 있다. 그의 발 앞에는 7, 8세 된 계집아이가 접의자(摺椅子)에 앉아 있다. 여자는 사방을 살펴본다. 바위들이 있는 선착장 쪽으로, 프톨레마이스로 가는 길 쪽으로, 예수께서 걸어오시는 길 쪽으로, 그리고 이따금씩 몸을 숙여 어린것을 쓰다듬어 주고 천으로 해를 가려 머리를 보호하고, 손과 발을 솔로 덮어준다.
 “그 여자로군! 그러나 이 며칠 동안 어디서 잤을까?” 하고 안드레아가 묻는다.
 “아마 네거리 바로 옆에 있는 저 집에서 잤을 테지. 이 근처에는 다른 집들이 없는데” 하고 마태오가 대답한다.
 “혹은 한데서” 하고 알패오의 야고보가 말한다.
 “아니야, 딸 때문에 그러지는 않았을 거야” 하고 그의 형이 대답한다.
 “오! 은혜를 얻기 위해서는!…” 하고 요한이 말한다.
 예수께서는 말씀을 하지 않으신다. 그러나 빙그레 웃으신다. 모두가

---

 * 역주 : 고대 히브리 은화의 단위 (무게6g의).

줄을 서서 한 쪽에 세 사람, 또 한 쪽에 세 사람, 그리고 가운데에는 예수님을 모시고, 그들은 한낮을 당한 그곳에서 음식을 먹는 일에 골몰하는 길손들이 쉬는 시간에 길을 온통 차지한다.

예수께서는 줄 한가운데에서 키가 크고 아름다운 모습으로 미소지으신다. 그리고 얼마나 얼굴이 빛나는지 해의 온 빛이 그 얼굴에 집중한 것 같다. 예수께서는 광선을 발산하시는 것 같다.

여자는 눈을 든다. …그들은 이제 50미터쯤 떨어져 있다. 아마 예수께서 그 여자를 뚫어지게 보시는 그 눈길로 딸의 신음으로 딸에게로 쏠렸던 주의가 끌린 것 같다. 그 여자는 바라다본다… 그리고 불안으로 생긴 무의식적인 움직임으로 두 손을 가슴에 얹고 소스라치게 놀란다.

예수께서는 환히 웃으신다. 그리고 이 환하고 이루 말로 표현할 수 없는 이 미소가 여자에게 많은 말을 하는 것과 같은 모양이어서, 그 여자는 이제는 불안해 하지 않고, 마치 그의 장차 있을 행복을 벌써 맛보는 것과 같이 미소를 지으며 몸을 숙여 어린 것을 잡고 접의자에서 들어올려,하느님께 그 아이를 바치듯이 그를 올려놓은 팔을 뻗고 나아온다. 그리고 예수의 발 앞에 이르자 무릎을 꿇고 누워 있는 계집아이를 할 수 있는 대로 높이 쳐든다. 계집아이는 매우 아름다운 예수의 얼굴을 황홀해서 쳐다본다.

그 여자는 한 마디 말도 하지 않는다. 또 사실 그의 태도 전체로 말하는 것보다 더 속깊은 어떤 말을 해야 하겠는가?

그리고 예수께서도 한 마디 밖에 말씀을 하지 않으신다. 그러나 힘있는 말씀이고, 세상을 창조하실 때 하신 하느님의 "생겨라" 하신 말씀과 같이 행복하게 하는 "그러시오" 하는 한 마디 말씀이다. 그리고 한 손을 누워 있는 어린아이의 작은 가슴에 얹으신다.

그러니까 어린아이는 새장에서 해방된 종달새와 같은 외침으로 "엄마" 하고 외치면서 갑자기 일어나 앉더니 엄마 발 있는 데로 미끄러져 내려와 엄마를 껴안는다. 엄마는 기진맥진하여 비틀거리며, 피로와 갑자기 가라앉은 극도의 불안과 수많은 과거의 고통으로 벌써 약해진 심장의 힘에 겨운 기쁨으로 인하여 기절하여 뒤로 자빠지려고 한다.

예수께서는 재빨리 그 여자를 부축하신다. 예수의 개입이 계집아이의 개입보다 더 효과적이다. 계집아이는 엄마의 팔무게를 더하게 해서 엄마를 부축하는 데 오히려 도움이 되지 않는다. 예수께서는 그 여자를 앉게 하시고, 그에게 기운을 넣어 주신다….

그러니까 여자는 예수를 쳐다보고, 말없는 눈물이 여인의 피로하기도 하고 지극히 행복하기도 한 얼굴에 흘러 내린다. 그러다가 말이 나온다. "고맙습니다. 주님! 감사와 찬미를 드립니다! 제 바램은 이루어졌습니다. …저는 주님을 아주 많이 기다렸습니다. …그러나 지금은 행복합니다…."

여자는 기절하였던 것을 극복하고 다시 무릎을 꿇고, 어린 딸을 앞에 안고 경배한다. 예수께서는 계집아이를 쓰다듬어 주신다. 그 여자는 이렇게 설명한다.

"2년 전에 척추에 있는 뼈 하나가 손상되어서 이애를 마비시키고 천천히 죽음으로 이끌어가며 대단히 고통을 겪게 했습니다. 저희들은 이 애를 안티오키아와 띠로, 시돈의 의사들에게 뵈고, 가이사리아와 파네이드의 의사들에게까지도 뵈어서, 의사들과 약 때문에 돈을 너무 많이 써서 도시에 있던 집을 팔고 시골에 있는 집으로 가서 살아야 했고, 집에 있던 하인들을 내보내고, 시골 집의 하인들만 남겨 두게 되었습니다. 그리고 그전에는 저희가 소비하던 농산물들을 팔아야만 했습니다. …그런데 아무것도 소용없었습니다! 그러다가 선생님을 뵈었습니다. 저는 선생님이 다른 곳에서 어떤 일을 행하시는지를 알고 있었습니다. 저는 저를 위해서도 은혜를 바랐습니다. 그리고 지금 그 은혜를 받았습니다! 이제 저는 가벼운 마음으로 기쁘게 집으로 돌아가서…제 남편에게도 기쁨을 주겠습니다. …선생님의 능력으로 갈릴래아와 유다에 일어난 일들을 제게 이야기해서 제 마음 속에 바람을 넣어준 제 남편 야고보에게요. 오! 만일 저희가 선생님을 만나지 못하리라는 염려만 하지 않았더라면 딸년을 데리고 선생님을 찾아왔을 것입니다. 그러나 선생님은 늘 여행중이시니!…"

"길을 다니다가 당신에게로 왔소. …그러나 요 며칠 동안 어디서 머물렀소?"

"이 집에요. …그러나 밤에는 딸년만이 이 집에 있었습니다. 선량한 여인이 있어서 그 여인이 밤 동안에 제 대신 딸년을 보살펴 주었습니다. 저는 혹 선생님이 밤에 지나가시면 놓칠까 봐 무서워서 항상 여기에 남아 있었습니다."

 예수께서는 그의 머리에 손을 얹으시고 말씀하신다. "당신은 훌륭한 어머니요. 그 때문에 하느님께서 당신을 사랑하시오. 당신이 보다시피 하느님께서는 모든 일에 당신을 도와주셨소."

 "오! 그렇구 말구요! 저는 여기 오는 동안 그것을 잘 느꼈습니다. 저는 도시에서 선생님을 만날 줄 알고 집에서 도시로 왔습니다. 따라서 돈을 별로 가지지 않고 혼자서 왔습니다. 그리고 그 남자의 권고에 따라 이곳까지 길을 계속 왔습니다. 저는 집으로 기별을 보내고 이리로 왔습니다. …그런데 제게는 부족한 것이 아무것도 없었습니다. 빵도, 잠자리도, 기운도."

 "늘 그 무거운 아이를 안고 말이지요? 마차를 하나 빌 수 없었습니까?…" 하고 알페오의 야고보가 딱해서 묻는다.

 "아니오. 이 애가 너무 고통스러웠을 것입니다. 죽을 정도로. 엄마의 품에서 우리 요안나가 은총을 받게 되었습니다."

 예수께서 어머니와 딸, 이렇게 두 사람의 머리를 쓰다듬어 주신다. "이제는 가시오. 그리고 항상 주님께 충실하시오. 주님께서 당신들과 함께 계시기를, 그리고 내 평화가 당신들과 함께 있기를 바라오."

 예수께서는 프톨레마이스로 가는 길로 다시 섞어 가신다.

 "이 사람들아, 이것도 실패가 아니다. 그리고 여기서도 나는 쫓겨나지 않고, 고통을 당하지 않고, 저주도 당하지 않았다."

 곧은 길로 가니까 그들은 이내 다리 곁에 있는 대장간에 왔다. 편자 만드는 대장장이는 해가 드는 집의 벽에 기대앉아 쉬고 있다. 그는 예수를 알아보고 인사한다. 예수께서도 답례를 하시고 덧붙이신다. "여기 있으면서 좀 쉬기도 하고 빵도 좀 먹는 것을 허락하겠소?"

 "선생님, 그러믄요. 제 아내가 선생님을 뵙고 싶어합니다. …지난번에 선생님의 연설들을 모두 아내에게 말했었거든요. 에스텔은 히브리 여자입니다. 그러나 저는 로마인이기 때문에 그 말씀을 감히 드리지 못했습니다. 선생님께 아내를 보냈을 텐데요…."

 "그럼, 아내를 부르시오."

 그리고 예수께서는 벽에 기대 놓은 걸상에 앉으시고, 제베대오의 야고보는 빵과 치즈를 나누어 준다.

마흔살쯤 된 여인이 송구스러워하며 부끄러워서 얼굴을 붉히며 나온다.

"에스텔, 당신에게 평화. 나를 알고자 하는 욕망이 생겼다구요? 왜요?"

"선생님이 말씀하신 것 때문입니다. …유다교 선생님들은 로마 사람과 결혼한 저희들을 업신여깁니다. …그러나 제 아이들은 모두 성전에 데리고 갔었고, 사내 아이들은 모두 할례를 받았습니다. 티투스가 저와 결혼하고자 했을 때 미리 그 말을 했었습니다. …그런데 저이는 착합니다. 제가 아이들하고 하는 걸 언제나 가만 내버려둡니다. 풍습도 그렇고, 전례도 그렇고, 여기는 모든 것이 히브리식입니다! …그러나 선생님들과 회당장들은 저희를 저주합니다. 그런데 선생님은 저주하지 않으셨습니다. …선생님은 저희들에 대해서 동정하는 말씀을 하셨습니다. … 오! 그것이 저희들에게 어떤 것인지 아십니까? 저희를 거부하고 저주하거나 저희에 대해서 엄했던 아버지와 어머니의 팔이 자기를 감싸주는 것 같은 느낌입니다. 우리가 떠났던 집에 다시 발을 들여놓으면서 우리가 외부사람이라는 느낌을 가지지 않는 것과 같은 것입니다. …티투스는 착합니다. 명절때에는 대장간을 닫아서 돈을 많이 잃어 가면서 저와 아이들을 성전으로 데리고 갑니다. 사람이 종교 없이 있을 수는 없다고 저이가 말하기 때문입니다. 저이는 자기 종교는 전에는 군인의 의무의 종교였던 것과 같이 가정과 일의 종교라고 말합니다. …그러나 주님, 저는 …선생님께 한 가지를 여쭤보고 싶었습니다. …선생님은 참 하느님을 따르는 사람들은 그들의 거룩한 누룩을 조금 떼어서 좋은 밀가루에 넣어서 그 밀가루를 거룩하게 발효시켜야 한다고 말씀하셨지요. 저는 제 남편에 대해서 그렇게 했습니다. 저는 저희가 함께 살아온 이 20년 동안에 착한 저이의 영혼에 이스라엘의 누룩으로 영향을 주려고 애썼습니다. 그러나 저이는 결정을 도무지 못합니다. …그런데 나이는 먹었지요. … 저는 남편과 사랑으로 결합한 것과 같이 믿음으로 결합하고 싶습니다. …저는 선생님께 재산이나 안락이나 건강을 청하지 않습니다. 저희가 가진 것으로 충분합니다. 때문에 하느님을 찬미합니다! 그러나 이것만은 얻고 싶습니다. …제 남편을 위해 기도해 주십시오! 제 남편이 참 하느님의 사람이 되게 해 주십시오…."

"그러지요, 당신 남편이 이 은혜를 받을 것이오. 당신은 거룩한 것을 청하니 받게 될 거요. 당신은 하느님과 남편에 대한 아내로서의 의무를 깨달았소. 모든 아내의 경우에도 이러해야 할 것입니다! 내 진정으로 말하는 바이지만 많은 아내가 당신을 본받아야 할 거요. 계속 그렇게 하시오. 그러면 기도할 때와 하늘에서 당신의 남편 티투스를 당신 곁에서 보는 기쁨을 가지게 될 거요. 아이들을 보여주시오."

여인은 그의 많은 아이를 부른다. "야곱, 유다, 레위, 마리아, 요한, 안나, 엘리사, 마르코." 그런 다음 집안으로 들어가더니 겨우 걸음을 걷는 어린아이와 기껏해야 석달쯤 되었을 다른 딸을 데리고 나온다. "그리고 얘는 이사악이고, 아주 작은 딸은 유딧입니다" 하고 말하면서 소개를 끝낸다.

"풍성하군요!" 하고 제베대오의 야고보가 웃으면서 말한다.

그리고 유다는 "아들이 여섯인데, 모두 할례를 받았다! 그리고 순수한 이름을 가졌고! 참 좋다!" 하고 외친다.

여인은 기뻐한다. 그리고 아버지를 돕는 야곱과 유다와 레위를 자랑한다. "안식일만 빼고는 매일 돕지요. 안식일에는 남편이 미리 만들어 놓은 편자를 다는 일을 혼자서 합니다" 하고 여인이 말한다. 그리고 "어머니를 도와주는" 마리아와 안나를 칭찬한다. 그러나 여인은 더 어린 네 아이들도 칭찬하기를 잊지 않는다. "얘들은 착하고 변덕이 없습니다. 규율이 바른 군인이었던 남편이 저를 도와 얘들을 교육합니다" 하고 남편을 다정스럽게 바라보면서 말한다. 남편은 한 손으로 허리를 짚고 문틀에 기대어 서서 솔직한 얼굴에 꾸밈없는 미소를 띠고 아내가 말하는 모든 말을 들었는데, 이제는 병사로서의 그의 공로를 상기시키는 것을 듣고는 뽐낸다.

"좋습니다. 군의 규율은 군인의 본래의 의무를 인정을 가지고 다할 때에는 하느님께 밉게 보이지 않소. 중요한 것은 항상 덕행있는 사람이 되기 위하여 어떤 일에든지 항상 도덕적으로 성실한 것이오. 당신이 자녀들에게 넘겨주는 전날의 그 규율은 더 높은 봉사, 즉 하느님께 대한 봉사에 당신을 준비시켜 줄 거요. 이제는 헤어집시다. 황혼이 되기 전에 악집에 도착할 시간이 겨우 있겠소. 에스텔, 당신과 당신 온 집안에 평화. 멀지 않아 모두 주님의 사람이 되시오."

예수께서 강복하시기 위하여 손을 드시는 동안 어머니와 아이들은 무릎을 꿇는다. 남자는 다시 그의 황제 앞에 서 있는 병사가 된 것 같이 차렷 자세를 하고 로마식으로 인사한다.

그리고 그들은 떠난다. …몇미터를 간 다음 예수께서는 야고보의 어깨에 손을 얹으시고 말씀하신다. "또 한번, 오늘 네 번째로 이것이 실패가 아니라는 것, 쫓겨나고, 조롱을 당하고, 저주를 받은 것이 아니라는 것을 지적하겠다. … 그리고 이제 네 생각은 어떠냐?"

"제가 어리석다는 생각입니다, 주님" 하고 제베대오의 야고보가 격렬하게 말한다.

"아니다. 너와 너희 모두는 아직 여전히 너무 인간적이어서, 정신보다는 인정에 더 지배되는 사람과 같은 기분의 모든 급변을 경험하는 것이다. 정신이 최고의 권위를 가질 때에는, 항상 향기로운 미풍일 수는 없는 바람이 불 때마다, 변하지는 않는다. …정신이 고통을 당할 수는 있겠지만 변질하지는 않을 것이다. 나는 너희가 이 정신의 지배에 이르도록 끊임없이 기도한다. 그러나 너희 노력으로 나를 도와야 한다. …자! 여행이 끝났다. 그동안 나는 너희가 복음 전도자가 될 때를 위해 일을 하는 데 필요한 것의 씨를 뿌렸다. 이제 우리는 우리의 의무를 다했다는 자각을 가지고 안식일의 휴식을 취할 수 있다. 그리고 다른 사람들을 기다리자. …그리고 또 …간다. …항상 …모든 것이 완성될 때까지…."

20. 바르톨로메오가 이유를 찾아내다

안식일 다음 날이다.
예수께서는 매우 초라한 침대들이 빽빽히 들어찬 방안에 여섯 사도와 함께 계신다. 비어 있는 공간은 방의 이쪽 끝에서 저쪽 끝까지 가는 데에나 겨우 충분할 정도이다. 식탁도 의자도 없기 때문에 그들은 정말 보잘것 없는 음식을 침대에 앉아서 먹는다. 그리고 요한은 어느 순간 햇볕을 찾아 창틀에 올라앉는다. 따라서 그들이 기다리는 사람들, 즉 베드로와 시몬과 필립보와 바르톨로메오가 집을 향하여 오는 것을 그가 제일 먼저 본다. 요한은 그들을 부르고 나서 밖으로 나가고, 모두 따라 나간다. 남아 있는 것은 예수뿐인데, 예수께서는 그저 일어나셔서 문쪽을 바라보시려고 몸을 돌리실 뿐 다른 움직임은 없다.
방금 도착한 사람들이 들어온다. 그리고 베드로의 감정이 넘쳐흐르는 것과 열성당원 시몬이 깊은 절을 한다는 것은 상상하기가 어렵지 않다. 놀라운 것은 필립보의 태도이고, 특히 바르톨로메오의 태도이다. 그들은 말하자면 두려워하고 몹시 불안해하며 들어와서, 예수께서 벌써 베드로와 시몬에게 주신 평화의 입맞춤을 주고 받으려고 팔을 벌리시는데도, 그들은 무릎을 꿇고 몸을 방바닥에까지 굽혀 예수의 발에 입맞춤하며 그대로 있다. …그리고 바르톨로메오의 소리를 죽인 한숨은 그가 예수의 발 위에서 말없이 울고 있다는 것을 말해 준다.
"바르톨로메오야, 왜 그렇게 고민하느냐? 너는 선생님의 품으로 오지 않느냐? 또 필립보, 너는 왜 그렇게 두려워하느냐? 만일 내가 너희 두 사람이 악의가 들어가 있을 수 없는 마음을 가진 성실한 사람이라는 것을 알지 못했더라면, 너희가 죄지은 사람들이 아닌가 하고 의심해야 할 것이다. 그러나 그렇지 않다. 자, 자! 너희 입맞춤을 원하고 너희 충실한 눈의 맑은 눈길을 보기를 원한 것이 너무나 오래 되었다…."
"저희는 그렇습니다. 주님…" 하고 바르톨로메오가 얼굴을 들면서 말하는데, 그 얼굴에는 눈물이 반짝인다. "저희들은 선생님만을 원했습니다. 저희가 무슨 일로 선생님의 마음에 들지 않았기에 이렇게 오랫동안 선생님과 헤어져 있어 마땅하게 되었는가 하고 의아해하면서요. 그리고 그것이 저희 생각에는 옳지 않은 것 같습니다. …그러나 지금은 저희가 압니다. …아이고 용서하십시오. 주님! 선생님께 용서를 청합니다. 특히 제가 용서를 청합니다. 필립보는 저 때문에 헤어졌었으니까요. 그래서 필립보에게도 용서를 빌었습니다. 잘못한 것은 선생님께 고통을 드린, 새롭게 되기가 몹시 어려운 묵은 이스라엘 사람인 저 뿐입니다…."

예수께서는 몸을 굽혀 그를 억지로 일으키시고, 필립보에 대하여도 그렇게 하신다. 그리고 그들을 함께 껴안으시며 말씀하신다. "그러나 무슨 일로 자책을 하느냐? 너는 잘못 한 것이 없다. 하나도 없다! 그리고 필립보도 마찬가지이다. 너희는 내 사랑하는 사도들이다, 그래서 오늘 나는 영원히 다시 모인 너희가 나와 함께 있는 것이 기쁘다…."

"아닙니다, 아니예요. …저희는 선생님이 저희를 사도의 가족에서 제외하실 정도로 저희를 불신하시는 그 동기를 오랫동안 몰랐습니다. 그러나 지금은 그것을 압니다. …그리고 용서를, 용서를 청합니다. 특히 제가 용서를 청합니다. 제 선생님, 예수님…" 그러면서 바르톨로메오는 걱정스럽게, 사랑과 동정을 가지고 예수를 쳐다본다. 나이가 많기 때문에 바르톨로메오는 슬퍼하는 아들을 보는 아버지와 같고, 그가 알아차리지 못하였던 걱정으로 인하여 야윈 아들의 얼굴을, 그리고 처음에는 야위고 노쇠하였음을 눈치채지 못하였던 아들의 얼굴을 들여다 보는 아버지와 같다. …그리고 바르톨로메오의 뺨에는 또 다시 눈물이 흘러내린다. 그리고 외친다. "아니, 그자들이 선생님께 어떤 짓을 했습니까? 우리 모두를 괴롭히려고 그들이 어떤 짓을 했습니까? 마귀가 우리 가운데 들어와서 우리를 슬프게 하고 약하게 하고 무기력하고 어리석게 한 것 같습니다. …선생님이 괴로워하시는 것을 깨닫지 못할 정도로 어리석게 말입니다. …오히려 저희 비속함과 어리석음과 체면존중과 묵은 인간성으로 선생님의 고통을 더해 드릴 정도로 어리석게 말입니다. …그렇습니다. 선생님의 완전한 생명력이 저희를 새롭게 하지 않은 채 저희 안에서는 여전히 묵은 사람이 압도했습니다. 이 때문에 저는 평화를 얻지 못했습니다! 제 사랑 전부를 가지고도 저는 새롭게 되지 못했고, 선생님을 이해하고 따르지 못했습니다. …저는 그저 물질적으로만 선생님을 따랐습니다. …그러나 선생님은 저희가 선생님을 정신적으로 따르기를 원하셨습니다. …그리고 선생님을 영속시킬 수 있는 사람이 되기 위해 …저희가 선생님의 완전을 이해하기를 원하셨습니다. 오! 선생님! 많은 싸움과 계략과 혐오와 고통을 당하신 후, 그리고 저희가 아직도 준비가 안 되어 있는 것을 아시는 고통을 가지고 언젠가 떠나시게 될 우리 선생님!…" 그러면서 바르톨로메오는 예수의 어깨에 갖다 대고, 영리하지 못한 제자였다는 자각으로 정말 비탄에 잠기고 몹시 괴로워하며 운다.

"나타나엘아, 낙심하지 말아라. 너는 모든 것을 확대해서 보고 거기에 놀란다. 그러나 네 예수는 너희가 사람들이라는 것을 알고 있었다. …그리고 너희가 줄 수 있는 것 이상의 것은 아무것도 요구하지 않는다. 오! 너희는 내게 모든 것을 준다. 정말 모든 것을. 그러나 이제는 너희가 커져야 하고 단련되어야 한다. …그런데 이것은 느린 작업이다. 그러나 나는 기다릴 줄을 알며, 너희가 자라는 것을 기뻐한다. 사실 너희는 내 생명 안에서 끊임없이 자라고 있다. 네 슬픔까지도, 나와 함께 있던 사람들의 화합도, 너희 본성이었던 냉혹과 이기주의와 정신적인 복심에 뒤이어 생기는 연민까지도, 너희들의 현재의 진중함까지도, 모두가 내 안에서 너희가 자라는 과정이다. 자! 내가 알고 있으니, 마음을 평안히 가지고 있어라. 네 성실성과, 네 선의와, 네 너그러움과 네 진정한 사랑 모든 것을 알고 있으니, 내가 내 지혜로운 바르톨로메오와 그렇게도 건전하고 충실한 필립보를 의심할 수 있겠느냐? 그렇게 하는 것은 너희를 내 가장 아끼는 제자들 중에 있게 내게 허락하신 내 아버지께 폐를 끼치는 것이 될 것이다. 그러나 이제는…자, 여기 앉자. 그리고 이미 휴식을 취한 사람들이 피로하고 시장한 형제들에게 음식과 휴식을 주어 돌보도록 하여라. 그리고 그러는 동안 너희 선생과 너희 형제들에게 그들이 모르는 것을 이야기해 다오."

그러면서 당신 침대에 앉으셔서 옆에 필립보와 바르톨로메오를 앉히신다. 베드로와 시몬은 옆에 있는 침대에 예수와 마주 앉아서 무릎과 무릎이 닿는다.

"필립보, 자네가 말하게. 나는 벌써 말했으니까. 그리고 자네는 그동안 나보다 더 올바랐어."

"오! 바르톨로메오! 올바랐다구! 나는 다만 선생님이 우리를 필요 없다고 하신 것이 선생님의 악의나 변심에서 오는 것이 아님을 깨달았던 거야. 그래서 그런 생각을 한 것으로 인해서 나중에 자네가 고통을 당하고 가책을 가지게 됐을 그런 생각을 하지 말라고 막는 것으로…자네를 안심시키려고 애썼던 거야. …나는 한 가지 가책만 느끼고 있어. 그건 마륵지암을 데리러 나자렛에 가는 요나의 시몬을 따라가려고 했을 때 선생님께 불복종하지 못하게 말린 거야. …그후…자네가 몸과 마음에 그렇게도 고통당하는 것을 보고 나는 이렇게 생각했어. '가게 내버려 두는 것이 나았을 걸 그랬다! 선생님은 바르톨로메오의 불복종을 용서하셨을 것이고, 바르톨로메오는 그 생각들 때문에 마음을 썩이지 않을 것인데' 하고…그러나 자네 알겠지! 만일 자네가 떠났더라면, 수수께끼를 푸는 열쇠를 자네가 결코 얻지 못했을 걸세. …그리구 자네가 선생님의 변심에 대해서 가졌던 의심이 절대로 풀리지 않았을 걸세. 그런데 반대로…"

"그래. 그런데 반대로 나는 깨달았어. 선생님, 저는 많은 것을 알기 위해서, 그리고 제가 이미 아는 많은 것에 대한 확인을 얻기 위해서 요나의 시몬과 열성당원 시몬을 온갖 질문으로 성가시게 했지만, 이 사람들은 이렇게만 말하는 것이었습니다. '선생님은 많이 괴로워하셔서 야위고 늙기까지 하셨네. 이스라엘 전체와, 제일 먼저 우리가 그 책임이 있어. 선생님은 우리를 사랑하시고 용서하시네. 그러나 선생님은 과거에 대해서 말하지 않는 것을 바라셔. 그렇기 때문에 선생님께 여쭈어보지도 말고 말씀도 드리지 말라고 권하겠네…' 하고요. 그러나 저는 말을 하고 싶습니다. 선생님께 질문을 하는 것은 안하겠습니다만, 말씀은 드려서 선생님이 아시게 해야 합니다. 선생님의 사도의 마음속에 있는 것은 아무것도 선생님께 숨겨서는 안 되기 때문입니다. 어느날 ── 시몬과 다른 사람들은 며칠 전에 떠나고 없었습니다 ── 가나의 미카엘이 제 집에 왔습니다. 먼 친척이고, 친한 친구이고, 어려서부터 공부를 같이 한 학우입니다. …그 사람은 선의로, 제게 대한 애정으로 왔다고 저는 확신합니다. 그러나 그를 보낸 사람은 성실한 사람이 아니었습니다. 그 사람은… 다른 사람들은 떠났는데 저는 내 집에 남아 있는지 알고자 했습니다. 그리고 이렇게 말했습니다. '그럼 그게 사실이로구먼. 자네가 훌륭한 이스라엘 사람으로서 어떤 것들은 찬성할 수가 없기 때문에 갈라졌다는 거 말이야. 그리고 자네가 말없는 공모자가 되어서라도 그들을 도와주지 않으리라는 것을 확실히 알기 때문에, 나자렛의 예수를 위시해서 다른 사람들이 쉽사리 자네를 무시하는 걸세. 자네가 잘하는 걸세. 자네에게서 옛날의 자네를 알아보겠네. 나는 자네가 이스라엘을 버리고 타락한 줄로 생각했었네. 자네는 자네의 정신과 자네와 자네가족의 안락을 위해서 잘하는 일일세. 왜 그런고 하니 이제 일어날 일을 최고회의는 용서하지 않을 거고, 거기에 가담한 사람들은 박해를 당할 테니까 말이야.' 저는 이렇게 말했습니다. '아니 자네 무슨 말을 하는 건가? 내가 자네에게 말했지만, 나는 계절 때문에 집에 남아 있으면서 혹 나그네들이 오면 나자렛으로 보내거나 스밧달까지 가파르나움에서 선생님을 기다리라고 말하라는 명령을 받은 거야. 그런데 자넨 헤어졌느니 공모니 박해니 하는 말을 하고 있으니 말이야. 설명해 주게…' 하고 필립보, 내가 이렇게 말했지?"

필립보는 동의한다.

"그리니꺼" 하고 바르톨로메오가 다시 말을 시작한다. "미카엘은 선생님이 엔도르의 요한과 그리이스 여자를 데리고 계시는 것으로 최고회의의 충고와 명령에 반발하셨다는 것은 알려진 사실이라고 말했습니다. …주님, 제가 괴로움을 드리는 거지요? 그렇지만 저는 말을 해야 합니다. 선생님께 여쭙겠습니다, 그 사람들이 나자렛에 있었던 것이 사실입니까?"

"그렇다. 사실이다."

"그들이 선생님과 같이 떠났다는 것도 사실입니까?"

"그렇다. 사실이다."

"필립보, 미카엘의 말이 옳았어. 그러나 그걸 어떻게 알 수 있었을까?"

"아, 그래! 시몬과 나를 불러 세운 저 교활한 자들이었어. 그리고 다른 자가 얼마나 되는지 알 수 있어? 으레 그 음험한 자들이야" 하고 베드로가 격렬하게 말한다.

예수께서는 반대로 조용히 물으신다. "그 사람이 다른 말은 아무 말도 하지 않았느냐? 네 선생에게 끝까지 솔직하게 말하여라."

"다른 말은 아무 말도 하지 않았습니다. 그 사람은 제게 대해서 알려고 했습니다. …그런데 저는 미카엘에게 거짓말을 했습니다. '과월절까지 집에 있을 거야' 하고 말했습니다. 저를 따라올까 봐 무서워서요. 또…모르겠습니다. …선생님께 해를 끼칠까 봐 무서워서 그랬습니다. 그리고 그때에야 선생님이 왜 저를 떠나셨는지를 이해했습니다. …선생님은 제가 아직 너무 이스라엘적임을 느끼셨던 거지요…." 바르톨로메오는 다시 울기 시작한다. "…그리고 저를 의심하신 겁니다…"

"아니다, 그것은 아니다. 절대로 아니야. 그 시간에는 네가 네 동료들 곁에 있는 것이 필요치 않았는데, 너도 보다시피 베싸이다에는 네가 필요하였다. 각자에게는 그의 임무가 있는 것이고, 각 연령층에는 그에 해당하는 피로가 있는 것이다…."

"아닙니다, 아니예요! 이제는 어떤 피로가 있더라도 저를 따로 떼어놓지 마십시오. 주님. 아무것도 고려하지 마십시오. …선생님은 친절하십니다. 그러나 저는 선생님 곁에 남아 있고 싶습니다. 선생님에게서 멀리 떨어져 있는 것은 벌입니다. …그런데 어리석고 모든 것에 능력이 없는 저이지만, 다른 일은 할 수 없다 하더라도 적어도 선생님을 위로해 드릴 수는 있었을 것입니다. 저는 알아들었습니다. …저 사람들은 그 두 사람과 같이 보내신 거지요. 제게 그렇다는 말씀은 하지 마십시오. 저는 그것을 알고 싶지 않습니다. 그러나 그렇다는 것을 깨닫고, 그것을 말하는 것입니다. 그렇다면 저는 선생님과 같이 있을 수 있었고, 또 있어야 했을 것입니다. 그러나 선생님은 제가 '새사람'이 되라고 하시는데 그렇게도 말을 안 듣는 것을 벌하시려고 저를 붙잡아두지 않으셨습니다. 그러나 선생님, 잘라 말씀드립니다만 제가 당한 고통으로 저는 새로워졌습니다. 그래서 이제 다시는 절대로 옛날의 나타나엘을 보지 못하실 것입니다."

"그러니까 고통이 모든 사람에게 있어서 기쁨으로 끝났다는 것을 네가 알게 되었단 말이지. 그러면 이제는 서두르지 말고 토마와 유다의 마중을 가자. 약속된 장소에 그들이 오기를 기다릴 것 없이. 그리고 그들과 함께 또 가자. …할 일이 너무나 많으니! …내일 일찍 길을 떠나자."

"그렇게 하시는 게 좋을 겁니다. 북쪽에는 날씨가 변할 것입니다. 농작물을 위해서는 불행한 일입니다…" 하고 필립보가 말한다.

"그래! 요전 우박으로 들판이 띠의 형태로 황폐하게 되었습니다. 주님이 못 보셨기 망정이지! 어떤 곳에는 불길이 지나간 것 같았습니다. 그런데 이상한 것은 말씀드린 것과 진짜 불행이 띠의 형태로 왔다는 것입니다" 하고 베드로가 말한다.

"선생님네가 여기 안 계신 동안 우박이 많이 왔습니다. 데벳달의 어느날은 진짜 재앙 같았습니다. 평야에 파종을 다시 시작해야 할거라는 말을 들었습니다. 처음에는 더웠었는데, 그때부터는 사람들이 즐겨 햇볕을 찾게 되었습니다. 뒷걸음질을 합니다. …정말 이상한 징조들입니다! 무슨 징조일까요?" 하고 필립보가 묻는다.

"삭망월(朔望月)의 결과 이상의 아무것도 아니다. 그런 생각하지 말아라. 이런 것들이 우리에게 감명을 주어야 하는 것이 아니다. 그뿐 아니라, 우리는 평야 쪽으로 갈 것이고 걷기에 좋은 날씨일 것이다. 날씨는 차지만, 너무 혹독히 춥지는 않고, 반대로 아주 건조하다. 우선은 이리 오너라. 옥상에는 햇볕이 잘 든다. 저 위에 가서 함께 쉬자…."

21. 갈릴래아로 돌아오는 길에서

"우리가 목자를 기쁘게 해주고 난 지금은 어떻게 해야 합니까?" 하고 예수와 단둘이 있는 베드로가 묻는다. 다른 사람들은 몇 미터쯤 뒤에 처져서 집단을 이루고 온다.

"호숫가 길로 돌아가서 시카미논 쪽으로 가기로 한다."

"예?! 저는 우리가 가파르나움으로 가는 줄로 알고 있었는데요…."

"요나의 시몬아, 그래서는 안 된다. 그래서는 안 돼. 여인과 어린아이에 대한 소식은 내가 들었고, 유다를 위해서는…그의 마중을 가는 것이 더 간단할 것이다."

"알겠습니다, 주님. 그 사람이 내륙에 있는 호수와 강을 끼고 가는 길로 오지 않습니까? 그 길이 더 가깝고 더 아늑한데요…."

"그러나 유다는 그 길로 오지 않을 것이다. 그가 제자들을 보살펴야 한다는 것을 기억해라. 그런데 제자들은 더구나 다시 몹시 추워진 이 계절에는 서쪽에 흩어져 있다."

"좋습니다, 좋습니다. 선생님이 그렇게 말씀하시니…저는 그저 선생님만 모시고 있으면 되고, 선생님이 덜 슬퍼하시는 걸 보기만 하면 됩니다. 그 사람을 만나지만 말았으면! …우리들끼리만 있으니까 참 좋았습니다!…"

"시몬아, 시몬아! 그것이 네 형제애이냐?"

"주님…그것이 사실입니다" 하고 베드로가 솔직히 말한다. 그리고 이 말을 어떻게나 세차게, 얼마나 웅변적인 표현으로 말하는지 예수께서 웃지 않으시려고 자제하셔야 할 지경이었다. 그러나 이처럼 솔직하고 이처럼 충실한 사람을 어떻게 엄하게 꾸짖을 수 있겠는가?

예수께서는 왼쪽에 있는 언덕들에 대하여 지나친 관심을 보이시면서 말씀을 하지 않으시는 편을 택하신다. 오른쪽에는 평야가 점점 더 평평하게 전개된다. 두 사람 뒤에서는 다른 아홉 사람들이 이야기를 하는

데, 어깨에 어린 양을 올려 놓고 오는 요한은 착한 목자 같아 보인다. 아마 목자 안나의 선물인가 보다.

얼마 후에 베드로가 묻는다. "그럼 나자렛에는 안 갑니까?"

"틀림없이 간다. 내 어머니께서 요한과 신디카의 여행에 대한 소식을 들으시면 매우 기뻐하실 것이다."

"그리고 선생님을 보시는 것두요!"

"그리고 나를 보시는 것도."

"저들이 어머님이나마 편안하게 놓아두었을까요?"

"알게 될 거다."

"그렇지만 저들이 왜 그렇게까지 악착스러울까요? 요한 같은 사람은 유다에도 얼마든지 있는데요. 그런데도… 더구나 로마를 비웃기 위해 그런 사람들을 보호하고 숨겨 주면서 말입니다…."

"저들이 그렇게 하는 것이 요한 때문이 아니라, 내게 대한 고소조항 (告訴條項)이기 때문이라는 것을 확실히 알아라."

"그러나 저들이 이제는 그 두 사람을 찾아내지 못할 것입니다! 선생님은 모든 것을 잘하셨습니다. …저희들만을 보내셔서 바다로 해서…여러 마일을 작은 배로, 그 다음에는 국경을 넘어가서 큰 배로 가게 하신 것, 모두요. …오! 모두가 잘 되었습니다! 저들이 정말 실망할 걸로 생각합니다."

"실망할 것이다."

"가리옷의 유다를 보고 싶습니다. 바람이 많이 불고 여러 가지 징조가 있는 하늘처럼 좀 살펴보게요. 어떤지…좀 보게요."

"아니, 또!…."

"선생님이 옳으십니다. 그것은 여기 박혀 있는 생각입니다" 하고 베드로는 자기 이마를 친다.

예수께서는 그의 생각을 딴 데로 돌리시려고 다른 사도들을 모두 부르셔서, 올해에는 그런 계절이 지나갔다고 생각할 수 있을 때에 들이닥친 우박과 추위로 초래된 끔찍한 손해를 지적하신다. 어떤 사람들은 이런 말을 하고 어떤 사람들은 저런 말을 하는데, 모두가 그것을 주님을 받아들이지 않는 거만한 팔레스티나에 대한 하느님의 벌의 표시로 보려고 한다. 그리고 그중 가장 유식한 사람들은 옛날 이야기를 통하여 아는 그와 비슷한 사실들을 인용하고, 가장 젊은 교양이 덜 있는 사람들은 놀라서 주의깊게 듣고 있다.

"그러나 그렇다면 왜 어떤 밭들은 말짱합니까?"

"우박은 그렇게 하는 것이다."

"그렇지만 가장 나쁜 사람들에 대한 벌이 아닐까요?"

"그럴 수도 있겠지마는 그렇지는 않다. 만일 그렇다면 불행한 일일 것이다…."

"우리 조국 거의 전체가 메마르고 황폐하게 될 것입니다. 그렇지요, 주님?" 하고 안드레아가 말한다.

"그러나 예언서에서는 메시아를 받아들이지 않는 사람들에게는 불행이 닥쳐올 것이라고 상징적으로 말하고 있습니다. 예언자들이 거짓말을 할 수 있습니까?"

"바르톨로메오야, 그렇지 않다. 그리고 그들이 말한 것은 올 것이다. 그러나 지극히 높으신 분은 대단히 인자하시고 무한히 인자하셔서, 지금 일어나는 것보다 훨씬 더 많은 것이 일어나야 벌하고자 하신다. 너희들은 냉혹한 마음과 고집센 지능을 가진 사람이 벌을 받기를 항상 바라지 말고 착한 마음씨를 가져라. 그들이 회개하기를 바라지 벌 받기를 바라지 말아라. 요한아, 어린 양은 동료 한 사람에게 넘겨주고 이리 와서 저 모래 언덕에서 네 바다를 바라다보아라. 나도 간다."

과연 그들은 바다 아주 가까이에 있는 길에 있는데, 바다와 길 사이에는 빈약한 종려나무들과 잎이 헝클어진 위성류(渭城柳), 유향나무와 모래땅에서 자라는 다른 풀들이 자라고 있는 기복이 심한 넓은 띠 모양의 모래 언덕이 있을 뿐이다.

예수께서 요한과 같이 모래 언덕으로 가신다. 그러나 누가 예수를 떠나는가? 아무도 떠나지 않는다. 그래서 그들은 고요하고 아름다운 바다를 향한 그 모래 언덕으로 빨리 올라가 거리낌없는 아름다운 햇볕을 받는다.…

흰 집들이 있는 프톨레마이스시가 아주 가까이에 있다.

"시내에 들어갑니까?" 하고 알패오의 유다가 묻는다.

"필요 없다. 첫번째 집들에 들러서 식사를 하자. 오늘 저녁 시카미논에 가 있고자 한다. 어쩌면 거기에서 이사악을 만날지도 모른다."

"그 사람이 얼마나 좋은 일을 많이 합니까. 예? 아벨과 요한과 요셉의 말을 들으셨지요?"

"그렇다. 그러나 모든 제자가 매우 활발히 움직이고 있다. 나는 그 때문에 밤낮으로 내 아버지를 찬미한다. 너희 모두…내 기쁨, 내 평화, 내 안전이다….” 그러면서 예수께서 얼마나 많은 사랑을 가지고 그들을 바라보시는지 열 사람의 눈에는 눈물이 어리게 된다.…

그리고 이 사랑 가득한 눈길이 보이며 환영이 끝난다.

22. 가리옷의 유다와 토마와 만나시다

　비록 맑은 하늘에 해가 빛나고 있지만, 찬 바람이 부는 키손강 계곡은 춥다. 이 바람은 북쪽에 있는 야산들을 넘어 불어 와서 벌벌 떨고 시들어서 잔뜩 움츠러든 연한 농작물들을 망쳐 놓아, 새로 기운을 내려다가 죽을 운명에 처하게 한다.
　"아니, 그런데 이 추위가 아직 오래 갈 건가?" 하고 마태오가 겉옷을 더 푹 뒤집어쓰면서 묻는다. 겉옷에서는 얼굴의 일부분, 즉 눈과 코만이 나온다.
　그 역시 입까지 가린 겉옷으로 바르톨로메오가 죽은 목소리로 대답한다. "아마 이달 말까지는 갈 거야."
　"그럼 우린 처지가 딱하게 됐는 걸! 그러나 참자! 다행히도 나자렛에서는 우리가 인심좋은 집들에 머무를 거니까. …그리고 그 동안에 이 추위도 지나가겠지."
　"그래, 마태오. 그렇지만 나는 예수님이 덜 시달리신 것을 보니까 벌써 다 지나갔어. 자네 생각엔 선생님이 더 쾌활하신 것 같지 않은가?" 하고 안드레아가 묻는다.
　"더 쾌활하셔. 그러나 나는…이렇단 말이야. 우리가 아는 일 때문에 선생님이 저렇게 풀이 죽어 계실 수는 없을 것 같아. 자네들이 아는 무슨 새로운 일이 정말 없나?" 하고 필립보가 묻는다.
　"아무것도 없어, 절대로 아무것도. 자네한테 말하지만, 시리아 - 페니키아 국경지대에서는 믿는 마음을 가진 사람들 때문에 매우 기뻐하시기까지 했고, 내가 말한 저 기적들도 행하셨단 말이야" 하고 알패오의 야고보가 잘라 말한다.
　"선생님은 며칠 전부터 요나의 시몬과 많이 계시는데, 시몬은 많이 변했어. …그러나 자네들도 많이 달라졌어! 모르겠어. … 자네들은 더… 근엄해졌단 말이야" 하고 필립보가 말한다.

"그러나 그건 느낌에 지나지 않아! …사실은 우리는 이전 그대로야. 물론 선생님이 그렇게 많은 일 때문에 괴로워하시는 것을 보는 것은 즐거운 일이 아니고, 또 저들이 선생님께 대해서 얼마나 악착스러운지를 보는 것도 즐거운 일은 아니었어. …그러나 우리는 선생님을 보호할 거야. 오! 우리가 선생님과 함께 있으면 저들은 선생님께 아무일도 못할 거야. 나는 어제 착실하고 믿을 수 있는 사람인 헤르마가 말하는 것을 듣고 나서 선생님께 이렇게 말씀드렸어. '선생님은 혼자 계시면 안 됩니다. 이제는 제자들이 있는데, 보시다시피 그들은 일을 하고 있고 또 썩잘 합니다. 그리고 그 수가 점점 더 많아지기만 합니다. 그러니까 저희는 선생님을 모시고 있겠습니다. 선생님이 모든 것을 하지 않으시게 될 것입니다. 선생님의 짐을 좀 가볍게 하실 때입니다. 그러나 선생님은 모세가 산에서 그랬던 것처럼 저희 가운데 남아 계시고, 저희가 선생님을 위해서 싸우며, 필요한 경우에는 물질적으로 선생님을 방어할 각오를 하고 말입니다. 세례자 요한이 당한 것 같은 일을 선생님은 당하셔서는 안됩니다' 하고 결국 세례자의 제자가 두세 명밖에 안 남아서 그분을 방어할 수 없게 되지 않았더라면 세례자는 붙잡히지 않았을 것이니까 말이야. 결국 우리는 열두 명인데, 나는 선생님을 설득해서 가장 충실하고 가장 원기있는 제자들 중에서 적어도 몇 사람을 합쳐서 선생님 곁에 두시게 하고 싶네. 가령 마케론테에서 요한과 함께 있던 사람들 말이야. 충실하고 용기있는 사람인 요한, 마티아, 요셉까지도 말이야. 이 젊은이가 장래성이 많다는 걸 자네들도 알지?" 하고 타대오가 말한다.

"그래. 이사악은 천사 같은 사람이지만 그의 힘은 순전히 정신적인거야. 그러나 요셉은 육체적으로도 힘이 세지. 그 사람은 우리와 나이가 같아."

"그리고 그 사람은 쉽게 배워. 헤르마가 말하는 것을 들었나? '저 사람이 공부를 했더라면 의인인데다가 선생이 되었을 거야' 하고 말했어. 그런데 헤르마는 확실한 말을 한단 말이야."

"그렇지만 나는…스테파노와 헤르마와 사제 요한도 그들이 율법과 성전을 잘 알기 때문에 가까이에 두고 싶어. 그들이 있는 것이 율법학자들과 바리사이파 사람들에 대해서 어떤 힘이 있는지 알아? 조절과 억제의 역할을 하는 거야. …그리고 의문하는 사람들에 대해서는 '선생님 주위에는 이스라엘의 가장 훌륭한 사람들도 제자와 봉사자로 있는 것을 보시오' 하고 말하는 단언이 된단 말이야" 하고 알패오의 야고보가 말한다.

"자네 말이 옳아. 선생님께 그 말씀을 드리세. 어제 선생님이 말씀하시는 것을 자네들 들었어. '너희는 순종해야 한다. 그러나 내게 너희 진심을 토로하고, 너희에게 옳다고 생각되는 것을 내게 말해서, 장래에 지도할 줄을 알도록 습관을 들일 의무도 있다. 그래서 너희들의 생각이 옳다는 것을 내가 알게 되면 너희 생각을 받아들이겠다'고 말씀하셨지" 하고 열성당원이 말한다.

"어쩌면 우리 모두가 선생님의 고통의 원인이 된다는 것을 우리가 다소간 확신하고 있기 때문에 선생님이 우리를 사랑하신다는 것을 보이시려고 그렇게 하시는지도 몰라" 하고 바르톨로메오가 지적한다.

"혹은 모든 것을 생각하시고, 혼자서 결정을 하고 책임을 지셔야 하는 데 실제로 지치셨는지도 몰라, 어쩌면 또 당신의 거룩하심이 당신 앞에 상대하시는 사람들, 즉 거룩하지 못한 세상에 비하면…말하자면 거의 불완전하다는 것을 인정하시는 것인지도 몰라. 우리는 완전한 성인들이 아니야. 겨우 다른 사람들보다 속이 좀 덜 검다뿐이야. …따라서 우리와 거의 비슷한 사람들에게 대답할 능력이 있단 말이야" 하고 열성당원 시몬이 말한다.

"그리고 그들을 아는 능력이 더 있다고 말해야 할 걸세" 하고 마태오가 한술 더 뜬다.

"오! 그점에 대해서는 선생님도 저들을 아신다고 나는 확신해. 또 선생님은 사람들의 마음 속을 환히 아시니까 저들을 우리보다도 더 잘 아신다고 나는 확신해" 하고 제베대오의 야고보가 말한다.

"그렇다면 왜 어떤 때 그렇게 행동하셔서 귀찮은 일과 위험을 당하시는 건가?" 하고 안드레아가 안타까워하며 묻는다.

"그건! 뭐라고 대답할지 모르겠네" 하고 타대오가 어깨를 들썩 하며 말하고, 다른 사람들도 똑같이 시인한다.

요한은 잠자코 있다. 그러니까 그의 형이 놀린다. "예수님에 대해서 언제나 무엇이든지 다 아는 넌데 ── 너희는 어떤 때 두 애인 같이 보인다 — 왜 그렇게 하시는지 말씀하신 적이 없니?"
 "말씀하셨어. 최근에도 여쭈어 봤어. 그런데 선생님은 항상 이렇게 대답하셨어. '내가 그렇게 행동해야 하기 때문이다. 나는 마치 세상 전체가 무식하지만 착한 사람들로 이루어진 것처럼 행동해야 한다. 너희들에게는 내가 같은 가르침을 준다. 이렇게 해서 진리의 아들들과 거짓말의 아들들이 갈라지는 것이다' 하고. 또 이렇게 말씀하셨어. '요한아, 알겠느냐? 이것은 보편적, 집단적이 아니고 개별적인 첫번째 심판과 같다. 그들의 믿음과 사랑과 정의의 행위를 기준으로 해서 어린 양들이 염소들과 갈라질 것이다. 그리고 이것은 나중에 내가 세상에 없게 되고, 내 교회가 세상 끝마칠 때까지 오랜 세월을 두고 있게 될 때에도 그대로 계속될 것이다. 인간집단의 첫번째 심판이, 사람들이 그들 앞에 선과 악, 진리와 거짓말을 두고 자유롭게 행동하는 이 세상에서 행해질 것이다. 지상낙원에서도 그러하였다. 그곳에서는 하느님께 불복종한 사람들이 침해한 선과 악의 나무 앞에서 첫번째 심판이 내려졌다. 그런 다음 개인들의 죽음이 올 때에는, 빈틈이 없는 성령에 의해서 쓰여진 인간들의 행동을 적은 책에 이미 쓰여진 심판이 준비될 것이다. 맨 마지막에는 큰 심판, 무서운 심판이 올 것인데, 그때에는 사람들이 다시 집단으로 심판을 받을 것이다. 아담에서부터 마지막 사람에 이르기까지, 이 세상에서 그들이 자유롭게 원했을 것에 따라서 심판을 받을 것이다. 지금은 만일 내가 하느님의 말씀과 기적과 사랑을 받을 자격이 있는 사람들을 따로 갈라놓고, 다른 쪽에는 그런 자격이 없는 사람들을 놓으면 — 나는 하느님의 권리와 하느님의 능력으로 그렇게 할 수 있을 것이다 — 제외된 사람들은, 비록 그들이 사탄이라 하더라도, 그들이 개별적인 심판을 받는 날 〈우리에게 가르치기를 원치 않은 하느님의 말씀에 죄가 있습니다〉 하고 아주 큰 소리로 외칠 것이다. 그러나 이 말을 그들은 할 수가 없을 것이다. …아니 그보다도 그 말을 하겠지마는, 그들이 한번 더 거짓말을 하는 것이 될 것이다' 하고."
 "그러면 가르치심을 받아들이지 않는 것은 영벌을 받는 것인가?" 하고 마태오가 묻는다.
 "믿지 않은 사람 모두가 실제로 영벌을 받을 것인지 그건 모르겠어. 자네들이 혹 기억한다면, 신디카에게 말씀하시면서 선생님은 그들의 일생 동안에 성실하게 행동하는 사람들은 다른 종교를 믿더라도 영벌을 받지 않으리라는 것을 이해시키셨어. 그러나 우린 선생님께 그걸 여쭈어 볼 수 있어. 메시아에 대한 말을 들었으면서 지금 그것을 부분적으로 믿거나 제대로 믿지 않거나 메시아를 배척하는 이스라엘은 확실히 엄하게 심판받을 거야."

"선생님이 너하고는 많은 말씀을 하셨구나. 그래서 너는 우리가 알지 못하는 많은 것을 알고 있구나" 하고 그의 형 야고보가 지적한다.

"그건 자네들의 잘못이야. 나는 솔직하게 선생님께 질문을 한단 말이야. 때로는 선생님께 당신의 요한이 대단한 바보로 보이게 할 그런 것들도 여쭈어 본단 말이야. 그렇지만 나는 바보처럼 보이는 건 상관 없어. 선생님의 생각을 알고, 그것을 내 것을 만들기 위해서 간직하고 있기만 하면 돼. 자네들도 그렇게 해야 할 거야. 그러나 자네들은 항상 두려워해! 그런데 뭘 두려워하는 거야? 무식쟁이가 되는 걸? 천박한 사람이 되는 걸? 머리가 둔한 사람이 되는 걸? 자네들이 두려워해야 할 것은 선생님이 떠나실 때에 아직 준비가 되어 있지 못할까 하는 것뿐이야. 선생님은 항상 그 말씀을 하셔. …그리고 나도 이별을 준비하기 위해서 나 자신에게 항상 그 말을 하고 있어. …그렇지만 나는 그것이 언제나 큰 고통이리라는 것을 느껴…."

"내게 그 생각을 하게 하지 말아" 하고 안드레아가 부르짖고, 다른 사람들도 한숨을 쉬며 같은 말을 한다.

"그러나 그 일이 언제 올 건가? 선생님은 항상 '멀지 않아'라고 말씀하시네. 그렇지만 그것이 한 달 후에 있을 수 있고 몇 해 후에 올 수도 있어. 선생님은 대단히 젊으시고, 세월은 몹시 빠르니까 말이야. …아우, 무슨 일이냐? 얼굴이 아주 창백해지니 말이다…" 하고 타대오가 야고보에게 묻는다.

"아무것도 아니야! 아무것도! 곰곰히 생각하고 있던거야…" 하고 알패오의 야고보가 고개를 숙이면서 서둘러 대답한다.

그러니까 타대오는 그를 자세히 보려고 몸을 구부린다…. "아니, 너 눈에 눈물이 글썽거리는구나! 무슨 일이냐?…"

"아니, 자네들이 생각하는 것 이상의 것은 아무것도 없어. …나는 우리들끼리만 남아 있을 때를 생각하고 있던 거야."

"아니, 그런데 요나의 시몬은 무슨 일이 있기에 폭풍우의 날에 갈매기처럼 외치면서 뛰어 가지?" 하고 제베대오의 야고보가 묻는다. 그러면서 방금 예수를 떠나 바람 때문에 들리지 않는 말을 하면서 뛰어가는 베드로를 가리킨다.

그들은 걸음을 빨리 하면서 베드로가 이제는 가까워진 세포리스시에서 오는 오솔길로 들어선 것을 본다(제자들은 베드로가 예수의 명령으로 세포리스로 가는 것인지, 그것도 저 지름길로 해서 가는 것인지 의아해 하면서 이렇게 말한다). 그러나 곧이어 자세히 바라다보다가 세포리스시에서 큰 길을 향하여 오는 오직 두 사람의 여행자가 토마와 유다라는 것을 알게 된다.

"어허! 여기엘? 정말 여기엘? 오! 저 사람들이 여기서 뭘 하는 거야? 나자렛에서는 기껏해야 가나로 갔다가 티베리아로 가야 할 건데…" 하고 여러 사람이 의아해 한다.

"어쩌면 제자들을 찾으러 오던 것인지도 모르지. 그것이 그들의 임무였으니까" 하고 여러 사람의 마음 속에서 의심이 일어나 뱀 같은 대가리를 쳐드는 것을 느끼는 열성당원이 조심성있게 말한다.

"빨리 가세. 예수님은 혼자 계시면서 우리를 기다리시는 것 같네…" 하고 마태오가 권한다.

그들은 간다. 그래서 베드로와 유다와 토마가 동시에 예수 계신 곳에 이른다. 예수께서는 요한이 "선생님, 어디 편치 않으십니까?" 하고 물을 정도로 매우 창백하시다. 그러나 예수께서는 그에게 미소를 지어 보이시고 아니라는 표시를 하시며, 그렇게 오랫동안 떨어져 있다가 돌아온 두 사람에게 인사를 하신다.

우선 토마를 껴안으신다. 토마의 얼굴은 언제나처럼 건강해 보이고 쾌활하다. 그렇지만 몹시 눈에 띌 정도로 변하신 선생님을 보고 심각해지면서 "아프셨습니까?" 하고 열의를 가지고 묻는다.

"아니다. 토마야, 조금도. 그런데 너는 잘 있었느냐. 행복했고?"

"예, 선생님. 저는 항상 잘 있었고, 항상 행복했습니다. 선생님이 안 계시기 때문에만 제 마음이 지극히 행복하게 되지는 못했습니다. 제 아버지와 어머니도 얼마동안 저를 보내 주신 데 대해서 선생님께 감사하고 있습니다. 아버지가 조금 편치 않으셨지요. 그래서 그때는 제가 일을 했습니다. 쌍둥이 누이동생 집에도 가서 조카를 알게 되었습니다. 선생님이 가르쳐 주신 이름을 붙여 주게 했습니다. 그런 다음 유다가 와서, 발정기의 멧비둘기처럼 제자들이 있는 위로 아래로 돌아다니게 했습니다. 유다는 자기 몫으로도 이미 그렇게 했었는데, 조금만 한 것이 아닙니다. 그러나 이제는 그가 직접 말씀드릴 것입니다. 유다는 열 사람 몫의 일을 했으니까 선생님이 그의 말을 들으실 만하게 되었습니다." 예수께서는 그가 물러가게 내버려두신다. 그리고 이제는 유다의 차례이다. 그는 참을성있게 기다리다가 결연히 거리낌없는 의기양양한 태도로 앞으로 나아온다. 예수께서는 사파이어같이 파란 눈으로 그를 꿰뚫어 보신다. 그러나 토마의 경우처럼 껴안으시고 그의 입맞춤을 받으신다. "유다야, 그래 네 어머니는 너를 곁에 두고 기뻐하셨느냐? 그 거룩한 부인이 안녕하시냐?"

"예, 선생님, 그리고 아들 유다를 보내 주신 데 대해서 선생님을 찬미하였습니다. 어머니가 선생님께 선물을 보내려고 했습니다만, 제가 산과 들로 여기저기 돌아다니니 어떻게 가져올 수가 있었겠습니까? 선생님 안심하셔도 됩니다. 제가 찾아본 제자들의 집단은 모두 거룩하게 일하고 있습니다. 사상은 점점 더 퍼져나갑니다. 저는 가장 권력이 많은 사람들인 율법학자들과 바리사이파 사람들에 대한 이 사상의 반향을 직접 확인해 보고 싶었습니다. 저는 그런 사람들을 많이 알고 있었는데, 선생님께 대한 사랑으로 다른 사람들도 알게 되었습니다. 저는 사두가이파 사람들과 헤로데 당원들에게도 접근했습니다. …아이고! 정말이지 그때문에 제 품위가 많이 떨어졌습니다! …그러나 선생님께 대한 사랑으로 그런 일을 하였고 또 다른 일도 하겠습니다! 저는 매정한 거절도 여러 번 당하고 저주도 여러 번 받았습니다. 그러나 선생님에 대해서 선입관을 가진 어떤 사람들에게 호감을 일으키는 데 성공했습니다. 저는 선생님의 칭찬을 원치 않습니다. 제 의무를 다한 것으로 족하고, 저를 항상 도와주신 데 대해 영원하신 분께 감사를 드립니다. 저는 어떤 경우에 기적을 써야 했습니다. 그런데 그 사람들이 축복이 아니라 벼락을 맞아 마땅한 사람들이었기 때문에, 그것이 괴로웠습니다. 그러나 선생님은 사랑하고 참을성을 가지라고 말씀하셨지요. …저는 하느님의 영광과 찬미를 위해, 그리고 선생님의 기쁨을 위해 참을성을 가졌습니다. 많은 의구심을 일으키던 그 두 사람이 이제는 선생님 곁에 없다는 것을 제 명예를 걸고 보장한 그만큼 더 많은 장애가 영원히 치워졌으리라고 생각합니다. 그리고 나서 저는 확실히 알지 못하는 것을 단언했다는 가책을 느끼게 되었습니다. 그래서 저는 거기에 대비하기 위해, 즉 거짓말의 죄를 짓다가 들키지 않기 위해 확인을 하고자 했습니다. 거짓말하는 것이 들어나면 회개시켜야 하는 사람들에 의해서 제가 영원히 의심을 받게 되었을 터이니까요. …생각해 보십시오! 저는 안나와 가이파에게까지도 접근 했습니다! …오! 그들은 저를 몹시 비난하려고 했습니다. …그러나 제가 어떻게나 겸손하고 설득력이 있었던지 그들은 마침내 이렇게 말했습니다. '자, 사실이 정말 그랬다면 …우리는 사실이 다른 걸로 알고 있었소. 사실을 알 수 있던 최고회의 지도자들은 그와 반대되는 보고를 했었소. 그리고 ….'"

"자넨 요셉과 니고데모가 거짓말쟁이였다고 말하려는 건 아니겠지" 하고 그때까지는 자제하였으나, 그 이상 자제하지 못하고 열성당원이 말을 중단시킨다. 참느라고 애쓴 바람에 그의 얼굴은 납빛갈이 되어 있었다.

"누가 그런 말을 했나? 오히려 그 반대야! 요셉은 제가 안나의 집에서 나올 때 서를 보고 이렇게 말했습니다. '당신은 왜 그렇게 불안해하고 있소?' 하고 저는 그분에게 전부 이야기했습니다. 그리고 그분의 조언과 니고데모의 조언에 따라 선생님이 어떻게 옛날 죄수와 그리이스 여자를 멀리하셨는지를 말했습니다. 왜냐하면 선생님이 그들을 멀리하셨지요?" 하고 유다는 인광(燐光)을 발할 정도로 반짝이는 새까만 눈으로 예수를 뚫어지게 쳐다보며 말한다. 그는 예수께서 어떻게 하셨는지를 알아 내기 위하여 그의 눈길로 예수를 꿰뚫으려고 하는 것같다.

여전히 아주 가까이 그와 마주 대하고 계신 예수께서는 침착하게 말씀하신다. "내 흥미를 대단히 끄는 네 이야기를 계속하기 바란다. 정확한 보고는 쓸모가 많이 있을 수 있다."

"아! 그러니까 안나와 가이파가 생각이 바뀌었다는 말씀을 드렸지요. 이것은 우리에게 대단한 것입니다. 그렇지요? 또 그리고! …오! 이제 제 말을 들으면 모두 웃을 것입니다! 그러나 아시겠어요? 교사들이 저를 그들 가운데 붙들어 세우고, 제가 성년에 이른 어린이이기나 한 것처럼 또 한 가지 시험을 치르게 했습니다. 그런데 그 시험이라니! 어떻든 저는 그들을 설득했고, 그들은 저를 놓아주었습니다. 그때에 제게는 사실이 아닌 것을 말하지 않았나 하는 의심과 두려움이 생겼습니다. 그래서 토마를 데리고, 제자들 있는 곳이나 요한과 그리이스 여자가 피신해 있을 거라고 추측할 수 있는 곳에 다시 가 볼 생각을 했습니다. 저는 라자로의 집, 마나헨의 집, 쿠자의 저택, 벳수르의 엘리사네 집, 베델의 요안나의 정원, 게쎄마니 동산, 요르단강 건너에 있는 솔로몬의 작은 집, '고운내', 니고데모의 집, 요셉의 집에 갔었습니다…."

"그러나 요셉은 네가 보지 않았었느냐?"

"보았었지요. 그리고 그이는 그후 그 두 사람을 한번도 다시 보지 못했다고 잘라 말했었습니다. 그러나 정말이지. …저는 확실히 알고 싶었습니다. …요컨대 저는 그들이 있다고 의심할 수 있는 곳은 모두 가보았습니다. …그리고 그를 만나지 못한 것 때문에 제가 괴로워했다고, 생각하지 마십시오. 그러면 선생님이 제게 피해를 입히실 것입니다. 매번, 어떤 곳에서 그를 찾아내지 못하고, 또 그가 어디 있는지에 대한 아무런 실마리도 얻지 못하고 나올 때마다 ─ 이것은 토마도 확인할 수 있습니다 ─ 저는 이렇게 말했습니다. '주님께 찬미 있기를!' 그리고 이렇게도 말했습니다. '영원하신 분이여, 제가 그를 영영 찾아내지 못하게 하십시오!' 하고. 정말입니다! 제 영혼이 숨을 돌린 곳… 마지막 장소는 에스드렐론이었습니다. …아! 참! 마젯도 벌판의 그의 저택에 있는 이스마엘 벤 파비가 선생님을 손님으로 모시고 싶어합니다. …그러나 제가 선생님이라면, 저는 거기 안 가겠습니다…."

"왜? 틀림없이 거기 가겠다. 나도 그를 보고 싶다. 그리고 우리가 즉시 그리로 가기로 하자. 세포리스에 가는 대신에 에스드렐론으로 가자, 그리고 안식일 전날인 모레는 마젯도에 갔다가, 거기서 이스마엘의 집으로 가자."

"아이고 안 됩니다, 주님! 왜요? 그가 선생님을 사랑하는 줄 아십니까?"

"그러나 네가 그 사람에게 접근해서 내게 유리하게 바꿔놓았다면, 왜 나더러 거기 가지 말라고 하느냐?"

"제가 접근한 것이 아닙니다. …그가 밭에 있다가 저를 알아보았습니다. 그러나 저는 — 토마, 그렇지? — 그가 저를 보았을 때 달아나려고 했습니다. 그러나 그 사람이 제 이름을 불렀기 때문에 그럴 수가 없었습니다. 저는, 저는 선생님께 절대로 다시는 어떤 바리사이파 사람이나 율법학자나, 같은 종류의 사람의 집에는 가시지 말라고 권할 수밖에 없습니다. 선생님께는 그것이 유익하지 않습니다. 우리끼리만 서민들과 같이 있읍시다, 그뿐입니다. 라자로, 니고데모도, 요셉도.…그것은 하나의 희생일 것입니다. …그러나 질투와 원한을 사지 않고 헛점을 보이지 않기 위해서는 그렇게 하는 것이 더 낫습니다. …식탁에서는 말을 하지요. …그런데 그 사람들은 선생님의 말씀을 매우 음험하게 물고 늘어집니다. 그러나 요한의 이야기를 다시 하겠습니다. …이제는 제가 시카미논으로 가던 중입니다. 비록 사마리아의 경계에서 만난 이사악이 지난 10월부터는 그를 다시 만나지 못했다고 단언했지만요."

"그리고 이사악은 진실을 단언했다. 그러나 율법학자들과 바리사이파 사람들과의 교제에 대해서 네가 권하는 것은 전에 네가 말한 것과는 반대가 된다. 너는 나를 보호했다. …네가 한 일이 이런 거였지? 안 그러냐? 너는 이렇게 말했다. '저는 선생님께 대한 선입관을 많이 없앴습니다' 하고. 그렇게 말했지?"

"그렇습니다, 선생님."

"그렇다면 나 자신이 직접 나를 마저 보호할 수 없단 말이냐? 그러니까 우리는 이스마엘의 집에 간다. 그리고 너는 뒤로 돌아가서 그에게 미리 알려라. 너와 같이 안드레아와 열성당원 시몬과 바르톨로메오가 간다. 우리는 농부들의 집에 가서 쉬겠다. 시카미논으로 말하면, 우리가 거기서 오는 길인데 우리는 열한 사람이었다. 우리는 요한이 거기 없다고 잘라 말한다. 그리고 가파르나움이나 베싸이다, 티베리아, 막달라, 나자렛, 코라진, 갈릴래아의 베들레헴 등등, 어쩌면 네가 요한이 제자들과 함께 또는 친구의 집에 있는 것을 직접 확인하기 위해서 들러보려는 생각을 가지고 있는 아무 곳에도 있지 않다."

예수께서 침착하고 자연스럽게 말씀하신다. …그러나 유다의 얼굴빛이 잠깐동안 변하는 것을 보면 예수께서는 유다를 불안하게 하는 무엇이 있는 것 같다. 예수께서는 그에게 입맞춤을 하시려는 듯이 껴안으신다. …그리고 뺨과 뺨을 대고 이렇게 그를 붙잡고 계신 동안 그에게 조용히 속삭이신다. "불행한 자야! 네 영혼을 어떻게 하였느냐?"

"선생님…저는…."

"가라! 너는 사탄 자신보다도 더 지옥의 냄새가 난다! 입 다물어라! …그리고 할 수 있으면 뉘우쳐라."

유다는…나 같으면 걸음아 날 살려라! 하고 빠져나갔을 것이다. 그러나 그는! 뻔뻔스럽게도 큰 소리로 말한다. "선생님, 고맙습니다. 그러나 제발, 떠나기 전에 비밀히 한 말씀만 드리겠습니다."

모두가 여러 미터를 물러간다.

"주님, 왜 제게 그런 말씀을 하셨습니까? 제게 고통을 주셨습니다…."

"그것이 진실이니까 그랬다. 사탄과 관계를 맺는 사람에게는 사탄의 냄새가 배는 것이다."

"아! 강신술(降神術) 때문에 그러시는군요? 아이고! 선생님이 정말 저를 무섭게 하셨습니다! 그것은 장난이었습니다! 호기심 많은 어린아이의 장난과 같은 것에 지나지 않았습니다. 그리고 그것은 사두가이파 사람들에게 접근하는 데 소용이 됐고, 거기에 대한 욕망을 잃는 데에 소용이 됐습니다. 그러니까 선생님은 아주 안심하시고 제 죄를 사해주실 수 있습니다. 선생님의 능력을 가지고 있으면 그런 것은 쓸 데 없는 것입니다. 선생님의 말씀이 옳습니다. 자, 선생님! 제 죄는 아주 가벼운 것입니다! …선생님의 지혜는 크십니다. 그러나 누가 선생님께 그 말씀을 드렸습니까?"

예수께서는 그를 엄하게 바라보시며 대답을 하지 않으신다.

"그러나 선생님은 정말 제 마음속에서 죄를 보셨습니까?" 하고 유다는 약간 겁이 나서 말한다.

"그리고 너는 내게 혐오감을 일으켰다. 가라! 그리고 한 마디도 더 하지 말아라." 그리고 그에게 등을 돌리시고 제자들 있는 데로 돌아오셔서 방향을 바꾸라는 명령을 내리신다. 예수께서는 우선 바르톨로메오와 시몬과 안드레아를 떠나 보내시니, 그들은 유다와 합류하여 빨리 떠난다. 남아 있는 사람들은 예수만이 아시는 진실을 모른 채 천천히 떠나 간다.

너무도 몰라서 유다의 활동과 수완을 칭찬할 정도이다. 그리고 정직한 베드로는 동료에 대하여 마음 속에 품었던 경솔한 판단을 스스로 책한다….

예수께서는 다른 일을 생각하시는 것처럼, 그리고 동행들의 떠드는 소리는 거의 들리지 않는 것처럼 미소를 지으신다, 약간 피곤하고 부드러운 미소이다. 그런데 그들은 어떤 일에 대하여 인간성으로 알 수 있는 것밖에는 알지 못한다.

23. 이스마엘 벤 파비

　나는 예수께서 겨울 아침의 찬 바람이 휩쓸고 단단하게 하는 큰 길로 빨리 걸어가시는 것을 본다. 길 양쪽에 있는 밭들은 겨우 방금 돋아나기 시작한 농작물의 조심스러운 솜털 같은 것을, 장래의 빵의 약속을 알리는 고운 초록빛 베일을 보여 준다. 그러나 정말 겨우 깨달을 수 있는 약속이다. 그늘진 곳에는 아직 이 새로 돋아나는 축복받은 초록색이 없는 밭고랑들이 있고, 해가 더 잘 드는 곳에 있는 밭고랑에만 이 초록색이 있는데, 그것은 몹시 가벼운 것이지만, 그래도 다가오는 봄을 말하기 때문에 벌써 명랑한 것이다. 과수들은 그 어두운 빛깔의 가지에 부풀어 오르는 눈도 없이 아직 헐벗은 채이다. 올리브나무들만이 변함 없는 회청색을 가지고 있다. 그 빛깔은 8월의 태양 아래서나 이 겨울날 아침의 약한 햇빛 아래서나 마찬가지로 음산하다. 그리고 올리브나무들과 더불어 선인장의 살찐 잎들이 초록 빛깔을, 겨우 채색이 된 도자기와 같은 흐린 초록색을 보여 준다.
　예수께서는 자주 그러시는 것처럼 제자들보다 두세 걸음 앞서 걸어가신다. 그들은 모두 모직 겉옷을 꼭 여미고 간다.
　어느 순간에 예수께서는 걸음을 멈추시고 제자들을 부르시려고 돌아서신다. "길을 아느냐?"
　"길은 맞습니다. 그러나 그다음 그 집이 어디 있는지는 모르겠습니다. 그 집은 소유지 안쪽에 있으니까요. …어쩌면 저 올리브나무 숲이 있는 곳인지도 모르겠습니다…."
　"아니야. 반대로 저 안쪽 잎이 없는 큰 나무들이 있는 곳일 거야…."
　"마차가 다닐 수 있는 길이 있을 텐데…."
　결국 그들은 정확히는 아무것도 알지 못한다. 길이나 밭에는 아무도 없다. 그들은 길을 찾아서 무턱대고 나아간다.
　그들은 주위에 작은 밭 두세 뙈기가 있는 가난한 사람들의 작은 집을 하나 발견한다. 계집아이가 우물에서 물을 긷고 있다.
 "얘야, 네게 평화" 하고 예수께서 사람이 드나드는 통로가 있는 울타리 경계에서 걸음을 멈추시며 말씀하신다.
 "선생님께 평화. 무슨 일이세요?"
 "말좀 물어보자. 바리사이파 사람 이스마엘의 집이 어디 있니?"
 "선생님, 길을 잘못 드셨습니다. 네거리로 돌아가셔서 서쪽으로 가는 길로 가셔야 합니다. 그렇지만 아주 많이 많이 걸으셔야 해요. 저기 네거리까지 돌아가서, 걷고 또 걸어야 하니까요. 식사하셨어요? 추운데 속이 비면 그걸 더 느껴요. 좋으시다면 들어오세요. 저희는 가난해요. 그렇지만 선생님도 부자는 아니셔요. 선생님은 이것으로 만족하실 수 있어요. 오세요." 그러면서 날카로운 목소리로 "엄마!" 하고 부른다.
 서른 다섯에서 마흔 살쯤 되어 보이는 여인이 문지방으로 나온다. 그의 얼굴은 정숙하다. 그러나 조금 우울하다. 옷을 거의 입지 않은 세 살쯤 된 어린아이를 안고 있다.
 "들어오십시오. 불을 피워 놓았습니다. 양젖과 빵을 드리겠습니다."
 "나는 혼자가 아니오. 친구들이 있소."
 "모두 들어오라고 하십시오. 그리고 제가 받아들이는 나그네들과 함께 하느님의 강복도 들어오기를 바랍니다."
 그들은 낮고 어둡지만 탁탁 튀는 불이 명랑하게 하는 부엌으로 들어간다. 그들은 여기저기 다듬지 않은 궤에 걸터 앉는다.
 "이제, 준비하겠습니다. …아침이라…아직 아무것도 정돈하지 않았습니다. …용서하십시오."
 "아주머니 혼자십니까?" 하고 예수께서 말씀하신다.
 "남편과 아이들이 있습니다. 일곱입니다. 제일 큰 아이 둘은 아직 나임 장에 가 있습니다. 그애들은 제 남편이 병들었기 때문에 거길 가야 합니다. 대단한 고통입니다. …어린 딸들이 저를 도와 줍니다. 이애가 제일 어린 것입니다. 그러나 얘보다 좀 더 클까 말까 한 아이가 또 하나 있습니다."
 이제는 속옷을 입은 어린 것이 맨발로 예수께로 뛰어와서 신기한 듯이 쳐다본다. 예수께서 그에게 미소를 보이시니, 이내 친해진다. "아저씬 누구야?" 하고 어린아이가 탁 믿고 묻는다.

"나는 예수다."

여자는 예수를 주의깊게 쳐다보려고 몸을 돌린다. 그 여자는 빵을 든 채 화덕과 식탁 사이에 서 있었다. 그 여자는 말을 하려고 입을 벌리다가 입을 다문다.

어린아이가 계속 묻는다. "아저씬 어디로 가?"

"세상의 길에."

"뭐하러?"

"착한 어린이들과 율법에 충실한 사람이 있는 집에 강복하려고."

여인은 무슨 손짓을 하려고 돌아서다가, 제일 가까이 있는 가리옷의 유다에게 손짓을 한다. 유다가 여자에게로 몸을 굽히니 그 여자는 "친구분이 누구십니까?" 하고 묻는다.

그러니까 유다는 거만하게 〈마치 메시아가 그의 공로와 그의 친절 덕택으로 메시아인 것 같다) 말한다. "갈릴래아의 선생님, 나자렛의 예수님이시오. 당신은 그걸 모르시오?"

"갈릴래아는 우리 손닿는 데에 있지 않고, 저는 괴로움이 너무 많아서요. …그렇지만…이 말을 저분께 드려도 될까요?"

"말해도 되오" 하고 유다가 거만하게 말한다. 그러나 그는 접견을 허락하는 거물 같아 보인다.

예수께서는 어린아이와 말을 계속하고 계신데, 아이는 예수도 아이들이 있느냐고 묻는다.

이미 본 계집아이와 그보다 조금 더 큰 계집아이가 양젖과 식기를 가져오는 동안, 여인은 예수 곁으로 간다. 좀 망설이고 있다가 목소리를 죽여 부르짖는다. "예수님, 제 남편을 불쌍히 여겨 주십시오!"

예수께서 일어서신다. 예수께서는 그 큰 키로 여인을 내려다보신다. 그러나 너무도 인자하게 내려다보셔서 여인이 대담해진다. "나더러 어떻게 해 달라는 거요?"

"제 남편은 병이 단단히 들었습니다. 가죽부대처럼 몸이 부어서 일을 하려고 몸을 숙일 수가 없습니다. 숨이 막히고 몸이 흔들려서 쉴 수도 없습니다. …그런데 저희는 아직 어린 아이들이 있습니다…."

"당신은 내가 남편을 고쳐 주기를 바라오? 그러나 왜 내게 그것을 바라오?"

"선생님은 선생님이시니까요. 저는 선생님을 알지 못했었습니다. 그러나 선생님에 대해서 말하는 것을 들었습니다. 제가 선생님을 나임과 가나로 세 번이나 찾아간 후에 운명이 선생님을 제 집으로 모시고 왔군요. 두 번은 남편하고 같이 갔었습니다. 남편은 마차를 타고 가는데 고통을 느끼면서도 선생님을 찾아갔습니다. …지금도 아우와 함께 갔습니다. 선생님이 티베리아를 떠나셔서 필립보의 가이사리아로 가신다는 말을 저희가 들었습니다. 그래서 선생님을 기다리려고 그리 갔습니다…."

"나는 가이사리아로 가지 않았소. 지금 나는 바리사이파 사람 이스마엘의 집으로 가는 길이요. 그 다음에는 요르단강 쪽으로 갈 거요."

"착하신 선생님 이스마엘의 집엘요?"

"그렇소, 왜요?"

"그건…그건…주님 저는 주님이 판단하지 말고, 용서하고, 서로 사랑하라고 말씀하신다는 걸 압니다. 저는 선생님을 한번도 뵌 적이 없습니다. 그러나 선생님에 대해서 할 수 있는 대로 많이 알려고 애썼고, 한번만이라도 선생님의 말씀을 듣게 해주십사고 영원하신 분께 청했습니다. 저는 선생님의 마음에 들지 않는 일을 하기를 원치 않습니다. …그러나 어떻게 이스마엘을 판단하지 않고 사랑할 수 있습니까? 저는 그 사람과 공통된 것이 아무것도 없습니다. 그래서 그 사람에게 용서할 것이 아무것도 없습니다. 그 사람이 지나는 길에 저희들의 가난을 만나고 저희 얼굴에 던지는 오만불손을 저희들은 그 사람이 쌍두마차를 타고 빨리 지나가면서 저희들에게 튀기는 진흙이나 먼지를 터는 것과 같은 참을성으로 떨어 없앱니다. 그렇지만 그를 사랑하는 것과 그를 판단하지 않는 것은 너무 어렵습니다. …그 사람은 너무나 고약합니다!"

"너무나 고약하다니? 누구에게 대해서요?"

"모든 사람에 대해서요. 하인들을 압제하고, 고리로 돈을 빌려주고, 또 무자비한 요구를 합니다. 그 사람은 자기밖에 사랑하지 않습니다. 이 지방에서 가장 잔인한 사람입니다. 주님, 그 사람은 아무것도 받을 자격이 없습니다."

"나도 아오. 당신 말은 사실이오."

"그런데 그의 집엘 가십니까?"

"그 사람이 나를 초대했소."

"주님, 조심하십시오. 그 사람이 사랑으로 그러지는 않았을 것입니다. 그 사람은 주님을 사랑할 수 없습니다. 그리고 주님도…그 사람을 사랑하실 수 없습니다."

"여보시오, 나는 죄인들도 사랑하오. 나는 길잃은 사람을 구하러 왔소…."

"그러나 그 사람은 구하지 못하실 것입니다. 오! 판단한 걸 용서하십시오! 주님은 아십니다. …주님이 하시는 일은 모두가 잘 하시는 것입니다! 제 어리석은 혀를 용서하시고, 저를 벌하지 마십시오."

"당신을 벌하지 않겠소. 그러나 다시는 그렇게 하지 마시오. 고약한 사람들까지도 사랑하시오. 그들의 악의 때문에 사랑할 것이 아니라, 그들을 회개시키는 자비를 사랑으로 그들에게 얻어 주기 때문에 사랑해야 하오. 당신은 착하고, 한층 더 착하게 되기를 바라고 있소. 당신은 진리를 사랑하오. 그래서 당신에게 말하고 있는 진리는 그가 당신을 사랑한다고 말하오. 그것은 당신이 율법을 따라 손님과 여행자를 동정하고, 또 자녀들도 그렇게 가르쳤기 때문이오. 하느님께서 당신의 상급이 되실 거요. 나는 나를 알고 싶어하는 많은 친구들에게 소개하려고 나를 초대한 이스마엘의 집에 가야 하오. 나는 당신 남편을 기다릴 수가 없소. 그러나 당신 남편이 지금 돌아오고 있는 중이라는 것을 아시오. 그러나 남편에게 조금만 더 고통을 당하라고 말하시오. 그리고 즉시 이스마엘의 집으로 오라고 하시오. 당신도 오시오. 내가 그의 병을 고쳐 주겠소."

"아이고! 주님!…" 여인은 예수의 발 앞에 무릎을 꿇고 웃고 울면서 쳐다본다. 그리고 말한다. "그러나 오늘은 안식일인데요!…"

"나도 아오. 내가 여기 대해서 이스마엘에게 무슨 말을 좀 하기 위해서는 안식일일 필요가 있소. 내가 하는 모든 것은 명백한 목적으로 또 틀리지 않게 하오. 내 친구들인 너희들도 모두 이것을 알아야 한다. 너희들은 무서워하고, 내가 손해를 입지 않기 위해서 내 행동을 인간적인 예의에 부합시키기를 바라고 있다. 너희가 사랑에 인도되어 그런다는 것을 안다. 그러나 너희는 하느님의 이해관계를 절대로 너희가 사랑하는 사람의 이해관계보다 못하게 여기지 않음으로써 너희가 사랑하는 사람을 더 낫게 사랑할 줄 알아야 한다. 하느님과 그분의 율법을 사랑하고, 결혼을 존중하고, 아이들을 거룩하게 기르고, 이웃을 사랑하고 진리를 찾는 이 집에 영구한 평화가 있기를 바라오. 안녕."

예수께서는 여인과 두 계집아이의 머리에 손을 얹으시고 나서 몸을 굽히셔서 더 작은 아이들을 안아 주시고 나가신다.

이제는 약한 겨울해가 공기의 찬 기운을 완화한다. 열다섯 살쯤 된 사내아이가 헐어빠진 투박한 마차를 세워 놓고 기다리고 있다.

"주님, 저는 이것밖에 없습니다. 그러나 더 빠르고 더 편리하게 가실 것입니다."

"아주머니, 아니오. 이스마엘의 집에 오는 데 쓰게 말을 아껴 두시오. 제일 가까운 길만 가리켜 주시오."

소년이 예수 곁으로 오고, 그들은 밭들과 풀밭들을 지나 기복이 있는 땅이 있는 곳을 향하여 간다. 그 땅의 기복 저쪽에는 덜 가꾸어진 몇 헥타르의 분지(盆地)가 있고, 그 한가운데에는 잘 가꾼 정원에 둘러싸인 넓고 낮은 아름다운 집이 있다.

"주님, 저 집입니다" 하고 소년이 말한다. "제가 더이상 필요치 않으면, 저는 돌아가서 어머니를 돕겠습니다."

"가거라, 그리고 항상 착한 아들로 있어라. 하느님께서 너와 함께 계신다."

예수께서는 호화로운 이스마엘의 별장 안으로 들어가신다. 수많은 하인들이 달려 나와 분명히 고대하던 손님을 맞이한다. 다른 하인들이 주인에게 가서 알리니, 주인은 예수를 맞이하러 나와 몸을 여러 번 깊이 숙여 인사를 한다.

"선생님, 제 집에 오시는 것을 환영합니다!"

"이스마엘 벤 파비, 선생에게 평화, 선생이 나를 보고자 하셔서 왔습니다. 왜 나를 초대하셨습니까?"

"선생님을 모시는 영광과 제 친구들에게 선생님을 소개하는 영광을 가지기 위해서입니다. 선생님이 제게 친구가 되시기를 제가 원하는 것처럼 제 친구들이 선생님의 친구도 되기를 바랍니다."

"이스마엘, 나는 모든 사람의 친구입니다."

"저는 압니다. 그러나 아시겠지요! 고위층에 우정들을 가지는 것은 좋은 일입니다. 제 우정과 제 친구들의 우정이 그러합니다. 선생님은, 선생님께 이런 말씀드리는 것을 용서하십시오. 선생님은 선생님을 뒷받침할 수 있는 사람들을 너무 소홀히 하십니다…."

"그런데 선생도 그런 사람들 축에 끼십니까? 왜요?"

"저도 그런 사람들 축에 낍니다. 왜냐구요? 그것은 제가 선생님을 우러러 보고, 선생님이 제게 친구가 되어 주시기를 바라기 때문입니다."

"친구! 그러나 이스마엘, 내가 이 말을 무슨 뜻으로 쓰는지 아십니까? 많은 사람에게는 친구라는 말이 아는 사람이라는 말이 되고, 어떤 사람들에게는 공범자라는 뜻이 되고, 어떤 사람들에게는 봉사자라는 뜻이 됩니다. 내게 있어서는 이 말이 아버지의 말씀에 충실한 사람이라는 뜻입니다. 그렇지 않은 사람은 내게 친구가 될 수 없고, 나도 그에게 친구가 될 수 없습니다."

"그러나 선생님, 바로 제가 충실하기를 원하기 때문에 선생님의 우정을 바라는 것입니다. 이 말을 믿지 않으십니까? 보십시오. 엘르아잘이 옵니다. 제가 선배들 앞에서 선생님을 얼마나 변호했는지 저 사람에게 물어보십시오. 엘르아잘, 어서 오게. 선생님께서 자네에게 무슨 말을 물어보고자 하시니 이리 오게."

몸을 깊이 숙여 인사를 나누고, 탐색하는 듯한 눈초리가 오간다.

"엘르아잘, 우리가 지난 번에 모였을 때 내가 선생님께 대해서 무슨 말을 했는지 자네가 말하게."

"오! 진짜 찬사였습니다! 열렬한 변호였지요! 선생님, 하도 이스마엘이 선생님에 대해서 이스라엘 백성에게 오신 가장 위대하신 예언자로 말하는 바람에 그때 선생님의 말씀을 듣고 싶은 생각이 들었습니다. 아무도 선생님 말씀보다 더 심오한 말을 가지지 못했고, 더 큰 매력을 가지지 못했고, 또 선생님께서 말씀을 하실 줄 아시는 것처럼 검을 쓸 줄 아시면, 선생님보다 더 위대한 왕이 이스라엘에 없을 것이라고 이스마엘이 말하던 것이 생각납니다."

"내 나라! …이 나라는 인간적인 것이 아닙니다. 엘르아잘."

"그러나 이스라엘의 왕은요?!"

"선생들의 정신이 눈을 떠서 은밀한 말을 이해하기를 바랍니다. 왕중의 왕의 나라가 오기는 할 것입니다. 사람들이 추정하는 대로 오지는 않을 것입니다. 없어질 수 있는 것을 위해서가 아니라, 영원한 것을 위해서 올 것입니다. 그 나라는 꽃으로 장식되고 화려한 길이나 원수의 피로 붉게 물들여진 양탄자가 깔린 길로 해서 가지 않고, 희생의 험한 길과 용서와 사랑의 가파르지 않은 사다리로 해서 갑니다. 우리에게 이 나라를 주는 것은 우리 자신에 대한 승리들입니다. 그리고 이스라엘 사람들 대부분이 내 말을 이해하기를 하느님께서 원하시기를 바랍니다. 그러나 그렇게 되지 않을 것입니다. 여러분은 사실이 아닌 것을 생각하십니다. 내 손에는 왕홀(王笏)이 들려질 것인데, 이스라엘 백성이 이 위엄있고 영원한 왕홀을 내 손에 쥐어 줄 것입니다. 어떤 왕도 그것을 내게서 빼앗지 못할 것입니다. 그러나 이스라엘에서 많은 사람이 공포에 떨지 않고는 그 왕홀을 보지 못할 것입니다. 그들에게는 끔찍한 이름이 있겠기 때문입니다."

"선생님은 우리가 선생님을 따를 능력이 있다고 생각하지 않으시는 것입니까?"

"선생들이 하고자 하시면 하실 수 있을 것입니다. 그러나 선생들은 하고자 하지 않으십니다. 왜 하고자 하지 않으십니까? 선생들은 이제 연세가 높으십니다. 연세 때문에 선생들은 이해와 정의를 가지셔야 할 것입니다. 선생들을 위한 정의도 말입니다. 젊은이들은…실수했다가 뉘우칠 수 있을 것입니다. 그러나 선생들은! 죽음은 언제나 가장 나이 많은 사람들 가까이에 있습니다. 엘르아잘, 선생은 선생과 비슷한 많은 사람보다 공론(空論)에 감싸여 있지 않으십니다. 마음을 열어 빛을 받아들이십시오…."

이스마엘이 호화로운 다른 바리사이파 다섯 명과 같이 돌아온다. "집으로 들어오게" 하고 주인이 말한다. 그리고 의자가 놓이고 양탄자가 깔린 안마당을 떠나 어떤 방으로 들어가니, 손을 씻기 위한 항아리와 대야들을 가져온다. 그런 다음 훌륭하게 차려놓은 식당으로 건너간다.

"예수님은 제 곁에, 엘르아잘과 저 사이에 앉으십시오" 하고 주인이 명한다. 그러니까 방 안쪽에 좀 겁을 먹고 버려진 채로 있는 제자들 옆에 계시던 예수께서 상좌에 가서 앉으셔야 한다.

식사는 수많은 구운 고기와 생선 요리로 시작된다. 포도주와 시럽이나 적어도 꿀물 같은 것이 돌고 또 돈다.

모두가 예수께 말을 시키려고 애쓴다. 그중 한 사람, 몸을 자꾸 가볍게 떠는 노인이 늙어빠진 사람의 쉰 목소리로 묻는다. "선생님, 사람들이 말하는 것처럼 선생님이 율법을 수정할 의향을 가지고 계시다는 것이 사실입니까?"

"나는 율법의 점 하나도 바꾸지 않겠습니다. 오히려 (그러면서 다음 말을 힘주어 말씀하신다) 나는 정확하게 말해서 율법을 모세에게 주어졌을 때와 같이 다시 온전하게 만들려고 왔습니다."

"율법이 변했다는 뜻입니까?"

"절대로 그런 뜻이 아닙니다. 다만 율법도 사람의 손에 들어간 고상한 물건들과 같은 운명을 겪었습니다."

"무슨 뜻입니까? 명확히 밝혀 말씀하십시오."

"내 말의 뜻은 사람이 오래된 교만으로 인하여 또는 세 가지 음탕의 오래된 원인 때문에 올바른 말에 손질을 해서, 그것으로 신자들을 압제하는 어떤 물건을 만들고, 그 말들에 손질을 한 사람들에게는 그것이 하나의 말 더미에 지나지 않게 하고자 했다는 뜻입니다. …그 말 더미는 다른 사람들에게 쓰라고 남겨두고 말입니다."

"아니, 선생님! 우리 선생들이…"

"그것은 비난입니다!"

"선생님께 유익하고자 하는 우리 소원을 저버리지 마십시오!…"

"저런! 저런! 사람들이 선생님을 반항자라고 부르는 것이 옳은 말이로군요!"

"조용히들 하게! 예수님은 내 손님이시네. 마음대로 말씀하시게 하게."

"우리 선생들이 처음에는 율법의 적용을 더 쉽게 하려는 거룩한 의도로 이리저리 궁리하고 애를 썼습니다. 하느님께서도 십계명의 말씀에 더 자세한 설명을 덧붙이셔서 친히 이런 가르침을 주셨습니다. 그것은 사람들이 이해하지 못했다는 핑계를 못하게 하시기 위해서였습니다. 그러므로 하느님께서 정신에 주신 빵을 하느님의 자녀들을 위해서 조각으로 부수어 준 선생들의 작업은 거룩한 활동이었습니다. 그러나 올바른 목적을 추구할 때에 거룩한 활동이었습니다. 그런데 항상 그렇지는 않았습니다. 그리고 지금은 그 어느 때보다도 더 그렇지 못합니다. 그러나 선생들은 내가 유력자들의 잘못을 열거하면 기분이 상하면서 왜 내게 그런 말을 하게 하려고 하십니까?"

"잘못! 잘못! 우리는 잘못밖에는 없습니까?"

"나는 선생들이 공로만 있었으면 좋겠습니다!"

"그러나 우리는 공로가 없지요. 선생님은 그렇게 생각하시고, 또 선생님의 눈길이 그렇게 말하고 있습니다. 예수님, 비난을 하는 것으로 유력자들의 우정을 얻지는 못합니다. 선생님은 통치하지 못하실 것입니다. 통치하는 기술을 모르십니다."

"나는 선생들의 생각대로 통치하기를 바라지 않고, 우정을 구걸하지도 않습니다. 내가 원하는 것은 사랑입니다, 성실하고 거룩한 사랑. 내게서 내가 사람들에게로 가는 사랑, 내가 쓰라고 권장하는 것, 즉 자비를 가난한 사람들에게 씀으로써 나타나는 사랑 말입니다."

"나는 선생님의 말씀을 들은 뒤로 고리대금을 하지 않습니다" 하고 한 사람이 말한다.

"그러면 하느님께서 선생께 그것을 갚아주실 것입니다."

"내가 선생님의 비유 중의 하나를 들었을 때 채찍을 맞아 마땅한 하인들을 때리지 않게 되었다는 것은 주님이 알고 계십니다" 하고 또 한 사람이 말한다.

"그리고 나는 어떡하구요? 나는 가난한 사람들을 위해서 보리를 열 말이나 넘게 밭에 남겨놓았습니다!" 하고 또 다른 사람이 말한다.

바리사이파 사람들은 잔뜩 자기 칭찬을 한다.

이스마엘은 말을 하지 않았다. 예수께서는 그에게 질문하신다. "그러면 이스마엘 선생은요?"

"오! 저는! 항상 자비를 베풀었습니다. 저는 항상 한 것과 같이 계속하기만 하면 됩니다."

"선생을 위해서 좋은 일입니다! 만일 실제로 그렇다면, 선생은 양심의 가책을 모르는 사람이십니다."

"아! 물론이지요!"

예수께서는 새파란 눈으로 그를 꿰뚫어보신다. 엘르아잘이 예수의 팔을 건드린다. "선생님, 제 말을 좀 들어보십시오. 선생님께 문의해야 할 특별한 일이 하나 있습니다. 저는 최근에 어떤 여자 때문에 파산을 한 불행한 사람의 소유지를 하나 샀습니다. 그 사람은 그 소유지를 제게 팔았지만, 이제는 눈이 멀고 거의 바보가 된 그의 유모인 늙은 하녀가 있다는 말을 하지 않았습니다. 판 사람은 그 하녀를 데리고 있기를 원치 않습니다. 저도…받아들이고 싶지 않았습니다. 그러나 그 여자를 거리로 내쫓는 것은…선생님이라면 어떻게 하시겠습니까?"

"만일 선생이 다른 사람에게 조언을 해야 한다면 어떻게 하시겠습니까?"

"'데리고 있게. 빵 한 개 때문에 자네가 파산은 하지 않을 걸세' 하고 말할 것입니다."

"그런데 왜 그렇게 말씀하시겠습니까?"

"그야! …제가 그렇게 하리라고 생각하고, 또 다른 사람들도 제게 대해서 그렇게 하기를 바라기 때문이지요…."

"엘르아잘, 선생은 정의에 아주 가까이 와 계십니다. 선생이 다른 사람에게 하라고 권고하실 것처럼 하십시오. 그러면 야곱의 하느님께서 항상 선생과 함께 계실 것입니다."

"고맙습니다. 선생님."

다른 사람들은 자기들끼리 투덜댄다.

예수께서는 "무엇을 가지고 불평을 하십니까? 내가 옳은 말을 하지 않았습니까? 그리고 이분도 옳은 말을 하지 않았습니까? 이스마엘, 항상 자비롭게 행동하신 선생이 선생의 손님들을 변호하십시오."

"선생님은 말씀을 잘 하십니다. 그러나…항상 그렇게 하다가는! …다른 사람들의 희생자가 될 것입니다."

"그러면 선생의 생각에는 다른 사람들이 희생자가 되는 것이 더 낫다는 말이로군요?"

"그런 말은 아닙니다. 그러나 경우에 따라서는…"

"율법에서는 자비를 베풀라고 말합니다…."

"가난한 형제, 외국 사람, 나그네, 과부와 고아에 대해서는 그렇습니다. 그러나 엘르아잘의 짐이 된 노파는 그의 자매도 아니고, 나그네도, 외국인도, 고아나 과부도 아닙니다. 엘르아잘에게는 아무것도 아닙니다. 진짜 주인이 팔아버린 저택에 잊어버리고 간 한 폭의 낡은 그림 이상의 것도 이하의 것도 아닙니다. 엘르아잘은 그러니까 아무런 가책도 느끼지 않고 그 노파를 내쫓을 수 있을 것입니다. 요컨대 노파의 죽음의 책임은 엘르아잘에게 돌아오지 않고 그의 진짜 주인에게 돌아갈 것입니다…."

"…그도 가난하기 때문에 노파를 그대로 데리고 있을 수 없고, 따라서 역시 의무가 면제되는 옛날 주인 말이지요. 그러니까 그 가엾은 노파가 죽으면 그 잘못은 그 노파에게 있다는 말이로군요?"

"그렇습니다, 선생님. 이것이 쓸모가 없게 된 사람들의 운명입니다. 병자, 늙은이, 무능력자들은 어쩔 수 없이 비참하게 되고 빌어먹을 수밖에 없게 됩니다. 그리고 그들에게는 죽음이 제일 좋은 것입니다. …세상이 세상인 때부터 이러했고, 또 언제나 이럴 것입니다…."

"예수님, 저를 불쌍히 여겨 주십시오!" 비탄의 부르짖음이 닫힌 창문을 통하여 들어온다. 아마 추위 때문이겠지만, 방의 문과 창이 닫혀 있고 등불들이 켜져 있다.

"누가 나를 부릅니까?"

"성가신 사람이겠지요. 쫓아버리게 하겠습니다. 혹은 거지인지도 모릅니다. 그러면 빵을 솜 수라고 하겠습니다."

"예수님, 저는 병자입니다. 저를 살려 주십시오!"

"제가 말했지요, 성가신 사람이라고. 그를 들어오게 한 하인들을 벌하겠습니다." 그러면서 이스마엘이 일어난다.

그러나 적어도 20년은 더 젊으시고, 목과 머리 하나는 더 크신 예수께서 그의 어깨에 손을 얹어 다시 앉게 하시고 명령하신다. "이스마엘 선생, 그대로 계십시오. 나는 나를 찾는 사람을 보고자 합니다. 들어오게 하십시오."

머리가 아직 검은 남자가 들어온다. 마흔 살쯤 되어 보인다. 그러나 통처럼 부어 올랐고 레몬처럼 노라며, 자주빛 입술을 병싯 벌리고, 입은 헐떡이고 있다. 그 환시의 첫부분에서 본 여인이 그와 같이 있다.

남자는 병과 두려움 때문에 가까스로 걸어 들어온다. 그는 사람들이 자기를 악의적인 눈으로 본다는 것을 안다! 그러나 예수께서는 당신 자리를 떠나 불행한 사람에게로 가시어, 그 사람의 손을 잡아 방 한가운데, 말굽쇠 모양으로 배치된 식탁들 사이에 있는 빈 자리로 데려 오신다. 바로 큰 등불 아래이다.
 "내게서 무엇을 바라시오?"
 "선생님…저는 선생님을 많이 찾았습니다. …아주 오래 전부터…저는 오직 건강만을 원합니다. …제 아이들과 아내를 위해서…선생님은 무엇이든지 하실 수 있습니다. …제가 어떤 지경에 이르렀는지 보십시오…."
 "내가 당신을 고쳐 줄 수 있다고 믿으시오?"
 "믿구 말구요! …걸음 하나하나가 제게는 고통입니다. …어떤 흔들림도 괴롭습니다. …그러나 저는 선생님을 찾아 수십 마일을 걸었습니다. …그리고는 또 마차로 선생님을 쫓아갔습니다. …그러나 선생님을 도무지 따라잡지 못했습니다. …저는 손이 선생님의 손에 잡혀 있는데도 아직 병이 낫지 않은 것을 이상히 생각합니다. 선생님께 있는 것은 무엇이든지 거룩하니까요. 하느님의 거룩하신 분."
 그 가엾은 사람은 이렇게 말을 많이 하느라고 하는 노력으로 인하여 바다표범처럼 숨을 헐떡거린다. 여인은 남편과 예수를 쳐다보며 울고 있다.
 예수께서는 그들을 바라보시며 미소지으신다. 그리고 몸을 돌리고 물으신다. "연로하신 율법학자님(예수께서는 맨 처음에 말한 목소리가 떨리는 노인을 가리킨다), 선생이 대답하십시오. 안식일에 병을 고칠 수 있습니까?"
 "안식일에는 아무일도 해서는 안 됩니다."
 "어떤 사람을 실망에서 구해 주는 것도 안 됩니까? 그것은 육체노동이 아닌데요."
 "안식일은 주님께 바쳐진 날입니다."
 "하느님의 어떤 아들에게 '아버지께서 저를 고쳐 주셨기 때문에 아버지를 사랑하고 찬미합니다' 하고 아버지께 말씀드릴 수 있게 하는 것보다 안식일에 더 어울리는 일이 어떤 일입니까?"
 "그 사람은 불행하더라도 하느님을 찬미해야 합니다."
 "카나니아 선생, 선생의 가장 아름다운 삼림이 지금 타고 있고, 불꽃의 강력한 빛으로 헤르몬산 비탈이 온통 새빨개져 있다는 것을 아십니까?"

 그 늙은이는 독사에게라도 물린 듯이 펄쩍 뛰어오른다. "선생님, 사실을 말씀하시는 것입니까, 그렇지 않으면 농담입니까?"

 "사실을 말하는 것입니다. 나는 보고 또 압니다."

 "아이고! 나는 망했구나! 내 가장 아름다운 삼림! 수천 시클*의 나무가 잿더미가 되다니! 빌어먹을! 내 삼림에 불을 지른 개 같은 놈들, 저주받아라! 그놈들의 오장육부가 내 삼림처럼 타버려라!" 작은 노인은 실망해 있다.

 "카나니아 선생, 그것은 수풀에 지나지 않는데, 선생이 한탄을 하시는군요! 왜 이 불행 중에서 주님을 찬미하지 않으십니까? 이 사람은 다시 나는 수풀을 잃는 것이 아니라, 그의 자녀들의 목숨과 빵을 잃습니다. 그런데 이 사람은 선생이 드리지 않는 찬미를 드려야 하겠습니까? 그러면 율법학자님, 안식일에 내가 이 사람의 병을 고쳐 주어서는 안 됩니까?"

 "선생도, 저 사람도, 안식일도 모두 저주받으시오! 나는 생각해야 할 일이 달리 얼마든지 있습니다.……" 그러면서 그의 팔에 손을 얹으신 예수를 떼밀고 화가 잔뜩 나서 나간다. 그리고 마차를 부르느라고 떨리는 목소리로 고함치는 소리가 늘려온다.

 "그러면 이제는?" 하고 예수께서 다른 사람들에게도 눈길을 돌리시면서 물으신다. "그러면 이제는 선생들이 말씀해 주십시오. 해도 됩니까? 하면 안 됩니까?"

 아무도 대답을 하지 않는다. 엘르아잘은 입술을 반쯤 벌렸다가 방안을 휩쓴 냉랭한 기운에 사로잡혀 다시 다물고 나서 고개를 떨어뜨린다.

 "그러면 내가 말하겠습니다" 하고 예수께서 말씀하신다. 그런데 그 모습은 위엄이 있고, 그 목소리는 기적을 행하실 때에는 항상 그런 것처럼 우뢰 같다. "내가 말하겠습니다. 내가 말해요. 당신에게 말하오. 당신이 믿는 것과 같이 이루어지기를 바라오. 당신 병은 나았소. 영원하신

---

* 역주 : 고대 히브리 은화의 단위(무게 6g의).

분을 찬미하고, 평안히 가시오."
 그 남자는 어리둥절한 채로 있다. 어쩌면 그 사람은 대번에 이전처럼 날쌔게 될 줄로 생각했는지도 모른다. 그래서 그 사람에게는 병이 낫지 않은 것 같이 보인다. 그러나 그가 느끼는 것이 무엇인지 누가 알겠는가? …그는 기쁨의 함성을 지르고 예수의 발 앞에 엎드려 그 발에 입맞춤을 한다.
 "가시오, 가요! 항상 착하게 사시오. 안녕."
 남자가 나가고 아내가 뒤따라간다. 아내는 마지막 순간까지 뒤돌아보며 예수께 인사한다.
 "그렇지만 선생님…제 집에서…안식일에…."
 "선생은 찬성하지 않으시는군요! 압니다. 또 그래서 여기 온 것입니다. 당신이 친구라구요? 아닙니다. 내 원수입니다. 당신은 나와도 하느님과도 솔직하지 못하십니다."
 "이제는 제게 모욕을 주십니까?"
 "아닙니다. 나는 진실을 말하는 것입니다. 당신은 그 노파가 엘르아잘의 소유지에 딸리지 않았기 때문에 엘르아잘은 그 작은 노파를 도와줄 의무가 없다고 말했습니다. 그러나 당신의 소유지에는 두 고아가 있었습니다. 이 고아들은 충실한 하인의 아이들이었습니다. 그 충실한 하인들은 죽었는데, 한 사람은 낫을 들고 일하다가 죽었고, 또 한 사람은 과로로 죽었습니다. 당신이 그 여자를 그대로 데리고 있기 위하여는 그 여자가 자기 몫의 일에다가 남편 몫의 일을 보태야 했습니다. 당신은 이렇게 말했지요. '나는 일꾼 두 사람 몫의 계약을 했으니, 너를 데리고 있기 위해서는 네 몫의 일과 죽은 남편 몫의 일을 요구한다' 하고. 그래서 그 여자는 그 몫의 일을 당신에게 주었습니다. 그러다가 뱃속에 들어 있던 아이와 함께 죽었습니다. 그 여자는 아이를 가지고 있었으니까요. 그런데도 새끼 가진 짐승에 대해서 사람들이 가지는 동정도 그 여자는 받지 못했습니다. 그 두 어린아이가 지금 어디 있습니까?"
 "모릅니다. …그들은 어느날 사라졌습니다."
 "이제는 거짓말을 하지 마시오. 잔인했던 것으로 충분합니다. 거짓말까지 보태서, 비록 육체노동은 안한다 하더라도 당신의 안식일이 하느님께 가증스러운 것이 되게 해서는 안 됩니다. 그 어린아이들이 어디 있습니까?"

"모릅니다. 이제는 모릅니다. 정말입니다."

"나는 압니다. 나는 그 아이들을 춥고 비오고 어두운 11월 어느날 저녁에 만났습니다. 어떤 집 근처에서 빵 한 입을 찾는 두 마리 강아지같이 허기지고 떨고 있는 것을 발견했습니다. …개같은 오장육부를 가진 사람에게 악담을 듣고 쫓겨난 것이었습니다. 그 사람은 개만도 못한 사람이었습니다. 개라면 그 두 고아를 동정했을 테니까요. 그런데 그 사람과 당신은 동정을 하지 않았습니다. 그 아이들의 부모가 당신에게 쓸모없게 되었었지요. 죽었으니까. 죽은 사람들은 다른 사람들이 보살피지 않는 자녀들의 흐느끼는 소리를 들으면 무덤 속에서 울 수밖에 없습니다. 그러나 죽은 사람들은 그들의 영으로 그들의 눈물과 고아가 된 자녀들의 눈물을 하느님께 가지고 가서 말합니다. '세상 사람들은 착취를 하지 못할 때에는 압제를 하니, 주님이 저희 원수를 갚아주십시오' 하고. 두 어린아이는 아직 당신에게 쓸모가 있는 나이가 되지 못했었지요? 그렇지요? 그렇기도 하고 그렇지 않기도 했습니다. 계집아이는 이삭 줍는 일에 쓰일 수가 있었으니까요. …그런데 당신은 그애들을 내쫓으면서, 아버지와 어머니의 것이던 얼마 안 되는 재물까지도 그들에게 거절했습니다. 그 아이늘은 허기지고 주워서 두 마리 개처럼 길에서 죽을 수 있었습니다. 그 아이들은 한 아이는 도둑이 되고, 한 아이는 매춘부가 되어서 살 수 있었을 것입니다. 굶주리면 죄를 짓게 되니까요. 그러나 그것이 당신에게 무슨 상관이 있었습니까?

조금 전에 당신은 당신의 이론을 뒷받침 하려고 율법을 인용했습니다. 그런데 율법은 이렇게 말하지 않습니까? '과부와 고아에게 해를 끼치지 말아라. 만일 너희가 그들에게 해를 끼치면, 그들의 목소리가 내게로 올라올 것이고, 내가 그들의 부르짖음을 들을 것이며, 내 분노가 불같이 타올라 내가 너희를 검으로 전멸시키리니, 너희 아내들은 과부가 될 것이고, 너희 자녀들은 고아가 될 것이다' 하고? 율법이 이렇게 말하지 않습니까? 그러면 왜 이것을 지키지 않습니까? 다른 사람 앞에서 당신이 나를 변호했다지요? 그러면 왜 당신 마음속에서 내 가르침에 대한 변호를 하지 않습니까? 내게 친구가 되기를 원하신다지요? 그러면 왜 내가 말하는 것과 반대되는 일을 하십니까?

당신들 중의 한 사람은 숨이 턱에 닿게 뛰어 가면서 그의 삼림이 망쳐지는 것 때문에 머리를 쥐어뜯고 있습니다. 그런데 그의 마음이 멸망하는 것 때문에는 머리를 쥐어뜯지 않습니다! 그런데 당신은 그렇게 하지 않고 무엇을 기다립니까? 왜 당신들은 운명이 당신들에게 높은 지위를 주었다고 해서 당신들을 완전한 사람으로 생각하십니까? 또 만일 당신들이 어떤 점에 완전하다면, 왜 모든 점에 완전한 사람이 되려고 힘쓰지 않으십니까? 당신들의 상처를 드러내놓는다고 왜 나를 미워하십니까? 나는 당신들의 정신의 의사입니다. 의사가 상처를 드러내놓고 깨끗하게 하지 않고, 고칠 수가 있습니까? 그러나 많은 사람들이, 지금 나간 그 여자도 그중에 끼는 사람입니다만, 많은 사람들이 그들의 초라한 모습에도 불구하고, 하느님의 잔치에서 상좌에 앉을 자격이 있다는 것을 알지 못하십니까? 가치가 있는 것은 외양이 아니라, 마음과 정신입니다. 하느님께서 당신 옥좌 위에서 당신들을 보시고, 당신들을 심판하십니다. 하느님께서 당신들보다 가치가 더 있는 사람들을 얼마나 많이 보시는지 모릅니다! 따라서 잘 들으시오.

이것을 항상 행동 방식으로 가지시오. 혼인잔치에 초대받아 가거든 언제나 말석을 택하시오. 그러면 주인이 당신들에게 '벗이여, 이리 올라오시오' 하고 말할 때 당신들에게 이중의 영광이 돌아올 것입니다. 공로의 명예와 겸손의 명예입니다. 그런데… '당신보다 높은 어떤 사람이 있으니, 저 아래로 내려가시오' 하는 말을 듣는 창피를 당하는 것은 교만한 사람에게 비참한 순간입니다. 그리고 하느님과의 혼례를 위한 당신들 정신의 은밀한 잔치에서도 이렇게 하시오. 자기를 낮추는 사람은 높아질 것이고, 자기를 높이는 사람은 낮아질 것입니다.

이스마엘, 내가 당신을 치료하고 있으니까 나를 미워하지 마시오. 나는 당신을 미워하지 않습니다. 나는 당신을 고쳐 주려고 왔습니다. 당신은 저 사람보다도 더 병들었습니다. 당신은 당신을 돋보이게 하고 당신 친구들을 기분좋게 해주기 위해서 나를 초대했습니다. 당신은 자주 사람들을 초대하지만, 교만으로 당신의 즐거움을 위해서 그렇게 합니다. 그렇게 하지 마시오. 부자들과 친척들과 친구들을 청하지 말고, 당신의 집과 마음을 열어 가난한 사람들과 거지들과, 불구자들과 절름발이들과 고아들과 과부들을 들이시오. 그러면 그들은 그대신 당신에게 축복만을 줄 것입니다. 그리고 하느님께서 그 축복들을 당신에게 은총으로 바꾸어 주실 것입니다. 그러면 마지막에…오! 마지막에 가서, 죽은 사람들이 부활할 때에 하느님께 상을 받을 모든 자비로운 사람들에게는 얼마나 지극히 행복한 운명이 되겠습니까!

이익을 바라는 마음만을 어루만지며, 이제 쓸모가 없게 된 형제에게 마음의 문을 닫는 사람들은 불행합니다. 그들은 불행할 것입니다! 내가 버림받은 사람들의 원수를 갚아 주겠습니다."

"선생님…저는…저는 선생님을 기분좋게 해드리고 싶습니다. 그 아이들을 다시 맡겠습니다."

"안 됩니다."

"왜요?"

"이스마엘?!…"

이스마엘은 머리를 숙인다. 그는 겸손한 체하려고 한다. 그러나 그는 독액을 짜낸 독사와 같아서, 이제는 독이 없다는 것을 알기 때문에 물지 않게 되었다. 그러나 물 수 있는 시간을 기다리고 있다.…

엘르아잘은 이렇게 말해서 화해를 시키려고 애쓴다. "그들의 전신과 영원한 나라에서 하느님의 잔치에 참석하는 사람들은 지극히 행복합니다. 그러나 선생님, 정말이지, 인생이 저희들에게 장애물들을 갖다줍니다. 직무…일 같은 것들…."

예수께서는 혼인잔치의 비유*를 말씀하시고, 끝으로 이렇게 말씀하신다. "직무…일…이라고 하셨지요. 맞습니다. 그렇기 때문에 이 연회가 시작될 때에 내 나라는 자기 자신에 대한 승리로 얻는 것이지 전쟁터에서 거둔 승리로 얻는 것이 아니라고 말할 것입니다. 이 큰 잔치의 자리는 희생을 따지지 않고, 내게 오기 위하여 모든 것을 극복하는 충실한 사랑으로 위대하게 될 줄을 아는 저 마음이 겸손한 사람들의 것입니다. 어떤 마음을 바꾸는 데에는 한 시간으로도 넉넉합니다. 그리고 말 한 마디로도 충분합니다. 그런데 나는 여러분에게 말을 대단히 많이 했습니다. 그리고 살펴봅니다. …어떤 마음 속에는 거룩한 초목이 돋아나려고 합니다. 다른 마음들 속에는 내게 대한 가시덤불이 있고, 그

---

*1) 주 : 마태오 22:2-10, 루가 14:16-24.

가시덤불 속에는 독사와 전갈들이 있습니다. 상관없습니다. 나는 내 길을 곧장 갑니다. 나를 사랑하는 사람은 나를 따라 옵니다. 나는 따라 오라고 부르면서 갑니다. 마음이 곧은 사람들은 내게로 오시오. 나는 가르치면서 지나갑니다. 정의를 찾는 사람들은 샘에 가까이 오시오. 다른 사람들은…다른 사람들은 거룩하신 아버지께서 심판하실 것입니다.

 이스마엘, 안녕히 계십시오. 나를 미워하지 말고, 곰곰히 생각하십시오. 그리고 내가 엄하게 대한 것은 사랑으로 그런 것이지 미움으로 그런 것이 아님을 깨달으십시오. 이 집과 이 집에 사는 사람들에게 평화, 만일 받을 자격이 있으면 모든 이에게 평화."

24. 예수께서 사촌들과 베드로와 토마와 함께 나자렛에 가시다

예수께서 다시 제자들과 같이 에스드렐론에서 나자렛으로 가는 길을 가고 계신다. 다시 아침이 된 것을 보면 어떤 곳에서 밤을 지낸 모양이다. 그들은 얼마 동안 말 없이 걸어가고, 예수 혼자 앞서 가신다. 그러다가 예수께서 베드로와 시몬을 부르셔서 같이 가시고, 그 뒤에는 모두 함께 가는데, 나자렛으로 가는 길이 동북쪽으로 가는 길과 만나는 네거리에 이르기까지 이렇게 간다. 이제는 양쪽에 산이 가까이 있다.

예수께서는 말을 하는 사람들에게 잠잠하라는 손짓을 하시고 말씀하신다. "이제는 우리가 헤어진다. 나는 사촌 형제들과 베드로와 토마와 같이 나자렛으로 간다. 너희들은 열성당원 시몬의 인도를 받으며 다볼 산과 대상들의 길로 해서 데베렛, 티베리아, 막달라, 가파르나움에 가거라. 그리고 거기서 메론 호수 쪽으로 가서 야곱의 집에 머무르면서 그가 회개하였는지 보고, 내 축복을 유다와 안나에게 갖다 주어라. 너희에게 가장 끈질기게 붙드는 집에 머무르되, 한군데에서 하루 밤만을 지내도록 하여라. 안식일 저녁에는 우리가 세펫으로 가는 길에서 다시 만나겠기 때문이다. 나는 안식을 코라진에서 과부의 집에서 지내겠다. 지나는 길에 과부에게 알려라. 이렇게 하면 우리가 유다의 영혼에 마저 평화를 주게 될 것이니, 유다는 요한이 이들 인심좋은 집에도 있지 않다는 것을 확신하게 될 것이다…."

"선생님! 그러나 저는 믿습니다!…"

"그러나 마치 요한이 우리와 함께 있지 않다고 잘라 말하면서 내가 아무 앞에서도 얼굴을 붉히지 않는 것과 같이 너도 가이파와 안나 앞에서 얼굴을 붉히지 않기 위해서는 네가 그것을 확인하는 것이 좋다. 토마는 내가 나자렛으로 데리고 간다. 이렇게 하면 토마도 자기 눈으로 보고 그곳에 대하여도 안심할 수 있을 것이다…."

"그러나 선생님, 저는! 그것이 제게 무슨 상관이 있다고 그러십니까? 오히려 저는 그 사람이 없게 된 것이 아쉽습니다. 그 사람은 과거가 있는 사람이었지요. 그렇지만 저희가 그 사람을 알게 된 순간부터 그 사람은 언제나 많은 훌륭한 바리사이파 사람들보다 나았습니다. 저는 그 사람이 선생님을 배반하지 않았고 고통도 드리지 않았다는 것만 알면 그것으로 충분할 것입니다. 그리고…그 사람이 이 세상에 있건 아브라함의 품에 가 있건 제게는 아무 상관이 없습니다. 정말입니다. 그 사람이 제 집에 있다 하더라도…저는 정말이지 그 사람에 대해서 혐오감을 가지지 않을 것입니다. 저는 선생님의 토마인 제가 마음 속에 천성적인 호기심 이상의 것을 가졌다거나 어떤 원한을 가졌다거나 남의 일을 알아보려는 다소간 올바르지 않은 욕망을 가졌다거나 고의적이거나 본의 아니거나 허용되었거나 한 정탐을 위한 경향이 있다거나, 남을 해칠 마음을 가지고 있다고는 생각하지 않으시기를 바랍니다…."

"자네 나를 모욕하네. 자네는 암시를 한단 말이야! 자넨 거짓말을 한단 말이야! 자넨 내가 그동안 거룩한 행동만 했다는 것을 보았네. 그런데 왜 그런 말을 하는거야? 내게 대해서 무슨 말을 하려는거야? 말해봐!" 유다는 화가 잔뜩 나서 사납다.

"입다물어라! 토마는 내게 대답하는 것이다. 그가 말한 것은, 내게만 대답하는 것이야. 나는 토마의 말을 믿는다. 그러나 이것이 내 뜻이다. 이대로 그만이다. 그리고 너희 중에 아무도 내 행동 방식을 나무랄 권리는 없다."

"저는 선생님을 비난하는 것이 아닙니다. …그 암시가 제 자존심을 상했기 때문입니다. 그리고…"

"여기 열두 사람이 있어. 내가 모두에게 말한 것으로 자존심이 상한 것이 왜 자네뿐인가?" 하고 토마가 묻는다.

"내가 요한을 찾았으니까 그렇지."

예수께서 말씀하신다. "네 동료중의 다른 사람들도 그렇게 했고, 또 다른 제자들도 그렇게 할 것이다. 그런데도 토마의 말로 자존심이 상했다고 생각할 사람은 아무도 없을 것이다. 동료의 소식을 정직하게 묻는 것은 죄가 아니다. 우리에게 사랑과 정직만이 있고, 마음속에 가책이 없고, 그 마음이 벌써 가책의 이빨로 상처를 입었기 때문에 지나치게 과민하게 되지 않았으면, 조금 전에 말한 것과 같은 말을 듣는 것이 고통이 되지 않을 것이다. 네 동료들 앞에서 왜 이 비난을 하려고 하느냐? 다른 사람들이 네가 죄있다고 의심하기를 바라느냐? 분노와 교만은 두가지의 나쁜 동무이다, 유다야. 그것들은 흥분을 가져오는데, 흥분하는 사람은 있지도 않은 것들을 보고, 하지 말아야 할 말을 한다. … 이와 마찬가지로 탐욕과 음란도 만족을 얻기 위하여 죄되는 행동으로 끌어 간다. …이 좋지 않은 종에게서 해방되어라. … 그뿐 아니라, 네가 없는 오랜 기간 동안, 아주 오랜 기간 동안 우리 사이에는 항상 화합이 있었고, 항상 순종과 존경이 있었다는 것을 알아라. 우리는 서로 사랑하였다, 알겠느냐? …사랑하는 친구들, 잘 가거라. 가라, 그리고 사랑하여라. 알아 듣겠느냐? 서로 사랑하여라. 서로서로 동정하여라. 말을 적게 하고 행동을 잘 하여라. 평화가 너희와 함께 있기를."

예수께서는 그들에게 강복하신다. 그리고 그들은 오른쪽으로 가는데, 예수께서는 사촌들과 베드로와 토마와 함께 가시던 길을 계속가신다. 예수께서 아무 말씀도 없이 가신다.

그러다가 베드로가 우뢰 같은 혼잣말로 폭발한다. "도대체!" 이것은 무엇인지 모를 긴 묵상의 결론이 되는 말이다. 다른 사람들이 그를 바라다본다….

예수께서는 이렇게 말씀하셔서 다른 질문이 나오지 못하게 종지부를 찍으신다. "너희 두 사람은 나와 같이 나자렛에 가는 것이 기쁘냐?" 그러시면서 베드로와 토마의 어깨를 팔로 감싸신다.

"선생님이 그걸 물어보십니까?" 하고 베드로는 언제나와 마찬가지로 발랄하게 말한다.

토마는 더 침착하게, 그러나 기쁨으로 빛나는 포동포동한 얼굴로 덧붙인다. "선생님의 어머니 곁에 있는 것이 제게는 너무도 큰 기쁨이어서 그것을 선생님께 나타낼 말을 찾아내지 못할 지경이라는 것을 모르십니까? 마리아 어머님은 제 사랑이십니다. 저는 동정이 아니고, 또 가정을 가지는 것이 지장이 있는 일이라고는 생각하지 않았습니다. 저는 벌써 몇몇 처녀들을 눈여겨 보고 어떤 처녀를 아내로 고를지 몰랐습니다. 그러나 지금은! 그러나 지금은! 자! 말하겠습니다! 제 사랑은 마리아 어머님이십니다. 관능으로서는 잡을 수 없는 사랑. 그러나 어머님을 생각하기만 해도 관능은 죽습니다! 정신에게 행복하게 하는 사랑입니다. 오! 여자들에게서, 제 어머니와 제 쌍둥이 여동생같이 가장 소중한 여자들에게도, 그들에게 좋은 것이 있는 것을 안 모든 것을 선생님의 어머니에 대해서 우리가 아는 것과 비교하고 저는 이렇게 말합니다. '마리아 어머님께는 모든 정의, 모든 은총, 모든 아름다움이 있다. 어머님의 영은 천국의 꽃이 만발한 화단이고…어머님의 모습은 하나의 시(詩)이다…' 하고. 오! 우리 이스라엘 사람들이 감히 천사들을 생각하지 못하고, 거룩하신 분중에서 거룩하신 분의 케루빔*들을 경외하는 마음으로 보았으니! … 얼마나 어리석었습니까! 그리고 어머님을 쳐다보면서 열 곱절이나 더한 경외심을 가지지 않다니! 어머님은 하느님의 눈으로 보실 때 모든 천사의 아름다움을 초월하신다고 저는 확신합니다…."

예수께서는 당신 어머니를 사랑하는 사람을 들여다보신다. 성모님에 대한 그의 감정이 그의 얼굴의 양순한 표정을 어떻게나 바꾸어놓는지 마치 그가 영이 되는 것 같다. "그러면 어머니 곁에 몇 시간 동안 머무르자. 모레까지 집에 머무르자. 그런 다음 티베리아에 가서 두 어린아이를 보고, 배를 타고 가파르나움으로 가자."

"그럼 베싸이다에는요?" 하고 베드로가 묻는다.

"돌아오는 길에 들른다. 시몬아, 돌아오는 길에 과월절 순례를 위해 마륵지암을 데리러 가자."

그리고 같은 날 저녁 나자렛의 작은 집에서 베드로와 토마는 벌써 자고 있다. 그리고 어머니와 아들 사이에 그윽한 대화가 이어진다.

"어머니, 모든 일이 잘 되었습니다. 그 사람들이 이제는 마음편히 있습니다. 어머니의 기도가 나그네들을 도와 주었습니다. 그리고 지금은 말라가던 꽃에 맺힌 이슬같이 그들의 고통을 치료하는 중입니다."

"아들아, 나는 네 고통을 낫게 했으면 좋겠다! 네가 얼마나 고통을 겪었겠니! 보아라, 여기 관자놀이에는 살이 움푹 들어갔다. 그리고 여기 뺨에도, 또 이마에는 주름살이 칼자국처럼 생겼다. 누가 네게 이렇

---

* 역주 : 지품(智品) 천사.

게 상처를 입혔느냐, 아들아?"

"괴롭혀야 하는 데에서 오는 괴로움입니다, 어머니."

"그것뿐이냐, 예수야? 제자들이 너를 괴롭히지 않았니?"

"아닙니다, 어머니. 그들은 성인들처럼 착했습니다."

"너와 같이 있던 사람들은 그렇지. …그러나 나는 모든 제자를 말하는 거다…."

"제가 토마에게 보상을 하려고 데려온 것을 아시지요. 그리고 지난번에 여기 오지 않았던 사람들도 데리고 오고 싶었습니다. 그러나 그 사람들은 다른 곳으로 보내야 했습니다…."

"그러면 가리옷의 유다는?"

"유다도 그 사람들과 같이 있습니다."

성모님은 아들을 껴안으시고 머리를 아들의 어깨에 얹고 우신다.

"어머니, 왜 우세요?" 하고 예수께서는 어머니의 머리카락을 어루만지며 물으신다.

성모님은 말없이 우신다. 세 번째 물으시는 말에야 속삭이신다. "내 공포 때문이다. …나는 그 사람이 항상 너를 버렸으면 한다. …내가 이런 소원을 가지는 것은 죄를 짓는 것이지? 그러나 너 때문에 그 사람에 대해서 느끼는 공포는 몹시 강하다. 몹시 강해…."

"그가 죽어서 없어져야만 사정이 달라질 것입니다. 그러나 그가 죽게 되겠습니까?"

"나는 그 사람이 죽기를 바랄 정도로 나쁘지는 않다. …그 사람도 어머니가 있다! 그리고 영혼도 가지고 있다. …아직 구원을 받을 수 있는 영혼을 그러나…오! 내 아들아! 그에게는 죽는 것이 좋은 일이 아니겠니?"

예수께서는 한숨을 쉬시며 속삭이신다. "죽는 것이 유리할 사람은 아주 많습니다…." 그리고 큰소리로 말씀하신다. "늙은 요안나에 대해서는 아무것도 아시는 것이 없습니까? 요안나의 밭들은요?…"

"우박이 내린 다음에 알패오의 마리아와 시몬의 살로메와 같이 가보았다. 그러나 요안나의 씨앗은 늦게 뿌려서 아직 나오지 않았기 때문에 손상을 입지 않았다. 사흘 전에 마리아가 다시 보러 갔었는데, 양탄자 같더라고 말하더라. 그 지방에서 제일 아름다운 밭들이란다. 라헬도 잘 있고, 그 작은 할머니는 행복하단다. 알패오의 마리아는 이제는 시몬이 완전히 네 편이기 때문에 기뻐한다. 시몬은 날마다 온다. 오늘도 시몬이 떠나자마자 네가 온 것이다. 알겠니? 아무도 아무 눈치도 채지 못했다. 그 사람들이 여기 있는 것을 어떤 사람이 알아차렸더라면 말했을 것이다. 그러나 네가 정말 피곤하지 않으면 그 사람들의 여행 이야기를 해다오…."

그러니까 예수께서는 주의깊게 들으시는 어머니께 모든 것을 이야기하신다. 다만 지프타엘의 동굴에서 겪으신 고통은 빼놓으신다.

25. 코라진의 몸이 굽은 여인

　예수께서는 코라진의 회당에 계시는데 회당안은 사람들이 계속 들어와 가득 찬다. 예수께서 그 안식일에 그곳에서 가르치시도록 유력자들이 간청한 모양이다. 나는 그들의 말대꾸와 예수의 대답을 듣고 이렇게 생각한다.
　"우리는 유다인들이나 데카폴리스 사람들보다 거만하지 않습니다" 하고 그들은 말한다. "그런데도 선생님은 그곳에 가시고 또 여러 번 다시 가십니다."
　"여기도 마찬가지입니다. 여기서 나는 말과 행위, 침묵과 행동으로 여러분에게 가르침을 주었습니다."
　"그러나 우리가 다른 사람들보다 더 억세다면, 간청할 이유가 더 됩니다."
　"좋습니다. 좋아요."
　"물론 좋구 말구요! 우리가 선생님께 회당을 사용해서 가르치시게 해 드리는 것은 바로 그렇게 하는 것이 좋다고 우리가 판단하기 때문입니다. 그러니 청을 받아들이셔서 말씀하십시오."
　예수께서는 팔을 벌리신다. 이것은 거기 있는 사람들에게 조용하라는 표이다. 그리고 연설을 시작하시는데, 성서를 소리내어 읽는 투로 느리고 억양이 붙고 과장된 이야기를 말씀하신다. "'아레우나가 다윗에게 대답하였다. 〈내 주님이신 임금님께서 마음에 드는 것을 가지고 바치십시오. 여기 번제물로 바칠 소들이 있고, 땔나무로 쓸 마차와 소의 멍에가 있습니다. 임금님, 아레우나가 임금님께 드리는 것은 이것이 전부입니다〉 그리고 이렇게 덧붙였다. 〈주 하느님께서 임금님의 기도를 들어주시기를 바랍니다〉 하고. 그러나 왕은 대답하였다. 〈당신이 원하는 대로는 되지 않을 거요. 아니오. 나는 현금을 내고 사기를 원하오. 그리고 나는 주 내 하느님께 내가 선물로 받은 번제물을 바치기를 원하지는 않소〉 하고.'"

예수께서는 눈길을 내리신다. 지금까지는 얼굴을 거의 천장 쪽으로 들고 계셨기 때문이다. 그리고 회당장과 당신과 함께 있는 네 유력자를 뚫어지게 보시며 물으신다. "여러분은 뜻을 알아들으셨습니까?"

"이것은 열왕기 2권에 있는 이야기로 성왕이 아레우나의 마당을 샀을 때의 일입니다. …그러나 선생님이 왜 이 말씀을 하셨는지 알아듣지 못하겠습니다. 여기는 흑사병 문제도 없고 제사를 드릴 것도 없습니다. 선생님은 왕이 아니시구요. …우리 말은 아직은 왕이 아니시란 말입니다."

"정말이지 여러분의 생각은 상징들을 이해하는 데 느리고, 여러분의 믿음은 확실하지 않습니다. 여러분의 믿음이 확고하다면, 여러분은 내가 말한 것과 같이 벌써 왕이라는 것을 아실 것이고, 만일 여러분이 예민한 직관을 가지셨으면 여기에는 매우 중한 다윗을 괴롭혔던 전염병보다도 더 중한 전염병이 있다는 것을 깨달으실 것입니다. 여러분은 여러분을 죽게 하는 불신이라는 전염병을 가지고 계십니다."

"그렇다면! 우리가 느리고 믿지 않는다면, 우리에게 이해력과 믿음을 주십시오. 그리고 선생님 말씀의 뜻을 설명해 주십시오."

"내 말은 이렇습니다. 나는 사람들이 내게 강요하는 번제물, 사람들이 치사스러운 이해관계로 바치는 번제물은 하느님께 바치지 않습니다. 나는 말을 하기 위하여 온 사람에게 사람들이 말하기를 허락할 때에만 말하는 것은 수락하지 않습니다. 이것은 내 권리이고, 나는 이 권리를 사용합니다. 햇빛 아래서나 방 안에서, 산 위에서나 골짜기에서, 바다 위에서나 요르단강가에 앉아서, 어디에서나 나는 가르칠 권리와 의무가 있고, 하느님의 뜻에 맞는 번제물들만을, 즉 내 말로 회개해서 충실하게 된 마음들만을 얻을 권리와 의무가 있습니다. 여기서는 코라진의 여러분이 말씀에게 말을 하라고 허락했지만, 존경이나 믿음으로 그렇게 한 것이 아니라, 여러분의 마음 속에 나무를 갉아먹는 벌레처럼 여러분을 괴롭히는 어떤 목소리가 있기 때문에 그렇게 한 것입니다. 그 목소리는 이렇게 말하고 있습니다. '서리가 내린 이 벌(罰)은 너희 마음이

---

* 역주 : 공동번역에는 "사무엘 하"로 되어 있음(12:21-24 참조).

냉혹하기 때문이다' 하고. 그래서 여러분은 속죄를 하고 하지만, 돈주머니를 위해서 하는 것이지 영혼을 위해서 하는 것은 아닙니다. 오! 이교도이고 고집이 센 코라진! 그러나 코라진 전체가 이런 것은 아닙니다. 그렇지 않은 사람들을 위해서 비유를 말하겠습니다.

들어보시오. 어리석은 어떤 부자가 한 장인(匠人)에게 아주 질이 좋은 꿀과 같은 황금색 재료의 큰 덩어리를 가지고 와서, 그것을 가공해서 장식된 작은 병을 하나 만들어 달라고 명령했습니다.

'이 재료는 가공하기에 적합하지 않습니다' 하고 장인이 부자에게 말했습니다. '보세요. 이 재료는 무르고 잘 늘어납니다. 제가 어떻게 이것을 조각해서 모양을 만들 수 있겠습니까?'

"뭐라구요? 이 재료가 좋지 않다구요? 이것은 값진 수지(樹脂)이고, 내 친구 한 사람은 이것으로 만든 작은 항아리를 하나 가졌는데, 그 항라리에 넣은 포도주는 얻기 어려운 맛을 얻게 되오. 나는 더 큰 항아리를 만들어 가져서, 그의 항아리를 자랑하는 내 친구의 자존심을 꺾어 주려고 이 재료를 아주 비싼 값을 주고 샀소. 항아리를 만들어 주시오. 그것도 즉시. 그렇지 않으면 당신이 능력없는 장인이라는 말을 하겠소."

"그러나 손님의 친구의 항아리는 황금빛 설화석고(雪花石膏)로 만든 것이 아닐까요?"

"아니오, 이 재료로 만든 거요."

"질이 좋은 호박으로 만든 것이 아닐까요?"

"아니오, 이 재료로 만든 거요."

"혹 같은 재료로 만든 것이라고 해둡시다. 그러나 오랜 세월이 흐른 결과로나 단단하게 만든 다른 재료들과 섞어서 치밀해지고 단단해졌을 것입니다. 그 친구분에게 가서 물어보십시오. 그리고 다시 오셔서 그분의 항아리가 어떻게 만들어졌는지 말씀해 주십시오."

"아니오. 이 재료는 그 친구 자신이 내게 판 것이고, 그렇게 써야 한다고 확실히 말해 준 거요."

"그러면 그 친구분이 자신의 아름다운 항아리에 대해 손님이 가지시는 욕망을 벌하려고 손님을 속인 것입니다."

"말 조심하시오! 일을 하오. 그렇지 않으면, 이 희귀한 수지(樹脂)

의 가치와 비교할 만한 가치가 없는 이 작업장을 빼앗아서 당신을 벌하겠소."

"장인은 슬퍼하며 일을 시작했습니다. 그는 그것을 가지고 반죽을 만들었습니다. …그러나 반죽이 그의 손에 달라붙었습니다. 그는 유향(乳香)과 가루를 써서 한 덩어리를 굳게 하려고 해보았습니다. …그러나 수지는 황금빛의 투명성을 잃었습니다. 그는 그것을 열로 단단하게 하기를 바라면서 도가니 가까이로 가져갔습니다. 그러나 그것이 용해(溶解)되기 때문에 머리카락을 쥐어뜯으면서 그것을 꺼내야 했습니다. 그는 사람을 헤르몬산 꼭대기에 보내서 얼어붙은 눈을 가져오게 해서 그 물질을 눈 속에 집어 넣었습니다. …그 물질은 단단해지고 아름다워졌습니다. 그러나 이제는 성형(成形)이 되지 않았습니다. '끌을 가지고 모양을 만들어야지' 하고 그는 말했습니다. 그러나 끌을 대자마자 수지가 산산조각이 났습니다.

장인은 완전히 실망하고, 벌써 그 재료를 가공할 수 있게 할 만한 것은 아무것도 없다고 확신하고, 마지막 시도를 해보았습니다. 그는 조각들을 주워서, 화덕의 열기로 다시 액체가 되게 한 다음, 그것을 다시 눈으로 가볍게 얼렸습니다. 그리고 가까스로 말랑말랑해진 재료를 끌과 칼 모양의 주걱으로 가공해 보았습니다. 그 재료가 성형이 되기는 했습니다. 암! 성형이 됐지요! 그러나 끌과 혀 모양의 주걱을 떼자마자, 마치 반죽통에서 부풀어 오른 빵반죽인 것처럼 처음 형태로 돌아가고 말았습니다.

그 사람은 자기가 졌다는 것을 인정했습니다. 그리고 부자의 보복을 피하고 파산을 면하기 위해서 밤 사이에 아내와 아이들을 마차에 태우고, 물건들과 일하는 연장들을 싣고, 빈 채로 남겨둔 작업장 한가운데에 수지의 황금빛나는 재료를 놓아 두고, 그 위에는 '가공할 수 없음'이라는 쪽지를 남기고, 국경 밖으로 도망쳤습니다.

나는 사람들의 마음에 작용해서, 진리와 구원을 그 안에 들여보내라고 보냄을 받았습니다. 내 손에는 쇠, 납, 주석, 설화석고, 대리석, 은, 금, 벽옥(碧玉) 보석 같은 마음들이 쥐어졌습니다. 냉혹한 마음, 잔인한 마음, 너무 무른 마음, 잘 변하는 마음, 고통으로 인해서 냉혹해진 마음, 소중한 마음 따위 갖가지 마음이 쥐어졌습니다. 나는 그 마음들에 모두 작용했습니다. 그리고 많은 마음을 나를 보내신 분의 소원에 맞는 모양으로 만들었습니다. 어떤 마음들은 내가 가공하는 동안 내게 상처를 입혔고, 또 어떤 마음들은 철저하게 영향을 받기보다는 부서지는 길을 택했습니다. 그러나 그 마음들도 아마 미움과 더불어 내게 대한 기억을 항상 간직할 것입니다.

여러분은 가공할 수가 없습니다. 사랑의 뜨거운 기운도, 참을성 있는 가르침도, 얼음장 같은 나무람도, 힘드는 끌질도, 여러분에게는 아무것도 소용이 없습니다. 내 손이 떨어지기가 무섭게 여러분은 다시 옛날로 돌아갑니다. 여러분이 변하기 위하여는 꼭 한가지 일을 해야 할 것입니다. 그것은 탁 믿고 여러분을 내게 맡기는 것입니다. 여러분은 그렇게 하지 않습니다. 그리고 영영 그렇게 하지 않을 것입니다. 일꾼은 슬퍼하며 여러분을 여러분의 운명에 맡기고 맙니다. 그러나 그렇게 하는 것이 마땅한 것과 같이 여러분 모두를 똑같이 내버리지는 않습니다. 비탄 속에서도 그는 그래도 그의 사랑을 받을 자격이 있는 사람들을 골라서, 그들의 용기를 돋우어 주고 그들에게 축복할 줄을 압니다. 여보세요. 아주머니, 이리 오세요" 하고 예수께서는 벽 옆에 있는 어떤 여자를 손가락으로 가리키시며 말씀하신다. 그 여자는 물음표(?)로 보일 정도로 몸을 구부리고 있다.

사람들은 예수께서 가리키시는 방향을 바라다본다. 그러나 여자는 보이지 않는다. 여자도 그의 위치 때문에 예수와 예수의 손을 볼 수 없다. "마르타 아주머니, 가 보세요! 선생님이 아주머니를 부르세요" 하고 여러 사람이 말한다. 그러니까 불행한 그 여자가 지팡이를 짚고 절뚝거리며 나오는데, 그의 머리가 지팡이와 같은 높이에 있다.

그 여자가 이제는 예수 앞에 왔다. 예수께서는 이렇게 말씀하신다. "아주머니, 내가 지나가는 기념과 아주머니의 말없고 겸손한 믿음의 갚음을 받으세요. 아주머니의 신체장애에서 풀려나시오." 마지막에 가서는 양손을 그 여자의 어깨에 얹으시고 외치신다.

갑자기 그 여자가 일어서더니, 종려나무처럼 꼿꼿이 서서 한 팔을 쳐들면서 외친다. "호산나! 선생님께서 나를 고쳐 주셨다! 선생님께서 당신 종을 굽어보시고 당신 은혜를 내려주셨다. 구세주, 이스라엘의 임금님께서 찬미받으십시오. 다윗의 후손에게 호산나!"

사람들도 그들의 환희의 노래로 여자의 환희의 노래에 화답한다. 그리고 그 여자가 이제는 예수의 발 앞에 무릎을 꿇고 그 옷에 입맞춤한다. 그러는 동안 예수께서는 그 여자에게 "평안히 가세요. 그리고 믿음을 끝까지 지키세요" 하고 말씀하신다.

비유 전에 예수께서 하신 말씀 때문에 아직도 흥분하고 있을 것이 틀림없는 회당장은 그 비난 때문에 독을 내 뿜고자 하여, 군중이 갈라지면서 기적을 받은 여자를 지나가게 하는 동안 분개하여 부르짖는다. "일을 할 수 있는 엿새가 있고, 청하고 줄 수 있는 엿새가 있소. 그러니까 청하기 위해서나 주기 위해서나 그 엿새 동안에 오시오. 죄인이고 신앙이 없는 사람들, 율법에 대해 타락하고 타락시키는 사람들, 안식일을 어기지 말고 그 엿새 동안에 와서 병을 고치시오.!" 그러면서 기도하는 장소에서 하느님께 대한 모독을 쫓아내기 위한 것같이 회당에서 모든 사람을 몰아내려고 애쓴다.

그러나 이미 언급한 네 유력자와 군중 속 여기저기에 흩어져서 이제는 예수의 죄…에 대하여 분노와 고통을 노골적으로 나타내는 다른 사람들의 도움을 받는 회당장을 예수께서도 팔짱을 끼고 엄하고 위엄있게 바라다보시며 외치신다. "위선자들! 당신들 중의 누가 오늘 그의 소나 나귀를 구유에서 끌러서 물을 먹이러 데려가지 않았습니까? 또 양떼의 양들에게 목초단을 갖다 주지 않은 사람이 누구이고, 퉁퉁 불은 젖을 짜지 않은 사람이 누구입니까? 그러면 엿새 동안 그렇게 할 수 있는데, 당신들은 왜 오늘도 양젖 몇 데나리온 때문에 또 당신들의 소나 나귀가 목이 말라 죽을까 봐 그렇게 했습니까? 그런데 나는 18년 동안이나 사탄의 사슬에 묶여 있는 이 여인을 순전히 안식일이라는 이유 하나 때문에 풀어 주어서는 안 되었다는 것입니까? 자! 나는 이 여인을 본의가 아닌 그의 불행에서 해방시킬 수가 있었습니다. 그러나 당신들의 자유의사에 의한 불행에서는 당신들을 결코 풀어 줄 수 없을 것입니다. 지혜와 진리의 적들!"

성실하지 못한 많은 사람들 가운데 있는 코라진의 성실한 사람들은 칭찬하고 찬양하는데, 다른 사람들은 화가 몹시 나서 얼굴이 납빛이 되어 가지고, 얼굴이 창백해진 회당장을 팽개쳐두고 떠나간다.

예수께서도 그를 혼자 남겨두시고, 착한 사람들에게 둘러싸이시어 회당에서 나오신다. 이 사람들은 예수께서 들판에 나오실 때까지 호위한다. 그들에게 강복하시고, 사촌들과 또 베드로와 토마와 같이 큰 길로 들어서신다.

26. 열매를 맺지 않은 무화과나무. 세펫으로 가는 길을 가시면서

세펫으로 가는 길은 코라진의 평야를 떠나, 꽤 많고 수목이 우거진 한 떼의 산을 향하여 올라간다. 그 산들에서 개울 하나가 흘러 내리는데, 분명히 티베리아 호수 쪽으로 흘러갈 것이다.

여행자들은 메론 호수로 보낸 다른 사도들이 도착하기로 된 다리에서 기다린다. 과연 그들은 오래 기다리지 않는다. 다른 사도들은 정확하게 시간을 지켜 급히 도착하여 선생님과 동료들과 기쁘게 합류하여, 몇 가지 기적으로 축복을 받은 그들의 여행이 어떻게 전개되었는지 보고한다. 그들은 "모든 사도"가 번갈아가며 기적을 행하였다고 말한다. 그러나 가리옷의 유다가 "아무 일도 성공하지 못한 저를 빼놓구요" 하고 바로 잡는다. 그런데 그의 자존심을 상하게 하는 이 일을 말하는 것이 그에게는 매우 괴롭다.

"그것은 우리 앞에 있는 것이 큰 죄인이기 때문이라고 우리가 자네에게 말했었지" 하고 제베대오의 야고보가 그에게 대답한다. 그리고 설명한다. "선생님, 아시겠습니까? 그것은 병이 대단한 야곱이었습니다. 그리고 이 때문에 그 사람이 선생님을 부릅니다. 죽음과 하느님의 심판을 두려워하거든요. 그러나 그 사람은 서리로 인해서 완전히 망가진 그의 농작물에 대해서 정말 참담한 결과를 예견하는 지금은 그 어느때보다도 더 인색합니다. 그는 뿌린 씨를 전부 잃었는데 그가 병들었고, 그의 하녀는 피로와 굶주림으로 기진맥진했기 때문에 다른 씨를 뿌릴 수가 없습니다. 과연 그는 어느 날 먹을 것이 떨어지지 않을까 하는 공포에 사로잡혀 있기 때문에 빵을 만드는 밀가루까지도 아낍니다. 그래서 하녀가 밭을 가꾸게 되지 못합니다. 어쩌면 저희가 죄를 지었는지 모르겠습니다. 사실 저희들은 금요일 하루종일, 황혼후 그

날의 마지막 시간까지 잘 보이라고 횃불을 켜고 불을 피워놓기까지 하고 일을 했습니다. 저희는 넓은 밭을 가꾸었습니다. 필립보와 요한과 안드레아는 일을 할 줄 알고, 저도 압니다. 저희는 일을 했습니다. …시몬과 마태오와 바르톨로메오는 저희 뒤를 따라오면서 씨앗이 나서 죽은 밭고랑을 부드럽게 했습니다. 그리고 유다는 선생님의 이름으로 씨를 좀 달라고 유다와 안나에게 가서 청하며 저희가 오늘 찾아보겠다고 약속했습니다. 유다는 씨를 얻어 왔습니다. 그것도 가장 좋은 씨였습니다. 그래서 저희는 '내일 씨를 뿌리자'고 말했습니다. 그렇기 때문에 저희가 좀 늦어졌습니다. 저희는 황혼이 시작될 때 일을 시작했습니다. 영원하신 분께서는 저희가 죄를 지은 동기를 보시고 저희를 용서해 주시기를 바랍니다. 그동안 유다는 야곱을 회개시키려고 그의 곁에 남아 있었습니다. 유다는 저희들보다 말을 더 잘할 줄 압니다. 적어도 바르톨로메오와 열성당원이 말하는 것은 이런 뜻이었습니다. 그러나 야곱은 어떤 논리도 들은 체하지 않았습니다. 그는 병에는 돈이 들기 때문에 낫기를 원했고, 하녀에게 아무 쓸모없는 여자라고 욕했습니다. 그가 '만일 내가 병이 나으면 회개하겠소' 하고 말하기 때문에 유다가 그를 진정시키기 위해서 안수를 했습니다. 그러나 야곱의 병은 전과 마찬가지였습니다. 유다는 낙담해서 그 말을 저희들에게 했습니다. 저희는 잠자리에 들기 전에 시도했습니다만, 기적을 얻지는 못했습니다. 이제 유다는 선생님의 마음에 들지 않아 선생님의 총애를 잃었기 때문에 그렇게 되었다고 주장하고, 그 때문에 자존심이 상해 있습니다. 그러나 저희들은 유다가 상대한 사람이 조건들을 붙이고 하느님께 명령까지 해 가면서 무엇이든지 얻기를 바라는 완고한 죄인이기 때문에 그렇다고 말합니다. 누구의 생각이 옳습니까?"

"너희 일곱 사람의 생각이 옳다. 너희가 사실을 말했다. 그리고 유다의 안나는 어떠냐? 그들의 밭들은?"

"조금 망가졌습니다. 그렇지만 그 사람들은 재력이 있어서, 모든 것이 벌써 회복되었습니다. 그러나 그 사람들은 착합니다! 보십시오. 선생님께 이 기부금과 이 식량을 보냈습니다. 그들은 어떤 때 선생님을 뵙기를 바랍니다. 슬프게 하는 것은 야곱의 영혼의 상태입니다. 저는 그 사람의 육체보다도 영혼을 더 고쳐 주고 싶었습니다…" 하고 안드레아가 말한다.

"또 다른 곳에서는?"

"오! 그 마을 근처 데베렛으로 가는 길에서 저희들은 어떤 사람의 병을 고쳐 주었습니다. 마태오가 치유를 행했습니다. 그 사람은 의사에게서 방금 돌아온 열병 환자였었는데, 의사는 그에게 가망이 없다고 했답니다. 저희가 그 사람 집에 머물렀었는데, 저녁 때부터 새벽까지 열이 다시 오르지 않았습니다. 그 사람은 몸이 편안하고 기운이 난다고 단언했습니다. 그리고 티베리아에서는 갑판에서 넘어져서 어깨에 골절상을 입은 뱃사공을 고쳐 주었습니다. 안드레아가 그에게 안수를 했더니, 그의 어깨가 나았습니다. 그 사람을 상상해 보십시오! 그 사람은 돈을 받으려고 하지 않고 저희를 막달라와 가파르나움에 데려다 주고, 그 다음에는 베싸이다에 데려다 주었습니다. 그리고 아에라의 티몬, 아르벨라의 필립보, 헤르마스테아, 그리고 가말라 근처에서 마귀에게서 해방된 사람 중의 하나인 요시아의 마르코 같은 제자들이 거기 있기 때문에 그곳에 남았습니다. 뱃사공 요셉도 제자가 되기를 원합니다. …요안나의 집에 있는 아이들은 잘 있습니다. 그애들은 아주 딴판이 되어 있습니다. 그 아이들은 정원에서 요안나의 쿠자와 같이 놀고 있었습니다…."

"아이들은 나도 보았다. 나도 그곳에 들렀었다. 계속해라."

"막달라에서는 바르톨로메오가 타락한 마음을 회개시키고, 병든 육체를 고쳐 주었습니다. 바르톨로메오가 어떻게나 말을 잘 했는지요! 정신의 무질서는 육체의 무질서를 생기게 하고, 불성실에 대한 양보는 어떤 것이든지 마음의 평안함과 건강을 잃게 하고, 마침내 영혼을 잃게 한다는 것을 증명했습니다. 바르톨로메오는 그 사람이 뉘우치고 믿게 된 것을 보자 그에게 안수를 했습니다. 그랬더니 그 사람의 병이 나았습니다. 그 사람들은 저희를 막달라에 붙잡아두려고 했습니다. 그러나 저희는 그 사람들의 말을 듣지 않고, 밤을 지낸 다음에 가파르나움을 향해 길을 계속했습니다. 거기에는 선생님께 은혜를 청하는 다섯 사람이 있었습니다. 그런데 낙망해서 돌아갈 참이었습니다. 저희가 그 사람들을 고쳐 주었습니다. 저희는 엘리와 우리아와 그 일당의 질문을 피하기 위해서 베싸이다로 가려고 즉시 배를 다시 탔기 때문에 아무도 보지 못했습니다. 베싸이다에서는! 아니, 이번에는 안드레아, 자네가 형에게 얘기 하게…" 하고 지금까지 줄곧 말한 제베대오의 야고보가 말을 끝내면서 말한다. "아이고! 선생님! 오! 시몬! 마륵지암을 보셨더라면! 몰라보게 됐습니다!…"

"아이고! 그럴수가! 그래도 그애가 여자가 된 건 아니겠지?" 하고 베드로가 외치며 묻는다.

"천만에! 그렇지 않아! 키가 크고, 또 빨리 컸기 때문에 날씬한 아름다운 젊은이야. …놀라운 존재야! 우린 그앨 잘 알아보지 못했다니까 형수나 나만큼 크단 말이야…."

"오! 됐어! 폴피레아도 너도 나도 장대는 아니지! (종려나무는 아니지!) 기껏해야 우리를 자두나무에나 비할 수 있을거야…" 하고 베드로가 말한다. 그러나 그는 양자가 발육하였다는 말을 듣고 몹시 기뻐한다.

"형, 맞는 말이야. 그렇지만 등불 명절에는 겨우 우리 어깨에 닿을까 말까한 어린아이에 지나지 않았어. 그런데 지금은 키도 그렇고, 목소리도 그렇고, 진지한 태도도 그렇고, 진짜 젊은이야. 그애는 여러 해 동안 자라는 것을 멈추고 있다가, 뜻하지 않은 시기에 깜짝 놀랄 만큼 자라는 저 나무들같이 컸단 말이야. 형수는 옷의 길이를 늘이고 새옷들을 만들어 주느라고 일을 많이 했어. 그리고 옷에는 큰 단을 달고, 허리에는 주름을 만들었는데, 그건 마륵지암이 아직 더 클 것을 형수가 예상하기 때문이야. 그리고 마륵지암은 지혜도 자랐어. 선생님, 나타나엘은 지혜롭고 겸손해서 바르톨로메오가 제자들 중에서 가장 어리고 가장 용맹한 제자에게 거의 두달 동안 선생 노릇을 했다는 말씀을 드리지 않았습니다. 마륵지암은 해 뜨기 전에 일어나서 양들에게 풀을 뜯기고, 나무를 자르고, 물을 긷고, 불을 피우고, 쓰레기질을 하고, 양어머니에 대한 사랑으로 심부름을 하고, 오후에는 밤 늦게까지 어린 학자처럼 공부를 하고 글을 씁니다. 생각해 보십시오! 그애는 베싸이다의 모든 어린이를 모았고, 안식일에는 복음을 좀 가르치기도 했습니다. 따라서 회당의 모임이 방해되지 않게 하려고 회당에 들이지 않는 꼬마들도 어른들과 같이 기도의 하루를 보내게 됩니다. 그리고 어머니들이 그러는데, 그애가 말하는 것을 들으면 훌륭하고, 어린이들이 그애를 좋아하고, 그의 말을 공손히 따르고 전보다 나은 아이들이 되어간다고 합니다. 참 훌륭한 제자가 될 것입니다!"

"아니 이걸 좀 봐! 이걸 보란 말이야. 나는 감격했어. …내 마륵지암! 어린 라헬을 위해서… 얼마나 용맹했느냐 말이야? 그렇지 않아?" 베드로는 너무 말을 많이 하지 않았는가 하고 염려하여 얼굴을 붉히며 입을 다물었다.

다행히도 예수께서 그를 도와주신다. 그래서 유다는 생각에 잠겨 넋을 놓고 있다. 혹은 그런 체한다. 예수께서 말씀하신다. "그렇다, 라헬. 너 잘 기억하고 있구나. 라헬은 나았다. 그리고 그의 밭에서는 소출이 많이 날 것이다. 야고보와 내가 거기 들렀었다. 의로운 어린이의 희생은 많은 일을 할 수 있는 것이다."

"베싸이다에서는 야고보가 가엾은 신체장애자에게 기적을 행했습니다. 그리고 마태오는 야곱의 집으로 가는 길에서 어린이 하나를 고쳐 주었습니다. 그러나 바로 오늘, 그 마을의 다리 근처에 있는 광장에서 필립보는 눈병을 앓는 사람을 고쳐 주고, 요한은 마귀들린 어린아이를 고쳐 주었습니다."

"너희들 모두가 잘 했다. 썩잘 했다. 이제는 비탈에 있는 저 마을로 가서, 어떤 집에 머무르며 자기로 하자."

"그런데 선생님은 뭘 하셨습니까? 마리아 어머님은 어떠십니까? 또 다른 마리아 아주머니는요?" 하고 요한이 묻는다.

"안녕들 하시다, 그리고 너희 모두에게 안부 전하신다. 그분들은 옷과 봄의 순례를 위하여 필요한 것을 준비하시는 중이다. 그리고 우리와 함께 있기 위해서 그 일을 하는 데 초조하시다."

"수산나와 요안나, 그리고 저희 어머니도 똑같이 초조해합니다" 하고 여전히 요한이 말한다.

바르톨로메오가 말한다. "제 아내도 제 딸들과 같이 여러 해 동안 오지 못했던 예루살렘에 올해는 오기를 원하고 있습니다. 제 아내는 금년처럼 아름다운 때는 다시는 없을 것이라고 말합니다. …왜 그런 말을 하는지 모릅니다만, 제 아내는 마음 속에 그걸 느낀다고 말하고 있습니다."

"그러면 제 아내도 틀림없이 올 것입니다. 그런 말을 하지는 않았습니다. …그러나 안나가 하는 일은 마리아도 언제나 같이 하니까요" 하고 필립보가 말한다.

"그리고 라자로의 여동생들은 어떤가? 자네들이 그들을 보았으니 말일세…" 하고 열성당원 시몬이 묻는다.

"그 사람들은 괴로워하면서 선생님의 명령에 순종하고, 필요성에 복종하고 있어. …라자로가 몸이 대단히 불편해. 그렇지, 유다? 라자로는 거의 항상 누워서 지내네. 그러나 그 여자들은 선생님을 애타게 기다리고 있네" 하고 토마가 말한다.

"그러나 곧 과월절이 될 것인데, 그러면 우리가 라자로의 집에 갈 것이다."

"그러나 나자렛과 코라진에서 무슨 일을 하셨습니까?"

"나자렛에서 친척들과 친구들, 그리고 두 제자의 친구들에게 인사했다. 코라진에서는 회당에서 말을 하고, 한 여인을 고쳐 주었다. 우리는 어머니를 잃은 과부집에 머물렀다. 병자를 간호하느라고 과부가 일을 하지 못하게 되었지만, 돈과 보살핌을 별로 많이 들이지 않았기 때문에 괴로움임과 동시에 위안도 되었다. 과부는 다른 사람들을 위해서 길쌈을 시작했지만, 이제는 비관하고 있지 않다. 필요한 것은 보장되어 있고, 그 여자는 그것을 만족하게 생각한다. 요셉은 매일 아침 '야곱의 우물'에 있는 목수에게 가서 일을 배운다."

"코라진 사람들이 나아졌습니까?" 하고 마태오가 묻는다.

"아니다, 마태오야. 그 사람들은 점점 더 나빠진다" 하고 예수께서 솔직히 인정하신다. "그리고 우리를 학대했다. 물론 가장 권력있는 사람들이 그랬지. 서민들은 그러지 않았다."

"그곳은 정말 고약한 곳입니다. 이제는 그곳에 가지 말아야 합니다" 하고 필립보가 말한다.

"그것은 제자 엘리야와 과부와 오늘 병이 고쳐진 여자, 그리고 착한 사람들에게는 고통이 될 것이다."

"그렇습니다. 그러나 착한 사람은 아주 적습니다. …그래서 저는 이제 그곳은 상관하지 않겠습니다. 선생님도 '그들은 가공할 수가 없다'고 말씀하셨지요" 하고 토마가 말한다.

"수지(樹脂)는 수지이고, 사람의 마음은 사람의 마음이다. 흙덩어리, 그것도 아주 단단한 흙덩어리 아래 파묻힌 씨앗과 같은 어떤 것이 남아 있을 것이다. 그것이 뚫고 나오려면 많은 시간이 필요할 것이다. 그러나 결국 뚫고 나오기는 할 것이다. 코라진도 그럴 것이다. 내가 씨뿌린 것이 어느날 날 것이다. 처음에 몇 번 실패했다고 싫증을 내서는 안 된다. 이 비유를 들어라. 이 비유에는 '착한 농부의 비유'라는 제목을 붙일 수 있을 것이다.

어떤 부자가 크고 아름다운 포도밭을 가지고 있었는데, 그 포도밭에는 여러 가지 품질의 무화과나무들이 있었다. 포도밭은 하인 중의 한 사람으로, 포도나무 가꾸는 데 경험이 많고, 과수의 가지치기를 잘 아는 사람에게 맡겼다. 이 사람은 그의 의무를 주인과 나무들에 대한 사랑으로 다했다. 그 부자는 해마다 여름철에 여러 번 그의 포도밭에 와서 포도와 무화과가 익는 것을 보고, 나무에서 직접 따서 맛보기로 했다. 그래서 하루는 품질이 훌륭한 열매를 맺는 무화과나무에게로 갔다. 포도밭에 있는 것으로는 그런 품질의 무화과나무가 그 나무 오직 한 그루뿐이었다. 그러나 그날도 지나간 두 해와 마찬가지로 그 나무에는 잎만 우거지고 열매는 하나도 없는 것을 발견했다. 그는 포도밭 일꾼을 불러서 말했다. '내가 3년째나 이 무화과나무에 열매를 찾으러 오는데, 잎밖에는 없네. 이 나무가 이제는 열매를 맺지 못하게 되었다는 것을 알 수 있네. 그러니 이 나무를 베어 버리게, 이 나무가 여기서 자리를 차지하고, 자네 시간을 빼앗으면서 아무 이익도 가져다 주지 않는 것은 쓸데 없는 일일세. 이 나무를 베어서 태워 버리고, 땅에서 뿌리를 깨끗이 걷어내고, 그 자리에 새로 다른 나무를 심게. 그러면 몇 해 후에는 열매를 맺겠지.' 참을성이 있고 사랑하는 마음이있는 포도밭 일꾼은 이렇게 대답했다. '주인님 생각이 옳습니다. 그러나 금년 한 해만 그대로 제게 맡겨 주십시오. 저는 이 나무를 베지 않고, 오히려 더 정성을 들여 둘레를 전부 파서 두엄을 주고, 쓸 데 없는 가지를 치겠습니다. 이 나무에 열매가 아직 맺힐지 누가 압니까? 만일 이렇게 시도해도 열매를 맺지 않으면, 주인님의 소원을 따라 베어버리겠습니다.'

코라진은 열매를 맺지 않는 무화과나무이다. 나는 착한 농부이고, 성급한 부자는 너희들이다. 착한 농부가 하는 대로 내버려두어라."

"좋습니다. 그러나 선생님의 비유에는 결론이 없습니다. 그 무화과나무에는 이듬해에 열매가 맺혔습니까?" 하고 열성당원이 묻는다.
 "열매를 맺지 않아서 그 무화과나무는 베었다. 그러나 농부는 그의 모든 의무를 다했기 때문에 아직 젊고 건강해 보이는 나무를 자른 것이 정당화되었다. 나도 열매를 맺지 않고 독을 품고 뱀이 우글거리는 나무들이 있는 내 포도밭에서 도끼질을 해서 잘라 버려야 하는 나무들에 대해서 정당화되기를 원한다. 그 나무들은 자양액들을 빨아먹고, 그것들은 기생식물이거나 독초여서 다른 나무들을 망치거나 해를 끼치고, 또는 불리지도 않았는데도 그 해로운 뿌리로 내 포도밭에 뚫고 들어와 번식하며 접붙이는 것을 일체 받아들이지 않으니, 그것들은 내 밭을 정탐하고 헐뜯고 불모의 상태로 만들려고만 들어온 것이다. 그런데 지금 당장은 도끼를 쓰기 전에 전지(剪枝) 가위와 작은 낫을 써서 가지를 쳐 주고 접을 붙여 주고 한다. … 오! 이것은 그 일을 하는 내게도 그것을 당하는 나무들에게도 힘드는 일일 것이다. 그러나 하늘에서 이렇게 말할 수 있도록 그 일을 해야 한다. '그는 모든 일을 다했다. 그러나 그가 피로한 나머지 땀을 흘리고 피눈물을 흘리면서 그 나무들의 쓸 데 없는 가지를 쳐 주고 접붙여 주고, 밑둥을 드러내고, 두엄을 주고 하면 그럴수록 그 나무들은 점점 더 열매를 맺지 않고 점점 나빠졌다…' 하고. 마을에 다 왔다. 다들 앞서 가서 숙소를 찾아라. 너 가리옷의 유다는 나하고 같이 남아 있어라."
 두 사람이 남아 있다. 그들은 저녁의 희미한 빛 속을 아무 말 없이 나란히 서서 걸어간다.
 마침내 예수께서 마치 당신 자신에게 말씀하시는 것처럼 말씀하신다. "그렇지만 하느님의 율법을 어김으로 하느님의 총애를 잃었더라도, 언제든지 죄를 포기하고 이전 상태로 돌아갈 수가 있는 것이다…."
 유다는 아무 대답도 하지 않는다.
 예수께서 다시 말씀하신다. "그리고 사탄이 있는 곳에는 하느님께서 안 계시기 때문에 누가 하느님의 능력을 가질 수 없다는 것을 깨달았으면, 우리의 교만이 원하는 것보다 하느님께서 주시는 것을 택함으로써 쉽게 그에 대한 대책을 세울 수가 있다."
 유다는 잠자코 있다.
 두 사람은 벌써 마을의 첫째 집 있는 곳에 왔다. 예수께서는 여전히 당신 자신에게 말씀하시는 것처럼 말씀하신다. "그리고 그가 뉘우치고 그의 아버지께로 돌아오도록 내가 심한 고통을 겪었다는 것을 생각하니 …"

유다는 소스라치게 놀라 머리를 들어 예수를 쳐다본다. …그러나 아무 말도 하지 않는다.

예수께서도 그를 들여다보신다. …그리고 물으신다. "유다야, 내가 누구에게 말을 하는 것이냐?"

"선생님, 제게요. 선생님 때문에 이제는 제가 능력을 가지지 못했습니다. 선생님이 제게서 그 능력을 빼앗아서 요한이나 시몬이나 야고보나, 저를 빼놓은 모든 사람에게 더 많이 주셨기 때문입니다. 선생님은 저를 사랑하지 않으십니다, 그뿐입니다! 그래서 저도 결국 선생님을 사랑하지 않게 되고, 제가 선생님을 사랑한 시간을 저주하며, 싸울 줄을 모르고 하층민들에게까지 좌지우지(左之右之)되는 왕 때문에 세상 사람의 눈에 명예를 잃고야 말 것입니다. 제가 선생님께 기대했던 것은 이것이 아니었습니다."

"내가 네게 기대했던 것도 그것이 아니었다. 그러나 나는 결코 너를 속이지 않았다. 그리고 결코 너를 강제하지 않았다. 그러면 왜 내 곁에 남아 있느냐?"

"제가 선생님을 사랑하기 때문입니다. 저는 이제 선생님과 헤어질 수는 없게 되었습니다. 선생님은 저를 끌어당기시고, 제게 불쾌감을 주십니다. 저는 들이마시는 공기처럼 선생님을 갈망하는데… 선생님이 무섭기도 합니다. 아! 저는 저주를 받았습니다! 저는 영벌을 받게 되었습니다! 선생님은 그렇게 하실 수 있는데 왜 마귀를 내쫓지 않으십니까?" 유다의 얼굴은 창백하고, 아연실색했고, 미친 것 같고, 겁을 집어먹었고, 증오를 품고 있다. … 그는 약하게나마 벌써 성금요일의 유다의 악마 같은 얼굴을 연상시킨다.

그리고 예수의 얼굴은 총독 관저의 마당에서 엎어 놓은 나무통에 앉으셔서 자기를 조롱하는 사람들을 사랑가득한 온전한 동정의 눈으로 바라보고 있는 매맞은 나자렛 사람을 연상시킨다.

예수께서 말씀하신다. 그런데 벌써 그분의 목소리에는 흐느낌이 있는 것 같다. "왜 네게는 뉘우침이 없고, 마치 네 죄에 대하여 탓이 있는 것이 하느님이신 것처럼 하느님에 대한 미움만이 있느냐?"

유다는 입속으로 야비한 저주를 한다….

"선생님, 찾아냈습니다. 한 군데에는 다섯 사람, 또 한 군데에는 세 사람, 셋째 번에는 두 사람, 다른 두 군데에는 한 사람씩만의 자리밖에 없습니다. 이보다 더 낫게는 할 수가 없었습니다" 하고 제자들이 말한다.

"좋다! 나는 가리옷의 유다와 같이 가겠다" 하고 예수께서 말씀하신다.

"아닙니다. 저는 혼자 있는 것이 더 좋습니다. 저는 불안합니다. 그래서 선생님이 주무시게 하지 못할 것입니다…."

"네가 하고 싶은 대로 해라. …그러면 나는 바르톨로메오와 같이 가겠다. 너희들은 너희들 원하는 대로 해라. 우선, 함께 저녁식사를 할 수 있게 제일 좋은 자리로 가자."

27. 메예론을 향하여 가는 중에

아름다운 봄날의 새벽빛이 하늘을 장미빛으로 물들이고 야산들을 장식한다. 제자들은 마을 어귀에 모여서 늦게 오는 사람들을 기다리면서 서로 그것을 기뻐한다.

"우박이 온 다음으로 춥지 않은 건 오늘이 처음이로구먼" 하고 마태오가 손을 비비면서 말한다.

"이런 날씨가 오게도 됐지 뭐! 지금은 아달 새달인 걸!" 하고 안드레아가 외친다.

"좋아! 좋아! 지난 며칠 동안처럼 추운데 산에 가야 했으면 어쨌겠어!…" 하고 필립보가 주를 단다.

"그렇지만 그 다음에는 어디로 가지?" 하고 안드레아가 묻는다.

"그걸 누가 알아?" …여기서는 세펫이나 메예론으로 가는데, 그 다음에는?" 하고 제베대오의 야고보가 대답하며, 알패오의 두 아들에게 물으려고 몸을 돌린다. "자네들은 어디로 가는 건지 아나?"

"예수님은 북쪽으로 가시고자 한다고 말씀하셨어. 그 이상은 아무 말씀도 없었어" 하고 알패오의 유다가 간결하게 말한다.

"또 한번? 다음 달에는 과월절 순례를 시작해야 하는데…" 하고 베드로가 별로 마음에 내키지 않는 듯이 말한다.

"우리가 늦지 않게 도착할 거야" 하고 타대오가 대꾸한다.

"그럴 거야. 그렇지만 베싸이다에서 쉬지는 못할 거란 말이야…."

"여자들과 마륵지암을 데리러 틀림없이 베싸이다에는 들를 거야" 하고 필립보가 베드로에게 대답한다.

"내가 자네들에게 부탁하는 것은 지긋지긋해 한다거나 무관심하다거나 그밖에 그와 비슷한 태도를 보이지 말라는 거야. 예수님은 매우 슬퍼하고 계셔…어제 저녁에 울고 계셨어. 우리가 저녁식사를 준비하는 동안에 선생님이 울고 계신 걸 봤어. 우리가 생각하던 것처럼 밖에 옥상

27. 메예론을 향하여 가는 중에

에서 기도하고 계시지 않았어. 울고 계셨어" 하고 요한이 말한다.

"왜? 자네 여쭈어 봤나?" 하고 모두가 말한다.

"응, 그러나 그저 '요한아, 나를 많이 사랑해라' 하고만 말씀하셨어."

"아마…코라진 사람들 때문이겠지."

열성당원이 오면서 말한다. "선생님이 바르톨로메오와 같이 오시네. 마중나가세."

그들은 마중을 나가면서 그들의 회화를 계속한다. "혹은 유다 때문인지도 몰라. 어제 저녁에 둘이서만 남아 있었거든…" 하고 마태오가 말한다.

"선생님하고도 같이 있으려고 하지 않았어! 나는 선생님 곁에 기꺼이 있었을 텐데!" 하고 요한이 한숨을 쉰다.

"나도 그래!" 다른 사람 모두가 말한다.

"그 사람은 내 마음에 들지 않아. …그 사람은 병이 있거나 마술에 걸렸거나, 미쳤거나, 마귀들렸거나 해. …뭔가 있어" 하고 타대오가 단호하게 말한다.

"그렇지만 정말이지 돌아오는 여행 중에는 그가 모범적이었어. 그는 우리 중의 아무도 그렇게 하지 못했을 것처럼 항상 선생님과 선생님의 이익을 옹호했어. 나는 그걸 보고, 그의 말을 들었단 말이야! 그리고 자네들이 내 말을 의심하지 않을 걸로 생각하네" 하고 토마가 단정적으로 말한다.

"자넨 우리가 자네 말을 믿지 않는 걸로 생각하나? 토마, 절대로 그렇지 않아! 그리구 유다가 우리들보다 낫다는 게 우린 기뻐. 그렇지만 정말이지 그 사람은 이상하단 말이야. 그런가, 그렇지 않은가?" 하고 안드레아가 묻는다.

"오! 이상한 걸루 말하면 사실이야. 그렇지만 그가 어쩌면 개인적인 일로 고민하는지도 몰라. …어쩌면 또, 기적을 행하지 못했기 때문에 그런지도 몰라. 자부심이 좀 있거든. 오! 좋은 목적을 위해서이지! 그러나 그는 몹시 많은 일을 하고 싶어하고, 격찬을 받기를 원하기는 해…."

"흠! 그런지도 모르지! 확실한 것은 선생님이 슬퍼하신다는 거야. 저기 오시는 선생님을 보게. 이제는 우리가 아는 사람 같지 않으셔.

"그러나 주님 만세! 만일 선생님을 괴롭히는 사람을 내가 알아내게 되기만 하면… 그만들 해두게! 내가 그에게 어떻게 할지는 말할 필요도 없어" 하고 베드로가 말한다.

나타나엘과 계속 말씀을 하시는 예수께서 그들을 보시고, 미소를 지으시며 걸음을 빨리 하신다.

"평화가 너희와 함께 있기를. 모두 여기 있느냐?"

"시몬의 유다는 없습니다. …그런데 저는 그 사람이 선생님께 가 있는 줄 알았습니다. 그 사람이 자기로 되어 있던 집에서는 방이 비어있고, 모든 것이 정돈되어 있는 것을 발견했다고 제게 말했으니까요…" 하고 안드레아가 설명한다.

예수께서는 잠깐 동안 이맛살을 찌푸리시고, 머리를 숙이신 채 생각을 집중하신다. 그리고는 말씀하신다. "상관없다. 그래도 떠나자. 마지막 집들 사람들에게 우리가 메예론으로 갔다가 지스칼라로 간다고 말해라. 만일 유다가 우리를 찾으면, 그리로 보내라고 하여라. 가자!"

모두가 공중에 폭풍우가 감돌고 있는 것을 느끼고, 아무 말도 하지 않고 순종한다. 예수께서는 다른 사람들보다 몇 걸음 앞서 가시며 바르톨로메오와 말씀을 계속하신다. 그런데 나는 두 분의 대화 속에 힐렐, 야헬, 바락 따위의 위대한 이름들이 나오는 것을 듣고, 정신을 스치고 지나가는 조국의 영광들과, 위대한 석학들에 대한 감탄을 나타내는 대화와 논평을 듣는다. 그리고 바르톨로메오의 입에 떠오르는 유감의 말도 듣는다….

"오! 현자가 아직 살아 있었더라면! 힐렐은 착했습니다. 그러나 강하기도 했습니다. 그 사람은 정신이 흐려지게 되지는 않았을 것입니다. 자기 스스로 선생님께 대한 판단을 했을 것입니다."

"거기에 대해서는 걱정하지 말아라, 바르톨로메오야. 그리고 그를 당신 평화 속으로 데려가신 데 대해 지극히 높으신 분을 찬미해라. 이렇게 해서 현자의 정신은 내게 대한 그러한 증오의 혼란을 겪지 않았다."

"주님! 증오만이 아닙니다!…"

"이 사람아, 사랑보다는 미움이 더 많단 말이다. 그리고 언제나 그럴 것이다."

"슬퍼하지 마십시오. 저희가 선생님을 보호하겠습니다…."

"나를 번민하게 하는 것은 죽음이 아니라…사람들의 죄를 보는 일이다…."

"죽음은, 안 됩니다! …죽음에 대한 말씀은 하지 마십시오. 저들이 여기에까지 이르지는 않을 것입니다. …무서우니까요…."

"미움이 공포보다 더 강할 것이다. 바르톨로메오야, 내가 죽어서 멀리 거룩한 하늘에 가 있을 때 사람들에게 이렇게 말해라. '선생님은 죽음보다도 너희들의 미움 때문에 더 고통을 겪으셨다' 하고…."

"선생님! 선생님! 그렇게 말씀하지 마십시오! 아무도 선생님을 돌아가시게 할 정도로 미워하지는 않을 것입니다. 그리고 선생님은 능력을 가지고 계시니, 언제든지 그것을 막으실 수 있습니다…."

예수께서는 쓸쓸히, 말하자면 피로한 미소를 지으시며, 메예론으로 가는 산골길을 고른 걸음으로 올라가신다. 올라가면 올라갈수록 아름답고 넓디넓은 파노라마가 펼쳐지며, 협곡으로 지나가는 길에 나타나는 티베리아 호수와 메론 호수를 보지 못하게 가로막는 활 모양으로 된 근처의 산들과, 티베리아 호수 너머 요르단강 건너편 고원, 그리고 멀리 있는 아우란, 트라코니티드, 베레아 지방의 들쑥날쑥한 산맥들까지 바라다보인다.

그러나 예수께서는 동북동쪽을 가리키시며 말씀하신다. "과월절 후에는 우리가 저기 필립보의 사분령(四分領)에 가야 한다. 그러면 오순절(五旬節)을 지내러 예루살렘에 갈 시간이 빠듯할 것이다."

"그렇지만 지금 즉시 그렇게 하시는 것이 선생님께 적합하지 않겠습니까? 요르단강 건너편으로 가서 발원지(發源地) 쪽으로 갔다가…데카폴리스로 해서 돌아오면…."

예수께서는 정신이 흐려진 사람과 같은 지친 태도로 이마를 손으로 짚으시며 중얼거리신다. "모르겠다, 아직 모르겠다! …바르톨로메오야! …" 그 목소리에는 얼마나 큰 낙담과 얼마나 큰 고통과 얼마나 절실한 호소가 들어 있는가! …

바르톨로메오는 예수의 이 이상하고 일찍이 없었던 어조로 상처를 입은 듯이 몸을 약간 구부리고 사랑으로 숨이 가쁘게 되어 말한다. "선생님, 무슨 일입니까? 늙은 바르톨로메오에게서 무엇을 원하십니까?"

"바르톨로메오야, 아무 것도… 네 기도를 부탁한다. … 내가 해야 할 일이 무엇인지 볼 수 있게. …그러나 바르톨로메오야, 사람들이 우리를 부른다. … 여기서 멎자…."

두 사람들은 수풀 곁에서 걸음을 멈춘다. 오솔길이 구부러진 곳에서 다른 사도들이 무리를 지어 나온다. "선생님, 유다가 숨이 턱이 닿게 뛰어서 저희를 따라옵니다…."

"그럼 그 사람을 기다리자."

과연 유다가 즉시 뛰어서 나타난다. …"선생님…늦었습니다. …잠이 든 채로 있다가 그만…."

"나는 집에서 자넬 보지 못했는데, 어디에서 잔 거야?" 하고 안드레아가 놀라서 묻는다.

유다는 잠시 당황해 있다. 그러나 이내 다시 침착해져서 말한다. "오! 내 속죄가 알려진 것이 마음에 들지 않는구먼! 나는 밤새껏 수풀 속에 가서 기도를 드리고, 희생을 드리고 했어. …새벽에 그만 잠에 못 견디어서…나는 몸이 약하거든…그러나 지극히 높으신 주님께서 당신의 불쌍한 봉사자를 불쌍히 여기셨을 거야. 선생님, 그렇지요? 나는 잠이 늦게 깨서 아주 기진맥진했어."

"사실 자네 얼굴이 완전히 퇴색했네" 하고 제베대오의 야고보가 지적한다.

유다는 웃는다. "아! 물론이지! 그러나 내 영혼은 더 기뻐하고 있네, 기도는 효과가 있어. 속죄는 마음을 명랑하게 하고, 또 겸손하고 너그럽게 해. 선생님, 이 바보같은 유다를 용서해 주십시오…." 그러면서 예수의 발 앞에 무릎을 꿇는다.

"그래라. 일어나거라, 그리고 가자."

"선생님의 입맞춤으로 제게 평화를 주십시오. 그러면 선생님이 어제의 제 기분나빴던 것을 용서하신다는 표가 될 것입니다. 선생님을 받아들이지 않은 것은 사실입니다. 그러나 그것은 제가 기도를 하고 싶었기 때문입니다…."

"우리가 함께 기도할 수 있었을 텐데…."

유다는 웃으면서 말한다. "아닙니다. 선생님은 지난 밤 저와 함께 기도하실 수가 없었고, 제가 있는 곳에 계실 수가 없었습니다…."

"오! 이것봐라! 왜? 선생님은 언제나 우리와 함께 계시고, 우리에게 기도를 가르쳐 주신 것은 선생님이신데!" 하고 베드로가 놀라서 말한다.

모두 웃는다, 그러나 예수께서는 웃지 않으신다. 예수께서는 당신을 껴안고 나서 당신께 도전하듯이 자극적인 깜찍스런 장난끼가 있는 명랑한 눈으로 당신을 쳐다보는 유다를 뚫어지게 들여다보신다.

그는 감히 되풀이해 말한다. "지난 밤에 선생님이 저와 같이 계실 수 없었던 것은 사실이지요?"

"그렇게 할 수 없었다. 과연 나는 내 아버지와 내 영의 포옹을 너와 같이 살과 피에 지나지 않는 제 삼자와 그리고 네가 있던 곳에서 나눌 수가 없었고 또 장차도 결코 나눌 수가 없을 것이다. 나는 인간이 관능과 황금과 세상과 사탄에 의해 악취나는 육체라는 것을 잊기 위해서 천사들이 있는 고적한 곳을 좋아한다."

유다는 이제 눈으로도 웃지 않는다. 그는 정색을 하고 대답한다. "선생님의 말씀이 옳습니다. 선생님의 영은 진실을 보았습니다. 그러면 우리가 어디로 갑니까?"

"이스라엘의 위인들과 영웅들의 무덤에 경의를 표하러 간다."

"뭐라구요? 무엇이라구요? 그렇지만 가믈리엘은 선생님을 사랑하지 않고, 다른 사람들은 선생님을 미워하는데요" 하고 여러 사람이 말한다.

"상관없다. 나는 구속(救贖)을 기다리는 의인들의 무덤에 인사하는 것이다, 나는 그들의 유골에게 이렇게 말하려고 한다. '당신들의 영에게 숨을 쉴 수 있게 해 준 사람이 멀지 않아 하늘나라에 가서 당신들을 낙원에서 영원히 다시 살게 하기 위하여 마지막 날에 그곳에서 내려올 준비를 온전히 갖추고 있을 것입니다' 하고."

그들은 걷고 또 걷는다. 그리하여 마침내 메예론 마을에 이른다. 기름진 언덕과 나무가 우거진 산꼭대기 가운데에 자리잡은 빛과 햇볕이 가득한 아름답고 정돈이 잘 된 고장이다.

"여기서 멎자. 오후에는 여기를 떠나 지스칼라 쪽으로 간다. 위대한 무덤들은 이 비탈들 여기저기에 흩어져 있으면서 영광스러운 잠깸을 기다리고 있다."

28. 지스칼라에 있는 힐렐의 무덤에서

메예론 마을에서 예수께서는 제자들과 같이 서북쪽으로 가는 길을 걸어 가신다. 수풀과 목장들 사이로 난, 여전히 산골길이고, 계속하여 올라간다. 그들이 서로 무덤에 대하여 말하는 것이 들리는 것을 보면 벌써 무덤에 경의를 표한 모양이다.

지금은 마침 가리옷 사람이 예수와 같이 앞서 가고 있다. 메예론에서 그들이 애긍을 받고 주고 하였다는 것을 알 수 있다. 그리고 받은 애긍과 준 애긍에 대하여 말하면서 유다가 거기에 대한 보고를 한다. 그는 끝으로 이렇게 말한다. "그리고 이제는 여기 제 헌금이 있습니다. 지난 밤에 보속으로 이것을 선생님께 드리겠다고 맹세했습니다. 대단한 액수는 아닙니다. 그러나 저는 돈이 많지 않습니다, 그렇기는 하지만 많은 친구를 통해서 돈을 자주 보내 달라고 어머니를 설득했습니다. 전에는 집을 떠날 때마다 돈을 많이 가지고 떠나곤 했습니다. 그러나 이번에는 산길로 혼자서나 토마와 단둘이서 와야 했기 때문에 여행하는 동안에 필요한 것만 가지고 왔습니다. 저는 그것이 낫다고 생각했습니다. 다만 …저는 어떤 때 친구들에게 가기 위해서 몇 시간 동안 선생님을 떠날 허락을 청해야 하겠습니다. 저는 벌써 모든 것을 꾸며놓았습니다. …선생님, 돈을 제가 여전히 보관합니까? 아직 제가 합니까? 아직도 저를 신뢰하십니까?"

"유다야, 너는 모든 것을 너 자신이 말하고 있구나. 그런데 네가 무슨 이유로 그러는지를 모르겠다. 나로서는 아무것도 변한 것이 없다는 것을 알아라. …그것은 이렇게 함으로써 네가 변해서 이전의 제자가 다시 되고 의인이 되기를 바라기 때문이다. 나는 의인의 회개를 위해 기도하고 괴로워한다."

"선생님의 말씀이 옳습니다. 그러나 선생님의 도우심으로 제가 틀림없이 그렇게 되겠습니다. 게다가…이것은 청춘의 결점들입니다. 중요성이 없는 일이지요. 오히려 반대로 이런 일은 자기와 같은 사람들을 이해하고 그들을 고쳐 주는 데 소용됩니다."

"유다야, 정말이지 네 윤리는 대단히 이상하구나! 그리고 나는 그 이상의 말을 해야 하겠다. 나중에 '이제 나는 이 병에 걸린 사람들을 더 잘 치료할 줄을 안다'고 말할 수 있기 위해서 자발적으로 병에 걸리는 의사를 본 적은 한 번도 없다. 그러니까 나는 능력이 없는 사람이란 말이냐?"

"누가 그런 말을 합니까, 선생님?"

"네가, 나는 죄를 짓지 않는다. 그러니까 죄인들을 고칠 줄 모른단 말이로구나."

"선생님은 선생님이시지요. 그러나 저희들은 선생님이 아닙니다. 그래서 저희들은 어떻게 할지를 알기 위해서 경험이 필요합니다…."

"그것은 스무달 전과 같은 네 낡은 생각이다. 다른 것이 있다면 그때에는 내가 구속할 수 있기 위하여는 죄를 지어야 한다고 네가 생각했던 것이다. 정말이지 나는 네가 네 판단 방식에 따른 내… 결점을 고쳐 주려고, 그래서 내게 죄인들을 이해할 수 있는 그 능력을 주려고 해보지 않은 것을 이상히 생각한다."

"선생님, 농담을 하시는군요. 그래서 즐거움을 느낍니다. 선생님을 보기가 괴로웠습니다. 선생님이 몹시 슬퍼 보이셨거든요. 그리고 바로 제가 선생님께 농담을 하시도록 했다는 것, 이것이 이중의 즐거움을 줍니다. 그러나 저는 선생님에 대해서 교사로 자처한 적은 결코 없습니다. 게다가 선생님이 보시다시피! 저는 제 생각을 고쳤습니다. 그래서 이 경험이 저희들에게만 필요하다고 말하는 것입니다. 저희 보잘것없는 사람들에게 말입니다. 선생님은 하느님의 아들이시지요? 그러니까 선생님은 지혜이기 위해서 경험이 필요 없는 지혜를 가지고 계십니다."

"그러면 무지도 지혜라는 것을, 죄인의 저속하고 위험한 지식보다 훨씬 더한 지혜라는 것을 알아라. 악에 대한 거룩한 무지가 자기를 이끌고, 남을 지도하는 능력을 제한하는 곳에서는, 천사들의 임무가 그것을 보충하고, 이 임무는 깨끗한 마음 곁에서는 절대로 떠나지 않는다. 그리고 천사들은 지극히 순수하지만, 그래도 그들도 선과 악을 구별할 줄 알고, 그들이 맡아 가지고 있는 순수한 사람을 올바른 행동을 하도록 올바른 길로 인도할 줄을 안다고 생각해라. 죄는 지혜를 늘어나게 하지 못한다. 죄는 빛이 아니며, 지도하지 못한다. 절대로 죄는 타락이다. 무분별이고, 혼돈이다. 그래서 죄를 지은 사람은 죄의 맛을 알겠지마는, 다른 많은 영적인 것을 아는 능력을 잃을 것이고, 그를 인도하는 질서와 사랑의 영인 하느님의 천사를 가지지 못하고, 사탄의 사자를 가지게 되어, 이 악령들이 몹시 괴롭히는 끝없는 증오 때문에 점점 더 큰 무질서로 끌려 갈 것이다."

"그러면…선생님, 들어 보십시오. 만일 어떤 사람이 천사의 인도를 다시 받고자 하면, 뉘우치기만 하면 됩니까? 그렇지 않고 그가 뉘우치고, 용서를 받은 다음에도 죄의 독이 그대로 남아 있습니까? …아시겠습니까? 예를 들어, 술에 빠진 사람은 다시는 취하지 않겠다고 맹세를 해도, 그리고 그렇게 하겠다는 참다운 뜻을 가지고 맹세하더라도, 여전히 술로 끌리는 것을 느낍니다. 그리고 그 때문에 괴로워합니다…."

"물론 괴로워한다. 이 때문에 죄가 되는 것의 노예가 되어서는 절대로 안 된다. 그러나 괴로워하는 것은 죄를 짓는 것이 아니라, 속죄하는 것이다. 뉘우친 술꾼이 그의 성향(性向)에 용맹히 저항해서 다시는 술을 마시지 않으면 공로를 얻는 것과 같이, 죄를 지은 사람도 뉘우치고 어떤 성향에도 저항하면, 공로를 세우고, 이렇게 저항할 때에 초자연적인 도움이 없지 않게 된다. 유혹을 당하는 것은 죄가 아니다. 오히려 반대로 싸움이야말로 승리를 마련해 주는 것이다. 또 네가 믿어야 할 것은 하느님께서는, 실수를 했으나 그리고 나서 뉘우치는 사람은 용서하고 도와주기만을 바라신다는 것이다…."

유다는 한동안 잠자코 있다. …그러다가 예수의 손을 잡고 몸을 굽혀 손에 입맞춤하며 말한다. "그러나 저는 어제 저녁 도를 지나쳤습니다. 선생님께 욕을 했습니다. …선생님을 미워하고 말 거라고 말했습니다. …제가 하느님을 모독하는 말을 얼마나 많이 했는지 모릅니다! 제가 그것들에 대한 용서를 받을 수 있습니까?"

"가장 큰 죄는 하느님의 자비에 대해서 실망하는 것이다. …유다야, 내가 그 말을 했다. '사람의 아들에 대한 죄는 어떤 것이든지 용서를 받을 것이다' 하고 사람의 아들은 용서하고, 구원하고, 고쳐주고, 하늘로 인도하기 위하여 왔다. 왜 너는 하늘을 잃고자 하느냐? 유다야? 유다야? 나를 쳐다보아라. 내 눈에서 나가는 사랑으로 네 영혼을 씻어라…."

"그러나 제가 선생님께 혐오감을 일으키지 않습니까?"

"일으킨다. …그러나 사랑은 혐오감보다 더 크다. 불쌍한 문둥병자, 이스라엘에서 가장 심한 문둥병자인 유다야. 건강을 네게 줄 수 있는 사람에게 와서 건강을 청하여라…."

"선생님, 건강을 주십시오."

"아니다, 그렇게 하지 말아라. 네게는 참된 뉘우침과 굳은 의지가 없다. 그것은 나와 네 이전의 부름에 대한 사랑에서 남아 있는 것이 해보는 시도에 지나지 않는다. 그것은 순전히 인간적인 뉘우침의 움직임에 지나지 않는다. 이 모든 것이 나쁜 것은 아니다. 오히려 선을 향한 첫 걸음이다. 그것을 가꾸어서 자라게 하고, 그것을 초자연적인 것에 접붙이고, 그것을 내게 대한 참다운 사랑을 만들고, 네가 내게로 왔을 때의 너로 진짜 돌아가는 것이 되게 하여라. 그것만이라도, 그것만이라도 하여라! 그것을 효력이 없는 감상주의(感傷主義)의 일시적이고 민감한 마음의 설렘이 되게 하지 말고, 선으로 끌리는 참되고 적극적인 감정이 되게 하여라. 유다야, 나는 기다린다. 나는 기다릴 줄을 안다. 나는 기도한다. 이렇게 기다리는 동안에 내가 지긋지긋해진 네 천사를 대신한다. 완전한 내 연민과 내 참을성과 내 사랑은 천사들의 그것들보다 더 나아서, 너를 돕기 위하여, 네 마음 속에서 끓어 오르고 있는 불쾌한 악취 가운데에서도 네 곁에 남아 있을 수가 있다…."

유다는 실제로, 가장함이 없이 감동하였다. 입술을 떨고, 그를 감동시키는 것 때문에 창백해져서 별로 자신 없는 목소리로 묻는다. "그렇지만 제가 무슨 일을 했는지 실제로 아십니까?"

"모두 안다, 유다야. 내가 그것을 말하랴? 그렇지 않으면 내가 네게 그 모욕을 면하게 해주는 것이 낫겠느냐?"

"그러나…저는 믿을 수가 없습니다. 그뿐입니다…."

"그러면 뒤로 돌아가자. 그래서 쉽게 믿지 않는 사람에게 진실을 말하자. 너는 오늘 아침 벌써 여러 번 거짓말을 했다. 돈에 대해서도 그랬고, 네가 어떻게 밤을 지냈는지에 대해서도 그랬다. 너는 어젯밤에 일체의 다른 감정, 일체의 증오, 일체의 가책을 음란으로 억눌러 보려고 시도했다, 너는…."
"그만 두십시오! 그만이오! 제발, 계속하지 마십시오! 그렇지 않으면 선생님 앞에서 도망치겠습니다."
"그와 반대로 너는 내 무릎을 껴안고 용서를 빌어야 할 것이다."
"예, 예, 용서하십시오! 선생님! 용서해 주세요! 저를 도와주십시오! 저를 도와주세요! 저로서는 어쩔 수가 없습니다! 모든 것이 저로서는 어쩔 수가 없습니다."
"네가 예수에게 대해서 가져야 할 사랑을 빼놓고는…그러나 유혹을 이기기 위해서, 그리고 내가 너를 유혹에서 구해 주게 이리 오너라."
그러면서 예수께서는 그를 품에 안으시고, 유다의 갈색머리에 조용히 눈물을 흘리신다.
몇 미터쯤 뒤떨어져 있는 다른 제자들은 조심스럽게 걸음을 멈추고 이러쿵 저러쿵 말을 한다.
"저거봐?! 아마 유다가 정말 슬픔이 있나 봐."
"그리고 오늘 아침에는 그걸 선생님께 털어놓았어."
"정말 바보야! 나 같으면 즉시 그렇게 했을 거야."
"고통스러운 일일 거야."
"오! 분명히 제 어머니의 좋지 못한 품행 때문은 아닐 거야. 그분은 거룩한 여인이거든! 그렇다면 고통스러운 것이 무엇일까?"
"어쩌면 그의 사업이 잘 되어가지 않는지도 모르지…."
"그렇지 않아! 돈을 잘 쓰고, 제 돈을 너그럽게 주기도 하는 걸."
"좋아! 그건 그의 일이고! 중요한 건 선생님과 의견이 일치하는 건데, 지금 그런 것 같단 말이야. 둘이서 오래 전부터 조용히 말하고 있었는데, 지금은 서로 껴안고 있어. …썩잘 됐어."
"맞아, 저 사람은 능력이 있고, 지식도 많은 사람이니까. 저 사람이 우리와 의견이 일치하고 우리에게 호의를 가지는 것은 좋은 일이고, 특히 선생님과 그렇게 되는 것은 좋은 일이야."
"예수님은 헤브론에서 의인들의 무덤은 기적적이거나 그와 비슷한 곳이라고 말씀하셨어. …그런데 이 근처에는 의인들의 무덤이 많아. 그러니까 어쩌면 메예론의 무덤들이 유다의 불안에 대해서 기적을 행했는지도 몰라."
 "오! 그렇다면, 그 사람이 이제 힐렐의 무덤에서 완전히 거룩하게 되겠구먼. 저기가 지스칼라 아닌가?"
 "맞아, 바르톨로메오."
 "그렇지만 작년에는 우리가 이리로 지나가지 않았는데…."
 "지나갔구 말구! 우리가 반대 방향에서 왔었어!"
 예수께서 돌아서서 그들을 부르신다. 그들은 기꺼이 달려 간다.
 "오너라. 도시가 가까웠다. 힐렐의 무덤있는 데 가려면 이 도시를 건너질러야 한다. 떼를 지어서 가자" 하고 예수께서 말씀하시며 다른 설명은 하지 않으신다. 열한 사람은 예수와 유다를 호기심을 가지고 곁눈질해 본다. 그러나 유다는 마음이 진정되었으나 겸손한 모습을 보이는데, 예수께서는 환한 얼굴이 아니다. 엄숙하시지만 심각하시다.
 일행은 지스칼라로 들어간다. 아름답고 크고 정돈이 잘 된 도시이다. 여기에는 그들의 강의를 듣는 학생들을 데리고 있는 많은 학자가 여기저기 떼를 지어 있는 것으로 보아 번창한 유다교 학교가 있는 모양이다. 열두 사도와 특히 선생님이 지나가는 것이 눈에 잘 띈다. 그래서 많은 사람이 예수의 일행을 따라온다. 어떤 사람들은 빈정거리고 어떤 사람들은 가리옷의 유다를 부른다. 그러나 유다는 선생님 옆에 있으면서 뒤돌아 보지도 않는다. 일행은 시내에서 나와 힐렐의 무덤 근처에 있는 집을 향하여 간다.
 "뻔뻔스럽기도 하다!"
 "저 사람은 무모하고 뻔뻔스럽다!"
 "저 사람이 우리에게 도전하는구먼!"
 "모독하는 자!"
 "자네가 가서 말하게, 우지엘."
 "나는 나를 더럽히지 않겠어. 사울, 자네는 그저 학생일 뿐이니까, 자네가 말하게."
 "아니야, 유다에게 말하세. 가서 그를 부르게."
 사울이라고 불린 지나치게 야위고, 창백하며, 얼굴에 눈과 입밖에 없는 젊은이가 유다에게로 가서 말한다. "오게, 선생님이 오라고 하시네."

"가지 않겠어. 나는 여기 그대로 있겠으니까, 귀찮게 굴지 말아."
 젊은이는 돌아가서 선생들에게 그 말을 보고한다.
 그동안 예수께서는 제자들에게 둘러싸여 흰 돌로 된 힐렐의 무덤 곁에서 경건하게 기도하신다.
 교사들이 조용한 뱀들처럼 가만히 가까이 와서 살펴본다. 그리고 수염이 있는 나이먹은 두 사람이 유다의 옷을 잡아 당긴다. 유다는 기도를 하기 시작하여, 이제는 동료들의 무리의 보호를 받지 못하는 상태에 있다.
 "아니, 요컨대 무슨 일입니까?" 하고 유다는 가만히, 그러나 성이 나서 묻는다. "기도도 할 수 없습니까?"
 "한마디만 묻겠네. 그리구는 가만 놔두겠네."
 열성당원 시몬과 타대오가 돌아보며 속삭임을 잠잠하게 한다. 유다는 두세 걸음 물러나서 묻는다. "무슨 일입니까?"
 제일 나이많은 사람이 귀에 대고 속이는 말이 들리지는 않는다. 그러나 "아니오. 독을 품은 사람들, 나를 귀찮게 굴지 마시오. 나는 당신들을 모릅니다. 이제는 당신들을 알고 싶지도 않아요" 하고 말하면서 홱 물러나는 유다의 반응은 잘 볼 수 있다.
 업신여기는 웃음 소리가 작은 교사 집단에서 터져나오고, 위협도 나온다. "얼빠진 녀석, 너 하는 일을 조심해서 해라!"
 "당신들이나 조심하시오! 가시오! 다른 사람들에게도 가서 말하시오. 다른 사람 모두에게. 알았소? 당신들이 좋다고 생각하는 사람에게 물으시오.. 내게 묻지 말고, 마귀 같은 사람들!" 그러면서 그들을 그 자리에 팽개쳐 둔다.
 유다가 너무도 큰 소리로 말하는 바람에 사도들이 돌아보았다. 예수께서는 돌아다보지 않는다. 업신여기는 웃음소리와 그들을 둘러싸고 있는 고요한 공기에 울려 퍼지는 "두구보자. 시몬의 유다, 두구봐!" 하고 말하는 약속에도 돌아다보지 않으신다. 유다는 그의 자리로 돌아온다. 게다가 예수 옆에 서 있는 안드레아의 자리를 빼앗고, 그것으로 방어되고 보호를 받으려는 것처럼 예수의 겉옷 자락을 두 손으로 붙잡는다.
 분노는 예수께로 돌려진다. 그들은 위협적으로 앞으로 나아오며 외친다. "이스라엘의 저주를 받은 사람인 당신이 여기서 뭘 하는 거요. 여기서 나가시오! 의인의 유골을 전율하게 하지 마시오. 당신은 그 유골을 가까이 할 자격이 없소. 우린 가믈리엘에게 이 말을 해서 당신을 벌하게 하겠소."

예수께서는 돌아서시며 그들을 하나씩 바라다보신다.

"마귀들린 사람, 왜 그렇게 우리를 바라다보고 있소?"

"당신들의 얼굴과 당신들의 마음을 잘 알기 위해서요. 그것은 내 사도만이 당신들을 다시 볼 것이 아니라 나도 당신들을 다시 보겠기 때문인데, 당신들을 이내 알아볼 수 있도록 당신들을 잘 알고 싶기 때문이오."

"좋소. 당신이 우리를 보았소? 그럼 가시오. 만일 가믈리엘이 여기 있었더라면 이걸 허락하지 않을 거요."

"지난해에 나는 그분과 같이 여기 왔었소."

"거짓말쟁이, 그건 사실이 아니오!"

"그분에게 물어보시오. 그리고 그분은 정직한 분이니까 그렇다고 말할 거요. 나는 힐렐을 사랑하고 존경하오. 그리고 가믈리엘도 존경하고 공경하오. 이 두 분은 그분들의 정의와 지혜 때문에 인간의 기원이 나타나는 분들이오. 그분들의 지혜는 사람이 하느님의 모습으로 만들어졌다는 것을 상기시키오."

"그럼 우리에겐 그게 없단 말이오, 응?" 하고 흥분해서 떠드는 사람들이 말을 막는다.

"당신들에게는 그 지혜가 이기주의와 증오로 가려져 있소."

"저 자의 말 좀 들어보라구. 저 자가 남의 집에서 저렇게 말하면서 우리를 모욕한단 말이야! 여기서 나가시오! 이스라엘의 가장 훌륭한 사람들을 타락시키는 자, 여기서 나가시오! 그러지 않으면 돌을 집겠소. 여기는 당신을 보호할 로마가 없소. 이교도인 적과 관계가 깊은 당신…."

"왜 나를 미워하고, 나를 박해하시오? 내가 무슨 해를 당신들에게 끼쳤소? 당신들 중에서 어떤 사람들은 내게서 은혜를 입었고, 모두 내 존경을 받았소. 그렇다면 왜 내게 대해서 그렇게 가혹하게 구는 거요?" 예수께서 겸손하시고 온유하시고 슬퍼하시고 사랑하신다. 그들에게 사랑해 달라고 애원하신다.

　그들은 이것을 약하고 겁을 집어먹은 표로 생각하여 마구 공격한다. 첫번째 돌이 날아와 제베대오의 야고보를 스치니, 그는 빨리 저항하여 그 돌을 공격하는 사람들에게로 도로 던진다. 그동안 모든 제자가 예수를 꽉 둘러싼다. 그러나 그들은 약 100 대 10이다. 다른 돌 하나가 제자들에게 대항하지 말라고 명령하시는 예수의 손에 상처를 입혔다. 손등에 상처가 나서 피가 흐른다. 그 손은 벌써 못으로 상처를 입은 것 같다.

　그러자 예수께서는 기도하는 것을 그만두시고, 몸을 일으켜 위엄있게 그들을 바라보시며, 당신 눈길로 무섭게 노려보신다. 그러나 다른 돌 하나에 맞아 알패오의 야고보의 관자놀이에서 피가 흐른다. 예수께서는 당신의 사도들을 보호하기 위하여 일체의 다른 행위를 정지시켜야 한다. 사도들은 순종하여 저항하지 않고 돌세례를 받는다.

　그리고 비열한 자들이 예수의 의지로 제압되었을 때 —— 그런데 예수께서 무서운 위엄을 가지고 계신다 —— 벽력 같은 목소리로 그들에게 말씀하신다. "나는 가오. 그러나 당신들이 한 일 때문에 힐렐이 당신들을 저주했으리라는 것을 아시오. 나는 가오. 그러나 홍해도 하느님께서 이스라엘 사람들에게 터 주신 길에서 이스라엘 사람들을 멈추게 하지 못했다는 것을 기억하시오. 지나가시는 하느님께는 모든 것이 평탄해지고 길이 되오. 그리고 내게 대해서도 마찬가지요. 에집트 사람들과 펠리시데 사람들과 아모레아 사람들과 카나니아 사람들과 다른 민족들이 이스라엘의 당당한 행진을 막지 못한 것과 마찬가지로, 그들보다 더 나쁜 당신들도 내 걸음과 이스라엘이라는 내 사명을 막지 못할 거요. 하느님께서 주시는 물이 나는 우물에게 노래 부른 것을 기억하시오. '오 우물아, 왕들과 국민의 지도자들이 그들의 지팡이와 율법이 준 지팡이를 가지고 파서 마련한 우물아, 일어나라'. 내가 이 우물이오! 이 우물은 나란 말이오! 당신들이 아닌, 거룩한 백성의 진짜 왕들과 지도자들의 모든 기도와 올바른 행동으로 파진 우물이오. 아니, 아니, 당신들은 거룩한 백성이 아니오. 당신들은 그럴 자격이 없으니까 절대로 메시아가 당신들을 위해서는 오지 않았을 거요. 메시아가 오는 것이 당신들의 멸망이니까. 지극히 높으신 분께서는 사람들의 모든 생각을, 영원으로부터 알고 계시니까. 당신들의 조상인 카인과 나를 닮은 아벨이 있기 전부터, 내 상징인 노아와 내 상징을 처음으로 사용한 모세가 있기 전부터, 발라암이 별을 예언하기 전부터, 그리고 이사야와 모든 예언자들이 있기 전부터, 그리고 하느님께서는 당신들의 생각들을 아시고, 그것들을 몹시 싫어하시오. 하느님께서는 의인들 때문에 항상 기뻐하신 것과 같이 당신들의 생각은 항상 싫어하셨소. 그 의인들 때문에 나를 보내시는 것은 당연한 일이었소. 정말이지, 오! 정말이지, 의인들은 목마른 사람들에게 신선한 물을 갖다 달라고 나를 저 깊숙한 하늘에서 빨아냈소. 나는 영원한 생명의 샘이오. 그러나 당신들은 마시기를 원치 않으니 죽을 것이오."

그리고 예수께서는 마비된 교사들과 그들의 학생 가운데를 천천히 지나서 사람들과 사물들이 깜짝 놀라 잠잠한 가운데, 천천히 장엄하게 길을 계속해 가신다.

29. 페니키아 경계 근처에서 귀먹은 벙어리를 고쳐 주시다

나그네들이 어디에서 밤을 지냈는지는 모르겠다. 내가 아는 것은 다시 아침이고, 그들은 여전히 산이 많은 고장에서 길을 가고 있다는 사실이다. 예수께서는 손을 처매셨고, 알패오의 야고보는 이마를 처맸으며, 안드레아는 다리를 몹시 절고, 제베대오의 야고보는 배낭을 지고 있지 않은데, 그 배낭은 아우 요한이 가졌다.

두 번이나 예수께서 안드레아에게 물으신다. "안드레아야, 걸을 수 있느냐"

"예. 처맨 것 때문에 걸음을 잘 못 걸어서 그렇지, 대단히 아프지는 않습니다." 그리고 두번째는 이렇게 덧붙인다. "그런데 선생님의 손은요?"

"손은 다리가 아니다. 손은 지금 쉬고 있고, 별로 아프지는 않다."

"흠! 별로 아프시지 않다구요? 저는 그 말씀을 믿지 못하겠습니다. 붓고 뼈에 이르도록 갈라졌는데…기름이 효과가 있기는 합니다, 그러나 선생님의 어머님이 만드신 그 연고를 누구더러 좀 달라고 했더라면 더 좋았을 걸 그랬습니다…."

"내 어머니더러 말이지. 네 말이 옳다" 하고 예수께서 베드로의 입에서 무슨 말이 나오려는지를 아시고 빨리 말씀하신다. 베드로는 예수를 몹시 슬픈 눈으로 쳐다보며 얼굴을 붉히는데, 예수께서는 그에게 미소를 보내시며 바로 다치신 손을 베드로의 어깨에 얹으시고 그를 끌어당기신다.

"그렇게 하고 계시면 아프시겠습니다."

"아니다, 시몬아. 네가 나를 사랑하니 네 사랑이 몸에 좋은 기름이 된다."

"오! 그렇다면 선생님이 벌써 나으셨을 것입니다! 저희 모두가 선생님이 그런 대우를 받으시는 것을 보고 괴로웠습니다. 그리고 운 사람들까지 있었습니다." 그러면서 베드로는 요한과 안드레아를 바라본다….

"기름과 물은 좋은 약이다. 그러나 사랑과 동정의 눈물은 더 힘있는 것이다. 그리고 알겠느냐? 나는 어제보다 오늘 훨씬 더 행복하다. 너희들이 얼마나 순종을 잘하고 내게 대해서 얼마나 애정을 많이 가지고 있는지를 오늘 알기 때문이다. 너희 모두가." 그러면서 예수께서는 그들을 그윽한 눈길로 바라다보시는데, 이제는 흔히 슬픔이 깃들어 있을 그 눈길에도 오늘 아침에는 엷은 기쁨의 빛이 어리어 있다.

"그러나 얼마나 잔인하고 비열한 사람들입니까! 나는 그런 증오는 일찍이 본 적이 없습니다!" 하고 알패오의 유다가 말한다. "그자들은 모두가 유다인들일 겁니다."

"아니다. 그것은 지방의 문제가 아니다. 증오는 어디나 다 마찬가지이다. 여러 달 전에 나자렛에서 내가 쫓겨났고, 그들이 나를 돌로 치려고 했던 것을 생각해라. 기억나지 않느냐?" 하고 예수께서 침착하게 말씀하신다. 그리고 이것은 타대오의 말에 대해서 유다 사람들인 제자들을 위로하는 데 도움이 된다.

이 말에 유다 사람들이 얼마나 위로를 받았는지 가리옷 사람이 이렇게 말할 정도였다. "그렇지만 이 말은 내가 하겠어. 오! 하고 말고! 우린 아무 해도 끼치지 않는단 말이야. 우린 반항하지 않았고, 또 선생님이 처음에는 온 사랑을 가지고 말씀하셨어. 그런데 그자들이 배반자들같이 우리에게 돌을 던졌단 말이야. 난 이 말을 할 거야."

"그자들이 모두 우리를 반대하는데 누구에게 말할 건가?"

"난 누구에게 말할 건지 알아. 우선 스테파노나 헤르마스를 보는 대로 이 말을 하겠어. 가믈리엘이 이 일을 이내 알게 될 거야. 그렇지만 과월절에는 내가 말해야 할 사람에게 이 말을 할 거야. 난 이렇게 말할 거야. '그렇게 행동하는 것은 옳지 않습니다. 당신들의 분노는 불법입니다. 당신들이 죄가 있지, 선생님은 죄가 없습니다' 하고."

"자네가 저 양반들과 상종하지 않는 것이 나을 걸세! …내 생각에는 그 사람들이 볼 때에 자네도 죄있는 사람일 것 같으네" 하고 필립보가 현명하게 충고한다.

"맞아. 그자들과 상종하지 않는 것이 더 나아. 그래, 그게 더 나아. 그렇지만 스테파노에게는 그 말을 하겠어. 그 사람은 착하고, 또 해치지를 않으니까….”
 "내버려 두어라, 유다야. 너는 아무 것도 더 좋게 하지 못할 것이다. 나는 용서했다. 그 생각은 다시 하지 말자" 하고 예수께서는 참착하고 설득력있는 말투로 말씀하신다.
 두 번 개울을 만나자, 안드레아와 두 야고보는 그들의 타박상을 처맨 헝겊을 빤다. 그러나 예수께서는 그렇게 하지 않으신다. 마치 고통을 느끼지 않으시는 것처럼 조용히 길을 계속하신다.
 그러나 그들이 식사를 하기 위하여 걸음을 멈출 때에는 안드레아에게 빵을 잘라 달라고 부탁하셔야 하고, 샌들 끈이 끌러지면, 마태오에게 다시 매 달라고 부탁해야 하시는 것으로 보아 고통을 느끼시는 것이 틀림없다. …그리고 특히 가파른 지름길로 내려가시다가 미끄러지셨기 때문에 나무 줄기에 부딪쳤을 때는 신음소리를 억제하지 못하셨고, 피가 나서 다시 붕대를 붉게 물들였다. 그래서 저녁 때쯤에 도착한 어느 마을의 첫째 집에서 손을 치료하려고 물과 기름을 청하기 위하여 걸음을 멈춘다. 붕대를 끌르니 손이 매우 붓고 손등이 푸르스름하게 되고, 가운데에 새빨간 상처가 있는 것이 나타난다.
 집주인여자가 그들이 원하는 것을 가지고 달려 오기를 기다리는 동안 그들은 모두 몸을 숙여 상처를 살펴보며 이러쿵 저러쿵 말을 한다. 그러나 요한은 눈물을 감추려고 비켜난다. 예수께서는 그를 부르신다. "이리 오너라. 별로 아프지 않다, 울지 말아라."
 "압니다. 제가 그런 상처를 입었으면 울지 않겠습니다. 그러나 선생님이 상처를 입으셨습니다. 그런데 선생님은 절대로 아무에게도 해를 끼지지 않은 그 소중한 손이 선생님께 얼마나 큰 고통을 주는지 말씀하지 않습니다" 하고 요한이 대답한다. 예수께서는 상처입은 당신 손을 요한에게 내맡기시고, 요한은 손가락 끝과 손목과 푸르스름하게 된 곳의 언저리를 어루만지고, 손을 가만히 뒤집어 손바닥에 입맞춤하고, 오목한 손바닥에 뺨을 대며 말한다. "펄펄 끓습니다! …아이고! 얼마나 아프시겠어요!" 그리고 눈물이 손 위로 흘러내린다.
 여인이 물과 기름을 가져왔다. 요한은 헝겊으로 손을 더럽힌 피를 닦아내려고 애쓴다. 조심조심 뜻뜻한 물을 상처입은 부분에 붓고, 기름으로 상처를 적시고, 깨끗한 헝겊으로 싸매고, 맨 자리에 입맞춤을 한다. 예수께서는 그의 숙인 머리에 다른 손을 얹으신다.

여인이 묻는다. "댁의 형님이세요?"

"아니오, 제 선생님이십니다. 우리 선생님!"

"어디서 오세요?" 하고 여인이 또 다른 사람들에게 묻는다.

"갈릴래아 바다에서요."

"그렇게 멀리서? 왜요?"

"구원을 전하려고요."

"이제 거의 저녁 때가 되었으니, 내 집에 머무르세요. 가난하지만 정직한 사람들의 집입니다. 제 아들들이 양들을 데리고 오는 대로 양젖을 드릴 수 있습니다. 내 남편도 여러분을 기꺼이 받아들일 것입니다."

"고맙습니다. 선생님께서 원하시면, 여기 머무르겠습니다."

여인이 일을 하러 간 사이에 사도들은 예수께 어떻게 해야 할지를 묻는다.

"그래, 좋다. 내일 세레스로 갔다가 파네아드로 가자. 바르톨로메오야, 곰곰이 생각해 보았는데, 네가 말하는 대로 하는 것이 낫겠다. 네가 내게 조언을 해 주었다. 그렇게 하면 다른 제자들을 만나서, 그들을 나보다 앞서 가파르나움으로 보낼 수 있을 것으로 생각한다. 세레스에는 지금 제자들이 몇 사람 있으리라는 것을 아는데, 그중에는 레바논 목자 세 사람도 있을 것이다."

여인이 다시 와서 묻는다. "그럼, 어떻게 하실 겁니까?"

"아주머니, 그러겠습니다. 여기서 밤을 지내겠습니다."

"그리고 저녁식사두요. 아이고! 저녁식사도 받아들여 주세요. 나에겐 부담이 되지 않습니다. 그리고 또 우리는 메시아라고 하는 갈릴래아의 저 예수라는 분의 제자인 어떤 사람들에게서 자비를 배웠습니다, 그분은 기적을 많이 행하시고, 하느님의 나라를 권하신다더군요. 그러나 그분이 여기는 한 번도 안오셨습니다. 아마 우리가 시리아 - 페니키아 접경지대에 살기 때문인가 봐요. 그렇지만 그분의 제자들은 왔습니다. 그것만 해도 대단한 것입니다. 과월절에는 이 마을에 사는 우리가 모두 그 예수라는 분을 만날 수 있을지 보려고 유다에 가려고 합니다. 우리는 병자들이 있는데, 제자분들이 몇 사람은 고쳐 주었지만 다른 사람들은 고쳐 주지 않습니다. 병을 고치지 못한 사람들 가운데에는 내 동서의 오라비의 아들인 젊은이도 있습니다."

"무슨 병입니까?" 하고 예수께서 미소지으시며 물으신다.

"그 사람은…말도 못하고 듣지도 못합니다. 날 때부터 그렇습니다. 아마 마귀가 어머니의 태 속으로 들어가서 그를 실망케 하고 괴롭히려고 한 모양입니다. 그러나 그 사람은 마귀들린 사람이 아닌 것처럼 착합니다. 제자분들과 그 사람에게는 무엇인지 부족한 것이 있을 터이니까 그 사람에게는 나자렛의 예수님이 필요하다고 말했습니다, 그 예수님만이…아이고? 내 아이들과 남편이 옵니다! 멜키아, 이 나그네들을 주님의 이름으로 받아들였어요. 그리고 레위에 대해서 말하는 중이었어요. …사라야, 빨리가서 양젖을 짜 오너라. 그리고 사무엘 너는 동굴에 내려가서 포도주와 기름을 가져오고, 광에서 사과를 가져오너라. 사라야, 서둘러라. 윗층 방에 침대들을 준비하자."

"아주머니, 애쓰지 마세요. 우리는 아무데라도 좋습니다. 아주머니가 말하던 남자를 볼 수 있을까요?"

"예…그렇지만…아이고! 주님! 아니 선생님이 혹 나자렛의 선생님이십니까?"

"나요."

여인은 털썩 무릎을 꿇으며 외친다. "멜키아, 사라, 사무엘! 와서 메시아께 경배해라! 참 기막힌 날입니다! 참 기막힌 날이예요! 내가 메시아를 집에 모시다니! 그리고 그분께 이렇게 말을 하다니! 그리고 내가 그분의 상처를 씻을 물을 갖다 드리다니…오!…" 여인은 감격으로 숨이 막힐 지경이다. 그러나 곧 이어 대야있는 데로 달려가서 대야가 빈 것을 보고 말한다. "왜 그 물을 버렸어? 그 물은 거룩한 물이었는데. 아이고? 여보! 메시아께서 우리 집에 오셨어요."

"그렇소, 그러나 아주머니, 제발 친절을 베풀어 아무에게도 이 말을 하지 마시오. 그보다도 가서 귀먹은 벙어리를 이리 데려오시오…" 예수께서 빙그레 웃으시며 말씀하신다….

그러니까 빨리 멜키아가 귀먹은 벙어리와 그의 부모와 적어도 마을 사람 반은 데리고 돌아온다. …불행한 사람의 어머니는 예수께 경배하며 애원한다.

"그러시오. 당신이 원하는 대로 될 것입니다." 그리고 귀먹은 벙어리를 붙잡고 밀려드는 군중 밖으로 조금 끌고 나가신다. 사도들은 다치신 손 때문에 걱정이 되어 군중을 비키게 하려고 애쓴다. 예수께서는 귀먹은 벙어리를 아주 당신 가까이로 끌어당기시고, 검지를 그의 귀에 집어넣으시고, 혀를 반쯤 벌어진 입술에 얹으신다. 그리고 눈을 들어 어두워지는 하늘을 우러러보시며, 귀먹은 벙어리의 얼굴을 불으시며 큰 소리로 외치신다. "열려라!" 그리고 그를 가게 내버려두신다.

군중이 속삭이는데 젊은이는 한동안 예수를 쳐다본다. 처음에는 무감각하고 침울했었는데, 곧 이어 놀라고 미소짓게 된 귀먹은 벙어리의 얼굴의 변화는 놀랍다. 그는 손을 귀에 갖다 대고 귀를 누르고, 손을 뗀다. …그는 정말 들린다는 것을 확인하고 입을 벌려 "엄마! 나 들려! 오! 주님! 경배합니다!"

군중은 늘 그러는 것과 같이 열광하는데, 이렇게 자문하는 만큼 더 열광적이다. "그런데 저 사람이 날 때부터 말을 한 마디도 들은 일이 없는데 어떻게 말을 할 줄 알 수 있을까? 기적 중의 기적이다! 주님은 그의 혀를 풀어주시고 귀를 뚫어 주시고, 동시에 말도 할 수 있도록 가르쳐 주셨다. 나자렛의 예수님, 만세! 거룩하신 분께, 메시아께 호산나!"

그리고 그들은 예수께로 밀려든다. 예수께서 강복하시려고 손을 드시는데, 그동안 어떤 사람들은 이 집 여인의 말을 듣고 대야에 남아 있는 물방울로 얼굴과 팔다리를 씻는다.

예수께서 그들을 보시고 외치신다. "당신들의 믿음 때문에 모두 병이 나으시오. 집으로 돌아들 가시오. 그리고 착하고 정직하시오. 복음의 말씀을 믿으시오. 그리고 이 세상의 광장과 길에서 복음을 선포할 시간이 될 때까지 당신들이 아는 것을 당신들을 위해 간직하시오. 내 평화가 당신들과 함께 있기를."

그리고 불이 활활 타고 등불 두 개의 불빛이 펄럭이는 넓은 부엌으로 들어가신다.

30. 예수께서 케데스에 가시다

케데스시는 북에서 남으로 가는 긴 산맥 동쪽에 약간 따로 떨어진 작은 산 위에 있다. 서쪽에는 거의 평행을 이룬 낮은 산맥이 역시 북에서 남으로 달리고 있다. 두 평행선이 일종의 X자의 형태로 가까워진다, 가장 좁은 지점에 그리고 동쪽 산맥보다는 오히려 서쪽 산맥 쪽에 기대 있는 산비탈에 케데스시가 자리잡고 있는데, 산꼭대기에서 가파르지 않은 비탈로 내려오며, 동쪽에는 매우 좁고, 서쪽에는 더 넓은 신선하고 푸른 계곡을 굽어본다.

성벽으로 둘러싸인 아름다운 도시로, 아름다운 집들과 위압하는 회당이 있고, 아래 있는 수반으로 신선하고 풍부한 물을 떨어뜨리는 구멍이 많이 있는 샘도 당당하다. 수반에서는 다른 샘들에 물을 대 주거나 아마 정원들에 물을 대 주는 개울들이 시작된다. 어디에 물을 대 주는지는 모르겠다.

예수께서는 어느 장날 케데스 시내로 들어가신다. 손에는 붕대가 감겨 있지 않다. 그러나 아직 검은 딱지가 있고, 손등에는 넓은 멍이 있다. 알패오의 야고보도 관자놀이에 갈색 딱지가 있고, 그 둘레에는 커다란 멍이 있다. 상처를 덜 입은 안드레아와 제베대오의 야고보는 지난 사건의 표가 완전히 가시어, 사방을 휘휘 둘러보며 재빨리 걸어간다. 그들은 예수의 앞뒤로 서로 바싹 붙어서 가기 때문에 특히 뒷쪽과 양옆을 살펴본다. 그들이 어제 묘사한 곳이나 그 근처에서 2,3일을 묵은 것 같은 느낌이 든다. 아마 쉬기 위해서나 또는 유태교 교사들이 그들의 잘못을 잡아내서 또 해를 끼칠 희망을 가지고 주요한 도시들을 갔을까봐 염려가 되어 교사들과 떨어져 있기 위해서였을 것이다. 적어도 그들의 대화를 들으면 이렇게 생각하게 된다.

"그렇지만 이곳은 피난 도시인데!" 하고 안드레아가 말한다.

"그들이 이 피난처와 어떤 장소의 신성성을 존중하는 습관이 있는 걸로 생각하니? 아우야, 너는 정말 순진하구나!" 하고 베드로가 대답한다.

예수께서는 두 유다 사이에 계신다. 예수 앞으로는 야고보와 요한이 선두에 섰고, 다음에는 다른 야고보가 필립보와 마태오와 같이 간다. 예수 뒤에는 안드레아와 토마가 베드로와 함께 가고, 맨 뒤에는 열성당원 시몬과 바르톨로메오가 간다.

아름다운 어떤 광장에 들어갈 때까지는 모두가 잘 되어 간다. 그것은 장사 이야기를 하는 사람들이 밀려드는 수반과 회당이 있는 광장이다. 반면에 시장은 더 아랫쪽; 시의 서남쪽, 남쪽에서 오는 큰 길과 예수께서 따라오신 서쪽에서 오는 길이 통하는 곳에 있다. 이 두 길은 직각으로 합쳐져서 오직 하나의 길이 되어 성문을 지나 길쭉한 넓은 광장으로 변하는데, 나귀들과 울타리들, 물건파는 사람, 사는 사람, 그리고 으레 있는 소음이 있다….

그러나 그들이 가장 아름다운 이 광장에(나는 이곳이 이 도시의 심장부라고 생각한다. 이곳이 성곽으로 둘러친 한가운데에 있어서가 아니라, 케데스의 정신적·상업적 생활의 중심이 되어 케데스의 심장이 여기서 뛰고 있기 때문이다. 그리고 그 위치가 도시 위에 높이 올라앉아 있어 도시를 내려다보고, 또 성채(城砦)처럼 방어할 수 있기 때문에도 그런 것 같다. 도착했을 때 어려운 일이 시작된다. 저항할 수 없는 강아지를 공격하려고 하는 곧잘 무는 개들처럼, 아니 그보다도 짐승 냄새를 맡은 사냥개들처럼 많은 바리사이파와 사두가이파 사람들의 무리가 호화로운 회당의 조각과 세공(細工) 굽도리로 장식된 넓은 대문에 기대서 있는데, 그들 가운데에는 지스칼라에서 본 교사들이 양념처럼 섞여 있고, 그중에는 우지엘이라고 불리던 사람도 있다. 그리고 그들은 곧 예수와 사도들을 서로 가리킨다.

"아이고! 주님! 그들이 여기도 있군요!" 하고 요한이 겁이 나서 예수께 말씀드리려고 돌아보면서 말한다.

"두려워 말아라. 태연하게 앞으로 가라. 그러나 저 비열한 사람들과 대결할 힘이 없다고 느끼는 사람들은 여관으로 물러가거라. 나는 옛날 레위인의 도시이고 피난처 도시인 이곳에서 어떻게 해서든지 말하고자 한다."

모두가 잘라 말한다. "선생님, 그래 저희가 선생님을 혼자 내버려두리라고 생각하실 수 있습니까?! 저들이 저희를 모두 죽이겠으면 죽이라지요. 그러나 저희는 선생님과 운명을 같이하겠습니다."

예수께서는 적의 무리 앞을 지나셔서 어떤 정원 담에 가서 기대어 서신다. 정원에서는 꽃이 만발한 배나무에서 흰 꽃잎들이 비오듯 떨어진다. 어두운 빛깔의 담과 꽃잎의 흰 구름이 앞에 열두 제자를 거느리신 예수를 에워싸고 있다.

예수께서 말씀하기 시작하신다. "여기 모인 여러분, 와서 기쁜 소식을 들으시오. 하늘나라를 얻는 것이 장사와 돈보다 더 유익하기 때문입니다." 예수의 아름답고 큰 목소리는 광장에 울려퍼져 거기 있는 사람들이 돌아본다.

"오! 아니 저분은 갈릴래아의 선생님이야!" 하고 어떤 사람이 말한다. "이리들 오게, 저분의 말을 들으러 가세. 어쩌면 기적을 행할지도 몰라."

그러니까 또 한 사람이 말한다. "나는 벳기나에서 저분이 기적을 행하는 걸 봤어. 그리구 말은 얼마나 잘한다구! 저 탐욕스러운 새매들과 저 뱀같이 교활한 인간들 같진 않단 말이야."

예수께서는 이내 군중에 둘러싸이신다. 그리고 주의를 기울이는 이 군중에게 말씀을 계속하신다.

"이 레위인들의 도시 한가운데에서 나는 율법을 상기시키고자 하지는 않습니다. 이스라엘에 그런 도시가 별로 없을 만큼 여러분의 마음 속에 율법이 있다는 것을 나는 압니다. 그리고 그것을 나타내는 것은 내가 여기서 주목한 질서이고, 내가 내 작은 일행과 나를 위해 먹을 것을 산 상인들이 보여준 정직입니다. 그리고 하느님을 공경하는 장소에 어울리도록 장식한 이 회당입니다. 그러나 여러분 안에도 하느님을 공경하는 장소가 있습니다, 가장 거룩한 갈망이 있는 장소, 우리에게 우리 믿음의 가장 흐뭇한 바람을 주는 말이 울려 퍼지고, 우리의 바람이 현실로 바뀌라고 드리는 가장 열렬한 기도가 울리는 장소가 있습니다. 영혼이야말로 약속이 이루어지기를 기다리면서, 하느님에 대해서 하느님과 더불어 말하는 거룩한 유일한 장소입니다.

그러나 약속은 이루어졌습니다. 이스라엘에는 은총의 때가 왔고,

구속이 가까웠고, 구세주가 여러분 가운데 있고, 패배 없는 나라가 시작되었다는 말과 확신을 가져오는 그의 메시아가 지금 와 있습니다.
 하바꾹의 예언서를 읽는 것을 여러분은 몇 번이나 들었겠습니까! 그리고 여러분 가운데 가장 명상적인 사람은 '나도 이렇게 말할 수 있다. 〈주님, 언제까지나 제가 부르짖는데도 제 말을 안들어 주시렵니까〉하고.' 이스라엘이 이렇게 탄식하는 것이 오랜 옛날부터입니다. 그러나 이제는 구세주가 왔습니다. 하느님께서 보내신 사람이 인간을 하느님의 아들과 하느님 나라의 공동상속자의 지위에 회복시켜 주겠기 때문에 사탄으로 인하여 생긴 엄청난 폭력과 끊임없는 극도의 불안과 무질서와 불의가 사라질 참입니다. 하바꾹의 예언을 새로운 눈으로 봅시다. 그러면 우리는 그 예언이 내게 대해서 증언하고, 내가 이스라엘의 자손들에게 가져온 기쁜 소식의 말을 벌써 하고 있다는 것을 이해할 것입니다.
 그러나 여기서는 내가 이렇게 탄식해야 합니다. '재판은 행해졌습니다. 그러나 반대파가 승리했습니다' 하고. 그리고 나는 그것을 몹시 고통스럽게 탄식합니다. 인간의 판단을 초월하는 나 때문에 그러기 보다는 오히려 반대하기 때문에 스스로를 단죄하는 사람들 때문에, 사람들은 바른 길에서 나가게 하는 사람들 때문에 그럽니다. 내가 말하는 것이 이상하게 들립니까? 여러분 가운데에는 이스라엘의 다른 곳에서 온 상인들이 있습니다. 그들은 내가 거짓말을 하지 않는다고 여러분에게 말할 수 있습니다. 나는 내가 가르치는 것과 반대되는 생활을 함으로써 거짓말을 하지 않고, 사람들이 구세주에게서 바라는 것을 하지 않음으로써 거짓말을 하지 않고, 사람들의 반대가 나를 보내신 하느님의 판단에 맞서고, 내 말을 듣고 나를 있는 그대로 판단한 겸손하고 진실한 대중들의 판단과 맞선다고 말함으로써 거짓말을 하지 않습니다."
 군중 속에서 어떤 사람들이 속삭인다. "사실이야! 사실이야! 서민들인 우리는 저분을 사랑하고 저분을 성인으로 보아. 그렇지만 저 사람들을 (그러면서 바리사이파 사람들과 그 친구들을 가리킨다) 반대한단 말이야."
 예수께서는 계속하신다. "이 반대를 하기 위하여 사람들은 율법을 깨뜨립니다. 그리고 그것을 점점 깨뜨려서 최고의 불의를 저지를 정도로 율법을 폐기하기까지 이를 것입니다. 그러나 이 불의는 오래 가지 못할 것입니다. 짧고 무서운 일시적인 휴전 동안에 반대세력이 나를 이기는 것 같을 것입니다. 그때에 나자렛의 예수, 하느님의 아들, 예언자들이 예고한 사람의 아들을 계속 믿을 줄 아는 사람은 참으로 행복할 것입니다. 나는 이스라엘의 모든 자손들을 구함으로써 하느님의 심판을 온전히 행할 능력을 가지고 있을 것입니다. 그러나 그렇게 할 수가 없을 것입니다. 그것은 불경건한 사람이 자기 자신을, 즉 자기에게 있는 가장 **훌륭**한 것을 이길 것이기 때문이고, 그가 내 권리를 짓밟고 나를 믿는 사람들의 권리를 짓밟는 것과 마찬가지로 그의 영의 권리도 짓밟겠기 때문입니다. 구원을 받기 위하여는 내가 필요한데, 내게 주기를 거절하기 위하여 사탄에게 넘겨준 그의 영의 권리를 말입니다."

바리사이파 사람들이 야유한다. 그러나 얼마 전부터 위엄있는 노인이 예수 계신 곳에 가까이 왔었는데, 이제는 잠깐 쉬는 동안에 이렇게 말한다. "제발 부탁입니다. 회당에 들어가서 가르침을 주십시오. 선생님보다 가르칠 권리가 있는 사람은 아무도 없습니다. 저는 회당장 마티아입니다. 오십시오. 그래서 하느님의 말씀이 선생님의 입술에 있는 것처럼 내 집에도 있게 하십시오."

"이스라엘의 의인, 고맙습니다. 평화가 항상 선생님과 함께 있기 바랍니다."

그리고 예수께서는 당신을 지나가게 하려고 물결처럼 갈라졌다가 다시 합쳐져서 당신을 따라오기 위한 항적(航跡)을 이루는 것 같은 군중 가운데를 지나 다시 광장을 건너질러 공격적인 바리사이파 사람들 앞을 지나가신다. 그러나 이들도 회당 안으로 들어오며 거만하게 길을 트고 나가려고 한다. 그러나 사람들이 그들을 반감을 가지고 보며 말한다. "당신들은 어디서 왔소? 당신네 회당에 가서 선생님을 기다리시오. 여기는 우리 집이니까, 우리는 여기 남아 있소." 그러니까 교사들과 사두가이파 사람들과 바리사이파 사람들은 세데스 사람들에게 쫓겨나지 않기 위하여 참고 견디며 출입구 가까이에 수수하게 남아 있어야 한다.

예수께서 회당장과 다른 사람 곁에 자리잡으셨는데, 다른 사람들이 회당장의 아들들인지 보조자들인지는 모르겠다. 예수께서는 다시 말씀을 하신다. "하바꾹은 이렇게 말합니다 — 그리고 그는 주의를 기울이라고 얼마나 사랑을 가지고 여러분에게 권고합니까! — '이 반역하는 자들아, 똑똑히 보아라. 너희 생전에 놀라 질겁할 일이 벌어지리라. 귀를 의심할 만한 일이 일어나리라.' 이제는 우리가 아직 이스라엘을 압박하는 물질적인 적들을 가지고 있습니다. 그러나 예언에 있는 개별적인 것과 별로 중요하지 않은 것은 돌보지 않고 내버려두시오. 그리고 아주 영적인 그의 중요한 메시지만을 생각합시다. 그러니까 일어난 일은 — 그리고 이 일은 참 하느님의 무한한 인자를 확신하지 않으면 아무도 받아들일 수 없을 그런 일입니다 — 하느님께서 세상을 구원하고 구속하시기 위해서 당신의 말씀을 보내셨던 것입니다. 죄있는 피조물을 구하려고 하느님과 헤어지는 하느님입니다. 그런데, 내가 이것을 위하여 보냄을 받은 것입니다. 그리고 왕들과 폭군들, 죄와 어리석음에 대한 승리자로서의 내 약동(躍動)을 이 세상의 아무 힘도 막을 수 없을 것입니다. 나는 승리자이기 때문에 이길 것입니다."

비웃는 웃음소리와 외침이 회당의 끝 쪽에서 들려온다. 사람들이 항의하고, 예수의 말씀을 어떻게나 열심으로 듣고 있었던지 지금까지 눈을 감고 있던 회당장이 일어나서 방해자들을 내쫓겠다고 위협하면서 침묵을 명령한다.

"가만 뇌두십시오. 오히려 그들의 반론을 제시하라고 권고하십시오" 하고 예수께서 큰 소리로 말씀하신다.

"오! 좋습니다! 좋아요! 우리를 당신 곁에 가게 뇌두시오. 당신에게 질문을 하고자 하오" 하고 반대자들이 빈정거리며 외친다.

"오시오. 케데스의 여러분은 저 사람들이 오게 내버려두시오."

그러니까 군중은 적의를 품은 눈길로 얼굴을 찌푸리며 — 그리고 별로 즐겁게 하는 것이 아닌 말투도 없지 않다 — 그들이 앞으로 나아가는 것을 내버려둔다.

"무엇을 알고자 하시오?" 하고 예수께서 엄하게 물으신다.

"대관절 당신은 자신이 메시아라고 말하는데, 정말 그렇게 확신하오?"

예수께서는 팔짱을 끼시고 말한 사람을 어떻게나 위엄있게 바라다보시는지, 그 결과로 그의 빈정거림이 쑥 들어가고 입을 다문다.

그러나 다른 사람이 발언하여 이렇게 말한다. "당신은 말만 듣고 당신을 믿기를 바라지는 않겠지요. 어떤 사람이 성실하면서도 거짓말을 할 수 있소. 그러나 믿기 위해서는 증거가 있어야 하오. 그러니 당신이 말하는 대로의 사람이라는 증거를 우리에게 주시오."

"이스라엘에는 내가 준 증거가 가득차 있소" 하고 예수께서 단정적으로 말씀하신다.

"오! 그런 것들은! …어떤 성인마저도 할 수 있는 귀찮은 것들이오. 이스라엘의 성인들이 행한 것들도 있고, 또 행할 것들도 있을 거요!" 하고 어떤 바리사이파 사람이 말한다.

또 다른 사람이 덧붙인다. "그리고 당신이 그런 것들을 성덕으로, 또 하느님의 도움으로 한다는 것도 확실치 않소! 당신이 사탄의 도움을 받는다는 말도 있는데, 정말이지 그 말을 믿을 수도 있소. 우리는 더 강한 다른 증거를 원하오. 사탄이 줄 수 없는 것 같은 증거를."

"그렇구 말구. 죽음을 이긴다든지 하는…" 하고 또 다른 사람이 말한다.

"당신들은 그 증거를 보았소."

"그것은 겉보기로만 죽음이었소. 예를들어 썩어가는 육체가 살아나서 다시 조직체가 되는 것을 보여 주시오. 벌써 먼지로 돌아가는 진흙에 입김을 다시 불어 넣어 주실 수 있는 하느님께서 당신과 함께 계시다는 확신을 우리가 가질 수 있도록 말이오!"

"예언자들의 말을 믿기 위해서 그들에게 이런 것을 요구한 일은 일찍이 없었소."

사두가이파 사람 하나가 외친다. "당신은 예언자보다 더 한 사람이오. 당신은 하느님의 아들이오. 적어도 당신은 그렇게 말하고 있소! …아! 아! 그렇다면 당신은 왜 하느님으로서 행동하지 않소? 자! 우리에게 표를 하나 보여 주시오! 표를!"

"그렇구 말구! 당신을 하느님의 아들이라고 표시하는 하늘의 표를, 그러면 우리가 당신에게 경배하겠소" 하고 한 바리사이파 사람이 외친다.

"물론이지! 시몬, 자네 말 잘하네! 우리는 아론의 죄에 다시 떨어지기를 원치 않소. 우리는 우상에게, 금송아지에게 경배하지 않소. 그러나 하느님의 어린 양에게는 경배할 수 있을 거요! 당신이 하느님의 어린 양이 아니오? 당신이 그렇다는 걸 하늘이 우리에게 보여 주기만 한다면" 하고 우리엘이라는 이름을 가진 자로 지스칼라에 있던 자가 말하며 빈정거리며 웃는다.

또 다른 사람이 외치기 시작한다. "금처럼 값진 율법학자인 나 사독이 말하게 해 주시오. 오 그리스도여, 내 말을 들으시오. 당신보다 먼저 '그리스도'가 아닌 너무나 많은 사람이 지나갔소. 속임수는 그만두고, 당신이 그리스도라는 표를 보이시오. 그리고 만일 하느님께서 당신과 함께 계시면, 당신에게 그 표를 거절하실 수는 없소. 그러면 우리가 당신을 믿고 도와주겠소. 그렇지 않으면, 하느님의 계명에 따라 무슨 일을 당하게 될지 당신도 알고 있소."

예수께서는 상처를 입은 오른 손을 들어 질문자에게 잘 보이신다. "당신은 이 표가 보이시오? 당신이 이 표를 만들었소. 당신은 다른 표를 알려주었소. 그런데 그 표가 어린 양의 살에 새겨진 것을 당신이 보면, 당신은 기뻐할 거요. 어린 양을 보시오! 보이지요! 당신의 생활 태도에 대해서 보고를 하려고 나타날 때에 하늘에서도 어린 양을 볼 거요. 왜냐하면 내가 당신을 심판할 것이고, 내 임무와 당신의 임무, 내 사랑과 당신의 증오의 표를 지닌, 영광스럽게 된 내 육체를 가지고 내가 하늘에 있겠기 때문이오. 그리고 우리엘 당신도, 시몬 당신도 어린 양을 볼 것이고, 가이파와 안나와 다른 많은 사람도 마지막 날, 분노의 날, 무서운 날에 어린 양을 볼 것이오. 또 그렇기 때문에 당신들은 구렁 속에 있는 편이 더 낫다고 생각할 것이오. 상처 입은 내 손이 지옥의 불길보다도 당신들을 더 뜨겁게 내리쏠 것이기 때문이오."

"오! 그것은 말뿐이고 게다가 하느님을 모독하는 말이오. 당신이 당신 육체를 가지고 하늘에 간다고?! 하느님을 모독하는 자! 당신이 하느님 대신 심판을 한다고?! 저주나 받으시오! 대사제를 모욕하는 당신! 당신은 돌에 맞아 죽어 마땅할 거요" 하고 사두가이파와 바리사이파 사람들과 학자들이 일제히 고함을 지른다.

백발이 성성한 회당장이 모세와 같이 족장(族長) 같은 눈부신 모습으로 다시 일어나 외친다. "케데스는 피난도시이고 레위파 사람들의 도시요. 존중하시오…."

"옛날 얘깁니다! 그런 거 이젠 아무 소용없어요!"

"오! 하느님을 모독하는 혓바닥들! 죄인은 당신들이지 이분이 아니시오. 내가 선생님을 옹호하오. 선생님께서는 나쁜 말을 아무 말도 하지 않으셨소. 선생님께서는 예언자들의 말을 설명하시고, 우리에게 기쁜 소식을 전해 주시고, 그런데 당신들은 선생님의 말씀을 막고, 선생님을 시험하고 모욕하오. 나는 그것을 허락하지 않소. 선생님께서는 아버지 쪽으로는 레위, 어머니 쪽으로는 아론의 후손인 이 늙은 마티아의 보호를 받고 계시오. 나가시오. 그래서 선생님께서 늙은 나와 중년인 내 아들들을 가르치시게 놔두시오." 그러면서 마치 예수를 보호하려는 듯이 꺼칠꺼칠한 손을 예수의 팔로 가져간다.

"저 사람이 진짜 표를 우리에게 보이라고 하시오. 그러면 우리가 확신을 가지고 떠나겠소" 하고 적들이 외친다.

"화내지 마세요. 마티아 선생, 내가 말하겠습니다" 하고 예수께서 노인을 진정시키시며 말씀하신다. 그리고 바리사이파 사람들과 사두가이파 사람들과 학자들을 향하여 말씀하신다. "저녁때가 되면, 당신들은 하늘을 유심히 살피오. 그래서 황혼에 하늘이 붉게 물들면 오랜 속담에 따라 '저녁놀이 끼었으니 내일은 날씨가 좋겠군' 하고 말하오. 마찬가지로 새벽에 안개와 수증기로 어두워진 대기속에 해가 금빛깔로 예고되지 않고, 하늘에 피를 뿌려놓은 것같이 보이면, 당신들은 '오늘은 폭풍우 없이 지나지는 못하겠군' 하고 말하오. 그러니까 당신들은 잘 변하는 하늘의 표와 훨씬 더 잘 변하는 바람의 표에서 다음 날이나 그 날의 날씨를 읽을 줄 아오. 그런데 시대의 표들을 분간할 수가 없단 말이오? 이것은 당신들의 지능과 당신들의 지식의 명예가 되지 못하고, 당신들의 정신과 당신들의 소위 지혜의 명예를 전적으로 손상하는 것이오. 당신들은 이스라엘에서 악과 더불어 몸을 더럽힌 사람들에게서 태어난 타락하고 하느님을 배반하는 세대에 속하는 사람들이오. 당신들은 그들의 후계자들이고, 이 오류를 낳은 사람들의 죄를 되풀이함으로써 당신들의 타락을 더 크게 하고, 당신들의 하느님에 대한 배반을 더 중하게 하오. 그러면, 마티아 선생, 이것을 아십시오. 그리고 케데스의 여러분, 또 신자로서나 적으로서 여기 있는 모든 사람들도 이것을 아시오. 내가 해석하려고 하던 하바꾹의 예언을 대신하기 위하여 내가 하는 예언은 이것이오. 표를 요구하는 타락하고 하느님을 배반한 이 세대에게는 요나의 표만이 주어질 것이다, 하고… 가자. 평화가 착한 뜻을 가진 사람들과 함께 있기를." 그리고 정원들과 집들 사이로 나 있는 조용한 길로 통하는 옆문으로 해서 사도들과 함께 떠나신다.

그러나 케데스 사람들은 진 것으로는 생각하지 않는다. 어떤 사람들은 예수를 따라가서, 시의 동쪽 변두리에 있는 작은 여관으로 들어가시는 것을 보고, 그 소식을 회당장과 동향인들에게 전한다. 그래서 예수께서 아직 식사를 하시는 중인데, 해가 잘 드는 여관 마당에 사람들이 꽉 들어차고, 늙은 회당장이 케데스의 다른 노인들과 같이 예수께서 계신 방 어귀에 나타나서 몸을 굽혀 간청한다. "선생님, 저희들은 아직도 선생님의 말씀을 듣기를 갈망합니다. 선생님께서 설명하신 하바꾹의 예언은 정말 아름다웠습니다! 선생님을 사랑하고 선생님의 진리를 믿는 사람들이 왜 선생님을 미워하는 사람들 때문에 선생님을 알지 못한 채로 있어야 하겠습니까?"

"아닙니다, 할아버지. 나쁜 사람들 때문에 착한 사람들을 벌하는 것은 옳지 않을 것입니다. 그러면 들으세요…"(그러면서 예수께서는 식사를 중단하시고 문으로 나오셔서 조용한 작은 마당에 모여 있는 사람들에게 말씀하신다).

"여러분의 회당장님의 말씀에는 하바꾹의 말의 반향이 있습니다. 회당장님으로서 또 여러분을 대신해서 이분은 내가 진리라는 것을 인정하고 공언하십니다. 하바꾹은 이렇게 인정하고 공언합니다. '태초로부터 당신은 계시고 우리와 함께 계십니다. 그러므로 우리는 죽지 않을 것입니다.' 사실 이렇게 될 것입니다. 나를 믿는 사람은 죽지 않을 것입니다. 예언자는 나를 하느님께서 심판하라고 세우신 사람으로 소개하고, 하느님께서 벌을 주라고 강하게 해주신 사람으로 소개하며, 눈이 너무 깨끗해서 악을 볼 수 없고 타락을 참지 못할 사람으로 소개합니다. 그러나 죄가 내게 혐오감을 주는 것이 사실이지만, 그래도 여러분은 내가 구세주이기 때문에 자기 죄를 뉘우친 사람들에게 팔을 벌리는 것을 보십니다. 그렇기 때문에 나는 죄있는 사람들에게까지도 눈길을 돌리고, 불경건한 사람에게 회개하라고 권고하는 것입니다….

레위파의 도시, 죄지은 사람에 대한 자비로 — 그런데 어떤 사람이

나 다 하느님과 자기 영혼과 이웃에 대해서 죄를 지었습니다 — 거룩해진 도시인 케데스의 시민 여러분, 그러면 죄인들의 피난처인 내게로 오시오. 여기 내 사랑 속에서는 하느님의 저주도 여러분을 벌할 수 없을 것입니다. 여러분을 위해 애원하는 내 눈길이 하느님의 저주를 용서의 강복으로 바꾸기 때문입니다. 들으시오, 들으시오! 하바꾹이 그의 확실한 예언을 두루말이에 쓴 것과 같이 여러분의 마음 속에 이 약속을 쓰시오. 하바꾹의 예언에는 이런 말이 있습니다. '그분이 지체하시면 기다려라. 오시기로 된 분은 지체하지 않고 오실 것이기 때문이다.' 보시오. 오기로 된 사람이 왔습니다. 나입니다.

'불신하는 사람은 의로운 영혼을 가지고 있지 않다.' 예언자는 말합니다. 그리고 그의 말에는 나를 시험하고 내게 모욕을 준 사람들에 대한 단죄가 있습니다. 내가 그들을 단죄하는 것이 아니고, 나를 미리 보고 나를 믿는 예언자가 그들을 단죄하는 것입니다. 예언자는 나를 승리자로 묘사하는 것과 같이 교만한 사람을 묘사하며, 마치 지옥이 탐욕스럽고 게걸스러운 것과 같이 그의 영혼에 탐욕과 게걸스러움을 받아들임으로 명예롭지 못하다고 말합니다. 그리고 이렇게 위협합니다, '자기의 것이 아닌 재물을 모아서 진흙투성이가 되는 자는 화를 입으리라' 하고. 사람의 아들에 대한 나쁜 행동들은 이 진흙이고, 사람의 아들의 거룩함이 자기들의 거룩함을 가릴까 봐 그에게서 그의 거룩함을 박탈하고자 하는 것은 탐욕입니다.

예언자는 말합니다. '그의 집에 자기의 타락한 인색의 결과를 쌓아놓고 그 위에 그의 둥지를 지으려고 하는 자는 화를 입으리라. 그는 이렇게 하면 악의 손아귀에서 벗어난다고 생각한다'고. 이것이야말로 명예가 떨어지는 것이고, 자기의 영혼을 죽이는 것입니다.

'피 위에 도시를 건설하고 불의(不義) 위에 요새를 짓는 자는 화를 입으리라.' 정말이지 이스라엘의 너무나 많은 부분의 사람이 그들의 탐욕의 요새를 눈물과 피로 단단하게 하고, 가장 단단한 반죽을 하기 위하여 그것이 끝나기를 기다립니다. 그러나 하느님의 화살에 대하여 요새가 무엇을 할 수 있습니까? 비길 데 없는 죄악 때문에 소름끼쳐서 소리지를 전세계의 정의와 대항해서 얼마 안 되는 사람이 무엇을 할 수 있습니까?

오! 하바꾹이 얼마나 적절하게 말했습니까! '조각이 무슨 소용이 있느냐?' 하고. 그런데 이제는 우상숭배하는 상이 이스라엘의 거짓 성덕입니다. 오직 주님만이 당신 성전 안에 계시고, 오직 주님을 향해서만 땅이 몸을 굽히고 흠숭과 두려움으로 떨 것입니다. 그런데 약속된 표가 한 번과 두 번째까지 주어질 것이고, 하느님께서 쉬시는 진짜 성전은 영광스럽게 하늘로 올라가서 '다 이루어졌습니다!' 하고 말할 것입니다. 그가 자기가 온 것을 알림으로써 땅을 깨끗하게 하기 위하여 흐느끼며 땅에게 말했던 것과 같이 말입니다.

'이루어져라!' 하고 지극히 높으신 분이 말씀하시니 세상이 생겨났습니다. 구세주도 '이루어져라!' 하고 말할 것이고, 그러면 세상이 구속될 것입니다. 내게 세상에 구속되는 데 필요한 것을 줄 것입니다.

이제는 일어들 나시오. 예언자의 기도를 드립시다. 그러나 이 은총의 시기에 드려야 마땅한 것처럼 드립시다.

'주님, 당신이 오심을 예고하는 것을 듣고 기뻐했습니다.' 메시아를 믿는 여러분, 이제는 이미 두려움의 때가 아닙니다.

'주님, 당신의 하신 일이 세월 속에 있습니다. 원수들의 계략에도 불구하고 그 일을 살게 하십시오. 세월 안에 그것을 드러내십시오.' 그렇습니다. 시기가 다 되면 일이 완성될 것입니다.

'그리고 업신여김 가운데에서 자비가 빛날 것입니다.' 그것은 업신여김이 그물과 올가미를 놓고 구세주의 어린 양에 대해 화살을 쏜 자들에게만 떨어질 것이기 때문입니다.

'하느님께서 빛에서 세상에 오시리라.' 하느님을 여러분에게 모셔다 주려고 온 빛이 나입니다. '뾰족한 뿔이' 희생의 살을 찢어놓을 '그곳에서' 내 찬란한 빛이 넘치는 강물처럼 솟아나서 땅을 뒤덮을 것입니다. 그 희생은 '죽음과 사탄의' 마지막 승리가 될 것이니, '죽음과 사탄은 살아 계시고 거룩하신 분 앞에서 패하여 도망칠 것입니다.'

주님께 영광! 창조하신 분께 영광! 해와 천체들을 주신 분께 영광! 산들을 만드신 분께, 바다들을 만드신 분께. 당신 백성을 구원하시고, 사람을 구원하시기 위하여 그리스도를 원하신 인자하신 분께 영광, 무한한 영광!

자비가 이 세상에 왔고 평화의 때가 가까웠으니, 단결하여 나와 함께 노래하시오. 여러분에게 손을 내미는 사람인 나는 여러분에게 믿고 주님 안에서 살라고 권유합니다. 이스라엘이 진리로 심판을 받을 때가 가까웠기 때문입니다.

여기 있는 여러분과 여러분의 가족과 집에 평화."

예수께서는 크게 강복하시는 손짓을 하시고 물러가려고 하신다.

그러나 회당장이 "아직 더 머물러 계십시오" 하고 청한다.

"할아버지, 그렇게 할 수 없습니다."

"그러면 선생님의 제자들이라도 보내 주십시오."

"틀림없이 내 제자들을 보게 될 것입니다. 안녕히 가십시오."

이제는 그들만 남았다.

"아니 나는 누가 그자들을 우리 오는 길에 보냈는지 알고 싶은 걸, 그자들은 강신술사들 같단 말이야…" 하고 베드로가 말한다.

가리웃 사람이 얼굴이 하얘져서 앞으로 나아와서 예수의 발 앞에 무릎을 꿇는다. "선생님, 죄인은 저입니다. 제가 그 도시에서…제 집주인 중의 한 사람에게 말했습니다…."

"뭐라구? 그건 보속하곤 다른 거 아냐! 자네는…"

"잠자코 있어라, 요나의 시몬아! 네 형제는 진심으로 잘못을 인정한다. 이 굴욕 때문에 그를 존중하여라. 유다야 괴로워하지 말아라. 나는 너를 용서한다. 내가 너를 용서한다는 것을 너는 알고 있다. 다음 번에는 더 신중하여라. …그럼 이제는 떠나자. 달이 있는 동안은 걸어가자. 새벽 전에 강을 건너가야 한다. 가자. 이 뒤에는 수풀이 시작된다. 좋은 사람들도 나쁜 사람들도 우리의 흔적을 잃을 것이다. 내일은 파네아드로 가는 길을 간다.

31. 필립보의 가이사리아로 가는 도중에

    평야는 메론 호수로 흘러 들어가기 전에 요르단강을 끼고 펼쳐진다. 날이 갈수록 곡식이 무성하게 자라고 과수들이 꽃피는 아름다운 평야이다. 그 너머에 케데스가 있는 야산들이 이제는 여행자들 뒷쪽에 있다. 이들은 추위에 얼어서 밝아오는 빛 속에서 급히 걸어가며, 떠오르는 해에 부러운 눈을 던지고, 햇살이 풀밭을 비추고 나뭇잎을 어루만지기가 무섭게 해를 찾는다. 그들은 한데에서나 기껏해야 짚을 쌓아두는 헛간에서 잔 모양이어서, 옷들이 구겨져 있고, 지푸라기나 마른 나뭇잎들이 그대로 붙어 있다. 그들은 더 환한 빛으로 그것들을 발견하는 대로 떼어낸다.
    강이 있다는 것은 들판의 아침의 고요 속에서 세찬 것같이 생각되는 희미한 흐름 소리와 새 잎이 돋아난 나무들이 빽빽하게 늘어서 있는 것으로 알 수 있다. 새 잎들은 아침의 미풍에 한들거린다. 그러나 강은 평평한 평야에 파묻혀 있기 때문에 아직 보이지 않는다. 서쪽에 있는 야산들에서 내려오는 수많은 작은 급류들로 불은 파란 물이 강가에 새로 돋아나는 푸르름 가운데에서 반짝이는 것이 보일 때에는, 거의 강가에 와 있었다.
    "강가를 따라 다리 있는 데까지 갑니까. 그렇지 않으면 여기서 강을 건너 갑니까?" 하고 그들이 예수께 묻는다. 예수께서는 생각에 잠긴 채 혼자서 가시다가 그들을 기다리느라고 걸음을 멈추셨다.
    "나룻배가 있는지 보아라. 이리로 해서 가는 것이 낫다…."
    "그렇습니다. 바로 필립보의 가이사라아로 가는 길에 있는 다리에서는 우리 뒤를 밟으라고 보낸 어떤 사람을 또 만날지도 모릅니다" 하고 바르톨로메오가 이맛살을 찌푸리고 유다를 바라다보면서 지적한다.
    "아니야, 나를 의심쩍게 보지 말아. 나는 우리가 이리 오기로 된 것을 몰라서 아무 말도 안 했어. 세펫에서 예수님이 선생님들의 무덤과 케데스에 가시리라는 것은 짐작하기가 쉬웠어. 그러나 선생님이 필립보의 수도에까지 가시고자 하시리라고는 결코 생각지 못했어. 그러니까 그 사람들이 그것을 모르고, 그래서 내 탓으로도 그들의 뜻으로도 우리가 그들을 만나게 되지 않을 거야. 베엘제불이 그들을 인도하면 몰라도" 하고 가리옷 사람이 침착하게 겸손하게 말한다.

"좋아, 왜 그러냐 하면 어떤 사람들과는…모든 일에 신경을 써야 하고, 말을 조심하고, 우리 계획의 흔적을 남기지 말아야 하고, 모든 것에 주의해야 해. 그렇지 않으면 우리의 복음 전파가 끊임없는 도망으로 변하고 말 거야" 하고 바르톨로메오가 대꾸한다.

요한과 안드레아가 돌아온다. 그들은 이렇게 말한다. "배 두 척을 만났습니다. 배 하나는 한 드라크마면 건넙니다. 강가로 내려갑시다."

그래서 작은 배 두 척으로 두 번에 건너편 강언덕으로 건너간다. 이곳에서도 평평하고 기름진 평야가 그들을 맞이한다. 기름진 평야이지만 사람은 많지 않은 평야이다. 그 평야를 경작하는 농부들만이 그곳에 집을 가지고 있다.

"흠! 빵을 어떻게 구하지? 난 배가 고픈데, 그런데 여기는…펠리시데 사람들의 밀이삭도 없단 말이야. …있는 거라곤 풀과 나뭇잎, 나뭇잎과 꽃들뿐이야. 나는 양도 아니고 벌도 아니거든" 하고 베드로가 동료들에게 중얼거린다. 그들은 베드로의 지적을 듣고 빙그레 웃는다.

유다 타대오가 돌아보며 — 그는 조금 앞에 있었다 — 말한다. "첫 번 만나는 마을에서 빵을 사지."

"그 사람들이 우리를 도망치게 하지 않으면 말이야" 하고 제베대오의 야고보가 말을 마친다.

"모든 일에 주의하라고 말하는 너희들은 바리사이파 사람들과 사두가이파 사람들의 누룩을 사지 않도록 조심해라. 너희들은 무슨 나쁜 일을 하는지 곰곰히 생각하지 않고 지금 그렇게 하는 것 같다. 조심하고, 경계하여라!" 하고 예수께서 말씀하신다.

사도들은 서로 바라다보며 속삭인다. "아니, 무슨 말씀을 하시는 걸까? 빵을 우리에게 준 건 귀먹은 벙어리의 그 여인과 케데스의 집주인인데. 그리고 그 빵이 아직 여기 있는데, 우리가 가진 빵은 이것뿐인데, 그리고 우리 시장기를 가라앉힐 빵을 구할 수 있을지 알지 못하는데 말이야. 대관절 왜 바리사이파 사람들과 사두가이파 사람들에게서 그들의 누룩을 쓴 빵을 산다고 말씀하시는 건가? 아마 저 마을들에서는 빵을 사지 말라고 그러시는 거 아냐?…"

다시 혼자서 앞장 서 가시던 예수께서 다시 돌아보시며 말씀하신다. "왜 너희들이 시장한 데 먹을 빵이 없을까 봐 걱정하느냐? 여기 있는 모든 사람이 사두가이파와 바리사이파 사람들이라 하더라도 내 충고 때문에 빵없이 있지는 않을 것이다. 내가 말하는 것은 빵 속에 들어 있는 누룩이 아니다. 따라서 너희 배를 채울 빵을 너희가 사고 싶은 곳 아무데서 사도 된다. 또 아무도 너희에게 빵을 팔려고 하지 않더라도 너희가 빵없이 있게 되지는 않을 것이다. 5천 명이 배불리 먹은 빵 다섯 개가 생각나지 않느냐? 나머지를 열두 광주리나 가득하게 거두어 온 것이 생각나지 않느냐? 내가 빵 다섯 개를 가지고 5천 명을 위해서 한 일을, 빵 한 개를 가지고 있는 열명인 너희를 위해서 할 수 있을 것이다. 내가 어떤 누룩을 암시하는지 알아듣지 못하느냐? 나를 반대해서 바리사이파 사람들과 사두가이파 사람들과 학자들의 마음에 괴고 있는 누룩을 암시하는 것이다. 그것은 미움이고 이단이다. 그런데 너희들은 마치 바리사이파 사람들의 누룩의 일부분이 너희 안에 들어간 것처럼 미움을 향해 가고 있는 중이다. 우리의 원수인 사람까지도 미워해서는 안 된다. 하느님이 아닌 것에 대하여는 채광 환기창까지도 열어 주지 말아라. 첫 번째 요소 뒤에는 하느님께 반대되는 다른 요소들이 들어갈 것이다. 때로는 같은 무기를 가지고 적과 싸우려고 하다가 멸망하거나 지고 만다. 그런데 지고 나면, 너희들은 적과의 접촉에서 그들의 주장을 흡수할 수도 있을 것이다. 그래서는 안 된다. 사랑과 조심성을 가져라. 너희들은 그 주장에 감염하지 않고 그것들과 싸울 수 있을 만큼 사랑과 조심성을 넉넉히 가지고 있지 못하다. 그들의 주장들이 가지고 있는 요소들을 너희들도 가지고 있기 때문이다. 그런데 그들에 대한 원한도 그런 요소 중의 하나이다. 또한 저들이 너희들을 꾀어서 내게서 떨어져나가게 하려고, 수많은 친절을 쓰고, 자기들이 뉘우친 것 같은 태도를 보이고, 화해를 하고 싶어하는 것처럼 보이게 할 수도 있으리란 말을 하겠다. 너희는 저들을 피해서는 안 된다. 그러나 그들이 너희에게 그들의 주의와 생각을 주려고 할 때에는 그것들을 받아들이지 않을 줄을 알아라. 내가 말하는 누룩은 이런 것이다. 사랑에 반대되는 원한과 거짓주의들이다. 너희에게 단단히 말하지만, 신중하여라."
 "바리사이파 사람들이 어제 요구하던 그 표가 '누룩'입니까, 선생님?" 하고 토마가 묻는다.
 "누룩이고 독이다."
 "그 표를 주지 않으시기를 잘 하셨습니다."
 "그러나 언젠가는 그 표를 그들에게 줄 것이다."
 "언제요? 언제요?" 하고 그들은 호기심을 가지고 묻는다.
 "언젠가…"
 "그런데 그것은 어떤 표입니까? 선생님의 사도인 저희들에게까지도 그걸 말씀 안 하십니까? 그것을 이내 알아볼 수 있게 말입니다" 하고 베드로가 알고 싶어 묻는다.
 "너희들에게는 표가 필요치 않을 것이다."
 "오! 선생님을 믿기 위해서 그러는 것이 아닙니다! 저희는 많은 생각을 가진 사람이 아닙니다. 저희는 오직 한 가지 생각, 선생님을 사랑한다는 생각만을 가지고 있습니다" 하고 제베대오의 야고보가 열렬히 말한다.
 "그러나 너희들은 나보다 훨씬 더 친숙하게, 그리고 내가 그들에게 일으킬 수 있는 두려움없이 사람들을 가까이 하는데, 그 사람들이 나를 누구라고 말하느냐?"
 "어떤 사람들은 선생님이 예수, 즉 그리스도라고 말하는데, 이 사람들이 가장 착한 사람들입니다. 어떤 사람들은 예언자라고 부르고, 또 어떤 사람들은 선생님이라고만 부르고, 또 어떤 사람들은 아시는 것과 같이 미치광이와 마귀들린 사람이라고 말합니다."
 "그렇지만 어떤 사람들은 선생님이 선생님 자신에게 붙이시는 이름을 써서 '사람의 아들'이라고 부릅니다."
 "또 어떤 사람들은 사람의 아들이란 아주 다른 것이니까 그럴 수가 없다고 말합니다. 그런데 이것이 언제나 부정은 아닙니다. 사실은 그 사람들이 선생님이 사람의 아들 이상의 분이라는 것을, 하느님의 아들이라는 것을 인정하니까요. 또 어떤 사람들은 반대로 선생님이 사람의 아들도 못 되고, 사탄이 흥분시키고, 광증이 뒤흔들어 놓은 보잘것 없는 사람이라고 말합니다" 하고 바르톨로메오가 말한다.

"그러나 사람들 생각에는 사람의 아들이란 대관절 무엇을 말하는 것이냐?"

"사람의 가장 아름다운 모든 덕행이 있는 사람, 아담에게 있었다고 우리가 생각하는 지능과 지혜와 은총의 모든 장점을 자기 안에 갖추고 있는 사람입니다. 그리고 어떤 사람들은 이 장점들에 죽지 않는 장점을 덧붙입니다. 벌써 세례자 요한이 죽지 않고, 천사들에 의해서 다른 곳으로 옮겨지기만 했다는 소문이 돌아다니고, 헤로데는, 그리고 헤로디아는 더욱 하느님에게 졌다고 말하지 않으려고 하인 한 사람을 죽이고, 그 사람의 목을 벤 다음, 목이 잘린 시체를 세례자의 시체처럼 제시했다는 것을 아시지요. 사람들은 별별 이야기를 다 합니다! 그래서 여러 사람이 사람의 아들은 예레미야나 엘리야, 또는 예언자들 중의 한 사람이라고, 또는 은총과 지혜를 갖추고 있었고, 자기를 그리스도의 예고자라고 말하던 세례자 자신이라고 생각합니다. 하느님의 축복을 받은 사람인 그리스도 사람의 아들, 사람에게서 난 위대한 사람. 하느님께서 당신 아들을 세상에 보내실 수 있었다는 것을 많은 사람이 인정하지 못하거나 인정하기를 원치 않습니다. 선생님이 어제 말씀하셨지요. '하느님의 무한하신 인자를 확신하는 사람들만이 믿을 것이라'고. 이스라엘은 하느님의 인자보다는 그분의 준엄하심을 더 믿습니다…" 하고 역시 바르톨로메오가 말한다.

"그렇습니다. 과연 그들은 자기들이 너무도 부정하다고 느껴서, 하느님께서 그들을 구원하기 위해 당신의 말씀을 보내실 만큼 그렇게 인자하실 수는 없다고 생각합니다. 그들의 믿음을 방해하는 것은 그들의 영혼의 타락입니다" 하고 열성당원이 확인한다. 그리고 덧붙인다. "선생님은 선생님이 하느님의 아들이요 사람의 아들이라고 말씀하시지요. 과연 선생님께서는 사람으로서의 모든 은총과 모든 지혜가 있습니다. 그래서 저는 은총 지위에서 아담에게서 났을 사람은 아름다움과 지능과 그밖의 모든 장점으로 선생님을 닮았으리라고 정말로 믿습니다. 그리고 선생님께서는 능력면에서 하느님께서 빛나십니다. 그러나 터무니없는 그들의 교만으로 자기들을 신이라고 믿고, 하느님을 자기들에 맞추어서 헤아려 보는 사람들 중에 누가 그것을 믿을 수 있습니까

? 잔인하고, 증오를 품고, 탐욕스럽고 부정한 그 사람들은 하느님께서 그들을 구속하시기 위해 당신 자신을 내주시고, 그들을 구원하시기 위해서 당신 사랑을 주시고, 당신을 사람에게 넘겨주시기 위해 당신의 너그러움을 주시고, 우리 가운데에서 당신을 희생하기 위해 당신의 순결을 주기까지 하실 정도로 친절하실 수 있다고는 분명히 생각할 수 없습니다. 몹시 무자비하고, 잘못을 찾아내서 벌하려고 몹시 까다롭게 구는 그들이 그렇게 생각할 수는 없습니다."

"그러면 너희들은 나를 누구라고 말하느냐? 내 말과 다른 사람들의 말은 참작하지 말고, 너희 판단에 따라서 솔직히 말하여라. 만일 나를 판단할 수밖에 없다면, 나를 누구라고 말하겠느냐?"

"선생님은 살아 계신 하느님의 아들 그리스도이십니다." 베드로가 무릎을 꿇고, 예수께로 팔을 들어올리며 외친다. 예수께서는 그를 아주 환한 얼굴로 보시고, 몸을 구부려 그를 일으키시고, 껴안으시며 말씀하신다.

"오! 요나의 아들 시몬아, 너는 참으로 행복하다! 살과 피가 이것을 내게 알려주지 않고, 하늘에 계신 내 아버지께서 네게 알려주셨기 때문이다. 네가 내게로 온 첫 날부터 너는 너 자신에게 이 질문을 했었다. 그리고 너는 순박하고 정직하기 때문에, 하늘에서 네게 오는 대답을 이해하고 받아들일 줄을 알았다. 너는 네 아우와 요한과 야고보 처럼 초자연적인 표시를 보지 못했었다. 너는 내 사촌 형제들인 유다와 야고보처럼 아들과 일꾼과 시민으로서의 내 성덕을 알지 못했었다. 너는 기적을 이용하지 못했고, 내가 기적을 행하는 것도 보지 못했으며, 내가 필립보와 나타나엘과 카나니아 사람 시몬과 토마와 유다에게 하고 또 그들이 본 것과 같은 내 능력의 표를 네게는 주지 않았다. 너는 세리 마태오와 같이 내 의지에 굴복한 것도 아니다. 그런데도 너는 '저분은 그리스도이시다!' 하고 외쳤다. 네가 나를 본 처음 순간부터 나를 믿었고 네 믿음은 절대로 흔들리지 않았다. 그렇기 때문에 나는 너를 게파* 라고 불렀고 이 때문에 베드로* 네 위에 내 교회를 세울 것이니, 지옥의

---

* 역주: Cephas. 아랍어로 '바위'라는 뜻(요한 1:42 및 가톨릭 대사전 베드로 조항 참조).
* 역주: '바위'라는 뜻.

능력이 이 교회를 능가하지 못할 것이다. 내가 너에게 하늘나라의 열쇠를 줄 것이니, 네가 세상에서 맨 것은 하늘에서도 매여 있을 것이고, 무엇이든지 네가 세상에서 푼 것은 하늘에서도 풀릴 것이다. 오 내가 그 마음을 시험할 수 있는 충실하고 신중한 사람아. 그리고 여기서 이 순간부터 너는 나 자신에게와 마찬가지로 순종과 존경을 바쳐야 할 우두머리이다. 그리고 너희 모두의 앞에서 베드로가 우두머리라는 것을 선포한다."

예수께서 빗발치는 나무람으로 베드로를 짓누르셨더라도, 베드로가 이렇게 심하게 울지는 않았을 것이다. 그는 얼굴을 예수의 가슴에 파묻고 울고 흐느낀다. 예수를 모른다고 한 것으로 인한 그의 고통에서 온 억제할 수 없는 울음하고나 비길 수 있는 울음이다. 지금은 겸손하고 착한 천만 가지 감정으로 이루어진 울음이다. …옛날 시몬도 조금 — 그의 아우가 처음 알렸을 때, "메시아가 네게 나타났구나! …정말이지!" 하고 불신하고 농담조로 하는 말을 웃으면서 하였던 베싸이다의 어부 — 옛날 시몬도 조금 이 눈물 속에서 작아지면서, 그의 인간성의 엷은 층 밑에서 그리스도의 교회의 대사제 베드로를 점점 더 분명히 나타나게 한다.

그가 수줍어하고 송구스러워하는 얼굴을 들었을 때 그는 모든 것을 말하고 모든 것을 약속하고, 그의 새로운 임무에 자기 전체를 바치기 위한 것으로 오직 한 가지 몸짓밖에 할 줄을 모른다. 그것은 짧고 튼튼한 팔로 예수의 목을 껴안아 자기에게 입맞춤을 하기 위하여 몸을 구부리시게 하고, 좀 뻣뻣한 머리카락과 수염을 예수의 부드럽고 금빛나는 머리카락과 수염에 섞는 몸짓이다. 그리고는 그가 흘린 눈물로 인하여 반짝이고 붉어진 약간 소눈 같은 눈의 흠숭하고 애정이 넘치고 애원하는 눈길로 예수를 쳐다보며, 못이 생기고 넓고 두꺼운 그의 손으로 자기 얼굴 위에 숙여진 선생님의 근엄한 얼굴을 붙잡고, 마치 그 얼굴이 생명을 주는 액체가 흘러나오는 항아리인 것처럼…그 얼굴에서, 그 눈에서, 그 미소에서 친절과 은총, 안전과 힘을 마시고, 또 마신다….

두 사람은 마침내 떨어지고, 필립보의 가이사리아로 가는 길을 다시 가는데, 예수께서 모두에게 말씀하신다. "베드로는 사실을 말했다. 많은 사람이 거기 대한 직관을 가지고 있고, 너희는 이 사실을 알고 있다.

그러나 너희들은 우선은 너희에게 알려진 완전한 사실로서의 그리스도가 어떤 사람인지를 아무에게도 말하지 말아라. 하느님께서 너희 마음에 말씀하신 것처럼 다른 사람들의 마음에도 말씀하시도록 맡겨 드려라. 정말 잘 들어 두어라. 내 확언과 너희 확언을 완전히 믿고 거기에 완전한 사랑을 가져오는 사람들은 '예수, 그리스도, 말씀, 사람의 아들, 하느님의 아들'이라는 단어들의 참 뜻을 알게 될 것이다."

32. 필립보의 가이사리아에서

 가이사리아시는 티베리아와 아스칼론과 같이 근래에 건설된 것 같다. 시는 빗면에 건설되어 있고, 거대한 성곽이 둘러쳐져 있고 탑이 많은 요새가 내려다보고 있으며, 깊은 외호(外濠)로 보호되어 있는데, 그 외호로는 부분적으로 두 개울물이 내려와서 거의 한군데로 모여 하나의 각(角)을 이루었다가 이내 서로 갈라져서 한 갈래는 시외로, 또 한 갈래는 시내로 멀어져간다. 아름다운 거리들, 광장들, 분수들, 그리고 로마풍의 건축 모습은 여기서도 분봉왕(分封王)들의 비굴한 복종이 조국의 관습에 대한 일체의 존경심을 짓밟으면서 나타났다는 것을 말해 준다.
 이 도시는 아마 모든 성문에 붙은 길 표지판이 가리키는 것과 같이 다마스커스나 띠로, 세펫, 티베리아로 가는 대상들이 다니는 큰 길들의 분기점이기 때문에 그렇겠지만 움직이는 사람이 꽉 차 있다. 걸어 다니는 사람, 말탄 사람, 나귀나 약대를 타고 다니는 대상들이 넓고 손질이 잘 된 거리, 서로 엇갈리고, 상인들이나 할 일 없는 사람들의 무리들이 광장과 호화로운 저택들 곁에 있는 회당 아래 서서 장사 이야기를 하거나 중요성이 없는 잡담으로 시간을 보내는데, 아마 공동목욕탕도 있는 것 같다.
 "우리가 그들을 어디서 만날 수 있는지 아느냐?" 하고 예수께서 베드로에게 물으신다.
 "예, 제가 말을 물은 사람들은 선생님의 제자들이 식사를 하기 위해서 성채 근처에 있는 이스라엘 신자들의 집에 모이는 습관이 있다고 말했습니다. 그리고 그 집을 묘사해 주었습니다. 저는 틀릴 수가 없습니다. 바깥 쪽으로 난 창이 없는 정면에, 출입구가 달린 높은 문이 있고, 담장 곁에는 작은 샘이 있고, 정원의 높은 담들은 작은 골목길로 연이어지고, 지붕 위 높은 옥상에는 비둘기가 가득 차 있는 겉으로만 보아도 이스라엘식 집이랍니다."

"좋다. 그럼 가자.…"

일행은 성채에 가기까지 온 시내를 건너지른다. 그들은 찾던 집에 이르러서 문을 두드린다. 출입구에 작은 노파의 주름투성이의 얼굴이 나타난다.

예수께서 앞으로 나아가셔서 인사를 하신다. "평화가 할머니와 함께 있기를. 선생님의 제자들이 돌아왔습니까?"

"아닙니다. 그 사람들은 마침 선생님을 찾으려고 강건너 여러 고장에서 다른 사람들과 함께 '큰 샘' 쪽에 있습니다. 그 사람들은 모두 선생님을 기다리고 있어요. 댁도 그 사람들 중의 한 사람이오?"

"아닙니다. 나는 제자들을 찾습니다."

"그럼 보세요. 샘 거의 앞에 있는 저 길이 보이지요? 그 길로 해서 올라가서, 높은 돌담에서 물이 흘러 나와서 수반(水盤) 같은 데로 모였다가 작은 개울이 되는 데까지 올라가세요. 그 사람들은 바로 근처에서 만날 거예요. 그렇지만 댁은 멀리서 왔지요? 여기 들어와 서늘하게 쉬면서 그 사람들을 기다리세요. 원하시면 주인들을 부르겠어요. 주인들은 착한 이스라엘 사람들이랍니다요. 그리고 메시아를 믿어요. 메시아를 예루살렘 성전에서 한 번 본 것만으로 제자가 되었지요. 그렇지만 이제는 메시아의 제자들이 메시아에 대해서 주인들을 가르쳤고, 또 여기서 기적도 행했답니다. 그것은…"

"좋습니다. 할머니 나중에 제자들과 같이 오겠습니다. 할머니께 평화. 다시 가서 일 보세요" 하고 예수께서 친절히 말씀하신다. 그러나 노파의 많은 말을 막기 위하여 권위 있게 말씀하신다. 그들은 다시 걷기 시작한다. 그리고 사도들 중에서 가장 나이어린 사람들은 그 여자가 하던 일을 이야기 하며 기꺼이 웃고 예수께서도 미소지으시게 한다.

"선생님" 하고 요한이 말한다. "그 할머니가 '큰 샘'같이 생각되지 않습니까? 할머니의 말은 끊임없이 줄줄 흘러 나와서 우리들을 말의 시내로 넘쳐흐르는 수반을 만들어 놓았습니다…."

"그래. 나는 제자들이 그 할머니의 혀에 기적을 행하지 않았기를 바라네. …이것이야말로, 너희들이 기적을 너무 많이 행했다고 말할 만한 경우일 거야" 하고 타대오가 말한다. 타대오도 그가 늘 하는 것과는 달리 기꺼이 웃는다.

"제일 가관일 것은 그 할머니가 우리가 돌아오는 것을 보고, 그분이 선생님이었다는 것을 알게 될 때일 거야! 누가 그 할머니를 잠자코 있게 할 수 있을 거야?" 하고 제베대오의 야고보가 말한다.

"아니야, 반대로 그 할머니는 깜짝 놀라서 벙어리처럼 될 거야" 하고 마태오가 젊은이들이 이러쿵 저러쿵 말하는 데 끼어들며 말한다.

"깜짝 놀라서 할머니의 혀가 굳으면 나는 지극히 높으신 분을 찬미하겠어. 내가 아마 공복 이래서 그렇겠지만, 확실한 건 할머니의 말의 소용돌이 때문에 내 머리가 핑핑 돌았단 말이야" 하고 베드로가 말한다.

"그리고 소리는 얼마나 질렀어! 할머니가 아마 귀가 먹었나보지?" 하고 토마가 묻는다.

"아니야, 우리가 귀머거린 줄 안 거야" 하고 가리옷 사람이 말한다.

"가만 좀 놔둬라, 그 불쌍한 할머니를! 할머니는 착하고 또 믿는 사람이었다. 할머니의 마음도 혀와 같이 너그럽다" 하고 예수께서 반쯤 정색을 하고 말씀하신다.

"오! 그러면! 선생님, 그 할머니가 하도 너그러워서 영웅적이기까지 합니다" 하고 요한이 기꺼이 웃으며 말한다.

석회질의 암벽이 벌써 보이고, 수반으로 다시 떨어지는 물소리가 벌써 들린다.

"여기 개울이 있군요. 이걸 따라갑시다. …저기 분수가 있고…또 저기에는…베냐민! 다니엘! 아벨! 필립보! 헤르마스테아! 우리가 왔어! 선생님이 오셨어!" 하고 요한이 꽤 많은 사람의 집단에게 말하는데, 그 사람들은 보이지 않는 어떤 사람을 둘러싸고 있다.

"입 다물어. 이 총각아, 그렇지 않으면 자네도 저 할망구처럼 될 걸세" 하고 베드로가 충고한다.

제자들이 몸을 돌렸다. 그리고 보았다. 보는 것과 둔덕 아래로 뛰어내려 달려오는 것은 오직 한 가지 동작이었다. 집단이 흩어진 지금, 나는 이제는 선배들인 많은 제자들 사이에 케데스의 귀먹은 벙어리의 마을 주민들이 섞여 있는 것을 본다. 그들이 선생님보다 먼저 도착한 것을 보면 더 가까운 길로 온 모양이다. 큰 기쁨이다. 질문도 많고 대답도 많다. 예수께서는 야윈 이사악이 식료품을 가지고 미소를 지으며 다른 두 사람과 같이 올 때까지 참을성있게 들으시고, 대답하신다.

"주님, 인심좋은 그 집으로 가십시다. 그리고 거기서 저희가 말할 수 없었던 것을 말씀해 주십시오. 저희들은 그것을 알지도 못했으니까요. 이 사람들은 제일 나중에 온 사람들인데 ─ 이 사람들이 저희와 같이 있는 것이 몇 시간밖에 안됩니다 ─ 이 사람들이 선생님으로서는 선생님을 박해하는 타락한 세대에게 주겠다고 약속하신 요나의 표가 어떤 것인지 알고 싶어합니다" 하고 이사악이 말한다.

"길을 가면서 설명해 주마…."

길을 간다는 것! 이것이 쉽지 않다! 마치 꽃향기가 공중에 퍼져서 많은 벌들이 그리로 몰려온 것같이, 사방에서 사람들이 몰려 와서 예수 둘레에 있는 사람들과 합친다.

"저희 친구들입니다" 하고 이사악이 설명한다. "믿고 선생님을 기다리던 사람들입니다…."

"이 사람들과 특히 이 사람에게서 은총을 받은 사람들입니다" 하고 군중 가운데에서 한 사람이 이사악을 가리키며 외친다.

이사악은 얼굴을 붉히며 변명이라도 하려는 듯이 말한다. "나는 봉사자요, 이분은 선생님이시고. 기다리는 여러분, 이분이 선생님 예수님이십니다!"

그러자! 변두리에 있기 때문에 약간 외진 가이사리아의 이 조용한 구석이 장마당보다도 더 술렁거리고 소란스러워진다. 호산나! 환호! 애원! 모든 것이 다 있다. 예수께서는 이 사랑의 집게에 끼여서 매우 천천히 걸어 가신다. 그러나 미소지으시며 강복하신다. 하도 천천히 걸으시기 때문에 어떤 사람들은 급히 그곳을 떠나 가서 소문을 퍼뜨리고 친구들이나 친척들과 함께 돌아오거나, 다치지 않고 예수께까지 도착할 수 있도록 어린아이들을 손으로 번쩍 쳐들고 돌아올 시간이 있었다. 예수께서는 어린아이들을 쓰다듬어 주시고 그들에게 강복하신다.

이렇게 하여 그들은 왔다가 떠나갔던 집에 서서 문을 두드린다. 조금 전의 늙은 하녀가 목소리를 듣고 서슴지 않고 문을 열어 준다. 그러나… 환호하는 군중 가운데 계신 예수를 보고 알아차린다. …노파는 땅에 털썩 무릎을 꿇으며 신음한다. "주님, 불쌍히 여겨 주십시오. 주님의 종이 주님을 알아뵙지 못하고 경배하지 않았습니다!"

"할머니 괜찮아요. 할머니는 사람을 알지는 못했지만 그분을 믿고 있었습니다. 하느님께 사랑을 받기 위해서는 그렇게 해야 합니다. 일어나서 주인들에게 데려다 주세요."

작은 노파는 경의로 인하여 몸을 떨며 순종한다. 그러나 노파는 주인들도 경의로 겸손해져서 좀 어두운 출입문 안쪽 벽에 탁 달라붙어 있는 것을 본다. 노파는 그들을 가리키며 "저분들입니다" 하고 말한다.

"평화가 당신들과 이 집에 있기를 그리스도에 대한 당신들의 믿음과 그의 제자들에 대한 당신들의 자선 때문에 주님께서 강복하시기를 바랍니다" 하고 예수께서 부부인지 남매인지 모를 두 작은 노인에게도 마주 가시며 말씀하신다.

그들은 예수께 경배하고, 두꺼운 장막을 친 아래에, 많은 식탁이 차려져 있는 넓은 베란다로 모시고 간다. 가이사리아와 뒷편과 양옆에 있는 산들이 내다보인다. 비둘기들이 옥상에서 나무와 꽃이 가득한 정원으로 엇갈리며 날아다닌다.

한 늙은 하인이 좌석을 더 마련하는 동안 이사악이 설명한다. "베냐민과 안나는 저희들만 받아들이시지 않고, 선생님을 찾아 오는 사람들도 받아들이십니다. 이분들은 선생님의 이름으로 그렇게 합니다."

"매번 하늘이 이분들에게 강복하기를."

"아이고! 저희들은 재력은 있는데, 자식이 없습니다. 저희 인생의 마지막에 와서 주님의 가난한 사람들을 자식으로 삼는 것입니다" 하고 작은 노인 여주인이 말한다.

그러니까 예수께서는 그의 흰 머리에 손을 얹으시고 말씀하신다. "이 때문에 할머니는 일곱 번과 또 일곱 번을 임신한 것보다도 더 많은 자식의 어머니가 되는 것입니다, 그러나 이제는 주민들을 돌려보내고 식사를 할 수있게 저 사람들이 알고 싶어하는 것을 설명하게 허락해 주세요."

둔덕에는 사람들이 꽉 차 있는데, 사람들은 여전히 들어와서 빈 자리에 빽빽히 들어선다. 예수께서는 빙 둘러 앉아 그 죄없는 눈으로 당신을 넋을 잃고 쳐다보는 어린이들 가운데 앉아 계신다. 예수께서는 식탁을 등지시고, 이 심각한 문제를 다루시려고 하시면서도 그 어린이들에게 미소를 보내신다. 예수께서는 사람들이 설명해 달라고 청하는 진리의 말들을 그 죄없는 얼굴에서 읽으시는 것 같다.

"잘 들으시오. 내가 악인들에게 약속했고 여러분에게도 약속하는 요나의 표는 이런 것입니다. 여러분에게 약속하는 것은 여러분이 악해서 그런 것이 아니라 여러분이 이 표가 이루어지는 것을 볼 때에 완전한 믿음에 이를 수 있게 하려는 것입니다. 요나가 니느베를 회개시키고 구하기 위하여 사흘 동안 바다 괴물의 뱃속에 들어 있다가 땅에 돌아온 것과 같이 사람의 아들에 대하여도 이와 같이 될 것입니다. 사탄의 큰 폭풍우를 가라앉히기 위하여는 죄없는 사람을 제물로 바치는 것이 유익하다고 이스라엘의 유력자들은 믿고 있습니다. 그러나 그들은 그들의 범죄 후에는 그들을 불안케 하는 사탄 외에 그들을 벌하실 하느님이 계실 것이니까 그들의 위험을 증가시키기만 할 것입니다. 그들은 나를 믿음으로써 사탄의 폭풍우를 이길 수 있습니다. 그러나 그렇게 하지 않는 것은 나를 그들의 불안과 그들의 공포와 그들의 위험의 이유로 보고 또 진실하지 않은 그들의 성덕에 대한 반증(反證)으로 보기 때문입니다. 그러나 시간이 되면, 죽은 사람은 모두 집어삼키는 땅속이라는 탐욕스러운 괴물이 다시 벌어져서 빛을 거짓으로 부인했던 세상에 빛을 돌려줄 것입니다.

그러니까 이렇습니다. 마치 요나가 니느베 사람들에게 주님의 능력과 자비의 표가 되었던 것과 같이 사람의 아들도 이 세대에게 그렇게 될 것입니다. 다른 것은 니느베는 회개했는데, 예루살렘은 회개하지 않으리라는 것입니다. 그것은 예루살렘에는 내가 말한 나쁜 세대가 가득 차 있기 때문입니다. 그러므로 남쪽나라의 여왕이 심판날에 이 세대의 사람들을 반대하여 일어나서 이 세대를 단죄할 것입니다. 그 여왕은 그의 시대에 솔로몬의 지혜의 말을 듣기 위해서 땅의 저 먼 변경에서 왔었는데, 그들 가운데 나를 가지고 있는 이 세대는 솔로몬보다 훨씬 더 나은 사람인 내 말을 듣기를 원치 않고, 나를 박해하며, 마치 문둥병자와 죄인처럼 쫓아내기 때문입니다. 니느베 사람들도 심판날에 그들의 주 하느님께 회개하지 않은 이 세대를 반대하여 일어설 것입니다. 그들은 한 사람의 설교를 듣고 회개했으니까요. 그런데, 나는 사람보다 더 나은 사람입니다. 그 사람이 요나 자신이나 어떤 다른 예언자라도 말입니다.

그러므로 나는 불분명한 점이 있을 수가 없는 표를 요구하는 사람들에게 요나의 표를 주겠습니다. 이것은 내 뜻의 덕택으로 다시 살아난 생명으로 이미 보여준 증거들 앞에서도 그들의 오만한 이마를 숙이고자 하지 않는 사람들에게 내가 줄 하나와 또 하나의 표입니다. 나는 모든 표를 줄 것입니다. 썩었다가 다시 살아나 말짱하게 된 육체의 표와 그의 영에게는 모든 능력이 주어졌기 때문에 자기 자신의 힘으로 부활하는 육체의 표를 줄 것입니다. 그러나 그것들은 은총이 아닐 것입니다. 그것들은 이 세상에서도 영원한 책에서도 사태를 덜 고통스럽게 하지는 못할 것입니다. 쐬어져 있는 것은 변할 수가 없습니다. 그리고 다음 번에 돌로 칠 돌들이 쌓이는 것처럼 증거들도 쌓일 것입니다. 내게 대해서는 나를 해치려고 하지만 성공을 못할 것입니다. 그러나 그들에게 대해서는 타락한 불신자들에게 주기로 되어 있는 하느님의 유죄판결을 영원히 받게 하기 위해서 쌓일 것입니다.

이것이 내가 말한 요나의 표입니다. 내게 물어볼 것이 또 있습니까?"

"없습니다. 선생님, 저희 회당장에게 이것을 가서 보고하겠습니다. 그분은 약속된 표에 대한 판단을 진실과 아주 가깝게 하고 있습니다."

"마티아는 의인입니다. 진리는 이 죄없는 어린이들에게 드러나는 것과 같이 의인들에게 드러납니다. 이 어린이들은 내가 누구인지를 그 누구보다고 더 잘 압니다. 여러분을 떠나보내기 전에 세상의 천사들이 하느님의 자비를 찬미하는 것을 듣게 허락해 주시오. 애들아, 이리오너라."

조용하게 있기가 어려웠던 어린이들이 예수께로 달려 온다.

"악의가 없는 아이들아, 너희에게는 내 표가 어떤 건지 말해 보아라."

"선생님이 착하시다는 거요."

"선생님이 선생님의 이름으로 엄마를 고쳐준 거요."

"선생님은 누구나 다 사랑한다는 거요."

"선생님은 다른 사람이 그렇게 될 수 없을 만큼 아름답다는 거요."

어린이의 입 하나하나가 예수의 친절한 특성 하나씩을 알리고, 예수께서 미소로 바꾸어 주신 고통들을 알린다.
　그러나 모든 어린이 중에서 제일 귀여운 어린이는 네 살 먹은 꼬마이다. 그 어린이는 예수의 무릎으로 기어 올라가 목을 얼싸안으면서 "아저씨의 표는 말이야. 아저씨가 아이들을 모두 사랑하고, 아이들도 아저씨를 많이 좋아 하는 거야. 아이들은 아저씨를 이렇게 좋아해…." 그러면서 포동포동한 작은 팔을 벌린다. 그리고는 웃으면서 다시 예수의 목을 꼭 껴안고 어린이의 그 작은 뺨을 예수의 뺨에 갖다 대고 비빈다. 예수께서는 그 어린이를 껴안으시며 물으신다. "그렇지만 너희들은 전에 나를 한 번도 보지 못했는데, 왜 그렇게 나를 좋아하니?"
　"그건 아저씨가 주님의 천사 같기 때문이야."
　"얘야, 그렇지만 너는 나를 본 일이 없는데…" 하고 예수께서 그를 시험하시려고 미소지으시며 물으신다.
　어린아이는 잠깐 어쩔 줄을 모르고 있다가 이내 작은 이를 드러내고 웃으면서 말한다. "그렇지만 내 영혼은 잘 봤어! 엄마가 그러는데 영혼이 내게 있대. 영혼은 여기 있어. 그리고 하느님이 내 영혼을 보고 있어, 내 영혼도 하느님과 천사들을 보았고 지금도 보고 있어. 그리고 내 영혼은 아저씨를 알고 있어, 아저씨가 주님이시까."
　예수께서는 어린아이의 이마에 입맞춤을 하신다. "이 입맞춤으로 네 지능에 빛이 더해지기를 바란다." 그리고 그를 땅에 내려놓으신다. 어린아이는 깡총깡총 뛰어서 아버지에게로 달려 가는데, 입맞춤을 받은 이마의 자리에 손을 댄 채로 외친다. "엄마한테 가 엄마한테! 엄마더러 주님이 입맞춤 한 자리에 입맞춤 하라고 그래. 엄마에게 목소리가 돌아와서 엄마가 더는 울지 않게."
　사람들은 목에 병이 있어서 기적을 바라는 아내라고 예수께 설명하면서 제자들이 고치지를 못했는데, 병이 하도 깊숙히 박혀서 제자들의 손이 거기에까지 미치지 못하였다고 말한다.
　"그 여자는 가장 어린 제자인 그의 어린 아들에 의해서 병이 고쳐질 것입니다. 여보시오, 평안히 가시오. 그리고 당신 아들처럼 믿음을 가지시오" 하고 예수께서 꼬마의 아버지를 돌려보내시며 말씀하신다.
　예수께서는 이마에 같은 입맞춤을 받기를 원하는 남아 있는 다른 어린이들도 안아 주시고 주인들을 돌려보내신다. 이제는 제자들과 케데스와 다른 곳의 사람들만이 남아 있다.

사람들이 식사 차리는 일을 하는 동안, 예수께서는 모든 제자에게 다음날 떠나서 당신보다 앞서 가파르나움으로 가서 다른 여러 곳에서 온 다른 제자들과 합류하라고 명령하신다. "그런 다음 살로메오와, 나타나엘과 필립보의 아내와 딸들을 데리고 가고, 나자렛 쪽으로 가는 데 따라서 요안나와 수산나를 데리고 가거라. 나자렛에서는 내 어머니와 내 사촌들의 어머니를 모시고 베다니아로 가서, 라자로의 땅에 있는 요셉이 있는 집으로 가거라. 우리는 데카폴리스로 해서 가겠다."

"그럼 마륵지암은요?" 하고 베드로가 묻는다.

"나는 '나보다 앞서 가파르나움으로 가라'고 말했지. 그냥 '가라'고 말하지는 않았다. 그러나 가파르나움에서는 여자들에게 알려서, 우리가 데카폴리스로 해서 예루살렘에 갈 때에 준비하고 있도록 할 수 있을 것이다. 이제는 젊은이가 된 마륵지암은 제자들과 함께 여자들과 동행할 것이다…."

"사실은… 제 아내도 예루살렘에 데리고 가고 싶어서 그럽니다. 불쌍한 제 아내를. 제 아내는 늘 그것을 갈망했는데…한번도 가질 못했습니다. 저는 난처한 일을 당하기를 원치 않았거든요. …그러나 올해에는 아내를 기쁘게 해주고 싶습니다. 아내는 정말 착하거든요!"

"시몬아, 물론이다. 마륵지암이 네 아내와 같이 가야 할 또 하나의 이유가 그것이다. 우리가 길을 천천히 가면, 거기서 만나게 될 것이다…."

늙은 집주인이 말한다. "제 집에는 그렇게 조금만 계시구요?"

"할아버지, 나는 할일이 많습니다. 적어도 과월절 1주일 전에는 예루살렘에 가 있고 싶습니다. 아달달의 상순이 끝났다는 것을 생각하세요…."

"맞습니다. 그러나 저는 선생님을 몹시 갈망했습니다! …선생님을 모시니까, 제가 하늘의 빛 속에 있는 것 같습니다! …그런데 선생님이 떠나시면 빛이 꺼지게 될 것입니다."

"아닙니다, 할아버지. 할아버지의 마음 속에 그리고 할머니에게도 빛을 남겨놓겠습니다. 인심좋은 이 집 전체에.

그들은 식탁에 앉는다. 그리고 예수께서 봉헌을 하시고 음식에 강복하시니, 하인들이 곧 여러 식탁에 나누어준다.

33. 가이사리아 파네아드의 성(城)에서

　　인심좋은 집에서 식사가 끝났다. 예수께서는 열두 사도와 제자들과 늙은 집주인과 같이 나오신다. 그들은 "큰 샘"으로 돌아온다. 그러나 거기에 멎지는 않는다. 그들은 여전히 북쪽을 향하여 길을 계속한다.
　　그들이 가는 길은 비록 오르막길이기는 하지만, 마차와 말이 다닐 수 있는 진짜 도로이기 때문에 편리하다. 저 위 산꼭대기에는 육중한 성 또는 요새가 있는데, 그 독특한 형태가 사람들을 놀라게 한다. 두 덩어리의 건축물이 서로 지면의 높이가 몇 미터 다르게 지어져서, 제일 뒤에 있고 또 제일 잘 요새화된 건축물이 다른 건축물에 비하여 한층 높이 올라앉아서 다른 것을 내려다보고 보호하는 것 같다. 네모난 형태의 육중한 탑들이 굽어보는 높고 넓은 담이 두 건축물을 연결하지만 두 건축물은 그래도 오직 하나의 전체를 이룬다. 그것은 그 두 건축물이 오직 하나의 성곽으로 둘러싸여 있기 때문이다. 그 성곽은 능보(稜堡)의 무게를 더 잘 받쳐 주기 위하여 기초에 수직(垂直)이거나 약간 비스듬한 삐죽삐죽한 돌로 쌓은 것이다. 서쪽은 보이지 않는다. 그러나 북쪽과 남쪽 두 쪽은 깎아질려 내려가 산과 한덩어리가 된다. 산은 외따로 떨어져 있고, 이 두 쪽은 깎아지른 듯한데, 내 생각에는 서쪽도 마찬가지일 것 같다.
　　늙은 베냐민은 어떤 주민이든지 자기 도시에 대하여 가지는 긍지 때문에, 성(城)임과 동시에 도시의 방어물인 분봉왕의 성을 칭찬하고, 그 아름다움과 강력함과 견고함을 열거하고, 빗물받이 웅덩이들과 못들과 자유로운 공간의 편리함과 넓은 시야와 위치등등을 늘어놓는다. "로마인들까지도 이 성이 아름답다고 말합니다. 그런데 로마인들은 이런 일에는 정통합니다!…" 하고 노인이 말을 끝마친다. 그리고는 또 덧붙인다. "저는 관리인을 압니다. 그러니까 여러분을 들어가게 할 수 있습니다. 나는 여러분에게 팔레스티나에서 가장 넓고 가장 아름다운 파노라마를 보여 드리겠습니다."

 예수께서는 친절하게 들으신다. 다른 사람들은, 파노라마를 하도 많이 본 그들은 빙그레 웃는다. 그러나 노인이 하도 친절해서 그의 자존심을 상하게 하고 싶은 마음이 없어서, 예수께 아름다운 것들을 보여 드리고 싶어하는 그의 소망에 찬성한다.

 그들은 꼭대기에 이르렀다. 전망은 성으로 들어가는 대문 앞에 있는 작은 광장에서도 정말 아름답다. 그러나 노인은 "오십시오, 오세요! …안쪽에서는 더 아름답습니다, 성채의 제일 높은 부분으로 올라갑니다. 두고 보세요…" 하고 말한다. 그들은 너비가 여러 미터가 되는 넓은 성곽에 파놓은 어두운 입구로 들어가서 마침내 관리인과 가족이 기다리고 있는 마당에 이른다. 두 친구는 서로 인사를 하고, 노인은 그의 방문의 목적을 설명한다.

 "이스라엘의 선생님?! 필립보가 여기 없는 것이 유감이군요. 선생님의 명성이 그에게까지 알려졌기 때문에 선생님을 보기를 바랐었어요. 필립보는 진짜 선생님들을 사랑합니다. 그분들만이 그의 권리를 옹호했으니까요. 또 진짜 선생님들을 좋아하지 않는 안티파스를 비웃기 위해서 그러기도 합니다. 이리들 오십시오, 오세요!…" 그 사람이 처음에는 예수를 곁눈질해 보았다. 그리고는 왕에 어울리는 절을 하여 경의를 표하는 것이 좋다고 생각하였다.

 그들은 출입구 또 하나를 지나간다. 그러니까 둘째 마당이 나타나고 쇠로 만든 문이 또 하나 나타나는데, 그리로해서 셋째 마당에 들어가게 된다. 셋째 마당 너머로는 깊은 도랑과 성채의 탑들이 얹혀진 성벽이 있다. 군인들과 당번병들의 호기심많은 얼굴이 사방에 보인다. 그들은 성채로 들어가서, 층계로 해서 능보로 올라가고, 거기서 탑으로 올라간다. 탑에는 예수만이 관리인과 베냐민과 열두 사도하고만 들어가신다. 그 이상은 들어갈 수 없을 것이다. 그들만으로도 벌써 콩나물시루같이 빽빽하게 찼기 때문이다. 다른 사람들은 능보에 남아 있다.

 그러나 예수와 예의 동행들이 탑 위에 있는 작은 옥상에 나가 그들의 모든 얼굴을 돌로 된 흉벽(胸壁) 위에서 아래로 숙였을 때 그 전망이란! 요새의 가장 높은 쪽인 서쪽에 있는 담에서 몸을 내밀면, 이 산 밑에 펼쳐져 있는 가이사리아 전체가 내려다 보이는데, 도시가 평평하게 되어 있지 않고 부드러운 비탈에 세워졌기 때문에 잘 보인다. 가이사리아 저쪽으로는 메론 호수 못 미쳐 있는 기름진 평야 전체가 펼쳐진다. 초록색이 펼쳐진 위에 맑은 하늘 조각같이 빛나는 청록색의 맑은 물 같은 결정면을 가진 연초록색의 작은 바다 같다. 그리고 평야 주변 여기 저기에 퍼져 있는 은빛나는 올리브나무로 줄무늬가 쳐진 짙은 에머랄드 빛깔의 목걸이들같이 걸쳐 있는 기분좋은 야산들이 있고, 그리고는 꽃이 만발한 나무들이나 꽃핀 나무 덤불로 이루어진 공중에 떠 있는 깃털장식들이 있다. …그러나 북쪽과 동쪽을 바라다보면, 육중한 레바논산과 만년설을 이고 햇빛에 반짝이는 헤르몬산과 이투레아의 산들이 보인다. 그리고는 티베리아 호수의 야산들과 가울라니티드의 산들 사이에 생긴 우묵한 곳에 끼여 있는 요르단강의 계곡이 과감한 단축법(短縮法)처럼 나타났다가 꿈 같은 원경(遠景) 속으로 사라진다.

"아름답군요! 아름답군요! 매우 아름다워!" 하고 예수께서 감상하시며 감탄하신다. 그리고 벌어지는 팔과 미소를 머금은 얼굴로 그 기묘한 곳들에 강복하시고 껴안으시는 것 같다. 그리고 이러저러한 설명을 청하는 사도들에게 대답하시면서, 그들이 갔던 곳들을 가리키시거나 지방들과 방향들이 어디인지를 가리키신다.

"그러나 저는 요르단강이 보이지 않는데요" 하고 바르톨로메오가 말한다.

"너는 그것을 보지 못하지만, 두 산맥 사이의 저 넓은 공간 속에 있다, 서쪽에 있는 산맥 바로 뒤에 강이 있다. 베레아와 데카폴리스가 아직 복음전파자를 기다리고 있으니까 우리는 그리로 해서 내려간다."

그러나 그때에 예수께서는 소리를 죽인 긴 탄식 때문에 공기에 말을 물어 보시는 것같이 몸을 돌리신다. 그 탄식소리가 예수의 귓전을 울리는데, 그것이 첫 번째가 아니다. 그리고 무슨 일이 일어나는지 물으시려는 것처럼 관리인을 바라다보신다.

"성에 있는 여자들 중의 한 사람입니다 결혼한 지 얼마 안 되는 여자입니다. 지금 아기를 낳으려는 순간입니다. 남편이 기슬레달 초하룻날 죽었기 때문에 첫 아이이자 마지막 아이입니다. 아기가 살 수 있을지조차도 모르겠습니다. 그 여자는 과부가 된 다음부터 울기만 하고 있으니까요. 이제는 알아볼 수 없을 만큼 뼈만 앙상합니다. 들으시지요? 울

기운조차도 이제는 없습니다. …물론…열일곱에 과부가 됐으니…그리고 서로 무척 사랑했었지요. 제 아내와 장모는 그 여자에게 '아들에게서 토비아를 다시 만나게 될 걸세' 하고 말합니다. 그러나 그것은 말뿐이지요…."

그들은 탑에서 내려와 능보를 한 바퀴 돌며 여전히 그곳과 파노라마를 감상한다. 그런 다음 관리인은 방문객들에게 음료와 과일을 꼭 드리겠다고 한다. 그래서 요새의 앞쪽에 있는 큰 방으로 들어가니 하인들이 명령받은 것을 가져온다.

신음소리가 더 비통하고 더 가깝게 들린다. 그러니까 관리인은 그 때문에 자기 아내가 선생님에게서 멀리 붙잡혀 있기 때문에 용서를 빈다. 그러나 전의 신음소리보다도 훨씬 더 괴로운 부르짖음이 이어진다. 그래서 과일이나 잔을 입으로 가져가던 손들이 공중에서 멈칫한다.

"무슨 일이 일어났는지 가보겠습니다" 하고 관리인이 말한다. 그리고 나가는데, 그동안 귀에 거슬리는 부르짖음과 울음소리가 벙싯 열린 문으로 한층 더 크게 들려 온다.

관리인이 돌아와서 말한다. "그 여자의 아이가 나자마자 죽었습니다. …참말 고통스러운 일입니다! 그 여자는 남아 있는 힘을 다 들여서 아이를 소생시키려고 해봅니다. …그러나 이젠 아이가 숨을 쉬지 못하고, 까맣게 되었습니다!…" 그리고 머리를 흔들면서 덧붙인다. "가엾은 도르카!"

"아기를 내게로 가져오시오."

"하지만 죽었습니다, 주님."

"아기를 있는 그대로 가져오라니까요. 그리고 아기 엄마에게 믿음을 가지라고 말하시오."

관리인이 갔다가 돌아온다. "그 여자가 원치 않습니다. 아무에게도 아기를 주지 않겠다고 말합니다. 미친 것 같습니다. 저희가 그렇게 하는 것은 아기를 빼앗으려고 하는 것이라고 말합니다."

"그 여자가 나를 보게 그의 방 문지방으로 나를 인도하시오."

"그렇지만…."

"되는 대로 내버려두시오! 혹 필요하면… 나중에 나를 깨끗하게 하겠소."
 그들은 어두운 복도를 통하여 닫힌 문에까지 빨리 간다. 예수께서 친히 문을 여시고, 침대 앞 문지방에 서 계신다. 침대에는 몸이 가느다란 여자가 생명의 표를 보이지 않는 작은 아이를 가슴에 꼭 껴안고 있다.
 "도르카 그대에게 평화. 나를 쳐다보고 울지 말아요. 나는 구세주요. 그대의 어린아이를 이리 줘요…."
 예수의 목소리에 무엇이 있는지는 모르겠다. 내가 아는 것은 첫번 쳐다볼 때에는 갓난아이를 가슴에 사납게 꼭 껴안고 있던 절망한 여자가 예수를 쳐다보더니, 불안하고 제 정신을 잃은 것 같던 눈이 고통스럽기는 하지만 희망이 가득한 빛을 향하여 떠진다. 그 여자는 얇은 배내옷에 싸인 어린것을 관리인의 아내에게 건네준다. …그리고는 손을 내밀고, 커진 눈에는 생명과 믿음이 담긴 채, 눕게 하려고 하는 시어머니의 부탁은 들리지 않는 것처럼 그대로 앉아 있다.
 예수께서 반쯤 식은 살과 헝겊 뭉치를 받으셔서, 어린아이의 겨드랑이를 들어 꼿꼿이 세우시고, 작은 머리가 뒤로 젖혀져 있기 때문에 몸을 굽히시고 벙싯 벌어진 아기의 입술에 입을 갖다 대신다. 그리고 꼼짝하지 않는 목구멍으로 세게 입김을 불어 넣으신다. …한동안 입술을 작은 입에 댄 채로 계시다가 입을 떼신다. …새 지저귀는 것 같은 소리가 움직이지 않는 공기 속에서 진동한다. …두 번째 지저귐은 더 세고… 세 번째 지저귐…그러다가 마침내 진짜 갓난아이 울음소리가 터져나오며 작은 머리를 움직이려고 하고, 손과 발을 움직인다. 그리고 갓난아이의 개선의 긴 울음 소리가 울려 퍼지는 동안 머리카락이 없는 작은 머리와 조그마한 얼굴에 핏기가 돈다. …그리고 엄마의 외침이 그 소리에 화답한다. "내 아이! 내 사랑! 내 토비아의 후예! 내 품에! 엄마 품에… 내가 행복하게 죽게…." 이렇게 그 여자는 중얼거리다가 그 소리도 입맞춤으로 사라지고, 얼마든지 이해할 수 있는 탁 마음을 놓는 반응으로 사라진다.
 "죽는다!" 하고 여자들이 부르짖는다.
 "아닙니다. 아기 엄마는 당연히 누려야 할 휴식에 들어가는 것입니다. 깨어나거든 아기 이름을 예사이-토비아라고 지으라고 말해 주시오

. 나는 아기 엄마를 정결의식의 날 성전에서 다시 보겠습니다. 안녕히들 계십시오. 평화가 여러분과 함께 있기를." 예수께서는 문을 천천히 도로 닫으시고 몸을 돌려 당신이 계시던 곳으로, 제자들 있는 곳으로 돌아오신다. 그러나 그들은 모두 거기 있는데, 모든 것을 보았고 이제는 감탄의 눈으로 예수를 쳐다보는 감격한 한 떼의 사람들이다.

그들은 함께 마당으로 돌아온다. 그들은 멍하게 된 관리인에게 인사를 한다. 그는 끊임없이 되풀이 한다. "분봉왕이 여기 있지 않았던 것을 얼마나 애석하게 생각할까!" 일행은 시내로 돌아오기 위하여 비탈을 내려온다.

예수께서는 늙은 베냐민의 어깨에 손을 얹으시고 말씀하신다. "우리에게 보여 주신 것에 대해서, 그리고 기적의 원인이 되신 데 대해서 할아버지께 감사합니다…."

34. 예수께서 처음으로 당신의 수난을 예고하신다. 베드로를 나무라신다

이제는 필립보의 가이사리아가 그 산들과 더불어 벌써 멀리 떨어져 있고, 메론 호수 쪽으로 가셨다가 겐네사렛 호수 쪽으로 가려고 하시는 예수를 평야가 에워싸고 있는 것으로 보아, 예수께서 첫 새벽에 가이사리아를 떠나신 것 같다. 예수께서는 모든 사도와 가이사리아에 있었던 제자들을 데리고 가신다. 그러나 길을 가는 이렇게 많은 여행자의 무리를 아무도 이상하게 생각하지 않는 것은 예루살렘을 향하여 가는 다른 여행자들의 무리들을 벌써 만나게 되기 때문이다. 그들은 디아스포라 지방의 모든 곳에서 오는 이스라엘 사람이나 개종자들인 여행자의 무리들로 성도(聖都)에서 얼마 동안 머무르면서 선생들의 말을 듣고, 성전의 공기를 오래 호흡하기를 바라는 사람들이다.

예수의 일행은 벌써 지평선 위에 높이 올라가 있지만 봄철의 해이기 때문에 아직 방해가 되지 않는 햇볕을 받으며 빨리 걸어 간다. 이 봄의 햇볕은 새로 나온 잎들과 꽃이 핀 나뭇가지들과 놀고, 사방에 꽃, 꽃, 꽃을 피어나게 한다. 호수 못 미쳐 있는 평야는 그저 꽃이 만발한 양탄자일 뿐이고, 평야를 둘러싸고 있는 야산들 쪽으로 눈을 돌리면 약간 장미빛이 도는 흰 꽃이나 완전히 장미빛 꽃이나 거의 붉은 빛깔인 장미빛의 꽃무더기와 여러 가지 과일나무가 뒤덮인 것을 보게 되고, 또는 길을 따라 드문드문 있는 집이나 여기저기에 있는 말편자 만드는 대장간 옆을 지나면서는 정원이나 울타리를 따라 또는 집의 벽에 기대있는 장미나무에 처음 피는 장미꽃들을 보고 즐기게 된다.

"요안나의 정원들에는 꽃이 만발했겠는데" 하고 열성당원 시몬이 지적한다.

"나자렛의 정원도 꽃이 가득 찬 바구니 같을 거야. 아주머니는 이 장미나무에서 저 장미나무로, 그리고 장미나무들에서 오래지 않아 꽃이 필 쟈스민(jasmin) 나무도, 벌써 줄기에 꽃봉오리가 나타나는 백합으로 가는 다정스러운 벌과 같으셔, 그리고 늘 하시는 것처럼 편도나무 가지를 꺾으실 거고, 또 항아리에 꽃아서 당신 작은 방에 놓아 두시려고 배나무나 석류나무 가지도 꺾으실 거야. 우리가 어렸을 적에는 해마다 이렇게 여쭈어 보곤 했지. '왜 꽃이 핀 나뭇가지는 항상 꽃아 두시면서, 반대로 처음 피는 장미꽃들은 안 꽃아 놓으세요?' 하고, 그러면 아주머니도 이렇게 대답하시곤 했지. '그것은 이 꽃잎들에는 하느님에게서 내게 온 명령이 씌어 있기 때문이고 하늘의 산들바람 깨끗한 향기를 내가 맡기 때문이다' 하고. 유다형, 생각나?" 하고 알패오의 야고보가 형에게 묻는다.

"그래, 생각난다. 그리고 어른이 되어서는 아주머니가 당신 정원에서 꽃이 만발해 구름처럼 된 나무들 아래로, 또 첫번 장미꽃들이 울타리를 이룬 가운데로 왔다갔다 하시는 것을 보기 위해 봄이 오기를 초조하게 기다리던 것도 생각난다. 나는 비둘기들이 날아다니는 가운데 꽃들 사이로 미끄러지듯이 다니는 저 영원한 처녀의 광경보다 더 아름다운 광경은 일찍이 본 적이 없다…."

"오! 주님, 어머님을 빨리 뵈러 갑시다! 저도 그 모든 것을 보게요!" 하고 토마가 애원한다.

"걸음을 빨리 걷고, 밤에 아주 조금만 쉬기만 하면 나자렛에 제때에 도착할 수 있을 것이다" 하고 예수께서 대답하신다.

"제게 그 기쁨을 주시겠습니까, 주님?"

"그러마, 토마야. 우리는 모두 베싸이다로 왔다가 가파르나움으로 가고, 거기서 헤어져서 우리는 배로 티베리아로 갔다가 나자렛으로 간다. 어쨌건 유다인들을 제외한 우리 모두가 더 가벼운 옷을 입을 것이다. 겨울이 끝났으니까."

"예, 그래서 저희들은 비둘기에게 이렇게 말하겠습니다. '오 사랑하는 내 비둘기, 빨리 일어나서 오너라. 겨울이 끝났고, 비가 그쳤고, 땅에는 꽃들이 있으니까.…벗아, 일어나거라. 그리고 숨어있는 비둘기야, 와서 네 얼굴을 보여 주고, 네 목소리를 들려 다오' 하고."

"잘했다, 요한! 자네는 애인에게 노래를 부르는 연인과 같구먼!" 하고 베드로가 말한다.

"나는 사실 그래. 나는 어머님을 사랑하는 사람이야. 나는 내 사랑을 불러 일으키는 다른 여자를 보지 못해. 어머님밖엔 없어. 내가 진심으로 사랑하는 어머님밖에."

"나도 한달 전에 그런 말을 했어. 그렇지요, 주님?" 하고 토마가 말한다.

"나는 우리 모두가 어머님에 대한 사랑에 빠졌다고 생각하네. 지극히 고상하고 지극히 천상적인 사랑! …저 여인밖에는 불러일으킬 수 없을 사랑. 그래서 영혼은 어머님의 영혼을 완전히 사랑하고, 정신은 어머님의 지능을 사랑하고 우러러보며, 눈은 어머님을 감탄하며 바라보고, 우리가 꽃을 들여다볼 때와 같이 혼미(昏迷)가 없는 애정을 주는 그분의 깨끗한 우아함에서 만족을 느끼네. … 마리아는 세상의 아름다움이시고, 또 하늘의 아름다움이시라고 생각하네…." 하고 마태오가 말한다.

"맞아! 맞아! 우리는 모두 마리아 어머님에게서 여자에게 있는 다정스러운 것을 발견하네. 깨끗한 어린이임과 동시에 지극히 다정스러운 어머니시어. 그리고 이 두 가지 우아함 중에서 어느것 때문에 우리가 어머님을 더 사랑하는지 모르겠어…." 하고 필립보가 말한다.

"어머님은 '마리아'이시니까 사랑하는 거야. 그뿐이야!" 하고 베드로가 점잔을 빼며 격언조로 말한다.

예수께서는 그들이 말하는 것을 들으시고 말씀하신다. "너희가 모두 말을 잘했지만, 베드로는 썩잘 말했다. 마리아는 '마리아' 이시니까 사랑하는 것이다. 가이사리아로 가면서 너희에게 말했지. 완전한 믿음을 완전한 사랑에 결합시키는 사람들만이 '예수, 그리스도, 말씀, 하느님의 아들, 그리고 사람의 아들'이란 말들을 알게 될 것이라고. 그러나 지금은 의미가 매우 큰 다른 이름이 하나 있다는 말도 하겠다. 그런데 그것은 내 어머니의 이름이다. 완전한 믿음을 완전한 사랑에 결합시킬 사람들만이 하느님의 아들의 어머니의 '마리아'라는 이름의 참 뜻을 알 수 있을 것이다. 그리고 이 참 뜻은 격렬한 아픔을 당하는 무서운 시간에, 낳은 어머니가 그에게서 난 아들과 함께 몹시 괴로움을 당할 때, 구속하는 여인이 구속주와 더불어 모든 사람이 보는 앞에서 영원무궁세에 구속을 할 때에 비로소 참으로 믿는 사람들과 참으로 사랑하는 사람들의 눈에 나타나기 시작할 것이다."

"언젭니까?" 그들이 큰 시냇가에서 걸음을 멈추고 많은 제자가 거기서 물을 마시고 있는데, 바르톨로메오가 묻는다.

"여기서 멎어서 빵을 나누어 먹자. 해가 중천에 와 있다. 오늘 저녁에는 메론 호수에 가서, 작은 배들을 타고 길을 질러 갈 수 있을 것이다" 하고 예수께서는 회피하는 태도로 대답하신다.

모두가 연하고 햇볕을 받아 뜨뜻하게 된 시냇가의 풀에 앉는다. 그러니까 요한이 말한다. "이 작고 예쁜 꽃들을 상하게 하는 것은 아까운 걸. 하늘 조각들이 여기 풀밭에 떨어진 것 같은데." 물망초가 수백 수천 개 피어 있다.

"내일이면 더 아름답게 다시 날 거다" 하고 야고보가 아우를 위로하려고 말한다. "이 꽃들은 흙덩어리 위에 주님을 위해 연회장을 만들어 놓으려고 된 거다."

예수께서는 음식을 봉헌하시고 강복하신다. 그리고 모두가 즐겁게 먹기 시작한다. 제자들은 해바라기들처럼, 사도들이 줄지어 앉은 한가운데에 앉아 계신 예수를 쳐다본다. 청명한 하늘과 맑은 물로 양념을 한 식사는 이내 끝났다. 그러나 예수께서 앉아 계시므로 아무도 움직이지 않는다. 제자들도 사도들이 질문하는 예수께서 말씀하시는 것을 들으려고 가까이 온다. 그리고 아까 당신 어머니에 대하여 말씀하신 것을 또 질문한다.

"그렇다. 육체적으로 내 어머니가 되는 것만도 벌써 대단한 일일 것이다. 사람들이 엘카나의 안나를 기억하는 것은 예언자 사무엘의 어머니 때문이라는 것을 생각하여라. 그러나 사무엘은 예언자에 지나지 않았다. 그런데도 그의 어머니가 그를 낳았기 때문에 그의 어머니를 기억한다. 따라서 마리아는 구세주 예수를 세상에 낳아 주셨기 때문에 마리아의 기억에는 가장 큰 찬사가 따를 것이다. 그러나 세상의 구속을 위하여 요구하는 정도를 채우기 위하여 하느님께서 마리아에게 요구하시는 것과 비교하면 그것은 별것이 아닐 것이다. 마리아는 하느님의 소원을 저버리지 않으실 것이다. 마리아는 절대로 하느님의 기대를 저버리지 않으셨다. 완전한 사랑의 요청에서 완전한 희생의 요청에 이르기까지 마리아는 자기를 바치셨고, 또 바치실 것이다. 그리고 나와 함께, 나를 위하여, 또 세상을 위하여 가장 큰 희생을 완성하시면, 그때에는 참 신자들과 참으로 사랑하는 사람들이 내 어머니의 이름의 참 뜻을 이해할 것이다. 그리고 영원토록 모든 참다운 신자와 모든 참다운 사랑하는 사람에게는 그 뜻을 아는 것이 허락될 것이다. 위대한 어머니의 이름 그리스도의 자녀들을 하늘의 생명 속에서 자라게 하기 위하여 영원토록 당신 눈물로 젖먹이실 거룩한 젖어머니의 이름을 말이다."

"주님, 우시다니요? 주님의 어머님이 우셔야 합니까?" 하고 가리옷 사람이 묻는다.

"어떤 어머니든지 다 운다. 그리고 내 어머니는 어떤 다른 어머니보다도 더 우실 것이다."

"그렇지만 왜요? 저는 항상 착한 아들은 아니기 때문에 어떤 때 어머니를 우시게 했습니다. 그러나 선생님은! 선생님은 절대로 어머니께 고통을 주지 않으실 텐데요."

"그렇다. 과연 나는 아들로서는 어머니께 고통을 드리지 않는다. 그러나 구속자로서는 고통을 드릴 것이다. 내 어머니께 끝없는 눈물을 흘리게 할 사람이 둘이 있을 것이다. 나와 인류인데, 나는 인류를 구하기 위하여 그럴 것이고, 인류는 끊임없는 그의 죄로 그럴 것이다. 전에 산 사람, 지금 사는 사람, 장차 살 사람은 누구나가 내 어머니께 눈물을 흘리게 할 것이다."

"아니, 왜요?" 하고 제베대오의 야고보가 놀라서 묻는다.

"그것은 사람은 누구나 그를 구속하기 위하여 내게 고통을 겪게 하겠기 때문이다."

"그러나 죽은 사람들이나 아직 나지 않은 사람들에 대해서 어떻게 그런 말씀을 하실 수가 있습니까? 지금 살아 있는 사람들, 율법학자들, 바리사이파와 사두가이파 사람들이 그들의 비난과 질투와 악의로 선생님을 괴롭힐 것입니다. 그러나 그 이상은 아무것도 없습니다" 하고 바르톨로메오가 자신만만하게 잘라 말한다.

"세례자 요한도 죽임을 당했다. …그런데 그가 하느님께 불복종하는 사람들에게 잘못 보였기 때문에 죽임을 당한 유일한 예언자도 아니고, 영원한 뜻의 유일한 사제도 아니다."

"그러나 선생님은 예언자보다 더하신 분이고, 선생님의 예고자인 세례자 자신보다도 더한 분이십니다. 선생님은 하느님의 말씀이십니다. 이스라엘의 손이 선생님을 치려고 들리지는 않을 것입니다" 하고 유다 타대오가 말한다.

"너는 그렇게 생각하느냐? 네 생각은 틀렸다" 하고 예수께서 대답하신다.

"안 됩니다. 그렇게 될 수는 없습니다. 그런 일은 있을 수 없습니다. 하느님께서 그것을 허락하지 않으실 것입니다! 그것은 당신의 그리스도의 품격을 영원히 떨어 뜨리시는 것이 될 것입니다!" 유다 타대오는 어떻게나 흥분하였는지 벌떡 일어선다.

예수께서도 따라 일어서시어 그의 창백한 얼굴과 그의 진심어린 눈을 뚫어지게 들여다보시며 천천히 말씀하신다. "그렇지만 그렇게 될 것이다." 그리고 맹세를 하기 위한 것처럼 올리고 계시던 오른 팔을 내리신다.

모두가 일어서서 선생님 둘레로 한층 더 바싹 다가선다. 몹시 슬퍼하는, 그러나 그보다도 한층 더 불신하는 얼굴이 빙 둘러 있고 그들 사이에는 속삭이는 말이 오간다. "물론이야. …그렇게 된다면…타대오의 말이 옳을 거야."

"세례자가 당한 일은 좋지 않았어. 그렇지만 그것은 끝까지 영웅적이었던 사람을 영광스럽게 했어. 그런데 그리스도께서 그런 일을 당하시면, 그로 인해서 가치가 떨어질 거야."

"그리스도는 박해는 당하실 수 있지만, 품위가 떨어질 수는 없어."

"그리스도께는 하느님의 기름이 부어졌단 말이야."

"선생님이 사람들의 뜻대로 되시는 걸 보면 누가 더 믿겠습니까?"

"저희는 그렇게 되도록 허락하지 않겠습니다."

입을 다물고 있는 사람은 알패오의 야고보뿐이다. 그의 형이 그를 공격한다. "너는 말을 안 하니? 반응을 일으키지 않니? 넌 들리지 않니? 그리스도를 당신 자신에 대해서 보호해라."

야고보는 손으로 얼굴을 가리고 울면서 조금 비켜나는 것으로 대답을 대신한다.

"바보로구나!" 하고 형이 말한다.

"어쩌면 형님이 생각하시는 것보다는 덜 바보인지도 모릅니다" 하고 헤르마스테아가 대답한다. 그리고 계속한다. "어제 예언을 설명하시면서 선생님은 썩어 가다가 다시 조직되는 한 육체와 자기자신의 힘으로 부활하는 한 육체에 대해서 말씀하셨습니다. 저는 어떤 사람이 우선 죽지 않으면 다시 살아날 수는 없다고 생각합니다."

"그렇지만 나이가 많아서 자연사로 돌아가실 수도 있어. 그리스도로서는 그것만도 대단한 거란 말이야!" 하고 타대오가 대꾸한다. 그리고 여러 사람이 그의 말을 옳다고 한다.

"그래. 그렇지만 그때에는 당신보다 훨씬 더 늙은 그 세대에 주시는 표가 아닐 거야" 하고 열성당원 시몬이 지적한다.

"좋아! 그렇지만 당신 자신에 대해서 말씀하시는 것이 아닌지도 몰라" 하고 그의 사랑과 존경으로 고집이 세게 된 타대오가 대꾸한다.

"하느님의 아들이 아니시면 아무도 선생님이 태어나신 것과 같이 날 수가 없는 것과 같이, 하느님의 아들이 아니시면 아무도 자기 스스로 다시 살아날 수는 없습니다. 저는 그것을 확실히 말합니다. 선생님의 탄생의 영광을 본 제가 말하는 것입니다" 하고 이사악이 그의 증언에 자신을 가지고 말한다.

예수께서는 팔짱을 끼신 채 제자들을 번갈아 바라다보시며 그들이 말하는 것을 들으셨다. 이제는 당신이 말씀을 하시겠다는 손짓을 하시고 말씀하신다. "사람의 아들은 하느님의 아들이기 때문에, 그러나 사람을 구속하는 사람이기도 하기 때문에 사람들의 손에 넘겨질 것이다. 그런데 고통없이 구속은 없는 것이다. 내 고통은 살과 피의 죄를 속죄하기 위하여 육체에, 즉 살과 피에 미칠 것이다. 내 고통은 영혼과 격정의 죄를 속죄하기 위하여 정신적인 것이 될 것이다. 내 고통은 영의 잘못을 속죄하기 위하여 영적인 것이 될 것이다. 내 고통은 완전할 것이다. 그러므로 정해진 시간에 나는 예루살렘에서 붙잡혀서 원로들과 대사제, 율법학자, 바리사이파 사람들에게서 많은 고통을 당한 후, 불명예스러운 죽음의 선고를 받을 것이다. 그리고 그렇게 되어야 하겠기 때문에 하느님께서는 그렇게 되도록 내버려두실 것이다. 그것은 내가 온 세상의 죄를 속죄해야 하는 어린 양이기 때문이다. 그래서 내 어머니와 몇몇 다른 사람이 같이할 말할 수 없이 큰 고민 속에서 나는 십자가에 달려 죽을 것이다. 사흘 후에는 온전히 하느님인 내 뜻만으로 다시 살아나, 사람으로서는 영원하고 영광스러운 생명을 누릴 것이고, 다시 하늘에서 아버지와 성령으로 더불어 하느님일 것이다. 그러나 그전에 나는 가지가지 치욕을 당하고 거짓말과 증오로 마음이 꿰뚫려야 할 것이다."

따뜻하고 향기로운 봄의 공기 속에 분개한 외침이 일제히 올라온다.

베드로는 겁에 질린 얼굴로, 그도 역시 분개하여 예수의 팔을 잡고 조금 그에게로 외따로 끌고 가서 귀에 대고 가만히 말한다. "아이고! 주님! 그런 말씀하지 마십시오. 그것은 좋지 않습니다. 아시겠어요? 저 사람들이 눈살을 찌푸립니다. 주님이 그들의 평가에서 깎이십니다. 선생님은 어떤 이유로도 그렇게 되기를 허락하셔서는 안 됩니다. 그렇지만 또한 그런 일을 선생님이 절대로 당하지 않으실 것입니다. 그런데 왜 그것을 진짜인 것처럼 예상하십니까? 선생님은 만일 자신을 주장하고자 하시면 사람들의 평가에서 점점 더 올라가셔야 합니다. 그리고 어쩌면 선생님의 적들을 잿더미로 만드시는 것과 같은 최후의 기적으로 마지막 손질을 하셔야 할지도 모릅니다. 그러나 절대로 선생님의 품위를 떨어뜨려서 벌을 받는 범죄자처럼 되셔서는 안 됩니다."

베드로의 속삭임을 듣기 위하여 몸을 약간 굽히셨던 예수께서는 눈을 반짝이시며, 그러나 분노의 반짝임을 띤 눈으로 엄하게 몸을 일으키시며, 모두가 듣도록, 그래서 모두에게 교훈이 되도록 큰 소리로 외치신다. "이 시간에는 아버지께 대한 순종을 어기라고 내게 권하는 사탄인 너는 내게서 멀리 물러가라! 나는 그 때문에 온 것이지! 명예를 위해 온 것이 아니다! 너는 내게 오만과 불복종과 사랑없는 냉혹을 권함으로써 나를 악으로 이끌어 가려고 유혹하고 있다. 저리 가라! 너는 내게 있어서 죄를 짓게 하는 기회이다! 위대함은 명예에 있지 않고 희생에 있다는 것과, 하느님께서 우리를 천사로 보시면, 사람들의 눈에 벌레처럼 보이더라도 아무렇지도 않다는 것을 너는 깨닫지 못하느냐? 어리석은 사람인 너는 하느님께는 어떤 것이 위대함이고 어떤 것이 하느님의 이치인지를 이해하지 못하고, 사람에게 달린 것만을 가지고 보고, 판단하고, 듣고, 말한다."

가엾은 베드로는 이 엄한 꾸지람을 들으며 어리둥절해 있다가 자존심이 상하여 물러가서 운다. …그런데 그것은 며칠 전에 있었던 기쁨의 눈물이 아니라, 자기가 죄를 지었다는 것과 자기가 사랑하는 사람에게 고통을 주었다는 것을 깨닫는 사람이 흘리는 슬픔의 눈물이다. 그런데

34. 예수께서 처음으로 당신의 수난을 예고하신다. 베드로를 나무라신다

예수께서는 그가 울게 내버려두신다. 예수께서는 신발을 벗고 옷을 걷어올리고 개울을 건너신다. 다른 사람들도 말없이 그렇게 한다. 아무도 감히 한 마디 말도 하지 못한다. 모든 사람의 뒤에 가엾은 베드로가 처져 있는데, 이사악과 열성당원이 위로하려고 해보지만 소용이 없다. 안드레아가 베드로를 보려고 여러 번 돌아본다. 그리고는 몹시 슬퍼하고 있는 요한에게 무엇인지 속삭인다. 그러나 요한은 거절하는 표로 머리를 흔든다.

그러니까 안드레아가 결심한다. 그는 앞으로 뛰어가 예수 계신 데까지 가서 분명히 겁을 내면서 "선생님! 선생님!" 하고 가만히 부른다. 예수께서는 그가 여러 번 부르도록 내버려둔다. 마침내 뒤돌아보시며 엄한 태도로 물으신다. "무슨 일이냐?"

"선생님, 제 형이 몹시 괴로워하며… 울고 있습니다…."

"그렇게 되어 마땅하다."

"맞습니다, 주님. 그렇지만 형은 여전히 사람입니다. …언제나 잘 말할 수는 없습니다."

"사실 오늘은 말을 아주 잘못 했다" 하고 예수께서는 대답하신다. 그러나 벌써 덜 엄하시고, 미소를 머금은 반짝임이 예수의 숭고한 눈을 부드럽게 한다.

안드레아는 대담하게 되어 형을 위한 변호를 계속한다. "그러나 선생님은 정의로우시니, 선생님께 대한 사랑으로 제 형이 잘못하게 되었다는 것을 아십니다…."

"사랑은 빛이 되어야지 어두움이 되어서는 안 된다. 베드로는 사랑을 어두움으로 만들고 그것으로 그의 정신을 둘러쌌다."

"맞습니다, 주님. 그러나 처맨 헝겊은 떼어버리고 싶으면 떼어버릴 수 있습니다. 어두운 정신을 가지고 있는 것과 같지는 않습니다. 처맨 헝겊은 외부적인 것입니다. 정신은 내부적인 것이고 살아 있는 핵입니다. …제 형의 내심은 착합니다."

"그러면 그가 처맨 헝겊을 떼어버리라고 해라."

"주님, 형은 분명히 그렇게 할 것입니다! 벌써 그 일을 시작했습니다. 몸을 돌리셔서, 주님이 위로해 주지 않으셔서 흘리는 눈물로 얼마나 얼굴이 흉하게 되었는지 보십시오. 왜 형을 그리 엄하게 다루십니까?"

"그것은 내게 그에게 '첫째'가 되는 영광을 준 것처럼 '첫째'가 될 의무가 있기 때문이다. 많이 받는 사람은 많이 주어야 하는 것이다…."

"오! 주님! 예, 그것은 사실입니다. 그러나 주님은 라자로의 마리아, 엔도르의 요한, 아글라에, 코라진의 미녀, 레위를 기억하지 않으십니까? 그들에게는 주님이 모든 것을 주셨습니다. …그런데 그 사람들은 구속을 받겠다는 의향만을 주님께 드렸습니다. …주님! … 주님은 코라진의 미녀와 아글라에를 위한 제 청을 들어주셨습니다. …그런데 주님께 대한 사랑으로 죄를 지은 주님과 제 시몬을 위한 제 청을 안 들어주시겠습니까?"

예수께서는 아글라에와 코라진의 미녀를 위하여 말없이 대담하고 끈질기게 되었던 것과 같이 자기 형을 위하여 대담하고 끈질기게 된 온순한 제자를 내려다보시며, 얼굴이 빛난다. "네 형을 불러서 이리 데려오너라" 하고 말씀하신다.

"아이고! 고맙습니다. 주님! 가겠습니다…." 그러면서 제비처럼 빠르게 뛰어서 떠나간다.

"형, 이리 와. 선생님이 이젠 형에게 화를 내고 있지 않으셔. 이리와, 선생님이 형에게 그 말을 하려고 하셔."

"아니다, 아니야. 나는 부끄럽다. …나를 꾸짖으신 것이 바로 조금 전이다. …또 꾸짖으시려고 하시는 거다…."

"형은 정말 선생님을 잘 알지 못하는구먼. 자, 가자구! 형은 내가 형을 더 괴롭히려고 데려갈 수 있을 것으로 생각해? 기쁨이 형을 기다린다는 걸 내가 확실히 알지 않으면 간청하진 않을 거야. 가자구!"

"그렇지만 내가 무슨 말씀을 드리니?" 베드로는 인간적인 감정으로 억제되고, 한편으로는 예수의 친절과 사랑 없이는 견딜 수 없는 그의 정신에 자극되어 마지 못해 걸음을 옮기면서 말한다. 그리고 "내가 무슨 말씀을 드리니?" 하고 계속 묻는다.

"아니, 아무 말도 할 필요 없어! 형의 얼굴만 보여 드려. 그러기만 하면 될 거야" 하고 안드레아가 형에게 용기를 주려고 말한다.

모든 제자들은 두 사람이 그들을 지나쳐 가는 데 따라 두 형제를 바라다 보면서 무슨 일이 일어나는지를 알아차리고 빙그레 웃는다.

그들은 예수 계신 데까지 왔다. 그러나 베드로는 최후 순간에 걸음을 멈춘다. 안드레아는 여러 말을 하지 않고, 마치 배를 바다 쪽으로 밀기 위하여 하는 것처럼 형을 힘차게 앞으로 떼민다. 예수께서는 걸음을 멈추신다. …베드로는 얼굴을 쳐든다. …예수께서는 얼굴을 숙이신다. …두 사람은 서로 바라다본다. …굵은 눈물 두 방울이 새빨개진 베드로의 뺨으로 흘러 내린다….

"이리 오너라. 지각 없는 큰 아이, 내가 그 눈물을 닦게 해서 훔쳐서 네 아버지 노릇을 하게 해라" 하고 예수께서 말씀하시며, 지스칼라에서 돌에 맞은 상처자국이 아직 있는 손을 들어, 손가락으로 눈물 두 줄기를 닦아 주신다.

"오! 주님! 저를 용서해 주셨습니까?" 하고 베드로는 예수의 손을 두 손으로 잡고, 화가 난 주인의 용서를 받기를 바라는 충직한 개의 눈과 같은 두 눈으로 예수를 쳐다보면서 몸을 떨며 묻는다.

"내가 너를 단죄한 적은 한 번도 없다…."

"그렇지만 전에…."

"나는 너를 사랑했다. 감정과 지혜의 빗나감이 네 안에 뿌리 내리는 것을 허락지 않는 것은 사랑이다. 시몬 베드로야, 너는 모든 것에 첫째가 되어야 한다."

"그러면…그러면 주님이 아직도 저를 사랑하십니까? 아직도 저를 원하십니까? 제가 첫째 자리를 원해서 그러는 것이 아닙니다. 아시겠습니까? 저는 마지막 자리에 있어도, 주님을 모시고, 주님께 봉사만 하면 족합니다. …그리고 주님께 봉사하다가 죽기만 하면요. 주, 내 하느님!"

예수께서는 그의 어깨를 한 팔로 감싸시고 당신께 바싹 잡아당기신다. 그러니까 예수의 다른 손을 놓지 않은 시몬은…행복하게 그 손에 여러 번 입맞춤한다. 그러면서 속삭인다. "얼마나 괴로웠는지요! …고맙습니다. 예수님!"

"오히려 네 아우에게 감사해라. 그리고 이제부터는 네 짐을 정의와 용맹으로 질 줄을 알아라. 다른 사람들을 기다리자. 다른 사람들은 어디 있느냐?"

그들은 베드로가 예수 계신 곳에 갔을 때, 예수께서 괴로워하는 당신 사도에게 자유롭게 말씀하시게 하려고 있던 자리에 그대로 머물러 있었다. 예수께서는 그들에게 앞으로 나아오라는 손짓을 하신다. 그런데 그들과 함께 농부가 몇 사람 있다. 그들은 밭일을 버리고 와서 제자들에게 말을 물었었다.

예수께서는 여전히 손을 베드로의 어깨에 얹으신 채 말씀하신다. "지금 일어난 일로 너희들은 내게 봉사하는 것이 얼마나 가혹한 일인지 깨달았다. 꾸지람은 베드로에게 했다마는, 같은 생각이 너희들 대부분의 마음에 혹은 형성되었거나 혹은 싹의 상태로 들어있었기 때문에 너희 모두에게 대한 것이었다. 이렇게 해서 나는 그 생각들을 고쳐주었다. 그리고 그 생각들을 아직 키우고 있는 사람은 내 가르침과 내 사명과 내 인격을 이해하지 못한다는 것을 드러내는 것이다.

나는 길과 진리와 생명이 되기 위해서 왔다. 나는 내가 가르치는 것으로 너희들에게 진리를 준다. 나는 내 희생으로 너희들에게 길을 평탄하게 하고, 길을 닦아 주고 가리켜 준다. 그러나 생명은 내 죽음으로 너희에게 준다. 그리고 누구든지 내 부름에 응해서 세상의 구속에 협력하려고 내 편에 드는 사람은 생명을 다른 사람들에게 주기 위하여 죽을 각오가 되어 있어야 한다는 것을 기억하여라. 따라서 누구든지 나를 따르고자 하는 사람은 자기를 끊어버리고, 자기의 격정과 경향과 습관과 관습과 생각과 더불어 묵은 자기 자신을 버릴 각오를 하고, 새로운 자기 자신을 가지고 나를 따라야 한다.

내가 내 십자가를 질 것처럼 각자가 자기의 십자가를 져야 한다. 그 십자가가 그에게 너무나 불명예스러운 것으로 생각되더라도 져야 한다. 자기의 영적인 자아를 해방하기 위하여 자기의 십자가의 무게가 자기의 인간적인 자아를 찍어누르게 내버려두어야 한다. 영적인 자아에게는 십자가가 혐오감을 일으키지 않고, 오히려 받침점과 존경의 대상이 된다. 영은 알고 기억하고 있기 때문이다. 그리고 자기의 십자가를 지고 나를 따라야 한다. 길이 끝나는 곳에서 불명예스러운 죽음이 내 경우처럼 그를 기다릴 것이냐? 상관없다. 슬퍼하지 말고 오히려 기뻐해야 한다. 세상의 불명예가 하늘에서는 큰 영광으로 바뀔 것이고, 영적인 영웅적 행위 앞에서 용기가 없는 것은 불명예가 되겠기 때문이다. 너희는 죽을 때까지 나를 따르고자 한다고 끊임없이 말한다. 그러면 나를 따라라. 그러면 험하기는 하지만 거룩하고 영광스러운 길로 해서 너희를 나라로 인도하겠다. 그 길을 다가면 곧 너희는 영원히 변하지 않는 생명을 얻을 것이다. 그것이 '사는 것'일 것이다. 반대로 세상과 육체의 길을 따라가는 것은 '죽는 것'이다. 이와 같이 누가 이 세상에서 그의 생명을 구하고자 하면 그것을 잃을 것이다. 반면에 나 때문에 그리고 내 복음에 대한 사랑으로 이 세상에서 자기의 생명을 잃으면, 그것을 구할 것이다. 그러나 곰곰히 생각해보아라. 사람이 온 세상을 얻는다 해도, 그리고 나서 자기의 영혼을 잃으면 무슨 소용이 있겠느냐?

또 현재에도 미래에도 내 말과 내 행동을 부끄러워하지 않도록 조심하여라. 그것도 또한 '죽는 것'일 것이다. 과연 내가 말한 어리석고 하느님을 배반하고 죄를 짓는 이 세대 앞에서 나를 부끄러워하고, 그렇게 하는 데에서 보호와 이익을 얻어내기를 바라면서 나와 내 가르침을 버리고 이 세대에 아부하며, 그가 받은 말을 돼지와 개들의 더러운 아가리에 던지면서 그대신 보수로 오물들이나 받으려고 하는 사람은, 사람의 아들이 세상을 심판하기 위하여 그의 아버지의 영광 속에 천사들과 성인들을 데리고 올 때에 사람의 아들의 심판을 받을 것이다. 사람의 아들이 그때에는 이 모든 하느님에 대한 배반과 우상숭배와, 이 비겁한 자들과 이 고리대금업자들에 대한 분노로 얼굴을 붉히며 그들을 그의 나라에서 내쫓을 것이다. 천상 예루살렘에는 하느님을 배반하는 자들, 비겁한 자들, 우상숭배자들, 하느님을 모독하는 자들, 그리고 도둑들을 위한 자리가 없기 때문이다. 정말 잘 들어두어라. 내 제자들인 남녀 중에서 여기 있는 어떤 사람들은 왕관과 기름 부음을 받은 그의 왕과 더불어 하느님의 나라가 세워지는 것을 보기 전에는 죽음을 맛보지 않을 것이다."

해가 천천히 하늘에서 내려오는 동안 그들은 활기있게 이야기를 하면서 다시 길을 가기 시작한다.

35. 베드로와 마륵지암에 관한 예언. 베싸이다의 소경

그들이 이제는 걷는 것이 아니라, 전날들보다도 한층 더 빛나고 더 깨끗한 새로운 새벽 속으로 뛰어 가다시피한다. 사방에 이슬이 반짝이고, 여러 가지 빛깔의 꽃잎들이 머리 위로 우수수 떨어지고, 풀밭에도 비오듯 쏟아져서 강가와 밭에 있는 풀줄기에 피어 있는 수없이 많은 꽃 옆에 떨어진 꽃잎들의 다른 빛깔들을 섞어 놓아, 새로 돋아나는 풀포기에 다른 금강석을 수놓는다. 그들은 사랑을 속삭이는 새들의 노래와 가벼운 바람의 살랑거림과 한숨짓거나 아르페지오*를 연주하는 것 같은 즐거운 물의 속삭임을 들으며 뛰어간다. 그들은 가지 사이를 기어 가고, 하루가 다르게 올라오는 건초용 풀과 밀을 어루만지거나 강둑 사이로 흘러거리나 맑은 물 위에 닿을까 말까한 풀줄기들을 살그머니 구부린다. 그들은 사랑을 맞이하러 가는 것처럼 뛰어간다. 필립보와 바르톨로메오와 마태오와 열성당원같이 나이 더 먹은 사람들까지도 젊은이들과 같이 기쁘게 서두른다. 그리고 제자들 사이도 마찬가지여서, 가장 나이많은 사람들이 가장 어린 사람들과 누가 빨리 걷나 경쟁을 한다.

그래서 풀밭에 이슬이 아직 마르기 전에 그들은 호수와 강과 산 사이 좁은 공간에 갇혀 있는 베싸이다 근처에 이른다. 그런데 산의 수풀에서 나뭇가지 한단을 지고 몸을 구부린 아주 나이어린 젊은이가 오솔길로 해서 내려온다. 그는 거의 뛰다시피 빨리 내려오는데, 그가 있는 위치 때문에 사도들을 보지 못한다. … 그는 나뭇단을 지고 뛰어 내려오며 행복스럽게 노래를 부른다. 그리고 베싸이다의 첫번째 집들이 있는 큰 길에 와서는 짐을 땅에 내려놓고, 쉬기 위하여 몸을 일으키며 새까만 머리카락을 뒤로 젖힌다. 그는 키가 크고 날씬하며, 몸이 튼튼하고 사지가 재빠르고 가냘프다. 아름다운 젊은이의 얼굴이다.

---

* 역주 : Arpezzio.

"마륵지암이야" 하고 안드레아가 말한다.

"너 미쳤니? 저건 어른이다" 하고 베드로가 대답한다.

안드레아는 양손을 메가폰처럼 입에 대고 큰 소리로 부른다. 겨우 무릎까지 내려가고, 아마 너무 좁아서 그렇겠지만 가슴이 벌어진 짧은 옷에 허리띠를 졸라매고 나서 짐을 다시 들려고 몸을 구부리던 젊은이가 부르는 소리가 들려오는 쪽으로 몸을 돌리다가 그를 바라다보고 있는 예수와 베드로와 다른 사람들을 본다. 이들은 갈릴래아 호수 못 미쳐 있는 요르단강의 왼쪽 마지막 지류인 넓은 개울물에 가지를 담그고 있는 한 무더기의 수양버들 옆에 멈추고 서 있다. 그는 짐을 다시 내려놓고 두 팔을 쳐들고 외친다. "주님! 아버지!" 그리고 급히 달려온다.

그러나 베드로도 뛰어서 샌들도 벗지 않고, 옷만 걷어올린 채 개울을 건너가서 먼지가 수북한 길을 뛰어간다. 마른 땅바닥에 젖은 샌들의 자국을 남기면서.

"아버지!"

"귀여운 내 아들!"

그들은 얼싸안았다. 마륵지암은 정말 베드로만큼 크다. 그래서 다정스럽게 입맞춤을 할 때에 그의 까만 머리카락이 베드로의 얼굴에 내려덮인다. 그렇지만 그가 날씬하기 때문에 더 커보인다. 그러나 마륵지암은 다정스러운 포옹에서 떨어져 나와, 개울을 건너 사도들에 둘러싸여 천천히 걸어오시는 예수께로 다시 뛰어 온다.

마륵지암은 예수의 발 앞에 무릎을 꿇으며 두 팔을 들고 말한다. "오! 주님, 종에게 강복을 주십시오!"

그러나 예수께서는 몸을 굽혀 그를 일으키시고 가슴에 껴안고 양쪽 뺨에 입맞춤을 하시면서 "계속적인 평화와 주님의 길에서 지혜와 은총이 더해지기를" 그에게 기원하신다.

다른 사도들도 젊은이를 환영하고, 특히 여러 달째 그를 보지 못한 사도들은 더 그러하며, 그와 더불어 그의 발육을 기뻐한다.

그러나 베드로는! 베드로는! 그가 마륵지암을 낳았다 하더라도 그렇게까지 만족하지는 못할 것이다! 그는 빙빙 돌아가며 아들을 들여다보고 만지고 이 사람 저 사람에게 묻는다. "아니, 아름답지 않은가? 잘 생기지 않았어? 얼마나 꼿꼿한지 보라구! 가슴은 얼마나 벌어지구! 다리는 얼마나 곧구! …좀 마르고, 아직 근육은 별로 발달하지 않았지만 말이야. 그렇지만 장래성이 있어! 정말 장래성이 있단 말이야! 또 얼굴은 어때? 얘가 아직도 작년에 내가 안고 다니던 그 꼬마와 같은지 보라구! 그땐 초라하고 파리하고 침울하고 겁을 먹은…새를 안고 다니는 것 같았는데…폴피레아, 잘했어! 아! 그 사람이 그의 꿀, 버터, 기름, 달걀 그리고 물고기 간을 가지고 정말 잘했단 말이야. 아! 선생님, 제 아내를 만나러 가도 되겠습니까?"

"가거라, 가! 시몬아, 이내 쫓아가마."

예수께서 아직 손을 잡고 계시는 마륵지암이 말한다. "선생님, 제 아버지는 분명히 어머니께 식사를 시키실 겁니다. 선생님을 떠나서 어머니를 도와드리러 가게 허락해 주세요…."

"가거라. 그리고 네게 아버지와 어머니가 되시는 분들을 네가 공경하니, 하느님께서 네게 강복하시기를 바란다."

마륵지암은 뛰어서 떠나가서 나뭇단을 다시 들어 지고 베드로를 쫓아가, 그 옆에서 걸어 간다.

"산을 올라가고 있는 아브라함과 이사악 같구먼" 하고 바르톨로메오가 평한다.

"아이고! 가엾은 마륵지암! 설상가상이로구먼!" 하고 열성당원이 말한다.

"그리고 가엾은 내 형! 형이 아브라함 노릇을 할 힘이 있을는지 모르겠는데…" 하고 안드레아가 말한다.

예수께서는 안드레아를 보시고 나서, 그의 마륵지암을 곁에 데리고 멀어져 가는 베드로를 보시고 말씀하신다. "나 너희에게 진정으로 말한다마는, 언젠가는 그의 마륵지암이 옥에 갇히고, 매를 맞고 채찍질을 당하고, 죽을 위험에 처해 있다는 것을 알고 시몬 베드로가 기뻐할 것이고, 마륵지암에게 하늘의 주홍빛 옷을 입히고, 그의 순교자의 피로 땅을 기름지게 하기 위하여 자기 손으로 그를 십자가에 뉘어 놓을 만한 용기를 가질 것이며, 마륵지암의 운명을 부러워하며, 다만 한 가지 이유만으로, 즉 내가 그에게 '교회를 위하여 가서 죽어라' 하고 말하기까지는 내 교회의 최고 지도자로 선택된 것 때문에 그의 아들 대신 죽지 못하고 자기 자신만을 남겨두어야 한다는 이유 때문에만 괴로워할 것이다. 너희는 아직 베드로를 알지 못한다. 그러나 나는 그를 안다."

"선생님은 마륵지암과 제 형이 순교하리라고 예상하시는 것입니까?"

"그것이 괴로우냐, 안드레아야?"

"아닙니다, 저는 선생님이 저를 위해서도 순교를 예측하지 않으시는 것이 괴롭습니다."

"정말 잘 들어 두어라. 한 사람만 빼놓고는 너희 모두가 주홍빛 옷을 입을 것이다."

"그게 누굽니까? 누굽니까?"

"하느님의 고통에 대하여는 침묵을 남겨두자" 하고 예수께서는 괴로워하시며 엄숙하게 말씀하신다.

그들은 신록이 가득한 정원들 가운데로 베싸이다의 첫번째 거리로 들어간다. 베드로가 베싸이다의 다른 사람들과 함께 소경 한 사람을 예수께 데리고 온다. 마륵지암은 거기 없다. 틀림없이 폴피레아를 돕기 위하여 남아 있을 것이다. 베싸이다 사람들과 소경의 부모와 함께 시카미논과 다른 도시들에서 베싸이다로 온 많은 제자들이 있는데, 그들 가운데에는 스테파노, 헤르마, 사제 요한, 율법학자 요한, 그밖에 많은 사람이 있다(그들이 하도 많기 때문에, 이제부터는 그들을 기억하려면 대단히 헷갈리겠다!).

"주님, 이 사람을 데리고 왔습니다. 이 사람은 여러 날 전부터 여기서 기다리고 있었습니다" 하고 베드로가 설명하는데, 그동안 소경과 그의 부모는 끊임없이 "다윗의 후손이신 예수님, 저희를 불쌍히 여기십시오!", "주님의 손을 제 아들의 눈에 얹어 주십시오. 그러면 눈을 뜨게 될 것입니다.", "주님, 저를 불쌍히 여겨주십시오! 저는 주님을 믿습니다!" 하고 노래한다.

예수께서는 소경의 손을 잡으시고, 이제는 거리를 내리쬐는 햇볕을 피하게 하시려고 소경과 함께 몇 미터를 뒤로 물러가신다. 그리고 잎으로 뒤덮인 어떤 집, 마을의 첫번째 집에 등을 대고 기대 서게 하시고, 당신은 그의 앞에 서신다. 그리고 양쪽 검지에 침을 묻히시고, 당신의 축축한 손가락으로 눈꺼풀을 문지르신다. 손바닥 아랫쪽으로는 눈구멍을 누르시고, 손가락은 불행한 사람의 머리카락 속으로 들여보내신다. 이렇게 하고 기도를 하시고 나서 손을 떼신다. "무엇이 보이나?" 하고 소경에게 물으신다.

"사람들이 보입니다. 분명히 사람들입니다. 그런데 저는 꽃이 만발한 나무를 이렇게 상상했었습니다. 그렇지만 이것은 분명히 사람들입니다. 움직이고, 제게로 다가오고 있으니까요."

예수께서는 다시 손을 얹으셨다가 다시 떼시며 말씀하신다. "그럼 지금은?"

"오! 이제는 땅에 심은 나무와 저를 바라다보는 사람들을 잘 구별하겠습니다. …그리고 주님이 보입니다! 참말 아름다우십니다! 주님의 눈은 하늘 같고, 주님의 머리카락은 햇빛과 같습니다. …그리고 주님의 눈길과 주님의 미소는 하느님의 것입니다. 주님, 경배합니다!" 그러면서 예수의 옷에 입맞춤하려고 무릎을 꿇는다.

"일어나서 어머니에게로 가게. 어머니는 그렇게도 여러 해 동안 자네에게 빛과 위안이 돼 주셨고, 어머니에 대해서 자네는 오직 사랑만을 알 뿐일세."

예수께서는 그의 손을 잡고 그의 어머니에게로 데려가신다. 어머니는 몇 걸음 떨어진 곳에 전에 애원하던 때와 마찬가지로 무릎을 꿇고 경배하고 있다.

"아주머니 일어나시오. 여기 아들이 있습니다. 아들이 햇빛을 보게 되었으니, 그의 마음이 영원한 빛을 따르고자 하기를 바랍니다. 집으로 돌아가서 행복하시오. 그리고 하느님께 대한 감사의 정으로 거룩하게 사시오. 그러나 마을들을 지나가면서, 아들을 내가 고쳐 주었다고 아무에게도 말하지 마시오. 이것은 내가 내 아버지의 다른 자녀들에게도 믿음과 기쁨을 확실하게 해주러 가야 옳은데, 군중이 이리로 몰려들어 내가 가는 것을 방해하지 못하게 하려고 그러는 것입니다."

그리고 정원들 사이로 난 작은 길로 해서 급히 베드로의 집으로 향하신다. 예수께서는 당신이 늘 하시는 것처럼 다정스럽게 폴피레아에게 인사를 하시면서 베드로의 집으로 들어가신다.

36. 마나헨과 여자제자들과 같이 가파르나움에서 나자렛으로

 그들이 가파르나움의 좁은 호숫가에 발을 들여놓았을 때 어린이들의 고함이 맞이한다. 어린이들은 단순한 기쁨을 나타내며, 그들의 작은 목소리로 재잘거리면서 어떻게나 빨리 호숫가에서 집으로 달려 가는지, 새 둥지를 짓느라고 분주하게 날아다니는 제비들과 경쟁이라도 하는 것 같다. 이 어린이들에게는 호숫가에서 발견한 죽어 있는 작은 물고기나, 파도로 반들반들해지고 빛깔이 보석 같은 작은 조약돌이나, 두 바위 사이에서 발견한 꽃이나, 날아가다가 잡힌 빛깔이 변하는 풍뎅이가 희한한 광경이고 신기한 물건이다. 이 모든 것이 그들의 자녀들과 기쁨을 같이하라고 엄마들에게 보여 주는 경탄할 만한 것들이다.
 그러나 지금은 그 인간 제비들이 예수를 보았으므로, 그들은 모두가 호숫가에 발을 들여놓으시려고 하는 예수를 향하여 날아온다, 그것은 예수를 덮치는 어린 살들의 살아 있는 따뜻한 눈사태이고, 부드러운 고사리 같은 손의 사슬이며, 어린이들의 마음의 사랑이어서, 예수를 꽉 죄고 얽어매고 기분좋은 불같이 따뜻하게 한다.
 "나! 나!"
 "입맞춰 줘!"
 "나!"
 "나도!"
 "예수님! 나는 예수님을 많이 사랑해!"
 "그렇게 오랫동안 딴 데 가 있지 말아요!"
 "난 아저씨가 오나 하고 날마다 보러 왔어요."
 "나는 아저씨 집엘 가곤 했어."
 "이 꽃 받으세요. 엄마에게 주려고 하던 건데 아저씨한테 주겠어요."
 "나 입맞춤 한 번만 더 해줘요. 아주 예쁘고 세게. 첫번째 거는 야헬이 나를 밀었기 때문에 내게 닿지 못했어요…." 예수께서 이 애정의 그물 속에서 몸을 움직이려고 애쓰시는 동안 이렇게 작은 목소리들이 들려 온다.
"아니, 얘들아 선생님을 좀 가만 놔둬라! 자, 그만!" 하고 제자들과 사도들이 쥔 것을 풀려고 애쓰면서 말한다, 암! 그렇고 말고! 그들은 흡반(吸盤)이 달린 담쟁이와 같다! 한쪽을 떼어놓으면 다른 쪽에 달라붙는다.
"놔둬라! 가만 놔둬! 참을성을 가지면 어떻게 될 것이다." 예수께서는 미소를 지으며 말씀하시고, 맨발들을 밟지 않고 나아가실 수 있기 위하여 사실 같지 않게 작은 걸음을 떼어놓으신다.
그러나 애정어린 속박에서 예수를 해방한 것은 다른 제자들과 같이 온 마나헨의 도착이었다. 제자들 가운데에는 유다에 있던 목자들이 있다.
"선생님께 평화!" 하고 찬란한 옷을 입은 마나헨이 우뢰 같은 목소리로 말한다. 마나헨은 이제 이마와 손가락에는 금붙이가 없다. 그러나 옆구리에는 어린이들의 존경심어린 감탄을 자아내는 훌륭한 검을 차고 있다. 어린이들은 주홍빛 옷을 입고, 옆구리에 훌륭한 무기를 차고 있는 이 굉장한 기사(騎士) 앞에서 겁을 먹고 비켜난다. 이렇게 하여 예수께서는 그를 포옹하실 수 있게 되었고, 엘리야, 레위, 마티아, 요셉, 요한, 시메온 그밖에 얼마나 많은지 모르는 다른 사람들도 포옹하실 수 있게 되었다.
"대관절 어떻게 여길 왔소? 그리고 내가 배에서 내린 것을 어떻게 알았소?"
"어린이들의 환호를 듣고 알았습니다. 그 환호가 기쁨을 가져다 주는 화살들처럼 벽을 꿰뚫었습니다. 그러나 저는 선생님의 유다 여행이 가까웠고, 여자들이 틀림없이 그 여행을 같이 하리라고 생각하고 여기 왔습니다. …저도 그 여행에 끼고자 했습니다. …주님, 이렇게 생각하는 것이 너무 교만한 생각이 아니라면 주님을 보호하기 위해서입니다. 이스라엘은 주님께 대해 매우 흥분해 있습니다. 이 말씀을 드리는 것은 괴로운 일입니다. 그러나 주님께서도 모르지 않으시지요."
이렇게 말하면서 그들은 집에 이르러 집 안으로 들어간다.
마나헨은 집주인과 그의 아내가 선생님께 경의를 표한 후에 그의 이야기를 계속한다. "이제는 주님께서 일으키시는 흥분과 관심이 어디에나 뚫고 들어가서, 아주 우둔한 사람과 주님의 본질과는 아주 동떨어진 것으로 관심이 끌리는 사람들의 주의까지도 흔들어놓고 끌게 되었습니다. 주님께서 행하신 것에 대한 소문이 마케론테의 메스꺼운 담 안에까지, 티베리아의 궁궐이나 헤로디아의 큰 별장이나 식스토 근처의 아스몬가(家)의 호화로운 궁궐 같은 헤로데의 음란한 은신처 안에까지 뚫고 들어갔습니다. 그 소문은 빛과 힘의 파도와 같이 어두움과 야비함의 방벽을 넘고, 궁중의 구역질나는 사람들과 잔인한 범죄들을 참호와 차폐(遮蔽)와 같이 덮어 주는 죄의 무더기들을 무너뜨리고, 불화살과 같이 찌르면서 침실과 왕좌가 있는 방과 연회실들의 더럽혀진 벽에 발타자르의 연회장 벽에 써졌던 것보다도 더 위협적인 말을 씁니다. 그 소문들은 주님의 이름과 능력과 성격과 사명을 소리높이 외칩니다.

헤로데는 무서워서 떨고, 헤로디아는 주님께서 그의 목숨까지는 아니더라도 그의 재물과 불가침을 빼앗고, 군중들에게 마음대로 하도록 던져서 그의 수많은 범죄에 대한 복수를 하게 할 복수의 임금이실까 봐 두려워서 침대에서 몸을 뒤틀고 있습니다. 조정에서도 떨고 있는데, 그것은 주님 때문입니다. 인간적인 공포와 인간 이상의 공포로 떱니다. 요한의 머리가 떨어진 때부터 살인자들의 내장이 불에 타는 것 같습니다. 그들은 전에 누리던 그들의 파렴치한 평화, 그들의 양심의 질책을 취기와 방탕으로 눌러버리는 푸짐하게 배불리 먹은 돼지들이 누리는 것 같은 평화도 누리지 못하게 되었습니다. 양심의 질책을 가라앉히는 것이 아무것도 없습니다. …그들은 괴롭힘을 당합니다. …그리고 그들은 방탕의 시간이 지난 다음에는 서로 상대에게 혐오감을 느껴 서로 미워하고 그들을 불안하게 하는 범죄, 도를 지나친 범죄의 탓을 서로 상대편에게 뒤집어 씌웁니다. 살로메로 말하면, 마귀들린 여자 같고, 여자노예로서도 품위를 떨어뜨리는 것이 될 색정에 사로잡혀 있습니다. 왕궁은 시궁창보다도 더 악취를 풍깁니다.

헤로데는 여러 번 주님께 대한 말을 제게 물었습니다. 저는 그때마다 이렇게 대답했습니다. '제가 보기에는 그분이 메시아이시고, 유일한 왕가인 다윗 가문에서 나오신 이스라엘의 왕이십니다. 그분은 예언자들이 예고한 사람의 아들, 즉 하느님의 말씀이시고, 그리스도, 즉 하느님께서 기름을 부으신 분이시기 때문에 살아 있는 모든 사람을 다스릴 권리를 가지신 분이십니다' 하고. 그러면 헤로데는 주님을 복수자로 느끼고 공포로 파랗게 질립니다. 그리고 이렇게 말하면서 — 조신(朝臣)들이 그를 위로하기 위해 주님께서는 사람들이 죽었다고 잘못 생각한 요한이라고 말하고, 그래서 오히려 그를 그 어느 때보다도 더 공포에 질리게 합니다. 혹은 또 엘리야라고도 과거의 어떤 예언자라고도 말하기 때문입니다 — 그러니까 '아니야, 요한일 수는 없어. 요한은 내가 머리를 베게 했고, 헤로디아가 안전한 곳에 그의 머리를 보관하고 있단 말이야. 그리고 예언자 중의 한 사람일 수도 없어. 한 번 죽으면 다시는 살지 못한단 말이야. 또 그리스도일 수도 없어. 누가 그런 말을 하는가? 누가 그를 그리스도라고 말해? 누가 감히 그 사람을 유일한 왕가의 왕이라고 말하나? 내가 왕이야! 다른 왕은 없단 말이야. 메시아는 대(大)헤로데에게 죽임을 당했어. 그는 나자마자 피의 바다에 빠져 죽었어. 메시아는 어린 양처럼 죽임을 당했는데…난 지 몇 달밖에 되지 않았었어. …얼마나 우는지 들리나? 그 어린 양의 울음 같은 울음 소리가 내 머리 속에 요한의 외침과 동시에 울리고 있어. 요한은 이렇게 외쳤지. 당신은 그렇게 해서 안 됩니다' 하고. '내가 그렇게 하면 안 된다구?! 천만에, 나는 〈왕〉이니까 무엇이든지 할 수 있어. 만일 헤로디아가 내 포옹을 받아들이지 않고, 살로메가 자네의 무서운 이야기로 겁에 질린 내 관능을 자극하려고 춤을 추면, 여기 술이 있고 여자들이 있어' 하고 말하면서 공포를 물리치고, 가책으로 괴롭힘을 당하는 양심의 외침을 뿌리칩니다.

그리고 궁중의 무언광대극이 벌어지는 가운데에서 술에 취합니다. 그동안 그의 미친 아내는 그의 거처에서 순교자에 대해 모독하는 말을 하고 주님께 대한 위협의 말을 외칩니다. 그러는 동안 살로메는 두 방탕자의 죄에서 태어났다는 것과 불쾌한 자의 음탕한 변덕에 몸을 바침으로써 얻은 범죄에 관여했다는 것이 어떤 것인지를 경험으로 알게 됩니다. 그러나 그리고 나서 헤로데는 제 정신으로 다시 돌아가서, 주님에 대해서 알고 싶어하고, 주님을 뵙고 싶어합니다. 그리고 이 때문에 제가 주님을 그에게 모시고 가기를 희망해서 제가 주님께 오는 것을 도와줍니다. 저는 주님의 거룩하심을 더러운 짐승들의 소굴에 모시고 가는 일은 절대로 하지 않을 것입니다. 헤로디아는 주님을 해치기 위해서 보고 싶어합니다. 그리고 손에 비수를 들고 그 말을 외칩니다. 티베리아에서 지난 에다님달에 주님을 주님 모르게 본 살로메는 주님께 열중해서 주님을 보기를 원합니다….

왕궁은 지금 이러합니다. 선생님! 그러나 제가 거기 남아 있는 것은 선생님께 대한 그들의 의도를 감시하기 위해서입니다."

"고맙소. 그리고 지극히 높으신 분께서 그 때문에 당신에게 강복하시오. 이것도 영원하신 분의 명령을 도와드리는 일이오."

"저도 그렇게 생각합니다. 그리고 그 때문에 왔습니다."

"마나헨, 당신이 왔으니, 한 가지 일을 간절히 부탁하겠소. 예루살렘으로 내려가시오. 그러나 나와 같이가 아니라, 여자들을 데리고 가시오. 나는 제자들과 함께 모르는 길로 가오. 그러나 저들이 나를 해치지 못할 거요. 그러나 여자들은 여자들이고 무방비요. 그리고 여자들과 동행하는 사람은 온화한 마음을 가졌고, 벌써 맞은 뺨을 내미는 것을 배운 사람이오. 당신이 있으면 확실한 보호가 될 거요. 이것이 하나의 희생이라는 것은 나도 이해하오. 그러나 우리는 유다에서 함께 있게 될 거요. 친구, 거절하지 마시오."

"주님, 주님의 소원이 이 종에게는 법률입니다. 저는 이 순간부터 주님의 어머님과 어머님을 모시고 가는 여자제자들에게 봉사합니다. 그리고 주님께서 원하시는 때까지 그렇게 하겠습니다."

"고맙소. 이 순종도 하늘에 기록될 것입니다. 이제는 모두 사람이 탈 배들이 오기를 기다리면서, 나를 기다리는 병자들을 고치는 데 시간을 씁시다."

그리고 예수께서는 들것이나 신체장애자들이 있는 정원으로 내려가셔서, 야이로와 가파르나움의 많지 않은 친구들의 경의를 받으시면서 그들을 빨리 고쳐 주신다.

여자들 중에는 폴피레아와 살로메가 있고, 그밖에 바르톨로메오의 나이먹은 아내와 필립보의 나이 덜먹은 아내와 그의 젊은 딸들이 있다. 여자들은 베싸이다와 가파르나움 사람들이 바친 물고기 광주리로 배불리 먹일 제자들의 많은 무리를 위하여 식사 준비에 골몰하고 있다. 아직 펄떡거리는 많은 물고기배를 따고, 냄비에 많은 물고기를 헹구고, 부엌에서는 석쇠에서 생선이 구워지는 지글지글 소리가 요란스럽게 나는 가운데, 마륵지암은 다른 제자들과 함께 불을 보살피고, 여자들을 돕기 위하여 물병들을 가져다 준다.

식사는 빨리 준비되고 빨리 끝났다. 그리고 배들이 이 많은 사람을 실어 나르기 위하여 모였으므로, 이제는 호숫가의 거미발 같은 초록빛에 둘러싸인 잔잔하고 천사 같은 매력적인 호수로 막달라를 향하여 출발할 일만이 남았다.

막달라의 마리아의 집과 정원들은 햇살이 퍼지는 정오에 선생님과 제자들을 맞아들이기 위하여 환영하며 활짝 열린다. 그리고 온 막달라 사람들이 예루살렘으로 가시는 선생님께 인사를 드리기 위하여 모여 온다.

이리하여 갈릴래아의 생기있는 야산들은 편한 마차 한 대가 뒤따르는 충실한 무리의 빠르고 명랑한 걸음 소리를 듣는다. 마차에는 요안나와 폴피레아, 살로메, 바르톨로메오의 아내와 필립보의 아내와 그의 두 젊은 딸, 그리고 환하게 웃는 마리아와 마티아가 타고 있다. 마리아와 마티아는 다섯 달전에 비해서 어떻게나 달라졌는지 알아보기가 어려울 지경이다.

마륵지암은 어른들과 같이 용감히 걸어가는데, 예수께서 원하시는 것과 같이 바로 사도들의 무리에 끼어 베드로와 요한 사이에서 걸어가며, 예수께서 말씀하시는 것을 한 마디도 놓치지 않는다.

해는 매우 맑은 하늘에서 빛나고, 따뜻한 돌풍은 수풀과 박하와 오랑캐꽃과 처음 피는 은방울꽃과 점점 더 많이 피는 장미꽃 냄새들을 가져 오고, 특히 사방의 풀 위에 눈송이 같은 꽃잎을 뿌리는 과일나무 꽃의 저 약간 쌉살한 신선한 냄새를 가져다 준다. 새들이 끊임없이 지저귀고, 이 덤불에서 저 덤불로 대담한 수컷들과 수줍은 암컷들 사이에 매혹적인 노래와 분주한 부름 소리가 들려오는 가운데로 걸어 가는 모든 사람들의 머리에도 꽃잎들이 내려앉았다. 그동안 새끼를 배서 뚱뚱해진 양들은 풀을 뜯고, 첫배의 어린 양들은 젖을 더 잘 나오게 하려고 어미의 둥근 젖을 불그레한 주둥이로 건드리거나 행복한 어린 아이들처럼 연한 풀밭에서 뛰논다.

가나가 지난 다음에는 이내 나자렛이 된다. 가나에서는 수산나가 다른 여자들과 합류하였는데, 그의 땅에서 난 산물들을 바구니와 항아리에 담아서 가져왔고, 거반 피게 된 봉오리들이 달린 붉은 장미꽃들을 가지채 가지고 왔다. 그러면서 "마리아께 드릴 것"이라고 말한다.

"나도 그래, 봐요" 하고 요안나도 축축한 이끼에 싸인 많은 장미꽃이 정돈되어 있는 일종의 상자를 열면서 말한다. "첫번에 피는 제일 아름다운 것들이야. 그래도 우리에게 지극히 소중하신 분에게는 아무것도 아니야?"

나는 각 여자가 과월절 여행을 위한 식량을 가져왔고, 또 성모님의 정원에 심기 위하여 어떤 사람은 꽃을, 어떤 사람은 꽃나무를 가져온 것을 본다. 그런데 폴피레아는 스치기만 해도 향기를 풍기는 아주 작은 청록색 잎이 달린 훌륭한 녹나무 화분 하나밖에 가져오지 못했다고 미안해 한다. "마리아 어머님은 이 방향성(芳香性) 식물을 가지고 싶어 하셨어요…" 하고 폴피레아가 말한다. 그러니까 모든 여자가 그 작은 나무의 원기있는 아름다움 때문에 폴피레아를 칭찬한다. "아이고! 이 나무를 서리와 우박에 보호하느라고 내 방에 보관하면서 겨우내 정성을 들여 보살폈어요. 마륵지암이 나를 도와서 매일 아침 햇볕에 내놓고 저녁마다 다시 들여오곤 했습니다. …그리고 저 아이는 배가 없었더라면, 그리고 지금은 마차가 없었더라면, 어깨에 메다가 어머님께 드려서 어머님도 기쁘게 해 드리고 나도 기쁘게 했을 겁니다." 요안나의 친절 때문에 점점 더 대담해지는 겸손한 여자가 이렇게 말한다. 그리고 예루살렘에 가는 것을, 그것도 선생님을 모시고, 남편과 그의 마륵지암과 같이 여행하는 것을 몹시 기뻐한다.

"아버지가 살아 계신 동안에는 해마다 갔어요. 그렇지만 그 뒤에는… 어머니는 예루살렘엘 가지 않게 되었어요. …오빠들이 데리고 갔겠지만, 나는 어머니를 돕고 있었고, 그래서 어머니는 나를 가게 내버려두지 않았어요. 그리고는 시몬과 결혼을 했지요. …그리고 내 건강이 그렇게 좋질 않았어요. 시몬은 오랫동안 여행을 해야 했을 텐데, 그 때문에 걱정을 하게 됐어요. …그래서 나는 집에 있으면서 남편을 기다렸어요. …주님은 제 소원을 보고 계셨지요. …그래서 마치 내가 성전에서 제물을 바치는 거나 마찬가지였지요…" 하고 온화한 여자가 말한다.

폴피레아의 옆자리에 앉아 있는 요안나는 그의 눈부신 땋아내린 머리에 손을 얹으며 말한다. "착하기도 하시지!" 그런데 이 형용사에는 많은 사랑과 많은 이해와 많은 뜻이 들어 있다.

나자렛이 저기 있다. …알패오의 마리아의 집이 저기 있다. 마리아는 벌써 아들들의 품에 안겨 있다. 그리고 빨래를 하고 있던 중이라 빨갛게 된 젖은 손으로 아들들을 쓰다듬는다. 그리고는 거친 앞치마에 손을 닦으면서 예수를 포옹하려고 달려 간다. …그리고는 성모님의 집 바로 못 미쳐 있는 사라의 알패오의 집이 나타난다. 알패오는 제일 큰 손자에게 성모님께 기별하라고 명령하고, 그동안 손자 여럿을 안고 예수께로 성큼성큼 걸어가, 품 안에 꼭 끼여 있는 한 무더기의 어린아이들과 같이 인사를 드리고, 그들을 꽃다발모양으로 예수께 바친다. 그리고 성모님이 해가 쨍쨍 내리쬐는 문지방에 나타나신다. 성모님은 약간 빛바랜 연한 파란색 실내복을 입고 계시고, 황금빛의 머리는 순결한 이마 위에서 너울거리고 빛나며, 굵게 땋은 머리로 목덜미에 내려온다. 성모님은 당신 아들의 품에 뛰어드시고, 아드님은 온 애정을 기울여 어머니를 껴안으신다.

다른 사람들은 두 분의 첫번 만남에 자유로우시라고 조심스럽게 걸음을 멈춘다. 그러나 성모님은 즉시 떨어지셔서, 나이로 인해서도 변하지 않고, 지금은 놀랐기 때문에 매우 붉게 물들여지고 미소로 환하게 빛나는 얼굴을 돌리시고, 천사와 같은 목소리로 인사하신다. "주님의 봉사자이고 내 아들의 제자들인 자네들에게 평화. 주님을 통한 자매들인 자네들에게 평화" 하고. 그러면서 마차에서 내린 여자들과 우애있는 입맞춤을 나누신다.

"아이고! 마륵지암! 이제는 너를 안아 주지 못하겠구나! 너는 이제 어른이 다 되었구나. 그러나 착한 모든 이의 어머니에게로 오너라. 아직도 네게 입맞춤을 해주게. 귀여운 것! 하느님께서 네게 강복하시고, 네가 하느님의 길에서 자라게 해주시고, 네 젊은 육체가 자라는 것과 같이, 그보다도 훨씬 더 튼튼하게 자라게 해주시기를 바란다. 아들아, 이애를 할아버지께 데리고 가야겠다. 이렇게 된 것을 보시고 기뻐하실 거다" 하고 이내 예수께로 몸을 돌리고 말씀하신다.

그리고 알패오의 야고보와 유다를 껴안으시고, 틀림없이 그들의 마음에 드는 소식을 전하신다. "올해에는 시몬이 선생님의 제자로서 나와

36. 마나헨과 여자제자들과 같이 가파르나움에서 나자렛으로

함께 가기로 했다."

그리고 가장 잘 아시는 사람들과 가장 영향력있는 사람들에게 하나씩 차례로 인사하시면서, 모든 이에게 우아한 말씀을 한 마디씩 곁들이신다. 마나헨이 성모님께 인도되어 와서, 예루살렘으로 가는 여행 중에 성모님을 경호하기로 된 사람이라고 소개된다.

"아들아, 너는 우리와 같이 가지 않니?"

"어머니, 저는 다른 여러 곳에 복음을 전해야 합니다. 우리가 베다니아에서 만나게 됩니다."

"지금이나 언제나 네 뜻이 이루어지기를 바란다. 마나헨, 고마워요. 우리의 수호자인 하늘의 천사들과 함께, 인간 천사인 당신이 있으니, 우리는 지성소(至聖所)에 있는 것처럼 안전할 겁니다." 그러면서 우정의 표로 당신 손을 마나헨에게 내미신다. 영화 속에서 자란 이 기사는 성모님이 내미시는 우아한 손에 입맞춤하기 위하여 무릎을 꿇는다.

그러는 동안에 꽃들과 나자렛에 남아 있어야 할 것을 마차에서 내렸다. 그리고 나서 마차는 읍내의 어떤 마굿간으로 간다.

작은 집에 여자제자들이 사방에 늘어놓는 장미꽃들 때문에 장미밭 같다. 그러나 탁자에 올려놓은 폴피레아의 화초가 성모님의 가장 강한 감탄을 불러일으킨다. 성모님은 베드로의 아내가 일러 드리는 데 따라 가장 알맞은 장소로 그것을 가져가게 하신다. 물론 모든 사람이 작은 집에 들어올 수 없고 정원에도 들어올 수가 없다. 정원은 큰 저택의 넓은 정원은 아니다. 그러나 정원에 있는 나무들에는 어떻게나 많은 꽃이 구름처럼 피어 있는지 맑은 하늘로 올라가는 것 같고, 공중에 떠 있는 것 같다. 그리고 알패오의 유다는 웃으면서 성모님께 묻는다. "오늘도 항아리에 꽃을 나뭇가지를 꺾으셨어요?" 하고.

"그렇구 말구, 유다야. 그리고 너희들이 왔을 때 나는 그것을 들여다보고 있었단다…."

"그리고 어머니는 어머니의 오래 전의 신비를 생각하고 계셨지요" 하고 예수께서 왼팔로 어머니를 붙잡고 가슴으로 끌어당기면서 말씀하신다.

성모님은 붉어진 얼굴을 드시면서 한숨을 쉬신다. "그랬다, 아들아… 그리고 내 안에서 네 심장이 처음으로 뛰던 것을 생각하고 있었다…."

예수께서 말씀하신다. "여자제자들과 사도들과 마륵지암, 목자 제자들, 사제 요한, 스테파노, 헤르마 그리고 마나헨은 남아 있고, 다른 사람들은 흩어져서 숙소를 찾도록 하여라…."

"나도 내 집에 여러 사람을 재울 수 있어…" 하고 그가 머물러 있는 그의 집 문지방에서 시몬이 외친다. "나도 그들과 같은 제자야. 그래서 그 사람들을 요구하는 거야."

"오! 형, 이리 와요. 껴안게" 하고 예수께서 감정을 드러내시며 말씀하신다. 한편 사라의 알패오와 전에 나자렛에서 나귀를 몰던 사람이다가 제자가 된 두 사람, 이스마엘과 아세르도 우리 집으로 오시오. 와요" 하고 말한다.

뽑히지 않은 제자들은 간다. 그래서 대문을 닫을 수 있다. …그러나 알패오의 마리아가 오는 바람에 이내 다시 열게 된다. 마리아는 빨래하는 데 골몰하면서도 멀리 떨어져 있을 수가 없다. 마흔 명 가량 된다, 그래서 그들은 음식 분배가 있기까지 따뜻하고 조용한 정원 여기저기에 흩어진다. 주님의 집에서 성모님이 나누어 주시는 음식을 먹는 것이 어떻게나 즐거운지 모두가 음식에서 천상의 맛을 즐기는 것 같다.

시몬이 제자들을 자리잡게 해준 다음 돌아와서 말한다. "아우가 나를 다른 사람들처럼 부르지 않았지만, 그래도 나는 그대로 남아 있겠네."

"시몬형, 마침 잘 오셨소. 내가 여러분들을 여기 남아 있으라고 한 것은 내 어머니 마리아를 여러분에게 알게 하려고 그런 것입니다. 여러분 중의 많은 사람이 마리아를 '어머니'로, 어떤 사람들은 '아내'로 알고 있습니다. 그러나 아무도 마리아를 '동정녀'로서 알고 있지는 못합니다. 나는 여러분의 마음이 억지로 이별한 가운데에서 소원을 잔뜩 안고, 사도직의 피로를 풀려는 듯이 와 있는 꽃이 만발한 이 정원에서 내 어머니 마리아를 여러분에게 알게 하고자 합니다.

나는 사도들과 제자들과 친척들 여러분이 말하는 것을 듣고, 내 어머니에 대한 여러분의 느낌, 추억, 판단을 알게 되었습니다. 나는 매우 훌륭하지만 그러나 아직 매우 인간적인 이 모든 것을 초자연적인 인식으로 변모시키고자 합니다. 내 어머니는 어머니가 실제로 어떠시다는 것을 보이기 위해서, 가장 그럴 만한 자격이 있는 사람들의 눈에 나보다 먼저 변모(變貌)하셔야 하기 때문입니다. 여러분은 한 여인을 봅니다.

그의 성덕으로 여러분의 눈에 다른 여인들과는 같지 않는 것으로 보이지마는, 실제로는 여러분이 그의 자매인 모든 여인의 영혼과 같이 육체로 감싸여 있는 영혼으로 보는 여인입니다. 그러나 나는 이제 내 어머니의 영혼과 그 영혼의 참답고 영원한 아름다움을 드러내고자 합니다.

어머니, 이리 오십시오. 하느님의 사랑스러운 비둘기, 부끄러워하지 마시고, 겁을 내고 자리를 뜨지 마십시오. 어머니의 아들은 하느님의 말씀이니, 어머니와 어머니의 신비, 어머니의 신비들에 대해서 말할 수 있습니다. 하느님의 숭고한 신비이신 어머니, 여기 집 가까이, 어머니의 거룩한 거처 가까이 꽃이 만발한 나무들의 너울거리는 천을 치워, 동정녀의 이 거처에서 성덕과 천국의 물결이 쏟아져 나와 우리를 어머니로 가득 차게 합시다. …예, 저도요. 완전한 동정녀이신 어머니로 향기롭게 해서 세상의 악취를 견딜 수 있고, 어머니의 순진함이 가득 채워진 제 눈동자로 순진함을 볼 수 있게요. 마륵지암, 요한, 스테파노는 여기에, 자매제자들은 모두 여인 중에서 가장 순결한 분이신 여인의 순결한 거처에 열린 문을 마주 보게. 그리고 뒤에는 너희 내 친구들. 그리고 제 옆에는 지극히 사랑하는 제 어머니.

내가 여러분에게 '내 어머니의 영혼의 영원한 아름다움'에 대해 말한 것이 얼마 안 됩니다. 나는 말씀입니다. 따라서 나는 단어늘을 틀리지 않게 쓸 줄을 압니다. 나는 영원한 이라고 말했지 죽지 않는 이라고는 말하지 않았습니다. 그리고 이렇게 말한 것은 어떤 의향이 있어서 그런 것이었습니다. 죽지 않는 존재는 난 다음에 죽지 않는 존재입니다. 가령 의인들의 영혼은 하늘에서 죽지 않고, 죄인들의 영혼은 지옥에서 죽지 않습니다. 영혼은 창조되고 나면 은총에만 죽을 수 있기 때문입니다. 그러나 영혼은 하느님께서 그것을 생각하시는 순간부터 살고 존재합니다. 하느님의 생각이 영혼을 창조하시는 것입니다. 내 어머니의 영혼은 **영원으로부터** 하느님께서 생각하셨습니다. 따라서 어머니의 영혼은 하느님께서 거기서 커다란 기쁨과 위안을 얻으시려고 모든 완전을 부어주신 그의 아름다움으로 영원합니다.

어머니를 미리 보았고, 따라서 어머니의 예언자인 우리 조상 솔로몬의 책에 이런 말이 있습니다. '하느님께서 창조 이전, 시초부터, 당신 사업의 시초에 나를 차지하셨다. 나는 시초부터, 땅이 만들어지기 전에 영원히 자리잡았다. 심연이 아직 존재하지 않았는데, 나는 수태되었었다. 샘들이 아직 솟아나오지 않고, 산들이 아직 그 육중한 덩어리로 이루어지지 않았었는데, 앞서 내가 태어났다. 하느님께서 아직 땅과 강들과 세상의 양극을 만들지 않으셨었는데, 나는 이미 존재하였다. 하느님께서 하늘과 천국을 준비하실 때에 나는 거기 있었다. 하느님께서 침범할 수 없는 법칙으로 심연을 궁륭(穹窿) 밑에 가두셨을 때, 하늘의 궁륭을 높은 곳에 고정시키고, 그곳에 물의 샘들을 매달아 놓으실 때, 바다에 경계를 정해 주시고, 물들에게 그들의 경계를 넘지 말라는 것을 법으로 주셨을 때, 땅의 기초를 놓으실 때, 나는 하느님과 같이 있으면서 모든 것을 정돈하였다. 항상 기쁨 속에서, 나는 끊임없이 하느님 계신 앞에서 놀았다. 나는 우주에서 놀았다.'

그렇습니다, 어머니. 하느님, 무량(無量)하신 분, 숭고하신 분, 동정이신 분, 창조되지 않으신 분은 어머니로 몸이 무거우셨고, 어머니를 기분 좋은 짐처럼 지니고 계셨고, 당신 그것을 가지고 창조의 사업을 하신 그 미소를 당신께 드리면서 당신 안에서 어머니가 움직이는 것을 느끼는 것을 기뻐하셨습니다! 어머니를 세상에 주시기 위하여 하느님께서 고통스럽게 낳으신 어머니, '동정녀'가 되라고 동정이신 하느님에게서 나신 지극히 사랑스러운 영혼, 피조물 중에서 완전한 피조물, 천국의 빛, 하느님의 조언자, 하느님께서 어머니를 보시고 죄를 용서하게 되실 만큼 대단하신 분이십니다. 어머니만이 홀로 어머니만을 통하여 온 인류가 모여서도 사랑할 수 없을 만큼 사랑할 줄을 아시기 때문입니다. 어머니께는 하느님의 용서가 있습니다! 어머니께는 하느님의 교정책이 있고, 어머니는 사람이 하느님께 입혀 드린 상처를 어루만지는 영원하신 분에 대한 어루만짐이십니다! 어머니께는 세상의 구원이 있습니다. 강생한 사랑과 주어진 구세주의 어머니! 내 어머니의 영혼아! 아버지와의 사랑 속에 파묻혀, 나는 내 안에서 너를 바라보고 있었다. 오 내 어머니의 영혼아! …그리고 어머니의 찬란함과 어머니의 기도와 어머니가 제게 대해서 하실 생각으로 인하여 저는 제 고통스러운 운명과 또 절대적으로 완전하신 하느님께서 보시기에 타락한 세상이 어떤 것인지에 대한 끔찍한 체험에서 영원히 위로를 받았습니다. 고맙습니다, 어머니! 저는 이미 어머니의 위로를 가득히 받고 왔습니다.

저는 어머니만을, 어머니의 향기와 어머니의 노래와 어머니의 사랑을 느끼면서 내려왔습니다. …기쁨, 제 기쁨!

 그러나 티없는 여인은 한 분뿐이라는 것, 구세주에게 상처를 입게 하지 않은 사람은 오직 한 분뿐이라는 것을 이제는 아는 여러분은 들으시오. 하느님의 선택을 받으신 분인 마리아의 두 번째 변모를 들으시오.

 때는 아달달의 맑은 오후였고, 조용한 정원에는 나무들에 꽃이 피어 있었습니다. 요셉의 아내 마리아는 자기 방에 있는 나뭇가지와 바꿔놓으려고 꽃이 핀 나뭇가지 하나를 꺾었었습니다. 성인들의 집을 꾸미라고 성전에서 데려온 마리아는 나자렛에 온 지가 얼마 안 되었습니다. 마리아의 영혼은 성전과 집과 하늘 사이를 오가고 있었습니다. 꽃이 피어 있는 나뭇가지를 들여다보면서, 마리아는 이런 생각을 하고 있었습니다. 즉 예사롭지 않게 꽃이 핀 이와 같은 나뭇가지로, 한겨울에 이 정원에서 꺾었는데 봄에 그러는 것처럼 주님의 궤 앞에서 꽃이 피었던 나뭇가지로 — 아마 태양이신 하느님께서 그 나뭇가지에 당신 은총을 내리쏘으셔서 따뜻하게 하셨을 것입니다 — 하느님께서 당신의 뜻을 알리셨었다고 말입니다. …그리고 혼인식날 요셉이 그에게 다른 꽃들을 가져왔지만, 그 가벼운 꽃잎에 '나는 네가 요셉과 결합하기를 원한다'고 씌어 있었던 첫번째 꽃과는 결코 같지 않았었다는 생각도 하고 있었습니다. …마리아는 많은 생각을 하고 있었습니다. …그리고 생각하면서 하느님께로 올라가는 것이었습니다. 손은 토리개와 물레가락 사이에서 날렵하게 움직이고, 마리아는 그의 젊은 머리채의 머리카락보다도 더 가는 실을 잣고 있었습니다….

 영혼의 베틀 위에 있는 북과 같이 땅에서 하늘로, 집안과 남편의 필요사에서 영혼과 하느님의 필요사로 가면서 사랑의 양탄자를 짜고 있었습니다. 그리고 마리아는 노래하고 기도하고 있었습니다. 그리고 양탄자는 신비로운 베틀 위에서 짜지고, 땅에서 하늘로 펼쳐져, 저 위에서 보이지 않게까지 되었습니다. …그런데 그 양탄자가 무엇으로 이루어졌었습니까? 그의 덕행의 가늘고 완전하고 단단한 실로, 북에서 날아가는 실로 이루어졌었습니다. 마리아는 그 북을 '자기의 것'이라고 생각하고 있었지만, 사실은 하느님의 것이었습니다. 그 위에 이스라엘의 작고도 위대한 동정녀의 의지가 감겨 있는 하느님의 의지의 북, 세상은 알지 못했지만 하느님께서는 아시던 동정녀의 의지가 감겨 있던 하느님의 의지의 북이었습니다. 마리아의 의지는 주님의 의지에 감싸여 주님의 의지와 오직 하나가 되었었습니다. 그리고 양탄자에는 사랑과 순결의 꽃이 피고, 평화의 종려나무 가지, 영광의 종려나무 가지, 오랑캐꽃, 쟈스민꽃으로 꾸며지는 것이었습니다. …동정녀가 권유하며 땅에서 하늘로 펼쳐 놓는 양탄자에는 모든 덕행의 꽃이 피는 것이었습니다. 그리고 양탄자만으로는 부족하므로 자기의 마음을 던지며 노래했습니다. '사랑하는 이여, 당신 정원에 오셔서 그 나무의 열매를 드십시오. …사랑하는 이여, 당신 정원의 향기로운 화단에 내려와 정원들에서 만족을 누리시고 백합들을 따십시오. 저는 사랑하는 이의 것이고, 사랑하는 분, 백합꽃들 사이에서 즐기시는 사랑하는 분은 내 것이십니다!' 하고. 그러니까 무한한 거리에서 빛이 급류같이 쏟아지는 가운데 인간의 귀로는 들을 수 없고, 인간의 목구멍은 낼 수 없는 목소리가 들려 왔습니다. 그런데 그 목소리는 이렇게 말하는 것이었습니다. '사랑하는 이야, 너는 정말 아름답구나! 정말 아름다워! …너는 울타리 친 정원, 봉해진 샘이다. 오 자매, 내 아내야…' 그리고 두 목소리는 합쳐져서 함께 영원한 진리를 노래했습니다. '사랑은 죽음보다 더 강한 것. 〈우리의〉 사랑을 끄거나 물 속에 잠글 수 있는 것은 아무것도 없도다' 하고. 그래서 동정녀는 이렇게…이렇게… 이렇게 변모하고 있었는데, 그동안 가브리엘이 내려와 그의 열의와 더불어 동정녀를 땅으로 다시 불러 내려, 그의 영을 그의 육체와 다시 결합시켜, 자기를 '자매'라고 불렀지만 '아내'로 원하는 그분의 청을 듣고 이해할 수 있게 했습니다.

여기에서 큰 신비가 온 것입니다. …그래서 정숙한 여인, 모든 여인들 중에서 가장 정숙한 여인, 육체의 본능적인 충동조차도 알지 못하던 여인이 주님의 천사 앞에서 기절했습니다. 그것은 천사까지도 동정녀의 겸손과 정숙함을 흔들어 놓기 때문입니다. 그리고 동정녀는 천사가 말하는 것을 듣고서야 안심했고, 믿었고 말을 했습니다. 그 말로 '그들의' 사랑은 사람이 되었고, 죽음을 이길 것입니다. 그리고 그 사랑을 끌 수 있는 물도 없을 것이고, 그것을 물 속에 잠글 수 있을 부패도 없을 것입니다…"

예수께서는 자기의 영혼이 발산하는 것같이 생각되는 특별한 빛으로 찬란히 빛나는 오래 전의 어떤 시간을 회상시키는 가운데 넋을 잃으신 것같이 당신 발 앞으로 미끄러져 내리신 성모님께로 조용히 몸을 굽히시고, 가만히 물으신다. "지극히 순결하신 동정녀이신 어머니, 하느님의 어머니가 되시면서도 어머니의 완전한 동정을 잃지 않으실 것이라고 확언하는 천사에게 무엇이라고 대답하셨습니까?"

그러니까 성모님은 꿈 속에서처럼, 기쁨의 눈물로 커진 눈으로 미소지으시며 천천히 말씀하신다. "이 몸은 주님의 종입니다. 지금 말씀대로 이루어지기 바랍니다." 그러면서 경배하시며 아들의 무릎에 머리를 기대신다.

예수께서는 당신 겉옷으로 어머니를 덮어 모든 사람의 눈에서 감추시고 말씀하신다. "그리고 그렇게 되었고, 또 다른 변모와 또 다른 변모에 이르기까지 그렇게 될 것입니다. 마리아는 언제나 '하느님의 종'이실 것입니다. 마리아는 언제든지 '말씀'이 말하는 대로 하실 것입니다! 내 어머니는 이런 분이십니다. 그리고 여러분은 내 어머니의 거룩한 얼굴을 충만하게 알기 시작하는 것이 좋습니다. …어머니! 어머니! 사랑하는 어머니, 얼굴을 다시 드십시오. …어머니의 감정을 우리가 지금 있는 세상으로 다시 불러 오십시오…" 하고 얼마 동안이 지난 후에 성모님을 드러내시며 말씀하신다. 그 시간 동안에는 벌들이 윙윙거리는 소리와 작은 샘의 물이 졸졸 흐르는 소리밖에 다른 소리는 없었다.

성모님은 눈물젖은 얼굴을 드시며 속삭이신다. "아들아, 왜 내게 그렇게 했느냐? 왕의 비밀은 신성한 것인데…."

"그러나 왕은 그가 원하는 때에 비밀을 공개할 수 있습니다. 어머니, 저는 어떤 예언자의 말이 이해되리라고 이렇게 했습니다. '한 여인이 자기 안에 남자를 넣고 있으리라' 하는 말입니다. 또 다른 예언자의 다른 말 '동정녀가 잉태하여 아들을 낳으리라'는 말도 이해되리라고 그랬습니다. 그리고 하느님의 말씀에 관하여, 그들 생각에는 창피스러운 너무나 많은 일을 몹시 싫어하는 사람들이 내 사람이 되는 기쁨을 확인해 주는 다른 많은 일로 균형을 얻도록 하기 위해서도 그렇게 했습니다. 이렇게 하면 그들은 다시는 절대로 눈살을 찌푸리지 않을 것이고,

이것 때문에도 하늘나라를 얻을 것입니다. …이제 환대하는 집으로 가야 할 사람들은 가시오. 나는 여자들과 마룩지암과 같이 남아 있겠습니다. 내일은 새벽에 모든 남자가 여기 와야 합니다. 내가 여러분을 여기서 가까운 곳에 데리고 가고자 하기 때문입니다. 그랬다가 여자제자들에게 인사하러 돌아왔다가, 이내 가파르나움으로 돌아가서 다른 제자들을 모아서 여자제자들을 따라가라고 보낼 것입니다."…

37. 예수의 거룩한 변모와 간질병자를 고치시다

사람들 중에 3월의 맑은 새벽을 적어도 한 번쯤 본 일이 없는 사람이 누가 있겠는가? 만일 그런 사람이 있다면, 그 사람은 대단히 불운한 사람이다. 그것은 자연이 봄에 다시 잠을 깨어, 첫번 날에 그랬을 것과 같이 다시 동정녀가 되고 소녀가 될 때의 그 가장 아름다운 우아함의 하나를 모르기 때문이다.

봄의 짧은 새벽에 보여 주는 모든 것이 순수한 우아함이다. 이슬이 반짝이는 새로 돋아난 풀에서 태어나는 어린아이들과 같이 피는 작은 꽃에 이르기까지, 떠오르는 해의 첫번 미소에 이르기까지, 날개를 가볍게 스치는 소리와 함께 깨어나서, 하루의 그들의 모든 선율적인 대화를 예고하는 첫번째 의문사인 "쨱?" 하는 소리를 내는 새들에 이르기까지, 이슬의 작용과 사람이 없음으로 인하여 먼지와 연기와 사람의 몸의 발산물의 모든 더러움을 밤 사이에 잃은 공기의 냄새에 이르기까지. 이렇게 우아한 가운데를 예수와 사도들과 제자들이 걸어 간다. 그들과 함께 알패오의 시몬도 있다. 그들은 나자렛 주위를 빙 둘러싸고 있는 야산들을 넘어 남동쪽을 향하여 가며, 급류 하나를 건너, 나자렛의 야산들과 동쪽의 산들 사이에 있는 좁은 평야를 건너지른다. 이 산들 못 미쳐 중간에서 잘린 원뿔 모양의 다볼산이 있는데, 그 꼭대기는 옆으로 본 우리네 헌병들의 모자를 놀랄 만큼 연상시킨다.

그들은 다볼산에 이르렀다. 예수께서 걸음을 멈추시며 말씀하신다. "베드로와 제베대오의 요한과 야고보는 나와 같이 산에 올라가자. 너희 다른 사람들은 산을 끼고 도는 길에서 헤어져 산 밑에 흩어져 주님을 전파하여라. 저녁 때쯤에 나는 다시 나자렛에 가고자 한다. 그러니까 멀리 가지 말아라. 평화가 너희와 함께 있기를." 그리고 당신이 부르신 세 사람에게 "가자"고 말씀하신다. 그리고 다시는 뒤를 돌아다보지도 않으시고 어떻게나 빠른 걸음으로 올라가기 시작하시는지 베드로는 예수를 따라가기가 힘들다.

　잠깐 쉬는 곳에서 얼굴이 벌겋고 땀을 뻘뻘 흘리는 베드로가 말한다. "아니 우리가 어디로 가는 것입니까? 산 위에는 집이 없는데요. 꼭대기에는 저 옛날 요새가 있는데, 그곳에 가셔서 전도하려고 하십니까?"

　"그러면 다른 사면(斜面)으로 해서 올라왔을 것이다. 그러나 네가 보다시피 나는 그쪽으로 등을 돌리고 있다. 우리는 요새에 가지 않을 것이고, 거기 있는 사람들은 우리를 보지도 못할 것이다. 나는 내 아버지와 결합하고자 한다. 그리고 너희를 사랑하기 때문에 데리고 오기를 원하였다. 빨리 가자!"

　"아이고! 주님! 조금 천천히 걸으면서 저희가 어제 듣고 본 것, 또 그 이야기를 하느라고 밤을 새운 그 이야기를 하면 안 되겠습니까?"

　"하느님과의 약속장소에는 항상 빨리 가야 한다. 시몬 베드로야, 가자! 저 위에 가서 너희들을 쉬게 하마." 그러면서 다시 올라가기 시작하신다….

　　　(예수께서 말씀하신다. "여기에다 네가 1944년 8월 5일에 본 거룩한 변모를 합쳐라. 그러나 그때 불러 준 것은 합치지 말고. 지난 해의 거룩한 변모를 다 베낀 다음에는 M 신부가 지금 내가 네게 보여 주는 것을 베낄 것이다.")

　나는 내 예수님과 함께 높은 산 위에 있다. 예수님과 같이 베드로와 야고보와 요한이 있다. 그들은 더 높이 올라간다. 그러니까 눈길은 확 트인 지평선으로 향하는데, 아름답고 고요한 날씨이기 때문에 멀리까지 세세한 것들을 분명히 볼 수 있다.

　산은 유다의 산들 같은 한 떼의 산의 일부를 이루지 않고, 외따로 떨어져 서 있고, 우리가 있는 곳을 중심으로 해서 말하자면 앞은 동쪽, 왼편은 북쪽, 오른편은 남쪽이며, 뒷편에 있는 남쪽에는 수백보쯤 더 높은 꼭대기가 있다.

　산은 매우 높아서 눈은 넓은 지평선을 바라볼 수 있다. 겐네사렛 호수는 하늘의 한 조각이 내려와 푸르름 속에 끼워져 있는 것 같고, 여러 가지 색조(色調)의 에머랄드들 가운데 끼여 있는 달걀 모양의 터키옥 같으며, 가벼운 바람에 떨고 주름이 잡히는 거울 같은데, 그 위로 팽팽하게 된 돛이 달린 배들이 연푸른 빛 물결 쪽으로 약간 기울어진 채, 정말 먹이를 찾아 수면 위를 날아다니는 물총새가 나는 것 같은 우아함으로 갈매기들과 같이 재빨리 미끄러져 간다. 그리고 그 커다란 터키옥에서 핏줄이 하나 나오는데, 강변이 더 넓은 곳에는 더 엷은 파란색이고, 강기슭이 서로 다가서 있고, 물이 더 깊고 강의 시원한 물을 먹고 강가에서 힘차게 자라는 나무들이 드리우는 그늘 때문에 더 어두운 곳에는 더 짙은 파란색이다. 요르단강은 파란 들판에 그려놓은 거의 직선같이 보인다. 강 양쪽 평야에는 마을들이 여기저기 흩어져 있다. 어떤 것들은 집이 겨우 한 줌쯤 되고, 어떤 마을들은 더 넓어서 벌써 도시 냄새를 풍긴다. 큰길들은 푸르름 가운데 있는 누르스름한 줄들이다. 그러나 여기 산 쪽으로는 평야가 훨씬 더 잘 가꾸어지고 더 기름지며 매우 아름답다. 거기에는 맑은 하늘에서 내려오는 아름다운 햇빛을 받아 흥겨워하는 것 같은 여러 가지 빛깔의 농작물이 보인다.

팔레스티나의 위도를 고려하면 봄인 것 같고, 아마 3월인 것 같다. 많이 자랐지만 아직 푸른 밀이 청록색의 바다처럼 너울거리는 것을 볼 수 있고, 과일나무들 중에서 가장 철이 이른 나무들의 깃털장식 같은 가지들이 이 작은 식물의 바다 위로 희고 볼그레한 구름을 드리우고 있는 것이 보이며, 그리고 벌써 많이 자란 풀이 잘리고 꽃이 만발한 풀밭에서 양들이 풀을 뜯고 있는 것이 푸르름 가운데 사방에 싸여 있는 눈무더기같이 보이기 때문이다.

바로 산 곁에 있어 산의 바탕을 이루는 야산들, 낮고 별로 넓지 않는 야산들 위에는 작은 도시 들이 있는데, 하나는 남쪽에 있고, 또 하나는 북쪽에 있다. 매우 기름진 평야가 특히 그리고 더 넓게 남쪽으로 펼쳐진다.

예수께서는 작은 숲의 그늘에서 잠깐 멈추었다가 다시 올라가기 시작하신다. 잠깐 멈추신 것은 분명히 산을 오르는 것으로 눈에 띄게 피로한 베드로를 동정하셔서 허락하셨던 것이다. 예수께서는 거의 산꼭대기, 비탈 쪽에는 반원형으로 나 있는 나무들로 경계가 지어진 풀이 무성한 평평한 땅이 있는 곳으로 가신다.

"너희들은 쉬어라. 나는 저기 가서 기도하겠다." 그러시면서 엄청나게 큰 바위를 가리키신다. 산에서 노출한 바위, 따라서 비탈 쪽이 아니라 안 쪽으로, 산꼭대기 쪽으로 있는 바위이다.

예수께서는 풀위에 무릎을 꿇으시고 머리와 손을 바위에 얹으시는데, 게쎄마니에서 기도하실 때에도 가지실 그런 자세이다. 산꼭대기가 예수 위에 그늘을 드리우기 때문에 햇볕을 받지는 않으신다. 그러나 풀이 덮인 그곳의 나머지 부분은 그 아래 사도들이 앉아 있는 작은 수풀 그늘까지 햇빛이 환하게 내리비춘다.

베드로는 샌들을 벗어 먼지와 작은 조약돌을 털어내고, 이렇게 신발을 벗은 채로 피로한 발을 시원한 풀 속에 넣고, 비죽 튀어올라 그에게 베개 노릇을 하는 풀무더기에 머리를 얹고, 거의 누운 채로 있다.

야고보도 그가 하는 대로 따라 한다. 그러나 더 편안하게 있기 위하여 나무줄기를 하나 찾아, 겉옷을 걸친 등을 기댄다.

요한은 앉아 있으면서 선생님을 살펴본다. 그러나 그곳의 고요함과 살살 불어오는 시원한 바람과 침묵과 피로에 그도 역시 못 견디어, 머리는 가슴으로 떨어지고, 눈꺼풀은 눈 위로 떨어진다. 세 사람 중 아무도 깊이 잠들지는 않는다. 그러나 그들을 취하게 하는 그 여름날의 졸음에 사로잡혀 있다.

그들은 너무 강해서 햇빛까지도 사라지게 하고 퍼져서, 그들이 자리잡고 있는 푸른 덤불과 나무들 밑에까지 뚫고 들어오는 빛으로 잠이 깨었다.

그들은 놀란 눈을 뜨고 변모하신 예수를 본다. 예수께서는 지금 내가 천국의 환상에서 뵐 때와 같으시다. 물론 거룩한 상처들이 없고 십자가의 깃발은 없다. 그러나 얼굴과 몸의 위엄은 같고, 얼굴과 몸의 빛남도 같으며, 짙은 붉은 빛깔에서 금강석과 진주로 된 비물질적인 천으로 변한 옷도 같은데 이 옷은 하늘에서 입으시는 예수의 옷이다. 예수의 얼굴은 별빛을 발하는, 그러나 매우 강한 별빛을 발하는 태양과 같고, 그분의 파란 눈이 거기서 빛을 발하고 있다. 예수께서는 그분의 영광이 키를 더 크게 한 것처럼 더 커보이신다. 나는 이 높고 평평한 땅까지도 인광을 띠게 하는 빛 전체가 예수에게서 오는 것인지, 또는 예수 자신의 빛에 우주와 하늘에 있는 모든 빛이 그 주님께로 집중시킨 모든 밝음이 섞여 있는지는 말 못하겠다. 내가 아는 것은 그저 이것은 형언할 수 없는 것이라는 사실뿐이다.
 예수께서 지금은 서 계시다. 땅 위에 떠 계신 것 같기까지 하다. 예수와 푸른 풀밭 사이에는 일종의 빛나는 증기가 있고, 순전히 빛으로만 된 공간이 있고, 그 위에 예수께서 서 계신 것 같기 때문이다. 그러나 그 빛이 너무나 강해서 내가 잘 못 볼 수도 있을 것이고, 또 예수의 발 아래에서 풀의 푸른 빛깔을 볼 수 없는 것이 어떤 때 화재에서 보는 것과 같이 흔들려서 파동을 일으키는 그 강한 빛에서 올 수도 있을 것이다. 여기서는 백열하는 흰 색깔의 파동이다. 예수께서는 얼굴을 하늘 쪽으로 들고 당신을 감격시키는 어떤 환영에 미소를 보내신다.
 사도들은 예수께 대하여 거의 공포를 느끼고 예수를 부른다. 그들의 선생님이 어떻게나 변모하셨는지 이제는 선생님같이 보이지 않기 때문이다. "선생님! 선생님!" 하고 가만히, 그러나 몹시 불안한 목소리로 부른다.
 예수께서는 듣지 못하신다.
 "선생님은 탈혼 중에 계시다" 하고 베드로가 벌벌 떨면서 말한다. "대관절 뭘 보시는 걸까?"
 세 사람은 일어났다. 그들은 예수께 가까이 가고 싶지만, 감히 그렇게 하지 못한다.
 하늘에서 내려와 예수 곁에 자리잡는 불꽃 두 개로 빛은 한층 더 밝아진다. 그 불꽃들이 높고 평평한 땅에 멎었을 때 그들의 베일이 벗겨지면서 거기에서 위엄있고, 빛나는 두 인물이 나온다. 한 사람은 나이가 더 많고, 날카롭고 엄한 눈길에 두 갈래가 진 긴 수염이 있다. 그의 이마에서는 빛으로 된 뿔 둘이 나와서, 그가 모세라는 것을 내게 일러준다, 또 한 사람은 더 젊고 마르고 수염이 나고 털이 많아 거의 세례자 같은데, 키와 야윈 것과 몸의 형태와 엄격이라는 면으로 세례자와 비슷하다고 하겠다. 모세의 빛은 예수의 빛과 같이 눈부시게 희고, 특히 이마의 빛살이 그런데, 엘리야에서 나오는 빛은 태양의 강한 불꽃과 비슷하다.
 두 예언자는 사람이 되신 그들의 하느님 앞에서 공손한 태도를 취하고, 비록 예수께서 그들에게 허물없는 말투로 말씀하시지만, 그들은 공손한 태도를 버리지 않는다. 그들이 말하는 것은 한 마디도 알아듣지 못하겠다.
 세 사도는 두 손으로 얼굴을 감싸고 떨면서 무릎을 꿇는다. 그들은 쳐다보고 싶지만, 겁이 난다. 마침내 베드로가 말한다. "선생님, 선생님! 제 말씀을 들으십시오." 예수께서 빙그레 웃으시며 베드로에게로 눈을 돌리시니, 베드로는 대담해져서 말한다. "여기서 선생님과 모세와 엘리야를 모시고 있는 것이 기분좋습니다. 좋다고 하시면, 선생님과 모세와 엘리야를 위해 초막 세 개를 만들겠습니다. 그리고 저희들은 여기 있으면서 세 분의 시중을 들겠습니다…."
 예수께서는 그를 또 바라다보시며 더 환히 웃으신다. 야고보와 요한도 사랑으로 얼싸안는 것 같은 눈길로 바라다보신다. 모세와 엘리야도 세 사람을 뚫어지게 본다. 그들의 눈은 반짝인다. 아마 마음을 꿰뚫는 빛살인 것 같다.
 사도들은 감히 다른 말을 하지 못한다. 겁이 나서 입을 다물고 있다. 그들은 약간 취한 것 같고, 깜짝 놀란 것 같다. 그러나 구름도 아니고 안개도 아니고 빛살도 아닌 한 휘장이 영광스러운 세 분을 감싸고, 이미 세 분을 감싸고 있던 광막(光幕)보다도 한층 더 빛나는 광막 뒤로 갈라놓아 세 사람의 눈에 보이지 않게 되고, 힘차고 듣기 좋은 목소리가 울려퍼져 온 공간을 채우자, 세 세람은 얼굴을 풀에 대고 엎드린다.
 "이는 내 사랑하는 아들, 내 마음에 드는 아들이니 너희는 그의 말을 들으라."
 베드로는 넓적 엎드려 부르짖는다. "죄인인 제게 자비를 베푸십시오! 이것은 땅에 내려오는 하느님의 영광입니다!" 야고보는 한 마디도 말을 못한다. 요한은 기절하려는 듯이 한숨지으며 중얼거린다. "주님께서 말씀하신다!"
 다시 아주 잠잠해진 때에는 아무도 감히 머리를 다시 들지 못한다. 그러므로 그들은 빛이 태양빛의 자연 상태로 돌아가 예수 혼자 남으신 것을, 붉은 옷을 입으신 여느 때의 예수님이 다시 되신 예수를 보여 주는 것도 보지 못한다. 예수께서 미소지으시며 그들에게도 걸어 가시어 그들을 흔드시고 만지시며 이름을 부르신다.
 "일어들 나거라! 나다. 두려워 말아라" 하고 말씀하신다. 세 사람은 하느님의 천사가 그들을 지극히 높으신 분께 보여 드리려고 하나보다고 겁을 집어먹고 감히 얼굴을 들지 못하고 있다. 그들의 죄에 대한 하느님의 자비를 빌고 있기 때문이다.

"일어나라니까. 명령이다" 하고 예수께서 위엄있게 되풀이하신다. 그들은 얼굴을 들고 미소지으시는 예수를 본다.

"오! 선생님, 내 하느님!" 하고 베드로가 부르짖는다. "선생님의 영광을 본 지금 저희가 어떻게 해야 살 수 있겠습니까? 저희가 하느님의 목소리를 들은 지금 어떻게 해야 저희 죄인들이 사람들 가운데에서 살 수 있겠습니까?"

"너희는 내 곁에서 살면서 내 영광을 끝까지 보아야 할 것이다. 때가 가까웠으니 그럴 자격이 있는 사람이 되도록 하여라. 내 아버지이시고 너희 아버지이기도 하신 아버지께 순종하여라. 나는 사람들 가운데 있으면서 그들을 하느님께로 데려가기 위하여 왔으니까 이제는 사람들 가운데로 돌아가자. 가자. 이 시간을 기억해서 거룩하여라. 그리고 굳세고 충실하여라. 너희는 내 가장 완전한 영광에 한 몫 낄 것이다. 그러나 지금은 너희가 본 것을 아무에게도, 너희 동료들에게도 말하지 말아라. 사람의 아들이 죽은 사람들 가운데에서 다시 살아나 아버지의 영광으로 돌아가고 나면, 그때에는 말하여라. 그때에는 내 나라에 한 몫을 차지하기 위하여는 믿어야 하겠기 때문이다."

"그러나 엘리야가 선생님의 나라에 대한 준비를 시키기 위해서 오기로 되어 있지 않습니까? 선생들이 그렇게 말하는 데요."

"엘리야는 벌써 와서 주님께로 가는 길을 닦았다. 모든 것이 계시된 대로 이루어진다. 그러나 계시를 가르치는 사람들이 그것을 알지 못하고 이해하지 못한다. 그들은 때의 징조들과 하느님의 사자들을 보지 못하고, 알아보지도 못한다. 엘리야는 첫번째로 한 번 왔다. 그는 최후의 때가 가까웠을 때에 마지막 사람들을 하느님께로 가도록 준비시키기 위해 두 번째로 한 번 또 올 것이다. 그러나 지금은 첫번째 사람들을 그리스도에게 오도록 준비시키려고 왔는데, 사람들이 그를 인정하려고 하지 않고, 괴롭히고 죽였다. 사람들은 그들의 이익이 무엇인지 알아보고자 하지 않기 때문에 사람의 아들에게도 같은 일을 할 것이다."

세 사람은 생각에 잠기고 슬퍼하며 고개를 떨어뜨린다. 그리고 예수와 함께 올라갔던 길로 해서 내려온다.

…그리고 중간에서 잠깐 쉬는 동안에 역시 베드로가 말한다. "아! 주님! 저도 어제 선생님의 어머니께서 말씀하신 것처럼 '왜 저희에게 이렇게 하셨습니까?' 하고 말씀드리고, 또 '왜 저희에게 그런 말씀을 하셨습니까?' 하고도 말씀드리겠습니다. 선생님의 마지막 말씀이 영광을 본 기쁨을 저희 마음에서 지워버렸습니다! 오늘은 큰 두려움의 날입니다! 처음에 저희를 놀라게 한 것은 저희를 깨운 큰 빛이었습니다. 바로 저희 눈 앞에서 산에 불이 붙었거나 달이 내려와서 고원에서 빛난 것보다도 더 강한 큰 빛이었습니다. 그 다음에는 선생님의 모습과, 날아올라 가시려는 것처럼 땅에서 떨어지신 선생님의 방식이었습니다.

저는 선생님이 이스라엘의 죄들이 진저리가 나서, 아마 지극히 높으신 분의 명령으로 하늘로 돌아가시는 것이 아닌가 하고 겁이 났습니다. 그 다음에는 모세가 나타나는 것을 보고 무서웠습니다. 그의 얼굴에 하느님의 빛이 어떻게나 강하게 반영되는지 그 시대의 사람들은 베로 얼굴을 가리지 않고는 쳐다볼 수가 없었는데, 그때에는 오직 사람일 뿐이었습니다. 그런데 지금은 지극히 행복하고 하느님으로 불타고 있는 영이지요. 그리고 엘리야는…아이고 맙소사! 저는 제 최후의 순간이 온 줄로 생각했습니다. 그리고 제 일생의 모든 죄가, 아주 어려서 이웃집 식료품 저장실에서 과일을 훔치던 때에서부터, 최근에 선생님께 나쁜 조언을 한 마지막 순간에 이르기까지, 모든 죄가 머리에 떠올랐습니다. 얼마나 벌벌 떨면서 그 죄들을 뉘우쳤는지 모릅니다! 그러다가 그 두 의인이 저를 사랑하는 것같이 생각되었습니다. …그래서 감히 말을 했습니다.

그러나 저는 그런 영들의 사랑을 받을 자격이 없기 때문에 그 분들의 사랑까지도 무서웠습니다. 그런 다음…또 그런 다음… 두려움 중에 두려움! 하느님의 목소리! …야훼께서 말씀하셨습니다! 저희들에게! 야훼께서는 '그의 말을 들으라'고 말씀하셨습니다. 선생님의 말씀을 그리고 야훼께서는 선생님을 '내 사랑하는 아들, 내 마음에 드는 아들' 이라고 선언하셨습니다. 얼마나 두려운 일입니까! 야훼께서! …저희들에게!… 분명히 선생님의 힘으로만 저희 목숨이 남아 있습니다! …선생님이 저희를 만지시고, 선생님의 손가락이 쇠꼬챙이처럼 뜨거울 때 저는 최후의 공포를 느꼈습니다. 심판의 때가 와서 천사가 제 영혼을 빼앗아서 지극히 높으신 분께로 데려가려고 저를 건드리는 줄 알았습니다. …그러나 선생님의 어머니께서 선생님이 어제 말씀하신 그 시간을 보시고…들으시고… 요컨대 그 시간을 사시면서 어떻게 돌아가지 않으셨습니까? 젊은 분이 혼자서, 저희 세 사람에게 이 모든 것을? 선생님의 영광을 보는 그 혜택을 모두에게 주시는 것이 좋지 않았습니까?"

"너희가 사람의 아들의 죽음에 대해서, 그것도 형벌을 받아서 죽는 것에 대해서 말하는 것을 듣고 기절하기 때문에, 바로 그것 때문에, 사람인 하느님이 내가 죽은 다음에 어떻게 되겠는지를 미리 알게 함으로써 그 시간을 위해서, 그리고 영원히 너희를 강하게 하고자 한 것이다. 이 모든 것을 기억해서 때가 되면 말하도록 하여라. …알아들었느냐?"

"오! 예, 주님. 잊어버릴 수가 없습니다. 또 이 이야기를 하는 것은 무익할 것입니다. 그들은 저희를 '취했다'고 말할 테니까요."

그들은 다시 계곡을 향하여 걷기 시작한다. 그러나 어떤 곳에 이르자, 예수께서는 엔도르 방향으로 가는, 즉 제자들과 헤어지신 방향과는 반대 방향으로 가는 가파른 오솔길로 방향을 바꾸신다.

"그 사람들을 만나지 못하겠는데요" 하고 야고보가 말한다. "해가 기울기 시작합니다. 그 사람들은 선생님이 그들과 헤어지신 곳에서 선생님을 기다리려고 모이고 있는 중일 겁니다."

"이리 오너라. 그리고 어리석은 생각은 하지 말아라."

과연 관목지대가 지나고 가파르지 않은 비탈을 이루며 큰 길로 내려가는 목장이 나타났을 때, 그들은 제자들의 무리에 호기심많은 여행자들과 어디서 왔는지 모를 율법교사들이 합쳐져서 산 밑에서 심하게 움직이고 있는 것을 본다.

"아이고! 율법교사들! …게다가 벌써 말다툼을 하고 있구먼!" 하고 베드로가 그들을 손가락으로 가리키면서 말한다. 그러면서 그는 마지막 몇 미터를 내키지 않는 걸음으로 내려온다.

그러나 아래에 있던 사람들은 그들을 보고 서로 그들을 가리킨다. 그러더니 예수께로 달려 오기 시작하면서 외친다. "선생님, 대관절 어떻게 이쪽으로 오십니까? 저희들은 약속장소로 가려고 했었지만 율법학자들은 논쟁을 걸어서 저희를 붙들었고, 고민하는 아이 아버지는 애원으로 저희를 붙잡았습니다."
"무슨 일로 논쟁을 하고 있었느냐?"
"마귀들린 사람 때문입니다. 저희가 그를 구해내지 못했기 때문에 율법학자들이 저희를 비웃었습니다. 가리옷의 유다가 또 한 번 해보았습니다. 유다에게는 그것이 명예에 관한 일이었습니다. 그러나 소용없는 일이었습니다. 그래서 저희는 그들에게 '당신들이 하시오' 하고 말했더니, 그들은 '우리는 마귀를 쫓는 사람이 아니오' 하고 대답했습니다. 우연히 가슬로-다볼에서 오는 사람들이 지나갔는데, 그 사람들 중에는 마귀쫓는 사람이 두 사람 있었습니다. 그러나 아무 효과도 나타나지 않았습니다. 여기 그의 아버지가 선생님께 청하러 옵니다. 이 사람의 말을 들어보십시오."

과연 한 남자가 애원하면서 나아와 예수 앞에 무릎을 꿇는다. 예수께서는 비탈진 풀밭에 멈추어 서 계신다. 그래서 적어도 3미터 가량 길 윗편에 계시고, 따라서 모든 사람이 잘 볼 수 있다.

그 사람은 예수께 이렇게 말한다. "선생님, 저는 아들을 데리고 선생님을 찾으려고 가파르나움에 갔습니다. 제가 제 불행한 아들을 데리고 온 것은, 마귀들을 쫓아내시고 갖가지 병을 고치시는 선생님이 제 아들을 구해 주십사고 그런 것입니다. 그 애는 자주 벙어리 마귀에게 붙들립니다. 그 마귀가 그 애를 붙들면, 그 애는 목이 졸리는 짐승처럼 쉰소리밖에 지르지 못합니다. 마귀는 그 애를 땅에 내동댕이칩니다. 그러면 그 애는 이를 갈고, 재갈을 씹는 말처럼 거품을 내면서 뒹굴고, 상처를 입거나 물에 빠지거나 불에 데거나 으스러져서 죽을 위험을 당합니다. 마귀가 그 애를 물 속이나 불 속에 집어던지거나 층층대 아래로 굴러 떨어뜨린 것이 여러 번이었으니까요. 선생님의 제자들이 해보았지만 성공하지 못했습니다. 오! 지극히 인자하신 주님! 저와 제 아이를 불쌍히 여겨 주십시오!"

예수께서 "타락한 세대, 악마 같은 무리, 반역하는 무리, 믿지 않고 포악한 지옥의 백성, 내가 언제까지 너와 접촉하고 있어야 하겠느냐? 언제까지 너를 견디어야 하겠느냐" 하고 외치실 때, 능력이 불같이 빛난다. 예수께서는 위엄이 있다. 그래서 아주 잠잠해지고, 율법학자들의 조롱도 그친다.

예수께서는 아이 아버지에게 말씀하신다. "일어나서 아들을 데려오시오."

그 사람은 갔다가 다른 사람들과 같이 돌아오는데, 그들 가운데 12~14세쯤 된 소년이 있다. 아름다운 소년이다. 그러나 멍한 사람처럼 좀 얼빠진 듯한 눈을 하고 있다. 이마에는 붉은 긴 상처가 있고, 더 아래에는 이전 상처가 아문 흰 자국이 있다. 사람의 마음을 끄는 눈으로 뚫어지지게 들여다 보시는 예수를 보자마자, 소년은 쉰목소리로 부르짖고 전신이 뒤틀리기 시작하며, 거품을 물고 흰자위밖에 보이지 않을 정도로 눈을 치뜨면서 땅에 쓰러져, 간질병자 특유의 경련을 일으키며 땅바닥에 뒹군다.

예수께서는 그에게 가까이 가시려고 몇 걸음을 앞으로 나아가져서 말씀하신다. "언제부터 이런 일이 일어나오? 모든 사람이 듣게 크게 말하시오."

둘러싼 군중이 다시 죄어 들고, 율법학자들은 광경을 내려다보려고 예수보다 더 높이 올라가는데, 그 사람은 큰 소리로 말한다. "어려서부터 그렇습니다. 말씀드린 것처럼 자주 불 속으로 넘어지고, 물에 빠지고, 층계 아래로 굴러 떨어지고, 나무에서 떨어집니다. 마귀가 갑작스레 습격해서 이 애를 끝장을 내려고 그렇게 내던지기 때문입니다. 이 애는 흉터와 화상 자국투성이입니다. 아궁이의 불꽃으로 소경이 되지 않은 것만도 다행입니다. 어떤 의사도, 마귀쫓는 사람도 이 애를 고치지 못했고, 선생님의 제자들도 고치지 못했습니다. 그러나 제가 굳게 믿는 것처럼 선생님이 어떻게 하실 수 있으면, 저희를 불쌍히 여겨 구원해 주십시오."

"믿는 사람에게는 무엇이든지 허락되니까, 만일 당신이 그렇게 믿으면 나는 무엇이든지 할 수 있소."

"아이고! 주님, 믿고 말고요! 그러나 만일 제 믿음이 아직도 부족하면, 그것이 완전해져서 기적을 얻도록 주님이 제 믿음을 더해 주십시오" 하고 그 사람은 그 어느 때보다도 더 심한 경련을 일으키고 있는 아들 옆에 무릎을 꿇고 울면서 말한다.

예수께서는 몸을 일으키시고 두어 걸음 뒤로 물러나신다. 군중이 그 어느 때보다도 더 죄어드는 동안 큰 소리로 외치신다. "어린아이를 귀가 먹고 벙어리가 되게 하고 그를 괴롭히는 저주받은 마귀야, 내가 네게 명령한다. 이 아이에게서 나가서 다시는 들어가지 말아라!"

어린아이는 땅바닥에 누운 채 무섭게 뛰어오르고, 몸을 두 팔과 두 다리로 버티고 활처럼 휘며 비인간적인 고함을 지른다. 그리고는 마지막으로 한 번 뛰어올랐다가 몸을 돌려 배를 깔고 엎어지며, 풀에서 비죽 내민 돌에 이마와 입을 부딪혀 돌을 피로 붉게 물들이고는 꼼짝하지 않은 채로 있다.

"죽었다!" 하고 여러 사람이 외친다.

"불쌍한 아이!" "불쌍한 아버지!" 하고 가장 마음착한 사람들은 그들을 동정하며 말한다.

그리고 율법학자들은 냉소하며 말한다. "나자렛 선생이 당신을 잘 도와주었구려!" 또는 "선생님, 어떻게 된 일입니까? 이번에는 베엘제불이 선생을 초라하게 보이게 하는군요…" 하고 말하며 증오심을 품고 비웃는다.

예수께서는 아무에게도 대답하지 않으시고, 탄식하고 예수를 부르면서 아들을 뒤집어놓고 상처입은 이마와 입의 피를 닦아 주는 아버지에게도 대답하지 않으신다. 그러나 선생님은 몸을 숙여 어린아이의 손을 잡으신다. 그러니까 아이는 꿈에서 깨는 것처럼 한숨을 쉬며 눈을 뜨고, 일어나 앉아 미소를 짓는다. 예수께서는 그를 당신께로 끌어당기시고 일어서게 하시고 아버지에게 맡기신다. 그동안 군중은 열광하며 외치고, 율법학자들은 군중의 야유를 받으며 도망친다….

"그럼, 이제는 가자" 하고 예수께서 제자들에게 말씀하신다. 그리고 군중을 떠나 보내신 다음 산을 돌아 이미 아침에 오셨던 길을 향하여 가신다.

예수께서 말씀하신다.

"나는 내 영광을 묵상하도록 너를 준비시켰다. 내일(예수의 거룩한 변모 축일) 이 영광을 찬양한다. 그러나 나는 내 작은 요한이 그 영광을 더 잘 이해하기 위하여 그것을 사실로 보기를 원한다. 나는 네 선생님의 슬픔과 그의 고통만을 알라고 너를 택하지는 않는다. 고통 중에 나와 함께 남아 있을 줄을 아는 사람은 내 기쁨에도 나와 함께 참여해야 한다.

나는 네게 자기를 나타내는 네 예수 앞에서 네가 내 사도들과 같은 감정을 가지기를 원한다.

절대로 교만하지 말아라. 교만하면 나를 잃는 것으로 벌을 받을 것이다.

내가 무엇이고, 또 네가 무엇인지를 끊임없이 기억하여라.

통회로 씻은 마음을 가지기 위하여 네 과오가 내 완전에 대한 끊임없는 생각을 가져야 한다. 그러나 동시에 내게 아주 큰 신뢰도 가져야 한다. 나는 이렇게 말했다. '두려워 말고 일어나라, 가자. 나는 사람들과 같이 있기 위하여 왔으니까 사람들 가운데로 가자. 이 시간을 기억해서 거룩하고 굳세고 충실하여라' 하고. 나는 이 말을 너와 사람들 중에 내가 특히 사랑하는 모든 사람들, 나를 특별하게 차지하고 있는 사람들에게도 한다.

나의 아무것도 두려워하지 말아라. 내가 나를 드러내는 것은 너희를 들어올리기 위해서이지 너희를 잿더미로 만들기 위해서가 아니다. 일어나라. 선물을 받은 기쁨이 너희에게 활기를 주어야지, 내가 너희에게 하늘을 보여 주었기 때문에 벌써 구원을 받았다고 생각함으로써 정적주의(静寂主義)*의 즐거움 속에서 너희를 무기력하게 해서는 안 된다. 사람들 가운데로 함께 가자. 나는 너희들이 나를 더 많이 도울 수 있도록 초인간적인 환영과 가르침으로 너희에게 초인간적인 사업을 하라고 권고하였다. 나는 너희를 내 사업에 참여시킨다. 그러나 나는 휴식을 알지 못하였고, 지금 알지 못한다. 악은 절대로 쉬지 않으므로 선도 원수의 일을 할 수 있는 대로 무효하게 만들기 위하여 항상 활동해야 하기 때문이다. 때가 완전히 이루어지면 우리도 쉴 것이다. 지금은 꾸준히 걸어야 하고, 하느님의 추수를 위하여 끊임없이 일하고 지치지 않고 소모되어야 한다. 끊임없는 나와의 접촉이 너희를 거룩하게 하고, 계속적인 내 가르침이 너희를 굳세게 하며, 내 특별한 사랑이 어떤 계략에 대해서도 너희를 충실하게 하기를 바란다. 계시를 가르치고 나서 그것을 믿지 않아서 때의 징조와 하느님의 사자들을 알아보지 못할 정도가 되었던 옛날 유다교 교사들과 같이 되지 말아라. 가(假) 그리스도의 세력이 전진하고 있기 때문에, 그리스도의 두 번째 내림에 있어서의 그리스도의 예고자들을 알아보아라. 그리고 너희들이 어떤 진리들을 초자연적인 정신으로 받아들이지 않고, 인간

---

* 역주 : Quietismus, 몰리스노스와 페네롤 등이 주장한 이단설(異端說)(가톨릭 대사전 참조).

적인 이상야릇함에 대한 갈망으로 받아들인다는 것을 내가 알기 때문에, 나 자신에게 스스로 의무로 부과했던 절도(節度)를 예외적으로 깨뜨리면서 너희에게 분명히 말한다마는, 많은 사람이 가그리스도에 대한 승리라고 생각하고, 이제는 평화가 가까웠다고 생각할 그것이 사실은 그리스도의 원수에게 다시 기운을 얻고, 그의 상처를 치료하고, 더 잔인한 투쟁을 위하여 그의 군대를 소집할 시간을 주는 일시적인 휴식에 지나지 않을 것이다.

왕중의 왕이고, 정의로 심판하고 싸우고, 성실하고 진실을 말하는 사람이며, 짐승과 그의 종들과 예언자들을 이기는 사람일 너희 예수의 '목소리들'인 너희들은 너희의 선을 알아보고 항상 그것을 따르라.

어떤 기만적인 외관에도 매혹되지 말고, 어떤 박해에도 용기가 꺾이지 말아라. 너희 '목소리'는 내 말을 말해야 한다. 너희의 삶은 이 사업을 위한 것이어야 한다. 그리고 만일 너희가 세상에서 그리스도와, 그리스도의 예고자와 엘리야와 같은 운명, 피를 흘리는 운명이나 정신적인 고문으로 고통을 당하는 운명을 가지게 되거든, 그리스도와 그의 예고자와 그의 예언자의 운명과 공통적인 것이 될 장차 올 확실한 너희 운명에 미소를 보내라.

일과 고통과 영광에 있어서 동등한 운명이다. 이 세상에는 선생이요 모범인 내가 있고, 천국에는 상급이요 왕인 내가 있다. 나를 차지하는 것이 너희의 지복(至福)일 것이다. 그것은 고통을 잊는 일일 것이다. 그것은 어떤 계시도 너희로 하여금 이해하게 하기에 아직 불충분한 것이 될 것이다. 그것은 내세생활의 기쁨은 아직 육체와 결합하여 있는 인간의 상상적인 가능성을 초월하는 것이기 때문이다."

38. 거룩한 변모 후에 제자들에게 주신 지시

그들은 이제 다시 나자렛의 집에 있다. 아니, 더 정확히 말하자면, 쉬러 가기 위하여 헤어질 때를 기다리면서 올리브나무들이 있는 둔덕에 흩어져 있다. 벌써 어두웠고, 달은 늦게 뜨기 때문에 그들은 밤을 밝히기 위하여 작은 불을 피워 놓았다. 그러나 초저녁은 훈훈하고, 멀지 않아 비가 올 것이라고 내다보는 어부들의 말로 "거의 너무 훈훈" 하다. 그리고 여기 이렇게 모두 모여서, 여자들은 꽃이 만발한 정원에 성모님을 둘러싸고, 남자들은 둔덕에, 그리고 남자들과 여자들과 같이 계실 수 있도록 선생님은 둔덕 꼭대기에 계시면서 이 사람 저 사람에게 대답하시고, 여자들은 주의를 기울이며 듣고 있는 것이 기분좋은 일이다. 산 밑에서 고쳐진 간질병자 이야기를 한 모양이어서 아직도 거기에 대한 논평들을 하고 있다.

"정말 아우가 해야만 했구먼!" 하고 사촌 시몬이 외친다.

"아이고! 그렇지만 그들의 마귀쫓는 사람들이 가장 강력한 경문(經文)을 썼다는 것을 인정하면서 아무것도 할 수 없는 것을 보았는데도, 기적이 그 황조롱이 같은 사람들을 설득하지 못했습니다!" 하고 뱃사공 솔로몬이 머리를 저으면서 말한다.

"그리고 율법학자들은 그들 자신의 결론을 말해 주어도 설득하지 못할 것입니다."

"그렇습니다. 그러나 내게는 그들이 제대로 말하는 것 같았습니다. 안 그렇습니까?" 하고 내가 알지 못 하는 어떤 사람이 묻는다.

"썩잘 말했습니다. 그들은 선생님이 기적을 행하셨을 때는 자기들 안에 심오한 평화가 스며드는 것을 느끼는데, 기적이 나쁜 능력의 영향으로 나올 때에는 일종의 고통을 느낀다고 말해서, 예수의 능력에서 마귀의 마력을 일체 배제했습니다" 하고 헤르마가 대답한다.

"그렇지만 말이지요. 그 마귀는 강한 놈이었습니다! 나가려고 하지 않았지요! 그러나 그 놈이 왜 그 아이를 여전히 붙잡고 있지 않았을까요? 쫓겨나서 길을 잃은 마귀였나요. 그렇지 않으면 어린아이가 넉넉히 거룩해서 저 혼자서도 그 놈을 내쫓을 수 있었나요?" 하고 내가 이름을 모르는 다른 제자가 묻는다.

예수께서 자발적으로 대답하신다. "내가 여러 번 설명했지만, 병은 어떤 것이든지 하나의 고통이고, 무질서인 만큼, 사탄을 숨길 수 있고, 사탄도 병 속에 숨어서 그것을 사용하고, 병을 만들어서 괴롭히고 하느님을 모독하는 말을 하게 할 수 있다. 그 아이는 병자였지 마귀들린 아이가 아니었다. 깨끗한 영혼이었다. 그렇기 때문에 그 영혼을 부정하게 만들 정도로 지배하고자 하던 아주 교활한 마귀에게서 그 아이를 매우 기쁘게 구해 주었다."

"그러면, 그것이 그저 병이기만 했다면, 저희는 왜 성공하지 못했습니까?" 하고 가리옷의 유다가 묻는다.

"그래! 그 애가 마귀들린 것이 아니었다면 마귀쫓는 사람들이 아무 것도 할 수 없었다는 건 이해할 수 있어! 그렇지만 우리는…" 하고 토마가 지적한다.

그러니까 그 아이에 대하여 여러 번 시도했으나, 그저 몸을 흔들더니 경련을 일으키게 하는 일만을 얻어냄으로써 실패한 것을 참지 못하는 가리옷의 유다가 말한다. "그렇지만 우리를 대할 때는 더 나빠졌어. 필립보, 자네 기억하나! 나를 도와주던 자네는 그가 내게 보내는 조소를 듣고 보았지. 이렇게 말하기까지 했단 말이야. '저리 가라! 너와 나와 둘 중에서는 네가 더 마귀다' 하고. 그 말을 듣고 율법학자들이 내 뒤에서 웃었어."

"그런데 그것이 네 마음에 들지 않았단 말이지?" 하고 예수께서는 아무렇게나 말씀하시는 것처럼 물으신다.

"물론입니다! 망신하는 것은 기분좋은 일이 아니고, 선생님의 제자중 한 사람일 때에는 유익하지도 않습니다. 그 일로 권위를 잃게 되거든요."

"하느님을 모시고 있으면, 모든 사람이 너희를 비웃어도 영향력을 잃지 않는 것이다. 시몬의 유다야."

"좋습니다. 그렇지만 어떤 실패가 다시는 일어나지 않도록, 적어도 저희 사도들에게만은 선생님이 능력을 더해 주십시오."

"내가 너희 능력을 더해 주는 것이 옳지도 않고 유익하지도 않을 것이다. 성공하려면 너희들 자신의 힘으로 행동해야 한다. 너희들이 부족하기 때문에 너희들이 성공하지 못하는 것이고, 또 내가 너희들에게 준 것을 거룩하지 않은 의향으로 줄였기 때문이기도 하다. 너희들은 더 눈부신 대성공을 바라면서 그런 의향을 덧붙이고자 하였다."

"저 들으라고 그렇게 말씀하시는 것입니까, 주님?" 하고 가리옷 사람이 묻는다.

"네가 그런 말을 들어 마땅한지 네가 알 것이다. 그러나 나는 모든 사람을 위해서 말하는 것이다."

바르톨로메오가 묻는다. "그렇지만, 그렇다면 저 마귀들을 이기려면 어떻게 해야 합니까?"

"기도와 금식이다. 다른 것은 필요없다. 기도하고 금식하여라. 그리고 육체로만 그럴 것이 아니다. 너희의 교만을 만족시키는 것을 끊는 것이 마땅하기 때문이다. 교만은 우리가 그것을 만족시키면, 정신과 영혼을 무기력하게 만들어서, 실컷 먹은 육체가 졸리고 무거운 것과 같이 묵상 기도가 열성이 없고 무기력해진다. 그러면 이제는 우리도 가서 정당한 휴식을 취하자. 내일 새벽에는 마나헨과 목자 제자들을 빼놓고는 모두가 가나로 가는 길에 와 있어야 한다. 가거라, 평화가 너희와 함께 있기를."

그러나 곧이어 이사악과 마나헨을 붙드시고 이튿날을 위한 특별한 지시를 주신다. 이튿날은 알패오의 시몬과 사라의 알패오와 함께 과월절 순례를 시작하는 여자제자들과 성모님이 떠나는 날이다.

"마룩지암이 노인을 보게 에스드렐론으로 해서 가시오. 가리옷의 유다를 시켜서 준 돈주머니는 농부들에게 주시오. 그리고 여행중에는 내가 방금 준 돈주머니를 가지고 당신들이 만나는 가난한 사람들을 구제하시오. 예루살렘에 도착하면 베다니아로 가시오. 그리고 니산 새달에 내가 간다고 말하시오. 이 날짜보다 늦을지도 모르지만 별로 늦지는 않을 거요. 내게 가장 소중하신 분과 여자제자들을 당신들께 맡기오. 그러나 나는 안심하시오. 그들은 안전할 거요. 가시오. 우리는 베다니아에서 다시 만날 거요. 그리고 오래 함께 있을 거요."

예수께서는 그들에게 강복하신다. 그리고 그들이 밤 어두움 속으로 멀어지는 동안 정원으로 뛰어내리셔서 벌써 여자 제자들과 어머니가 계신 집안으로 들어가신다. 여자제자들과 성모님은 마륵지암과 함께 여행보따리 끈을 조르고, 얼마 동안이 될지 모르는 부재 기간을 위하여 모든 것을 정리하는 중이다.

39. 성전에 바치는 조세와 물고기 입 속에 들어 있는 스타테르*

가파르나움에 돌아가기 위하여 탄 배 두 척은 놀라울 만큼 고요한 호수 위를 미끄러져 간다. 그것은 두 배가 지나간 다음에는 곧 다시 반들반들하게 평평하게 되는 진짜 엷은 파란색 수정판과 같다. 그러나 그 배들은 베드로와 야고보의 배가 아니고, 티베리아에서 세낸 배 두 척인 것 같다. 그리고 유다가 이 지출을 한 다음에는 돈없이 있게 되기 때문에 좀 한탄하는 것이 들린다.

"다른 사람들 생각은 했지만 우리 생각은? 우리는 이제 어떻게 할 거야? 나는 쿠자가…어떻게 할 줄로 생각했는데… 아무것도 없었어. 우리는 거지 신세가 됐단 말이야. 여행자들에게 동정을 구하려고 길가에 자리잡는 저 많은 거지중의 하나같이 말이야" 하고 토마에게 작은 목소리로 투덜거린다.

그러나 토마는 관대하게 이렇게 대답한다. "그러면 나쁠 게 뭐 있나? 난 조금도 걱정 안하네."

"그래, 하지만 말야. 식사 시간에 자넨 누구보다도 식욕이 더 좋은 걸."

"물론이지! 난 배가 고프거든. 이 점에서는 난 원기 왕성하단 말이야. 그럼, 오늘은 사람들에게 빵과 식량을 청하지 않고, 하느님께 직접 청하겠네."

"오늘은! 오늘은! 그렇지만 내일도 우리는 같은 형편일 거고, 모레도 마찬가질 거야. 게다가 우린 아는 사람이 없는 데카폴리스로 간단 말이야. 그리고 그곳 주민들은 반쯤이 이교도란 말이야. 그리고 빵뿐이

---

* 역주 : 고대 그리이스의 화폐 단위로 2내지 4 드라크마에 상당함.

아니라 샌들이 너덜너덜하지. 거지들은 귀찮게 굴지. 또 몸도 불편할 수도 있을거라고 또….”

"그렇게 계속하다간 얼마 안 가서 나를 죽게 하고 내 장사 지내는 것도 생각해야겠네. 아이구! 걱정도 많네! 나는…정말 걱정이 하나도 없어. 나는 기쁘고, 갓난 어린아이같이 무사태평이야.”

이물 뱃전에 앉으셔서 생각에 잠기신 것같이 보이던 예수께서 몸을 돌리시고 고물에 있는 유다에게 큰 소리로 말씀하신다. 그러나 모든 사람에게 말씀하시는 것같이 말씀하신다. "동전 한푼 없다는 것은 아주 좋은 일이다. 가장 하찮은 일에서까지도 하느님의 아버지다운 감정이 한층 더 빛날 것이다.”

"며칠 전부터 선생님께서는 모든 것이 좋습니다. 기적이 없어도 좋고, 사람들이 우리에게 아무것도 바치지 않아도 좋고, 우리가 가진 것을 다 주었어도 좋고, 요컨대 모든 것이 다 좋습니다. …그러나 저는 대단히 쪼들립니다. …선생님은 사랑하는 선생님, 거룩한 선생님이십니다. 그렇지만 물질 생활에 대해서는…아무것도 아니십니다" 하고 유다는 자기의 사려없는 친절까지도 영광으로 생각하는 마음씨 고운 형에게 주의를 주는 것같이 독살스럽지 않게 말한다.

그리고 예수께서는 빙그레 웃으시며 그에게 대답하신다. "물질 생활에 대해서 아무런 가치도 없는 사람이라는 것이 내 가장 큰 장점이다. …그리고 거듭 말한다만 동전 한푼 없이 있는 것이 좋다.” 그러시면서 환히 웃으신다.

배가 호수 바닥에 닿으면서 멎는다. 그들은 다른 배가 호숫가에 닿는 동안 배에서 내린다. 예수께서는 유다와 토마 유다와 야고보, 필립보와 바르톨로메오와 같이 집을 향하여 가신다.

베드로는 마태오와 제베대오의 아들들, 그리고 열성당원 시몬과 안드레아와 함께 다른 배에서 내린다. 그러나 모두 걷기 시작하는데, 베드로는 호숫가에 남아서 그들을 데려다 준 뱃사공, 아마 그가 아는 사람들인 것 같은 뱃사공들과 말을 한다. 그리고 그들이 다시 떠나는 것을 돕는다. 그런 다음 긴 옷을 입고 집으로 가려고 호숫가 모래사장을 올라간다.

장마당을 지나오는 동안 두 남자가 그에게 마주 와서 "요나의 시몬,

말좀 들으시오" 하고 말하면서 그를 멈추어 세운다.
"듣겠소. 무슨 말이오?"
"당신 선생님은 순전히 선생님이기 때문에 성전에 바쳐야 하는 2드라크마를 내오 내지 않소?"
"물론 바치시오! 왜 안 바치시겠소?"
"그렇지만…그분은 자기가 하느님의 아들이라고 하니까, 그리고…"
"사실 하느님의 아들이시오" 하고 베드로는 벌써 분개하여 얼굴이 시뻘개져서 결연히 대꾸한다. 그리고 이렇게 말을 끝맺는다. "그렇지만 선생님은 율법의 아들이시고, 그것도 율법의 가장 훌륭한 아들이시니까 이스라엘 사람 누구나와 마찬가지로 드라크마를 바치시오…."
"그렇지 않은 것 같소. 그분이 그렇게 하지 않는다는 말을 들었소. 그래서 우리는 그분에게 그렇게 하라고 충고하는 거요."
"흠!" 하고 참을성을 거의 잃게 된 베드로가 투덜거린다. "흠!…우리 선생님께는 당신들의 충고가 필요없소. 잘들 가시오. 그리고 당신들을 보낸 사람들에게 드라크마들은 기회가 닿는 대로 낼 거라고 말하시오."
"기회가 닿는 대로 낸다구요!…왜 즉시 내지 않고? 당신네 선생님이 목적도 없이 여기저기 돌아다니고 있으니, 그렇게 한다고 누가 보장하겠소?"
"지금 당장은 선생님이 동전 한푼 안 가지고 계시니까 즉시는 안 되오. 선생님은 당신들이 쥐어 짜는 동전 한닢 나오지 않을 거요. 우리는 모두 돈이 없소. 그것은 바리사이파 사람이 아니고, 율법학자들이 아니고, 사두가이파 사람도 아니고, 부자도 아니고, 첩자도 아니고, 심술궂은 사람도 아닌 우리는 우리가 가진 것은 선생님의 가르침에 따라서 가난한 사람들에게 주는 습관이 있기 때문이오. 알아들었소? 그래서 지금 당장은 우리가 모두 주었소. 그래서 지극히 높으신 분께서 생각을 해주지 않으시는 한 우리는 굶어 죽을 수도 있고, 또는 길모퉁이에서 구걸을 하기 시작할 수도 있겠소. 우리 선생님을 난봉꾼이라고 말하는 사람들에게 이 말도 하시오. 잘 가시오!" 그리고 그들을 그곳에 팽개쳐 두고, 화가 나서 얼굴이 새빨개서 투덜거리며 간다.
베드로는 집으로 들어가서 예수께서 계신 윗층의 방으로 올라간다.

예수께서는 죽어가는 사람이 있는 막달라 뒤 산 위에 있는 집으로 가시자고 청하는 어떤 사람의 말을 듣고 계신다.

예수께서 곧 가겠다고 약속하시면서 그 사람을 보내신다. 그리고 그 사람이 떠난 다음에, 한 구석에 앉아 생각에 잠겨 있는 베드로에게 말씀을 건네신다. "네 생각엔 어떠냐. 시몬아? 일반적으로 이 세상의 왕들은 누구에게서 조공(朝貢)과 세금을 받느냐? 그들 자신의 자녀들에게서 받느냐, 그렇지 않고 외부사람들에게서 받느냐?"

베드로는 소스라치게 놀라서 말한다. "주님, 제가 무슨 말씀을 드려야 하는지를 어떻게 아십니까?"

예수께서는 "내버려두어라" 하고 말씀하시는 것처럼 빙그레 웃으신다. 그리고 말씀하신다. "묻는 말에 대답하여라."

"외부 사람들에게서 받습니다, 주님."

"그러니까 그래야 마땅한 것처럼 자녀들은 그 의무가 면제된다. 자식은 아버지의 핏줄과 가문에 속하기 때문에, 아버지에게는 사랑과 순종의 조공만 드리면 되기 때문이다. 그러므로 아버지의 아들인 나는 아버지의 집인 성전에 조세를 내지 않아도 될 것이다. 너는 그들에게 제대로 대답하였다. 그러나 너와 그들 사이에 어떤 차이가 있기 때문에, 즉 너는 내가 하느님의 아들이라는 것을 믿지만, 그들과 그들을 보낸 사람들은 그것을 믿지 않는다는 이 차이가 있기 때문에, 그들을 분개시키지 않기 위해서 조세를 내겠다. 그것도 그들이 조세를 받느라고 아직 광장에 있는 동안 즉시 내겠다."

"우리가 동전 한닢도 없는데 뭘 가지고 내십니까?" 하고 다른 사람들과 같이 가까이 온 유다가 말한다. "무엇을 좀 가지고 있는 것이 필요한지 아시겠어요?"

"집주인더러 꾸어 달라고 하지요" 하고 필립보가 말한다.

예수께서는 입을 다물라는 손짓을 하시고 말씀하신다. "요나의 시몬아, 호숫가에 가서 튼튼한 낚시를 단 삼밧줄을 할 수 있는 대로 멀리 던져라. 그리고 고기가 물거든 이내 밧줄을 끌어당겨라. 큰 고기일 것이다. 호숫가에서 고기의 입을 벌리면 거기에 1스타테르가 있을 것이다. 그것을 집어 가지고, 그 두 사람에게로 가서 네 몫과 내 몫으로 조세를 내라. 그런 다음 물고기는 가지고 오너라. 그놈을 굽자. 그리고 토마에

39. 성전에 바치는 조세와 물고기 입 속에 들어 있는 스타테르

게 빵을 좀 달라고 하자. 우리는 그걸 먹고 즉시 죽어가는 사람을 찾아가자. 야고보와 안드레아는 배들을 준비하여라. 그 배를 타고 막달라에 가자. 그리고 저녁 때에는 제베대오와 시몬의 처남이 고기잡이 하는 것을 방해하지 않게 걸어서 돌아오자."

베드로는 간다. 조금 후에는 그가 호숫가에 가서 물에 떠 있는 작은 배에 올라가는 것이 보인다. 그는 끝 부분에 작은 조약돌인지 납인지가 달리고, 끝에는 본격적인 가는 낚시줄이 이어진 가늘고 튼튼한 삼밧줄을 던진다. 호수의 물은 추가 떨어질 때에 은빛나는 파편들이 튀어오르며 벌어졌다가 모든 것이 다시 조용해지고, 그동안 물은 동심원(同心圓)을 그리면서 다시 고요해진다.

그러나 조금 후에 베드로의 손에 쥐어진 채 느슨하게 있던 밧줄이 팽팽해지고 진동한다. …베드로는 잡아당기고, 잡아당기고, 또 잡아당기는데, 밧줄은 점점 세차게 흔들린다. 마침내 베드로가 탁 잡아채니, 밧줄이 물린 고기와 함께 난다. 고기는 낚시꾼의 머리 위로 반원을 그리며 파닥거리며 날다가 누르스름한 모래 위에 떨어져서, 입천장을 갈라 놓은 낚시의 고통과 시작되는 질식으로 몸을 뒤튼다.

넙치만큼 크고 적어도 3킬로그램은 나갈 훌륭한 고기이다. 베드로는 그 놈의 무거운 입술에서 낚시를 빼내고 굵은 손가락을 고기 아가리 속으로 집어넣어서 커다란 은전 한 개를 꺼낸다. 그는 은전을 엄지와 검지로 잡고 들어올려 옥상 난간에 계신 선생님께 보여드린다. 그런 다음 밧줄을 주워서 감아 놓고, 고기를 들고 광장 쪽으로 달려 간다.

사도들은 깜짝 놀랐다. …예수께서는 빙그레 웃으시며 말씀하신다. "이렇게 해서 우리는 빈축을 사는 일을 하나 없앴다…."

베드로가 돌아와서 말한다. "그들이 이리로 올 참이었습니다. 바리사이파 사람 엘리와 같이요. 저는 처녀처럼 얌전하게 굴려고 해보았습니다. 그래서 그들을 이렇게 불렀습니다. '여보시오. 국고에서 보낸 분들! 받으시오! 이건 4 드라크마 값어치가 되지요! 2드라크마는 선생님 몫이고, 2드라크마는 내 몫이오. 그럼 우린 이제 깨끗이 청산했지요? 또 봅시다. 특히 친애하는 친구인 당신은 요사팟 골짜기*에서 다시 만남

---

* 역주 : 예루살렘과 올리브산 사이에 있는 골짜기로 키드론 개울이 흐르고 있다. 최후의 심판날에 죽은 사람들이 이 골짜기에 모일 것이라는 전설이 있다.

시다. 그들은 제가 '국고' 라는 말을 했다고 화를 냈습니다. '우리는 성전에 딸린 사람이지 국고의 사람이 아니오' 하고. '당신들은 세관원들처럼 세금을 받고 있소. 나로서는 세금 받는 사람은 누구나 국고에 딸린 사람이오' 하고 저는 대답했습니다. 그러나 엘리가 제게 말했습니다. '무례한 자! 당신은 날더러 죽으라는 거요?' '천만에, 그렇지 않소. 여보, 나는 당신에게 요사팟 골짜기로 무사히 여행하기를 비는 거요. 당신은 과월절을 지내러 예루살렘에 안 가시오? 그러니까 거기서 우리가 만날 수 있을 거란 말이오. 친구.' '나는 그러기를 바라지 않소. 그리고 당신이 나를 감히 친구라고 부르는 것을 원치 않소.' '사실 그건 너무 큰 영광이지요' 하고 대답해 주었습니다. 그리고 그곳을 떠났습니다. 가장 기분좋은 것은 가파르나움 사람이 반은 거기 있어서 제가 선생님과 제 몫으로 조세를 내는 것을 보았다는 사실입니다. 그 교활한 늙은이가 이제는 아무 말도 할 수 없을 것입니다."

사도들은 모두가 베드로의 이야기와 몸짓에 웃을 수밖에 없었다. 예수께서는 태연히 계시고자 하였다. 그러나 '너는 겨자보다 더 고약하구나' 하고 말씀하실 때는 약간 미소를 머금으신다. 그리고 끝으로 말씀하신다. "생선을 익혀라, 그리고 빨리 하자. 황혼에는 여기 돌아오기를 원한다."

40. 하늘나라에서 가장 위대한 사람. 가파르나움의 어린 베냐민

하늘과 호수가 황혼의 불로 온통 붉게 물들여진 바로 그 시간에 그들이 가파르나움으로 돌아온다. 그들은 만족하다. 서로 이야기들을 한다. 예수께서는 말씀을 별로 하지 않으신다. 그러나 미소를 지으신다. 그들은 만일 심부름꾼이 더 정확하였더라면 길을 덜 걷게 했을 것이라고 말한다. 그렇기는 하지만 그들은 그들의 피로의 보상을 받기도 하였다고 말한다. 그것은 한떼의 어린아이를 둔 아버지가 죽음이 이미 가까웠고 몸이 식기 시작하던 순간에 병이 고쳐졌기 때문이었고, 또 이제는 돈이 아주 없지도 않게 되었기 때문이기도 하다.

"아버지께서 모든 것을 마련해주실 것이라고 내가 말했었지!" 하고 예수께서 말씀하신다.

"그런데 그 사람이 막달라 마리아의 옛날 애인인가?" 하고 필립보가 묻는다.

"그런가 봐. …사람들이 우리에게 말한 것으로는…" 하고 토마가 대답한다.

"주님께는 그 사람이 무슨 말을 했습니까?" 하고 알패오의 유다가 말한다.

예수께서는 회피하는 태도로 미소지으신다.

"나는 친구들하고 티베리아에 갈 적에 그 사람이 마리아와 같이 있는 걸 여러 번 보았어" 하고 마태오가 잘라 말한다.

"그래요, 선생님. 저희를 만족시켜 주세요. …그 사람이 병을 고쳐 달라고만 청했습니까. 그렇지 않으면 용서해 달라고도 청했습니까?" 하고 알패오의 야고보가 묻는다.

"무슨 쓸 데 없는 질문이야! 대관절 주님이 은총을 베푸시기 위해서 뉘우침을 요구하지 않으시는 때가 언제야?" 하고 가리옷 사람이 알패오의 야고보를 약간 무시하며 말한다.

"내 동생이 어리석은 말을 하지는 않았어. 예수님은 병을 고쳐 주시거나 해방하시거나 한 다음 '가서 다시는 죄짓지 말라'고 말씀하신단 말이야" 하고 알패오의 타대오가 대답한다.

"그렇지만 그건 선생님이 벌써 사람들의 마음 속에서 뉘우침을 보시기 때문이야" 하고 가리옷 사람이 대꾸한다.

"마귀들린 사람들에게는 뉘우침도 없고, 해방되고자 하는 의지도 없어. 그것을 우리에게 증명한 사람은 하나도 없어. 모든 경우를 다 생각해 보게. 그 사람들은 도망을 치든가 자기들이 원수인 것처럼 나타내든가 하고, 또는 그 두가지 중의 한가지를 해보려고 하다가 부모들이 막기 때문에만 그렇게 못했다는 걸 알게 될 걸세" 하고 타대오가 대꾸한다.

"또 예수님의 능력이 막기도 하고" 이렇게 열성당원이 덧붙인다.

"그렇지만 그때에는 예수님이 마귀들린 사람의 뜻을 대리하는 부모들의 뜻을 참작하시는 거야. 마귀들린 사람은 마귀가 어떻게 하는 것을 막지만 않으면 해방되기를 원할 거야."

"아이고! 꼬치꼬치 캐기도 하는구먼! 그럼 죄인들에 대해서는 어떻게 말하겠어? 선생님은 그 사람들이 마귀들리지 않았어도 같은 말투를 쓰시는 것 같은데" 하고 제베대오의 야고보가 말한다.

"나한테는 선생님이 '나를 따르라'고 말씀하셨어. 그런데 나는 내 상태에 대해서 아직 한 마디도 말씀을 드리지 않았었단 말이야" 하고 마태오가 지적한다.

"그렇지만 선생님은 자네 마음 속을 보고 계셨어" 하고 어떻게 해서든지 언제나 자기 말이 옳다고 내세우고자 하는 가리옷 사람이 말한다.

"그렇다고 해둬! 그렇지만 들리는 말로는 대단한 방탕자이고 또 큰 죄인이었다는 그 사람이 마귀들린 사람은 아니었어. 아니 그보다도 마귀들린 사람은 아니면서도 그의 모든 죄와 함께 마귀를 소유자로는 아니더라도 주인으로는 모시고 있었단 말이야. 그 사람이 죽어가고 있었어. 그렇지만 요컨대 그 사람이 무엇을 청했냐 말이야. ⋯우리는 지금 구름 속을 헤매고 있는 것 같단 말이야. ⋯우리는 결국 아직도 첫번째 문제에 그대로 매달려 있는 셈이야" 하고 베드로가 말한다.
　예수께서 그를 만족시켜 주신다. "그 사람은 아주 마음놓고 말할 수 있기 위해서 나와 단둘이만 있고자 했다. 그 사람은 이내 그의 건강 상태 이야기를 하지 않고…그의 정신 상태를 털어 놓았다. 그는 이렇게 말했다. '저는 죽어갑니다. 그러나 선생님을 더 빨리 모시기 위해서 믿게 한 것 같은 상태에는 아직 이르지 않았습니다. 제가 낫기 위해서는 선생님의 용서가 필요합니다. 그것이면 충분합니다. 만일 선생님께서 저를 고쳐 주지 않으시면, 저는 체념하겠습니다. 마땅히 그럴 만한 짓을 했으니까요. 그러나 제 영혼을 구해 주십시오.' 그러면서 그의 수많은 죄를 내게 고백했다. 구역질이 날 정도로 줄줄이 이어진 죄였다…." 예수께서는 이렇게 말씀하신다. 그러나 얼굴은 기쁨으로 빛난다.
　"그런데 거기 대해서 미소를 지으십니까. 선생님? 이상한데요!" 하고 바르톨로메오가 지적한다.
　"그렇다, 바르톨로메오야. 내가 거기에 대해서 미소를 짓는 것은 이제는 죄가 없어졌기 때문이고, 또 죄와 더불어 구속한 사람의 이름을 알았기 때문이다. 이 경우에는 사도가 여자였다."
　"선생님의 어머니!" 하고 여럿이 말한다. 또 어떤 사람들은 "쿠자의 요안나요! 그들이 자주 티베리아에 갔으면 어쩌면 그 사람이 요안나를 아는지도 모르지요" 하고 말한다. 예수께서는 머리를 저으신다. 그러니까 그들은 "그럼 누굽니까?" 하고 묻는다.
　"라자로의 마리아이다" 하고 예수께서 대답하신다.
　"마리아가 여기 왔습니까? 그럼 왜 저희들 중의 누구의 눈에도 띄지 않았습니까?"
　"오지는 않았다. 마리아는 이전 공범자에게 편지를 보냈다. 나는 편지들을 읽었다. 편지는 모두가 같은 애원을 하는 것이었다. 자기의 말을 들어, 자기가 구속된 것과 같이 구속되라고. 죄를 짓는데 자기를 따랐던 것처럼 선을 행하는 데도 자기를 따르라고 애원하고, 그의 영혼을 유혹한 것으로 인한 가책을 마리아의 영혼에서 덜어 달라고 눈물 어린 말로 청하는 것이었다. 그렇게 해서 마리아는 그를 회개시켰다. 도시의 유혹을 피하기 위하여 별장으로 가서 은거할 정도로 말이다. 그의 육체적인 상태보다는 오히려 그의 가책에서 더 많이 오던 병이 그를 준비시켜 은총을 받게 했다. 자 이렇게 된 것이다, 이제는 만족하냐? 이제는 내가 왜 미소짓고 있었는지 알겠느냐?"

"예" 하고 모두가 대답한다. 그리고 나서 예수께서 혼자 떨어져 계시려는 것처럼 성큼성큼 걸으시는 것을 보고는 자기들끼리 떠들기 시작한다….

그들이 벌써 가파르나움이 보이는 곳에 왔는데, 그때 그들이 가는 길과 막달라에서 호수를 끼고 오는 길이 만나는 네거리에서 티베리아서 복음을 전하면서 오는 제자들과 마주친다. 나자렛에서 여자들과 같이 예루살렘으로 간 마륵지암과 목자들과 마나헨을 뺀 모든 제자들이다. 그리고 그들이 임무를 마치고 돌아올 때에 그들과 합류하고, 게다가 그리스도의 가르침을 받아들인 새로운 개종자들을 데리고 온 몇몇 구성원 때문에 더 많아지기까지 하였다.

예수께서는 그들에게 다정스럽게 인사하신다. 그러나 곧 다시 떨어져 몇 걸음 앞서 가시며 명상과 깊은 묵상기도에 잠기신다. 한편 사도들은 제자들, 특히 가장 영향력 있는 제자들, 즉 스테파노, 헤르마, 사제 요한, 율법학자 요한, 디모네아, 엠마오의 요셉, 헤르마스테아(내가 이해하기로는 이 사람은 완덕의 길로 날아가는 모양이다), 갈릴래아 베들레헴의 아벨 등과 합류한다. 아벨의 어머니는 다른 여제자들과 같이 군중에 끼어 있다. 제자들과 사도들은 헤어진 뒤로 일어난 일에 대하여 질문과 대답을 주고 받는다. 따라서 오늘 있은 병나음과 회개 이야기를 하고 물고기 아가리 속에 들어 있던 스타테르 이야기도 한다. …이 마지막 기적은 그것의 근원이 된 상황 때문에 큰 화제거리가 되어, 마른 풀에 붙는 불처럼 이 줄에서 저 줄로 퍼져 나간다….

예수께서 사도들과 제자들에 둘러싸이셔서 시골길을 가시는 것이 보인다.

갈릴래아 호수는 별로 멀지 않은 곳에서 봄이나 가을의 아름다운 태양 아래서 고요하고 파랗게 빛나고 있다. 봄이나 가을의 태양이라고 한 것은 여름의 태양처럼 강렬하지 않기 때문이다. 그러나 봄인 것 같다. 그것은 자연의 매우 신선하고, 가을에 볼 수 있는 것 같은 연한 금빛 색조가 없기 때문이다.

40. 하늘나라에서 가장 위대한 사람. 가파르나움의 어린 베냐민

저녁이 가까워지자 예수께서는 당신을 환대하는 집으로 물러가시는 것 같다. 따라서 벌써 나타나는 것이 보이는 도시를 향하여 가신다. 자주 그러는 것처럼 예수께서는 제자들보다 몇 걸음 앞서 가신다. 하루 동안 전도를 하신 다음 조용한 것이 필요하여 두세 걸음만 앞서 가시고 그 이상은 아니지만, 외따로 당신 생각에 잠기시기에는 넉넉하다. 예수께서는 틀림없이 어떤 덤불에서 꺾으신 것 같은 푸른 나뭇가지 하나를 오른손에 드시고 당신 생각에 골똘히 잠기셔서 길을 가시며, 둑을 따라 난 길에 있는 풀들을 후려치신다.

예수 뒤에서는 이와 반대로 제자들이 힘찬 어조로 이야기를 하고 있다. 그들은 그날 일어난 일들을 환기시키는데, 남의 결점과 악의를 평가하는 것을 가볍게 다루지 않는다. 성전을 위하여 조세를 받는 책임을 진 사람들이 예수께 돈을 받으려고 하였다는 사실을 모두가 다소간 비난한다.

언제나 과격한 베드로는 메시아는 조세를 바칠 의무가 없기 때문에 그것은 독성(瀆聖)이라고 주장한다. "그것은 하느님께서 당신이 당신자신께 돈을 내시라고 하는 것과 마찬가지야" 하고 그는 말한다. "그리고 그것은 옳지 않은 것이, 그런 다음 그들이 우리 선생님이 메시아가 아니시라고 믿는다면, 그것은 독성이 된단 말이야."

예수께서 잠깐 돌아서시어 말씀하신다. "시몬아, 시몬아, 나를 의심하는 사람은 너무도 많을 것이다! 내게 대한 그들의 믿음이 확실하고 흔들린다고 믿는 사람들 가운데에도 있을 것이다. 시몬아. 형제들을 판단하지 말고, 우선 너 자신을 판단하여라."

유다는 창피해서 고개를 떨어뜨리고 있는 베드로에게 빈정거리는 미소를 띠고 말한다. "그건 자네에 대한 말씀이야. 자넨 나이가 제일 많기 때문에 언제나 석학(碩學)인 체하려고 한단 말이야. 그러나 나이에 따라 공로를 판단해야 한다는 법은 없어. 우리 중에는 지식과 사회적 지위가 자네보다 나은 사람이 있단 말이야."

각자의 공로에 대한 토론이 시작된다. 어떤 사람은 최초의 제자 중의 한 사람이라고 자랑하고, 어떤 사람은 예수를 따르기 위하여 버린 지위에 그의 공로의 근거를 두고, 어떤 사람은 자기처럼 세리의 지위에서 제자의 지위로 넘어와서 회개한 사람이 아무도 없기 때문에, 자기만큼 권리를 가진 사람이 아무도 없다고 말한다. 토론은 계속된다. 그런데 내가 사도들의 자존심을 상하게 할 염려가 없다면, 토론이 참다운 소송의 모양을 띠게 되었다고 말하겠다.

예수께서는 거기에 관심을 기울이지 않으신다. 아무것도 이제는 들리지 않는 것 같다. 그동안 일행은 도시의 첫번째 집들이 있는 데에 왔는데, 이제 보니 가파르나움이다. 예수께서는 계속 가시고, 다른 사람들은 뒤에서 여전히 토론을 하고 있다.

일곱 여덟살 먹은 어린아이 하나가 깡충깡충 뛰면서 예수의 뒤로 달려 간다. 그 아이는 몹시 흥분한 사도들의 무리를 지나쳐 예수 계신 데로 간다. 그 아이는 짧고 아주 곱슬곱슬한 짙은 갈색 머리의 아름다운 소년이다. 그의 갈색 얼굴에는 영리한 까만 두 눈이 반짝인다. 그애는 예수를 잘 아는 것처럼 선생님을 친숙한 말투로 부른다. 그는 "예수 아저씨, 아저씨 집까지 같이 가두 괜찮아" 하고 말한다.

"네 엄마가 그걸 아니?" 하고 예수께서 다정스럽게 미소를 띠고 아이를 보시며 말씀하신다.

"엄마가 알아."

"정말?" 예수께서는 날카로운 눈으로 그를 들여다보시며 미소를 띠고 물으신다.

"응, 예수 아저씨, 정말이야."

"그럼, 오너라."

어린아이는 좋아서 깡충 뛰어서 예수께서 내미시는 왼손을 잡는다. 그 아이는 사랑가득한 신뢰로 그의 작은 갈색 손을 내 예수의 긴 손 안에 놓는다. 나도 그렇게 했으면 참 좋겠다!

"예수 아저씨, 재미있는 비유 하나 얘기해 줘" 하고 어린아이는 선생님 곁에서 깡충거리며, 기쁨으로 환해진 작은 얼굴로 아래에서 올려다 보면서 말한다.

예수께서도 명랑한 미소를 지으시며 아이를 내려다보신다. 그 미소로 인하여 예수의 입이 벙싯 벌어지는데, 입은 햇빛에 금처럼 반짝이는 다갈색을 띤 금빛 콧수염과 수염에 가려져 있다. 예수께서 어린아이를 내려다보실 때에는 짙은 사파이어색의 눈이 기쁘게 웃는다.

"비유를 가지고 뭘 하니? 그건 장난감이 아닌데."

"그건 장난감보다 더 좋아. 내가 자러 갈 땐 그 생각을 해. 그리구 그 꿈을 꿔. 그리구 다음날 그걸 기억하구. 착하게 되려구 그걸 생각해. 비유는 나를 착하게 만들어."

"그럼, 아저씨가 말해 준 비유를 전부 말해 볼까?"

"베냐민, 너는 어른들보다 더 착하다. 어른들은 잊어버리거든. 상으로 비유를 말해 주마."

어린아이가 이제는 깡총거리지 않는다. 그는 어른처럼 주의를 기울이고 점잖게 걸어가며 한 마디도, 예수의 목소리의 억양까지도 놓치지 않고, 발이 어디를 디디는지도 상관하지 않고 예수를 주의깊게 쳐다본다.

"매우 착한 어떤 목자가 이 세상 어떤 곳에 마음씨가 별로 착하지 않은 목자들이 버린 양이 있다는 말을 들었다. 그 양들은 험한 길과 독이 있는 풀들이 있는 풀밭에서 위험한 지경에 있었고, 점점 더 어둡고 움푹 팬 땅 속으로 가고 있었다. 그 목자는 그곳으로 가서, 전재산을 희생해서 그 양들과 어린 양들을 샀다.

그 목자는 그 양들을 그의 나라로 데려오려고 했다. 그 목자는 이스라엘의 많은 왕이 그랬던 것처럼 왕이었었다. 그의 나라에서는 그 양들과 어린 양들이 건강에 좋은 풀밭을 많이 가지고, 시원하고 깨끗한 물을 얼마든지 가지고, 안전한 길과 도둑과 사나운 늑대에서 보호하는 튼튼한 보호처가 있을 것이었다. 그래서 그 목자는 그의 양들과 어린 양들을 모아 놓고 말했다. '나는 너희들을 구원하고, 너희들이 다시는 괴로워하지 않고, 함정과 고통을 다시는 겪지 않을 곳으로 데려가려고 왔다. 내가 너희를 무척 사랑하고, 또 너희를 얻기 위해서 가지가지로 희생을 했으니까 나를 사랑하고 나를 따라라. 너희가 나를 사랑하면 내 희생이 괴롭게 여겨지지 않을 것이다. 나를 따라오너라, 가자.' 그리고 목자는 앞에 서고 양들은 뒤에 따라가며 기쁨의 나라로 가는 길을 떠났다.

목자는 양들이 그를 따라오는지 보고, 피로한 양들을 격려하고, 신뢰를 잃는 양들에게 용기를 주고, 병든 양들을 구원하고, 어린 양들을 쓰다듬어 주려고 줄곧 돌아다보았다. 목자는 양들을 몹시 사랑했다. 양들에게 빵과 소금을 주었다. 목자는 샘물이 건강에 좋은 것인지 알렸고 우선 맛을 보고, 그것을 거룩하게 하기 위해서 강복하는 것이었다.

그러나 양들은 — 베냐민아, 이걸 믿겠니? — 양들은 말이다. 얼마 후에 싫증이 났다. 처음에는 한 마리가, 다음에는 두 마리, 또 그 다음에는 열 마리, 또 그 다음에는 백 마리가 뒤에 처져서 풀을 뜯어먹어, 피곤하고 배가 불러서 움직이지를 못하고 먼지와 진흙 속에 누울 정도로 뚱뚱해지게까지 되었다. 또 어떤 양들은 목자가 '그러지 말아라' 하고 말하는데도 낭떠러지 위에서 몸을 구부렸다. 더 큰 위험이 있는 곳에서 양들이 그리로 가는 것을 막으려고 목자가 거기 가서 서 있으면, 어떤 양들은 그 건방진 머리로 목자를 떼밀고, 밑으로 떨어뜨리려고 한 것이 여러 번 있었다. 이렇게 하다가 많은 양이 움푹 파진 곳으로 떨어져서 불쌍하게 죽었다. 또 어떤 놈들은 뿔과 머리로 싸워서 서로 죽였다.

어떤 양 한 마리만이 한 번도 길에서 벗어나지 않았다. 그 어린 양은 매애매애 하고 울며 뛰어 다녔고, 그렇게 우는 것으로 목자에게 '난 아저씨를 좋아해' 하고 말하는 것이었다. 어린 양은 착한 목자 뒤를 따라 뛰어 갔다. 그리고 그들의 목자의 나라에 이르렀을 때에는 목자와 충실한 어린 양, 이렇게 둘밖에 없었다. 그때에 목자는 '들어가라' 하고 말하지 않고, '이리 오너라' 하고 말하면서 두 팔로 가슴에 꼭 껴안고 안으로 데리고 들어가면서 모든 신하들과 백성을 불러 이렇게 말했다. '자, 이 어린 양은 나를 사랑한다. 나는 이 어린 양이 영원히 나와 함께 있기를 원한다. 이 어린 양은 내 마음에 드는 양이니, 너희도 사랑하여라' 하고.

베냐민아, 비유는 끝났다. 이제는 이 착한 목자가 누군지 말할 수 있겠니?"

"그건 예수 아저씨야."

"그리고 그 어린 양은 누구냐?"

"예수 아저씨, 그건 나야."

"그렇지만 이젠 내가 떠날 테니까 네가 나를 잊어버릴 거다."

"예수 아저씨, 아니야. 나는 아저씨를 좋아하니까 잊어버리지 않을 거야."

"네가 나를 다시는 보지 못하게 되면 네 사랑이 없어질 거다."

"나는 아저씨가 내게 말해 준 걸 내게 말할 거야. 그러면 아저씨가 여기 있는 것 같을 거야. 나는 이렇게 아저씨를 사랑하고, 아저씨 말을 들을 거야. 그리고 예수 아저씨, 말해 봐. 아저씨는 베냐민을 기억할 거야?"
"언제나."
"어떻게 해서 기억할 거야?"
"나는 네가 나를 사랑하고 내 말을 듣겠다는 약속을 했다고 나한테 말할 거다. 이렇게 해서 너를 기억할 거다."
"그러면 아저씨 나라를 나한테 줄 거야?"
"네가 착하게 살면 주마."
"나는 착한 사람이 될 거야."
"어떻게 하겠니? 인생은 긴데."
"그렇지만 아저씨 말은 참 좋아. 내가 그 말을 나한테 하고, 그 말이 하라는 대로 하면, 내가 사는 동안 늘 착하게 살 거야. 그런데 나는 아저씨를 사랑하니까 그렇게 할 거야. 사랑하면 착하게 되는 거가 힘들지 않아. 나는 엄마를 많이 사랑하니까 엄마의 말을 듣는 거가 힘들지 않아. 나는 아저씨를 많이 사랑하니까 아저씨를 위해서 말을 잘 듣는 것이 나한테 힘들지 않을 거야."

예수께서는 태양에보다도 사랑에 더 불타는 작은 얼굴을 들여다보시려고 걸음을 멈추셨다. 예수의 기쁨이 어떻게나 강렬한지, 그분의 마음 속에 또 하나의 다른 태양이 켜져서 눈동자를 통하여 사방으로 퍼지는 것 같다. 예수께서는 몸을 굽혀 아이의 이마에 입맞춤을 하신다.

예수께서는 앞에 우물이 있는 수수한 집 앞에서 걸음을 멈추셨다. 그런 다음 우물 옆에 가 앉으신다. 그리고 이리로 제자들이 와서 합류한다. 그들은 아직도 각자의 특권을 따지고 있는 중이다.

예수께서는 그들을 바라다보시고 나서 부르신다. "내 둘레로 오너라. 그리고 너희들의 공로를 끊임없이 찬양하고, 그 공로에 어울리는 자리를 차지하겠다고 생각하는 너희들, 오늘의 마지막 교훈을 들어라. 이 어린아이를 보느냐? 이 어린아이는 너희들보다 더 진리를 가지고 있다. 그의 순진함은 그에게 내 나라의 문을 여는 열쇠를 준다. 이 어린아이는 그의 아주 어린아이다운 순진함으로 사랑 안에야말로 위대하게 되는 힘이 있고, 사랑으로 순종하는 데에 내 나라에 들어가는 힘이 있다는 것을 깨달았다. 만일 너희가 이 죄없는 어린아이들이 들어가는 곳에 이르기를 원하면, 순박하고 겸손하여라. 그리고 내게만 주지 않고 너희들끼리도 서로 나누던 사랑으로 사랑하며, 내 모든 말에 이 말에까지도 순종하여라. 어린아이들에게 배워라. 아버지께서 현자들에게 드러내 보이시는 것보다도 더 어린아이들에게 진리를 드러내 보이신다."

예수께서는 베냐민을 당신 무릎 앞에 세우시고, 그의 손을 당신 어깨에 얹게 하시고 말씀하신다. 이 순간에는 예수의 얼굴이 대단히 위엄이 있다. 예수께서는 정색을 하고 계신다. 노기를 띠지 않으셨지만 정색을 하고 계신다. 정말 선생님이시다. 마지막 햇살이 예수의 금발을 후광으로 둘러싼다.

환영이 내 눈에는 여기서 그치고, 내 고통 중에 즐거움을 가득 안겨주었다.

그러니까 제자들은 집에 들어갈 수가 없었다. 그것은 그들의 수로 보아서도 그렇고, 경의로도 그렇고 당연한 일이다. 그들은 집단으로나 개인적으로나 선생님이 그렇게 하라고 권하지 않으시면 결코 그렇게 하지 않는다. 나는 선생님이 상냥하고 친밀하게 대하시는데도 그들이 항상 큰 존경과 큰 조심성을 가지는 것을 알아본다. 제자들 가운데 자기가 첫째라고 말할 수 있을 이사악까지도 어떤 미소가, 적어도 선생님의 어떤 미소가 선생님 가까이 오라고 그를 부르기 전에는 멋대로 예수께로 가는 일이 절대로 없다.

> 이것은 많은 사람이 초자연적인 것을 다루는 버릇없고 거의 익살스러운 태도와는 좀 다르지 않느냐? …이것은 내가 하는 논평 중의 하나인데, 이것이 옳다고 생각한다. 왜냐하면, 사람들이 우리와 동등한 존재인 사람들에 대해서도 그들이 우리를 조금이라도 초월하면 가지지 않는 태도를 우리를 초월하는 것들에 대해서 가진다는 것은 내가 좋게 볼 수 없기 때문이다! …계속하기로 하자….

그러니까 제자들은 저녁식사에 쓸 생선과 또 빵과 그밖의 필요한 것을 사기 위하여 호숫가에 흩어졌다. 제베대오의 야고보도 돌아와서,

옥상에 앉으셔서 발 앞에 쪼그리고 앉아 즐겁고 자연스럽게 대화를 나누고 계신 선생님을 부른다. …예수께서 일어나셔서 난간 위로 몸을 구부리신다.

야고보가 말한다. "선생님, 물고기가 참 많습니다! 제 아버지는 선생님이 오신 것이 그물에 강복이 되었다고 하십니다. 보세요, 이건 우리 몫입니다." 그러면서 은빛나는 물고기 바구니를 보인다.

"그의 너그러움 때문에 하느님께서 그분께 은총을 주시기를. 그것을 조리하여라. 그리고 저녁식사가 끝난 다음에는 제자들과 같이 호숫가에 가자."

그리고 그들은 그렇게 한다. 늦게 뜨는 달이 뜰 때까지는 호수가 검다. 호수가 보이지는 않고, 그 속삭임만이, 즉 호숫가의 바위들에 부딪는 물의 찰랑거리는 소리만이 들린다. 동방(東方)의 밤의 터무니없이 많은 별들만이 고요한 수면에 비친다. 그들은 예수께서 앉아 계신 엎어놓은 작은 배 둘레에 둥그렇게 앉는다. 여기 원 한가운데에 갖다 놓은 배의 현등(舷燈)들이 제일 가까운 얼굴들을 겨우 비춘다. 예수의 얼굴은 예수의 발 앞에 놓인 현등으로 밑에서 환히 비추어진다. 이렇게 하여 예수께서 이 사람이나 저 사람에게 말씀하실 때 모두가 볼 수 있다.

처음에는 격식을 차리지 않은 친밀한 회화이다. 그러나 이내 지시의 어조를 띤다. 예수께서 솔직하게 그 말씀을 하기까지 하신다. "와서 들어라. 얼마 안 있으면 우리가 헤어진다. 그래서 너희를 도야(陶冶)하기 위하여 교훈을 주고자 한다.

오늘 너희들이 토론하는 것을 들었는데, 항상 사랑을 가지고 하는 것은 아니었다. 너희들 중의 첫번 사람들에게는 내가 벌써 지시를 주었다. 그러나 그것을 너희들에게도 주고자 한다. 이 지시는 첫번에 들은 사람들이 또 들어도 해롭지는 않을 것이다. 지금은 어린 베냐민이 내 무릎 앞에 있지 않고, 제 침대에서 자면서 죄없는 꿈을 꾸고 있다. 그러나 그의 천진난만한 영혼은 그대로 우리 가운데 있는지도 모른다. 그러나 베냐민이나 다른 어떤 어린이가 너희들에게 본보기 노릇을 하려고 여기 있다고 가정하여라. 너희들은 모두 마음 속에 고정관념을 하나 가지고 있는데, 그것은 하늘나라에서 첫째가 된다는 것이다. 또 호기심 하나를 가지고 있는데, 그것은 누가 첫째가 될 것인가 하는 것이다.

끝으로 위험을 하나 가지고 있는데, 그것은 '네가 하늘나라에서 첫째이다' 하는 말을 호의가 넘치는 동료들이나 선생님에게서 듣고자 하는 아직 인간적인 소원이다. 특히 선생님에게서 그런 말을 듣고자 하는 것은 너희가 그의 진실성과 미래에 대한 지식을 알기 때문이다.

그렇지 않으냐? 질문이 너희 입술에서 떨고 있고, 너희 마음 속 깊은 곳에 살아 있다. 선생님은 비록 인간적인 호기심을 들어주는 것을 몹시 싫어하지만, 너희들의 이익을 위해서 이 호기심을 받아들인다. 너희들의 선생님은 소란한 장마당에서 사람들이 동전 두닢을 내고 물어보는 협잡꾼이 아니라, 어떻게 해야 '자기 자신을 지도하는지' 알기 위하여 미래를 알고자 하는 편협한 정신을 가진 사람들에게 대답하기 위하여 점쟁이 노릇을 해서 돈을 버는 피톤[*]의 귀신이 들린 사람도 아니다. 사람은 자기 자신을 인도하지 못하고, 사람이 하느님께 믿음을 가지고 있으면, 하느님께서 인도해 주신다! 또 예언된 미래를 변경할 수단을 가지고 있지 못하면, 미래를 아는 것이나, 안다고 믿는 것이 아무 소용이 없다. 방법은 하나밖에 없다. 즉 그분의 자비가 우리를 도와주시도록 아버지이시고 주님이신 분께 기도하는 것이다. 나 진정으로 너희에게 말한다마는, 신뢰하는 기도는 벌을 강복으로 바꿀 수가 있다. 그러나 사람으로서, 또 인간적인 방법으로 미래를 바꿀 수 있기 위하여 사람들의 도움을 청하는 사람은 도무지 기도를 할 줄 모르거나 기도할 줄을 아주 잘 모른다.

그러나 이번에는 이 호기심이 너희에게 좋은 교훈을 줄 수가 있기 때문에, 비록 내가 호기심 있고, 불손한 질문은 몹시 싫어하지만, 그 물음에 대답하겠다. 너희들은 '우리 중에서 누가 하늘나라에서 가장 위대한가?' 하고 서로 물었다.

나는 '우리 중에서'라는 한계를 없애고, 질문을 현재와 미래의 전세계의 한계로 확대해서 이렇게 대답한다. 하늘나라에서 가장 위대한 사람은 사람들 중에서 가장 작은 사람, 즉 사람들이 '가장 작은 사람'으로 여기는 사람이다. 순박하고, 겸손하고, 신뢰하고, 무식한 사람, 따라서

---

* 역주 : Python. 신탁(神託)을 말하던 괴사(怪蛇)로 아폴로에게 죽음을 당했다 (그리이스 신화).

어린아이나 어린아이의 마음을 다시 만들어 가질 줄을 아는 사람이다. 지식이나 권력이나 재산이나 또 비록 좋은 것이라도 활동까지도 지극히 복된 나라에서 너희를 '가장 위대한 사람'이 되게 하지는 못할 것이다. 그렇지 않고, 사랑과 겸손과 순박과 믿음으로 아주 작은 사람들같이 되는 것이 그렇게 할 것이다.

 어린아이들이 얼마나 나를 사랑하는지 살펴보고, 그들을 본받아라. 그들이 얼마나 나를 믿는지 살펴보고, 그들을 본받아라. 그들이 내가 말하는 것을 얼마나 기억하는지 살펴보고, 그들을 본받아라. 그들이 내가 가르치는 것을 얼마나 잘하는지 살펴보고, 그들을 본받아라. 그들이 하는 일을 얼마나 자랑하지 않는지 살펴보고, 그들을 본받아라. 그들이 내게 대해서도 저희들의 동무들에 대해서 얼마나 질투를 하지 않는지 살펴보고, 그들을 본받아라. 나 분명히 너희에게 말한다마는, 만일 너희가 생각하고 행동하고 사랑하는 너희 방식을 바꾸어서, 아주 작은 어린이들의 본보기에 따라서 너희 자신을 개조하지 않으면, 하늘나라에 들어가지 못할 것이다. 어린아이들은 너희들이 아는 것을 알고, 내 가르침에서 어떤 것이 가장 중요한지를 안다. 그러나 그들은 내가 가르치는 것을 얼마나 다르게 실천하느냐! 너희들은 너희가 하는 어떤 좋은 행동에 대해서도 '제가 했습니다' 하고 말한다. 어린아이는 이렇게 말한다. '예수님, 나는 오늘 예수님을 기억했어요. 그리고 예수님 때문에 순종하고 사랑했고, 싸우고 싶은 마음을 억제했어요. …그리고 예수님이 내가 착하다는 것을 알고 또 그것을 좋아한다는 것을 내가 알기 때문에 나는 좋아요' 하고. 그리고 또 어린아이들이 잘못을 저질렀을 때 어떻게 하는지 살펴보아라. '오늘 나는 고약하게 굴었어요. 그런데 이렇게 해서 예수님에게 고통을 주었기 때문에 마음이 언짢아요' 하고. 얼마나 겸손하게 내게 고백하느냐! 그들은 핑계를 찾지 않는다. 그들은 내가 알고 있다는 것을 알고, 믿고, 내 고통을 괴로워한다.

 오! 교만과 위선과 음란이 없는 어린아이들은 정말 내 마음에 소중하다! 나 분명히 너희에게 말한다. 만일 내 나라에 들어오고 싶거든 어린아이들과 같이 되어라. 어린아이들을 너희가 아직 가질 수 있는 천사적인 본보기로 사랑하여라. 너희들은 천사들과 같아야 할 것이다. 너희들은 변명하려고 '저희들은 천사들을 보지 못합니다' 하고 말할지도 모른다. 그러나 하느님께서는 어린이들을 본보기로 주시고, 어린이들은 너희들 가운데 있다. 또 물질적으로나 정신적으로 버림받거나, 죽을지도 모르는 어린아이를 보거든 하느님의 이름으로 거두어 주어라. 그들은 하느님께 매우 사랑을 받기 때문이다. 그리고 누구든지 어린아이를 내 이름으로 거두어 주면 나 자신을 받아들이는 것이다. 그것은 어린이들의 죄없는 영혼 안에 내가 있기 때문이다. 그리고 나를 받아들이는 사람은 나를 보내신 분, 즉 지극히 높으신 주님을 받아들이는 것이다.

그리고 하느님을 보는 눈을 가진 그 어린아이들 중의 하나에게 죄를 범하게 하지 않도록 조심하여라. 아무에게도 절대로 죄를 짓게 해서는 안 된다. 그러나 어린아이들의 아무것도 모르는 천진난만의 신선미를 없애는 사람은 화를 입을 것이고, 입어도 세번 입을 것이다! 너희들은 할 수 있는 대로 어린이들을 천사로 그대로 있게 놔두어라. 하늘에서 온 영혼에게는 세상과 육신은 너무나 혐오감을 주는 것이다! 그런데 어린아이는 그의 무죄함으로 아직 순전히 영혼이다. 어린아이의 영혼과 그의 육체까지도 너희가 신성한 장소를 존중하는 것과 같이 존중하여라. 어린아이가 신성한 것은 또한 하느님께서 그의 안에 계시기 때문이기도 한다. 어떤 육체에도 성령의 성전이 있다. 그러나 어린아이의 성전은 가장 신성하고 가장 심오하며, 이중의 장막 저쪽에 있다. 사욕(邪慾)에 대한 숭고한 무지의 장막을 너희 격정의 바람으로 움직이지도 말아라. 나는 어떤 가정에도, 사람들의 어떤 모임에도 어린이가 있어 사람들의 격정을 억제하는 역할을 하기를 바란다.

어린이는 그의 악의없는 눈의 빛남만으로도 거룩하게 하고, 복구하고, 새롭게 한다. 죄에 빠뜨리는 그들의 행동 방식으로 어린아이에게서 거룩함을 빼앗는 사람들은 화를 입을 것이다! 그들의 방탕한 행동으로 어린이들에게 악의를 옮겨 주는 사람들은 화를 입을 것이다! 그들의 말과 빈정거림으로 어린이들이 내게 가지는 믿음에 상처를 입히는 사람들은 화를 입을 것이다! 그런 사람들에게 모두 방앗간의 맷돌을 목에 달고 바다 속에 집어던져 그들의 죄짓게 하는 기회와 더불어 빠져 죽게 하는 것이 더 나을 것이다. 세상은 죄없는 어린아이들에게 죄지을 기회를 주는 것 때문에 화를 입을 것이다! 죄지을 기회가 오는 것은 피치 못할 일이지만, 자기의 잘못으로 죄지을 기회를 만드는 사람은 화를 입겠기 때문이다!

아무도 자기의 몸과 목숨에 폭력을 쓸 권리는 없다. 목숨과 몸은 하느님에게서 오는 것이어서, 하느님만이 그 일부분이나 전체를 가져갈 권리를 가지셨기 때문이다. 그러나 너희에게 분명히 말하지만, 만일 너희 손이 너희로 하여금 죄를 짓게 하거든, 그 손을 잘라 버리는 것이 더 낫다. 또 너희 발이 너희로 하여금 죄지을 기회를 주게 이끌거든, 그 발을 잘라 버리는 것이 좋다. 손이 없이 또는 절름발이로 생명에 들어가는 것이 두 손과 두 발을 가지고 영원한 불에 던져지는 것보다 더 낫다. 또 한 발이나 한 손을 자르는 것이 부족하면, 다른 손이나 다른 발도 자르게 해서, 죄짓는 기회를 주지 말고, 불이 영원히 꺼지지 않고, 벌레처럼 괴롭히는 곳에 던져지기 전에 뉘우칠 시간을 가지도록 하여라. 그리고 너희 눈이 너희에게 죄짓는 기회가 되거든, 그 눈을 뽑아 버려라. 애꾸눈이 되는 것이 두 눈을 가지고 지옥에 떨어지는 것보다 낫다. 한 눈만 가지고 또는 눈 하나도 없이 너희가 하늘에 가면 빛을 볼 것이다. 그러나 죄지을 기회를 주는 두 손을 가지고는 너희 긴 지옥에서는 어두움과 추악한 것만을 볼 것이다. 다른 것은 아무것도 보지 못할 것이다.

이 모든 것을 기억하여라. 어린이들을 업신여기지 말고, 그들에게 죄지을 기회를 주지 말고, 그들을 조롱하지 말아라. 어린이들은 너희들보다 낫다. 어린이들의 천사들은 끊임없이 하느님을 뵙고 있는데, 하느님께서는 그 천사들이 어린이들과 어린이다운 마음을 가진 사람들에게 알려야 하는 진리들을 그들에게 말씀해 주시기 때문이다.

그리고 너희들은 어린이들처럼 다투지 말고 교만하지 말고 서로 사랑하여라. 너희들은 서로 화목하여라. 모든 사람에 대하여 화합의 정신을 가져라. 너희들은 주님의 이름으로 형제이지, 원수들이 아니다. 예수의 제자들에게는 원수가 없고, 있어서도 안 된다. 유일한 원수는 사탄이다. 사탄에 대하여는 너희가 불구대천(不俱戴天)의 원수가 되어, 그에 대하여, 또한 마음 속에 사탄을 데려오는 죄들에 대하여 싸움을 시작하여라. 악이 어떤 형태를 가지고 있던지, 악과 끈기있게 싸워라.

그리고 참을성있어라. 악의 일은 한계를 모르니까, 사도의 일에도 한계가 없다. 마귀는 '이만하면 됐다. 이제는 피곤하니 쉬겠다'고는 절대로 말하지 않는다. 마귀는 지칠 줄을 모른다. 생각처럼 재빨리, 아니 그보다도 한층 더 재빨리 이 사람에게서 저 사람에게로 옮겨간다. 그는 시도하고, 공격하고, 유혹하고, 괴롭히고, 도무지 숨돌릴 틈을 주지 않는다. 마귀는 음흉스럽게 습격해서, 우리가 조심하는 것 이상의 일을 하지 않으면 쓰러뜨린다. 때로는 습격을 당하는 사람이 약하기 때문에 정복자로 자리잡기도 한다. 어떤 때는 마귀가 노리는 희생물의 생활 방식이 벌써 원수와의 동맹과 같은 정도가 되기 때문에 친구로 들어가기도 한다. 또 어떤 때는 어떤 사람에게서 쫓겨나서, 하느님이나 하느님의 봉사자가 그에게 당하게 한 실패에 대한 복수를 하기 위하여 더 쉬운 먹이를 찾아서 덮친다. 그러나 너희들도 마귀가 말하는 것과 같이 '내게는 휴식이 없다'고 말해야 한다. 마귀는 지옥에 사람을 가득 채우기 위하여 쉬지 않는다. 너희는 천국에 사람을 가득 채우기 위하여 쉬지 말아야 한다. 마귀에게 숨을 돌릴 틈을 주지 말아라. 너희에게 미리 말해 두지만, 너희가 마귀와 싸우면 싸울수록 마귀가 너희들을 더 괴롭힐 것이다. 그러나 그런 것을 상관해서는 안 된다. 마귀는 세상을 두루 다닐 수는 있지만 하늘에는 들어가지 못한다. 하늘에서는 마귀가 너희들을 귀찮게 하지 못할 것이다. 그리고 하늘에는 마귀와 싸운 모든 사람이 있을 것이다…."

예수께서 갑자기 말씀을 중단하시고 물으신다. "아니, 대관절 왜 요한을 늘 귀찮게 하느냐? 너더러 어떻게 하라고 그러는 거냐?"

요한은 얼굴이 홍당무처럼 빨개지고, 바르톨로메오와 토마와 가리옷 사람은 들킨 것을 알고 고개를 숙인다.

"그래서!" 하고 예수께서는 명령조로 물으신다.

"선생님, 동료들이 저더러 선생님께 한 가지 말씀을 드리라고 합니다."

"그럼 말해 보아라."

"오늘 선생님이 그 병자의 집에 계시고, 저희들은 선생님이 말씀하신 대로 그 도시를 지나서 오는데, 선생님의 제자도 아니고, 또 선생님의 가르침을 듣는 사람들 가운데에서 저희가 한번도 본 일이 없는 어떤 사람이 예루살렘으로 가는 순례자들의 한 집단에서 선생님의 이름으로 마귀를 쫓아내는 것을 보았습니다. 또 그 사람은 잘 해내서 몸이 떨려 일을 도무지 할 수 없는 어떤 사람을 고쳐 주고, 또 숲 속에서 개 형상을 한 마귀의 습격을 받아 혀가 꽁꽁 묶여서 말을 못하던 어떤 계집아이에게 말을 다시 하게 해주었습니다. 그 사람은 이렇게 말하는 것이었습니다. '이 못된 마귀야. 이스라엘의 왕이시고, 다윗 가문의 왕이시며, 그리스도이신 주 예수의 이름으로 명하니, 나가라. 이분은 구세주이시고 승리자이시다' 하고. 그러니까 마귀가 실제로 도망쳤습니다. 저희들은 성을 내고, 그 사람에게 그렇게 하지 말라고 금했습니다. 그랬더니 그 사람은 이렇게 말하는 것이었습니다. '내가 무슨 나쁜 짓을 했습니까? 나는 그리스도를 볼 자격이 없는 마귀들을 길에서 치우는 것으로 그리스도를 공경합니다' 하고요. 저희들은 그 사람에게 '당신은 이스라엘에서 마귀를 쫓아내는 사람도 아니고, 그리스도의 제자도 아니오. 그러니 당신은 그렇게 해서는 안 되오' 하고 대답했습니다. 그 사람은 이렇게 말했습니다. '언제든지 선을 행하는 것은 허락됩니다.' 그리고 '그러니까 내가 하는 일을 계속 하겠습니다' 하고 말하면서 저희들의 명령에 거역했습니다. 이렇습니다. 이 사람들은 특히 하늘에는 사탄과 싸우 모두 사람이 있을 것이라 말씀하시 지금 저더러 선생님께 이 말씀을 드리라고 했습니다."

"좋다. 그 사람은 이들 축에 낄 것이다. 그 사람은 이런 사람이다. 그 사람의 말이 옳았고, 너희들 말이 틀렸었다. 주님의 길은 무한하다. 그러므로 곧은 길로 가는 사람만이 하늘에 이르게 된다는 법은 없다. 어떤 곳에서나 어떤 시대에나, 또 수많은 방법으로 내게로 오는 사람들이 있을 것이며, 어쩌면 처음에는 나쁘던 길로 해서 오는 사람들도 있을 것이다. 그러나 하느님께서는 그들의 의향이 올바름을 보시고, 그들을 좋은 길로 인도하실 것이다. 마찬가지로 세 가지 정욕에 열중해서 좋은 길에서 나가, 그들을 멀어지게 하거나 완전히 길을 잘못 들게 하는 길로 가는 사람들도 있을 것이다. 그러므로 너희들은 너희와 비길 만한 사람들을 절대로 판단해서는 안 된다. 너희들은 너희 뜻보다는 오히려 하느님의 뜻으로 들어온 좋은 길에서 나가지 않도록 하여라. 그리고 내 이름을 믿고, 내 이름으로 이루는 사람을 보거든, 그 사람을 외부 사람이니, 원수니, 독성(瀆聖)하는 사람이니 하고 부르지 말아라. 그 사람은 자발적으로, 그리고 너희들 중의 여러 사람보다도 낫게 나를 믿기 때문에 친하고 충실한 내 신민 중의 한 사람이다. 그 때문에 그의 입술로 말하는 내 이름이 너희가 행하는 것과 같은 기적을 행하고, 또 어쩌면 더 많이 행하기도 한다. 그가 나를 사랑하기 때문에 하느님께서도 그를 사랑하시고, 결국은 그를 하늘로 데려가실 것이다. 내 이름으로 기적을 행하는 사람은 아무도 내게 적이 될 수가 없고, 내게 대해서 나쁘게 말할 수도 없다. 오히려 그는 그의 활동으로 그리스도에게 영광과 믿음의 증언을 가져다 준다. 나 진정으로 너희에게 말하지만, 내 이름을 믿는 것이 벌써 자기 자신의 영혼을 구하는 데 충분하다. 내 이름이 구원이기 때문이다. 그러므로 너희에게 하는 말인데, 그 사람을 또 만나거든 그에게 금지를 하지 말고, 오히려 반대로 '형제'라고 불러라. 그 사람이 내 양의 우리의 울타리 밖에 있어도 실제로 너희들의 형제이기 때문이다. 나를 반대하지 않는 사람은 나와 같이 있는 사람이고, 너희를 반대하지 않는 사람은 너희 편이다."

"주님, 저희가 죄를 지었습니까?" 하고 요한이 뉘우치며 묻는다.

"아니다. 너희들은 몰라서 그렇게 했지, 악의로 그러지는 않았다. 그러니까 잘못은 없다. 그러나 지금은 너희들이 알았으니까 이 다음에는 그렇게 하는 것이 잘못일 것이다. 그럼 이제는 우리 집으로들 가자. 평화가 너희와 함께 있기를."

41. 베냐민은 끝까지 충실하였다

그런 다음 예수께서 이렇게 말씀하신다.
"내가 내 어린 제자에게 말한 것을 너희들에게도 말한다. 나라는 나를 사랑하고, 환상에 몰두하지 않고 나를 따르며, 나를 끝까지 사랑하는 충실한 어린 양들의 것이다.
또 내 어른제자들에게 말한 것을 너희에게도 말한다. '어린아이들에게서 배워라' 하고. 유식하고 부자이고 대담한 것이 너희로 하여금 하늘나라를 얻게 하는 것이 아니다. 인간적으로 유식하고 부자이고, 대담한 것이 초자연적으로 유식하고 부자이고 대담하게 만들지 못하고, 사랑의 지식으로 그렇게 되는 것이다. 얼마나 사랑이 비추어서 진리를 이해하게 하느냐! 얼마나 사랑이 부자가 되게 하여 진리를 얻게 하느냐! 얼마나 사랑이 대담하게 하여 진리를 쟁취하게 하느냐! 사랑은 얼마나 큰 신뢰를 품게 하고, 얼마나 안전을 느끼게 하느냐!
그날 저녁 내 마음을 향기롭게 해 주고 내 마음에 천사의 음악을 들려 준 내 작은 꽃인 작은 베냐민같이 하여라. 그 천사의 음악은 제자들 속에 끌어오르던 인간성의 냄새와 인간적인 논쟁의 소음을 덮어 버렸다.
그리고 너는 그다음에 베냐민이 어떻게 되었는지 알고 싶으냐? 베냐민은 그리스도의 어린 양으로 남아 있었고, 그의 큰 목자가 하늘로 돌아갔기 때문에 목자를 잃었을 때, 베냐민은 나를 더 많이 닮은 사람의 제자가 되어 그의 손으로 세례를 받고, 내 최초의 순교자인 스테파노라는 이름을 받았다. 그는 죽을 때까지 충실하였고, 또 그들의 가정의 어린 사도의 모범으로 믿음을 가지게 된 그의 부모도 그와 같이 죽을 때까지 충실하였다. 베냐민은 알려지지 않았다고? 사람들에게는 알려지지 않지만 내 나라에서는 알려져 있고, 또 그것을 기쁘게 생각하는 사람은 많다. 세상의 명성은 지극히 행복을 누리는 사람들의 영광에 조금도 보탬이 되지 않는다."

"작은 요한아, 항상 네 손으로 내 손을 붙잡고 걸어라. 너는 안전하게 갈 것이다. 그리고 네가 나라에 도착했을 때 내가 '들어오너라' 하고 말하지 않고 '이리 오너라' 하고 말하면서 너를 안아 내 사랑이 너를 위해 마련하였고, 네 사랑이 거기 앉을 자격을 얻은 곳에 너를 앉히겠다.

잘 있어라. 네게 강복한다."

42. 두 번째로 빵을 많아지게 하시다

예수께서 이렇게 말씀하신다.

"마리아야, 예언서에서 말하는 별들과 같이 '여기 있습니다' 하고 말해라. 그리고 아주 기쁘게 내 말을 들으러 오너라.

오늘은 성신강림 전날이다. 지혜는 다만 한번만 당신의 불을 가지고 내려오지는 않으셨다. 너희들에게 빛을 주시려고 항상 내려오신다. 너희가 지혜를 사랑하고 지혜를 가장 귀중한 보물처럼 찾기만 하면 된다. 세상이 파멸하는 것은 지혜를 비웃고, 지혜를 물리치고, 지혜의 길 밖에서 걸어 갔기 때문이다. 사람은 그의 정신에 많은 지식을 쌓았다. 그러나 그는 그의 원시상태에서보다 더 무지하다. 그때에는 사람이 주님의 길로 찾았고, 주님의 말씀을 받아들이기 위해 마음을 긴장시켰었다. 그런데 지금은 찾아야 할 것은 빼놓고 다 찾으며, 그의 안에 가장 무익하게 위험한 모든 말을 채우지만, 그의 생명이 될 말은 채우지 않는다.

'주님께서는 거인들을 선택하셔서, 그들에게 지혜의 말씀을 전해 주고자 하지 않으셨다'고 바룩은 말한다. 그렇다. 주님께서는 거인들을 선택하지 않으신다. 그들을 선택하지 않으신다. 그들을 택하지 않으신다. 너희들이 교만이 가득하기 때문에 너희들을 대단하다고 생각하는 평신도나 축성된 자들아, 그러나 내 눈으로 볼 때에는 너희들이 날카로운 소리를 내는 매미들 만도 못하다. 주님은 너희들의 학위와 직책, 너희들이 입고 있는 복장과 가지고 있는 이름을 고려하지 않으신다. 이 모든 것은 하느님께서 가치를 측정하시려고 고려하시는 것, 즉 정신에 걸쳐진 누더기옷에 지나지 않는다. 그리고 만일 너희 정신이 사랑으로 불타지 않고, 너그럽게 희생하고 겸손하고 순결하지 않으면, 주님께서는 너희를 당신의 마음에 드는 사람으로, 당신 지혜의 보물을 맡는 사람으로 선택하지 않으신다.

너희들이 내게 '나는 아는 사람이 되기를 원합니다' 하고 말할 수는 없다. 내가 '이 사람이 알기를 나는 원한다'고 말할 수 있는 것이다. 너희들은 가장 추한 문둥병에 걸린 불행한 사람들이기 때문에 내가 너희들을 불쌍히 여길 수는 있다. 다만 그것만은 할 수 있다. 그러나 너희를 내 마음에 드는 사람으로 선택하는 것으로 말하면, 너희가 그럴 만한 자격이 없다.

무슨 일에나 올바르게 사는 생활로 이 자격을 얻을 줄을 알아라. 너희들의 가장 무거운 의무를 위하여는 믿음을 지키면서도, 눈에 덜 띄지만 더 중한 일에는 소홀하면 너희는 올바르지 못하다. 올바르지 못하단 말이다. 그리고 너희가 가진 그 원한은 열성이라는 기만적인 옷을 걸친 인간적인 동기에 지나지 않는다.

너는 와서 네 선생님과 이야기하여라. 너를 고통의 무덤에서 끌어내고, 하기는 이미 본 일이 있는 무서운 위엄을 보임으로써 너를 짓누르지 않게 이리 오너라. 죽은 사람들의 부활에서는 현재의 엄숙함에 달려 있는 영적인 면만을 보존하여라. 너희 안에 불어 넣어지신 하느님의 성령께서 너희에게 생명을 주시는 것이다. 성령께 기도하고 그분께 충실하여라. 그러면 너는 생명과 평화를 얻을 것이다. 생명은 이 세상 생활이 끝난 다음에, 평화는 이 세상에서부터.

어떤 장소가 보이는데 분명히 평야는 아니다. 그렇다고 산도 아니다. 동쪽에 산들이 있지만, 좀 멀리 떨어져 있다. 그리고 계곡이 하나 있고, 더 낮고 평평한 언덕, 풀이 덮인 평평한 언덕들이 있다. 한 떼의 야산들이 시작되는 첫 번째 언덕들인 것 같다. 땅은 꽤 메마르고 나무가 없다. 조약돌이 많은 땅에 키가 작은 풀이 드문드문 흩어져 있다. 여기 저기에 몇 군데 가시덤불이 드문드문 있다. 서쪽으로는 지평선이 넓고 환하게 퍼진다. 자연으로는 다른 것이 보이지 않는다. 아직 해는 있다. 그러나 서쪽은 황혼으로 붉어졌고, 동쪽에 있는 산들은 황혼이 되어 가는 빛으로 벌써 자주빛이 된 것으로 보아 저녁이 시작된 것 같다. 단층은 더 어둡게 하고, 더 높은 곳은 거의 자주빛이 되게 하는 황혼의 시초이다.

예수께서는 큰 바위에 서서 평평한 땅에 흩어져 있는 매우 많은 군중에게 말씀하신다. 제자들이 예수를 둘러싸고 있다. 투박한 받침 위에 계셔서 한층 더 키가 커 보이는 예수께서는 당신을 에워싸고 있는 각 연령층과 가지가지 신분의 사람들로 이루어진 군중을 내려다 보신다.

예수께서 이렇게 말씀하시는 것이 들리니, 기적들을 행하신 것이 틀림없다. "여러분이 찬사와 감사를 드려야 하는 것은 내가 아니라, 나를 보내신 분이십니다. 그리고 찬사는 별생각 없는 입술에서 나오는 숨처럼 나오는 것이어서는 안 됩니다. 그렇지 않고, 마음에서 올라가는 찬사, 여러분의 마음의 참다운 감정인 찬사이어야 합니다. 이 찬사가 하느님의 뜻에 맞는 것입니다. 병이 고쳐진 사람들은 주님을 충실한 사랑으로 사랑하시오. 그리고 병이 고쳐진 사람들의 부모들도 주님을 사랑하시오. 다시 찾은 건강을 나쁘게 쓰지 마시오. 육체의 병보다는 마음의 병을 더 무서워하시오. 그리고 죄를 지을 마음을 가지지 마시오. 죄는 어떤 것이든지 병이기 때문입니다. 그리고 죽음을 줄 수 있는 그런 죄도 있습니다. 그러므로 지금 이 시간에 기뻐하는 여러분 모두는 죄로 하느님의 강복을 소멸시키지 마시오. 나쁜 행동은 평화를 빼앗아 가기 때문에 여러분의 기쁨이 없어질 것입니다. 그리고 평화가 없는 곳에는 기쁨이 없습니다. 오히려 여러분의 아버지께서 원하시는 것과 같이 거룩한 사람이 되고, 완전한 사람이 되시오. 아버지께서는 여러분을 사랑하시기 때문에 그것을 원하십니다. 그리고 사랑하시는 사람들에게는 나라를 주기를 원하십니다. 그러나 아버지의 거룩한 나라에는 율법에 충실함으로 완전하게 된 사람들만이 들어갑니다. 하느님의 평화가 여러분과 함께 있기를."

예수께서는 입을 다무시고 팔짱을 끼신다. 그리고 이렇게 팔짱을 끼신 채 당신 둘레에 있는 군중을 살펴보신다. 그리고는 휘 둘러 보신다. 빛이 엷어지는데 따라서 점점 더 어두워지는 맑은 하늘 쪽으로 눈을 들어 올려다보신다. 그리고는 곰곰히 생각하신다. 바위에서 내려오셔서 제자들에게 말씀하신다. "나는 이 사람들을 가엾게 생각한다. 그들은 사흘 전부터 나를 따라 다닌다. 우리는 어떤 마을에서도 멀리 떨어져 있다. 만일 내가 이 사람들을 먹이지 않고 돌려보내면, 가장 약한 사람들은 너무 고통을 당하지 않을까 염려된다."

"그러면 어떻게 하시겠습니까, 선생님? 말씀하시다시피, 우리는 어떤 마을에서도 멀리 떨어져 있습니다. 사람이 없는 이 곳에서 어디서 빵을 구하겠습니까? 그리고 누가 이 모든 사람을 먹일 만큼 빵을 살 만한 돈을 우리에게 주겠습니까?"

"너희들은 아무것도 가진 것이 없느냐?"

"저희는 물고기 몇 마리와 빵 몇 조각이 있습니다. 우리 먹을 것에서 남은 것입니다. 그러나 이것은 아무에게도 충분하지 못합니다. 만일 이것들을 제일 가까이 있는 사람들에게 주시면, 소동이 일어날 것입니다. 선생님은 저희 먹을 것을 없애시고, 아무에게도 이익을 주지 못하실 것입니다." 이렇게 말하는 것은 베드로이다.

"너희들이 가진 것을 이리 가져 오너라."

그들은 바구니 하나를 가져오는데, 그 안에는 빵조각 일곱 개가 있다. 그것들은 옹근 빵덩어리도 아니다. 커다란 둥근 빵을 자른 큰 조각들인 것 같다. 그리고 물고기도 작은 것들이다. 살짝 구워서 눌은 보잘 것 없는 작은 물고기 한 줌이다.

"저 무리를 50명씩 무리 지어 앉혀라. 그리고 만일 먹고 싶으면 조용히 말없이 있으라고 하여라."

제자들이 어떤 사람들은 돌 위에 올라서서, 또 어떤 사람들은 사람들 사이로 돌아다니면서 예수께서 요구하시는 대로 정리하느라고 애를 쓴다. 하도 꾸준히 계속한 나머지 정리하기에 이른다. 어떤 어린아이는 배고프고 졸리다고 칭얼거리고, 또 어떤 아이는 말을 듣게 하려고 어머니나 어떤 다른 친척이 뺨을 때렸기 때문에 운다.

예수께서는 빵들을 드신다. 물론 다는 아니고, 양손에 하나씩 드시고 바치신 다음 내려놓으시고 강복하신다. 그리고 물고기도 드신다. 물고기는 정말 얼마 안 되어서 두 손을 오목하게 오므린 데에 모두 들어 있을 지경이다. 물고기도 바치시고 나서 내려놓으시고 강복도 하신다.

"자 이제는 가지고 가서 군중 사이를 돌면서 각자에게 **듬뿍** 주어라."

제자들이 순종한다.

예수께서는 넓은 집단으로 앉아서 평평한 땅 전체를 뒤덮은 그 모든 사람을 내려다보는 흰 모습으로 서서 살펴 보시고 미소지으신다.

제자들은 가고 또 가고, 점점 더 멀리 간다. 그들은 주고 또 준다. 그런데도 바구니는 여전히 음식이 가득 차 있다. 사람들은 먹는데, 저녁이 내리덮이면서 매우 조용하고 매우 평화롭다.

43. 말씀을 많게 하는 영적인 기적

예수께서 말씀하신다.

"여기 까다로운 박사들을 곤란하게 할 다른 것이 하나 있다. 이 복음서적인 환시의 적용이다. 나는 너에게 내 능력과 내 인자에 대해서 묵상하게 하지 않고, 제자들의 믿음과 순종에 대해서도 묵상하게 하지 않는다. 그런 것은 하나도 시키지 않는다. 나는 이 삽화(揷話)와 성령의 사업 사이의 유사(類似)를 네게 보여 주고자 한다.

너도 보다시피 나는 말을 준다. 나는 너희들이 이해할 수 있는 모든 것을, 따라서 그것으로 영혼의 양식을 만들기 위하여 동화흡수할 수 있는 모든 것을 준다. 그러나 너희들은 피로와 굶주림으로 너무도 이해하는 데 느리게 되어서, 내 말 속에 들어 있는 모든 영양분을 동화흡수할 수 없다. 너희들에게는 내 말이 많이, 많이, 많이 필요하다. 그러나 너희들은 내 말을 많이 받을 수가 없다. 너희들은 영적인 힘이 몹시 빈약하다! 그래서 내 말을 많이 받는 것이 너희에게 피와 힘을 주지 못하고, 너희에게 짐스럽게 여겨진다. 그런데 이때에 성령께서 너희를 위하여 기적을 행하시는 것이다. 말씀을 많아지게 하는 영적인 기적이다. 성령께서는 가장 깊이 숨어 있는 모든 뜻을 명확히 하심으로 너희 안에 이 말을 많아지게 하셔서, 너희들을 강하게 하지 않고 너희들을 찍어누를 무게로 너희들을 무겁게 하지 않으면서, 너희들이 그것으로 영양을 취하고, 인생의 사막을 지나가다가 지쳐쓰러지지 않게 하신다.

빵 일곱 개와 물고기 몇 마리!

나는 3년 동안 전도하였다. 그리고 사랑하는 내 요한이 말하는 것과 같이 '만일 너희를 약하지 않은 상태로 하늘나라에까지 데려갈 수 있는 풍부한 영양분을 주기 위하여 내가 한 모든 말과 내가 행한 기적들을 써야 한다면 이 세상이 그 책들을 담기에 충분하지 못할 것이다.' 그러나 만일 그렇게 되었더라면, 그렇게 많은 글을 너희가 읽을 수 없을 것이다. 너희들은 내게 대하여 쓴 얼마 안 되는 글도 제대로 읽지 않는다. 너희들이 아주 어린 나이에서부터 가장 필요한 단어들을 아는 것과 같이 알아야 할 유일한 것인데 말이다.

그래서 그때에는 사랑이 오셔서 많아지게 하는 것이다. 아버지와 나와 더불어 하나이신 사랑도 '굶주림으로 죽어가는 너희들을 불쌍히 여기셔서', 오랜 옛날부터 되풀이되는 기적으로 내 말 하나하나의 뜻과 빛과 영양가를 곱절, 열곱, 백곱으로 늘리신다. 따라서 끝없는 천상 양식의 보고(寶庫)가 여기 있는 것이다. 이 보고가 사랑으로 너희에게 제공된다. 겁내지 말고 여기에서 퍼 가라. 너희들의 사랑이 퍼 가면 퍼갈수록 사랑의 결과인 이 보고는 물결이 더 많아질 것이다. 하느님께서는 당신의 재물과 당신의 가능성의 한계를 모르신다. 너희들은 상대적이다. 하느님께서는 그렇지 않으시다. 하느님께서는 당신의 모든 일에 있어서 무한하시고, 또 너희들에게 그 순간에 필요한 빛을 매시간, 어떤 상황에서도 무한하시다. 그래서 성신 강림날에 사도들에게 쏟아져 내리신 성령께서 그들의 말을 바르티아 사람, 메대 사람, 스키티아 사람, 갑바도기아 사람, 본도 사람, 프리기아 사람들이 알아들을 수 있게 하시고, 에집트 사람, 로마 사람, 그리이스 사람, 리비아 사람들에게도 그들의 모국어와 비슷하게 만드신 것과 같이, 성령께서는 같은 말씀으로, 너희들이 울면 위로를 주시고, 조언을 청하면 조언을 주실 것이며, 너희들이 기뻐하면 기쁨에 참여케 해주실 것이다.

오! 실제로 만일 성령께서 '평안히 가거라. 그리고 죄를 짓고자 하지 말아라' 하는 말로 비추어 주시면, 이 말씀은 죄를 짓지 않은 사람에게는 상급이 되고, 아직 약하면서도 죄를 짓기를 원치 않는 사람에게는 격려가 되고, 죄를 짓고 뉘우치는 사람에게는 용서가 될 것이며, 뉘우치려는 미적지근한 뜻밖에 가지지 못한 사람에게는 자비로 완화된 나무람이 될 것이다. 그런데 이것은 가장 간단한 구절 중의 하나에 지나지 않는다. 그러나 내 복음서에는 이런 구절이 얼마나 많으냐! 4월에 소나기가 오고 해가 난 다음에 꽃봉오리들이 처음에는 꽃이 한 송이도 피지 않았던 가지에 빽빽히 피어 가지를 온통 뒤덮어 그것들을 감상하는 사람들을 기쁘게 하는 것과 같이, 그런 구절이 얼마나 많으냐 말이다.

이제는 쉬어라. 사랑의 평화가 너와 함께 있기를."

44. 하늘에서 내려온 빵

가파르나움의 호숫가에는 진짜 선단(船團) 같은 크고 작은 많은 배에서 내린 사람들이 가득 차 있다. 그리고 맨 먼저 내린 사람들은 사람들 가운데로 가서, 선생님이나 어떤 사도나, 또는 적어도 어떤 제자라도 보았는지 물으며 찾는다. 그리고는 찾아 나선다….

마침내 어떤 사람이 대답한다. "선생님이요? 사도들이요? 못 보았는데요. 그분들은 안식일이 지난 다음 즉시 떠나 가서 다시 오지 않았습니다. 그렇지만 제자들이 있으니까 돌아올 겁니다. 나는 조금 전에 제자들 중의 한 사람과 말을 했습니다. 그 사람은 주요한 제자 같습니다. 그 사람은 야이로처럼 말하거든요! 그 사람은 바다를 따라서 밭가운데 있는 저 집 쪽으로 갔습니다."

질문을 한 사람이 그 소문을 퍼뜨린다. 그러니까 모두가 알려준 곳으로 달려간다. 그러나 호숫가를 끼고 한 200미터쯤 간 후에 손짓을 많이 하면서 가파르나움 쪽으로 오는 제자 한떼를 만난다. 그들은 제자들에게 인사를 하고 묻는다. "선생님은 어디 계십니까?"

제자들은 대답한다. "기적을 행하신 다음 밤에 제자들과 같이 배를 타고 바다 건너편으로 가셨습니다. 우리는 달마수타 쪽으로 가는 돛들을 달빛에 보았습니다."

"아! 알았습니다! 우리는 막달라에 가서 마리아의 집에서 찾았는데, 거긴 안 계셨거든요! 그렇지만…막달라의 어부들이 우리에게 그 말을 해줄 수 있었을 텐데!"

"그 사람들이 알지 못했을 겁니다. 어쩌면 기도하시려고 아르벨라산에 가셨는지도 모르지요. 작년에도 과월절 전에 또 한번 그곳에 가신 일이 있거든요. 나는 그때 당신의 보잘 것 없는 종에게 주신 주님의 매우 큰 은총으로 선생님을 만났습니다" 하고 스테파노가 말한다.

"그러나 이리로 돌아오지 않으십니까?"

"틀림없이 다시 오실 겁니다. 작별 인사도 하시고 명령도 주실 겁니다. 그렇지만 무슨 일로 그러십니까?"

"선생님 말씀을 또 듣고, 따라서 제자가 되려는 것입니다."

"지금은 선생님께서 예루살렘으로 가십니다. 당신들은 거기서 선생님을 다시 만날 것입니다. 그리고 그곳 하느님의 집에서, 만일 선생님을 따라가는 것이 당신들에게 유익하면 주님께서 당신들에게 말씀을 하실 것입니다. 이것을 당신들이 알아두는 것이 좋기 때문입니다. 즉 선생님께서는 아무도 물리치지 않으시지만, 우리는 우리 안에 빛을 물리치는 경향을 가지고 있다는 것입니다. 이제 그 경향을 너무 많이 가지고 있어서 그것이 가득 차 있을 뿐 아니라 ― 그렇게 되는 것은 별로 나쁘지 않을 것입니다. 왜그런고 하니 선생님은 빛이시니까, 만일 우리가 단호한 의지로 성실하게 그분의 제자가 되면, 그분의 빛이 우리 안에 뚫고 들어와 우리의 어두움을 쫓아버리기 때문입니다 ― 그 경향이 속속들이 스며들고, 자기 자신의 육체에 집착하듯이 거기에 집착하게 되면, 그때에는 그 사람이 새로이 개조되기 위해 자기 자신을 부수어버리기 전에는 오는 것을 포기하는 것이 더 낫습니다. 그러니까 당신들은 새로운 정신과 새로운 사고방식과 새로운 방식의 의지를 가질 힘이 당신들 안에 있는지 곰곰이 생각하시오. 당신들의 부르심에 대한 진실을 알 수 있도록 기도하시오. 그리고 당신들이 믿으면 오시오. 또 지극히 높으신 분께서 이스라엘이 '지나갈 때'에 인도하신 것과 같이 '이렇게 지나오는데'에 당신들을 인도하셔서, 당신들이 광야 밖으로 어린 양의 뒤를 따라 영원한 땅을 향해서, 하느님의 나라를 향해서 오게 하시기를 바랍니다." 이렇게 스테파노가 그의 동료를 대신하여 말한다.

"아닙니다! 아닙니다! 즉시! 즉시 가겠습니다! 선생님이 하시는 일을 아무도 하지 못합니다. 우리는 선생님을 따라가기를 원합니다" 하고 군중이 소란을 피우며 말한다.

스테파노는 매우 의미심장한 미소를 짓는다. 그리고 팔을 벌리며 말한다. "선생님께서 맛있는 빵을 듬뿍 주셨기 때문에 당신들이 오려고 하는 거지요? 당신들은 선생님께서 장차 그것밖에 안 주실 걸로 생각합니까? 선생님께서는 당신을 따르는 사람들에게 당신의 몫인 고통과 박해와 순교를 약속하십니다. 장미꽃이 아니라, 가시이고, 애무가 아니라, 따귀이며, 빵이 아니라 돌들입니다. 이것이 '그리스도'들을 위해 마련되어 있는 것입니다. 내가 이렇게 말해도 하느님을 모독하는 말이 되지 않는 것은 선생님의 참된 신자들은 선생님의 은총과 고통으로 만들어진 거룩한 기름이 발라지겠기 때문입니다. 그리고 우리는 제단에서는 희생이 되고, 하늘에서는 왕이 되기 위하여 '기름부음을 받은 사람들'이 될 것입니다."

"그래서요? 당신이 아마 그걸 질투하는 모양이지요? 당신은 하늘에 가 있습니까? 우리도 하늘에 가 있고 싶어요. 선생님은 모든 사람의 선생님이십니다."

"좋습니다. 내가 당신들에게 그 말을 한 것은 내가 당신들을 사랑하기 때문이고, 또 선생님의 '제자'가 되는 것이 어떤 것인지를 당신들이 알아서 나중에 변절자가 되지 않기를 바라기 때문입니다. 그러면 모두 함께 선생님댁으로 가서 기다립시다. 황혼이 시작되니 안식일의 시작입니다. 선생님께서는 떠나시기 전에 여기 와서 안식일을 지내실 것입니다."

그들은 말을 하면서 시내를 향하여 간다. 그리고 여러 사람이 스테파노와 그들을 쫓아온 헤르마에게 질문을 한다. 스테파노와 헤르마는 이스라엘 사람들이 볼 때에 가믈리엘의 마음에 드는 제자들로서 특별한 지식을 가진 사람들이다. 여러 사람이 묻는다. "그렇지만 가믈리엘 선생이 선생님에 대해서 뭐라고 말합니까?" 어떤 사람들은 "가믈리엘 선생이 당신들을 보냈습니까?" 하고 묻고, 또 어떤 사람들은 "당신들을 잃고 괴로워하지 않았습니까?" 또는 "그리고 선생님은 위대한 선생에 대해서 뭐라고 하십니까?" 하고 묻는다.

두 사람은 참을성있게 대답한다. "가믈리엘 선생님은 나자렛의 예수님을 이 이스라엘에서 가장 위대하신 분으로 말씀하십니다."

"오! 모세보다도 더 위대한 사람으로 말입니까?" 하고 어떤 사람들이 거의 분개해서 말한다.

"가믈리엘 선생님은 모세는 그리스도의 수많은 예고자 중의 한 사람이지만, 그리스도의 봉사자에 지나지 않는다고 말씀하십니다."

"그러면 가믈리엘 선생 생각에는 이분이 그리스도라는 말입니까? 뭐라고 말합니까? 만일 가믈리엘 선생이 말하는 것이 이런 뜻이라면,

문제는 완전히 해결이 났습니다. 이분이 그리스도입니다!"
 "가믈리엘 선생님이 그렇게 말씀하시지는 않았습니다. 선생님에게는 불행한 일이지만, 아직 그것을 믿기에 이르지는 못하셨습니다. 그러나 그리스도가 이 세상에 계시다고는 말씀하십니다. 그리스도께서 선생께 여러 해 전에 말씀을 하셨기 때문이라고 그러십니다. 선생님과 현자 힐렐에게 말입니다. 그래서 가믈리엘 선생님은 그리스도를 알아보기 위해서 그리스도께서 약속하신 표를 기다리고 계십니다" 하고 헤르마가 말한다.
 "그렇지만 가믈리엘이 어떻게 했기에 그 사람을 그리스도라고 믿은 거요? 그 사람이 무슨 일을 했기에? 나는 가믈리엘만큼 나이먹었소. 그러나 나는 선생님이 하시는 것과 같은 일들이 우리나라에서 일어났다는 말을 들은 적이 없소. 만일 가믈리엘이 이 기적들로 설득되지 않는다면, 그 그리스도에게서 얼마나 기적적인 것을 보았기에 그를 그리스도로 믿을 수 있게 되었소?"
 "그가 하느님의 지혜로 축성되었음을 보셨습니다. 가믈리엘 선생님이 그렇게 말씀하십니다" 하고 이번에도 헤르마가 대답한다.
 "그러면 가믈리엘이 보기에 선생님은 어떤 분이시오?"
 "이스라엘의 가장 크신 위인이시고, 선생님이시고 선구자이십니다. 가믈리엘 선생님이 '저분이 그리스도이시다' 하고 말씀할 수 있을 때에는 내 첫 번 선생님의 지혜롭고 의로운 영혼이 구원을 받을 것입니다" 하고 스테파노가 말하고 "나는 어떤 값을 치르더라도 그렇게 되도록 기도합니다" 하고 말을 마친다.
 "그런데 만일 가믈리엘이 이분이 그리스도인 것을 믿지 않는다면, 왜 당신들을 이리 보낸 거요?"
 "우리가 이리 오기를 원한 것입니다. 선생님은 좋다고 하시면서 오게 내버려 두신 것입니다."
 "아마 알아 가지고 최고회의에 알리려고 그런 거겠지요…" 하고 어떤 사람이 암시한다.
 "여보시오. 무슨 말을 하는 거요? 가믈리엘 선생님은 성실한 분이십니다. 아무에게 첩자 노릇은 하지 않으시오. 특히 죄없는 분의 원수들에게는!" 스테파노는 성을 낸다. 그리고 어떻게나 분개하는지 대천사같이 보이고, 그 거룩한 경멸로 거의 빛이 나다시피 한다.

"그래도 당신들을 잃는 것이 섭섭했겠지요" 하고 다른 사람이 말한다.

"그렇기도 하고, 그렇지 않기도 합니다. 우리를 매우 사랑하던 인간으로서는 그랬지요. 대단히 올바른 정신을 가진 분으로서는 그렇지 않았습니다. 선생님은 이렇게 말씀하셨으니까요. '그분은 나보다 더 하고 더 젊다. 그렇기 때문에 나는 너희가〈선생 중의 선생〉의 사람이 된다는 것을 알고, 너희 장래에 대해 안심하고 눈감아줄 수 있다' 하고."

"그럼 나자렛의 예수님은 위대한 선생에 대해 뭐라고 하십니까?"

"오! 그분에 대해서 고결한 말씀만을 하십니다!"

"질투를 안하십니까?"

"하느님께서는 질투를 하지 않으십니다" 하고 헤르마가 엄하게 말한다. "독성하는 말을 하지 마시오."

"아니, 그럼, 당신들 생각에는 선생님이 하느님이십니까? 그걸 확신하시오?"

그러니까 두 사람은 이구동성으로 말한다. "우리 지금 살아 있다는 것만큼이나." 그리고 스테파노가 말을 마친다. "그리고 당신들도 이것을 믿어서 참 생명을 얻도록 하시오."

그들은 모임의 장소가 된 호숫가로 다시 갔다가, 그곳을 건너질러 집으로 간다.

문지방에는 예수께서 어린이들을 쓰다듬어 주고 계시다.

제자들은 호기심많은 사람들과 같이 떼를 이루고 묻는다. "선생님, 언제 오셨습니까?"

"조금 전에," 예수의 얼굴에는 오랫동안 기도하신 후에 가지시는 약간 탈혼상태의 엄숙한 위엄이 아직 남아 있다.

"선생님, 기도하러 가셨었습니까?" 하고 스테파노가 경의를 표하기 위하여 몸을 굽힌 것과 마찬가지로 같은 동기로 낮은 목소리로 묻는다.

"그랬다. 그런데 무엇을 보고 그것을 아느냐?" 하고 예수께서 다정스럽게 쓰다듬는 태도로 그의 짙은 머리에 손을 얹으시며 물으신다.

"천사 같은 선생님의 얼굴을 보고요. 저는 보잘 것 없는 사람입니다. 그러나 선생님의 모습이 너무도 맑아서 저는 거기서 선생님의 영의 활동이 고동치는 것을 읽게 됩니다."

"네 얼굴도 맑다. 너는 아주 작은 사람으로 남아 있는 사람 중의 한 사람이다…."

"주님, 제 얼굴에 무엇이 있습니까?"

"외딴 곳으로 오너라. 그걸 말해 주마." 그러시면서 그의 손목을 잡으시고, 어두운 복도 안으로 데리고 가신다. "사랑, 믿음, 깨끗함, 너그러움, 지혜가 있다. 그런데 이 모든 것을 하느님께서 네게 주셨고, 너는 그것을 가꾸었다. 그리고 더 많이 가꿀 것이다. 너는 끝으로 네 이름에 따라 월계관을 얻는다. 네 이마에서 빛나는 순금으로 되고 큰 보석이 박힌 월계관을 금과 보석 위에는 '예정', '맏물'이라는 두 단어가 새겨져 있다. 스테파노야, 네 운명에 어울리는 사람이 되어라. 내 강복을 받고 평안히 가거라." 그리고 그의 머리칼에 다시 손을 얹으신다. 그동안 스테파노는 무릎을 꿇었다가 땅에 엎드려 예수의 발에 입맞춤한다.

"이 사람들이 선생님의 말씀을 들으려고 왔습니다…" 하고 필립보가 말한다.

"여기서는 말을 할 수 없다. 회당으로 가자. 야이로가 기뻐할 것이다."

예수께서 앞장을 서시고, 다른 사람들은 행렬을 이루어 가파르나움의 아름다운 회당으로 간다. 그리고 야이로의 인사를 받으신 예수께서는 회당 안으로 들어가셔서 모든 문을 열어 두어서 들어오지 못한 사람들이 회당 옆에 있는 거리와 광장에서도 들을 수 있게 하라고 명령하신다.

예수께서는 호의적인 이 회당 안의 당신 자리로 가신다. 이 회당에는 벌써 아마 호화찬란하게 예루살렘으로 떠났는지 다행히도 바리사이파 사람들이 없다. 그리고 예수께서는 말씀을 시작하신다.

"정말 잘 들어 두시오. 여러분이 나를 찾는 것은 내 말을 듣기 위해서는 아니고, 여러분이 본 기적들 때문에도 아니고, 비용을 들이지 않고 배부르게 먹으라고 내가 준 빵 때문입니다. 여러분 중의 4분의 3은 우리 조국의 각 지방에서 와서 이 때문에 나를 찾았고, 또 호기심으로 찾았습니다. 그러므로 나를 찾는 데에는 초자연적인 정신이 없고, 불건전한 호기심을 가졌거나 적어도 어린애 같은 불완전을 가진 인간 정신이 지배하고 있습니다. 어린애 같은 이 불완전은 아주 어린아이들의 불완전과 같이 단순한 것이 아니고, 둔재(鈍才)의 지능과 같이 격이 떨어진 불완전입니다. 또 호기심과 더불어 관능성과 오염한 감정이 남아 있습니다. 그것이 아비인 마귀처럼 겉으로 보기에는 좋은 행위의 외관 뒤에 기민하게 숨어 있는 관능성이고, 순전히 감정의 병적인 일탈(逸脫)이고 '병'인 것 모두가 그렇듯이 단순한 음식과 좋은 빵과 좋은 물, 순수한 기름, 그리고 사는 데, 잘 사는 데 충분한 첫 번 먹는 젖이 아닌 마약에 대한 필요와 욕망을 느끼는 오염한 감정입니다. 오염한 감정은 그것으로 휘저어지고, 마음에 드는 전율을 느끼기 위하여 이상한 것들을 원합니다. 그 전율이라는 것은 그들에게 자기들이 온전하고 씩씩하다는 착각을 주는 기분을 느끼기 위하여 마약을 필요로 하는 중풍환자들의 병적인 전율입니다. 관능성은 이 경우에는 하느님께서 인자로이 주셨기 때문에 땀을 흘릴 필요가 없었던 빵으로 피로하지 않고 먹고 싶어하는 욕망을 만족시키기를 원하는 관능성입니다.

하느님의 선물은 보통 것이 아니라, 특별한 것입니다. 우리는 그것을 요구할 수도 없고, '하느님께서 그것을 내게 주시겠지' 하고 말하면서 게으름을 피워도 안 됩니다. '너는 네 이마에서 흐르는 땀에 젖은 빵을 먹게 될 것이다' 하는 말이 있습니다. 즉 일해서 번 빵을 먹을 것이라는 말입니다. 자비 자체인 사람이 '사흘 전부터 나를 따라 다녀서 이제는 아무것도 먹을 것이 없고, 호숫가에 있는 이포나 가말라나 다른 도시에 가기 전에 길에서 쓰러질지도 모르는 이 군중이 불쌍하다'고 말하고, 그들에게 필요한 것을 마련해 주었다고 해도, 이런 동기로 그를 따라야 한다는 법은 없습니다. 소화된 다음에는 오물이 되는 빵 조금보다 훨씬 더한 것을 위해서 나를 따라야 하는 것입니다. 배를 채우는 음식을 위해서가 아니라, 영혼을 기르는 음식을 위해서 나를 따라야 하는 것입니다. 여러분은 풀을 뜯고 새김질을 하거나 콧잔등을 쑤셔서 살이 쪄야 하는 동물들만이 아니기 때문입니다. 여러분은 영혼들입니다! 여러분 영혼이란 말입니다! 육체는 옷이고, 실체(實體)는 영혼입니다. 영혼이 죽지않는 것입니다. 육체는 모든 옷들이 그런 것과 같이 낡아지고 끝나는 것이어서, 모든 정성을 기울여야 하는 완전함인 것처럼 돌보아야 할 가치가 있는 것은 아닙니다.

그러므로 장만하는 것이 정당한 것을 찾지, 정당하지 않은 것은 찾지 마시오. 없어지는 음식을 장만하려고 애쓰지 말고, 영원한 생명을 위하여 계속되는 음식을 장만하려고 힘쓰시오. 이 음식은 여러분이 원하는 때에는 사람의 아들이 언제나 여러분에게 줄 것입니다. 사람의 아들은 하느님에게서 오는 것을 무엇이든지 마음대로 처분할 수 있고, 여러분에게 줄 수 있기 때문입니다. 사람의 아들은 하느님 아버지의 보물의 주인이고, 주인이라도 도량이 큰 주인입니다. 하느님 아버지께서는 사람의 아들에게 당신 도장을 찍어 주셔서 정직한 눈들이 당황하지 않게 하셨습니다. 그리고 만일 여러분이 여러분 안에 없어지지 않는 양식을 가지고 있으면, 하느님의 양식으로 길러지기 때문에 하느님의 사업을 할 수 있을 것입니다."

"하느님의 사업을 하려면, 우리가 무엇을 해야 합니까? 우리는 율법과 예언자들을 지킵니다. 그러니까 우리는 벌써 하느님께 길러지고 하느님의 사업을 합니다."

"맞습니다. 여러분은 율법을 '알고 있습니다.' 그러나 아는 것이 지키는 것은 아닙니다. 예를 들어, 우리는 로마의 법률들을 압니다. 그러나 충실한 이스라엘 사람은 신민(臣民)이라는 그의 처지로 강제된 방식으로나 지키지 달리는 지키지 않습니다. 그 나머지에 대하여는 우리 충실한 이스라엘 사람들은 로마인들의 이교관습을 알면서도 지키지는 않습니다. 여러분이 알고 있는 율법과 예언자들은 과연 여러분을 하느님으로 길러야 할 것이고, 따라서 여러분에게 하느님의 사업을 할 능력을 주어야 할 것입니다. 그러나 그렇게 하기 위하여는 마치 여러분이 마시는 공기와 동화흡수하는 음식물이 둘 다 생명과 피로 변하는 것과 같이, 율법과 예언자들이 여러분과 오직 하나가 되어야 할 것입니다. 그런데 그것들이 여러분의 집에 있으면서도 여전히 관계가 없는 것으로 남아 있습니다. 마치 집에 있어서 여러분이 알고 또 유익한 물건이지만, 혹 없어지더라도 여러분의 목숨을 빼앗아가지는 못하는 그런 물건은 여러분과 직접적인 관계가 없을 수도 있는 것과 같이 말입니다. 그런데…오! 몇 분 동안 숨을 쉬지 않거나, 여러 날 동안 음식을 먹지 않고 있어 보시오. …여러분은 살 수 없다는 것을 알게 될 것입니다. 이와 같이 여러분이 율법과 예언자들을 알고는 있지만, 그것들을 동화흡수하지 못하고, 그것들이 여러분과 일체가 되지 않기 때문에, 여러분의 자아는 율법과 예언자에 대한 영양불량과 질식을 느껴야 할 것입니다. 나는 이것을 여러분에게 가르치고 주려고 왔습니다. 즉 굶주림과 질식으로 죽어가는 여러분의 영혼에 피와 호흡을 다시 주기 위하여 율법과 예언자들의 즙과 공기를 가르치고 주려고 왔습니다. 여러분은 병으로 인하여 자기들에게 영양을 줄 수 있는 것이 무엇인지 알지 못하게 된 어린 아이들과 같습니다. 여러분은 식량의 비축은 가지고 있습니다. 그러나 그것이 생명을 주는 것으로 변하기 위하여는 그것을 먹어야 한다는 것과, 여러분 모두를 위하여 모세와 예언자에게 말씀하신 주님의 율법에 참으로 순수하게 충실함으로써 그 비축한 양식이 우리의 것이 된다는 것을 알지 못합니다. 그러므로 영원한 생명의 공기와 즙을 가지기 위하여 내게로 오는 것은 하나의 의무입니다. 그러나 이 의무는 믿음을 전제로 합니다. 믿음이 없는 사람은 내 말을 믿을 수가 없고, 또 내 말을 믿지 않으면 내게 와서 '참다운 빵을 주십시오' 하고 말하지 않기 때문입니다. 그리고 참다운 빵을 가지고 있지 않으면, 하느님의 일을 할 능력이 없기 때문에 그것을 할 수가 없습니다. 따라서 여러분이 하느님으로 영양을 취하고 하느님의 일을 하기 위하여는, 하느님께서 보내신 사람을 믿는다는 기본적인 행위를 하는 것이 필요합니다."

"그러나 우리가 선생님을 하느님께서 보내신 분으로 믿고, 선생님에게서 하느님의 도장을 볼 수 있도록 선생님은 어떤 기적을 행하십니까? 이미 예언자들이 좀더 수수한 형태이긴 하지만 다했는데, 선생님은 그런 것 아닌 어떤 일을 하십니까? 모세는 한 번뿐 아니라 40년 동안 우리 조상들을 신기한 양식으로 먹여 살렸으니까 선생님보다도 더 뛰어납니다. 우리 조상들은 40년 동안 광야에서 만나를 먹었다고 씌어 있고, 따라서 그렇게 할 수 있었던 모세가 우리 조상들에게 하늘에서 내려온 빵을 주었다고 말합니다."

"여러분은 잘못 생각하고 있습니다. 그렇게 할 수 있은 것은 모세가 아니라 주님이십니다. 그리고 출애굽기에도 이렇게 씌어 있습니다. '이제 내가 하늘에서 먹을 것을 내려 줄 터이니, 백성들은 날마다 나가서 하루 먹을 것을 거두어들이게 하여라. 이렇게 하여 이 백성이 나의 지시를 따르는지 따르지 않는지 시험해 보리라. 그리고 여섯째 날에는 일곱째 날인 안식일에 대한 존경으로 곱절을 거두게 하여라' 하고. 이리하여 히브리인들은 매일 아침 광야에 절구로 빻은 것 같고, 싸라기눈과 고수씨 같은 것이 덮이는 것을 보았는데, 그 맛은 꿀과자처럼 좋았습니다. 그러니까 만나를 마련해 준 것은 모세가 아니라 주님이십니다. 무엇이든지 하실 수 있는 하느님이십니다. 무엇이든지. 벌하고 강복하시는 일, 빼앗아 가고 내려 주시는 일. 그리고 나 분명히 말합니다만 하느님께서는 벌하고 빼앗아 가는 것보다는 강복하고 내려주는 것을 더 좋아하십니다.

모세는 집회서(集會書)에서 말하는 것과 같이 '하느님과 사람들에게 소중한 사람이었고, 그의 명성은 축복받았습니다. 그것은 그가 하느님에 의하여 영광 중에 있는 성인들과 같게 되었고, 적에게는 위대하고 무서운 사람, 기적을 일으켜 그들을 끝낼 수 있는 사람이 되었으며, 왕들 앞에서는 영광스럽고, 백성 앞에서는 하느님의 대리자였고, 하느님의 영광을 보고 지극히 높으신 분의 목소리를 들었으며, 계명과 생명과 지식의 율법을 수호하는 사람이었기 때문입니다.' 그러므로 지혜서에 있는 것과 같이 하느님께서는 모세에 대한 사랑으로 당신 백성을 천사들의 빵으로 먹여 살리시고, 힘들이지 않고 이미 만들어진 빵을, 달고 맛있는 빵을 하늘에서 내려 보내셨습니다.

그리고 — 지혜서가 말하는 것을 잘 기억하시오 — 그 빵이 하늘에서, 하느님에게서 오고 당신 자녀들에 대한 하느님의 다정스러움을 보이는 것이었기 때문에, 각자가 원하는 맛을 가졌고, 각자에게 그가 바라는 결과를 마련해 주어서, 아주 어린아이의 아직 불완전한 위에도 유익하고, 어른의 식욕과 왕성한 소화력에도 유익하며, 허약한 소녀와 노쇠한 늙은이에게도 유익했습니다. 그리고 그것은 사람이 하는 일이 아니라는 것을 보이기 위해서 자연의 힘의 법칙을 뒤집어놓기까지 하셨으니, 해가 뜨면 서리처럼 녹아 버리던 그 신비로운 빵이 불에도 손상을 입지 않았던 것입니다. 아니 그보다도 — 이것은 여전히 지서(智書)에서 말하는 것입니다 — 불이 그 창조주이신 하느님의 일과 하느님의 의인들의 필요를 위하여 그 특유의 성질을 잊어 버려서, 괴롭히기 위하여 타오르는 습관이 있는데도, 여기서는 주님께 신뢰하는 사람들에게 좋은 일을 하기 위하여 부드럽게 된 것입니다. 그러니까 불은 이 때문에 어떻게든 변해서 주님의 은총에 소용되었고, 영원하신 아버지께 기도하는 사람의 필요에 따라 그들 모두를 기르는 것이 되어, 아버지의 사랑하는 자녀들이 과일의 번식이 사람들을 먹여 살리는 것이 아니고, 주님의 말씀이 하느님을 믿는 사람들의 생명을 지켜준다는 것을 배우게 했습니다. 과연 불은 그것이 할 수 있는 것처럼, 불꽃이 높고 셀 때에도 감미로운 만나를 태워버리지 않았습니다. 그런데 부드러운 아침 햇살도 만나를 녹이는 데 충분했습니다. 이것은 하느님의 선물은 하루와 인생의 시초에서부터 찾아야 하고, 또 하느님의 선물을 받기 위하여는 빛보다 앞서 가야 하고, 아침 이른 시간에 일어나서 영원하신 분을 찬미해야 한다는 것을 사람들이 기억하고 깨달으라고 그러는 것입니다.

이것을 만나가 히브리인들에게 가르쳤습니다. 그리고 나는 이것이 지금도 계속되고 세상 끝날 때까지 계속될 의무이기 때문에 여러분에게 이것을 상기시키는 것입니다. 하루나 인생의 늦은 시간까지 게으름피우지 말고 주님과 주님의 선물을 찾으시오. 떠오르는 해가 주님을 찬미하기도 전에 일어나서 주님을 찬미하고, 생명을 봉헌하고 보존하며 참 생명으로 인도하는 주님의 말씀에서 영양분을 섭취하시오. 모세가 여러분에게 하늘의 빵을 주지 않았고, 사실로 하늘의 빵을 주신 분은 하느님 아버지이십니다. 그리고 지금은 정말로 내 아버지께서 여러분에게 진짜 빵을 주십니다. 이 빵은 하늘에서 내려오는 새로운 빵, 영원한 빵이고, 자비의 빵, 생명의 빵, 세상에 생명을 주는 빵이며, 어떤 굶주림도 배부르게 하고, 어떤 무기력도 없애는 빵이며, 그것을 먹는 사람에게 영원한 생명과 영원한 기쁨을 주는 빵입니다."

"주님, 그 빵을 주십시오. 그러면 우리가 죽지 않을 것입니다."

"어떤 사람이나 다 죽는 것과 같이 여러분도 죽을 것입니다. 그러나 만일 여러분이 이 빵으로 거룩하게 영양을 취하면 영원한 생명을 누리려 부활할 것입니다. 그것은 이 빵이 그것을 먹는 사람을 썩지 않게 하기 때문입니다. 여러분으로 말하면, 이 빵을 깨끗한 마음과 올바른 의향과 거룩한 사랑으로 내 아버지께 청하는 사람들은 받을 것입니다. 그 때문에 내가 '우리에게 일용할 양식을 주십시오' 하고 말하라고 가르쳤습니다. 그러나 이 빵을 마땅치 않게 먹는 사람들에게는 마치 명령을 어기고 보관한 만나 바구니처럼, 지옥의 벌레가 우글거릴 것입니다.

그리고 건강과 생명의 이 빵이 그들에게는 죽음과 단죄가 될 것입니다. 이 빵을 썩어서 고약한 냄새가 나는 영적인 식탁에 놓고, 고칠 수 없는 그들의 격정의 더러운 곳에 섞어놓아서 모독하는 사람들은 가장 큰 독성죄를 범하겠기 때문입니다. 그런 사람들은 아예 이 빵을 먹지 않는 것이 더 나을 것입니다!"

"그러나 그 빵은 어디에 있습니까? 그 빵을 어떻게 찾아낼 수 있습니까? 그 빵의 이름은 무엇입니까?"

"나는 생명의 빵입니다. 나에게서 이 빵을 찾아내게 됩니다. 빵의 이름은 예수입니다. 내게로 오는 사람은 다시는 배고프지 않을 것이고, 나를 믿는 사람은 다시는 결코 목마르지 않을 것입니다. 그것은 천상의 강이 그에게도 흘러 들어가서 물질적인 열기를 모두 꺼버리겠기 때문입니다. 이제는 내가 이 말을 여러분에게 했습니다. 이제는 여러분이 나를 압니다. 그러나 나를 믿지도 않습니다. 있는 것은 무엇이든지 내게 있다는 것을 여러분은 믿을 수가 없습니다. 그러나 사실이 그렇습니다. 하느님의 모든 보물이 내게 있습니다. 세상에 속해 있는 모든 것이 내게 주어졌습니다. 그러므로 영광스러운 하늘과 싸우는 세상과, 하느님의 은총 속에서 죽은 사람들의 고생스럽게 기다리는 무리까지도 내 안에 있습니다. 어떠한 권력도 내게, 또 나를 위하여 있기 때문입니다. 그래서 내가 여러분에게 분명히 말합니다만, 아버지께서 내게 주시는 것은 무엇이든지 내게 올 것입니다. 그리고 나는 내게 오는 사람을 쫓아 보내지 않을 것이니, 그것은 내가 하늘에서 내려온 것이 내 뜻을 하기 위해서가 아니라, 나를 보내신 분의 뜻을 하기 위해서이기 때문입니다. 그런데 내 아버지, 나를 보내신 아버지의 뜻은 이렇습니다. 아버지께서 내게 주신 사람들 중의 아무도 잃지 말고, 그들을 내가 마지막 날에 부활시키라는 것입니다. 이제 나를 보내신 아버지의 뜻은, 아들을 알고 그를 믿는 사람은 누구든지 영원한 생명을 얻으라는 것이고, 또 그가 내게 대한 믿음으로 길리우고 내 도장이 찍힌 것을 보면서 마지막 날에 내가 그를 부활시킬 수 있으라는 것입니다."

선생님의 새롭고 대담한 말 때문에 회당 안과 밖에서 조심성 없는 웅성거리는 소리가 일어난다. 그리고 예수께서는 한동안 숨을 돌리신 다음, 중얼거리는 소리가 더 크게 들리는 쪽으로 황홀하게 하는 반짝이는 눈을 돌리신다. 그런데 그것은 바로 유다인들이 있는 집단들이다. 예수께서는 다시 말씀하시기 시작하신다.

"왜 여러분끼리 수근댑니까? 그렇습니다. 나는 성전에서 봉헌되고, 다윗 가문의 야곱의 아들 요셉과 결혼한 다윗 가문의 요아킴의 딸, 나자렛의 마리아의 아들입니다. 여러분 중의 많은 사람이 왕족인 목수 요셉을 낳은 의인들과, 왕족의 후예인 동정녀 마리아를 낳은 의인들을 알았습니다. 그래서 여러분은 '어떻게 저 사람이 자기가 하늘에서 내려왔다고 말할 수 있는가?' 하고 말하게 되고, 여러분 안에 의심이 생겨나는 것입니다.

나는 여러분에게 말씀의 강생에 관한 예언자들을 상기시킵니다. 그리고 우리가 감히 부르지 못하는 그분이 인간 법칙, 더구나 타락한 인간의 법칙에 따라 육체를 취할 수가 없다는 것이 어떻게 다른 어떤 민족보다도 우리 이스라엘 사람들에게 있어서 믿어야 할 것이 되어 있는지 상기시키겠습니다. 창조되지 않으신 분이시며 지극히 깨끗하신 분이 사람에 대한 사랑으로 사람이 되실 정도로 자존심을 꺾으셨으면, 당신의 천주성을 육체로 감싸기 위하여 백합꽃보다도 더 깨끗한 동정녀의 태밖에 택하실 수가 없었습니다. 모세 때에 하늘에서 내려온 빵은 성막(聖幕)의 휘장들 뒤에 놓이고 케루빔(지품-智品-천사)들이 지키던 황금판을 덮은 황금의 계약의 궤 속에 넣었습니다. 그리고 빵과 더불어 하느님의 말씀이 있었습니다. 그리고 그렇게 하는 것이 당연하였으니, 하느님의 선물과 지극히 거룩하신 그분의 말씀이 적힌 십계명판에는 가장 큰 존경을 드려야 하기 때문입니다. 그러나 그렇다면, 하느님께서 당신 자신의 말씀과 하늘에서 내려온 진짜 빵을 위하여는 무엇을 마련하셨겠습니까? 황금으로 만든 계약의 궤보다도 더 침범되지 않고 더 값지며, 희생을 바치려는 당신의 순수한 의지의 귀중한 황금판을 입히고, 하느님의 케루빔 천사들이 지키며, 동정녀의 순진함과 완전한 겸손과 숭고한 사랑과 가장 거룩한 모든 덕행으로 가려진 궤입니다.

그러면 어떻게 됩니까? 여러분은 내 아버지 되시는 분이 하늘에 계시다는 것, 따라서 내가 하늘에서 왔다는 것을 이해하지 못합니까? 그렇습니다. 나는 내 아버지의 뜻을 채우기 위하여 하늘에서 내려왔습니다. 바로 유죄판결을 받던 그 순간에 약속되었고, 성조들과 예언자들에게 되풀이 된 것에 따른 사람들을 구원하시겠다는 뜻 말입니다. 그러나 이것은 믿음입니다. 그리고 믿음은 선의의 영혼을 가진 사람들에게 하느님께서 주시는 것입니다. 그렇기 때문에, 어떤 사람이 어두움 속에 있지마는 빛에 대한 참된 갈망을 가지고 있음을 보시는 내 아버지께 인도되어 내게로 오지 않는 사람은 아무도 내게 올 수가 없습니다. 예언서에는 '그들은 모두 하느님께 교훈을 받을 것이다' 하는 말이 쓰여 있습니다. 자, 이렇습니다. 하느님께서 그들이 하느님께 가르침을 받기 위하여는 어디로 가야 하는지를 가르쳐 주십니다. 그러므로 어떤 사람이든지 그의 올바른 정신 속에서 하느님께서 말씀하시는 것을 들었으면, 그 사람은 내 아버지에게서 내게 오는 방법을 배운 것입니다."

"그런데 선생님은 누가 하느님의 말씀을 듣거나 하느님의 얼굴을 뵈었다고 그러시는 겁니까?" 하고 여러 사람이 묻는데, 그들은 노여움과 빈축의 표를 보이기 시작한다. 그리고 마침내 "선생님은 헛소리를 하거나 잘못 생각하고 계십니다" 하고 말한다.

"하느님에게서 온 사람을 빼놓고는 아무도 하느님을 뵙지 못했습니다. 하느님에게서 온 사람은 하느님을 뵈었는데, 내가 그 사람입니다. 이제는 그것 없이는 구원될 수가 없는 미래의 생명의 신조(信條)를 들어 보시오.

나 진정으로, 진정으로 말합니다만, 나를 믿는 사람은 영원한 생명을 얻습니다. 나 진정으로 진정으로 말합니다만, 나는 영원한 생명의 빵입니다.

여러분의 조상들은 광야에서 만나를 먹었는데 죽었습니다. 그것은 만나가 거룩한 양식이었지만 일시적인 것이어서 하느님께서 당신 백성에게 언약하신 땅에 이르는데 필요한 만큼만 생명을 주는 것이었기 때문입니다. 그러나 나라고 하는 만나는 시간과 능력에 제한이 없습니다. 이 만나는 하늘의 것일 뿐 아니라 하느님다운 것이며, 하느님다운 것, 즉 하느님께서 당신의 모습을 닮게 창조하신 것이 썩지 않음과 죽지 않음을 초래합니다. 이 만나는 40일이나 40개월이나 40년이나 40세기를 가지 않고, 시간이 존재하는 한 계속될 것이고, 이 만나에 대해서 거룩하고 주님의 뜻에 맞는 갈망을 가진 모든 사람에게 주어질 것입니다. 주님은 사람들이 죽지 않는 생명을 가지도록 하기 위하여 강생하신 그 사람들에게 당신을 아낌없이 주는 것을 기뻐하실 것입니다.

나는 나를 줄 수 있고, 사람들에 대한 사랑으로 내 본질을 바꾸어 빵이 살이 되게 하고, 사람들의 영적인 굶주림을 위하여 살이 빵이 되게 할 수 있습니다. 사람들이 이 빵이 없으면 영적인 굶주림과 병으로 죽을 것입니다. 그러나 어떤 사람이 이 빵을 올바르게 먹으면 영원히 살 것입니다. 내가 줄 빵은 세상의 생명을 위하여 제물로 바쳐질 내 살일 것입니다. 그것은 사랑하는 사람들이거나 불행한 사람들이 주님의 식탁에 와서, 하느님 안에 용해되고, 그들의 마음 고통 속에서 위안을 받도록 하느님의 집에 널리 퍼지는 내 사랑일 것입니다."

"아니, 어떻게 선생님이 당신 살을 먹으라고 주실 수 있습니까? 우리를 뭘로 생각하십니까? 피에 굶주린 야수로 생각하십니까? 미개인으로 생각하십니까? 살인자로 생각하십니까? 우리는 피와 살인에 대해서 혐오감을 가지고 있습니다."

"나 진정으로, 진정으로 여러분에게 말합니다만, 사람이 야수보다 더하고, 죄가 사람을 미개인보다 더 못하게 만들고, 교만이 살인에 대한 갈망을 가지게 하는 일이 매우 많고, 또 여기 있는 모든 사람이 피와 살인에 대해서 혐오감을 가지고 있지도 않습니다. 그리고 또 사탄과 관능성과 교만이 사람을 사나운 짐승처럼 만들기 때문에 미래에는 사람이 이렇게 되기까지 할 것입니다. 그리고 그 어느때보다도 더 큰 필요를 만족시키기 위하여 여러분과 모든 사람이 거룩하신 분의 주입으로 무서운 세균에서 벗어나야 할 것입니다.

진정으로, 진정으로 말하지만, 여러분이 사람의 아들의 살을 먹지 않고 그 피를 마시지 않으면, 여러분 안에 생명을 가지지 못할 것입니다. 내 살을 제대로 먹고 내 피를 제대로 마시는 사람은 영원한 생명을 얻고, 내가 그를 마지막날에 부활시킬 것입니다. 내 살은 정말로 양식이고 내 피는 음료이기 때문입니다. 내 살을 먹고 내 피를 마시는 사람은 내 안에 있고, 나도 그의 안에 있습니다. 살아 계신 아버지께서 나를 보내셨고, 내가 아버지로 사는 것과 같이 나를 먹는 사람도 나로 살 것이고, 내가 보내는 곳에 갈 것이며, 내가 원하는 것을 할 것이고, 사람으로서 엄격하게 살고, 세라핌(치품-熾品-천사)과 같이 열렬하고 거룩할 것입니다. 그것은 내 살을 먹고 내 피를 마실 수 있기 위하여 죄를 스스로 금하고, 영원하신 분의 발 앞에까지 올라가는 것을 끝내기 위하여 향상하면서 살 것이기 때문입니다."

"아니, 저 사람 미쳤구먼! 누가 그렇게 살 수가 있단 말이야? 우리 종교에는 제물을 바치기 위해 자기를 깨끗하게 해야 하는 것은 사제밖에 없어. 여기서 저 사람은 우리를 그의 광증의 제물을 만들려고 하고 있어. 이 가르침은 너무 힘들고, 이 말은 너무 어려워! 누가 이 말을 듣고 실천할 수 있겠어?" 거기 있는 사람들이 불평을 하는데, 여러 사람이 제자로 간주되는 사람들이다.

사람들은 이러쿵 저러쿵 비판을 하며 흩어지고, 회당 안에 선생님과 가장 충실한 사람들만이 남아 있을 때는 제자들의 대열이 대단히 줄어든 것으로 나타난다. 나는 그들을 세어보지는 않는다. 그러나 한 백명쯤 된다고 말할 수 있겠다. 그러므로 오래 전부터 하느님께 봉사하던 오래된 제자들 가운데에서까지도 상당히 많은 사람이 탈퇴하였을 것이다. 남아 있는 사람들 중에는 사도들과 사제 요한, 율법학자 요한, 스테파노, 헤르마, 티몬, 헤르마스테아, 아가페, 요셉, 솔로몬, 갈릴래아의 베들레헴의 아벨, 코라진의 문둥병자 아벨과 그의 친구 사무엘, 엘리야(예수를 따르기 위하여 아버지를 장사지내는 것을 포기한 사람), 아르벨라의 필립보, 나자렛의 아세르와 이스마엘, 그밖에 이름을 모를 다른 사람들이다. 이 사람들은 모두 다른 사람들의 탈퇴와 예수의 말씀을 해석하면서 가만히 말하고 있고, 예수께서는 높은 경사진 책상에 기대 서서 팔짱을 끼고 생각에 잠겨 계신다.

"그래 너희들은 내가 말한 것 때문에 눈살을 찌푸리느냐? 그러면 너희들이 어느날 사람의 아들이 전에 있던 하늘로 올라가서 아버지 곁에 앉는 것을 볼 것이라고 말하면 어쩌겠느냐? 그리고 지금까지 너희는 무엇을 알아 듣고, 무엇을 흡수하고, 무엇을 믿었느냐? 그리고 무엇으로 듣고, 동화흡수하였느냐? 인간적인 것만을 가지고 그랬느냐? 생명을 주고 가치가 있는 것은 영이고, 육체는 아무 소용도 없다. 내 말들은 영이고 생명이다. 그러니까 내 말에서 생명을 얻으려면 영으로 듣고 이해해야 한다. 그러나 너희들 중에는 믿음이 없기 때문에 죽은 영을 가진 사람이 많이 있다. 너희들 중에 많은 사람이 참으로 믿지 않는다. 그래서 내 곁에 남아 있어도 무익하다. 그들은 그것으로 생명을 얻지 못하고, 죽음을 얻을 것이다. 그것은 그들이 내가 이미 말한 것과 같이 혹은 호기심으로, 혹은 인간적인 감정으로 또는 더 나쁘게, 한층 더 비열한 목적을 위해서 남아 있기 때문이다. 그들은 그들의 착한 뜻에 대한 갚음으로 아버지께 인도되어 여기 오지 않고, 사탄에게 끌려 왔다. 정말이지, 어떤 사람에게 아버지께서 허락하지 않으시면, 아무도 내게 오지 못한다. 나를 버리는 것이 인간적으로 부끄럽기 때문에 어렵게 남아 있는 너희들, 그러나 너희들에게는 '미치고 냉혹한 사람'으로 보이는 어떤 사람에 봉사하느라고 남아 있는 것을 한층 더 부끄럽게 생각하는 너희들은 가라, 가. 해를 끼치지 않기 위하여는 너희들이 멀리 있는 것이 더 낫다."

그러니까 다른 여러 사람이 제자들에게서 물러간다. 그들 중에는 율법학자 요한과 마귀들렸다가 마귀들을 돼지 안으로 들여보내고서 나왔던 마르코가 있다. 착한 제자들은 서로 의논하고, 떠나가는 사람들을 뒤쫓아 뛰어가서 그들을 말리려고 애쓴다. 회당 안에는 이제 예수와 회당장과 사도들만이 있다….

예수께서는 원통해 하며 한구석에 남아 있는 그들에게로 몸을 돌리시고 말씀하신다. "너희들도 가고 싶으냐?" 이 말씀을 신랄하지 않게 우울하지 않게 하신다. 그러나 아주 정색을 하고 말씀하신다.

베드로는 비통한 충동으로 말한다. "주님, 저희더러 어디로 가라고 하시는 겁니까? 누구에게로? 주님은 저희들의 생명이시고 저희들의 사랑이십니다. 주님만이 영원한 생명의 말씀을 가지고 계십니다. 저희는 주님이 그리스도이시고, 하느님의 아들이심을 압니다. 원하시면, 저희들을 쫓아보내십시오. 그러나 저희들로서는 주님을 떠나지 않겠습니다. 비록… 비록 주님이 이제는 저희들을 사랑하지 않으신다고 해도…" 그러면서 베드로는 굵은 눈물을 흘리면서 소리없이 운다. …안드레아도, 요한도, 알패오의 두 아들도 드러내놓고 운다. 그리고 다른 사람들은 흥분한 나머지 얼굴이 창백해지거나 붉게 되어 가지고 울지는 않지만, 분명히 괴로워한다.

"내가 왜 너희들을 쫓아보내야 하겠느냐? 너희 열 둘을 내가 고르지 않았더냐?…"

야이로는 예수께서 당신 사도들을 마음놓고 위로하시거나 견책하시게 하려고 조심스럽게 물러갔다. 야이로가 말없이 물러가는 것을 알아차리신 예수께서는 진저리나고 마음이 괴로워서 기진맥진하셨기 때문에 지금 하시는 폭로가 당신이 하실 수 있는 것 이상의 노력이 드는 것처럼, 기운없이 앉으시면서 말씀하신다. "그렇지만 너희들 중의 한 사람은 마귀이다."

명랑한 것이라고는 많은 등의 불빛밖에는 없는 회당 안에 이 말씀이 천천히 무섭게 떨어진다. …그리고 아무도 감히 아무 말도 하지 못한다. 그러나 그들은 공포의 전율을 가지고, 또 스스로 몹시 불안한 질문을 하면서 서로 바라다보고, 또 한층 더 불안하고 은근한 질문으로 자기 자신을 성찰한다….

한 동안 아무도 움직이지 않는다. 그리고 예수만이 혼자, 무릎 위에 손을 깍지끼시고 고개를 숙이시고 자리에 앉은 채로 계시다. 마침내 고개를 드시고 말씀하신다. "오너라, 나는 그래도 문둥병자가 아니다! 혹은 너희가 그렇게 생각하는 것이냐?…"

그러니까 요한이 빨리 앞으로 나아가서 예수의 목을 끌어 안으면서 말한다. "그러면 제 유일한 사랑이신 주님과 함께 문둥병에 걸리겠습니다. 주님과 함께 유죄선고를 받겠습니다. 만일 죽음이 주님을 기다린다 생각하시면, 주님과 함께 죽음으로 가겠습니다…." 그리고 베드로는 예수의 발 앞으로 기어 와서, 발을 잡아 자기 어깨에 얹고 흐느끼면서 말한다. "저를 누르시고, 발로 밟으십시오! 그렇지만 주님이 주님의 시몬을 믿지 않으신다고는 생각하지 못하게 하십시오."

다른 사도들은 예수께서 이 처음 두 사람을 쓰다듬어 주시는 것을 보고 나아와서 예수의 옷과 손과 머리에 입맞춤한다. …가리옷 사람만이 감히 얼굴에 입맞춤한다.

예수께서 갑자기 일어나시는데, 그분의 움직임이 어떻게나 뜻밖인지 유다를 갑자기 떼미시는 것 같다. 그리고 말씀하신다. "집으로 가자. 내일 저녁은 어두운 다음에 배로 이포에 가자."

45. 새 제자, 안티오키아의 니콜라이

예수께서는 가파르나움의 토마의 집 옥상에 혼자 계신다. 시내는 안식일인데다가 인구가 줄어들어서 한가하다. 인구가 줄어든 것은 신앙생활을 가장 열성적으로 하는 사람들은 벌써 예루살렘으로 떠났기 때문이고, 또 오랫동안 걸을 수가 없어서, 어른들로 하여금 자주 쉬고 노정(路程)을 짧게 잡을 수밖에 없게 하는 어린아이들을 데리고 가족끼리 예루살렘에 가는 사람들도 떠났기 때문이다. 그래서 그렇지 않아도 약간 안개가 낀 낮에 매력적인 어린이들의 금처럼 아름다운 색조가 없다.

예수께서 깊은 생각에 잠겨 계시다. 둘러친 담 곁, 한구석에 매우 낮은 걸상에 앉으셔서, 층계 쪽으로 등을 돌리시고, 말하자면 이 담에 가려지신 채, 팔꿈치 하나를 무릎에 얹으시고, 마치 괴로워하시는 것처럼 피로한 몸짓으로 손으로 이마를 괴신다. 예수께서는 예루살렘으로 떠나기 전에 인사를 하고자 하는 어린아이로 인하여 묵상이 중단된다. 예수께서는 담에 가려서 아래 있는 사람들에게 보이지 않으므로 예수가 안 보이기 때문에, 어린아이는 단 하나하나를 올라올 때마다 "예수님! 예수님!" 하고 외친다. 그런데 예수께서는 너무도 생각에 골똘히 잠기셔서 그 작은 목소리와 새걸음 같은 걸음 소리를 듣지 못하신다. …그래서 꼬마가 옥상에 다 올라왔을 때에도 예수께서는 아직 이 괴로운 자세를 취하고 계신다.

그래서 어린아이는 겁을 먹고 그대로 서 있다. 그는 옥상 가장자리에 멈추어 서서 새끼손가락을 입술 사이에 끼우고 곰곰이 생각한다. …그러다가 결심을 하고…천천히 나아간다. …이제는 꼬마가 예수 뒤에 와 있다. …아이는 예수께서 무엇을 하고 계신지 보려고 몸을 굽히다가 …말한다. "안 돼, 걱정하지 말고 울지 말아! 왜 울어? 어저께 그 상스러운 사람들 때문에? 아빠도 그러고 야이로도 그러는데, 그 사람들은 예수님을 볼 자격이 없다. 그렇지만 아저씨는 울면 안 돼. 난 아저씨를 참 좋아하거든. 그리고 내 여동생도 그렇고, 야고보도 토비트도 요안나도 마리아도 미케아도, 가파르나움의 어린아이들은 모두 다 아저씨를 좋아해. 이젠 울지 말아. 아저씨⋯" 그러면서 예수의 목을 얼싸안고 쓰다듬으면서 끝으로 이렇게 말한다. "그렇지 않으면 나도 자꾸만 울 거야. ⋯길을 가는 동안 줄곧⋯."

"아니다. 다윗아. 이제는 울지 않는다. 네가 나를 위로해 주었다. 너 혼자니? 너희들은 언제 떠나니?"

"황혼 후에 떠날 거야. 배로 티베리아까지 갈 거야. 아저씨도 우리하고 같이 가. 아빠가 아저씨를 아주 좋아해. 아저씨 알아?"

"그래 안다. 그렇지만 나는 다른 어린이들도 보러 가야 한다. 꼬마 다윗아, 나한테 인사하러 와 주어서 고맙다. 그리고 네게 강복한다. 작별의 입맞춤을 해라. 그리고 엄마에게 가라. 엄마가 너 여기 온 걸 아니?⋯"

"아니. 난 아저씨가 제자들하고 같이 있는 것을 보지 못해서, 아저씨가 울고 있는 줄로 생각해서 몰래 빠져나왔어."

"봐라, 이젠 울지 않는다. 엄마가 걱정하면서 널 찾을지 모르니까 엄마한테 가거라, 안녕. 여행자 무리의 나귀들을 조심해라. 알겠니? 나귀들이 사방에 머물러 있다."

"그렇지만 아저씨가 이젠 울지 않는다는 거 정말이야?"

"그래. 나는 이제 괴롭지 않다. 네가 괴로움을 없애 주었다. 고맙다, 애야."

꼬마는 계단을 급히 뛰어 내려가고, 예수께서는 그를 살펴보신다. 그리고는 머리를 흔드시고, 당신 자리로, 당신의 고통스러운 묵상으로 돌아가신다.

얼마 동안이 이렇게 지나간다. 져가는 해가 구름 거친 사이로 나타난다.

더 무거운 발소리가 층계에서 들려온다. 예수께서 다시 고개를 드신다. 야이로가 당신께로 향하여 오는 것을 보시고 인사를 하신다. 야이로가 공손하게 답례를 한다.

"야이로, 당신이 여길 오다니 웬일이오?"

"주님! 제가 잘못을 저질렀는지 모르겠습니다. 그러나 사람들의 마음을 보시는 주님은 제 마음 속에 나쁜 의향이 없었다는 것을 보실 것입니다. 오늘은 회당에서 말씀하시라고 주님께 청하지 않았습니다. 그러나 어제 저는 주님 때문에 몹시 고통을 겪었습니다. 그리고 주님이 너무 괴로워하시는 것을 보았기 때문에…감히 청하지 못했습니다. 제자들에게 물어보았더니, 그들은 '선생님은 혼자 계시고 싶으시답니다' 하고 말했습니다. …그러나 조금 전에 다윗의 아버지 필립보가 와서, 그의 어떤 아들이 주님께서 우시는 것을 보았다고 하더라고 말했습니다. 그 사람은 주님께서 다윗이 주님께 간 것을 고맙다고 하셨다고 말했습니다. 그래서 저도 왔습니다. 선생님, 아직 가파르나움에 있는 사람들은 회당에 모일 것인데, 제 회당은 주님의 것입니다."

"야이로, 고맙소. 오늘은 다른 사람들더러 말하라고 하시오. 나는 그리 신자로서만 가겠소…."

"선생님께서는 회당에 오실 의무는 없습니다. 선생님의 회당은 세상입니다. 그러나 정말 오지 않으시겠습니까, 선생님?"

"안 가겠소, 야이로. 나는 나를 이해하시고, 내게 잘못이 있는 것으로 생각지 않으시는 아버지 앞에 여기 머물러 있겠소." 눈물 한방울이 예수의 몹시 슬퍼하는 눈에서 반짝인다.

"저도 선생님께 잘못이 있다고는 생각하지 않습니다. …안녕히 계십시오, 주님."

"잘 가시오, 야이로." 그러면서 예수께서는 다시 앉으셔서 여전히 명상에 잠기신다.

흰 옷을 입은 야이로의 딸이 비둘기처럼 가볍게 올라온다. 그는 쳐다보고…조용히 부른다. "저를 구해 주신 주님?"

예수께서는 고개를 돌려 그를 보시고 미소를 보내시며 말씀하신다. "이리 오너라!"

"예, 주님. 그렇지만 저는 주님을 다른 사람들에게 모셔 가고 싶어요. 왜 회당이 오늘은 말이 없어야 하겠어요?"

"회당에 말을 가득 채우는 데는 네 아버지가 계시고, 다른 많은 사람이 있다."

"그렇지만 그것은 말들입니다. …주님의 말은 말씀입니다. 오! 주님

! 주님의 말씀으로 저를 엄마와 아빠에게 돌려 주셨습니다, 그런데 저는 죽어 있었습니다. 그러나 회당으로 가는 저 사람들을 보세요! 많은 사람이 제가 그때 죽어 있던 것보다도 더 죽어 있습니다. 가서 그 사람들에게 생명을 주세요."

"애야, 너는 그럴 만한 자격이 있었다. 그러나 저 사람들은…자기를 위해 죽음을 택한 사람에게는 어떤 말도 생명을 줄 수가 없다."

"그렇습니다. 주님, 그렇지만 그래도 오세요. 선생님의 말씀을 듣고서 점점 더 사는 사람들도 있어요. …오세요. 선생님 손으로 제 손을 잡으시고 가십시다. 저는 선생님의 능력의 증언입니다. 그리고 저는 선생님의 원수들 앞에서도, 제 두 번째 목숨을 잃는 대가로라도 증언을 할 각오가 되어 있어요. 하긴 이 두 번째 목숨은 제 목숨이 아닙니다. 착하신 선생님이 한 어머니와 한 아버지를 불쌍히 여기셔서 제게 이 목숨을 주셨습니다. 그러나 저는…" 깨끗하고 영리한 그의 얼굴에서 빛나는 상냥스러운 눈을 가진 처녀가, 벌써 거의 어른이 다 된 아름다운 처녀가 긴 속눈썹에서 뺨으로 흘러내리면서 목을 메게 하는 많은 눈물 때문에 걸음을 멈춘다.

"이제는 왜 우느냐?" 하고 예수께서 그의 머리에 손을 얹으시며 물으신다.

"그것은…선생님이 돌아가실 거라고 말씀하셨다는 말을 들어서 그럽니다…."

"애야, 누구나 다 죽는 거다."

"그러나 선생님이 말씀하시는 것처럼은 아닙니다! 저는…오! 이제는 그것을 보지 않기 위해서, 그 무서운 일이 일어날 때에…거기 있지 않기 위해서…다시 살아나는 것을 원치 않았을 거예요…."

"그러면 네가 지금 내게 주는 위로를 주기 위해서도 그곳에 있지 않겠구나. 깨끗한 사람과 나를 사랑하는 사람의 말이, 다만 한마디 말이라도, 내게서어떤 근심 걱정도 없애준다는 것을 너는 알지 못하느냐?"

"그렇습니까? 오! 그러면 선생님은 근심 걱정이 이제는 없게 될 것입니다, 저는 선생님을 어머니, 아버지 그리고 제 목숨보다도 더 사랑하니까요."

"그렇다."

"그럼, 오세요. 혼자 계시지 마세요. 저와 제 아버지와 엄마와 어린 다윗과, 요컨대 선생님을 사랑하는 사람들을 위해 말씀하세요. 저희는 많습니다. 그리고 아직도 더 많아질 것입니다. 그렇지만 혼자 계시지는 마세요. 우울증이 오거든요." 그러면서 정숙한 여자는 누구나 그런 것과 같이 본능적으로 어머니답게 되어서 이렇게 말을 끝마친다. "제가 선생님 곁에 있으면, 아무도 선생님께 해를 입히지 못할 것입니다, 그뿐 아니라, 제가 선생님을 지키겠습니다."

예수께서 일어나셔서 그에게 이 기쁨을 주신다. 손에 손을 잡고, 두 사람은 거리들을 지나 옆문으로 회당에 들어간다.

큰 소리로 두루마리를 읽고 있던 야이로가 읽기를 중단하고 몸을 깊이 숙이며 말한다. "선생님, 마음이 곧은 사람들을 위해 제발 말씀을 해주십시오. 거룩한 말씀으로 저희들의 과월절을 준비해 주십시오."

"당신은 열왕기를 읽고 있는 중이었지요?"

"예, 참 하느님과 떨어지는 사람은 금송아지의 우상숭배에 빠진다는 것을 이해시키려고 애쓰고 있었습니다."

"당신은 말을 제대로 하셨소. 아무도 무슨 할 말이 없습니까?"

군중 가운데에서 소음이 일어난다. 어떤 사람들은 예수께서 말씀하시기를 바라고, 어떤 사람들은 이렇게 외친다. "우리는 바쁩니다. 기도를 하고 빨리 모임을 끝냅시다. 하기는 우리는 예루살렘에 가니까, 거기서 선생님들의 말을 들을 겁니다." 그런데 이렇게 외치는 사람들은 어제의 많은 변절자들로, 안식일 때문에 가파르나움에 붙잡혀 있는 사람들이었다.

예수께서는 몹시 서글프게 그들을 바라다보시며 말씀하신다. "당신들이 바쁜 것은 사실입니다. 그러나 하느님께서도 당신들을 심판하기가 바쁘십니다. 그러면 가시오." 그리고 그들을 나무라는 사람들 쪽으로 몸을 돌리시고 말씀하신다! "저 사람들을 나무라지 마시오. 나무는 각각 제나름 대로의 열매를 맺는 것입니다."

"주님, 느헤미야의 행동을 되풀이하셔서, 최고의 사제이신 주님께서 그들에 맞서서 말씀하십시오!" 하고 야이로가 분개하여 외친다. 그리고 사도들과 제자들과 가파르나움 사람들이 일제히 그와 함께 외친다.

예수께서는 팔을 †자 모양으로 하시고, 매우 창백한 얼굴로, 괴롭기는 하나 매우 부드러운 태도로 외치신다. "오 내 하느님, 저를 기억하십시오! 호의를 가지시고! 또 저들도 호의를 가지고 기억하십시오! 저는 그들을 용서합니다!"

회당에서는 사람들이 빠져나가고, 예수께 충실한 사람들밖에 남지 않았다. …한구석에 외부 사람이 한 사람 있다. 아무도 바라다보지 않고, 아무도 말을 붙이지 않는 건장한 사람이다. 그뿐 아니라, 그 사람도 아무와도 말을 하지 않는다. 그는 예수를 뚫어지게 바라보기만 한다. 그래서 선생님도 눈을 그쪽으로 돌리시고, 그를 보신다. 그리고 야이로에게 그 사람이 대관절 누구냐고 물으신다.

"모르겠습니다. 분명히 지나가는 사람일 것입니다."

예수께서 그에게 물으신다. "당신은 누구시오?"

"과월절을 지내려고 예루살렘에 가는 안티오키아의 개종자 니콜라이입니다."

"누구를 찾소?"

"주님이시고 나자렛의 예수이신 선생님을 찾습니다. 선생님께 말씀을 드리고 싶습니다."

"오시오." 그리고 당신 곁으로 오게 하시어, 그의 말을 들으시려고 회당 뒤 정원으로 나가신다.

"저는 안티오키아에서 펠릭스라고 하는 선생님의 제자 중의 한 사람과 말했습니다. 저는 선생님을 알기를 갈망했습니다. 그분은 선생님이 가파르나움에 머무르시고, 선생님의 어머님은 나자렛에 계신다고 말했습니다. 또 선생님은 게쎄마니나 베다니아에도 가신다고 말했습니다. 영원하신 분께서 첫 번째 장소에서 선생님을 만나뵙게 해주셨습니다. 저는 어제 거기 있었습니다. …그리고 오늘 아침에, 선생님이 샘 근처에서 기도하시며 우실 때 아주 가까이 있었습니다. 주님, 주님은 거룩하시고 온유하시기 때문에 주님을 사랑합니다. 주님을 믿습니다. 주님의 행동과 주님의 말씀은 저를 벌써 주님의 사람으로 만들었었습니다. 그러나 죄지은 사람들에 대한 조금 전의 주님의 자비를 보고 저는 결정을 하게 되었습니다. 주님, 주님을 버리는 사람들 대신에 저를 받아주십시오! 저는 제가 가진 모든 것, 즉 생명과 재산 모두를 가지고 주님께로 옵니다." 그는 마지막 말을 하면서 무릎을 꿇는다.

45. 새 제자, 안티오키아의 니콜라이

예수께서는 그를 뚫어지게 들여다보신다. …그리고 말씀하신다. "오시오. 오늘부터 당신은 선생님의 사람이오. 당신 동료들 곁으로 갑시다."

두 사람은 사도들과 제자들이 야이로와 활발히 회화를 하고 있는 회당 안으로 돌아온다.

"여기 새 제자가 한 사람 왔다. 아버지께서 나를 위로하신다. 이 사람과 같이 가서 식사를 하자. 그리고 밤에 너희들은 이 사람과 같이 예루살렘으로 떠나라. 우리는 배로 이포에 가겠다. …그리고 사람들이 나를 붙잡지 못하게 내가 가는 길을 아무에게도 알리지 말아라."

그러나 그러는 동안 안식일이 끝났고, 예수를 피하고자 하는 사람들이 티베리아로 가는 배삯을 흥정하기 위하여 호숫가로 몰려와 있다. 그리고 그들은 열두 사도와 더불어 예수의 야간출발을 위하여 벌써 베드로의 배 옆에 준비가 되어 있는 그의 배를 그들에게 내주려고 하지 않는 제베대오와 다투고 있다.

"제가 가서 도와주겠습니다!" 하고 화가 난 베드로가 말한다.

예수께서는 너무 격렬한 충돌을 피하기 위하여 그를 말리시며, 말씀하신다. "너 혼자 가지 말고, 우리 모두 가자."

그리고 간다. …그리고 그들은 예수에게서 멀어지기 위하여 말다툼하던 것을 딱 끊고 도망치는 사람들이 인사 한마디 없이 가는 것을 보는 슬픔을 맛본다. …그리고 몇 마디 멸시하는 말투와 충실한 제자들에게 주는 신랄한 권고들을 듣는다….

예수께서는 적의를 품은 군중이 떠난 다음 집으로 돌아오시려고 방향을 바꾸신다. 그리고 새 제자에게 말씀하신다. "저 사람들의 말을 들었느냐? 네가 내게로 오면 저런 것이 너를 기다린다."

"저도 압니다. 그렇기 때문에 저는 남아 있습니다. 저는 선생님을 '왕'이라고 부르면서 환호하는 군중 가운데 계시던 영광의 날에 선생님을 보았었습니다. '또 하나의 착각을 일으킨 보잘 것 없는 사람! 이스라엘의 또 하나의 불운!' 하고 말하면서 어깨를 들썩했습니다. 그리고 선생님이 왕같이 보였기 때문에 선생님을 따르지 않았습니다. 그리고 선생님은 생각도 하지 않게 되었었습니다. 지금은 선생님을 따르는 것은, 선생님의 말씀과 선생님의 인자 속에서 약속되신 메시아를 보기 때문입니다."

"정말이지, 너는 다른 많은 사람보다 더 올바르다. 그리고 다시 한 번 말한다. 나를 세상의 왕으로 생각하고 희망을 거는 사람은 물러가라. 비난하는 세상 앞에서 부끄러워할 것이라고 느끼는 사람은 물러가라. 내가 범죄자로 취급되는 것을 보고 눈살을 찌푸릴 사람은 물러가라. 너희들이 세상 사람들의 눈에 명예가 위태롭게 되지 않고 아직 그렇게 할 수 있을 때에 이 말을 하는 것이다. 나중에 영광 중에서 나와 운명을 같이 하기 위하여, 치욕 중에서 나와 운명을 같이할 용기가 없다고 느끼면 저 배로 달아나는 사람들을 본받아라. 이런 일이 일어나겠기 때문이다. 즉 사람의 아들은 고발된 다음 사람들의 손에 넘겨질 것인데, 사람들은 그를 범죄자 모양으로 죽이고, 그를 이겼다고 생각할 것이다. 그러나 그들은 쓸 데 없이 죄를 지은 것이 될 것이다. 나는 사흘 후에 다시 살아나 개선하겠기 때문이다. 끝까지 나와 함께 있을 줄 알 사람은 참으로 행복할 것이다!"

그들은 집에 도착하였다. 그리고 예수께서 새로 온 사람을 제자들에게 맡기신다. 예수께서 혼자서 처음에 계시던 곳으로 올라가신다. 그리고 윗층 방 안에까지 들어가셔서 곰곰이 생각하시려고 앉으신다.

조금 후에 가리옷 사람이 베드로와 함께 올라온다. "선생님, 유다가 제게 올바른 일을 곰곰이 생각하게 했습니다."

"말해 보아라."

"선생님은 개종자인 저 니콜라이를 받아들이시는데, 우리는 그 사람의 과거를 모릅니다. 우리는 귀찮은 일을 많이 당했고, 지금도 당하고 있습니다. 그런데 지금은요? 그 사람에 대해서 우리가 무엇을 알고 있습니까? 그 사람을 믿을 수 있습니까? 유다는 그 사람이 원수들이 보낸 첩자일 수도 있다고 말하는데, 그 말이 옳습니다."

"그렇구 말구요! 그 사람은 왜 어디서 왔고 누가 보냈는지 말하려고 하지 않았습니까? 제가 그 사람에게 물어보았습니다. 그러나 그 사람은 그저 '나는 개종자인 안티오키아의 니콜라이입니다' 하고만 말합니다. 저는 대단히 수상스럽게 생각합니다."

"나는 내가 배반당하는 것을 보았기 때문에 그 사람이 온다는 것을 네게 상기시키겠다."

"그것은 거짓말일지도 모릅니다! 배신인지도 모릅니다!"

"어디에서나 거짓말이나 배신을 보는 사람은 그런 일을 할 수 있는 사람이다. 그는 자기의 본에 따라서 판단하기 때문이다" 하고 예수께서 정색을 하고 말씀하신다.

"주님은 제게 모욕을 주십니다!" 하고 유다가 분개해서 외친다.

"그러면 나를 떠나서, 나를 버리는 사람들과 같이 가라."

유다는 문을 쾅 소리가 나게 난폭하게 닫으면서 나간다.

"그렇지만 주님, 유다가 모두 잘못하는 것은 아닙니다. …그리고 저는…저 사람이 요한에 대해서 말하지 말았으면 합니다. 저 사람을 선생님께 보낸 저 펠릭스는 엔도르의 사람일 수밖에 없습니다…."

"틀림없다. 그러나 요한은 신중해서 그의 이런 이름을 다시 쓴다. 시몬아, 안심하여라. 내 인간적인 이익은 이미 글렀다는 것을 알기 때문에 제자가 되는 사람은 올바른 정신을 가진 사람일 수밖에 없다. 그 사람은 방금 나간 사람과는 매우 다르다. 방금 나간 사람은 세력있는 왕의 총리대신이 되기를 바라기 때문에 내게 왔고…또 내가 다만 영혼만을 위한 왕이라는 것을 믿지 않는다…."

"주님은 그에 대해서 의심을 하십니까?"

"나는 아무도 의심하지 않는다. 그러나 네게 분명히 말한다마는, 제자이며 개종자인 니콜라이가 도달할 그곳에 이스라엘 사람이고 유다인이며 사도인 시몬의 유다는 도달하지 못할 것이다."

"주님, 저는 요한…에 대해서 니콜라이에게 물어보고 싶은데요."

"그러지 말아라. 요한은 신중한 사람이기 때문에 그에게 아무런 임무도 맡기지 않았다. 네가 조심성없는 사람이 되지 말아라."

"그러겠습니다, 주님. 저는 그저 선생님께 여쭈어본 것뿐입니다…."

"내려가서 식사를 재촉하자. 날이 아주 어두우면 떠나자. …시몬아… 나를 사랑하느냐?"

"아이고! 선생님! 아니, 무슨 말씀을 하시는 것입니까?"

"시몬아, 폭풍우가 몰아치는 밤의 호수보다도 더 어둡다. 그리고 그 호수만큼이나 어지럽다…."

"아이고! 선생님!…저는 선생님보다도 한층 더… 어둡고 어지러우니, 무슨 말씀드려야 하겠습니까? 이렇게나 말씀드리겠습니다. '여기 선생님의 시몬이 있습니다. 그러니 만일 제 마음이 선생님을 위로해 드릴 수 있으면, 제 마음을 가지십시오' 하고. 저는 이 마음밖에 가진 것이 없습니다. 그러나 이 마음은 진정입니다."

　예수께서는 잠시 머리를 넓고 튼튼한 가슴에 얹으신다, 그러다가 일어나셔서 베드로와 같이 내려오신다.

46. 예수께서 가다라를 향하여 가시다

 예수께서는 벌써 요르단강 건너편 강가 지방에 와 계신다. 그리고 내가 이해하기로는 야산 위에 보이는 저 도시가 가다라이다. 그리고 그들이 갈릴래아 호수 동남안(岸)에 상륙한 후에 처음 만나는 도시이기도 하다. 그들은 이포에서 내리는 것을 피하여 이곳에 내렸는데, 그것은 예수께 적의를 품은 사람들을 싣고 가는 배들이 이포에 먼저 닿았기 때문이었다. 그러므로 나는 그들이 바로 다리케아 앞쪽, 요르단강이 호수에서 흘러 나가는 곳에서 배에서 내린 것으로 생각한다.
 "너는 가다라로 가는 제일 가까운 길을 알고 있지?" 하고 예수께서 물으신다.
 "물론이지요! 야르목 윗쪽에 있는 온천에만 가면 큰 길만 따라가면 됩니다" 하고 베드로가 대답한다.
 "그런데 온천을 자네는 어디서 찾아내나?" 하고 토마가 묻는다.
 "오! 그걸 찾아내려면 냄새만 맡을 줄 알면 돼. 거기 가기 1마일 전에 냄새가 나니까!" 하고 베드로가 혐오감으로 코를 찡그리면서 말한다.
 "난 자네가 신경통이 있었다는 건 몰랐구먼…" 하고 가리옷의 유다가 지적한다.
 "신경통을, 내가? 대관절 언제?"
 "여보게! 야르목 윗쪽에 있는 온천을 그렇게도 잘 아는 걸 보면, 자네가 거기 간 게 틀림없어."
 "나는 건강하기 위해서 온천에 갈 필요가 도무지 없었지. 뼛속의 독이 내가 성실하게 일해서 흘리는 땀과 같이 내게서 빠져나갔네. …게다가 쾌락보다는 오히려 일을 알았기 때문에 독이 내게는 별로 들어오질 못했어…."
 "그 지적은 나보고 하는 것이지? 물론이지! 나는 무슨 일에나 다

죄가 있으니까!…" 하고 유다가 화를 내며 말한다.

"아니, 누가 자넬 꼬집었나? 자네가 물어보기에, 나는 선생님께나 동료에게 대답했을 것처럼 대답하는 걸세. 그리고 동료들 중의 아무도, 향락자였던…마태오조차도 기분을 상하지 않았을 걸세."

"그렇지만 난 기분이 상해!"

"난 자네가 그렇게까지 격하기 쉬운 줄을 몰랐네. 그렇지만 자네가 추측하는 암시에 대해서는 날 용서해 주게. 선생님께 대한 사랑으로, 알겠나? 그렇지 않아도 외부 사람들에게서 몹시 괴로움을 당하셔서 우리에게서까지 괴로움을 당하실 필요는 없는 선생님께 대한 사랑으로 말이야. 자네의 감상을 쫓아 다니는 대신에 선생님을 쳐다보게. 그러면 선생님께서 평화와 사랑이 필요하다는 걸 알게 될 걸세."

예수께서는 말씀을 하지 않으신다. 베드로를 바라다보시기만 하고, 그에게 고맙다는 표로 미소를 보내신다. 유다는 베드로의 올바른 지적에 대하여는 대답을 하지 않는다. 그는 폐쇄적이고 화가 나 있다. 자기가 예의바르다는 것을 나타내고자 하지만, 그가 마음 속에 품고 있는 분함과 언짢은 기분과 실망이 그의 눈길과 목소리와 얼굴에서, 그리고 능력의 의지가 가득한 걸음걸이에서까지도 새어나온다. 그는 신발 바닥을 탁탁 소리를 내고, 그의 마음 속에서 부글부글 끓고 있는 모든 것을 마음대로 발산하려는 듯이 성이 나서 신발로 땅을 걸어찬다.

그러나 침착한 체하고 공손하게 보이려고 애를 쓴다. 그렇게 되지는 못하지만 해보기는 한다. …그는 베드로에게 묻는다. "그럼, 자네가 이곳을 어떻게 아나? 아마 자네 아내 때문에 왔었나보구먼?"

"아니야 에다님달에 우리가 선생님을 모시고 아우라니티드 지방에 왔을 때 이리로 지나갔어. 나는 어머님과 여자제자들을 쿠자의 소유지까지 모시고 갔었네. 그래서 보즈라에서 와서 이리로 지나간 거야" 하고 베드로가 진심으로, 그리고 조심성있게 대답한다.

"자네 혼자였나?" 하고 유다가 빈정거리며 묻는다.

"왜? 자네는 내가 유능해야 하고 신임을 받는 일을 해야 할 때, 더구나 그런 일을 사랑으로 해야 할 때에 여러 사람 몫의 값어치가 없다고 생각하나?"

"아이고! 뽐내기는! 그때 자넬 봤으면 좋았을 걸 그랬네!"

"자네는 거룩한 여자들을 수행하는 착실한 남자를 봤을 걸세."
"그렇지만 자네가 정말 혼자였었나?" 하고 참다운 조사를 일삼고 있는 유다가 묻는다.
"주님의 사촌들과 같이 있었네."
"아! 그렇지! 실토가 시작되는구먼!"
"그런데 자네 내 신경을 건드리기 시작하는구먼! 자네가 무슨 생각을 하고 있는지 알 수 있냐 말이야!"
"사실이야. 이건 수치스러운 일이야" 하고 타대오가 말한다.
"그리고 이젠 그만쯤 해둘 때가 됐어" 하고 제베대오의 야고보가 거든다.
"자넨 시몬을 조롱해서는 안 돼" 하고 바르톨로메오가 비난하는 어조로 말한다.
"그리고 자넨 시몬이 우리 모두의 우두머리라는 것을 기억해야 할 거야" 하고 열성당원이 마무리를 짓는다.
예수께서는 말씀을 하지 않으신다.
"오! 나는 아무도 빈정거리지는 않아. 나는 속에 아무것도 없어. 그렇지만 그를 조금 놀려먹는 게 재미있단 말이야…."
"그건 사실이 아니야! 자넨 거짓말을 하고 있어! 자네가 교활한 질문을 하는 것은 자네가 어떤 사실을 확증하기에 이르고자 하기 때문이야. 음험한 사람은 모든 사람이 자기와 같은 줄로 생각한단 말이야. 여긴 비밀이 없어. 우리 모두가 거기 갔었고, 우리 모두가 같은 일을 했어. 선생님이 명령하신 일 말이야. 그리고 다른 것은 아무것도 없어. 알겠어?" 하고 유다 타대오가 정말 화가 나서 말한다.
"조용해라. 너희들은 꼭 말다툼을 하는 여자들 같다. 너희들 모두가 잘못이고, 나는 너희들이 부끄럽다" 하고 예수께서 엄하게 말씀하신다.
그들이 언덕 위에 있는 도시 쪽으로 가는 동안 깊은 침묵이 흐른다. 토마가 "어이구 냄새야!" 하고 말해서 침묵을 깨뜨린다.
"온천 냄새야. 저게 야르목산이고, 저 건물들이 로마인들의 온천이야. 조금 더가면 가다라로 가는 포석(鋪石)을 잘 깐 훌륭한 도로가 있네. 로마인들은 좋은 조건에서 여행하기를 원하거든, 가다라는 아름다운 도시야!" 하고 베드로가 말한다.

"여기서는 어떤…사람들을 만나지 않을 테니까, 적어도 많이는 만나지 않을 테니까 한층 더 아름답겠지" 하고 마태오가 입속으로 중얼거린다.

그들은 유황수(硫黃水)의 기분나쁜 냄새를 맡으면서 강에 놓인 다리를 건너간다. 그들은 로마인들의 마차들 사이로 온천을 스치며 지나가서, 매우 넓은 포석을 깐 훌륭한 길로 들어선다. 그 길은 언덕 위에 있는 도시로 가는 것인데, 도시는 성곽에 둘러싸여 있으며 매우 아름답다.

요한이 선생님께로 가까이 가서 말한다. "저 물이 있는 곳에 옛날에 사형선고를 받은 사람을 땅 속으로 집어던졌다는 것이 참말입니까? 저희가 어렸을 적에 우리가 죄를 지으면 안 된다고 하시면서, 만일 죄를 지으면 하느님께 저주를 받은 사람의 발 아래에서 지옥이 열리면서 그 사람을 삼켜버린다는 것을 깨닫게 하려고, 어머니가 그 말을 해주셨습니다. 그리고 다음에는 그것을 상기시키려고, 또 경고로 갈라진 틈들이 있고 그 틈으로 해서 저 냄새들과 저 뜨거운 기운과 저 지옥의 물이 나온다고 했습니다. 저는 그 물에 목욕하는 것이 무서울 것입니다…."

"무엇이 무섭단 말이냐, 이 사람아? 그로 인해서 너는 썩지 않을 것이다. 악취와 독을 풍기는 지옥을 그들 안에 가지고 있는 사람들에 의해서 타락하는 것이 더 쉽다. 그러나 그들 스스로 타락할 경향이 있는 사람들만이 타락하는 것이다."

"그로 인해서 제가 타락하겠습니까?"

"아니다. 네가 한때의 마귀 가운데 있다 하더라도 타락하지 않을 것이다."

"왜요? 이 사람은 저희들과 다른 것을 무엇을 가지고 있습니까?" 하고 가리옷의 유다가 즉시 묻는다.

"이 사람은 모든 관점에서 깨끗하고, 따라서 하느님을 뵙는다는 것을 가지고 있다" 하고 예수께서 대답하신다. 그러나 유다는 장난스럽게 웃는다.

요한은 그의 질문을 다시 들고 나온다. "그러면 저 온천들은 지옥의 아가리들이 아니군요?"

"아니다. 오히려 그것들은 하느님께서 당신 자녀들을 위해 저기 놓아

두신 좋은 물건들이다. 지옥은 땅속에 들어 있지 않다. 지옥은 땅 위에 있다. 요한아, 사람들의 마음에 있다. 그리고 다른 곳에서 보충된다."

"그렇지만 지옥이 실제로 있습니까?" 하고 가리옷 사람이 묻는다.

"아니 자네 무슨 말을 하는 거야?" 하고 동료들이 분개해서 묻는다.

"지옥이 정말 있느냐고 말하는 거야. 나는 지옥을 믿지 않아. 그리고 나 혼자만 그런 게 아니야."

"이교도!" 하고 그들은 몸서리를 치며 말한다.

"아니야, 이스라엘 사람이야. 이런 거짓말을 믿지 않는 우리 같은 사람이 이스라엘에 많단 말이야."

"그렇지만, 그럼 천당은 어떻게 믿나?", "그리고 하느님의 정의는?", "죄인들을 자넨 어디에 둘 건가?", "사탄은 어떻게 해석하나?" 많은 사람들이 이렇게 외친다.

"나는 내가 생각하는 대로 말하는 거야. 자네들은 방금 나를 거짓말쟁이라고 비난했어. 자네들이 이 때문에 눈살을 찌푸리고, 자네들 눈으로 보기에 내가 가증스런 사람으로 보인다 하더라도 내가 진지하다는 것을 보이는 거야. 그뿐 아니라, 그리이스 문화에 동화한 유다인들과 로마인들과의 관계로 이스라엘이 과학 분야에서 발달을 한 뒤로, 이 의견을 가지고 있는 사람이 나 혼자가 아니야. 나는 다만 선생님의 판단만을 존중하는데, 그리이스인들과 로마인들을 비호하시고 드러내놓고 그들의 친구이신 선생님도 내게나 이스라엘에 이것을 비난하지 못하셔.

…나는 이 철학적인 개념에서 출발하는 거야. 모든 것을 하느님께서 감독하신다면, 우리가 하는 모든 것은 하느님의 뜻으로 이루어지는 것이고, 따라서 우리는 하느님에 의해서 움직이는 꼭둑각시에 지나지 않으니까, 하느님께서는 우리 모두를 똑같이 상주셔야 한단 말이야. 우리는 의지가 없는 존재들이야. 선생님도 그렇게 말씀하시네. '지극히 높으신 분의 뜻, 아버지의 뜻'이라고. 이것이 유일한 의지야. 그리고 이 의지는 하도 무한해서 피조물들의 한정된 의지를 으깨서 없애신단 말이야. 따라서 우리가 하는 것 같은 선이나 악은 하느님께서 하시는 거야. 하느님께서 그것을 강요하시는 것이니까. 따라서 하느님께서는

악을 벌하지 않으실 것이고, 이렇게 해서 당신의 정의를 행하실 거야. 왜냐하면 우리의 죄는 우리가 자유의사로 하는 것이 아니라, 세상에 선과 악이 있으라고 우리가 그것들을 행하기를 원하시는 분에 의해서 강요된 것이기 때문이야. 악의가 있는 사람은 악의가 덜 있는 사람들의 속죄에 도움이 되는 거야.

그리고 착한 사람으로 간주되지 못하는 데 대해 자기 자신으로 고통을 당하고, 이렇게 해서 그의 죄의 몫을 속죄하는 걸세. 예수님도 말씀하셨어. 지옥은 땅 위에 있고, 사람들의 마음 속에 있다고. 사탄을 나는 느끼지 못해. 사탄은 없는 거야. 전에는 그것을 믿었어. 하지만 얼마 전부터는 그 모든 것이 엉터리라고 확신해. 이것을 확신하면 평화를 얻게 되는 거야."

유다가 이…이론들을 어떻게나 균형이 잡히게 말하는지 다른 사람들을 몹시 놀라게 할 지경이다. …예수께서는 말씀을 안하신다. 그러니까 유다는 "선생님, 제 말이 옳지 않습니까?" 하고 놀린다.

"옳지 않다." 그런데 이 "옳지 않다"는 말씀은 어떻게나 무뚝뚝한지 폭발음 같다.

"그렇지만 저는…사탄은 느끼지 못합니다. 그리고 자유의지와 악을 인정하지 않습니다. 그리고 사두가이파 사람들이 모두 저와 같은 생각이고, 이스라엘 사람이건 아니건 그렇게 생각하는 다른 사람이 많습니다. 아니, 사탄은 없습니다."

예수께서 그를 바라다보시는데, 그 눈길은 너무도 복잡해서 설명을 할 수 없을 정도이다. 그것은 재판관의 눈길이고 의사의 눈길이며, 괴로워하고 어이없어하는 사람의 눈길이다. …그리고 이 모든 것을 합친 것이다.

내친김에 유다는 이렇게 말을 끝맺는다. "이것은 아마 제가 다른 사람들보다 더 낫고 더 완전하기 때문에 사탄에 대한 사람들의 공포를 극복한 것 같습니다."

그런데 예수께서는 잠자코 계시다. 그러니까 유다는 예수를 자극한다. "아니, 말씀하세요! 제가 왜 사탄에 대해서 공포를 가지지 않는지 말입니다."

예수께서는 잠자코 계시다.

"선생님, 대답을 안하십니까? 왜요? 겁이 나서요?"

"아니다, 나는 사랑이다. 그런데 사랑은 판결을 내리지 않을 수 없게 될 때까지 판결을 참는다. …나를 가만 놔두고 물러가라." 유다가 예수를 껴안으려고 하기 때문에 마침내 이렇게 말씀하신다. 그리고 하느님을 모독하는 자의 팔에 꽉 죄어져 계시기 때문에 가쁜 숨결로 이렇게 말씀을 끝마치신다. "너는 내게 혐오감을 일으킨다! 사탄을 네가 보지도 못하고 느끼지도 못하는 것은 사탄이 너와 오직 한 몸이기 때문이다. 마귀야 물러가라!"

유다는 뻔뻔스럽게도 예수께 입맞춤을 한다. 그리고 선생님이 비밀히 그에게 어떤 칭찬을 하신 것처럼 웃는다. 그는 깜짝 놀라 걸음을 멈추고 있는 다른 사람들에게로 돌아와서 말한다. "자네들 봤지? 나는 선생님의 마음을 열어 드릴 줄을 알았어. 그리고 내 신뢰를 보여드렸기 때문에 선생님을 행복하게 해드리고, 선생님께 교훈을 받는단 말이야. 자네들은 반대로! …한번도 감히 말을 못한단 말이야. 그건 자네들이 교만해서 그런 거야. 오! 다른 선생님한테서 모든 사람보다 더 많이 배울 거야. 그리고 나는 말을 할 수 있을 거야…."

그들은 도시의 성문에 이르렀다. 예수께서 그들을 기다리고 계셨기 때문에, 그들은 모두 함께 시내로 들어간다. 그러나 그들이 성문을 지나갈 때에 예수께서 명령하신다. "내 사촌들과 시몬은 앞서 가서 사람들을 모아라."

"선생님, 왜 저는 안 보내십니까? 제게는 이제 임무를 주지 않으십니까? 임무가 이제는 필요없게 되었습니까? 여러 달이나 걸린 임무 두 가지를 연거푸 주셨었는데요…."

"그런데 너는 내가 너를 멀리하고자 했다고 말하면서 거기 대해 불평을 했다. 그런데 이제는 너를 내 곁에 붙들어둔다고 불평하는 거냐?"

유다는 어떻게 대답해야 할지를 몰라서 잠자코 있다. 그는 토마와 열성당원과 제베대오의 야고보와 안드레아와 같이 앞서 간다. 예수께서는 혼자 계시고 싶으신 것처럼 멈추어 서서 필립보와 바르톨로메오와 마태오와 요한을 지나가게 하신다. 그들은 예수 하시는 대로 놓아둔다.

그러나 유다가 토론과 하느님을 모독하는 말을 하는 동안 여러 번 눈에 눈물이 반짝였던 요한은 다정스러운 마음으로 조금 후에 돌아다보게 되었는데, 마침 예수께서 사람이 없고, 계속되는 장식 홍예창틀로 가려져서 어두운 골목길에서 살펴보는 사람이 없는 줄 아시고, 마치 몹시 고통을 당하는 사람같이 몸을 굽히시고, 고통스러운 태도로 두 손으로 이마를 짚으시는 것을 보았다. 금발의 요한은 동료들을 떠나 선생님께로 돌아와서 말한다. "주님, 무슨 일이세요? 주님은 저희가 주님을 악집에서 다시 만났을 때처럼 아직도 몹시 괴로워하십니까? 오! 주님!"

"아무것도 아니다. 요한아, 아무것도 아니야! 네 사랑으로 나를 도와다오. 또 다른 사람들하고는 침묵을 지켜라. 그리고 유다를 위해 기도해라."

"예, 선생님. 그 사람 대단히 불행하지요? 그 사람은 어두움 속에 있는데, 자기가 어두움 속에 있다는 것을 알지 못합니다. 그 사람은 평화를 발견한 줄로 생각하고 있습니다. …그의 평화가 정말 평화입니까?"

"그 사람은 대단히 불행하다." 이렇게 예수께서는 괴로워하시며 말씀하신다. "그렇게 낙심하지 마십시오. 선생님, 죄에 굳어버렸다가 다시 착한 사람이 된 많은 죄인들을 생각하십시오. 유다도 그렇게 할 것입니다. 오! 선생님은 틀림없이 그를 구원하실 것입니다! 오늘밤은 그를 위해 기도하면서 지내겠습니다. 저는 아버지께 사랑할 줄만 아는 사람이 되게 해 주십사고 청하겠습니다. 저는 이것만을 원합니다. 저는 선생님을 위해서 목숨을 바치거나 제 행동을 통해서 선생님의 능력을 빛나게 할 것을 생각했었습니다. 그러나 지금은 이런 것은 아무것도 원치 않습니다. 저는 모든 것을 포기하고, 가장 비천하고 가장 수수한 생활을 택합니다. 그리고 제가 가진 모든 것을 유다에게 주십사고 아버지께 청합니다. …그를 만족시키기 위해서…그리고 이렇게 해서 그가 성덕으로 돌아오도록 말입니다. …주님…저는 주님께 여러 가지 말씀을 드려야 하겠습니다. …저는 유다가 왜 그렇게 하는지 알 것 같습니다."

"오늘밤에 오너라. 같이 기도하고 말하자."

"그러면 아버지께서 제 청을 들어 주실까요? 제 희생을 받아들이실까요?"

"아버지께서는 네게 강복하실 것이다. 그러나 너는 그로 인해 고통을 당할 것이다…."

"오! 아닙니다! 저는 선생님이 만족하시는 것만 보면 됩니다. …그리고 유다가…그리고 유다가…"

"그래, 요한아. 저들이 부르니, 뛰어가자."

골목길이 아름다운 큰 길로 이어진다. 이 큰 길은 주랑(柱廊)들과 분수들로 꾸며진 간선도로가 되고, 하나같이 아름다운 광장들로 꾸며져 있다. 이 도로는 그와 같은 간선도로와 교차되는데, 저 안쪽에는 원형극장이 있을 것이 틀림없다. 그리고 여러 가지 신체장애에 걸린 사람들이 구세주를 기다리면서 벌써 회당들 한구석에 모여 있다.

베드로가 예수께로 마주오며 말한다.

"저 사람들, 저희가 에다님달에 선생님에 대해서 말한 것을 계속 믿고 있습니다. 그들이 곧 왔습니다."

"그럼 나도 그들의 믿음에 보답하러 곧 가겠다. 가자."

그리고 대리석들을 붉게 물들이는 벌써 늦은 황혼 속에, 믿음을 가지고 당신을 기다리는 사람들의 병을 고쳐 주러 가신다.

47. 가다라의 밤과 출발. 이혼

　3월의 맑은 밤의 찬란한 별들이 동방의 하늘에서 몹시 뚜렷이 몹시 선명하게 반짝여서 마치 창공이 예수를 받아들인 집 옥상에 천개(天蓋)처럼 내려앉은 것 같다. 그 집은 높은 집인데다가 시내의 가장 높은 곳 중의 하나에 자리잡고 있어서 앞쪽과 빙 둘러 사방으로 무한한 지평선이 펼쳐진다. 그리고 땅은 하현달이 아직 뜨지 않은 밤의 어두움 속에 사라져 있지만, 하늘은 수천 수만 개의 빛으로 반짝인다. 그것은 참으로 땅의 덧없는 식물들 앞에 그의 천체의 화단과 은하수의 풀밭과 거대한 행성(行星)들과 수풀 같은 성좌들을 자랑스럽게 내보이는 창공의 앙갚음이다. 땅의 식물들은 수백 년 된 것이라도, 창조주께서 하늘을 만드신 순간부터의 별들의 존재에 비하면 언제나 한 시간에 지나지 않는다. 그리고 별들이 식물인 찬란한 길들 사이로 시선을 보내며 저 위를 바라다보는 데 몰두하면, 저 찬란한 숲, 대성당 중에서 가장 장엄한 대성당의 저 어마어마하게 큰 파이프 오르간의 목소리와 노래소리가 들릴 것 같다. 나는 이 파이프 오르간의 송풍장치와 음역(音域)이 천체들의 운행에서 생기는 바람 같고 , 목소리들은 그것들의 궤도에 올려진 별들이라고 생각하고 싶다. 가다라의 밤의 고요가 절대적인 만큼 나는 더구나 이런 인상을 가지지 않을 수 없게 된다. 노래하는 분수가 하나도 없고, 새울음소리도 하나 없다. 세상은 잠들었고, 피조물들도 잠들었다. 사람들은 그들의 어두운 집에서 더 편안하거나 덜 편안한 잠을 다른 피조물들보다 덜 결백하게 자고 있다.

　그러나 아래 옥상 쪽으로 난 문에서 ── 이보다 더 높은 방 위에 더 높은 옥상이 또 하나 있기 때문이다 ── 커다란 그림자가 하나 빠져나온다. 밤중이라 잘 보이지는 않는 그림자이다. 그러나 어두운 옷 위에 두드러져보이는 얼굴과 손의 흰 빛을 짐작할 수 있다. 그 그림자 뒤에는 더 작은 다른 그림자 하나가 따르고 있다. 그들은 아마 아랫층 방에서 자고 있는 사람들을 깨우지 않으려고 발끝으로 살금살금 걷는다. 그리고 여전히 발끝으로 위의 옥상으로 가는 바깥 층계를 올라간다. 그리고 그들은 손을 맞잡고, 옥상에 둘러쳐져 있는 매우 높은 난간에 기대 있는 걸상에 가서 앉는다. 매우 낮은 걸상과 대단히 높은 난간 때문에 그들의 눈에는 아무것도 보이지 않는다. 가장 아름다운 달빛이 내려와 세상을 비춘다 하더라도 그들에게는 그것이 아무것도 아닐 것이다. 도시는 난간으로 완전히 가려져 있고, 밤의 어두움 속에 근처에 있는 산들의 가장 어두운 그림자들도 도시와 더불어 가려져 있다. 다만 하늘만이 그들의 눈에 보이는데, 하늘에는 봄의 성좌들과 오리온좌의 리겔과 베텔규스, 황소좌의 알데바란, 페르세우스좌, 안드로메다좌, 카시오페아좌의 찬란한 별들과 자매들처럼 모여 있는 묘성(昴星)과 사파이어빛깔에 금강석같이 반짝이는 금성, 엷은 루비색의 화성, 황옥색의 목성들이 별나라 백성들의 왕들로서 주님께 인사를 드리기 위하여 반짝거리고 또 반짝거리며, 세상의 빛에 경의를 표하기 위하여 그들의 반짝임을 더한다.

예수께서는 별들을 쳐다보시려고 머리를 드시고 높은 난간에 머리를 기대신다. 요한도 예수께서 하시는 대로 따라하며 시선을 저 위, 세상을 무시할 수 있는 곳으로 보낸다. …그리고 나서 예수께서 말씀하신다. "자 이제는 우리가 별을 보는 것으로 우리를 깨끗하게 했으니, 기도하자." 예수께서 일어나시고, 요한도 따라 일어난다. 팔을 †자로 포개고, 얼굴을 들어 첫번째 달빛이 나타나려고 하는 동쪽으로 돌리고, 온 영혼을 기울여서 하는 조용하고 간절한 긴 기도이다. 그런 다음 "주의 기도"를 같이 천천히 드린다. 한 번이 아니라 세 번, 그리고 그들의 청을 점점 더 간절하게 한다. 이것은 그들의 목소리로 분명히 나타난다. 영혼을 육체에서 갈라놓는 애원이며, 그들을 무한의 길에 남겨둘 정도로 열렬한 애원이다.

그런 다음에는 침묵이 흐른다. 그들은 처음에 앉았던 곳에 앉는다. 그러는 동안 달은 잠든 땅을 점점 더 밝힌다.

예수께서는 요한의 어깨에 한 팔을 감고 당신께로 끌어당기시며 말씀하신다. "그러면 네가 내게 말해야 하겠다고 느끼는 것들을 말해라. 내 요한이 빛의 도움을 받아 동료의 어두운 영혼에서 본 것이 무엇이란 말인가?"

"선생님…저는 선생님께 그 말씀을 드린 것을 뉘우쳤습니다. 저는 두 가지 죄를 지을 것입니다…."

"왜?"

"그것은 선생님이 알지 못하고 계신 것을 알려드려 선생님께 괴로움을 당하시게 하기 때문입니다. 그리고…선생님, 다른 사람에게서 우리가 발견하는 잘못을 말하는 것은 죄가 되기 때문입니다. 그렇지요? 그러면 제가 어떻게 애덕을 어기면서 그것을 말씀드릴 수 있겠습니까?…" 요한은 고민하고 있다.

예수께서는 그의 마음을 밝혀 주신다. "요한아, 들어라. 네게 있어서 무엇이 중요하냐. 선생님이냐 그렇지 않으면 동료이냐?"

"주님, 선생님이십니다. 선생님이 제일 중요하십니다."

"그리고 네게는 내가 무엇이냐?"

"시작이고 끝이십니다. 선생님은 전부이십니다."

"내가 전부인 만큼, 내가 존재하는 모든 것을 모두 알기도 한다고 믿느냐?"

"믿습니다, 주님. 또 그 때문에 저는 매우 난처합니다. 그리고 선생님이 때로는 사람이시고, 사람뿐이시고, 따라서 아버지께서 사람이라는 것이 어떤 것인지, 이성을 따라 행동해야 하는 사람이라는 것이 어떤 것인지를 선생님께 알게 하신다고 언젠가 말씀하신 것을 기억합니다. 그리고 하느님께서 선생님을 불쌍히 여기셔서 이 추한 것들을 선생님께 숨기실 수 있으리라고도 생각합니다…."

"그 생각을 그대로 가지고 말하라. 요한아, 신뢰를 가지고 네게 '전부'인 사람에게 네가 아는 것을 털어놓은 것은 죄가 아니다. '전부'는 눈살을 찌푸리지 않고, 험구를 하지 않고, 불행한 그 사람에 대해서 생각만으로라도 사랑을 가지지 않는 일이 없겠기 때문이다. 만일 네가 아는 것을 온전히 사랑이 될 수 없는 어떤 사람에게, 예를 들어 험구를 하고 죄있는 사람을 무자비하게 공격까지 해서 죄있는 사람과 자기 자신들에게 해를 끼칠 네 동료들에게 말하면 죄가 될 것이다. 과연 자비를 가져야 한다. 모든 악으로 괴로움을 당하는 가엾은 영혼 앞에 우리가 있는 만큼 점점 더 큰 자비를 베풀어야 한다. 의사나 동정하는 간호원이

나 어머니는 그저 몸이 불편한 것이라면 별로 겁내지 않고, 고쳐 주려고 골몰하지 않는다. 그러나 아이나 어른이 병이 대단하고, 벌써 회저(壞疽)에 걸리고 마비되어 죽을 위험에 처해 있으면, 불쾌감과 피로를 극복하면서 그를 고치려고 얼마나 싸우느냐! 그렇지 않느냐?"

"그렇습니다, 선생님" 하고 요한이 말한다. 그는 선생님의 목을 두팔로 껴안고 선생님의 어깨에 머리를 기대는 늘하는 자세를 취하였다.

"그런데 병든 영혼들에 대해서 모든 사람이 자비로울 줄을 아는 것이 아니다. 그러므로 그들의 병을 알리는 데 신중해서 세상이 그들을 피하지 않게 하고, 그들의 업신여김으로 병자들에게 해를 끼치지 않게 해야 한다. 자기가 업신여김을 받는다는 것을 아는 병자는 우울해지고 병이 더해진다. 그러나 반대로 그를 기분좋게 치료해 주면 병이 나을 수가 있다. 병자를 돌보는 사람의 신뢰하는 좋은 기분은 그를 깊이 감동시키고, 약의 효력을 보조하기 때문이다. 그러나 너는 내가 자비 자체이며 내가 유다의 자존심을 상하게 하지 않으리라는 것을 안다. 그러니까 거리낌없이 말해라. 너는 첩자가 아니다. 너는 형제에게 있는 것을 알아낸 병을 애정어린 걱정으로 아버지께 알려 아버지가 형제를 치료하게 하는 아들이다. 자…"

요한은 한숨을 푹 쉰다. 그리고 머리를 한층 더 떨어뜨려 예수의 가슴으로 미끄러져 내리게 하고 말한다. "타락에 대해서 말하는 것은 정말 괴롭습니다! …주님…유다는 음란합니다. …그리고 저를 음란으로 이끌어가려고 애씁니다. 그가 저를 업신여기는 것은 아무 상관없습니다. 그러나 그가 그의 사랑으로 더러워진 몸으로 선생님께로 오는 것이 저는 괴롭습니다. 그가 돌아온 뒤로 저를 여러 번 유혹했습니다. 우연히 저희 둘이만 있게 되면 ― 그리고 어떻게 해서든지 그렇게 되도록 애를 씁니다 ― 여자들 이야기밖에 하지 않습니다. …그래서 저는 사람들이 제 입에다 집어넣으려고 하는 썩은 물건 속에 집어넣으면 느끼게 될 그런 불쾌감을 느낍니다…."

"그러나 그로 인해서 네 마음 속 깊이 자극을 느끼느냐?"

"자극을 느끼다니요? 제 마음은 전율합니다. 제 이성은 그 유혹을 꾸짖습니다. …저는 타락하기를 원치 않습니다…."

"그러나 네 육체는 무엇을 느끼느냐?"

"제 육체는 혐오로 전율합니다."

"그뿐이냐?"

"그렇습니다, 선생님. 그러면 저는 자기를 하느님께 바친 사람에게 유다가 그보다 더 큰 모욕을 줄 수가 없을 것 같아서 웁니다. 이것이 제 봉헌을 해치겠는지 말씀해 주십시오."

"아니다. 금강석판에 던진 진흙 한 줌보다 더 해치지는 못한다. 그 진흙은 금강석판에 흠집을 내지 못하고, 속으로 뚫고 들어가지도 못한다. 깨끗한 물 한 컵만 부으면 금강석판은 다시 깨끗해진다. 그리고 전보다도 더 아름다워진다."

"그럼 저를 깨끗하게 해 주십시오."

"네 사랑이 너를 깨끗하게 하고, 네 천사도 깨끗하게 해 준다. 네게는 아무것도 남아 있지 않다. 너는 하느님께서 그 위에 내려오시는 깨끗하게 된 제단이다. 그리고 유다가 또 무슨 다른 일을 하느냐?"

"주님, 그 사람은…아이고! 주님!" 요한의 머리는 더욱 더 아래로 미끄러져 내려온다.

"무엇이냐?"

"그 사람은…가난한 사람들을 위해서 선생님께 드리는 그의 돈이라는 것은 참말이 아닙니다. 참 된 것이 아닌 그의 너그러움을 사람들이 칭찬하라고, 가난한 사람들에게 줄 돈을 제 몫으로 훔치는 것입니다. 다볼산에서 돌아오셔서 선생님이 그에게서 돈을 모두 빼앗으셨기 때문에 선생님은 그를 몹시 화나게 하셨습니다. 그리고 제게 '우리들 가운데 몰래 염탐하는 사람들이 있어' 하고 말했습니다. '뭘 염탐하려고? 혹 자네가 도둑질을 하는 게 아닌가?' 그랬더니 이렇게 말했습니다. '아니야. 그렇지만 나는 용의주도해서 돈주머니 둘을 가지고 있어. 그런데 그걸 누가 선생님께 일러 바쳐서, 선생님은 나더러 모두 내놓으라고 강요하셨어. 선생님이 하도 심하게 강요하셔서 그렇게 할 수밖에 없었단 말이야' 하고. 그러나 주님, 그가 용의주도해서 그렇게 한다는 것은 참말이 아닙니다. 그는 돈을 가지기 위해서 그러는 것입니다. 저는 진실을 말한다는 확신을 가지다시피하고 이것을 단언할 수 있겠습니다."

"확신을 가지다시피 하고! 그래, 의심은 가벼운 잘못이다. 만일 그가 도둑질을 한다는 것을 아주 확실히 알지 못하면, 너는 그를 도둑이라고 비난할 수는 없는 것이다. 사람들의 행동은 착한 것이면서도 때로는 유감스러운 것으로 보이는 수가 있을 것이다."

"맞습니다, 선생님. 이제는 그를 생각만으로라도 비난하지 않겠습니다. 그렇기는 하지만 그 사람이 돈주머니 두 개를 가지고 있고, 제것이라고 말하는 돈주머니도 역시 선생님의 것인데, 칭찬을 받기 위해서 그렇게 한다는 것은 확실합니다. 그리고 저는 그렇게 하지 않겠습니다. 저는 그렇게 하는 것은 좋지 않다는 것을 느낍니다."

"네 말이 옳다. 또 무슨 말을 해야 할 것이 있느냐?"

요한은 공포에 사로잡힌 얼굴을 들고 말을 하려고 한다. 그러나 이내 입을 다물고 미끄러져 내려 얼굴을 예수의 옷에 파묻는다. 예수께서는 한 손을 그의 머리에 얹으신다.

"자, 자! 네가 잘못 볼 수도 있었을 것이다. 네가 잘 보도록 도와주마. 너는 유다의 죄의 그럼직한 원인에 대해서 어떻게 생각하는지도 내게 말해야 한다."

"주님, 유다는 기적들을 행하기 위해서 가지기를 바라는 힘을 자기가 가지지 못하는 것을 느낍니다. …선생님은 그가 늘 그걸 갈망했다는 것을 아시지요. …엔도르를 기억하십니까? 그런데 반대로…그가 기적을 제일 못합니다. 그가 돌아온 뒤로는 아무 일도 성공하지 못하게 되었습니다. …그리고 밤에는 악몽을 꾸는 것처럼 꿈에 거기 대해 한탄합니다. 그리고…선생님, 선생님!"

"자, 말해라. 끝까지 다 말해라."

"그리고 주술을 쓰고…마술을 합니다, 이것은 거짓말도 아니고, 의심도 아닙니다. 저는 그것을 보았습니다. 그는 제가 잠을 깊이 자기 때문에, 아니 그보다도 전에는 깊은 잠을 잤기 때문에 저를 동숙자(同宿者)로 택했습니다. 지금은 솔직히 말씀드려서 그를 감시하고, 잠이 덜 깊게 듭니다. 그가 움직이기만 하면 들리니까요. …제가 잘못 했는지는 모르겠습니다. 그러나 저는 그가 무엇을 하는지 보려고 자는 체했습니다. 그리고 적합하지 않은 일을 하는 것을 두 번이나 보고 들었습니다. 저는 마술은 잘 알지 못합니다만, 그것은 분명히 마술입니다."

"혼자서?"

"그렇기도 하고, 그렇지 않기도 합니다. 티베리아에서 그의 뒤를 밟았습니다. 그는 어떤 집에 갔습니다. 나중에 그 집에 누가 사느냐고 물어 보았습니다. 다른 사람들과 같이 강신술을 하는 어떤 사람이 산답니다. 그리고 거의 아침이 다 돼서 유다가 나왔을 때, 서로 주고 받는 말을 듣고 그들이 서로 아는 사이라는 것을 깨달았습니다. 그리고 그들은 대단히 많은데…전부가 외국인이 아닙니다. 그는 선생님이 그에게 주지 않으시는 힘을 마귀에게 청합니다. 이 때문에 저는 제 힘을 아버지께 희생으로 바쳐서, 그가 더이상 죄인이 되지 않도록 그에게 건네 주십사고 청했습니다."

"너는 그에게 네 영혼을 주어야 할 것이다. 그러나 이것은 아버지도 나도 허락하지 않을 것이다…."

긴 침묵이 흐른다. 그런 다음 예수께서 피로한 목소리로 말씀하신다. "가자. 요한아, 내려가서 새벽까지 쉬자."

"주님은 전보다도 더 침울하시군요! 제가 말씀드린 것이 잘못이었습니다!"

"아니다. 나는 이미 그것을 알고 있었다. 그러나 너는 적어도 짐을 덜었다. …그리고 그것이 중요한 것이다."

"주님, 그를 피해야 합니까?"

"아니다. 염려 말아라. 사탄이 요한 같은 사람들에게는 해를 끼치지 못한다. 그들에게 공포를 준다. 그러나 하느님께서 그들에게 주시는 은총을 빼앗아 가지는 못한다. 오너라. 아침에는 내가 말을 하겠다. 그런 다음 우리는 펠라로 간다. 녹아 내린 눈과 요사이 온 비로 강물이 벌써 늘었으니까 서둘러야 한다. 달무리가 많이 져서 비가 오리라고 예고하고 있는 만큼 강물은 멀지 않아 붙을 것이다…."

그들은 내려와서 옥상 밑에 있는 방으로 사라진다.

아침이다. 3월의 아침이다. 그래서 하늘에는 갠 부분과 구름이 갈마든다. 그러나 갠 부분보다는 구름이 더 많고, 구름이 하늘을 덮는 경향이 있다. 더운 바람이 간헐적으로 불어서 아마 고원 지방에서 오는 것 같은 먼지로 대기를 가려 무섭게 한다.

"바람이 바뀌지 않으면 물이 쏟아지겠는 걸" 하고 베드로가 다른 사람들과 같이 집에서 나오면서 점잔을 빼며 말한다.

마지막으로 집주인에게 작별 인사를 하신 예수께서 나오시는데, 집주인도 예수와 같이 나온다. 일행은 어떤 광장 쪽으로 향한다. 몇 걸음 가고 나서 그들은 병사들을 데리고 온 로마인 장교에 의하여 정지당한다.

"나자렛의 예수가 당신이오?"
"그렇소."
"뭘 하오?"
"군중들에게 말을 하오."
"어디서?"
"광장에서."
"반란을 선동하는 말이오?"
"아니오. 덕행에 대한 계명에 대해서 말하오."
"조심하시오! 거짓말하지 마시오. 로마에는 거짓 신들로 이제는 진저리가 나오."
"당신도 오시오. 그러면 내가 거짓말을 하지 않는다는 것을 알게 될 거요."

예수께 숙소를 제공한 사람이 개입해야 할 것이라고 느낀다. "아니, 언제부터 선생님께 이렇게 많은 질문을 하게 되었소?"
"이 사람은 모반자로 고발되었소."
"모반자로? 선생님께서? 하지만 마리우스 세베루스, 당신 생각은 틀렸소! 이분은 세상에서 가장 온화하신 분이시오. 내가 보증하오."

장교는 어깨를 들썩 하고 대답한다. "이 사람에게는 그게 낫소. 그러나 사람들이 백부장에게 그렇게 고발했소. 그럼 가시오. 이 사람은 통고를 받았소." 그리고는 부하들과 같이 가려고 뒤돌아선다.

"그렇지만 누가 그랬을까? 나는 이해할 수가 없는데!" 하고 여러 사람이 말한다.

"이해하려고 애쓰지 말아라" 하고 예수께서 대답하신다. "쓸 데 없는 일이다. 사람이 많이 있는 동안에 광장으로 가자. 그리고는 이곳에서도 떠나자."

그곳은 장사를 하는 광장인 모양이다. 광장 둘레에는 가지가지 상품이 보관되어 있는 상점들이 있으므로, 장마당은 아니지만 거의 그렇다. 그리고 많은 사람이 상점에 온다. 그러므로 광장에는 사람이 많은데, 어떤 사람이 저 분이 예수라는 신호를 하니, "나자렛 선생님"은 군중에 둘러싸이신다. 모든 계급과 모든 국적의 사람들이 있다. 어떤 사람들은 존경하는 마음으로 왔고, 어떤 사람들은 호기심으로 왔다.

예수께서는 말씀하시겠다는 손짓을 하신다.

"저 사람 말을 듣세!" 하고 어떤 상점에서 나오는 로마인이 말한다.

"징징 우는 소릴 들으려고 가는 거야?" 하고 동료가 대답한다.

"콘스탄시우스, 그렇게 생각하지 말게. 저 사람은 우리가 늘 듣는 연설가들 중의 한 사람보다는 이해하기가 더 쉬워."

"내 말을 듣는 사람들에게 평화! 에즈라서에 있는 에즈라 기도에 이런 말이 있습니다. '오, 우리 하느님, 이런 일이 일어난 후에 이제 저희가 무슨 말을 하겠습니까? 당신의 계명들을 당신의 종들을 통해서 저희에게 알리신 그 계명들을 저희가 버렸으니…."

"말씀하시는 분, 멈추십시오. 연설 주제는 우리가 드리겠습니다" 하고 군중 가운데로 길을 헤치고 오는 바리사이파 사람 몇이 소리를 지른다. 거의 동시에 무장을 한 호위가 다시 나타나서 가장 가까운 한구석에 가서 발을 멈춘다. 바리사이파 사람들이 이제는 예수 앞에 와 있다. "선생님이 갈릴래아 선생님이십니까? 나자렛의 예수?"

"그렇습니다!"

"선생님을 만나게 되었으니 하느님을 찬미합니다!" 정말이지 그들은 너무도 증오에 넘치는 얼굴을 하고 있어 만난 것을 기뻐하는 것 같지 않다….

제일 나이 많은 사람이 말한다. "우리는 여러 날 전부터 선생 뒤를 쫓았습니다. 그러나 언제나 선생이 떠난 다음에야 도착하곤 했습니다."

"왜 나를 따라 다니십니까?"

"그것은 선생이 선생님이시니까. 그리고 율법의 모호한 어떤 점에 대해서 선생의 설명을 듣기 위해서입니다."

"하느님의 율법에는 모호한 점이 없습니다."

"율법에는 없지요. 그러나 음!…그러나 율법에는 선생이 말씀하시는 것처럼 '덧붙임들'이 생겼습니다. 흠!…그래서 그것들이 모호함을 만들어 놓았습니다."

"기껏해야 그늘이지요. 그리고 그 그늘을 없애는 데는 이해력을 하느님께로 돌리기만 하면 됩니다."

"아무나 그렇게 할 수 있는 것은 아닙니다. 예를 들어, 우리는 그늘 속에 남아 있습니다. 선생은 선생님이시지요. 흠! 그러니 우리를 도와주십시오."

"무엇을 알고 싶습니까?"

"우리는 남자가 어떤 동기로 자기의 본아내를 버려도 되는지 알고 싶었습니다. 이것은 자주 일어나는 일이고, 그때마다 그 일이 일어나는 곳에서는 시끄러워집니다. 사람들은 그렇게 해도 되는 것인지 우리에게 문의하고, 우리는 경우에 따라서 대답합니다."

"90 퍼센트는 기정 사실을 인정하는 것이지요. 10 퍼센트는 인정을 하지 않는데, 그것은 가난한 사람들인 경우나 당신들의 적인 경우이지요."

"그걸 어떻게 아십니까?"

"모든 인간사에 그렇게 되니까요. 그리고 나는 셋째 등급을 하나 덧붙이겠습니다. 만일 이혼이 허락된다면, 그것이 더 잘 정당화될 등급입니다. 고칠 수 없는 눈뚱병이라든지, 종신징역의 선고를 받았다든지, 부끄러운 병이 걸렸다든지…하는 따위의 곤란한 경우의 등급입니다."

"그러면 선생으로서는 그것이 절대로 허락되지는 않는다는 말입니까?"

"나로서도, 지극히 높으신 분으로서도, 올바른 어떤 사람으로서도 그렇습니다. 당신들은 창조주께서 세상 시초에 남자와 여자를 만드셨다는 말을 읽지 못했습니까? 남자와 여자로 만드셨다는 말을? 창조주께서는 그렇게 하실 필요가 없었습니다. 만일 원하셨더라면, 당신의 모습을 닮게 만드신 만물의 왕을 위해서 다른 생식 방식을 만드실 수 있었을 것입니다. 그리고 그 방법은 다른 어떤 자연적인 방법과 다르면서도 역시 좋은 방법이었을 것입니다. 그리고 창조주께서는 이렇게 말씀하십니다. '그러므로 남자는 부모를 떠나 제 아내와 합하여 한 몸을 이루리라.' 그러니까 하느님께서는 그들을 하나로 합쳐 놓으셨습니다. 그러므로 그들은 '두' 몸이 아니라, 오직 '한' 몸입니다. 하느님께서 '좋은 일'이라고 보셨기 때문에 합쳐 놓으신 것을 사람이 갈라놓아서는 안 됩니다. 만일 그렇게 되면, 그것은 좋은 일이 아닐 것이기 때문입니다."

"그러나 그렇다면 왜 모세가 이렇게 말했습니까? '어떤 남자가 아내를 얻었는데, 그 여자가 어떤 부끄러운 일로 인해서 남편의 마음에 들지 않으면, 남자는 이혼장을 써서 아내의 손에 직접 건네주고 집에서 내보낼 것이다' 하고?"

"그가 이렇게 말한 것은 당신들의 마음이 냉혹하기 때문입니다. 하나의 명령으로 너무 중대한 혼란을 피하기 위해서였습니다, 이 때문에 모세는 당신들에게 아내를 버리는 것을 허락했습니다. 여자는 짐승보다 낫기 때문입니다. 짐승은 주인의 일시적 기분에 따라서, 또는 자유스러운 자연의 상황에 따라서 이러저러한 수컷에 맡겨지게 되어, 번식을 위하여 한 쌍이 되는 영혼 없는 몸이기 때문입니다. 당신들의 아내들은 당신들과 같이 영혼이 있으며, 그 영혼을 당신들이 동정심없이 짓밟는 것은 옳지 않습니다. 여자에 대한 단죄에서 '너는 남편의 권력에 복종할 것이고, 그가 너를 지배할 것이다' 하는 말이 있지만, 이것은 정의에 따라서 이루어져야 하는 것이지, 자유롭게 존경할 만한 가치가 있는 영혼의 권리를 침해하는 압제에 의해서 이루어져서는 안 됩니다.

그것이 허락되지 않는데 당신들이 아내를 버리면, 당신들은 아내의 영혼을 모욕하고, 당신들의 육체와 결합한 쌍둥이 육체를 모욕하고, 당신들이 정숙을 요구하면서 결혼한 아내라는 전체를 모욕하는 것입니다. 그러면서 당신들은 맹세를 저버리고, 불명예스럽게 되고, 가치가 떨어지고, 때로는 타락해 가지고 아내에게로 가며, 어떤 기회든지 다 이용해서 아내의 감정을 상해 주고, 탐욕스러운 당신들의 격정을 마음대로 날뛰게 함으로써 당신들의 맹세를 계속 저버립니다. 당신들은 아내를 매춘부를 만듭니다! 어떠한 동기로든지 당신들은 율법과 축복에 의해서 당신들과 결합한 아내와 헤어질 수 없습니다. 여자는 누가 소유하는 물건이 아니라, 하나의 영혼이며, 따라서 남자의 쾌락의 도구로서가 아니라 그의 필요불가결한 일부를 이루는 존재로서 인정받을, 당신들의 권리와 똑같은 권리를 가지고 있다는 것을 당신들이 이해할 때에 은총이 당신들에게 충격을 주는 경우에 한해서, 그리고 당신들의 마음이 너무 냉혹해서, 매춘부 모양으로 즐긴 후에 여자와 결혼하기를 원치 않는 경우에 한해서, 그들의 결합에 하느님의 축복없이 같이 사는 두 사람의 스캔들을 사라지게 하기 위해서만 당신들은 여자를 버릴 수 있습니다. 그때에는 결혼이 아니라 간음이기 때문인데, 그런 결합은 자연을 거슬러 없애거나 불명예스러운 것으로 물리치기 때문에 흔히 자식이 오는 것으로 축복을 받지 못합니다.

다른 경우에는, 어떤 경우에도 안 됩니다. 그것은 만일 당신들이 첩에게서 사생아들을 낳았으면 당신들이 자유로운 몸이면 그 여자와 결혼함으로써 스캔들에 종지부를 찍을 의무가 있습니다. 알지 못하는 아내의 불이익을 돌보지 않고 행한 간통은 오랫동안 다루지 않겠습니다. 이 사람에게는 돌로 쳐죽이는 돌들이 있고, 지옥의 불이 있습니다. 그러나 자기 본처에 싫증이 나서 그를 내보내고 다른 여자를 얻는 사람에게는 한가지 판결밖에 없습니다. 그것은 간통입니다. 또 이혼당한 여자를 얻는 남자도 간통하는 것입니다. 그것은 하느님께서 결합하신 것을 사람이 갈라놓는 권리를 가로챘다 하더라도, 하느님의 눈으로 볼 때에는 결혼관계가 계속되고, 홀아비가 되지 않고 둘째 아내에게로 건너가는 사람은 저주를 받기 때문입니다. 또 자기 아내를 버린 다음, 그러니까 생활의 불안을 당하게 내버려서 빵을 얻기 위하여 새 결혼에 동의하게 만든 다음, 그 여자가 둘째 남편을 잃어 과부가 된 것을 다시 얻는 사람도 저주를 받습니다. 비록 그 여자가 과부라 하더라도, 당신들의 탓으로 간통을 했고, 그래서 당신들은 그의 간통을 배가하기 때문입니다.

나를 시험하는 바리사이파 사람들, 알아들었습니까?"

바리사이파 사람들은 어쩔 줄 몰라하며 대답을 하지 못하고 간다.

"저 사람은 엄격하군. 저 사람이 로마에 가면, 그보다도 훨씬 더 냄새가 역한 진흙탕이 부글부글 괴고 있는 것을 볼 거야" 하고 어떤 로마인이 말한다.

어떤 가다라 사람들도 중얼거린다. "그렇게까지 순결해야 한다면, 남자로 있는 것이 어려운 일인데!…"

또 어떤 사람들은 더 큰 소리로 이렇게 말한다. "아내에 대한 남편의 처지가 그렇다면, 결혼하지 않는 것이 낫겠어."

그리고 그들이 가다라의 사람들을 떠나 들판을 향하여 길을 다시 가기 시작할 때에 사도들도 같은 논리를 편다. 유다는 그에 대하여 경멸하는 태도로 말하고, 야고보는 경의를 가지고 숙고하면서 말한다. 예수께서는 두 사람에게 이렇게 대답하신다. "모두가 이것을 이해하지도 못하고 또 제대로 이해하지도 못한다. 과연 어떤 사람들은 악습을 자유롭게 만족시키기 위해서 독신생활을 택한다. 어떤 사람들은 좋은 남편이 되지 못해서 죄를 지을 가능성을 피하기 위해서 독신생활을 택한다. 그러나 관능성과 여자에 대한 올바른 욕망에까지도 사로잡히지 않는 아름다움을 이해하는 것은 다만 몇몇 사람에게만 주어지는 것이다. 그런데 그런 사람들이 이 세상에서 가장 거룩하고, 가장 자유롭고, 가장 천사 같은 사람들이다. 나는 하느님의 나라를 위하여 스스로 고자가 되는 사람들에 대해서 말하는 것이다. 남자들 가운데에는 그런 상태로 태어나는 사람들이 있고, 사람들이 그렇게 만드는 사람들도 있다. 나면서 그런 사람들은 동정을 자아내야 하는 불구이고, 사람들에 의해서 그렇게 되는 사람은 비난할 만한 폐습이다. 그러나 끝으로 셋째 부류가 있다. 자기 자신에게 폭력을 쓰지 않고, 따라서 이중의 공로로 하느님의 요청에 동의할 줄 알고, 천사들같이 살아서 이 세상의 버려진 제단 위에 주님을 위한 꽃과 향이 있게 하는 자발적인 고자들의 부류이다. 이런 사람들은 그들의 고등 부분을 자라게 하려고 그들의 존재의 하등 부분을 만족시키기를 거부하는데, 상등 부분으로 그들은 하늘에서 왕의 옥좌에 가장 가까운 화단에서 꽃피는 것이다. 그리고 내 너희들에게 분명히 말하지만, 이런 사람들은 지체가 잘린 사람이 아니라, 대부분의 사람이 가지고 있지 못한 것을 가지고 있는 사람들이다. 어리석은 경멸의 대상이 아니라, 오히려 큰 존경의 대상이다. 이것을 알아 들어야 할 사람은 알아 듣고, 또 할 수 있으면 이것을 존중해라."

사도들 중에 결혼한 사람들은 서로 수근거린다.

"무슨 일이냐!" 하고 예수께서 물으신다.

"그러면 저희들은요?" 하고 바르톨로메오가 모두를 대신하여 말한다. "저희들은 이것을 몰라서 결혼을 했습니다. 그러나 저희들도 선생님이 말씀하시는 대로 되었으면 좋겠습니다…."

"이제부터 너희들이 그렇게 되는 것이 금지된 것은 아니다. 너희

아내를 누이처럼 생각하면서 금욕을 하면서 살아라. 그러면 너희들은 하느님의 눈에 큰 공로를 세울 것이다. 그러나 비가 오기 전에 펠라에 가도록 걸음을 재촉하여라."

48. 예수께서 펠라에

　가다라에서 펠라로 가는 길은 양쪽에 죽 계속되는 야산들, 사이에 펼쳐져 있는 기름진 지방을 지나가는데, 한쪽 야산들은 다른 쪽 야산들보다 더 높다. 그 야산들은 요르단강 계곡에서 아우란의 산들로 올라가는 전설적인 거인들의 층층대의 단들 같다. 길이 서쪽 산맥 쪽으로 가까이 가면, 건너편 강가의 산들만이 내려다보일 뿐 아니라 — 내 생각에는 남부 갈릴래아의 산들일 것이고, 분명히 사마리아의 산들일 것이다. — 파란 강 양쪽을 따라 펼쳐지는 눈부신 푸른 공간도 내려다보인다. 길이 서쪽 산맥에서 벗어나며 동쪽 산맥 쪽으로 가까이 가면 그때에는 요르단강의 계곡은 보이지 않게 된다. 그러나 사마리아와 갈릴래아의 산맥들의 꼭대기는 보이는데, 그 산꼭대기들이 회색 하늘 위에 그 푸른 빛을 가지고 뚜렷이 나타난다. 해가 나는 때에는 우아하고 선명한 색채를 띤 아름다운 파노라마일 것이다. 그러나 오늘은 하늘이 정말로 매우 낮은 구름에 가려져 있다. 그 구름들은 점점 더 세게 불어 더 두꺼운 새 구름 무더기들을 만들어 놓은 동남풍으로 인하여 겹겹이 싸여서, 헝클어진 그 모든 회색 솜으로 하늘을 낮게 한다. 그러므로 파노라마는 초록색의 찬란함을 잃게 되는데, 그 초록빛은 마치 빽빽한 안개로 흐려진 것 같다.
　그들은 어떤 작은 마을을 지나가는데, 뚜렷한 일이 아무것도 일어나지 않는다. 무관심이 선생님을 맞이하고 뒤쫓는다. 거지들만이 어김없이 갈릴래아의 길손들의 집단에 관심을 가지고 동냥을 청하려고 온다.
　언제나 으레 소경들이 있는데, 그들의 대부분은 눈이 트라코마로 망가진 사람들이거나, 빛을 잘 견디지 못하여 머리를 숙이고 걷는 거의 소경이 된 사람들로, 때로는 혼자서 때로는 여자나 어린아이를 데리고 벽에 착 달라붙어 걷는다. 펠라로 가는 길과 티베리아 호수 쪽의 게라사와 보즈라로 가는 길이 서로 만나는 어떤 마을에는 개짖는 소리와 같은 푸념으로 여행자의 무리를 괴롭히는 진짜 소경떼가 있다. 그들의 푸념은 가끔 중단되고, 그 대신 참다운 울부짖음이 된다. 그들은 초라하고, 더럽고, 피로한 집단을 이루고, 첫번째 집들의 벽에 기대서 귀를 기울이거나 빵껍질과 올리브들을 먹거나 졸고 있는데, 파리들은 궤양이 된 눈꺼풀에 앉아 마음놓고 빨아먹는다. 그러나 말발굽 소리나 많은 사람의 발소리가 나기만 하면 일어나서 온다. 그리고는 고대 비극의 누더기를 걸친 합창대처럼 모두가 오는 사람들은 향하여 똑같은 말을 하고, 똑같은 몸짓을 한다.

동전닢이나 빵덩어리가 날아간다. 그러면 소경들이나 반소경들은 동전을 찾아내려고 먼지나 오물 속을 더듬더듬 뒤진다.

예수께서는 그들을 살펴보시고, 열성당원 시몬과 필립보에게 말씀하신다. "저 사람들에게 돈과 빵을 가져다 주어라. 돈은 유다가 가지고 있고, 빵은 요한이 가지고 있다."

두 사람은 명령받은 것을 하려고 서둘러 앞으로 나아가서 말을 하려고 걸음을 멈춘다. 그동안 예수께서는 길을 막고 있는 나귀들의 행렬에 막혀서 천천히 앞으로 나아오신다.

거지들은 오는 사람들이 그들에게 인사를 하고 도움을 주는 인사와 후의에 놀라서 묻는다. "우리에게 이렇게 친절을 베푸는 당신들은 누구십니까?"

"이스라엘의 선생님이신 나자렛의 예수의 제자들입니다. 구세주이시기 때문에 가난한 사람들과 불쌍한 사람들을 사랑하시고, 기쁜 소식을 전하시고 기적을 행하시면서 지나가시는 선생님이십니다."

"기적은 이겁니다" 하고 눈썹이 끔찍하게 상한 남자가 말한다. 그리고 물질적인 것밖에는 이해하지 못하고 찬미하지 않는 진짜 짐승 같은 그 사람은 그의 빵조각을 두드린다.

구리로 만든 물병들을 가지고 지나가다가 그 말을 들은 어떤 여자가 그에게 말한다. "입닥쳐요. 메스꺼운 게으름쟁이." 그리고 제자들에게도 몸을 돌리고 말한다. "이 사람은 이 고장 사람이 아닙니다. 이 사람은 싸우기를 좋아하고, 저와 같은 사람들에 대해서 난폭합니다. 이 사람은 마을의 가난한 사람들의 돈을 훔치니까 내쫓아야 할 겁니다. 그러나 우리는 그의 보복을 무서워합니다." 그리고 가만히 아주 작은 목소리로 속삭인다. "이 사람은 여러 해 동안 카라카모압산과 셀라산에서 내려와서 도둑질을 하고 사람을 죽이고 했다고 합니다. 셀라산에서 광야로 가는 길을 감시하고 있는 점령군은 페트라라고 부릅니다. 그리고 이 사람은 로마를 알리려고…여기에 온 저 로마인 부대의 탈영병이라고 합니다. …헬레오스라고 그러는 것 같아요. 또 다른 이름도 하나 있소. …술을 먹이면 당신들에게 이야기를 할 겁니다. …이제는 장님이 돼서 이리 왔답니다. …저분이 구세주이십니까?" 그리고는 이내 곧장 지나가신 예수를 가리키며 묻는다.

"저분이시오. 선생님께 말을 하려고 그럽니까?"

"아! 아닙니다!" 하고 여자는 무관심하게 말한다.

두 사도는 그 여자에게 인사하고, 선생님 계신 곳으로 간다. 그러나 소경들 사이에서 소란이 일어나고, 어린아이의 것과 같은 신음소리가 들린다. 여러 사람이 돌아보고, 자기 집 문지방에 있는 아까 그 여자가 설명한다. "저 잔인한 사람이 제일 약한 사람들의 돈을 빼앗은 것일 겁니다. 늘 그렇게 하거든요."

예수께서도 보시려고 돌아서시었다.

과연 한 어린이가, 아니 오히려 한 젊은이가 피투성이가 되어 눈물을 줄줄 흘리면서 집단 속에서 나오면서 탄식한다. "저 사람이 내 것을 전부 다 빼앗았어요. 엄마는 이제 빵도 못 얻게 됐어요!"

어떤 사람들은 그를 불쌍히 여기고, 어떤 사람들은 웃는다.

"누구요?" 하고 예수께서 여자에게 물으신다.

"펠라의 아이입니다. 가난하지요. 구걸을 하러 옵니다. 집 식구 모두가 소경입니다. 서로 병을 전해 주었지요. 아버지는 죽었고, 어머니는 집에 남아 있어요. 아이는 행인들과 농부들에게 잔돈푼을 청합니다."

젊은이가 지팡이를 짚고 앞으로 나아온다. 그는 찢어진 겉옷으로 눈물과 이마에서 흘러 내리는 피를 닦는다.

여자가 그를 부른다. "야이야야, 거기 서라. 내가 이마를 씻어 주고, 빵을 하나 주마!"

"나는 여러 날치 돈과 빵을 가지고 있었어요! 그런데 지금은 아무것도 없어요! 엄마는 빵을 먹으려고 나를 기다리는데…" 불쌍한 아이는 여자가 준 물로 얼굴을 씻으면서 탄식한다.

예수께서 앞으로 나아가셔서 말씀하신다. "내가 가진 것을 네게 주마. 울지 말아라."

"그렇지만 주님! 왜요? 우리는 어디에 가서 잡니까? 우리는 어떻게 합니까?" 하고 유다가 성을 내며 말한다.

"우리는 우리에게 좋은 건강을 유지시키시는 주님을 찬미할 것이다. 건강이 벌써 큰 은총이다."

소년이 말한다. "오! 그렇구 말구요! 저는 눈만 보이면, 엄마를 위해 일할 것입니다."

"너는 눈이 나았으면 좋겠니?"

"예."

"왜 의사들한테 가 보지 않느냐?"

"어떤 의사도 우리 병을 고치지 못했어요. 그 의사들은 갈릴래아의 의사는 아니지만 병을 고치는 사람이 있다고 우리에게 말했어요. 그렇지만 어떻게 해야 선생님을 찾으러 갑니까?"

"예루살렘, 게쎄마니에 가거라. 올리브산 밑, 베다니아로 가는 길 옆에 올리브밭이 하나 있다. 마르코와 요나를 찾아라. 오펠 변두리의 사람들 모두가 네게 알려줄 것이다. 너는 여행자의 무리와 같이 갈 수 있다. 여행자의 무리가 아주 많이 지나가니까. 요나에게 나자렛의 예수를 찾아라…."

"맞아요! 그 이름이야요! 그분이 저를 고쳐 주실까요?"

"네가 믿음을 가지면 고쳐 주실 거다."

"저는 믿음을 가졌어요. 선생님은 어디로 가세요? 이렇게 친절하신 선생님은요?"

"과월절을 지내러 예루살렘에 간다."

"아이고! 저를 데리고 가세요! 귀찮게 굴지 않을께요. 저는 한데서 잘 거고, 빵 한 덩어리만 있으면 돼요! 펠라에 가요. …그리 가시지요? 어머니한테 말하구서, 가요. …오! 눈을 뜬다! 착하신 주님!…" 그러면서 소년은 예수의 발을 찾아 입맞춤하려고 무릎을 꿇는다.

"오너라. 내가 너를 빛으로 데리고 가마."

"찬미받으세요!"

그들은 다시 걷기 시작한다. 그리고 예수의 날씬한 손은 소년을 정성스럽게 그를 인도하기 위하여 그의 팔을 잡는다. 그러니까 소년이 말한다. "선생님은 누구세요? 구세주의 제자분이세요?"
"아니다."
"그렇지만 적어도 그분을 알기는 하겠지요?"
"그래."
"그런데 그분이 저를 고쳐 주시리라고 생각하세요?"
"그렇게 생각한다."
"그렇지만…그분이 돈을 달라고 할까요? 저는 돈이 없는데요. 의사들은 돈을 많이 달라고 그럽니다! 우리는 병을 고치려고 배고픔을 당했어요…."
"나자렛의 예수는 믿음과 사랑밖에는 원치 않는다."
"그러면 매우 친절하시군요. 그렇지만 선생님은 대단히 친절하세요." 이렇게 소년이 말하면서, 그를 인도하는 손을 잡고 어루만지기 위하여 옷소매를 만져 본다. "정말 아름다운 옷을 입으셨군요! 양반이시군요! 이렇게 누더기를 입은 제가 부끄럽지 않으세요!"
"내가 부끄러워하는 건 사람의 명예를 더럽히는 잘못들뿐이다."
"저는 제 처지를 저주하고, 따뜻한 옷과 빵과 특히 눈뜨기를 바라는 잘못이 있어요."
예수께서는 그를 쓰다듬어 주신다.
"그것은 사람을 불명예스럽게 하는 잘못들이 아니다. 그렇지만 그런 결점들까지도 가지지 않도록 힘써라. 그러면 성인이 될 것이다."
"그렇지만 만일 제가 나으면, 그 잘못을 가지지 않게 될 거예요. …그렇지 않고…제가 낫지 않으면, 선생님이 그걸 알고 있으니까. 제 운명을 각오하게 해주시겠어요? 그리고 욥처럼 거룩하게 되게 저를 가르쳐 주실래요?"
"너는 낫는다. 그러나 그리고 나서도, 특히 그렇게 되고 나서, 네 처지가 아주 행복한 것이 아니더라도 네 처지에 만족해야 한다."
그들은 펠라에 도착하였다. 도시 못 미쳐에 언제나 있기 마련인 야채밭들은 그 푸른 빛이 무성한 것으로 그곳 땅이 기름짐을 나타낸다. 밭고랑이나 빨래통에서 일을 하는 여자들이 야이아에게 인사를 하며 말한다. "오늘은 빨리 돌아오는구나. 일이 잘 됐니?" 또는 "가엾은 것이,

너 보호자를 한 분 만났니?" 나이 많은 한 여인이 채소밭 안에서 소리친다. "야이야야! 너 배고프면, 여기 너 주려고 가져온 사발이 하나 있다. 그렇잖으면 네 어머니 갖다 드려라. 너 집으로 가지? 이거 가져가라."

"저는 병이 나으려고 이 친절하신 양반하고 같이 예루살렘에 간다고 엄마에게 말할래요. 이분이 나자렛 예수님을 아신대요. 그래서 저를 그분께 데려다 주신대요."

길에는 거의 펠라의 성문에 이르기까지 군중이 뒤덮였다. 상인들도 있지만 순례자들도 있다.

남녀 하인을 데리고 노새를 타고 여행하는, 옷을 잘 입은 여자가 예수에 대하여 말하는 소리를 듣고 돌아다본다. 그 여자는 고삐를 당겨 노새를 멈추고 내려서 예수께 향하여 온다. "선생님은 예수님을 아십니까? 그리고 그분을 만나러 가십니까? 저도 거기 갑니다. …제 아들 병을 고치려고, 선생님과 말씀 좀 했으면 좋겠는데요. 왜냐하면…" 그 여자는 고운 베일을 쓴 얼굴로 울기 시작한다.

"당신의 아들은 무슨 병이 들렸습니까? 지금 어디 있습니까?"

"그애는 게라사에서 났습니다. 그러나 지금은 유다쪽에 있습니다. 그애는 마귀들린 사람처럼 다닙니다. …아이고! 내가 무슨 말을 했지?"

"마귀들린 사람이라구요?"

"주님, 그애는 마귀들렸다가 나았었습니다. 그런데 지금은…전보다도 더 마귀가 됐습니다. 그것은…오! 거기 대해서는 나자렛의 예수님께나 말할 수 있습니다!"

"야고보야, 아이를 너와 시몬 사이에 잡고 다른 사람들과 같이 앞서 가라. 성문 저쪽에서 기다리고 있어라. 부인, 하인들을 앞장서 가라고 해도 됩니다. 우리끼리 이야기합시다."

여자가 말한다. "그러나 선생님은 나자렛 선생님이 아니신데요! 나는 나자렛 선생님께만 말하려고 합니다. 그분만이 이해하실 수 있고 자비를 베푸실 수 있습니다."

이제는 둘이만 남았다. 다른 사람들은 앞장서 가면서 저희들 일을 이야기한다. 예수께서는 길에 사람이 없기를 기다리시다가 말씀하신다. "당신이 말을 해도 됩니다. 내가 나자렛의 예수요."

여자는 신음을 하고 무릎을 꿇으려고 한다.

"그러지 마시오. 당장은 사람들이 알아서는 안 됩니다. 갑시다. 저기 문이 열려 있는 집이 하나 있습니다. 좀 쉬어 가겠다고 청합시다. 그리고 이야기합시다. 갑시다."

두 사람은 채소밭들 사이로 난 오솔길로 해서 서민의 집을 향하여 간다. 그 집 마당에서는 어린이들이 뛰놀고 있다.

"평화가 여러분과 함께 있기를 잠깐동안 부인을 쉬게 하는 것을 허락해 주시겠습니까? 나는 부인과 이야기를 해야 합니다. 우리는 함께 말을 하려고 멀리서 왔습니다. 그런데 하느님께서는 목적지 이전에 우리를 만나게 해 주셨습니다."

"들어오십시오. 손님은 하나의 축복입니다. 양젖과 빵을 드리겠습니다" 하고 한 작은 노파가 말한다.

"필요없습니다. 우리는 말할 수 있는 조용한 장소만 있으면 됩니다."

"이리 오세요." 그러면서 노파는 에머랄드 빛깔의 잎들이 돋아나는 포도덩굴을 올려 장식한 옥상으로 인도한다.

두 사람만이 남았다. "부인, 말하시오. 나는 하느님께서 길가는 목적지에 이르기 전에 우리를 서로 만나게 하셔서 당신을 위로해 주셨다고 말했습니다."

"제게는 위로가 없습니다. 이제는 위로가 없어졌습니다! 제게는 아들이 하나 있었는데, 그 애가 마귀가 들렸습니다. 무덤 속에서 사는 야생 동물입니다. 그 애를 막는 것이 아무것도 없었고, 아무것도 그 애를 낫게 하지 못했습니다. 그 애가 선생님을 보았습니다. 그 애는 마귀의 입을 빌어서 선생님을 숭배했고, 선생님은 그 애를 고쳐 주셨습니다. 그 애는 선생님을 따라가려고 했는데, 선생님은 그 애 어머니를 생각하시고, 제게로 그 애를 보내셔서, 마귀들린 아들이 제게 주는 고통 때문에 가물가물하던 생명과 이성을 제게 돌려주셨습니다. 그리고 선생님은 그 애가 선생님을 사랑하기를 원했기 때문에 선생님을 전파하라고 그 애를 보내셨습니다. 저는…오! 다시 어미가 되고 그것도 거룩한 아들의 어미가 되다니! 선생님의 봉사자가 될 아들의 어미! 그러나 제발 말씀해 주십시오! 선생님이 그 애를 돌려보내실 때에 그 애가 다시 마귀가 되었다는 것을…다시 마귀가 되리라는 것을 아셨습니까? 그 애가 선생님께 그렇게 많은 것을 받고, 선생님을 알고, 하늘을 위해 선택을 받은 다음, 선생님을 떠나는 마귀이기 때문에 이러는 것입니다. …말씀해 주십시오! 그 일을 알고 계셨습니까? 그러나 지금 제가 헛소리를 하는군요! 저는 말을 하면서도 그 애가 왜 마귀인지는 말씀드리지 않는군요. …그 애는 얼마 전부터 미치광이같이 되었습니다. 오! 며칠 전부터 그렇습니다. 그러나 그 며칠 동안이 제게는 그 애가 마귀들렸던 그 오랜 세월보다도 더 고통스러웠습니다. …그래서 그보다 더 큰 고통은 결코 받지 않을 것이라고 생각했습니다. …그 애가 와서…선생님과 그 애 덕택으로 게라사 사람들이 선생님에 대해서 기르고 있던 믿음을 선생님에 대해서 야비한 언동을 함으로써 손상시켰습니다. 그리고 그 애는 선생님보다 먼저 예리고의 걸어서 건너가는 곳에 가서 선생님께 해를 끼치고 또 끼칩니다!"

베일을 벗지 않은 채로 찢어지는 듯한 마음으로 흐느껴 울던 여자가 예수의 발 앞에 쓰러지며 애원한다.

"선생님, 떠나십시오! 떠나세요! 모욕을 당하지 마십시오! 저는 병든 남편과 합의하고, 선생님을 만나게 해 주십사고 하느님께 기도하면서 왔습니다. 하느님께서는 제 청을 들어 주셨습니다! 오! 이 때문에 하느님은 찬미받으시기 바랍니다! 저는 구세주이신 선생님이 제 아들 때문에 학대받으시는 것을 원치 않고, 그렇게 되도록 허락하기도 원치 않습니다! 아이고! 왜 제가 그 애를 낳았을까요? 주님 그 애는 주님을 배반했습니다! 그 애는 선생님의 말씀을 왜곡합니다. 마귀가 그 애를 다시 붙잡았습니다. 그리고…아이고! 아이고! 지극히 높으시고 지극히 거룩하신 주님! 한 어미를 불쌍히 여겨 주십시오! 그 애는 지옥에 갈 겁니다. 제 아들이, 제 아들이! 전에는 마귀가 가득 차 있었어도 그 애의 잘못은 아니었습니다. 그것은 그 애가 당한 불행이었습니다. 그러나 지금은! 선생님이 그 애에게 은총을 주셨던 지금은, 그 애가 하느님을 안 지금은, 선생님이 그 애를 가르치신 지금은! 지금은 그 애가 마귀가 되기를 원한 것이니, 이제는 아무 힘도 그 애를 구해내지 못할 것입니다! 아이고! 아이고!" 그 여자는 땅에 털썩 엎드렸다. 흐느낌에 흔들리는 옷무더기요 살무더기이다.

그러면서 탄식한다. "말씀해 주십시오. 말씀해 주세요. 선생님을 위해서, 제 아들을 위해서 어떻게 해야 할지를, 속죄하기 위해서! 구원하기 위해서! 아니, 속죄하기 위해서요! 선생님은 제 고통이 속죄가 된다는 것을 아십니다. 그러나 구원하는 것은! 저는 하느님을 버린 사람을 구할 수가 없습니다. 그 애는 지옥에 가게 되었습니다. …그런데 이스라엘 사람인 제게는 이것이 무엇입니까? 하나의 고통입니다."

예수께서는 몸을 숙이시고 여자의 어깨에 손을 얹으신다. "일어나서 진정하시오! 당신은 내게 소중합니다. 가엾은 어머니, 내 말을 들으시오."

"제가 그 애를 낳은 것을 저주하지 않으십니까?"

"천만에요! 당신은 아들의 잘못에 대해서 책임이 없습니다. 그리고 반대로 그의 구원의 원인이 될 수 있다는 것을 알고, 위안을 삼으시오. 아들들의 몰락이 어머니들에 의해서 회복될 수가 있습니다. 그런데 당신이 그렇게 할 것입니다. 당신의 고통은 훌륭한 것이기 때문에 헛되지 않고 많은 효과가 있는 것입니다. 당신의 고통으로 당신이 사랑하는 영혼이 구원을 받을 것입니다. 당신은 아들을 위해 속죄합니다. 그런데 당신이 하도 올바른 의향으로 속죄하기 때문에, 아들에게 관용을 얻어 줄 만한 값어치가 있습니다. 당신의 아들은 하느님께로 돌아올 것이니, 울지 마시오."

"그렇지만 그게 언제입니까? 대관절 언제입니까?"

"당신의 눈물이 내 피에 섞일 때입니다."

"선생님의 피라니요? 아니, 그럼 그 애가 말하는 것이 참말입니까? 선생님이 죽어 마땅하기 때문에 죽임을 당하실 거라고 말입니다. …하느님께 대한 소름끼치는 모독입니다!"

"둘째 부분은 참말입니다. 나는 당신들을 생명을 누릴 자격이 있게 하기 위해서 죽임을 당할 것입니다. 부인 나는 구세주입니다. 그런데 구원은 말과 자비와 희생으로 주어지는 것입니다. 당신 아들에게는 이것이 필요한데, 그것을 내가 줄 것입니다. 그러나 나를 도와주시오. 당신의 고통을 내게 주시오. 내 축복을 가지고 가시오. 이 축복을 간직해서 당신 아들에 대해서 자비롭고 참을성있을 줄을 알고 또 그렇게 함으로써 다른 한 사람이 그에 대해서 자비로웠다는 것을 그에게 상기시키도록 하시오. 가시오, 평안히 가시오."

"그러나 선생님은 펠라에서 말씀하지 마십시오! 베레아 지방에서 말씀하지 마세요! 그 애가 주민들을 선생님께 반대하도록 만들어 놓았습니다. 그리고 그 애만이 아닙니다. 그러나 저는 제 아들만을 보고, 그 애에 대해서만 말합니다…."

"나는 행동으로 말할 것입니다. 그리고 이것이 다른 사람들이 일한 것을 넉넉히 무효화시킬 것입니다. 안심하고 집으로 가시오."

"주님 그 애를 낳은 것을 용서해 주신 지금, 어머니가 극심한 고통을 당할 때 그의 얼굴이 어떻게 되는지 아시게 제 얼굴을 보십시오." 그러면서 얼굴을 드러내고 말한다. "메시아를 버리고 저에게 생명을 준 어미에게 고통을 준 요시아의 아들 마르코의 어미의 얼굴을 보십시오." 그리고는 눈물로 엉망이 된 얼굴에 고운 베일을 내리면서 탄식한다.

"이스라엘의 어떤 어머니도 저만큼 고통을 당하지 않을 것입니다!"

두 사람은 인심을 베풀어 준 곳에서 내려와 다시 길을 간다. 그들은 펠라로 들어가서 여자는 그의 하인들과 합류하고 예수께서는 당신 사도들과 합류하신다. 그러나 여자는 매혹된 듯이 예수를 따라간다. 그런데 예수께서는 소년을 따라 그의 오막살이를 향하여 가신다. 그 오막살이는 단구(段丘)로 되어 있는 이 도시의 독특한 건축인 산복에 기대 지은 건물의 지하에 위치해 있다. 건축이 이렇기 때문에 서쪽에서는 1층이면서 동쪽에서는 2층이다. 그러나 사실은 그곳도 땅이다. 그것은 2층 높이에 있는 위에 있는 길로 해서 그리로 들어갈 수가 있기 때문이다. 내가 설명을 잘 했는지 모르겠다.

소년은 큰 소리로 부른다. "어머니! 어머니!"

비참하고 어두운 동굴에서 아직 젊은 소경 여자가 나오는데, 그의 주위를 잘 알기 때문에 거침없이 나온다. "얘야, 벌써 돌아왔니? 동냥을 꽤 많이 받아서 아직 대낮인데 돌아왔니?"

"엄마 나자렛의 예수님을 아는 분을 만났어요. 그리고 이분이 내 병을 고치게 예수님께로 데려다 주시겠대요. 아주 친절한 분이예요. 엄마, 나 가게 해 주겠어요?"

"물론이지, 야이아야! 내가 혼자 남아 있게 된다 해도, 너는 축복을 받으며 가거라, 가. 그리고 구세주를 나를 대신 해서도 봐라!"
　여자의 동의와 믿음은 절대적이다.
　예수께서는 빙그레 웃으신다. "당신은 나를 의심치 않고, 구세주도 의심치 않소?"
　"의심 안합니다. 선생님이 구세주를 아시고 그분의 친구시면, 선생님도 착한 분이실 수밖에 없습니다. 마침내 그분을! 애야! 가거라 가! 잠시도 지체하지 말아라. 우리 입맞춤을 하자, 그리고 하느님을 모시고 가라."
　그들은 서로 더듬어 찾아서 껴안는다. 예수께서는 투박한 탁자 위에 빵 한 개와 주화 몇닢을 놓으신다.
　"아주머니, 안녕. 여기 양식을 장만할 만한 돈이 있어요. 평화가 당신과 함께 있기를."
　그들은 나오고, 일행은 다시 걷기 시작한다. 비가 오기 시작한다.
　"아니 여기서 머무르지 않습니까? 비가 오는데요…" 하고 사도들이 말한다.
　"야베스 갈라앗에 가서 머무르기로 한다. 걸어라."
　그들은 겉옷을 머리에 얹고, 예수께서는 당신의 겉옷을 소년의 머리 위에 펴신다. 요시아의 마르코의 어머니는 노새를 타고 하인들과 같이 그들을 따라온다. 예수와 헤어질 수가 없는 것 같다.
　그들은 펠라에서 나와서, 비가 오는 이 날에 푸르고 음산한 들판으로 들어간다.
　일행는 적어도 1킬로미터는 간다. 그리고는 예수께서 걸음을 멈추신다. 예수께서는 어린 소경의 머리를 두 손으로 붙잡으시고, 꺼진 그의 눈에 입맞춤을 하시면서 말씀하신다. "그럼 이제는 집으로 돌아가라. 그리고 어머니에게 가서 주님은 믿음을 가진 사람에게 상을 주신다고 말해라. 그리고 펠라 사람들에게 가서 그분이 주님이라고 말해라." 예수께서는 그 소년을 가게 내버려두시고 빨리 그곳을 떠나신다.
　그러나 3분도 지나지 않아서 소년이 외친다. "아니 저는 눈이 보입니다! 아이고 달아나지 마세요! 선생님은 예수님이시군요! 제가 제일 먼저 선생님을 보게 해 주세요!" 그러면서 비에 젖은 길바닥에 무릎을 꿇는다.

한편에서는 게라사의 여인과 그의 하인들이, 또 한편에서는 사도들이 기적을 보려고 달려 온다. 예수께서도 미소를 지으시며 천천히 돌아 오신다. 예수께서는 몸을 굽히시고 소년을 쓰다듬어 주신다.
 "가라, 엄마를 보러 가라. 그리고 항상 나를 믿을 줄을 알아라."
 "그러겠습니다. 주님…그렇지만 엄마를 위해서는 아무것도 없습니까?! 저와 마찬가지로 믿는 엄마는 어둠 속에 그대로 있을 겁니까?"
 예수께서 한층 더 밝게 미소지으신다. 그리고 주위를 둘러 보시다가 길 옆에 비에 젖은 데이지꽃 한 포기를 보신다.
 예수께서는 몸을 굽혀 그 꽃들을 따서 아이에게 주신다. "이 꽃들로 어머니의 눈을 문질러라. 그러면 어머니의 눈이 보일 것이다. 나는 너희 집으로 돌아가지 않고, 앞으로 가겠다. 착한 사람은 정신으로 나를 따르고, 의심하는 사람들에게 내게 대해서 말하기 바란다. 너는 믿음이 흔들리는 펠라에서 내게 대해 말해라. 가라! 하느님께서 너와 함께 계시기를."
 그리고 예수께서는 게라사의 여인에게로 몸을 돌리시고 말씀하신다. "그리고 당신은 저 아이를 따라가시오. 이것은 그리스도께 대한 사람들의 믿음을 줄어들게 하려고 시도하는 모든 사람에 대한 하느님의 대답입니다. 그리고 이것으로 당신의 믿음과 요시아의 믿음이 굳게 되기를 바랍니다. 평안히 가시오."
 그들은 헤어진다. 예수께서는 다시 남쪽으로 걸어가기 시작하고, 소년과 게라사의 여인과 그의 하인들은 북쪽을 향하여 간다. 비의 장막이 마치 연막(煙幕)과 같이 그들을 갈라 놓는다….

49. 야베스 갈라앗너머 마티아의 집에서

　야베스 갈라앗 마을이 있는 깊고 나무가 우거진 계곡에는 아주 가까이에 있는 요르단강 쪽으로 거품을 일으키고 흘러가는 물이 매우 불어난 작은 급류의 요란스러운 소리가 울려 퍼진다. 어두운 하루를 마무리하는 어두운 황혼은 어두운 수풀을 더 어둡게 하고, 마을은 애초부터 음산하고 불친절한 것으로 나타난다.
　항상 기분이 좋은 토마는 비록 옷이 머리에서 허리까지는 함지에서 꺼내는 빨래와 같은 상태이고, 허리에서 발까지는 길을 걸어가는 진흙 같지마는, 이렇게 말한다. "흠! 나는 이 지방이 이스라엘에게서 왔던 불쾌한 뜻밖의 일을 수백 년이 지난 오늘 우리에게 앙갚음하는 것은 원치 않는데! 이만 하면 됐어! 우리 주님을 위해서 견디기로 하세."
　마을 사람들이 그들을 괴롭히지는 않는다. 그렇게는 하지 않는다. 그러나 그들을 도둑으로 취급하여 내쫓으며, 그보다 더한 일까지 한다. 그리고 "적어도 짐승 우리에서나마" 밤을 지내게 피난처를 청하려고 양의 우리의 문을 두드리러 갔던 그들에게 어떤 목자가 내달리게 한 큰 개를 피하기 위하여 필립보와 바르톨로메오는 "걸음아 날 살려라" 하고 도망쳐야 하였다.
　"그래 이젠 우리가 어떻게 한다?"
　"우린 빵이 없어."
　"그런데 돈도 없어. 돈이 없으면, 빵도 숙소도 구하지 못해!"
　"그리고 우린 흠뻑 젖었고, 얼고, 배가 고파."
　"게다가 밤은 오지. 수풀 속에서 하룻밤을 지내고 나면 내일 아침 우리꼴이 참 좋겠는 걸"
　그들 열두 사람 중에서 일곱은 드러내놓고 투덜거리고, 셋은 불만을 얼굴에 나타내고 있으며, 비록 입을 다물고는 있지만 말을 하는 것이나 마찬가지이다.

열성당원 시몬은 고개를 숙이고 걸어가고 있어서 속을 알 수가 없다. 요한은 잉걸불 위에 있는 것 같아서, 머리가 투덜대는 사람들에게서 예수께로, 예수에게서 투덜대는 사람들에게 빨리 왔다 갔다 한다. 그의 고민이 얼굴에 드러난다. 사도들이 그렇게 하기를 싫어하거나 해도 겁을 내면서 하기 때문에, 예수께서 미끄럽고 고약한 냄새가 나는 늪으로 변한 골목길을 참을성있게 돌아다니시며 친히 이집 저집 문을 두드리신다. 그러나 어디에서나 그들을 냉대한다.

그들은 마을 끝까지 왔다. 그곳에서는 벌써 계곡이 넓어지면서 요르단강 건너편 평야의 목장들이 시작된다. 아직 집 몇 채가 드문드문 남아 있다. …그러나 어디서나 실망이다….

"밭들 가운데에서 찾아보자. 요한아, 저 느릅나무에 올라갈 수 있겠느냐? 저 위에서는 볼 수 있겠구나."

"예, 주님."

"비 때문에 느릅나무가 미끄럽게 되었습니다. 저 총각은 성공을 못하고 다치기나 할 겁니다. 그렇게 되면 게다가 부상자까지 한 사람 있게 될 겁니다" 하고 베드로가 볼멘 소리를 한다.

그러니까 예수께서 부드럽게 "내가 올라가겠다" 하고 말씀하신다.

"그건 안 됩니다!" 하고 모두가 일제히 외친다. 그리고 어부들은 모든 사람보다 더 큰소리로 외치며 이렇게 덧붙인다. "어부들인 저희들에게도 위험한데, 돛대에나 동아줄에 한 번도 올라가보신 일이 없는 선생님이 어떻게 하시겠습니까?"

"나는 너희들을 위해 그렇게 한 것이다. 너희들을 위해 몸담을 곳을 찾으려고, 나로서는 아무래도 괜찮다. 내게 고통스러운 것은 비가 아니다…."

예수의 목소리에는 얼마나 큰 슬픔이, 당신께 대한 동정의 강조가 들어 있는가! 어떤 사람들은 그것을 알아차리고 입을 다물고, 어떤 사람들은 — 바르톨로메오와 마태오가 그렇다 — 이렇게 말한다.

"거기 대비하기에 이제 너무 늦었습니다. 전에 그걸 미리 생각했어야 했습니다."

"그렇습니다. 그리고 비가 오는데도 펠라에서 떠나겠다는 변덕을 부리지 말아야 했습니다. 선생님은 고집을 부리고 무모하셨습니다.

그리고 이제 저희가 그 결과를 당하는 것입니다. 이제 뭘 계획하려고 하십니까? 우리가 뿌듯한 돈주머니를 가지고 있었으면, 선생님은 모든 집들의 문이 열리는 것을 보셨을 것입니다! 그런데 선생님은!…왜 기적을 행하지 않으십니까? 적어도 선생님의 사도들을 위해서 기적 하나를? 자격이 없는 사람들에게도 기적을 행하시면서!" 하고 가리옷의 유다가 미치광이 같은 몸짓을 하며 말하는데, 하도 공격적이라, 부분적으로는 그와 의견을 같이하면서도 다른 사람들은 그가 예수께 존경하는 태도를 보이도록 일깨울 필요를 느낄 지경이다.

예수께서는 벌써 당신의 사형집행인들을 온화하게 바라다보시는 사형선고 받으신 분이시다. 예수께서는 잠자코 계신다. 얼마 전부터 예수께서 점점 더 자주 보이시는 이 침묵은 최고회의 앞에서, 그리고 빌라도와 헤로데 앞에서 보이실 "큰 침묵"의 전조가 된다. 그래서 내 마음을 몹시 괴롭게 한다. 죽어가는 사람의 신음이 잠깐씩 멎는 것과 같은데, 그것은 고통 중의 진정이 아니라, 죽음의 전조이다. 내 생각에는 예수의 이 침묵들이 어떤 말보다는 더 크게 외치는 것 같고, 사람들의 이해 부족과 사랑이 없는 앞에서 당하시는 예수의 모든 고통을 말해 주는 것 같다. 그리고 반발이 없는 이 온유, 머리를 약간 숙이신 이 태도를 보면, 예수께서 벌써 결박되셔서 사람들의 증오에 넘겨지신 모습으로 나타나시는 것 같다.

"이 시간에는 너희의 마음이 이해하지 못할 말을 내가 하겠기 때문이다. …가자. 얼지 않기 위해서 걷자. …그리고 용서해 다오…."

예수께서는 빨리 몸을 돌리셔서 일행의 앞장을 서신다. 그들은 예수를 조금 비난하고 동료들의 말이 옳다고 생각하면서도 약간 동정을 느낀다.

요한은 걸음을 느리게 걸어서 뒤에 처진다. 그러나 아무도 그것을 알아차리지 못하도록 한다. 그러다가 어떤 높은 나무로 간다. 그 나무는 포플라나 서양물푸레나무 같다. 그는 겉옷과 옷을 벗고, 반벌거숭이 몸으로 어렵게 올라가기 시작하여 올라가는 것을 쉽게 해 주는 첫 번째 가지들에까지 이른다. 그는 고양이처럼 올라가고 또 올라간다. 때로는 미끄러진다. 그러나 다시 올라가기 시작하곤 해서 거의 꼭대기까지 올라갔다.

49. 야베스 갈라앗너머 마티아의 집에서

그는 낮의 마지막 빛으로 비추어진 지평선을 살펴본다. 과연 구름이 약간 벗겨졌기 때문에 평야는 계곡보다 덜 어둡다. 그는 사방을 살펴본다. 그러다가 마침내 기뻐하는 몸짓을 한다. 그는 빨리 땅으로 미끄러져 내려와서, 다시 옷을 입고는 뛰기 시작한다. 이렇게 하여 동료들을 따라가서 그들을 지나간다. 이제는 선생님 곁에 왔다. 뛰어온 것으로 인하여 숨을 헐떡이며 예수께 말한다.

"주님, 오막살이가 하나 있습니다. …동쪽으로 오막살이가 하나 있어요. …그렇지만 뒤로 돌아가야 합니다. …저는 나무에 올라갔었습니다. …오십시오, 오세요…."

"나는 요한과 같이 이쪽으로 간다. 너희들도 오고 싶으면 오너라. 그렇지 않으면 강가에 있는 다음 마을까지 계속 가거라. 거기서 다시 만나기로 하자" 하고 예수께서는 정색을 하시고 단호하게 말씀을 하신다.

모두가 물에 잠긴 풀밭으로 해서 예수를 따라간다.
"아니, 야베스 쪽으로 돌아가는데!"
"난 집이 보이지 않는데…"
"저 총각이 뭘 봤는지 어떻게 알아?"
"어쩌면 짚낟가리인지 몰라."
"그렇잖으면 문둥병자의 오두막집이거나."

"따라서 우리는 완전히 속고 마는 거야. 이 풀밭들은 해면 같구먼" 하고 사도들이 투덜거리며 말한다. 그러나 나무들이 죽 늘어선 뒤에 보이는 것은 문둥병자의 오두막집도 아니고, 짚낟가리도 아니다. 오두막집은 오두막집이다. 그 오두막집은 넓고 낮고, 초라한 양의 우리 같으며, 반쯤만 짚으로 덮여 있고 흙벽으로 되어 있는데, 귀퉁이에는 다듬지 않은 돌로 겨우 받쳐져 있다. 작은 집에는 말뚝을 박은 울타리가 드러쳐져 있고, 그 안에는 물에 젖은 채소들이 있다.

요한이 부른다. 한 늙은 남자가 나온다. "누구요?"
"예루살렘으로 가는 순례자들입니다. 하느님의 이름으로 비를 피할 곳을 청합니다" 하고 예수께서 말씀하신다.

"언제나요, 이것은 의무입니다. 그러나 손님들은 운이 나쁩니다. 여긴 자리가 별로 없고, 침대가 여럿이 없거든요."

"상관없습니다. 적어도 불은 있겠지요?"
그 남자는 자물쇠를 돌려 문을 연다.
"들어오시오. 그리고 평화가 여러분과 함께 하기를."
그들은 손바닥 만한 텃밭으로 해서 부엌 겸 침실노릇을 하는 하나 밖에 없는 방으로 들어간다. 벽난로에는 불이 빛나고 있다. 초라하기는 하지만 잘 정돈되어 있다. 연장이라고는 꼭 필요한 것밖에 없다.
"보세요! 나는 그저 마음만 크고 선의를 가지고 있을 뿐입니다! 그렇지만 당신들이 까다롭지 않으시먼…빵은 있습니까?"
"아니오. 올리브 한 줌이 있습니다…."
"나는 당신들 모두에게 드릴 빵은 없습니다. 그렇지만 양젖을 가지고 음식을 만들어 드리겠습니다. 나는 양 두 마리가 있어요. 내게는 그것으로 충분합니다. 젖을 짜 오겠습니다. 당신들의 겉옷을 주세요. 이 뒤에 있는 양의 우리에 넣게요. 그러면 좀 마를 터이고, 내일은 불에 쬐어서 마저 말리지요."
그 사람은 젖은 옷들을 가지고 나간다. 모두가 불을 둘러싸고 따뜻한 기운을 즐긴다.
그 남자는 투박스런 자리를 하나 가지고 와서 깐다. "샌들을 벗으세요. 진흙을 없애고 매달아서 말리겠습니다. 그리고 발 씻을 뜨거운 물을 드리겠습니다. 자리가 촌스럽지요. 그렇지만 두껍고 깨끗합니다. 당신들에게는 그것이 축축하고 찬 땅바닥보다 더 기분좋을 겁니다."
그는 속에 야채를 삶고 있기 때문에 푸르스름한 물이 가득 찬 남비를 꺼내서, 그 물을 반은 남비에 붓고, 반은 대야에 붓는다. 거기에다 찬물을 타고 말한다. "자 당신들의 기분이 다시 좋아지게, 씻으시오. 여기 깨끗한 수건이 있습니다."
그리고 말을 하면서 불을 매만져 다시 잘 타게 한다. 그는 양젖을 남비에 붓고 불에 올려놓는다. 그것이 끓기 시작하자 낟알을 집어넣는데 내가 보기에는 납작보리나 으깬 좁쌀 같다. 그리고 죽을 젓는다.
먼저 씻은 사람들 중에 드시는 예수께서는 그에게 가까이 가셔서 말씀하신다. "하느님께서 영감님의 베푸는 마음씨에 대해서 은총을 주시기를 바랍니다."
"나는 하느님에게서 받은 것을 갚는 것에 지나지 않습니다. 나는 문둥병자였습니다. 서른 일곱 살부터 쉰 한 살까지 문둥병자였습니다. 그러다가 건강을 회복했습니다. 그러나 마을에 돌아갔더니 부모는 돌아가셨고, 아내도 죽었고, 집은 황폐해 있었습니다. 게다가 나는 '문둥병자'였지요. … 그래서 이리로 와서 거처를 만들었습니다. 내 힘으로 그리고 하느님의 도우심으로. 처음에는 골풀로 오막살이를 만들었고, 그 다음에는 나무로 만들고, 그 다음에는 벽을 쌓았습니다. …해마다 새로운 것이 생겨났지요. 지난 해에는 양들이 있을 곳을 만들었습니다. 자리를 만들어 팔고, 목기(木器)도 만들어 팔아서 양들을 샀습니다. 나는 사과나무, 배나무, 무화과나무, 포도나무도 한 그루씩 가지고 있습니다. 뒤에는 작은 보리밭이 하나 있고, 앞쪽에는 채소들이 있습니다. 비둘기가 네 쌍, 양이 두 마리 있습니다. 멀지 않아 어린 양들을 가지게 됩니다. 이번에 그것들이 암컷이기를 바랍니다. 나는 주님을 찬미합니다. 그리고 그 이상의 것을 청하지 않습니다. 그런데 당신은 누구십니까?"

"갈릴래아 사람입니다. 영감님은 편견을 가지고 계십니까?"

"비록 내가 유다 족속이긴 하지만 편견은 조금도 가지고 있지 않습니다. 만일 내가 자식을 낳았다면, 당신 같은 아들이 있었을지도 모르지요. …나는 비둘기의 아버지 노릇을 합니다. …나는 혼자 사는 것이 습관이 됐지요."

"그럼 명절 때에는요?"

"구유를 가득 채워놓고 가지요. 나귀 한 마리를 세냅니다. 뛰어 다니면서 볼 일을 보고 돌아옵니다. 나뭇잎 하나 없어진 일이 없습니다. 하느님께서는 인자하십니다."

"그렇습니다. 착한 사람들에게 그렇게 하시고, 덜 착한 사람들에게도 그렇게 하십니다. 그러나 착한 사람들은 하느님의 보호 아래 있습니다."

"예, 이사야가 그렇게 말합니다. …나는 하느님께서 보호해 주셨습니다."

"그렇지만 영감님은 문둥병이었지요" 하고 토마가 지적한다.

"그래서 나는 가난하게 되고 고독하게 됐어요. 그러나 보시오. 내가 다시 사람이 되고 집과 빵을 가지게 된 것은 하느님의 은총입니다. 불행

중에서 내 본보기가 된 사람은 욥입니다, 나는 욥과 같이 하느님의 강복을 받을 자격이 있기를 바랍니다. 재산에 있어서가 아니라, 은총에 있어서 말입니다."

"하느님의 은총을 가지실 것입니다. 영감님은 의인이시니까요. 성함이 어떻게 됩니까?"

"마티아입니다." 그러면서 남비를 내려서 식탁으로 가져간다. 그리고 거기에다 버터와 꿀을 넣어서 젓고, 전체를 다시 불에 올려놓으면서 말한다. "나는 접시와 사발 모두 해서 식기가 여섯 개밖에 없습니다. 번갈아가면서 드시오."

"영감님은요?"

"손님을 맞아들인 사람은 맨 나중에 먹는 법입니다. 처음에 먹을 사람들은 하느님께서 보내시는 형제들입니다. 자, 다 됐습니다. 그리고 이건 몸에 좋습니다." 그러면서 김이 모락모락 나는 죽을 몇 숟갈씩 접시 네 개와 사발 두 개에 따른다. 나무 숟가락들이 있다.

예수께서는 가장 나이 적은 사람들에게 먹으라고 권하신다.

"아닙니다. 선생님 드세요" 하고 요한이 말한다.

"아니다, 아니야. 유다가 배불리 먹고, 아들들에게는 언제나 먹을 것이 있다는 것을 아는 것이 좋다."

가리옷 사람은 얼굴빛이 변한다. 그러나 먹는다.

"당신은 선생님입니까?"

"그렇습니다. 그리고 이 사람들은 제자들입니다."

"나는 세례자가 베타바라에 있을 때 보러 가곤 했지요. 당신은 메시아에 대해서 좀 아십니까? 메시아가 왔고, 요한이 그를 가리켰다고들 말하는데요. 내가 예루살렘에 갈 때는 언제나 메시아를 보기를 바라지만 성공하지 못했어요. 의식을 행하고는 떠나곤 하거든요. 그래서 메시아를 보지 못하는 거지요. 여기서 나는 외따로 떨어져 살고, 또…베레아의 사람들은 좋지 않아요. 나는 목자들에게 말하지요. 풀밭 때문에 여길 오거든요. 그 사람들은 알더군요. 그 사람들이 내게 말해 주었는데, 훌륭한 말들이었소. 게다가 메시아가 한 말이니!…"

예수께서는 당신을 알리지 않으신다. 이번에는 예수께서 음식을 드실 차례이다. 예수께서는 착한 노인 곁에서 차분하게 드신다.

"그럼 이제는? 잠은 어떻게 자지요? 내 침대를 당신들에게 내드리겠습니다. 그러나 침대가 하나밖에 없어요. …나는 양들한테로 가겠습니다."

"아닙니다. 우리가 그리로 가겠습니다. 피곤할 때는 건초가 좋습니다."

저녁 식사가 끝났고, 그들은 새벽에 떠나기 위하여 잠자리에 들 생각을 한다. 그러나 노인이 하도 간청하는 바람에 감기가 몹시 든 마태오가 그의 침대에서 자기로 한다.

그러나 새벽에 비가 억수같이 퍼붓는다. 이렇게 억수로 쏟아지는 비를 맞으면서 어떻게 떠나겠는가? 그들은 노인의 말을 듣고 그대로 있기로 한다. 그동안 옷들은 솔질이 되고 말랐고, 샌들에는 기름을 바르고, 그들은 쉰다. 노인은 모두를 위하여 다시 양젖에 보리를 넣어 끓이고, 그 다음에는 사과들을 잿속에 넣는다. 이제 그들의 식사가 준비되었다. 그리고 그들이 그것을 먹고 있는데, 밖에서 사람의 목소리가 들려온다.

"순례자가 또 한 분 오시나? 우린 어떻게 하지요?" 하고 노인이 말한다. 그러나 다두지 않은 양털로 만든 방수성(防水性)의 담요로 몸을 감싸고 나간다. 부엌에서는 불을 쬐고 있으나 기분들이 좋지는 않다. 예수께서는 잠자코 계신다.

노인은 눈을 둥그렇게 뜨고 돌아온다. 그는 예수를 쳐다보고, 다른 사람들도 쳐다본다. 겁을 집어먹은 것 같다. …그리고 자신이 없는 것 같고, 탐색하는 듯하다.

마침내 이렇게 말한다. "당신들 중에 메시아가 계십니까? 말해 주시오. 그분이 행한 기적 때문에 펠라 사람들이 그분에게 경배하려고 찾고 있습니다. 그들은 어제 저녁부터 강가지의 모든 집 문을 두드렸고, 첫번째 마을에까지 가서 모든 집 문을 두드렸답니다. …이제는 돌아가다가 내 생각을 한 것입니다. 누군가가 내 집을 일러주었답니다. 그들은 마차들을 가지고 밖에서 기다리고 있습니다. 사람이 한 떼가 있습니다!"

예수께서는 일어나신다. 열 두 사도가 말한다. "가지 마십시오. 선생님이 펠라에 머무르는 것은 신중한 일이 못 된다고 말씀하셨으니, 이제

나타나시는 것은 무익한 일입니다."

"아니 그러면! …아이고! 찬미받으십시오! 선생님과 선생님을 보내신 분은 찬미받으십시오! 그런데 제가 선생님을 모셨다니! 선생님이 그 예수 선생님이시군요. …아이고!" 그 사람은 무릎을 꿇고 머리를 땅바닥에 갖다 댄다.

"그렇습니다. 그러나 나를 찾는 사람들에게 가게 놔두시오. 그리고는 마음 착한 영감님께로 돌아오겠습니다." 예수께서는 집주인의 손에 붙잡힌 발목을 빼시고 물에 잠긴 텃밭으로 나가신다.

"선생님이시다! 선생님이시다! 호산나!"

그들은 마차에서 뛰어내린다. 남자도 있고 여자도 있고, 어제의 어린 소경과 그의 어머니가 있고, 게라사의 여인도 있다. 그들은 진흙탕도 상관하지 않고 무릎을 꿇고 간청한다. "돌아오십시오, 돌아오세요! 저희에게로. 펠라로."

"아닙니다. 야베스로 오십시오" 하고 다른 사람들이 외친다. 틀림없이 야베스의 주민들이다. "저희들은 선생님을 원합니다. 선생님을 내쫓은 것을 뉘우칩니다!" 하고 야베스의 주민들이 외친다.

"아닙니다. 저희에게로 오십시오. 선생님의 기적이 생생하게 살아 있는 펠라로 오십시오. 이 사람들에게는 눈을 주셨고, 저희들에게는 영혼의 빛을 주셨습니다."

"나는 이렇게 할 수가 없습니다. 나는 예루살렘으로 가니까요. 거기서 나를 만나실 것입니다."

"저희가 선생님을 내쫓았기 때문에 노하신 것이군요."

"선생님은 저희가 한 죄인의 중상하는 말을 믿은 것을 아시기 때문에 불쾌감을 가지시는 것이지요."

마르코의 어머니는 울면서 얼굴을 감싼다.

"야이야야, 너를 사랑하신 선생님께 돌아오시라고 네가 말씀드려라."

"여러분은 예루살렘에서 나를 만날 것입니다. 가시오, 그리고 꾸준하시오. 모든 방향으로 부는 바람처럼 하지 마시오. 안녕히들 가시오."

"안 됩니다. 오십시오. 안 오시면, 강제로 모시고 가겠습니다."

"내게 손을 대지 마시오. 그것은 우상숭배이지 참된 믿음이 아닙니다. 믿음은 보지 못하더라도 믿습니다. 공격을 당하더라도 끝까지 꾸준

합니다. 기적이 없어도 커집니다."

"나는 아무것도 보지 못하고서도 믿었고 의인인 마티아의 집에 머무르겠습니다."

"적어도 저희들의 선물이라도 받으십시오. 돈과 빵입니다. 선생님이 가지셨던 것 모두를 야이아와 그애 어머니에게 주셨다는 말을 들었습니다. 마차를 하나 받으십시오. 가실 때 쓰시고, 예리고의 여관 주인 티몬에게 맡기십시오. 마차를 타고 가세요. 지금도 비가 오고, 비가 또 올 것입니다. 비를 피하실 수 있습니다. 그리고 더 빨리 가실 것입니다. 선생님이 저희들을 미워하지 않으신다는 것을 보여 주십시오."

그들은 울타리 바깥에, 예수께서는 안쪽에 계시며, 서로들 바라다보는데, 그들은 흥분해 있다. 예수 뒤에는 늙은 마티아가 무릎을 꿇고 있고, 사도들은 서 있다.

예수께서 손을 내미시며 말씀하신다.

"가난한 사람들을 위해 받겠습니다. 그러나 마차는 필요없습니다. 나는 가난한 사람들 중에 가난한 사람입니다. 조르지 마시오. 야이아와 어머니, 그리고 게라사의 부인은 개별적으로 강복하게 이리 오시오."

그리고 마티아가 울타리 문을 열어 주었기 때문에 그들이 예수 곁에 왔을 때, 예수께서는 그들을 쓰다듬어 주시고, 강복을 하시고 돌려보내신다. 그리고 울타리 문턱에 모여 와서 사도들에게 돈과 먹을 것을 주는 다른 사람들에게도 강복하시고, 돌려보내신다. 그리고 집으로 돌아오신다….

"왜 그 사람들에게 말씀을 하지 않으셨습니까?"

"두 소경의 기적이 말을 하고 있다."

"왜 마차를 받지 않으셨습니까?"

"걷는 것이 좋으니까 그랬다."

그리고 마티아에게로 몸을 돌리시고 말씀하신다. "영감님께는 내 강복으로 갚아드리려고 했습니다. 그러나 이제는 영감님이 지출을 하신 것에 대해서 돈을 좀 보탤 수도 있게 됐습니다…."

"아닙니다. 주 예수님…저는 싫습니다. 저는 이걸 기쁜 마음으로 했습니다. 그리고 지금은, 지금은 주님을 섬기기 위해서 합니다. 주님은 돈을 내시는 것이 아닙니다. 주님은 그런 의무가 없습니다. 제가 받았지, 선생님이 받지는 않으셨습니다! 오! 이 날은! 이 날의 기억은 제가 저 세상으로 갈 때까지 계속될 것입니다."

"영감님 말씀잘 하셨습니다. 나그네들에 대한 영감님의 자비심은 하늘에 씌어져 있는 것을 보시게 될 것입니다. 빨리 믿으신 것도 마찬가지로 하늘에 씌어질 것입니다. …날씨가 좀 개는 대로 영감님을 떠나겠습니다. 저 사람들이 다시 올지도 모릅니다. 기적으로 충격을 받는 동안은 꾸준할 것입니다, 그러다가…전처럼 둔해지거나 적이 되겠지요. 나는 갑니다. 지금까지는 그들을 회개시켜 보려고 남아 있었습니다. 이제는 와도 머무르지 않고 지나갑니다. 나는 나를 재촉하는 내 운명을 향해 갑니다. 하느님과 사람이 나를 분발시키십니다. 그래서 나는 멈출 수가 없습니다. 사랑이 나를 고무하고, 증오가 나를 자극합니다. 나를 사랑하는 사람은 나를 따를 수 있습니다. 그러나 주인이 이제는 말을 듣지 않는 양들을 뒤쫓아 뛰어다니지는 않습니다."

"하느님이신 선생님을 그들이 사랑하지 않습니까?" 하고 마티아가 묻는다.

"그들은 나를 이해하지 못합니다."

"그 사람들은 고약하군요."

"그들은 사욕으로 둔해져 있습니다."

그 사람은 이제는 처음처럼 안심하고 있지 못하다. 그는 제단 앞에 있는 것 같다. 반대로 예수께서는 이미 모르는 사람이 아니신 지금은 덜 신중하셔서, 늙은이에게 마치 친척에게 하시듯이 말씀하신다.

이렇게 시간이 지나서 오후가 시작된다. 구름이 흩어지면서 비가 멎는다는 것을 알린다. 예수께서는 출발을 명령하신다. 그리고 노인이 마른 겉옷들을 가지러 간 동안 돈을 서랍 속에 넣으시고, 빵과 치즈들을 반죽통에 넣어 두신다.

노인이 돌아오니, 예수께서는 그에게 강복하신다. 그리고 길을 다시 떠나시면서 어두운 울타리 위로 나온 흰 머리를 보시기 위하여 또 돌아보신다.

50. 여자 문둥병자가 고쳐지다(예리고의 로사-장미꽃)

　요르단강 동쪽 평야는 계속된 비로 인하여 늪이 된 것 같다. 특히 예수께서 사도들과 같이 계신 곳이 그러하다. 그들이 근처에 있는 야산들 사이의 협곡으로 해서 내려오는 급류를 건너온 것이 얼마 되지 않는다. 그 야산들은 요르단강을 따라 북쪽에서 남쪽으로 거대한 둑을 쌓아 놓은 것 같은데, 둑이 여기저기 작은 계곡으로 끊어지고, 그리로 해서 으레 급류들이 흘러나온다. 이쪽 요르단강의 큰 계곡을 둘러싸기 위하여 하느님께서 긴 야산들로 된 꽃줄 장식을 놓아 두신 것 같다. 야산들의 활등같이 생긴 모양이 똑같고, 똑같은 높이이기 때문에 단조로운 꽃들장식이라고 할 수 있겠다. 사도들의 무리는 마지막 두 급류 사이에 있는데, 게다가 그 급류들은 강변 근처에 와서는 넘쳐 흐르고 있다. 따라서 하상(河床)이 더 넓은데, 특히 남쪽에 있는 급류는 산에서 내려오는 많은 물 때문에 억압적이고, 그 흐린 물이 요란스러운 소리를 내면서 요르단강 쪽으로 빨리 흘러 내려간다. 강은 또 강대로 그 목이 계속적으로 졸린다고 할 서 있는 자연적인 만곡(彎曲)을 이룬 곳이나 지류가 하류하여 물이 갑자기 불어나는 곳에서는 터무니 없이 큰 소리를 낸다. 그런데 예수께서는 물이 불은 물줄기 셋으로 이루어진 이 사다리꼴 안에 계시며, 이 수렁에서 다리를 빼기가 쉽지 않다.
　사도들의 기분은 날씨보다 더 어둡다. 그 이상 말할 필요가 없다. 각자가 의견을 말하고자 한다. 그리고 말 한마디 한마디가 의견의 형태 속에 비난을 품고 있다. "내가 뭐랬어?", "내 의견을 따랐더라면" 등등과 같은 말이 나오는 때인데, 이런 말들은 잘못을 저지른 사람, 그리고 그렇지 않아도 그렇게 한 것은 매우 난처하게 생각하는 사람에게 몹시 모욕적인 것들이다.
　어떤 사람은 "펠라 근처에서 강을 건너가서 덜 어려운 건너편으로 가는 편이 더 나았어" 라고 말하고, 어떤 사람은 "그 마차를 타는 것이 좋았어! 우리는 용감한 체했지만, 그 다음에는…" 하고 말하고, 어떤 사람은 "산 위에 있었으면, 이 진흙탕에 있지는 않았을 텐데" 하고 말한다.

요한은 이렇게 말한다. "자네들은 과거에 대한 예언자들이구먼. 비가 이렇게 계속 올 줄 누가 예측할 수 있었어?"

"그런 계절이야. 예측할 수 있었어" 하고 바르톨로메오가 점잖을 빼며 말한다.

"다른 해는 과월절 전에 이렇지 않았어. 내가 자네들한테로 왔을 때는 키드론 개울이 분명히 물이 꽉 차 있지 않았어. 그리고 작년에는 가물기까지 했네. 불평을 하는 자네들, 우리가 펠리시데 평야에서 목이 말라 고생한 것을 기억 못하나?" 하고 열성당원이 말한다.

"허! 그건 당연해! 두 현인이 그 말을 하고 이해시키니까 말이야" 하고 가리옷의 유다가 비꼬면서 말한다.

"자넨 제발 입 다물게. 자넨 비판밖엔 할 줄 몰라. 그렇지만 마침 좋은 때에 어떤 바리사이파 사람이나 그와 비슷한 어떤 사람에게 말해야 할 때는 자넨 혀를 묶어 놓은 것처럼 벙어리가 되어 있단 말이야" 하고 타대오가 화가 나서 말한다.

"그래, 이 사람 말이 맞아. 마지막 마을에서 자넨 왜 그 간사한 자들에게 한마디도 대꾸를 안 했나? 지스칼라와 메예론에서 우리가 경의를 표하고 순종했다는 것과, 거기에는 바로 선생님이 세상을 떠난 위대한 선생들을 공경하시기 때문에 가고자 하셨다는 걸 자네도 알고 있었어. 그렇지만 자넨 말을 안 했어! 선생님이 우리에게 율법과 사제들에게 대한 존경을 어떻게 요구하시는지 자넨 알고 있어. 그런데 자넨 말을 안 했어! 그런데 지금은 자네가 말을 하고 있어. 지금은 우리 중에서 제일 착한 사람들을 비꼬고, 선생님이 하시는 일을 비판하는 일이니까 그래" 하고 안드레아가 계속하여 말한다. 안드레아는 평소에는 참을성이 많은데, 오늘은 정말 신경질적인 사람이 되었다.

"입 다물어. 유다가 잘못이야. 많은 사람을 친구로 가진, 너무나 많은 사마리아 사람들을 친구로 가진 유다가 잘못이야…."

"내가? 누구누구야? 할 수 있으면 이름을 대봐."

"그래, 친구지. 모든 바리사이파 사람들, 사두가이파 사람들, 또 자네가 친하다고 자랑하는 권력자들, 그 사람들이 자네를 알지. 그건 분명해! 그들이 내게는 한 번도 인사하는 일이 없는데, 자네에겐 인사한단 말이야."

"자넨 그걸 질투하는구먼! 그렇지만 나는 성전 출신이고, 자넨 그렇지 않아."

"하느님 덕택으로 나는 어부야, 맞아. 그리고 나는 그걸 자랑스럽게 생각해."

"이 날씨도 내다보지 못하는 어리석기 짝이 없는 어부야."

"아니야! 난 이렇게 말했어. '니산달은 비를 동이로 퍼붓는다'고" 이렇게 베드로가 격언조로 말한다.

"아! 문제는 이 사람이 여기서 어떻게 했느냐에 있어! 알패오의 유다, 자네는 어떻게 생각하나? 그리고 안드레아 자넨? 우두머리인 베드로까지도 선생님을 비난한단 말이야!"

"나는 사실 아무도 비난하지 않네. 나는 격언을 인용한 거야."

"그 격언은 잘 이해하면, 비판과 비난이야."

"그래…그러나 내 생각에는 이 모든 것이 땅을 말리는 데는 소용이 없는 것 같네. 이제 우리는 여기 와 있고, 또 여기 남아 있어야 하네. 이 수렁에서 발을 빼기 위해 숨을 아끼세" 하고 토마가 말한다.

그런데 예수님은? 예수께서는 잠자코 계신다. 예수님께서는 진창 속을 좀 걸으시거나 풀이 물 위로 솟아오른 곳을 찾으시면서 앞으로 나아가신다. 그러나 거기도 밟기만 하면, 풀포기가 아니라 오줌통을 밟아 터뜨린 것처럼 물이 다리 중간까지 튄다. 예수께서는 말씀을 하지 않으시고, 제자들이 순전히 인간으로, 조그마한 방해만 만나도 성을 내고 옳지 못하게 되는 인간뿐으로서 불만스럽게 말을 하는 것을 그냥 내버려두신다.

이제는 그들이 가장 남쪽에 있는 급류 근처에 있다. 예수께서는 물에 잠긴 개울가에 노새를 타고 지나가는 사람을 보시고, 물으신다. "다리가 어디 있습니까?"

"더 윗쪽에 있습니다. 나도 그리로 건넙니다. 하류에 있는 다른 다리, 즉 로마인들이 놓은 다리는 지금은 물에 잠겨 있습니다."

또 한번 일제히 불평소리를 낸다. …그러나 그들은 예수와 말을 하는 그 사람을 서둘러 따라간다.
"그렇지만 당신은 산쪽으로 가는 것이 좋을 겁니다" 하고 그 사람이 말한다. 그리고 이렇게 덧붙인다. "얄록내 다음 세번째 개울을 만나거든 평야로 돌아가시오. 그러면 걸어서 건너는 데 근처에 가게 될 겁니다. 그러나 강물이 계속 늘어나고 있으니까 머뭇거리지 말고 빨리 하시오. 계절이 참 고약하군요! 처음에는 서리가 내리고, 다음에는 비가 오고, 그것도 억수로 쏟아지는 비가 말입니다. 이건 하느님의 벌입니다. 그렇지만 정당합니다! 율법을 모독하는 자들을 돌로 쳐죽이지 않으면, 하느님께서 벌을 하시는 겁니다. 그런데 우린 그런 자들을 가지고 있단 말입니다! 당신은 갈릴래아 사람이지요? 그럼 나자렛 사람을 알겠군요. 그 사람이 모든 악의 원인이기 때문에 좋은 사람들은 그를 버립니다. 그 사람은 그의 말로 벼락을 끌어당깁니다! 벌을 말입니다! 그 사람과 같이 있던 사람들이 그에 대해서 말하는 것을 들어야 합니다. 바리사이파 사람들이 그 사람을 괴롭히는 것은 잘하는 일입니다. 그가 어떤 도둑인지 누가 압니까? 그 사람은 베엘제불처럼 겁을 줄 겁니다. 처음에는 그 사람에 대해서 좋은 말을 많이 들었기 때문에, 그 사람의 말을 들으러 가볼 생각이 있었지요. 그러나…그건 그의 일당 사람들의 이야기였어요. 모두가 그 사람과 마찬가지로 거리낌없는 사람들이지요. 좋은 사람들은 그를 버리는데, 잘하는 일입니다. 내게 관한 한, 그 사람을 보러 가지 않을 겁니다. 그리고 혹 우연히 그 사람이 내 곁에 오면 하느님을 모독하는 사람들에 대해서 그렇게 할 의무가 있는 것처럼 그에게 돌을 던지겠습니다."

"그럼 내게 돌을 던지시오. 내가 나자렛의 예수요. 나는 도망치지 않고, 당신을 저주하지도 않습니다. 나는 피를 흘려 세상을 구속하러 왔습니다. 내가 여기 있으니, 나를 제물로 바치시오. 그러나 의로운 사람이 되시오."

예수께서는 팔을 약간 벌려 땅 쪽으로 내미시며 이렇게 말씀하신다. 천천히, 조용히, 슬프게 이 말씀을 하신다. 그러나 예수께서 저주를 하셨더라도 그 사람이 그보다 더 놀라지는 않았을 것이다. 그 사람은 하도 갑자기 고삐를 잡아당기는 바람에 옆으로 빗나가서 하마터면 강둑에서 물이 불은 강 속으로 떨어질 뻔하였다. 예수께서는 때맞추어 재갈을 붙잡아 짐승을 억제하여 사람과 노새를 구해주신다. 그 사람은 "당신이! 당신이!" 하고 계속 되풀이 한다. 그리고 자기를 구해주는 몸짓을 보면서 외친다. "하지만 내가 당신에게 돌을 던질 거라고 말했는데 …알아듣지 못하시오?"

"그렇지만 나는 당신을 용서한다고 말하오. 그리고 당신을 위해서, 당신을 구속하기 위해서 고통을 당하겠다는 말까지도 하겠소. 이렇게 하는 것이 구세주요."

그 사람은 또 예수를 바라다보다가 노새에 박차를 가해 급히 떠나간다. 그는 달아난다. …예수께서는 고개를 숙이신다.

사도들은 진창과 비와 그밖의 모든 괴로움을 잊고 선생님을 위로해 드릴 필요를 느낀다. 그들은 예수를 둘러싸고 말한다. "슬퍼하지 마십시오! 우리는 악당들은 필요없는데, 저 사람은 그런 사람 중의 한 사람입니다. 망나니나 선생님에 대한 중상을 믿고, 선생님을 무서워할 수 있으니까요."

그들은 또 이렇게 말한다. "그렇지만 선생님, 아주 조심성없는 일입니다! 그 사람이 선생님을 해치면 어쩌려고 그러셨습니까? 왜 선생님이 나자렛의 예수라고 말씀하셨습니까?"

"그것은 사실이니까. …그 사람이 권고한 대로 산 쪽으로 가자. 우리가 하루를 손해보겠지만, 너희가 늪에서 빠져나갈 것이다."

"선생님두요" 하고 그들이 반박한다.

"오! 내게는 이것이 중요한 것이 아니다, 나를 괴롭히는 것은 죽은 영혼들의 늪이다." 그러면서 눈에서 눈물 두 줄기를 흘리신다.

"울지 마십시오, 선생님. 저희들이 투덜대기는 하지만 선생님을 사랑합니다. 저희가 만일 선생님을 중상하는 사람들을 만날 수만 있으면! 선생님의 원수를 갚아 드리겠습니다."

"너희들도 내가 용서하는 것처럼 용서해라. 그러나 나를 울게 그냥 놔 둬라. 요컨대 나는 사람이다! 그래서 배반당하고, 부인을 당하고, 버림을 받는 것이 내게 고통을 준다!"

"저희들을 보십시오. 저희들을 보세요. 저희들은 얼마 되지 않습니다. 그러나 착합니다. 저희들 중의 아무도 선생님을 배반하지 않고, 버리지 않을 것입니다. 정말입니다, 선생님."

"어떤 말은 하지도 말아야 합니다! 저희가 선생님을 배반할 수 있다고 생각하는 것은 저희들 마음에 대해서 모욕적인 것입니다!" 하고 가리옷 사람이 부르짖는다.

그러나 예수께서는 대단히 슬퍼하신다. 예수께서는 말씀을 하지 않으시고, 피로하고 야윈 얼굴의 창백한 뺨으로 눈물이 천천히 흘러 내린다.

그들은 산에 가까이 간다. "저 위로 올라갑니까. 그렇지 않으면 산밑을 끼고 갑니까? 산 중턱에 마을들이 있습니다. 보십시오. 강 양쪽에 있습니다" 하고 사도들이 지적한다.

"어두워지니, 마을에까지 가도록 해보자. 이 마을이나 저 마을이나 상관없다."

눈이 썩 좋은 유다 타대오가 산비탈을 살펴본다. 그는 예수께 다가가서 말한다. "필요한 경우에는 산에 갈라진 곳이 있습니다. 저기 보이지요? 그리로 피신하십시다. 그편이 아무래도 진창에 있는 것보다 나을 것입니다."

"불을 피우겠습니다" 하고 안드레아가 그들의 사기(士氣)를 북돋우기 위하여 말한다.

"젖은 나무를 가지고?" 하고 가리옷의 유다는 빈정거리며 묻는다.

아무도 그에게 대답하지 않는다. 베드로가 중얼거린다. "우리가 여자들과 마록지암을 데리고 있지 않은 것이 천만다행인 걸."

그들은 계곡 안쪽에 있는 정말 구식인 다리를 건너, 남쪽 강언덕으로 해서 어떤 마을로 가는 좁고 가파른 길을 따라간다. 날이 빨리 어두워진다, 그래서 그들은 세찬 소나기를 피하기 위하여 넓은 굴 속으로 피신하기로 결정한다. 거기에는 마초와 오물들과 투박한 화덕이 있는 것으로 보아 그것은 아마 목자들의 피신처로 쓰이는 굴인 것 같다.

"이건 침대로 쓰일 수는 없구먼. 그렇지만 불을 피우는 데는…" 하고 토마가 마른 고사리와 노간주나무 그와 비슷한 가지들과 함께 땅바닥에 흩어져 있는 더럽혀진 잔가지들을 가리키며 말한다. 그는 그것들을 막대기로 화덕 쪽으로 밀어서 쌓아놓고 불을 붙인다.

불에서는 송진내와 노간주나무 냄새가 섞인 역한 냄새를 풍기는 연기가 난다. 그렇기는 하지만, 이 따뜻한 기운은 기분이 좋다. 그래서 모두가 반원형으로 앉아서 불꽃의 흔들리는 빛을 받으며 빵과 치즈를 먹는다.
"그래도 마을에 가려고 해볼 수도 있었을 텐데" 하고 목이 쉬고 몸이 언 마태오가 말한다.
"아! 여보게! 사흘전 저녁의 일을 다시 시작하려고 그래? 여기선 아무도 우릴 내쫓지 않을 걸세. 이 나무 위에 앉아서 할 수 있는 데까지 불을 피우세. 잘 보이는 지금 보니까 나무가 많이 있네! 보라구, 봐! 또 짚도 있어! …이건 정말 양의 우리야, 틀림없이 여름이나 옮겨갈 때에 쓰이는 걸 거야. 그런데 여기서는 어디로 가는 거지? 안드레아야, 불붙은 나뭇가지 하나를 들어라. 봐야겠다" 하고 베드로가 운좋게 발견하고 돌면서 명한다. 안드레아가 순종한다. 그들은 동굴 벽에 있는 통로로 들어간다.
"위험한 짐승이 있지 않는지 조심하게!" 하고 다른 사람들이 외친다.
"혹은 문둥병자들이나" 하고 타대오가 말한다.
조금 후에 베드로의 목소리가 들려온다. "오게들! 와! 여긴 더 나아. 깨끗하고 건조해. 그리고 나무 걸상들도 있고 땔나무도 있네. 아니, 이건 우리에겐 왕궁이야. 즉시 불을 피우게 불붙은 나뭇가지들을 가져오게."
이것은 정말 목자들의 피신처일 것이 틀림없다. 이 부분은 목자들이 쉬고 잠을 자는 부분이고, 다른 부분에서 양떼를 지키는 사람들이 번갈아가며 지키는 곳이다. 이것은 산이 파진 곳인데, 어쩌면 사람의 손으로 팠는지도 모르겠고, 적어도 넓히고 천장을 받치게 되어 있는 말뚝으로 튼튼하게 한 것만은 틀림없다. 조잡한 굴뚝 덮개가 첫번 굴과 통하고 있어, 그 방향으로 연기가 빠져 나갈 수 있게 한다. 벽을 따라 널빤지들과 짚이 있는데, 벽에는 등잔이나 옷이나 배낭을 걸어 두는 배목들이 박혀 있다.
"아니, 이건 아주 안성맞춤인데! 자, 불을 많이 피우세! 그러면 따뜻할 것이고, 겉옷도 말리세. 허리띠들을 끌러서 밧줄을 만들고 겉옷들을 걸세" 하고 베드로가 명한다. 그런 다음 널빤지들과 짚을 바로잡고 말한다. "그럼 이제는 번갈아가면서 자고, 그동안 한 사람이 불을 보살펴서 볼 수 있게 하고 따뜻하게 할수 있겠네. 정말 하느님의 은혜일세!"

유다는 입속으로 중얼거린다. 베드로는 화가 나서 돌아다본다. "주님이 나신 베들레헴의 동굴에 비하면 이건 왕궁이야. 주님이 그런 조건에서 나셨으니, 우리도 여기서 하룻밤을 지낼 수 있을 걸세."

"이 동굴은 아르벨라의 동굴보다도 더 아름다워. 거기엔 아름다운 곳이라곤 지금보다 더 좋았던 우리들의 마음밖에 없었어" 하고 신비적인 추억에 잠기며 요한이 말한다.

"그리고 선생님이 전도를 준비하실 때에 계셨던 동굴보다도 훨씬 낫고" 하고 열성당원은 입을 다물라고 말하기 위한 것처럼 가리옷 사람을 보며 엄하게 말한다.

끝으로 예수께서 말씀하신다. "그리고 저 데벳달에 시몬의 유다, 너를 위해 내가 보속을 한 저 동굴보다 비교할 수 없을 만큼 더 따뜻하고 더 편안하다."

"저를 위해서 보속을 하셨다구요? 왜요? 그럴 필요가 없었는데요!"

"정말이지 너를 둔하게 하는 모든 것에서 너를 구해내기 위해서는 너와 내가 일생을 보속으로 보내야 할 것이다. 그러고도 부족할 것이다."

조용히 그러나 매우 단호하게 표현하신 이 선언은 겁을 집어먹는 사도들의 무리에 벼락같이 떨어진다. …유다는 고개를 떨어뜨리고 한구석에 남아 있다. 그는 대담하게 반발을 하지 못한다.

조금 후에 예수께서는 명령을 내리신다. "나는 깨어 있겠다. 나가 불을 보살필 터이니, 너희들은 자거라."

그리고 얼마 안 있어. 나무가 탁탁 튀는 소리에, 짚 무더기를 덮고 널빤지들에 누운 피로한 열두 사도의 무거운 숨을 쉬는 소리가 섞인다. 예수께서는 짚이 떨어져서 자는 사람들의 몸이 드러나면 일어나셔서 어머니처럼 자애롭게 짚을 자는 사람들 위에 다시 펴놓으신다. 그렇지만 잠이 든 어떤 사람들의 속마음을 알 수 없는 얼굴이나, 평화로운 얼굴이나 또는 성난 얼굴을 들여다보시며 우신다. 예수께서는 자면서도 비웃는 것 같고, 주먹을 불끈 쥐고 위협하는 것 같은 가리옷 사람을 들여다보신다. …손을 한편 뺨 아래 넣고, 얼굴은 금발로 뒤덮인 채 볼그레한 뺨을 하고 요람에 있는 어린아이처럼 조용히 자고 있는 요한을 들여다보신다. 베드로의 성실한 얼굴, 나타나엘의 엄한 얼굴, 열성당원의 얽은 얼굴, 사촌 유다의 귀족적인 얼굴을 들여다보신다. 그리고 아주 젊었을 때의 나자렛의 요셉을 그대로 닮은 알패오의 야고보의 얼굴을 오랫동안 지체하시며 들여다보신다. 그리고 선생님께 말씀드린 것 같은 토마와 안드레아의 혼잣말을 들으시고는 빙그레 웃으신다. 예수께서는 숨을 어렵게 쉬는 마태오에게 짚을 많이 덮어 주시고, 그를 따뜻하게 해주시려고 짚을 더 가져다가 불에 쬐어서 마태오의 발에 펴 놓으신다. 예수께서는 야고보가 "선생님을 믿으시오. 그러면 여러분은 생명을 얻을 것입니다" 하고 선언하는 야고보의 말을 들으시고 미소 지으신다. …그런데 야고보는 꿈 속에서 보는 사람들에게 계속 전도한다. 그리고 필립보가 그의 소중한 기념품을 넣어서 간직하는 주머니를 주으려고 몸을 숙이고 그 주머니를 살그머니 그의 머리맡에 다시 놓아 주신다. 그러는 사이사이에는 묵상을 하시고 기도를 하신다….

제일 먼저 잠이 깬 사람은 열성당원이다. 그는 매우 따뜻한 동굴 속에 피워 놓은 불 옆에 예수께서 아직도 앉아 계신 것을 본다. 그리고 나무 무더기가 거의 아무것도 남아 있지 않은 것을 보고, 많이 시간이 지났다는 것을 깨닫는다. 그는 삼사리에서 내려와, 발끝으로 걸어서 예수께로 간다. "선생님, 안 주무십니까? 제가 깨어 있겠습니다."
"시몬아, 새벽이 되었다. 조금 전에 나갔었는데, 하늘이 벌써 밝기 시작하는 것을 보았다."
"왜 저희들을 부르지 않으셨습니까? 선생님도 지치셨는데요!"
"오! 시몬아! 나는 생각할 필요가 많이 있었다. …그리고 기도할 필요도." 그러시면서 머리를 시몬의 가슴에 기대신다.
앉아 계신 예수 곁에 서 있는 열성당원은 예수를 쓰다듬으며 한숨을 쉰다. 그리고 묻는다. "선생님, 무엇을 생각하십니까? 선생님은 생각하실 필요가 없습니다. 모든 것을 다 아시니까요."
"나는 무슨 말을 할까를 생각하는 것이 아니고, 무엇을 해야 할지를 생각하는 것이다. 나는 세상의 교활과 마귀의 간사함을 가지고 있지 않기 때문에 교활한 세상 앞에서는 내가 무력하다. 세상은 의기양양하고…나는 몹시 지쳤다…."

"그리고 괴로우시지요. 거기에는 선생님을 모실 자격이 없는 저희들이 얼마간 탓이 있습니다. 저를 용서하시고, 제 동료들도 용서하십시오. 모두를 대신 해서 이 말씀을 드립니다."

"나는 너희들을 몹시 사랑하고…또 몹시 괴로워한다. …너희들은 왜 그렇게도 자주 나를 이해하지 못하느냐?"

두 사람의 대화로 가장 가까이 있는 요한이 깼다. 그는 하늘색 눈을 뜨고, 놀라서 주위를 둘러보다가 기억이 나서 즉시 일어나, 말을 하고 있는 두 사람 뒤로 온다. 이렇게 해서 그는 예수의 말씀을 듣는다. "모든 증오와 모든 몰이해가 내가 견딜 수 있는 아무것도 아닌 것이 되기 위해서는 너희들의 사랑과 너희들의 이해만 있으면 넉넉할 것이다. …그런데 반대로 너희들은 나를 이해하지 못한다. …이것이 내 첫째 고통이다. 이 고통이 힘들다! 힘들어! 그러나 이것이 너희들의 탓은 아니다. 너희는 사람들이니까. …너희가 다시는 돌이킬 수 없게 되었을 때에야 이것이 너희들의 고통이 될 것이다. …이 때문에, 즉 너희가 지금 가지고 있는 경박한 것, 비루한 것, 옹졸한 것을 속죄하겠기 때문에, 나는 너희들을 용서하고, 미리 이렇게 말하는 것이다. '아버지, 이들은 자기들이 무슨 일을 하고 있는지 알지 못하고, 제게 당하게 하는 고통도 모르오니, 이들을 용서하십시오' 하고."

요한은 앞으로 미끄러져 들어가 무릎을 꿇고, 고민하시는 그의, 예수의 무릎을 껴안는다. 그가 "아이고! 우리 선생님!" 하고 속삭일 때, 그의 눈에는 눈물이 괸다.

가슴이 여전히 예수의 머리가 얹혀 있는 열성당원은 몸을 구부려 예수의 머리에 입맞춤하며 말한다. "그렇지만 저희들은 선생님을 몹시 사랑합니다! 그러나 저희들은 선생님을 보호하고, 저희들을 지키고 승리할 가능성을 가졌으면 합니다. 저희들은 선생님이 사람이신 것을, 선생님이 사람들에 억눌리시고, 일기 불순과 비참과 악의를 당하시고 생활의 궁핍을 당하시는 것을 보고 모욕을 느낍니다. …저희들은 어리석습니다. 그러나 사실이 이렇습니다. 저희들에게는 선생님이 왕이시고 승리자이시고 하느님이십니다. 저희들은 선생님의 자기 희생과 저희들에 대한 사랑으로 그 많은 일을 당하시는 굴복의 숭고함을 이해하지 못합니다. 그것은 선생님만이 홀로 사랑할 줄 아시고, 저희들은 사랑할 줄을 모르기 때문입니다…."

"그렇습니다. 선생님, 시몬이 말을 제대로 했습니다. 저희들은 하느님이신 선생님이 사랑하시는 것처럼 사랑할 줄을 알지 못합니다. 그리고 저희들은 무한한 인자와 무한한 사랑을 약함으로 생각하고 남용합니다. …저희들의 사랑을 증가시키시고, 선생님의 사랑을 더 크게 하십시오. 사랑의 근원이신 선생님이 지금 강물들이 넘치는 것과 같이 선생님의 사랑을 넘치게 하시고, 계곡을 따라 펼쳐지는 풀밭이 지금 그런 것처럼, 저희들 안으로 깊숙히 들어오시고 가득 채우십시오. 선생님이 원하시는 것처럼 완전하게 되기 위하여는 지혜와 가치와 엄격을 가질 필요가 없습니다. 사랑만 있으면 됩니다. …주님, 저는 모두를 대신해서 스스로 인정합니다. 저희들은 사랑할 줄을 모릅니다."

"나를 더 많이 이해하는 너희들이 스스로 너희들을 책하는구나. 너희들은 겸손하다. 그러나 겸손은 사랑이다. 그런데 다른 사람들도 이 점에 있어서 너희와 아주 적은 차이밖에 없다. 그리고 이 차이를 내가 없애버리겠다. 과연 나는 왕이고, 승리자이고, 하느님이기 때문이다. 영원히. 그러나 지금은 내가 사람이다. 내 이마는 벌써 내 왕관이 주는 고통으로 숙여진다. 사람이 되는 것은 언제나 고통을 주는 왕관이었다. …벗들아 고맙다. 너희가 나를 위로했다. 사람이 되는 것에는 사랑하는 어머니와 진실한 친구들을 가진다는 이런 좋은 점이 있기 때문이다. 이제는 동료들을 깨우자. 이제는 비가 그치고, 겉옷이 말랐고, 몸을 쉬었다. 먹어라. 그리고 떠나자."

예수께서는 천천히 목소리를 높이신다. 그러나 "떠나자" 하는 말씀은 정확한 명령이다. 모두가 일어난다. 그러고 예수께서 깨어 계신 동안 줄곧 잔 것을 뉘우친다. 그들은 준비하고, 음식을 먹고, 겉옷을 입고, 불을 끄고 축축한 오솔길로 나와 내려오기 시작하여, 산허리를 따라 나 있는, 나귀나 다닐 수 있는 길까지 내려오기 시작한다. 그 사면은 꽤 기울어져 있기 때문에 진흙바다가 되지는 않았다. 빛은 아직 약하고, 해는 나지 않고, 날씨는 흐렸다. 그러나 길을 가기에는 빛이 넉넉하다.

안드레아와 알패오의 두 아들이 아주 앞장서 간다. 어느 한 순간 그들은 몸을 굽히고 들여다보더니 뛰어서 돌아온다. "여자가 한 사람 있습니다! 죽은 것 같습니다! 오솔길을 가로막고 있습니다."
 "아이고! 골치아픈 일이 생겼구먼! 시작이 좋지 않은 걸. 어떻게 한다? 이제는 우리가 정결례도 해야 할 판일세." 이 날의 첫번째 불평들이다.
 "그 여자가 죽었는지 우리가 가서 보세" 하고 토마가 가리옷 사람에게 말한다.
 "난 절대로 안 가네" 하고 가리옷 사람이 대답한다.
 "토마, 내가 자네와 같이 가지" 하고 열성당원이 말하고 앞으로 나아간다. 그들은 여자에게 가까이 가서 몸을 구부린다. 그리고 토마는 소리를 지르면서 뛰어서 돌아온다.
 "그 여자가 아마 암살된 모양이지" 하고 제베대오의 야고보가 말한다.
 "혹은 얼어 죽었는지도 모르지" 하고 필립보가 대답한다.
 그러나 토마가 그들 있는 데로 와서 외친다. "그 여자는 문둥병자들이 입는 해진 옷을 입고 있어…" 하고. 그리고 어떻게나 겁을 내는지 마귀라도 본 것 같다.
 "그렇지만 죽었던가?" 하고 그들이 묻는다.
 "누가 그걸 알아! 나는 도망쳐 왔으니까."
 열성당원이 일어나서 급히 예수께로 간다. 그리고 말한다. "선생님, 문둥병자 자매입니다. 그 여자가 죽었는지는 모르겠습니다. 죽은 것 같지는 않습니다. 심장이 아직 뛰는 것 같습니다."
 "그 여자를 만졌나?!" 하고 여러 사람이 피하면서 외친다.
 "만졌네. 나는 예수의 제자가 된 뒤로는 문둥병을 무서워하지 않네. 그리고 문둥병자라는 것이 어떤 것인지를 알기 때문에 나는 동정하네. 그 불행한 여자가 머리에 피를 흘리는 것으로 보아 아마 맞은 것 같아. 아마 음식물을 얻으려고 내려왔던 모양이야. 자네들 알겠나? 굶어 죽게 되어서 빵을 얻기 위해 사람들에게 도전하는 것은 무서운 일일세."
 "상처를 많이 입었더냐?"
 "아닙니다. 그 여자가 어떻게 문둥병자들 가운데 있는지 모르겠습니다. 그 여자는 인비늘도 흉터도 회저(壞疽)도 없습니다. 문둥병에 걸린 지가 얼마 안 된 것 같습니다. 선생님, 제발 가십시다. 제게 대해서처럼 문둥병자 자매를 불쌍히 여겨 주십시오!"
"가자. 빵과 치즈와 우리에게 남아 있는 얼마 안 되는 포도주를 다오."
"우리가 마시는 데로 마시게 하지는 않으시겠지요!" 하고 가리옷 사람이 공포에 질려 말한다.
"염려 말아라. 내 손바닥에 마실 것이다. 시몬아, 가자."
그들은 가까이 간다. …그러나 다른 사람들도 호기심에 끌린다. 물에 젖어 있어 그들이 움직이는 나뭇가지에서 비오듯 물을 떨어지게 하는 잎들이나 물이 밴 이끼는 상관하지 않고, 여자에게 가까이 가지 않고 보려고, 비탈로 올라간다. 그들은 예수께서 팔을 밑으로 넣어 그 여자를 안아 옮겨서 바위에 앉히시는 것을 본다. 그 여자는 죽은 것처럼 머리를 축 늘어뜨리고 있다.
"시몬아, 포도주를 조금 이 여자의 목구멍으로 내려 보낼 수 있게 머리를 쳐들어라."
열성당원은 두려워하지 않고 순종하고, 예수께서는 호리병을 높이 드시고 벙싯 벌어진 파랗게 질린 입술 사이로 떨어뜨리신다. "불쌍한 이 여자는 꽁꽁 얼었다! 게다가 흠뻑 젖었다."
"이 여자가 문둥병자가 아니면, 우리가 있던 곳으로 데려갈 수 있을 텐데" 하고 안드레아가 동정해서 말한다.
"설상가상이겠구먼!" 하고 유다가 화가 나서 말한다.
"그렇지만 이 여자가 문둥병자가 아니면! 이 여자에게는 문둥병자의 흔적이 없단 말이야."
"문둥병자 옷을 입고 있어. 그것으로 충분해."
그러는 동안 포도주가 작용한다. 여자는 피로한 한숨을 내쉰다. 예수께서는 그 여자가 삼키는 것을 보시고, 입속에 한 모금을 흘려 넣으신다. 여자는 흐리고 놀란 눈을 뜬다. 남자들을 본다. 여자는 일어나서 달아나려고 애쓰면서 외친다. "나는 감염한 여자예요! 감염한 여자!" 그러나 그에게는 힘이 없다. 그 여자는 두 손으로 얼굴을 감싸며 신음한다. "나를 돌로 치지 마세요! 배가 고파서 내려왔어요. …사흘째나 아무도 내게 아무것도 던져 주지 않았어요…."

"여기 빵과 치즈가 있으니, 드시오. 겁내지 마시오. 내 손바닥에 있는 포도주를 좀 마시시오" 하고 예수께서 손을 오목하게 한 데 포도주를 조금 따라서 그에게 주시며 말씀하신다.
"그렇지만 선생님은 무섭지 않으세요?" 하고 그 불행한 여자는 깜짝 놀라서 묻는다.
"나는 무섭지 않습니다" 하고 예수께서 대답하신다. 그리고 미소를 지으시며 일어나신다. 그러나 빵과 치즈를 아귀아귀 먹는 여자 곁에 그대로 계신다. 그 여자는 굶주린 야수와 같다. 그 여자는 먹어야 하겠다는 걱정으로 시근거린다.
그리고 일단 빈 창자의 동물적인 욕망을 채우고 나서는 주위를 휘둘러본다. …그리고 큰 소리로 센다. "하나…둘…셋…열셋…아니 그러면?…아이고! 누가 나자렛 선생님이세요? 선생님이시지요? 선생님만이 가지신 것 같은 문둥병자에 대한 연민은 선생님만이 가지실 수 있어요!…" 여자는 허약함으로 인하여 어렵게 무릎을 꿇는다.
"나입니다. 무엇을 원하시오? 병낫기를 원하시오?"
"예…그러나 그전에 선생님께 한가지 말씀을 드려야 하겠습니다. …선생님에 대한 말을 들었었습니다. 지나가는 어떤 사람들이 아주 오래 전에 선생님에 대해 말했었습니다. …아주 오래 전? 아닙니다. 지난 가을이었으니까요. 그렇지만 문둥병자에게는…하루하루가 1년이나 되는 것 같습니다. …저는 선생님을 뵙고 싶었습니다. 그러나 제가 유다나 갈릴래아에 어떻게 갈 수 있었겠습니까? 사람들은 저를 문둥병자라고 부릅니다. 그러나 저는 가슴에 헌데가 하나 있을 뿐입니다. 그리고 이 헌데는 처녀이고 건강한 저와 결혼한 제 남편에게서 받은 것입니다. 남편은 건강한 몸이 아니었습니다. 그러나 제 남편은 거물입니다. …그리고 전권을 가지고 있습니다. 제가 병든 몸으로 그에게 가서 그를 배반했다고 말할 권력과, 따라서 그가 좋아하던 여자를 얻기 위해 저를 버릴 권력까지도 가지고 있습니다. 그는 저를 문둥병자라고 고발했고, 제가 제 자신을 변호하려고 했더니, 사람들이 제게 돌을 던졌습니다. 주님, 그것이 옳은 일이었습니까? 어제 저녁 어떤 사람이 벳야복으로 지나가면서, 선생님이 오신다고 알리고, 선생님을 내쫓으려고 마중간다고 알렸습니다. 제가 그곳에 있었습니다. …배가 고파서 집들 있는 데까지 내려왔었으니까요. 배불리 먹기 위해서 두엄더미라도 뒤질 판이었습니다. …'귀부인'이었던 제가 시어진 닭 모이를 조금 닭들에게서 빼앗아 먹으려고 할 참이었습니다…."

그 여자는 운다. …그러다가 말을 다시 계속한다. "선생님께는 선생님을 위해 '피하십시오' 하고 말씀드리고, 저를 위해서는 '불쌍하게 여겨 주십시오!" 하고 말씀드리기 위해 선생님을 찾아내겠다는 극도의 불안 때문에, 저는 우리 율법에 어긋나게 개, 돼지, 닭들은 이스라엘의 집 가까이에서 살지만 문둥병자는, 그가 비록 이름으로만 문둥병자인 여자일지라도 빵을 청하러 내려올 수 없다는 것을 잊어버리게 되었습니다. 그래서 저는 선생님이 어디 계신지 물으려고 앞으로 나아갔습니다. 그들이 어둠 속에서 저를 즉시 보지는 못하고 '그가 강둑을 따라 올라오고 있다'고 대답했습니다. 그러나 곧 저를 보고는, 빵 대신에 돌을 제게 던졌습니다. 저는 선생님을 만나려고, 또 개 같은 자들을 피하려고 밤 사이에 달려 왔습니다. 저는 배가 고프고, 춥고, 무서웠습니다. 저는 선생님이 저를 발견하신 곳에서 쓰러졌습니다. 여기에서요. 저는 죽는 줄 알았습니다. 그런데 반대로 선생님을 만났습니다. 주님, 저는 문둥병자가 아닙니다. 그러나 젖에 있는 이 헌데 때문에 산 사람들 가운데로 다시 돌아가지 못하게 됐습니다. 저는 제 아버지가 살아 계실 때처럼 예리고 장미가 다시 되기를 청하지는 않습니다. 다만 적어도 사람들 가운데에서 살면서 선생님을 따르기를 청합니다! 10월에 제게 말을 한 사람들은 선생님이 여자 제자들을 두셨고, 그 여자들과 같이 계신다고 말했습니다. …그러나 우선 도망하십시오. 돌아가지 마세요. 인자하신 선생님!"

"나는 때가 되지 않는 한 죽지 않을 것입니다. 저기 있는 저 바위로 가시오. 안전한 동굴이 하나 있소. 쉬시오. 그리고 사제를 가서 만나시오."

"주님, 왜요?" 여자는 불안해서 몸을 떤다.

예수께서는 미소를 지으신다. "광야에서 피고, 죽은 것같이 보이면서도 여전히 살아 있는 예리고의 장미꽃이 다시 되시오."

여자는 가슴 위의 옷을 약간 벌리고 들여다보더니 외친다. "이젠 아무것도 없습니다! 오! 주님! 하느님!" 그러면서 이마를 땅에 대고 엎드린다.

"이 여자에게 빵과 먹을 것을 주어라. 마태오, 너는 네 샌들 한 켤레를 주어라. 나는 이 여자가 식사를 한 다음에 사제를 보러 갈 수 있게 겉옷 하나를 주겠다. 유다야, 정결례의 비용을 위해 돈도 좀 주어라. 이 여자를 게쎄마니에서 기다렸다가 엘리사에게 주자. 엘리사는 말을 하나 내게 청했었다."

"아닙니다, 주님. 저는 쉬지 않고, 즉시, 즉시 가겠습니다."

"그러면 강으로 내려가 몸을 씻고 겉옷을 입으시오…."

"주님" 하고 열성당원이 말한다. "겉옷은 제가 문둥병자 여인에게 주겠습니다. 제가 엘리사에게 이 여자를 데리고 가게 허락해 주십시오. 저는 이 여자를 저로 보고, 두 번째 병이 나으므로 행복합니다."

"네가 원하는 대로 하여라. 이 여인에게 필요한 것을 주어라. 내 말을 잘 들으시오. 가서 정결례를 한 다음 베다니아로 가서 라자로를 찾으시오. 그리고 내가 도착할 때에는 그의 집에 두어 달라고 말하시오. 평안히 가시오."

"주님! 언제 주님의 발에 입맞춤할 수 있겠습니까?"

"멀지 않아, 가시오. 그러나 죄만이 내게 혐오감을 일으킨다는 것을 아시오. 그리고 당신 남편을 중개로 해서 나를 만났으니까, 남편을 용서하시오."

"맞습니다. 저는 남편을 용서합니다. 저는 가겠습니다. …오! 주님! 사람들이 주님을 미워하는 여기서 지체하지 마십시오. 제가 이 말씀을 드리려고 하룻밤 동안 기진맥진하며 걸어 왔다는 것을 생각하십시오. 그리고 만일 주님을 만나는 대신에 다른 사람들을 만났더라면, 제가 그들에게 뱀처럼 돌에 맞아 죽을 수도 있었다는 것을 생각하십시오."

"기억하겠소. 아주머니, 가시오. 옷을 불사르시오. 시몬아, 이 여자를 데리고 가라. 우리는 뒤에 따라가겠다. 다리 있는 데서 너희와 합류할 것이다."

그들은 헤어진다.

"그렇지만 이제는 우리가 정결례를 행해야 하겠습니다. 우리는 모두가 부정을 탔습니다."

"그 여자는 문둥병자가 아니었다. 시몬의 유다야. 내가 이렇게 말하는 것이다."

 "어떻든 저는 정결례를 행하겠습니다. 제 몸에 부정이 있는 것을 원치 않으니까요."

 "순박한 백합꽃이로군!" 하고 베드로가 외친다. "주님이 당신은 부정을 탔다고 생각하지 않으시는데, 자네는 부정을 탔다는 건가?"

 "그리고 주님이 문둥병자가 아니라고 잘라 말씀하시는 그 여자는! 선생님, 그 여자의 병은 무엇이었습니까? 헌데를 보셨습니까?"

 "보았다. 남자의 음탕의 결과이다. 그러나 그 여자는 문둥병자는 아니었다. 그리고 남자가 성실한 사람이었더라면, 자기가 그 여자보다 더 병이 중했으니까 아내를 내쫓지는 않았을 것이다. 그러나 음탕한 사람들에게는 모든 것이 그들의 욕구를 만족시키는 데 소용된다. 유다, 너는 가고 싶으면 가도 된다. 게쎄마니에서 다시 만나자. 그리고 너를 깨끗하게 하여라! 너를 깨끗하게 해! 그렇지만 깨끗하게 하는 것의 첫째 것은 진실성이다. 너는 위선자다. 이것을 기억하여라. 그러나 가도 된다."

 "아니, 그냥 있겠습니다! 선생님이 그렇게 말씀하시니, 믿겠습니다. 그러니까 저는 부정하지 않습니다. 그래서 선생님과 같이 있겠습니다. 선생님은 제가 음란해서 이 기회를 이용해서…라는 뜻으로 말씀하시지만…저는 선생님이 제 사랑이라는 것을 이렇게 증명해 드립니다."

 그들은 빨리 내려온다.

51. 물이 불은 요르단강의 기적

　마침내 오늘 새벽 일찍부터 내 정신적인 보는 능력과 내 정신적인 듣는 능력을 사로잡고 있던 것을 쓸 수 있게 되었다. 하느님의 일을 보고 들어야 하고, 내 정신이 보는 것이 아닌 다른 것을 견딜 수가 없는데, 바깥 세상의 일이나 집안일을 듣기 위하여 하는 노력 때문에 나는 고통을 당한다.
　내가 예수님께 "제가 여기 왔습니다! 이제는 앞으로 나아가셔도 됩니다!" 하고 말씀드릴 순간을 기다릴 때, 참을성을 잃지 않으려면…얼마나 참을성이 내게 필요한지 모른다! 왜냐하면, 벌써 여러 번 말하였고, 지금 되풀이해서 말하지만, 내가 보는 것에 대한 이야기를 계속하거나 시작하지 못하게 되면, 그때에는 그 장면이 처음부터 또는 내가 방해를 받은 그 시점에서 중단되었다가, 내가 자유롭게 그 장면을 지켜볼 수 있게 될 때에 다시 전개되기 때문이다. 이것은 하느님께서 세세한 점을 빠뜨리거나 틀리는 것을 피하게 하시려고 그러시는 것으로 생각한다. 만일 내가 얼마 후에 쓰면 그런 일이 일어날 수 있을 것이다.
　내가 보고 듣기 때문에 쓰는 그것을, 나는 보고 듣는 동안에 쓴다는 것을 양심적으로 단언한다.
　그러니까 이것은 내가 오늘 아침부터 보는 것이다. 그리고 내게 마음 속으로 알려 주시는 분은 이것이 길고 아름다운 환시의 시초라고 말씀하신다.

　예수께서 몹시 고약한 날씨에 말할 수 없이 진흙으로 된 길을 가신다. 길은 작은 진흙 개천이어서 발을 옮겨놓을 때마다 진흙이 튀는데, 누름스름하고, 착착 달라붙고, 멀렁멀렁한 비누처럼 미끄러운 진흙이다. 그 진흙이 샌들에 달라붙고, 부항 항아리처럼 샌들을 빨아들이고는 동시에 어디론가 새버려, 끊임없이 미끄러지기 때문에 걷기가 힘들다.
　지난 며칠 동안에 비가 오고 또 온 모양인데, 하늘은 아직도 비를 예고하고 있다. 하늘은 착 내려앉았고, 납빛깔이며, 동남풍이나 동풍에 불린 짙은 구름들이 마구 돌아다닌다. 그 바람의 밀도가 너무 강해서 입안에 들어오는 공기가 마치 꿀을 바른 들척지근한 물체로 느껴질 정도이다. 풀과 나뭇가지를 휘게 하는 이 단속적인 바람의 기운도 날씨를 가볍게 하지는 못한다. 그래서 바람이 지나가고 나면, 모든 것이 소나기가 쏟아질 듯한 무거운 부동(不動)의 상태로 돌아간다. 가끔 구름이 터지면서, 마치 미지근한 샤워에서 오는 것처럼 뜨뜻한 굵은 빗방울이 떨어지면서 진흙탕에 거품을 일게 하며, 옷과 다리에 흙탕물을 한층 더 튀게 한다.

예수와 사도들이 무릎까지 내려오는 속옷을 치켜올려 허리까지 올라오게 하여 끈으로 허리띠에 매놓았는데도 아랫쪽은 온통 진흙투성이가 되어서, 아랫도리는 축축하고, 더 위에 튀어 오른 진흙 얼룩들은 거의 말랐다. 옷들과 겉옷들은 그것들을 깨끗하게 보존하고, 또 짧기는 하지만 세찬 소나기를 이중으로 막으려고 할 수 있는 대로 높이 들고 가는 것까지도 흙탕물로 온통 더럽혀졌다. 발과 다리는 다리 중간까지 진흙이 밴 두꺼운 모직 양말을 다리에 박아 넣은 것 같이 보인다.

제자들은 날씨와 길에 대하여 조금 불평을 하고, 말이 나온 김에 말하지만, 이런 날씨에 길을 가려고 하는 선생님의 별로 위생적이 아닌 의지에 대하여도 불평을 한다.

예수께서는 못듣는 체하신다. 그러나 듣고 계시다. 두세 번 약간 뒤돌아보신다 — 그들은 오른쪽보다 좀더 높아서, 그 때문에 덜 진 길 왼쪽으로 가기 위하여 거의 일렬종대로 걸어간다 — 예수께서는 그들을 보시려고 돌아다보시지만, 말씀은 하지 않으신다.

마지막으로 제자들 중에서 제일 나이 많은 사람이 말한다. "아이고! 불쌍한 내 신세! 내 몸에서 마르는 이 습기하고, 나는 이제 고통을 느끼게 될 거야. 나는 이제 늙었단 말이야! 서른 살이 아니거든!"

그러니까 마태오도 투덜거린다. "또 나는 어떡하구! 나는 이런 것에 습관이 돼 있지 않아. …가파르나움에 비가 올 때면, 베드로 자네가 잘 알다시피, 나는 집에서 나오지를 않았어. 염세서(鹽稅署)의 계산대에 사무원들을 배치하면, 그들이 돈 내야 하는 사람들을 내게로 데려오곤 했었어. 나는 이런 목적으로 진짜 집무체계를 마련했었어. 사실이야. …그리고 또 날씨가 나쁠 때 누가 출입을 하냐? 흠! 어떤 우울증

환자나 그러지. 장과 여행은 날씨 좋을 때에 하는 거야…."

"입들 다물어! 선생님이 들으셔!" 하고 요한이 말한다.

"천만에, 듣지 못하셔. 선생님은 지금 생각하시는 중인데, 생각하실 때는…우리가 존재하지 않는 것과 같아" 하고 토마가 말한다.

"그리고 무슨 일을 한번 결정하시면, 아무리 정당한 주의를 드려도 생각을 바꾸지는 않으신단 말이야. 선생님은 당신하고 싶으신 대로 하셔. 당신 자신밖에 안 믿으셔. 이것이 선생님의 파멸일 거야. 내 말을 좀 들으시면 좋을 텐데. …나는 아는 게 참 많거든!" 유다가 능수능란한 사람이라는 자만을 가지고 "다른 사람들보다 낫다"는 거드름을 피우며 말한다.

"자네가 뭘 아나?" 하고 베드로가 화가 나서 시뻘개져서 갑자기 묻는다.

"자넨 무엇이든지 알지! 자넨 어떤 친구들이 있나? 자넨 아마 이스라엘의 거물인 모양이지? 그러나 웃기지 말아! 자네도 다른 사람들이나 나같이 보잘 것 없는 사람이야. 좀더 미남자이지. …그러나 젊음의 아름다움은 하루밖에 가지 못하는 꽃이야! 나도 미남자였어!"

요한의 맑은 웃음소리가 공중에 울려 퍼진다. 다른 사람들도 웃는다. 그리고 베드로의 주름과 모든 뱃사람의 다리처럼 좀 벌어진 그의 다리와 약간 소눈 같고 호수의 바람으로 붉어진 그의 눈 때문에 그를 좀 놀려먹는다.

"실컷 웃게, 그렇지만 이건 사실이야. 그리고 내 말을 막지들 말라구. 유다, 자네 말 좀 해보게. 자네가 어떤 친구들을 두었나? 자네가 뭘 아나? 자네가 안다고 이해시키는 것을 알기 위해서는 자네가 예수님의 적들 가운데 친구들을 가지고 있는 것이 틀림없어. 그런데 적들 가운데 친구를 가진 사람은 배반자야. 이봐, 총각! 자네의 아름다움에 애착을 가지고 있거든 조심하게! 내가 이제는 미남자가 아닌 것은 사실이지만, 내가 아직 힘이 세다는 것도 사실이고, 자네 이빨 몇 개 부러뜨리는 거나 눈 하나 꿰뚫는 것 따위는 어려운 일이 아닐 테니까 말이야" 하고 베드로가 말한다.

"저 말투 좀 봐! 정말이지 교양없는 어부의 말투야!" 하고 유다가 모욕을 당한 왕자와 같은 경멸하는 태도로 말한다.

"그렇고 말고! 그리고 난 그걸 자랑스럽게 생각해. 어부야. 그렇지만 우리 호수처럼 솔직한 어부란 말이야. 우리 호수는 폭풍우를 일으킬 생각이면, '잔잔하게 해주마' 하고 말하지 않고, 좀 몸서리를 치고, 하늘 꼭대기에다 구름 몇 덩어리를 중인처럼 놔둔단 말이야. 그 경고를 알아 듣고 거기 따라서 행동하려면 바보이거나 술취해 있지만 않으면 된단 말이야. 그런데 자네는…대단한 것같이 보이는 이 진흙과 같단 말이야. 보라구" (그러면서 발로 힘껏 밟아서 흙탕물을 미남인 가리옷 사람의 턱에까지 튀게 한다).

"아니, 베드로! 이런 태도는 비열한 짓이야! 이게 사랑에 대한 선생님의 말씀의 결과 전분가!"

"또 자네의 경우에는 겸손과 솔직성에 대한 말씀은 어떻고? 자! 자네가 아는 걸 말해보게. 자네가 뭘 아나? 자네가 안다는 것이 사실인가. 그렇지 않으면 자네가 유력한 친구들을 가지고 있다고 믿게 하려고 잘난 체하는 건가? 벌레같이 보잘 것 없는 자네가 말이야!"

"내가 아는 것은 확실히 알고 있지만, 자네에게 말해서, 갈릴래아 사람인 자네 같은 사람이 좋아할 싸움을 걸지는 않겠네. 내가 되풀이해 말하지만 선생님이 고집을 덜 부리시면 대단히 좋을 걸세. 그리고 또 덜 과격하시면 말이야. 사람들은 자존심이 상하는 말을 듣는 데 지쳤단 말이야."

"과격하시다고? 그렇지만 선생님이 과격하시면, 자네를 즉시 강 속으로 날려 보내셔야 할 걸세. 저 나무들 위로 근사하게 날아갈 걸세. 그렇게 되면 자네 얼굴에 더럽게 붙어 있는 진흙이 씻어질 걸세. 그렇게 하는 것이 자네 마음을 씻는 데 소용될 수 있었으면 좋겠네. 자네 마음은, 내 생각이 틀리지 않으면, 내 다리보다도 더러운 것이 더 덕지덕지 붙어 있을 것이 틀림없네." 과연 털이 매우 많고 키가 작은 베드로의 다리는 어지간히 진흙이 많이 묻었다. 베드로와 마태오는 거의 무릎에까지 진흙투성이이다.

"아니, 이젠 그만들 해 두게" 하고 마태오가 적절하게 말한다.

예수께서 걸음을 늦추시는 것을 알아차린 요한은 예수께서 들으신 것이 아닌가 하고 의심이 나서, 걸음을 재촉하여 동료 두세 사람을 앞질러 예수 계신 곳까지 가서 그 곁에 가서 "선생님!" 하고 부른다. 언제나 그러는 것처럼 가만히, 그리고 머리를 쳐들면서 사랑 가득한 눈길로 부른다. 머리를 쳐드는 것은 키가 더 작기 때문이기도 하고, 다른 사람들은 더 높은 둑으로 걸어가는데 요한은 길 한가운데에 있기 때문이기도 하다.

"오! 요한아! 나를 따라왔니?" 하고 예수께서 말씀하시며 미소를 보내신다.

요한은 선생님이 들으셨는지 알기 위하여 선생님의 얼굴을 다정스럽게, 그러면서도 겁도 내고 살펴보면서 대답한다. "예, 선생님. 저를 원하십니까?"

"나는 항상 너를 원한다. 나는 너희 모두 가지고 있기를 원한다. 그리고 너 같은 마음을 모두 가지고 있기를 원한다. 그러나 네가 지금 있는 곳으로 걸어 가면, 흠뻑 젖고 말겠다."

"선생님, 그건 상관없습니다! 선생님 곁에 있는 것 말고는 제게 중요한 것이 아무것도 없습니다!"

"너는 항상 나와 함께 있고 싶으냐? 너는 내가 조심성이 없고, 너희들까지도 난처한 처지에 몰아넣을 수 있다고 생각하지 않는구나. 너는 내가 네 의견을 따르지 않기 때문에 모욕을 당한다고 느끼지 않느냐?"

"아이고! 선생님! 그럼 들으셨군요?" 요한은 어쩔 줄을 모른다.

"다 들었다, 맨 처음부터. 그러나 슬퍼하지 말아라. 너희들은 완전하지 못하다. 내가 너희들을 고를 때 그것을 알고 있었다. 또 너희가 빨리 완전하게 되기를 바라지도 않는다. 너희들은 우선 두 가지 이식(移植)을 통해서 야생 상태에서 가정 상태로 건너와야 한다."

"어떤 이식입니까, 선생님?"

"하나는 피의 이식이고, 하나는 불의 이식이다. 그런 다음에는 너희들이 하늘의 용사가 돼서 우선 너희부터 시작해서 세상을 회개시킬 것이다."

"피와 불이요?"

"그렇다, 요한아. 피는 내 피다…."

"안 됩니다, 예수님!" 하고 요한은 신음하며 말을 막는다.

"침착해라, 이 사람아. 내 말을 중단하지 말고, 우선 제일 먼저 네가 이 진리들을 들어라. 너는 그럴 자격이 있다. 피는 내 피이다. 너는 이미 알고 있다. 나는 이 때문에 왔다. 나는 구속자이다. …예언자들을 생각하여라. 그들은 내 사명을 묘사할 때에 점 하나도 빠뜨리지 않았다. 나는 이사야가 묘사한 사람일 것이다. 그리고 내가 피를 잃었을 때, 내 피가 너희들을 풍부하게 할 것이다. 그러나 나는 이것으로 만족하지 않겠다. 너희들이 하도 불완전하고, 약하고, 이해하지 못하고, 겁이 많기 때문에, 영광스럽게 되어 아버지 곁에 있을 나는 너희들에게 불과 힘이신 분을 보내겠다. 이 불과 힘이신 분은 내가 아버지에게서 났다는 그 사실에서 나오시는 분이시고, 하나를 가지고 생각과 피와 사랑이라는 셋을 만듦으로 풀리지 않는 고리로 아버지와 아들을 맺어놓는 분이시다. 하느님 성령, 아니 그보다도 하느님의 성령의 영이, 하느님의 모든 완전을 갖추신 완전이 너희 위에 오실 때에는 너희들이 지금의 너희가 아닐 것이다. 그렇지 않고, 새롭고, 힘있고, 거룩한 너희가 될 것이다. …그러나 너희들 중의 한 사람에게 이 피가 아무것도 아닐 것이고, 그 불이 아무것도 아닐 것이다. 그것은 그의 경우에는 피가 그를 영벌에 처할 능력을 가질 것이고, 그는 영원히 다른 불을 겪을 것이기 때문이다. 그 다른 불 속에서 그는 피를 토하고 피를 삼키면서 탈 것이다. 그것은 그가 하느님의 피를 배반할 순간부터 그가 육체의 눈길이나 영적인 눈길을 보내는 곳에서는 어디에서나 피를 보겠기 때문이다."

"아이고! 선생님! 그게 누굽니까?"

"언젠가 알게 될 것이다. 지금은 모르는 체해라. 그리고 사랑으로, 알려고 애쓰지도 말아라. 알려고 하는 것은 의심한다는 것을 가정한다. 의심은 벌써 사랑의 결핍이니까 네 형제들을 의심해서는 안 된다."

"제가 배반자가 아닐 거라는 것과 야고보도 아닐 거라고 선생님이 보증만 해주시면, 저는 그것으로 충분합니다."

"오! 너는 아니다! 또 야고보도 아니고 충실한 요한, 너는 내 위안이다!" 그러시면서 예수께서 한 팔로 요한의 어깨를 감싸시고 그를 당신께로 끌어당기신다. 그리고 두 사람은 이렇게 껴안은 채 걸어 간다.

두 사람은 한동안 말이 없다. 다른 사람들도 이제는 말이 없다. 땅 위에 걸음 옮겨지는 소리밖에 들리지 않는다.

그러다가 다른 소리가 들려 온다. 끓어 넘치는 소리다. 독감에 걸린 사람이 무겁게 코고는 소리와도 같다. 이따금씩 가벼운 폭발음으로 중단되는 단조로운 끓어 넘치는 소리이다.

"들리느냐?" 하고 예수께서 말씀하신다. "강이 가까웠다."

"그렇지만 우리는 밤이 되어서야 걸어서 건너는 데에 갈 겁니다. 곧 어두워질 테니까요."

"어떤 오막살이에서 자기로 하자. 그리고 내일 강을 건너자. 물이 시시각각으로 불어나기 때문에 더 일찍 도착하기를 바랐었는데, 들리느냐? 강가에 있는 갈대들이 불어난 물의 무게를 못 이겨 부러진다."

"데카폴리스의 저 마을들에서는 선생님을 몹시 붙잡았는데요! 우리는 그 병자들에게 '다음 번에 봅시다!' 하고 말했지요, 그렇지만…"

"그렇지만 병든 사람은 낫기를 원한다, 요한아. 그리고 동정심을 가진 사람은 즉시 고쳐 준다, 요한아. 그러나 상관없다. 그래도 우리는 건너갈 것이다. 나는 오순절을 위해서 예루살렘에 돌아가기 전에 강 건너편에도 전도하기를 원한다."

그들은 다시 침묵을 지킨다. 비오는 날은 으레 그렇듯이 빨리 어두워진다. 점점 더 어두워지는 황혼 속에서 걸음은 한층 더 어려워진다. 길가에 있는 나무들도 그 우거진 잎으로 더 어둡게 한다.

"길 저편으로 건너가자. 이제는 걸어서 건너는 데 아주 가까이에 와 있다. 오막살이를 하나 찾자."

그들이 길을 건너가니, 다른 사람들도 따라 건넌다. 그들은 진흙투성이의 도랑을 하나 건너간다. 물이라기보다는 오히려 진흙탕인데, 요란한 소리를 내면서 강으로 흘러 들어간다. 그들은 더듬다시피 하면서 이 나무에서 저 나무로 건너 가면서, 소리가 더 가까워지고 더 세게 들리는 강을 향하여 간다.

달빛 한 가닥이 구름을 뚫고 두 구름 사이를 지나 내려와서, 물이 매우 늘고 이 지점에서는 매우 넓은 요르단강의 흙탕물을 반짝이게 한다. 평소에는 고요하고 얕은 물이, 지금도 여전히 살랑거리는 소리를 들을 수 있는 갈대들이 시작되는 호숫가의 모래밭의 가는 모래들을 드러내던 하늘색의 고요하고 아름다운 그런 강이 아니다.

지금은 물이 사방에 들어와서 첫번째 갈대들은 구부러지고 부러지고 물에 잠겨서 보이지 않게 되었다. 기껏해야 잎으로 만들어진 리본이

물 위에 찰랑거리며 작별 인사를 하거나 조난신호를 보내는 것 같다. 물이 벌써 첫째 나무들 밑에까지 왔다. 그 나무들은 크고 잎이 우거졌으며 밤 어두움 속에 두껍고 어두운 일종의 담을 만들어 놓고 있다. 수양버들 몇 그루가 누르스름한 물 속에 흐트러진 머리채 같은 가지끝들을 잠그고 있다.

"여기는 걸어서 건너갈 수가 없겠는데" 하고 베드로가 말한다.

"여기는 안 돼. 그렇지만 저기로는 아직 건너 다니고 있어" 하고 안드레아가 말한다.

과연 네발 짐승 두 마리가 조심조심 강을 건넌다. 물이 짐승들의 배에까지 찬다.

"짐승들이 건너 다니면 배들도 건너 가겠지."

"그렇지만 밤이라도 지금 곧 건너가는 게 나을 거야. 구름이 걷히고 달이 있어. 이 시기를 놓치지 말자. 배가 있는지 찾아보자…." 그러면서 베드로는 구슬프게 "어…이!" 하는 소리를 세 번 길게 지른다.

대답이 없다.

"더 아랫쪽에 있는 건너는 여울목에 가자. 거기에는 멜키아가 아들들과 같이 있을 것이다. 그에게는 지금이 대목이다. 그가 우리를 건네줄 것이다."

그들은 강을 끼고 나 있는, 거의 강을 스치며 가는 오솔길로 할 수 있는 대로 빨리 걸어 간다.

"아니 저건 여자가 아니냐?" 하고 예수께서 이제는 말을 타고 강을 건너와서 오솔길에 멈추어 있는 두 사람을 바라다보시면서 말씀하신다.

"여자요?" 베드로와 다른 사람들은 잘 보이지 않아 말에서 내려 기다리고 있는 저 어두운 형체가 남자인지 여자인지 분간을 하지 못한다.

"그렇다, 여자다. 마리아…다. 지금 달빛을 받고 있는 저 여자를 보아라."

"선생님은 눈이 잘 보여 좋으시겠습니다. 눈이 좋으시군요!"

"마리아다, 무슨 일일까?" 그러면서 예수께서 "마리아야!" 하고 외치신다.

"선생님! 선생님이세요? 선생님을 만나게 되었으니 하느님을 찬미합니다!" 그러면서 마리아는 영양처럼 예수께로 달려 온다. 울퉁불퉁한 오솔길에서 마리아가 어떻게 걸려 넘어지지 않는지 모르겠다. 마리아는 매우 무거운 첫째 겉옷을 떨어뜨리고, 이제는 베일을 쓰고, 더 가벼운 겉옷은 우중충한 옷 위의 몸 둘레에 감고서 앞으로 나아온다.

예수 계신 데로 와서는 진흙은 상관하지 않고 예수의 발 앞에 무릎을 꿇는다. 숨을 헐떡인다. 그러나 기뻐한다. 마리아는 되풀이 말한다. "선생님을 만나게 해주신 하느님께 영광!"

"마리아야, 왜 그러느냐? 무슨 일이 일어났느냐? 너는 베다니아에 있지 않았느냐?"

"선생님께서 말씀하신 대로 베다니아에서 선생님의 어머니와 다른 여자들과 같이 있었습니다. …그러나 선생님 마중을 나왔습니다. …오빠는 많이 아프기 때문에 올 수가 없었습니다. …그래서 하인을 데리고 왔습니다."

"네가 이 계절에 총각과 혼자서 여행을 하다니!"

"오! 선생님! 선생님은 제가 무서워한다고 생각하신다고 말씀하시려는 것은 아니겠지요. 저는 그 많은 악을 행하는 것을 무서워하지 않았습니다. …이제는 선을 행하는 것을 무서워하지 않습니다."

"그런데, 왜 왔느냐?"

"건너오지 마시라고 선생님께 말씀드리려고 왔습니다. …건너편에는 선생님을 해치려고 그들이 기다리고 있습니다. …제가 그것을 알았습니다. …저는 그것을 전에…전에 저를 사랑했던…헤로데 당원을 통해서 알았습니다. …그가 아직 사랑으로 그 말을 했는지 미움으로 그 말을 했는지는 모르겠습니다. …제가 아는 것은 어제 그가 철책을 통해서 저를 보고 이렇게 말한 것입니다. '어리석은 마리아, 너는 지금 네 선생님을 기다리고 있는 중이지? 잘하는 일이다. 이것이 마지막일 테니까 말이다. 그가 유다로 건너오면 붙잡힐 거다. 그를 잘 봐둬라. 그리고 빠져나오너라. 지금 그의 곁에 있는 것은 조심성있는 일이 아니니까 말이다…' 하고요. 그러니…제가 어떤 마음을 가지고…사정을 알아보았는지 생각하실 수 있지요. …선생님도 아시다시피…저는 그런 사람들을 많이 압니다. …그런데 그 사람들이 저를 미친 여자로나…마귀들린 여자로 취급하면서도 제게 아직 말은 합니다. …저는 그것이 사실이라는 것을 알았습니다. 그래서 선생님의 어머니께는 걱정을 끼치지 않으려고…아무 말씀도 드리지 않고 말 두 필을 가지고 왔습니다. 피하십시오. 선생님, 즉시 피하십시오. 만일 선생님이 여기 요르단강 건너편에 계시다는 것을 그들이 알면 이리로 올 것입니다. 그리고 헤로데는 선생님을 찾습니다. …이제는 선생님께서 마케론테에 너무 가까이 계십니다. 떠나십시오. 멀리 떠나세요. 제발, 제발, 선생님!"

"마리아야, 울지 말아라…."

"무섭습니다, 선생님!"

"아니다! 밤중에 강을 건널 만큼 용감한 네가 무서워하다니!…"

"그러나 이것은 강이지요. 저 사람들은 선생님의 적입니다. 그리고 선생님을 미워합니다. …선생님에 대한 그들의 증오가 무섭습니다. …저는 선생님을 사랑하니까요".

"두려워 말아라. 그들이 나를 아직은 잡지 못할 것이다. 내 때가 아직 되지 않았다. 그들이 길마다 많은 군대와 부대들을 배치하더라도 나를 잡지는 못할 것이다. 그러나 네가 원하는 대로 하마. 뒤로 돌아가겠다…."

유다가 막연히 무엇이라고 중얼거리니, 예수께서 대답하신다. "유다야, 그렇다. 네가 말하는 바로 그대로다. 그러나 네 말의 첫째 부분은 정확히 맞았다. 내가 마리아의 말을 옳다고 생각한다는 것은 맞았다. 그러나 네가 암시하는 것과 같이 여자이기 때문이 아니라, 사랑의 길에 가장 많이 전진한 여자이기 때문에 그를 옳다고 여기는 것이다. 마리아야, 네가 할 수 있는 한 집으로 돌아가거라. 나는 뒤로 돌아가서, 건너갈 수 있는 데에서…건너가서 갈릴래아로 가겠다. 내 어머니와 다른 사람들과 같이 가나의 수산나의 집으로 오너라. 거기서 어떻게 해야 할지를 너희에게 말해 주겠다. 축복을 받고 평안히 가거라. 하느님께서 너와 함께 계신다."

예수께서는 마리아의 머리에 한 손을 얹으시고, 이렇게 강복을 하신다. 마리아는 그리스도의 손을 잡아 입맞춤한다. 그리고 다시 일어나서 돌아간다. 예수께서는 그가 가는 것을 바라다보시고, 그가 두꺼운 겉옷을 주워서 다시 입고, 말 있는 데로 가서 건너는 데로 다시 가서 건너

가려고 말을 타는 것을 바라다보신다.

"그럼 이제는 떠나자" 하고 예수께서 말씀하신다. "너희들을 쉬게 하고 싶었지만, 그렇게 할 수가 없다. 유다가 어떻게 생각하건 나는 너희들의 보호에 마음을 쓴다. 그리고 만일 너희들이 내 원수들의 손아귀에 들어가면, 그것이 너희 건강에는 물과 진흙보다도 더 고약하리라는 것을 분명히 알아라…."

모두가 숨은 비난을 알아듣고, 그 비난이 그들이 앞서 이야기한 것들에 대한 대답으로 주어진 것임을 깨닫고 고개를 떨어뜨린다.

그들은 밤새껏 잠시 갰다가 잠깐 소나기가 오고 하는 것이 반복되는 가운데 걷고, 또 걷는다. 강 근처에 더러운 오막살이들이 널려 있는 작은 마을에 그들이 이르렀을 때 창백한 새벽빛이 나타나기 시작한다. 걸어서 건너는 데보다는 강이 덜 넓다. 작은 배들은 불어난 물에서 보호하기 위해서 마른 땅에 끌어올려져 있는데, 집들이 있는 뒤에까지 끌어올려져 있다.

베드로가 "어…이!" 하고 외친다.

어떤 오막살이에서 튼튼하지만 나이먹은 남자가 나온다. "왜 그러시오?"

"강을 건널 배를 구하오."

"안 되오! 강이 너무 불었소. …물살이…"

"아! 여보시오! 누구에게 그런 말을 하는 거요? 나는 갈릴래아의 어부요."

"바다는 바다요. …하지만 여긴 강이오. …나는 내 배를 잃고 싶지 않소. 또 그리고…나는 배가 하나뿐인데, 당신은 당신 친구들하고 사람이 많지요."

"거짓말 마시오! 당신 정말 배가 한 척뿐이오?"

"내가 거짓말을 하면 내 눈이 멀어도 좋소…."

"당신 눈이 실제로 멀지 않을지 조심하시오. 이분은 갈릴래아의 선생님이신데, 소경들에게 눈을 주시지만…당신의 눈을 멀게 해서 당신을 만족시킬 수도 있소."

"아이고 맙소사! 선생님! 용서하십시오. 선생님!"

"그러시오. 절대로 거짓말을 하지 마시오. 하느님께서는 진실한 사람들을 사랑하시오. 마을 사람 모두가 당신 말이 거짓말이라고 부인할 수 있는데, 왜 배를 하나밖에 가지지 못했다고 말하시오? 사람으로서는 거짓말을 했다가 그것이 폭로되면 너무나 창피스러운 일이오! 당신 배를 내게 주겠소?"

"모두 드리겠습니다. 선생님?"

"베드로야, 몇 척이나 필요하냐?"

"보통때면 두 척이면 충분할 것입니다. 그러나 물이 불어서 조종하기가 더 어려우니까 세 척이 필요할 것입니다."

"어부 양반, 쓰시오. 그렇지만 배들을 어떻게 되찾아옵니까?"

"배 하나에 타고 오시오. 아들들이 없소?"

"아들이 하나 있고, 사위가 둘에 손자들도 있소."

"한 배에 두 사람이면 충분히 돌아올 수 있소."

"갑시다."

그 사람은 다른 사람들을 부른다. 그리고 베드로와 안드레아와 야고보와 요한의 도움을 받으며 배들을 물에 띄운다. 물살이 세어서 배들을 끌고 가려고 한다. 가장 가까운 나무들에 배들을 붙잡아맨 밧줄들이 활시위처럼 팽팽하게 켕겨져서 힘을 쓰는 바람에 삐걱거린다.

베드로는 바라다본다. 배들을 보고, 강을 본다. 바라다보고 머리를 내저으며 반백이 된 머리를 긁적거린다. 그리고 예수께 이상야릇한 눈길을 보낸다.

"무서우냐, 베드로야?"

"어! 거의 그렇습니다…."

"무서워 말아라. 믿음을 가져라. 그리고 당신도. 하느님과 하느님이 보내신 사람들을 모시는 사람은 무서워해서는 안 된다. 타자, 내가 첫 배에 타겠다."

배주인은 체념한다는 몸짓을 한다. 그는 자기와 자기 친척들의 최후가 왔다고 생각하는 모양이다. 적어도 그는 배들을 잃게 되거나 물결치는 대로 떠내려갈 것이라고 생각할 것이 틀림없다.

예수께서는 벌써 배에 오르셔서 이물에 서 계신다. 다른 사람들은 예수와 같은 배를 타기도 하고, 다른 배들을 타기도 한다. 뭍에서 작은 노인 한 사람만이 남아서 밧줄을 살펴보고 있는데, 아마 사환인 모양이다.
 "다들 탔느냐?"
 "다들 탔습니다."
 "노들이 준비되었느냐?"
 "준비되었습니다."
 "당신은 강가에서 밧줄을 푸시오."
 작은 노인은 나무줄기 가까이에 매놓았던 갈고리에서 밧줄들을 푼다. 배들은 풀려나는 대로 밧줄들을 물이 흘러가는 방향인 남쪽으로 빗나간다. 그러나 예수께서는 기적을 행할 때의 얼굴을 하고 계신다.
 예수께서 강에 대고 뭐라고 말씀하시는지는 모르겠다. 내가 아는 것은 물살이 거의 멈추었다는 사실이다. 물살은 요르단강의 물이 불지 않았을 때의 느린 움직임밖에 없다. 배들은 어렵지 않게 물살을 가르고, 빨리 나아가기까지 한다. 그래서 배 주인이 놀라는 모양이다.
 배들은 건너편 강언덕에 닿았다. 사람들은 쉽게 배에서 내린다. 그리고 노가 움직이지 않고 있는데도 물살이 배들을 끌어가려고 하지 않는다.
 "선생님, 선생님은 정말 능력을 가지고 계시다는 것을 알겠습니다" 하고 배주인이 말한다. "선생님의 종에게 강복하십시오. 그리고 죄인인 저를 기억해 주십시오."
 "왜 능력이 있다고 말하오."
 "이거 보십시오! 이런 일이 선생님께는 별것 아닌 것으로 생각됩니까? 선생님은 물이 불은 요르단강의 흐름을 정지시켰습니다!"
 "여호수아가 벌써 이런 기적을, 그것도 이보다 더 큰 기적을 행했소. 언약의 궤를 지나가게 하려고 강물이 없어졌었으니까요…."
 "여보시오. 당신은 하느님의 진짜 언약의 궤를 건너오시게 했소" 하고 유다가 자랑스럽게 말한다.
 "지극히 높으신 하느님! 예, 믿습니다! 선생님은 참 메시아이십니다! 지극히 높으신 하느님의 아들, 오! 저는 강가의 도시와 마을들에 가서 이 말을 하겠습니다. 선생님이 행하신 것을, 선생님이 행하시는 것을 제가 본 것을! 선생님, 다시 오십시오! 불쌍한 제 고장에는 병자가 참 많습니다. 오셔서 그들을 고쳐 주십시오!"

"오겠소. 그동안 당신은 내 이름으로 믿음과 거룩함을 권해서 그들이 하느님의 뜻에 맞는 사람들이 되게 하시오. 안녕히 계시오. 평안히 가시오. 그리고 돌아가는 데 대해서 염려하지 마시오."

"염려하지 않습니다. 만일 걱정이 되면, 제 목숨을 불쌍히 여겨 주십사고 선생님께 청할 것입니다. 그러나 선생님을 믿고, 선생님의 친절을 믿고, 아무것도 청하지 않고 갑니다. 안녕히 가십시오!"

그는 다시 배에 올라 제일 먼저 이물을 강 가운데로 돌리고, 무사히 빨리 간다. 건너편 강가에 닿았다.

그가 뭍에 내릴 때까지 그대로 계시던 예수께서 강복하는 손짓을 하신다. 그리고 길로 들어서신다.

강물은 다시 빨리 흐르기 시작한다. …그리고 모든 것이 이렇게 끝난다.

52. 건너편 강가에서. 어머니를 만나시다

그들이 이제는 요르단강 건너편에 있고, 야산들로 된 두 번째 산맥이 있는 서남쪽으로 빨리 걸어간다. 이 산맥은 첫번째 산맥보다는 높지만, 여전히 낮은 야산들이며, 그 너머로는 요르단강 평야가 있다. 그들이 말하는 것을 들으니, 그들은 건너편에 버린 진흙탕에 다시 빠져들어가지 않으려고 평야를 피하였고, 손질이 더 잘 되고, 더구나 비가 올 때에는 더 편리한 안쪽 길로 해서 그들이 가야 할 곳으로 가려고 생각한다는 것을 알겠다.

"대관절 여기가 어디쯤 되지?" 하고 방향을 잘 분간하지 못하는 마태오가 묻는다.

"분명히 실로와 베델 중간이야" 하고 토마가 말한다. "유다와 함께 이리로 지나간 것이 얼마 안 됐어. 유다는 베델에서 바리사이파 사람들에게 초대되었었지."

"자네도 대접을 받을 수 있었는데, 자넨 오려고 하지 않았지. 그러나 그 사람들도 나도 자네에게 '오지 말게' 하고 말하지는 않았네."

"나도 자네들이 그 말을 했다고 말하지 않네. 나는 그저 거기서 복음을 전하던 제자들과 같이 있는 편을 택했다는 말만을 하겠네."

사건은 이것으로 끝났다. 그리고 안드레아까지도 기뻐하며 말한다. "만일 베델에서 우리가 바리사이파 사람들을 친구로 가지고 있으면, 우리가 공격을 당하지 않겠구먼."

"그러나 우리는 예루살렘으로 가지 않고 뒤로 돌아가고 있는데" 하고 그들이 안드레아에게 이의를 제기한다.

"우리는 그래도 과월절을 지내러 예루살렘으로 가야 하는데, 어떻게 갈지 모르겠는데…."

"그렇구 말구! 선생님은 왜 우리가 가나로 돌아간다고 말씀하셨지? 여자들이 돌아올 수 있었고, 그러면 우리는 순례를 할 수가 있었는데 말이야…."
 "내 아내가 예루살렘에서 과월절을 지내지 못하리라는 건 숙명적이야!" 하고 베드로가 외친다.
 요한은 열성당원과 열심히 말씀을 하고 계신 예수께 질문한다. "선생님, 갔다가 때맞춰 돌아오려면 어떻게 해야 합니까?"
 "모르겠다. 하느님께 맡겨 드린다. 우리가 늦더라도 내 탓은 아닐 것이다."
 "선생님이 조심성있게 처신하신 것은 잘 하신 일입니다" 하고 열성당원이 말한다.
 "오! 나는 내 때가 아직 되지 않았으니까 계속했을 것이다. 그러나 너희들은 얼마 전부터 몹시…피로해 있으니, 뜻밖의 일을 어떻게 견디어냈겠느냐?"
 "선생님의…말씀이 맞습니다. 마귀 한 놈이 저희들 가운데 입김을 불어넣은 것 같습니다. 저희들은 많이도 변했습니다!"
 "사람은 피로해지기 마련이다. 사람은 일이 빨리 되어 나가기를 바라고, 터무니없는 꿈들을 꾸고 있다. 꿈이 현실과 다른 것을 알아차리면, 마음이 어지러워진다. 그리고 착한 뜻을 가지고 있지 않으면 약해진다. 한순간에 혼돈(混沌)에서 우주를 나오게 하실 수 있는 선능하신 분께서 날이라고 불리는, 시간으로 구분된 일정한 기간 동안에 그렇게 하셨다는 것을 사람은 기억하지 못한다. 나는 온 세상의 영적인 혼돈에서 하느님의 나라를 나오게 해야 한다. 그리고 나는 이 일을 하겠다. 나는 하느님의 나라의 기초를 세우겠다. 나는 지금 그 기초를 세우는 중이다. 그래서 무너지지 않을 기초를 닦기 위해 매우 단단한 바위를 깨뜨려야 한다. 너희들은 천천히 벽을 쌓아올려야 한다. 너희 후계자들은 일을 높게 넓게 계속할 것이다. 내가 일을 하다가 죽을 것과 같이 너희도 그렇게 죽을 것이다. 그리고 피를 흘리면서 죽는 다른 사람들이 있을 것이고, 또는 피는 흘리지 않더라도 희생 정신과 너그러운 정신을 요구하고, 눈물과 피와 한없는 참을성을 요구하는 이 일로 쇠약해져서 죽는 다른 사람들도 있을 것이다…."
 베드로가 반백의 머리를 예수와 요한 사이로 내민다. "무슨 말씀을 나누시는지 알 수 있을까요?"

"오! 시몬아! 이리 오너라. 미래의 교회에 대해 말하고 있었다. 너희들의 서두름과 권태와 낙담과 그와 비슷한 다른 것들 대신에 미래의 교회는 침착과 꾸준함과 노력과 신뢰를 요구한다는 것을 설명하고 있었다. 미래의 교회는 그의 모든 구성원의 희생을 요구한다고 설명하고 있었다. 교회의 창시자이고 그 신비적인 머리인 나를 위시하여, 너희에 이르기까지, 모든 재산에 이르기까지, 그리스도인이라는 이름을 가지고 보편적인 교회의 일원이 될 모든 사람에 이르기까지. 그리고 교계 제도의 큰 등급 안에서 실제로 가장 보잘 것 없는 사람들, 그저 '괴짜'로나 보이는 사람들이 교회를 참으로 살아 있는 것이 되게 할 것이다. 정말이지 자꾸만 새로워지는 사도집단들의 믿음과 힘을 생생하게 유지하기 위하여 자주 이 사람들에게 피신해야 하겠고, 또 그 사도들을 사탄에 의하여, 또 새암하고, 교만하고, 불신하는 사람들에 의하여 괴롭힘을 당하게 내버려 두어야 할 것이다. 그리고 그들의 정신적인 순교는 육체적인 순교와 마찬가지로 고통스러울 것이다. 그것은 그들이 그들을 행동하도록 격려하시는 하느님의 뜻과 사탄의 도구인 인간의 악의 사이에 끼여 있겠기 때문이다. 사실 사탄은 사도들에게서 내 사업을 마비시키고, 그 하나하나가 악마에 대한 결정적인 타격이 되는 내 사업의 결과를 마비시키기 위하여, 내 사도들을 거짓말쟁이와 미치광이와 마귀들린 자로 인정받게 하는 데 온 정성과 온 폭력을 기울일 것이다."

"그런데 그들이 견디어내겠습니까?"

"그런데 내가 육체적으로 그들과 같이 있지 않는데도 견디어낼 것이다. 그들은 의무적으로 믿어야 할 것뿐 아니라, 그들의 은밀한 사명을 믿어야 하고, 그 사명이 거룩하다는 것을 믿어야 하고, 그 사명이 유익하다는 것을 믿어야 하고, 그 사명이 내게서 온다는 것을 믿어야 할 것이다. 그들 주위에서는 사탄이 그들에게 공포를 주려고 쌔액쌔액 소리를 내고, 세상은 그들을 조롱하기 위하여, 그리고 항상 완전한 견식을 갖추지는 못한 하느님의 사제들을 비난하기 위하여 큰 소리로 외칠 터인데 말이다. 이것이 미래의 내 대변자들의 운명이다. 그렇지만 나는 사람들에게 충격을 주어 복음과 그리스도에게로 다시 데려오는 것 외에 다른 방법이 없을 것이다! 그러나 내가 그들에게 요구할 모든 것, 내가 그들에게 명하고 그들에게서 받을 모든 것 대신에 오! 나는 그들에게 영원한 기쁨, 특별한 영광을 주겠다!

하늘에서는 덮인 책이 하나 있다. 하느님께서만 그 책을 읽으실 수 있다. 그 책에는 모든 진리가 들어 있다. 그러나 어쩌다가 하느님께서 봉인을 뜯으시고, 사람들에게 이미 말씀하신 진리들을 다시 생각나게 하시고, 이 운명을 위하여 선택된 어떤 사람에게 그 신비로운 책에 들어 있는 것과 같은 과거와 현재와 미래를 알도록 강요하기도 하신다. 너희들은 가정에서 제일 훌륭한 아이들이나 학교에서 가장 훌륭한 생도가 어른들의 책을 읽고 그에 대한 설명을 들으라고 아버지나 선생에게 불려가는 것을 본 적이 있느냐? 그 아들이나 생도가 아버지나 선생 곁에 가면, 아버지나 선생은 한 팔로는 아들이나 생도를 껴안고, 다른 손 검지로는 사랑하는 아들이나 생도가 읽어서 알기를 바라는 글줄들을 가리킨다. 하느님께서도 이런 운명을 주시는 사람들에게 이와 같이 하신다. 하느님께서는 그들을 끌어당기시어 팔로 붙잡으시고, 당신이 원하시는 것을 읽고, 그 뜻을 알도록 강요하시고, 그 다음에는 그것을 말하고, 그로 인하여 멸시와 고통을 당하도록 강요하신다. 사람인 나는 천상 책의 진리들을 말하는 사람들의 맨 앞에 서 있는데, 내가 그로 인하여 멸시와 고통과 죽음을 당한다.

그러나 아버지께서는 벌써 내 영광을 준비하고 계신다. 그리고 나는 내 영광으로 올라가면 이내, 닫힌 책에서 내가 원하는 점들을 읽으라고 강요한 사람들의 영광을 준비하겠고, 그리고 부활한 온 인류와 천사들의 무리 앞에서 그들을 내 곁으로 불러서 그들이 어떤 사람들이었는지를 보여 주겠다. 그때에는 덮어두는 것이 아무 소용이 없게 된 책의 봉인을 내가 뜯을 터인데, 그들은 세상에서 고통을 당할 때에 내가 이미 그들에게 뜻을 밝혀 주었던 말들이 쓰여 있는 것을 다시 보고 다시 읽으면서 미소를 지을 것이다."

"그러면 다른 사람들은요?" 하고 가르치심에 주의를 매우 기울이고 있는 요한이 묻는다.

"어떤 다른 사람들 말이냐?"

"저같이 세상에서 그 책을 읽지 못한 다른 사람들은 그 책에 무슨 말이 있는지 영영 알지 못합니까?"

"하늘에서는 지극히 행복한 사람들이 모든 것을 알 것이다. 그들은 무한한 지혜 속에 흡수되어 있어서 알 것이다."

"즉시요? 죽자마자요?"

"생명에 들어가는 즉시."

"그러나 그러면 왜 마지막날에 선생님이 그 책을 알도록 그들을 부르신다는 것을 보이시겠습니까?"

"그것은 지극히 행복한 사람들뿐 아니라 온 인류가 그 책을 보아야 하겠기 때문이다. 그리고 영벌 선고를 받은 자들 가운데에는 하느님의 대변자들을 미치광이와 마귀들린 자들의 목소리라고 조롱하고, 내가 내 대변자들에게 준 그 선물 때문에 그들을 괴롭힌 자들이 많을 것이다. 이것은 세상의 우둔한 악의에 대해서 저 순교자들에게 내려 주는 길지만 불가피한 복수이다."

"그걸 보면 얼마나 기분이 좋았을까!" 하고 요한이 몹시 기뻐서 외친다.

"그래, 모든 바리사이파 사람들이 격분해서 이를 가는 것을 보는 것이 말이야" 하고 베드로가 손을 비비며 말한다.

"오! 나는 예수님과 또 예수님과 함께 그 책을 읽으러 가는 축복받은 사람들만을 쳐다보리라고 생각해…" 하고 그 시간을 꿈꾸고 있는 요한이 대답한다. 빨간 입술에는 어린애 같은 미소를 띠고, 눈은 알 수 없는 무슨 빛나는 환상에 사로잡혀 있는데, 감격으로 인하여 생긴, 눈에 그대로 남아 있어 담청색 홍채(虹彩)를 빛나게 하는 눈물로 더 맑아 보인다.

열성당원이 그를 바라다보고, 예수께서도 그를 바라다보신다. 그러나 예수께서는 아무 말씀도 하지 않으신다. 이와 반대로 열성당원은 말한다. "자넨 그때 자네 자신을 바라볼 걸세! 왜냐하면, 만일 우리 가운데 이 세상에서 '하느님의 대변자'가 되어야 하고, 봉인이 된 책의 대목들을 읽으라고 부름을 받을 사람이 있다면, 그것은 예수님이 특별히 사랑하시고 하느님의 친구인 요한 자네일 테니까 말일세."

"아이고! 그런 말 하지 말아! 나는 모든 사람들 중에서 무식한 사람이야. 그리고 만일 예수님이 하늘나라는 어린이들의 것이라고 말씀하지 않으셨더라면, 나는 하늘나라를 차지할 수 있으리라고 생각하지 못했을 거야. 그만큼 나는 아무짝에도 소용이 없어. 그렇지요, 선생님? 제

52. 건너편 강가에서. 어머니를 만나시다

유일한 값어치는 어린이와 같다는 것뿐이지요?"

"그렇다, 너는 매우 행복한 어린이에 속한다. 그로 인해서 축복을 받아라!"

그들은 또 얼마 동안 걸어간다. 그러다가 그들이 지금 가고 있는 대상들이 다니는 길을 뒤돌아보던 베드로가 외친다. "자비로우신 하느님의 섭리! 아니 저건 여자들이 탄 마차야!"

모두가 돌아다본다. 사실 그것은 튼튼한 말 두 필이 속보로 끌고 오는 요안나의 무거운 마차이다. 가죽 포장을 완전히 내렸기 때문에 안에 누가 있는지 볼 수는 없다. 그러나 예수께서 멈추라는 표를 하시니, 마차몰이는 팔을 들고 길가에 서 계시는 예수를 보고 기쁨의 환성을 올린다.

마차몰이가 입김을 내뿜는 두 말을 멈추는데, 마차 입구에 이사악의 야윈 얼굴이 나타난다. "선생님이!" 하고 그는 외친다. "어머님, 기뻐하십시오! 선생님이 여기 계십니다!"

마차 안에서는 여자들의 목소리와 발소리가 난다. 그러나 여자들 중에서 한 사람도 내리기 전에, 벌써 마나헨과 마특지암과 이사악이 땅으로 뛰어내려 선생님께 경의를 표하려고 달려온다.

"마나헨, 아직 여기 있었소?"

"명령을 충실히 지키느라고, 그리고 지금은 여자들이 무서워하기 때문에 어느 때보다도 더 충실하느라고요. …그러나…저희들은 순종해야 하기 때문에 순종했습니다만, 걱정스러운 것은 아무것도 없습니다. 제가 확실한 측에서 들어 압니다만, 빌라도가 이 명절 동안에 소란을 피우는 자들은 엄벌을 받을 것이라고 말해서 불안을 조성하는 자들에게 경고를 했다고 합니다. 저는 빌라도의 아내가 이 보호와 무관하지 않고, 더구나 아내의 친구들이 무관하지 않다고 생각합니다. 궁정에서는 모든 것을 알고, 아무것도 알지 못하기도 합니다. 그러나 정보는 넉넉히 받고 있습니다…." 그러면서 마나헨은 성모님께 자리를 내드리려고 비켜선다. 성모님은 마차에서 내리셔서 감격하여 몸을 떠시며 길을 몇 발 걸어오셨다.

두 분은 서로 껴안으신다. 그동안 모든 여자 제자들은 선생님께 경의를 표한다. 그러나 라자로의 마리아와 마르타는 거기 없다.

성모님은 속삭이신다. "그날 저녁부터 얼마나 걱정을 했는지 모른다! 아들아, 그들 모두가 너를 몹시 미워한다!" 그리고 지난 며칠 동안에 성모님이 흘리신 다른 많은 눈물의 자국인 붉은 흔적을 따라 눈물이 흘러 내린다.

"그러나 아버지께서 모든 것을 마련하신다는 것을 어머니도 보시지요. 그러니 울지 마세요! 저는 세상의 모든 증오를 용감하게 무릅씁니다. 그러나 어머니의 한 방울의 눈물도 저를 낙심시킵니다. 자, 거룩하신 어머니!" 그러시면서 어머니를 껴안으신 채 여자 제자들에게 인사하시려고 그들에게로 몸을 돌리신다. 그리고 성모님을 모시고 오기 위하여 뒤로 돌아온 요안나에게 특별히 한마디 말씀을 하신다.

"아이고! 선생님! 선생님의 어머님 곁에 있는 것은 조금도 괴롭지 않습니다. 마리아는 오빠의 병 때문에 베다니아에 붙잡혀 있습니다. 저는 왔어요. 아이들은 착하고 자애로운 저택 관리인의 아내에게 맡겼습니다. 그러나 그 일에 신경을 쓰는 쿠자가 있으니, 제 남편이 특별히 사랑하는 마티아에게 부족한 것이 아무것도 없을 것이라고 생각하십시오! 그렇지만 쿠자는 떠날 필요가 없다는 말도 제게 했습니다. 총독의 경고는 헤로디아의 손톱까지도 부러뜨렸답니다. 그리고 분봉왕 자신은 무서워서 벌벌 떨고, 헤로디아가 그를 토마의 눈밖에 나게 하지 않도록 감시한다는 한 가지 생각밖에는 없다고 합니다. 요한의 죽음은 헤로디아에게 많은 해를 끼쳤습니다. 그리고 헤로데도 요한을 죽인 것 때문에 백성들이 그에게 반감을 가지고 있다는 것을 알고 있습니다, 알아도 썩잘 알고 있어요. 그 교활한 사람이 가장 심한 벌은 로마의 증오를 품은 허망한 보호를 잃는 일일 것임을 깨닫고 있습니다. 그러면 백성이 즉시 그를 공격할 것입니다. 따라서 오! 의심을 마십시오! 그는 아무 행동도 앞장서서 취하지 않을 것입니다!"

"그러면 예루살렘으로 돌아가자! 너희들은 아주 안심하고 갈 수 있다. 자, 가자! 여자들은 마차에 오르도록, 그리고 여자들과 같이 마태오와 피로한 사람들도 마차에 오르도록 하여라. 베델에서 쉬기로 한다. 가자."

여자들은 순종한다. 여자들과 함께 마태오와 바르톨로메오도 마차에 오른다. 다른 사람들은 마나헨과 이사악과 마륵지암과 함께 마차를 따라 걸어가는 쪽을 택한다. 그리고 마나헨은 베다니아에서 라자로 곁에서 조용히 은거하고 있는 중에 불안의 씨를 뿌린 헤로데당원의 객설 속에 어떤 것이 진실인지를 어떻게 알아보았는지를 이야기한다. 그러면서 마나헨은 라자로가 "매우 고통을 겪고 있다"고 말한다.

"여자 한 사람이 베다니아에 갔소?"

"아닙니다, 주님. 그러나 저희들은 거기서 떠난 지가 사흘째 됩니다. 그 여자가 누구입니까?"

"여자 제자요. 그 여자는 젊고 외돌토리이고, 능력이 없으니까 엘리사에게 주겠소."

"엘리사는 요안나의 저택에 있습니다. 엘리사도 오려고 했지만, 감기에 몹시 걸렸습니다. 선생님을 뵙기를 갈망하고 있었습니다. '하지만 선생님을 뵈면 내가 평화를 얻는다는 걸 당신들은 몰라요' 하고 말했습니다."

"그 처녀로 엘리사에게도 기쁨을 주겠소. 그런데 마륵지암, 너는 말을 안 하니?"

"선생님, 저는 듣습니다."

"이 소년은 듣고 쓰고 합니다. 이 사람 저 사람에게 선생님의 말씀을 되풀이 하게 하고는 쓰고 또 씁니다. 그러나 저희가 그 말씀을 제대로 말했겠습니까?" 하고 이사악이 말한다.

"내가 들여다보고, 내 제자가 한 일에 빠진 것이 있으면 내가 덧붙이겠다" 하고 예수께서 마륵지암의 약간 갈색이 도는 뺨을 어루만지며 말씀하신다. 그리고 물어보신다. "그런데 할아버지는 어떠시냐? 뵈었느냐?"

"오! 그러믄요! 할아버지는 저를 못 알아보셨습니다. 기뻐서 우셨어요. 그렇지만 이스마엘이 그 사람들을 보내기 때문에 우리가 할아버지를 성전에서 다시 볼 것입니다. 이스마엘이 올해에는 농부들에게 더 많은 날짜를 주기까지 했습니다. 그 사람은 선생님을 두려워합니다."

"그럴테지. 스밧달에 카나니아에서 저 조그만 난처한 일이 일어난 다음이니!" 하고 베드로가 웃으면서 말한다.

"그러나 하느님을 무서워하는 것은 건설적이 아니고 파괴적이기까지 하다. 그것은 우정이 아니라, 미움으로 변할 수 있는 기다림이다. 그러나 각자가 자기가 줄 수 있는 것을 주는 것이다…."
　그들은 길을 계속하는데, 내 눈에는 보이지 않게 된다.

53. 라마에서. 뽑힌 사람의 수

사도들의 무리와 같이 뒤에 따라오면서 마나헨과 바르톨로메오와 말을 하고 있던 토마가 동료들을 떠나, 마륵지암과 이사악과 같이 앞장서 가시는 예수께로 온다. "선생님, 곧 라마 근처에 이르게 됩니다. 제 누이의 아이에게 강복해 주지 않으시겠습니까? 제 누이는 선생님을 뵙기를 갈망하고 있습니다! 그의 집에 우리가 머무를 수도 있을 것입니다. 모든 사람이 있을 자리가 있으니까요. 주님, 제게 이 즐거움을 주십시오."

"그러마, 그리고 기쁘게! 내일 우리는 휴식을 취한 몸으로 예루살렘에 들어갈 것이다."

"아이고! 그러면 제가 먼저 가서 알리겠습니다! 가도 괜찮습니까?"

"가거라. 그러나 나는 사교계의 친구가 아니라는 것을 기억해라. 네 가족들에 지출을 많이 하게 하지 말아라. 나를 '선생'으로 대우해라. 내 말 알아들었느냐?"

"예, 주님. 부모께 그 말씀을 드리겠습니다. 마륵지암, 나하고 같이 가겠니?"

"예수님이 가라고 하시면…."

"그래, 가거라. 가!"

토마와 마륵지암이 내 생각에는 사마리아에서 예루살렘으로 가는 이 길 약간 왼쪽에 있는 라마 방향으로 가는 것을 본 다른 사람들은 무슨 일이 생겼는지 물어보려고 걸음을 재촉한다.

"우리는 토마의 누이 집으로 간다. 나는 너희 부모들의 모든 집에서 머물렀었다. 그러니 토마의 집에도 가는 것이 당연하다. 그래서 그를 앞으로 보냈다."

"그러면 선생님께서 허락하시면, 저도 앞서 가서 새로운 것이 아무것도 없는지 좀 알아보겠습니다. 귀찮은 일이 있으면 선생님께서 다마스커스문으로 들어오실 때 거기 있겠습니다. 그렇지 않으면 선생님을…어디서 뵐까요?" 하고 마나헨이 말한다.

"마나헨, 베다니아에서 만납시다. 나는 곧 라자로에게로 가겠소. 그러나 여자들은 예루살렘에 남겨 두겠소. 나는 혼자 가겠소. 그리고 부탁이오만, 오늘의 휴식 후에는 여자들을 그들의 집에까지 데려다 주시오."

"주님께서 원하시는 대로 하겠습니다."

"마차몰이에게 우리를 따라 라마로 오라고 알리시오."

과연 마차는 사도들의 집단을 따라가려고 천천히 뒤에서 온다. 이사악과 열성당원은 마차를 기다리느라고 멈추어 서 있는데, 다른 사람들은 라마 있는 낮고 작은 구릉으로 가는 가파르지 않은 언덕길로 된 중요하지 않은 도로로 들어선다.

토마는 기뻐서 어쩔 줄을 모른다. 그리고 그의 얼굴에 나타나는 기쁨 때문에 얼굴이 한층 더 빨갛다. 토마는 마을 어귀에서 일행을 기다리고 있다. 그는 예수께로 마주 달려 오며 말한다.

"선생님, 얼마나 큰 행복인지요! 제 가족이 전부 모여 있습니다! 선생님을 몹시 뵙고 싶어하던 아버지와 어머니와 '형제들이오! 저는 정말 기쁩니다!" 그리고 개선하는 시간의 정복자처럼 뻐기며 예수 곁에 선다.

토마의 누이 집은 시내의 동쪽 한 네거리에 있다. 그 집은 창문이 없다시피한 정면과 내다보는 구멍이 뚫린 철대문과 지붕 노릇을 하는 옥상이 있고 집 뒤까지 연장되고, 그 위로 과일나무의 잎들이 올라와 있는 정원의 높고 우중충한 담이 둘러쳐 있는 넉넉한 이스라엘 사람들의 전형적인 집이다.

그러나 오늘은 하녀가 내다보는 구멍으로 내다볼 필요가 없다. 대문이 활짝 열려 있고, 집의 식구들이 모두 안마당에 모여 있다. 어른들은 사내고 계집아이고 간에 아이들을 보살피느라고 정신이 없다. 이 소식으로 인하여 흥분하여 소란스러운 빽빽한 아이들의 무리는 끊임없이 위계 질서를 깨뜨리고, 맨 앞줄에 토마의 부모와 그의 누이와 남편이 있는 상좌에서 어른들 앞에서 놀고 있다.

그러나 예수께서 문지방에 오셨을 때 누가 이 어린이들을 붙잡을 수 있겠는가? 그들은 하룻밤을 쉬고 나서 둥지에서 나오는 한배의 병아리와 비슷하다. 그래서 예수께서는 당신의 무릎에 달려들며 둘러싸는 소란스럽고 귀여운 이 무리의 충격을 받으신다. 그들은 입맞춤을 해달라고 작은 얼굴들을 쳐들고, 아버지나 어머니가 주의를 주고, 토마가 질서를 회복시키려고 뺨을 몇 대 때렸는데도 가만히 있지를 못한다.

"가만 내버려두어라! 가만 내버려두어!" 하고 예수께서 외치시며, 즐거워하는 이 모든 무리를 만족시키시려고 몸을 구부리신다.

마침내 예수께서 어른들의 더 공손한 인사를 받으며 들어가실 수 있게 되었다. 그러나 특히 내 마음에 드는 것은 전형적인 유다 노인인 토마의 아버지의 인사이다. 예수께서는 "당신께 사도 한 사람을 드리는 노인의 아량에 대한 감사의 표시로" 그를 껴안기를 원하기 때문에 일으키신다.

"오! 하느님께서는 이스라엘의 그 누구보다도 저를 더 사랑하셨습니다. 히브리 사람이면 누구나 주님께 바친 맏아들을 가지는데, 저는 봉헌된 아들을 둘 가지고 있습니다. 맏아들과 막내아들입니다. 그리고 막내아들은 한층 더 신성합니다. 그것은 그 아이가 레위파 사람도 아니고 사제도 아니면서, 대사제 자신도 할 수 없는 일을 하기 때문입니다. 그 아이는 끊임없이 하느님을 뵙고, 그분의 명령을 받기 때문입니다!" 하고 토마의 아버지는 약간 떨리는 노인의 음성으로 말한다. 그리고 그의 목소리는 감격으로 한층 더 떨린다. 그리고 이렇게 말을 끝낸다. "제 영혼을 만족시키기 위해 한마디 말씀만 해주십시오. 거짓말을 하지 않으시는 선생님, 말씀해 주십시오. 제 아들이 선생님을 따르는 방식으로 선생님께 봉사할 자격이 있고, 영원한 생명을 얻을 자격이 있습니까?"

"아버지, 안심하고 계십시오. 아버지의 토마는 그가 행동하는 방식으로 하느님의 마음 속에서 큰 자리를 차지하고 있습니다. 그리고 마지막 숨을 쉴 때까지 하느님을 섬길 그 방식으로 하늘에서 큰 자리를 차지할 것입니다."

토마는 그가 듣는 말에서 받는 감동으로 물 밖에 나온 물고기처럼 숨을 헐떡인다. 노인이 떨리는 손을 드는데, 눈물 두 줄기가 깊은 주름을 타고 내려와 그의 노인장다운 수염 속으로 사라진다. 그리고 그는 이렇게 말한다. "네 위에 야곱의 축복이 내리기를. 성조의 축복이 아들들 중에서 의로운 아들에게 내리기를, 전능하신 분께서 우리 위에 내리시는 하늘의 축복으로 네게 강복하시고, 밑으로는 심연의 축복으로, 그리고 젖과 태의 축복으로 강복하시기를, 네 아비의 축복이 그가 아버지에게서 받은 축복을 능가하기를, 그리고 영원한 구릉의 소원이 이루어질 때까지 아비의 축복이 토마의 머리 위에, 형제 중에서 수도자인 그의 머리 위에 내리기를 바라노라!"

그러니까 모두가 "그대로 이루어지이다" 하고 대답한다.

"그리고 이제는 주님, 이 집과 특히 제 피를 받은 피인 이들에게 강복해 주십시오" 하고 노인이 아이들을 가리키며 말한다.

예수께서는 팔을 벌리시고, 모세의 축복을 읊으신다. 그리고 이렇게 덧붙이신다. "당신들의 조상들이 늘 모시고 살아간 하느님께서, 내가 어렸을 때부터 이 날까지 나를 길러 주신 하느님께서 나를 모든 악에서 구해 준 천사가 이 어린이들에게 강복하시기를 이 어린이들이 내 이름을 지니고, 내 조상들의 이름도 지니고 세상에 많이 퍼지기를." 그리고 막내아들을 어머니의 품에서 받아 이마에 입맞춤을 하시며 이렇게 끝마치신다. "네가 그 이름을 받은 의인 안에 있었던 정예(精銳)의 덕행들이 꿀과 버터처럼 네게로 내려와 하늘나라를 위하여 네게 생명을 가득하게 하고, 종려나무가 야자대추로 꾸며지듯이, 서양삼송이 그 아름다운 잎으로 꾸며지듯이 꾸미기를 바라노라."

거기 있는 모든 사람이 감격하고 경탄해 마지 않는다. 그러나 곧이어 모든 입에서 기쁨이 폭발해 나오고 집안으로 들어가시는 예수를 따라온다. 그리고 예수께서 마당으로 들어가셔서 주인들에게 당신 어머니와 여자제자들과 사도들과 제자들을 소개하실 때에야 기쁨의 함성이 멎는다.

이제는 아침도 아니고, 오정도 아니다. 약한 햇살이 회복되기가 어려운 이 날씨의 헝클어진 구름들을 어렵게 뚫는다. 해가 거반 다 져간다. 황혼이다.

여자들은 여기 없고, 이사악도 마나헨도 없다. 반면에 마륵지암은 남아 있고, 예수 곁에 있는 것을 몹시 기뻐한다. 그는 특수한 품질을 가진 포도나무들을 보기 위하여, 예수와 사도들과 토마의 남자 친척 모두와 같이 집에서 나온다. 토마의 아버지도 매부도 포도밭의 방위와 포도나무의 희귀성(稀貴性)을 자랑하는데, 포도나무들은 지금은 매우 연한 새잎들밖에 없다.

예수께서는 가지치기와 김매기에 대한 흥미있는 설명들을 마치 세상에서 가장 중요한 일이기나 한 것처럼 친절하게 들으신다. 그리고 마지막에 가서 웃으시며 토마에게 말씀하신다.

"네 쌍동이 누이의 이 지참 재산에 내가 강복을 해야 하느냐?"

"아이고! 주님! 저는 도라도 아니고 이스마엘도 아닙니다. 저는 선생님이 어떤 곳에 계시면서 숨쉬시는 것이 벌써 강복이라는 것을 압니다. 그러나 이 포도나무들에 오른 손을 들기를 원하시면 그렇게 하십시오. 그러면 그 열매가 거룩할 것입니다."

"또 풍부하지는 않고? 아버지는 어떻게 생각하세요?"

"거룩하기만 하면 충분합니다. 그것으로도 충분합니다! 그리고 저는 포도를 짜서 다음 번 과월절에 쓰시게 보내 드리겠습니다. 선생님께서는 의식에 쓰는 잔으로 드십시오."

"알았습니다. 꼭 기대합니다. 나는 오는 과월절에 참다운 이스라엘 사람의 포도주를 마시기를 원합니다."

그들은 마을로 돌아오기 위하여 포도밭에서 나온다.

나자렛의 예수가 마을에 와 계시다는 소문이 퍼졌다. 그래서 라마의 사람들은 모두 예수께 가까이 오기를 갈망하면서 길로 나왔다.

예수께서 그들을 보시고 토마에게 말씀하신다. "저 사람들이 왜 오지 않느냐? 나를 무서워하느냐? 내가 저들을 사랑한다고 말해라."

오! 토마는 즉시 그대로 한다! 그는 이 집단에서 저 집단으로 어떻게나 빨리 가는지 이 꽃에서 저 꽃으로 날아다니는 나비와도 같은 지경이다. 그리고 청하는 말을 들은 그 사람들도 즉석에서 행동으로 옮긴다. 그들은 서로 짜며 예수의 주위로 모두 달려 온다. 그래서 그들이 토마의 집이 있는 네거리에 이르렀을 때에는, 사도들과 토마의 모두에게 공손하게 말하면서 이것저것 물어보는 조심성있는 하나의 군중이 되었다.

나는 토마가 겨울 몇 달 동안에 일을 많이 하여, 복음의 가르침의 일부분이 이 고장에 알려져 있다는 것을 알아차린다. 그러나 그들은 예수에게서 특별한 설명을 듣기를 바란다. 예수께서 주인집의 어린아이들에게 주신 강복과 토마에 대하여 말씀하신 것으로 깊은 감명을 받은 어떤 사람이 이렇게 묻는다. "그러면 이들 모두가 선생님의 강복 때문에 의인이 되겠습니까?"

"내 강복 때문에가 아니라 그들의 행동 때문에 그렇게 될 것입니다. 나는 그들이 행동을 하는 데 굳세게 하기 위해서 내 강복의 힘을 주었습니다. 그러나 그들이 행동을 해야 하고, 또 하늘을 얻기 위하여는 올바른 행동만을 해야 합니다. 나는 모든 사람에게 강복합니다. …그러나 이스라엘에서 모든 사람이 구원을 받지는 못할 것입니다."

"또 만일 그들이 앞으로도 지금 하는 것과 같이 계속 해나가면, 구원을 받는 사람이 정말 별로 없을 것입니다" 하고 토마가 중얼거린다.

"당신 무슨 말을 하는 거요?"

"진리를 말하는 거요. 그리스도를 박해하고 중상하며, 그리스도께서 가르치시는 것을 실행하지 않는 사람은 그분의 나라에 한몫끼지 못할 것입니다" 하고 토마가 그의 큰 목소리로 말한다.

어떤 사람이 그의 소매를 끌면서 "저분이 매우 엄격한가?" 하고 예수를 가리키며 말한다.

"아니야, 오히려 매우 착하셔."

"자네 생각엔 어떤가? 내가 구원을 받겠나? 나는 제자들 축에 들지는 않아. 그렇지만 자네는 내가 어떤 사람이라는 걸 알고, 자네가 말해 준 걸 항상 얼마나 믿었는지 자네가 알지. 그러나 나는 그 이상의 일은 할 줄 모르네. 내가 구원되기 위해서는 내가 벌써 하는 것 외에 정확히 뭘 해야 하나?"

"선생님께 여쭈어보게. 선생님은 수완이 있고, 내 판단보다 더 부드럽고 더 정확한 판단을 하시네."

그 사람은 앞으로 나아가 말한다. "선생님, 저는 율법에 충실합니다. 그리고 토마가 선생님의 말씀을 되풀이해 들려 준 다음부터는 더 충실하려고 애를 씁니다. 그러나 저는 별로 너그럽지 못합니다. 절대로 해야 하는 것은 합니다. 저는 지옥을 무서워하기 때문에, 좋지 않은 일은 하는 것을 삼갑니다. 그러나 저는 안락을 좋아합니다. 그리고…솔직히 말씀드리자면, 죄를 짓지 않도록 일을 하려고 애쓰지만, 그래도 너무 부자유스러운 생활은 하지 않으면서 그렇게 합니다. 이렇게 하면서도 제가 구원을 받겠습니까?"

"구원을 받을 것입니다. 그러나 당신에게 몹시 너그러우신 하느님께 대해서 왜 그렇게 인색합니까? 왜 자신을 위해서 어렵게 얻어지는 구원만을 갈망하고, 즉시 영원한 평화를 주는 큰 성덕은 갈망하지 않습니까? 자, 이거 보시오! 당신 영혼에 대해서 너그러워지시오!"

그 사람은 겸손하게 말한다. "주님, 생각해 보겠습니다. 생각해 보겠습니다. 선생님 말씀이 옳다는 것과 제가 평화를 얻기 전에 제 영혼에게 오랜 정화(淨化)를 하지 않을 수 없게 하는 것은 제 영혼에 해를 끼치는 일이라는 것을 알겠습니다."

"됐습니다! 그 생각이 벌써 완전하게 되는 것의 시작입니다."

라마의 또 한 사람이 이렇게 묻는다. "주님, 구원을 받는 사람이 그리 많지 않습니까?"

"만일 사람이 자기를 존중하고 하느님께 대한 존경을 곁들인 사랑을 가지고 행동할 줄 알면, 모든 사람이 하느님께서 바라시는 것과 같이 구원을 받을 것입니다. 그러나 사람은 이렇게 행동하지 않습니다. 그리고 바보같이 참다운 금을 가지는 대신에 금박을 가지고 놉니다. 여러분이 선을 찾는 데 용감하시오. 그것이 어렵습니까? 공로가 거기에 있는 것입니다. 좁은 문으로 들어가도록 힘쓰시오. 넓고 매력있는 다른 문은 여러분을 빗나가게 하려는 사탄의 유혹입니다. 하늘의 문은 좁고, 낮고, 장식이 없고, 소박합니다. 그리로 지나가려면 날쌔고, 가볍고, 호사스러움이 없고, 물질성이 없어야 합니다. 그렇게 하려면 영적인 사람이 되어야 합니다. 그렇지 않으면 죽음의 시간이 왔을 때에 하늘의 문을 지나가게 되지 못할 것입니다.

그리고 정말이지, 너무도 물질성으로 인해 지나치게 살이 찌고, 세상의 사치로 너무도 복잡하게 되고, 죄의 딱딱한 껍질로 너무도 뻣뻣해지고, 그들의 해골인 교만으로 인해 몸을 구부릴 수가 없게 되었기 때문에, 들어가려고 애쓰지만 들어 갈 수가 없는 많은 사람을 보게 될 것입니다. 그때에는 나라의 주인이 와서 문을 닫을 것인데, 그러면 제때에 들어가지 못해서 밖에 있는 사람들은 밖에 그대로 있으면서 문을 두드리며 부르짖을 것입니다. '주님, 열어 주십시오! 저희들도 여기 왔습니다' 하고. 그러나 주인은 이렇게 말할 것입니다. '정말이지, 나는 너희들을 알지 못하고, 어디서 왔는지도 모른다.' 그러면 저들은 이렇게 말할 것입니다, '아니. 저희를 모르시다니요? 저희들을 기억하지 못하십니까? 저희들은 주님과 같이 먹고 마셨고, 주님이 저희들의 광장에서 가르치실 때에 주님의 말씀을 들었습니다' 하고. 그러나 주인은 이렇게 대답할 것입니다. '정말이지, 나는 너희를 알아보지 못하겠다. 너희들을 보면 볼수록 너희들은 내가 부정한 음식이라고 분명히 말한 것을 배불리 먹은 것처럼 보인다. 정말이지, 너희들을 자세히 살펴보면 살펴볼수록 너희들은 내 가족이 아니라는 것을 알게 된다.

사실은 이렇다. 이제는 너희가 누구의 아들이고 신민인지 알겠다. 즉 다른 자의 아들이요 신민이다. 너희들은 아버지로는 사탄을 두었고 어머니로는 육체를, 유모로는 교만을, 하인으로는 미움을, 보물로는 죄를 가졌고, 악습들은 너희들의 보석들이다. 너희들 마음에는 〈이기주의〉라는 말이 씌어 있다. 너희 손은 형제들에게서 훔친 도둑질로 더럽혀져 있다. 여기서 나가라! 죄를 행한 자들인 너희들 모두 내게서 멀리 물러가라' 하고. 그때에는 하늘 저 안쪽에서 아브라함과 이사악과 야곱과 모든 예언자들과 하느님 나라의 의인들이 영광으로 찬란히 빛나며 올 터인데, 사랑을 가지지 않고 이기주의를 가졌었고, 희생을 하지 않고 무기력했던 그들은 멀리 쫓겨나, 눈물이 영원히 마르지 않고 공포만이 있을 곳으로 보내질 것입니다. 그리고 영광스럽게 부활한 사람들은 동서남북에서 와서 하느님 나라 왕인 어린 양의 혼인 잔치상에 모일 것입니다. 그리고 그때에는 세상의 군대에서 '가장 작은 자'로 보이던 많은 사람이 하늘 나라의 주인들 가운데에서는 첫째가 될 것입니다. 또 이와 마찬가지로 이스라엘의 모든 유력자들이 하늘에서는 모두 유력자가 아니리라는 것과, 그리스도가 그의 봉사자로 뽑은 사람 모두가 혼인잔치상에 앉도록 뽑힐 자격을 얻지는 못했다는 것을 보게 될 것입니다. 그러나 또한 '첫째들'이라고 믿어지던 많은 사람들이 꼴찌가 될 뿐 아니라, 꼴찌조차도 되지 못하리라는 것을 알게 될 것입니다. 부름을 받은 사람은 많지만, 그들의 선택됨을 가지고 자기들의 참 영광을 만들어 가질 줄을 안 사람은 별로 많지 않기 때문입니다."

예수께서 말씀하시는 동안에, 숙소를 구하러 오는 예루살렘에 가는 또는 거기서 오는 순례단과 더불어 뜻밖에 바리사이파 사람들이 온다. 그들은 사람들이 모여 있는 것을 보고, 무슨 일인지 보려고 가까이 온다. 그들은 토마의 집의 우중충한 담에 뚜렷이 나타나는 예수의 금발을 이내 알아보았다.

"우리가 나자렛 선생에게 말을 한마디 하고 싶으니, 지나가게 비키시오" 하고 그들은 안하무인격으로 소리친다.

군중이 마지 못해 비켜서고, 사도들은 바리사이파 사람 한 떼가 그들에게로 오는 것을 본다.

"선생님께 평화!"

"당신들께 평화. 무슨 일입니까?"

"선생님은 예루살렘에 가십니까?"

"충실한 이스라엘 사람이면 누구나 그러는 것처럼."

"가지 마십시오! 선생님이 위험한 일을 당하게 될 것입니다, 우리는 우리 가족들 마중을 가느라고 예루살렘에서 오기 때문에 그것을 압니다. 그리고 선생님이 라마에 계시다는 말을 듣고서 알려 드리러 왔습니다."

"물어봐도 된다면 누구한테서 들었소?" 하고 베드로가 의심쩍어하고, 싸움을 걸 차비를 하고 묻는다.

"여보시오. 그건 당신과는 상관없는 일이오. 우리를 교활한 자라고 부르는 당신은 선생님 곁에 교활한 자가 너무 많다는 것만 아시오. 그리고 너무나 많고 너무나 유력한 제자들을 경계하는 것이 좋으리라는 것만 아시오."

"여보시오! 당신은 마나헨이나 누구를… 암시하려는 것은 아니겠지요…."

"베드로야, 입 다물어라. 그리고 바리사이파 사람 당신은 어떤 위험도 신자가 자기 의무지키는 것을 막을 수는 없다는 것을 아시오. 목숨을 잃는 것은 아무것도 아닙니다. 중대한 것은 율법을 어겨서 자기 영혼을 죽이는 일입니다. 그러나 당신은 그것을 알고 있습니다. 그리고 내가 그것을 안다는 것도 당신은 알고 있습니다. 그러면 왜 나를 시험하시오? 당신은 아마 내가 당신이 왜 그렇게 하는지를 안다는 것을 모르는 모양이지요?"

"나는 선생님을 시험하지 않습니다. 이것은 사실입니다. 우리들 중의 많은 사람이 선생님의 적일 수 있습니다. 그러나 전부는 그렇지 않습니다. ⋯우리는 선생님을 미워하지 않습니다. 우리는 헤로데가 선생님을 찾는다는 것을 압니다. 그래서 선생님께 떠나십시오 하고 말하는 것입니다. 여기서 떠나세요. 만일 헤로데가 선생님을 붙잡으면 선생님을 죽일 터이니까요. 그가 원하는 것이 이것입니다."

"그렇게 하기를 원하지만, 그렇게 하지는 않을 것입니다. 나는 이것을 압니다. 그뿐 아니라, 그 교활한 노인에게 가서 그가 찾는 사람이 예루살렘에 있다고 말하시오. 과연 나는 숨지 않고, 마귀들을 쫓아내고 병을 고쳐 주면서 예루살렘으로 갑니다. 그리고 지금 그렇게 하고, 오늘, 내일, 모레도 그렇게 하고, 내 때가 다 될 때까지 그렇게 하겠습니다. 그러나 나는 기한이 차기 전에는 걸어가야 합니다. 그리고 오늘 그리고 또 한번, 또 한번, 그리고 또 한번 예루살렘에 들어가야 합니다. 내 길이 그전에 멎을 수는 없기 때문입니다. 그리고 내 길은 당연히 그래야 할 것과 같이, 즉 예루살렘에서 끝나야 합니다."

"세례자는 다른 곳에서 죽었습니다."

"그는 성덕 중에서 죽었습니다. 그런데 성덕은 '예루살렘'을 뜻합니다. 지금은 예루살렘이 '죄'를 뜻하지만, 그것은 다만 현세적인 것, 멀지 않아 사라질 것에 대해서만 그런 것입니다. 그러나 내가 말하는 것은 영원하고 영적인 것, 즉 하늘의 예루살렘에 대해서입니다. 모든 의인들과 예언자들은 이 예루살렘 안에서, 그 거룩함 안에서 죽는 것입니다. 내가 죽을 곳도 그곳입니다. 그래서 당신들이 나를 죄로 이끌어가려고 해도 쓸 데 없는 일입니다. 그리고 나는 또 예루살렘의 언덕 위에서 죽을 것인데, 헤로데의 손으로 죽지 않고, 헤로데보다도 더 교묘하게 나를 미워하는 사람들의 뜻에 의해서 죽을 것입니다. 그들은 나를 미워하는 것은, 나를 그들이 탐내는 사제직을 침해하는 사람으로 보고, 이스라엘에서 그를 썩게 하는 모든 병을 없애서 이스라엘을 깨끗하게 하는 사람으로 보기 때문입니다. 그러므로 죽이고자 하는 욕망 전부를 헤로데에게 전가하지 말고, 당신들 각자가 자기의 몫을 지시오. 정말로 어린 양은 그를 죽이기 위하여 늑대들과 재칼들이 사방에서 올라오는 산 위에 있기 때문입니다. 그리고⋯"

바리사이파 사람들은 미묘한 진실들이 우박처럼 쏟아지는 가운데 도망친다….

예수께서는 그들이 달아나는 것을 바라다보신다. 그런 다음 아마 예루살렘을 가리키는 더 환한 빛이 있는 남쪽으로 몸을 돌리시고 슬프게 말씀하신다.

"예언자들을 죽이고, 네게 보냄을 받은 사람들을 돌로 치는 예루살렘아, 예루살렘아, 새가 둥지 위에서 새끼들을 날개 밑에 모으듯이 내가 몇 번이나 네 자식들을 모으려고 하지 않았더냐? 그런데 너는 그것을 원치 않았다! 네 참 주인의 집을 빈 채로 네게 남겨둘 것이다. 네 참 주인은 와서, 관례에 따라서 이스라엘의 맏이와 막내가 해야 하는 것과 같이 할 것이다. 그리고 나서는 갈 것이다. 그는 더이상 네 성곽 안에 머물러서 그의 현존으로 네 성벽을 깨끗하게 하지 않을 것이다. 또 나 너에게 분명히 말한다마는, 너와 네 안에 사는 사람들은 너희들이 '주의 이름으로 오시는 이여, 찬미받으소서' 하고 말할 그 날까지는 내 참 얼굴을 보지 못할 것이다. …그리고 라마의 주민 여러분은 하느님의 벌에 휩쓸려 들어가지 않기 위하여 이 말들과 다른 모든 말들을 기억하시오. 충실하시오. …이제 가보시오. 평화가 여러분과 함께 있기를."

예수께서는 토마의 모든 가족과 당신 사도들과 함께 그의 집으로 물러 가신다.

54. 예수께서 성전에. 주의 기도와 아들들에 대한 비유

예수께서 말씀하신다.
"마리아야, 일어나라. 복음서의 한 쪽으로 이 날을 거룩하게 하자. 내 말은 거룩하게 하는 것이기 때문이다. 보아라. 마리아야, 세상에서 지낸 그리스도의 날들을 바라다보는 것은 거룩하게 하는 것이기 때문이다. 마리아야, 글을 써라. 그리스도에 대해서 글을 쓰는 것은 거룩하게 하는 것이기 때문이다. 예수가 말하는 것을 되풀이 하는 것은 거룩하게 하는 것이기 때문이다. 예수를 전파하는 것은 거룩하게 하는 것이기 때문이다. 형제들을 가르치는 것은 거룩하게 하는 것이기 때문이다. 이 사랑에 대해서 큰 상이 네게 주어질 것이다."

예수님께서는 라마를 떠나셨고, 벌써 예루살렘이 보이는 데 와 계신다. 예수께서는 지난 해와 마찬가지로 규정된 시편을 노래하시며 나아가신다. 사람이 매우 많이 다니는 길에서 지나가는 사도들의 집단을 보려고 많은 사람이 돌아본다. 어떤 사람들은 공손히 인사하고, 어떤 사람들은 경건하게 미소지으면서 바라다보기만 하는데, 이런 사람들은 주로 여자들이다. 바라다보기만 하는 사람들도 있고, 어떤 사람들은 빈정거리고 멸시하는 웃음을 짓는다. 끝으로 어떤 사람들은 거만하게, 분명히 악의를 가지고 지나간다.

예수께서는 깨끗하고 적절한 옷을 입으시고 침착하게 걸어 가신다. 다른 사람들과 같이, 예수께서는 거룩한 도시에 적절하게, 그리고 예절 바르게라고 할 수 있게 들어가시기 위하여 옷을 갈아 입으셨다.

마륵지암도 올해에는 새 옷을 입어 상황에 어울리게 되었는데, 변성기이기 때문에 어지간히 듣기 싫은 목소리로 기쁘게 노래부르며 예수 곁에서 걸어간다. 그러나 그의 불완전한 음조는 같이 가는 사람들의 목소리의 선명한 합창 속에 파묻힌다. 그의 목소리는 높은 음에서는 홀로 맑게 올라간다. 높은 음들은 아직 분명하고 자신있게 낸다. 마륵지암은 행복하다….

그들은 벌써 보이기 시작한 다마스커스문으로 해서 들어갈 참이다. 그러나 길 전체를 차지하여 교통을 중단시키고 사람들을 길 가상자리에 남아 있지 않을 수 없게 하는 호화로운 여행자들의 무리 때문에 멈추고 노래를 중단해야 한다. 그러나 이 길이 가장 가까운 길이다. 그때에 마륵지암이 묻는다.

"주님, 여기 없는 아들을 위해서 아름다운 비유를 또 하나 말해 주지 않으실래요? 제가 가지고 있는 다른 글에 그걸 덧붙이고 싶어요. 베다니아에서는 그 아저씨가 보낸 사람과 소식을 보게 될 게 분명하니까요. 그리고 저는 제가 약속한 것처럼, 그리고 그 아저씨의 마음과 제 마음이 바라는 것처럼 아저씨를 기쁘게 해주고 싶어요…."

"그래라, 애야. 물론 네게 그 비유를 이야기해 주겠다."

"정말 아저씨를 위로하고, 주님이 항상 아저씨를 사랑하신다고 말해 줄 그런 비유를요…."

"그에 대해서 이렇게 말하마, 그리고 그 때문에 나는 기쁨을 맛볼 것이다. 진실을 말할 테니까 말이다."

"주님, 언제 말씀해 주시겠어요?"

"즉시. 우리는 그렇게 해야 하는 것과 같이, 즉시 성전으로 간다. 그리고 거기서 사람들이 내가 말하는 것을 막기 전에 말을 하겠다."

"그리고 그 아저씨를 위해서 말씀하실 겁니까?"

"그렇다, 애야."

"주님, 고맙습니다! 이렇게 헤어져 있는 건 너무나 고통스러운 일일 거예요…." 하고 마륵지암이 말하는데, 그의 까만 눈에는 눈물 한 방울이 반짝인다. 예수께서는 그의 머리 위에 한 손을 얹으시고, 열두 제자에게 가까이 와서 다시 걷기 시작하라는 표를 하시려고 돌아보신다.

과연 열두 사도들은 선생님을 믿는 사람들인지 또는 선생님을 알기를 원하는 사람들인지 알 수 없는 어떤 사람들의 말을 들으려고 걸음을 멈추었었다. 그 사람들도 예수와 제자들과 같은 이유로 걸음을 멈추고 있었다.

"선생님, 곧 갑니다. 저희들은 이 사람들의 말을 듣고 있었습니다. 이 사람들 중에는 멀리서 온 개종자들이 있는데, 어디에서 선생님께 가까이 올 수 있겠느냐고 저희에게 물었습니다" 하고 베드로가 달려오면서 말한다.

"어떤 동기로 그걸 바란다더냐?"

그러니까 이제는 다시 걷기 시작하신 예수 곁에 온 베드로가 말한다. "선생님의 말씀을 듣기를 바라고, 또 어떤 병들이 고쳐지기 위해서랍니다. 저 맨 뒤에 있는 포장을 씌운 마차가 보이지요? 저 사람들은 디아스포라의 개종자들인데, 율법에 대한 존경보다도 선생님께 대한 믿음으로 이 여행을 하도록 자극되어서 바다나 먼 길을 통해서 왔답니다. 에페소와 페르가와 이코니움에서 온 사람들도 있고, 또 가엾게도 필라델피아에서 온 사람도 하나 있는데, 대부분 부유한 상인인 그들이 그렇게 하면 주님이 호의를 가지시게 하리라고 생각해서 동정심으로 그를 마차에 태워 주었답니다."

"마륵지암아, 저 사람들에게 가서 성전으로 나를 따라오라고 일러라. 그러면 그들이 두 가지를 다 얻게 될 것이다. 말로 그들의 영혼의 건강을 얻고, 믿음을 가질 줄을 알면 육체의 건강도 얻을 것이다."

젊은이는 빨리 간다. 그러나 열두 제자들에게서는 성전에서 남의 눈에 띄도록 하려고 하시는 예수의 "조심성없음"에 대한 비난의 소리가 일제히 올라온다….

"우리가 성전에 가는 것은 바로 그들에게 내가 무서워하지 않는다는 것을 보이기 위해서이다. 어떤 위협도 나로 하여금 계명을 어기게 하지는 못한다는 것을 보이기 위해서이다. 그러나 너희들은 아직 그들의 장난을 알아차리지 못했느냐? 저 모든 위협, 겉으로만 우호적인 저 모든 충고의 목적은 나로 하여금 죄를 짓게 해서 참다운 고소거리를 얻자는 것이다. 비겁하게 되지 말아라. 믿음을 가져라. 내 때가 되지 않았다."

"그러나 왜 우선 어머님을 안심시켜 드리러 가지 않으십니까? 선생님을 기다리고 계실 텐데요…" 하고 가리옷의 유다가 말한다.

"아니다. 나는 우선 성전으로 간다. 성전은 영원하신 분께서 정하신 순간까지는 하느님의 집이다. 내 어머니는 내가 성전에서 전도하고 있다는 것을 아시는 것보다는 나를 기다리시는 것으로 고통을 덜 당하실 것이다. 그리고 이렇게 함으로써 내 아버지께서는 내 과월절의 첫 시간들을 만물로 드리고, 어머니께는 안심을 드림으로써 나는 아버지와 어머니를 공경한다. 가자, 두려워 말아라. 하긴 무서워하는 사람이 있으면, 그 사람은 게쎄마니에 가서 여자들 가운데에서 그의 공포를 품도록 해라."

사도들은 이 마지막 나무람으로 자극되어 입을 다문다. 그들은 다시 세 사람씩 줄을 짓는데, 예수께서 계신 첫째 줄에는 마륵지암이 와서 다섯 사람으로 보충할 때까지는 네 사람뿐이다. 그래서 타데오와 열성당원은 그대로 베드로와 마륵지암 사이에서 걸어 가시는 예수의 뒤로 가게 된다.

다마스커스문에서 그들은 마나헨을 만난다. "주님, 상황에 대한 일체의 의심을 없애기 위해서 저를 보시게 하는 것이 나으리라고 생각했습니다. 바리사이파 사람들과 율법학자들의 증오 외에는 주님께 대해 위험한 것이 아무것도 없다는 것을 장담합니다. 안심하고 가셔도 됩니다."

"나도 알고 있었소, 마나헨. 그러나 고맙소. 만일 짐스럽게 느껴지지 않으면, 나와 같이 성전으로 갑시다…."

"짐스럽게 느껴지다니요? 아니, 주님을 위해서는 온 세상과도 맞서겠습니다! 저를 피로케 하는 것은 아무것도 없을 것입니다!"

가리옷 사람이 무슨 말인지 중얼거린다.

마나헨이 화가 나서 돌아본다. 그는 자신있는 목소리로 말한다. "여보시오. 그렇지 않소. '말'뿐이 아니오. 나는 선생님께 제 진실성을 시험하시라고 청하겠소."

"그럴 필요없소, 마나헨, 갑시다."

그들은 빽빽한 군중을 뚫고 나아가서, 어떤 친한 집에 이르러 배낭들을 내려 놓으니, 야고보와 요한과 안드레아가 모두를 대신하여 길고 어두운 안마당에 들여놓는다. 그리고는 동료들 있는 데로 간다.

그들은 안토니아탑 근처를 지나서 성전 구내로 들어간다. 로마 병사들은 바라다보기는 하지만 움직이지는 않는다. 그들은 자기들끼리 말을 하고 있다. 예수께서는 아는 사람이 있는지 보시려고 그들을 살피신다. 그러나 퀸틸리아노도, 병사 알렉산드르도 보이지 않는다.

그들은 이제 성전 안에, 장사아치들과 환전상들이 있는 첫번째 마당들의 별로 신성하지 못한 우글거림 가운데 와 있다. 예수께서는 바라다 보시고 몸을 떠신다. 얼굴이 창백해지고, 걸음걸이가 어떻게나 엄숙한지 키가 한층 더 커보인다.

가리옷 사람이 예수를 유혹한다. "왜 거룩한 행동을 되풀이하지 않으십니까? 보십니까? 저들은 잊어버렸습니다. …그래서 독성(瀆聖)이 다시 하느님의 집에 있습니다. 그 때문에 흥분이 되지 않으십니까? 하느님의 집을 옹호하시기 위해 궐기하지 않으십니까?" 아름답지만 조소적이고, 또 그렇게 보이지 않기 위하여 유다가 노력을 하는데도 불구하고 위장된 갈색 얼굴은 마치 존경가득한 경의로 그러는 것처럼 약간 숙이고 밑에서 예수를 엿보며 이 말을 할 때 거의 여우의 얼굴 같다.

"지금은 그 시간이 아니다. 그러나 이 모든 것이 깨끗해질 것이다. 그리고 영원히!…" 하고 예수께서 결연히 말씀하신다.

유다는 빙그레 웃으면서 주를 단다. "사람들의 '영원히'! 너무나 덧없는 것입니다. 선생님! 보시는 바와 같이!…"

예수께서는 아리마태아의 요셉에게 멀리서 인사하시는 데 몰두해 계시기 때문에 유다에게 대답을 하지 않으신다. 아리마태아의 요셉은 호화로운 겉옷을 입고 지나가는데, 다른 사람들이 따라간다.

예수의 일행은 관례적인 기도를 하고 나서 이방인들의 마당으로 돌아와서, 사람들이 몰려 있는 행각(行閣) 아래로 간다.

길에서 만난 개종자들은 예수를 따라왔다. 그들은 그들의 병자들을 끌고 데리고 와서, 지금은 행각 아래 그늘에 선생님 곁에 뉘어 놓는다. 그들을 여기서 기다리고 있던 그들의 아내들은 아주 조용히 다가온다. 모두 베일을 썼다. 그러나 아마 병자인 한 여인은 벌써 앉아 있다. 그래서 같이 온 여자들이 다른 병자들 곁으로 데려간다. 다른 사람들도 예수 둘레로 몰려든다. 유다교 교사들의 여러 집단이 예수께서 공공연히 오셔서 전도하시는 것에 깜짝 놀라고 난처한 입장에 처해 있는 것을 볼 수 있다.

"평화가 내 말을 듣는 여러분과 함께 있기를! 과월절이 충실한 자식들을 아버지의 집으로 데려왔습니다. 축복받은 우리 과월절은 자식들의 이익에 마음을 쓰는 어머니입니다. 과월절은 자식들을 오라고 큰 소리로 부릅니다. 참으로 중요하고 유익한 관심사, 즉 주님이시고 아버지이신 분을 공경하는 관심사를 위하여 일체의 관심사를 중단하고 사방에서 오라고 부릅니다. 이것은 우리가 어떻게 형제인지를 깨닫게 합니다. 그리고 여기에서 그윽한 증언을 통하여 이웃을 자기 자신같이 사랑하라는 명령과 약속이 생겨납니다. 우리가 서로 만난 적이 없었습니까? 우리가 서로 몰랐었습니까? 그렇습니다. 그러나 과월절 잔치에 참여하라고 우리더러 당신 집으로 오라고 하시는 오직 한 분뿐이신 아버지와 자식들이기 때문에 우리가 여기 왔으니, 우리는 육체적인 감각으로는 그렇지 않더라도 확실히 상등 부분으로는 우리가 오직 한 분에게서 온 동등한 형제들이라는 것을 느끼고, 마치 함께 자란 것과 같이 서로 사랑합니다. 우리의 결합인 이 사랑의 결합은 우리가 하늘나라에서, 하느님께서 보시는 앞에서, 모두 하느님의 사랑에 포옹되어 누릴 더 완전한 결합을 미리 이루는 것입니다. 하느님의 아들이고 사랑의 아들인 나와 하느님의 아들이며 사람인 여러분과의 결합, 맏아들인 나와 사람들의 죄를 위하여 내가 어린 양이 되기까지 일체의 인간적인 한도를 넘는 사랑하는 형제들인 여러분과의 결합을 말입니다.

그러나 지금 이 시간에 아버지의 집에서 우리의 형제적인 결합을 즐기고 있는 우리들은 멀리 있으면서도 주님 안에서나 혈통으로 우리의 형제들인 사람들로 기억합시다. 그들을 우리 마음에 지닙시다. 거룩한 제단 앞에서 여기 없는 그들을 우리 마음에 지닙시다. 멀리서 들려오는 그들의 목소리를, 여기 오고 싶어하는 그들의 향수를, 그들의 한숨을 우리 마음으로 받아넣으면서 그들을 위하여 기도합시다. 그리고 여기 없는 이스라엘 사람들의 저 의식적인 한숨을 거두어들이는 것과 같이, 자기들이 영혼을 가지고 있다는 것과 오직 한 분의 자손들이라는 것조차 알지 못하는 사람들의 것인 영혼들의 한숨도 받아들입시다. 세상의 모든 영혼이 그들의 육체의 감옥 안에서 지극히 높으신 분을 향하여 부르짖습니다. 그들의 어두운 감옥 속에서 빛을 향하여 탄식합니다. 참된 믿음의 빛 속에 있는 우리는 그들을 불쌍히 여깁시다.

기도합시다. 하늘에 계신 우리 아버지, 아버지의 이름이 온 인류에 거룩히 빛나게 하십시오! 아버지의 이름을 아는 것은 거룩함을 향하여 가는 것입니다. 거룩하신 아버지, 이방인들, 이교도들이 아버지의 존재를 알게 하시고, 이미 오래 지났지만, 이 세상에 구속이 임하는 것과 관계되는 것은 아무것도 무기력한 것이 없기 때문에 무기력하지는 않은 시기의 세 현자들과 같이, 그들도 하느님께로 아버지이신 당신께로 오게 하십시오. 야곱의 별, 샛별에 인도되어, 다윗 가문의 왕이며 구세주인 이에게 인도되어, 아버지께서 기름발라 주시고, 이미 세상의 죄를 없애는 희생이 되기 위하여 바쳐지고 봉헌된 그에게 인도되어 오게 하십시오.

아버지의 나라가 사람들이 아버지를 알고 사랑하거나 또는 아직 아버지를 알지 못하는 세상의 어느 곳에나 임하게 하십시오. 그리고 아버지의 나라가 특히 삼중으로 죄있는 사람들에게 이르게 하십시오. 그들은 아버지를 알면서도 아버지의 행동과 빛의 나타남을 보고도 아버지를 사랑하지 않고, 그들은 어두움의 영혼이기 때문에 세상에 온 빛을 물리치고 끄려고 애씁니다. 그들은 암흑의 행실을 더 좋아하고, 세상의 빛을 덮어 끄고 아버지께 죄짓기를 원할 줄밖에 모릅니다. 아버지는 지극히 거룩하신 빛이시며, 아버지의 빛을 착한 뜻을 가진 모든 영혼에게 가져다 주기 위하여 사람과 말씀이 된 빛을 위시하여 모든 빛의 아버지이시기 때문입니다.

지극히 거룩하신 아버지, 아버지의 뜻이 세상에 있는 모든 마음 속에서 이루어지게 하십시오. 즉 모든 마음이 구원되고, 어떤 마음에도 큰 희생의 제사가 헛되지 않게 하십시오. 사람이 구원되고, 이제 주어질 용서가 있은 뒤에 거룩하신 아버지를 누리라는 것이 아버지의 뜻이기 때문이다.

주님, 주님의 도움을, 주님의 모든 도움을 저희에게 주십시오. 주님의 도움을 기다리는 모든 사람에게, 그들이 기다린다는 것을 알지 못하는 모든 사람에게 주십시오. 구원하는 뉘우침을 가진 죄인들에게 주시고, 그들을 흔들어 깨우는 주님의 부르심으로 상처를 입은 이교도들에게 주님의 도움을 주십시오. 주님의 도움을 불행한 사람들에게 주시고, 자기 집에 틀어박혀 사는 사람들과 귀양살이하는 사람들과 육체적으로나 정신적으로 병든 사람들에게 주십시오. 모든 것이신 주님, 모든 사람에게 주님의 도움을 주십시오. 자비의 때가 왔기 때문입니다.

인자하신 아버지, 자식들의 죄를 용서하십시오. 가장 중대한 아버지의 백성의 죄를 용서하시고, 아버지의 특별한 사랑이 바로 이 백성에게 빛을 주셨는데, 오류 속에 머물러 있기를 원하는 죄를 짓는 사람들의 죄를 용서하십시오. 그리고 그들 가운데에도 가치가 있는 영혼들이 있는데도, 그리고 아버지께서 그들을 창조하셨기 때문에 그들을 사랑하시는데도, 악습을 가르치는 타락한 이교로 인하여 멍청하게 된 사람들과 짓누르고 유독한 이교에 빠진 사람들도 용서하십시오. 저를 위시하여 저희 모두는 아버지께서 용서하실 수 있도록 용서합니다. 그리고 인간들의 약함에 대하여 아버지의 보호를 비오니, 모든 죄악과 모든 우상숭배와 모든 잘못과 모든 유혹과 오류가 오는 악의 근원에서 아버지께서 창조하신 사람들을 구해 주십시오. 오 주님, 그들을 무서운 마왕에게서 구해 내시어 그들이 영원한 빛으로 올 수 있게 하십시오."

사람들은 이 장엄한 기도에 주의를 기울였다. 유명한 선생들이 가까이 왔다. 그들 가운데에는 수염난 턱을 한 손으로 괴고 생각에 잠겨 있는 가믈리엘도 있었다. …그들의 얼굴을 가리는 일종의 두건이 달린 겉옷으로 몸을 감싼 한 떼의 여자가 가까이 왔다. 그러니까 교사들은 멸시하는 태도로 비켜섰다. …선생님이 오셨다는 소식을 듣고, 충실한 많은 제자들도 달려 왔다. 그 중에는 헤르마와 스테파노와 사제 요한도 있었다. 그리고 늘 붙어 다니는 두 사람인 니고데모와 요셉, 그리고 내가 이미 본 것 같은 그들의 친구 중에서 다른 사람들도 왔다.

주님의 기도에 뒤따른 휴식 동안에 예수께서는 장중하고 준엄하게 명상을 하고 계시는데, 아리마태아의 요셉이 말하는 것이 들린다. "그래 가믈리엘 선생, 당신에게는 이것이 아직 주님의 말씀으로 보이지 않소?"

"요셉, 나는 이런 말을 들었었소. '내 말소리를 듣고 이 돌들이 부르르 떨 것입니다' 하는 말을…." 이렇게 가믈리엘이 대답한다.

스테파노가 세차게 외친다. "주님, 기적을 마저 행하십시오! 명령하십시오. 그러면 이 돌들이 흔들릴 것입니다! 건물은 무너져도 사람들의 마음 속에 주님께 대한 믿음의 벽이 쌓아올려지면, 그것은 큰 은혜일 것입니다! 제 선생님께 그 기적을 행하십시오!"

"하느님을 모욕하는 자야!" 하고 화가 몹시 난 교사들과 그들의 생도들의 무리가 외친다.

"아니다" 하고 이번에는 가믈리엘이 외친다. "내 제자는 영감을 받은 말을 했다. 그러나 하느님의 천사가 아직 하느님의 제단에서 가져온 숯으로 우리의 과거를 깨끗이 씻지 못했기 때문에 그 말을 받아들일 수가 없다. …그리고 어쩌면 저분의 외침이." 그러면서 예수를 가리킨다. "이 문의 돌쩌귀들을 뽑아놓더라도, 우리는 아직 믿을 줄을 알지 못할지도 모른다…."

그는 아주 하얀 그의 겉옷 한자락을 치켜올려 머리를 덮어 얼굴을 거의 가리다시피 하고 떠나 간다.

예수께서는 그가 가는 것을 바라다보신다. …그리고는 자기들끼리 중얼거리는 몇몇 사람에게 대답하시기 위하여 다시 말씀을 시작하신다. 그들은 분개한 것처럼 보이는데, 그들의 분노를 더 분명히 나타내려고 일련의 불평을 가리옷의 유다에게 쏟아 놓는다. 사도는 어깨를 으쓱하고, 도무지 만족스럽지 않은 얼굴로 저항하지 않고 당한다.

예수께서 말씀하신다. "정말 잘 들어 두시오. 사생아같이 보이는 사람들이 진짜 아들들이고, 진짜 아들인 사람들은 사생아가 됩니다.

여러분 모두 비유를 하나 들으시오.

전에 한 사람이 있었는데, 사업 관계로 아직 어린 자식들을 두고 오랫동안 집을 떠나 있어야 했습니다. 그는 그가 있는 곳에서 큰 아들들에게 편지를 보내 멀리 떨어져 있는 아버지에 대한 존경을 항상 간직하게 하고, 그의 지시를 그들에게 상기시키려고 했습니다. 아버지가 떠난 후에 난 막내아들은 다른 종족의 여자인 아내의 고향인 멀리 떨어진 곳에 있는 어떤 여자에게 맡겨져 아직 젖을 먹고 있었습니다. 아내는 그 아들이 아직 어리고 집에서 멀리 떨어져 있는 동안에 죽었습니다. 형들은 이렇게 말했습니다. '그애를 지금 있는 우리 외가에 그대로 둬두자. 어쩌면 아버지가 그애를 잊어버릴지도 모르는데, 그렇게 되면 아버지가 돌아가시게 될 때 유산을 나누어 가질 사람이 하나 덜 할 테니까 우리의 이익이 된다.' 그리고 사실 그렇게 했습니다. 이렇게 해서 멀리 떨어져 있는 그 아이는 외할아버지, 외할머니에게 양육되며 살았고, 아버지의 지시를 모르고, 아버지와 형들이 있다는 것도 모르고, 또는 그보다 더 나쁜 것으로는, '마치 내가 사생아이기나 한 것처럼 모두가 나를 배척했다'고 하는 이 생각의 쓰라림을 맛보면서 살았고, 또 하도 자기 아버지에게 버림을 받았다는 느낌이 들었기 때문에, 자기가 사실 사생아라고 믿기에 이르렀습니다.

그는 어른이 되어 일자리를 얻었습니다. 사실 그는 이런 생각으로 몹시 분격해 있었기 때문에, 간통죄를 지었다고 생각하는 그의 어머니의 친정까지도 미워하게 되었었습니다. 우연히도 이 젊은이가 그의 아버지가 있는 도시로 가게 되었습니다. 그리고 그 사람이 누구인지도 알지 못하고 자주 만났고, 그 사람이 말하는 것을 들을 기회도 있었습니다. 그 사람은 지혜로운 사람이었습니다. 그리고 그에게서 멀리 떨어져 있는 아들들에게서 만족을 느끼지 못했기 때문에 —— 그 아들들이 이제는 제멋대로 행동하고, 멀리서 사는 아버지와는 그저 그들이 '그의' 아들들이라는 것이나 기억하라고, 또 유언을 쓸 때에 자기들을 기억하라고 관례의 관계만을 유지하고 있었습니다 —— 그가 있던 도시에서 가까이 할 기회가 있는 젊은이들에게 조리있는 충고를 주는 것이었습니다. 그 젊은이는 많은 젊은이에 대한 아주 아버지다운 이 올바른 태도에 끌려서 그 사람을 자주 만날 뿐 아니라, 그의 모든 말을 그의 귀중한 것으로 삼았고, 그로 인하여 분격한 그의 정신을 낫게 만들었습니다.

그 사람이 병이 들었습니다. 그래서 고향으로 돌아가기로 결심해야 했습니다. 젊은이는 그에게 이렇게 말했습니다. '어르신네. 어르신네만이 정의로 말씀하셔서 제 마음을 향상시키셨습니다. 제가 하인으로 어르신네를 따라가게 허락해 주십시오. 저는 제가 떨어져 있던 악에 다시 떨어지고 싶지 않습니다.'

'나하고 같이 가세. 소식을 들을 수가 없는 내 아들의 자리를 자네가 차지하게.' 그래서 그들은 함께 아버지의 집으로 돌아갔습니다.

아버지도 형들도 그 젊은이 자신도 주께서 같은 핏줄의 사람들을 같은 집에 다시 모아 놓으셨다는 것을 깨닫지 못했습니다. 그러나 아버지는 그가 알던 아들들 때문에 많이 울어야 했습니다. 그것은 그들이 자기의 가르침을 잊고, 탐욕스럽고, 마음이 냉혹하고, 하느님에 대한 믿음을 가지고 있지 않게 된 것을 발견했기 때문이었습니다. 오히려 그들은 마음 속에 많은 우상숭배를 가지고 있었습니다. 교만과 인색과 음란이 그들의 신이었고, 인간적인 이익에 대한 것이 아닌 다른 말은 들으려고 하지도 않았습니다. 이와 반대로 외부에서 온 그 젊은이는 점점 더 주님께 가까이 가고, 의롭고 , 착하고, 다정스럽고, 순종하는 사람이 되어 갔습니다. 아버지가 이 외부 사람을 사랑하기 때문에 형들은 그를 미워했습니다. 그러나 그 젊은이는 사랑 속에야말로 평화가 있다는 것을 깨달았었기 때문에 용서하고 사랑했습니다.

하루는 아버지가 아들들의 행동에 진저리가 나서 그들에게 이렇게 말했습니다. '너희들은 어머니의 친정 부모님과 너희 동생에게까지 관심을 가지지 않았다. 너희는 야곱 아들들이 동생 요셉에게 한 행동을 내게 상기시킨다. 나는 그 나라에 가서 너희 동생의 소식을 알아보고자 한다. 내가 그 애를 만나서 위안을 받을 수 있을지도 모른다.' 그리고 아들들과 알지 못하는 젊은이와 작별했습니다. 젊은이에게는 그가 떠나온 곳으로 돌아가 조그마한 가게를 낼 수 있도록 작은 자본을 주었습니다.

그 사람이 잃어버린 아내의 도시에 도착하니, 장인장모는 버림받은 아들이 처음에는 모세라는 이름을 가졌었는데 마낫세라는 이름으로 바꿨었다고 이야기하며, 그것은 그가 나면서 아버지가 그를 버림으로써 의로운 사람이 되는 것을 잊게 했기 때문이라고 말했습니다.

'저를 나무라지 마십시오. 저는 아이의 종적을 잃었다는 말을 들었고, 또 장인장모님 집안의 사람을 만날 희망도 가지지 못했었습니다. 그러나 그 애 이야기를 해주십시오. 어떻게 생겼습니까? 튼튼해졌습니까? 제게 그 애를 낳아 주면서 죽은 사랑하는 제 아내를 닮았습니까? 마음이 착합니까? 저를 사랑합니까?'

'튼튼하긴 튼튼하네. 그리고 눈이 분명히 까맣다는 것 외에는 제 어미와 같이 아름다우네. 제 어미에게서는 옆구리에 캐롭* 같은 모반(母斑)까지 물려 받았네. 반대로 자네에게서는 약간 즈즈 하는 발음을 물려받았네. 커서는 제 어미의 정숙함에 대해 의심을 가지고, 자네에게 대해 원한 가진 터라 자기 처지에 대해 화가 나서 이곳을 떠났네. 그 애가 마음 속에 그 원한만 가지고 있지 않았더라면 착한 사람이었을 걸세. 그 애는 산을 넘고 강을 건너 트라페지우스로 가서…'

'트라페지우스라고 하셨습니까? 시노프지방이요? 아이고! 말씀해

---

* 역주 : 지중해 연안에 사는 상록수 캐롭나무열매.

주세요! 제가 그곳에 있었는데 약간 즈즈 소리를 내는 청년을 한 사람 알았습니다. 외톨이고 침울한 청년인데, 외양은 무뚝뚝했지만 마음은 몹시 착했습니다. 그 애입니까? 말씀해 주십시오.'

'그 애인지도 모르겠네. 찾아 보게. 오른쪽 옆구리에는 자네 처가 가졌던 것과 같은 거무스름하고 튀어나온 캐롭같은 모반이 있네.'

그 사람은 그의 집에서 아직 그 외부인 젊은이를 다시 만나리라는 희망을 가지고 급히 떠나 왔습니다. 그 젊은이는 시노프 식민지로 돌아가려고 떠난 뒤였습니다. 그래서 그 사람은 그리로 다시 가서…젊은이를 만났습니다. 그 사람은 젊은이를 오게 해서 옆구리를 들쳐보고, 그를 알아보았습니다. 그 사람은 무릎을 꿇고, 다른 아들들보다 더 나은 자기 아들을 돌려주신 데 대해 하느님을 찬미했습니다. 다른 아들들은 점점 더 어리석어져 가는데 이 아들은 흘러간 몇 달 동안에 점점 더 거룩하게 되었던 것입니다. 그리고 착한 아들에게 이렇게 말했습니다. '네 형들의 몫까지 네게 주마. 너는 아무에게서도 사랑을 받지 못하면서도 그 누구보다도 더 의로운 사람이 되었기 때문이다' 하고.

사실 그것이 올바른 일이 아니었습니까? 물론 올바른 일이었습니다. 나 분명히 여러분에게 말합니다만, 진짜 선의 아들들, 즉 세상에서 배척을 당하고, 업신여김을 받고, 미움을 받고, 비난을 당하구 사생아처럼 버림을 받고 수치와 죽음으로 간주되는 사람들이 집안에서 자랐으면서도 집의 법을 어기는 아들들을 능가할 줄 압니다. 이스라엘 사람인 것이 하늘에 대한 권리를 주는 것이 아니고, 바리사이파 사람이나 율법학자나 박사인 것이 이 운명을 보장하는 것도 아닙니다. 착한 뜻을 가지고, 사랑의 가르침에 용감하게 오는 것, 그 가르침을 통하여 영과 진리로 하느님의 아들이 되기 위하여 그 안에서 새로워지는 것이 하늘에 대한 권리를 주는 것입니다.

내 말을 듣는 여러분 모두, 이스라엘에서 자신이 있다고 믿는 많은 사람이 그들이 보기에는 세리들이고, 창녀들이고 이방인이고, 이교도이고 죄수들인 사람들에게 밀려나 자리를 빼앗기리라는 것을 아시오. 하늘나라는 진리와 사랑을 받아들여 자기를 새롭게 할 줄을 아는 사람들의 것입니다."

예수께서는 몸을 돌려, 개종자인 병자들의 무리 쪽으로 가신다. "여러분은 내가 말한 것을 믿을 줄 압니까?" 하고 큰소리로 물으신다.

"예, 주님!" 하고 그들은 일제히 대답한다.

"진리와 사랑을 받아들이기를 원합니까?"

"예, 주님."

"내가 당신들에게 이것만을 주더라도 당신들은 만족하겠습니까?"

"주님, 주님은 저희들에게 무엇이 가장 필요한지를 아십니다. 무엇보다도 주님의 평화와 영원한 생명을 주십시오."

"일어나시오, 그리고 가서 주님을 찬미하시오! 당신들은 하느님의 거룩한 이름으로 병이 나았습니다."

그리고 빨리 첫번째로 만나시는 문 쪽으로 향해 가시어, 이교도들의 마당에 있는 흥분하고 깜짝 놀란 군중이 호산나를 외치면서 당신을 찾을 수 있기도 전에 예루살렘을 꽉 메운 군중 속에 섞이신다.

사도들은 갈피를 잡지 못하고 예수를 놓친다. 예수의 겉옷 자락을 끊임없이 쥐고 있는 마룩지암만이 예수 곁에서 행복하게 뛰어 가며 말한다. "고맙습니다. 선생님, 고맙습니다. 고마워요! 요한 아저씨를 대신해서 감사합니다! 선생님이 말씀하시는 동안 저는 다 썼습니다. 기적 이야기만 덧붙이면 됩니다. 오! 정말 아름답습니다! 정말 아저씨를 위해서! 아저씨가 몹시 기뻐하실 겁니다!…"

55. 예수께서 게쎄마니와 베다니아에 가시다

　예수께서 올리브 동산의 조용한 푸르름 속으로 들어가신다. 마륵지암은 여전히 예수 곁에 있는데, 분명히 베드로가 그들을 따라오려고 숨을 헐떡이며 뛰어 올 것을 생각하면서 웃는다. "아이고! 선생님! 아버지가 뭐라고 하실까요? 그리고 선생님이 여기서 멎지 않으시고 베다니아로 계속 가셨더라면 아버지는 정말 비참한 꼴이 될 겁니다."
　예수께서도 소년을 내려다보시면서 빙그레 웃으시고 대답하신다. "맞았다. 베드로는 푸념을 수없이 네게 퍼부을 것이다. 그러나 이것이 다음 번에는 더 주의를 기울이는 데 도움이 될 것이다. 내가 말을 하고 있는데, 베드로는 이 사람 저 사람과 수다를 떨면서 정신을 딴 데 팔고 있었다…."
　"그 사람들이 아버지에게 질문을 했습니다. 주님" 하고 마륵지암이 베드로를 변명하느라고 말한다. 이제는 웃고 있지 않다.
　"나중에 주님이 말씀을 안 하고 계실 때 대답하겠다고 기분좋게 표를 하는 거다. 네 장래를 위해서 이것을 잘 기억해라. 네가 사제가 될 때를 위해서, 가르침을 주는 시간과 장소에서는 가장 큰 경의를 요구하여라."
　"주님, 그렇지만 그때에는 이 보잘 것 없는 마륵지암이 말을 할 텐데요…."
　"상관없다. 하느님의 봉사자들이 성직을 행하는 시간에는 언제나 하느님께서 그들의 입술을 통해서 말씀하시는 것이다. 하느님의 봉사자들은 그런 사람들인 만큼 그들의 말을 조용히 경의를 가지고 들어야 하는 것이다."
　마륵지암은 그의 마음 속에서 하는 추리를 해석하기 위하여 얼굴을 의미있게 한 번 찡그린다.

그를 살펴보시던 예수께서 말씀하신다. "내 말을 믿지 못하겠다는 말이야? 왜 그런 얼굴을 하느냐? 얘야, 염려 말고 말해라."

"주님, 저는 지금의 사제들의 입술에도 하느님께서 계신지 생각해보았습니다. …그리고…미래의 사제들도 저들과 같을까 하고 생각하면서 두려웠습니다. …그리고 거기서 결론을 끌어낸 것은…많은 사제들이 주님의 체면을 상하게 하리라는 것입니다. …제가 분명히 죄를 지었지요. …그렇지만 그 사람들은 하도 마음이 나쁘고, 인색하고, 무뚝뚝해서…"

"판단하지 말아라. 그러나 이 혐오감을 기억하여라. 그 혐오감이 장래에 네게 그대로 남아 있기를 바란다. 그리고 네게 혐오감을 일으키는 사람들과 같은 사람이 되지 않도록 전력을 다하여 노력하여라. 또 네게 속해 있을 사람들도 그런 사람이 되지 않게 하여라. 네가 보는 악까지도 선에 도움이 되게 하여라. 어떤 행동이나 어떤 지식도 올바른 판단과 의지를 통해 지나가면서 선으로 변해야 한다."

"오! 주님! 벌써 보이는 집에 들어가기 전에 또 한 가지 질문에 대답해 주십시오! 선생님도 지금의 사제단이 불완전하다는 것은 인정하시지요. 그리고 저더러 판단하지 말라고 말씀하십니다. 그러나 선생님은 판단하십니다. 그리고 그렇게 하실 수 있습니다. 그리고 선생님은 정의를 가지고 판단하십니다. 이제는 주님, 제가 생각하는 것을 들으십시오. 지금의 사제들이 하느님과 종교에 대해서 말할 때, 대부분이 그런 사람인 만큼, 저는 지금 그 중에서 가장 나쁜 사람들을 말을 하는 것입니다. 아직도 그들이 진리를 말하는 것처럼 그들의 말을 들어야 합니까?"

"얘야, 그들의 임무에 대한 경의로 항상 그래야 한다. 그들이 그들의 성직의 행위를 할 때에는, 이미 인간 안나나 인간 사독 등등이 아니라 '사제'이다. 성직에서 보잘 것 없는 인성(人性)을 항상 분리시켜라."

"그러나 그 사람들이 성직을 제대로 다하지 못하면요?…"

"하느님께서 보충하실 것이다. 또 그리고! …마륵지암아, 잘 들어라! 완전히 좋은 사람도 없고, 완전히 나쁜 사람도 없다. 그리고 아무도 그의 형제들을 완전히 나쁘다고 판단할 권리가 있을 만큼 그렇게 완전히 좋지는 못하다. 우리의 결점을 참작하고, 그것들을 우리가 판단하고

자 하는 사람들의 장정과 대립시켜야 한다. 그러면 우리가 자비로운 판단의 올바른 척도를 가지게 될 것이다. 나는 아직 완전히 나쁜 사람을 만나지 못했다."

"도라까지도 그렇습니다, 주님?"

"그도 그렇지 않다. 그 사람이 성실한 남편이고 다정스러운 아버지이니까."

"도라의 아버지도 그렇지 않습니까?"

"그 사람도 성실한 남편이고 다정스러운 아버지였다."

"그렇지만 그 사람이 그것만은 아니었습니다!"

"그 사람이 그것만은 아니었다. 그러나 이 점으로는 그가 나쁘지 않았다. 그러므로 그가 완전히 나쁜 사람은 아니었다."

"그럼 유다도 나쁘지 않습니까?"

"그렇다."

"그렇지만 그 사람이 좋지는 않습니다!"

"그 사람이 완전히 나쁘지 않은 것처럼 완전히 좋지도 않다. 내가 말하는 것을 믿지 못하겠느냐?"

"선생님이 온전히 착하시고 절대로 악의를 안 가지고 계시다는 것은 제가 확신합니다. 예, 그것은 확실히 믿습니다. 선생님은 너무도 착하시고 악의가 없어서 아무에게 대해서도 비난거리를 찾아내지 않으십니다…."

"아! 얘야! 만일 내가 비난하는 말의 첫글자만 말하면 너희들은 비난받은 사람에게 맹수처럼 덤벼들 것이다! …나는 너희가 그렇게 해서 판단의 죄로 너희들 자신을 더럽히는 것을 피한다. 마륵지암아, 내 말을 알아들어라. 악이 있는 곳에서 내가 악을 보지 못해서가 아니다. 어떤 사람들에게 있는 악과 선의 혼합을 내가 보지 못하기 때문에 그런 것이 아니다. 어떤 영혼이 내가 데려다 준 정도에서 올라가거나 내려갈 때에 내가 그것을 알아차리지 못해서 그런 것이 아니다. 얘야, 이런 것 중에서 아무것 때문에도 그런 것이 아니다. 그게 아니라, 너희들에게서 사랑을 어기는 일이 있는 것을 피하기 위한 조심성이다. 그리고 나는 언제나 이렇게 행동하겠다. 미래에 있어서 내가 어떤 인간에 대하여 의사를 표시해야 할 때에도 그렇게 하겠다. 얘야, 때로는 칭찬하는 말, 격려하는 말이 수많은 비난보다 더 낫다는 것을 너는 모르느냐? 비교적 좋은 것이라고 알려 온 매우 나쁜 사례 백 가지 중에서 적어도 반은 실제로 좋아질 터인데, 그것은 내가 친절한 말을 한 다음에는 착한 사람들의 도움이 있을 것이기 때문이라는 것을 모르느냐? 그 착한 사람들은 내가 친절한 말을 하지 않았더라면, 타락한 사람이라고 알려진 사람을 피했을 터인데 말이다. 영혼들을 짓누르지 말고 부축해야 한다. 그러나 만일 내가 맨 먼저 그 영혼들을 부축하고, 나쁜 것이 있으면 덮어주고, 너희들에게 그들에 대한 친절과 도움을 일으키지 않으면, 너희들은 결코 적극적인 자비로 그들에게 헌신하지 않을 것이다. 마륵지암아, 잘 기억하여라⋯.”

"예, 주님⋯(깊은 한숨). 기억하겠습니다. ⋯(다시 한숨)⋯그렇지만 어떤 명백한 사실 앞에서는 대단히 어렵습니다⋯.”

예수께서는 그를 뚫어지게 내려다보신다. 그러나 소년이 얼굴을 많이 숙이고 있기 때문에, 그의 이마 윗쪽밖에는 보지 못하신다.

"마륵지암아, 얼굴을 들고 나를 쳐다 보아라. 그리고 대답하여라. 무시하기가 어려운 명백한 사실은 무엇이냐?"

마륵지암은 어물어물 한다. ⋯그의 약간 갈색을 띤 살갗이 붉어진다. ⋯그리고 대답한다. "그렇지만⋯주님, 그런 것이 너무나 많습니다⋯.”

예수께서는 그를 재촉하신다. "왜 유다의 이름을 말했느냐? 그것이 '명백한 사실'이기 때문에, 아마 네가 이겨내기 어려운 명백한 사실이기 때문에 그렇지⋯유다가 네게 어떻게 했느냐? 무슨 일로 너를 분개하게 했느냐?" 그러면서 예수께서는 그의 어깨에 손을 얹으신다. 소년의 얼굴이 이제는 얼마나 빨개졌는지 홍당무와 같다.

마륵지암은 눈을 반짝이며 예수를 쳐다본다. 그리고는 빠져나가서 달아나며 외친다. "유다는 하느님을 모독하는 사람입니다! ⋯그렇지만 저는 말할 수가 없습니다. ⋯주님, 저를 존중해 주십시오!⋯” 그리고 눈물을 줄줄 흘리면서 몸을 숨기러 간다. 낙심하고 괴로운 몸짓을 하시는 예수께서 부르셨지만 소용이 없다.

그러나 예수께서 부르느라고 외치신 소리가 게쎄마니의 집에 있는 사람들의 주의를 끌었다. 그래서 부엌 문지방에 요나가 나타나고, 예수의 어머님이 나타나시고, 뒤에는 여자제자들, 클레오파의 마리아, 마리아 살로메, 폴피레아가 나타난다. 여자들은 예수를 보고 예수를 향하여 걸어오기 시작한다.

"모두에게 평화! 어머니, 제가 왔습니다!"

"혼자서? 왜?"

"저는 먼저 달려 왔습니다. 다른 사람들과는 성전에서 헤어졌습니다. …그러나 마륵지암과 같이 있었습니다…."

"그런데 제 아들은 지금 어디 있습니까? 보이지 않는데요" 하고 폴피레아가 약간 걱정이 되어 묻는다.

"저리로 올라갔다. …그러나 이내 올 것이다. 모든 사람이 먹을 음식이 있느냐? 다른 사람들이 얼마 안 있어 올 터인데."

"없습니다, 주님. 주님이 베다니아로 가신다고 말씀하셨지요…."

"그렇다. …그러나 이렇게 하는 것이 좋으리라고 생각했다. 빨리 가서 필요한 것을 사 오너라. 나는 어머니와 함께 있겠다."

여자 제자들은 따지지 않고 순종한다.

예수께서는 혼자 성모님과 함께 남아 계신다. 그리고 두 분은 가지들이 얽힌 아래를 천천히 걸으신다. 나뭇가지들 사이로는 햇살이 새어 내려와 꽃이 핀 푸른 풀 위에 금빛 둥그라미들을 그려 놓는다.

"식사 후에 베다니아로 가겠습니다. 시몬과 함께."

"요나의 시몬?"

"아닙니다. 열성당원 시몬과 같이 가겠습니다. 그리고 마륵지암을 데리고 가겠습니다…" 하고 말씀하시고, 예수께서는 입을 다물고 생각에 잠기신다.

성모님은 예수를 살펴보시고는 물으신다. "마륵지암이 네게 걱정을 끼치느냐?"

"아닙니다, 어머니. 오히려 그 반대입니다! 왜 그렇게 생각하십니까?"

"왜 생각에 잠겨 있느냐? …왜 그 애를 명령조로 불렀느냐? 그리고 그 애가 왜 너를 떠났느냐? 왜 부끄러운 것처럼 네게서 떨어져 나갔느냐? 그 애는 제 어머니와 내게 인사도 하러 오지 않았다!"

"그 애는 제가 한 어떤 질문 때문에 도망쳤습니다."

"오!…" 성모님은 몹시 놀라신다. 한동안 잠자코 계시다가 혼잣말처럼 속삭이신다. "지상낙원에서 두 사람은 죄를 지은 다음 하느님의 목소리를 듣고 도망쳤다. …그러나 아들아, 어린아이를 불쌍히 여겨야 한다. 그 애는 어른이 되기 시작한다. …그리고 혹…아들아, 사탄은 모든 사람을 괴롭힌다…." 성모님은 지극한 연민을 가지시고 간절히 애원하신다….

예수께서는 어머니를 들여다보시며 말씀하신다. "어머니는 정말 모성적이시군요! 정말 '어머니'이십니다! 그러나 그 애가 죄를 지었다고는 생각하지 마십시오. 오히려 그 애가 어떤 새 사실의 충격 때문에 괴로워한다고 믿으셔야 합니다. 그 애는 매우 깨끗하고, 매우 착합니다. …저는 제가 그 애를 이해한다는 것을 말을 하지 않고 알아듣게 하기 위해서 오늘 데리고 가겠습니다. 어떤 말도 필요없을 것입니다. …그리고 결백을 침해한 사람을 변명할 만한 말을 저는 찾아낼 수가 없을 것입니다." 예수께서 이 마지막 말을 하실 때에는 엄하시다.

"오! 아들아! 우리가 그 지경에 이르렀구나! 네게 이름을 묻지는 않겠다. 그러나 우리 가운데에 어린아이의 마음을 흔들어놓을 수 있는 사람이 있다면, 그렇게 할 수 있는 사람은 하나밖에 없다. …무서운 마귀다!"

"어머니, 마륵지암을 찾으러 갑시다. 어머니 앞에서는 도망치지 않을 것입니다."

두 분은 가신다. 그리고 산사나무 뒤에서 그를 발견하신다.

"얘야, 나 주려고 꽃을 꺾고 있었니?" 하고 성모님이 다가가셔서 껴안으시며 물으신다….

"아니오. 그렇지만 어머님을 원했습니다" 하고 마륵지암이 아직 눈물이 있는 얼굴로 말한다.

"그래서 내가 왔다. 빨리 가자! 오늘 네가 내 예수와 함께 베다니아에 가야 하니까! 그러니까 너는 옷을 예의바르게 입어야 한다."

그가 느끼던 불안을 벌써 잊고, 마륵지암의 얼굴이 환해지며 말한다. "예수님하고 저 혼자요?"

"열성당원과 함께."

아직 매우 어린 마륵지암은 기뻐 깡총깡총 뛰며, 숨어 있던 곳에서 뛰어나와 예수의 가슴에 가서 쓰러진다. …그는 매우 부끄러워한다. 그러나 예수께서는 웃으시며 이렇게 말씀하셔서 그를 자극하신다. "네 아버지가 오셨는지 뛰어 가 보아라."

그리고 마륵지암이 뛰어서 가는 동안 예수께서는 이런 지적을 하신다. "저 애는 생각은 벌써 성숙하지만 참다운 어린아이입니다. 그의 마음을 어지럽게 하는 것은 큰 죄악입니다. 그러나 제가 그것을 살피겠습니다." 그러고 말씀을 하시면서 어머니와 함께 집을 향하여 가신다. 그러나 아직 집에 이르지 않으셨는데 마륵지암이 마구 달려서 뒤돌아 오는 것이 보인다.

"선생님…어머니…사람들이 왔어요. …성전에 있던 사람들 중에서… 개종자들이…여자가 한 사람 있는데…어머니를 뵙기를 원하는 여자입니다. 그 여자가 어머니를 베들레헴에서 알았다고 합니다. …이름이 노에미라고 해요."

"그때 나는 많은 여자를 알았었단다! 그러나 가자…."

그들은 집이 있는 작은 공간에 도착한다. 사람 한 떼가 기다리고 있다가, 예수를 보자마자 엎드린다. 그러나 한 여자가 일어나서 성모님의 이름을 부르면서 그 발 앞에 엎드린다.

"누구세요? 나는 아주머니를 기억하지 못하겠는데요. 일어나세요."

여인이 일어나 말을 하려고 하는데, 사도들이 숨이 턱에 닿아서 도착한다.

"아니, 선생님! 아니, 왜 그렇게 하셨습니까? 저희들은 미치광이처럼 예루살렘 시내를 뛰어 다녔습니다. 저희들은 선생님이 요안나의 집이나 안나리아의 집에 가신 줄로 생각했었습니다. …왜 머무르지 않으셨습니까?" 질문과 소식이 어수선하게 엇갈린다.

"이제는 우리가 함께 있게 되었다. 왜 그랬는지 설명하는 것은 쓸데 없는 일이다. 이 아주머니가 조용히 말하게 가만 놔두어라."

모두가 들으려고 모여든다.

"오 베들레헴의 마리아, 저를 기억하지 못하시는군요. 그러나 저는 31년 전부터 어머니의 이름과 얼굴을 연민의 이름과 얼굴로 기억하고 있습니다. 저도 멀리 페르가에서 칙령 때문에 베들레헴에 갔었습니다. 저는 임신 중이었습니다. 그러나 때맞추어 돌아가기를 바랐었습니다.

그런데 제 남편이 도중에서 병이 들어 베들레헴에서 죽기까지 쇠약해졌습니다. 제가 아기를 낳은 지 20일 만에 남편이 죽었습니다. 제 부르짖음 소리가 하늘을 뚫었고, 제 젖을 마르게 하거나 나쁘게 했습니다. 제 얼굴은 작은 종기투성이가 되고, 제 아들도 작은 종기투성이가 되었습니다. …그래서 사람들이 저희를 어떤 동굴에 처넣어 거기에서 죽으라고 했습니다. …그런데…어머니만이 근 한달 동안이나 조심스럽게 오셔서, 제게 음식을 갖다 주시고, 제 종기를 치료해 주시고, 저와 같이 우시면서 제 아이에게 젖을 주셨습니다. 제 아이는 어머니 덕택으로, 순전히 어머니 덕택으로 살아 있습니다. …사람들이 저를 '문둥병자'라고 불렀기 때문에 어머니는 돌에 맞아 돌아가실 위험을 무릅쓰신 것입니다. …오! 다정스러우신 제 별! 저는 그것을 잊지 않았습니다. 저는 병이 나은 다음에 떠났습니다. 에페소에서 대학살 소식을 들었습니다. 저는 어머니를 아주 많이 찾았습니다! 아주 많이! 많이! 저는 어머니가 그 무서운 날 밤 아드님과 함께 죽임을 당하셨다고 믿을 수가 없었습니다. 그러나 어머니를 영 만나지 못했습니다. 지난 여름, 에페소의 어떤 사람이 아드님이 말씀하시는 것을 듣고, 누구신지를 알았고, 얼마 동안 따라 다녔고, 장막절에도 다른 사람들과 같이 아드님을 따라 다녔습니다. …그리고 돌아와서 말했습니다. 그래서 저는 죽기 전에 어머니를 뵈려고 왔습니다. 오 거룩하신 어머니 제 요한에게 주시려고 복되신 아드님에게서 빼앗으신 젖방울 수효만큼 어머니를 찬미하려고 왔습니다…." 여인은 성모님의 팔을 두 손으로 꼭 잡고 공손한 태도로 몸을 약간 구부리고 운다….

"젖은 절대로 거절하지 않는 것입니다, 자매님, 그리고…"

"아이고! 아닙니다. 저는 어머니의 자매가 아닙니다! 어머니는 구세주의 어머니이셨고, 저는 여름의 작은 개울처럼 말라붙은 젖가슴에 젖먹이 아들을 데리고 있는 과부로 집에서 멀리 떨어져 갈 데 없는 가엾은 여자였습니다. …어머님이 아니셨더라면 저는 죽었을 것입니다. 어머님은 제게 모든 것을 주셨습니다. 그래서 어머님 덕택으로 에페소에서 장사를 하고 있는 오빠들에게 돌아갈 수가 있었습니다."

"우리는 두 어머니, 세상에 두 아기를 데리고 있는 두 어머니였습니다. 자매님은 과부가 된 고통이 있었고, 나는 성전에서 시므온 노인이 말씀하신 것처럼 아들을 통해 심장이 꿰뚫려야 하는 고통을 가지고 있었습니다. 나는 자매님이 가지지 못하게 되었던 것을 주는 것으로 자매의 본분을 한 것에 지나지 않습니다. 그런데 자매님의 아들은 살아 있습니까?"

"여기 있습니다. 그리고 오늘 아침 아드님이 병을 고쳐 주셨습니다. 아드님은 그 일로 찬미받으시기 바랍니다!" 그리고 여인은 구세주 앞에 엎드리며 외친다. "요한아, 와서 주님께 감사를 드려라."

예수와 같은 나이의 남자가 같이 있던 사람들을 떠나 건장한 모습으로 앞으로 나아오는데, 얼굴이 아름답지는 않으나 성실하게 생겼다. 아름다운 것은 그의 그윽한 눈의 표정이다.

"베들레헴의 형제, 그대에게 평화. 내가 무슨 병을 고쳐 주었나?"

"주님, 실명(失明)을 고쳐 주셨습니다. 한 눈을 잃었고, 또 한 눈도 거의 잃어가는 중이었습니다. 저는 회당장이었는데, 거룩한 두루마리를 읽을 수가 없게 되었었습니다."

"이제는 더 큰 믿음을 가지고 읽을 걸세."

"아닙니다, 주님. 이제는 주님을 읽겠습니다. 저는 제자로 남아 있고 싶습니다. 그리고 주님을 기른 젖가슴에서 제가 빨아먹은 젖방울에 대한 권리는 강조하지 않겠습니다. 어떤 관계를 맺는 데 한 날이라는 세월은 아무것도 아닙니다. 그러나 그때의 주님의 어머님의 연민과 오늘 아침 주님의 연민은 전부입니다."

예수께서는 여인에게로 몸을 돌리시고 말씀하신다. "그럼 아주머니는 어떻게 생각하십니까?"

"제 아들이 두 번 주님의 사람이 된다고 생각합니다. 주님, 제 아들을 받아 주십시오. 그러면 불쌍한 노에미의 꿈이 이루어지겠습니다."

"좋습니다. 그대는 그리스도의 사람이 될 걸세. 너희들은 주님의 이름으로 이 동료를 받아라" 하고 사도들을 보고 말씀하신다.

개종자들은 감격으로 흥분한다. 남자들은 즉시 그대로 남아 있기를 바란다. 모두. 그러나 예수께서는 단호하게 말씀하신다. "아니오. 당신들은 지금대로 있으시오. 집으로 돌아가서 믿음을 보존하고, 부름의 때를 기다리시오. 그리고 주님께서 항상 당신들과 함께 계시기를. 가시오!"

"여기서 주님을 또 뵐 수 있을까요?" 하고 그들이 묻는다.

"아닙니다. 나는 이 가지에서 저 가지로 날아다니는 새처럼 끊임없이 돌아다니겠습니다. 당신들은 나를 여기서 만나지 못할 것입니다. 나는 일정한 여정(旅程)과 거처가 없습니다. 그러나 그것이 옳은 일이면, 우리가 만나게 될 것이고, 당신들은 내 말을 들을 것입니다. 가시오. 아주머니는 새 제자와 같이 남아 계셔요."

그리고 예수께서 집으로 들어가시는데, 여자들과 사도들이 따라 들어가며, 지금까지 알려지지 않았던 일화와 성모님의 깊은 자비심에 대하여 감격하며 이야기한다.

예수께서는 빠른 걸음으로 베다니아로 가신다. 양옆에서는 열성당원 시몬과 마륵지암이 있는데, 두 사람 다 이 방문을 위하여 선택된 것을 기뻐한다. 마륵지암은 완전히 명랑해져서, 에페소에서 온 여자에 대하여 많은 질문을 한다. 예수께서 그 사실을 알고 계셨는가 등등을 물어본다.

"나는 그 사실을 알지 못했었다. 내 어머니의 친절한 행위는 한이 없고 아주 조용한 침묵 속에서 행해져서 대부분은 알려지지 않은 채로 있다."

"하지만 그 일화는 매우 아름답습니다" 하고 열성당원이 말한다.

"그렇다. 하도 아름다워서 엔도르의 요한에게 알려 주고 싶다."

"어떻습니까, 선생님? 베다니아에 그의 편지들이 와 있을까요?"

"나는 그걸 거의 확신한다."

"우리는 문둥병이 나은 여자도 만나게 될 것입니다" 하고 열성당원이 지적한다.

"그렇다. 그 여자는 계명을 충실히 지켰다. 그러나 지금은 정결례의 기간이 지났을 것이다."

베다니아가 그 둔덕 위에 나타난다.

그들은 전에 공작들과 홍학들이 있던 집 앞을 지나간다. 지금은 그 집이 버려져 있고 닫혀 있다. 시몬이 그것을 알아차린다. 그러나 그의 관찰이 대문에서 나오는 막시민의 반가운 인사로 중단된다.

"오! 거룩하신 선생님! 큰 고통 중에 얼마나 큰 행복입니까!"

"자네에게 평화. 고통이라니, 왜?"

"라자로님이 궤양이 된 다리 때문에 고통을 당하시는데, 저희들은 그 고통을 어떻게 해야 덜어 드릴지를 모르기 때문입니다. 그러나 선생님을 뵈오면 적어도 정신적으로 좀 나으실 것입니다."

그들은 정원으로 들어간다. 그리고 막시민이 앞으로 뛰어가는 동안, 그들은 천천히 집을 향하여 걸어간다.

막달라의 마리아는 "선생님" 숭배의 말을 외치면서 밖으로 뛰어 나온다. 그리고 뒤에는 좀더 침착한 마르타가 따라온다. 두 사람 다 고통을 겪고 밤샘을 한 사람들처럼 창백하다.

"일어들 나거라. 즉시 라자로를 보러 가자."

"아이고! 선생님! 무엇이든지 다 하실 수 있는 선생님, 제 오빠의 병을 고쳐 주십시오!" 하고 마르타가 애원하며 말한다.

"예, 인자하신 선생님! 오빠는 견딜 수 있는 것 이상으로 고통을 겪습니다! 기진맥진하고 신음합니다. 만일 이렇게 계속되면 오빠는 틀림없이 죽을 것입니다. 주님, 오빠를 불쌍히 여기십시오!" 하고 마리아가 간청한다.

"나는 몹시 측은히 여긴다. 그러나 라자로에게는 기적의 때가 되지 않았다. 라자로가 용맹하기를 바란다. 그리고 너희들도 라자로와 함께. 오빠가 주님의 뜻을 행하도록 도와주어라."

"아! 오빠가 죽어야 한다는 말씀입니까?!" 하고 마르타가 눈물을 펑펑 쏟으며 신음한다.

마리아의 눈에는 눈물이 잔뜩 괴었고, 두 가지 격정으로, 예수께 대한 격정과 오빠에게 대한 격정으로 빛난다. "아이고! 선생님, 그러나 그렇게 하심으로 제가 선생님을 따라 다니며 봉사하지 못하게 하시고, 오빠가 제 부활을 즐기는 것을 막으십니다. 그러면 선생님은 라자로의 집에서 한 부활을 즐기는 것을 원치 않으십니까?"

예수께서는 미묘하고 인자한 미소를 띠고 마리아를 보시며 말씀하신다. "한 부활 때문에? 오직 한 부활 때문에만? 자, 자! 만일 너희들이 내가 오직 한 가지 일밖에 할 수 없다고 믿는다면, 너희들이 나를 아주 하찮은 사람으로 믿는 것이다! 올바르고 용맹하게 되어라. 자, 그렇게 울지들 말아라. 괴로운 의심으로 오빠를 괴롭힐 것이다." 그러면서 먼저 떠나신다.
　분명히 치료를 더 쉽게 하기 위해서였겠지만, 라자로는 연회에 쓰이는 큰 방 맞은 편에 있는 서재 곁에 있는 방으로 옮겨졌었다. 막시민이 예수께 문을 가리킨다. 그러나 예수 혼자 들어가시게 놔둔다.
　"나의 벗 라자로, 당신에게 평화!"
　"오! 거룩하신 선생님! 선생님께 평화. 제게는, 제 지체에는 이미 평화가 없어졌습니다. 제 정신은 지쳐 있습니다. 주님, 저는 대단히 고통을 겪습니다! '라자로야, 밖으로 나오너라' 하는 주님의 귀중한 명령을 내리십시오. 그러면 제가 나아서 일어나 주님의 시중을 들겠습니다…."
　"그 명령을 주겠소. 그러나 지금은 아니오" 하고 예수께서는 그를 껴안으시며 대답하신다.
　라자로는 매우 야위었고, 누렇고, 눈이 쑥 들어갔다. 병색이 완연하고 매우 쇠약해졌다. 그는 붓고 푸르스름한 다리를 보이면서 운다. 정맥류성(靜脈瘤性)이라고 할 수 있는 헌 데들이 있는데, 여러 군데가 터져 있다. 그는 그렇게 상한 것을 예수께 보이면 아마 예수께서 마음이 움직여 기적을 행하실 것으로 바라는 모양이다. 그러나 예수께서는 향유를 바른 헝겊을 헌 데 위에 다시 살짝 놓기만 하신다.
　"여기 머무르러 오셨습니까?" 하고 라자로가 실망해서 묻는다.
　"아니오. 그러나 자주 오겠소."
　"뭐라구요? 올해에도 저와 같이 과월절을 안 지내십니까? 저는 일부러 이리로 옮기게 했는데요. 장막절 때에 선생님께서는 등불 명절 후에 아주 오랫동안 저와 같이 계시겠다고 약속하셨는데요…."
　"사실 여기 머무르겠소. 그러나 지금은 아니오. 내가 당신 침대가에 앉아 있는 것이 거북하오?"
　"아! 아닙니다. 차가운 선생님의 손은 제 뜨거운 열을 식혀 주십니다. 주님, 왜 여기 머무르지 않으십니까?"
　"당신이 헌 데 때문에 고통을 당하는 것과 마찬가지로, 나는 내 원수들 때문에 고통을 당하기 때문이오. 비록 베다니아가 모든 사람을 위해서는 만찬을 할 수 있는 경계 안에 포함되어 있지만, 내게 대해서는 여기서 과월절 음식을 먹는 것을 죄라고 생각할 거요. 최고회의와 바리사이파 사람들에게는 내가 하는 것은 모두가 낙타와 들보로 보이오…."

"아! 바리사이파 사람들! 사실입니다! 그러나, 그렇다면 제 집들 중의 하나에서요. …이것만이라도요!"

"그것은 좋소. 그러나 신중을 기해서 최후 순간에 말하겠소."

"아! 그렇구 말구요. 믿지 마십시오. 요한의 일은 모두가 잘 되었습니다. 아시겠습니까? 어제 프톨레마이가 다른 사람들과 같이 왔는데, 선생님께 드리는 편지들을 제게 가져왔습니다. 제 누이 동생들이 가지고 있습니다. 그런데 마르타와 마리아는 어디 있습니까? 그 애들은 선생님께 경의를 표할 생각을 하지 않는 건가요?" 라자로는 많은 병자가 그렇듯이 신경질이 나 있다.

"안심하시오! 동생들은 시몬과 마륵지암과 같이 밖에 있소. 나는 그들하고 같이 왔소. 그리고 아무것도 필요치 않소. 내가 그들을 부르겠소." 그러면서 과연 사려깊게 밖에 남아 있던 사람들을 부르신다.

마르타는 나갔다가 두루마리들을 가지고 들어와서 예수께 드린다. 마리아는 니고데모의 하인이 주인의 앞장을 서 왔는데, 주인이 아리마태아의 요셉과 함께 온다고 말하더라고 보고한다. 그와 동시에 라자로는 "어제 선생님의 이름으로 나타난" 여자를 기억한다고 말한다.

"아! 그래요! 누군지 아시오?"

"그 여자가 저희들에게 말했습니다. 예리고의 어떤 부자의 딸인데, 그 사람은 여러 해 전에 아주 어려서 시라아로 갔답니다. 그 사람은 딸의 이름을 사막의 꽃을 기억해서 아나스티시카라고 불렀답니다. 그러나 그 여자는 남편의 이름은 알리려고 하지 않았습니다" 하고 마르타가 설명한다.

"그럴 필요없다. …남편은 그 여자를 버렸으니까, 그 여자는 '제자'일 뿐이다. 어디 있느냐?"

"매우 피곤해서 자고 있습니다. 지난 며칠 낮과 밤을 그 여자는 매우 힘들게 보냈습니다. 선생님이 원하시면, 가서 불러 오겠습니다."

"아니다, 자게 그냥 놔두어라. 내일 보살피겠다."

라자로는 마륵지암을 감탄하며 바라다본다. 그런데 마륵지암은 안절부절한다. 그는 두루마리에 무슨 말이 씌어 있는지 알고 싶은 것이다. 예수께서 그것을 알아치리시고 두루마리들을 펴신다. 라자로가 말한다. "아니? 이 애도 알고 있습니까?"

"그렇소. 나타나엘, 필립보, 토마 그리고 유다를 빼놓고는 이 애도 다른 사람들도 알고 있소…."

"그 사람에게는 비밀로 해두신 것은 잘 하셨습니다!" 하고 라자로가 말을 막는다. "저는 의심을 많이 합니다…."

"여보, 나는 무모하지 않소" 하고 예수께서 말을 막으시고 두루마리들을 읽으신다. 그런 다음 주요한 소식들, 즉 두 사람이 새 환경에 잘 적응했다는 것과 학교가 잘 되어 나간다는 것, 그리고 요한이 쇠약해지는 것만 아니면 모든 일이 잘 되어 나갈 것이라는 소식을 알리신다. 그러나 니고데모와 요셉이 도착한다는 전갈이 왔기 때문에 말씀을 더 하실 수가 없다.

"선생님, 하느님께서 선생님을 지켜 주시기를! 오늘 아침과 같이 언제나!"

"고맙소, 요셉. 그런데 니고데모, 당신은 그곳에 있지 않았소?"

"없었습니다. 그러나 선생님께서 오셨다는 말을 듣고, 선생님을 만나리라고 거의 확신하면서 라자로의 집에 올 생각을 했습니다. 그리고 요셉도 저와 같이 왔습니다."

그리고 그들은 라자로의 침대 곁에서 아침나절에 일어날 일들에 대하여 말하는데, 라자로는 하도 거기에 흥미를 느껴 그의 고통을 잊는 것 같다.

"그러나 저 가믈리엘은! 주님, 들으셨습니까?" 하고 아리마태아의 요셉이 말한다.

"들었소."

니고데모는 말한다. "저는 오히려, 저 가리옷의 유다는! 하고 말씀드리겠습니다. 선생님께서 떠나신 후에 저는 그 사람이 교사들의 학생들 한 떼 가운데에서 악마처럼 소리소리 지르는 것을 보았습니다. 그는 선생님을 비난하기도 하고 동시에 옹호하기도 했습니다. 그 사람은 자기가 정말 잘하는 일이라고 확신하고 있었다고 생각합니다. 학생들은 그들의 선생님들의 부추김으로 충동되어 선생님의 잘못을 찾아내려고 했습니다. 유다는 그들의 비난에 슬퍼하는 정열로 반대하면서 이렇게 말했습니다. '우리 선생님은 한 가지 잘못밖에 없어! 당신의 능력을 너무 발휘하지 않으시는 거야. 선생님은 기회를 놓치신단 말이야. 선생님은 지나친 유순으로 착한 사람들을 지치게 하신단 말이야. 선생님은 왕이셔! 그리고 왕으로 행동하셔야 해. 그런데 유순하기만 하는 것으로 자멸하신단 말이야. 비겁하고 흉포한 너희들에게는 절대적이고 세찬 권력의 채찍만이 필요해. 오! 나는 왜 선생님을 과격한 사울처럼 만들 수 없을까?' 하고."

예수께서는 말없이 머리만 흔드신다.

"하지만 그 사람은 선생님을 사랑합니다" 하고 니고데모가 지적한다.

"정말이지 어리둥절하게 하는 사람이구먼!" 하고 라자로가 말한다.

"그래, 자네가 바로 말했네. 나는 이년째나 그 사람과 같이 있지만, 아직 그 사람을 이해하지 못하네" 하고 열성당원이 그의 말을 뒷받침한다.

막달라의 마리아는 여왕과 같은 위엄으로 일어나며 장려한 목소리로 선언한다. "저는 그 사람을 모든 사람보다 더 잘 이해했습니다. 그는 완전 곁에 있는 치욕입니다. 그밖에 다른 말 할 것은 아무것도 없습니다." 그러면서 무슨 볼 일을 보려구 마특지암을 데리고 나간다.

"마리아의 말이 맞는지도 모르겠구먼" 하고 라자로가 말한다.

"나도 그렇게 생각하오." 하고 요셉이 말한다.

"그럼 선생님께서는 어떻게 생각하십니까?"

"나는 유다가 '인간' 이라고 말하겠소. 가믈리엘같이, 무한하신 하느님 곁에 있는 한정된 인간. 인간은 누가 그에게 초자연적인 것을 호흡하게 하지 않는 한 너무도 생각이 좁아서 한 가지 사상밖에는 받아들일 수가 없고, 그 사상을 자기에게 박아넣고, 자기도 그 사상 속에 박히고, 그 사상으로만 만족하게 되오. 명증(明證)이 있는데도 불구하고, 고집스럽고 완고하게. 사실 가믈리엘은 한 어린이에게서 희미하게 보고 인정했던 메시아에 대해서 이스라엘에서 그렇게 믿는 사람이 별로 없을 만큼 믿고 있소. 그리고 그 어린아이의 말에 충실하고 있소. …유다도 마찬가지지요. 대부분의 이스라엘 사람들이 품고 있는 것과 같은 메시아 사상이 가득 차 있는데다가, 내게서 본 첫번째 표시로 그 사상의 확인을 받아, 그리스도를 왕으로 보고, 또 보기를 원하오. 현세적이고 강력한 왕으로… 그리고 그가 만들어 가진 생각에 충실하오.

 오! 미래에 있어서도 일체의 이치에 어긋나는 믿음에 대한 그릇된 생각 때문에 얼마나 많은 사람이 파멸할지 모르오! 그러나 당신들은 어떻게 생각하오? 어떤 일에서나 진리와 정의를 따르는 것이 쉽다고 생각하시오? 가믈리엘 같은 사람이거나 사도 유다 같은 사람이기 때문에 구원을 받기가 쉽다고 생각하시오? 아니오. 정말 잘 들어 두시오. 어떤 특별한 직책이나 어떤 특별한 임무에 올려진 어떤 사람보다는 어린이나 일반 신자가 구원을 받기가 더 쉽소. 어떤 특별한 운명에 불린 사람들은 일반적으로 그들의 부름받은 데에서 오는 교만이 그들의 마음 속에 들어오는 것을 내버려두는데, 이 교만은 하느님을 내쫓고 사탄에게 문을 열어 주오. 별들이 떨어지는 것은 초약돌들이 떨어지는 것보다 더 쉽게 일어나오. 사탄은 천체의 빛을 끄려고 애쓰고, 선택한 사람들을 떨어지게 하기 위해, 그들에게 지렛대 노릇을 하려고 비집고 들어가오. 교활하게 비집고 들어가요. 천 명이나 만 명의 사람이 보통 오류에 빠지면, 그들의 타락은 그들만을 끌고 갈 뿐이오. 그러나 떨어지는 사람이 어떤 특수한 운명을 위해 뽑힌 사람인데, 하느님을 위한 연장이 되지 않고 사탄의 도구가 되고, '내' 목소리가 되지 않고 사탄의 목소리가 되며, '내' 제자가 되지 않고 사탄의 제자가 되면, 그때에는 그의 파멸이 더 크고, 수많은 사람에게 상처를 입히는 심각한 이단들을 생겨나게 할 수도 있소.

 내가 어떤 사람에게 주는 선이 겸손한 땅에, 겸손한 채로 있을 줄을 아는 땅에 떨어지면 많은 선을 생겨나게 할 것이오. 그러나 이것이 교만한 땅에, 또는 받은 선물 때문에 교만하게 되는 땅에 떨어지면, 선이 악이 되오. 가믈리엘에게는 그리스도의 첫 번째 나타남 중의 하나가 주어졌소. 그것이 그에게는 그리스도에게로 오라는 때이른 부름이었을 것이오. 이것이 그를 부르는 내 목소리에 그가 귀를 막고 있는 이유요. 유다에게는 사도가 되는 것이 허락되었소. 이스라엘 사람 수천 수만 명 중에서 열두 사도 중의 한 사람이 되도록 허락되었소. 이것이 그의 성화(聖化)가 되었어야 할 것이오. 그러나 어떻게 되겠소? …이거 보시오. 사람은 영원한 아담이오. …아담은 한 가지만 빼놓고는 모든 것을 가지고 있었소. 그는 그것을 가지고자 했소. 그런데 사람이 아담으로 남아 있기만 해도 좋겠소! 그러나 흔히는 루치펠*이 되오. 사람은 천주성만 빼고는 모든 것을 가지고 있소. 그런데 이 천주성을 가시기를 원하오. 그는 놀라게 하고, 환호를 받고, 두려워함을 받고, 알려지고, 찬양받기를 위하여 초자연적인 것을 가지기를 원하오. …그리고 하느님만이 홀로 거저 주실 수 있는 어떤 것을 얻기 위하여, 하느님의 흉내를 내는, 그리고 소위 초자연적인 선물을 주는 사탄에게 매달리오. 오! 저 사탄이 접한 자들의 운명은 정말 소름끼치는 운명이오!

친구들, 나는 당신들을 떠나오. 잠시 물러가 있겠소. 하느님 안에서 묵상할 필요를 느끼오…." 예수께서는 매우 불안해지셔서 나가신다….

남아 있는 사람들, 라자로, 요셉, 니고데모, 열성당원은 서로 얼굴을 쳐다본다.

"선생님께서 얼마나 불안해 하시는지 보았소?" 하고 요셉이 작은 목소리로 라자로에게 묻는다.

"보았소. 선생님께서는 어떤 소름끼치는 광경을 보시는 것 같았소."

"마음 속에 무슨 생각이 들어 있을까?" 하고 니고데모가 묻는다.

"그것을 아는 것은 선생님과 영원하신 분뿐이겠지요" 하고 요셉이 대답한다.

"시몬, 당신은 아무것도 알지 못하오?"

"모르오. 확실한 것은 몇 달 전부터 대단히 괴로워하신다는 사실이오."

"하느님께서 선생님을 지켜 주시기를! 그러나 증오가 커지는 것은 확실하오."

"그렇소. 요셉, 증오가 커지고 있소. …나는 증오가 멀지 않아 사랑을 이길 것으로 생각하오."

"시몬, 그렇게 말하지 말게! 그렇게 된다면, 나는 이제 다시는 병낫기를 청하지 않겠네! 가장 소름끼치는 오류를 보는 것보다는 차라리 죽는 편이 더 나을 걸세."

"가장 소름끼치는 독성(瀆聖)이라고 말해야 할 걸세. 라자로…."

"그렇지만…이스라엘은 이렇게 할 수가 있어요. 이스라엘은 루치펠의

---

* 역주 : Lucifer – 사탄의 별명.

행동을 되풀이해서 축복받으신 주님과 전쟁을 할 준비가 충분히 되어 있소" 하고 니고데모가 한숨을 쉰다.

 그들의 목을 죄는 물어뜯은 상처 모양으로 고통스러운 침묵이 시작된다. …성실한 네 사람이 미래의 죄인들을 생각하는 방안에 밤이 내려앉는다.

56. 안티오키아에서 온 편지들

예수께서는 당신과 같이 있던 사람들, 즉 열성당원 시몬과 마륵지암과 함께 베다니아를 떠나셨다. 그러나 일행에 아나스타시카가 합류하였다. 아나스타시카는 베일을 푹 내려쓰고 마륵지암 옆에서 걸어가는데, 예수께서는 시몬과 함께 약간 뒤에 처져 계신다. 두 집단은 각기 따로따로, 가장 관심있는 일에 대하여 말을 하며 걸어간다.

아나스타시카는 이미 시작된 회화를 계속하면서 마륵지암에게 말한다. "그 분을 빨리 만나고 싶어." 아마 벳수르의 엘리사에 대하여 말하는 모양이다. "나는 결혼했을 때나 문둥병자라는 선고를 받았을 때에도 이처럼 가슴이 설레지 않았던 것 같아. 그분에게 어떻게 인사를 하지?"

그러니까 마륵지암은 다정스러우면서도 진지한 미소를 띠고 말한다. "오! 그분의 진짜 이름을 부르세요! 어머니! 하고."

"그렇지만 나는 그분을 알지 못하는 걸! 너무 무람없는 말이 아닐까? 따지고 보면 내가 그분에게 뭐난 말이야?"

"작년의 저와 같은 분이지요 뭐. 그리고 아주머니는 저보다 훨씬 더 나은 편이에요. 저는 더럽고, 겁을 집어먹고, 무례한 보잘 것 없는 고아였거든요. 그렇지만 그분은 처음 순간부터 저를 항상 아들이라고 불렀고, 또 항상 제 진짜 어머니가 되셨어요. 작년에는 제가 그분을 보려고 기다리면서 두려움 곁들인 불안을 느꼈어요. 그렇지만 곧이어 그분을 보는 것만으로 두려움이 없어지게 되었어요. 제가 어린 눈으로 어떤 일을 본 다음부터 제 피 안에 남아 있었던 그 모든 심한 공포가 사라졌어요. 저는 우선 우리 집과 우리 가족을 모두 부수어버린 성난 자연을 보았었고, 그 다음에는…그 다음에는 어떻게 사람이 재칼과 흡혈귀보다도 더 잔인한 야수인지를 볼 수 있었고, 보아야 했어요. 늘 떨고…늘 울고…여기에 되게 죄는 매듭을, 공포와 고통과 증오와 모든 것의 매듭을 느꼈어요. …저는 몇 달 동안에 세상에 있는 모든 악과 모든 고통과 잔인성을 겪었어요. …그래서 저는 아직도 착함이 있고, 아직도 사랑이 있고, 아직도 보호가 있다는 것을 믿을 수가 없어요…."

"아니 뭐라고? 선생님이 너를 데려오셨을 때도?!… 그리고 몹시 착한 제자들 가운데 있을 때에도!?"

"저는 아직도 떨고 있었어요. 누님…그리고 미워했어요. 오! 무서워하지 않도록 믿게 되기까지는 많은 시간이 필요했어요. …그리고 사람이 어떻게 될 수 있는지를, 즉 야수의 모습을 띠고 나타나는 마귀가 될 수 있다는 것을 내 영혼에 알게 해서 제 영혼을 괴롭힌 사람들을 미워하지 않게 되기까지는 훨씬 더 많은 시간이 필요했어요. 고통을 당하면서 그 결과를 오랫동안 겪지 않을 수는 없어요. 특히 어린아이일 때는요. …우리 마음은 아직 연하고, 어머니의 입맞춤의 따뜻한 기운이 아직 남아 있고, 빵보다는 입맞춤을 더 갈망하기 때문에 그 흔적이 오래 남아 있어요. 그런데, 입맞춤 대신에 제가 매를 맞는 것을 보게 된단 말이에요…."

"불쌍도 해라!"

"예, 불쌍했지요. 정말 아주 불쌍했어요! 저는 하느님께 대한 희망도 사람에 대한 존경도 가지지 않게 되었어요. …저는 사람이 무서웠어요. 예수님 곁에서도, 베드로의 품에 안겨서도 저는 무서웠어요. …저는 이렇게 생각했거든요. '이럴 수가 있는 건가? 이게 오래 가진 못할 거야. 이 사람들도 친절한 데 진저리를 내고 말 거야…' 하고. 그리고 마리아 어머니를 그리워했어요. 어머니는 언제나 어머니거든요. 그렇지요? 또 사실 제가 마리아 어머니를 보았을 때, 그분의 품에 안겼을 때, 저는 무서워하지 않게 되었어요. 저는 모든 과거가 정말 끝났고, 제가 지옥에서 천국으로 건너왔다는 것을 깨달았어요. 마지막 고통은 사람들이 저를 무시하는 것을 보게 되는 것이었어요. …저는 언제나 나쁜 것을 의심했어요. 그래서 많이 울었어요. 오! 그런데! 어머니가 저를 얼마나 큰 사랑으로 받아들이셨는지 몰라요! 정말, 저는 그때부터는 우리 어머니를 한탄하지 않게 되고, 떨지 않게 되었어요. …마리아 어머니는 불행한 사람들의 친절이고 평화예요…."

"그런데 나도 친절과 평화가 필요해…" 하고 여인이 한숨짓는다.

"그런데 이내 어머니를 뵙게 될 거예요. 저기 나무 우거진 데가 보이지요? 어머니가 저 안에, 게쎄마니의 집에서 숨어 사셔요."

"엘리사도 거기 계실까? 그런데 그분들에게 내가 무슨 말을 하지? 나보고 뭐라고들 하실까?"

"엘리사 아주머니가 거기 계신지는 모르겠어요. 아팠었거든요."

"아이고! 돌아가시지는 않을까? 그땐 누가 나를 딸로 받아들이지?"

"염려 마세요. 선생님이 '당신은 어머니와 집을 얻게 될 거요' 하고 말씀하셨어요. 그러면 그렇게 될 거예요. 좀 빨리가요. 저는 마리아 어머니 곁에 있을 때는 걸음을 느리게 걸을 수가 없어요."

그들은 걸음을 빨리한다. 그래서 그들이 이야기하는 것을 듣지 못하게 되었다.

열성당원은 그들이 사람 많이 다니는 길에서 거의 뛰다시피 하는 것을 보고 예수께 그것을 지적한다. "오누이 같습니다. 얼마나 친한지 보십시오."

"마륵지암은 모든 사람에게 익숙해질 줄을 안다. 그것은 어려운 덕행이지만, 그의 미래의 임무에는 대단히 필요한 덕행이다. 나는 그의 안에 이 다행스러운 경향을 자라게 하려고 마음을 쓴다. 그것이 그에게 많은 도움이 될 터이니까."

"선생님은 저 애를 선생님께서 좋아하시는 대로 도야(陶冶)시키시지요?"

"그렇다. 그의 나이 때문에 그렇게 할 수가 있다."

"그렇지만 나이 많은 요한 펠릭스도 도야시키실 수 있었지요…."

"그렇다. 그것은 내가 그를 무너뜨리고 완전히 새로 만들게 가만 내버려두었기 때문이다."

"맞습니다. 저는 가장 큰 죄인들이 회개할 때에는 그저 원만한 유죄성이 있는 저희들보다 의덕으로 앞지른다는 것을 알아차렸습니다. 왜 그렇습니까?"

"그들에게 있어서는 통회가 그들의 죄와 비례해서 무한히 크기 때문이다. 그 때문에 통회는 그들을 고통과 겸손의 무게로 부수어 놓는다. '내 죄가 항상 나와 대립하여 있나이다' 하고 시편 작가가 말한다. 이것이 정신을 겸손하게 지켜 준다. 죄가 자비에 대한 바람과 신뢰와 합쳐지면 좋은 추억이 된다. 중간치 완전이나, 중간치도 못되는 완전들은 자주 정지하게 된다. 그것은 중대한 죄를 지었다는 가책과 참된 완전을 향하여 전진하려면 속죄를 해야 한다는 자극이 없기 때문이다. 그런 완전들은 괴어 있는 물과 같이 정지한다. 그런 완전은 자기들이 맑다는 것을 만족한 듯이 자기들을 바라다본다. 그러나 가장 맑은 물도, 만일 바람에 불려온 먼지와 쓰레기들을 움직임으로 깨끗이 없애지 않으면, 결국은 더러워지고 썩고 만다."

"그러면 저희가 저희 안에 계속 있게 내버려두는 불완전이 먼지와 쓰레기입니까?"

"그렇다, 시몬아. 너희들은 너무 침체해 있다. 완전을 향한 너희들의 움직임은 거의 깨달을 수 없다. 너희들은 세월이 빨리 흘러간다는 것을 알지 못하느냐? 너희들에게 남아 있는 짧은 기간에 너희들이 완전하게 되도록 힘써야 하리라고 생각하지 않느냐? 빨리 지나가는 이 시간 동안에 결단력있는 의지로 얻은 완전의 힘을 가지고 있지 않으면, 선생님과 그의 가르침에 대하여 사탄과 그의 자식들이 맹위를 떨치게 할 폭풍우에 너희가 어떻게 저항할 수 있겠느냐? 너희가 스스로에게 '아니, 우리가 선생님과 3년 동안을 같이 있었는데, 어떻게 뒤흔들릴 수가 있었는가?' 하고 물을 날이 올 것이다. 오! 그 대답은 너희들 안에, 너희들의 행동방식에 있다! 어떤 사람이 남아 있는 이 시간 동안에 완전하게 되려고 힘쓰면 힘쓸수록 더 충실하게 될 수 있을 것이다."

"3년이라니요. …아니, 그러면…아이고! 주님! …그러면 오는 봄에 저희가 선생님을 잃게 된다는 말씀입니까?"

"이 나무들에 작은 열매들이 맺혀 있다. 그리고 그것들이 익은 다음에 내가 맛볼 것이다. 그러나 올해의 과일 다음에는 새로 거두어 들인 것을 결코 맛보지 못할 것이다. …시몬아, 슬퍼하지 말아라. 슬픔은 비생산적이다. 무서운 순간에 충실할 수 있기 위하여 네 의덕을 강화하고, 의덕에 대한 관심을 가질 줄을 알아라."

"예, 그렇게 하겠습니다. 제 온 힘을 다해서요. 다른 사람들도 마음의 준비를 하도록 그들에게도 이 말을 해도 됩니까?"

"해도 된다. 그러나 굳은 의지를 가진 사람은 견디어낼 것이다."

"그러면 다른 사람들은요? 파멸하겠습니까?"

"아니다. 그러나 그들은 그들의 행동으로 몹시 시련을 당할 것이다. 그들은 자기가 강한 줄로 믿고 있다가 때려눕혀지고, 지게 되는 사람 같을 것이다. 놀라고, 창피를 당하리라는 말이다. 그러다가 마침내 겸손하게 될 것이다! 겸손이 없으면, 전진하지 못한다는 것을 믿어라. 시몬아, 교만은 사탄에게 발판 노릇을 하는 돌이다. 그런데 왜 그 돌을 마음 속에 간직한다는 것이냐? 저 소름끼치는 존재가 기분좋은 주인이란 말이냐?"

"아닙니다, 선생님."

"그런데도 너희들 마음 속에는 사탄의 거점과 그의 가르침의 강좌를 보존하고 있다. 너희들은 교만으로 빚어졌다. 너희들은 모든 것에, 모든 동기에 대해서 교만을 가지고 있다. '내 제자'라는 것까지도 너희들에게는 자랑거리이다. 그러나 어리석은 너희들은 너희를 뽑은 사람에 대해서 너희가 어떤 사람인가 하는 것과 비교해서 고쳐지지 않았단 말이냐? 내가 너희들을 불렀기 때문에 너희들이 거룩하게 되지는 않을 것이다. 그것은 내게 부름을 받은 다음에 너희들이 거룩하게 되겠기 때문이다. 거룩함은 각자가 스스로 세우는 건축물과 같다. 지혜는 그 건축물의 방법과 설계를 알려줄 수는 있다. 그러나 물질적인 일은 너희들에게 달린 것이다."

"사실입니다. 그러나, 그때에 저희들이 파멸하지 않을 것입니까? 시련 후에는 저희들이 겸손하겠기 때문에 더 거룩하게 되겠습니까? …"

"그렇다." 그렇다는 말씀은 무뚝뚝하고 엄하다.

"선생님이 말씀하시는 대로입니까?"

"그렇다."

"선생님은 시련 전에 저희가 성덕을 가지기를 원하십니까?"

"그렇다, 그랬으면 좋겠다. 그리고 모두의 경우에."

"모두의 경우에라니요? 시련 중에 저희가 똑같지 않으리란 말씀입니까?"

"시련 전에도, 시련 중에도, 시련 후에도 똑같지는 않을 것이다. 그렇지만 나는 모두에게 같은 말을 들려 주었다…."

"그리고 같은 사랑을 주셨습니다, 선생님. 저희들은 선생님께 대해 크게 죄를 짓고 있습니다…."

예수께서는 한숨을 쉬신다.

꽤 긴 침묵이 흐른 다음 열성당원이 말을 하려고 한다. 그러나 게쎄마니의 첫 번째 언덕에서 마륵지암을 만난 사도들과 제자들이 거의 뛰다시피 마중을 나온다. 시몬은 입을 다무는데, 예수께서는 모든 인사에 대답하신 다음 베드로 곁에서 올리브밭과 집을 향하여 가신다.

베드로는 새벽부터 그들이 경계를 하고 있었고, 엘리사는 아직 요안나의 집에서 앓고 있고, 전날 저녁에 바리사이파 사람들이 왔었고, 그리고…그리고…그리고…얽히고 섞힌 소식을 한 무더기 전해 드리고 끝에 가서 이런 질문이 나온다. "그런데 라자로는요?" 그 질문에 예수께서는 자세히 대답하신다.

대단히 호기심이 많은 베드로는 이렇게 묻지 않을 수가 없다. "그런데…주님, 아무것도 없습니까? 아무…소식도…"

"있다. 적당한 때에 네가 그 소식을 듣게 될 것이다. 여자하고 마륵지암은 어디 있느냐? 벌써 집안에?"

"아이고? 아닙니다? 여인은 감히 더 나아가질 못했습니다. 비탈에 앉아서 선생님을 기다리고 있습니다. 마륵지암은…마륵지암은…없어졌습니다. 아마 집으로 뛰어간 모양입니다."

그러나 서둘렀는데도 그들이 집에 이르기 전에 성모님과 동서, 살로메, 폴피레아, 바르톨로메오와 필립보의 아내들이 예수께 경의를 표하려고 집에서 나왔다. 예수께서는 멀리 그들에게 인사하시고, 아나스타시카가 겸손되이 서 있는 곳으로 가셔서, 그의 손을 잡고 어머니와 여인들에게 인도하신다.

"어머니, 옛습니다. 이번 과월절의 꽃입니다. 올해에는 한 송이뿐입니다. 그러나 제가 어머니께 가져오는 꽃이니, 어머니께 기분좋은 꽃이 되기 바랍니다."

여자는 무릎을 꿇었다.

성모님은 몸을 구부러 그 여인을 일으키시며 말씀하신다. "딸들은 어머니의 가슴에 있지 발 앞에 있지 않다. 딸아, 오너라. 우리 영들이 이미 서로 아는 것과 같이 우리 얼굴들도 알자. 이들이 여기 있는 자매들이다. 그리고 다른 자매들도 올 것이다. 하느님의 영광을 위하여 가족들 사이에 사랑뿐이고 거룩함뿐인 다정스러운 가정이 되기 바란다."

여자 제자들 사이에 다정스러운 입맞춤이 교환되고, 서로 얼굴을 자세히 들여다본다. 여자들은 집안으로 들어가 수백 그루의 올리브나무의 푸른 빛으로 둘러싸여 있는 옥상으로 올라간다. 두 집단이 갈라진다. 예수께서는 남자들과 같이 계시고, 여자들은 따로 떨어져 새로 온 여자를 둘러싸고 있다. 남편과 같이 시내에 갔던 수산나가 돌아온다. 요안나가 아이들을 데리고 온다. 천사 같은 얼굴을 가진 안나리아가 나타난다. 예수께로 뛰어 가는 제자들 가운데 섞이었던 야이로가 딸을 데리고 오는데, 딸은 성모님 곁에 있는 여자들의 집단 속으로 간다. 성모님은 야이로의 딸을 쓰다듬어 주신다.

사람들을 맞아들이는 데 평화와 사랑이 있다. 그리고 해가 내려온다. 그들의 집으로나 자기들을 재워 주는 집으로 돌아가는 사람들을 떠나보내시기 전에 예수께서는 그들을 모두 기도를 하자고 모으시고, 그들에게 강복하신다. 그런 다음 모두를 떠나 보내신다. 예수께서는 게쎄마니의 집에서 끼여서 자거나, 그곳에서 멀리 떨어져 가기보다는 차라리 올리브나무 밑에서 밤을 지내는 편을 택하는 사람들과 남아 계신다. 이렇게 해서 여자들로서는 성모님과 알패오의 마리아, 살로메, 아나스타시카, 폴피레아가 남아 있고, 남자들로서는 예수님과 베드로, 안드레아, 알패오의 야고보와 유다, 제베대오의 야고보와 요한, 열성당원 시몬, 마태오, 마륵지암이 남아 있다.

저녁식사는 빨리 끝났다. 그런 다음 예수께서는 어머니와 알패오의 마리아와 제자들을 조용한 올리브밭으로 부르신다. 아마 다른 여자들도 기꺼이 갈 것이다. 그러나 예수께서는 그들을 부르지 않으시고, 살로메와 폴피레아에게 이렇게 말씀하기까지 하신다. "새 자매와 거룩한 대화를 나누고, 우리를 기다리지 말고 잠자리에 들도록. 평화가 그대들과 함께 있기를." 그러니까 세 여자는 그들의 운명을 감수한다. 모두가 말을 하고, 떼를 지어 바로 장차 임종의 고통의 바위가 될 바위 쪽으로 가는데, 베드로는 약간 시무룩하다. 그들은 비탈에 앉아, 낮동안의 불분명한 소음이 들린 다음 천천히 가라앉는 예루살렘 쪽을 향하고 있다.

"나뭇가지에 불을 붙여라, 베드로야" 하고 예수께서 명령하신다.

"왜요?"

"요한과 신디카가 써보낸 편지를 너희들에게 읽어 주고자 하기 때문이다. 이 때문에 세 여자는 오게 하지 않았다는 것을 불만인 너는 알아라."

"그러나 오늘 저녁에는 제 처도 있었는데요!…"

"그러나 이런 여자 제자들 중에서 살로메만 빼놓는 것은 그리 적절하지가 않다. …게다가 이렇게 하면, 네가 이제 들을 것은 조심성있는 네 아내에게 이야기하면서 그와 흉금을 털어놓고 이야기를 나눌 기회를 가지게 될 것이다."

베드로는 폴피레아에 대하여 예수께서 하신 찬사와 그에게 비밀을 이야기해도 된다는 허락이 아주 자랑스러워서 대번에 시무룩한 기분이 싹 가시고, 즐거운 햇불을 붙이기 시작한다. 햇불에서는 불꽃이 움직이지 않고 곧장 고요한 대기 속으로 올라간다.

예수께서는 허리띠에서 그 편지 두 장을 꺼내서, 펴서 주의를 기울이는 열 한 얼굴이 빙 둘러 있는 가운데에서 읽는다.

"나자렛의 예수님께 존경과 축복을. 나자렛의 마리아 어머님께 축복과 평화를, 거룩한 형제들에게 평화와 인사를 드립니다. 사랑하는 마륵지암에게 평화와 애무를.

여러분에게 이 편지를 쓰려고 앉으니 제 마음에는 눈물과 미소가 갈마듭니다. 향수에 젖은 추억을, 이행한 의무에서 오는 바람과 평화, 이 모든 것이 저를 가득 채웁니다. 제게 있어서 가치가 있는 모든 과거, 즉 12개월 전에 시작된 과거가 제 앞에 있고, 죄지은 사람에 대하여 너무나 연민을 가져 주신 하느님께 대한 감사의 시편이 제 마음에서 우러나옵니다. 선생님께서는 찬미받으시기 바랍니다. 그리고 선생님과 더불어 선생님을 세상에 주신 거룩하신 어머니도 축복받으시기 바라며, 제가 구현된 동정으로 생각하는 또 다른 어머니도 축복받으시기 바랍니다. 그리고 선생님과 더불어 축복받은 베드로, 요한, 시몬, 야고보와 유다, 그리고 다른 야고보, 안드레아와 마태오, 그리고 끝으로 내 지극히 사랑하는 마륵지암을 축복하기 위하여 품에 안으면서, 제가 여러분을 안 순간부터 여러분을 떠난 순간까지 제게 해주신 모든 것을 위하여 여러분에게 축복합니다! 오! 제가 여러분을 떠난 것은 제 뜻으로 한 것이 아니었습니다! 하느님께서는 저를 여러분에게서 억지로 떼어 놓은 사람들을 용서해 주시기를 바랍니다. 하느님께서 그들을 용서해 주시고, 저 자신으로서도 그렇게 할 능력을 제게 더 주시기를 바랍니다. 지금은 하느님의 도우심으로 하느님과 함께 그렇게 할 수가 있습니다. 그러나 저 혼자의 힘으로 아직 그렇게 할 수가 없을 것입니다. 그것은 그들이 제 참된 생명이신 지극히 거룩하신 선생님에게서 저를 억지로 떼어놓음으로 제게 입힌 상처가 너무나 생생하기 때문입니다. 비록 선생님의 위안이 제 위에 내리는 계속적이고 마음을 진정시키는 비이기는 하지만, 아직도 상처가 너무나 생생합니다…"

예수께서는 여러 줄을 읽지 않고 훑어보기만 하시고는 다시 계속하신다. "'제 생활은…'" 그러나 선생님이 잘 보실 수 있도록 하려고 불붙은 나뭇가지 하나를 집어서 높이 들고 선생님 곁에 있으면서 씌어 있는 것을 보려고 목을 길게 늘이고 있던 베드로가 말한다. "아닙니다. 그게 아닙니다! 선생님, 왜 읽지 않으십니까? 가운데 다른 말이 있습니다! 저는 멍청합니다만, 글을 도무지 읽지 못할 정도는 아닙니다. 저는 이렇게 읽겠습니다. '선생님의 약속은 제가 바라던 것보다도 더한 일을 했습니다…' 하고."

"아니 너 참 성가신 존재로구나! 어린아이보다 더 고약해!" 하고 예수께서 미소지으시며 말씀하신다.

"물론입니다! 저는 거의 노인이 다 되었습니다! 그렇기 때문에 어린아이보다 꾀가 더 많습니다."

"너는 조심성도 더 있어야 할 거다."

"그건 원수들을 대할 때는 좋습니다. 그러나 여기는 친구들끼리 입니다. 여기에 요한이 선생님께 대해서 아름다운 말을 하고 있습니다. 저는 선생님이 저를 무슨 상품처럼 다른 곳으로 보내실 때 올바르게 처신하기 위해서 그것을 알고 싶습니다. 자, 전부 읽으세요! 어머니, 마치 작은 물고기를 추리듯이 소식을 추려 가면서 저희에게 들려 주시는 것은 옳지 않다고 선생님께 말씀하십시오. 밖으로! 밖으로! 말이고, 잔챙이고, 훌륭한 물고기고 간에, 모두요! 자네들도 나를 도와주게. 자네들은 장승들 같구먼. 자네들은 나를 화나게 하네! 그런데 저 웃는 것 좀 봐!"

흥분한 망아지처럼 이리저리 껑충껑충 뛰어 다니며, 머리 위에 불똥이 비오듯 떨어지는 것도 상관하지 않고 불타는 나뭇가지를 흔들어대는 베드로의 흥분한 모습을 보고 웃지 않기가 어렵다.

예수께서는 그를 진정시키기 위하여 양보하시고, 읽어 나가실 수밖에 없다.

"선생님의 약속은 제가 선생님의 약속에서 바라던 것을 지나쳤습니다. 오! 거룩하신 선생님! 저 비참한 겨울 아침 선생님께서 이 비참한 제자를 위로하러 오시겠다고 약속하실 때, 저는 선생님의 약속의 참다운 효력을 깨닫지 못했었습니다. 인간의 고통과 한계가 정신의 기능을 짓눌렀고, 그래서 선생님의 약속의 효력을 이해하지 못했었습니다.

제 밤에 영적으로 찾아 주시는 선생님, 찬미받으십시오. 제 밤들은 제가 예측했던 것과 같은 슬픔과 고통이 아니고, 선생님에 대한 기다림이나 선생님과의 기쁜 만남입니다. 병자들과 귀양살이하는 사람들과 고독한 사람들과 죄지은 사람들의 공포인 밤이, 선생님의 뜻을 행하고 선생님께 봉사하는 기쁨을 가진 저 펠릭스에게는〈신랑이 오는 것을 기다리는 슬기로운 처녀들의 기다림〉이 되었습니다. 제 가엾은 영혼은 훨씬 그 이상의 것까지도 누립니다. 제 영혼은 그의 사랑하는 이를 기다리는 신부가 되는 지복(至福)을 누립니다. 사랑하는 이는 신방에 들어와서 매번 첫번 만남의 기쁨과 힘을 주는 결합의 황홀감을 영혼에게 줍니다.

오! 제 선생님이시며 주님, 제게 주시는 이다지도 큰 선물에 대하여 주님을 찬미하는 한편, 제게 해 주신 다른 약속 두 가지도 기억하시기를 부탁드립니다. 너무나 약한 인간인 제게 가장 중요한 약속은 선생님의 고통의 시간에 제가 살아 있게 하지 않으신다는 것입니다. 선생님께서 제 약함을 아십니다! 선생님께 대한 사랑을 위하여 증오를 벗어버린 사람이 선생님을 죽이는 사람들에 대한 증오 때문에 까다롭고 다루기 어려운 증오의 제복을 다시 입어야 하는 일이 없게 해 주십시오. 둘째 약속은 아직도 너무 약하고 완전을 아직 이룩하지 못한 선생님의 불쌍한 제자를 위한 것입니다. 선생님께서 제게 말씀하신 대로 제가 죽을 때에 제 곁에 계셔 주십사 하는 것입니다. 선생님께서 어떻게 거리(距離)와 바다와 산과 강이 존재하지 않고, 선생님께서 선생님을 사랑하는 사람들에게 느낄 수 있는 현존(現存)의 위안을 주시는 것을 사람들의 음흉한 꾀가 어떻게 막지 못하는지를 제가 아는 지금, 저는 마지막 숨을 넘길 때 선생님을 모실 수 있으리라는 것을 의심하지 않게 되었습니다. 주 예수님, 오십시오! 그리고 오셔서 저를 평화 속으로 들여보내 주십시오.

그럼 제 영에 대한 말씀을 드렸으니, 이제는 제 일에 대한 소식을 드리겠습니다.

저는 여러 민족과 여러 나라에서 온 생도를 많이 두었습니다. 이 아이들이나 저 아이들의 감정을 해치지 않기 위하여 날짜를 배분해서, 하루는 이교도들에게, 또 하루는 신자들에게 번갈아가며 할애합니다. 그리고 이곳에는 선생이 없기 때문에 이득이 많습니다. 이익을 저는 가난한 사람들에게 줍니다. 이렇게 해서 그들을 주님께로 끌어들입니다. 제 이전 이름을 다시 씁니다만, 그 이름을 좋아해서가 아니라, 신중을 기해서입니다. 제가 세상에 속해 있는 시간에는 〈펠릭스〉입니다. 그리고 예수님께 속해 있는 시간에는 오직 요한, 즉 하느님의 은총일 뿐입니다. 저는 제 진짜 이름은 펠릭스였는데 요한이라는 이름을 얻게 된 것은 제자들 사이에서 저를 구별하기 위한 것뿐이라고 필립보에게 설명했습니다.

그리고 저희들은 이름을 쉽게 바꾸거나 서로 별명으로 부르기도 잘하기 때문에 이 일을 아무도 이상하게 생각하지 않았습니다. 저는 여기서 거룩한 형제들에게 길을 닦아 주기 위하여 많은 일을 하기를 바랍니다. 제가 기운이 더 있으면, 이곳 농촌들에서 폭넓게 활동해서 선생님의 이름을 알리고 싶습니다. 그러나 초여름이나 서늘한 가을날에나 그렇게 할 수 있을 것 같습니다. 그리고 그렇게 하기 위하여 제가 그렇게 할 수 있기만 하면 될 것입니다. 안티고니아의 맑은 공기, 몹시 조용하고 몹시 아름다운 이 정원들, 꽃, 어린이들, 병아리들, 정원사들의 애정, 그리고 특히 이 크고 현명하고 딸과 같은 정성을 기울여 주는 신디카는 제게 많은 기쁨을 줍니다. 제 건강이 좀 나아진 것 같습니다. 비록 신디카의 생각은 제 음식과 제 휴식에 대하여, 그리고 감기 들지 않게 하려고 제게 끊임없이 열심으로 기울이는 보살핌으로나 나타나지만, 그의 생각은 이와는 다릅니다. …그러나 저는 기분이 더 좋습니다. 이것이 어쩌면 용맹하게 의무를 수행한 데서 오는 느낌에 지나지 않는지도 모르겠습니다. 신디카는 그렇게 말합니다. 그리고 신디카의 생각이 옳은지 알고 싶습니다. 그것은 의무는 정신적인 것이고, 병은 육체적인 것이기 때문입니다.

그리고 선생님께서 실제로 오시는 것인지, 또는 선생님께서 영적인 감각에만 나타나시지만 너무도 완전하게 나타나셔서 선생님의 현존의 물질적인 실제가 어디에서 끝나는지 제가 알 수 없게 될 정도인지도 알고 싶습니다.

사랑하는 복되신 선생님, 선생님의 요한이 무릎을 꿇고 선생님의 강복을 청합니다.

어머님과 마리아와 거룩한 형제들께 평화와 축복을, 마륵지암에게는 주님의 포도밭에서 일하는 귀양살이하는 사람들의 양식의 거룩한 말씀들을 제게 보내는 것을 기억하도록 입맞춤을 보냅니다.'

이것이 요한의 편지이다. …어떻게들 생각하느냐?"

느낌들이 서로 엇갈린다. 그러나 지배적인 느낌은 예수의 현존에 관한 느낌이다. 그들은 그것이 어떻게 일어날 수 있는지, 그 가능성에 대하여, 신디카의 협력 등에 대하여…예수께 여러 가지 질문을 퍼붓는다.

예수께서는 입을 다물라는 표를 하시고 신디카의 두루마리를 펴신다. 그리고 읽으신다. "신디카가 할 수 있는 모든 사랑을 가지고 주 예수님께 문안드립니다. 복되신 어머님께 존경과 찬미를. 주님 안에서의 형제들께 감사와 축복을. 마륵지암에게는 멀리 있는 누나의 포옹을 보냅니다.

선생님, 요한이 저희 생활을 말씀드렸습니다. 요한은 자기가 하는 것과 제가 여자로서 하는 일을 간략하게 말씀드렸습니다. 저는 계집애들이 꽉 채우는 제 작은 학교를 가지고 있습니다. 그리고 주님, 일 자체를 하는 기회에 참 하느님에 대해서 말을 해서 그 계집아이들을 주님께로 데려오기 때문에 저는 영적으로 많은 이익을 얻습니다. 많은 인종이 섞여서 사는 지방인 이곳에는 종교들이 얽힌 실타래와 같습니다. 하도 얽혀서…그것들은 이제 실행할 수 없는 종교가 되었고, 아무 짝에도 소용없는 실부스러기 같은 종교가 되고 말았습니다. 한가운데에 엄격하고, 융통성이 없는 유다교가 있는데, 그렇지 않아도 낡아빠진 다른 종교들의 실들을 그 무게로 또 끊어놓으면서 아무것도 얻어내지를 못합니다.

생도들을 가지고 있는 요한은 조심성있게 처신해야 합니다. 저는 계집아이들과 더 자유롭게 행동합니다. 여자인 것은 언제나 열등(劣等) 해지게 만드는 것입니다. 그래서 여러 가지 종교를 가진 가정들이 볼 때에 계집아이들이 하나밖에 없는 학교에 섞이는 것이 중요한 일이 아닙니다. 그 계집아이들이 유익한 자수 기술만 배우면 되는 것입니다. 세상 사람들이 저희 여자들에 대해서 가지는 멸시하는 사상은 고마운 것입니다. 그로 인해서 제 영향의 범위를 점점 더 넓힐 수 있게 되니까요. 자수제품은 무척 잘 팝니다. 그 평판이 널리 퍼져서 먼 곳에서도 사러 오는 여자들이 있습니다. 모든 여자들에게 저는 하느님에 대해 말할 수가 있습니다. …오! 수틀 위에서나 천 위에서 꽃이나 짐승이나 별이 되는 실까지도, 우리가 원하기만 하면, 얼마나 영혼들을 진리로 인도하는 데 도움이 되는지 모릅니다. 저는 여러 나라 말을 알기 때문에, 그리이스 사람들과는 그리이스말을 쓰고, 로마인들과는 라틴어를 쓰고, 히브리인들과는 히브리말을 씁니다. 히브리말은 요한의 도움 덕택으로 점점 더 완전하게 되기까지 합니다.

또 한 가지 침투 방법은 마리아 어머님의 연고입니다. 저는 여기 있는 향유들을 가지고 새로 많은 연고를 만들고, 그것을 거룩하게 하기 위해 거기에 본래의 연고 조금을 섞었습니다. 궤양과 통증과 상처와 가슴결리는 것이 사라집니다. 사실은 연고를 발라 치료하면서 저는 두 거룩한 이름 예수-마리아를 끊임없이 되풀이합니다. 또 그리스도라는 말의 그리이스 명사를 따서 이 연고를 〈미르라(몰약-沒藥) 기름 고약〉이라고 불렀습니다. 그렇지 않습니까? 저희를 왕이 되게 하시는 귀중한 기름이시여, 이 연고 안에는 선생님을 낳으신 하느님의 몰약의 유익한 정유(精油)가 들어 있지 않습니까? 저는 연고를 새로 만들 수 있기 위해 매우 자주 일어나 있어야 합니다. 그리고 거룩하신 어머님께 청합니다. 연고를 더 만들어서 장막절을 기해 보내 주셔서, 아주 작은 하느님의 종이 만든 다른 연고에 섞을 수 있게 해주십시오. 그러나 제가 이렇게 하는 것이 잘못하는 일이면, 주님, 말씀해 주십시오. 그러면 다시는 절대로 그렇게 하지 않겠습니다.

  친애하는 요한은 제 칭찬을 많이 합니다. 그러면 저는 요한에 대해서 무슨 말씀을 드려야 할까요? 요한은 격심한 고통을 참고 견딥니다. 그러나 그는 놀라운 용기를 가지고 있습니다. 만일 제가 요한의 비밀을 알지 못하면 그것을 놀랍게 생각할 것입니다. 그러나 어떤 병자를 돌보고 돌아와서 그가 황홀경에 빠지고 얼굴이 빛나는 것을 보고, 또 그의 말을 듣고, 엎드려서 선생님께서 선생님의 봉사자 곁에 와 계시다는 것을 알아차린 그날밤부터는 더 이상 놀랍게 생각할 수가 없게 되었습니다. 이와 반대로 어쩌면 어떤 형제가 제가 선생님을 뵙지 못한 것을 섭섭하게 여기지 않는다는 말을 듣고 이상히 생각할지도 모르겠습니다. 그러나 제가 왜 그것을 섭섭하게 생각해야 하겠습니까? 선생님께서 주시는 것은 모두가 좋고, 모두가 넉넉합니다. 각자는 그가 받을 자격이 있고 그에게 필요한 것을 받습니다. 그러므로 요한이 눈에 보이게 선생님을 차지하는 것도 좋고, 제가 정신으로만 선생님을 차지하는 것도 좋습니다.

  제가 행복합니까? 여자로서는 제가 선생님과 어머님을 모시고 있던 때가 그리웠습니다. 그러나 영혼으로서는 매우 행복합니다. 주님, 그것은 지금에야 비로소 주님께 봉사한다고 생각하기 때문입니다. 저는 시간은 아무것도 아니라고 생각합니다. 순종이 주님의 나라에 들어가는 입국권을 사는 돈이라고 생각합니다. 주님을 도와드린다는 것은 보잘 것 없는 종이 극도로 흥분하는 시간에도 꿈꿀 수 없었던 은총인데, 주님께서는 제게 주님을 도와 드리도록 허락하셨다고 생각합니다. 저는 지금은 떨어져 있지만, 마침내 영원히 주님을 차지할 것이라고 생각합니다. 그리고 저는 봄에 그리이스의 황금 들판에서 종달새가 하는 것과 같이 요한*의 노래를 부릅니다. 제가 가르치는 계집아이들도 그 노래를 아름답다고 말하기 때문에 그것을 부릅니다. 저는 오래 전 그날에 들리던 노젓는 소리와 몹시 비슷한 베틀의 리듬에 맞추어서 계집아이들이 그 노래를 부르게 놔둡니다. 어머님, 어머님의 이름을 부르는 것은 은총

---

* 역주 : 여기 말하는 요한은 요한 사도를 말하는 것이다. 안티오키아로 가는 배에서 요한이 부른 노래를 말한다.

을 얻을 준비를 하는 것이기 때문입니다.

　요한은 그가 니콜라이라는 이름을 가진 안티오키아의 품위있는 시민을 주님께 보내드렸다는 소식을 덧붙이라고 부탁합니다. 그 사람이 주님의 양떼를 위한 요한의 첫 번째 획득입니다. 저희들은 니콜라이가 그에 대해서 저희 마음 속에 품고 있는 존경을 저버리지 않기를 바랍니다.

　주님, 당신의 여종에게 강복을 주십시오. 어머님, 제게 축복해 주십시오. 거룩하신 여러분 모두 제게 축복해 주시고, 주님 곁에서 지혜가 점점 자라는 축복받은 어린이인 너도 내게 축복해 다오.'

　신디카가 써 보낸 것은 이런 것이다. 그리고 신디카는 요한 몰래 짤막한 글을 덧붙였다. 거기에는 이렇게 씌어 있다. '요한이 좋아지는 것은 그의 영뿐입니다. 그 나머지는 모든 정성을 들이는 데도 불구하고 쇠약해집니다. 요한은 초여름에 기대를 많이 걸고 있습니다. 그러나 제 생각에는 그가 말하는 것을 할 수 없을 것 같습니다. 겨울이 그에게 남아 있는 생명을 질식시킬 것으로 생각합니다. …그러나 요한은 평화 중에 있습니다. 일과 고통으로 자신을 거룩하게 합니다. 오 주님, 주님의 현존으로 그에게 힘을 보존해 주십시오! 제게 갖가지의 고통을 겪게 하시고, 그대신 주님의 제자에게는 이 선물을 주시기를 청합니다. 이 편지들을 프톨레마이를 통해 라자로에게 보냅니다. 그리고 라자로와 그의 누이 동생들에게 그분들이 저희에게 베풀어 주신 친절을 기억하고 그 분들을 위해서 끊임없이 열심히 기도하고 있다고 주님께서 말씀해 주시기를 간절히 부탁드립니다.'"

　모두가 새로 느낌들을 서로 주고 받는다.

　안드레아가 성모님께 무슨 말씀을 여쭈어 보려고 몸을 굽힌다. 그러다 성모님의 얼굴에서 눈물을 보고 놀란다. "어머님, 우십니까?" 하고 안드레아가 묻는다.

　"왜 우십니까? 아니 왜요? 어머님!" 하고 여러 사람이 말한다.

　"나는 어머님이 왜 우시는지 알아요" 하고 마륵지암이 말한다.

　"그럼, 왜 우시느냐?"

　"요한 아저씨가 주님의 죽음을 환기시켰기 때문이에요."

　"아! 참말입니까? 그런데 선생님이 그것을 예고하셨을 때에는 그 사람이 여기를 떠난 뒤였었는데, 어떻게 그걸 압니까?"

"그의 위안을 위해서 내게서 들었기 때문이다."

"흠! 위안이라구요!…"

"그렇다, 그의 위안이다. 나라를 얻기 위해서 그가 오래 기다리지 않으리라는 약속 말이다. 그는 의지와 순종으로 너희 모두보다 앞섰기 때문에 그런 위안을 받을 자격이 있다. 집으로 돌아가서, 프톨레마이에게 줄 회답을 준비하자. 그리고 마륵지암, 너는 네 책들을 함께 보내라."

"아! 알겠습니다! 알겠어요! 마륵지암이 글을 쓴건 그들을 위해서였군요!…"

"그렇다. 가자. 내일은 성전에 가자."

57. 과월절전 목요일. 제1부

 겨우 새벽이 밝아오기 시작할까 말까 하는 시간이다. 그러나 벌써 사람들은 하루의 첫 번 날개짓을 하고 첫 번 일을 하고 첫 번 노래를 부르느라고 분주하게 움직이는 새들과 경쟁한다. 게쎄마니의 집이 천천히 잠을 깨는데, 첫새벽이 밝아오기 시작할 때에 기도하러 가셨다가 돌아오시는 선생님께 선수를 빼앗겼다. 예수께서는 기도로 한밤을 새우고 돌아오시는지도 모르겠다.
 올리브산의 높고 평평한 땅에 있는 아주 가까운 갈릴래아 사람들의 야영지도 천천히 잠이 깬다. 고함소리와 부르는 소리가 조용한 공기를 건너질러 가는데, 거리로 인하여 약해지기는 하였지만, 그래도 거기 모인 경건한 순례자들이 전날 저녁에 중단된 과월절 의식을 다시 시작하려고 한다는 것을 알게 할 수 있을 만큼은 분명하다.
 저 아래서는 도시가 잠을 깬다. 웅성거리기 시작하는데, 이 소음은 나귀들의 울음소리와 시내로 들어오려고 성문으로 몰려드는 야채장수들과 어린 양 장수들의 외치는 소리, 그리고 마차나 길마에 실리거나 막대기에 꿰어지거나 어깨에 얹혀서 그들의 비극적인 운명을 향하여 가며 어미를 부르고, 어미에게서 멀리 떨어진 것 때문에 울지만, 그렇게도 빨리 끝마치게 될 그들의 목숨을 슬퍼해야 할 것임을 알지 못하는 수백 마리의 어린 양의 몹시 애처로운 비명과 더불어 시내를 꽉 채울 참이다. 그리고 거리에 울려 퍼지는 발 구르는 소리와 이 옥상에서 저 옥상으로, 또는 옥상에서 거리로, 또 반대로 거리에서 옥상으로 부르는 소리와 더불어 예루살렘에는 소음이 점점 더 커진다. 그리고 소음은 거리(距離)로 인하여 약해진 밀물 소리와 같이 게쎄마니의 조용한 분지에까지 이른다.
 첫햇살이 성전의 호화로운 둥근 지붕 하나를 직접 비추어, 마치 해가 땅에 내려온 것같이 그 둥근 지붕 전체에 불을 질러 놓는다. 흰 받침

위에 놓인 작은 해이지만, 작으면서도 지극히 아름다운 해이다.

　남녀 제자들은 그 금빛점을 감탄하며 바라다본다. 저것은 주님의 집이다! 성전이다! 이스라엘 사람들에게 이 곳이 어떤 것인지를 이해하려면 그것을 뚫어지게 바라다보는 그들의 눈길만 보면 된다. 그들은 해로 불이 붙은 찬란히 빛나는 금빛을 통하여 하느님의 지극히 거룩한 얼굴이 빛나는 것을 보는 것 같다. 조국에 대한 숭배와 사랑, 히브리인이라는 거룩한 긍지가 입술이 말하는 것보다도 그 눈길에 더 잘 나타난다.

　여러 해째 예루살렘에 오지 않았던 폴피레아는 감격하여 눈물이 글썽하고, 손으로 무엇인지를 가리키는 남편의 팔을 무의식 중에 꼭 낀다. 폴피레아는 남편에게 약간 몸을 맡기는데, 신랑에 대한 사랑이 가득한 신부와 같이 남편을 몹시 우러러 보며, 그의 배려로 지식을 얻게 되는 것을 기뻐한다.

　그동안 다른 여자들은 짤막한 말로 오늘 하루의 할 일을 알아보며 조용히 말한다. 아직 사정을 잘 모르고, 약간 낯선 느낌이 드는 아나스타시카는 약간 옆으로 비켜나, 생각에 잠겨 있다. 마륵지암과 말씀을 하고 계시던 성모님이 그를 보시고 다가가셔서 허리를 한 팔로 끌어안으신다.

　"딸아, 좀 외롭게 느껴지느냐? 그러나 오늘은 나아질 거다. 알겠니? 내 아들은 사도들에게 여자 제자들의 집에 가서 오후에 요안나의 집에 모여 그를 기다리라고 알리라는 명령을 하는 중이다. 내 아들은 분명히 우리에게, 특별히 여자들에게 말하고자 한다. 그리고 틀림없이 그전에 네게 어머니를 줄 거다. 착한 어머니란다. 나는 그 여자를 내가 성전에 있을 때부터 안다. 그 여자는 그때부터 처녀들 중에서 가장 어린 처녀들에게 어머니 노릇을 했다. 그리고 그도 고통을 많이 겪었기 때문에 네 마음을 이해할 거다. 내 아들은 그의 두 아들이 죽은 다음에 그 여자를 사로잡았던 우울증을 작년에 고쳐 주었다. 내가 그 여자에 대해서 네게 말해 주는 것은 이제부터 너를 사랑하겠고, 너도 그를 사랑할 여자가 어떤 사람인지 알라고 그러는 거다. 그렇지만 지난 해에 마륵지암을 아들로 받는 시몬 베드로에게 내가 말한 것과 같이 네게도 이런 말을 하겠다. '그 애정으로 인해서 예수를 섬기겠다는 네 마음의 의지가 무너어져서는 안 된다'고. 만일 그렇게 되면, 하느님의 선물이 문둥병보다도 네게 손해를 줄 거다. 그것은 하느님의 선물이 네 안에서 언젠가 네게 하늘나라를 차지하게 해야 하는 진실한 의지를 꺾을 것이기 때문이다."

"염려 마세요, 어머님. 제게 달려 있는 한, 저는 그 애정을 불꽃을 만들어 주님을 섬기는 데 점점 더 활활 타겠습니다. 저는 그 애정 때문에 맥이 풀리지 않고, 엘리사 어머니께도 활기를 잃지 않게 하고, 오히려 둘이 함께 서로 부축하고 거룩한 경쟁심으로 서로 격려해서, 주님의 도우심으로 주님의 길로 날아갈 것입니다."

둘이서 말을 하고 있는 동안에 갈릴래아 사람들의 야영지와 시내와 언덕이나 시내에 인접한 문밖에 흩어져 있는 집들에서, 예루살렘에서 베다니아로 가는 두 길 중의 하나로 해서 오게 된 제자들과 새로운 제자들이 오는데, 마침 그 길은 더 멀고 예수께서는 잘 다니지 않으시는 길이다. 맨 마지막으로 오는 사람들은 가족과 같이 오는 필립보와 혼자 오는 토마와 아내와 같이 오는 바르톨로메오이다.

"알패오의 아들들과 시몬과 마태오는 어디 있습니까?" 하고 그들이 보이지 않으므로 토마가 묻는다.

"그들은 앞서 갔다. 시몬과 마태오는 자매들에게 오후에 요안나의 집으로 오라고 알리려고 베다니아로 갔고, 알패오의 아들들은 오후에 요안나의 집에 있으라고 이르기 위해 요안나와 안나리아의 집에 갔다. 우리는 아홉 시에 황금문에 가 있어야 한다. 그동안 거지들과 문둥병자들에게 동냥을 주러 가자. 바르톨로메오와 안드레아는 앞서 가서 문둥병자들에게 줄 식량을 사 오너라. 우리는 그들을 천천히 따라가서 문 근처에 있는 변두리 마을 오펠에 머물러 있자. 그런 다음 모두 함께 불쌍한 문둥병자들에게로 간다."

"모두요" 하고 몇 사람이 별로 내키지 않는 듯이 말한다.

"남자고 여자고 모두. 올해 과월절에는 우리가 일찍이 그럴 수가 없었던 것처럼 모였다. 내 이름으로 행동할 남자와 여자들의 장래 의무가 될 것을 함께 하자. 저기 시몬의 유다가 급히 온다. 나는 그도 우리와 같이 있기를 원하기 때문에 이것을 기쁘게 생각한다."

과연 유다가 숨이 턱에 닿아서 온다. "선생님, 늦었지요? 제 어머니

탓입니다. 어머니는 어머니가 그전에 하시던 것과는 달리, 그리고 제가 어머니께 말씀드린 대로 하지 않고 왔습니다. 어제 저녁 저희 집 친구집에서 만났습니다. 오늘 아침에는 어머니가 제게 말을 하려고 붙잡았습니다. …어머니는 저와 같이 오겠다고 하는 걸 제가 못 오시게 했습니다."

"왜? 혹 시몬의 마리아가 너 있는 곳에 있을 자격이 없단 말이냐? 오히려 반대로, 너보다 그럴 자격이 훨씬 더 있다. 가서 모시고 성전의 황금문으로 우리를 찾아 오너라."

유다는 군말 없이 간다. 예수께서는 사도들과 제자들과 같이 앞장서서 길을 떠나신다. 여자들은 성모님을 가운데 모시고 남자들을 따라간다.

58. 과월절전 목요일. 제2부, 성전에서

나는 힌논의 문둥병자에게 음식을 나누어 주는 것을 보지는 못하였고, 다만 그들에 대하여 말하는 것만 들었다. 시몬 베드로가 "그 무서운 고독도 구원이 어디 있는지 믿고 아는 은총을 그들에게 주지 못했구먼" 하고 말하는 것으로 보아, 그들 가운데 기적이 있었던 것 같지는 않다.

그런 다음 그들은 소란스럽거나 사람이 많은 변두리 마을 오펠로 들어가는 문으로 해서 시내로 들어간다.

몇 미터 지나가자, 벙싯 열린 어떤 문으로 안나리아가 기쁘게 튀어나와서 선생님께 경배하며 말한다. "주님 저녁까지 주님과 같이 있을 어머니의 허락을 받았습니다."

"그러면 사무엘이 싫어하지 않겠느냐?"

"주님, 제 생활에는 이제 사무엘이 없어졌습니다. 이에 대해서 지극히 높으신 분께 감사합니다. 오 하느님, 다만 그 사람이 저를 떠난 것처럼 주님을 떠나지는 않게 해주십시오." 젊은 입은 용맹하고 미소짓고 있는데, 그의 순결한 눈에는 눈물 한 방울이 반짝인다.

예수께서는 그를 뚫어지게 들여다보시고 이렇게만 대답하신다. "네 자매들인 제자들에게로 가거라" 하시고는 다시 길을 계속하신다.

그러나 이번에는, 나이보다도 고통으로 더 늙은 안나리아의 늙은 어머니가 가까이 와서 경의와 낙담으로 몸을 잔뜩 구부리고 인사를 한다. 그 여자가 말한다. "선생님께 평화. 언제 선생님께 말씀을 드릴 수 있을까요? 저는 걱정이 너무나 많습니다!…"

"아주머니, 곧이오." 그리고 당신과 같이 있는 사람들을 향하여 "여기 밖에 그대로 있거라. 나는 잠깐 이 집에 들어간다" 하고 명령하신다. 그리고 여인 뒤를 따라 가신다.

그러나 안나리아는 여자 제자들 집단 속에서 "선생님!" 하는 단 한마디로 예수를 다시 부른다. 그러나 이 말마디에는 얼마나 많은 것이 들어 있는가! 그리고 이 말을 하면서, 애원하려는 듯이 손을 모은다….

"걱정 말고, 마음놓고 있어라. 네 일이 내 손 안에 있고, 네 비밀도 내 손 안에 있다" 하고 예수께서 안나리아를 안심시키려고 말씀하신다. 그런 다음 반쯤 열린 대문으로 급히 들어가신다.

밖에서는 이 일을 이러쿵저러쿵 말들을 하는데 알고…알고…알고 싶어하는 호기심에는 남자와 여자가 따로 없다.

안에서는 듣고 울고 한다. 예수께서는 들으신다. 들어오시자마자 당신이 친히 닫으신 문에 어깨를 기대시고, 팔짱을 끼시고, 처녀의 어머니의 말을 들으신다. 처녀의 어머니는 일체의 관계에서 해방되기 위하여 어떤 구실을 골라낸 약혼자의 변심에 대하여 말한다…."이렇게 해서 안나리아는 소박맞은 여자처럼 되어서 이제는 결혼을 하지 못하게 되었습니다. 과연 안나리아는 소박맞은 다음에 결혼하는 것을 선생님이 찬성하지 않으신다고 안나리아가 말했습니다. 그러나 제 딸의 경우는 그렇지 않습니다. 그 애는 아직 처녀입니다. 그 애는 아무 남자에게도 몸을 바치지 않았습니다. 다른 남자에게 몸을 파는 것이 되지 않습니다. 그리고 그 사람은 비정하다는 죄가 있고, 그보다도 더 합니다. 과연 그 사람은 다른 결혼을 하고 싶어하지만 제 딸에게 탓이 있는 것처럼 보여서, 세상 사람들이 그애를 비웃을 것입니다. 주님, 이 일을 떠맡아 주십시오. 주님 때문에 이 일이 일어났으니까요."

"나 때문이라구요, 아주머니? 내가 무슨 죄를 지었습니까?"

"오! 선생님은 죄를 짓지 않으셨습니다. 그러나 그 사람은 안나리아가 선생님을 사랑한다고 말합니다. 그리고 질투를 하는 체합니다. 어제 저녁에 그 사람이 왔었는데, 안나리아는 선생님께 가 있었습니다. 그 사람은 화가 잔뜩 나서 들어와서, 안나리아를 아내로 받아들이지 않겠다고 맹세했습니다. 그때 뜻밖에 온 안나리아는 그 사람에게 이렇게 대답했습니다. '사무엘씨, 잘하는 일이에요. 저는 유감스럽게 생각하는 것이 한 가지밖에 없어요. 사무엘씨가 진실을 거짓말과 중상으로 덮어씌우려고 애쓰는 거예요. 사무엘씨는 우리가 예수를 사랑하는 것은 오직 영혼으로만 한다는 것을 알고 있어요. 그러나 사무엘씨의 영혼이 이제 타락해서 육체를 위해서 빛을 버리고 있어요. 저는 빛을 위해서 육체를 버리는데 말입니다. 우리는 이미 두 부부가 그래야 하는 것처럼 오직 한 생각이 될 수가 없을 것입니다. 그러면 가세요. 그리고 하느님께서 사무엘씨를 지켜 주시기 바랍니다' 하고요. 눈물 한 방울 안 흘렸습니다. 아시겠어요? 남자의 마음을 감동시킬 만한 것은 아무것도 없었습니다! 제 바람은 저버려졌습니다! 그 애는… 아이고! 틀림없이 경박해서 제 스스로의 멸망을 자초합니다. 주님, 그 애를 부르시고 말씀하셔서 이성으로 다시 돌아오게 해주십시오. 사무엘을 찾으십시오. 그 사람은 무화과나무가 있는 샘 다음 셋째 집인 친척 아브라함의 집에 있습니다. 저를 도와주십시오! 그러나 우선 즉시 제 딸에게 말씀해 주십시오…."

"말하기는 하겠습니다. 그러나 아주머니는 분명히 신뢰할 가치가 없던 인간의 관계를 풀어 주시는 하느님께 감사해야 할 것입니다. 그 사람은 마음이 잘 변하고, 하느님과 자기 여자에 대해서 옳지 못합니다…."

"그렇습니다. 그러나 제 딸이 선생님의 제자라는 이유 하나 때문에 그 애가 죄가 있고, 선생님에게 탓이 있다고 생각하는 것이 끔찍합니다."

"세상은 비난하고 나서는 잊어버립니다. 반대로 하늘은 영원합니다. 아주머니 딸은 하늘의 꽃이 될 것입니다."

"그러면 왜 그 애를 살리셨습니까? 그 애는 중상의 돌팔매질을 당할 필요가 없이 꽃이 되었을 텐데요. 오! 하느님이신 선생님, 그 애를 부르셔서 이성을 도로 찾게 해주십시오. 그리고 사무엘을 반성하게 해 주십시오…."

"아주머니, 하느님까지도 사람의 자유와 그의 의지를 강제하지 못하신다는 것을 기억하시오. 그들, 즉 사무엘과 아주머니의 딸은 그들이 자기들에게 좋은 일이라고 생각하는 것을 따를 권리가 있습니다. 안나리아는 특별히 그럴 권리를 가졌습니다…."

"아니 왜요?"

"안나리아는 사무엘보다도 하느님의 사랑을 더 받기 때문입니다.

사무엘보다 더 많은 사랑을 하느님께 드리기 때문입니다. 아주머니의 딸은 하느님의 것입니다!"

"아닙니다. 이스라엘에는 그런 일이 없습니다. 여자는 아내가 되어야 합니다. 제 딸은 제것입니다. …그애의 결혼은 제게 미래를 위한 평화를 가져오는 것이었습니다…."

"아주머니의 딸은 내가 개입하지 않았으면 무덤 속에 있는 지가 1년이 되었을 것입니다. 아주머니에게는 내가 누구입니까?"

"선생님이시고 하느님이십니다."

"그러면 하느님으로서 또 선생으로서 말합니다만, 지극히 높으신 분은 당신 자녀들에 대해서 그 어떤 사람보다도 더 많은 권리를 가지고 계시고, 종교에는 많은 변화가 있을 것이며, 이제부터는 동정녀들이 하느님께 대한 사랑을 위하여 영원히 동정녀로 있을 수 있을 것입니다. 어머니, 울지 마시오! 오늘 집을 떠나서 우리와 같이 오세요. 오세요! 저 밖에는 내 어머니와 아들들을 주님께 바친 영웅적인 다른 여자들이 있습니다. 그 여인들 있는 데로 가세요…."

"안나리아에게 말씀하십시오. …주님, 해보십시오!" 여인은 흐느끼며 탄식한다.

"좋습니다. 아주머니가 원하는 대로 하겠습니다" 하고 예수께서 말씀하시고, 대문을 열고 당신 어머니와 안나리아를 부르신다.

두 사람은 빨리 와서 안으로 들어온다.

"얘야, 네 어머니는 나보고 네게 더 생각해보라고 말해 달라고 하신다. 그리고 나더러 사무엘에게 말하라고 그러신다. 내가 어떻게 해야 하겠느냐? 내게 어떻게 대답하겠느냐?"

"그러면 사무엘에게 말씀하십시오. 또 그렇게 해주십사고 간청까지 하겠습니다. 그러나 다만 사무엘이 선생님 말씀을 듣고 올바른 사람이 되기를 바라기 때문에만 그러는 것입니다. 제게 관해서는 선생님이 알고 계시니, 제 어머니에게 가장 진실한 대답을 주시기 바랍니다."

"아주머니, 들으셨습니까?"

"대관절 어떤 대답입니까?" 하고 여인은 떨리는 목소리로 묻는다. 여인은 딸이 처음 말할 때에는 딸이 후회하는 것으로 생각했었는데, 곧이어 그렇지 않다는 것을 깨달았다.

"아이고! 나는 정말 불쌍하게 됐구나! 어떤 어머니가 나보다 더 불행할 건가?!"

성모님은 처녀의 손을 놓으시고 여인을 껴안으시며 가만히 말씀하신다. "아주머니의 생각과 말로 죄를 짓지 마세요. 아들을 하느님께 바치는 것은 불행이 아니라 매우 큰 영광입니다. 아주머니는 어느날 주님께 봉헌한 아들을 하나 가졌으면 좋겠다고 생각하기 때문에 딸 하나밖에 없는 것이 괴롭다고 내게 말했지요. 아주머니는 아들은 두지 못했지만 천사 하나를 두었습니다. 승리하는 구세주를 앞서 갈 천사를. 그런데 아주머니를 불행한 여자라고 말하려고 하세요? 내 어머니는 늦게 잉태한 내가 자기 태중에서 처음 꿈틀거리기 시작하자마자 자발적으로 나를 주님께 바쳤습니다. 그리고 3년밖에 나를 데리고 있지 않았습니다. 그리고 나는 어머니를 마음 속으로만 차지했습니다. 그렇지만 나를 하느님께 바친 것이 어머니가 돌아가실 때 어머니의 평화가 되었습니다. …자, 아주머니의 딸을 당신 정배(淨配)로 뽑으실 정도로 아주머니를 사랑하신 분의 찬미를 노래하러 성전으로 갑시다. 마음 속에 참다운 지혜를 가지세요. 참다운 지혜는 주님께 대한 자신의 너그러움에 한계를 두지 않는 것입니다."

여인은 이제는 울음을 그치고 듣고 있다. …그리고 결심한다. 겉옷을 입고, 그것으로 몸을 감싼다. "아! 처음에는 병, 그 다음에는 주님… 아! 내가 너를 차지하지 말았어야 하는 거였다!…"

"아니예요, 엄마. 그렇게 말하지 말아요! 엄마가 나를 지금처럼 차지하는 때가 일찍이 없었어요. 엄마와 하느님. 하느님과 엄마. 두 분만이, 죽을 때까지…" 그러면서 어머니를 가만히 껴안으면서 청한다. "어머니, 축복을! 축복을 주세요. …어머니를 괴롭혀 드려야 하는 것 때문에 제가 몹시 괴로웠으니까요. 그러나 하느님께서 제가 이렇게 되기를 원하셨어요…."

모녀는 울면서 서로 껴안는다. 그리고 예수와 성모님의 뒤를 따라 나와서, 여자 제자들 있는 데로 가려고 문을 건다….

…"왜 이리로 해서 들어갑니까. 주님? 다른 쪽으로 들어가는 것이 더 낫지 않았을까요?" 하고 제베대오의 야고보가 묻는다.

"이리 지나가면, 안토니아탑 앞으로 지나가기 때문이다."

"그럼 선생님이 바라시는 것은…선생님, 조심하십시오. …최고회의가 선생님을 정탐합니다" 하고 토마가 말한다.

"자네가 어떻게 그걸 아니?" 하고 바르톨로메오가 묻는다.

"바리사이파 사람들의 관심사만 곰곰히 생각하면, 넉넉히 알 수 있네. 자네들은 그들이 수많은 핑계로 우리가 무엇을 하는지 끊임없이 살피러 온다고 말하지! …선생님이 잘못 하시는 걸 찾아내려고 하는 것 말고 무슨 목적이 있겠나?"

"자네 말이 맞네. 선생님, 그럼 안토니아탑으로 지나가지 맙시다. 로마 사람들이 선생님을 보지 못하면, 그건 잘 된 일입니다."

"그런데 그 옳다는 것 속에는 내게 대한 염려보다는 오히려 저들에 대한 멸시가 들어 있지 않느냐. 바르톨로메오야? 네 마음에서 그런 하찮은 생각들을 떼어버리면 네가 얼마나 더 현명하겠느냐!" 하고 예수께서 대답하시고, 아무의 말도 듣지 않으시고 길을 계속하신다.

안토니아탑으로 가려면 요안나의 저택과 헤로데의 궁전이 있는 시스트 구역으로 해서 지나가야 한다. 요안나의 저택과 헤로데의 궁전은 별로 떨어져 있지 않다. 그리고 쿠자의 저택 대문에는 요나타가 있다가, 예수를 보자마자 집에 있는 사람들에게 알리니, 쿠자가 즉시 나와서 몸을 굽혀 인사한다. 요안나가 그 뒤를 따르는데, 여자 제자들의 집단에 합류할 준비를 벌써 갖추고 있다.

쿠자가 말한다. "선생님께서 오늘 요안나의 집에 오신다는 말씀을 들었습니다. 선생님의 종에게 선생님을 연회의 주빈으로 모시는 허락을 주십시오."

"그럽시다. 그러나 내가 그 연회를 가난하고 불행한 사람들을 위한 자선의 연회를 만들 수 있게 당신이 허락하신다는 조건으로 그렇게 하겠소."

"주님 뜻대로 하십시오. 명령하십시오. 그러면 시키시는 대로 하겠습니다."

"고맙소. 평화가 쿠자 당신과 함께 있기를."

요안나가 묻는다. "요나타에게 주실 명령이 있습니까? 요나타에게 무엇이든지 시키십시오."

"성전으로 간 다음에 명령을 주겠다. 우리를 기다리는 사람들이 있으니까, 가자."

그들은 조금 후에 헤로데의 아름답고 흉포한 궁궐 곁으로 지나간다. 그러나 궁궐은 사람이 살고 있지 않은 것처럼 닫혀 있다. 그들은 안토니아탑 근처로 지나간다. 병사들은 나자렛 선생의 작은 행렬을 지켜본다.

그들은 성전으로 들어간다. 그리고 여자들은 아랫쪽으로 걸음을 멈추는데, 남자들은 남자들만이 갈 수 있는 곳으로 계속해서 간다.

그들은 어린아이들이 드려지고, 여자들이 정결례를 행하는 곳에 이른다. 한 작은 집단이 젊은 여자와 같이 와서 관례적인 의식을 지키기 위하여 멈추어 섰다.

"선생님, 주님께 바친 어린아이입니다" 하고 그 광경을 살펴본 안드레아가 말한다.

"내 생각이 틀리지 않다면, 저 여자는 필립보의 가이사리아 여인입니다. 성에 있던 여자요. 저희들이 황금문으로 선생님을 기다리고 있을 때에 저 여자가 제 앞으로 지나갔습니다" 하고 알패오의 야고보가 말한다.

"그렇습니다. 그 여자의 시어머니도 있고 필립보의 관리인도 있습니다. 그 사람들은 저희들을 보지 못했습니다. 그러나 저희들은 그 사람들을 보았습니다" 하고 타대오가 덧붙인다. 그리고 마태오는 이렇게 덧붙인다. "한편 저희 두 사람은 시몬의 마리아와 어떤 늙은 남자와 같이 있는 것을 보았습니다. 그러나 유다는 없었습니다. 여인은 매우 침울한 것 같았습니다. 불안스럽게 주위를 둘러 보고 있었습니다."

"나중에 시몬의 마리아를 찾기로 하자. 지금은 기도하자. 그리고 시몬, 너는 우리 모두를 대신해서 헌금을 하고 오너라."

그들은 오랫동안 기도를 한다. 사람들이 대단히 주목하여 서로 선생님을 가리킨다.

여자의 목소리의 날카로운 음이 유난히 잘 들리는 말다툼 소리에 정신을 덜 가다듬고 기도하던 사람들은 머리를 돌린다.

"제가 아들을 하느님께 바치려고 여기 왔으니까. 이 아이를 살려서 주님께서 드리신 분께 이 아이를 바치기 위해 여기 좀 머무를 수 있어요?" 하고 날카로운 목소리가 말한다.

그러니까 남자들의 콧소리가 역설한다. "여자는 관례적인 의식이 끝난 다음에는 여기 남아 있을 수 없소. 가시오."

"가겠어요. 그렇지만 선생님의 뒤를 따라 나가겠어요."

"그럼 그 사람을 불러서 같이 가시오."

"조용히! 조용히! 여자가 말하게 내버려 두시오. 그래서 나자렛 사람이 어떻게 아이를 하느님을 위해서 구해 주었는지 말하게 하시오" 하고 느릿느릿한 남자 목소리가 말한다.

"그런데 어떤 점에 당신이 여기 관심이 있소. 우리엘의 요나타?"

"이것에 내가 관심이 있느냐구요? 틀림없이 여기에는 새로운 죄가 있소. 새로운 증거가 하나 있단 말이오. 아줌마, 내 말 들으시오. 그 사람이 어떻게 당신 아들을 살려 주었소? 끈기있게 진실을 찾는 사람들에게 그 말을 해주시오" 하고 내가 벌써 본 일이 있는 그 바리사이파 사람이 달콤한 말투로 말한다.

"말하구 말구요. 감사하는 마음으로 그 말을 하겠어요. 저는 아이가 죽은 채로 났기 때문에 희망을 잃고 있었어요. 저는 과부라, 이 아이가 제 전부였어요. 그런데 그분이 오셔서 아이에게 생명을 주셨어요."

"언제? 어디서?"

"필립보의 가이사리아에서요. 저는 가이사리아의 성에서 살고 있거든요."

"생명이라니! 아마 아이가 기절했던 거겠지…."

"아닙니다. 이 애가 죽었었어요. 어머님도 그걸 말씀하실 수 있어요. 또 성의 관리인도 그걸 말할 수 있구요. 그분이 오셔서 아기 입에다 입김을 불어 넣으시니까 아기가 움직이고 울었어요."

"그런데 당신은 어디 있었소?"

"침대에 누워 있었어요. 아기를 막 낳은 길이었어요."

"오! 소름끼치는 일이다!"

"아! 저주."

"부정이다!"

"독성이다!"

"당신들 내가 물어보길 잘했다는 걸 알겠지?"

"우리엘의 요나타, 당신은 지혜롭소! 어떻게 짐작했소?"

"나는 그 사람을 아오. 그가 평야에 있는 내 땅에서 허기를 달래려고 안식일을 어기는 것을 내가 보았소."

"여기서 내쫓읍시다!"

"사제장들에게 이 사실을 알립시다."

"아니오. 그 사람이 정결례를 했는지 물어봅시다. 우리가 그걸 알지 못하고 비난할 수는 없소…."

"엘르아잘, 입닥치시오. 어리석은 변호로 당신 자신을 더럽히지 마시오."

이런 광경 속에서 이 소란의 원인이 된 젊은 도르카는 울음을 터뜨리고 부르짖는다. "아이고! 저 때문에 그분께 해를 입히지 마세요!"

그러나 미치광이같이 날뛰는 몇몇 사람이 주님께로 와서 독선적인 말투로 말한다. "이리 와서 대답하시오."

사도들과 제자들은 분노와 두려움으로 동요한다. 예수께서는 부르는 사람을 침착하고 장중하게 따라가신다.

그들은 도르카 주위를 빙 둘러싼 군중 속에서 예수를 떼밀면서 "이 여자를 알아보겠소" 하고 외친다. 그러면서 도르카가 문둥병자이기나 한 것처럼 손가락으로 가리킨다.

"그렇소. 필립보의 가이사리아의 과부인 젊은 어머니요. 이 여인은 시어머니이고, 이 남자는 성의 관리인이오. 그래서요?"

"이 여자는 자기가 아이를 낳고 있는 동안에 당신이 그의 방에 들어갔었다고 당신을 고발하오."

"그건 사실이 아닙니다. 주님! 저는 주님이 제 아들을 다시 살려주셨다고 말했습니다. 그 이상의 말은 아무 말도 하지 않았습니다! 저는 주님을 명예롭게 하려고 했는데, 오히려 해를 끼치게 됐군요. 아이고! 용서하십시오. 용서하셔요!"

필립보의 관리인이 여자를 도우러 와서 말한다. "그건 사실이 아닙니다. 당신들 거짓말을 하고 있습니다. 이 여자는 그렇게 말하지 않았습니다. 제가 증인입니다. 저는 그것을 맹세할 각오가 되어 있습니다. 그리고 선생님이 방에 들어가지 않으시고, 문지방에서 기적을 행하셨다는 것을 맹세할 각오가 돼 있습니다."

"하인은 입 닥쳐."

"아닙니다. 저는 잠자코 있지 않겠습니다. 나는 지극히 높으신 하느님의 거짓 독신자(篤信者)인 당신들보다 선생님을 더 공경하는 필립보에게 이 말을 하겠습니다."

언쟁이 여자에게서 종교와 정치 분야로 슬그머니 미끄러져 들어간다. 예수께서는 말씀을 하지 않으시고, 도르카는 울고 있다.

이스마엘의 집에서 있는 연회의 의로운 손님이었던 엘르아잘은 말한다. "내 생각에는 의혹이 풀렸고, 고발은 무효가 되었소. 그리고 선생님은 정당하다는 것이 증명되었으니, 자유롭게 가실 수가 있소."

"아니오. 나는 이 사람이 죽은 사람을 만나고서 정결례를 했는지 알고 싶소. 이 사람은 야훼를 걸고 맹세해야 하오!" 하고 우리엘의 요나타가 외친다.

"어린아이가 죽었던 것이 아니라, 숨을 잘 못 쉬고 있었던 것이므로 나는 정결례를 하지 않았소."

"아! 아이가 다시 살아나지 않았다고 말하는 것이 지금은 당신에게 안성맞춤이로군요. 응!" 하고 어떤 바리사이파 사람이 외친다.

"당신은 왜 케데스에서 한 것처럼 그걸 자랑하지 않는 거요?" 하고 다른 바리사이파 사람이 묻는다.

"아니, 우리 말하느라고 시간을 허비하지 말고, 이 사람을 내쫓고, 최고회의에 새로운 고발을 합시다. 한 무더기 고발을!"

"무슨 다른 고발이요?" 하고 예수께서 물으신다.

"무슨 다른 고발이요? 문둥병자 여자를 만지고 정결례를 하지 않았다는 거요? 그걸 부인할 수 있소? 또 가파르나움에서 하느님을 모독하는 말을 해서 가장 의로운 사람들이 당신을 버리게 되기까지 했다는 거요. 그걸 부인할 수 있소?"

"나는 아무것도 부인하지 않소. 그러나 나는 죄가 없소. 과연, 나를 비난하는 사독, 당신은 아나스타시카의 남편을 통해서 그 여자가 문둥병자가 아니었다는 것을 알고 있소. 사무엘의 간통의 뚜쟁이 노릇을 한 당신, 문둥병자가 아닌 여자에게 문둥병자라는 이름을 줌으로써, 그리고 다만 당신이 죄있는 남편의 공범자이기 때문에 이스라엘에서 '문둥병자'라고 불리게 되는 그 고통을 한 여인에게 받게 함으로써, 그 남편과 함께 세상 사람들에게 거짓말을 한 당신은 그 사실을 알고 있소."

 지스칼라에, 그리고 그 다음에는 케데스에 있었던 사람들의 하나인 율법학자 사독은 정면으로 채찍을 얻어맞고, 아무말도 못하고 빠져나간다. 사람들이 그 뒤에 대고 비웃는다.

 "조용하시오! 이곳은 신성한 곳이오" 하고 예수께서 말씀하신다. 그리고 여인과 그와 같이 온 사람들에게 "자, 사람들이 나를 기다리는 데로 갑시다" 하고 명령하신다. 그리고 제자들의 앞장을 서서 엄하고 장중하게 떠나신다.

 그동안 여인은 끊임없이 여러 사람의 질문을 받고, 끊임없이 이야기를 하며, 매번 이렇게 되풀이 한다. "제 아들은 선생님의 것입니다. 저는 아기를 선생님께 바칩니다."

 관리인도 역시 예수께로 가까이 와서 말한다. "선생님, 저는 기적 이야기를 필립보에게 했습니다. 필립보는 그가 선생님을 사랑한다고 말씀드리라고 저를 보냈습니다. 헤로데의 계략과… 다른 계략들이 있을 때에는 필립보에게 호소하십시오. 그러나 필립보도 선생님을 뵙고 싶어 하고, 선생님의 말씀을 듣고 싶어합니다. 오늘 필립보에게 가지 않으시겠습니까? 그는 선생님을 자기 사분령(四分領) 안에라도 기꺼이 모셔 줄 것입니다."

 "나는 서투른 배우도 아니고 마술사도 아니오. 나는 진리의 선생이오. 그더러 진리를 찾아오라고 하시오. 그러면 그를 물리치지는 않겠소."

 그들은 여자들의 마당으로 왔다.

 "저기 오십니다! 저기 오셔요!" 하고 늦어지는 것 때문에 걱정하시는 성모님께 여자 제자들이 말한다.

 그들은 모였다. 그리고 예수께서는 유다의 어머니 마리아를 찾아 가시려고 가이사리아의 사람들을 떠나 보내려고 하신다. 그러나 도르카는 무릎을 꿇고 말한다. "제가 선생님을 그 부인보다 먼저 찾았습니다. 선생님이 찾으시고, 제자의 어머니인 그 부인보다 먼저요. 제가 선생님을 찾은 것은 '이 아들은 선생님의 것입니다. 이 외아들을 선생님께 바칩니다. 선생님은 살아 계신 하느님이십니다. 이 아이가 선생님의 봉사자가 되기를 바랍니다' 하고 말씀드리려고 한 것입니다.

"그것이 무슨 뜻인지 아시오? 그것은 당신 아들을 고통에 바친다는 뜻이고, 어머니로서는 그를 잃고, 그를 순교자로 하늘에 보낸다는 뜻이오. 당신 아이를 통해서 순교자가 될 수 있겠소?"

"예, 주님. 이 애가 죽었으면, 저를 고통받는 사람으로 만들었을 것입니다. 불쌍한 어머니로서의 고통받는 사람을. 그러니 저는 선생님을 위해서, 완전하게, 주님의 마음에 들게 고통받는 사람이 되겠습니다."

"그럼 그렇게 되기를 바라오! …오! 시몬의 마리아, 언제 오셨습니까?"

"지금 왔습니다. 제 친척 아나니아와 같이…주님, 저도 주님을 찾았습니다…."

"나도 압니다. 오시라고 그러라고 유다를 보냈는데, 가지 않았습니까?"

유다의 어머니는 고개를 숙이고 속삭인다. "저는 게쎄마니에 가려고 아들이 나간 다음에 즉시 나왔습니다. 그러나 주님은 거기서 떠나신 후였습니다. …그래서 성전으로 달려 왔습니다. …이제야 주님을 찾아 냈습니다. …벌써 어머니가 되고 몹시 행복한 이 아이의 말을 들을 수 있도록 알맞게! …오! 주님, 저도 그렇게 말하고 …저 어린 양들처럼 …온순하고 또 온순한…갓난아기 유다에 대해서 그렇게 말할 수 있었으면 좋겠습니다…." 그리고 울면서, 제물 바치는 사람에게로 가면서 매애 매애 하고 우는 어린 양들을 가리킨다. 유다의 어머니는 눈물을 감추기 위하여 겉옷으로 얼굴을 감싼다.

"어머니, 저와 같이 갑시다. 요안나의 집에서 이야기하십시다. 여기는 그럴 만한 곳이 못 됩니다."

여자들이 유다의 어머니 마리아를 데리고 가는데, 그의 친척 아나니아는 제자들 가운데 가서 섞인다. 도르카와 그의 시어머니도 여자들과 합류하는데, 알패오의 마리아와 살로메는 넋을 잃고 아기를 어른다.

그들은 출구를 향하여 간다. 그러나 출구에 이르기 전에 로마인 노예가 요안나에게 밀랍(蜜蠟)을 입힌 서판(書板)을 가져온다. 요안나가 그것을 읽고 대답한다. "그러라고 일러라. 오후에 내 집, 저택으로."

그 다음에는 야이아와 그의 어머니가 구세주를 보고 외치는 소리가 들린다. "저기 오신다. 빛을 주시는 분이 저기 오시다! 하느님의 빛이시여, 찬미받으십시오!" 그러면서 그들은 기뻐하며 이마를 땅에 대고 있다.

사람들이 모여들어, 물어보고, 무슨 일인지 알고는 호산나를 외친다.

그 다음에는 야베스 갈라앗 근처에서 폭풍우가 몰아치던 어느날 밤 예수와 제자들에게 잠자리를 제공한 늙은 마티아가 예수께 경의를 표하고 찬미한다.

그다음에는 마륵지암의 할아버지와 농부들인데, 예수께서는 요안나에게 말씀을 하신 후에 그들에게 "나하고 같이 갑시다" 하고 말씀하신다. 도르카와 야이아와 마티아에게도 이미 그렇게 말씀하셨다.

그러나 황금문 근처에서는 배반한 제자 요시아의 마르코가 가리옷의 유다와 흥분해서 말하고 있다. 유다가 선생님이 오시는 것을 보고 대화자에게 그 말을 한다. 그 사람은 예수께서 벌써 그의 뒤에 오셨을 때 몸을 돌린다. 눈길이 마주친다. 그리스도의 눈길은 얼마나 그윽한가! 그러나 상대는 이제 어떤 거룩한 능력에도 반응이 없다. 더 빨리 도망하기 위하여, 그는 예수를 어떤 기둥 쪽으로 거의 밀어 붙이다시피한다. 그러나 예수께서 "마르코야, 멈춰라. 제발 네 영혼과 네 어머니를 위해서"라고 말씀하시는 외에 다른 반응을 보이지 않으신다.

"사탄!" 하고 그 사람은 외치면서 가 버린다.

"추악한 놈!" 하고 제자들이 외친다. "아니, 그자를 저주하십시오. 주님!" 그런데 제일 먼저 이렇게 말하는 사람은 가리옷 사람이다.

"아니다. 그러면 내가 이제 예수가 아닐 것이다. …가자."

"그렇지만 어떻게, 그 사람이 어떻게 그렇게 될 수가 있었습니까? 그렇게도 착하던 그가!" 하고 마르코의 변화가 너무도 가슴아파서, 마치 화살에 꿰뚫리는 것같이 보이는 이사악이 말한다.

"그건 수수께끼야. 설명할 수 없는 일이란 말이야!" 하고 여러 사람이 말한다.

그러니까 가리옷의 유다가 말한다. "맞아. 나는 그에게 말을 시켰었는데, 이건 완전히 이단이야. 그러나 얼마나 잘 설명을 하는지! 거의 설득당할 정도야. 그는 의로울 때는 그렇게 영리하지 못했는데 말이야."

"그 사람이 가말라 근처에서 마귀들려 있을 때는 그렇게까지 미치지는 않았었다고 말해야 할 걸세" 하고 제베대오의 야고보가 말한다.
그리고 요한은 이렇게 묻는다. "주님, 왜 그 사람이 마귀들렸을 때는 주님께 지금보다 해를 덜 끼쳤습니까? 주님께 해를 끼치지 못하게 고치실 수는 없었습니까?"

"지금은 그가 총명한 마귀를 그의 안에 받아들였기 때문이다. 처음에는 그가 한 떼의 마귀에게 강제로 점령된 여관과 같았으나, 그놈들이 들어와 있는 것에 동의하지 않았었다. 그런데 지금은 그의 지성이 사탄을 원했고, 사탄은 그에게 영리한 마귀의 힘을 넣어 주었다. 이 두 번째 마귀들림에 대해서는 내가 아무것도 할 수 없다. 사람의 자유의사를 억제해야 할 터이니까."

"선생님, 괴로우시군요?!"

"그렇다. 이것이 내 고민이고… 내 실패이다. …그리고 그것은 영혼들이 파멸하는 것이기 때문에 슬퍼한다. 이것 때문에만 슬퍼하는 것이지, 그들이 내게 해를 끼치는 것 때문에 슬퍼하는 것은 아니다."

그들은 걸음을 멈추고, 사람들과 타는 짐승들로 막힌 길이 뚫리기를 기다린다. 그래서 모두 함께 모이게 되었다. 유다의 어머니의 눈길이 너무나 날카로워서 그의 아들이 이렇게 물을 지경이었다. "아니, 대관절 무슨 일이예요? 제 얼굴을 처음 보시는 겁니까? 정말 어머니는 병이 드셨어요. 치료를 받으시게 해야 하겠습니다."

"애야, 나는 병이 들지 않았다! 그리고 너를 보는 것이 처음이 아니다!"

"그러면요?"

"그러면…아무것도 아니다. 나는 다만 네가 선생님께 그런 말씀을 들을 만한 사람이 절대로 되지 않았으면 하고 바랄 뿐이다."

"저는 선생님을 버리지 않고, 비난도 하지 않습니다. 저는 선생님의 사도입니다!."

그들은 다시 길을 가기 시작하여 예수께서 요안나와 그와 함께 그의 집으로 가는 여자 제자들에게 인사하시려고 걸음을 멈추실 때까지 걸어간다. 남자들은 모두 게쎄마니로 간다.

"저희 모두가 그리 갈 수 있었을 텐데요. 저는 엘리사가 뭐라고 말하는지 보고 싶습니다."

"보게 될 거다. 내가 그에게 아나스타시카를 맡긴다는 것은 오늘에야 비로소 알 것이고, 그것도 나를 통해서 알 터이니까."

"그리고 오늘 저녁 식사는요?"

"응 요안나에게 그가 어떻게 해야 할지 말했다."

"요안나가 어떻게 해야 합니까? 언제 그 말씀을 요안나에게 하셨습니까?"

"너희들이 그것을 알게 될 것이다. 그를 떠나기 전에, 인사를 하는 동안에 말했다. 요안나의 정원에 일찍 가 있을 수 있게 빨리 가자."

59. 과월절전 목요일, 제3부, 여러 가지 지도

 요안나의 집으로 돌아오는 길에서, 길에 몰려들어서 예수를 따라오는 일행의 많은 사람을 서로 갈라놓는 사람들 가운데 떨어져서, 선생님과 알패오의 두 아들과 같이 있게 된 베드로가 묻는다. "됐습니다. 주님! 이제 우리끼리만 말할 수 있게 되었으니, 제가 어제부터 생각하고 있는 것을 한 가지 말씀해 주십시오."
 "그러마, 시몬아. 무슨 일인지 말해 보아라. 대답할게."
 "저는 어제부터 안티고니아에 있는 요한에게 선생님이 주신 큰 은혜를 생각하고 있습니다. 그러나 그 은혜가 대단히 크다는 것을 아십니까? 유일한 것입니다. 그 사람에게만 주신! 그렇지만 신디카도 그럴 자격이 많이 있는데요. …요컨대, 선생님을 뵐 자격이 있는데, …선생님이 그들 곁에 계실 때만 선생님을 뵙는 선량한 사람이 대단히 많습니다. 예를 들어, 저희들은 선생님이 저희들을 세상에 보내실 때에 얼마나 위로를 받았겠습니까! 또 때로는 한 마디 말씀만 있었어도 저희들의 의혹이 풀렸을 경우에 처하기도 했습니다. 그러나 선생님이 저희들에게는 한 번도 오지 않으십니다. …왜 이 차별이 있습니까?"
 "결론적으로 말해서, 내 시몬아. 네가 조금 질투를 한단 말이냐?…."
 "아이고! 아닙니다! 그렇지만…요컨대 저는 세 가지를 알고 싶습니다. 왜 엔도르의 요한에게 그렇게 하시는지. 요한에게만 그렇게 하시는 것인지, 어느날 저희들에게, 예를 들어 제게도 그런 일이 일어나서, 기적적으로 선생님을 뵙고, 어떻게 처신해야 할지를 선생님에게서 들어 알 수 있는 일이 일어나려는지요."
 "그럼 나는 네게 이렇게 대답하겠다. 요한에게 그렇게 해주는 것은, 그가 의지가 매우 강한 사람이지만, 그가 과거에 겪은 일들 때문에 다른 것보다도 오히려 육체적인 약점들을 가지고 있어, 그것들이 그가 하느님을 향하여 올라가는 것으로 지은 건물을 무너뜨릴 수 있을 것이기 때문이다. 이 사람아, 알겠느냐? 과거는, 그것이 아주 깊은 데까지 파고 들어가는 딱지 모양으로 오랫동안 우리에게 붙어 있어, 지워지지 않는 흔적을 새겨놓았고, 그뿐 아니라, 어떤 사람에게나 사라지지 않는 경향을 남겨놓는다.

가령 산 위에 지은 저 작은 집을 보아라. 지하수와 비가 올 때 산에서 내려오는 물이 천천히 저 집에 스며들었다. 이제는 뜨거운 햇볕이 있고, 이렇게 몇 달 동안 계속될 것이다. 그러나 회에 스며든 곰팡이는 문둥병의 반점처럼 항상 남아 있을 것이다. 저 집은 곰팡이가 슬었다고 선언되었기 때문에 버려졌다. 더 엄했던 다른 시대 같으면, 저 집이 율법에 의해 완전히 헐렸을 것이다. 저 불쌍한 집에 왜 그런 재액(災厄)이 왔느냐? 그것은 주인들이 집 둘레로 죽 돌아가며 작은 도랑을 파서 물이 괴는 것을 막고, 산에서 내려오는 물을 산을 등진 쪽에서 멀리 빗나가도록 대비를 하지 않았기 때문이다. 지금은 저 집의 상태가 좋지 않을 뿐 아니라, 습기로 인해 못 쓰게 되었다. 만일 어떤 결단력 있는 사람이 이런 일들을 생각하고, 벽을 닦아내고, 썩은 벽돌들을 새 벽돌로 갈아서 수리하면, 저 집이 아직 사용될 수 있을 것이다. 그러나 여전히 약점들을 가지고 있어서, 가령 지진이 일어나든지 하면, 저 집이 제일 먼저 무너질 것이다.

요한 안에는 여러해 동안 세상의 악의 독이 스며들었었다. 그는 다시 살아난 그의 영혼을 그의 의지력으로 거기에서 빼내도록 마련했다. 그러나 하등 부분의 감추어진 밑바닥에는 약점들이 남아 있었다. …영은 강하지만 육체는 약하다. 그리고 육체의 흥분이 세속의 요소와 합쳐지면 자아를 흔들어놓을 수 있는 폭풍우를 맹렬히 일으키게 된다. 요한…얼마나 무서운 과거의 소용돌이가 지금까지 일어난 일들을 일으켰는가! 나는 과거의 이 다시 나타남에 대한 그의 저항, 그의 정화, 그의 승리를 도와주러 간다. 나는 내가 할 수 있는 대로 그의 너무 큰 고통에 위안을 가져다 준다. 그가 그것을 받을 만한 자격이 있고, 세상의 모든 사악의 공격을 받는 거룩한 의지를 돕는 것이 옳은 일이기 때문이다. 확실히 알겠느냐?"

"예, 선생님. 그것은…선생님이 그에게만 나타나십니까?"

예수께서 베드로를 내려다보시며 빙그레 웃으신다. 베드로는 아래서 올려다보는데, 꼭 아버지의 얼굴을 살펴보는 어린아이와 같다. 예수께서는 대답하신다. "그에게만은 아니다. 여러 가지 어려움과 고독 가운데에서 그들의 성덕을 쌓기 위하여 멀리 가 있는 다른 사람들에게도 나타난다."

"어떤 사람들입니까?"

"그것을 아는 것은 필요치 않다."

알패오의 야고보는 이렇게 묻는다. "그럼 저희들에게는요? 가령 저희가 혼자 있어서 세상에 의해서 어느 정도까지 괴롭힘을 당할지 모를 때에요? …선생님의 현존으로 저희들을 도와주시겠습니까?"

"너희들은 당신의 빛을 가지고 오시는 성령을 받을 것이다."

"좋습니다. …그러나 저는 …성령을 알지 못합니다. …그리고 …저는 성령을 결코 이해하게 되지 못하리라고 생각합니다. 반대로 선생님이시면…저는 이렇게 말하겠습니다. '오! 선생님이 여기 계시다.' 그리고 선생님이시라는 확신을 가지고 어떻게 해야 할지를 선생님께 여쭈어보겠습니다…" 하고 베드로가 말한다. 그리고 이렇게 말을 끝맺는다. "성령! 보잘 것 없는 어부에게는 너무나 고상하신 분이십니다! 그분의 말씀이 알아듣기가 얼마나 어려운지 누가 압니까? 그리고 얼마나…가벼우신지. 지나가는 미풍과 같으시지요. …누가 그것을 알아차립니까? 저는 제 머리가 깨어나서 이해할 수 있게 되려면 누가 저를 흔들어 깨우고 소리를 지르고 해야 합니다. 그러나 선생님은, 만일 제게 나타나시면, 선생님을 봅니다. 그러면! …제게 약속해 주십시오. 아니 저희들에게도 나타나시겠다고 저희들에게까지도 약속해 주십시오. 그러나 이렇게요, 예?! 저희가 선생님을 잘 보고 선생님의 말씀을 잘 듣게, 이렇게 살과 피로 나타나시겠다고 약속해 주십시오."

"그런데 내가 너희들을 나무라려고 오면 어쩌겠느냐?"

"상관없습니다! 그러나 적어도 — 자네 두 사람, 이거 사실이지? — 저희들은 어떻게 해야 할지를 알 것입니다!"

알패오의 두 아들도 같은 의견이다.

"그러면 약속하마. 성령께서 너희들의 영혼에 이해되도록 하실 줄을 알 것이라는 것을 너희들이 믿어야 하겠지만 말이다. 그러나 내가 와서 너희늘에게 이렇게 말하겠다. '야고보야, 이렇게 또는 저렇게 하여라.

시몬 베드로야, 네가 저 다른 일을 하는 것은 좋지 않다. 유다야, 이 일 또는 저 일을 할 준비가 되도록 강해져라' 하고."

"아이고! 바로 그것입니다. 이제는 더 안심이 됩니다. 그리고 자주 와 주십시오. 정말 저는 길을 잃은 어린아이 같고, 울 줄밖에 모르고… 좋지 않은 일밖에 할 줄 모르는 어린아이 같을 테니까요…." 그리고 베드로는 지금부터 거의 울 것 같다….

유다 타대오가 묻는다. "모두에게 지금 당장 그렇게 해주실 수 없겠습니까? 제 말씀은 의심하는 사람들, 죄있는 사람들, 변절자들에게 그렇게 하실 수 없겠느냐는 말씀입니다. 혹 기적이라도…."

"아니다. 기적은 특히 이런 종류의 기적은 적당한 때와 장소에서 악의를 가지고 죄짓지 않은 사람들에게 주어지면 유리한 결과를 많이 가져다 준다. 그러나 악의적으로 죄지은 사람들에게 주어지면, 그들의 교만을 증가시키기 때문에 그들의 유죄성을 증가시킨다. 하느님의 선물을 그들은 그들을 사랑하게 허락해 달라고 교만한 그들에게 간청하시는 하느님의 약함으로 생각한다. 하느님의 선물을 그들의 큰 공로의 결과로 생각한다. 그들은 '내가 거룩하기 때문에 하느님께서 나한테는 비굴하게 구신다' 고 생각한다. 그러면 완전한 파멸이다. 예를 들어, 요나의 마르코의 파멸과 그와 더불어 다른 사람들의 파멸 같은…이 사탄의 길을 가는 자는 불행하다, 불행해. 하느님의 선물이 그에게서는 사탄의 독으로 변한다. 예외적인 선물을 받는다는 것은 어떤 사람에게 있어서 고결(高潔)과 거룩한 의지에 대한 가장 크고 가장 확실한 시험이다. 흔히 사람은 그 특별한 선물에 도취하여, 영적인 사람이던 것이 완전히 인간적인 사람이 되고, 그 다음에는 더 내려가 사탄처럼 되고 만다."

"그러면 하느님께서 왜 그것들을 주십니까? 주시지 않는 것이 더 나을 터인데요!"

"요나의 시몬아, 네게 걸음마를 가르칠 때, 네 어머니는 항상 기저귀를 채워서 안고 다녔느냐?"

"아닙니다. 땅에다 내려놓아서 제가 다리를 마음대로 움직이게 내버려두었습니다."

"그러나 넘어졌지?"

"오! 수없이 넘어졌습니다! 더구나 저는…요컨대, 저는 아주 어렸을 때 저 혼자서 행동하고, 또 모든 것을 잘 하겠다고 우쭐댔었습니다."
 "그러나 이제는 넘어지지 않지?"
 "더할 나위 없게요! 이제는 의자 등에 올라가는 것은 위험하다는 것, 지붕에서 가장 빠른 길로 내려오기 위해서 빗물받이 홈통을 타고 내려오려고 하는 것은 잘못이라는 것, 새인 것처럼 무화과나무에서 집안으로 날아 내리려고 하는 것은 미친 짓이라는 것을 압니다, 그렇지만 어렸을 때는 그것을 알지 못했습니다. 그래서 제가 그러다가 죽지 않은 것이 정말 수수께끼입니다. 그러는 동안 제 다리와 머리를 잘 쓰는 방법을 아주 천천히 배웠습니다."
 "그러면 하느님께서 네게 다리와 머리를 주신 것은 잘 하신 일이고, 네 어머니가 네 희생으로 배우게 내버려둔 것도 잘 한 일이지?"
 "물론입니다!"
 "하느님께서도 영혼들에게 이렇게 하신다. 그들에게 선물을 주시고, 어머니처럼 주의를 가르치신다. 그러나 곧 이어서 각자는 그 선물들을 어떻게 쓸지를 자신이 결정해야 한다."
 "그런데 어떤 사람이 바보이면요?"
 "하느님께서는 바보들에게는 선물을 주지 않으신다. 그들이 불행하기 때문에 사랑은 하시지만, 그들이 사용할 줄을 모르는 것을 주지는 않으신다."
 "그러나 만일 하느님께서 선물을 바보들에게 주시고, 그들이 그것을 잘못 쓰면요?"
 "하느님께서는 그들을 있는 그대로, 즉 무능력자로, 따라서 책임이 없는 자로 취급하실 것이다. 하느님께서는 그들을 심판하지 않으실 것이다."
 "그런데 그 선물들을 받을 때에는 영리하던 사람이 나중에 바보가 되거나 미치광이가 되면요?"
 "만일 병으로 그렇게 되면, 그가 받은 선물을 쓰지 않는 것이 그에게는 죄가 되지 않는다."
 "그러나…가령 저희 중의 한 사람이면요? 요나의 마르코나…또는…또는…다른 사람 하나나 말입니다?!"
 "오! 그때에는! 그 사람이 태어나지 않은 것이 나았을 것이다! 그러나 착한 사람들과 악한 사람들 사이의 구별은 이렇게 이루어지는 것이다. 힘드는 작업이지만 옳은 작업이다."

"아니, 그런데 무슨 말을 하는 거야? 우리에겐 아무 말도 없는 건가?" 길이 넓어졌기 때문에 예수 계신 곳으로 올 수 있은 다른 사도들이 묻는다.

"우리는 많은 이야기를 했네. 예수님은 내게 집들의 문둥병에 대한 말씀을 해주셨네. 나중에 자네들에게 말해 주겠네" 하고 베드로가 대답한다.

"그렇지만 그건 얼마나 우스운 미신이야!" 하고 가리옷 사람이 아는 체하며 말한다. "정말 그 시절에 어울리던 미신이야. 벽은 문둥병에 걸리지 않는단 말이야. 옛날 사람들은 바보같이 옷과 벽에다가 동물의 특성들을 붙여 주었단 말이야. 그건 우스꽝스러운 일이고 우리를 우스꽝스러운 사람이 되게 하는 거란 말이야."

"유다야, 네가 말하는 것과 같은 것이 아니다. 그 시대 사람들의 정신에 절실히 요구되던 비유적 표현이 풍부한 상징으로 거룩한 선견지명(先見之明)에 부합하는 큰 목적을 추구한 것이다. 옛날 이스라엘의 수많은 다른 계명들과 같이 말이다. 국민의 건강을 보장하는 계명들이었다. 국민을 건강하게 보존하는 것은 입법자의 의무이고, 하느님을 공경하고 섬기는 일이다. 국민은 하느님의 피조물로 이루어졌기 때문이다. 그러므로 동물과 식물을 소홀히 하지 않는 것과 같이 국민도 소홀히 하지 말아야 한다. 문둥병에 걸렸다고 말하는 집들이 육체적인 문둥병이 걸리지 않은 것은 사실이다. 그러나 그런 집들은 건축과 위치의 결함을 가지고 있어, 불건전하게 되며, 그 결함들은 '벽의 문둥병'이라고 불리는 반점으로 나타난다. 결국은 그 집들이 사람에게 유해하게 되고, 게다가 무너질 위험 때문에 위험하게 되기까지 한다. 그러므로 율법이 상세한 규칙들을 명하고 집을 버릴 것과 수리할 것을 명하고, 다시 지은 뒤에도, 그전에 나타났던 나쁜 모습이 다시 나타나면 허물라고까지 명령하는 것은 이치에 맞는 일이다."

"오! 습기 좀 있는 것쯤! 그게 무슨 대숩니까? 숯불을 가지고 말릴 텐데요."

"그런데 습기가 겉으로는 보이지 않는데도 노후(老朽)는 더해 간다. 습기는 깊숙한 곳에서 발전해서 벽을 부식해서 어느날 집이 무너져서 그 속에 있는 사람들을 묻어 버린다. 유다야, 유다야! 무모한 것보다는 지나치게 경계하는 것이 더 낫다!"

"저는 집이 아닙니다!"

"너는 네 영혼의 집이다. 네 집에 악이 침투해서 네 집이 풍화하는 것을 허락하지 말아라. …네 영혼의 보호에 신경을 써라. 너희 모두 주의하여라."

"선생님, 주의하겠습니다. 그러나 선생님이 제 어머니의 말 때문에 걱정하시는 것인지 솔직히 말씀해 주십시오. 제 어머니는 병자여서 허깨비를 봅니다. 제가 어머니를 치료시켜야 하겠습니다. 선생님, 제 어머니 병을 고쳐 주십시오."

"나는 네 어머니를 위로해 주겠다. 그러나 너만이 어머니의 불안을 가라앉혀서 고쳐 드릴 수 있다."

"근거없는 걱정입니다. 정말입니다. 주님!"

"유다야, 그렇게 하는 것이 낫다. 그렇게 하는 것이 더 나아. 그러나 너는 점점 더 의로운 행실로 그 걱정을 없애도록 힘써라. 그리고 만일 그런 걱정이 생겼다면, 분명히 그럴 만한 이유가 있을 것이다. 그 기억까지도 지워 없애라. 그러면 네 어머니와 내가 네게 축복할 것이다."

"선생님, 제가 요시아의 마르코와 같은 의견일까 봐 걱정하시는군요?"

"나는 아무것도 걱정하지 않는다."

"아! 좋습니다! 저는 마침 그 사람을 설득하려고 애쓰던 중이었으니까요. 그리고 그것이 제 의무라고 생각합니다. 아무도 그 일을 하지 않습니다. 저는 영혼들에 대한 열의를 가지고 있습니다!"

"거기서 자네에게 해가 돌아오지 않게 조심하게!" 하고 베드로가 아주 솔직히 말한다.

"그건 무슨 뜻인가?" 하고 유다가 공격적으로 말한다.

"이것 이상은 아무것도 없어. 즉 뜨거운 것을 만지려면 단열재를 써야 한다는 거야."

"우리 경우엔 그게 무언가?"

"뭐냐구. 큰 성덕이지."

"그런데 나는 그게 없다, 이거지?"
"자네도 없고, 나도 없고, 우리 중에 아무도 그것을 가지지 못했네. 그러니까… 우리는 불에 델 수가 있고, 그 때문에 흔적이 남을 수도 있단 말이야."
"그럼 영혼은 누가 돌보는 건가?"
"지금 당장은 선생님이시지. 이 다음에는 선생님의 약속대로 우리가 그렇게 할 수 있는 수단을 가지게 될 때 우리가 할 거고."
"그렇지만 나는 그전에 하고자 한단 말이야. 주님을 위해서 일하는 데, 너무 이르다는 법은 절대로 없어."
"맞아, 나는 자네가 말을 잘 한다고 생각하네. 그렇지만 주님을 위해서 제일 먼저 할 일은 우리 자신에 대해서 그렇게 해야 한다고 생각하네. 우리 자신에게 거룩함을 설교하기 전에 다른 사람들에게 그것을 전하러 가는 것은…."
"자넨 이기주의잘세."
"천만에."
"그래."
"아니야."

말다툼이 시작 된다. 예수께서 개입하신다. "베드로의 말이 대부분 옳다. 네 말도 약간 옳다. 전도는 사실에 의거해야 하기 때문이다. 그러므로 '내가 말하는 것은 올바른 일이니까 그렇게 하시오' 하고 말할 수 있으려면 자기 자신을 거룩하게 해야 한다. 그리고 이것은 베드로가 말한 것을 확인해 주는 것이다. 그러나 다른 사람들의 정신이 하는 일은 우리 자신의 정신을 도야하는 데도 소용된다. 그것은 그 일이 우리로 하여금 우리가 회개시키고자 하는 사람들에게서 비판의 말을 듣지 않기 위하여 더 훌륭한 사람이 되도록 강요하기 때문이다. 그러나 이제 요안나의 집에 다 왔다. 주님의 일꾼들 가운데 있는 사랑을 누리고, 또 사실을 통해서 미래에 대한 전도를 하기 위하여 들어가자."

60. 과월절전 목요일. 제4부, 요안나의 집에서

"평화가 이 집과 여기 있는 모든 이에게 있기를." 매우 호화로운 현관으로 들어가시며 예수께서 이렇게 인사하신다. 아직 낮인데도 현관에는 불이 환히 밝혀져 있다. 그런데 등불들이 쓸 데 없는 것이 아니다. 지금은 아직 낮이고, 밖에는 거리와 회를 하얗게 바른 집 정면들을 해가 눈부시게 비추고 있지만, 현관노릇을 하는 이곳의 넓고, 특히 매우 긴 복도에는 보통 희미한 빛이 있기 마련이어서 쨍쨍 비치는 햇빛으로 부신 눈으로 밖에서 들어오는 사람들에게는 어두울 것이기 때문이다. 그 복도는 육중한 정문에서부터 정원에 이르기까지 집 전체를 건너지른다. 정원 안쪽에는 햇빛을 받은 푸른 초목이 우거져 있는데, 복도를 통해서 보이기 때문에 더 멀리 있는 것 같다.

쿠자는 일정한 간격을 두고 양쪽 벽에 많이 붙여 놓은 돋을무늬 세공을 한 넓은 구리난로들과 중앙에 있는 큰 촛대도 불을 밝히게 마련하였다. 큰 촛대는 분홍색 설화석고(雪花石膏)로 만든 넓은 수반 모양의 초받침이 있는데, 설화석고 투명한 살색 속에 벽옥(碧玉)과 여러가지 빛깔의 귀중한 조가비들이 박혀 있어, 안에 켜져 있는 불빛 때문에, 많은 별들처럼 빛나며 짙은 파란색을 칠한 벽과 얼굴들과 흰색과 초록색 줄무늬가 있는 대리석을 깐 바닥에 무지개빛깔을 비춘다. 작은 별들이 벽과 얼굴과 바닥에 내려앉는 것 같은데, 그것들은 여러 가지 빛깔의 움직이는 아주 작은 별들이다. 움직이는 별이라고 한 것은 매달려 있는 큰 촛대가 현관을 건너지르는 통풍 때문에 가볍게 흔들려 값진 조가비의 결정면(結晶面)들을 끊임없이 움직이기 때문이다.

"이 집에 평화" 하고 예수께서 들어가시며 되풀이하시고, 한편 땅에까지 몸을 구부려 인사하는 하인들과 호화로운 저택에, 선생님 바로 가까이 이곳에 모인 것을 놀라워하는 손님들에게 끊임없이 강복하신다 ….

손님들! 예수의 생각이 분명히 보인다. 착한 여자 제자의 집에서 베풀기를 원하신 사랑의 잔치는 복음서 한 페이지의 실천이다. 거지들이 있고, 불구자와 소경과 고아와 늙은이와 옷에 매달리거나 영양이 부족한 엄마의 젖을 빨고 있는 어린아이들을 데리고 있는 젊은 과부들이 있다. 요안나는 많은 재산으로 인하여 찢어진 옷들 대신에, 조촐하지만 깨끗한 새 옷을 갈아입도록 이미 마련을 하였다. 깨끗하게 하려는 용의주도한 심려로 빗긴 머리와 하인들이 줄을 맞추고 그들의 자리로 가도록 도와주는 불행한 사람들의 깨끗한 옷으로 인하여, 요안나가 그들을 불러 오라고 하인들을 보냈을 때의 그들의 모습보다는 분명히 덜 비참한 모습을 보이고 있다. 요안나는 그들을 데려오라고 골목과 네거리와 예루살렘에 가는 길로, 즉 그들이 부끄러운 비참을 숨기거나 동냥을 얻기 위하여 그것을 내보이는 곳으로 하인들을 보냈던 것이다. 그러나 그런 한편 얼굴에는 궁핍, 수족에는 불구, 눈길에는 불행과 고독이 분명히 그대로 남아 있다….

예수께서는 지나가시며 강복하신다. 불행한 사람이 하나같이 예수의 강복을 받는다. 그리고 오른손은 강복하느라고 쳐들리지만, 왼손은 노인들의 떨리는 백발이 된 머리나 어린아이들의 순진한 머리를 쓰다듬기 위하여 내려진다. 예수께서는 현관을 이렇게 두루 왔다갔다 하시면서 모든 사람에게 강복을 주시는데, 강복을 하시는 중에 들어오는 사람들에게까지도 주신다. 아직 누더기를 걸치고 있는 그들은 겁을 내고 쭈뼛쭈뼛 하며 숨는데, 마침내 하인들이 친절하게 다른 데로 데려가서 먼저 온 사람들과 같이 씻기고 깨끗한 옷을 입혀 주고 한다.

한 젊은 과부가 아이 여럿을 데리고 지나간다. …정말 불쌍하다! 제일 어린 아이는 발가벗은 채 엄마의 찢어진 베일로 감싸여 있고…더 큰 아이들은 그저 헐벗음을 면할 정도의 옷을 입었다. 다만 야윈 소년인 맏아들만이 옷이라고 할 만한 것을 입었으나, 그대신 신발을 신지 못하였다.

예수께서 살펴보시고, 여인을 불러서 말씀하신다. "어디서 왔소?"

"사론 평야에서 왔습니다. 주님, 레위는 성인이 되었습니다. …그래서 성전에 이 애를 데리고 가야 했습니다. …아비가 죽었기 때문에…제가…" 그러면서 여인은 소리 없이 운다. 너무 많이 운 사람의 우는 조용한 울음이다.

"남편이 언제 죽었소?"

"1년전 스밧달에 죽었습니다. 저는 임신 2개월이었습니다…" 그러면서 방해가 되지 않으려고 어린아이에게로 몸을 숙이고 흐느낌을 억제한다.

"그러니까 아기가 여덟달이 됐군요?"

"그렇습니다, 주님."

"남편은 뭘 했었소?"

여인이 하도 가만히 속삭이는 바람에 예수께서 알아듣지를 못하신다. 그래 들으려고 몸을 구부리시며 말씀하신다. "겁내지 말고 다시 말하시오."

"편자만드는 대장간의 대장장이였습니다. …그러나 그 사람은 병이 대단히 중했습니다. …상처들이 덧났었기 때문입니다." 그러면서 아주 작은 목소리로 말을 끝맺는다. "그 사람은 로마의 병사였습니다."

"그러나 당신은 이스라엘 여자지요?"

"그렇습니다, 주님. 고르넬리오가 죽은 다음에 동정을 구하러 갔을 때 오빠들이 그렇게 한 것처럼, 부정하다고 저를 내쫓지 마십시오…."

"그런 겁은 내지 마시오! 지금 당신은 무슨 일을 하오?"

"사람들이 받아주면, 하녀도 되고, 이삭도 줍고, 빨래도 하고, 삼을 이기기도 하고…이 애들에게 먹을 것을 주기 위해… 여러 가지 일을 다합니다. 레위는 이제 농사를 할 참입니다. …사람들이 써주면요. …이 애는 인종이 다른 사생아이니까요."

"주님께 의지하시오!"

"만일 제가 주님께 신뢰를 가지지 않았으면, 이 애들하고 자살을 했을 것입니다. 주님!"

"가 보시오. 또 만납시다." 그러시면서 그 여인을 보내신다.

이동안 요안나가 달려와서, 선생님이 자기를 보기를 기다리며 무릎을 꿇고 있었다. 실제로 예수께서 몸을 돌리시고 요안나를 보신다.

"요안나, 네게 평화! 너는 내게 완전히 순종했구나."

"주님께 순종하는 것은 제 기쁨입니다. 그러나 주님께서 원하신 것처럼 주님께 '조신'(朝臣)들을 마련해드리는 일은 저 혼자서 하지 않았습니다. 쿠자가 여러 가지로 저를 도와 주었고, 마르타와 마리아도 도와주었습니다. 또 이들과 같이 엘리사도 도왔구요. 어떤 사람들은 그들의 하인들을 시켜 필요한 것을 가져오게 했고, 제 하인들을 도와 손님들을 모아오게 했습니다. 다른 사람들은 목욕을 시키는 하인들과 하녀들을 도와, 주님께서 '사랑하는 사람들'이라고 부르시는 사람들을 씻는 일을 거들어 주었습니다. 이제는 주님께서 허락하시면, 식사를 기다리는 동안 너무 시장하지 않게 모두에게 먹을 것을 좀 줄까 합니다."

"그래, 그렇게 해라. 여자 제자들은 어디 있느냐?"

"식탁들을 차리게 한 옥상에 있습니다. 제가 제대로 생각했습니까?"

"그렇다, 요안나야. 저 위에서는 저들도 우리도 편안할 것이다."

"예, 저도 그렇게 생각했습니다. 하긴 다른 어떤 방에도 저는 저 많은 사람들을 위한 준비를 할 수 없었을 것입니다. …그리고 저는 질투와 고통을 일으키지 않으려고 구별을 하기를 원치 않았습니다. 불행한 사람들은 감수성이 몹시 예민하고, 너무나 쉽게 괴로워한다고도 말할 수 있겠습니다! …그 사람들은 온통 상처투성이이라, 눈길 하나만으로도 얼마든지 그들에게 고통을 줄 수 있습니다."

"그렇다, 요안나야. 네 마음은 동정심이 강해서 이해를 한다. 하느님께서 네 동정심을 갚아 주시기 바란다. 여자 제자들이 많이 있느냐?"

"오! 예루살렘에 있었던 여자 제자들이 모두 있습니다! …그러나… 주님…어쩌면 제가 실수를 했는지도 모르겠습니다. …주님께 비밀히 무슨 말씀을 드리고 싶습니다."

"외딴 곳으로 가자꾸나."

둘만이 어떤 방으로 간다. 그 방에는 사방에 장난감이 놓여 있기 때문에 마리아와 마티아의 노는 방이라는 것을 알겠다.

"요안나야, 그러면 말해봐라."

"오! 주님. 제가 틀림없이 조심성이 없었습니다. …그러나 그 생각이 아주 자연스럽고, 매우 세차게 제 머리에 떠올랐습니다! 쿠자는 그 때문에 저를 나무랐습니다. 그러나 지금은…쁠라우띠나의 노예가 성전으로 서찰을 가지고 왔습니다. 쁠라우띠나와 그의 동무들이 주님을 뵐 수 있겠느냐고 묻는 것이었습니다. 저는 '그래, 오늘 오후 우리 집에서' 하고 대답했습니다. 그래서 그 여자들이 올 참입니다. …제가 잘못 했습니까? 오! 주님 때문에 그러는 것은 아닙니다! …그러나 모두 이스라엘 사람들이고…또 주님처럼 사랑이 아닌 다른 사람들 때문에 그러는 것입니다. 만일 제가 과오를 범했으면 속죄하도록 힘쓰겠습니다. …그러나 저는 세상이, 온 세상이 주님을 사랑하기를 너무도 바라기 때문에…세상에서는 주님만이 완전하시고, 주님을 닮으려고 애쓰는 사람은 너무도 적다는 것을 그만 생각하지 못했습니다."

"잘했다. 오늘 나는 너희 모두에게 행동으로 전도한다. 그리고 구세주 예수를 믿는 사람들 가운데 이방인들이 있는 것은 나를 믿는 사람들이 장차 해야 할 일들 중의 하나이다. 아이들은 어디 있느냐?"

"사방에 있습니다, 주님" 하고 요안나는 안심이 되어 미소지으면서 말한다. 그리고 이렇게 말을 마친다. "아이들은 축제로 인해 흥분해서, 행복한 새들처럼 이리저리 뛰어 다닙니다."

예수께서는 요안나를 떠나 현관으로 돌아오셔서, 당신과 같이 있던 사람들에게 눈짓을 하시고, 넓은 옥상으로 올라 가시기 위하여 정원으로 가신다.

집에는 지하 저장고에서 지붕에 이르기까지 즐거운 활기가 가득 차 있다. 음식과 가구, 옷꾸러미와 의자들을 가진 사람들이 끊임없이 왔다 갔다 한다. 물어보는 말에 항상 명랑하게 다정하게 대답하며 손님들을 안내한다.

관리인의 임무를 점잖게 수행하는 요나타는 지치지 않고, 지도하고, 살펴보고, 조언을 한다.

늙은 유모 에스텔은 요안나의 활기와 행복을 보고 기뻐하며, 가엾은 어린아이들이 빙 둘러 앉은 가운데에서 웃으며 비스킷을 나누어 주면서 신기한 이야기들을 해준다. 예수께서는 잠깐 발을 멈추시고 그 이야기 중 하나의 훌륭한 마무리를 들으신다. 이 이야기에는 이런 말이 있었다. "자기 집에 뜻밖에 닥쳐온 고통에 대해서 주님께 절대로 반항한 일이 없는 5월 착한 새벽에게 하느님께서는 많은 특별한 배려를 내려 주셔서 5월의 새벽으로 하여금 오빠들에게까지도 보호와 재산을 가져다 줄 수 있게 했다. 착한 소녀를 돕기 위하여 천사들이 빵 반죽 그릇을 가득 채워 주고, 베틀에 있는 일감을 끝마쳐 주었다. 그러면서 이렇게 말했다. '이 소녀가 주님과 이웃을 사랑하니까 우리의 자매이다. 우리가 이 소녀를 도와주어야 한다' 하고…."

"에스텔, 하느님께서 자네에게 강복하시기 바라네! 나도 여기 멈추어서 자네의 비유를 듣고 싶을 지경일세! 내가 있는 것을 원하나?" 하고 예수께서 미소를 지으시며 말씀하신다.

"오! 주님! 제가 주님의 말씀을 들어야 합니다. 그렇지만 아주 어린 아이들에게는 저같이 늙고 어리석은 보잘 것 없는 것이 아직 적합합니다!"

"자네의 의로운 영혼은 어른들에게도 유익하네. 계속하게, 에스텔. 계속해…." 그리고 그곳을 떠나시면서 에스텔에게 미소를 보내신다.

넓은 정원에서는 손님들이 이제는 흩어져서 휘휘 둘러보고, 놀란 눈으로 서로 바라다보면서 간단한 음식을 먹는다. 그들은 서로 말을 하면서 이 뜻밖의 행복에 대하여 이러쿵저러쿵 말들을 한다. 그러나 예수께서 지나가시는 것을 보고는, 그렇게 할 수 있는 사람들은 일어나서 경배를 하려고 몸을 굽힌다.

"드시오, 마음 턱놓고 드시오. 그리고 주님을 찬미하시오." 예수께서 넓은 옥상으로 올라가는 바깥 층층대가 시작되는 정원사들의 방들이 있는 쪽으로 가기 위하여 지나가시며 말씀하신다.

"아이고! 선생님!" 하고 어린애들에게 입힐 배내옷과 반소매 샤쓰들을 한아름 안고 어떤 방에서 뛰어 나오는 막달라 마리아가 외친다. 그리고 금으로 된 파이프 오르간 소리 같은 그의 부드러운 목소리가 장미꽃 줄장식으로 그늘진 길에 가득 울려 퍼진다.

"마리아, 하느님께서 너와 함께 계시기를. 어디를 그렇게 급히 가느냐?"

"아이고! 저는 아이 열 명에게 옷을 입혀야 합니다! 그애들을 씻어주었는데, 이제는 옷을 입혀야 합니다. 그렇게 한 다음에는 꽃처럼 신선하게 된 그애들을 선생님께 데려오겠습니다. 선생님, 저는 빨리 가겠습니다. …아이들 소리가 들리시지요? 꼭 매애매애 하고 우는 어린 양들 같아요…." 하고 말하면서 소박하면서도 귀족다운 흰 아마포옷을 입고 화려하고 차분하게 웃으면서 뛰어 간다. 옷은 가는 은허리띠로 허리를 졸라맸고, 머리카락은 수수한 리본으로 묶어 목덜미에 얹었고, 이마에

맨 흰 리본으로 고정시켰다.

"진복팔단의 산에 있던 마리아와는 정말 너무도 다릅니다!" 하고 열성당원 시몬이 부르짖는다.

층계의 첫째 층계참에서 그들은 야이로의 딸과 안나리아를 만났는데, 그 처녀들은 어떻게 빨리 내려오는지 꼭 날아 오는 것 같다.

"선생님!", "주님!" 하고 그 처녀들은 외친다.

"하느님께서 너희와 함께 계시기를. 어디를 가느냐?"

"식탁보를 가지러 갑니다. 요안나의 하녀가 저희를 보냈습니다. 선생님, 말씀을 하실 겁니까?"

"물론!"

"오! 그럼 뛰어 가자, 미리암아! 빨리 서두르자!" 하고 안나리아가 말한다.

"너희들 일을 하는 데 시간은 넉넉히 있다. 나는 다른 사람들을 기다린다. 그런데 애야, 언제부터 네가 미리암이라는 이름을 가졌지!" 하고 야이로의 딸을 바라다보시며 말씀하신다.

"오늘부터요, 지금부터요. 선생님의 어머님께서 이 이름을 제게 주셨어요. 그것은…그렇지 안나리아? 오늘은 제 처녀에게 중요한 날입니다…."

"오! 그래. 주님께 우리가 그 말씀을 드릴까, 그렇지 않으면 마리아 어머님께 이 일을 맡겨 드릴까?"

"마리아 어머님께, 마리아 어머님께. 주님, 가십시오. 가 보세요. 어머님께서 말씀해 주실 겁니다." 이렇게 말하면서 뛰어 가는데, 꽃다운 젊음 속에서 아름다운 형태로는 사람 같고, 빛나는 눈길로는 천사와 같다….

그들이 셋째 층계참에 올라갔을 때 필립보의 아내와 같이 무겁게 내려오는 벳수르의 엘리사를 만난다.

"아! 주님! 주님은 어떤 사람들에게서는 빼앗아 가시고, 어떤 사람들에게는 주시는군요! …그러나 두 경우에 똑같이 찬미받으십시오!" 하고 필립보의 아내가 외친다.

"무슨 말을 하는 건가?"

"아시게 될 겁니다. …얼마나 큰 고통이고, 또 얼마나 큰 영광입니까, 주님 ! 제 수족을 자르시면서 제게 왕관을 씌워 주시는군요."

예수 곁에 있던 필립보가 말한다. "당신 무슨 말을 하는 거요? 무엇에 대해서 말하는 거야? 당신은 내 아내이니까 당신이 당하는 일은 내게도 관계가 있소…."

"아이고! 필립보, 당신도 알게 될 거예요. 가세요, 선생님을 모시고 가셔요."

그러는 동안 예수께서는 엘리사에게 병이 다 나았느냐고 물으신다.

지난 날의 큰 고통으로 인하여 고통을 겪는 여왕과 같은 위엄을 가지게 된 여인은 말한다. "예, 주님. 그러나 마음 속에 평화를 가지고 고통을 당하는 것은 고통이 아닙니다. 그런데 저는 지금 마음 속에 평화를 누리고 있습니다."

"그런데 곧 더 많이 가지게 될 거요."

"무엇입니까, 주님?"

"갔다가 오시오. 그러면 알게 될 거요."

"예수님이다! 예수님이다!" 하고 당초문(唐草紋)으로 장식한 난간에 얼굴을 기대고 있는 두 어린이가 소리를 지른다. 난간은 정원이 내려다 보이는 옥상의 두쪽 면에 둘러쳐져 있고, 거기서 꽃이 핀 장미덩굴과 쟈스민 가지들이 내려온다. 옥상은 공중에 매달려 있는 정인이기 때문인데, 해가 쨍쨍 내리쬐는 이 시간에는 여러 가지 빛깔로 된 휘장이 둘러쳐져 있다. 옥상에서 준비하는 일에 골몰하던 사람들이 마리아와 마티아의 외치는 소리에 뒤를 돌아보고는, 하던 일을 놔두고 예수께로 마주 온다. 예수의 무릎에는 벌써 두 어린이가 매달려 있다.

예수께서는 몰려드는 많은 여자들에게 인사하신다. 엄밀한 의미의 여자 제자들과 사도와 제자들의 아내와 딸, 또는 자매들 사이에 덜 알려지고 덜 친밀한 여자들이 섞여 있는데, 그들은 예수의 사촌 시몬의 아내, 나자렛의 나귀몰이들의 어머니들, 갈릴래아의 베들레헴의 아벨의 어머니, 유다의 안나(메론 호수 근처에 있는 집), 가리옷의 유다의 어머니인 시몬의 마리아, 에페소의 노에미, 베다니아의 사라와 마르첼라 (사라는 예수께서 진복팔단의 산에서 병을 고쳐주시고, 늙은 이스마엘과 함께 라자로에게로 보내신 여자인데, 지금은 라자로의 마리아의 하녀인 것 같다), 그리고 야이아의 어머니, 아르벨라의 필립보의 어머니, 필립보의 가이사리아의 젊은 어머니 도르카와 그의 시어머니, 남편과 같이 예루살렘에 온 기적으로 문둥병이 고쳐진 보즈라의 마리아 같은 사람들이고, 다른 여자들도 있는데, 그 다른 여자들은 얼굴은 알겠는데, 이름을 정확히 말하지는 못하겠다.

예수께서는 시스트시내에 면한 정사각형의 넓은 옥상으로 들어가셔서, 안쪽에 있는 층계가 끝나는 방 가까이에 가서 앉으실 참인데, 그 방은 옥상의 북쪽 모퉁이에 있는 별로 높지 않는 정육면체와 같다. 거기서는 예루살렘 전체가 보이고, 예루살렘과 더불어 거기 인접한 주변도 보인다. 놀라운 전망이다. 모든 여자 제자들과 제자가 아닌 여자들도 모두 식탁의 일들을 그냥 놓아두고 예수 둘레로 몰려든다. 하인들은 일을 계속한다.

성모님은 아드님 곁에 계신다. 옥상에 쳐놓은 큰 휘장을 통해서 새어 들어 오는 환한 금빛 광선이, 녹음의 정자를 이루도록 배치된 우거진 쟈스민과 장미나무들 사이로 새어 들어오는 곳에서는 에머랄드 빛깔이 되는 그 환한 빛 속에서 성모님은 한층 더 젊어 보이시고 더 날렵해 보이신다. 가장 젊은 여자 제자들보다 나이가 좀더 들었을까 말까 한 언니 같으시며, 공중에 매달린 정원과 빙 둘러 가며 배치된, 장미나무, 쟈스민, 은방울꽃, 백합, 그밖의 매력있는 화초들이 들어 있는 수반들 안에 피어 있는 장미꽃 중에서 가장 눈부신 장미꽃처럼 아름답고 또 아름다우시다.

"어머님, 제 아내가 이상한 말을 했습니다! …무슨 일이 있었기에 제 아내가 손발이 잘림과 동시에 영광이 베풀어졌다고 말합니까?" 하고 몹시 알고 싶은 시몬이 묻는다.

성모님은 조용히 웃으시면서 그를 들여다보시고, 속내 이야기에는 그렇게 저항을 느끼시는 성모님이 그의 손을 잡으시며 말씀하신다. "자네는 가장 자네에게 소중한 것을 내 예수에게 바칠 수 있겠나? 자네는 정말 그렇게 해야 할 걸세. …예수는 자네에게 하늘을 주고, 하늘에 가는 길을 주니까 말일세."

"어머님, 그야 물론이지요. 제가 알기만 하면요. …특히 제가 드리는 것이 주님을 기쁘게 해 드릴 수 있다는 것을 알면요."

"필립보, 내 아들은 그 기쁨을 가졌네. 자네 둘째 딸도 자기를 주님께 바치네. 방금 많은 여자 제자들이 있는 앞에서 자네 딸이 제 어머니와 내게 그 말을 했네…." 필립보는 깜짝 놀라, 성모님께 보호해 달라는 듯이 꼭 달라 붙는 얌전한 딸을 검지로 가리키면서 "네가?! 네가?!" 하고 묻는다. 사도는 후손에 대한 희망을 영영 잃게 하는 이 두 번째 타격을 꾹 참기가 어렵다. 그는 이 소식으로 갑자기 흘리게 된 땀을 닦으며…주위에 있는 사람들을 둘러본다. …그는 싸우고…괴로워한다.

딸은 신음한다. "아버지…용서하세요. …그리고 축복을 주세요…." 그러면서 아버지의 발 앞에 미끄러지듯 달려든다.

필립보는 딸의 갈색머리를 기계적으로 쓰다듬으며, 꽉 죄어지는 목을 가다듬기 위하여 기침을 한다. 마침내 그는 이렇게 말한다. "죄를 짓는 자녀들에게 용서를 하는 거다. …그런데 너는 선생님께 너를 바침으로써 죄를 짓지 않는다. …그리고…그리고…이 불쌍한 아비는 그저… '축복을 받아라' 하고 밖에는 말할 수 없다. …아! 애야! 내 딸아! …하느님의 뜻은 얼마나 다정스러우면서 무서우냐!" 그러면서 몸을 굽혀 딸을 일으켜서 껴안고 울면서 이마와 머리에 입맞춤을 한다. …그리고 여전히 껴안은 채 예수께로 가서 말한다. "저는 이 애를 낳았습니다. 그러나 선생님은 이 애의 하느님이십니다. …선생님의 권리는 제 권리보다 더 큽니다. …고맙습니다. …고맙습니다. 주님, 이…이 기쁨을…." 그는 계속하지 못한다. 그는 예수의 발 앞에 무릎을 꿇고 예수의 발에 입맞춤하려고 몸을 굽히며 탄식한다. "이제는 영영, 이제는 영영 손자를 못 보게 됐군요. …제 꿈이! …제 노후의 웃음이! …주님, 제 눈물을 용서하십시오. …저는 보잘 것 없는 인간입니다…."

"이 사람아, 일어나거라. 그리고 천사들의 화단에 만물을 바치는 것을 기뻐하여라. 이리 오너라. 내 어머니와 나 사이로 오너라. 이 일이 어떻게 된 것인지 어머니에게서 듣기로 하자. 나는 정말이지 이 일에는 아무 상관이 없으니까 말이다."

성모님이 설명하신다. "나도 별로 아는 것이 없네. 우리 여자들끼리 이야기하고 있었는데, 자주 그런 일이 있는 것처럼 내 동정 서원에 대해서 물어들 보았네. 또 미래의 동정녀들이 어떨 것인지, 그 동정녀들의 역할과 영광이 어떠할 것으로 내가 예견하는지에 대해서 질문을 받았네. 나는 아는 대로 대답했지. …그리고 미래에 대해서는, 세상이 내 예수에게 줄 고통에 대한 기도와 위로의 생활을 예상했네. 나는 이런 말을 했지. '동정녀들이 사도들을 지원할 것이고, 더럽혀진 세상을 씻어 주고, 그들을 순결로 세상을 감싸고 세상을 향기롭게 할 걸세. 동정녀들은 하느님을 모독하는 말을 들리지 않게 하기 위해 찬미를 노래하는 천사들이 될 걸세. 그러면 예수는 그것을 기뻐하고, 세상에 은총을 줄 것이고, 늑대들 가운데 흩어져 있는 저 어린 양들의 덕택으로 그의 자비를 줄 걸세…' 하고. 그리고 다른 말도 또 했네. 그때에 야이로의 딸이 내게 이렇게 말했네. '어머니, 동정녀로서의 제 장래를 위해 이름을 하나 주세요. 예수님이 다시 살려 주신 이 몸을 남자가 즐기는 것을 저는 허락할 수 없으니까요. 제 몸은 무덤 속의 몸이 되고, 제 영혼은 하늘에 가 있을 때까지 오직 예수님께만 속해 있습니다' 하고. 그러니까 안나리아가 이렇게 말했네. '저도 그렇게 하려고 생각했어요. 그리고 일체의 관계가 끊어졌기 때문에 오늘은 제가 제비보다도 더 가벼워요' 하고. 필립보, 그때에 자네 딸이 이렇게 말했네. '나도 너희들같이 되겠어. 영원한 동정녀!' 하고. 저기 오는 어머니가 그런 결정을 그렇게 할 수는 없는 것이라고 곰곰이 생각해 보라고 했네. 그러나 이 애는 생각을 바꾸지 않았네. 그리고 그 생각을 오래 전부터 했느냐고 묻는 사람들에게 '아니'라고 말하고, 그런 생각이 어떻게 왔느냐고 묻는 사람들에게는 '저도 모르겠어요. 그것은 제 마음을 꿰뚫고 지나가는 빛의 화살 같았어요. 그리고 제가 예수님을 어떤 사랑으로 사랑하는지를 깨달았어요' 하고 말했네."

필립보의 아내가 남편에게 묻는다. "당신 들으셨어요?"

"응, 육체는 탄식하오. …그런데 이것이 우리가 영광스럽게 되는 것이기 때문에 육체가 노래를 불러야 할 거요. 우리의 둔한 육체가 천사들을 낳았소. 여보, 울지 마오. 당신이 아까 그런 말을 했었지. 주님께서 당신에게 왕관을 씌워 주셨다고. …여왕은 왕관을 받을 때에 울지 않는 거요…."

그러나 필립보도 아직 울고 있고, 모두가 옥상에 모여 있는 지금은 남자 여자 할 것없이 여러 사람이 운다. 시몬의 마리아는 한구석에서 눈물을 줄줄 흘리고…막달라의 마리아는 또 다른 구석에서 자기 옷의 아마포를 기계적으로 잡아 당기고, 가장자리를 장식한 실들을 기계적으로 뽑으면서 울고 있다. 아나스타시카는 눈물에 젖은 얼굴을 손으로 가리려고 애쓰면서 운다.

"왜들 우느냐?" 하고 예수께서 물으신다.

아무도 대답하지 않는다. 주님은 아나스타시카를 부르셔서 다시 물어 보신다. 그러니까 그 여자는 이렇게 대답한다. "주님, 저는 단 하룻밤 혐오감을 주는 기쁨을 맛본 것 때문에 주님의 동정녀 중의 한 사람이 될 자격을 잃었기 때문입니다."

"어떤 신분이든, 그 안에서 주님을 섬기기만 하면 좋은 것이다. 미래의 교회에서는, 세상에서의 하느님의 나라의 승리에도 유익하고 형제들인 사제들의 일에도 모두 유익한 동정녀들과 결혼한 여자들이 필요할 것이다. 벳수르의 엘리사, 이리 오시오. 어린아이에 지나지 않는 이 여자를 위로하시오…."

그리고 당신의 손으로 아나스타시카를 엘리사의 품에 안겨 주신다. 예수께서는 엘리사가 아나스타시카를 쓰다듬어 주고, 아나스타시카는 어머니 같은 팔 안에 몸을 맡기는 동안 그들을 살펴보시다가 물으신다. "엘리사, 이 여자의 내력을 아시오?"

"압니다, 주님. 그리고 둥지없는 불쌍한 것이 몹시 가슴을 아프게 합니다."

"엘리사, 이 자매를 사랑하시오?"

"이 여자를 사랑하느냐구요? 몹시 사랑하지요, 그러나 동생처럼이 아닙니다, 이 여자는 제 딸일 수도 있을 것입니다. 그리고 지금 이 여자를 품에 안고 있으니까 다시 지난 날의 행복한 어미가 되는 것 같습니다. 이 다정스러운 영양(羚羊)을 누구에게 맡기실 참입니까?"

"엘리사, 당신에게."

"제게요?" 여인은 껴안고 있던 팔을 풀고 의심쩍게 주님을 쳐다본다….

"당신에게. 이 여자를 원하지 않소?"

"오! 주님! 주님! 주님!" …엘리사는 무릎을 꿇은 채 기어서 예수께로 온다. 그리고 무슨 말을 하고 어떻게 해야 자기의 기쁨을 나타낼지를 모른다.

"일어나시오. 그리고 이 여자에게 거룩하게 어머니가 되시오. 그리고 이 여자는 당신에게 거룩하게 딸이 되고, 그래서 둘이 모두 주님의 길로 전진하시오. 라자로의 마리아야, 너는 왜 우느냐? 조금 전에는 그렇게 명랑하던 네가? 내게 데려오겠다고 하던 열 송이 꽃은 어디 있느냐? …"

"그들은 깨끗하게 되고 배불리 먹고 자고 있습니다. 선생님… 그리고 제가 우는 것은 제가 결코 동정녀들의 깨끗함을 가지지 못하겠기 때문입니다. 그래서 제 영혼은 항상 울 것이고, 결코 만족하지 못할 것입니다. 그것은…그것은 제가 죄를 지었기 때문입니다…."

"내 용서와 네 눈물은 너를 동정녀들보다도 더 깨끗하게 한다. 이리 오너라. 그리고 이제는 울음을 그쳐라. 눈물은 무엇인가 부끄러워해야 하는 사람들에게 남겨 두어라. 자, 가서 네 꽃들을 따 오너라. 너희들 아내와 동정녀들도 가라. 가서 하느님의 손님들에게 올라오라고 말하여라. 그중의 많은 사람이 들판 여기저기에 흩어져 있으니까 성문이 닫히기 전에 돌려보내야 한다."

그들은 순종하여 떠나간다. 옥상에 남아 있는 것은 마리아와 마티아를 쓰다듬으시는 예수님과, 조금 떨어진 곳에서 서로 손을 잡고, 기쁨의 눈물을 빛나게 하는 미소를 지으며 서로 눈을 들여다보는 엘리사와 아나스타시카, 시몬의 마리아와 그에게로 연민을 가지고 몸을 굽히고 계시는 지극히 거룩하신 성모 마리아뿐이다. 그리고 요안나는 문지방에서 주저하며 안을 조금 들여다보기도 하고, 바깥쪽을 조금 보기도 하고, 예수님 쪽을 보기도 한다. 사도들과 제자들은 하인들을 도와 불구자들, 소경들, 절름발이들, 꼽추들, 노인들을 긴 층층대로 해서 옮겨 오려고 여자들과 동시에 내려갔다.

예수께서는 두 어린아이에게로 숙이고 계시던 머리를 드신다. 그리고 유다의 어머니에게로 몸을 굽히고 계신 성모님을 보신다. 예수님은 일어나셔서 그들에게로 가신다. 그리고 반백이 된 시몬의 마리아의 머리에 손을 얹으시고 말씀하신다. "아주머니, 왜 우세요?"

"아이고! 주님! 주님! 저는 마귀를 하나 낳았습니다! 이스라엘의 어떤 어머니도 저만큼 고통을 당하지 않을 것입니다!"

"마리아, 다른 한 어머니도 아주머니와 같은 이유로 내게 말을 했고, 그 말과 같은 말을 했습니다. 가엾은 어머니들!…"

"아이고! 주님! 그러면 제 유다같이 주님께 대해 신의가 없고 죄를 지은 다른 사람이 있단 말씀입니까? 오! 그럴 수가 없습니다. 주님의 입김을 호흡하는 그애가 음란하고 도둑입니다. 어쩌면 살인자가 될지도 모릅니다. 그애는…오! 그애의 생각은 거짓말입니다. 그애의 생활은 열병입니다. 주님, 그애를 죽게 하십시오! 제발! 죽게 하세요!"

"마리아, 아주머니의 마음이 아주머니에게 그를 실제보다 더 나쁘게 보게 하는 것입니다. 공포로 인해서 아주머니가 미치다시피 되는 것입니다. 진정하고 차근차근 이치를 따져보세요. 그의 비행에 대해서 무슨 증거가 있습니까?"

"주님께 대해서는 아무것도 없습니다. 그러나 그건 눈사태가 무너져 내려 오는 것과 같습니다. 그애가 잘못하는 현장을 불시에 보았습니다. 그래서 그애는 증거를 숨길 수가 없었습니다. 그 증거들은…그애가 저기 옵니다. …제발, 아무 말도 마십시오! 저를 바라다봅니다. 저를 의심하는 것입니다, 이것이 제 고통입니다. 이스라엘에서 어떤 어머니도 저보다 더 불행하지는 않습니다!…"

성모님이 속삭이신다. "나요. …나는 내 고통에다 모든 불행한 어머니들의 고통을 합치니까요. …내 고통은 다만 한 사람의 미움으로 주어지지 않고, 모든 사람의 미움으로 주어지기 때문입니다."

예수께서는 요안나가 불러서 그를 보러 가신다. 그동안 유다는 성모님이 아직도 용기를 돋우어주시는 그의 어머니에게로 오며 심한 말을 한다. "어머니의 헛소리를 모두 할 수 있었어요? 저를 중상하는 말을요? 어머니는 이젠 행복하세요?"

"유다! 자네 어머니께 그렇게 말하는 건가?" 하고 성모님이 엄하게 물으신다. 성모님이 그렇게 하시는 것을 보는 것은 이번이 처음이다….

"예, 저는 이제 어머니가 귀찮게 구는 것이 지긋지긋하니까요."

"아이고! 애야, 이건 귀찮게 구는 것이 아니라, 사랑이다. 너는 내가 병이 있다고 말하지마는, 네가 병이 있는 거다! 너는 내가 너를 중상하고, 네 원수들의 말을 듣는다고 말한다. 그러나 네가 너 자신에게 해를 입히고, 너를 유혹할 해로운 사람들을 따르고 그들과 어울린다.

애야, 그건 네가 마음이 약하고, 그들이 네 마음이 약한 것을 알아챘기 때문이다. …네 어미 말을 믿어라. 나이 먹고 슬기로운 아나니아의 말을 들어라. 유다야! 유다야! 너를 불쌍히 여기고, 어미를 불쌍히 여겨라! 유다야!!! 유다야, 어딜 가니?!"

거의 뛰다시피하며 옥상을 건너지르던 유다가 되돌아보며 외친다. "제가 유익하고 존경받는 곳에요." 그러면서 층계를 급히 내려간다. 불행한 어머니는 난간 위로 몸을 굽히며 그에게 부르짖는다. "가지 마라! 가지 마라! 그들은 너를 파멸시키려고 한다! 아들아! 아들아! 내 아들아!…"

유다는 아래에 내려갔다. 그리고 나무들에 가려서 어머니에게는 보이지 않는다. 그는 빈 공간에 잠깐 잠시 나타났다가 현관으로 들어간다.

"그애는 떠나갔습니다! …그애는 교만에 사로잡혔습니다!" 하고 그의 어머니가 탄식한다.

"마리아, 그를 위해 기도합시다. 우리 둘이 함께 기도합시다…." 성모님은 장차 하느님을 죽일 사람의 침울한 어머니의 손을 잡으며 말씀하신다.

그러는 동안 손님들이 올라오기 시작하고…예수께서는 요안나와 말씀하신다.

"좋다. 그 여자들더러 오라고 하여라. 그 여자들이 여러 사람의 편견을 건드리지 않기 위해서 히브리 여자의 옷을 입은 것은 잘한 일이다. 나는 여기서 기다리고 있겠다. 가서 불러 오너라." 그리고 문틀에 기대서서, 사도들과 남녀 제자들이 미리 정해진 순서에 따라 다정스럽게 인도하는 손님들이 몰려오는 것을 살펴보신다. 한가운데에는 어린이들의 낮은 탁자가 있고, 그 양쪽으로 다른 모든 식탁들이 평행으로 배치되어 있다.

그러나 소경, 절름발이, 꼽추, 불구자, 노인, 과부, 거지들이 그들의 고통스러운 내력이 새겨진 얼굴로 자리를 잡는데, 꽃바구니처럼 귀여운 요람으로 바뀐 바구니들을 가져오고, 작은 상자들까지 가져온다. 그 안에는 거지 어머니들에게서 떼어놓은 어린 아기들이 배부르게 먹고서 방석 위에 누워 자고 있다. 그리고 다시 명랑해진 막달라의 마리아는 예수께로 달려 가며 말한다. "꽃들이 왔습니다. 주님, 오셔서 강복해 주셔요."
 그러나 동시에 요안나가 안쪽 층계에서 올라오며 말한다. "선생님, 이교도 여자들이 여기 왔습니다" 하고. 히브리인들의 옷을 입은 여자가 일곱 명이 있다. 그 여자들은 모두 베일로 얼굴을 가리고 있고, 발까지 내려오는 겉옷으로 몸을 감쌌다.
 두 여자는 키가 크고 위풍당당하며 다른 여자들은 중키이다. 그러나 선생님께 경의를 표한 뒤에 겉옷들을 벗으니, 쁠라우띠나, 리디아, 발레리아, 그리고 라자로의 정원에서 예수의 말씀을 적은 해방된 노예 플라비아를 쉽게 알아볼 수 있다. 그리고 알지 못하는 세 여자가 있다. 명령해 버릇한 눈길이기는 하지만, 그래도 주님 앞에 무릎을 꿇으면서 "그리고 저와 더불어 로마가 선생님 앞에 엎드립니다" 하고 말하는 그중의 한 여인과 그 다음에는 50세 가량된 뚱뚱한 품위있는 부인과, 끝으로 날씬하고 들에 핀 꽃처럼 청초한 아주 젊은 여자이다.
 막달라의 마리아는 로마 여자들이 히브리인의 옷을 입었는데도 그들을 알아보고 "글라우디아!!!" 하고 속삭인다, 그리고 눈을 크게 뜨고 있다.
 "나야. 이제는 다른 사람의 말을 통해서 듣는 데 싫증이 났어! 진리와 지혜는 근원에서 직접 접해야 하는 거야!"
 "저 사람들이 우리를 알아볼 것 같아?" 하고 발레리아가 막달라의 마리아에게 묻는다.
 "당신들이 이름을 말해서 본색을 드러내지 않으면, 알아보지 못할 거야. 그뿐 아니라, 당신들을 안전한 장소에 데려다 줄게."
 "아니다, 마리아야. 거지들 시중을 들게 식탁에 앉게 하여라. 가난한 사람들, 히브리인 사회의 가장 보잘 것 없는 사람들의 시중을 드는 이들이 귀족 부인들이라고는 아무도 생각하지 못할 것이다" 하고 예수께서 말씀하신다.
 "선생님, 훌륭한 생각입니다. 저희는 교만을 타고 났으니까요."
 "그런데 겸손은 내 가르침의 가장 뚜렷한 표입니다. 나를 따르고자 하는 사람은 진리와 순결과 겸손을 사랑해야 하고, 모든 사람에게 대하여 사랑을 가져야 하고, 사람들의 생각과 폭군들의 억압을 무릅쓸 용기를 가져야 합니다. 자, 갑시다."

"선생님, 죄송합니다. 이 소녀는 노예들의 딸로 노예입니다. 이 아이가 이스라엘 출신이기 때문에 제가 속량(贖良)해서, 지금은 쁠라우띠나가 데리고 있습니다. 그러나 이렇게 하는 것이 좋겠다고 생각해서 이 아이를 선생님께 바칩니다. 이름은 에글라입니다. 이 아이가 이제는 선생님의 것입니다."

"마리아야, 그애를 받아들여라. 그리고 생각해 보기로 하자. …부인, 고맙습니다."

예수께서는 어린이들에게 강복하시려고 옥상으로 가신다. 귀부인들은 큰 호기심을 불러 일으킨다. 그러나 히브리식 옷을 입고 베일을 쓰고, 거의 초라한 옷을 입고 있어서 의심을 자아내지는 않는다. 예수께서는 옥상 한가운데로 어린이들의 식탁 곁으로 가셔서 기도하시고, 모든 음식을 주님께 바치시고, 강복하신다. 그리고 식사를 시작하라는 명령을 내리신다.

사도들과 남녀 제자들과 귀부인들이 가난한 사람들의 하인이 된다. 예수께서 당신 붉은 옷의 넓은 소매를 걷어 올리시고 야이로의 미리암과 요한의 도움을 받으시며 당신의 어린이들 시중을 드심으로 본보기를 보여 주신다.

모든 사람의 입이 놀라울 만큼 움직인다. 그러나 눈들은 모두 주님께로 향하고 있다. 저녁이 되었다. 그래서 휘장을 치우고, 그동안 하인들은 아직은 없어도 될 등불들을 가져온다.

예수께서는 식탁들 사이로 돌아다니신다. 격려와 도움을 주지 않고 지나가시는 식탁은 하나도 없다. 이렇게 해서 예수께서는 수수하게 빵을 나누어 주고, 포도주를 소경들과 마비환자들과 손이 없는 사람들의 입술에 갖다 대주는 위엄있는 글라우디아와 쁠라우띠나 곁을 여러 번 스치고 지나가신다. 예수께서는 여인들을 돌보는 당신의 동정녀들에게 미소를 보내시고, 불행한 사람들에게 크나큰 동정을 베푸는 어머니 제자들과 불쌍한 노인들이 앉아 있는 식탁에서 몸을 아끼지 않는 막달라의 마리아에게 미소를 보내신다. 그 식탁에는 잔기침하는 사람, 몸을 떠는 사람, 이가 빠진 턱으로 씹는 사람, 입에서 침을 흘리는 사람이 가득 차 있어서 모든 식탁 중에서 가장 한심하다. 예수께서는 또 비스킷 하나를 빨고 새로 나온 이로 깨물다 잘못 삼킨 어린아이를 흔드는 마태오를 도와주시고, 식사가 시작될 때에 와서 고기를 썰어 주는데, 경험이 많은 하인처럼 잘 해내는 쿠자를 치하하신다.

식사가 끝났다. 벌겋게 된 얼굴과 더 즐거운 눈길에서는 가엾은 사람들의 만족을 분명히 볼 수 있다.

예수께서는 몸이 떨려서 흔들리는 한 노인에게로 몸을 굽히시고 말씀하신다. "할아버지는 지금 웃고 계시는데, 무슨 생각을 하세요?"

"나는 이게 정말 꿈이 아니라는 생각을 합니다. 조금 전만 하더라도 나는 잠을 자면서 꿈을 꾸는 걸로 생각했어요. 그렇지만 지금은 이게 사실이라는 걸 느낍니다. 그러나 누가 선생님을 이렇게도 착하게 만드나요? 제자들을 그렇게도 착하게 만드는 선생님을? 예수 만세!" 하고 외치는 것으로 말을 마친다.

그러니까 한 백명쯤이나 되는 그 불쌍한 사람들의 모든 목소리가 "예수 만세!" 하고 외친다.

예수께서는 다시 한가운데로 가셔서, 입을 다물고 있는 자리에 그대로 있으라고 하는 표를 하시려고 팔을 벌리신다. 그리고 어린아이 하나를 무릎에 안고 앉으셔서 말씀하기 시작하신다.

"만세, 그렇습니다. 예수 만세. 내가 예수이기 때문에가 아닙니다. 그것이 아니고, 예수란 사람이 된 하느님의 사랑, 사람들에게 알려지기 위하여, 그리고 새 시대의 표가 될 사랑을 알게 하기 위하여 사람들 가운데 내려온 하느님의 사랑이란 뜻이기 때문입니다, 예수란 '구세주' 라는 뜻이기 때문에 예수 만세입니다. 그리고 내가 여러분을 구원합니다. 나는 여러분 모두를, 부자이거나 가난한 사람이거나, 아이이거나, 노인이거나, 이스라엘 사람이거나, 이교도이거나 모두 구원합니다. 여러분이 구원받고자 하는 뜻을 내게 주기를 원하기만 하면 말입니다. 예수는 모든 사람의 것입니다. 예수는 모든 사람의 것이고, 모든 사람을 위하여 있습니다. 나는 모든 사람에게 자비로운 사랑이고 확실한 구원입니다. 예수의 사람이 되기 위하여는, 그러니까 구원을 받기 위하여는 어떤 일을 하는 것이 필요합니까? 별것이 아니면서도 큰 일을 할 필요가 있습니다. 왕들이 하는 것과 같이 어려운 일이기 때문에 큰 일이 아니라, 그 일들이, 사람이 그것들을 하고 예수의 차지가 되기 위해서는 새로워지라고 하기 때문에 큰 일인 것입니다. 따라서 사랑과 겸손과 믿음과 인종(忍從)과 동정이 필요합니다. 그렇습니다. 제자들인 여러분은 오늘 무슨 큰 일을 했습니까? 여러분은 '큰 일은 아무것도 하지 않았습니다. 식사 시중을 들었습니다' 하고 대답할 것입니다. 아닙니다. 여러분은 사랑을 대접했습니다. 여러분은 갖가지 종족의 모르는 사람을, 그들이 누구인지, 건강한 사람인지 착한 사람인지 묻지 않고, 형제로 대접했습니다. 그리고 여러분은 주님의 이름으로 그렇게 했습니다. 어쩌면 여러분이 여러분의 교화를 위해서 내게서 굉장한 말을 바랐는지도 모르겠습니다. 그런데 나는 여러분에게 큰 행동을 하게 했습니다. 우리는 이 날을 기도로 시작했고, 문둥병자들과 거지들을 도와주었고, 지극히 높으신 분을 그분의 집에서 흠숭했으며, 형제적인 사랑의 회식과 순례자와 가난한 사람들을 돌보는 일을 시작했습니다. 우리가 봉사를 한 것은 사랑으로 봉사하는 것이 하느님의 종들 중의 종인 나와 비슷해지는 것이기 때문이었습니다. 나는 여러분에게 구원을 마련해 주기 위해 기진맥진하여 죽기에 이르기까지 하느님의 종입니다…."

한 마디 외치는 소리와 발소리로 예수의 말씀이 중단되었다. 광포한 이스라엘 사람 한 떼가 층계를 뛰어서 올라온다. 가장 잘 알려진 로마 여인들, 즉 쁠라우띠나, 글라우디아, 발레리아, 리디아는 베일을 내리며 어두운 곳으로 간다.

교란자들은 옥상으로 갑자기 뛰어들어 오는데, 무엇인지를 찾는 것 같다. 쿠자는 기분이 상하여, 그들 앞으로 가서 묻는다. "무슨 일이오?"

"당신과는 아무 관계도 없는 일이오. 우리는 나자렛의 예수를 찾지 당신을 찾지 않소."

"내가 여기 있소. 당신들은 나를 보지 못하오?" 하고 예수께서 어린 아이를 바닥에 내려놓고 위엄있게 일어나시며 물으신다.

"여기서 뭘 하오?"

"당신들이 보는 바와 같소. 나는 내가 가르치는 것을 행하고, 해야 할 것, 즉 가장 가난한 사람들에 대한 사랑을 가르치오. 당신들은 무슨 말을 들었소?"

"폭동을 선동하는 외침을 들었소. 그리고 당신이 있는 곳에서는 소란이 일어나기 때문에 보러 왔소."

"내가 있는 곳에는 평화가 있소. 사람들은 '예수 만세' 하고 외쳤소."
"바로 그거요. 성전에서도 헤로데궁에서도 여기서 사람들이 공모한다고 생각했소…."
"누구에게? 누구에게 대항해서? 이스라엘에서 누가 왕이오? 성전도 아니고 헤로데도 아니오. 로마가 지배자요. 그리고 로마가 지배하는 곳에서 왕이 되겠다고 생각하는 사람은 대단히 분별없는 사람이오."
"당신은 당신이 왕이라고 말하지요."
"나는 왕이오. 그러나 이 나라의 왕은 아니오. 이 나라는 내게는 너무 보잘 것 없소! 제국도 너무나 초라하오. 나는 하늘 나라, 사랑과 영의 나라의 왕이오. 평안히들 가시오. 혹 남아 있고 싶으면 남아 있어서 내 나라에 어떻게 가는지를 배우시오. 내 시민들은 이 사람들이오. 가난한 사람들, 불행한 사람들, 압박을 받는 사람들, 그리고 착하고, 겸손하고, 자비로운 사람들이오. 남아 있어서 이들과 합치시오."
"그러나 당신은 항상 호화로운 집에서 아름다운 여자들에 둘러싸여 잘 먹고 있소. 그리고…."
"그만 해 두시오! 선생님께 대해서 암시를 하는 것은 안 되오. 그리고 내 집에서 선생님을 모욕해서는 안 되오. 나가시오!" 하고 쿠자가 고함친다.

그러나 집안에 있는 층계로 베일을 쓴 계집아이의 예쁜 몸매가 옥상으로 뛰어 들어온다. 그 여자는 나비와 같이 가볍게 예수께로 달려가, 거기서 베일과 겉옷을 벗어 던지고, 예수의 발 앞에 엎디어 발에 입맞춤을 하려고 한다.

"살로메!" 하고 쿠자가 다른 사람들과 같이 외친다.

예수께서 그의 접촉을 피하시려고 어떻게나 급히 뒤로 물러나셨던지 앉으셨던 의자가 쓰러졌다. 예수께서는 당신과 살로메 사이를 떼어놓기 위하여 그것을 이용하신다. 예수의 눈이 어찌나 인광을 발하고 무시무시한지 겁이 날 지경이다.

날쌔고 뻔뻔스러운 살로메는 잔뜩 응석을 부리는 어조로 말한다. "예, 저예요. 환호소리가 왕궁에까지 들렸어요. 헤로데는 선생님을 보고 싶다는 말을 하라고 사절을 보냅니다. 그렇지만 제가 사절을 앞질러 왔지요. 주님, 저하고 같이 가십시다. 저는 주님을 몹시 사랑하고, 몹시 원합니다! 저도 이스라엘 사람입니다."

"네 집으로 가라."

"조정에서는 선생님께 경의를 표하려고 기다리고 있습니다."

"내 조정은 이것이다. 나는 다른 조정도 알지 못하고, 다른 존경도 모른다." 그러시면서 식탁에 앉아 있는 가난한 사람들을 손으로 가리키신다.

"이 조정을 위해서 선물을 가져왔습니다. 제 보석들이 여기 있습니다."

"필요없다."

"이걸 왜 거절하세요?"

"그것들은 부도덕한 것이고, 또 불순한 의도로 주는 것이기 때문이다. 가라!"

살로메는 당황하여 다시 몸을 일으킨다. 그 여자는 한 팔을 들고 불을 뿜는 눈으로 자기를 노려보시는 무시무시한 분, 지극히 깨끗하신 분을 몰래 쳐다본다. 모든 사람을 살짝 쳐다보고, 얼굴들에 나타나는 조소와 심한 불쾌감을 보게 된다. 바리사이파 사람들은 깜짝 놀라서 이 강렬한 광경을 구경한다. 로마 여자들은 더 잘 보려고 용기를 내서 앞으로 나아온다.

살로메는 마지막 시도를 해본다. "선생님은 문둥병자들까지도 가까이 하시면서요…" 하고 겸손하게 애원하며 말한다.

"그 사람들은 병자이다. 너는 더러운 여자이다. 썩 물러가라!"

"썩 물러가라!" 고 하시는 마지막 말씀은 너무도 강력해서 살로메는 베일과 겉옷을 주워 가지고 몸을 숙이고 기다시피하며 층계 쪽으로 간다.

"주님, 조심하십시오! …저애는 능력이 있습니다. …주님께 해를 끼칠 수 있을 것입니다" 하고 쿠자가 작은 소리로 속삭인다.

그러나 예수께서는 당신이 내쫓으시는 여자를 비롯하여 모든 사람이 들을 수 있도록 매우 큰 소리로 말씀하신다. "상관없소. 나는 악과 결합하기보다는 죽임을 당하는 길을 택하오. 음탕한 여자의 땀과 창녀의 금은 지옥의 독이오. 겁 많음으로 권력자들과 결합하는 것은 잘못이오. 나는 진리요, 순결이요, 구속이오. 그리고 나는 변하지 않소. 자,

저 여자를 데려다 주시오…."

"그를 통과시킨 하인들을 벌하겠습니다."

"아무도 벌하지 마시오. 벌을 받아 마땅한 사람은 저 여자뿐인데, 그 여자는 벌을 받았소. 그리고 그 여자의 생각을 나는 알고, 거기 대해 혐오감을 느끼고 있다는 것을 그 여자도 알아야 할 것이고, 당신들도 아시오. 뱀이 제 굴로 돌아가니, 어린 양은 그의 정원으로 돌아오오."

예수께서는 앉으신다. 땀을 흘리신다. 그리고 잠자코 계신다. 그러다가 말씀하신다. "요안나야, 이 사람들의 생활이 며칠 동안 덜 고통스럽도록 각자에게 동냥을 주어라. …고통의 자식들아, 내가 무슨 다른 일을 해야 하겠느냐? 내가 너희들에게 무엇을 줄 수 있기를 바라느냐? 나는 마음 속을 환히 들여다본다. 믿을 줄 아는 병자들에게 평화와 건강!"

잠깐 동안 조용하더니 외치는 소리가 일어난다. …그리고 병이 나아서 일어나는 사람이 많다. 매우 많다. 예수를 불시에 붙잡으려고 왔던 유다인들은 질겁을 하고, 기적과 예수의 순결로 인하여 모두 열광하는 가운데 무시당한 채 가버린다.

예수께서는 어린이들을 안아 주시며 미소를 지으신다. 그리고 손님들을 떠나 보내시고 과부들은 붙잡아 두시고, 그들을 위하여 요안나에게 말씀하신다. 요안나는 그것을 기억해 두고, 다음날 오라고 과부들에게 말한다. 그런 다음 과부들도 간다. 노인들이 맨 마지막으로 떠난다….

남아 있는 것은 사도들과 제자들과 로마 여자들이다. 예수께서는 이렇게 말씀하신다. "미래에는 일치가 이렇게 이루어져야 합니다. 말은 없고, 행위가 정신과 영혼에 명백하게 말할 것입니다. 평화가 여러분과 함께 있기를."

예수께서는 집안에 있는 층계 쪽으로 가셔서 사라지신다. 요안나와 다른 사람들이 뒤를 따른다.

층계 아래에서 예수께서는 유다를 만나신다. "선생님, 게쎄마니에 가지 마십시오! 거기에는 선생님을 찾는 원수들이 있습니다. 그리고 어머니, 이젠 뭐라고 하시겠어요? 저를 비난하시는 어머니! 만일 제가 거기 가지 않았더라면, 선생님께 파놓은 함정을 알아내지 못했을 것입니다. 다른 집으로 가십시다! 다른 집으로 가십시다!"

"그러면 저희 집으로 가셔요. 라자로의 집으로. 하느님의 친구인 사람밖에는 들어오지 못합니다" 하고 막달라의 마리아가 말한다.
 "그러자. 어제 게쎄마니에 있던 사람들은 누이들과 함께 라자로의 저택으로 가도록 하여라. 내일 일은 나중에 마련하기로 하자."

61. 과월절전 목요일. 제5부

예수를 따라가는 사람들은 확실히 빛나는 용기를 가지고 있지는 않다!
 유다가 가져온 소식은 햇병아리가 가득한 마당 위에 새매가 나타나거나 양떼 가까이에 늑대가 나타난 것과 같다! 거기 있는 사람들의 얼굴에는, 열에 아홉은 심한 공포나 적어도 불안의 빛이 나타나는데, 특히 남자들이 그렇다. 여러 사람은 벌써 칼날이나 채찍질의 느낌을 가지고 있고, 최소 한도로 생각하는 것이 재판을 기다리면서 감옥의 비밀들을 알게 될 것이라는 것이다.
 여자들은 덜 불안해 한다. 불안해 하는 것보다는 그들의 아들들이나 남편들에 대하여 걱정을 하며, 그들에게 작은 집단을 이루어 시골로 흩어지라고 권하다.
 막달라의 마리아는 이 지나친 불안의 물결에 반대한다. "아이고! 이스라엘에는 영양(羚羊)이 많기도 하군요! 그렇게 벌벌 떠는 게 부끄럽지 않으세요? 제 집에서는 여러분이 어떤 요새에 있는 것보다 더 안전할 거라고 말했지요. 그러니 제 집으로 가요! 아무 일도 일어나지 않으리라고 보장해요. 만일 예수님이 제명하신 사람들 외에도 제 집에 있는 것이 안전하리라고 생각하는 분이 있으면 같이 가요. 한 100인대(隊)가 잘 만한 침대와 간이침대가 있어요. 자, 무서워서 죽을 지경이 되지 말고, 결정을 하세요! 다만 요안나에게는 하인들더러 먹을 것을 가지고 우리를 따라오게 하라고 부탁해요, 집에는 이 많은 사람을 먹일 만큼 음식이 없어요. 게다가 지금은 저녁 때이니까요. 겁쟁이들에게는 식사가 용기를 다시 주는 제일 좋은 약이에요." 마리아는 흰 옷을 입어 위풍이 당당할 뿐 아니라, 그 큰 키로 요안나의 집 현관에 몰려 있는 겁많은 집단을 내려다볼 때 그 빛나는 눈에는 빈정거림도 꽤 빛난다.
 "그 일은 내가 떠맡을 테니까 어서들 가세요. 요나타가 하인들 데리고 여러분을 따라갈 겁니다. 그리고 저도 선생님을 따라가는 기쁨을 얻게 되었으니 요나타와 같이 가겠습니다. 그리고 분명히 말하지만 겁내지 않고, 갈 겁니다. 아이들을 데리고 갈 정도로요." 이렇게 말하고 요안나는 명령을 내리려고 물러간다. 그동안 겁많은 무리 맨 앞에 서 있는 사람들은 머리를 대문 밖으로 조심조심 내민다. 그리고 염려할 것이 아무것도 없는 것을 보고는 감히 거리로 나간다. 그리고 다른 사람들도 뒤따른다.

맨 앞줄이 있는 데 계신 예수 뒤 한가운데에 동정녀들의 무리가 있다. 그 뒤에는, 오! 동정녀들 뒤에는 부인들이 있다. 그리고 가장 용기가 덜한 사람들은 라자로의 마리아의 보호를 받는데, 마리아는 로마 여자들과 합류하였다. 로마 여자들은 그렇게 일찍 예수를 떠나지 않기로 결정하였던 것이다. 그러나 곧이어 라자로의 마리아는 언니에게 무슨 말을 하려고 앞으로 뛰어 나갔고, 로마 여자 일곱 명은 사라와 마르첼라와 같이 남아 있다. 이 여자들은 마리아의 명령에 따라, 그리고 일곱 로마 여자들은 한층 더 눈에 띄지 않게 하느라고 역시 뒷쪽에 남아 있었다.

요안나가 아이들 손을 잡고 빠른 걸음으로 온다. 요안나 뒤에는 요나타가 자루를 메고 바구니를 든 하인들과 함께 와서 작은 부대의 맨 뒤에서 걷는다. 거리에는 집이나 야영지로 들어가는 집단들이 가득하기 때문에, 사실은 아무도 그들을 눈여겨보지 않는다. 게다가 빛이 희미하기 때문에 얼굴들을 알아보기가 그리 쉽지 않다. 이제는 막달라의 마리아가 요안나와 아나스타시카와 엘리사와 함께 아주 맨 첫줄에 와 있으며, 덜 주요한 길로 해서 손님들을 그의 집으로 인도한다.

요나타는 말하자면 로마 여자들 곁에서 걸어가는데, 가장 부유한 제자들의 하녀들에게와 같이 그들에게 말을 한다. 글라우디아가 그것을 이용하여 그에게 말한다. "여보시오. 소식을 가져온 제자를 불러 주시오. 그 사람더러 이리 오라고 하시오. 그리고 다른 사람들의 주의를 끌지 않도록 말하시오. 자, 가시오!" 옷은 수수하다. 그러나 말투는 늘 명령을 해버릇한 사람과 같이 얼떨결에 명령조가 된다. 요나타는 눈이 둥그래져서, 그에게 이렇게 말하는 사람을 내려쓴 베일을 통하여 보려고 해본다. 그러나 그는 위엄있는 눈의 광채밖에는 보지 못한다.

그렇지만 그는 자기에게 말하는 여자가 하녀가 아니라는 것을 알아차리게 된다. 그래서 순종하기 전에 몸을 구부린다.

요나타는 스테파노와 티몬과 열을 올리며 말을 하고 있는 가리옷의 유다에게로 가서 그의 옷을 잡아 당긴다.

"무슨 일인가?"

"말할 게 있어요."

"말해 보게."

"아닙니다. 나하고 같이 뒤로 갑시다. 아마 동냥을 달라고 당신을 원하는 모양입니다…."

핑계가 좋다. 그래서 유다의 동행들은 조용히 받아들이고, 유다는 열광적으로 받아들인다. 유다는 요나타와 같이 빨리 뒤로 돌아온다.

이제 맨 마지막 줄에 왔다. "부인, 오라고 하신 사람이 왔습니다" 하고 요나타가 글라우디아에게 말한다.

"나를 도와주어서 고맙소." 그 여자는 여전히 베일을 쓴 채 대답한다. 그리고 유다에게 말한다. "잠시 머물러서 내 말을 들어 주시겠소?"

유다는 매우 세련된 말투를 듣고, 얇은 베일을 통하여 빛나는 두 눈을 본다. 그리고 아마 큰 놀라운 일이 가까웠다고 느끼는 모양으로, 어렵지 않게 동의한다.

로마 여자들의 집단이 갈라지고, 유다는 글라우디아와 쁠라우띠나와 발레리아와 같이 남아 있다. 다른 여자들은 길을 계속한다.

글라우디아는 사방을 둘러본다. 그 여자는 그들이 멈추어 있는 작은 길에 사람이 없는 것을 보고는 매우 아름다운 손으로 베일을 뒤로 젖혀 얼굴을 드러낸다.

유다는 그 여자를 알아본다. 그리고 잠시 놀랐다가 몸을 숙여 인사를 하며 로마식 말에 유다식 몸짓을 곁들인다. "마님!"

"그렇소, 나요. 몸을 일으키고 내 말을 들으시오. 당신은 나자렛 선생님을 사랑하고, 그분의 이익을 걱정하는데, 잘하는 일이오. 저분은 덕행이 많은 분이니, 지켜 드려야 하오. 우리는 저분을 위대하고 의로운 분으로 존경하오. 유다인들은 저분을 존경하지 않소. 저분을 미워하오. 나도 그것을 아오. 내 말을 들으시오. 내 말을 잘 들으시오. 그것을 기억하고 실천하시오. 나는 저분을 보호하고자 하오. 나는 조금 전의 음란한 여자와 같지 않소. 성실과 덕으로 그러는 거요. 당신의 사랑과 당신의 총명으로 저분에 대한 계략이 있다는 것을 알 수 있게 되거든, 내게로 오거나 누군가를 보내거나 하시오. 글라우디아는 본시오에 대해 절대적인 힘을 가지고 있소. 글라우디아는 의인을 위해 보호를 얻어낼 거요. 알겠소?"

"알고 말고요, 마님. 우리 하느님께서 마님을 보호하시기 바랍니다. 제가 올 수가 있기만 하면 오겠습니다. 제가 직접 오겠습니다. 그러나 어떻게 마님에게까지 갈 수 있습니까?"

"언제나 알불라 도미띨라를 부르시오. 알불라는 내 분신이오. 그러나 그는 내 적선을 맡아보고 있으니까 유다인들과 말을 하더라도 아무도 이상하게 여기지 않소. 당신을 피보호자로 생각할 거요. 아마 그렇게 하는 것이 당신에게 모욕이 되겠지요?"

"아닙니다, 마님. 선생님을 도와 드리고 마님의 보호를 받는 것은 영광입니다."

"그렇소. 내가 당신들을 보호하겠소. 나는 여자이지만, 글라우디아 일족의 사람이오. 나는 이스라엘의 모든 유력자들보다 더 능력이 있소. 내 뒤에는 로마가 있으니까. 자, 우선 그리스도의 가난한 사람들을 위해서 받으시오. 우리의 기부금이오. 그러나…오늘 저녁은 나를 제자들 가운데 있게 해주었으면 좋겠소. 이 영광을 내게 마련해 주시오. 그러면 당신은 글라우디아의 보호를 받을 것이오."

가리옷 사람 같은 작자에게는 귀족 부인의 말이 대단히 큰 효과를 나타낸다. 그는 다시 없는 행복을 맛본다. …그는 용기를 내서 묻는다. "그렇지만 정말 선생님을 보호하시겠습니까?"

"그렇소. 선생님의 나라는 세워져야 마땅하오. 그것은 덕의 나라이니까. 그분의 나라는 현재의 나라들로 내게 혐오감을 일으키는 나라들을 뒤덮고 있는 추악한 언행들과 맞서겠기 때문에 환영을 받을 거요. 로마는 위대하오. 그러나 선생님은 로마보다도 훨씬 더 위대하시오. 우리 군기에는 독수리들과 교만한 글자가 있소. 그러나 선생님의 군기에는 영(靈)들과 그분의 거룩한 이름이 있을 거요. 로마와 세상이 이 이름을 그들의 군기에 써넣고, 이 표가 군기와 신전과 홍예와 기둥에 새겨지게 되면, 그때에는 로마와 세상이 위대하게 될 거요. 정말 위대하게 될 거요."

유다는 깜짝 놀라 생각에 잠기고 넋을 잃었다. 그는 그가 받은 무거운 돈주머니를 흔드는데, 그 일을 기계적으로 계속하고 머리를 끄덕이면서, 모든 말에 "예, 예, 예" 하고 말한다.

"그럼, 이제는 저 사람들을 따라갑시다. 우리는 이제 동맹을 맺었지요! 당신의 선생님이시고 성실한 사람들의 왕이신 분을 보호하기 위하여 동맹을 맺었어요."

글라우디아는 베일을 내리고, 빨리, 날쌔게, 거의 뛰다시피하며 앞서 가는 집단을 따라잡고, 다른 여자들과 유다는 그 뒤를 따른다. 유다는 뛰어 가는 것 때문에 그렇기보다는 오히려 그가 들은 말 때문에 숨이 가쁘다. 이들이 일행을 따라잡았을 때는 맨 뒤에 있는 제자들이 라자로의 저택으로 들어가는 중이었다. 그들은 빨리 들어간다. 그리고 쇠대문은 문지기가 지르는 쇠빗장의 요란한 소리와 더불어 다시 닫힌다.

문지기의 아내가 가져온 등불 하나만으로는 라자로의 저택의 네모나고 온통 하얀 현관이 그리 환해지지 않는다. 집이 지켜져 있고 정돈되어 있기는 하지만, 사람이 살고 있지 않다는 것을 알 수 있다. 마리아와 마르타가 손님들을 넓은 방으로 인도한다. 그 방은 분명히 연회에 쓰이는 방으로, 벽에는 값진 천이 쳐져 있어 호화롭다. 큰 촛대에 불을 켜고, 벽 주위로 돌아가며 놓아둔 식기장과 값진 궤들, 그리고 벽에 기대 놓은 식탁들 위에 등불들을 켜서 갖다놓는 데 따라서, 그 값진 천에는 당초무늬들이 나타난다. 식탁들은 당장이라도 쓸 수 있도록 준비가 되어 있으나, 얼마 동안 쓰이지 않은 것이다. 그러나 마리아는 식탁들을 방가운데로 가져와서, 요안나의 하인들이 자루와 바구니에서 꺼내서 식기장 위에 놓은 음식으로 저녁을 차려 놓으라고 명령한다.

유다는 베드로를 따로 불러 가지고 귀에 대고 무슨 말인지 속삭인다. 베드로가 눈을 동그랗게 뜨고, 손가락을 덴 것같이 손을 흔들며 "아이고 깜짝이야! 자네 무슨 말을 하는 거야?"

"그렇다니까, 곰곰히 좀 생각해 보라구! 이젠 무서워하지 않아도 되고, 이렇게 걱정하지 않아도 된단 말이다!"

"아니, 이건 너무 훌륭한데! 아니, 그 여자가 뭐라고 말했다구? 정말 우리를 보호해 주겠다구? 하느님의 강복을 그 여자가 받기를! 아니, 그런데 그게 어떤 여자야?"

"멧비둘기 빛깔 옷을 입은 키가 크고 날씬한 여자야. 봐, 그 여자가 우릴 바라보고 있어…."

베드로는 균형잡히고 근엄한 얼굴에 부드러우면서도 거만한 눈을 가진 키가 큰 그 여자를 바라다본다.

"그런데…어떻게 해서 자네가 그 여자에게 말을 했나? 자네 혹시 …."

"아니야, 천만에."

"그렇지만 자네는 그 사람들과 접촉을 몹시 싫어했는데! 나도 그렇고, 모두가 그런 것처럼 말이야…."

"그랬어, 그렇지만 나는 선생님에 대한 사랑으로 그런 감정을 극복했네. 성전의 옛날 동료들과 절교하고자 하는 생각을 극복한 것처럼 말이야. …오! 모두 선생님을 위해서지! 자네들은 모두, 내 어머니도 그렇지만, 자네들은 물론, 내 어머니도 한결같이 위선을 생각하고 있지. 자네는 최근에 내 우정을 비난했지. 그러나 만일 내가 그 우정을, 그것도 많은 어려움을 무릅쓰고, 보존하지 않으면, 내가 그 많은 사정을 알지 못할 거야. 세상이 눈과 귀를 통해서 우리 안에 들어올까 봐 무서워서, 눈을 가리고 귀를 틀어막는 것은 좋지 않아. 우리 계획과 같은 계획을 가지고 있을 때에는 눈을 크게 뜨고 귀를 기울이도록 신경을 써야 하네. 선생님과 선생님의 이익을 위해서, 선생님의 사명과 그 축복 받는 나라의 건설을 위해서 신경을 써야 한단 말이야…."

많은 사도와 몇몇 제자가 가까이 와서 찬성한다는 머리짓을 해가며 듣는다. 사실 유다가 말을 잘못한다고 말할 수는 없기 때문이다.

정직하고 겸손한 베드로는 그것을 인정하고 이렇게 말한다. "자네 말이 정말 옳아! 내가 비난한 걸 용서하게. 자네는 나보다 낫고, 수완이 있네. 오! 가서 선생님과 선생님의 어머님과 자네 어머니께 이 말씀을 드리세! 자네 어머니는 몹시 걱정을 하고 계셨네."

"그건 입이 험한 사람들이 암시를 했기 때문이야. …그러나 지금 당장은 입을 다물고 있게. 나중에, 알겠나? 식사를 시작하려고 하네. 그리고 선생님이 우리에게 오라고 손짓을 하시네."

…저녁식사는 빨리 끝난다. 로마 여자들까지도 여자들의 식탁에 섞여 앉았고, 이래서 글라우디아는 폴피레아와 도르카 사이에 앉아 있게 되었는데, 주는 대로 말없이 받아 먹는다. 로마 여자들과 요안나와 막달라의 마리아 사이에는 미소와 눈짓으로 하는 수수께끼 같은 말들이 오간다. 그들은 방학을 맞은 국민학교 학생들 같다.

식사가 끝난 후, 예수께서는 의자들을 네모꼴로 배치하고 앉아서 당신 말씀을 들으라고 명령하신다. 그리고 한가운데 앉으셔서 주의를 기울이고 있는 얼굴들이 정사각형을 이루고 있는 가운데에서 말씀하기 시작하신다. 여기에 감긴 눈은 다만 엄마의 품에서 자고 있는 도르카의 아기의 죄없는 눈밖에 없고, 요안나의 무릎에 앉은 마리아와 요나타의 무릎에 쪼그리고 앉아 있는 마티아의 졸려서 감기려고 하는 눈밖에 없다.

"주님의 이름으로 여기 모였거나, 역시 모든 사람의 마음에 빛과 진리가 있기를 원하시는 하느님의 소원인 진리에 대한 소원에 끌려서 여기 온 남녀 제자들은 들으시오.

오늘 저녁 우리는 모두 함께 모여 있을 수 있게 되었습니다. 그런데 이것은 바로 우리가 흩어지기를 원하는 사람들의 악의로 우리에게 마련된 것입니다. 그런데 여러분은, 판단력이 한정되어 있는 여러분은 선생이 육체적으로는 여러분 가운데 있지 않고, 영으로 여러분 안에 있게 될 때에 있게 될 장래의 모임의 여명기(黎明期)인 이 참다운 모임이 얼마나 깊고 넓은지를 알지 못합니다. 그때에는 여러분이 사랑할 줄을 알 것입니다. 그때에는 여러분이 사랑을 실천할 줄 알 것입니다. 지금 당장은 여러분이 어린아이들과 같이 아직 품 안에 있습니다. 그러나 그때에는 여러분이 어떤 음식도 해를 입지 않고 맛볼 수 있는 어른같이 될 것입니다. 그때에는 여러분도 내가 지금 말하는 것과 같이 이렇게 말할 수 있을 것입니다. '여러분 모두 내게로 오시오. 우리는 모두 형제이고, 그분께서는 모든 사람을 위해 당신을 제물로 바치셨기 때문입니다' 하고.

이스라엘에는 너무나 편견이 많습니다! 그것들은 모두 사랑을 해치는 화살들입니다. 나는 충실한 여러분에게 솔직하게 말합니다. 그것은 여러분 가운데에는 배반자도 없고, 또한 갈라놓은 편견, 미래의 길을 가리켜 주는 내게 대한 이해부족과 고집과 증오로 변할 수 있는 편견이 가득 찬 사람도 없기 때문입니다. 나는 달리 말할 수가 없습니다. 그리고 말이 쓸 데 없다는 것을, 아니 거의 무익하다는 것을 내가 깨달았기 때문에 이제부터는 말을 덜 하겠습니다. 여러분은 완전하게 여러분을 거룩하게 하고 교양을 쌓을 만한 것을 들었습니다. 그러나 여러분은 별로 향상하지 못했습니다. 특히 내 형제인 남자 여러분이 더 그렇습니다. 그것은 내 말이 여러분의 마음에 들지만, 여러분은 그것을 실천에 옮기지 않기 때문입니다. 이제부터는 선생이 그가 떠나온 하늘로 돌아간 다음에 여러분이 해야 할 것을 하도록 점점 더 자주 시키겠습니다. 나는 미래의 사제가 어떤 것인지를 여러분이 목격하게 하겠습니다. 내 말보다는 내 행위를 더 살펴보고, 그것을 되풀이하고, 배우고, 가르침에 덧붙이시오. 그러면 여러분은 완전한 제자들이 될 것입니다.

선생은 오늘 무엇을 하고, 여러분에게는 무엇을 하고 실천하게 했습니까? 여러 가지 형태의 사랑입니다. 하느님께 대한 사랑. 말로 하는 의례적인 기도의 사랑뿐이 아니라, 주님 안에서 새롭게 하고, 세속의 정신과 이교의 이단들을 걷어치우는 활동적인 사랑입니다. 이교는 이교도들에게만 있지 않고, 이스라엘에도 하느님에게서 오는 모든 것이 그런 것과 같이 참되고, 거룩하고, 공개적이고, 단순한 종교에 대체된 수많은 풍속 속에 들어 있는 것입니다. 사람들에게서 칭찬을 듣기 위한 선행이나 겉으로 착하게 보이는 행동이 필요한 것이 아니라, 하느님의 칭찬을 들을 자격이 있는 거룩한 행동이 필요합니다. 세상에 태어난 사람은 죽는다는 것을 여러분도 압니다. 그러나 생명은 죽음과 더불어 끝나는 것이 아닙니다. 생명은 다른 형태로 영원히 계속되는데, 의로웠던 사람의 경우에는 상급을 받으면서 계속되고, 악했던 사람의 경우에는 벌을 받으면서 계속됩니다. 이 확실한 심판에 대한 생각이 우리를 마비시켜서는 안 되고, 오히려 자극과 억제가 되어야 합니다, 선행을 하라고 격려하는 자극과 나쁜 격정에서 벗어나게 하는 억제 말입니다.

그러므로 일생 동안에 항상 미래의 생활에서 하느님을 누릴 자격을 얻을 의향을 가지고 행동해서 정말 참 하느님의 친구가 되시오. 위대함을 좋아하는 여러분, 하느님의 아들이 되는, 따라서 신이 되는 위대함보다 더 큰 위대함이 어떤 것입니까? 고통을 두려워하는 여러분, 하늘에서 여러분을 기다리는 확실성보다 더이상 고통을 겪지 않으리라는 어떤 확실성이 있습니까? 거룩하게 되시오. 여러분은 이 세상에서부터 나라를 세우기를 원합니까? 여러분은 계략에 시달리고 있다고 느끼고, 그것을 이겨내지 못할까 봐 염려합니까? 여러분이 거룩하게 행동하면 성공할 것입니다. 왜냐하면 여러분을 지배하는 권력도 그의 군대를 가지고도 그것을 막지 못하겠기 때문입니다. 마치 내가 여기에 진리가 있다고 폭력을 쓰지 않고 로마 여자들을 설득한 것과 같이 여러분도 거룩한 가르침을 따르라고 군대를 설득할 것이니까 말입니다….”

"주님!…" 하고 로마 여자들이 발각된 것을 알고 외친다.

"그렇습니다, 부인들. 내 말을 듣고, 기억하시오. 나는 나를 따르는 이스라엘 사람들과 이스라엘 사람들은 아니지만 올바른 영혼을 가지고 있는 당신들에게 내 나라의 법률상의 제도를 말해 주려고 합니다.

반란이 있어서는 안 됩니다. 반란은 쓸모없습니다. 권력에 우리의 거룩함을 스며들게 해서 그것을 거룩하게 해야 합니다. 그것은 오래 걸리는 일이겠지만, 승리를 거둘 것입니다. 경솔하게 서두르지 않고, 인간적인 일탈없이, 무익한 반항없이, 순종이 영혼 자신에 해를 끼치지 않는 곳에서는 온유와 참을성으로 순종함으로써, 여러분은 지금 여러분을 이교도로 지배하는 권력을 여러분을 보호하는 그리스도적 권위를 만들게 될 것입니다. 여러분이 하느님께 대해서 신자로서의 의무를 하는 것과 같이 권력에 대해서도 신민으로서의 의무를 하시오. 어떠한 권력자도 여러분을 압제하는 자로 보지 말고, 여러분을 향상시키는 사람으로 보도록 노력하시오. 그것은 권력을 가진 사람이 모범과 용맹으로 그를 거룩하게 하고 여러분을 거룩하게 할 가능성을 여러분에게 주기 때문입니다.

여러분이 착한 신자가 되고, 훌륭한 신민이 되는 것과 마찬가지로, 거룩하고, 순결하고, 순종하고, 서로 사랑하고, 자녀들을 주님의 뜻에 맞게 기르도록 일치하고, 하인들과 노예들에게까지도 아버지답고, 어머니다운 사람이 되도록 힘쓰시오. 하인들과 노예들도 당신들과 같이 영혼과 육체와 감정과 애정을 가졌습니다. 만일 남편이나 아내가 죽게 되면, 할 수 있는 대로 재혼을 원하지 마시오. 그리고 고아들을 세상을 떠난 배우자 몫까지도 합쳐서 사랑하시오. 그리고 하인 여러분은 주인들에게 복종하시오. 만일 주인들이 불완전하면, 여러분의 모범으로 그들을 거룩하게 하시오. 여러분은 그로 인해서 주님의 눈에 큰 공로를 얻을 것입니다. 미래에는 내 이름으로 주인도 하인도 없고, 다만 형제들이 있을 것입니다. 종족이 없어지고 형제가 있을 것입니다. 압제당하는 사람들이 압제자들을 형제라는 이름으로 부르겠기 때문에, 앞으로는 서로 미워하는 압제자와 피압제자가 없을 것입니다.

내가 여러분에게 오늘 하게 한 것과 같이, 서로 도와줌으로써 오직 한 믿음으로 서로 사랑하시오. 그러나 도움을 주는 것은 여러분과 같은 종족의 가난한 사람이나 길손, 또는 여러분의 병자들에게만 한정하지 않고, 자비가 여러분에게 팔을 벌린 것과 같이 여러분도 모든 사람에게 팔을 벌리시오.

더 많이 가진 사람은 아무것도 가지지 못했거나, 가진 것이 거의 없는 사람에게 주시오. 더 많이 아는 사람은 아무것도 알지 못하거나 아는 것이 별로 없는 사람을 가르치시오. 그리고 내가 그를 가르치기 전에 사실은 자기도 아무것도 알지 못했었다는 것을 기억하고, 인내와 겸손으로 가르치시오. 지혜를 찾으시오. 그러나 여러분을 남의 눈에 띄게 하라고 지혜를 찾지 말고, 여러분이 주님의 길로 전진하는 것을 도우라고 찾으시오. 결혼한 여자들은 동정녀들을 사랑하고, 동정녀들은 결혼한 여자들을 사랑하시오. 이들 모두는 과부들을 애정으로 감싸 주시오. 여러분은 모두 주님의 나라에서 유익한 존재들입니다.

가난한 사람들은 샘을 내지 말고, 부자들은 그들의 재산을 자랑하고 냉혹한 마음을 가짐으로써 미워하는 마음을 일으키게 하지 마시오.

고아들과 병자들과 집없는 사람들을 돌보시오. 여러분의 돈주머니와 집을 열어 주기 전에, 그들에게 여러분의 마음의 문을 열어 주시오. 여러분이 무엇을 준다 하더라도 마지못해 주면, 그것은 어떤 불행한 사람 안에도 계신 하느님께 공경을 드리는 것이 아니라, 모욕을 드리는 것이기 때문입니다.

나 정말 진정으로 여러분에게 말합니다만, 주님을 섬기는 것은 어려운 일이 아닙니다. 사랑하면 되는 것입니다. 참 하느님을 사랑하고, 이웃이 어떤 사람이든 이웃을 사랑하면 되는 것입니다.

여러분이 어떤 상처나 열병을 치료하든, 내가 거기에 있겠습니다.

여러분이 어떤 불행을 덜어 주건, 거기에 내가 있겠습니다. 그리고 나 대신 이웃에게 무엇이든지 하면, 잘하는 것이면, 내게 잘하는 것이 될 것이고, 잘못하는 것이면, 내게 잘못하는 것이 될 것입니다. 나를 괴롭히기를 원합니까? 이웃에 대해서 착하게 굴지 않는 것만으로 평화의 나라와 여러분이 신이 되는 것을 잃고자 합니까?

 이제 다시는 우리가 이렇게 모이지 못할 것입니다. 다른 과월절들이 올 것입니다. …그런데 우리는 여러 가지 이유로 인해서 같이 있지 못할 것입니다. 첫번째 과월절은 부분적으로는 거룩하고 부분적으로는 지나친 — 지나친 것은 무엇이든지 틀린 것이니까 — 조심성 때문에 우리가 헤어져 있어야 할 것입니다. 다른 여러번의 과월절은 또 내가 여러분과 같이 있지 않겠기 때문입니다. …그러나 이 날을 기억하시오. 내가 여러분에게 하게 한 일을 미래에는 다만 과월절에 즈음해서뿐 아니라, 어떠한 기회에도 하시오.

 쉽게 내 사람이 되었다고 자만하지 마시오. 내 사람이 된다는 것은 빛과 진리 안에 산다는 뜻입니다. 그러나 또한 투쟁과 박해의 빵을 먹는다는 뜻이기도 합니다. 그러므로 여러분의 사랑이 강하면 강할수록 여러분이 싸움과 박해 중에서도 더 강할 것입니다.

 나를 믿으시오. 실제의 나, 즉 구세주 예수 그리스도를 믿으시오. 내 나라는 이 세상의 것이 아니고, 내가 온 것은 착한 사람들에게는 평화를 뜻하고, 나를 차지하는 것은 하느님을 알고 차지하는 것을 뜻합니다. 정말이지 그 자신 안에 나를 가지고 있고, 또 그 자신이 나 안에 있는 사람은 하느님 안에 있고, 또 하느님을 그의 영 안에 모시고 있고, 이 다음에는 하늘나라에서 하느님을 영원히 모시고 있겠기 때문입니다.

 밤이 되었습니다. 내일은 과월절전 금요일입니다. 가서, 몸을 깨끗이 하고, 묵상을 하고, 과월절을 거룩하게 지내시오.

 다른 민족에 속했지만 올바른 정신을 가진 여인들도 가시오. 여러분을 고무하는 착한 뜻이 여러분에게 빛에 오는 길이 되기를 바랍니다. 나 자신이 가난한 것과 같이 가난한 사람들을 대신해서 여러분의 너그러운 기부금으로 인하여 여러분에게 축복하고, 세상에 평화와 사랑을 가져다 주려고 온 사람에 대한 여러분의 호의 때문에 여러분에게 축복합니다. 가시오! 그리고 요안나, 너와 이제는 계략을 두려워하지 않게 된 사람들도 가도록 하여라."

로마 여자들이 떠나자 모여 있는 사람들 가운데 몹시 놀라서 속삭이는 소리가 사방에서 들려온다. 플라비아는 예수께서 말씀하시는 동안, 그 말씀을 밀랍에 입힌 서판(書板)에 썼었다. 그 서판들을 주머니에 챙겨 넣고, 로마 여자들은 집단적으로 인사를 하고 떠나간다. 에글라는 막달라의 마리아 곁에 남아 있기 때문에 이제는 여섯 명뿐이다. 요안나와 요나타와 요안나의 하인들은 잠든 아이들을 안고 간다. 그런데 사람들이 어떻게나 놀랐던지 저들밖에는 움직이는 사람이 아무도 없다. 그러나 대문닫히는 소리로 로마 여자들이 나갔다는 것이 알려지자 속삭이던 소리 대신 외치는 소리가 일어난다.

"아니 그 여자들은 누굽니까?"

"어떻게 그 여자들이 우리 가운데 와 있었습니까?"

"그 여자들이 무슨 일을 했습니까?"

그리고 모든 사람을 제치고 유다가 외친다. "주님, 그 여자들이 제게 많은 기부금을 준 것을 어떻게 아셨습니까?"

예수께서는 손짓으로 웅성대는 소리를 가라앉히시고 말씀하신다. "그 여자들은 글라우디아와 동료 귀부인들이다. 그런데 이스라엘의 다른 귀부인들은 남편들의 분노를 두려워하거나, 남편들과 같은 생각과 같은 감정을 가지고 있어서 감히 나를 따라오지 못하는데, 우리가 업신여기는 이교도 여자들은 거룩한 꾀를 써서 가르침을 배우려고 올 줄을 안다. 이 가르침이 지금 당장은 인간적인 감정으로 받아들여지지만, 그래도 그들을 향상시키는 데 소용된다. …그리고 노예였지만 유다 종족인 이 소녀는 그에게 자유를 돌려 주고 그를 그리스도의 믿음에 바침으로써 글라우디아가 그리스도의 양떼에 바친 꽃이다. 내가 기부금에 대해서 아는 것으로 말하면, …오! 유다야! 너만 빼놓고는 모든 사람이 그 질문을 내게 할 수 있을 것이다! 내가 사람들의 마음 속을 들여다본다는 것을 너는 알고 있다."

"그러면 제가 가서 장본인들에게…말을 하게 해서 알아낸 계략에 대해서 제가 말했을 때에 제가 진실을 말했다는 걸 아셨지요?"

"사실이다."

"그러면 제 어머니가 그 말을 듣게 아주 크게 말씀하세요. …어머니, 저는 아들이지 악당이 아닙니다. …어머니, 화해하십시다. 우리 서로 이해하고, 서로 사랑하며, 일치해서 우리 예수님께 봉사합시다."

그리고 유다는 겸손하고 다정스럽게 어머니에게 가서 껴안는다. 그러니까 어머니는 이렇게 말한다. "오냐, 내 아들아! 오냐, 내 아들아! 좋다! 좋아! 오 내 아들아, 항상 착하거라! 너를 위해서, 주님을 위해서! 가엾은 네 어미를 위해서!"

그러는 동안 방안에서는 여러 사람이 흥분하여 이러쿵저러쿵 말을 하며, 로마 여자들을 받아들인 것은 무모한 짓이었다고 언명하며, 그것을 예수께 비난한다.

유다가 듣고 선생님을 변호하려고 어머니를 떠난다. 그는 그와 글라우디아가 말한 것을 이야기하고, 끝으로 이렇게 말한다. "그것은 무시할 만한 도움이 아닐세. 또 전에 그 여자를 우리 가운데 받아들이지 않았는데도, 우리는 박해를 피할 수가 없었네. 그 여자 하는 대로 내버려두세. 그리고 이 말을 아무한테나 하지 않는 것이 낫다는 것을 기억들하게. 이교도들의 친구가 된다는 것이 선생님께 위험한 일이면, 우리에게도 마찬가지로 위험하다는 것을 생각하게. 요컨대 최고회의가 하느님의 기름부음을 받은 분에 손을 대는 데 대한 두려움이 좀 남아 있어서 예수께 대한 두려움으로 제시되어 있지만, 보잘 것 없는 평범한 사람들인 우리는 개처럼 죽여도 가책을 별로 느끼지 않을 걸세. 그렇게 분개한 얼굴을 하는 대신에, 조금 전에 자네들은 모두 겁에 질린 참새들 같았다는 것을 기억하고, 주님이 뜻밖의 방법으로 우리를 도와주신 것을 찬미하게. 그것이 불법적인 방법이라고 생각하겠으면 생각하게만, 메시아의 왕국을 세우는 데는 대단히 강력한 방법일세. 만일 로마가 우리를 보호하면, 우리는 무엇이든지 할 수 있네! 오! 나는 이제는 아무것도 두렵지 않네! 오늘이라는 날은 중요한 날일세! 다른 모든 일보다도 이 일 때문에…아! 선생님이 우두머리가 되실 때에는! 얼마나 부드럽고, 강하고, 축복받은 권력이겠습니까! 어떤 평화! 어떤 정의겠습니까! 의로우신 분의 강하고 관대한 왕국! 그리고 세상은 천천히 선생님께로 오고!… 예언들은 실현되고! 군중들과 나라들과…세계가 선생님 발 아래 엎드리고! 오! 선생님! 제 선생님! 선생님은 왕이시고, 저희들은 대신이고…땅에는 평화, 하늘에는 영광…나자렛의 예수 그리스도, 다윗 가문의 왕, 구세주 메시아, 선생님께 인사드리고 선생님을 숭배합니다!" 그러면서 황홀경에 빠진 것 같은 유다는 끝으로 이렇게 말하면서 땅에 엎드린다. "땅과 하늘과 지옥에까지도 선생님의 이름이 알려지고, 선생님의 권력은 무한합니다. 오 어린 양이시며 사자이시고, 사제이시고, 왕이시며, 거룩하시고, 거룩하시고, 거룩하신 선생님께 어떤 힘이 대항할 수 있습니까?" 그리고 깜짝 놀라서 말이 없는 큰 방에서 땅에 닿도록 몸을 구부린 채로 있다.

62. 과월절 전 금요일. 제1부, 아침

　오늘 밤에는 공동침실로 변한 라자로의 저택에는 여기저기에 자는 사람들이 보인다. 여자들은 보이지 않는다. 아마 여자들은 윗층에 있는 방들로 데려간 모양이다. 밝아오는 새벽이 천천히 도시를 환하게 하고, 저택의 마당으로 스며들고, 마당에 그늘을 드리우는 나뭇잎들 속에 조심스런 첫번째 지저귐을 깨우고, 박공(樽栱)을 속에서 자고 있는 비둘기들의 첫번째 구구 하고 우는 소리를 깨운다. 그러나 사람들은 일어나지 않는다. 피로한데다가 음식을 잔뜩 먹고 몹시 흥분했기 때문에 잠을 자고 꿈을 꾼다….
　예수께서는 소리없이 현관으로 나오셔서, 거기서 안뜰로 내려오신다. 그리고 미르타*를 정사각형으로 심은 한가운데에서 졸졸 소리를 내는 샘물에 세수를 하신다. 그 나무들 밑에는 작은 백합꽃들이 있는데, 프랑스 은방울꽃이라고 부르는 꽃과 매우 비슷하다. 예수께서는 매무새를 가다듬으시고, 역시 소리없이 윗층과 집위에 있는 옥상으로 가는 층계 쪽으로 가신다. 그리고 기도를 하고 묵상을 하시려고 위로 올라가신다.
　천천히 왔다갔다 하시는데, 예수를 보는 것은 비둘기들밖에 없다. 비둘기들은 목을 내밀고 고개를 갸웃거리며 서로 "누구지?" 하고 묻는 것 같다. 그런 다음 예수께서는 낮은 담장에 기대시고, 정신을 가다듬고 움직이지 않고 계신다. 마침내 머리를 쳐드시는데, 아마 첫번째 햇살이 갑자기 비추는 바람에 그러시는가 보다. 해는 베다니아와 요르단강 계곡을 가리는 야산들 뒤로 떠오른다. 예수께서 발 아래 펼쳐지는 파노라마를 내려다보신다.
　라자로의 저택은 분명히, 예루살렘의 거리, 특히 가장 덜 아름다운

---
* 역주 : 지중해 연안에서 자라는 상록수의 한 가지.

거리들을 오르막길과 내리막길의 연속이 되게 하는 수많은 언덕 중의 하나 위에 위치해 있다. 거의 시내의 한복판에 있으나, 약간 서남쪽으로 기울어져 있다.

그 저택은 시스타개울로 통하여, 개울과 T자 모양을 이루는 아름다운 길 위에 위치해 있고, 시내의 낮은 쪽을 내려다본다. 앞쪽에는 베제타와 모리아산과 오펠이 있고, 그 뒤로는 올리브산이 있는 산맥이 있다. 뒷쪽은 벌써 저택이 서 있는 곳에 속하는데, 시온산이 솟아 있고, 양옆으로는 눈길이 남쪽에 있는 야산들에게까지 미치는데, 북쪽으로는 베제타가 파노라마의 대부분을 가린다. 그러나 기혼 개울의 계곡을 넘어서는 골고타 언덕의 민둥민둥한 꼭대기가 새벽의 장미빛 빛 속에 누르스름하게 나타난다. 골고타 언덕은 이 명랑한 빛 속에서 여전히 음산하다.

예수께서는 골고타 언덕을 바라다보신다. …예수의 눈길은 비록 더 어른스럽고 더 생각에 잠긴 것 같지만, 박사들과의 토론때, 즉 열두 살 때 예수를 보여준 오래 된 환시의 눈길을 회상시킨다. 그러나 지금도 그때와 같이 겁에 질린 눈길이 아니다. 그렇지 않다. 그것은 그의 마지막 전쟁터를 바라다보는 용사의 의젓한 눈길이다.

그런 다음 몸을 돌려 시내 남쪽에 있는 언덕들을 바라다보시며 말씀하신다. "가야파의 집!" 그리고 눈길로 그곳에서부터 게쎄마니, 그리고 성전에 이르는 노정(路程)을 쭉 더듬으신 다음, 다시 시의 테두리너머에 있는 갈바리아산 쪽을 바라다보신다. …그동안 해가 떠서 시내가 완전히 환해졌다.

문득 저택의 대문을 계속 힘차게 두드리는 소리가 들린다. 예수께서 보시려고 몸을 구부리신다. 그러나 박공이 쑥 튀어나와 있고, 대문은 두꺼운 담 안으로 쑥 들어와 있어서, 누가 문을 두드리는지 보실 수가 없다. 그대신 레위가 열었던 대문을 요란스럽게 닫는 동안 잠자던 사람들이 깨서 외치는 소리를 들으신다. 그런 다음 여러 남녀의 목소리가 당신의 이름을 말하는 것을 들으신다. …예수께서 서둘러 내려오셔서 그들에게 말씀하신다. "내가 여기 있다. 무슨 일이냐?"

예수를 부르던 사람들은 예수의 목소리를 듣자마자 층계로 달려 와서 외치면서 뛰어 올라온다. 그것은 사도들과 이전 제자들인데, 그 가운데에는 게쎄마니에서 살고 있는 요나가 있다. 그들은 모두 동시에 말한다. 그래서 아무 말도 알아들을 수가 없다.

예수께서는 그들을 진정시키기 위하여 멈추어 서고 입을 다물라고 단호하게 명하셔야 한다. 그리고 그들 있는 데로 가셔서 즉시 말씀하신다. "무슨 일이 일어났느냐?"

흥분으로 인하여 또 한바탕 야단법석이 벌어지는데, 알아들을 수가 없기 때문에 아무 소용도 없는 소란이다. 소리를 지르는 사람들 뒤에는 여자들과 제자들의 침울하거나 놀란 얼굴들이 나타난다.

"한 번에 한 사람만 말해라. 베드로, 너부터 시작해라."

"요나가 와서…그들이 굉장히 많이 와서 선생님을 사방으로 찾았다고 말했습니다. 이 사람들은 밤새껏 잠을 제대로 자지 못하고, 성문이 열리자마자 요안나의 집에 가서, 선생님이 여기 계시다는 걸 알았답니다. 그런데 어떻게 합니까? 과월절은 그래도 지내야 할 텐데요!"

게쎄마니의 요나는 소식을 과장해서 말한다. "예, 그 사람들이 저를 혹독하게 다루기도 했습니다. 저는 선생님이 어디 계신지 모른다고, 어쩌면 돌아오지 않으실지도 모른다고 말했습니다. 그러나 그들은 여러분의 옷을 보고, 여러분이 게쎄마니에 돌아오셨으리라고 생각했습니다. 선생님, 저를 해롭게 하지 마십시오! 저는 선생님을 항상 사랑으로 모셨고, 지난 밤에는 선생님 때문에 고통을 겪었습니다. 그러나…그러나…"

"무서워하지 말게! 이제부터는 자네가 위험을 당하게 하지 않겠네. 자네 집에 다시는 머무르지 않겠네. 그저 지나는 길에 밤에 기도하러나 들르겠네. …자네가 내게 그것을 금할 수는 없지…." 예수께서는 몹시 겁에 질린 게쎄마니의 요나에 대하여 매우 친절하시다.

그러나 막달라의 마리아의 또랑또랑한 목소리가 격렬하게 예수의 말씀을 가로막는다. "이 사람아, 자넨 하인이네. 우리가 관대하기 때문에 자네가 주인 행세를 할 수 있게 됐다는 걸 언제부터 잊었나? 올리브 밭의 집이 누구의 것인가? '저희 재산에 해를 끼치러 오지 마십시오' 하고 선생님께 말씀드릴 수 있는 건 우리뿐이야. 그러나 우리는 그 말씀을 하지 않네. 그것은 선생님을 찾기 위해서 그들이 나무와 담을 망가뜨리고, 박공을 내려앉게 하기까지 하는 일이 있으면 대단히 이익이 되는 일이겠기 때문이야. 모든 것이 파괴되는 것이 사랑을 늘 받아들였기 때문일 것이고, 사랑은 당신의 충실한 벗들인 우리에게 당신 사랑을 주시겠기 때문이야. 아니 그자들이 오라고 그래! 때려 부수라고 해! 짓밟으라고 해! 그게 무슨 상관이야? 선생님께서 우리를 사랑하시고, 선생님께서 무사하시기만 하면 되는 거야!"

요나는 원수들에 대한 공포와 분격한 여주인에 대한 공포 사이에 끼여 어쩔 줄을 모르고 중얼거린다. "그런데 그들이 제 아들을 해치면 어쩝니까?…"

예수께서 그의 용기를 돋우어 주신다. "걱정하지 말라니까. 나는 이제 그곳에 머무르지 않겠네. 묻는 사람들에게 선생님이 이제는 게쎄마니에서 살지 않는다고 말해도 되네. …아니다, 마리아야! 그렇게 하는 것이 좋다. 그러니까 나 하는 대로 가만 놔두어라! 네 너그러움은 고맙다. …그러나 내 때가 아니다. 아직 내 때가 되지 않았다! 내가 생각하기에는 바리사이파 사람들이 있었을 것 같은데…."

"그리고 최고회의 사람들과 헤로데 당원들과 사두가이파 사람들과 …헤로데의 군사들과…모두…모두요. …저는 무서워서 떨지 않을 수가 없었습니다. …그렇지만 주님, 아시겠지요? 선생님께 그걸 알려드리려고 달려 왔습니다. …요안나의 집으로…그리고 이리로…." 그 사람은 그의 안전에 대한 위험을 무릅쓰고 선생님께 대한 그의 의무를 다했다는 것을 돋보이게 하고 싶어한다.

예수께서는 동정이 넘치는 친절로 미소지으시면서 말씀하신다. "알겠네! 알겠어! 거기 대해서 하느님께서 자네에게 갚아 주시기 바라네. 배낭들을 어디로 보내라고 사람을 보내서 이르거나, 그것을 가져올 사람을 직접 보내거나 하겠네."

그 사람은 떠나간다. 그리고 예수와 지극히 거룩하신 성모 마리아만 빼놓고는 아무도 비난과 조소를 아끼지 않는다. 베드로의 비난은 신랄하고, 가리옷 사람의 비난은 대단히 노골적이고, 바르톨로메오의 비난은 비꼬는 투이다. 유다 타대오는 말은 하지 않는다. 그러나 몹시 불쾌한 눈길을 그에게 보낸다! 불평의 소리와 비난의 눈초리가 여자들이 줄지어 서 있는 데서까지도 그 사람을 쫓아간다. 그리고 끝으로 막달라의 마리아의 로켓탄이 발사된다. 마리아는 하인 농부가 몸을 굽혀 인사하는데, 이렇게 대답한다. "나는 오빠에게 연회에 쓸 아주 살찐 닭을

겟쎄마니의 소유지에 가서 마련하라고…이르겠네."

"저는 닭을 기르지 않는데요, 아씨."

"자네와 마르코와 마리아, 훌륭한 닭 세 마릴세."

모두가 라자로의 마리아의 친절하지 않고…뜻있는 이 무례한 말을 듣고 웃기 시작한다. 마리아는 그에게 딸린 사람들이 겁에 질린 것을 보고, 겟쎄마니의 아늑한 거처를 포기하실 수밖에 없게 된 선생님의 부자유를 보고 화가 몹시 났다.

"마리아야, 화내지 말아라! 조용히! 조용히! 모두가 네 마음 같지 않다!"

"오! 불행히도 그렇습니다! 선생님, 모두가 제 마음 같았으면 좋겠습니다! 창이나 저를 겨냥해서 쏜 화살로 저를 선생님에게서 갈라놓지는 못할 것입니다!"

남자들 가운데에서 중얼거리는 소리가 들린다. …마리아가 그것을 알아차리고 격렬하게 말한다. "그래요. 두고 보세요! 그리고 그것이 여러분에게 용기를 가르치는 데 소용이 될 수 있으면, 그 일이 오래지 않아 있었으면 좋겠어요. 제 선생님께 봉사할 수만 있으면, 저는 아무것도 무섭지 않을 거예요! 봉사하는 것! 그래요! 봉사하는 거요! 그런데, 오빠들, 위험할 때에야말로 봉사하는 거예요! 다른 때에는… 오! 다른 때에는 섬기는 게 아닙니다! 즐기는 거예요! …그런데 메시아를 따라야 하는 건 즐거움 때문이 아니예요!"

남자들은 이 사실로 마음이 언짢아져서 고개를 숙인다.

마리아는 사람들이 늘어 서 있는 곳을 건너질러 예수 앞으로 와서 말한다. "선생님, 어떻게 결정하시겠습니까? 오늘은 과월절전 금요일입니다. 선생님께서 어디서 과월절을 지내시겠습니까? 명령하십시오. …그리고 제가 선생님의 마음에 들었으면, 제 만찬실 중의 하나를 선생님께 드리고, 모든 것을 생각하도록 허락해 주십시오…."

"너는 하늘에 계신 아버지의 마음에 들었다. 그러니까 아버지의 아들의 마음에도 들었다. 아들에게는 아버지의 감정의 움직임은 어떤 것이든지 거룩하다. 그러나 만찬실은 받아들이더라도, 훌륭한 이스라엘 사람으로서 어린 양을 바치러 성전에는 가게 해다오…."

"그랬다가 그들이 선생님을 붙잡으면 어떡합니까?"

"나를 붙잡지 못할 것이다. 밤에, 어두울 때에는 악당들처럼 감히 그렇게 할 수 있다. 그러나 나를 공경하는 군중들 가운데에서는 그렇게 못한다. 겁쟁이들이 되지 말아라."

"오! 그리고 지금은 글라우디아가 있단 말이야!" 하고 유다가 외친다. "왕과 왕국이 위험을 당하고 있지 않단 말이야…."

"유다야, 제발! 왕과 왕국이 네 안에서 무너져 내리게 하지 말아라! 네 안에 그들에 대한 함정을 파놓지 말아라. 내 나라는 이 세상의 것이 아니다. 나는 옥좌에 앉아 있는 왕들과 같은 왕이 아니다. 내 나라는 영적인 것이다. 만일 네가 내 나라를 인간적인 나라와 같이 초라한 꼴이 되도록 끌어내리면, 그 나라에 대해서 네가 함정을 파 놓는 것이 되고, 네 안에서 그 나라가 무너지게 하는 것이다."

"그렇지만 글라우디아는!…"

"글라우디아는 이교도 여자이다. 그러므로 그 여자는 영의 가치를 알지 못한다. 그 여자의 생각에 현자인 사람을 보고 지지하는 것만도 대단한 것이다. …이스라엘에서는 나를 현자로 보는 사람조차도 많지 않다! …그러나 이 사람아, 너는 이교도가 아니다! 네가 글라우디아를 우연히 만난 것이 네게 손해가 되지 않게 하여라. 마찬가지로, 네 믿음과 주님을 섬기겠다는 네 의지를 굳게 하기로 되어 있는 하느님의 선물이 네게 영적인 불행이 되지 않도록 처신해서도 안 된다."

"주님, 어떻게 그렇게 될 수가 있습니까?"

"쉽게 될 수 있다. 만일 사람의 약함을 돕기 위해서 준 은혜가 그를 강하게 하고, 초자연적인 선이나 그저 윤리적인 선만이라도 점점 더 원하게 하는 대신에, 인간적인 욕망의 무게로 그를 둔하게 하고, 그를 올바른 길에서 멀어지게 하고, 그를 내려가게 하는 길로 인도하는 데 소용되면, 그때에는 은혜가 손해를 입히게 된다. 교만이 은혜가 손해를 입히는 것이 되게 하기에 충분하다. 너희를 흥분시키고, 너희로 하여금 최후의 훌륭한 목적을 잊어버리게 하는 일로 인히여 길을 잃게 되는 것만으로도 은혜가 손해를 입히는 것이 되기에 충분하다. 확신을 가지게 되었느냐? 글라우디아가 온 것은 다만 네게 고찰하는 힘만을 주어야 한다. 그 고찰이란 이런 것이다. 한 이교도 여인이 내 가르침의 위대함과 내 가르침의 승리가 필요함을 깨달았으니, 너는, 그리고 너와 함께 모든 제자는 이 모든 것을 더 힘있게 깨달아야 하고, 따라서 거기에 온전히 몸바쳐야 한다는 것이다. …항상… 그럼 이제는 결정을 하자. 어디서 과월절 음식을 먹는 것이 좋으리라고 생각하느냐? 나는 이 의식적(儀式的)인 만찬에 너희 정신이 평온한 가운데 있어서, 소란한 가운데에서 들을 수 없는 하느님의 말씀을 듣기를 원한다. 우리는 수효가 많다. 그러나 우리가 모두 함께 있어서, 너희들이 '우리는 선생님과 함께 과월절 음식을 먹었다'고 말할 수 있게 해주면 기쁘겠다. 그러니 의례적인 규칙에 따라 각 집단이 그 자신의 어린 양을 다 먹을 만큼 충분한 집단을 이루도록 갈라지면서도, '우리는 함께 모여 있었고, 그래서 각자가 다른 형제의 말을 들을 수가 있었다'고 말 할 수 있게 될 장소를 골라라."

이런 곳, 저런 곳이 이름이 나왔다. 그러나 라자로의 누이동생들이 이겼다. "오! 주님! 여기서요! 저희 오빠를 데려오라고 사람을 보내겠습니다. 여기서 해요! 큰 방과 작은 방들이 많이 있습니다. 우리는 관례에 따라 같이 있을 것입니다. 주님, 승낙하십시오! 이 저택에는 20명씩의 집단으로 나눈 200명을 수용할 수 있는 방들이 있습니다. 그런데 우리는 그렇게 많지도 않습니다. 저희들에게 이 기쁨을 주십시오. 주님! 너무도 침울하고… 너무도 병이 중해서…." 그리고 두 자매는 울면서 말을 마친다. "…또 다른 과월절을 지낼 것으로는 생각할 수 없는 오빠를 위해서요…."

"너희들은 어떻게 생각하느냐? 이렇게도 착한 자매의 청을 들어주어야 한다고 생각하느냐?" 하고 예수께서 모든 사람을 향하여 말씀하신다.

"제 생각에는 좋을 것 같습니다" 하고 베드로가 말한다.

"저두요" 하고 가리옷 사람과 동시에 많은 다른 사람이 말한다. 아무 말도 하지 않는 사람들은 동의하는 것이다.

"그러면, 너희가 이 일을 맡아라. 그리고 우리는 지극히 높으신 분께 순종한다고 확신하는 사람은 무서워하지 않고 비겁하지 않다는 것을 보이기 위하여 성전으로 가자. 가자! 그리고 남아 있는 사람들에게는 내 평화가 있기를." 예수께서는 층계를 마저 내려오셔서, 현관을 건너질러 제자들과 함께 사람이 꽉 차 있는 거리로 나오신다.

63. 과월절전 금요일. 제2부, 성전에서

예수께서 성전으로 들어가신다. 그런데 예수께서 첫걸음을 들여놓으시자마자 나자렛 선생에 대한 사람들의 감정이 어떤지를 쉽게 알 수 있다. 악의를 품은 눈길, 성전의 경비원들에게 내린 "교란자"(攪亂者)를 감시하라는 명령, 모든 사람이 보고 들으라고 공공연하게 내린 명령, 예수와 함께 있는 사람들에 대한 멸시하는 말, 제자들과 일부러 충돌하는 것 따위…요컨대 증오가 어떻게나 심한지 호화로운 바리사이파 사람들과 율법학자들과 박사들이 짐꾼이나 그보다 더 못한 사람의 자세와 태도를 취할 정도이다. 그들은 증오로 인하여 하도 눈이 어두워서, 그렇게 함으로써 자기 자신들의 품위가 더없이 떨어진다는 것을 생각하지 못한다.

예수께서는 그런 태도가 당신과는 상관도 없는 듯이 침착하게 지나가신다! 예수께서는 성전에서의 지위나 그 권위로 히브리 사회의 "어른"인 인물을 보시면 이내 먼저 인사를 하신다. 그리고 어떤 사람이 예수께서 그에게 하는 공손한 인사를 받지 않더라도, 예수께서는 그렇다고 당신 태도를 바꾸지 않으신다. 물론 예수의 얼굴은 그 교만한 사람들 중의 한 사람에게서 대단히 많은 저 보잘 것 없는 사람들 중의 한 사람이나 여러 사람에게로 옮겨갈 때에는 ─ 어제 예수께서 모으셨던 거지들과 불쌍한 병자들이 많은데, 그들은 생각할 수도 없는 행운을 얻어, 어쩌면 여러 해 전부터 하지 못했던 것 같은 과월절을 지내게 되어, 자발적으로 작은 집단이나 작은 동행으로 모여서, 제물로 바칠 어린 양을 사러 가고, 버림받은 사람이었던 그들이 옷과 힘이 다른 사람들과 동등하게 된 것을 기뻐한다 ─ 그때에 예수의 얼굴이 매우 다정스러운 미소로 환해진다. 그리고 걸음을 멈추시고, 그들의 말과 그들의 놀란 이야기와 그들의 축복을 들으신다. …늙은이, 어린이, 과부, 어제는 불구이다가 오늘은 나은 사람, 어제는 비참하고, 찢어진 옷을 입고,

굶주리고, 버림 받은 사람이었는데, 오늘은 옷을 잘 입고, 누룩없는 빵을 먹는 명절 때에 다른 사람들이 하는 대로 할 수 있는 것을 기뻐하는 사람들이다!

어린이들의 맑은 목소리에서 늙은이들의 떨리는 목소리에 이르기까지 매우 다양한 목소리, 그리고 양 극단 사이에 있는 여자들의 목소리가 예수께 인사를 하고 따라온다. 옷과 손에 입맞춤이 비오듯 쏟아진다. 예수께서는 미소를 지으시고 강복하시는데, 원수들은 예수께서 평화로 얼굴이 빛나는 만큼이나 원통함으로 인하여 얼굴이 납빛이 되어서, 무력한 분노로 괴로워한다….

나는 사람들이 말하는 것을 단편적으로 들을 수 있다.

"자네 말은 옳아. 하지만 만일 우리가 행동으로 옮기면 저들이(그러면서 한 바리사이파 사람이 예수를 둘러싸고 있는 군중을 가리킨다) 우리를 부수고 말 걸세."

…"생각 좀 해보시오!" 하고 아마 어제는 불구자이고 거지였던 사람이 말한다. "저분이 우리를 모아서 배불리 먹여 주고, 옷을 입혀 주고, 병을 고쳐 주고, 그리고 많은 사람이 돈많은 제자들을 통해서 일자리와 도움을 얻었습니다. 그러나 이 모두가 저분 때문에 온 것입니다. 하느님께서 저분을 항상 지켜 주시기를!"

…"그렇고 말고! 저 모반자는 저렇게 해서 서민들을 매수해서 우리를 향해 돌격시키려고 한단 말이야!" 하고 한 율법학자가 동료에게 말하면서 입 속으로 중얼거린다.

"저분의 여자 제자 중의 한 사람이 내 이름을 묻고, 과월절이 지난 다음 자기 집으로 오라고 그랬어요. 그 여자가 나를 베델에 있는 자기 소유지로 데려가겠답니다. 아시겠어요, 부인? 내 아이들과 나를 말입니다. 나는 일을 하게 됐어요. 그렇지만 보호를 받고 안전한 일은 무엇입니까? 그것은 기쁨입니다! 그리고 내 아들 레위도 농사로 기진맥진하지 않게 됐어요. 우리를 쓰기로 한 여자 제자가 이 애에게 장미밭 일을 시키겠다니까요. …그건 노는 거나 같은 거지요. 뭐! 아! 영원하신 분께서 당신 메시아에게 영광과 행복을 주시기를!" 사론평야의 과부가 그에게 물어보는 유복한 이스라엘 여자에게 이렇게 말한다.

"오! 그럼 나는 할 수 없겠어요? …저분이 어제 모았던 당신들이 이제는 모두 일자리를 얻었나요?" 하고 부자 이스라엘 여자가 묻는다.

"아닙니다, 부인. 아이를 데리고 있는 다른 과부들이 아직 있고, 남자들도 있어요."

"나도 저분을 돕는 은혜를 베풀어 주십사고 저분에게 말하고 싶은데요."

"선생님을 부르세요!"

"그럴 용기가 나지 않아요."

"애야 레위야! 네가 가서 선생님께 말씀드리기를 원하는 아주머니가 있다고 그래라."

어린아이는 빨리 가서 예수께 그 일을 보고한다.

그때에 요르단강 저편에서 온 한 군중 가운데에서 거드름을 피우며, 갈릴래아 선생님을 칭찬하는 한 노인을 사두가이파 사람이 거칠게 다룬다.

노인은 이렇게 말하며 자신을 변호한다. "내가 잘못 한 게 뭐요? 내가 당신을 칭찬하기를 바랐소? 당신도 저분이 하시는 것처럼 하기만 하면 될 거요. 그러나 당신은, 하느님께서 당신을 용서하시기를 바라오만, 백발 노인들과 불행한 사람들에게 멸시를 주지, 사랑은 주지 않소. 가난한 사람들을 불쌍히 여겨서 신명기를 지키는 일을 하지 않는 거짓 이스라엘 사람."

"여러분, 저 말 들었소? 선동자의 가르침의 결과가 이런 것입니다! 저자는 천민들에게 이스라엘의 성자들을 모욕하라고 가르칩니다."

성전의 한 사제가 그에게 대답한다. "이렇게 되는 것은 우리의 잘못입니다. 우리는 위협하는 데 그치고, 그것을 행동으로 옮기지는 않거든요!"

…그러는 동안, 예수께서는 이스라엘 여인에게 말씀하신다. "만일 당신이 참으로 고아들의 어머니와 과부들의 자매가 되기로 노력할 마음이 있으면 시스트강 옆에 있는 쿠자의 저택으로 가서, 요안나에게 내가 보냈다고 말하시오. 가시오. 그리고 당신의 동정심 때문에 당신의 땅이 에덴 동산의 땅처럼 기름지고, 당신의 마음이 이웃에 대하여 점점 더 커지는 사랑 속에서 풍부해지기를 바라오." 그때에 예수께서 조금 전에

말하였던 노인을 경비원들이 끌고 가는 것을 보시고, 소리지르신다.
"그 노인에게 무슨 짓을 하는 거요? 그 노인은 어떻게 했소?"
"이 사람이 그를 나무라는 공무원을 모욕했습니다."
"그건 사실이 아닙니다. 제가 이 순례자들에게 선생님에 대해서 말했기 때문에 사두가이파 사람 하나가 저를 구박했습니다. 그리고 제가 늙고 가난하기 때문에 제게 손을 대려고 하기에, 그 사람에게 신명기의 말씀을 짓밟는 거짓 이스라엘 사람이라고 말했습니다."
"그 노인을 놔주시오. 이분은 나하고 같이 있는 분이오. 진리가 이분의 입술에 있었소. 성실성이 아니라 진리가. 하느님께서는 어린 아이들의 입술을 통해서 말씀하시지만, 노인들의 입술을 통해서도 말씀하시오. '늙은 사람을 업신여기지 말아라. 늙어가는 사람들이 우리 동포이기 때문이다'라는 말이 있소. 또 '나이많고 지혜로운 사람들의 말을 업신여기지 말고, 그들의 금언이 너희들에게 익숙하게 되게 하여라. 그것은 네가 그들에게서 지혜를 배우고, 지성의 가르침을 받겠기 때문이다' 하는 말이 있소. 또 '노인들이 있는 곳에서는 말을 많이 하지 말아라'라는 말도 있소. 이스라엘은, 완전하다고 자처하는 이스라엘의 이 부분은 이것을 기억하기를 바라오. 그렇지 않으면 지극히 높으신 분께서 그의 말을 거짓이라고 논박하실 수 있기 때문이오. 할아버지, 제곁으로 오십시오."
가엾은 노인은 예수께로 오고, 꾸지람으로 얻어맞은 사두가이파 사람들은 화가 나서 간다.
"기다려지던 임금님, 저는 디아스포라의 히브리 여자입니다. 선생님께서 요안나에게로 보내신 저 여인과 같이 저도 선생님께 봉사할 수 있겠습니까?" 하고 어떤 여자가 말한다. 그 여자는 골고타 언덕에서 예수의 얼굴을 닦아 드리고, 그로 인하여 예수의 얼굴 형상이 박힌 수건을 가지게 되었던 니까라고 불리는 여인과 꼭 같아 보인다. 그러나 팔레스티나의 여자들은 서로 많이 닮아서, 그 환영을 본 뒤로 몇 달이 지나서는 내가 틀릴 수도 있을 것이다.
예수께서 그 여자를 바라다보신다. 예수의 눈에는 40세 가량 된 여인, 옷을 잘 입고 태도가 솔직한 여인의 모습이 비친다. 예수께서는 그 여인에게 물으신다. "당신은 과부이지요?"

"예, 그리고 아이가 없습니다. 저는 최근에 돌아와서, 성도(聖都) 가까이에 있으려고 예리고에 땅을 장만했습니다. 그러나 이제는 선생님 께서 성도보다 더 위대하시다는 것을 알고 선생님을 따릅니다. 그러니 저를 하녀로 받아 주십시오. 저는 선생님의 제자들을 통해서 선생님을 알았습니다. 그러나 선생님께서는 제자들이 제게 말해 준 것을 초월하십니다."

"됐습니다. 그러나 정확히 무엇을 원하시오?"

"가난한 사람들을 통해 선생님을 도와드리고, 제가 할 수 있는 대로 선생님을 사랑하게 하고 알게 하는 것입니다. 저는 디아스포라 지방의 동향인들을 많이 알고 있습니다. 제가 남편의 장사에 따라다녔기 때문입니다. 저는 재력이 있고, 아주 적은 것으로 만족합니다. 따라서 많은 것을 할 수 있습니다. 그래서 저는 선생님에 대한 사랑을 위해서, 그리고 20년 전에 저를 처녀로 아내를 삼았고, 또 마지막 숨을 넘길 때까지 제게 친절한 동반자였던 사람의 영을 돕기 위해서 많은 일을 하고 싶습니다. 남편은 죽으면서 제게 그 말을 해주었습니다. 그 사람은 예언을 하는 것 같았습니다. '내가 죽으면, 당신을 사랑한 내 육체는 무덤에 맡기고, 고향으로 돌아가오. 당신은 언약하신 분을 만날 거요. 오! 당신은 그분을 볼 거야! 그분을 찾아서 따르오. 그분이 구세주이시고, 죽은 사람을 다시 살리시는 분이오. 그래서 그분이 내게 생명의 문을 열어 주실 거요. 당신은 친절을 베풀어서, 정의에 대한 빚을 다 갚은 사람들에게 그분이 하늘의 문을 열어 주실 때 내가 준비를 갖추고 있도록 도와주고, 착하게 살아서 지체하지 않고 그분을 만날 자격을 얻도록 하오. 당신이 그렇게 하겠다고, 그래서 과부생활의 부질없는 눈물을 용맹한 활동으로 바꾸겠다고 맹세해 주오. 여보, 유딧을 본보기로 삼으오. 그러면 모든 민족이 당신의 이름을 알게 될 거요' 하고. 불쌍한 남편! 저는 다만 선생님께서 나를 아시는 것만을 청합니다…."

"나는 당신을 좋은 제자로 알겠소. 당신도 요안나에게 가시오. 그리고 하느님께서 당신과 함께 계시기를…."

…벌들처럼 귀찮게 예수의 원수들이 다시 공격한다. 예수께서는 어린 양을 제물로 바치셨고, 그 많은 수에 필요한 만큼 가지기 위하여 제자들이 데려온 어린 양들이 제물로 바쳐지는 것을 기다리셨다. 그리고 성전

의 성벽을 향하여 돌아가신다.

"당신은 왕 같은 태도를 취하는 것을 언제 그만둘 작정이오? 당신은 왕이 아니오! 당신은 예언자도 아니오! 죄인이고, 반란자이고, 이스라엘의 불행의 원인인 당신 언제까지 우리의 호의를 남용할 생각이오? 당신은 이 안에서 선생 노릇을 할 권리가 없다는 말을 몇 번이나 해주어야 하겠소?"

"나는 어린 양을 제물로 바치러 왔소. 당신들은 내게 그것을 막을 수 없소. 그러나 게다가 나는 당신들에게 아도니아와 솔로몬을 상기시키겠소."

"그들이 여기와 무슨 상관이 있단 말이오? 당신 말은 무슨 뜻이오? 당신이 아도니아란 말이오?"

"아니오. 아도니아는 부정한 수단으로 왕이 되었소. 그러나 지혜는 감시하고 조언을 해서 솔로몬만이 왕이 되었소. 나는 아도니아가 아니라 솔로몬이오."

"그러면 아도니아는 누구요?"

"당신들 모두요."

"우리가? 어떻게 그렇게 말하오?"

"진리와 정의로 말하오."

"우리는 어떤 점에서나 율법을 지키고, 예언자들을 믿소. 그리고…."

"그렇지 않소. 당신들은 예언자들을 믿지 않소. 예언자들은 내 이름을 대는데, 당신들은 나를 믿지 않소. 안 믿어요. 당신들은 율법을 지키지 않소. 율법은 올바른 행위를 권하는데, 당신들은 올바른 행위를 하지 않소. 당신들이 바치러 온 그 제물들도 정당하지 않소. '부정하게 얻은 재산을 제물로 바치는 자의 제물은 불결하다'고 말했소. '지극히 높으신 분은 부정(不正)한 사람들의 선물은 받아들이지 않으시고, 그들의 제물에 눈길을 돌리지 않으시며, 그들이 제물을 많이 드린다고 해서 그들의 죄에 대하여 인자하지 않으실 것이다' 하는 말이 있소. '가난한 사람들의 재물로 제물을 바치는 사람은 자기 아버지가 보는 앞에서 그의 아들을 죽이는 사람과 같다'고 말했소. 이런 말이 있소. 죠가나!

'옹색한 사람들의 빵은 가난한 사람들의 생명이다. 그것을 그들에게서 빼앗는 사람은 살인자이다' 하는 말이 있소. 이런 말이 있소. 이스마엘!

'땀흘려 얻은 빵을 빼앗는 자는 가난한 사람을 죽이는 것과 같다' 고 말했소. 이런 말이 있소. 도라의 아들 도라!

'피를 흘리는 사람과 부지런한 사람의 품삯을 횡령하는 사람이 형제들이다' 하는 말이 있소. 이런 말이 있소. 죠가나, 이스마엘, 카나니아, 도라, 요나타! 그리고 '누구든지 가난한 사람의 부르짖음에 귀를 막는 사람은, 그도 부르짖을 것이지만, 그의 부르짖음이 들어지지 않을 것이다' 라는 말이 있다는 것도 기억하시오.

그리고 엘르아잘 벤 안나, 당신은 '내 사제들은 거룩하여라. 그리고 어떤 이유로도 더러워지지 말아라' 하는 말이 있다는 것을 기억하고, 당신 아버지에게도 상기시키시오.

그리고 고르넬리오 당신은 '자기 아버지와 어머니를 저주한 자는 죽음으로 벌받아야 한다'는 말이 있다는 것을 아시오. 그런데 죽음이란 사형집행인이 주는 죽음만이 아니오. 더 큰 죽음이 자기 부모에 대해서 죄짓는 자들을 기다리고 있소. 영원하고 아주 무서운 죽음이오.

그리고 톨메, 당신은 '마술에 전념하는 자는 나에게 전멸당할 것이다' 하는 말이 있다는 것을 기억하시오.

대단히 훌륭한 율법 학자인 사독, 당신은 하느님의 눈에는 간통자와 그것을 주선하는 자 사이의 구별이 없다는 것과 사실이 아닌 일을 맹세하는 자는 영원한 불꽃의 희생물이 된다는 것을 기억하시오. 그리고 처녀를 얻은 다음 싫증이 나서 그 여자를 거짓말로 비난해서 자기에게서 물리치는 자는 단죄(斷罪)받아야 한다는 것을 그것을 잊어버린 사람에게 말하시오. 오! 이 세상에서 선고받는 것이 아니오. 저 세상에서 거짓말과 거짓 맹세와 아내에게 준 손해와 간통에 대해서 한꺼번에 선고를 받을 겁니다.

아니 어찌된 일이오? 당신들 도망치오? 자기의 말을 하지 않고, 당신들이 이스라엘의 성인들이라고 인정하는 사람들의 말을 인용하는 무장해제된 사람 앞에서 도망치는 거요? 그러니까 당신들은 무장해제된 사람이 하느님을 모독하는 사람이라고 말할 수가 없는 거지요. 그렇게 말했다가는 하느님께서 불러 주신 지혜의 책들과 모세의 경서들을 하느님을 모독하는 책이라고 언명하는 것이 될 터이니까요. 당신들은 무장해제된 사람 앞에서 도망치는 거요? 혹 내 말이 돌들이오? 혹 내 말들이 당신들의 냉혹한 마음의 단단한 청동문을 두드려 당신들의 양심을 깨워서, 그 양심이 거룩한 어린 양을 부정한 죄없이 먹기 위하여 이 과월절전 금요일에 몸뿐 아니라 자신을 깨끗하게 해야 할 의무가 있는 것을 깨닫는 거요? 오! 만일 그렇다면, 주님을 찬미합니다! 현자로 인정되기를 바라는 당신들, 참다운 지혜는 자기 자신을 알고, 자신의 잘못을 인정하고, 뉘우치고, '진짜' 신심을 가지고 의식(儀式)에 가는 것이기 때문이오. 즉 외적인 의식으로가 아니라, 마음의 예배와 의식으로 해야 한다는 말이오….

그들은 갔다! 그러면 우리도 우리를 기다리는 사람들에게 평화를 주러 가자…."

64. 과월절전 금요일. 제3부, 예루살렘의 거리에서

그들은 군중이 우글거리는 혼잡에서 나와서 매우 분잡한 거리로 들어간다. 거리에는 모든 사람이 과월절 마지막 준비를 하느라고 분주히 뛰어 다니고, 늦게 온 사람들은 어린 양을 먹을 만찬실을 만들려고 방이나 현관이나 닥치는 대로 걱정스럽게 찾고 있다.

이런 상황에서는 각 연령층과 이스라엘 사람들이 사는 지방이나 순수한 이스라엘의 혈통이 혼혈이나 그저 단순히 모방으로 인하여 다른 종족들과 비슷하게 된 지방에서 온 사람들의 얼굴이 끊임없이 툭툭 건드리며 지나가는 가운데 서로 알아보지 못하기가 쉽다. 혼혈이나 모방으로 인하여 에집트형의 히브리인들이 있는가 하면, 두꺼운 입술과 들창코와 안면각(顔面角)으로 누비아인들과의 혼혈에서 오는 것 같은 사람들도 있고, 반듯하고 섬세한 윤곽에 가냘픈 사지, 날카로운 눈으로 그리이스 식민에 사는 사람이거나 그리이스인과의 혼혈에서 온다는 것을 나타내는 사람도 있다. 그리고 튼튼한 몸집에 키가 크고 얼굴이 꽤 네모진 사람들은 라틴계 사람들과 전혀 무관하지는 않다는 것을 분명히 보여준다. 또 우리 현대인들은 시르카시아인이나 페르시아인이라고 부를 사람들도 많이 있는데, 시르카시아인들은 매우 흰 얼굴에, 페르시아인들은 올리브색이 도는 얼굴에 벌써 몽고인이나 인도인의 눈을 상기시키는 무엇을 가지고 있다. 얼굴과 옷의 아름다운 만화경(萬華鏡)이다. 눈은 그 광경으로 피곤해져서 마침내 바라다보면서도 제대로 보지 못하게 되기가 쉽다. 그러나 한 사람이 놓치는 것을 다른 사람이 알아보기도 한다. 그러므로 질문을 하지 않고 조용히 계시게 하면 항상 당신 자신의 생각에 잠기시는 선생님의 눈에 띄지 않는 것을 같이 있는 사람들 중의 이 사람이나 저 사람이 알아보는 것은 이해할 수 있는 일이다. 그런데 가장 가까이에 있는 사도들이 그들이 보는 것을 서로 가리키면서, 그들이 가리키는 사람들에 대하여 매우 인간적인…논평을 하며 속삭인다.

그들을 못 본 체하고 뻣뻣하게 지나가는 이전 제자 한 사람에 대한 그 가혹한 논평 중의 하나가 예수께 지적되었다. "누구에 대하여 그 말을 하느냐?" 하고 예수께서 물으신다.

"저 우둔한 사람에 대해서입니다" 하고 제베대오의 야고보가 가리킨다. "저 사람은 우리를 못 본 체합니다. 그런데 그렇게 하는 것이 저 사람뿐이 아닙니다. 그렇지만 선생님이 그 사람을 고쳐야 하실 때와 그가 선생님을 찾을 때는 선생님을 볼 줄 알았습니다! 못된 종기나 났으면 좋겠습니다!"

"야고보야! 네가 그런 감정을 가지고 내 곁에 있고, 또 어린 양을 먹을 준비를 하는 것이냐? 정말이지 너는 저 사람보다도 더 조리가 맞지 않는 사람이다. 저 사람은 내가 말하는 것을 하지 못하겠다고 느꼈을 때 솔직하게 떨어져 나갔다. 그런데 너는 남아 있지만 내가 말하는 대로 하지 않는다. 혹 네가 저 사람보다 더 죄가 많은 것이 아니냐?"

야고보는 얼굴이 새빨개지도록 부끄러워하고, 자존심이 상하여 동료들 뒤로 물러간다.

"그들이 그렇게 하는 것을 보는 것이 고통스러워서 그러는 것입니다. 선생님!" 하고 요한이 꾸중을 들은 형을 돕기 위하여 말한다. "저희들의 사랑은 그들이 사랑이 없는 것을 보고 분개하는 것입니다…."

"그렇다. 그러나 그렇게 해서 그들을 사랑으로 데려올 줄로 생각하느냐? 무례한 언행, 심술궂은 말, 욕설 따위는 우리가 경쟁자나 달리 생각하는 사람을 데려와야 할 지점으로 데려온 적이 없었다. 온유와 참을성, 사랑, 모든 거절에도 불구하고 꾸준함, 이런 것들이 마침내 결과를 나타내는 것이다. 내가 사랑받지 못하는 것을 보고 괴로워하는 너희들의 마음은 이해한다. 그리고 너희들과 감정을 같이한다. 그러나 나는 너희들의 행동과 나를 사랑하게 하기 위한 너희들의 방법이 더 초자연적인 것을 알고 보았으면 한다. 자, 야고보야, 이리 오너라. 내가 말한 것은 네게 모욕을 주려고 한 것이 아니다. 벗들아, 우리들만이라도 서로 이해하고 서로 사랑하자. …사람의 아들에게는 벌써 몰이해(没理解)와 고통이 너무도 많다!"

야고보는 명랑해져서 예수 곁으로 돌아온다.

그들은 한동안 말없이 걸어간다. 그러다가 토마가 우뢰 같은 소리로 외치면서 감정을 터뜨린다. "그렇지만 그건 정말 부끄러운 일입니다!"

"뭣 말이냐?" 하고 예수께서 물으신다.

"글쎄, 그렇게도 많은 사람이 비열한 것 말입니다! 선생님, 얼마나 많은 사람이 선생님을 알지 못하는 체하는지 못 보십니까?"

"그래서 그것이 어쨌다는 거냐? 그들의 하는 짓이 내게 대해서 씌어진 것을 조금이라도 바꾸겠느냐? 아니다. 씌어질 수 있는 것이 바뀔 것은 그들에 대한 것뿐일 것이다. 영원한 책에 그들에 대해서 '좋은 제자들'이라고 씌어질 수 있었는데, '좋지 않았던 자들, 그들에게는 메시아가 온 것이 아무 소용이 없었던 자들'이라고 씌어지겠기 때문이다. 아주 무서운 말이다. 알겠느냐? '아담이 하와와 함께 죄를 지었다'는 말보다 더 무서운 말이다. 내가 아담의 죄는 없앨 수 있겠지마는, 구세주인 말씀을 모른다고 하는 죄는 없애지 못하겠기 때문이다. …이쪽으로 돌아가자. 나는 사촌들과 시몬 베드로와 야고보와 함께 변두리 마을 오펠에 머무르겠다. 시몬의 유다도 남아 있어라. 그러나 열성당원 시몬과 요한과 토마는 게쎄마니에 가서 배낭들을 가져오너라…."

"예, 그래야 요나가 그의 어린 양을 기관으로 넘기지 않을 것입니다" 하고 베드로가 아직도 화가 나서 말한다. 다른 사람들은 웃는다….

"좋다, 좋아! 그가 무서워한다고 이상하게 여기지 말아라. 내일은 네가 그럴지도 모른다."

"제가요, 선생님? 제가 무서워하는 것보다는 갈릴래아 바다가 포도주가 되기가 더 쉬울 겁니다" 하고 베드로가 장담한다.

"그렇지만…저번 날 저녁…아이고! 시몬! 쿠자의 저택의 층계에서 자네는 썩 용맹해 보이지는 않던데" 하고 가리옷의 유다가 비꼬며 말한다. 대단히 빈정거리는 말투는 아니지만…그래도 베드로를 자극할 만큼은 비꼬는 말투이다.

"그것은…주님 때문에 걱정이 돼서 불안해 했던 거지, 딴 것 때문이 아니었어!"

"좋아! 좋아! 우리가 초라하게 보이지 않게 절대로 겁을…내지 않기를 바라세. 응!" 하고 가리옷의 유다는 보호자 같은 간사한 태도로 손으로 베드로의 어깨를 두드리며 대답한다. 다른 때 같으면, 그의 태도가 반발을 폭발시켰을 것이다. 그러나 베드로는 저번 날 저녁부터 유다에 대하여 감탄해 있다. 그래서 그에게서 오는 것을 모두 참아받는다.

　예수께서 말씀하신다. "필립보와 나타나엘은 안드레아와 마태오와 같이 라자로의 저택에 가서 유다가 곧 도착한다고 말해라."

　이 나중 사람들은 헤어지고, 다른 사람들은 예수와 함께 나아간다. 스테파노와 이사악을 빼놓고는 다른 제자들은 저택으로 보내지는 사람들과 같이 간다. 변두리 마을 오펠에서 다시 헤어진다. 게쎄마니로 보내지는 사람들은 이사악과 같이 빨리 그리로 간다. 스테파노는 예수와 알패오의 아들들과 베드로와 야고보와 가리옷의 유다와 같이 남아 있다. 그리고 네거리에 머물러 서 있지 않으려고, 그들은 게쎄마니로 간 사람들과 같은 방향으로 천천히 걸어간다. 그들은 성 목요일 밤에 예수께서 당신을 괴롭히는 사람들 가운데에서 걸어가실 바로 그 지름길을 걸어간다. 지금은 오정이라, 길에 사람이 없다. 몇 걸음 가니까, 연한 잎을 거울같이 잔잔한 물 위로 펼치고 있는 무화과나무로 그늘이 진 샘이 있는 아주 작은 광장이 나타난다.

　"안나리아의 사무엘이 저기 있구먼" 하고 그를 잘 아는 것 같은 알패오의 야고보가 말한다. 젊은이는 어린 양을 가지고 집안으로 들어가려고 한다. …그는 다른 음식도 들고 있다.

　"저 사람은 아버지를 위해서 과월절 식사일을 걱정하고 있구먼" 하고 알패오의 유다가 지적한다.

　"그렇지만 이제는 저 사람이 여기 눌러앉았나? 이곳을 떠나지 않았나?" 하고 베드로가 말한다.

　"응, 여기 눌러앉았어. 샌들 제조인 글레오파의 딸과 사귄다는군. 그 여잔 돈이 있거든…."

　"아! 그럼. 왜 그 사람은 안나리아가 그를 버렸다곤 말하는 거야?" 하고 가리옷 사람이 묻는다. "그건 거짓말이야."

　"사람은" 하고 예수께서 가리옷의 유다에게 말씀하신다. "거짓말을 쉽게 써먹는다. 그리고 그렇게 하면서 악의 길로 들어간다는 것을 알지 못한다. 거기서 빠져나오지 못하게 되려면 첫걸음, 한 걸음으로 충분하다. …그것은 풀이고…미로(迷路)이고…함정이다. 다시 올라올 수 없는 함정….”

"안 됐군! 작년에는 사람이 참 착해보였는데!" 하고 제베대오의 야고보가 말한다.

"그래. 저는 그 사람이 약혼자와 함께 선생님께 온전히 몸바쳐서 선생님께 봉사하는 천사 같은 한 쌍의 부부가 되리라고 정말 믿었습니다. 맹세라도 했을 것입니다…!" 하고 베드로가 말한다.

"시몬아! 어떤 사람의 미래에 대해서 절대로 맹세하지 말아라. 그보다 더 불확실한 것은 아무것도 없다. 맹세를 하는 순간에 있는 어떤 요소도 확실성의 보증이 될 수 없다. 성인이 되는 죄인이 있는가 하면, 죄인이 되는 의인, 또는 의인같이 보이는 사람들도 있다" 하고 예수께서 그에게 대답하신다.

그러는 동안, 집안으로 들어갔던 사무엘이 샘으로 맑은 물을 뜨러 가려고 다시 나온다. …이렇게 해서 그가 예수를 본다. 그는 분명한 멸시로 예수를 바라다보고, 틀림없이 예수를 향하여 욕을 한다. 그러나 히브리말로 욕을 했기 때문에 나는 알아들을 수가 없다.

가리옷 사람이 앞으로 달려 가서, 그의 팔을 붙잡고, 익은 열매를 떨어지게 하려는 나무를 흔들 듯이 흔들며 말한다. "이 죄인아, 네가 선생님께 그렇게 말해? 땅에 꿇어! 즉시. 돼지똥으로 더러워진 혓바닥, 선생님께 용서를 빌어라! 땅에 꿇어! 그렇잖으면 박살을 내겠다!" 미남자 유다가 갑자기 폭력을 쓰니 매우 무섭다! 그의 얼굴빛이 변해서 무섭다. 예수께서 그를 진정시키려고 해보지만 소용이 없다. 모독하는 말을 한 사람이 샘 둘레에 있는 진 땅에 무릎을 꿇는 것을 보기까지는 압력을 늦추지 않는다.

"용서하세요" 하고 집게 같은 유다의 손아귀에 의하여 고통을 느낄 것이 틀림없는 불행한 사람이 입 속으로 중얼거린다. 그러나 제대로 말하지 않는다. 그렇게 하도록 강제되기 때문에만 말하는 것이다.

예수께서 대답하신다. "나는 자네에게 원한이 없네. 자네는 말을 그렇게 하지만 원한을 가지고 있네. 말은 마음이 달라지는 것이 따르지 않으면 쓸 데 없는 것일세. 자네는 마음 속으로 아직도 내게 모독하는 말을 하고 있네. 사실 자네는 어떤 동기로 나를 비난하고 나를 미워하는데,

자네 양심으로는 그 동기가 사실이 아니고, 다만 자네만이 의무를 어겼지. 안나리아나 내가 의무를 어기지는 않았다는 것을 자네가 알기 때문일세. 그러나 나는 자네에게 모든 것을 용서하네. 가게, 그리고 다시 성실하고 하느님의 뜻에 맞는 사람이 되도록 하게. 유다야, 놔 주어라."

"갑니다. 그러나 나는 당신을 미워합니다! 당신이 안나리아를 내게서 빼앗아 갔습니다. 그래서 당신을 미워합니다…."

"그렇지만 자네는 샌들 제조인의 딸 레베카에게 가서 마음을 달래지. 그리고 자네는 안나리아가 자네 약혼녀였고, 병이 들어서도 자네밖에는 생각하지 않던 시절에도 마음을 달랬었지…."

"나는 홀아비였습니다. …벌써 홀아비가 됐다고 생각했습니다. …그래서 아내감을 찾던 겁니다. …이제는 레베카에게로 돌아갑니다. …그것은 …그것은…안나리아가 나를 마다하기 때문입니다." 사무엘은 그의 책략이 발각되었다는 것을 알고 변명한다.

가리옷의 유다가 말을 끝맺는다. "…그리고 레베카는 뒷꿈치가 망그러진 샌들같이 못 생겼지만 대단히 돈이 많으니까… 또 오솔길에 버려진 신발 바닥처럼 낡았지만…부자니까. 오! 부자고 말고…." 그러면서 빈정거리며 웃는다. 그동안 사무엘은 도망친다.

"자넨 그걸 어떻게 아나?" 하고 베드로가 묻는다.

"오! …시집보낼 처녀와 돈이 어디 있는지 아는 건 쉬운 일이지!"

"좋아! 선생님, 오솔길로 해서 갑니까? 이 광장은 진짜 화덕 같습니다. 저기는 그늘도 있고, 바람도 있습니다" 하고 땀을 뻘뻘 흘리는 베드로가 애원한다.

그들은 다른 사람들이 돌아오기를 기다리면서 천천히 간다. 골목길에는 사람이 없다.

한 여자가 어떤 문에서 나와, 울면서 예수의 발 앞에 엎드린다.

"무슨 일이오?"

"선생님!…선생님은 벌써 몸을 깨끗하게 하셨습니까?"

"그렇소. 그런데 그건 왜 묻소?"

"선생님께 말씀을 드리려고 했기 때문입니다. …그러나 선생님은 그 사람에게 가까이 가실 수가 없습니다. 온통 썩었습니다. …의사는 그 사람이 감염됐다고 말합니다. 과월절이 지난 다음 저는 사제를 부르겠습니다. …그리고…그리고 흰눈 골짜기가 그 사람을 받아들일 것입니다. 제가 잘못했다고 말씀하지 마십시오. 저는 알지 못했었습니다. …그 사람은 여러 달 동안 요빠에 가서 일했는데, 그런 상태로 돌아와서는 부상했다고 말했습니다. 저는 방향제(芳香劑)를 쓰고 향로로 씻었습니다. …그러나 그것은 아무 소용도 없었습니다. 건재(乾材) 약국에 물어 보았더니, 피를 맑게 한다는 가루약을 주었습니다. …저는 아이들은 떼어놓았습니다. …저는 남편의 침대를 외딴 방으로 옮겼습니다. …그 것은… 제가 깨닫기 시작했기 때문입니다. 병은 더 나빠졌습니다. 그래서 의사를 불렀더니, 의사는 제게 이렇게 말했습니다. '부인, 당신도 당신 의무를 알고, 나도 내 의무를 압니다. 그것은 음란의 상처입니다. 남편을 당신과 갈라놓으시오. 나는 그를 사람들과 갈라놓겠고, 이스라엘의 사제에게 알리겠습니다. 그는 하느님과 당신과 자기 자신에게 죄를 지을 때에 그것을 생각했어야 했습니다. 이제는 그가 죄값을 치르는 겁니다' 하고. 저는 누룩 안 넣은 빵의 명절이 지난 후까지 침묵을 지키겠다는 허락을 받았습니다. 그러나 선생님이 죄인과 아직도 그를 사랑하는 저와 죄 없는 다섯 아이를 불쌍히 여기시면…."
"내가 어떻게 해주기를 바라오? 당신은 남편이 죄를 지었고, 그러니까 죄값을 치르는 것이 옳다고 생각하지 않소?"
"주님, 그렇게 생각합니다! 그러나 주님은 살아계신 자비이십니다!" 여인이 가질 수 있는 믿음 전체가 무릎을 꿇고, 구세주께로 팔을 내밀고 있는 여인의 목소리와 눈길과 태도에 나타난다.
"그런데 남편은 마음 속에 무슨 생각을 하고 있소?"
"낙망을 가지고 있습니다. …다른 것 무엇을 가지겠습니까, 주님은?"
"연민을 얻기 위하여는 초자연적인 뉘우침과 정의의 감정을 가지기만 하면 될 거요!…"
"정의라니요?"
"그렇소. 이렇게 말하는 거요. '나는 죄를 지었습니다. 내 죄는 이것과 그 이상의 것을 받아 마땅합니다 그러나 내가 죄를 지은 사람들에게는 동정을 바랍니다' 하고."
"저는 남편에게 벌써 연민을 주었습니다. 하느님이신 선생님이 그에게 연민을 주십시오. 선생님께 들어오시라고 말씀드릴 수는 없습니다. 저도 선생님을 만지지 않는 것을 보십시오. …그러나 선생님이 원하시면, 그 사람을 불러서 옥상에서 말을 하게 하겠습니다."

"그러시오."

여인은 머리를 집 입구로 들이밀고 큰 소리로 부른다. "야곱! 야곱! 지붕으로 올라와서 모습을 나타내세요. 두려워 마세요."

남자는 조금 후에 옥상에 모습을 나타낸다. 누렇고 부은 얼굴에 목에 붕대를 감고, 한 손에 붕대를 감은…썩은 폐인이다. …그는 수치스러운 병을 앓는 사람의 멀건 눈으로 바라다본다. 그는 묻는다. "누가 나를 보자는 거요?"

"여보, 여기 구세주께서 계셔요!…" 여인은 그이상 아무 말도 하지 않는다. 그러나 병자에게 최면술을 걸어, 그에게 자기 생각을 전달하고자 하는 것 같다….

남자는 아내의 생각을 깨달아서 그러는지, 자발적인 충동을 느껴서 그러는지, 팔을 내밀고 말한다. "아이고! 저를 구해 주십시오! 선생님을 믿습니다! 이렇게 죽는다는 건 소름끼치는 일입니다!"

"자기 자신의 의무를 저버리는 것은 소름끼치는 일이오. 당신은 아내를 생각하지 않았소? 아이들은 생각하지 않았소?"

"주님, 불쌍히 여겨 주십시오. …저들을 위해서, 또 저를 위해서…용서해 주십시오! 용서해 주십시오!" 그리고 그는 울면서 낮은 담으로 쓰러지는데, 붕대를 감은 손들이 아랫팔과 더불어 낮은 담 밖으로 비죽 나왔다. 팔은 치켜올려진 소매 때문에 드러났는데, 벌써 다 곪아가는 농포(膿疱)로 더러워지고, 붓고, 혐오감을 일으킨다. …그 남자는 그런 자세로 있으니까 무시무시한 꼭둑각시 같고, 거기 버려진 벌써 썩어가고 있는 유해와도 같다. 보기에 딱하고 구역질이 난다.

여인은 여전히 먼지구덩이에 꿇어 있으면서 운다. 예수께서는 아직 한 마디 말을 기다리시는 것 같다….

마침내 그 남자는 흐느껴 울면서 내려와 말한다. "저는 주님 곁에서 마음에 뉘우침을 가지고 탄식합니다! 저들이 굶주림으로 고생하지 않으리라는 것만이라도 약속해 주십시오. …그런 다음에는…체념하고 속죄하러 떠나겠습니다. 그리고 복되신 구세주이신 주님은 제 영혼을 구해 주십시오! 영혼만이라도! 영혼만이도!"

"그러겠소. 나는 당신을 고쳐 주오. 죄 없는 어린아이들 때문에, 당신에게 당신을 의인으로 보일 가능성을 주기 위해. 알겠소? 구세주가 당신을 고쳐 주었다는 것을 기억하시오. 하느님께서는 당신이 이 은혜에 어떻게 보답하느냐에 따라서 당신 죄를 용서해 주실 것이오. 잘 있으오! 아주머니에게 평화." 그리고 게쎄마니에 오는 사람을 맞으러 거의 뛰다시피 가시며, 자기가 병이 나은 것을 느끼고 보는 남자의 외침과, 그의 아내의 외침으로 걸음을 멈추지도 않으신다….

"그리로 다시 지나가지 않게 이 골목길로 해서 가자" 예수께서는 다른 사람들에게로 가신 다음 이렇게 말씀하신다.

그들은 비참한 골목길로 들어간다. 그 골목길은 어떻게나 좁은지 두 사람이 한꺼번에 지나가기가 힘들고, 길마를 얹은 나귀라도 한 마리 지나가면 우표 모양으로 벽에 착 달라붙을 수밖에 없을 정도이다. 거의 맞닿다시피한 지붕들 때문에 그늘이 지고, 사람이 없고, 조용하지만, 악취를 풍긴다. 그들은 비참한 골목길을 줄곧 수사들의 행렬처럼 한 줄로 서서 간다. 그런 다음 사내아이들이 잔뜩 있는 작은 광장에서 함께 모인다.

"그 사람에게 왜 그렇게 말씀하셨습니까? 한번도 그렇게 하지는 않으셨는데요…" 하고 베드로가 이상해서 묻는다.

"그 사람이 내 원수 중의 한 사람이 되겠고, 그 죄가 그가 이미 지은 죄를 더하게 하겠기 때문이다."

"그런데 그 사람의 병을 고쳐 주셨습니까?!" 하고 모두가 깜짝 놀라서 묻는다.

"그렇다. 죄없는 어린아이들 때문이었다."

"흠! 그 사람은 다시 병에 걸리겠군요…."

"아니다. 그가 느꼈던 심한 공포와 고통 때문에 육체의 생명에 대하여는 조심을 할 것이다. 다시 병에 걸리지는 않을 것이다."

"그렇지만 선생님께 죄를 지으리란 말씀입니까? 저 같으면 그 사람을 죽게 했겠습니다."

"요나의 시몬아, 너는 죄인이다."

"그리고 나자렛의 예수님, 선생님은 너무 착하십니다" 하고 베드로가 대꾸한다.
그들은 중앙에 있는 어떤 거리로 사라져서, 나는 아무것도 보지 못하게 되었다.

● 개인적인 비고(備考)
병이 고쳐진 이 사람도 사무엘도 나는 알아본다. 병이 고쳐진 사람은 수난 때에 조약돌로 예수의 머릴 때린 사람이다. 그 사람보다도 더 잘 알아보는 것은 그때와 마찬가지로 지금도 비탄에 잠긴 그의 아내와 디딤돌 셋으로 올라가게 되어 있기 때문에 알아보기가 쉬운 집이다. 이와 마찬가지로 증오로 변모한 외양에도 불구하고, 곤봉으로 예수를 때리러 가기 위하여 어머니를 발길로 차서 죽인 청년을 사무엘로 알아본다.

65. 과월절전 금요일. 제4부, 라자로와 함께 과월절 만찬을 드시다

예수께서 라자로의 저택에 들어가실 때, 나는 베다니아에서 온 많은 하인들이 가득 차서 준비에 골몰하고 있는 것을 본다. 침대에 누워 있는 라자로는 매우 괴로워한다. 그는 창백한 미소로 그의 선생님께 인사한다. 예수께서는 빨리 그에게로 가셔서 그의 침대 위로 아주 다정스럽게 몸을 굽히시고 물으신다. "벗이여, 마차의 흔들림 때문에 대단히 고통스러웠지요?"

"많이요, 선생님" 그가 겪은 것을 떠올리는 것만으로도 눈에 눈물이 괼 정도로 기진맥진한 라자로가 대답한다.

"그것은 내 탓이오. 용서하오!"

라자로는 예수의 손 하나를 잡아 자기 얼굴로 가져간다. 그는 그 손을 그의 야윈 뺨에 갖다 대고, 입맞춤을 하면서 속삭인다. "오! 주님, 그것은 주님의 탓이 아닙니다! 그리고 주님께서 저와 같이 과월절을 지내시는 것이 저는 무척 기쁩니다. …제 마지막 과월절을!…"

"어떤 일이 있더라도, 만일 하느님께서 원하시면, 당신은 아직도 과월절을 많이 지낼 거요. 라자로! 그리고 당신 마음은 항상 나와 같이 있을 거요."

"오! 저는 끝났습니다! 주님께서는 제 용기를 돋우어 주시지만…이제는 끝장입니다. 그리고 그것이 저는 매우 슬픕니다…." 라자로는 운다.

"주님, 보세요. 오빠는 늘 울기만 합니다" 하고 마르타가 측은해서 말한다. "그러지 말라고 말씀하셔요. 오빠는 지쳐버립니다."

"육체는 아직 권리를 가지고 있다. 고통은 힘드는 것이다. 그래서 육체는 우는 것이다. 육체에는 이런 위안이 필요하다. 그러나 영혼은 인종하고 있지요.. 라자로? 당신의 의로운 영혼은 주님의 뜻을 기꺼이 행하고 있소….”
 "예…그러나 저는 주님이 그렇게 박해를 당하셔서 제 죽음을 지켜보지 못하시겠기 때문에 웁니다. …저는 죽음이 소름이 끼치고 두렵습니다. …그러나 만일 주님이 제 곁에 계시면 저는 그런 모든 감정을 가지지 않게 될 것입니다. 저는 주님의 품으로 피해 들어가…그렇게 잠들 것입니다. …어떻게 해야 합니까? 이 무서운 하느님의 뜻에 순종하는 데 대해 반항하지 않고 죽으려면 어떻게 해야 하겠습니까?"
 "자! 그런 일은 생각하지 마시오! 알겠소? …당신은 누이들을 울리고 있소. 주님은 너무도 자애롭게 당신을 도와 주셔서 공포를 가지지 않을 거요. 공포는 죄인들이나 가져야 하는 거요!…"
 "그러나 주님은, 만일 오실 수 있으면, 제 임종에 오시겠지요? 약속해 주십시오!"
 "약속하오. 그것과 그 이상의 것을."
 "준비들을 하는 동안, 오늘 아침 무슨 일을 하셨는지 이야기해 주십시오….”
 예수께서는 침대전에 앉으셔서 라자로의 야윈 손 하나를 두 손으로 잡으시고, 일어난 일들을 상세히 이야기하시는데, 라자로는 기진맥진해서 잠이 든다. 그런데 예수께서는 그때에도 그를 떠나지 않으신다. 예수께서는 원기를 회복시켜 주는 그 잠을 방해하지 않으시려고 움직이지 않고 계시며, 할 수 있는 대로 소리를 덜 내라는 손짓을 하신다. 그래서 마르타는 예수께 잡수실 것을 가져다 드린 다음 발끝으로 걸어 물러가면서 무거운 커어튼을 내리고, 육중한 문을 닫는다. 사람들이 몹시 움직이는 집안의 소음이 이렇게 해서 겨우 들릴까 말까한 웅성거림으로 약해진다. 라자로는 잔다. 예수께서는 기도하시고, 묵상하신다. 시간이 이렇게 흐르는데, 마침내 밤이 되어 창문들을 닫겠기 때문에 마리아가 희미한 등잔을 하나 가져온다.
 "아직 자고 있습니까?" 하고 마리아가 속삭인다.
 "그렇다. 오빠는 안심하고 있다. 이것이 오빠에게 이로울 것이다."
 "여러 달째 이렇게 많이 자질 못했습니다. …죽음에 대한 공포로 몹시 불안했던 것 같아요. 선생님이 곁에 계시니까 오빠는 무서워하지 않게 된 겁니다. …아무것두요. …오빠는 행운아입니다!"

"왜 그러냐, 마리아야?"

"오빠는 죽을 때 선생님을 곁에 모실 수 있을 테니까요. 그러나 저는 …"

"왜 너는 그렇게 안 된다는 거냐?"

"그것은 선생님이 돌아가시고자 하시기 때문입니다. …그것은 멀지 않아. 그런데 저는 언제 죽을지 누가 압니까? 선생님, 제가 선생님보다 먼저 죽게 해주세요!"

"아니다. 너는 아직도 오랫동안 내게 봉사해야 한다."

"그러면 오빠는 행운아라고 제가 말한 것은 옳은 말입니다!"

"사랑받는 사람들은 모두 오빠와 같은 행운을 얻을 것이다. 그보다도 더!"

"그들은 어떤 사람들입니까? 깨끗한 사람들이지요?"

"온전히 사랑할 줄 아는 사람들이다. 예를 들어 너 같은 사람이다. 마리아야."

"오! 선생님!" 마리아는 그 방의 돌을 깐 바닥에 깔아 놓은 여러 가지 빛깔의 돗자리에 미끄러내려 엎드려서 그의 예수께 경배하는 자세를 취한 채로 있다.

마리아를 찾던 마르타가 안으로 머리를 들이밀고 말한다. "이리 좀 오너라! 주님의 만찬을 위해 붉은 방을 준비해야 한다."

"마르타야, 아니다. 그 방은 가장 비천한 사람들에게, 가령 죠가나의 농부들에게 주어라."

"아니, 왜요. 선생님?"

"그것은 가난한 사람들 하나하나가 다 예수이고, 내가 그들 안에 있기 때문이다. 만일 너희가 완전하기를 원하면, 아무도 사랑하지 않는 가난한 사람을 항상 공경하여라. 나를 위하여는 안뜰에 차려놓아라. 안쪽으로 향한 많은 문을 열면, 모두가 나를 볼 것이고, 나도 모두를 볼 것이다."

마르타는 별로 만족하지 않아 반대한다. "그렇지만 선생님이 현관에 계시다니! …그것은 선생님께 어울리지 않았습니다!…"

"자, 자. 하라는 대로 하여라. 선생님이 권고하는 대로 하는 것은 대단히 의젓한 일이다."

마르타와 마리아는 소리없이 나가고, 예수는 쉬고 있는 친구를 지키시기 위하여 참을성있게 남아 계신다.

만찬은 사방에서 진행 중이다. 손님의 분류는 인간적인 관점에서 보면 별로 공평하지 않다. 그러나 세상이 보통 무시하는 사람들에게 존경과 사랑을 주도록 더 높은 관점에서 행하여졌다.

그래서 붉은 반암(斑岩)으로 된 기둥 두 개가 떠받치는 원천장이 있고, 두 기둥 사이에 긴 식탁을 차려놓은 찬란하고 으리으리한 붉은 방에는 죠가나의 농부들이 마륵지암과 이사악과 필요한 숫자를 채우기 위한 다른 제자들이 앉아 있다. 전날 저녁 식사를 한 방에는 가장 비천한 사람들 가운데 다른 제자들이 있다. 순진의 꿈과 같은 흰 방에는 동정녀 제자들이 있고, 네 사람인 그들과 함께 라자로의 누이동생들과 아나스타시카와 다른 젊은 여자들이 있다. 그러나 명절의 여왕은 전형적인 의미의 동정녀이신 성모 마리아이시다. 두루마리들이 담겨 있거나 전에 담겨 있었던 우중충한 높은 궤들이 있는 것으로 보아 아마 서재인 것 같은 옆방에는 과부들과 남편있는 부인들이 있는데, 그들의 어른은 벳수르의 엘리사와 알패오의 마리아이다. 그리고 계속 이와 같다.

그러나 강한 인상을 주는 것은 예수께서 대리석을 간 안뜰에 계시다는 것이다. 라자로의 두 누이동생의 세련된 취미로 네모난 현관이 어떤 방보다도 더 찬란하게 밝혀지고 꽃으로 꾸민 참다운 응접실처럼 된 것은 사실이지만, 그래도 역시 현관은 현관이다! 예수께서 열두 사도와 함께 계신다. 그러나 옆에는 라자로가 있다. 또 막시민도 있다.

만찬은 관례에 따라 진행된다. …그리고 예수께서는 당신의 모든 충실한 제자들 가운데 계신 기쁨으로 환히 빛나신다.

만찬이 끝나고, 마지막 잔을 비운 후, 마지막 시편을 노래한 후, 여러 방에 있던 사람들이 모두 안뜰로 모여든다. 그러나 너무 자리를 많이 차지하는 식탁 때문에 안으로 들어오지는 않는다.

"선생님, 붉은 방으로 가십시다. 저희들이 식탁을 밀어서 벽에 기대놓고, 모두 선생님 둘레에 있겠습니다" 하고 라자로가 권하고, 하인들에게 그렇게 배치하라는 손짓을 한다.

이제는 값진 두 기둥 사이에서 큰 등불의 환한 빛을 받으시며, 만찬에 사용된 식사용침대 두 개로 만든 발판 위에 올라가 한가운데 앉아계신 예수님이 정말 조신(朝臣)들 가운데 옥좌에 앉아 있는 왕과 같으시다. 만찬 전에 입으신 아마포로 지은 옷은 값진 실로 짠 것 같고, 벽의 우중충한 붉은 빛깔과 기둥들의 빛나는 붉은 빛깔 위에 두드러지게 보여 한층 더 흰 것 같다. 말씀을 하시거나 둘레에 있는 사람들의 말을 들으시는 동안, 예수의 얼굴은 정말 숭고하고 위엄있다. 예수께서 아주 가까이에 있으라고 하신 가장 비천한 사람들도 다른 사람들에게서 형제와 같이 사랑받는다는 것을 느끼고, 안심하고 이야기하며, 그들의 바람과 그들의 걱정을 순진하게 믿음을 가지고 말한다.

그러나 그렇게도 많은 행복한 사람들 가운데에서 가장 행복한 사람은 마륵지암의 할아버지이다! 그는 손자를 잠시도 떠나지 않고, 손자를 보고 손자의 말을 들으면서 매우 즐거워한다. …이따금씩 서 있는 마륵지암 곁에 앉아서 백발이 된 머리를 손자의 가슴에 기대면, 손자는 그 머리를 쓰다듬는다.

예수께서는 할아버지가 여러 번 그렇게 하는 것을 보시고 노인을 불러 말씀하신다. "할아버지, 할아버지의 마음은 행복합니까?"

"아이고! 대단히 행복합니다. 주님! 그리고 이것은 정말인 것 같지 않습니다. 이제 제 소원은 하나밖에 없습니다…."

"어떤 소원입니까?"

"제 손자에게 말한 소원입니다만, 이 애는 그걸 찬성하지 않습니다."

"무슨 소원인데요?"

"할 수 있으면, 이 평화 속에서 죽었으면 하는 것입니다. 적어도 멀지 않아서요. 이제 저는 가장 큰 행복을 얻었으니까요. 인간이 이 세상에서 더 많은 행복을 누릴 수는 없습니다. 떠나야 합니다. …더 이상 고생을 하지 않고…가는 것입니다. …주님이 성전에서 말씀하신 대로입니다! '가난한 사람들의 재물을 가지고 제물을 바치는 사람은 아버지가 보는 앞에서 그의 아들을 죽이는 사람과 같습니다.' 죠가나는 오직 주님이 그에게 불러일으키시는 두려움 때문에 도라와 경쟁하지 않는 것입니다. 그 사람은 도라에게 일어난 일에 대한 기억을 잃어 가고 있습니다. 그의 밭은 농사가 잘 됩니다. 그런데 그 사람은 그 밭들을 저희 땀으로 기름지게 합니다. 땀은 혹 가난한 사람의 재물이 아닙니까? 자기 힘에 부치는 피로로 다 써버리는 자기 자신이 아닙니까? 그 사람은 저희들을 때리지는 않고, 일에 견딜 만한 것을 저희에게 줍니다. 그러나 그 사람은 저희들을 소들보다도 더 이용하지 않습니까? 내 동료들인 자네들이 말해 보게…."

죠가나의 전부터 있던 농부들과 새로 온 농부들이 동의한다.

"흠! 저는 걱정이 되는데요. …그렇습니다. 선생님의 말씀으로 그 사람이 그 어느 때보다도 더한 흡혈귀가 되어서 이 사람들의 불이익이 되지 않을까 걱정이 됩니다. …선생님, 왜 그 말씀을 하셨습니까?" 하고 베드로가 묻는다.

"벌써 그런 말을 들어 마땅했기 때문이다. 그렇지요. 밭에서 온 여러분?"

"아이고! 그렇구 말구요! 첫번 몇 달 동안은 괜찮았습니다. 그러나 지금은…전보다도 더 못합니다" 하고 미케아가 잘라 말한다.

"우물의 두레박은 제 무게로 내려갑니다" 하고 사제 요한이 격언조로 말한다.

"그렇습니다. 그리고 늑대는 어린 양인 체하는 데 이내 싫증을 냅니다" 하고 헤르마가 한술 더 뜬다.

여자들은 불쌍한 생각이 들어서 자기들끼리 속삭인다.

예수께서는 불쌍한 농부들을 구해줄 능력이 없음을 슬퍼하시며, 연민으로 커진 눈으로 그들을 바라다보신다.

라자로가 말한다. "저는 그 밭들을 사서 이 사람들에게 평화를 주려고 터무니없이 많은 돈을 제의했었습니다. 그러나 그 밭들을 사는 데 성공하지 못했습니다. 도라는 모든 점에 제 아버지와 같아서 저를 미워합니다."

"그러면…저희들은 이렇게 죽어 갈 것입니다. 이것이 저희들의 운명입니다. 그렇지만 아브라함의 품에서 휴식이 분명히 올 것입니다" 하고 죠가나의 다른 농부 사무엘이 외친다.

"여보시오. 하느님의 품에서요. 하느님의 품에서 구속이 완수되고, 하늘의 문이 열리고, 여러분은 하늘로 갈 것입니다. 그리고…."

그러나 대문을 쾅쾅 힘차게 두드리는 소리가 세게 울린다. 모여 있는 사람들 모두가 경계 상태로 들어간다.

"누구지?"

"누가 과월절 저녁에 돌아다닐까?"
"군대인가?"
"바리사이파 사람들인가?"
"헤로데의 병사들인가?"
그러나 불안이 번져 가고 있는데, 저택을 지키는 사람인 레위가 나타나며 "선생님, 용서하십시오" 하고 말한다. "어떤 사람이 선생님을 찾습니다. 그 사람은 출입구에 있습니다. 대단히 괴로워하는 것 같습니다. 나이가 많은 사람인데 서민인 것 같습니다. 선생님을 뵙고자 합니다. 그것도 빨리요."

"저런! 오늘은 기적을 행하시는 저녁이 아닌데! 내일 다시 오라고 하시오…" 하고 베드로가 말한다.

"아니다. 어떤 저녁이든지 기적과 자비의 시간이다" 하고 예수께서 말씀하시고, 안뜰로 가시려고 자리에서 일어나신다.

"혼자 가십니까? 저도 가겠습니다."

"아니다. 너는 너 있는 곳에 그대로 있어라."

예수께서는 레위의 곁에서 나가신다.

전에 그곳을 밝히던 등불들을 껐기 때문에 어둠침침한 안뜰 저쪽 육중한 대문 곁에 몹시 불안해 하는 노인 한 사람이 있다. 예수께서 그에게로 가까이 가신다.

"선생님, 거기서 멈추십시오. 어쩌면 제가 죽은 사람을 만졌는지도 모릅니다. 저는 선생님을 오염시키고 싶지는 않습니다. 저는 안나리아의 약혼자 사무엘의 친척입니다. 저희들은 만찬을 먹고 있었습니다. 그런데 사무엘은 술을 먹고…그렇게 하는 것이 허락되지 않을 정도로 먹었습니다. 그러나 그 젊은이는 얼마 전부터 미친 것같이 보였습니다. 주님, 그것은 가책입니다! 반취가 돼 가지고 또 마시면서 이렇게 말했습니다. '이렇게 하면, 선생님에게 내가 미워한다고 말한 것을 기억하지 못하게 돼요. 저는 선생님을 저주했다는 걸 아셔야 해요.' 그리고 그 사람이 카인 같아 보였습니다. 그 사람이 이렇게 되풀이해 말했거든요. '제 죄는 너무 큽니다. 저는 용서를 받을 자격이 없어요! 난 술을 먹어야 해요! 기억을 하지 않기 위해서 마셔야 해요! 하느님을 저주하는 자는 제 죄를 지고 다니고, 죽음을 당해야 한다는 말이 있으니까요'.

그 사람이 벌써 이렇게 정신착란을 일으키고 있는데, 그때 안나리아의 어머니의 친척 한 사람이 안나리아를 버린 데 대한 해명을 요구하려고 집안으로 들어왔습니다. 반취가 된 사무엘은 욕지거리로 반항했고, 그 사람은 사무엘이 그의 집안의 명예를 손상시킨 것 때문에 그를 재판관 앞에 끌고 가겠다고 위협했습니다. 사무엘이 우선 그 사람의 뺨을 때렸습니다. 두 사람은 치고 받고 했습니다. …저는 늙었고, 제 누이도 늙었고, 하인과 하녀도 늙었습니다. 저희 네 사람과 사무엘의 누이 동생 두 처녀가 어떻게 할 수 있었겠습니까? 저희들은 그저 소리나 지를 수 있었습니다! 그들은 떼어놓으려고 해볼 수나 있었습니다! 그이상은 아무것도 할 수 없었습니다. …그런데 사무엘은 저희가 어린 양을 굽는 데 쓸 나무를 준비했던 도끼를 집어들고 상대편의 머리를 한 번 내리쳤습니다. 도끼날이 아니라, 등으로 쳤기 때문에 머리가 갈라지지는 않았습니다. 그러나 상대편 사람은 꾸르륵거리며 비틀거리더니 쓰러졌습니다. …저희들은 사람들이 몰려오지 않게 하려고…소리지르는 것을 그쳤습니다. …저희들은 집안에 틀어박혀 있었습니다. …공포에 사로잡혀서 …저희들은 그 사람의 머리에 물을 끼얹어서 깨어나기를 바랐습니다. 그러나 그 사람은 자꾸 꾸르륵거리기만 합니다. 그 사람은 틀림없이 죽을 것입니다. 어떤 때는 벌써 죽은 것 같습니다. 그렇게 된 한 순간에 저는 선생님을 청하려고 도망쳐 나왔습니다. 내일…어쩌면 그보다도 일찍 친척들이 그 사람을 찾을 것입니다. 그리고 그 사람들은 그가 저희들 집에 온 것을 분명히 알 터이니까 저희 집으로 찾아와서 그 사람이 죽은 것을 발견할 것입니다. …그리고 사무엘은 율법에 따라 죽음을 당할 것입니다. …주님! 주님! 불명예가 벌써 저희들 머리를 덮치고 있습니다. …그러나 이것은 안 됩니다! 제 누이를 불쌍히 여기십시오. 주님! 사무엘은 선생님을 저주했습니다. …그러나 그의 어머니는 주님을 사랑합니다. …저희들은 어떻게 해야 합니까?"

"여기서 기다리시오. 곧 오겠습니다." 그러면서 예수께서는 방 쪽으로 돌아오시며 문에서 부르신다. "가리옷의 유다야, 나와 같이 가자."

"주님, 어디로 갑니까?" 유다는 즉시 순종하며 말한다.

"알게 될 거다. 여러분은 평화와 사랑 속에 계속 있으시오. 우리는 이내 돌아올 것입니다."

그들은 방에서, 현관에서, 집에서 나간다. 사람이 없고 어두운 거리를 빨리 지나간다. 그들은 비극적인 집에 도착한다.

"사무엘의 집?! 왜요?…"

"조용히, 유다야. 나는 네 양식을 믿기 때문에 너를 데리고 왔다."

노인은 자기라는 것을 알렸다. 그들은 들어간다. 그들은 맞은 사람을 끌어다 놓은 만찬실로 올라간다.

"죽은 사람?! 아니 선생님! 우리는 부정을 타게 됩니다!"

"이 사람은 죽지 않았다. 이 사람이 숨쉬는 것이 보이고, 그르렁거리는 소리가 들리지. 이제 나는 이 사람을 낫게 하겠다…."

"그러나 이 사람은 머리를 한 대 맞았습니다! 여기서는 범죄가 저질러졌군요! 누가 이 사람을 쳤습니까?…그것도 어린 양의 날에!" 유다는 공포에 질려 있다.

"저 사람이다" 하고 예수께서는 사무엘을 가리키며 말씀하신다. 사무엘은 한 구석에 몸을 던지고, 죽어가는 사람 자신보다도 더 초주검이 되어, 상대편 사람이 죽어가면서 그르렁거리는 것처럼 그는 공포에 그르렁거리며, 사람들을 보지 않고, 사람들에 보이지도 않으려고 겉옷 한 자락으로 머리를 가린 채 잔뜩 움츠리고 있다. 모두 그를 공포를 가지고 바라다보는데, 다만 그의 어머니는 살인에 대한 공포에다, 죄를 지어서 이스라엘의 엄격한 법에 의해 미리 단죄된 아들에 대한 격렬한 고통을 곁들인다. "첫번째 죄가 어디로 끌고 가는지 보느냐? 유다야, 이런 데로 끌고 간다! 저 사람은 처음에 자기 아내될 사람에 대한 맹세를 어겼다. 그 다음에는 하느님께 대한 맹세를 어겼다. 그 다음에는 중상(中傷)하는 사람, 거짓말쟁이, 하느님을 모독하는 사람이 되었고, 그 다음에는 술에 빠졌고, 이제는 살인까지 했다. 유다야, 사람은 이렇게 해서 사탄에게 사로잡히는 것이다. 이것을 항상 기억하여라…." 예수께서는 팔을 펴서 사무엘을 가리키시는 데 무서우시다.

그러나 곧 이어 창문에 기대서 몸을 벌벌 떨며 서 있기가 힘든 것 같고, 거의 죽어가는 것 같은 어머니를 바라다 보신다. 그리고 예수께서는 서글프게 말씀하신다. "유다야, 어머니들은 아들의 죄 말고는 다른 무기없이 이렇게 죽음을 당하는 것이다. 가엾은 어머니들! …나는 저 어머니를 불쌍히 여기는 것이다. 나는 어머니들을 불쌍히 여긴다. 어머니에 대하여 동정을 보지 못하게 될 아들인 내가…."
 예수께서 우신다. …유다는 깜짝 놀라 예수를 쳐다본다….
 예수께서는 죽어가는 사람에게로 몸을 굽히시고, 한 손을 그의 머리에 얹으신다. 그리고 기도하신다. 그 사람이 눈을 뜬다. 그는 좀 취한 듯하고, 놀란 것같이 보인다. …그러나 이내 정신이 돌아온다. 그는 주먹으로 방바닥을 짚고 일어나 앉는다. 그리고 예수를 쳐다본다. 그는 "선생은 누구십니까?" 하고 묻는다.
 "나자렛의 예수요."
 "거룩하신 분! 그런데 왜 제 곁에 계십니까? 저는 지금 어디에 있는 겁니까? 내 누이와 그 딸은 어디 있습니까? 무슨 일이 있었습니까?" 그는 기억하려고 애쓴다.
 "여보시오. 당신은 나를 거룩한 사람이라고 불렀지요. 그러면 나를 그런 사람으로 믿습니까?"
 "예, 주님. 선생님은 주님의 메시아이십니다."
 "그러면 내 말은 당신에게 신성한 것이지요?"
 "그렇습니다. 주님!"
 "그러면" 하고 예수께서 몸을 일으키신다. 예수께서는 위엄이 있다.
 "그러면 나는 선생님으로서 메시아로서 당신에게 용서하라고 명하오. 당신은 이리로 왔고, 모욕을 당했소…."
 "아! 사무엘! 맞아!…도끼! 나는 그를 고발…." 그는 일어나면서 이렇게 말한다.
 "안 되오. 하느님의 이름으로 용서하시오. 이 때문에 내가 당신을 고쳐 주었소. 당신은 안나리아의 어머니가 고통을 겪었기 때문에 그에게 관심을 쏟고 있소. 그런데 사무엘의 어머니는 한층 더 괴로움을 겪을 거요. 용서하시오."
 그 사람은 좀 망설인다. 그는 자기를 친 사람을 분명한 원한을 가지고 바라다본다. 괴로워하는 어머니를 바라다본다. 그리고 그를 내려다보시는 예수를 쳐다본다. …그는 결정을 하지 못한다.
 예수께서는 팔을 벌려 그를 끌어안으시며 말씀하신다. "내게 대한 사랑으로!"
 그 사람은 울기 시작한다. …이렇게 메시아의 품에 안겨서, 그분의 입김을 머리카락에 느끼고, 타격을 받은 곳에 입맞춤을 느끼다니! …그는 울고 또 운다….

"그렇게 하지요?" 하고 예수께서 말씀하신다. "내게 대한 사랑으로 용서하지요? 오! 자비로운 사람들은 행복하오! 내 가슴에서 울고 또 우시오. 눈물과 더불어 일체의 원한이 나가기를 바라오! 완전히 새 사람! 완전히 깨끗한 사람이 되시오! 자 이렇게! 온순하게! 오! 하느님의 아들이 그래야 하는 것처럼 온순하게…."

그 사람은 얼굴을 들고 울면서 말한다. "예, 그러겠습니다. 선생님의 사랑은 정말 다정스럽습니다! 안나리아의 말이 맞습니다. 이제는 그 애를 이해하겠습니다. …아주머니, 이제는 울음을 그치세요! 과거는 지나갔습니다. 제 입으로는 아무도 아무것도 알지 못할 것입니다. 아주머니 아들이 아주머니에게 기쁨을 줄 수 있으면, 다시 찾은 아들을 즐기세요. 아주머니, 안녕히 계십시오. 저는 집으로 돌아갑니다." 그러면서 나가려고 한다.

예수께서 그에게 말씀하신다. "여보시오. 나도 당신과 같이 가겠소. 어머니, 안녕히 계세요. 아브라함, 안녕히 계십시오. 처녀들, 잘 있어요." 사무엘에게는 한 마디도 안하신다. 사무엘도 역시 할 말을 찾아내지 못한다.

어머니는 그의 머리에서 겉옷을 젖히고, 일어난 일에 대한 반작용으로 아들에게 달려들며 말한다. "구세주께 감사드려라. 이 무자비한 녀석아! 감사드려, 이 비열한 녀석아!…."

"아주머니, 가만 놔두세요. 놔두세요! 그의 말은 가치가 없을 것이다. 술 때문에 얼이 빠졌고, 그의 마음은 닫혀 있습니다. 그를 위해 기도하세요. …안녕히 계세요."

예수께서는 층계를 내려오셔서 유다와 다른 사람이 있는 길로 가신다. 예수께서는 손에 입맞춤을 하려고 하는 늙은 아브라함에게서 빠져나오셔서, 떠오르는 달빛을 받으시며 빨리 걸으신다.

"먼 곳에 사시오?" 하고 그 사람에게 물으신다.

"모리아산 밑에 삽니다."

"그러면 우리는 헤어져야 하겠소."

"주님, 주님께서는 저를 제 아이들과 아내와 생명에 보존해 주셨습니다, 주님을 위해 무슨 일을 해야 합니까?"

"착하게 살고, 용서하고, 입을 다무는 것이오. 절대로, 어떤 이유로도, 지금 일어났던 일을 한 마디도 해서는 안 되오. 약속하겠소?"

"거룩한 성전을 걸고 맹세합니다! 주님이 저를 살려 주셨다는 것을 말할 수 없는 것은 괴롭습니다마는…."

"의롭게 사시오. 그러면 내가 당신의 영혼을 구원하겠소. 그리고 이것은 당신이 말해도 되오. 잘 가시오. 평화가 당신과 함께 있기를."

그 사람은 무릎을 꿇고 인사한다. 그리고 그들은 헤어진다.

"기막힌 일입니다! 기막힌 일이예요!" 둘만이 있게 된 지금 유다가 말한다.

"그렇다. 소름끼치는 일이다. 유다야, 너도 여기 대해 아무 말도 하지 말아라."

"안하겠습니다. 주님! 그러나 왜 저를 선생님과 함께 오라고 하셨습니까?"

"너는 내 신뢰가 만족하지 않느냐?"

"오! 대단히 만족합니다! 그러나…."

"그러나 거짓말, 돈에 대한 욕심, 술취함, 영적인 감정과 실천이 없는 종교의 죽은 예배행위가 어디로 이끌어갈 수 있는지 곰곰히 생각해 보라고 그런 것이다. 그래 사무엘에게는 상징적인 식사가 무엇이었느냐? 아무것도 아니었다! 푸짐한 식사였고, 독성(瀆聖)이었다. 그리고 이 식사 중에 그는 살인자가 되었다. 장차 많은 사람이 그와 같이 될 것이다. 어린 양의 맛을, 양에게서 난 어린 양이 아니라, 하느님의 어린 양의 맛을 혀에 느끼면서, 그들은 죄악을 향하여 갈 것이다. 왜 그렇게 되느냐? 어떻게 그렇게 되느냐? 너는 이것을 내게 묻지 않느냐? 그러나 나는 그래도 그것을 네게 말해 주겠다. 그들은 이 시간을 처음에는 많은 부주의로 준비하고, 그 다음에는 고집을 부렸겠기 때문이다. 이것을 잘 기억하여라. 유다야!"

"예, 선생님. 그런데 다른 사람들에게는 뭐라고 말합니까?"

"대단히 중한 사람이 있었다고, 이것은 사실이다."

그들은 빨리 길로 돌아가고, 나는 그들을 놓쳤다.

66. 누룩없는 빵의 토요일

 많은 남녀 제자들이 하직을 하고 그들이 머무는 집으로 돌아가거나, 그들이 왔던 길을 다시 간다.
 이 4월말의 찬란한 오후에 라자로의 집에는 엄밀한 의미의 제자들, 특히 전도에 가장 헌신하는 제자들이 남아 있다. 즉 목자들, 헤르마와 스테파노, 사제 요한, 티몬, 헤르마스테아, 엠마오의 요셉, 솔로몬, 갈릴래아의 베들레헴의 아벨, 코라진의 사무엘과 아벨, 아가페, 나자렛의 아세르와 이스마엘, 코라진의 엘리야, 아르벨라의 필립보, 티베리아의 뱃사공 요셉, 에페소의 요한, 안티오키아의 니콜라이다. 알려진 여자 제자들 외에 여자들도 남아 있는데, 안나리아, 도르카, 유다의 어머니, 미르타, 아나스타시카, 필립보의 딸들이다. 야이로의 미리암과 야이로 자신도 보이지 않는다. 야이로는 아마 그가 머물던 집으로 돌아간 모양이다.
 그들은 집의 마당과 옥상을 천천히 돌아다니는데, 라자로의 침대 곁에 앉아 계신 예수의 둘레에는 거의 모든 여자들과 오래 된 모든 여자 제자들이 있다. 그 여자들은 라자로와 말씀하시면서, 과월절 여행 전 마지막 몇 주일 동안에 지나오신 지방들을 묘사하시는 것을 듣는다.
 필립보의 가이사리아 요새 이야기를 들은 다음, 라자로는 엄마 품에 안겨서 행복스럽게 자고 있는 아기를 가리키며, "선생님께서는 아기를 구하시게 때맞추어 가셨었군요" 하고 말한다. 그리고 라자로는 덧붙인다. "잘 생긴 아이입니다! 아기 엄마, 아기를 더 가까이 보여 주시오!"
 도르카는 일어나서, 말없이 그러나 자랑스럽게 그의 아기를 병자에게 보여 감탄하게 한다.
 "잘 생긴 아이야! 정말 아름다워! 주님께서 이 아이를 보호하시고,

힘과 성덕으로 자라게 하시기를."

"그리고 그의 구세주께 충실하도록이요. 만일 이 아이가 장차 그의 구세주께 충실하지 않게 되어 있다면, 지금 당장이라고 죽기를 바랍니다. 무엇이든지 좋지만, 구함을 받은 뒤에 주님께 배은망덕하는 사람이 되지 않기를 바랍니다!" 하고 도르카가 제자리로 돌아가면서 꿋꿋하게 말한다.

"주님은 구하시기 위해 언제나 때맞추어 오십니다" 하고 베들레헴의 아벨의 어머니 미르타가 말한다. "제 아이도 도르카의 아기와 마찬가지로 죽어가고 있었어요. 죽음은 또 어떤 죽음이구요! 그러나 주님이 오셔서 살려 주셨습니다. 얼마나 무서운 시간이었는지요!…" 미르타는 그것을 생각하며 지금도 얼굴이 창백해진다.

"그러면 주님께서는 제게도 때맞추어 오시겠지요? 제게 평화를 주시게…" 하고 라자로는 예수의 손을 어루만지며 말한다.

"그런데 좀 나은 것 같지 않아요, 오빠?" 하고 마르타가 묻는다. "어제부터 오빠의 고통이 좀 더 덜어진 것 같아요…."

"그래, 그 점이 나도 이상하게 생각된다. 아마 예수님이…."

"아니오. 그것은 내 평화를 당신에게 부어 주었기 때문이오. 당신 영혼에 내 평화가 가득 차 있소. 그리고 그것이 사지의 고통을 가라앉히오. 당신이 고통을 겪는 것은 하느님의 명령이오."

"그리고 제가 죽는 것도 그렇지요. 그 말씀도 하셔요. 그러면…선생님께서 가르치는 것처럼 하느님의 뜻이 이루어지기를 바랍니다. 이제부터는 병이 낫기를 청하지도 않고, 고통이 덜하기를 청하지도 않겠습니다. 저는 하느님께 너무나 많은 것을 받았습니다(그러면서 본의 아니게 동생 마리아를 바라다본다). 그래서 이 같은 행복 대신에 제 복종을 드리는 것이 당연합니다…."

"이거 보시오. 더 많은 것을 하시오. 인종하고, 고통을 참아받는 것도 벌써 대단한 일이오. 그러나 당신은 하느님께 더 큰 가치를 드리시오."

"주님, 그것이 어떤 것입니까?"

"그 고통을 사람들의 구속을 위해 바치시오."

"선생님, 저도 보잘 것 없는 인간입니다. 저는 구속자가 되기를 열망할 수는 없습니다."

"당신은 그렇게 말하지만, 당신 생각은 잘못이오. 하느님은 사람들을 돕기 위해 사람이 되셨소. 그러나 사람들도 하느님을 도와드릴 수 있소. 의인들의 행동이 구속의 시간에 내 행동에 합쳐질 거요. 여러 세기 전에 죽은 의인이나 미래에 살 의인들의 행동이 말이오. 당신은 지금부터 당신의 행동을 저들의 행동에 합치시오. 하느님의 인자하심에 결합하여, 우리가 우리의 한있는 친절로 드릴 수 있는 것을 거기에 보태면서 '아버지, 저도 제 형제들의 행복에 협력합니다' 하고 말씀드리는 것은 정말 아름다운 일이오. 주님께 영광을 드리고 우리 형제들에게 영원한 구원을 줄줄 아는 것보다 주님과 이웃에 대한 더 큰 사랑이 있을 수 없소. 자기 자신을 구원하는 것? 그것은 별것이 아니오. 그것은 '최소한'의 거룩함이오. 구원하는 것, 구원하기 위하여 자기를 바치는 것, 구원하기 위하여 자기를 희생의 열화(熱火)가 되기까지 사랑을 이끌어 가는 것은 아름다운 일이오. 그러면 사랑이 완전하오. 그리고 너그러운 사람의 성덕은 매우 클 거요."

"이 모든 것이 얼마나 아름다우냐. 동생들아?" 하고 라자로는 그의 섬세한 얼굴에 꿈과 같은 미소를 띠고 말한다.

마르타는 감격하여 머리를 끄덕여 동의한다.

그가 늘 취하는 겸손하고 열렬한 숭배자의 자세로 예수의 발 앞에 방석을 깔고 앉아 있는 마리아는 말한다. "오빠에게 이런 고통을 당하게 하는 것은 아마 저일 거예요. 주님, 제 고민이 철저하게 되도록 그 말씀을 해 주셔요!…"

라자로가 외친다. "아니다. 마리아야, 아니야. 나는… 나는 그로 인해서 죽게 되어 있었다. 네가 네 믿음을 스스로 꿰뚫지 말아라."

그러나 예수께서는 끝까지 솔직하셔서 이렇게 말씀하신다. "확실히 그렇다! 나는 네 착한 오빠가 기도를 드릴 때와 마음이 설렐 때에 하는 말을 들었다. 그러나 이것으로 인해서 너를 둔하게 하는 고민을 얻게 되어서는 안 된다. 오히려 반대로 네가 치르게 한 대가 때문에 완전한 사람이 되고자 하는 욕망을 가지게 되어야 한다. 그리고 기뻐하여라! 기뻐해! 라자로가 너를 얻기 위해 마귀에게서 너를 빼앗아 왔기 때문이다…"

"제가 아닙니다! 선생님이시지요."

"…너를 마귀에게서 빼앗아 온 것으로 오빠는 장차 하느님께 상을 받을 자격을 얻었다. 그 상의 덕택으로 사람들과 천사들이 라자로에 대해 말할 것이다. 그리고 라자로에 대해서와 마찬가지로 사탄에게서 그에게 사로잡힌 영혼을 그들의 용맹으로 빼앗아 온 다른 남자들과 특히 다른 여자들에 대해서도 말할 것이다."

"그게 누굽니까? 누굽니까?" 하고 여자들이 호기심을 가지고 묻는다. 그리고 아마 모두가 각기 자기를 위하여 그들에 관한 이야기이기를 바란다.

유다의 마리아는 말은 하지 않는다, 그러나 선생님을 쳐다보고 또 쳐다본다. …예수께서도 그를 바라다보신다. 예수께서는 마리아를 착각 속에 그대로 있게 하실 수도 있을 것이다. 그러나 그렇게 하지 않으신다. 그를 괴롭히지 않으신다. 그러나 잘못 생각하게도 하지 않으신다. 예수께서는 모든 여자에게 대답하신다. "하늘에서 알게 될 것이오."

끊임없는 극도의 불안 속에서 살고 있는 유다의 어머니는 묻는다. "그런데 어떤 여자가 욕망을 가지고 있는데도 성공하지 못하면요? 그의 운명은 어떻겠습니까?"

"그의 영혼이 착함으로 자격을 얻게 되는 운명이지요."

"하늘나라요? 그렇지만 주님, 그가 사랑하는 사람들을 구원하는 데 성공하지 못해서 그들이 영벌을 받는 것을 보게 되는…아내나 자매나 어머니가 천국에 있으면서도 천국을 차지할 수 있겠습니까? 그의 살에서 나온 살, 그의 피에서 나온 피가 영벌의 선고를 받아 마땅하게 되겠기 때문에… 그는 영영 기쁨을 누리지 못하리라고 생각하지 않으십니까? 저는 그가 사랑하는 사람이 혹독한 벌의 희생물이 된 것을 보면 즐길 수가 없으리라고 생각합니다…."

"아주머니의 생각은 틀렸습니다. 하느님을 뵙고, 하느님을 차지하는 것은 하도 무한한 지복(至福)의 근원이어서 영복을 누리는 사람들에게는 고뇌가 남아 있지 않습니다. 아직 구원을 받을 수 있는 사람들을 돕는 데에는 적극적이고 친절한 그들은 하느님에게서 떨어져 나가고, 하느님 안에 있는 그들 자신에게서 떨어져 나간 사람들 때문에는 고통을 받지 않게 됩니다. 성인들의 통공(通功)은 성인들을 위해 있는 것입니다."

"그렇지만 그들이 아직 구원을 받을 수 있는 사람들을 돕는다면, 이 사람들이 아직 성인이 아니라는 표인데요" 하고 베드로가 반대한다.

"그러나 그 사람들은 성인이 되려는 적어도 소극적인 의지는 가지고 있다. 하느님 안에 있는 성인들은 물질적인 필요까지도 도와서 소극적인 의지를 가진 사람들을 적극적인 의지로 옮겨가게 한다. 알아들었느냐?"

"알아듣기도 하고 알아듣지 못하기도 했습니다. 예를 하나 들겠습니다. 만일 제가 하늘에 가 있는데, 가령 바리사이파 사람 엘리에게서 일시적인 착한 마음의 충동을 보게 된다고 가정하면, 제가 어떻게 해야 겠습니까?"

"그 착한 충동을 더 커지게 하려고 모든 방법을 다 써야 할 것이다."

"그런데 그것이 아무 소용도 없으면요? 그 다음엔 어떻게 합니까?"

"그 다음에 그가 영벌 선고를 받고 나면 그에 대한 관심을 가지지 않게 될 것이다."

"그런데 만일, 그가 지금 실제로 그런 것과 같이 아주 영벌 선고를 받아 마땅한데 — 그럴 리는 절대로 없겠지만 — 그 사람이 제게 소중한 사람이면, 제가 어떻게 해야 하겠습니까?"

"그 사람이 네게 소중하지 않고, 또 결코 소중하게 되지 않을 것이라고 말하는 것으로 네가 영벌 선고를 받을 위험이 있다는 것을 우선 알아라. 그런 다음 만일 네가 사랑과 완전히 하나가 되어 하늘에 있으면, 그의 심판의 순간까지 네가 그를 위하여, 그의 구원을 위하여 기도하리라는 것을 알아라. 그들을 위한 기도의 일생이 지난 뒤에 최후 순간에 구원을 받는 사람들이 있을 것이다."

하인 한 사람이 들어와서 말한다. "마나헨이 왔습니다. 선생님을 뵙겠다고 합니다."

"들어오라고 하게. 틀임없이 중대한 이야기를 하고자 할 것이다."

여자들은 조심스럽게 물러간다. 그리고 제자들도 여자들을 따라간다. 그러나 예수께서는 이사악, 사제 요한, 스테파노와 헤르마, 마티아와 요셉, 목자 제자들을 도로 불러들이신다. 그리고 "제자들인 너희들도 알고 있는 것이 좋다"고 설명하신다.

마나헨이 들어와서 몸을 굽혀 인사한다.

"당신께 평화" 하고 그에 인사하시려고 말씀하신다.

"선생님께 평화. 해가 져갑니다. 안식일 후의 제 걸음은 주님을 위해서입니다."

"과월절을 잘 지냈소?"

"잘이라구요!! 헤로데와 헤로디아가 있는 곳에는 좋은 것이 아무것도 없습니다! 제가 그들과 같이 어린 양을 먹는 것은 이번이 마지막이라고 생각합니다. 그로 인해서 제가 죽어야 한다고 해도 그들과 오래 더 머물러 있지는 않겠습니다!"

"나는 당신이 잘못 생각한다고 믿습니다. 당신은 그대로 있으면서 선생님께 봉사하실 수 있습니다…" 하고 가리옷 사람이 반박한다.

"맞아요. 그리고 내가 지금까지 붙들려 있는 것이 이 때문이지요. 그러나 얼마나 메스꺼운 일이요! 쿠자가 나 대신 일을 할 수 있을 것입니다…."

바르톨로메오가 이런 지적을 한다. "쿠자는 마나헨이 아닙니다. 쿠자는…그렇지요. 그 사람은 일을 재주있게 해낼 줄 알지요. 그 사람은 절대로 주인을 비판하지 않을 것입니다. 당신은 더 솔직하지요."

"그것은 사실입니다. 그리고 당신이 말하는 것도 사실입니다. 쿠자는 조신입니다. 그는 왕위의 매력에 홀립니다. …왕위! 내가 무슨 말을 하는 거지요? 왕의 타락한 상태지요! 그러나 그 사람은 왕과 함께 있기 때문에 자기가 왕인 것같이 생각되는 겁니다. …그 사람은 왕의 총애를 잃을까 봐 두려워합니다. 저번날 저녁 그 사람은 아주 풀이 죽어 있었습니다. 선생님께 쫓겨난 살로메의 탄식을 들은 다음 헤로데가 쿠자를 불렀을 때, 그는 기다시피하며 헤로데 앞에 나타났습니다. 쿠자는 괴로운 한때를 보냈습니다. 그의 얼굴에서는 어떤 값을 치르더라도, 선생님을 비난하고, 선생님이 틀렸다고 해서라도 자신을 구하고자 하는 욕망을 읽을 수 있었습니다. 그러나 헤로데는!… 헤로데는 이제는 그 처녀의 어머니에 싫증이 난 것과 같이 싫증이 난 그 처녀를 희생시키면서 웃으려고만 했던 것입니다.

그리고 쿠자가 선생님의 말씀을 되풀이해 말하는 것을 들으면서 미친 사람처럼 웃었습니다. '이 어린…(그러면서 너무도 상스러운 말을 했기 때문에 선생님께 그대로 옮기지는 않겠습니다)에게 대해서는 아직도 너무, 너무 부드럽다. 그 탐욕스러운 젖가슴을 짓밟아야 했을 거다. …그러나 그러면 그 사람이 부정을 탔겠지!' 그리고는 진지하게 되어서 말했습니다. '그렇지만, 여자가 마땅히 받아야 할 모욕이 왕권에 대해서는 허락되지 않는다. 나는 관대하다(관대하다는 것은 그의 고정관념입니다. 그런데 아무도 그에게 그렇다는 말을 하지 않기 때문에 그가 자기 자신에 대해서 그렇게 말합니다). 그래서 선생이 살로메에게 진실을 말했기 때문에 그를 용서한다. 그러나 선생이 조정에 와서 살로메를 완전히 용서해 주기를 바란다. 나는 그를 보고, 그의 말을 듣고, 그에게 기적을 행하게 하기를 원한다. 그더러 오라고 해라. 그러면 내가 그를 보호해 주겠다'. 저번날 저녁에 헤로데가 이렇게 말했습니다. 그러니까 쿠자는 무슨 말을 할지 몰랐습니다. 왕에게 아니라고 말하고자 하지는 않았습니다. 그렇다고 예라고 말할 수는 없었습니다. 그것은 선생님께서 분명히 헤로데의 뜻을 받아들이실 수 없기 때문입니다. 오늘 그는 제게 이렇게 말했습니다. '너는 틀림없이 그 사람을 만나겠지. …그에게 내 뜻을 말해라' 하고. 저는 그 뜻을 말합니다. 그러나…벌써 무슨 대답이 나올지 압니다. 그렇지만, 그 대답을 전할 수 있게 말씀해 주십시오."

"안 가오!" 벼락치는 것 같은 아니라는 말씀이다.

"선생님은 너무나 강력한 적을 만들지 않으시겠습니까?" 하고 토마가 묻는다.

"사형집행인까지도. 그러나 나는 '아니'라는 대답밖에 할 수 없다."

"그는 우리를 박해할 것입니다…."

"오! 사흘만 지나면 잊어버릴 것입니다" 하고 마나헨이 어깨를 들썩하며 말한다. 그리고 덧붙인다. "무언광대극을…그에게 약속했는데…광대들이 내일 온답니다. …그러면 모두 잊어버릴 것입니다!…"

하인이 다시 와서 말한다. "선생님, 니고데모와 요셉과 다른 바리사이파 사람들과 최고회의 우두머리들이 왔습니다. 선생님께 인사를 드리고 싶다고 합니다."

라자로는 의아하다는 태도로 예수를 쳐다본다. 예수께서는 알아들으시고 말씀하신다. "오시라고 하게! 그분들에게 기꺼이 인사하겠네."
 조금 후에 니고데모, 요셉, 엘르아잘(이스마엘의 연회 때의 의인), 요한(오래 전에 있었던 아리마태아의 연회 때의 의인), 그리고 여호수아, 필립보, 유다라 불리는 다른 사람들과 끝으로 요아킴이 들어온다. 인사가 끝없이 계속된다. 다행히 방이 넓기에 망정이지. 그렇지 않았더라면, 그들이 어떻게 그 많은 절과 포옹을 하고 호화로운 겉옷을 펼칠 것인가? 그러나 방이 아무리 커도 이내 꽉 찬다. 그래서 제자들은 빠져 나간다. 이제는 예수와 라자로만 남았다. 어쩌면 이분들에게도 그 많은 최고회의 의원들의 눈동자의 주목을 받는 것이 적절하게 생각되지 않는지도 모르겠다!
 "라자로, 우리는 당신이 예루살렘에 와 있다는 것을 알았소. 그래서 왔소!" 하고 요아킴이라고 불리는 사람이 말한다.
 "나는 그것이 놀랍기도 하고 기쁘기도 하오. 때로는 당신 얼굴이 기억나지 않았거든요…" 하고 라자로가 약간 비꼬는 투로 말한다.
 "그러나…당신도 알겠지만…늘 오려고 했소. 하지만…당신은 자취를 감췄었거든요…."
 "그런데 내가 자취를 감추었다는 것은 참말 같아 보이지 않소! 하긴 불행한 사람을 찾아오는 것은 매우 어려운 일이지요!"
 "아니오! 그렇게 말하지 마시오! 우리는…당신이 바라는 것을 존중하오. 그러나 지금은…지금은…그렇지요. 니고데모?"
 "그렇소, 라자로. 당신 소식을 알아보고 또 선생님께 경의를 표하기 위해 오랜 친구들이 다시 왔소."
 "무슨 소식을 가지고 오셨소?"
 "흠!… 사실은…흔히 있는 일이오. …세상…그렇소…." 그들은 예수 쪽을 바라다본다. 예수께서는 당신 자리에 꼿꼿하게 앉으셔서 약간 생각에 잠겨 계신다.
 "안식일이 겨우 끝났는데, 어떻게 오늘 이렇게 함께?"
 "특별회의가 있었소."
 "오늘?! 무슨 긴급한 이유로?"
 거기 있는 사람들은 의미있게 예수를 바라다본다. 그러나 예수께서는 생각에 잠겨 계신다. "여러 가지 이유지요…" 하고 곧이어 그들이 대답한다.

"그런데 그것들은 선생님과는 관계가 없는 것들이겠지요?"

"관계가 있소. 라자로, 선생님과도 관계가 있소. 그러나 명절로 인해 우리가 모두 성도에 모여 있는 동안 중대한 사건 하나도 판결했소…" 하고 아리마태아의 요셉이 대꾸한다.

"중대한 사건이라니? 어떤 거요?"

"젊은이의…한 가지…실수….흠! 그렇소! 격렬한 토론이 일어난 까닭은…선생님, 저희 말을 들어보십시오. 선생님께서는 성실한 사람들 축에 드시지요. 저희들은 제자는 아니지만 적들도 아닙니다. 이스마엘의 집에서 선생님께서는 저에게 정의에서 멀지 않다고 말씀하셨지요" 하고 엘르아잘이 말한다.

"사실입니다. 그리고 그것을 확인합니다."

"그리고 저는 요셉의 연회 때에 펠릭스에 대해서 선생님을 변호했습니다" 하고 요한이 말한다.

"그것도 사실입니다."

"그리고 이 사람들도 저희들과 같이 생각합니다. 저희들은 오늘 무슨 결정을 하라고 소집되었습니다. …그런데 저희들은 결정된 것에 대해 만족하지 않습니다. 저희들은 다수에 의해서 압도되었기 때문입니다. 솔로몬보다도 더 지혜로우신 선생님께서 듣고 판결하십시오."

예수께서는 당신의 통찰력있는 눈길로 그들을 꿰뚫어보시고 나서 말씀하신다. "말씀해 보시오."

"아무도 듣는 사람이 없다는 것이 확실합니까? 이것은…소름끼치는 일이기 때문입니다…" 하고 유다라는 이름을 가진 사람이 말한다.

"문을 닫고 커어튼을 내리시오. 그러면 우리가 무덤 속에 있는 것과 같을 거요" 하고 라자로가 그에게 대답한다.

"선생님, 어제 아침 안나의 엘르아잘에게 어떠한 이유로도 부정을 타지 말라고 말씀하셨지요. 왜 그에게 그런 말씀을 하셨습니까?" 하고 필립보가 묻는다.

"그 말을 해야 했기 때문입니다. 그 사람은 부정을 타지만, 나는 부정을 타지 않습니다. 성서에서 그렇게 말합니다."

"맞습니다. 그러나 그가 부정을 탄다는 것을 어떻게 아십니까? 혹 처녀가 죽기 전에 선생님께 말씀을 드렸습니까?"
 "어떤 처녀 말입니까?"
 "겁탈을 당하고 나서 죽은 처녀 말입니다. 그리고 처녀와 함께 어머니두요. 그들이 고통으로 인해서 죽었는지, 자살을 했는지, 또는 말을 못하게 하려고 누가 그들을 독살했는지 모릅니다."
 "나는 그런 것은 아무것도 알지 못했습니다. 나는 안나의 아들의 타락한 영혼을 보았습니다. 악취를 맡았구요. 그래서 말한 것입니다. 다른 것은 아무것도 알지 못하고 보지도 못했습니다."
 "아니 무슨 일이 일어났소?" 하고 라자로가 흥미를 느껴 묻는다.
 "무슨 일이 있었느냐 하면, 안나의 엘르아잘이 과부의 외동딸인 어떤 처녀를 보았소. …그리고는 그 처녀가 생활비를 벌기 위해 옷만드는 일을 했기 때문에, 표면상으로는 일거리를 주겠다고 꾀어서 오게 하고는…그 처녀를 농락했소. 처녀는 사흘 후에…죽었소, 그리고 어머니도 같이 죽었소. 그러나 위협을 받았는데도, 죽기 전에 하나밖에 없는 친척에게 모든 것을 다 말했소. …그래서 그 친척은 고발을 하려고 안나의 집에 갔소. 그리고 거기에 만족하지 않고 요셉과 나와 다른 사람들에게도 그 말을 했소. …안나는 그를 붙잡아 옥에 가두게 했소. 거기서 그 사람은 죽음을 당하든가 평생 갇혀 있든가 할 거요. 오늘 안나는 우리가 어떻게 생각하는지를 알려고 했소" 하고 니고데모가 말한다.
 "우리가 벌써 알고 있다는 것을 알지 않았더라면, 그 사람은 그렇게 하지 않았을 거요" 하고 요셉이 입속으로 중얼거린다.
 "그렇소. …허울뿐인 투표와 재판 시늉을 하고서, 불행한 사람 셋에 대한 명예와 생명을 결정하고 죄지은 사람에 대한 처벌을 결정했소" 하고 니고데모가 말끝을 맺는다.
 "그래서요?"
 "그래서! 뻔한 일이지요! 그 사람의 석방과 엘르아잘의 처벌 쪽으로 투표한 우리들은 위협을 당하고 불공평한 사람으로 취급되어 쫓겨났소. 선생님은 어떻게 생각하십니까?"
 "예루살렘은 내게 혐오감을 일으키고, 또 예루살렘에서 가장 역한 냄새를 풍기는 종기는 성전이라고 생각합니다" 하고 예수께서는 천천히, 그리고 무서운 목소리로 말씀하신다. 그리고 이렇게 말을 마치신다. "이 말을 성전 사람들에게 전하십시오."

"그런데 가믈리엘은 어떻게 했소?" 하고 라자로가 묻는다.

"사실을 알자마자, 얼굴을 가리고 '빨리 새 삼손이 와서 썩어빠진 펠리시데인들을 없애버려야 해' 하고 말하면서 나갔소."

"제대로 말했습니다. 그러나 멀지 않아 새 삼손이 올 것입니다." 잠시 침묵이 흐른다.

"그럼 저분에 대해서는 말이 없었소?" 하고 라자로가 예수를 가리키며 묻는다.

"아이고! 왜 말이 없어요! 나머지 모든 것보다 먼저 말했지요. 선생님이 이스라엘 나라를 '보잘 것 없다'고 선언하셨다는 보고를 했고, 따라서 선생님을 하느님을 모욕하는 사람으로 선언했습니다. 독성자(瀆聖者)라고까지 했습니다. 이스라엘 왕국은 하느님의 것이니까요."

"아! 그래요?! 그러면 대사제는 처녀를 겁탈한 자를 무엇이라고 불렀습니까? 그의 사제직을 더럽힌 사람을 말입니다. 대답하십시오!" 하고 예수께서 물으신다.

"그 사람은 대사제의 아들입니다. 안나가 그 안에서는 여전히 진짜 왕이니까요" 하고 요아킴이 말한다. 그는 그의 앞에 팔을 내밀고 서 계신 예수의 위엄에 겁을 집어먹고 말한다….

"그렇습니다. 퇴폐의 왕입니다. 그런데 더럽혀지고 살인자인 분봉왕과 겁탈을 하고 살인을 한 자의 공범인 대사제가 있는 나라를 나더러 '보잘 것 없는' 나라라고 부르지 말라고 하는 것입니까?…"

"어쩌면 처녀가 자결을 했거나 고통으로 죽었는지도 모릅니다" 하고 엘르아잘이 중얼거린다.

"그 처녀는 아무튼 그를 범한 자에 의해서 죽음을 당한 것입니다. …그리고 이제는 그 친척이 말을 하지 못하도록 가두어 둠으로써 제3의 희생자를 만들고 있지 않습니까? 그리고 그 많은 죄악으로 더럽혀진 몸으로 제단에 가까이 감으로 제단을 모독하지 않습니까? 그리고 너무도 적은 최고회의의 의인들에게 침묵을 강요함으로써 정의를 억누르지 않습니까? 그렇습니다. 새 삼손이 빨리 와서 저 더럽혀진 곳을 때려부수고, 병을 고치기 위하여 추방해야 합니다! …나는 심한 불쾌감 때문에 토할 것만 같아서, 이 불행한 나라를 보잘 것 없는 나라라고 부르기만 할 뿐 아니라, 말할 수 없는 죄악이 가득 차고, 사탄의 소굴이 된 그 썩은 심장부에서 멀리 떠나겠습니다. …나는 떠나오. 죽음이 두려워서가 아닙니다. 내가 겁을 내지 않는다는 것을 여러분에게 보여주겠습니다. 그러나 나는 내 때가 되지 않았기 때문에, 그리고 진주를 이스라엘의 더러운 사람들에게 주지 않고, 가난한 지방의 오막살이와 산과 들에 흩어져 있는 보잘것 없는 사람들에게 갖다 주기 위해서 떠납니다. 그들을 가르칠 사람이 있으면, 아직도 믿고 사랑할 줄 아는 곳에. 여기에서는 신성한 속옷과 겉옷, 그보다도 한층 더 제복(祭服)과 흉패(胸牌)*가 더러운 시체를 가리고, 살인용 무기를 감추는 데 사용되는데, 거칠은 옷 속에 영들이 있는 곳에 말입니다. 나는 참 하느님의 이름으로 그들이 유죄판결을 받게 하고, 새로운 미카엘 대천사가 되어 그들을 낙원에서 쫓아낸다고 그들에게 말씀하십시오. 그것도 영원히. 신이 되기를 원하지만 사실은 마귀들인 그들을 말입니다. 그리고 그들은 심판을 받기 위하여 죽을 필요도 없습니다. 그들은 이미 심판을 받았습니다. 그리고 가차없이."

최고회의의 위엄있는 의원들과 바리사이파 사람들은 그리스도의 무서운 분노 앞에서 어떻게나 몸을 움츠리는지 아주 작아진 것같이 보인다. 반대로 예수의 눈길은 하도 번쩍거리고, 몸짓이 하도 격렬하여 거인이 되신 것같이 보인다.

라자로가 신음한다. "예수님! 예수님! 예수님!…"
예수께서 그의 말을 들으시고 말투와 모습을 바꾸시고 말씀하신다.
"친구, 무슨 일이오?"
"아이고! 그렇게 무서운 얼굴을 하지 마십시오! 선생님답지 않으십니다! 선생님께서 그렇게 무서워지시면, 어떻게 자비에 희망을 걸겠습니까?"
"그렇지만 사실이 그렇소. 그리고 내가 이스라엘의 열두 지파를 심판할 때에는 한층 더 무서울 거요. 그러나 라자로, 안심하시오. 그리스도를 믿는 사람은 벌써 심판을 받았소…." 예수께서는 다시 앉으신다.
침묵이 흐른다.

* 역주 : 유다교의 대사제가 가슴에 걸던 보석으로 꾸민 헝겊.

마침내 요한이 묻는다. "그럼 저희들은, 정의에 대한 거짓말보다는 비난 받는 길을 택한 것으로 인해, 어떤 심판을 받겠습니까?"

"정의로 심판을 받으실 것입니다. 꾸준하십시오. 그러면 라자로가 이미 가 있는 곳, 즉 하느님의 우정에 이르게 될 것입니다."

그들은 일어난다.

"선생님, 저희들은 물러가겠습니다. 선생님께 평화. 그리고 라자로, 당신에게도 평화."

"여러분들에게 평화."

"우리가 말한 것은 여기서 나가지 않기를 바랍니다" 하고 여러 사람이 간청한다.

"걱정하지 말고, 가십시오. 하느님께서 여러분의 모든 행동을 인도하시기를 바랍니다."

그들은 나간다.

예수와 라자로만이 남았다. 조금 후에 라자로가 말한다. "정말 소름끼치는 일입니다!"

"그렇소. 정말 소름끼치는 일이오! …라자로, 나는 예루살렘에서 떠날 준비를 하겠소. 과월절이 끝날 때까지 베다니아의 당신 집에 머물겠소." 그리고 나가신다.

67. "마르타야, 마르타야, 너는 많은 일에 골몰하는구나"

　나는 우리가 아직도 막달라 마리아의 인물 주위에서 움직이고 있다는 것을 이내 깨닫는다. 접시꽃처럼 라일락꽃 빛깔의 소박한 옷을 입은 마리아가 제일 먼저 보이기 때문이다. 아무런 값진 장식도 없다. 머리를 그저 목덜미 위에 땋아늘이기만 하였다. 마리아는 진짜 화장의 걸작품이던 시절보다도 더 젊어 보인다. 그는 "죄녀"이던 시절의 뻔뻔스러운 눈길도, 길 잃은 양의 비유를 듣던 때의 모욕당한 눈길도, 그가 바리사이파 사람의 집의 큰 방에 있던 날 저녁 눈물에 젖은 부끄러운 눈길도 가지고 있지 않다. …지금은 어린아이의 눈과 같이 다시 맑게 되고, 평화가 가득한 미소가 빛나는 평온한 눈을 가지고 있다.
　막달라 마리아는 베다니아 소유지의 경계에 있는 나무에 기대 서서 길 쪽을 바라다보며 기다린다. 그러다가 기쁨의 함성을 지른다. 집 쪽으로 돌아서서 사람들이 듣도록 아주 큰소리로 외친다. 그의 독자적인 부드럽고 정열적인 훌륭한 목소리로 외친다. "오신다! …언니, 그 사람들이 제대로 말했어. 선생님이 여기 오셨어!" 그리고 뛰어 가서 삐걱거리는 무거운 대문을 연다. 그는 하인들에게 그렇게 할 시간을 주지 않고, 엄마에게로 가는 어린아이처럼 팔을 내밀고 애정어린 기쁨의 함성을 지르며 행길로 나가면서 외친다. "오 선생님!" 그리고는 예수의 발 앞에 엎디어 길의 먼지 속에서 발에 입맞춤한다.
　"마리아, 네게 평화. 너희 집에 쉬러 온다."
　"오 선생님!" 하고 마리아는 존경과 사랑의 표정이 나타나는 얼굴을 들면서 거듭 말한다. 그 표정에는 많은 감정이 담겨 있다. …그것은 감사이고, 축복이고, 기쁨이고, 들어오시라는 초청이고, 들어오시기 때문에 느끼는 그지없는 기쁨이다.
　예수께서는 그의 머리에 손을 얹으시고, 다시 그의 죄를 사해 주시는 것 같다.
　마리아는 일어나, 예수 곁에서 소유지의 경내로 들어간다. 그동안 하인들과 마르타가 달려 왔다. 하인들은 항아리와 컵들을 가지고 오고, 마르타는 다만 사랑만을 가지고 왔다. 그러나 그 사랑은 대단히 크다.
　몸이 더워진 사도들은 하인들이 주는 시원한 음료를 마신다. 그들은 우선 그것을 예수께 드리고자 하였으나, 마르타가 그들을 앞질렀다. 마르타는 양젖 한 컵을 갖다 예수께 드렸다. 마르타는 그것이 매우 예수의 마음에 든다는 것을 아는 모양이다.
　제자들이 목을 축인 다음에, 예수께서 그들에게 말씀하신다. "신자들에게 가서 알려라. 오늘 저녁 여기서 말하겠다."
　사도들은 정원에서 나가자마자 사방으로 흩어진다.
　예수께서는 마르타와 마리아 사이에서 걸어가신다.
　"선생님, 이리 오십시오" 하고 마르타가 말한다. "오빠를 기다리시는 동안 뭘 좀 드시고 쉬십시오."
　그들이 그늘진 회랑 쪽으로 향해 있는 시원한 방으로 들어가는 동안, 빨리 물러갔던 마리아가 물병을 가지고 돌아오고, 뒤에는 대야를 든 하인이 따른다. 그러나 마리아가 예수의 발을 씻어드리기를 원한다. 마리아는 먼지투성이의 샌들 끈을 풀어서 깨끗이해서 가져오라고 하인에게 주고, 동시에 예수의 겉옷도 먼지를 털어 오라고 준다. 그리고는 향료로 인하여 약간 볼그레하게 된 물에 발을 담그고, 닦고, 입맞춤한다. 그런 다음 물을 갈아 손을 씻을 깨끗한 물을 가져온다. 그리고 샌들을 가지고 올 하인을 기다리는 동안, 예수의 발 앞에 양탄자에 쪼그리고 앉아 그 발을 어루만지며, 샌들을 신켜드리기 전에 또 발에 입맞춤하며 말한다. "저를 찾느라고 그렇게도 많이 걸으신 거룩한 발!"
　그의 사랑에 있어서 더 실제적인 마르타는 인간적으로 유익한 것을 생각하고 묻는다. "선생님, 제자들 외에 누가 또 옵니까?"
　그러니까 예수께서는 이렇게 대답하신다. "정확히는 모르겠다. 그러나 사도들 외에 다섯 명 몫만 준비하면 된다."
　마르타는 간다.
　예수께서는 그늘이 져서 시원한 정원으로 나오신다. 짙은 파란색

옷만 입고 계시다. 마리아가 조심스럽게 개켜 놓은 겉옷은 방안의 걸상에 그대로 있다. 마리아도 예수와 함께 나온다. 그들은 꽃이 핀 화단들 사이로 나 있는 손질이 잘 된 통로를 지나, 푸르름 가운데 떨어진 거울과 같은 양어지(養魚池)까지 간다.

매우 맑은 물은 고기가 팔딱거리는 것이나 한가운데에 있는 분수에서 떨어지는 아주 가는 물방울들로 겨우 움직인다. 넓직한 수반 곁에는 의자들이 있다. 수반은 작은 연못 같고, 거기에서 작은 관개 수로(灌漑水路)들이 시작된다. 내 생각에는 그 수로 중의 하나는 양어지에 물을 대주고, 더 작은 다른 수로들은 관개를 위한 배수에만 소용되는 것 같기도 하다.

예수께서는 바로 수반 전에 놓여 있는 의자에 앉으신다. 마리아는 예수의 발 앞에 손질이 잘 된 파란 풀밭에 앉는다. 처음에는 두 사람이 말이 없다. 예수께서는 분명히 서늘한 정원 안에서 고요와 휴식을 즐기신다. 마리아는 예수를 쳐다보는 것을 매우 즐긴다.

예수께서는 수반의 물을 가지고 장난하신다. 물에 손가락을 담그시고, 빗질하듯 작은 물줄기로 갈라놓으신다. 그런 다음 시원한 물속으로 손이 완전히 잠기게 하신다. "이 맑은 물은 정말 아름답구나!" 하고 말씀하신다.

"선생님, 그 물이 그렇게도 마음에 듭니까?" 하고 마리아가 말한다.

"그렇다. 마리아야, 아주 맑으니까. 봐라, 진흙 흔적 하나도 없다. 이것은 물이다. 그러나 너무 맑아서 아무것도 없는 것 같고, 이 물이 원소가 아니라 영인 것같이 말이다. 우리는 저 밑에서 작은 고기들이 서로 말하는 것을 읽을 수 있을 것이다…."

"깨끗한 영혼들의 속을 읽을 수 있는 것처럼 말이지요. 선생님?" 하고 마리아는 숨겨진 한을 가지고 한숨을 쉰다.

예수께서는 마리아의 억제하는 한숨을 눈치채시고, 미소로 가려진 회한을 읽으신다. 예수께서는 이내 마리아의 마음 괴로움을 고쳐 주신다.

"마리아야, 깨끗한 영혼들이 어디 있느냐? 한 인간이 세 가지 더러움에서 자기를 깨끗하게 유지할 줄 아는 것보다 산이 위치를 바꾸는 것이 더 쉽다. 어른 주위에서는 너무나 많은 것들이 심하게 움직이고 술렁인다. 그리고 어른은 그것들이 안으로 스며들어오는 것을 언제나 막을 수는 없다. 어린이들만이 천사 같은 영혼, 타락한 상태로 변할 수 있는 지식에서 그들의 순진함으로 보호된 영혼을 가지고 있다. 이 때문에 내가 어린이들을 몹시 사랑하는 것이다. 나는 그들에게서 무한한 순결의 반영을 본다. 하늘의 이 추억을 간직하고 있는 것은 오직 어린이들뿐이다.

내 어머니는 어린이다운 영혼을 가진 분이시다. 그보다도 한층 더하다. 내 어머니는 천사다운 영혼을 가진 분이시다. 아버지의 손에서 방금 나온 하와와 같은 분이시다. 마리아야, 지상 낙원에 피었던 첫번째 백합꽃이 어떠했는지 상상하느냐? 이 물 있는 데까지 오는 곳에 있는 백합꽃들도 매우 아름답다. 그러나 조물주의 손에서 나온 첫번째 백합꽃은! 그것이 꽃이었느냐, 금강석이었느냐? 그것은 꽃잎들이었느냐, 지극히 순수한 은잎이었느냐? 그런데 내 어머니는 바람을 향기롭게 한 그 첫번째 백합꽃보다도 더 깨끗하시다. 그리고 어머니의 손상없는 동정녀의 향기는 하늘과 땅을 가득 채우고, 영원무궁토록 착한 사람으로 있을 사람들이 내 어머니 뒤를 따라 걸을 것이다.

천국은 빛이고 향기이고 조화이다. 그러나 만일 그 천국에서 아버지께서 세상을 낙원으로 변하게 하시는 지극히 아름다우신 분을 봄으로 즐길 수 없다면, 만일 천국이 미래에 빛과 향기와 조화라는 삼위 일체이신 하느님의 불로 된 세 개의 꽃술을 가진 살아 있는 백합꽃을 가지지 못하게 되어 있다면, 천국의 기쁨은 반은 줄어들 것이다. 어머니의 순결은 천국의 보석일 것이다. 그러나 천국은 끝이 없다! 국고에 보석 한 개밖에 가지고 있지 못한 왕을 너는 무엇으로 보겠느냐? 그것이 아주 훌륭한 보석이라 하더라도 말이다.

내가 하늘 나라의 문을 열면… ― 마리아야, 한숨짓지 말아라. 나는 이 때문에 온 것이다 ― 많은 의인과 어린이로 이루어진 순진한 무리가 구세주의 주홍빛 옷을 따라 들어올 것이다. 그러나 하늘에 보석을 가득 채우고, 영원한 예루살렘의 시민을 만드는 데에는 그것이 아직 너무 적을 것이다. 그리고 또…진리와 성화(聖化)의 가르침이 알려지고, 내 죽음이 사람들에게 은총을 다시 주었을 때, 만일 보잘 것 없는 인간생활이 계속 더럽게 하는 진흙이라면, 어른들은 어떻게 하늘 나라를 쟁취할 수 있겠느냐? 그렇다면 내 천국은 오직 어린이들만의 것이 되겠느냐! 오! 그렇지 않다! 어린이가 될 줄은 알아야 한다. 그러나 어른들에게도 내 나라의 문이 열려 있다."

"어린이들과 같이…이것이 순결이다. 너는 이 물을 보느냐? 이 물은 아주 깨끗해 보인다. 그러나 살펴보아라. 내가 골풀로 밑을 휘젓기만 하면 흐려진다. 찌꺼기와 진흙이 떠오른다. 수정같이 맑던 것이 누르스름하게 되고, 아무도 이 물을 마시지 않을 것이다. 그러나 내가 골풀을 치우면, 평화가 돌아오고, 물이 차차 맑아지고 아름다워진다. 골풀은 죄이다. 영혼들도 이와 같다. 뉘우침은 영혼을 깨끗하게 하는 것이다. 이것을 분명히 알아라…."

느닷없이 마르타가 숨이 턱에 닿아서 온다. "마리아야, 너 아직 여기 있니? 나는 이렇게 걱정을 많이 하는데! …시간은 자꾸 흐르고, 손님들은 곧 올텐데, 할 일은 태산 같다. 하녀들은 빵을 굽고, 하인들은 고기를 잘라서 익히고 있다. 나는 식탁보와 식탁과 음료를 준비한다. 그러나 아직 과일도 따야 하고, 박하와 꿀을 탄 물도 준비해야 한다…."

마리아는 언니의 탄식을 듣는둥 마는둥 하고, 지극히 행복한 미소를 띠고 예수를 계속 쳐다보며, 자리에서 움직이지 않는다.

마르타는 예수의 도움을 구한다. "선생님, 제가 얼마나 열이 올라 있는지 보세요. 준비를 저 혼자 하는 것이 옳다고 생각하세요? 선생님이 애더러 절 도우라고 말씀하세요." 마르타는 정말 화가 났다.

예수께서는 미소를 지으시며 마르타를 바라다보신다. 그 미소는 반은 부드럽고, 반은 약간 비꼬는 또는 좀 비웃는 것 같은 미소이다.

마르타는 약간 기분이 상한다. "선생님, 저는 진지하게 말하고 있는 것입니다. 제가 일을 하는 동안 애는 얼마나 한가로이 있는지 보세요. 그리고 애는 여기서 쳐다보고만 있어요…."

예수께서는 더 근엄한 태도를 취하신다. "마르타야, 이것은 한가함이 아니라, 사랑이다. 한가함은, 전에 그랬다. 그리고 너는 그 마땅치 않은 한가함 때문에 많이 울었다. 네 눈물 때문에 마리아를 내게로 구원해 오고, 네 성실한 애정에 돌려주기 위한 내 발걸음이 한층 더 빨라졌었다. 너는 마리아가 그의 구세주에 대해 가지는 사랑을 떼어 놓고 싶으냐? 너는 그러면 마리아가 너 일하는 것을 보지 않으려고 여기서 멀리 떠나는 것이 더 좋겠느냐? 그러나 또한 내게서도 멀리 떠나는 것이 더 좋겠느냐? 마르타야, 마르타야! 도대체 멀리서 온 마리아가(그러면서 예수께서는 마리아의 머리에 손을 얹으신다) 사랑에 있어서 너를 앞질렀다는 말을 네게 해야 하겠느냐? 도대체 선의 말은 한 마디도 알지 못하던 마리아가 이제는 사랑의 지식에서 유식한 사람이 되었다는 말을 해야 하겠느냐? 마리아가 평화를 누리게 내버려두어라! 마리아는 너무도 중병을 앓았다. 이제는 그를 튼튼하게 하는 음료를 마셔서 건강을 회복하는 회복기이다. 마리아는 몹시도 고통을 당했다. …이제는 악몽에서 깨어나 그의 둘레와 자기 마음 속을 보고, 자기가 새로워진 것을 발견하고 새로운 세계를 발견한다. 거기 대해 안심할 수 있게 내버려두어라. 마리아는 그의 '새것'을 가지고 과거를 잊어버리고, 영원을 쟁취해야 한다. …영원은 일로 쟁취될 뿐 아니라, 흠숭으로도 얻어질 것이다. …사도나 예언자에게 빵을 준 사람도 상을 받겠지마는, 나를 사랑하기 위하여 음식을 먹는 것조차도 잊은 사람은 상을 곱절 받을 것이다. 그것은 그가 육체보다 더 훌륭한 영을 가졌을 것이기 때문이다. 즉 인간의 합법적인 욕구보다는 더 크게 소리친 영을 가졌을 것이기 때문이다. 마르타야, 너는 너무 많은 일에 골몰한다. 마리아에게는 한 가지 일밖에 없다. 그러나 그것은 그의 영에 그리고 특히 네 주님이기도 한 그의 주님에게 충분한 것이다. 쓸 데 없는 것들을 집어치우고, 네 동생을 본받아라. 마리아는 가장 좋은 몫을 골랐다. 그에게서 결코 빼앗아지지 않을 몫이다. 하늘 나라의 시민들에게는 그것들이 필요없겠기 때문에 모든 덕행이 지나쳐진 다음에 홀로 남아 있는 것은 사랑일 것이다. 사랑은 언제까지나 남아 있을 것이다. 홀로 지상(至上)의 것으로. 마리아는 그것을 골라잡았고, 그것을 방패와 창으로 삼았다. 사랑을 가지고 마리아는 천사의 날개를 한 것처럼 내 하늘에 이를 것이다."

마르타는 자존심이 상하여 머리를 숙이고 간다.

"제 언니는 선생님을 매우 사랑합니다, 그래서 선생님을 명예롭게 하기 위해 애를 쓰는 것입니다" 하고 마리아는 마르타를 변명하느라고 말한다.

"나도 안다. 그리고 그 때문에 상을 받을 것이다. 그리고 마르타는 이 물이 깨끗해진 것처럼, 그의 인간적인 사고방식을 버려서 깨끗해져야 할 것이다. 우리가 말하는 동안에 물이 얼마나 깨끗해졌는지 보아라. 마르타는 내가 해준 말 덕택으로 깨끗해질 것이다. 너는… 너는 네 진실한 뉘우침으로 …."
"아닙니다. 선생님의 용서로 깨끗해질 것입니다. 제 뉘우침은 제 큰 죄를 씻는 데 충분하지 못했습니다…."
"그것으로 충분했다. 그리고 너를 본받을 네 모든 자매들에게도 그것이면 충분할 것이다. 가엾은 모든 병신의 병약자들에게. 진실한 뉘우침은 깨끗하게 하는 여과기(濾過器)이다. 그런 다음 사랑은 일체의 새로운 오점을 예방하는 실체이다. 이것이 생활로 인해서 어른이 되고 죄인이 된 사람들이 어린아이들과 같이 다시 죄 없는 사람이 되어, 어린아이들과 같이 내 나라에 들어올 수 있는 이유이다. 이제는 집으로 가자. 마르타가 너무 그의 고통 속에 머물러 있지 않게 하자. 마르타에게 친구와 동생으로서의 우리의 미소를 가져다 주자."

예수께서 말씀하신다.
"주석이 필요없다. 물의 비유는 마음 속에서 뉘우침이 작용하는 것에 대한 주석이다.
이렇게 해서 너는 막달라 마리아의 과정(過程)을 완전히 알게 되었다. 죽음에서 생명으로 넘어 오는 과정을 마리아는 내 복음에서 부활한 사람 중에서 가장 큰 부활자이다. 마리아는 일곱 가지 죽음에서 다시 살아난 것이다. 마리아는 생명으로 돌아왔다. 너는 마리아가 어떻게 화초처럼 그 새 꽃줄기를 진흙에서 점점 더 높이 쳐들고, 그 다음에는 나를 위하여 꽃이 되고, 나를 위하여 향기를 내뿜고, 나를 위하여 죽는지를 보았다. 너는 마리아가 죄녀이었다가 목이 말라 샘에 가까이 왔고, 그 다음에는 뉘우치고, 용서를 받고, 그 다음에는 사랑하고, 그 다음에는 그의 주님의 생기가 없는 육체를 불쌍히 여기는 마음으로 들여다보고, 그 다음에는 내 어머니이기 때문에 사랑하는 어머니의 하녀가 되고, 그 다음에는 그의 천국의 문턱에서 속죄하는 것을 보았다.
두려워하는 영혼들아, 막달라의 마리아의 전기를 읽으면서 나를 무서워하지 않는 법을 배워라.
사랑하는 영혼들아, 막달라 마리아에게서 천사 같은 열정으로 사랑하는 법을 배워라.

방황하는 영혼들아, 막달라의 마리아에게서 하늘에 가는 준비를 하는 지식을 배워라.

나는 너희들이 너희 자신을 향상시키도록 모두에게 강복을 준다.

잘 있거라."

68. 예수께서 베다니아에서 말씀하시다

예수께서는 온 세상의 모든 더러움이 씻어진 것처럼 평온하고 깨끗한 아름다운 이 니산달에 온통 꽃으로 뒤덮인 화려한 베다니아에 계신다. 그러나 군중들이 예수께서 계신 그곳으로 왔다. 그들은 틀림없이 예수를 예루살렘에서 찾았을 것인데, 예수의 말씀을 듣지 않고는 떠나고자 하지 않는 것이다. 그들은 마음 속에 예수의 말씀을 가지고 갈 수 있기를 바라는 것이다. 그들이 하도 많기 때문에 예수께서는 그들에게 가르침을 베풀 수 있도록 모으라고 명령하신다. 다시 숫자를 채운, 또는 그 숫자에 조금 모자라는 열두 사도와 일흔 두 제자들이 최근에 그들과 합쳐진 새 제자들과 함께 그들이 받은 명령을 이해하기 위하여 사방으로 흩어진다.

그동안 라자로의 집 정원에서는 예수께서 여자들, 특히 당신 어머니와 작별을 하신다. 예수의 명령으로 그들은 알패오의 시몬, 야이로, 사라의 알패오, 마륵지암, 수산나의 남편, 그리고 제베대오와 동행하여 갈릴래아로 돌아가는 것이다. 인사가 있고, 눈물이 있다. 순종을 하고 싶지 않은 욕망, 선생님에 대한 사랑으로 생겨나는 욕망도 있을 것이다. 그러나 지극히 거룩하신 말씀이신 분에 대한 완전한 사랑의 힘이 더 강한데, 그것은 그 사랑이 아주 초자연적인 것이기 때문이다. 그래서 이 힘이 그들로 하여금 괴로운 이별을 받아들임으로 순종하게 한다.

말이 제일 적은 사람은 성모 마리아이시다. 그러나 성모님의 눈길은 다른 모든 여자들이 함께 말하는 것보다도 더 많은 말을 한다. 예수께서는 그 눈길을 판단하시고, 어머니를 안심시키시고, 위로하시고, 애무로 만족시켜 드리신다. 한 어머니를, 특히 온전히 사랑이시고, 박해받으시는 아드님 때문에 극도의 불안 그 자체이신 이 어머니를 그것으로 만족시켜 드릴 수가 있다면 말이다. 그래서 마침내 여자들은 선생님께 인사를 드리고, 그들의 아들들과 아직 선생님과 같이 남아 있을 수 있는 행복한 여자 제자들에게 인사를 하려고 또 다시 돌아다보며 길을 떠난다.

"여자들은 떠나는 것이 괴로웠습니다…" 하고 열성당원 시몬이 지적한다.

"그러나 여자들이 떠난 것이 좋다. 시몬아."

"마음 아픈 날들을 예상하십니까?"

"적어도 불안스러운 날들을. 여자들은 우리처럼 피로를 견디지 못한다. 게다가 이제는 유다 여자와 갈릴래아 여자가 거의 같은 숫자이니, 그들이 나누이는 것이 좋다. 그들은 번갈아가며 나를 차지하고, 번갈아가며 내게 봉사하는 기쁨을 누릴 것이고, 나는 그들의 거룩한 애정의 위안을 차지할 것이다."

그동안 사람들의 숫자는 점점 더 늘어났다. 라자로의 집과 전에 열성당원의 것이었던 집 사이에 있는 과수원에 군중이 들어 있다. 모든 계급과 모든 신분의 사람들이 있고, 유다의 바리사이파 사람들과 최고회의의 의원들과 베일을 쓴 여자들도 있다.

라자로의 집에서는 라자로를 운반하는 가마를 둘러싸고, 과월절의 토요일 예루살렘의 라자로의 저택을 찾아왔던 최고회의 의원들과 또 다른 사람들이 떼를 지어 나온다. 라자로는 지나가면서 예수께 기쁜 손짓과 미소를 보낸다. 예수께서는 군중이 기다리는 곳으로 가시기 위하여 작은 행렬을 따라가시면서 그에게 답례를 하신다.

사도들은 예수와 합류한다. 며칠 전부터 의기양양하고 기분이 더없이 좋은 가리옷의 유다는 그 까맣고 빛나는 눈으로 여기저기를 둘러보며, 그가 발견한 것들을 예수의 귀에 속삭인다.

"오! 보십시오. 사제들도 있습니다! …저기요, 저기! 최고회의의 시몬도 있고, 엘키아도 있습니다. 얼마나 거짓말쟁이인지 보십시오. 몇 달 전만 하더라도 저 사람은 라자로에 대해서 매우 나쁘게 말했었는데, 지금은 신처럼 찬양하고 있습니다! …그리고 저기에는 장로 도로와 트리손이 있습니다. 그 사람이 요셉에게 인사하는 것을 보십니까? 그리고 율법학자 사무엘이 사울과 같이 있고…또 가믈리엘의 아들도 있습니다! 그리고 저기에는 헤로데의 사람이 한 떼 있습니다. …그리고 저 베일 쓴 여자 한 떼는 틀림없이 로마 여자들입니다. 그 여자들은 따로 떨어져 있습니다. 그러나 자리를 옮겨서 선생님의 말씀을 들을 수 있도록 얼마나 선생님이 어디로 가시는지를 살피는지 보시지요. 저는 겉옷을 입은 사람들도 알아봅니다. 아시겠습니까? 두 여자는 키가 크고, 한 여자는 키는 그렇게 크지 않은데 뚱뚱하고, 다른 여자들은 중키에 균형이 잘 잡혔구요. 가서 인사를 할까요?"

"아니다. 그 여자들은 무명인(無名人)처럼, 선생님의 말을 갈망하는 이름없는 사람처럼 왔다. 우리도 저 여자들을 그런 사람으로 생각해야 한다."

"선생님, 원하시는 대로 하겠습니다. 저는…글라우디아에게 그의 약속을 환기시킬 생각을 하고 있었습니다…."

"그럴 필요가 없다. 또 반대의 경우에라도, 절대로 귀찮게 애걸하는 사람이 되지 말자. 유다야, 그렇지? 믿음의 용맹은 어려움 가운데에서 생겨야 한다."

"그러나 그것은 선생님을…위해서였습니다."

"그리고 인간적인 대성공에 대한 네 깨뜨리기 어려운 생각 때문이기도 했지. 유다야, 내 미래의 행동 방식에 대해서나, 네가 받은 약속에 대해서나 환상을 품지 말아라. 너는 너 자신이 생각하는 것을 믿는 것이나. 그러나 내가 구세주가 되고, 영적인 나라의 왕이 되라는 것인 하느님의 생각을 바꿀 수 있는 것은 아무것도 없다."

유다는 아무 말도 대꾸하지 않는다.

예수께서는 사도들 가운데, 당신 자리에 계신다. 거의 예수의 발 앞에는 가마를 타고 있는 라자로가 있고, 아주 가까운 곳에는 유다 지방의 여자 제자들, 즉 라자로의 누이동생들과 엘리사, 아나스타시카, 아이들을 데리고 있는 요안나, 안나리아, 사라, 마르첼라, 니까가 있다.

로마 여자들, 또는 적어도 유다가 그렇게 부른 여자들은 더 뒷쪽, 거의 끝쪽에 많은 서민층의 사람들과 섞여 있다. 최고회의 의원들과 바리사이파 사람들과 율법학자들과 사제들은, 으레 그런 것처럼, 맨 앞줄에 있다. 그러나 예수께서는 병자들이 누워 있는 들것 세 개가 들어갈 자리를 내 달라고 그들에게 부탁하신다. 예수께서는 병자들에게 말을 물어보시지만, 병을 이내 고쳐 주시지는 않는다.

예수께서는 당신 연설의 개념을 제시하기 위하여, 라자로의 정원의 나무들의 잎 사이와 청중이 모여 있는 과수원에 깃들어 있는 많은 새에 주의를 끄신다. "살펴보시오. 텃새도 있고, 철새도 있고, 종류도 가지가지, 크기도 가지가지입니다. 그리고 밤이 되면 이 새들 대신 밤새들이 나타날 터인데, 비록 우리가 그놈들을 보지 못한다는 이유 하나만으로 그놈들을 잊어버리기가 쉽지마는, 역시 여기에 많이 있습니다. 왜 새들이 여기에 이렇게도 많이 있습니까? 그놈들이 행복하게 살 수 있는 것을 여기에서 발견하기 때문입니다. 여기에는 해가 있고, 휴식처가 있고, 풍부한 먹이가 있고, 안전한 안식처가 있고, 신선한 물이 있습니다. 그래서 철새들은 동서남북 사방에서 모여 오고, 텃새들은 이곳에 충실하게 남아 있습니다. 아니 그래서요? 도대체 새들의 지혜가 사람의 지식들보다 더 나은 것을 우리가 보게 되겠습니까? 이 새들 가운데에는, 지금은 죽었지만, 지난 해나 또는 그보다도 훨씬 오래 전에, 여기에서 그들에게 필요한 것을 발견했기 때문에 여기에 깃들었던 새들의 새끼가 얼마나 됩니까? 그 새들이 죽기 전에 새끼들에게 그 말을 했고, 이곳을 일러 주었습니다. 그리고 새끼들은 순종해서 이리로 왔습니다.

하늘에 계신 아버지, 모든 사람의 아버지께서는 혹 당신 성인들에게 당신의 진리들을 말씀하지 않으시고, 당신 자녀들의 안락을 위한 가능한 모든 지식을 주지 않으셨습니까? 모든 지시를. 육체의 이익에 관한 지시와 영의 이익에 관한 지시를 말입니다. 그러나 우리가 보는 것은 어떤 것입니까? 우리가 보는 것은 육체를 위하여 가르쳐진 것을 — 첫째 조상들의 눈에 죄로 인하여 그들의 무죄라는 옷이 찢어져 헐벗었음으로 비쳤기 때문에 하느님께서 지어 주신 가죽옷에서부터 — 기억하고, 전하고, 가르칩니다. 그러나 영에 관하여는 가르치고, 명령하고, 지시한 것이 보존되지도 않고, 가르쳐지지도 실천되지도 않습니다."

성전에서 온 많은 사람이 중얼거린다. 그러나 예수께서는 손짓으로 그들을 진정시킨다.

"사람이 도무지 상상할 수 없을 만큼 인자하신 아버지께서는 당신 종을 보내셔서, 당신의 가르침을 상기시키게 하고, 새들을 건강에 이로운 곳으로 모으게 하시고, 그들에게 유익하고 거룩한 것에 대한 정확한 지식을 주게 하시고, 어떠한 천사 같은 새나 사람도 은총과 평화, 지혜나 구원을 얻을 나라를 세우게 하십니다. 나 정말 진정으로 여러분에게 말합니다만, 봄에 이곳에서 태어난 새들이 다른 곳에 있는 새들에게 '우리와 같이 가자. 너희들이 주님의 평화와 풍성함을 누릴 좋은 곳이 있다'고 말해서, 내년에는 많은 새가 이곳으로 몰려오는 것을 볼 것과 같이, 예언자들이 말한 것처럼, 사방에서 많은 사람이 하느님에게서 온 가르침을 향하여, 하느님 나라를 세울 구세주를 향하여 몰려오는 것을 우리가 볼 것입니다.

그러나 이곳에는 낮새들이 밤새들, 즉 착한 작은 새들 사이에 공포와 죽음을 뿌려놓을 수 있는 교란하는 사나운 새들과 섞여 있습니다. 그런데 이 새들은 여러 해째, 여러 세대째 그런 새들이며, 그놈들의 일은 어두움 속에서, 그리고 사람이 뚫고 들어갈 수 없는 곳에서 행해지기 때문에, 그놈들을 둥지에서 끌어낼 수가 없습니다. 이 새들은 그 잔인한 눈을 가지고 몰래 날아다니며, 탐욕스럽게 잔인하게 어둠 속에서 일하며, 더럽게 불순과 고통을 퍼뜨립니다. 이 새들을 누구와 비교할까요? 이스라엘에서 어두움을 비추기 위하여 온 빛을, 가르치기 위하여 온 말씀을, 거룩하게 하기 위하여 온 정의를 받아들이기를 원치 않는 모든 사람들에게 비교하겠습니다. 그들에게는 내가 온 것이 쓸 데 없습니다. 그리고 그들이 나를 박해하고, 내게 충실한 사람들을 박해하기 때문에, 그들에게는 내가 죄의 원인이 되기까지 합니다. 그렇다면 내가 무슨 말을 하겠습니까? 이미 여러 번 말한 일이 있는 말을 하겠습니다. '동쪽과 서쪽에서 많은 사람이 와서, 하늘나라에 아브라함과 야곱과 함께 앉을 것입니다. 그러나 이 나라의 자식들은 바깥 어두움 속에 내던져질 것입니다' 하고."

"하느님의 자식들이 어두움 속에? 당신은 하느님을 모독하는 말을 하오!" 하고 예수를 반대하는 최고회의 의원들 중의 한 사람이 외친다. 이것은 뱀이 내뿜는 첫번째 침이다. 그들은 너무 오랫동안 침묵을 지켜 왔는데, 이제는 그들의 독이 그들을 질식시키기 때문에 침묵을 지킬 수 없게 된 것이다.

"하느님의 자식들이 아니오" 하고 예수께서는 대답하신다.

"당신이 그렇게 말했소! 당신이 '이 나라의 자식들은 바깥 어두움 속에 내던져질 것'이라고 말했소!"

"그러면 되풀이 해서 말하겠소. 이 나라의 자식들이라고. 살과 피와 인색과 부정과 음란과 죄악이 지배하는 나라의 자식들 말이오. 그러나 이것은 내 나라가 아니오. 내 나라는 빛의 나라요. 당신들의 나라는 어두움의 나라요. 빛의 나라에는 동서남북에서 올바른 정신을 가진 사람들이 올 것인데, 이스라엘이 보기에 지금은 이교도이고, 우상숭배 자이고, 멸시할 만한 사람들까지도 올 것이오. 그리고 그들은 하느님의 빛을 자기들 안에 받아들였기 때문에 하느님과의 거룩한 일치 안에서 살 것이고, 마침내는 눈물도 없고, 고통도 없고, 특히 거짓말도 없는 진짜 예루살렘으로 올라갈 것이오. 거짓말은 지금 어두움의 세상을 이끌어 가고, 세상의 아들을 가득 채워, 하느님의 빛의 아주 작은 빗살도 그들 속으로 뚫고 들어가지 못하오. 오! 새로운 아들들이 와서 배반자 아들들의 자리를 차지하여라! 어서 오너라! 그러면 그들이 어디에서 오든지, 하느님께서 그들을 비추실 것이고, 그들은 영원 무궁토록 군림할 것이오!"

"당신은 우리를 모욕하려고 말했소!" 하고 적의를 품은 유다인들이 외친다.

"나는 진리를 말하기 위해 말했소."

"당신의 능력은 새로운 뱀인 당신이 군중들을 농락하고 타락시키기 위해서 놀리는 당신 혀에 있소."

"내 능력은 내 아버지와의 결합에서 내게 오는 힘에 있소."

"하느님을 모독하는 자다!" 하고 사제들이 외친다.

"구세주요! 내 발에 누워 있는 당신은 어디가 아프오?"

"아주 어렸을 때 척추가 부러졌습니다. 그래서 30년째 누워 있습니다."

"일어나서 걸으시오! 그리고 아주머니는 어디가 아프오?"

"제 남편과 함께 저를 메고 있는 이 아이가 세상에 태어날 때부터 제 다리가 꼼짝하지 않고 늘어져 있습니다." 그러면서 그 여인은 적어도 열여섯 살은 된 소년을 가리킨다.

"당신도 일어나시오. 그리고 주님을 찬미하시오. 그리고 이 아이는 왜 혼자서 걷지 않습니까?"

"이애는 바보요, 귀머거리요, 소경이요, 벙어리로 태어났기 때문입니다. 숨을 쉬는 살 덩어리입니다" 하고 불행한 아이와 같이 있는 사람들이 말한다.

"하느님의 이름으로 총명과 말과 시력과 청력을 가져라. 내가 명한다!" 그리고 셋째 기적을 행하신 다음, 당신께 적의를 품고 있는 사람들에게로 몸을 돌리시고 말씀하신다. "당신들은 이제 무슨 말을 하겠소?"

"의심스러운 기적이오. 만일 당신이 무엇이든지 다 할 수 있으면, 왜 당신 벗이요 지지자인 사람을 고치지 않소?"

"그것이 하느님의 뜻이 아니기 때문이오."

"아! 아! 좋소! 하느님이라! 편리한 핑계로군요! 만일 우리가 병자 한 사람을, 아니 그보다도 두 사람을 데려오면, 그 사람들을 고쳐 주겠소?"

"그들이 그럴 만한 자격이 있으면 그러겠소."

"그럼 우리를 기다리시오." 그리고 그들은 히죽히죽 웃으며 간다.

"선생님, 조심하십시오! 저 사람들은 선생님께 계략을 꾸밉니다!" 하고 여러 사람이 말한다.

예수께서는 "그들이 하는 대로 내버려두시오!" 하고 말씀하시려는 것 같은 손짓을 하신다. 그리고는 부모를 떠나 살금살금 당신께로 가까이 온 어린아이들을 쓰다듬어 주시려고 몸을 굽히신다. 몇몇 어머니도 그 어린아이들을 본받아, 걸음걸이가 확실하지 않거나, 아직 엄마품에 있는 어린아이들을 예수께로 데려온다.

"복되신 선생님, 저희 아이들이 빛의 벗이 되게 강복을 주십시오!" 하고 어머니들이 말한다.

그러니까 예수께서는 그들에게 강복하시려고 손을 얹으신다. 이로 인하여 군중 가운데 소란이 일어난다. 어린아이들을 데리고 있는 사람들은 모두가 같은 강복을 원한다. 그들은 자리를 내 달라고 밀고 소리를 지르고 한다.

사도들은 한편으로는 율법학자들과 바리사이파 사람들의 습관적인 악의로 인하여 흥분하고, 한편으로는 하느님의 강복을 받게 하려고 어린아이들을 데리고 오는 밀물 같은 부모들의 무리에 의하여 쓰러질 위험이 있는 라자로에 대한 연민으로 화를 내고 소리를 지르며, 이러저러한 사람은 야단치고, 이 사람 또는 저 사람을 떼미는데, 특히 혼자서 오는 어린이들을 떼민다. 그러나 예수께서는 친절하고 다정스럽게 그들에게 말씀하신다. "안 된다. 안 돼! 그렇게 하지 말아라! 어린아이들이 내게 오는 것을 절대로 막지 말고, 부모들이 어린아이들을 데리고 오는 것도 막지 말아라. 나라는 바로 이 죄 없는 어린이들의 것이다. 이들은 그 큰 죄악을 짓지 않을 것이고, 내 믿음 안에서 자랄 것이다. 그러므로 내가 이들을 내 믿음에 바치게 내버려두어라. 이들의 천사들이 이들을 내게 데려오는 것이다."

예수께서는 이제 당신을 황홀해서 쳐다보는 어린이들이 빙 둘러선 가운데 계신다. 쳐든 수많은 얼굴, 죄 없는 수많은 눈, 미소를 머금은 수많은 입들이다. … 베일을 쓴 여자들은 혼란을 이용하여 군중 뒤를 돌아서, 마치 호기심에 끌리는 것처럼 예수의 뒤로 왔다.

바리사이파 사람들과 율법학자들과 그 일당은 매우 고통을 겪는 것 같아 보이는 두 사람을 데리고 다시 온다. 두 사람 중의 한 사람은 특히 들것 위에서 겉옷으로 몸을 완전히 감싼 채 신음하고 있다. 또 한 사람은 겉으로 보기에 덜 아픈 것 같지만, 바싹 마르고 숨을 헐떡이는 것으로 보아 병이 대단히 중한 사람이다.

"여기 우리 친구들이 있소! 이 사람들을 고치시오! 이 사람들은 정말 병자들이오. 특히 이 사람이!" 그러면서 신음하는 사람을 가리킨다.

예수께서는 눈을 내리떠서 병자들을 보신 다음, 다시 눈을 들어 유다인들을 바라다보신다. 예수께서 당신의 적들을 무서운 눈길로 쏘아보신다. 허리아래에나 겨우 닿는 어린이들이 줄지어 서 있는 곳 뒤에 꼿꼿하게 서 계신 예수께서는 마치 응징하는 사람이 되기 위한 당신의 힘을 그 깨끗함에서 얻어내시는 것처럼, 응징하는 사람이 되시기 위하여 깨끗한 수풀에서 일어나시는 것 같다. 예수께서는 팔을 벌리시고 외치신다. "거짓말쟁이들! 이 사람은 병자가 아니오! 내가 하는 말이니 틀림없소. 그것을 밝히시오! 그렇지 않으면 하느님께 속임수를 써보려고 한 것 때문에 이 사람이 조금 있다 실제로 죽을 거요."

그 사람은 들것에서 튀어 나오면서 말한다. "안 됩니다. 안 됩니다! 저를 해치지 마십시오! 그리고 저주받은 사람들, 당신들의 돈을 받으시오!" 그러면서 돈주머니를 바리사이파 사람들의 발 앞에 던지고,

걸음아 날 살려라 하고 달아난다….

군중은 웅성거리고, 웃고, 휘파람을 불고, 손뼉을 친다….

다른 병자는 말한다. "그럼 저는요, 주님? 저는 제 침대에서 억지로 끌려 나왔습니다. 그리고 오늘 아침부터 이 폭력을 겪고 있습니다. …그러나 저는 제가 주님의 원수들의 손아귀에 들어 있는 줄은 알지 못했습니다…."

"가엾은 당신은 병이 낫고 축복을 받으시오!" 그러면서 어린이들의 살아 있는 울타리를 뚫고 그에게 손을 얹으신다.

그 사람은 잠깐 그의 몸에 덮여 있는 담요를 쳐들고 무엇인지 들여다본다. …그리고는 꼿꼿이 일어선다. 그렇게 하니까 넓적다리에서 발까지는 옷이 입지 않은 것이 나타난다. 그는 목청이 터지라고 소리를 지르고 또 지른다. "내 발이! 내 발이! 아니 선생님은 누구시기에 잃었던 신체까지 돌려주십니까?" 그리고는 예수의 발 앞에 엎디었다가 다시 일어나고, 그 다음에는 들것 위에서 깡총깡총 뛰면서 외친다. "병이 제 뼈를 갉아 먹고 있었습니다. 의사는 제 손가락을 자르고, 살을 지지고, 무릎뼈까지 제 살을 잘라냈습니다. 여러분 보십시오! 자국들을 보세요. 그래도 저는 죽게 되어 있었습니다. 그런데, 지금은…모두 다 나았습니다! 내 발이! 내 발이 다시 생겨났습니다! …그리고 이제는 아프지도 않아요! 힘이 생기고, 안락하고…가슴이 후련하고! …심장이 건강하고! …아이고! 어머니! 어머니! 어머니한테 기쁨을 갖다 드리겠어요!"

그는 뛰어서 가려고 한다. 그러나 이내 감사하는 마음 때문에 멈칫한다. 그는 예수께로 다시 와서 복되신 발에 입맞춤을 하고 또한다. 마침내 예수께서 그의 머리를 쓰다듬으시며 말씀하신다. "가시오! 가서 어머니를 만나고, 착하게 사시오." 그리고 어리둥절한 당신의 적들을 바라다보시며 우뢰 같은 목소리로 말씀하신다. "그래 이제는? 내가 당신에게 어떻게 해야 하겠소? 내가 당신들에게 어떻게 해야 하겠소? 여기 모인 여러분, 하느님의 이 심판이 있은 후이니, 내가 어떻게 해야 하겠습니까?"

군중이 외친다. "하느님을 모욕하는 자들은 돌로 칩시다! 죽어라! 성인께 계략을 꾸미는 건 이제 그만 둬라! 저주나 받아라!" 그러면서 그들은 흙덩어리와 나뭇가지와 작은 조약돌을 집어서 당장이라도 치기 시작하려 한다.

예수께서 그들을 말리신다. "이것이 군중의 말이고, 군중의 대답이오. 그러나 내 말은 다르오. 나는 이렇게 말하오, 가시오. 나는 당신들을 쳐서 나 자신을 더럽히지 않겠소. 지극히 높으신 분께서 당신들을 떠맡으시기 바라오. 그분이 불경건한 사람들에 대하여 나를 보호하시는 분이시오."

죄지은 자들은 하층민에 대하여 겁이 나는데도 입을 다물기는 고사하고, 선생님을 계속 모욕하며, 성이 몹시 나서 외친다. "우리는 유다인이고, 유력자들이오! 우리는 당신에게 떠나라고 명령하오. 우리는 당신이 가르치는 것을 금하오. 당신을 내쫓소. 여기서 나가시오! 우리는 당신이 진저리가 나오. 권한은 우리 손에 있고, 우리는 그 권한을 쓰오. 그리고 우리는 점점 더 우리 권한을 쓰겠소. 저주받은 자, 참칭자(僭稱者) …."

그들은 외치는 소리와 울음과 휘파람이 소란스러운 가운데에서 다른 말을 하려고 하는 참인데, 베일을 쓴 한 여자가 빠르고 거만한 동작으로 예수와 원수들 사이에 와서 얼굴을 드러내고, 한층 더 거만한 눈길과 목소리로, 죄수들을 후려갈기는 채찍과 목에 갖다 댄 도끼보다도 더 세차게 후려때리는 날카로운 어조로 그의 말을 내뱉는다. "누가 로마의 노예라는 것을 잊고 있는 거요?" 글라우디아이다. 그는 베일을 다시 내린다. 글라우디아는 선생님 앞에서 가볍게 몸을 구부리고 자기가 있던 자리로 돌아간다. 그러나 그것으로 충분하였다.

바리사이파 사람들은 갑자기 진정된다. 한 사람만이 모든 사람을 대신하여 비굴한 노예근성으로 말한다. "마님, 용서하십시오! 그러나 저 사람은 이스라엘의 오래된 정신을 흐리게 합니다. 마님은 유력하시니, 그것을 막으셔야 할 것입니다. 그리고 공평하고 친절하신 총독님으로 하여금 금지시키게 하셔야 할 것입니다. 총독님은 만수무강하시기를!"

"그것은 우리가 상관할 바가 아니오. 이분이 로마의 질서를 어지럽히지 않으시면 그것으로 족하오. 그런데 이분은 로마의 질서를 어지럽히지 않으시오!" 하고 귀족부인이 멸시하듯 말한다. 글라우디아가 동무들에게 무뚝뚝한 명령을 내리니, 그들은 오솔길 끝에 있는 작은 숲 쪽으로 가서, 그뒤로 사라졌다가 포장을 친 마차를 타고 다시 나타난다. 마차는 삐걱 소리를 내고, 글라우디아는 모든 커어튼을 내리게 한다.

"우리가 모욕을 당하게 해서 만족하오?" 하고 유다인, 바리사이파 사람, 율법학자 및 일당이 다시 공격을 시작하며 묻는다.

군중은 멸시하여 소리를 지른다. 요셉과 니고데모와 우호적인 태도를 보인 모든 사람은 —— 그리고 그들 가운데에는, 그들과 섞이지는 않지만 같은 생각을 가진 가믈리엘의 아들도 있다 —— 모두 정도를 지나치는 다른 사람들을 비난하며 개입할 필요를 느낀다. 말다툼은 예수의 적들에게서 서로 대립하는 두 집단으로 옮아가서, 거기에 가장 관련이 많은 분은 내버려둔다.

예수께서는 팔짱을 끼시고 입을 다물고 계시는데, 군중과 특히 성이 나서 얼굴이 새파랗게 된 사도들을 억제하기 위한 힘을 내뿜으시는 것 같다.

"우리는 우리를 지켜야 하고, 금지해야 하오" 하고 유다인 광신자 한 사람이 외친다.

"저 사람에게 홀려서 군중들이 따라 다니는 것만 보아도 충분하오" 하고 다른 사람이 말한다.

"우리는 유력자요! 우리만이! 그리고 사람들은 우리 말만 듣고 우리만 따라야 하오" 하고 율법학자 한 사람이 날카로운 소리를 낸다.

"저 사람은 여기서 떠나야 하오. 예루살렘은 우리의 것이오!" 하고 한 사제가 홍당무같이 새빨개져서 고래고래 소리를 지른다.

"당신들은 배신자들이오!"

"당신들은 소경보다도 더 눈이 멀었소!"

"당신들이 그런 취급을 당해 마땅하니까 군중들이 당신들을 버리는 거요."

"당신들이 사랑을 받고 싶으면 거룩하게 되시오. 권력은 다스리는 사람들에 대한 백성의 존경에 바탕을 두어야 하는 것이니까. 불의를 행하는 것으로 권력을 보존할 수는 없는 거요!" 하고 이번에는 반대편 사람들과 군중에서 여러 사람이 외친다.

"조용하시오!" 하고 예수께서 명령하신다. 그리고 조용해지자 이렇게 말씀하신다. "압제와 속박은 우리가 받은 선에 대한 애정과 그 결과를 바꾸지 못하오. 나는 내가 준 것, 즉 사랑을 거두오. 당신들은 당신들의 박해로 당신들의 사랑의 결핍을 벌충해 주기를 원하는 이 사랑을 더 자라게 할 뿐이오. 당신들은 당신들의 모든 지혜를 가지고서도, 어떤 가르침을 박해하는 것은 그 힘을 더 크게 하는 데만 소용된다는 것을 알지 못하오? 특히 가르침이 가르쳐진 것과 일치한다는 것이 사실로 나타날 때에 말이오. 이스라엘 사람들, 내 예언 중의 하나를 들으시오. 하느님으로부터 오는 갈릴래아의 선생의 가르침을 압제로 없애버리려고 하며 그와 그를 따르는 사람들을 당신들이 박해하면 박해할수록, 당신들은 그 가르침을 더 번창하게 할 것이고, 그 가르침이 세상에 더 퍼질 거요. 당신들이 이제는 하느님의 율법과 일치하지 않게 된 당신들의 타락하고 위선적인 법과 계명들로 성공을 거두고 지배하기를 바라면서 당신들이 흘리게 할 순교자들의 피 한방울 한방울과 당신들이 짓밟을 성인들의 눈물 한방울 한방울이 미래의 믿는 이들의 씨가 될 거요. 그래서 당신들이 승리자라고 생각할 그때에 당신들은 패배자가 될 것이오. 가시오. 나도 떠나겠소. 나를 사랑하는 사람들은 유다의 경계와 요르단강 건너편으로 나를 찾아오든가 기다리시오. 마치 번개가 동쪽에서 서쪽으로 가는 것과 같이, 사람의 아들의 움직임도 빠르겠기 때문이오. 마침내 사람의 아들은 대사제와 왕으로서 제단과 옥좌에 올라가, 다만 선인들만이 이해할 줄 아는 수많은 공현(公現)중의 하나로 세상과 우주와 하늘 앞에서 튼튼하게 그곳에 있을 것입니다."

적의를 품은 바리사이파 사람들은 그들의 동조자들과 떠났다. 다른 사람들은 남아 있다. 가믈리엘의 아들은 예수께 오려고 자기 마음속으로 싸운다. 그러나 곧이어 말없이 떠나 간다….

"선생님, 저희가 같은 일당이라고 해서 미워하지는 않으시겠지요?" 하고 엘르아잘이 묻는다.

"나는 어떤 사람이 속해 있는 계급이 죄가 있다 해서 개인을 저주하지는 않습니다. 걱정 마세요" 하고 예수께서 대답하신다.

"이제는 저들이 우리를 미워할 거야…" 하고 요아킴이 중얼거린다.

"우리에게는 저들의 미움을 받는 것이 영광이야!" 하고 최고회의 의원 요한이 외친다.

"하느님께서 흔들리는 사람을 튼튼하게 하시고, 강한 사람들에게 강복하시기를 바랍니다. 여러분 모두에게 주님의 이름으로 강복합니다." 그러시면서 팔을 벌려 그곳에 있는 모든 사람에게 모세의 축복을 주신다.

그런 다음 라자로와 그의 누이들과 막시민과 여자 제자들에게 작별인사를 하시고, 걸음을 시작하신다….

예리고로 가는 길 양쪽에 있는 푸르른 들판은 호화로운 황혼이 붉게 물들이는 푸르름 속으로 예수를 맞아들인다.

69. 아도민산을 향하여

"밤이 돼가는데, 우리가 어디로 가는 건가?" 하고 사도들이 서로 물어본다. 그리고 방금 있었던 일에 대하여 말한다. 그러나 그들은 분명히 생각에 매우 골몰하고 계신 선생님을 성가시게 하지 않기 위하여 아무 말도 큰소리로 하지는 않는다.

그들이 생각에 잠기신 선생님 뒤로 계속 걸어가고 있는 동안 밤이 내려앉는다. 그러나 매우 뚜렷하게 드러나는 산맥 아래 마을이 하나 나타난다.

"여기 머물러서 밤을 지내자" 하고 예수께서 명령하신다. "아니 그보다도 여기 머물러라. 나는 이 산에 올라가기도 하겠다…."

"혼자서요? 아! 안 됩니다? 아도민산에 혼자서 가시지 마십시오. 숨어서 사람을 기다리는 그 모든 도둑들하고, 가지 마십시오…" 하고 베드로가 매우 단호하게 말한다.

"그래 그들이 내게 어떻게 하리라는 거냐? 난 가진 것이 아무것도 없는데!"

"선생님은…선생님 자신을 가지셨습니다. 저는 진짜 도둑들, 즉 선생님을 미워하는 자들을 말하는 것입니다. 그런데 그자들에게는 선생님의 목숨이면 넉넉합니다. 선생님은…무엇 처럼…그러니까 이렇게 매복에 걸려들어서 죽임을 당하시면 안 됩니다. 그렇게 해서 군중들로 하여금 선생님의 가르침에서까지도 멀리 떠나게 하기 위한 무엇인가를 생각해 낼 가능성을 선생님의 원수들에게 주셔서는 안 된다는 말씀입니다" 하고 베드로가 대꾸한다.

"요나의 시몬의 말이 옳습니다" 하고 유다 타대오가 말한다. "그자들은 선생님의 시신을 사라지게 하고는, 선생님의 정체가 드러난 것을 알고 도망쳤다고 말할 수 있을 것입니다. 또는…선생님의 시신을 평판이 나쁜 곳으로, 가령 '그자가 어디서 어떻게 죽었나 보시오. 창녀 때문에 싸우다가 죽었소' 하고 말할 수 있게, 창녀의 집으로 옮겨 놓을 수도 있을 것입니다. 선생님은 '어떤 가르침을 박해하는 것은 그 힘을 더하게 하는 것'이라고 분명히 말씀하셨습니다. 그리고 저는 가믈리엘의 아들에게서 잠시도 눈을 떼지 않았었기 때문에, 선생님이 그 말씀을 하실 때에 그가 머리를 끄덕이며 선생님의 말씀에 동의하는 것을 알아보았습니다. 그러나 어떤 성인과 그의 가르침을 웃음거리가 되게 하는 것은 그 성인에 대한 군중들의 존경을 떨어 뜨리고 빼앗는 데에 가장 확실한 무기라는 말이 있는데, 그 말이 옳습니다."

"그렇습니다. 그리고 그런 일이 선생님에 대해서 일어나서는 안 됩니다" 하고 바르톨로메오가 말을 끝맺는다.

"원수들의 장난에 말려들지 마십시오" 하고 열성당원이 덧붙인다.

"이 조심성없음으로 인해서 선생님만 돌아가시게 되지 않고, 선생님을 보내신 분의 뜻도 무효가 될 것입니다. 그리고 그렇게 되면 어두움의 아들들이 적어도 잠시 동안은 빛을 이길 것입니다."

"그렇구 말구요! 선생님은 죽음을 당하셔야 한다고 늘 말씀하시고, 또 그렇게 말씀하심으로 저희들의 마음을 꿰뚫으십니다. 시몬 베드로에 대한 선생님의 꾸중을 저는 기억합니다, 그래서 '그런 일이 있어서는 절대로 안 됩니다' 하고 말씀드리지는 않겠습니다. 그러나 제가 이렇게 말한다고 해서 사탄이 된다고는 생각하지 않습니다. '그런 일이 일어나더라도, 적어도 그로 인해서 선생님이 찬미받으시도록, 그것이 선생님의 거룩한 존재에 대한 분명한 표시가 되고, 선생님의 적들에 대하여 확실한 단죄가 되도록 되어야 합니다. 군중들로 하여금 깨닫고 믿을 수 있게 하는 표들을 가질 줄 알고, 가질 수 있게 되어야 합니다.' 선생님, 이것만이라도 있어야 합니다. 마카베오 형제들의 거룩한 사명은 마타티아의 아들 유다가 전장에서 영웅과 구제자로 죽었을 때처럼 분명히 나타난 적이 결코 없었습니다. 아도민산에 가고자 하십니까? 저희들도 선생님을 모시고 가겠습니다. 저희들은 선생님의 사도들입니다! 우두머리이신 선생님이 가시는 곳에는 선생님의 대리자인 저희들도 가야 합니다" 하고 토마가 말하는데, 나는 그가 이렇게 엄숙한 웅변으로 말하는 것을 별로 들은 적이 없다.

"맞습니다! 맞습니다! 그러니까 그들이 선생님을 습격하려면, 저희를 먼저 습격해야 합니다!" 하고 여러 사람이 말한다.

"오! 그들이 우리를 그렇게 쉽게 습격하지는 못할 것입니다! 그들은 글라우디아의 말로 입은 화상을 치료하는 중이고… 그들은 매우, 지나치게 꾀가 많습니다! 그래서 그들은 본시오가 선생님의 죽음에 대해 누구를 벌해야 할지 알 것이라는 점을 틀림없이 곰곰히 생각할 것입니다. 그들은 너무나 본심을 드러냈습니다. 그것도 글라우디아가 보는 앞에서, 그래서 그 생각을 하고, 평범한 습격보다 더 확실한 계략을 꾸밀 것입니다. 어쩌면 우리의 공포가 어리석은 것인지도 모릅니다. 우리는 이제 이전처럼 무명의 인사가 아닙니다. 지금은 글라우디아가 있습니다!" 하고 가리옷 사람이 말한다.

"좋아, 좋아… 그러나 재난을 무릅쓰지 맙시다. 아도민산에서 그 다음에는 어떻게 하고자 하십니까?" 하고 제베대오의 야고보가 묻는다.

"기도하려고 한다. 그리고 점점 더 악착스러워질 새로운 싸움을 준비하기 위해서 오는 며칠 동안 우리가 함께 기도할 수 있을 장소를 찾고자 한다."

"적들과의 싸움입니까?"

"또 우리의 자아(自我)와의 싸움도 있다. 우리의 자아는 강화될 필요가 절실하다."

"그러나 유다의 경계 지방과 요르단강 건너편으로 가고자 한다고 말씀하시지 않았습니까?"

"그렇다. 그리고 그리로 가겠다. 그러나 기도를 드린 다음에 가겠다. 나는 아코르에 갔다가 도코로 해서 예리고에 가겠다."

"안 됩니다. 주님, 안 됩니다! 그곳들은 이스라엘의 성인들에게 불길한 곳들입니다. 그리 가지 마십시오. 거기 가지 마세요. 말씀드리지만, 저는 그것을 느낍니다! 제 안에서 그 말을 하는 무엇이 있습니다. 거기 가지 마세요! 제발 거기 가지 마세요!" 하고 넋을 잃은 듯한 어떤 공포감에 사로잡힌 것처럼 거의 의식을 잃게 된 것 같은 요한이 부르짖는다. …그가 그러는 것을 일찍이 본 일이 없기 때문에, 모두 놀라서 그를 바라다본다. 그러나 아무도 그를 비웃지는 않는다. 그들은 모두 어떤 초자연적인 사실을 보고 있다는 느낌을 가지고, 경의를 가지고 침묵을 지킨다. 예수께서도 요한이 다시 평상시의 모습이 되어 "오! 주님, 저는 정말 고통을 겪었습니다!" 하고 말할 때까지 잠자코 계신다.

"나도 안다. 가릿으로 가자. 네 영이 뭐라고 말하느냐?" 예수께서 영감을 받은 사도에게 경의를 표하며 말씀하시는 것을 보고 나는 깊은 충격을 받았다.

"주님이 그걸 제게 물으십니까? 지극히 거룩하신 지혜이신 주님이 보잘 것 없는 어리석은 어린아이에게?"

"그렇다, 네게 묻는다. 가장 작은 자가 형제들의 이익을 위하여 겸손되이 그의 주님과 교섭을 할 때에는 가장 큰 사람이 된다. 말하여라…."

"예, 주님! 가릿으로 가십시다. 거기에는 하느님 안에서 묵상하기에 안전한 협곡들이 있고, 또 예리고와 사마리아로 가는 길도 아주 가깝습니다. 저희들은 내려와서 선생님을 사랑하고 선생님께 바라는 사람들을 모아서 선생님께 데려 오거나 선생님을 그 사람들에게로 모시고 가겠습니다. 그런 다음에 저희들은 다시 기도로 마음의 양식을 만들 수 있을 것입니다. …그러면 주님께서 내려오셔서 저희들의 영에 말씀하시고… 말씀의 말을 들으면서도 완전히 이해하지는 못하는 저희 귀를 열어 주시고…특히 저희 마음을 당신의 불로 사로잡으실 것입니다. 그것은 저희가 열렬하게 되어야만 비로소 세상의 박해에 저항할 줄 알겠기 때문입니다. 그것은 저희가 먼저 완전한 사랑의 즐거운 고통을 느끼고 나야 비로소 인간의 증오와 박해를 견딜 준비가 될 수 있겠기 때문입니다. …주님…제가 무슨 말을 했습니까?"

"내가 할 말을 했다. 요한아, 두려워 말아라. 그러면 여기서 머무르자. 그리고 내일 새벽에 산으로 올라가자."

70. 가릿산에서 피정을 하고 나서

　그것은 점점 더 높이 올라가는 데 골몰하고, 그 일만 걱정하는 것 같은 산들의 집단이다. 그리고 그 노력의 각 과정은 비탈이 대단히 가파르고, 엄청나게 큰 벤 자리 같은 좁은 계곡이 파지고, 능선이 매우 거칠은 바위투성이의 깎아지른 듯한 야산들의 산맥으로 흔적이 남은 것 같다. 거기서는 사도들이 선생님을 모시고 있는 곳에서 동남쪽에 있는 사해(死海)를 부수적으로 희미하게 볼 수 있다. 요르단강과 기름지고 평온한 그 계곡은 보이지 않고, 예리고나 다른 도시들도 보이지 않는다. 사마리아 방향으로 솟아 있는 산, 그리로 또 산이 있을 뿐이고, 깎아지른 두 산들 사이에 우중충한 사해가 있을 뿐이다. 저 아래에는 동서로 흘러서 틀림없이 요르단강으로 흘러 들어가는 급류가 하나 있다. 파랗게 맑은 하늘에서는 매들의 큰 소리와 까마귀들이 우는 소리가 들려온다. 거칠은 비탈의 나뭇잎들 사이에서는 새들이 요란스럽게 지저귄다. 좁은 계곡 속에는 바람이 휙휙 소리를 내며 불고, 먼 데 있는 냄새와 소음을 가져와서, 그것들이 가볍거나 강렬한 데 따라서 가까이 있는 것들을 쓸어버리기도 한다. 틀림없이 계곡으로 지나가는 길에서는 방울소리가 들려 올라오고, 평평한 곳에서 풀을 뜯는 양의 울음소리도 들려온다. 바위에서 똑똑 떨어지거나 요란한 소리를 내는 급류의 물소리도 들려 온다. 그러나 계절은 좋고, 건조하고, 따뜻하고, 비탈은 그저 칠보 같은 꽃들과 에머랄드 같은 풀잎뿐이며, 또 아직도 송이송이 또는 줄을 지은 꽃들이 나무줄기나 나뭇잎에 매달려 있어, 이곳에 명랑한 분위기를 만들어 준다.

　이곳에 모인 열세 사람의 얼굴들은 매우 명랑한데, 그것은 초자연적인 기쁨이다. 그들은 세상을 잊었다. 세상은 멀리 떨어져 있다. …정신들은 그렇게도 많은 충격으로 흔들렸던 균형을 도로 찾았고, 하느님의 영광 속에, 즉 평화 속에 다시 들어갈 수가 있었다.

그러나 머무르는 기간이 끝났고, 예수께서는 거기에 대한 말씀을 하신다. 그러니까 베드로는 다볼산에서 하였던 기원을 되풀이한다. "아이고! 왜 여기 그대로 있지 않습니까? 선생님을 모시고 여기 있는 것이 정말 좋습니다!"

"일이 우리를 기다리기 때문이다. 요나의 시몬아, 우리는 명상만 하는 사람일 수는 없다. 세상은 배우기 위하여 우리를 기다린다. 씨를 뿌려야 할 밭들이 있는 동안은 주님의 일꾼들이 정지할 수는 없다."

"하지만 그렇다면…이렇게 외따로 있어야만 조금 개량이 되는 저는 결코…할 수가 없겠습니다. 세상이 그렇게도 넓으니까요! 저희가 어떻게 온 세상에 작용해서, 죽기 전에 선생님께 모아 놓을 수가 있겠습니까?"

"너희들이 확실히 온 세상 전체에 작용하지는 못할 것이다. 많고 많은 세월이 필요할 것이다. 그리고 한 부분이 영향을 받으면, 이룩한 일을 망치기 위하여 사탄이 그 안으로 들어갈 것이다. 그러므로 그것은 세상 마칠 때까지 끊임없는 일일 것이다."

"아이고! 그러면 저는 죽음을 어떻게 준비할 수 있겠습니까?" 하고 베드로가 정말 슬퍼서 말한다.

예수께서는 그를 껴안고 이렇게 말씀하셔서 안심시킨다. "너는 그럴 시간을 가질 것이다. 시간이 많이 필요한 것이 아니다. 하느님 앞에 나아갈 준비를 하는 데에는 완전한 정신 집중의 행위 하나만 있으면 넉넉하다. 그러나 너는 시간이 넉넉히 있을 것이다. 그뿐아니라, 하느님의 뜻을 행하는 것은 언제나 거룩하게 죽기 위한 준비가 된다는 것을 알아라. 만일 하느님께서 네가 활동하기를 원하시는데 네가 순종하면, 가장 외따로 떨어진 바위산에 들어박혀 기도하고, 묵상하는 것보다 순종하는 활동으로 준비를 더 잘 하는 것이 된다. 확신이 생기느냐?"

"선생님이 그렇게 말씀하시니 분명히 확신이 생깁니다! 그러면 저희들은 어떻게 해야 합니까?"

"계곡의 길 여기저기에 흩어져서, 거기서 나를 기다리고 있는 사람들을 모아라. 그리고 내가 갈 때까지 주님과 믿음을 전파하여라."

"선생님 혼자 남아 계십니까?"

"물론이다. 염려 말아라. 악이 때로는 선을 돕는다는 것을 너희들은 알았지. 여기서 엘리야는 까마귀들에게서 먹을 것을 얻었었다. 우리는 사나운 독수리들이 우리를 먹여 살렸다고 말할 수 있을 것이다."

"그것이 회개의 충동이라고 생각하십니까?"

"아니다. 그러나 그들이 아량을 베푸는 것으로 우리가 그들을 배신할 수 없게 만들 것이라는 생각에서 왔다 하더라도, 그것은 사랑이다…."

"그러나 우리는 그들을 배신하지 않았을 터인데요!" 하고 안드레아가 외친다.

"그렇다. 그러나 불쌍한 도둑인 그들은 그것을 알지 못한다. 그들은 죄악으로 가득 차 있기 때문에 영적인 것은 아무것도 그들 안에서 작용하지 않는다."

"주님, 주님은 사랑이…어떻다고 말씀하셨는데…무슨 뜻이었습니까?"

"그들이 우리에게 대해서 가졌던 사랑이, 적어도 그중 가장 착한 사람들에게 있어서는 갚음을 받지 않는 일이 없을 것이라는 뜻이었다. 지금 당장 오지 않는 회개가 천천히 행해질 수 있지만, 어떻든 올 수는 있다. 그렇기 때문에 '그들의 헌금을 물리치지 말라'고 너희에게 말한 것이다. 그리고 비록 그것이 내게는 죄의 악취를 풍겼지마는 그것을 받아들였다."

"그러나 선생님도 잡숫지는 않으셨지요…."

"그러나 나는 그것을 물리침으로 죄인들에게 모욕을 주지 않았다. 그들은 선심의 최초의 충동을 느끼고 있었다. 무엇 때문에 그 충동을 부수어 버리겠느냐? 저기 있는 저 급류는 이 비탈에서 흘러 나오는 샘에서 시작되지 않느냐? 이것을 항상 기억하여라. 이것은 내가 너희들 가운데 있지 않게 되었을 때, 너희들의 미래의 생활을 위한 교훈이다. 너희들이 전도 여행을 하는 길에서 죄인들을 만나거든, 모든 사람을 업신여기고, 그렇게도 타락한 그들 자신을 먼저 업신여길 생각은 하지 않는 바리사이파 사람들처럼 되지 말아라. 큰 사랑을 가지고 그들에게 가까이 가라. '무한한 사랑'을 가지고라고 말할 수 있었으면 한다. 아니 그렇게 말하겠다. 그리고 사람의 행동이 '유한하고, 한계가 있다' 해도 그렇게 될 수가 있다. 사람이 어떻게 무한한 사랑을 가질 수 있는지 아느냐? 하느님과 오직 하나가 될 정도로 그분과 긴밀히 결합하는 것으로 그렇게 할 수 있다. 그렇게 되면 정말로 피조물은 조물주 안에서 사라지고, 조물주께서 행동하시는데, 조물주는 무한하시다. 이와 같이 내 사도들은 그 근원과 합쳐져서 하나가 될 정도로 그 근원에 바싹 다가가는 사랑의 힘으로 그들의 하느님과 이렇게 결합해 있어야 한다. 너희들이 어떻게 말하느냐로 마음을 회개시키지 못할 것이고, 어떻게 사랑하느냐로 회개시킬 것이다. 죄인들을 만나겠느냐? 그들을 사랑하여라. 빗나가는 제자들 때문에 고통을 당하겠느냐? 그들을 사랑으로 구원하도록 힘써라. 길잃은 양의 비유를 기억하여라. 오! 오랜 세월을 두고, 그 비유는 죄인들에 대한 대단히 다정스러운 부름이 될 것이다. 그러나 그것은 또한 내 사제들에게 주는 확실한 명령이기도 할 것이다. 어떤 방법으로든지 모든 희생으로, 영혼 하나를 구해 보려고 하다가 목숨을 잃어야 한다 하더라도, 가능한 모든 참을성을 가지고 길잃은 양들을 양의 우리로 다시 데려오기 위하여 찾아 나서야 할 것이다.

사랑은 너희들에게 기쁨을 줄 것이다. 사랑은 너희들에게 '두려워 말아라' 하고 말할 것이다. 사랑은 나 자신도 가지지 못했던 세상에 퍼지는 능력을 너희들에게 줄 것이다. 미래에는 의인들의 사랑이 아가서(書)에서 말하는 것처럼 가슴과 팔에 있는 겉으로 드러나는 표로 있어야 하지 않고, 마음 속에 들어 있어야 할 것이다. 사랑은 영혼을 모든 행동으로 미는 지렛대가 되어야 한다. 그리고 어떤 행동도 사랑이 넘쳐야 한다. 하느님이나 이웃을 정신적으로만 사랑하는 데 만족하지 않고, 하느님의 적과 싸우기 위하여 투기장(鬪技場)으로 내려가 물질적인 행동으로도 하느님과 이웃을 구체적으로 사랑하는 사랑으로 말이다. 이 물질적인 행동은 형제들과 구속(救贖)의 성화(聖化)에 이르는 더 넓고 더 완전한 행동을 위한 길이다. 묵상으로는 하느님을 사랑한다. 그러나 행동으로는 이웃을 사랑한다. 그런데 사랑은 하나밖에 없고, 우리가 이웃을 사랑하면, 이 사랑을 명령하시고 우리에게 이웃을 형제로 주신 하느님을 사랑하는 것이 되기 때문에, 이 두 사랑은 서로 갈라지지 않는 것이다. 너희의 사랑과 미래의 사제들의 사랑이 전적으로 영혼들의 구원 쪽으로 향하지 않으면, 너희들도 미래의 사제들도 내 친구들이라고 말할 수 없고, 또 말하지 않을 것이다. 내가 사람이 된 것이 영혼들을 위해서이고, 내가 고통을 당할 것도 영혼들을 위해서

이다. 나는 어떻게 사랑하는지 그 본보기를 너희에게 준다. 그러나 내가 하는 것을 너희들도 해야 하고, 너희들 다음에 올 사람들도 해야 한다. 새 시대가 온다. 그것은 사랑의 시대이다. 나는 너희들의 마음에 불을 지르려고 왔다. 그런데 이 불은 내 수난과 승천 후에도 계속 커질 것이고, 아버지와 아들의 사랑이신 분이 너희를 성직자로 축성하려고 내려오시면 그 불이 너희들을 불타오르게 할 것이다.

지극히 숭고하신 사랑이여! 왜 희생제물을 태우시는 일을 지체하시나이까? 내 양떼의 눈을 뜨게 하고, 귀를 열어 주고, 말문을 열어 주고, 손발을 끌러 주어, 그들로 하여금 늑대들 가운데에 가서, 하느님은 사랑이시고, 자기 자신 안에 사랑을 가지고 있지 않은 사람은 짐승이나 마귀에 지나지 않는다는 것을 가르치도록 하시는 일을 지체하시나이까? 오! 오소서. 지극히 부드러우시고 지극히 강하신 성령이여, 그래서 세상에 불을 지르소서. 파괴하기 위해서가 아니라 깨끗하게 하기 위하여 사람들의 마음에 불을 지르소서! 그들을 또 다른 나 자신, 그리스도, 즉 사랑의 기름바름을 받아 사랑으로 행동하며, 사랑으로 거룩하고 거룩하게 하는 영혼이 되게 하소서.

사랑하는 사람들은 지극히 행복하다. 그들은 사랑을 받을 것이고, 그들이 하늘의 빛 속에서 영원한 영광을 노래할 순간까지 그들의 영혼이 천사들과 더불어 하느님을 위하여 노래하기를 한 순간도 그치지 않겠기 때문이다. 벗들아, 너희들이 이렇게 되기를 바란다. 이제는 가서 내가 말한 것을 사랑을 가지고 행하여라."

71. 에세네파*사람들과 바리사이파 사람들. 불성실한 관리인의 비유

거의 외따로 떨어져 있는 어떤 산의 비탈 맨 아랫쪽 여기저기에 흩어져 있는 많은 군중이 선생님을 기다리고 있다. 그 산은 그것을 둘러싸고 있는 계곡들이 서로 만나는 곳에서 머리를 내밀고 있는데, 그 비탈들이 그곳에서 갑자기 솟아오른다. 아니 그보다도 거의 수직으로, 어떤 곳에서는 정말 수직으로 가파르게 뛰어오른다. 산꼭대기에 올라가는 데에는 석회암을 깎아서 만든 오솔길이 있는데, 이 오솔길이 어떤 곳에서는 산비탈을 구불구불 스치고 지나가며, 때로는 낭떠러지 위에 산의 절벽에 걸려 있기도 하다. 거의 붉은 빛깔에 가까운 누런 빛깔의 이 울퉁불퉁한 오솔길은 키가 작고 가시가 많은 먼지투성이의 푸른 덤불 위에 던져 놓은 리본 같다. 메마르고, 돌투성이의 비탈을 뒤덮고 있는 잎들 자체가 가시 같아 보이는데, 보랏빛을 띤 붉은 빛깔의 선명한 꽃이 여기저기 피어 있어, 새의 도가머리같이 보이기도 하고, 이 가시덤불이 우거진 길로 지나간 어떤 불행한 사람들의 옷에서 떨어져 나온 비단 뭉치 같기도 하다. 아주 가는 재가 덮인 것처럼 음산한 청록색의 뾰쪽한 가시로 이루어진 기복이 심한 이런 표면은 무더기 무더기로 산 밑에까지, 그리고 이 산과 서북쪽과 동남쪽에 있는 다른 산들과의 사이에 있는 고원에까지 퍼져 있어, 아랫쪽에 있는 곳과 갈마드는데, 그곳에는 뒤틀리지도 않고 무익하지도 않은 참다운 풀과 참다운 작은 나무들이 있다.

사람들은 그곳에서 야영을 하며, 주님이 오시기를 참을성있게 기다린다. 아침이 서늘하고 이슬이 아직 모든 풀줄기에서 증발하지 않은 것으

---

*역주 : 기원전 2세기부터 기원후 1세기말까지 있었던 것으로 보이는 유다교의 파들중의 하나. 엄한 규칙을 지키는 공동체로 도시에서 멀리 떨어져 살았었다(라루스 사전 참조).

로 보아, 사도들에게 연설을 하신 다음날인 것 같다. 특히 그늘에는 이슬이 아직 남아 있어 가시와 잎을 아름답게 하고, 가시돋힌 작은 나무들의 이상한 꽃들을 금강석 뭉치로 바꾸어 놓는다. 지금은 틀림없이 이 음산한 산이 아름다운 시간일 것이다. 사실 다른 시간에는, 그러니까 사정없는 햇빛이나 달밤에는 이 산이 끔찍한 속죄를 하는 곳과 같은 소름끼치는 모습을 하고 있을 것이 틀림없다. 동쪽에는 매우 기름진 평야에 화려한 큰 도시가 있다. 순례자들이 있는 아직 낮은 이 사면에서는 다른 것은 아무것도 보이지 않는다. 그러나 산꼭대기에서는 인근지방이 내려다보이는 비길 데 없는 전망이 눈을 즐겁게 할 것이다. 산의 높이로 보아 전망이 사해와 그 동쪽 지방, 그리고 사마리아의 산맥과 예루살렘을 막고 있는 산맥들에까지 이를 것으로 생각한다. 그러나 나는 산꼭대기에 올라가지 않았다. 그래서….

사도들은 군중 가운데로 돌아다니면서, 군중을 조용히 질서를 지키게 하고, 병자들을 가장 좋은 자리에 데려다 놓게 하려고 애쓴다. 사도들은 제자들의 도움을 받고 있는데, 이들은 아마 이 지방에서 일하는 제자들로서, 선생님의 말씀을 듣기를 바라는 순례자들을 유다의 경계 근처로 인도한 모양이다.

예수께서는 해가 내리쬐는 시간의 더위와 아직 여름밤이 아닌 밤의 찬 기운을 조정하기 위하여 흰 아마포 옷에 붉은 겉옷을 입으신 모습으로 갑자기 나타나신다. 예수께서는 사람들의 눈에 띄지 않으신 채, 당신을 기다리는 사람들을 바라다보시고 미소지으신다. 예수께서는 서쪽에 있는 별로 높지 않은 산의 뒷쪽으로 해서 오시는 것 같은데, 어려운 오솔길로 해서 빨리 내려오신다. 제일 먼저 예수를 본 것은 어린이이다. 어쩌면 그 어린이는 덤불 속에 있다가 위에서 굴러 내려오는 돌 때문에 놀라 날아오른 새들을 지켜보고 있었는지도 모르고, 혹은 예수께서 그의 눈길을 끄으셨는지도 모른다. 예수를 보고 그 어린이는 펄쩍 뛰어오르며 "주님이다" 하고 외친다.

모든 사람이 몸을 돌려, 이제는 기껏해야 200미터쯤 되는 가까운 거리에 계신 예수를 본다. 그들은 예수께로 달려 가려고 한다. 그러나 예수께서는 손짓을 하시며, 아마 산의 메아리 때문이겠지만 똑똑히 들려오는 목소리로 "있는 곳에 그대로 계십시오" 하고 말씀하신다.

그리고 여전히 미소를 띠시고, 당신을 기다리는 사람들에게로 내려오시어 평평한 곳의 제일 높은 지점에서 걸음을 멈추신다. 거기에서 "여러분 모두에게 평화" 하고 인사를 하시고, 또 두드러진 미소를 지으시며, 당신 둘레로 모여드는 사도들과 제자들에게 인사말을 되풀이 하신다.

예수께서는 눈부시게 아름다우시다. 예수의 얼굴과 뒤에 있는 푸르스름한 비탈을 비추는 해와 더불어, 꿈에 보는 환상과 같다. 정적 속에서 지내신 시간, 우리가 알지 못하는 어떤 사실들, 혹은 당신 위로 넘쳐흐르는 아버지의 애무, 무엇인지 모를 것이 항상 완전한 예수의 아름다움을 두드러지게 하고, 영광스럽고, 위엄있고, 평온하고, 차분하게 하며, 어떤 사랑의 만남에서 돌아와 그의 모든 모습과 눈길에 거기서 오는 즐거움을 지니고 있는 사람과 같이 기쁨이 가득 차 있다고 하겠다. 여기서 하느님의 것인 이 사랑의 만남의 반영이 밖으로 번진다. 그것은 보잘것 없는 인간적인 사랑의 만남 후에 볼 수 있는 것의 백배나 천배나 더한 것이다. 이것은 번쩍거리는 광경이다. 이 광경은 그곳에 있는 사람들을 사로잡는다. 그래서 그들은 감탄해 마지 않으며, 마치 지극히 높으신 당신의 말씀과의 일치의 신비를 직관하는 데 겁을 집어 먹은 듯 말없이 쳐다보고 있다. …그것은 아버지와 아들 사이의 비밀이요, 은밀한 사랑의 시간이다. 아무도 그 은밀한 사랑의 시간을 알지 못할 것이다. 그러나 마치 하늘에서 그런 것과 같은 아버지의 말씀이 되셨다가 다시 사람의 아들이 되시기가 어려운 것처럼 아들은 역시 그 흔적을 보존하고 계시다. 무한과 숭고함은 다시 "사람"이 되기가 힘들다. 작은 구멍이 많은 질그릇에서 그윽한 기름이 배어나오듯, 또는 반투명의 유리막을 뚫고 나오는 화덕의 빛과 같이 천주성이 인성에서 넘쳐 나오고, 터져나오고, 사방으로 퍼진다.

예수께서 당신의 빛나는 눈을 내리뜨시고, 복된 얼굴을 숙이시고, 놀라운 미소를 병자들에게로 몸을 구부려 감추시고, 그들을 쓰다듬어 주시고 고쳐 주시니, 병자들은 그들에게 기쁨을 주기 위하여 그들의 불행을 내려다보는 사랑가득한 해 같은 얼굴을 놀라서 쳐다본다. 그러나 예수께서는 곧이어 마침내 얼굴을 다시 드셔야 하고, 탈혼이 남긴 빛으로 아직 온통 감싸여 있는 평화로우신 분, 거룩하신 분, 사람이 되신 하느님의 얼굴이 어떤 것인지를 군중들에게 보이셔야 한다. 예수께서는 되풀이 하신다. "여러분에게 평화" 하고. 예수의 목소리까지도 여느때보다 더 음악적이며, 부드럽고 화려한 음을 들려 준다. …힘찬 그 목소리는 말없는 청중 위에 퍼지고, 그들의 마음을 찾고, 쓰다듬어 주고, 감동시키고, 사랑하라고 권유한다. 이해의 거부와 증오의 조상 (影像)같이 한구석에 서 있는 무뚝뚝하고, 까다롭고, 산 자체보다도 가시가 돋히고 찌푸린 저 바리사이파 사람들의 집단을 빼놓고, 흰 옷을 입고, 비탈 위에 외따로 떨어져 서서 듣고 있는 또 다른 집단을 빼놓고는 모든 사람이 매우 감격해 있다. 둘째 집단을 바르톨로메오와 가리옷 사람이 "에세네파 사람들" 이라고 말하는 것이 들리고 — 또 베드로는 "그러니까 이렇게 해서 새매장이 또 하나 있는 셈이로군!" 하고 중얼거리는 것이 들린다.

"오! 가만 놔두어라. 말씀은 모든 사람의 것이다!"하고 예수께서 에세네파 사람들을 빗대고 웃으시며 베드로에게 말씀하신다. 그리고 말씀을 시작하신다.

"만일 사람이 하늘에 계신 아버지께서 원하시는 것과 같이 완전하면 훌륭할 것입니다. 모든 생각과 애정과 행위가 완전하면 말입니다. 그러나 사람은 완전할 줄을 모르고, 사람에게 행동의 자유를 주시면서, 그래도 좋은 일을 하라고 명령하시고 사람이 '저는 알지 못했었습니다' 하고 말할 수 없도록 완전하게 하라고 권하신 하느님께서 주신 선물을 잘못 씁니다.

하느님께서 주신 자유를 사람은 어떻게 씁니까? 인류의 대부분은 마치 어린이가 쓸 수 있을 것처럼 쓰고, 인류의 나머지 부분이 어리석은 사람이나 범죄자처럼 씁니다. 그러나 곧 이어 죽음이 오고, 사람은 심판을 받게 되는데, 심판자는 '너는 내가 준 것을 어떻게 쓰고 남용하였느냐?' 하고 엄하게 물으실 것입니다. 무시무시한 질문입니다! 그때에는 사람이 그 때문에 그렇게도 자주 죄인이 되는 세상의 재물이 얼마나 지푸라기보다도 못한 것으로 보이겠습니까! 영원한 빈곤으로 가난하고, 아무것으로도 대체할 수 없는 옷을 빼앗긴 그는 주님의 위험 앞에서 창피해서 벌벌 떨고 있을 것이고, 변명할 말을 한 마디도 찾아내지 못할 것입니다. 과연 세상에서는 보잘 것 없는 사람들을 속여서 자기를 변호

71. 에세네파 사람들과 바리사이파 사람들. 불성실한 관리인의 비유

하기가 쉽습니다. 그러나 하늘에서는 하느님을 속일 수가 없습니다. 절대로. 또 하느님께서는 비굴하게 타협을 하지 않으십니다. 절대로.

그러면 어떻게 해야 구원을 받습니까? 어떻게 모든 것을 타락에서 오는 것까지도 구원에 소용되게 할 수 있습니까? 귀금속과 보석을 부의 수단이라고 가르치고, 권세욕과 육욕을 자극한 타락에서 오는 것까지도 말입니다. 사람은 아무리 가난하더라도 무절제하게 황금과 명예와 여자를 가지고 싶어함으로 언제나 죄를 지을 수 있는데 ― 그때에는 부자가 가진 것을 빼앗기 위하여 도둑이 됩니다 ― 그러면 부자이거나 가난하거나 사람은 절대로 구원을 받을 수 없겠습니까? 아닙니다. 구원을 받을 수 있습니다. 그러면 어떻게 해야 구원을 받을 수 있습니까? 재물을 선에 도움이 되게 하고, 빈궁을 선에 도움이 되게 함으로써 구원을 받을 수 있습니다. 샘을 내지 않는 가난한 사람, 저주를 하지 않고, 남의 것을 해치지 않고, 자기가 가진 것으로 만족하며, 자기의 비천한 처지를 미래의 자기의 성덕을 얻는 데 도움이 되게 하는 가난한 사람은 구원을 받을 수 있는데, 사실 대부분의 가난한 사람은 이렇게 행동할 줄을 압니다. 부자들은 가난한 사람만큼 그렇게 할 줄을 잘 모릅니다. 부자들에게는 재물이 사탄과 세 가지 사욕(邪慾)의 끊임없는 함정입니다.

그러나 비유를 하나 들으시오. 그러면 부자도 부자로 있으면서 구원을 받을 수 있고, 또는 부정하게 취득했다 하더라도 재물을 잘 쓰면 그들의 잘못을 속죄할 수도 있습니다. 지극히 인자하신 하느님께서는 당신 자녀들이 구원을 받도록 항상 그들에게 수많은 방법을 남겨두시기 때문입니다.

그러니까, 지배인을 한 사람 둔 부자가 있었습니다. 부자의 훌륭한 처지를 시기하기 때문에 그의 원수인 어떤 사람들이나, 부자의 친한 친구이고, 따라서 그의 안락을 걱정하는 사람들이 주인에게 가서 그 지배인을 비난했습니다. '그 사람이 당신 재산을 낭비하거나 가로채거나 이익을 나게 하기를 소홀히 하오. 조심하시오! 자위책을 쓰시오!' 하고.

부자는 이 비난을 여러 번 들은 다음, 지배인을 자기 앞에 출두하라고 명령했습니다. 그리고 이렇게 말했습니다. '자네에 대해서 이러저러한 말을 들었네. 대관절 왜 그렇게 했는가? 자네 관리에 대한 보고를 하게, 이제는 자네가 내 재산 관리하는 것을 허락하지 않을 터이니까. 자네를 믿을 수가 없고, 또 불공평과 자유방임의 본보기를 줄 수도 없네. 그렇게 하면 다른 하인들도 자네가 한 것처럼 하도록 격려하는 것이 될 터이니까. 가보게, 그리고 서류 일체를 가지고 내일 다시 오게. 그것을 검사해서, 새 지배인에게 내 재산을 맡기기 전에 내 재산 상태를 알 수 있게 말일세.' 그리고 지배인을 돌려보냈습니다. 지배인은 걱정이 되어, 가면서 이렇게 생각했습니다. '그러니 이제는? 주인이 지배인 자리를 내놓으라고 하는 지금, 나는 어떻게 하지? 위험을 교묘히 면할 수 있으리라고 확신하고, 가로챈 것을 모두 써버렸기 때문에 모아둔 재산도 없다. 어떤 주인 밑에서 농사꾼으로 채용된다는 것은, 내가 일하는 습관을 잃었고, 맛있는 음식을 먹어 몸이 무거워졌기 때문에 내게는 적당치 않다. 동냥을 하는 것은 더 안 된다. 그건 너무 창피스러운 일이거든! 어떻게 한다?'

오랫동안 곰곰히 생각한 끝에 그의 괴로운 처지에서 헤어나는 방법을 하나 찾아냈습니다. 그는 이렇게 말했습니다. '옳지, 찾아냈다! 지금까지 편한 생활을 확보했던 것처럼, 이제부터는 내가 지배인 자리를 잃었을 때 감사하는 마음으로 나를 받아들일 친구들을 확보하겠다. 도움을 주는 사람은 언제나 친구들이 있는 법이다. 그러니까 사람들이 내게 도움을 주도록 내가 도움을 주기로 하자. 그리고 소문이 퍼져서 때가 늦기 전에 즉시 하기로 하자.'

그는 주인에게 빚진 사람 여럿을 찾아가서 첫번 사람에게 말했습니다. '3년 전 봄에 우리 주인이 빌려준 돈에 대해서 얼마를 갚아야 하오?'

그 사람은 '원금과 이자 합해서 기름 백통입니다' 하고 대답했습니다.

'아이고! 불쌍도 하지! 아이가 그렇게 많고, 앓는 아이들이 있는 당신이 그렇게 많이 갚아야 하다니?! 그렇지만 우리 주인이 당신에게 준 것은 30통 값어치가 아니었소?'

'그렇습니다. 그러나 저는 매우 절박한 처지에 있던 터인데, 주인이 이렇게 말했습니다.〈자네에게 그걸 주네만, 3년 동안에 그 돈으로 버는

71. 에세네파 사람들과 바리사이파 사람들. 불성실한 관리인의 비유

것을 내게 준다는 조건일세〉하고. 그런데 그 돈으로 기름 백통 값어치를 벌었으니까, 그것을 갖다 줘야 합니다.'

'하지만 그건 고리대금업자나 다름없소! 안 되오, 안 돼. 주인은 부자이고, 당신은 먹기도 힘든 처지요. 주인은 가족도 별로 없는데, 당신은 가족이 대단히 많소. 수입이 50통 값어치가 있었다고 쓰시오. 그리고 그 일을 잊어버리시오. 나는 그것이 사실이라고 맹세하겠소. 그럼 당신은 이익을 볼 거요.'

'그렇지만 당신은 나를 배신하진 않겠지요? 만일 주인이 알게 되면?'

'천만에! 나는 지배인이오. 그래서 내가 말하는 것은 신성하오. 하라는 대로 하시오. 그리고 행복하게 사시오.'

그 사람은 그렇게 쓰고 서명하고 말했습니다. '축복받으십시오! 내 친구요 구원자! 어떻게 감사해야 할까요?'

'조금도 그럴 필요없소! 그러나 만일 당신 때문에 내가 고통을 당하고 쫓겨나게 되면 감사하는 마음으로 나를 받아 주겠지요.'

'그야 물론이지요! 물론이구 말구요! 믿으셔도 됩니다.'

지배인은 또 다른 빚진 사람을 찾아가서 거의 비슷한 말을 했습니다. 그 사람은 곡식 100말을 갚아야 했습니다. 3년 동안 가물어서 그가 농사지은 것이 망쳐져서 가족을 먹이기 위하여 부자에게서 곡식을 꾸어다 먹어야 했기 때문이었습니다.

'아니, 그건 말도 안 되오. 주인이 준 것의 배를 갚아야 하다니! 밀을 거절하다니! 그리고 너무나 풍성한 그의 저장된 곡식은 벌레가 먹는데, 배가 고프고 아이들이 있는 사람에게 곱절을 요구하다니! 80말이라고 쓰시오.'

'그렇지만 주인이 내게 20말을 주고, 다음에 또 20말, 그 다음에는 열말을 주었다는 것을 기억하면 어떡합니까?'

'아니, 주인이 그걸 어떻게 기억하오? 내가 곡식을 당신에게 주었는데, 내가 그것을 기억하고 싶지 않으니. 그렇게 해요. 그래서 곤경에서 빠져나가시오. 가난한 사람들과 부자들 사이에는 정의가 있어야 하오! 내가 주인이라면, 나는 50말만 요구하겠소. 어쩌면 그걸 탕감해 줄지도 모르겠소.'

'당신은 착하십니다. 모두가 당신 같았으면! 우리 집은 당신에게는 친구의 집이라는 것을 기억하십시오.'

지배인은 같은 방법으로 다른 사람들도 찾아가서, 일을 다시 공평하게 정리하기 위해서는 고통을 당할 각오가 되어 있다고 언명했습니다. 그러니까 약속과 축복이 그에게 비오듯 쏟아졌습니다. 지배인은 장래가 보장되자, 안심하고 주인을 찾아갔습니다. 한편 주인은 지배인의 뒤를 밟아, 그의 수단을 알아냈었습니다. 그렇지만 지배인을 칭찬하면서 이렇게 말했습니다. '자네 행동방식이 좋지 않네. 그래서 그것은 칭찬은 안하겠네. 그러나 자네 솜씨는 칭찬하네. 정말이지, 정말이지, 세속의 자식들이 빛의 자식들보다 더 빈틈없네' 하고.

그런데 부자가 말하던 것을 나도 여러분에게 말합니다. '사기행위는 훌륭한 것이 못 됩니다. 그래서 그 때문에 아무도 절대로 칭찬하지 않겠습니다. 그러나 적어도 세속의 수단을 가지고 빈틈없이 되어 세속의 자식처럼 해서, 그것들을 빛의 나라에 들어가는 통행료가 되게 하라고 권합니다' 하고. 즉 불공평하게 분배되고, 잠깐 사이에 지나가는 안락을 얻는 데 사용되는 방편이고, 영원한 나라에서는 가치가 없는 세상의 재물이 영원한 나라의 문을 열어 줄 친구가 되게 하시오. 여러분이 마음대로 쓸 수 있는 방법으로 선을 행하고, 여러분이나 여러분의 집안의 다른 사람들이 옳지 못하게 취득한 것은 돌려주시오. 그리고 재물에 대한 병적이고 죄가 되는 애정을 여러분에게서 떼어버리시오. 그러면 이 모든 것이 여러분이 죽을 때에 영원한 문을 열어주고, 지극히 행복한 처소에 여러분을 받아들이는 친구같이 될 것입니다.

만일 하느님께서 여러분이 세상의 재물조차도 잘 쓸 줄 모르는 것을 보시게 되면, 어떻게 여러분이 하느님께 천당복을 주십사고 요구할 수 있겠습니까? 이것은 있을 수 없는 가정이지만, 여러분은 하느님께서 천상 예루살렘에 낭비하는 구성원들을 받아들이기를 원하십니까? 절대로 그런 일은 없을 것입니다. 천국에서는 사람들이 사랑과 너그러움과 정의 속에서 살 것입니다. 모두가 한 분을 위하여, 모두가 모두를 위하여, 성인들의 교섭은 하나의 활발하고 정직한 사회이고, 거룩한 사회입니다. 그래서 자기가 옳지 않고 불충실하다는 것을 보여준 사람은 아무도 그곳에 들어갈 수 없습니다.

'천국에서는 우리가 아무런 두려움없이 모든 것을 가질 터이니까. 거기서는 우리가 충실하게 될 것이다' 하고 말하지 마시오. 그렇지 않습니다. 작은 일에 불충실한 사람은 전부를 차지하더라도 불충실할 것이고, 작은 일에 옳지 못한 사람은 큰 일에도 옳지 못합니다. 하느님께서는 세상에서 행하는 시험에서 세상의 재물도 쓸 줄 알지 못한다는 것을 보여 주는 사람에게는 참된 재산을 맡기지 않으십니다. 여러분이 우려 먹거나 속임수를 쓰거나 탐욕스럽게 보존할 줄밖에 모른다고 보여주면, 어떻게 하느님께서 어느날 하늘에서 세상에 있는 여러분의 형제들을 지원하는 임무를 여러분에게 맡기실 수 있겠습니까? 그러므로 하느님께서는 여러분의 보물을, 즉 여러분에게 주시려고 남겨 두셨던 보물을, 세상에서 빈틈없이 살 줄 알아서, 옳지 않고 불건전한 것을 옳고 건전한 일에 소용되게 한 사람들에게 주실 것입니다.

아무도 두 주인을 섬길 수 없습니다. 이 주인이나 저 주인에게 딸려 있거나, 이 주인이나 저 주인을 미워할 것이기 때문입니다. 사람이 골라 잡을 수 있는 두 주인은 하느님이나 맘몬*입니다. 그러나 만일 여러분이 하느님께 속해 있기를 원하면, 맘몬의 제복을 입고, 그의 목소리를 듣고, 그의 방법을 써서는 안 됩니다."

에세네파 사람들의 집단에서 한 목소리가 올라온다. "사람은 선택할 자유가 없습니다. 자기의 운명을 따라갈 수밖에 없습니다. 우리는 운명이 지혜롭지 않게 분배되었다고는 말하지 않습니다. 반대로 완전하신 생각이 당신이 정하신 완전한 계획을 위해서 하늘에 갈 자격이 있는 사람들의 수를 정하셨습니다. 다른 사람들은 하늘에 이르기 위해 노력을 해도 소용없을 것입니다. 이렇게 되어 있습니다. 달리 될 수는 없습니다. 집에서 나가는 사람이 박공에서 떨어져 나온 돌에 맞아 죽을 수도 있는 반면, 격정중에 아주 작은 상처 하나도 입지 않고 살아 나올 수도 있습니다. 이와 마찬가지로 그렇게 씌어 있지 않은데 구원을 받고자 하는 사람은 알지 못하면서도 죄밖에 짓지 않을 것입니다. 그의 영벌은 기록되어 있으니까요."

"여보시오. 아닙니다. 그렇지 않아요. 당신 생각은 잘못이오. 그렇게

---

* 역주 : 재물을 가리키는 말.

생각하면 주님께 중대한 모욕을 하는 것이 됩니다."

"왜 그렇습니까? 그것을 증명해 주십시오. 그러면 생각을 고치겠습니다."

"왜 그러냐 하면, 당신은 그 말을 하면서, 하느님께서 당신의 피조물들에 대해서 불공평하시다고 마음 속으로 인정하기 때문입니다. 하느님께서는 피조물들을 똑같이, 같은 사랑으로 창조하셨습니다. 하느님은 아버지이십니다. 다른 어떤 일에도 그러하시듯이 당신의 아버지다운 감정에서도 완전하십니다. 그러면 어떻게 차별을 두실 수가 있습니까? 그리고 사람이 수태되었을 때는 죄 없는 태아에 지나지 않은데 어떻게 그를 저주하실 수 있습니까? 사람이 죄를 지을 수 없는 그 순간부터 말입니다."

"사람에게서 받으신 모욕을 설욕하시기 위해서입니다."

"아닙니다. 하느님께서는 그렇게 설욕하지 않으십니다! 하느님께서는 그런 희생과 같은 초라한 희생, 즉 강요된 부당한 희생으로 만족하지 않으실 것입니다. 하느님께 지은 죄는 사람이 되신 하느님에 의해서만 없어질 수 있습니다. 그분만이 속죄를 하지, 이러저러한 사람이 속죄를 하지는 못할 것입니다. 오! 내가 원죄만 없애기만 하면 될 수 있었더라면! 만일 세상에 카인이 없고, 라멕, 타락한 소돔인, 살인자, 도둑, 간음자, 간통자, 하느님을 모독하는 말을 하는 자, 부모에 대하여 사랑이 없는 자식들, 맹세를 어기는 자, 등등이 없었더라면! 그러나 이 죄들 하나하나의 장본인은 하느님이 아니시고, 사람이 죄인입니다. 하느님께서는 당신 자식들에게 선이나 악을 골라잡을 자유를 주셨습니다."

"하느님은 잘하지 않으셨습니다" 하고 율법학자 한 사람이 외친다.

"하느님은 우리의 힘에 겨운 시험을 하셨습니다. 우리가 약하고 무식하고 타락했다는 것을 아시면서 우리에게 유혹을 당하게 하셨습니다. 이것은 경솔 아니면 악의입니다. 의인인 당신은 내가 말하는 진리를 인정해야 합니다."

"당신은 나를 시험하려고 거짓말을 하고 있습니다. 하느님께서는 아담과 하와에게 모든 충고를 주셨습니다. 그런데 그것들이 무슨 소용이 있었습니까?"

"그때에도 하느님은 잘못 하셨습니다. 낙원에 나무를, 유혹을 두지 말아야 했습니다."

"그러면 사람의 공로는 어디에 있겠습니까?"

"그것은 필요가 없었습니다. 사람은 개인적인 공로없이 하느님의 공로로만 살았을 것입니다."

"저 사람들은 선생을 시험하려고 합니다. 그 교활한 사람들의 말을 듣지 말고, 우리 말을 들으십시오. 금욕과 묵상 속에서 사는 우리의 말을요" 하고 아까의 에세네파 사람이 다시 외친다.

"그렇습니다. 당신들은 그렇게 삽니다. 그러나 잘못 삽니다. 왜 그런 생활을 거룩하게 하지 않습니까?"

에세네파 사람은 이 질문에는 대답하지 않고 이렇게 묻는다. "선생님이 자유에 대해서 받아들일 수 있는 이유를 말해 주셔서 나도 그것을 받아들일 수 있기를 바라면서 선입관없이 그것을 묵상하겠으니, 이제는 선생도 말해 주십시오. 육체의 부활과 육체가 와서 보충할 영의 생활을 실제로 믿습니까?"

"그러면 당신은 하느님께서 사람의 생명을 이렇게 끝마치시기를 원합니까?"

"그렇지만 영혼이…상급으로 인해서 영혼이 지극히 행복하게 될 터이니, 물질을 다시 살아나게 하는 것이 무슨 소용이 있습니까? 이것으로 성인들의 기쁨이 더해지겠습니까?"

"성인이 하느님을 차지할 때에 가지게 될 기쁨을 더하게 할 것은 아무것도 없습니다. 아니 그보다도 꼭 한 가지가 마지막날에 그 기쁨을 더하게 할 것입니다. 그것은 이제는 죄가 더 이상 존재하지 않는다는 것을 알게 되는 일입니다. 그러나 오늘 육체와 영혼이 하늘을 차지하기 위한 싸움을 일치해서 했으니, 영원의 날에 육체와 영혼이 일치하여 상을 누리는 것이 당신에게는 옳다고 생각되지 않습니까? 여기 대해서 확신을 가질 수 없습니까? 그러면 당신은 왜 금욕과 묵상을 하며 살고 있습니까?"

"그것은… 그들의 욕망에 저항할 수 없는 다른 동물 위에 군림하는 지배자인 사람 노릇을 더 잘 하기 위해서, 또 대부분의 사람들보다 뛰어난 사람이 되기 위해서입니다. 대부분의 사람들은, 성서의 글구를 양피지와 술 장식과 작은 털다발과 넓은 옷을 여봐란 듯이 펼쳐 놓고, 자기들을 '별개의 인간들'이라고 자칭하는 사람들까지도 동물성으로 더럽혀져 있습니다."

저주다! 바리사이파 사람들은 군중으로 하여금 감탄하여 웅성거리게 한 화살을 정면으로 맞았다. 그들은 마귀들린 사람들처럼 몸을 뒤틀고 소리를 지른다. "저 사람은 우리를 모욕합니다, 선생님! 선생님은 우리의 거룩함을 알고 계시지요. 우리를 변호해 주십시오"하고 그들은 손짓을 하며 외친다.

예수께서는 이렇게 대답하신다. "저 사람도 당신들의 위선을 알고 있습니다. 옷은 성덕과 아무 관계가 없습니다. 칭찬받을 만한 자격을 얻으시오. 그러면 내가 말할 수 있을 것입니다. 그러나 에세네파 사람, 당신에게는 당신이 너무나 적은 일 때문에 희생을 한다고 대답하겠습니다. 왜? 누구를 위해서? 얼마 동안이나 희생을 합니까? 사람들에게서 칭찬을 받기 위해서. 죽을 육체를 위해서. 매가 날아가는 것보다도 더 빠른 세월 동안 당신의 희생을 향상시키시오. 참 하느님과, 복된 부활과, 사람의 자유의지를 믿으시오. 고행자로 사시오. 그러나 이 초자연적인 이유를 위해서 그렇게 하시오. 그러면 부활한 당신의 육체와 더불어 영원한 기쁨을 누릴 것입니다."

"너무 늦었습니다! 나는 늙었습니다! 내가 어쩌면 그릇된 종파에 머물러 있어서 내 인생을 망쳤는지도 모르겠습니다. …이제 끝났습니다!…"

"아닙니다. 선을 원하는 사람에게는 절대로 끝난 것이 아닙니다! 죄인들인 여러분, 들으시오. 오류 속에 있는 여러분, 들으시오. 여러분, 여러분의 과거가 어떠하든 들으시오. 뉘우치고, 자비에게로 오시오. 자비는 여러분에게 팔을 벌립니다. 여러분에게 길을 가리킵니다. 나는 깨끗한 샘, 생명의 샘입니다. 지금까지 여러분을 바른 길에서 벗어나게 한 것들을 버리시오. 벗은 몸으로 목욕을 하러 오시오. 그리고 빛을 입으시오. 새로 태어나시오. 도둑으로 큰 길에서 도둑질을 했습니까? 또는 상업이나 관청에서 큰 양반으로 계략을 써서 도둑질을 했습니까? 오시오. 부정한 악습이나 격정을 가졌었습니까? 오시오. 압제자였습니까? 오시오. 오시오! 뉘우치시오. 사랑과 평화에 오시오. 오! 그러나 하느님의 사랑이 여러분 위에 쏟아져 내려올 수 있게 하시오. 여러분의 저항과 여러분의 두려움과 여러분의 망설임으로 인하여 괴로워하는 이 사랑의 고통을 덜어주시오. 나와 여러분의 아버지의 이름으로 내가 제발 부탁합니다. 생명과 진리를 찾아오시오 그러면 영원한 생명을 얻을 것입니다."

군중 속에서 한 사람이 외친다. "저는 부자이고 죄인입니다. 오기 위해서 저는 어떻게 해야 합니까?"

"하느님과 당신 영혼에 대한 사랑을 위해 모든 것을 버리시오."

바리사이파 사람들은 예수께 대하여 불평을 하고, 예수를 "환상과 이단을 파는 사람"처럼, "성인인 체하는 죄인"처럼 업신여기고, 이단자들은 언제나 이단자들인데, 에세네파 사람들이 그런 사람들이라고 예수께 지적한다. 갑작스런 회개는 순간적인 흥분에 지나지 않고, 부도덕한 사람들은 언제나 그럴 것이고, 도둑은 도둑으로, 살인자는 살인자로 남아 있을 것이라고 그들은 말한다. 그리고 완전한 성덕 속에 사는 그들만이 하늘에 갈 권리가 있고 전도를 할 권리가 있다고 말하는 것으로 끝을 맺는다.

"오늘은 다행스러운 날이었습니다. 거룩함의 씨가 사람들의 마음에 떨어지고 있었습니다. 하느님의 입맞춤으로 길리운 내 사랑이 그 씨에 생명을 주는 것이었습니다. 사람의 아들은 거룩하게 하는 것이 기뻤습니다. …그런데 당신들은 이날을 망쳤습니다. 그러나 상관없습니다. 나 당신들에게 말합니다만 ─ 그리고 내가 부드럽지 않더라도, 그 탓은 당신들에게 있습니다 ─ 그러니까 나 당신들에게 분명히 말하지만, 당신들은 의인 행세를 하고, 사람들 앞에서 의인인 체하는 사람들 축에 끼지만, 의인들은 아닙니다. 하느님께서 당신들의 마음을 아십니다. 사람들의 눈에 위대한 것이 하느님의 무량(無量)하심과 완전 앞에 서는 아주 나쁜 것입니다. 당신들은 옛날 율법을 인용합니다. 그러면 왜 그것에 따라 살지 않습니까? 당신들은 당신들에게 이익을 가져다주는 무거운 짐을 율법에 얹어 그것을 무겁게 해서 율법을 당신들에게 유리하도록 변경합니다. 그러면 작은 털다발과 쓸 데 없는 무겁고 복잡한 것, 즉 당신들이 너무 많이 만들어 놓아서, 율법이 그 아래 파묻히고 숨이 막혀 죽게 되는 그 계명들을 제거해서 율법을 이 보잘 것 없는 사람들에게 유리하게 변경하는 것을 내게는 왜 허락하지 않습니까?

나는 종교에서 위안을 찾는데 올가미를 만나고, 사랑을 찾는데 공포… 를 만나는 이 군중들, 이 영혼들을 불쌍히 여깁니다.

그게 아닙니다. 오 이스라엘 사람들, 오시오. 율법은 사랑입니다! 하느님은 사랑이십니다! 나는 당신들이 겁나게 한 사람들에게 이렇게 말합니다. 엄격한 율법과, 나를 예고하였지만 그들의 몹시 걱정스러운 예언의 부르짖음에도 불구하고 죄를 몰아내는 데 성공하지 못한 위협적인 예언자들은 요한에 와서 끝납니다. 요한 이후에는 하느님의 나라, 사랑의 나라가 옵니다. 그리고 나는 보잘 것 없는 사람들에게 '들어가시오. 이 나라는 당신들 것이오' 하고 말합니다. 그래서 착한 뜻을 가진 사람은 모두 나라에 들어오려고 애씁니다. 그러나 머리를 숙이고, 가슴을 치며, '나는 죄를 지었습니다' 하고 말하고자 하지 않는 사람들에게는 나라가 없을 것입니다. '마음을 정결하게 하여라. 그리고 이제는 너희 목덜미를 뻣뻣하게 하지 말아라' 하는 말이 있습니다.

이 땅은 쓴 물에 소금을 넣어서 달게 한 엘리세오의 기적을 보았습니다. 그런데 나는 당신들의 마음에 지혜의 소금을 뿌리지 않습니까? 그러면 왜 당신들은 물보다 못해서 당신들의 정신을 바꾸지 않습니까? 당신들의 말투에 내 소금이 배게 하시오. 그러면 그것들이 새로운 맛을 내게 될 것이고, 율법에 본래의 힘을 돌려 줄 것입니다. 우선 가장 그럴 필요가 있는 당신들 안에서 그렇게 될 것입니다. 당신들은 내가 율법을 바꾼다고 말하지요? 그렇지 않습니다. 거짓말하지 마시오. 나는 당신들이 변형시킨 본래의 형태를 율법에 돌려주는 것입니다. 이것은 이 세상만큼 오래 지속할 율법이고, 그 요소나 충고 다만 하나도 사라지기 전에 하늘과 땅이 사라질 것이기 때문입니다. 그리고 당신들이 마음에 드는 대로 율법을 바꾸고, 당신들의 죄에 대한 핑계를 찾으려고 궤변을 부려도 아무 소용이 없습니다. 사무엘, 그것은 아무 소용 없습니다! 아무 소용도 없습니다. 이사야! '간음하지 말아라' 하는 말이 언제나 있지요. 그러나 나는 이렇게 보충합니다. '다른 여자를 얻기 위하여 아내를 버리는 사람은 간음하는 것이고, 남편에게 버림받은 여자와 결혼하는 사람도 간음하는 것입니다. 하느님께서 맺으신 것은 오직 죽음만이 갈라 놓을 수 있기 때문입니다' 하고.

그러나 엄격한 말은 회개하지 않는 죄인들에게 하는 것입니다. 죄를 지었지만 그렇게 한 것을 슬퍼하고 애석하게 생각하는 사람들은 하느님께서 인자 자체이심을 믿고, 사죄하고 용서하고 생명에 인도하시는 분께로 오시오. 이 확신을 가지고 가시오. 이 확신을 마음 속에 퍼뜨리시오. 여러분에게 주님의 이름으로 강복하면서 평화를 주는 자비를 전파하시오."

사람들은 장소가 좁아서 그러는지, 또는 마음을 끄는 예수의 힘 때문에 그러는지 천천히 떠난다. 그러나 떠나간다. …사도들만이 예수와 함께 남아서 말들을 하면서 길을 떠난다. 그들은 헝클어진 위성류(渭城柳)의 작은 숲 곁을 지나가면서 그늘을 찾는다. 그러나 그 속에는 에세네파 사람이 하나 있다. 예수와 말한 그 사람이다. 그는 흰 옷을 벗고 있는 중이다.

앞서 가던 베드로는 그 사람이 짧은 잠방이만을 입고 있는 것을 보고 깜짝 놀란다. 그는 뛰어서 뒤로 돌아와 말한다. "선생님! 미친 사람입니다! 선생님과 말을 하던 사람, 에세네파 사람입니다. 그 사람은 옷을 벗고 울고 한숨을 쉽니다. 우리는 그리 갈 수 없습니다."

그러나 짧은 잠방이만 입고 샌들만 신은 마르고 수염이 난 그 사람은 벌써 작은 숲에서 나와 울고 가슴을 치면서 예수께로 온다. 그는 꿇어엎드린다. "저는 마음의 기적을 받은 사람입니다. 선생님은 제 정신을 고쳐주셨습니다. 저는 선생님의 말씀을 따릅니다. 저는 저를 오류로 감싸던 일체의 다른 생각을 버리고 빛을 입습니다. 저는 참 하느님을 묵상하고, 생명과 부활을 얻기 위해 갈라집니다. 이렇게 하면 됩니까? 제게 새 이름을 하나 주십시오. 그리고 선생님과 선생님의 말씀으로 살 곳을 한군데 일러주십시오."

"이 사람 미쳤군! 그렇게도 많이 듣는 우리도 그 말씀으로 살 수 없을 텐데! 이 사람은… 말씀을 한 번만 듣고서…" 하고 사도들이 서로 말한다.

그러나 사도들의 말을 듣는 그 사람은 말한다. "그럼 당신들은 하느님께 한계를 지어드리려고 합니까? 선생님께서는 내게 자유로운 정신을 주시기 위해 내 마음을 부수셨습니다. 주님!…" 그러면서 예수께로 팔을 내밀면서 애원한다.

"그러시오. 엘리야라는 이름을 받으시오. 그리고 불이 되시오. 이

산에는 동굴이 대단히 많습니다. 동굴로 가시오. 그리고 무서운 지진으로 땅이 흔들리는 것을 느끼거든 나와서 주님의 봉사자들을 찾아 그들과 합치시오. 당신도 생명으로 돌아와 봉사자가 되시오. 가시오."

그 사람은 예수의 발에 입맞춤하고 일어나 간다.

"아니 저 사람은 옷을 벗은 채로 가나!" 하고 사도들은 깜짝 놀라서 묻는다.

"저 사람에게 겉옷과 칼과 부싯깃과 부시와 빵을 주어라. 저 사람은 오늘과 내일 길을 가고 나서, 우리가 머물렀던 곳으로 피해 들어갈 것이다. 그러면 하느님께서 당신 아들에게 필요한 것을 마련해 주실 것이다."

안드레아와 요한이 뛰어 가서 그 사람이 길모퉁이로 사라지려고 하는 순간에 그를 따라잡았다.

그들은 돌아와서 말한다. "그 사람이 그것들을 받았습니다. 저희들은 우리가 있었던 곳도 일러주었습니다. 정말 뜻밖의 수확입니다. 주님!"

"하느님께서는 바위 위에도 꽃을 피게 하신다. 마음의 사막에까지도 착한 뜻을 가진 사람들을 일으키셔서 나를 위로하신다. 이제는 예리고 쪽으로 가자. 어떤 시골집에서 머무르자."

72. 니까의 집에서

 길은 비록 가상자리까지 잎이 무성한 나무들이 들어찬 푸른 들판을 지나가지만, 정오의 해 아래에서는 큰 화덕과 같다. 곡식이 빨리 여물어 가는 밭에서는 고운 밀가루가 빵이 되는 화덕과 같은 뜨거운 기운과 냄새가 온다. 빛은 앞이 캄캄해지게 한다. 밀이삭 하나하나가 금빛 껍질과 따가운 수염 속에 들어 있는 작은 황금빛 등불들과 같고, 짚줄기에 해가 반짝거리는 것은 해로 인하여 앞이 보이지 않게 하는 길의 반짝임과 같이 눈을 괴롭힌다. 눈이 잎들 있는 데로 가서 쉬려고 해도 소용없다. 나뭇잎들을 찾으려고 눈을 들면 한층 더 무자비한 해에 휘둘리고, 그래서 그 해의 맹렬한 기운을 피하기 위하여 이내 내리떠야 하고, 눈을 감으면서, 벌겋게 충혈이 된 먼지투성이의 속눈썹 사이로 뚫린 틈으로 만족해야 한다. 땀은 먼지투성이의 뺨에 반짝이는 줄을 그어 놓는다. 피로한 발은 새로 먼지를 일으키면서 질질 끌려 가는데, 새로 일어나는 먼지는 끊임없는 고통이다.
 예수께서는 피로한 사도들의 기운을 돋우어 주신다. 예수께서도 땀을 흘리시기 때문에, 해를 막으려고 겉옷을 머리에 얹으셨다. 그리고 다른 사람들에게도 그렇게 하라고 권하신다. 그들은 말없이 순종한다. 그들은 너무 지쳐서 늘 하는 탄식도 할 수 없을 지경이다. 그들은 술취한 사람들처럼 걷는다….
 "용기를 내라. 저기 밭 가운데 집 한 채가 있다…" 하고 예수께서 말씀하신다.
 "만일 그 집도 다른 집들 같으면…불타오르는 것 같은 밭들 사이로 목적도 없이 오래 길을 걷는 낙망밖에는 없을 것입니다" 하고 겉옷을 뒤집어 쓴 베드로가 투덜거린다. 그리고 다른 사람들도 낙망한 "흠!" 소리로 그 말에 찬동한다.
 "나는 저 집에 가겠다. 너희들은 여기 그늘이 별로 없는 곳에 피해서 그대로 남아 있어라."

"아닙니다. 아닙니다. 저희들도 가겠습니다. …물이 없는 이곳이지만, 적어도 우물은 하나 있을 것입니다. …그래서 물을 마셔서 속에 있는 불을 끄겠습니다."

"그렇게 몸이 뜨거운데 물을 마시면 병이 들 것이다."

"죽을 테지요. …그렇지만 죽는 것이 지금 저희가 당하는 것보다는 그래도 나을 것입니다…."

예수께서는 대꾸를 하지 않으신다. 한숨을 지으시며 익어가는 곡식들 사이에 있는 작은 오솔길로 맨 먼저 앞장 서 가신다.

밭은 집까지 계속되지 않고, 훌륭한 과수원 경계선에서 멎는다. 과수원은 그늘이 지고, 나뭇잎들이 빛과 더위를 완화하여 집 둘레에 우거지고 아늑한 푸른 숲을 만들어 놓는다. 그래서 사도들은 "아!" 하는 안도의 소리를 내며 그 속으로 들어간다.

그리고 예수께서는 조금 쉬시라는 사도들의 청은 상관하지 않으시고 앞으로 나아가신다. 비둘기들의 구구거리는 소리, 도르레 돌아가는 삐걱 소리, 여자들의 조용한 목소리가 집안에서 나와 들판의 아무 소리도 없는 정적 속에 퍼진다.

예수께서는 집을 둘러싸고 있는 넓은 인도 같은 깨끗한 마당으로 들어서신다. 마당에는 포도덩굴을 올린 정자가 레이스와 같은 잎과 보호해 주는 그림자를 드리우고 있다. 포도나무로 그늘진 우물 둘이 있는데, 하나는 집의 오른쪽에 있고, 또 하나는 왼쪽에 있다. 집의 벽 아래에는 화단들이 있다. 짙은 줄무늬가 있는 커어튼들이 열린 문들에서 흔들리고 있다. 여자들의 목소리와 식기 소리가 어떤 방에서 나온다. 예수께서 그쪽으로 향해 가시는데, 땅에 뿌려진 낟알을 쪼아먹던 비둘기 열두 마리쯤이 요란한 날개 소리를 내며 날아간다. 그 소리에 방에 있던 사람들의 주의가 끌리고, 예수께서 오른 손으로 여시는 커어튼이 움직이는 것을 알아본다. 하녀 한 사람이 커어튼을 왼쪽으로도 열면서 알지 못하는 남자 앞에서 놀라 멈칫한다.

"이 집에 평화! 길손으로 요기를 할 수 있겠소?" 하고 예수께서 방 문턱에 서 계시며 말씀하신다. 그것은 넓은 부엌인데, 하녀들이 점심 식사에 쓰인 식기를 정리하고 있는 중이다.

"주인 마님이 손님을 물리치지 않을 것입니다. 가서 알리겠습니다."
"나는 열두 사람을 데리고 있소. 그리고 나혼자만 요기해야 한다면, 하지 않는 편을 택하겠소."
"주인 마님께 그 말씀을 드리겠습니다. 그러면 분명히…."
"선생님, 주님! 선생님이 여기? 제 집에를? 이게 어떤 은총입니까?" 한 목소리가 말을 중단시키는데, 한 여인, 니까가 빨리 앞으로 나아와, 예수의 발에 입맞춤하려고 무릎을 꿇는다.
하녀들은 마치 조상과도 같다. 접시를 씻던 하녀는 오른 손에는 행주를 들고, 뜨거운 물로 벌겋게 된 왼손에는 물이 뚝뚝 떨어지는 접시를 든 채 서 있다. 한구석에 발꿈치를 괴고 앉아 나이프를 닦고 있던 다른 하녀는 더 잘 보려고 무릎으로 일어나는 바람에 나이프들이 요란스러운 소리를 내며 바닥에 떨어진다. 화덕에 재를 긁어내고 있던 또 한 하녀는 재투성이의 얼굴을 쳐들고, 화덕 위에서 이렇게 입을 벌린 채로 있다.
"내가 여기 왔다. 여러 집에서 우리를 쫓아냈다. 우리는 피로하고 목이 마르다."
"아이고! 오십시오! 오세요! 여기 계시지 말고, 시원하고 그늘진 북향 방으로 오십시오. 그리고 너희들은 세수할 물과 향기롭게 한 음료를 준비해라. 그리고, 너 꼬마는 뛰어가서 지배인을 깨워서, 식사 전에 요기하실 걸 보살피라고 일러라…."
"아니다. 니까야! 나는 사교계의 손님이 아니다. 나는 박해를 받는 네 선생이다. 나는 음식보다는 오히려 쉴 곳과 사랑을 청한다. 나는 나 자신보다는 오히려 내 벗들을 위해서 동정을 구한다…."
"예, 주님. 그러나 언제 마지막 식사들을 하셨습니까?"
"저들은, 모르겠다. 나는 어제 새벽에 저들과 같이 했다."
"보세요. …저는 낭비는 하지 않겠습니다. 그러나 누이나 어머니같이 모두에게 필요한 것을 주겠습니다. 그리고 선생님께는 하녀와 제자로서 사랑과 도움을 드리겠습니다. 형제들이 어디 있습니까?"
"과수원에 있다. 그러나 벌써 오는 모양이다. 그들의 목소리가 들린다."
니까는 밖으로 뛰어 나가 그들을 보고 부른다. 그리고 그들을 예수와 같이 시원한 현관으로 인도한다. 그곳에는 벌써 대야들과 세수수건들이 있어, 얼굴과 팔과 발의 먼지와 땀을 씻어서 시원해질 수가 있다.
 "제발 땀에 젖은 옷들을 벗어서 즉시 하녀들에게 주십시오. 깨끗한 옷을 입고 시원한 샌들을 신으시면 몸에 매우 좋을 것입니다. 그런 다음 이 방으로 오십시오. 거기서 기다리고 있겠습니다."
 그리고 니까는 문을 닫고 간다….
 …"아! 이 그늘에서 이렇게 몸을 식히니까 좋구나!" 하고 베드로가 니까가 친절하고 공손하게 그들을 기다리고 있는 방으로 들어가면서 안도의 숨을 내쉰다.
 "내 주님의 사도님, 여러분을 도와드릴 수 있는 제 기쁨은 위안 그 자체보다도 더 큽니다."
 "흠! 사도라 …그렇지요. …그러나 니까, 아시겠어요? 격식을 부리지 맙시다. 당신은 부자이고 현명하다는 것에 중요성을 가지지 않게 하고, 나는 사도라는 것에 중요성을 가지지 않게 하고. 이렇게 하면… 영혼과 육체의 일에 서로 상대편이 필요한 좋은 남매가 될 겁니다. 나는 내가 '사도'라고 생각하는 것이 너무…겁이 나요."
 "무엇이 겁납니까?" 하고 여자는 깜짝 놀라 물으면서 미소를 짓는다.
 "나 같은 진흙에 비하면 너무…크지 않을까. 그리고 그 무게에 내가 주저앉지 않을까 겁이 나구요. …교만한 걸로는 허세를 부리지 않을까 겁이 나구요. …내가 사도라는 생각 때문에 다른 사람들… 즉 제자들과 착한 사람들이 거리를 두고, 내가 잘못하더라도 침묵을 지키지 않을까 겁이 납니다. …그런데 나는 그걸 원치 않는단 말이오. 왜냐하면, 제자들 가운데에는, 그저 단순하게 믿기만 하는 사람들 가운데에도 나보다 나은 사람이 대단히 많기 때문이지요. 어떤 사람이 이 점이 더 낫고, 어떤 사람은 저 점이 더 낫고, 그래서 나는 저 벌… 처럼 하고 싶어요. 저 벌은 들어와서 당신이 우리 먹으라고 가져온 과일 바구니들에서 이것도 조금 먹고, 저것도 조금 먹었어요. 그리고 이제는 그걸 보충하느라고 거기에다 저 꽃들의 즙을 놓아 주어요. 그런 다음 나가서 토끼풀 꽃, 파란 국화, 노란 양국, 메꽃 따위를 빨아먹을 겁니다. 벌은 이것저것 아무거나 빨아들이는데, 나도 벌처럼 할 필요가 있어요…."
 "그렇지만 사도님은 가장 아름다운 꽃을 맛보고 있어요! 선생님이요.”

 “그래요, 니까. 그러나 선생님에게서는 내가 하느님의 아들이 되는 것을 배웁니다. 착한 사람들에게서는 사람이 되는 것을 배우겠어요.”

 “사람이신데요.”

 “니까, 아니오. 나는 짐승보다도 조금 못해요. 나는 선생님이 어떻게 나를 용납하시는지 정말 모르겠어요….”

 “내가 너를 용납하는 것은 네가 어떤 사람인지를 알기 때문이고, 또 그 때문에 너를 반죽처럼 이렇게 저렇게 만들 수 있기 때문이다. 그러나 만일 네가 완고하게 고집을 부리고, 무엇보다도 교만하면, 마귀처럼 내쫓을 것이다” 하고 예수께서 말씀하신다.

 하녀들이 찬 양젖잔들과 틀림없이 시원한 음료가 들어 있을 물이 배어나는 항아리들을 가지고 온다.

 “요기를 하십시오” 하고 니까가 말한다. “그런 다음 저녁까지 쉬실 수 있습니다. 집에는 방이 여럿 있고, 침대도 여럿 있습니다. 그리고 만일 모자라면 제 침대들을 드려서 쉬시게 하겠습니다. 선생님, 저는 물러가서 집안일을 보살피겠습니다. 여러분 모두 제가 어디 있고, 하녀들이 어디 있는지 아시지요.”

 “가거라. 그리고 우리 걱정은 하지 말아라.”

 니까는 나간다. 사도들은 그들에게 가져온 간식을 많이 먹는다. 그들은 맛있게 먹으면서 말을 하고 이러쿵 저러쿵 평을 한다.

 “맛있는 과일들인걸!”

 “그리고 착한 여제자이고.”

 “사치는 없지만, 빈궁도 없는 아름다운 집이야.”

 “그리고 부드러운 권위를 행사하는 여자가 지휘하는 집이야. 질서와 청결, 존경, 그리고 동시에 다정스러움이 있어.”

 “니까는 집 둘레에 정말 훌륭한 밭들을 가지고 있네! 큰 재산이야!”

 “그래. 그리고 화덕도 있고!…” 그가 고통당한 것을 아직 잊지 못하는 베드로가 말한다. 다른 사람들은 웃는다.

 “그렇지만 여긴 좋구먼, 그렇지만 선생님은 니까가 여기 산다는 것을 알고 계셨습니까?” 하고 토마가 묻는다.

"너희나 마찬가지로 나도 몰랐다. 니까가 최근에 예리고 근처에 땅을 장만했다는 것은 알고 있었다. 그 이상은 아무것도 알지 못했다. 사랑하는 길손들의 천사가 우리를 인도했다."

"정말 그 천사가 인도한 건 선생님이십니다. 저희들은 오려고 하지 않았거든요."

"저는 한 걸음이라도 더 걷기보다는 차라리 땅에 누워서 해에 타 죽을 참이었습니다" 하고 마태오가 말한다.

"이제는 낮에 걸어 다닐 수는 없게 되었습니다. 올해에는 해가 벌써 힘이 많이 생겼습니다. 해도 미치는 것 같습니다."

"그래, 아침 이른 시간과 저녁나절에 걷기로 하자. 그러나 멀지 않아 산 위로 가게 될 것이다. 산에는 더위가 덜하다."

"제 집에는요?" 하고 가리옷 사람이 묻는다.

"그래, 유다야. 그리고 유다와 헤브론에도 가자."

"아니, 그럼 아스칼론엔 안 갑니까. 예?"

"그렇다, 베드로야. 우리는 아직 가지 않았던 곳에 갈 것이다. 그러나 분명히 아직도 해와 더위를 겪게 될 것이다. 내게 대한 사랑과 영혼들에 대한 사랑으로 희생을 좀 해라. 이제는 너희들은 쉬어라. 나는 과수원에 가서 기도하겠다."

"그러나 선생님은 한 번도 피로하신 적이 없습니까? 선생님도 좀 쉬시는 것이 낫지 않습니까?" 하고 알패오의 야고보가 묻는다.

"아마 선생님께서는 여기 머무르시고자 하시나 보군요…" 하고 열성당원이 말한다.

"아니다. 서늘한 시간에 여울로 해서 강을 건너가게 새벽에 떠나기로 한다."

"요르단강 건너 어디로 갑니까?"

"군중들이 과월절을 지내고 집으로 돌아간다. 예루살렘에서는 너무나 많은 사람이 나를 찾았지만, 허사였다. 그래서 강을 걸어서 건너는 곳에서 전도를 하고 병을 고쳐 주겠다. 그런 다음 솔로몬의 작은 집을 정돈하자. 그 집이 우리에게 값진 것이 될 것이다…."

"아니 그럼 갈릴래아에는 안 돌아갑니까?"

"갈릴래아에도 간다. 그러나 우리는 이 남부 지방에 많이 남아 있을 것이니까. 그 집이 귀중한 피신처가 될 것이다. 나는 간다."

저녁 식사가 끝난 모양이다. 지금은 밤이다. 많은 이슬이 박공에서 포도나무 잎으로 요란스럽게 떨어진다. 하늘에는 별이 엄청나게 많다. 그것들을 쳐다보는 눈길은 방향을 잡지 못한다. 귀뚜라미 우는 소리와 밤새들의 소리가 들린다. 농촌의 정적이다.

사도들은 벌써 물러갔다. 그러나 니까는 자지 않고, 선생님의 말씀을 듣고 있다.

예수께서는 집에 기대 있는 돌에 꼿꼿이 앉아 계신다. 여인은 예수 앞에 조심하는 경건한 태도로 서 있다. 예수께서는 이미 시작하셨던 이야기를 끝맺으시는 모양이다. "그래, 네 지적이 옳다. 그러나 나는 회개하는 사람, 아니 그보다도 오히려 '다시 나려고 하는' 사람에게 주님의 도움이 없지 않으리라는 것을 확신하고 있었다. 저녁 식사를 하는 동안, 그리고 네가 식사 시중을 들면서 질문을 하는 동안, 나는 도움은 바로 너일 거라는 생각을 했다. 너는 이렇게 말했지. '저는 집과 하인들을 보살펴야 하기 때문에 선생님을 짧은 기간밖에는 따라다닐 수가 없습니다' 하고. 그리고 나를 곧 만날 줄 알았더라면, 너를 속박하는 새 땅을 사지 않았을 것이라고 말하면서, 그것을 후회했다. 그런데 너는 그 땅을 새로 산 것이 복음 전파자들을 받아들이는 데 소용이 되었다는 것을 알게 되었다. 그러니까 그것은 좋은 일이다. 그러나 너는 제 주님께 완전히 봉사하기를 기다리면서…또 봉사할 수가 있다. 다시 나는 중에 있고, 착한 뜻을 잔뜩 가지고 있지만, 매우 약한 그 영혼에 대한 사랑으로 네게 봉사를 청하겠다. 지나친 속죄로 그가 불안에 빠질 수도 있을 것이고, 사탄은 그 불안을 이용할 수도 있을 것이다."

"주님, 제가 어떻게 해야 합니까?"

"거기에 가는 것이다. 하나의 의식(儀式)인 것처럼 매달 거기에 가는 것이다. 하긴 그것은 하나의 의식이다. 형제애의 하나의 의식이다. 가릿에 가서, 가시덤불 사이로 올라가면서 '엘리야! 엘리야!' 하고 불러라. 그 사람은 깜짝 놀라는 태도를 보일 것이다. 그러면 이렇게 인사해라. '나자렛 예수의 이름으로 형제에게 평화' 하고. 건빵같이 구운 빵을 그달의 날짜 수만큼 가져다 주어라. 여름에는 그 이상은 아무것도 가져다 줄 필요가 없다. 장막절부터 매달 기름 넉되씩 갖다주어라. 장막절에는 무겁고, 물이 먹지 않는 염소 가죽 한 장과 담요 한 장을 가져다 주어라. 그 이상은 필요없다."

"그럼 말은 한마디도 안 합니까?"

"최소한도의 유익한 말만 해라. 그 사람이 내 소식을 물을 것이다. 네가 아는 대로 말하여라. 그의 의심과 희망과 그를 괴롭히는 것을 네게 이야기할 것이다. 네 믿음과 네 연민으로 생각나는 대로 말해 주어라. 하기는 희생이 오래 계속되지는 않을 것이다. …열 두 달도 가지 않을 것이다. …나와 속죄하는 사람에 대해 동정을 베풀기를 원하느냐?"

"예, 주님. …그러나 왜 그렇게 침울하십니까?"

"그런데 너는 왜 우느냐?"

"주님의 말씀에서 죽음의 전조(前兆)를 느끼기 때문입니다. …주님, 주님을 그렇게 빨리 잃어야 합니까?" 하고 니까는 베일 속에서 운다.

"울지 말아라! 곧이어서 내게는 말할 수 없는 평화가 올 것이다. …더 이상 미움도 없고, 더 이상 계략도 없을 것이고. 더 이상 내 위에, 내 둘레에 그 모든… 소름끼치는 죄가 없을 것이고, …더 이상 지긋지긋한 접촉도 없을 것이다. …오! 니까야, 울지 말아라! 네 구세주는 평화 속에 있을 것이다. 승리자가 될 것이다…."

"그렇지만 그 전에… 그렇지만 그전에는…남편과 함께 저희들은 늘 예언서를 읽었습니다. …그리고 저희는 다윗과 이사야의 말 때문에 무서워서 떨었습니다. …그러나 정말 정말, 주님이 그렇게 되시겠습니까?"

"그렇게 되고, 그보다도 더한 일을 당할 것이다…."

"오!… 누가 주님을 위로해 드리겠습니까? 누가 주님으로 하여금 아직 희망을…가지고 돌아가시게 하겠습니까?"

"제자들의 사랑, 특히 충실한 여자 제자들의 사랑이 그렇게 할 것이다."

"그러면 제 사랑두요. 저는 절대로 제 구세주에게서 멀리 떨어져 있지 않을 터이니까요. 다만… 오! 주님! 제게 어떤 속죄나 어떤 희생이나 다 요구하십시오. 그러나 그 시간을 위해서 씩씩한 용기를 주십시오. 주님이 목마름 때문에 '메마른 땅처럼' 되시고, '혀가 입천장에 달라붙을' 때, 주님이 '얼굴을 가리는 문둥병자' 같이 되실 때, 제가 주님을 왕중 왕으로 알아뵙고, 헌신하는 하녀처럼 주님을 도와드리게 해 주십시오. 하느님, 찌푸리신 주님의 얼굴을 제게 감추지 마십시오! 그러지 마시고 그때도 지금처럼 찬란한 광채 속에 있는 샛별이신 주님의 얼굴을 뵙고 즐기게 허락해 주십시오.

그리고 주님의 얼굴이 제 마음 속에 새겨지게 해 주십시오. 오! 그날은 제 마음도 주님의 마음과 같이 고통으로 인해 초처럼 무르게 될 것입니다…."

니까는 이제는 무릎을 꿇고 있는데, 거의 땅에 엎디다시피 되었고, 가끔 눈물젖은 얼굴을 들어, 우중충한 벽을 배경으로 하얀 달빛 속에 하얀 살인 주님의 얼굴을 쳐다본다.

"너는 그 모든 것을 가질 것이다. 그리고 나는 네 동정을 받을 것이다. 그 동정은 나와 함께 내 십자가에 올라갈 것이고, 거기에서 나와 함께 하늘에 올라갈 것이다. 영원을 위한 네 상이 될 것이다. 천사들과 사람들은 네게 대해 가장 아름다운 칭찬을 할 것이다. '불행과 죄악과 의심의 시간에 그 여인은 용감하였고, 죄를 짓지 않았고, 그의 주님을 도와 드렸다' 하고. 니까야, 일어나거라. 그리고 지금부터 그리고 영원히 강복을 받아라."

예수께서는 일어나고 있는 니까의 머리에 두 손을 얹으신다. 그런 다음 두 분은 밤의 휴식을 취하려고 집안으로 들어간다.

73. 예리고와 베타바라 사이에 있는 걸어서 건너는 곳에서

걸어서 건너는 곳 근처의 요르단강가는 여행자의 무리들이 거주지로 돌아가도 요즈음은 꼭 유목인의 야영지와 같다. 한 나무줄기에 또 한 나무줄기에 펼치고, 땅에 박은 지팡이에 걸치거나 약대의 높은 안장에 매거나, 요컨대 해면보다 낮은 이곳에서는 진짜 비와 같은 이슬을 그 아래에서 피할 수 있도록 어떻게든 고정시킨 천막이나 또는 그저 담요들이 작은 숲들을 따라 사방에 흩어져 있다. 그 작은 숲들은 강 둘레에 푸른 선을 둘러치고 있다.

예수께서 제자들과 같이 걸어서 건너는 곳 북쪽 강가에 이르셨을 때는 야영하는 사람들이 모두 천천히 잠을 깨는 중이다. 지금은 아주 새벽이 아니고, 그곳 풍경이 그리 아름답고 시원하고 고요하기만 한 것으로 보아 예수께서는 동이 트기 시작할 때에 니까의 집에서 떠나신 것 같다. 말과 나귀우는 소리, 약대들이 지르는 소리, 꽃이 만발한 강변 위에 푸른 회랑을 이루고 있는 수양버들과 갈대와 큰 나무들의 잎들 속에 수백 마리의 참새와 다른 새들이 싸우거나 지저귀는 소리에 잠이 깬 가장 서두르는 사람들은 여러 가지 빛깔의 천막에서 나와서 세수를 하려고 강으로 내려가기 시작한다. 아기들의 울음소리가 몇 군데에서 들리고, 아이들에게 말하는 어머니들의 부드러운 목소리도 들려 온다. 시간이 지날수록 생명이 가지가지 형태로 나타나기 시작한다. 가까운 예리고에서 가지가지 장사꾼들과 새 순례자들과 요즈음에 경계와 질서 유지를 맡은 경비원들과 군인들이 온다. 요사이는 여러 지방의 부족들이 서로 만나는데, 그들은 욕설과 비난을 서로 아끼지 않으며, 그들 가운데에는 순례자의 옷을 입고 군중 속에 섞여 있지만 실제로는 도둑질을 하기 위하여 섞여 있는 도둑들에 의한 수많은 도난이 있을 것이 틀림없다. 또 가장 돈많고 가장 음탕한 순례자들에게서 모든 과월절의 정결례를 없애버리는 한 시간의 쾌락의 대가를 치르기 위한 돈과 선물을 우려냄으로써 그들의 과월절 순례를 하려고 하는 창녀들도 있다. …그들의 남편들이나 장성한 아들들과 같이 순례자들 가운데 있는 정숙한 여자들은 그들의 남자들이 창녀들을 바라보는 데에서 기쁨을 느끼는, 또는 아내와 어머니들에게는 그렇게 보이는 그 남자들을 자기들에게로 다시 불러들이기 위하여 화가 난 까치처럼 색색거린다. 창녀들은 뻔뻔스럽게 웃으며, 정숙한 여자들이 그들에게 던지는 형용어에 응수한다. 남자들, 특히 병사들은 웃으며, 그 여자들과 농담하는 것을 마다하지 않는다. 윤리 문제에 정말 엄격한, 또 위선적으로만 엄격한 어떤 이스라엘 사람은 멸시하는 듯 피해 가는데, 어떤 사람들은… 창녀들과 신호로 정말 서로 잘 이해하는 것으로 보아 수화(手話)를 미리 맛본다.

예수께서는 야영지 가운데로 가게 될 곧바른 길로 가지 않으시고, 강변 모래톱으로 내려가셔서 신발을 벗으시고, 물이 벌써 풀들 있는 곳까지 찰랑거리는 곳으로 걸어가시니, 사도들도 따라간다.

가장 비타협적인 제일 나이 많은 사도들은 "세례자가 여기서 회개를 권했다니!" 하고 중얼거린다.

"그래! 그리고 이곳은 로마의 공동목욕탕의 회랑들보다도 더 나쁘게 됐단 말이야!"

"그리구 자칭 거룩한 사람이라고 하는 자들도 여기서 즐기는 것을 거부하지 않는단 말이야!"

"자네도 봤나?"

"나도 머리에 눈이 있으니, 봤지! 봤어!…"

가장 젊었거나 가장 덜 엄격한 사도들은 —— 즉 야영지에서 일어나는 일을 웃으면서 매우 주위깊게 바라다보고, 손님들을 끌려고 온 뻔뻔스러운 여자들을 보는 것을 마다하지 않는, 가리옷의 유다, 아내들의 분노와 바리사이파 사람들의 멸시를 보고 웃는 토마, 전에 죄인이었기 때문에 악습과 방탕아들에 대하여 엄하게 말할 수가 없어서, 그저 한숨만 쉬고 머리를 흔들기만 하는 마태오, 관심을 기울이지 않고, 비판도 하지 않고 무관심하게 살펴보는 제베대오의 야고보 —— 예수께서 안드레아와 요한과 알패오의 유다와 야고보 사이에서 앞장서 가시는 작은 집단의 맨 끝에 따라간다.

　예수의 얼굴은 대리석처럼 표정이 없다. 그리고 강변 윗쪽에서 불성실한 남자와 노는 계집 사이에 오가는 감탄을 나타내는 말이나 선정적인 대화가 당신께 들려오는 만큼 점점 더 굳은 표정이 된다. 예수께서는 여전히 앞만 똑바로 바라다보신다. 보고자 하지 않으시는 것이다. 그리고 예수의 의향은 그 모습 전체에 확실히 나타난다.

　그러나 같은 부류의 다른 사람들과 함께 세속적 쾌락을 쫓는 여자들과 말을 하고 있던 매우 호화로운 옷을 입은 젊은이가 그중 한 여자에게 큰소리로 말한다. "가봐, 가봐! 우린 좀 웃고 싶단 말이야. 몸을 바쳐! 저 사람을 위로해 주란 말이야. 저 사람은 가난해서 여자를 살 수도 없기 때문에 침울한 거야."

　예수의 얼굴이 홍조를 띠다가 이내 창백해진다. 그러나 눈길을 돌리지 않으신다. 얼굴빛이 변한 것이 예수께서 느끼신 유일한 표이다.

　뻔뻔스러운 여자는 목걸이를 요란스럽게 울리고 옷을 가볍게 휘날리면서, 일부러 꾸민 외침과 함께 낮은 강언덕에서 모래톱으로 뛰어내린다. 그리고 그 사치품에 여러 가지 비밀의 아름다움을 눈에 띄게 한다. 그 여자는 예수의 발 앞에 쓰러지며, 아름다운 입으로 떨리는 웃음소리를 내고, 눈과 몸의 선으로는 간접적인 유혹을 하면서 외친다. "오! 여인의 아들 중에서 아름다운 분! 당신 입의 키스 한 번이면 내 몸 전체를 거저 드리겠습니다!"

　요한과 안드레아와 알패오의 유다와 야고보는 분개하고 몹시 놀라 몸이 말을 듣지 않게 되어 어떤 몸짓을 하지 못한다. 그러나 베드로는! 그가 있던 집단에서 표범처럼 튀어나와, 무릎을 꿇고 몸을 반쯤 뒤로 젖힌 비열한 여자를 덮쳐, 그를 흔들고, 일으켜, 무시무시한 말투로 부르면서 강변에 내동댕이친다. 그리고 번쩍 쳐들어 가지고 더 혼을 내주려고 한다.

　예수께서 "시몬아! 시몬아!" 하고 말씀하신다. 일장의 연설보다도 많은 것이 들어 있는 외침이다.

　그러니까 시몬은 화가 나서 얼굴이 시뻘개져서 주님께로 돌아오며 말한다. "왜 저 여자를 벌하게 내버려두지 않으십니까?"

　"시몬아, 더럽혀진 옷은 벌하지 않고, 빠는 것이다. 저 여자는 옷으로 더럽혀진 육체와 더럽혀진 영혼을 가졌다. 저 여자의 영혼과 육체를 깨끗하게 하기 위하여 기도하자." 예수께서는 이 말씀을 낮은 목소리로 조용히 말씀하신다. 그러나 그 여자가 듣지 못할 만큼 낮은 목소리는 아니었다. 예수께서는 다시 길을 떠나신다. 그리고 이제는 눈길을 돌리신다. 그 부드러운 눈의 시선을 불쌍한 여자에게로 잠시 돌리신다. 하나의 시선, 단 한 번의 눈길! 한 순간, 다만 한 순간! 그러나 거기에는 예수의 자비로운 사랑의 온 힘이 들어 있다! 여자는 머리를 숙인다. 그리고 베일을 치켜올려 그것으로 몸을 감싼다. …예수께서는 길을 계속 가신다.

걸어서 건너는 곳에 이르렀다. 물이 얕아서 어른들은 걸어서 건널 수가 있다. 옷을 무릎 위까지 치켜올리고, 맑은 물 밑에 희게 보여서 건너가는 사람들에게 인도(人道) 노릇을 하는 가라앉은 넓은 돌들을 찾기만 하면 된다. 반대로 좀 더 아랫쪽으로는 말탄 사람들이 건너간다.

사도들은 넓적다리까지 차는 물 속에서 기쁘게 철벅거리며 건너가는데, 베드로에게는 그렇게 하는 것이 그리 기분좋은 것 같지는 않다. 그는 솔로몬의 집에 머무르는 동안은 지난 날의 "굽기"를 보상하기 위한 "시원한" 목욕을 즐길 기회가 얼마든지 있을 것이라고 약속하고, 자신에게도 약속한다.

이제 강을 건넜다. 그곳에도 밤을 지내고 길을 떠나거나 강을 건너온 다음에 몸을 닦는 군중이 있다.

예수께서 명령하신다. "흩어져서 선생님이 여기 있다고 말하여라. 나는 쓰러진 나무줄기 곁에 가서 너희를 기다리겠다."

많은 군중이 빨리 소식을 듣고 달려 온다.

예수께서는 말씀을 하기 시작하시는데, 예루살렘에서 병이 들어 의사들에게서 불치의 선고를 받고 집에 가서 죽으려고 급히 집으로 옮겨지는 어떤 사람이 타고 있는 가마를 따라가는 눈물의 행렬이 지나가는 것을 이용하신다. 그 사람은 부자이고 젊은이이기 때문에 모두가 그 사람 이야기를 한다. 여러 사람이 이렇게 말한다. "그렇게 저렇게 재산이 많고 아주 젊은데 죽는다는 건 몹시 괴로운 일일 거야!" 이렇게 말하는 사람들도 있다. ── 아마 벌써 예수를 믿는 사람들인 모양이다

―― "그에겐 잘 된 일이야. 그 사람은 믿음을 가질 줄을 모른단 말이야. 제자들이 부모에게 가서 '구세주가 저기 계십니다. 만일 당신들이 믿음이 있고 그분께 청하면 병자가 나을 것입니다' 하고 말했어. 그렇지만 우선 병자가 선생님께 가는 것을 거절했어." 동정의 표를 나타내다가, 그 다음에는 비판이 뒤따른다. 그러자 예수께서는 그 모든 것을 이용하시어 말씀을 시작하신다.

"여러분 모두에게 평화! 확실히 죽음은 부유하고 젊은 사람들의 마음에 들지 않습니다. 돈으로만 부유하고 나이로만 젊은 사람들 말입니다. 그러나 덕행으로 부유하고 그들의 행실의 깨끗함으로 젊은 사람들에게는 죽음이 고통스럽지 않습니다. 참다운 현자는 철이 들자마자. 평온한 죽음을 준비하기 위해 자기의 행실을 조절합니다. 죽음은 가장 큰 생명에 대한 준비인 것과 같이 삶은 죽음을 준비하는 것입니다. 참 현자는 삶과 죽음의 진리, 부활하기 위한 죽음의 진리를 이해하는 순간부터 무익한 것은 모두 자기에게서 떼어버리고, 유익한 것으로 풍부해지려고 여러 가지로 힘씁니다. 즉 그를 심판하셔서 완전히 공평하게 상을 주시거나 벌을 주시려고 당신께로 도로 불러 가시는 분 앞에 선행의 짐을 가지고 나타나기 위하여 덕행과 진실한 행위로 자기자신을 풍부하게 하려고 힘씁니다. 참 현자는 지혜로 노인보다도 더 어른스럽게 되게 하고, 청소년보다도 더 젊은 사람이 되게 하는 생활을 합니다. 그것은 덕행과 정의 안에서 살면, 때로는 아주 어린 사람들도 가지지 못하는 감정의 신선함을 마음 속에 간직하기 때문입니다. 그렇게 되면 죽는 것이 얼마나 기분좋습니까! 피곤한 머리를 아버지의 품에 기대고, 아버지께 안겨서 묵상을 하고, 지나가는 구름과 같은 인생을 살아가는 동안 '아버지를 사랑하고, 아버지께 바라고, 아버지를 믿습니다' 하고 말하고, 세상에서 마지막으로 그 말을 하고, 그 다음에는 천국의 광채 속에서 영원히 '아버지를 사랑합니다!' 하고 기쁘게 말하게 되는 것이 얼마나 기분좋으냐 말입니다.

죽음은 거슬리는 생각입니까? 아닙니다. 모든 사람에 대한 공평한 명령입니다. 죽음은 믿지 않고 죄가 많은 사람들에게만 힘드는 고민이 되는 것입니다. 일생 동안에 착하게 살지 않다가 죽어가는 사람의 말로 할 수 없는 고민을 설명하기 위하여 '이 사람은 아무 선행도 하지 않았거나 또는 별로 하지 않았기 때문에 아직 죽고 싶지 않고, 속죄를 하기 위해 아직 살기를 원하기 때문이야' 하고 말하는 사람은 쓸 데 없는 말을 하는 것입니다. '더 오래 살았으면 더 많은 일을 했을 것이니까 더 큰 상급을 받을 수 있었을 건데' 하고 말하는 것은 쓸 데 없는 일입니다. 영혼은 시간이 얼마나 그에게 주어졌는지를 적어도 희미하게는 압니다. 영원에 비하면 아무것도 아닌 시간입니다. 그래서 영혼은 자아(自我)를 온전히 행동하는 데로 몰고 갑니다. 그러나 가엾은 영혼입니다! 그의 말을 듣지 않으려고 사람들은 얼마나 많이 영혼을 찍어누르고, 짓밟고, 입을 틀어막습니까! 이런 일은 착한 뜻이 없는 사람들에게서 일어납니다. 이와 반대로 의로운 사람들은 어린 시절부터 영혼의 말에 귀를 기울이고, 그의 권고를 따르고, 끊임없이 활동하는 상태에 있습니다. 그래서 성인이 때로는 인생의 여명(黎明)에 죽어도 나이는 어리지만 공로는 많이 가지고 죽습니다. 그리고 가지가지 형태로 그리고 완전히 너그럽게 실천한 하느님과 이웃에 대한 사랑으로 그가 완전하게 되었기 때문에, 백년이나 천년을 더 산다 하더라도 벌써 거룩하게 된 것 이상으로 더 거룩하게 되지 못할 것입니다. 하느님께서는 나이를 따지지 않고, 어떻게 살았느냐를 따지는 것입니다.

시체들을 보고 슬퍼하고, 시체들 위에 눈물을 뿌립니다. 그러나 시체는 울지 않습니다. 죽어야 한다는 생각에 몸을 떨지만, 죽을 때에 떨지 않도록 살 걱정은 하지 않습니다. 그리고 가장 실제적인 시체, 즉 무덤 안에 같이 육체 안에 죽은 영혼을 가지고 있는 사람들에 대해서는 왜 울지 않고, 슬퍼하지 않습니까? 그리고 그들의 육체가 죽어야 한다는 것을 생각하면서 우는 사람들이 왜 그들 안에 가지고 있는 시체를 보고는 울지 않습니까? 웃고 농담하고, 자기 자신들에 대해서 슬퍼하지 않는 얼마나 많은 시체를 내가 보는지 모릅니다! 완덕의 꽃장식과 같은 일생을 보낸 다음, 분명히 하느님과 친한 가운데 죽은 아들이나 남편, 형제, 아버지, 친구, 신자, 제자 어리석게 슬퍼하면서, 악습과 죄로 인하여 죽고, 또 생각을 고치지 않으면 영원히 죽고 영원히 멸망하는 아들이나 남편, 형제, 아버지, 친구, 신자, 제자의 영혼의 시체를 보고는 슬퍼하지 않는 아버지, 어머니, 남편, 형제, 아들, 친구, 사제, 그리고 선생을 나는 얼마나 많이 보는지 모릅니다! 왜 그들을 다시 살리려고 애쓰지 않습니까? 그것은 사랑입니다. 아시겠습니까? 그리고 가장 큰 사랑입니다. 오! 다시 먼지가 된 먼지에 흘리는 어리석은 눈물! 위선적인 애정! 우시오. 그러나 여러분에게 가장 소중한 사람들의 죽은 영혼을 슬퍼하시오. 그 영혼들을 생명으로 다시 데려오도록 힘쓰시오. 그리고 나는 당신들이 사랑하는 사람들에 대해서 많은 일을 할 수 있는 여자들에게 특별히 말하는 것입니다.

이제는 지혜가 죽음과 부끄러움의 원인이라고 일러 주는 것을 함께 생각해 봅시다.

하느님께서 여러분에게 주신 생명을 잘못 쓰고, 사람에게 수치를 주는 나쁜 행동으로 그것을 더럽혀서 하느님을 모욕하지 마시오. 부모의 백발에 진흙을 끼얹고, 그분들의 마지막 여생에 불붙은 짚단을 던지는 것 같은 행동으로 부모를 모욕하지 마시오. 여러분이 짓밟는 사람에게 저주를 받지 않도록, 여러분에게 좋은 일을 하는 사람들을 모욕하지 마시오. 다스리는 사람들에게 반대하지 마시오. 다스리는 사람들에 대한 반항으로 나라가 크고 자유롭게 되는 것이 아니고, 시민들의 거룩한 행실로 주님의 도움을 얻게 되는 것입니다. 주님께서는 다스리는 사람들의 마음을 감동시키실 수 있고, 그들의 지위와 목숨까지도 빼앗아가실 수 있습니다. 이런 일은 다스리는 사람들이 도를 지나칠 때, 또 특히 백성이 거룩하게 되어 하느님의 용서를 받을 자격을 얻을 때, 우리 이스라엘의 역사에서 여러 번 일어났습니다. 백성이 거룩하게 되면, 하느님께서는 그 이유로, 벌을 받은 사람들을 못 살게 구는 압제를 사라지게 하십니다. 아내에게 불륜의 사랑으로 모욕을 줌으로써 그를 모욕하지 말고, 불륜의 사랑을 알게 함으로써 어린이들의 순진함에 손상을 입히지 마시오. 여러분을 애정으로나 의무로나 그들의 생활의 본보기가 되어야 한다고 생각하는 사람들 앞에서 거룩하게 행동하시오. 여러분은 가장 가까운 이웃에 대한 거룩함을 하느님께 대한 거룩함과 분리시킬 수 없습니다. 그것은 두 가지 사랑, 즉 하느님께 대한 사랑과 이웃에 대한 사랑이 서로서로 짝이 되는 것과 같이 이웃에 대한 거룩함이 하느님께 대한 거룩함의 짝이 되기 때문입니다.

여러분의 친구들에 대하여 올바른 사람이 되시오. 우정은 영혼들의 친척관계입니다. '친구들이 함께 걸어가는 것은 얼마나 아름다운 일인가' 하는 말이 있습니다. 그러나 그들이 좋은 길을 걸어 갈 때에야 아름다운 것입니다. 우정을 가지고 이기주의나 배신, 또는 악습이나 불의를 만들어서 그것을 타락시키거나 배반하는 사람은 화를 입을 것입니다. 친구의 사업을 알아내서 거기에서 이용하기 위하여 '나는 자네를 사랑하네' 하고 말하는 사람이 너무나 많습니다! 친구의 권리를 가로채는 사람이 너무나 많습니다!

재판관들에 대해서 정직하시오. 모든 심판에 대해서. 위선적인 행동으로 속이지 못하는 하느님이라는 지극히 높으신 심판자에서부터 양심이라는 개인적인 심판에 이르기까지, 가족들의 눈이라는 다정하고 괴로워하고 친절한 심판들과 백성이라는 엄격한 심판에 이르기까지, 거짓말을 확인하기 위하여 하느님을 증인으로 삼으면서 거짓말을 하지 마시오.

팔고 살 때에 정직하시오. 팔 때에는 사욕은 여러분에게 '돈을 더 벌기 위해 사취해라' 하고 말하는데, 양심은 '네가 도둑을 맞으면 몹시 싫을 테니까 정직해라' 하고 말합니다. 남이 우리 자신에게 그렇게 하는 것을 우리가 원치 않을 일을 다른 사람들에게 해서는 안 된다는 것을 기억하고 양심의 목소리를 들으시오. 상품 값으로 여러분이 받는 돈이 가난한 사람의 땀과 눈물로 젖어 있는 일이 자주 있었습니다. 그 돈은 피로의 대가를 치르게 한 것입니다. 그 돈이 얼마나 많은 괴로움을 치르게 했는지, 물건을 파는 여러분에게는 언제나 여러분이 주는 물건에 비해 너무 적다고 생각되는 그 돈 뒤에 어떤 고통이 있는지 여러분은 모릅니다. 병든 사람들, 아버지가 없는 아이들, 가진 것이 별로 없는 노인들… 부자가 이해하지 못하는 가난한 사람의 거룩한 고통과 거룩한 품위, 사람들은 왜 너를 생각하지 않느냐? 왜 힘세고 권력있는 사람에게 팔 때는 보복이 무서워서 정직하면서, 힘없고 알지 못하는 형제는 속입니까? 이것은 정직 자체에 대해서보다도 오히려 사랑에 대한 죄악입니다. 그리고 하느님께서는 이런 사람을 저주하십니다. 그것은 불의에 대해서 저항하는 데에는 눈물밖에 없는 가난한 사람이 눈물은, 마치 살인자, 즉 같은 인간인 카인에 의해서 사람의 핏줄에서 흘러나온 피와 같이 주님을 향하여 부르짖기 때문입니다.

말과 행동에 성실한 것과 같이 눈길에도 성실하시오. 눈길을 받을 자격이 없는 사람에게 주는 눈길이나, 받을 자격이 있는 사람에게 거절하는 눈길은 올가미나 단도와 비슷합니다. 창녀의 뻔뻔스러운 눈동자에 얽히고 '너 예쁘구나!' 하고 말하며, 은근히 유혹하는 그의 눈길에 동의하는 눈길로 응하는 눈길은 목매달아 죽는 사람의 목매는 줄보다도 더 나쁩니다. 가난한 친척이나 곤궁에 빠진 친구에게 거절하는 눈길은 그 불행한 사람들의 심장을 찌르는 단도와도 같습니다. 또 원수를 바라다보는 증오의 시선도, 거지를 바라다보는 업신여기는 눈길도 이와 같습니다. 육체는 원수를 사랑하기를 거부하더라도 영으로는 원수를 용서하고 사랑해야 합니다. 용서는 영의 사랑이고, 복수를 거부하는 것도 영의 사랑입니다. 거지는 아무도 위로해 주는 사람이 없기 때문에 사랑해야 합니다. 동전 한닢 던져주고 업신여기며 지나가는 것으로 충분하지 않습니다. 동냥은 굶주리고 헐벗고 집 없는 육체에나 소용됩니다. 그러나 돈을 주면 웃는 연민, 불행한 사람의 눈물에 관심을 기울이는 동정은 마음의 빵입니다.

사랑하시오! 사랑하시오! 사랑하시오!

십일조(十一租)와 관습법에 정직하고, 집안에서 정직해서, 하인을 지나치게 혹사하지 말고, 여러분의 집에서 비밀히 지은 죄를 세상 사람이 모르더라도, 알지 못하는 아내에 대한 부정과 하녀에 대한 능욕을 세상이 알지 못하더라도 하느님께서는 여러분의 죄를 아십니다.

말을 정직하게 하시오. 아들 딸들을 교육하는 데 성실하시오. '네 딸이 너를 읍내의 웃음거리를 만들지 않도록 행동하여라' 하는 말이 있습니다. 나는 이렇게 말합니다. '여러분의 딸의 영이 죽지 않도록 하시오' 하고.

그럼 이제는 가보시오. 나도 여러분에게 지혜의 노자를 주고 났으니 떠납니다. 주님께서 당신을 사랑하려고 애쓰는 사람들과 함께 계시기를."

예수께서는 손짓으로 그들에게 강복하시고, 쓰러진 나무 줄기에서 빨리 내려오셔서 나무들 가운데 나 있는 작은 오솔길로 들어서신다. 그리고 강을 거슬러 올라가셔서, 푸른 가지들이 얽힌 가운데로 빨리 사라지신다.

군중은 서로 반대되는 의견을 말하며 활발히 이러쿵 저러쿵 말들을 한다. 물론 반대하는 사람들은 보잘 것 없는 사람들의 무리에 섞여 있는 별로 많지 않은 율법학자들과 바리사이파 사람들의 유형들이다.

74. 솔로몬의 집에서

솔로몬의 작은 집, 즉 1944년 3월에 라자로의 부활에 대한 환시에서 누구의 집인지 알지 못한 채 본 그 집은 가난하고 외진 이 작은 마을에서 강으로 통하는 한 가닥밖에 없는 길 맨 끝에 있는 집들 중의 하나이다. 가장…부유한 작은 집들은 먼지투성이의 작은 길가에 있고, 다른 집들은 강변 나무들 사이에 되는 대로 흩어져 있는 작은 어촌이다. 그리고 그 집들이 많지도 않다. 내 생각에는 쉰 집도 안 되는 것 같고, 집들이 하도 작아서 요새 도시의 대중을 위한 저 큰 건물 중의 하나에 전부 들어갈 것 같다. 지금은 봄이라 그 집들이 덜 초라해 보인다. 봄의 신선함으로 집들을 장식하고, 꽃장식 같은 메꽃들이나 포도덩굴, 노란 호박꽃의 환한 웃음이 집들의 경계를 표시하는 불완전한 판자울타리와 지붕 가장자리와 집안의 문 둘레를 장식하고 있기 때문이다. 이밖에도 바구니와 그물 가운데에서 그 아름다움이 어울리지 않는 것같이 보이는 장미꽃 몇 송이가 있고, 누르스름한 빛깔의 겨자꽃과 초라하게 흔들리는 야채의 첫번째 꼬투리들이 있다.

길 자체도 덜 추해 보이는 것은 저 안쪽에 있는 등나무 숲에 먼지를 하얗게 뒤집어쓴 열매 같은 옹이만 있지 않고 깃털장식을 둘렀고, 리본 같은 갈대잎들 사이로는 칼 같은 야생 글라디올러스의 가지가지 색깔의 꽃이 올라오고 있으며, 칭칭감고, 한 바퀴가 돌아갈 때마다 아주 연한 분홍빛 작은 꽃의 가냘픈 꽃받침을 얹어 놓는다. 대단히 많은 새들이 갈대숲 속에서 사랑을 속삭이고, 갈대 위에서 아양을 부리고, 메싹줄기에 앉아서 간들거리며 떨리는 노래소리와 깃 빛깔로 질펀한 강가의 푸르름에 생기를 넣어 준다.

예수께서는 투박스러운 작은 격자문을 밀고 작은 정원 또는 작은 마당으로 들어가신다. 그것이 정원이었다고 하면, 지금은 분명히 잡초가 침범하여 엉망으로 엉겨 있고, 마당이었다 하더라도 역시 바람에 불려온 씨에서 나온 풀들이 어지럽게 자라고 있다. 호박들만이 하나밖에 없는 포도덩굴과 무화과나무에 감겨서 올라가는 지혜를 보여 주며, 조그마한 포도송이들과 연한 무화과나무 잎옆에 입을 환하게 벌리고 웃는 것 같은 꽃을 피우고 있다. 무화과나무 잎 밑에는 잎꼭지 속에 겨우 형성된 꽃인 무화과의 단단한 눈이 있다. 쐐기풀들이 벗은 발을 괴롭힌다. 그래서 베드로와 토마는 벌레먹은 노 두 개를 찾아내서, 그 풀의 독을 줄이기 위하여 자극하는 풀들을 치기 시작한다.

그동안 야고보와 요한은 녹슨 커다란 자물쇠를 움직이게 하느라고 애쓰다가 성공하여 투박한 문을 열고 곰팡이 냄새와 고리타분한 냄새가 몹시 나는 부엌으로 들어간다. 벽은 먼지와 거미줄투성이이다. 투박한 식탁 하나, 걸상과 의자가 몇 개, 까치발 달린 탁자 하나가 부엌에 있고, 한편 벽에 문 둘이 있다.

베드로가 조사한다. …"여기에는 침대 하나만이 있는 작은 방이 있다. 예수님을 위해서 잘 됐다. …그리고 여긴? 아! 알았다! 이건 창고, 무기고, 곳간, 쥐의 소굴이군. …쥐들이 얼마나 달렸는지 보게! 이 몇 달 동안에 그놈들이 모두 쏠아버렸어. 그렇지만 나 너희들을 지금 생각하고 있다. 틀림없다. 선생님…여기서 주인 행세를 해도 됩니까?"

"솔로몬이 그렇게 말했다."

"잘 됐습니다! 이봐 아우, 그리고 야고보. 자네, 여기 와서 구멍을 모두 막게. 그리고 마태오, 자네는 유다와 같이 문에 서서 쥐가 한 마리도 나가지 못하게 조심하게. 자네가 아직도 가파르나움의 친절한 염세리(鹽稅吏)라고 생각하게. 그때에는 손님이 잠을 깬 도마뱀처럼 날쌔게 굴어도 자네에게서 빠져나가지 못했지. …그리고 자네들은 정원에 가서 할 수 있는 대로 풀을 많이 뜯어서 이리 가져오세. 그리고 선생님은…아무 데로나 마음대로 가십시오. 그동안…저는 이 편리한 그물들을 망쳐 놓고 배의 용골(龍骨) 하나를 완전히 먹어 버린 더러운 사탄놈들을 떠맡겠습니다…." 그리고 말을 하면서, 쏠아 놓은 나무, 삼부스러기 상태가 되어버린 그물 조각들, 나뭇단, …모두를 방 한가운데에 쌓아 놓고, 푸른 풀이 왔을 때, 그것을 나머지 위에 얹어 놓고 불을 붙인다. 그리고 연기의 첫번째 소용돌이가 올라올 때에 빠져나온다. 그리고 웃으면서 말한다. "이렇게 해서 펠리시데놈들은 전부 죽어라!"

"그렇지만 모두 타버리지 않을까?" 하고 열성당원 시몬이 묻는다.

"아니야, 이 사람아. 나뭇가지가 축축해서 불꽃을 억제하고, 또 불꽃은 풀에서 연기를 내뿜게 하네. 이렇게 마른 것과 푸른 것이 잘 연합해서 서로 도와가며 복수를 하는 걸세. 자네 그 고약한 냄새를 맡나? 조금 있으면 부르짖는 소리만이 들릴 걸세! 죽기 전에 노래를 부르는 백조 이야기를 누가 내게 해줬더라? 아! 신디카야! 쥐들이 곧 노래를 부를 거야."

가리옷의 유다가 깔깔거리고 웃던 웃음을 그치고 지적한다. "신디카에 대해서도, 엔도르의 요한에 대해서도 아무것도 알 수 없었는데, 그들이 어디 있는지 누가 아나?"

"틀림없이 안전한 곳에 있을 테지, 뭐…." 하고 베드로가 대답한다.

"자넨 아나?"

"나는 그들이 이제는 악의의 목표 노릇을 하지 않는다는 것은 아네."

"자넨 아무에게도 물어보지 않았나? 난 물어봤어."

"난 안 물어봤어. 그들이 어디 있는지 아는 것은 내게 관심있는 일이 아니야. 그들을 생각하고 그들이 거룩한 생활을 계속하도록 기도만 하면 돼."

토마가 말한다. "나한테는 아버지의 단골인 돈많은 바리사이파 사람들이 물어봤어. 그렇지만 나는 아무것도 모른다고 대답했어."

"그런데 자넨 그걸 알고 싶지 않나?" 하고 유다가 계속 말한다.

"난 정말 알고 싶지 않아…."

"저거 봐! 저거 봐! 연기가 효과를 나타내네. 그렇지만 우리마저 질식하지 않게 밖으로 나가세" 하고 베드로가 말한다. 그래서 이 기분 전환으로 그 이야기가 끝난다.

예수께서는 정원에 계신다. 떨어진 씨에서 난 야채 줄기가 누워 있는 것을 일으키신다.

"선생님은 정원사 노릇을 하십니까?" 하고 필립보가 웃으면서 묻는다.

"그렇다. 해를 향해 올라가서 열매를 맺게 되어 있는 초목이 쓸 데 없이 땅바닥을 기어가는 것을 보는 것도 안쓰럽다."

"훌륭한 강연 제목입니다, 선생님" 하고 바르톨로메오가 지적한다.

"그렇다. 훌륭한 주제다. 그러나 묵상을 할 줄 아는 사람에게는 모든 것이 주제가 된다."

"저희들도 선생님을 도와 드리겠습니다. 누가 야채를 위해 강의 갈대들을 꺾어 오겠나?"

젊은 사람들이 웃으면서 간다. 그리고 나이많은 사람들은 잡초들을 조심스럽게 뽑아서 깨끗하게 한다.

"오! 이렇게 하니까 이게 정원인 걸 알겠구먼. 상치는 없지만, 파, 마늘, 양념용 야채, 채소들은 있는데. 또 호박들! 호박은 얼마나 많아! 포도덩굴 가지도 쳐주고, 무화과나무도 전지를 해야겠는데, 그리고 …."

"그렇지만 시몬, 우린 여기 머물러 있지 않는 걸!…" 하고 마태오가 말한다.

"그렇지만 여기 여러 번 올 거야. 선생님이 그렇게 말씀하셨어. 그러니까 주위가 좀 정돈되어 있는 것이 거북하진 않을 거야. 좀 보라고, 좀 봐! 호박덩굴이 우거진 밑에 가엾은 쟈스민까지 있네. 만일 폴피레아가 이렇게 푸대접을 받은 이 화초를 봤더라면, 이걸 보고 눈물을 흘리면서 어린아이에게 말하듯이 말을 했을 걸세. 사실이야, 마륵지암을 얻기 전에는 자기가 가꾸는 꽃들에게 아이들에게 말하듯이 말을 했으니까. …됐네. 여기도 자리를 좀 만들어 놓았네. 호박덩굴들을 치웠어. 왜냐하면… 오! 총각들이 갈대를 가지고 온다. 그리고…선생님, 이것은 선생님의 일입니다. 소경입니다!"

과연 야고보와 요한과 안드레아와 토마가 갈대를 안고 들어오는데, 토마는 누더기를 걸치고, 눈은 백내장(白內障)으로 하얗게 된 가엾은 작은 노인을 짐처럼 메고 온다.

"선생님, 이 할아버지는 강가에서 풀상치를 찾고 있었는데, 하마터면 물에 빠질 뻔했습니다. 할아버지를 부양하던 아들이 죽고, 며느리는 친정으로 돌아갔기 때문에 할아버지는 몇 달째 혼자 있으면서…그럭저럭 살아온답니다. 그렇지요, 할아버지?"

"예! 예! 주님은 어디 계십니까?" 하고 노인은 흐리멍덩한 눈을 돌리면서 묻는다.

"여기 계십니다. 이 높은 흰 빛깔이 보입니까? 이것이 주님이십니다."

그러나 예수께서는 벌써 그에게로 나아가셔서 손을 잡으시며 말씀하신다. "가엾은 할아버지, 할아버지는 혼자 계시고, 눈이 보이질 않습니까?"

"예, 눈이 보이는 동안은 바구니와 통발을 짜고 그물을 만들었습니다. 그러나 지금은…눈으로보다는 오히려 손가락으로 봅니다. 풀을 찾으면서도 틀리게 봅니다. 그래서 해로운 풀 때문에 배탈이 났습니다."

"그러나 마을에서는…."

"오! 그들은 모두가 가난하고 아이들이 많습니다. 그런데 저는 늙었지요. …나귀 한 마리가 죽으면…슬퍼들 합니다. 그러나 늙은이가 죽으면! …늙은이는 뭡니까? 저는 뭡니까? 며느리가 제게서 모두 빼앗아 갔습니다. 며느리가 저를 늙은 양처럼 데리고 가서, 손자들…제 아들의 아이들하고 같이 데리고 있기만 했어도…." 노인은 예수의 가슴에 몸을 맡기고 운다. 예수께서는 그를 가슴에 안으시고 쓰다듬어 주신다.

"할아버지는 집이 없습니까?"

"며느리가 팔았습니다."

"그럼 어떻게 사십니까?"

"짐승들처럼 살지요. 처음 얼마 동안은 마을 사람들이 도와주었습니다. 그러나 이제 싫증이 났습니다…."

"그러면 솔로몬은 너그러우니까, 같은 부류의 사람이 아닌데" 하고 마태오가 지적한다.

"그렇지만 우리에 대해서 너그러운데, 왜 노인에게 집을 주지 않았을까?" 하고 필립보가 묻는다.

"그 사람이 맨 마지막으로 여길 지나갈 때에는 내가 집을 아직 가지고 있었거든요. 솔로몬은 착합니다. 그러나 마을에서는 얼마 전부터 그 사람을 '미친 사람'이라고 부르고, 솔로몬이 가르쳤던 대로 하질 않습니다" 하고 노인이 말한다.

"나하고 함께 여기 남아 있으면 좋겠습니까?"

"오! 그러면 손자들도 그립지 않을 것입니다!"

"가난하고 소경인 채로 있어도 나만 섬기면 행복하겠습니까?"

"그렇습니다!" 떨리는 목소리로 말한 그렇습니다이지만, 매우 확신한 대답이었다.

"좋습니다. 할아버지는 말을 들으세요. 할아버지는 내가 가는 길을 따라다닐 수 없습니다. 그런데 나는 여기 머물러 있을 수가 없습니다. 그러나 우리는 서로 사랑하고, 서로에게 좋은 일을 할 수 있습니다."

"주님은 제게 좋은 일을 하실 수 있습니다. 그러나 저는…늙은 아나니아가 무엇을 할 수 있습니까?"

"이 집과 정원을 지켜서, 내가 돌아올 때마다 정돈된 것을 만나게 해주십시오. 그러면 좋겠습니까?"

"아이고! 좋구말구요! 그러나 저는 소경입니다. …집은…벽들에 익숙해지겠지요. 그러나 정원은…초목들을 분간하지를 못하니 어떻게 돌봅니까? 오! 주님께 봉사하는 것은 정말 행복한 일일 것입니다! 이렇게 제 생애를 마친다는 것은…." 작은 노인은 불가능한 일을 꿈꾸면서 가슴에 손을 얹는다.

예수께서는 미소를 지으시며 몸을 숙여 그의 먼 눈에 입맞춤을 하신다….

"그렇지만 저는…보이기 시작합니다. …눈이 보입니다. …오! 오! 오!…" 예수께서 부축하지 않으시면 쓰러질 뻔하였다.

"어! 기쁜 일!…" 베드로가 매우 감격한 목소리로 말한다.

"또 배고픈 것도…할아버지는 여러 날째 기름도 소금도 없는 풀상치로만 연명한다고 했어…" 하고 토마가 말을 마친다.

"그래, 우리는 그 때문에 할아버지를 모시고 왔어, 잡술 것을 드리려고…."

"가엾은 노인!" 하고 모두가 슬프게 말한다.

가엾은 노인은 다시 제 정신으로 돌아가 울고 또 운다. 늙은이들의 불쌍한 울음이다. …기쁨의 눈물일 때에도 몹시 서글픈 눈물을 흘리며 중얼거린다. "지금은 예, 지금은 주님께 봉사할 수 있습니다. 복되신! 복되신! 복되신 주님!" 그러면서 예수의 발에 입맞춤하려고 몸을 굽히려고 한다.

"아닙니다. 할아버지, 이제는 들어가십시다. 그래서 식사를 하십시다. 그런 다음 옷을 한 벌 드리겠습니다. 그러면 할아버지는 아들들 사이에 계실 것이고, 우리는 돌아올 때마다 환영해 주시고, 떠날 때마다 축복해 주시는 아버지를 모시게 될 것입니다. 우리는 비둘기 두 마리를 구해 와서 할아버지 곁에 산 물건이 있게 하겠습니다. 우리가 정원에 뿌릴 씨앗을 구해 올 테니까. 화단에 씨앗을 뿌리시고, 이 마을 사람들의 마음에는 믿음의 씨앗을 뿌리세요."

"저는 사랑을 가르치겠습니다. 저 사람들은 사랑이 없습니다."

"사랑도 가르치세요. 그러나 친절하세요…."

"오! 그렇게 하겠습니다. 저를 버리는 며느리에게 저는 심한 말을 한 마디도 하지 않았습니다. 저는 이해하고 용서했습니다."

"나는 할아버지 마음 속에서 그것을 보았습니다. 그 때문에 할아버지를 사랑했습니다. 오세요, 나하고 같이 가십시다…." 그러면서 예수께서는 작은 노인의 손을 잡고 집안으로 들어가신다.

베드로는 두 사람이 가는 것을 바라다보면서, 중단되었던 일을 다시 시작하기 전에 손등으로 눈물를 닦는다.

"형 울어?"

베드로는 대답하지 않는다.

안드레아는 또 묻는다. "왜 우는 거야, 형?"

"너는 개밀이나 걱정해라. 내가 우는 건, …내가 그걸 알기 때문이다…."

"그걸 우리에게 말해 주게. 친절을 베풀게" 하고 여러 사람이 말한다.

"그것은…그것은 이 가르침이 내 마음을 더 감동시키기 때문이야. …그래 …요컨대 선생님이 위엄있게 큰소리로 말씀하실 때보다도 더 그렇게들 하게…."

"그러나 그때에는 선생님을 왕으로 보게 되는 걸!" 하고 유다가 외친다.

"그런데 여기서 우리는 성인을 본단 말이야. 베드로의 말이 옳아" 하고 바르톨로메오가 말한다.

"그러나 통치하기 위해서는 선생님이 강하셔야 해."

"그러나 구속하기 위해서는 거룩하셔야 해."

"영혼들을 위해서는 그렇지. 그러나 이스라엘을 위해서는…."

"만일 영혼들이 거룩하게 되지 않으면 이스라엘은 결코 이스라엘이 되지 못할 걸세."

"그렇다"는 말과 "아니"라는 말이 서로 엇갈리고, 각자는 자기의 개인적인 의견을 내놓는다.

작은 노인이 작은 물병을 들고 다시 밖으로 나온다. 샘으로 물을 뜨러 가는 것이다. 노인은 하도 행복하여 아까의 노인과 같아 보이지 않을 정도이다.

"할아버지, 이거 보세요. 할아버지 생각에는 이스라엘이 위대하게 되려면 왕이 필요합니까. 성인이 필요합니까?" 하고 안드레아가 묻는다.

"하느님이 필요합니다. 저기 저 안에서 기도하고 묵상하시는 저 하느님이 필요해요. 아! 아들들, 아들들! 그분을 따르는 당신들! 착하게 사시오. 착하게, 착하게! 아! 주님이 당신들에게 얼마나 큰 은혜를 주셨습니까! 얼마나 큰 은혜를! 얼마나 큰 은혜를!" 그러면서 팔을 하늘을 향하여 쳐들고 "얼마나 큰 은혜를! 얼마나 큰 은혜를!" 하고 중얼거리면서 간다….

75. 솔로몬의 마을 네거리에서 전도

작은 집단이 작은 집에서 나오는데, 키가 작은 사도의 옷을 입은 자신에 도취하는 노인이 하나 늘었다.

"할아버지, 집에 남아 계시고 싶으면…" 하고 예수께서 노인에게 말씀하시려고 한다.

그러나 노인은 예수의 말을 막는다. "아닙니다, 아닙니다. 저도 가겠습니다. 오! 저도 가게 내버려두세요! 저는 어제 식사를 했고! 지난밤에 잠을 잤습니다. 그것도 침대에서요! 저는 이제 마음에 고통이 없습니다! 저는 젊은이처럼 건강합니다…."

"그럼 오세요. 할아버지는 나와 바르톨로메오와 내 사촌 유다와 같이 계세요. 너희들은 이미 말한 것같이 두 사람씩 가거라. 열두 시까지는 모두 다시 이리로 와야 한다. 가거라. 그리고 평화가 너희와 함께 있기를."

그들은 헤어져서, 어떤 사람들은 강쪽으로 가고, 어떤 사람들은 들판쪽으로 간다. 예수께서는 그들이 먼저 떠나게 내버려두신다. 그리고 맨 마지막으로 당신도 길을 떠나신다. 예수께서는 마을을 천천히 지나가시는데, 강에서 돌아오거나 강으로 가는 어부들이나, 빨래를 하거나 텃밭에 물을 주거나 빵을 만들기 위하여 새벽에 일어난 부지런한 주부들의 눈에 띄신다. 그러나 아무도 말을 하지 않는다.

양 일곱 마리를 강쪽으로 몰고 가는 어린 소년만이 노인에게 묻는다.

"아나니아 할아버지, 어디 가세요? 마을에서 떠나세요?"

"나는 선생님과 같이 간다. 그러나 선생님과 같이 다시 온다. 나는 선생님의 하인이다."

"아닙니다. 할아버지는 내 아버지이십니다. 의로운 노인은 누구든지 그분을 묵게 하는 곳에 축복이 되고, 그분을 도와드리는 사람의 아버지입니다. 노인들을 사랑하고 공경하는 사람들은 대단히 행복합니다" 하고 예수께서 엄숙한 태도로 말씀하신다.

어린아이는 겁을 먹고 노인을 쳐다본다. 그리고 중얼거린다. "나는 언제나 내 **빵**을 아니니아 할아버지에게 조금 드렸는데…" 마치 "내가 받아 마땅하지 않은 꾸지람은 하지 마세요" 하고 말하려는 것 같다.

"그렇습니다. 미카엘은 저한테 친절했습니다. 저 애는 제 손자들의 친구였는데, …지금은 할아버지의 친구로 있습니다. 저 애 어머니도 나쁘지 않고 저를 구제해 주었지만, 아이가 열한 명이나 되고, 모두 고기잡이를 해서 먹고 삽니다…."

여자들이 호기심을 가지고 가까이 와서 듣는다.

"하느님께서는 가난한 사람을 위해서 할 수 있는 것을 하는 사람을 항상 도와 주실 것이다. 그리고 언제나 도울 방법은 있는 것이다. '나는 할 수 없다'고 말하는 것은 흔히 거짓말을 하는 것이다. 사실 원하기만 하면, 먹지 않아도 되는 한숟가락, 낡은 담요, 따로 놓아둔 옷을 찾아내서 없는 사람에게 줄 수가 있는 것이다. 그러면 하늘은 그 선물에 대해서 상급을 준다. 미카엘아, 네가 할아버지께 드린 몇 숟가락의 음식을 하느님께서 네게 갚아 주실 것이다" 하고 예수께서 말씀하시고, 어린이를 쓰다듬어 주시고 길을 가기 시작하신다.

여자들은 자존심이 상하여 그 자리에 그대로 있다가 소년에게 말을 물어보니, 소년은 아는 대로 대답한다. 그리고 노인의 빈궁에 무관심하였던 여자들은 겁을 낸다.

그동안 마지막 집에까지 가신 예수께서는 큰길에서 작은 마을로 돌아가는 네거리로 향하신다. 거기에서는 데카폴리스와 베레아 지방의 도시들로 돌아가는 여행자들의 무리가 큰 길로 지나가는 것이 보인다.

"가서 전도합시다. 할아버지도 전도하시겠습니까?"

"저는 할 능력이 없습니다. 제가 무슨 말을 해야 합니까?"

"할아버지는 하실 수 있습니다. 할아버지의 영혼은 용서와 하느님께 대한 충실의 지혜를 알고, 또 고통스러운 때에 체념하는 것도 알고 있습니다. 할아버지는 또 하느님께서 당신께 바라는 사람을 도우신다는 것도 알고 계십니다. 가서 여행자들에게 그 말을 하세요."

"오! 그거는 하겠습니다!"

"유다야, 할아버지와 함께 가라. 나는 바르톨로메오와 함께 네거리에 남아 있겠다."

과연 그곳에 이르러서는 잎이 우거진 한 무더기의 플라타너스 그늘에 가셔서 참을성있게 기다리신다.

둘레에 있는 밭들에는 아름다운 곡식들이 익어가고, 훌륭한 과수원들이 있다. 눈은 이 아침 시간에 매우 신선한 그것들을 바라다보며 즐긴다. 여행자들의 무리는 길을 지나간다. …플라타너스 줄기에 기대 서 있는 두 사람을 바라다보는 사람은 별로 없다. 아마 피로한 여행자로 생각하는 모양이다. 그러나 예수를 알아보고 손가락으로 가리키거나 몸을 숙여 인사하는 사람들도 있다.

마침내 그중 한 사람이 그의 나귀와 친척들의 나귀를 말한다. "선생님, 하느님께서 선생님과 함께 계시기를! 저는 아르벨라에서 왔습니다. 저는 지난 가을에 선생님의 말씀을 들었습니다. 이 사람은 제 아내, 그리고 과부가 된 처형, 그리고 제 어머니입니다. 그리고 여기 제 자식들이 전부 있습니다. 선생님의 강복을 청합니다. 저는 선생님이 강 건너는 곳에서 말씀하셨다는 말을 들었습니다. 그러나 저는 저녁 때에야 그곳에 도착했습니다. …저희들에게 한 말씀 해 주지 않으시겠습니까?"

"말씀은 절대로 거부하지 않습니다. 그러나 다른 사람들도 올 것이니까 나는 잠시 기다립니다…."

과연 마을 사람들이 길 갈라지는 곳으로 천천히 온다. 이미 길을 지나 북쪽으로 가던 다른 사람들도 돌아오고, 또 다른 사람들은 호기심에 끌려 걸음을 멈추고 나귀에서 내리거나 또는 그대로 안장에 앉아 있다. 이렇게 하여 작은 청중이 이루어졌는데, 청중은 끊임없이 많아진다.

알패오의 유다가 노인과 같이 돌아오는데, 그들과 같이 병자 두 사람이 있고, 건강한 사람들도 있다. 예수께서는 말씀을 시작하신다.

"주님의 길, 주님이 가리키신 길을 걷는 사람들은, 그리고 착한 뜻을 가지고 그 길을 걷는 사람들은 마침내 주님을 만납니다. 여러분은 거룩한 과월절에 대한 충실한 이스라엘 사람들의 의무를 다한 다음에 주님을 만나십니다. 그리고 이제 지혜는 여러분이 바라는 것과 같이 인자하신 하느님께서 우리를 서로 만나게 하신 이 네거리에서 여러분에게 말을 합니다.

사람이 그의 생애의 길에서 만나는 네거리는 아주 많습니다. 그리고 초자연적인 네거리는 물질적인 네거리보다 훨씬 더 많습니다. 양심은 날마다 선과 악의 갈림길이나 네거리를 만납니다. 그래서 틀리지 않게 조심해서 골라잡아야 합니다. 그리고 길을 잘못 들었을 경우에는, 누가 불러들이고 알려 주면 겸손하게 뒤로 돌아올 줄 알아야 합니다. 그리고 악의 길이나 또는 그저 냉담의 길이 더 아름다워 보이더라도, 울퉁불퉁하지만 확실한 선의 길을 선택할 줄 알아야 합니다.

비유를 하나 들어보시오.

일자리를 찾아서 먼 지방에서 온 한 떼의 여행자가 어떤 나라의 국경지대에 왔습니다. 그 국경에는 여러 주인들이 보낸 일꾼을 모집하는 사람들이 있었습니다. 광산을 위해 사람을 구하는 이도 있었고, 밭과 산림을 위해서 사람을 구하는 사람도 있었고, 고약한 부자의 하인을 구하는 사람도 있었고, 매우 가파른 길로 해서 올라가는 산꼭대기에 있는 성에서 사는 왕의 군사를 구하러 온 사람도 있었습니다. 왕은 의용병을 가지기를 원했으나, 그들이 폭력을 휘두르는 의용병이기보다는, 나중에 그들을 도시에 보내 백성들을 거룩하게 할 수 있는 지혜를 가진 의용병이기를 요구했습니다. 그래서 왕은 세속적인 방심이 그의 봉사자들의 정신의 도야를 지연시키거나 무효하게 만들어서 그들을 타락시키는 일이 없게 그들을 교육하기 위해서 그 산꼭대기에서 은자(隱者)와 같은 생활을 하고 있었습니다. 왕은 쉬운 생활을 약속하지는 않았습니다. 그러나 그에게 봉사하는 것에서는 성덕과 상급이 나올 것이라는 확신을 주었습니다.

왕이 보낸 사람들은 국경에 오는 사람들에게 이렇게 말하는 것이었습니다. 한편 광산이나 밭의 주인들이 보낸 사람들은 이렇게 말했습니다. '쉬운 생활은 아닐 것입니다. 그러나 당신들은 자유로울 것이고, 재미도 좀 볼 수 있을 만큼 돈을 벌 수 있을 것입니다.' 고약한 주인을 위해 하인을 구하는 사람들은 즉시 풍성한 음식과 오락과 향락과 재산을 약속하면서 이렇게 말했습니다. '그저 당신들이 주인의 까다로운 —— 오! 결코 참기 어려운 것이 아닌 —— 변덕에 동의만 하면 되는 것입니다, 그러면 당신들은 큰 양반과 같이 즐길 것입니다' 하고.

여행자들은 서로 의논을 했습니다. 그들은 헤어지기가 싫었습니다. …그들은 물었습니다. '그렇지만 밭과 광산, 향락자의 저택과 왕의 궁궐은 서로 가까운 곳에 있습니까?' 하고.

'아, 아닙니다!' 하고 일꾼 구하는 사람들이 대답했습니다. '네거리로 오시오. 그러면 여러 가지 길을 가리켜 주겠습니다.'

그래서 그들은 갔습니다.

'자 여깁니다! 그늘이 지고 꽃이 피고 평평하고, 시원한 샘들이 있는 이 훌륭한 길은 양반의 저택으로 내려갑니다' 하고 하인을 구하는 사람들이 말했습니다.

"자! 조용한 밭들 사이로 나 있는 먼지투성이의 이 길은 밭으로 가는 길입니다. 이 길에는 해가 쨍쨍 내리쬡니다. 그러나 그래도 보다시피 아름답습니다!' 하고 밭일꾼을 구하러 온 사람들이 말했습니다.

'자! 이렇게 무거운 바퀴로 파지고 우중충한 얼룩투성이의 이 길은 광산의 방향을 가리킵니다. 이 길은 아름답지도 않고 기분나쁘지도 않습니다…' 하고 광산 일꾼들을 구하러 온 사람들이 말했습니다.

자! 바위를 깎아 만들고, 해가 쨍쨍 내리쬐고, 가시덤불이 뒤덮이고, 움푹 팬 데가 있어 걸음이 느려지지만, 그 대신 적의 공격을 쉽게 막을 수 있게 되는 이 가파른 오솔길은 동쪽으로 저 엄격한 성에, 정신들이 선행에 단련되는 신성한 곳이라고 말할 저 성으로 가는 길입니다.

그래서 여행자들은 쳐다보고 또 쳐다보았습니다. 그들은 계산을 하는 것이었습니다. …여러 가지에 마음이 끌렸지마는, 전적으로 좋은 것은 오직 하나뿐이었습니다. 그들은 천천히 갈라졌습니다. 열 명이었는데, 세 명은 밭 쪽으로 쏠렸고, …두 사람은 광산을 택했습니다. 남아 있던 사람들은 서로 쳐다보고, 그중 두 사람은 이렇게 말했습니다. '우리와 같이 왕에게로 가세. 우리는 큰 이득을 올리지는 못하고, 세상에서 즐기지도 못하겠지만, 영원히 거룩한 사람이 될 걸세' 하고.

'저 오솔길 말이야? 미쳤다구! 이득이 없을 거라구? 즐거움도 없을 거라구? 우리가 고향에서 가졌던 것보다도 한층 더 못 가지게 된다면, 모든 것을 버리고 귀양살이를 하러 올 필요가 없었네. 우린 돈을 벌고

즐기고 싶단 말이야….'
 '그러나 자네들은 영원한 행복을 잃을 걸세! 자네들은 주인이 고약한 사람이란 말을 듣지 못했나?'
 '하찮은 말이야! 얼마 후에는 그 주인을 떠날 거야. 그렇지만 그 동안 우리는 즐기고 부자가 될 거란 말이야.'
 '자네들은 거기서 다시는 해방되지 못할 걸세. 처음 사람들은 돈의 유혹에 끌려 가서 잘못했지만, 자네들은! 쾌락의 유혹을 따라가는 걸세. 오! 자네들의 영원한 운명을 한 시간과 바꾸지 말게!'
 '자네들이 이상적인 약속을 믿는 건 바보짓이야. 우린 현실 쪽으로 간단 말이야. 안녕!…' 그러면서 그들은 그늘이 지고, 꽃이 피고, 시원한 샘물들이 있고, 곧은 아름다운 길로 급히 들어섰습니다. 그 길 끝에는 향락자의 경이적인 저택이 햇빛에 반짝이고 있었습니다.
 남아 있던 두 사람은 눈물을 흘리고 기도하면서 가파른 오솔길로 들어섰습니다. 길이 어떻게나 어려운지 몇 걸음 걸은 다음에 낙심할 뻔했습니다. 그러나 그들은 꾸준히 계속했습니다. 그리고 앞으로 나아갈수록 육체가 점점 더 경쾌해졌습니다. 피로는 이상한 환희로 인하여 가벼워졌습니다. 그들은 긁히고 숨을 헐떡이며 산꼭대기에 이르러서 왕 앞에 나아갈 수 있게 되었습니다. 왕은 그들을 기사로 만들기 위해 요구하는 모든 것을 그들에게 말하고, 끝으로 이렇게 말했습니다. '일주일 동안 생각을 하고 나서 대답하여라' 하고.
 그들은 많이 생각했습니다. 그리고 '너희들은 나를 희생시키는구나' 하고 말하는 육체와, 그 추억을 가지고 아직도 유혹을 하고 세속과 더불어 그들에게 겁을 주려고 하는 유혹자와 어려운 싸움을 해야 했습니다. 그러나 그들은 이겼습니다. 그래도 남아 있는 것입니다. 그리고 선의 용사가 되었습니다. 죽음, 즉 영복을 받는 때가 왔습니다. 하늘 위에서 그들은 고약한 주인에게로 갔던 사람들이 구렁 속에 있는 것을 보았습니다. 이 세상 생명이 지난 뒤에는 사슬에 묶여 어두운 지옥에서 탄식하고 있었습니다. '그런데 저들은 자유롭게 되고 즐기기를 원했지!' 하고 두 성인은 말했습니다.
 지옥에 떨어진 세 사람은 두 성인을 보고 무섭게 그 성인들을 저주하고, 하느님을 위시해서 모든 것을 저주했습니다. '당신들은 우리를 모두

속였어!' 하고.

'아니야, 자네들은 그렇게 말할 수 없어. 자네들에게 위험을 말해 주었는데, 자네들은 자네들의 불행을 원한 거야' 하고 지극한 행복을 누리는 사람들은 그들에게 던지는 외설한 야유와 하느님에 대한 외설한 모독의 말을 보고 들으면서도 여전히 침착성을 잃지 않고 대답했습니다.

두 성인은 밭과 광산에 갔던 사람들도 연옥의 여러 지방에서 보았고, 이들도 성인들을 보고 말했습니다. '우리는 착하지도 않고 나쁘지도 않았네. 그래서 지금 우리가 냉담했던 것을 속죄하고 있네. 우리를 위해 기도해 주게!'

'오! 그렇게 하고 말고! 그렇지만 자네들은 왜 우리와 같이 오지 않았나?'

'그건 우리가 마귀는 아니었지만 사람이었기 때문이야. 우리는 용기가 없었어. 우리는 비록 올바른 것이기는 해도 지나가는 것을 영원하고 거룩한 것보다 더 사랑했네. 지금 우리는 올바르게 알고 사랑하는 것을 배우고 있네.'

비유는 끝났습니다. 사람은 누구나 네거리에 있습니다. 언제나 네거리에 있습니다. 선의 길을 가려는 뜻이 굳세고 용맹한 사람들은 지극히 행복합니다. 하느님께서는 그런 사람들과 함께 계시기를 바랍니다. 그리고 그렇지 않은 사람들을 감동시키시고 회개시키셔서 그렇게 되도록 이끌어 주시기를 바랍니다. 안녕히들 가시오."

"그럼 병자들은요?"

"여인은 무슨 병입니까?"

"뼈를 뒤트는 악성 열병입니다. 이 여자는 큰 바다의 기적적인 물에까지 갔었지만, 조금도 병이 덜하지 않습니다."

예수께서는 병자에게로 몸을 숙이시고 "나를 무엇이라고 믿습니까?" 하고 물으신다.

"제가 찾던 분이십니다. 하느님의 메시아. 선생님을 그렇게도 많이 찾은 저를 불쌍히 여기십시오!"

"당신의 믿음이 마음의 건강 같은 사지의 건강을 주기를 바랍니다. 그럼 당신 남자는?"

남자는 대답을 하지 않는다. 그와 같이 온 여자가 대신 말한다. "암이 이 사람의 혀를 좀먹고 있습니다. 그래서 말도 못하고, 먹지 못해서 죽어 갑니다." 과연 그 사람은 해골과 같다.

"당신은 당신을 고쳐 줄 수 있는 믿음을 가지고 있습니까?"

남자는 머리로 그렇다는 표를 한다.

"입을 벌리시오" 하고 예수께서 명령하신다. 그리고 암으로 좀먹힌 소름끼치는 입으로 얼굴을 가까이 가져가신다. 그리고 입에 입김을 불어넣으시고 "내가 원한다!" 하고 말씀하신다.

잠시 기다렸다가 두 마디의 외침이 나온다. "내 뼈가 다시 건강해졌어요!" "여보, 마리아! 나 병이 나았소! 봐요! 내 입을 보라구. 호산나! 호산나!" 그러면서 일어나려고 한다. 그러나 몸이 허약해서 비틀거린다.

"그에게 먹을 것을 주시오" 하고 예수께서 명령하시고 떠나려고 하신다.

"가지 마십시오! 다른 병자들도 올 것입니다. 다른 병자들은 뒤로 되돌아올 것입니다. …그들에게, 그들에게도!" 하고 군중이 외친다.

"매일 아침, 새벽부터 오정까지 여기 오겠습니다. 착한 뜻을 가진 몇 사람이 여행자들을 모으는 일을 맡아 주시오."

"저요, 저요, 주님!" 하고 여러 사람이 말한다.

"그 때문에 하느님께서 여러분에게 강복하시기 바랍니다."

그리고 예수께서 첫번에 같이 오신 동행자들과, 말씀하시는 동안에 몇 명씩 왔던 다른 사람들과 같이 마을로 돌아가시고, 모두가 다른 사람들과 같이 돌아간다.

"아니 그런데 베드로와 가리옷의 유다는 어디 있느냐?" 하고 예수께서 물으신다.

"돈을 많이 가지고 이웃 읍내로 갔습니다. 물건을 사러 갔습니다…."

"그렇습니다. 유다가 기적을 하나 행했습니다. 그래서 매우 기뻐합니다" 하고 열성당원 시몬이 빙그레 웃으며 지적한다.

"안드레아도 그랬습니다. 그래서 그 기념으로 양 한 마리를 받았습니다. 안드레아는 한 목자의 부러진 다리를 고쳐 주었습니다. 그래서 그 목자가 이렇게 갚았습니다. 저희는 그 양을 할아버지께 드릴 겁니다.

양젖은 노인들의 몸에 이롭거든요…" 하고 요한은 매우 행복한 작은 노인을 쓰다듬으며 말한다.

그들은 돌아와서 음식을 조금 준비한다….

그들은 식사를 시작하려고 하는데, 빠져 있던 두 사람이 나귀처럼 짐을 잔뜩 지고 온다. 뒤에는 팔레스티나의 가난한 사람들에게 침대로 쓰이는 저 나무로 얼기설기 짠 문짝 같은 것들을 실은 짐수레가 따라온다.

"용서하십시오, 선생님. 그러나 이것이 필요했습니다. 이제는 저희가 편하게 됐습니다" 하고 베드로가 말한다.

그리고 유다는 이렇게 말한다. "이걸 주목하십시오. 저희는 선생님이 좋아하시는 것처럼 깨끗하고 빈약한 것으로 꼭 필요한 것만을 사왔습니다." 그러면서 짐수레꾼을 돌려보내기 위하여 짐을 내리기 시작한다.

"침대 열둘에 돗자리 열두 장. 식탁보 몇 장 여기는 씨앗, 저기는 비둘기들, 그리고 돈. 그리고 내일은 사람이 많이 올 것입니다. 후유! 덥기도 하다! 그러나 이제는 만사가 잘 되었습니다. 선생님은 무엇을 하셨습니까?…"

그리고 예수께서 이야기를 하시는 동안, 그들은 만족해서 식탁에 앉는다.

출판 허가서
신앙교리성성 제144 / 58 i 호
1994년 6월 21일

하느님이시요 사람이신 그리스도의 시
제5권 공생활 세째해 (상)

1991년 5월 1일 초판
2025년 4월 30일 12쇄

저 자 마리아 발또르따
         (Maria Valtorta)
역 자 안 응 렬
추 천 파 레 몬 드 (현우)
         (Fr. Raymond Spies)
발행자 한상천
발행소 가톨릭 크리스챤

142-806 서울 강북구 미아9동 103-127
전 화   987-9333
F A X   987-9334
등 록   1979.10.25 제7-109호
우리은행 1002-533-493419 한상천

값 35,000원

□ 허가없이 이 책을 전재. 일부를 복사할 수 없습니다.
□ 통신판매 02) 987-9333로 하시면 됩니다.

나는 세상의 빛입니다
(요한 8,12)

연중

원선오

1. 나는 세상의 빛입니 다 나를 따르는 사람들
2. 나는 진리의 샘입니 다 나를 따르는 사람들
3. 나는 구원의 길입니 다 나를 따르는 사람들

은 어둠 속을 걷지 아니하 - 고 생명
은 평생 목마르지 아니하 - 고 진리
은 헛된 수고하지 아니하 - 고 구원

의 빛을 얻을 것 입니 다 생 명
의 샘을 만날 것 입니 다 진 리
의 길을 찾을 것 입니 다 구 원

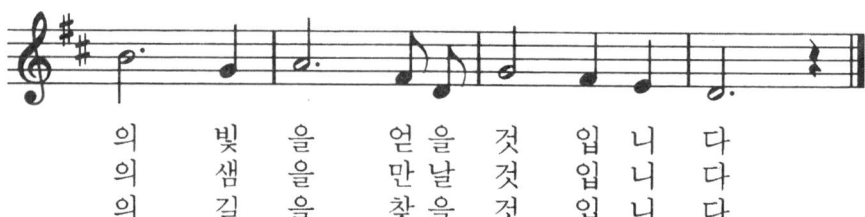

의 빛을 얻을 것 입 니 다
의 샘을 만날 것 입 니 다
의 길을 찾을 것 입 니 다

수덕 · 신비 신학 (전 5권)

아돌프 땅끄레 지음 / 정대식 옮김
<우리 그리스도인의 신앙생활 지침서>

∙∙

제1권 그리스도적 생명

수덕 · 신비 신학의 고유한 목적은 그리스도적 생명의 완성에 있다. 그리스도적 생명은 바로 하느님의 생명에 참여하는 것이므로, 하느님만이 이 생명의 은총을 우리에게 주신다. 이것은 예수님의 생명에 참여하는 것이므로, 곧 예수님이 우리 안에 사시고 우리 또한 예수님 안에 사는 것이다.

제2권 완덕의 삶

모든 그리스도인은 완덕으로 나아가야 할 의무가 있다. 그리스도적 완덕은 자기 생명을 희생하는 사랑에 있다. 완덕은 오직 하느님을 사랑하는데 있으므로 우리를 하느님과 완전하게 일치시킨다.

제3권 정화의 길

완덕의 첫 단계인 정화의 길은 자기 희생과 포기의 길이다. 초보자들이 추구하는 완덕의 목적은 하느님과 일치하기 위해 죄의 기회와 영적 장애물들을 없애는 영혼의 정화를 실천하는데 있다.

제4권 빛의 길

예수님도 세상의 빛이시기에 그 분을 따르는 사람은 어둠 속을 걷지 않으며 사랑하는 하느님의 뜻을 따를 때 행복하다. 그러므로 항상 선을 실천하고 영원한 생명을 얻기 위해 끊임없이 하느님의 도움을 간청해야 한다.

제5권 일치의 길

일치의 길을 걷는 영혼의 목적은 자신 안에 현존하시는 하느님만을 위하여 사는데 있다. 그러므로 우리들의 삶 전체가 하느님 안에서 단순화 되어간다. 고요의 기도는 영혼 가까이에 현존하시는 하느님을 느끼고 맛보게 된다.

저의 묵상(피정)은 언제 했었나?

2000년 대희년(은총의 해)를 지내고,
우리는 희망찬 새 천년을 맞이 하였다.

그러나 우리는,
　　　우리 가정은,
더구나 나는 세속 일로 바쁘다고 핑계대면서
오늘도 그냥 아무런 변화없이 덤벙덤벙 지냈구나!
노력이 없다 보니,
은총 속에서 새 변화가 있을리 있겠는가?
그나마 다행한 일은,
주일미사 하는 것, (그러나 근무 5일제, 쉬는 신자들)
어쨌든 나는 신앙생활의 전부인양 자위할 수 있었다.

과연 저의 묵상(피정)은 언제 했었나?
　　　저희 가정의 묵상(피정)은 언제 했었나??
옛 생활을 청산하고 새 생활로 바뀌어야 하는,
새 천년에는 저(저희)부터 새롭게 꼭 변하고 싶다.

과거와 같이 〈성가정〉, 습관화된 그 말로만 하지 마라.
이번에는, 참으로 〈성가정!〉(작은 교회)을 이루고 싶다.
— 주님, 참회한 각자(가정)의 신앙고백이 되게 하소서!

그래서 여기 「**예수님과 함께**」 주님의 메시지 곧 성가정의 메시지를,
평생 동참하는 모든 신자의 각 가정에 전해드립니다.
반드시 먼저 본문을 세 번 반복해서 읽고 난 후,
성서와 같이, 일정에 따라 정성껏 묵상(피정)을 드리자!

---

1. 예수님의 눈으로 1·2·3·4·5·6·7

2. 예수님의 눈으로 1·2·3·4·5

3. 하느님이시요 사람이신 그리스도의 시(1~10권)

4. 성 요셉의 생애(성가정 생활)

5. 수덕신비신학(그리스도인의 삶 / 1~5권)
   아돌프 땅끄레 지음 · 정대식 신부 옮김
   ★ 완덕의 삶—나의 정화의 길, 빛의 길, 일치의 길

▶ 구매 연락처: (02) 987-9333　　크리스챤 출판사